바로찾는

한국고대국가학:

고조선의 국가와 행정

김석준

도서출판 대영문화사

The Ancient Korean State Gojoseon:

The Rise and Fall of the Seven-Faced State and Public Administration

by

Suk Joon Kim, Ph. D.

DAE YOUNG CO.

Daeyoung Moonhwasa Publishing Company
Gyeonggi-do, Republic of Korea

머리말

이 책을 쓰게 된 계기는 정말 우연한 일 때문이다. 2006년 저자가 교수 출신 국회의원으로 동료 의원들과 함께 일본 문부성 장관에게 직접 일본의 역사왜곡에 대해 공식적으로 항의하는 자리에서 그들의 주장이 한국 역사학자들의 연구들에 바탕을 두고 있다는 예상외의 답변을 들으면서부터이다. 일본 극우파들의 집단적·물리적 위협을 이유로 후문으로 안내 받아 만난 일본 문부성 장관의 입에서 한국 역사학자들의 통설이 그들의 역사왜곡의 근거라는 말에 여러 가지로 반박을 하고 나왔지만 그것은 국회 항의단에게는 대단한 수모요 수치 그 자체였다. '단군과 단군조선의 역사를 부정하고 신화로 보는 것이 한국 역사학계의 통설이라니! 한국이 중국과 일본의 건국 이후 훨씬 뒤에 건국되었다니!!' 이것만이 아니다. 한국고대사를 자신들의 지방정권이라는 중국의 역사왜곡 프로젝트인 '동북공정'·'탐원공정'·'요하공정'이 주장을 넘어 한국고대국가의 유적과 유물을 훼손하고 만리장성 연장공사 등으로 역사를 왜곡시키는 현장을 여러 차례 확인하면서 그 심각성을 절감하였다.

국회 역사왜곡대책특위에서 활동하면서 고조선 등 한국고대사에 대한 한·중·일 사학자들의 주장들을 확인하고 문제의 심각성에 크게 놀랐다. 국내 학계나 연구기관 및 정부의 대응이 소극적이고 피상적이어서 문제의 본질과는 너무나 거리가 큼을 느끼면서 또다시 놀랐다. 누군가는 이 문제를 해결해 줄 것으로 막연하게라도 생각했던 것이 부끄러웠고 서글펐다. 소위 '전공한 학자들'의 책에서 일본 문부성 장관의 주장을 확인하면서 느낀 절망감은 주체할 수가 없었다. '실증사학'이란 명분으로 '오만한 검열자'의 자세에서 '무시하고 지운 역사의 절규'가 큰 함성으로 되살아났다. 40여 년 이상 교수를 지낸 사람으로서 느낀 자괴감은 한이 없었다.

한편, 삶을 희생하고 목숨마저 바치면서 펴낸 선각자들의 책을 읽으며 눈시울이 뜨거워졌다. 학문적으로 다듬어지지 않았지만 이분들의 책에서는 '소박한 진실들'이 보였다. 많은 분들의 영혼과 삶을 고스란히 바친 '절규'들이 생생했다. '너라도 남은 삶을 바쳐 잃어버린 역사를 되 찾아오라'는 당부가 귓가를 맴돌고 떠나지를 않았다. 국회의원, 국책연구원장, 대학총장, 언론사 발행인 등을 할 때에도 그 일에 집중하지 못하고 일이

손에 잡히지 않게 했다. 그 대신 고대국가에 대해 집중하여 읽고 쓰게 했다. 얼굴도 알지 못하는 많은 선각자들의 '절규'가 저자의 삶을 근본적으로 바꾸었다.

여기에 이름이 밝혀지기를 꺼려하시는 한분의 선생님은 일생토록 저자의 스승이며 멘토로서 곁에서 이끌고 학담을 통해 지도해주셨다. 연구논문만 읽고서 얼굴도 모르는 저자를 이화여자대학교 교수로 추천해주셨다. 저자가 『한국산업화국가론』과 『미군정기의 국가와 행정』 등 여러 책을 계속 출간하는 데 큰 격려를 주셨다. 역사문제에 대한 학계 현실에 대해 좌절하고 실망할 때에는 국회의원보다 '한국행정의 역사적 기원'에 대한 연구를 하는 것이 몇 배 더 값진 일이라고 조언을 하여 저자의 삶을 통 채로 바꾸게 하셨다. 국회의원을 마친 후 큰 공기업의 책임자로 갈 수 있는 기회를 버리고 국책연구기관을 선택한 것도, 대학총장과 언론사의 발행인보다 책을 쓰는 것이 더 중요하다고 강조하신 것도, 『한국행정의 역사적 기원』과 『한국행정의 철학적 기초』에 대한 책을 쓰도록 강권하신 것도 모두 이분이셨다.

지난 10여 년 간 이 책을 준비하고 쓰면서 많은 어려움을 겪었다. 연구를 파고들면서 학문적인 관심 주제가 옮아갔고, 연구에 대한 회의도 매순간 일어났다. 『한국행정의 역사적 기원』으로 시작하여 『한국행정의 철학적 기초』를 거쳐 『한국역사정책학』의 원고를 상당량 채웠다가 세 권 모두 마치지 못한 채 이 책에 매달려 이제 첫 원고를 마무리하여 세상에 내놓게 되었다. 집필과정에 어려움이 닥칠 때마다 일면식도 없는 분들을 포함해 많은 분들로부터 큰 힘을 얻었다. 여러분들 가운데에도 특히 일연, 북애자, 장레지, 계연수, 이유립, 이화사, 최태영, 이병도, 신채호, 최남선, 안확, 정인보, 김운태, 박동서, 강신택, 김경동, 진덕규, 신용하, 김용섭, 리지린, 윤내현, 임승국, 박창범, 성삼제 등 여러분들이다. 수많은 사람들이 역사서들을 저술했으나 모두 사라져, 일연 스님이 71세에 신명을 바쳐 『삼국유사』를 집필하지 않았다면 한국고대사에서 고조선과 단군은 그 존재의 근거를 찾기 어려웠다. 장 레지, 북애자, 계연수, 이유립, 이화사 등 여러 선각자들의 희생과 헌신적인 노력이 없었다면 한국고대사에 대한 주체적인 기록들은 없었을 것이다.

노론사학과 식민사학이 지배하던 시대에 생명의 위협을 느끼면서 편찬했을 북애자의 『규원사화』, 계연수의 『환단고기』, 그리고 갖은 고난을 겪으면서 이화사가 발간한 대야발의 『단기고사』. 이들은 한국고대사를 살릴 수도 있고 부정할 수도 있는 귀중한 역사서들이다. 『삼국유사』와 『환단고기』는 일본에서 먼저 발간한 이후에야 그것도 훨씬 뒤에 한국에서 겨우 발간되었고, 『단기고사』는 50여 년 동안 발간을 하려했으나 일제를 맞아 발간을 못하다가 갖은 구박을 받으면서 해방 이후 겨우 어렵게 발간했다. 그러나 이들에 대해 식민사학의 유산을 극복하지 못한 채 실증사학이란 이름으로 '위서'라는 딱지를 붙여 실질적으로 금서로 만들었다. 이들이 위서인지 여부에 대해서는 이 책에 쓰인 구체적인 내용을 면밀하게 검토해야 함에도 불구하고 위서론자들은 몇몇 용어나 발간 시기를 문제로 삼아 끈질기게 위서라고 주장하면서 한국고대사의 근거를 통채로 배척하고 있다. 위서론자들의 주장이 거의 반증을 통해 무너졌음에도 위서논쟁은 본질적인 역사의 내용을 다루지 못하고 '식민사학과 민족사학'의 진영대결로 본질을 왜곡시키고 역사내전으로 전개되고 있음은 심히 유감이다. 대한민국 임시정부 초대 대통령 박은식, 초대 국무령 이상룡, 법무총장 이시영 등이 모두 한국고대사에 대한 저술을 남기며 목숨 바쳐 지키고자 했던 나라를 허물고자 하는 사람들은 어떤 사람들인가? 왜 지우고자 할까?

고대민족국가의 역사를 지켜 온 일연 스님, 북애자 선생, 계연수 선생, 이유립 선생, 그리고 이화사 선생은 좁고 갇힌 짧은 지식으로 오만한 후손들끼리 벌이는 한가한 위서논쟁으로 사후에도 명예를 회복하지 못하고 편안히 눈을 감지 못하고 있을 것이다. 평생을 고대사를 바로 찾는 연구에 몰두하느라 가족들의 삶을 책임지지 못하고 극심한 빈곤 속에서도 뜻을 포기하지 않고 오로지 책을 편찬·발간하는 일에 매달려 일생을 바친 이분들을 생각하면 그 어려운 사정이 조금은 몸으로 이해할 수 있을 것 같다. 이 책들의 저술과 출간과정의 어려움을 조금이라도 이해한다면 책의 내용 가운데 어느 부분을 어떻게 바로잡아야 한다는 실증적인 증거 없이 함부로 위서라는 주홍글씨의 딱지를 남발하지는 못할 것이다. 이 역사서들의 내용이 서울대 박창범 교수 등 천문학자나 경희대 한의학자 차웅석 교수 및 고고학자 강인욱 교수 등에 의해 과학적으로 사실들임이 하나씩 입증되면서, 역사학계에서도 최근에 이 역사서들에 대해 인정하는 학자들이 크게 늘어나고 있는 점은 다행이라 생각한다.

특히 14세기 고려 말의 대학자 목은 이색이 단군조선 이전부터 전해내려 왔다는 '천부경'을 그의 시에 언급한 기록이 『목은집』에서 발견되면서 위서론자들의 주장이 오류임이 속속 드러나고 있다. 또한 18세기 프랑스 레지 신부가 중국 포교도중 중국 황실서고의 사료들을 바탕으로 고조선의 역사에 대한 기록을 남긴 것은 고조선 역사를 되찾는데 획기적으로 중요한 역할을 하고 있다. 동북아역사의 당사자인 한국과 중국 및 일본이 아닌 제3자의 300년 전의 역사기록이란 점에서 너무나 귀중한 사료이다. 고조선 역사를 다시 쓰게 만들고 레지 신부와 같은 내용을 기록하고 있는 고려시대의 『삼국유사』나 20세기에 씌어진 『신단민사』·『신단실기』는 물론 『환단고기』·『단기고사』·『규원사화』 등에 대한 한국역사학계의 위서론을 무력화시키고 이 책들의 역사적인 신뢰성도 높이고 있다.

그동안 단군과 단군조선을 부인하며 역사학계를 이끌었던 이병도 선생이 생의 만년에 일생을 지켜온 사관을 한 단계 발전시켜 단군과 단군조선의 역사성과 실증성을 인정한 것은 한국고대사에서 매우 큰 역사적인 이정표의 의미를 지닌다. 이병도 선생은 젊은 시절 실증주의에 입각한 근대사학을 연구하면서 큰 보람을 느꼈을 것이나 '조선사편수회'에서 연구하면서 실증사학과 식민사학의 경계에서 남모를 고뇌도 많았을 것이다. 최남선 선생이 조선사편수회 공식회의에서 이마니시 류가 『삼국유사』의 내용 중 '석유환국'을 '석유환인'이라고 조작한 이체자문제와 여러 가지 사료 왜곡문제를 제기하여 강력히 항의하는 것을 보고, 민족사학자들이 자신에게 식민사학자라고 비판하는 것을 보며 이병도 선생은 고민이 많았을 것이다. 그러던 중 고고학계가 새로운 사실들을 밝혀내고 '동국세년가'를 찾아내는 등 오랜 친구인 최태영 선생과의 끈질긴 학담이 이병도 선생의 학문을 더욱 완숙하게 발전시켜 사관을 재정립하고 그 뜻을 조선일보에 게재하고 『한국상고사입문』을 최태영 선생과 공저로 출간한 것으로 보인다.

여기에 대해 일부 제자들이 이의를 제기했으나 이병도 선생은 언론과 책을 통해 국민들에게 공개적으로 밝힌 사관변경에 대한 뜻을 바꾸지 않았다. 서울대 역사학과를 열어 후진을 양성하면서 학계와 교육계에 큰 공적을 남겼으나 이것이 이병도 선생의 역사적인 필생의 결정을 바꾸는 데에는 걸림돌이 되었다. 서울대 제자들이나 진단학회가 자신의 사관변경을 부인하고 자신이 바꾼 한국고대사의 패러다임을 거부하는 보루가 되는 것을 허물지 못하고 돌아가셨다. 더 이상 이병도 선생은 식민사학자가 아니라 실증사학자이며 식민사학과 민족사학의 인위적인 구획을 초월한 학자로 보아야 하는 근거가 바로 언론기고와 공저의 출간이다. 일제시대 수많은 민족지도자들이 일생을 꿋꿋이 버티다가 마지막 한 순간 일제에 협력했다는 이유로 '친일인사'로 낙인찍히고 있다면 이병도 선생에 대한 재평가는 당연한 일이다.

이병도 선생의 사관변경에는 서울법대 초대 학장을 지낸 최태영 선생의 희생과 노력이 크게 기여했다. 최태영 선생은 헌법 초안 작성으로 대한민국 건국과 국가를 운영할 일꾼들인 고위관료들은 국혼과 주체적인 역사를 알아야 한다는 입장에서 국가고시에 국사를 필수과목으로 만드는 데 앞장섰는데, 우연히 단군과 단군조선을 부정하는 왜곡된 국사의 내용을 보고 역사를 바로잡는 일에 남은 일생을 바쳤다. 평생 연구해 온 법철학 위에 한국고대사를 직접 연구하여 이병도 선생과 함께 89세에 『한국상고사입문』을 발간하고 105세에 돌아가실 때까지 단군과 단군조선, 그리고 상고사의 역사를 되찾는 일에 앞장섰다.

신채호 선생, 최남선 선생, 그리고 안확 선생은 일찍부터 민족사학을 일으키고 식민사학에 맞서 한국의 역사를 지켜 오신 분들이다. 일생을 독립운동가로서 목숨 바쳐 나라와 역사를 일제로부터 되찾는 일에 나섰다가 옥중에서 또는 불우하게 돌아가신 분들이다. 이분들이 젊은 시절 짧은 기간 동안 역사연구에서 이룬 성과는 너무나 소중하다. 심지어 옥중에서 갖은 고문과 그 후유증인 옥고에 시달리고 목숨이 다하는 순간까지 생명을 단축시키면서 쓴 책들은 미완으로 끝난 경우가 많다. 이분들에게 시간이 조금만 더 있었어도 더욱더 한국고대역사를 많이 되찾았을 것이라는 아쉬움이 강하게 남으면서 그 유업을 후학들이 이어야 한다는 역사적인 사명감을 느낀다. 오래 전에 역사학 발전에 장애가 되는 요인으로 식민사학, 민족사학 등을 비판하는 김운태 교수님의 가르침에 따르며 민족사학자들을 이데올로기에 충실하고 학문이 아니라 민족운동의 수단으로 역사를 악용한다는 비판과 선입관을 한 때 가진 적이 있었다. 그러나 멀리했던 신채호, 박은식, 최남선, 정인보, 그리고 안확 선생 등의 연구물들을 깊이 읽고 이해하게 되면서 잘못된 선입관은 하나씩 허물어졌다.

현대에 와서 김경동 교수님은 한국 사회과학의 특수성과 서구보편주의를 극복하고 한국사회과학의 다원보편주의를 정립함으로 세계학계수준으로 끌어 올린 높은 학문적 성취로 후학의 연구 활동에 사표가 되셨다. 신용하 교수님의 『고조선 국가형성의 사회사』·『한국민족의 기원과 형성연구』·『고조선문명의 사회사』 등과 김용섭 교수님의 『농업으로 보는 한국통사』·『동아시아역사 속의 한국문명의 전환』 등은 이 책의 연구에 훌륭한 길잡이였다. 한강문화와 3부족연합을 통한 고조선 건국을 실증적으로 다룬 신용하 교수님과 팔순이 넘어 병상에서 건강이 악화되는 것을 감수하면서도 집필에 매달린 김용섭 교수님의 사명감에는 경의를 표한다. 『한단고기』를 성실하게 풀이한 임승국 교수, 천문학을 통해 오성취루현상 등을 입증한 박창범 교수, 교육부의 역사왜곡대책실무단장으로서 '목숨을 바쳐 역사를 지킨 깐깐한 사관'의 자세로 많은 국내·외 학자들의 논점을 객관적으로 정리한 성삼제 단장, 최근 수많은 유물들을 밝혀내고 있는 고고학자들 등은 이 책을 쓰는 데 큰 도움이 되었다. 윤내현 교수의 『고조선연구-상·하』와 『고조선 1·2·3』, 그리고 리지린의 『고조선연구』도 이 책의 원고를 거의 마무리한 단계에 소중히 참고하였다.

일생을 국가와 행정에 대해 연구해 온 저자에게 다섯 분 스승님들의 가르침이 컸다. 이한빈 교수님은 저자가 국가학을 일생의 학문주제로 삼는 용기를 주셨다. 김운태 교수님과 박동서 교수님은 대학원에서 조교를 지낸 저자에게 생전에 한국행정의 역사를 연구해야 하는데 깊이 다루는 학자가 없어서 아쉽다는 말씀을 여러 차례 하시면서 은근히 저자가 했으면 하는 암시를 주셨다. 김운태 교수님의 『조선왕조행정사』 등과 박동서 교수님의 『한국행정론』·『한국관료제의 역사적 전개』 등을 이을 한국행정의 뿌리에 대한 연구를 숙제로 남겨두셨다. 강신택 교수님은 저자의 석사논문이 최우수논문으로 『행정논총』에 게재되어 학문의 길로 나설 수 있게 지도해 주셨고, 연구의 논리를 튼튼히 하여 연구대상의 성격에 따라 실증적 접근 이외에 해석학·현상학·비판이론적 접근을 활용하여야 학문이 더욱 발전할 수 있음을 구순을 바라보시는 지금도 솔선수범하시면서 후학들을 지도해주신다. 접근방법의 확장은 한국고대사 연구 성과에 결정적으로 중요한 사항이어서 이 책의 연구에 직접적으로 크게 영향을 주셨다. 마지막으로 백완기 교수님은 국가이론을 고려대에서 강의하고 연구할 기회를 주시고 지속적으로 격려해주셔서 저자가 국가학 연구에 집중할 수 있도록 이끌어주셨다.

지금까지 저자는 국가와 행정에 대해 연구하면서 국가, 국가위기, 국가능력, 거버넌스능력 등에 대해 연구를 집중해왔다. *The State, Public Policy and NIC Development* (1988, Daeyoung Press), 『한국산업화국가론』(1992, 나남), 『한국자본주의국가위기론』(1991, 풀빛), 『국가변동론』(1994, 법문사), 『미군정기의 국가와 행정』(1996, 이화여자대학교 출판부), 『현대 대통령연구 1』(2000, 대영문화사), 『국가능력과 경제통치술』(2002, 이화여자대학교 출판부) 등을 단독 저서로 출간하고, 『국가와 공공정책』·『뉴거버넌스 연구』·『뉴 거버넌스와 사이버거버넌스 연구』·『거버넌스의 정치학』·『거버넌스의 이해』 등을 공동으로 저술하였다. 이러한 학문적인 배경에서 한국고대국가학을 연구하게 된 것이다. 국가학 이론을 바탕으로 고대국가를 연구·해석·비판하고자 하는 것이다.

이 책을 쓰면서 제기한 연구의 질문들은 다음과 같다.

첫째, 한국고대국가인 고조선과 단군은 역사인가 신화인가?

둘째, 동아시아 내에서 고조선의 위상은 중심 국가인가 주변 국가인가?

셋째, 다양한 학문분야와 이론적 관점에 따라 서로 다르게 정의하는 국가의 다양한 개념이 고조선에서는 어떤 성격으로 어떻게 나타났는가?

넷째, 현대 국가이론에 비추어 볼 때 고조선의 국가의 성격은 어떠한가?

다섯째, 고조선에서 국가위기, 국가변동 및 국가능력은 어떻게 전개되었는가?

여섯째, 고조선의 핵심 행정체제와 행정의 주요 내용은 무엇인가?

일곱째, 고조선의 주요 정책은 무엇인가?

이러한 주제에 대해 답하기 위해 몇 가지 방향을 정했다.

첫째, 이론적인 접근은 역사학, 고고학, 사회학, 정치학, 행정학, 경제학, 문화인류학,

천문학, 과학, 국가학 등을 종합적으로 활용한다.

둘째, 방법론적으로도 실증적 접근, 해석학적 접근, 현상학적 접근, 비판이론적 접근 등을 융합적으로 활용한다.

실제로는 이러한 방향을 한 개인이 수용하는 것은 근본적으로 불가능한 일이다. 그것을 알면서도 이렇게 정한 것은 그러한 방향으로 노력해 보자는 의도를 나타내기 위한 것이다. 이러한 연구주제에 대해 이 책에서 제기하는 기본 가설은 '고조선의 높은 국가자율성·경로창조성·연속성·비동시성·거버넌스능력·국가능력은 고조선이 동아시아지역의 최초 중심 국가로 국가의 원형을 만들어 장기간 통치할 수 있게 했다'이다. 그러다가 '국가능력 등이 떨어지면서 고조선은 지역중심 국가의 위상이 무너지고 중국과의 관계에서도 그 위상이 역전하였다'이다.

이 책은 저자의 다섯 손주들과 이들의 친구들인 전 세계의 미래세대를 위해 쓴다. 이들은 생각이 굳어진 기성세대가 아니라 자유롭게 생각하고 새로운 미래를 열어가는 세대이기 때문이다. 세계가 하나인 시대에는 왜곡을 하는 사람도 왜곡을 당하는 사람도 모두 불행하고, 진리만이 모두를 자유롭게 할 것이기 때문이다. '진리를 알지니, 진리가 너희를 자유케 하리라'는 성경의 말씀은 특정 종교와 특정 시대에만 좁은 의미로 한정되는 것이 아니다. 이들은 세계와 호흡하고 아무런 구김 없이 자유롭게 세상을 살아 갈 세대이기 때문이다. 이들은 인공지능(AI)과 함께 살아가는 세대이다.

노론사학·식민사학·실증사학·민족사학·유물사학·민중사학·주체사학 등에 익숙한 사람들보다는 아무런 선입견이나 편견이 없는 모든 나라의 젊은 세대가 '일국사와 사건사'를 넘어 한국고대국가를 폭넓게 이해하는 데 도움이 되길 희망한다. 이들에게 가르칠 국사교과서 문제를 두고 국내에서는 역사내전이 잠복중이고, 한·중·일 삼국은 겉으로는 평화로운 가운데 물밑에서는 역사전쟁이 무섭게 진행 중이며 더욱 심화·확전되고 있다. 적어도 이들이 역사내전과 한·중·일 역사전쟁을 넘어 역사를 폭넓게 이해하는 데 도움을 주고 싶기 때문이다.

이러한 국내·외적인 상황에 손주들과 그 세대들이 인공지능과 더불어 살아 갈 때 이 책이 조금이라도 도움이 된다면 저자는 더 없는 보람이라 생각한다. 이 책을 쓰는데 많은 분들의 도움이 있었지만, 이 책에 남아 있는 오류는 모두 저자의 책임이다. 방대한 자료를 다루면서 부족하고 잘못된 점들은 꾸준히 보완하도록 할 것이다.

이 책을 쓰는 동안 정신적·물질적으로 힘들어 할 때 저자를 격려해주고 도와주신 모든 분들께 진심으로 감사드린다. 특히 한국콜마 윤동한 회장님께 감사드리고, 옆에서 격려해준 아내 정숙과 아들 동욱, 딸 유경, 며느리 나영, 사위 이규하, 손주들인 경서·

은서 · 현지 · 순지 · 지서 등 사랑하는 가족들에게 고마움을 전하고 싶다.

어려운 출판여건에도 기꺼이 이 책의 출판을 맡아주신 대영문화사의 임춘환 사장님과 편집부 여러분의 헌신적인 노력에 깊이 감사드린다. 이 책이 한국고대국가를 연구하고 고조선의 국가와 행정을 이해하는 데 조금이라도 도움이 되었으면 하는 마음 간절하다.

2020년(단기 4353년) 2월 25일
광교산 심재서원에서
김석준

차 례

제 1 부 고조선 국가연구 이론

제2장 고대국가에 대한 국가이론적 접근

제3장 고조선의 건국

제4장 고조선의 성격 논쟁

제 2 부 고조선 국가의 해부: 일곱 얼굴 고조선

제6장 고조선의 '나라'로서의 국가

第7장 고조선의 '지배이데올로기 · 상부구조'로서의 국가

第8장 고조선의 '지배연합 · 지배계급'으로서의 국가

제11장 고조선의 '통치집단과 정권 · 정부'로서의 국가

제12장 고조선의 '황제 · 국왕'으로서의 국가

제3부 고조선 국가의 변동과 주요 행정 · 정책

제13장 국가위기, 세계체제, 사회계급의 상호활동과 국가변동

제14장 고조선의 국가성격과 국가능력의 변동

第15장 ▌고조선의 국가 행정체제와 주요 행정

第16장 ▌고조선의 주요 정책

닫는장

제1부

고조선 국가연구 이론

▮여는장▮

1. 연구 목적과 연구 문제

(1) 연구의 목적

왜 이 책을 쓰는가? 한국행정의 역사적 기원을 찾고, 한국고대국가에 대해 연구하면서 한국고대사학자들의 연구결과에 도움을 받고 의지하고자 했다. 그러나 그것은 쉬운 일이 아니고 도리어 혼란스럽게 하고 미궁으로 이끌고 가는 것을 여러 차례 느꼈다. 그동안 고조선(이 책에서는 단군조선과 고조선을 동일하게 본다)에 대한 다양한 연구자들의 글들을 읽으면서 어느 글이 옳은지에 대한 판단이 어렵게 되었다. 소위 전문연구가라는 학자들이 대부분 공감하는 한국고대국가에 대한 역사학의 패러다임이 없기 때문이다. 한 때 부분적으로 공감하는 내용들이 있었으나 새로운 사료와 고고학 자료들의 발굴로 기존 패러다임이 무너지고 한국고대사와 고대국가에 대한 역사를 전면적으로 다시 써야한다는 주장이 많은 공감을 얻고 있다. 학계 내부만이 아니라 언론과 지식인 및 일반국민들까지 폭넓은 지지를 하고 있다.

이제 고대국가에 대한 관심과 연구는 전문 학자들의 영역에서 벗어나 일반 지식인의 영역으로 그리고 일반 국민들에게까지 확장되었다. 특히 일본의 역사왜곡과 중국 동북공정의 현장을 찾는 국민들이 많아지면서 역사에 대해 자각하고 한국고대역사를 바로 찾고 지키는 일에 대한 관심과 책임감도 높아지고 있다. 미래의 자손들에게 발전된 국가사회를 물려주는 일에 못지않게 과거 선조들의 고대국가 역사를 지키고 바로 찾아 물려주는 일이 이 시대를 살아가는 사람들의 책임이란 인식이 점점 높아지고 있다.

사정이 이러함에도 한국고대사나 한국고대국가에 대한 연구는 역사학자들의 관점과 시각에 따라 너무나 다르기 때문에 일반 국민들은 혼란스럽다. 역사학 연구가 노론사학, 실증사학, 식민사학, 민족사학, 유물사학, 민중사학, 주체사학 등으로 나뉘면서 이들 간의 대결은 학문적인 대결보다는 이데올로기적 대결 양상이고, 다시 강단사학과 재야사학의 대결은 역사내전을 방불케 한다. 여기에 더하여 일본과 중국의 한국 역사왜곡, 특히 한국고대사에 대한 왜곡은 한국에 대한 중국과 일본의 역사전쟁 양상으로 비화되고 있다. 한국의 고대국가와 고대역사를 부정하고자 하는 일본과 중국에게는 국내 역사학자들의 역사내전과 상호비방이 더 없이 좋은 기회이고 역으로 그들에게 결정적으로 강력한 지적인 무기를 공급해주는 병참기지의 역할을 하는 셈이 되었다.

이 때문에 일반 국민들이 역사연구자들에 대한 평가자와 심판자로 자발적으로 동참하고 있다. 정부의 역사왜곡대책반장으로 있으면서 국・내외 역사학계의 다양한 논쟁들을 비망록으로 정리한 성삼제의 『고조선 사라진 역사』가 이러한 내용을 잘 소개해주고 있다. 그러면서 중립적인 공무원이기에 쓰고 싶은 많은 얘기들을 못다 쓴 사정도 책의 행간에서 읽을 수가 있었다. 그는 국내・외 역사학자들의 이론적인 편협함과 학문적인 오만함을 간접적으로 국민들에게 고발하고 있다. 이런 마음은 성삼제 만이 아닐 것이다. 많은 지식인들이나 국민들도 함께 공감하는 내용이다. 이러한 국내 역사학계의 역사내전과 한・중・일 역사전쟁에 적절하게 대응하기 위해서는 한국고대국가에 대한 성격을 이론적・객관적・종합학문적・융합적 접근에 의해 규명하는 것이 불가피한 상황이다.

이에 이 책의 연구 목적은,

첫째, 한국고대국가의 기원과 그 성격, 그리고 국가 위기를 극복하는 국가와 행정 및 국가능력을 밝히는 것이 기본 목적이다. 그것을 위해 선행연구들에 대한 비판적 논의와 체계적인 점검을 한 후 고대국가의 기원과 그 성격을 밝힐 것이다.

둘째, 한국고대국가에 대한 노론사학, 실증사학, 식민사학, 민족사학, 유물사학, 민중사학, 주체사학 등을 비판적으로 종합하고, 사회과학과 자연과학 등의 다양한 방법을 활용하여 통합적인 연구를 하고자 한다. 국내외의 역사왜곡 노력과 그 사실을 밝히면서 논점에 대한 다양한 연구 결과들을 비교하고 비판적으로 검토하여 역사적 사실의 범위를 밝히도록 한다.

셋째, 이 책은 국가학적 관점에서 실증적・경험적 분석을 기본으로 하지만 거기에서 밝혀지지 않는 내용들에 대하여서는 비판이론, 현상학, 해석학 등 질적 방법을 통해 최대한 한국의 고대국가의 기원과 성격을 밝히도록 한다. 한국고대국가에 대한 역사적 증거들은 지극히 제한되고 일부는 왜곡・변조・파괴・은닉 등의 장애요인들이 남아 있는 만큼 합리적 의문에 대한 답을 질적인 방법을 통해 다양하게 밝히려는 노력들을 하고자 한다.

넷째, 이 책은 인공지능(AI)과 함께 살아가는 미래세대를 위해 쓰는 만큼 그동안 역사학자들이 담당해 온 많은 부분은 인공지능의 도움을 받을 수 있는 만큼 인공지능과 함께 할 수 있는 융합적·종합학문적 연구를 하고자 한다. 기존의 사관이나 사학 등에 익숙한 사람들보다는 아무런 선입견이나 편견이 없는 젊은 세대가 한국고대국가를 이해하는데 도움을 주기 위해서는 이들 사관·사학의 차이를 넘고 융합·통합할 수 있는 연구를 해야만 한다. 이들은 하나만 옳고 나머지는 틀리는 것이 아니므로 각각의 설명력을 상호보완적으로 통합해야 하기 때문이다.

이 때문에 이 책의 연구 목적은 한국고대국가인 고조선의 성격을 종합학문적·융합적 접근을 통해 명확하게 규명하는 것이다. 잃어버린 역사와 지워진 국가를 바로 찾아 한국고대국가의 성격을 밝혀내는 것이 이 책의 연구 목적이다.

(2) 연구의 문제

이러한 목적은 몇몇 연구자들이 이룰 수 있는 일은 아니지만 그 일부라도 달성하기 위해 이 책을 쓰면서 가장 시급하고 중요하다고 생각한 대표적인 연구의 질문들은 다음과 같다.

첫째, 한국고대국가인 고조선과 단군은 역사인가 신화인가? 고조선은 어떻게 전개되어 왔는가? 국내외 사료 중 어느 쪽이 더 타당성과 신뢰성이 높은가?

둘째, 동아시아에서 고조선의 위상은 대제국인가 주변 국가인가? 고조선과 세계문명과의 관계는 어떻게 전개되었는가? 고조선과 중국 및 일본과의 관계는 어떠했는가? 스펭글러와 토인비의 문명순환론이 고조선 국가의 기승전결단계(제1~4정권)에서 어떻게 나타났는가?

셋째, 고조선 시대의 국가란 무엇인가? 현재 다양한 학문분야와 이론적 관점에 따라 다르게 정의하는 국가의 개념이 고조선 시대에는 어떤 내용으로 나타났는가? 현대 사회과학의 이론들이 국가라고 규정하는 '나라', '지배이데올로기', '지배연합·지배계급', '사회관계의 응집', '관료기구와 법 질서의 총체', '통치집단·정권·정부', 및 '국왕'이라는 '일곱 개의 얼굴들'이 고조선 시대에는 어떤 모습이었는가? 이들 상호 간의 관계는 어떻게 전개되었는가?

넷째, 현대 국가이론에 비추어 볼 때 고조선의 국가능력과 국가성격은 어떠했는가? 국가의 역할, 국가의 힘, 국가 자율성, 국가 경로창조성·경로의존성, 연속성·비연속성, 비동시성의 동시성, 거버넌스, 국가능력 등을 고조선 시대에도 찾아 볼 수 있을까? 그들은 어떤 성격이었는가?

다섯째, 고조선에서 국가위기, 국가변동 및 국가능력은 어떻게 전개되었는가? 세계체제와 사회계급이 고조선 시대에는 국가에게 어떤 영향을 주었는가? 이들 간의 관계는?

여섯째, 한국행정의 역사적 기원으로서 단군조선의 핵심 행정체제와 행정의 주요 내용은 무엇이며 국가능력과의 관계는 어떠한가?

일곱째, 한국 행정과 정책의 역사적 기원으로서 고조선의 주요 정책은 무엇인가? 국가능력이나 국가성격과의 관계는?

여덟째, 고조선의 정권변동과 국가능력의 변동이 당시 동아시아 세계에서의 고조선의 국가위상 변동에 어떻게 영향을 주었는가?

아홉째, 고조선 역사의 기록들에 대한 위서론의 주장들은 적실성이 있는 것인가? 고조선에 관한 『규원사화』·『환단고기』·『단군세기』·『단기고사』 등의 역사서들에 대한 위서론의 주장과 그 주장에 대한 반증의 내용들은 무엇이며 이들의 적실성은 어떠한가?

2. 연구의 기본 가설과 연구 내용

(1) 연구의 기본 명제와 가설

이 책의 연구주제에 대해 제기하는 개괄적인 명제들은 다음과 같다.

[명제 I]: '세계체제·사회계급·국가의 상호활동이 고조선의 국가위기·정권변동·국가변동을 가져와 동아시아 세계에서의 국가위상을 결정한다.'

[명제 II]: '고조선의 국왕·통치세력·지배연합변동이 국가능력의 변동을 가져와 동아시아 세계에서의 국가위상을 결정한다.'

[명제 III]: '국왕의 통치능력과 국왕교체방식·통치세력과 지배연합의 변동·수도이전 등이 결합하여 고조선의 정권변동과 국가능력변동을 가져온다.'

이들은 고조선의 역사적 전개와 관련하여 아래와 같은 가설들로 세분화할 수 있다.

[기본가설 I]: '고조선은 한·예·맥족의 연합으로 건국한 후 한족·맥족·예족(기자족)이 차례로 집권하여 제1~3정권을 형성하여 동아시아지역에서 최초의 중심국가로서 국가의 원형을 만들어 장기간 통치할 수 있게 했다.'

[가설 I－1]: '고조선은 한・예・맥족의 연합으로 건국한 후 말기에 예족(위만족)이 쿠테타로 집권하여 제4정권을 형성하였으나 지배세력이 분열하여 동아시아지역에서의 중심국가의 위상이 무너지고 중국과의 관계에서도 그 위상이 역전되었다.'

[기본가설 II]: '고조선은 건국 후 한족・맥족・예족(기자족)이 차례로 집권하여 제1~3정권을 형성하여 초・중・후기까지 높은 국가능력(국가힘・국가역할・국가자율성・비연속성・비동시성・경로의존성・거버넌스능력)을 유지하여 장기간 통치할 수 있게 했다.'

[가설 II－1]: '고조선은 건국 후 말기에 예족(위만족)이 집권하여 제4정권을 형성하였으나 '강한 국가의 역설'로 국력이 약화되고 국가능력(국가힘・국가역할・국가자율성・비연속성・비동시성・경로의존성・거버넌스능력)이 낮아지면서 중국과의 전쟁에서도 패하여 고조선은 지역중심국가의 위상이 무너지고 중국과의 관계에서도 그 위상이 역전하였다.'

[기본가설 III]: '국왕의 통치능력과 국왕교체방식・통치세력과 지배연합의 변동・수도이전 등이 결합하여 고조선의 기・승・전・결의 정권변동과 국가능력변동을 가져왔다.'

[가설 III－1]: '고조선 기의 단계 제1정권은 국왕의 높은 통치능력・세습에 의한 국왕교체・한족 통치세력과 한족 중심의 지배연합・평양성 아사달 수도 정착을 통한 안정된 연합정권과 높은 국가능력으로 성공적인 국가형성을 이루었다.'

[가설 III－2]: '고조선 승의 단계 제2정권은 국왕의 높은 통치능력・5가합의추대에 의한 국왕교체・평등지향의 맥족 통치세력과 맥족 중심의 지배연합・백악산 아사달로의 수도이전을 통한 강력한 연합정권과 높은 국가능력으로 성공적인 국민형성을 이루었다.'

[가설 III－3]: '고조선 전의 단계 제3정권은 국왕의 높은 통치능력・쿠테타(색불루・기자족)에 의한 집권과 이후 왕위계승에 의한 국왕교체・성장지향의 예족 통치세력과 예족(기자족) 중심의 지배연합・백악산 아사달(기자족)과 맥족 통치세력의 장당경 아사달로의 수도이전을 통한 강력한 연합정권과 높은 국가능력으로 성공적인 경제발전을 이루었다.'

[가설 III－4]: '고조선 결의 단계 제4정권은 국왕의 낮은 통치능력・위만의 쿠테타에 의한 집권과 이후 왕위계승에 의한 국왕교체・성장지향의 예족 통치세력과 예족(위만족) 중심의 지배연합・백악산 아사달(위만족)과 맥족 통치세력의 평양성 아사달로의 수도이전을 통한 연합정권의 약화와 국가능력의 쇠퇴로 국가가 붕괴되었다.'

(2) 연구의 명제와 기본 가설을 설정한 이유

첫째, 역사학의 대표적인 학자인 오스발트 슈펭글러의 '발생 · 성장 · 노쇠 · 사멸의 기승전결론'[1]과 아널드 조셉 토인비의 '도전과 응전에 의한 문명의 탄생 · 성장 · 붕괴 · 해체의 4단계 사이클이론'[2]이 2000여 년이나 지속되었던 고조선에서는 어떻게 전개되었는지를 확인해 보기 위해서이다.

둘째, 고조선이 한 · 예 · 맥족의 연합으로 평양성을 도읍으로 삼고 고조선을 건국하여 먼저 한족이 왕족이 되고 맥족이 왕비족이 되어 제1 단군정권인 한족정권을 수립하여 지배하다가, 왕비족이던 맥족이 5가회의를 통해 황제로 추대되어 제2 단군정권인 맥족정권을 수립하여 도읍을 백악산 아사달로 옮기고, 제후족이었던 예족의 기자족이 백악산 아사달을 점령하여 제3 단군정권인 기자정권을 수립하자 고조선의 본국인 단군조선은 장당경 아사달로 옮겼고, 예족인 위만족이 기자정권을 장악하여 제4 단군정권인 위만정권을 수립하자 단군조선은 평양성 아사달로 돌아와 단군조선을 이었다는 『삼국유사』의 기록을 볼 때, 고조선에서는 지배족과 정권변화 및 빈번한 도읍 이전이 함께 이루어져서 국가변동의 변수들이 복합적으로 상호작용하여 이들의 관계를 규명하는 것이 고조선의 국가 위상 변화를 밝히는데 중요하기 때문이다.[3]

셋째, 고조선 몰락 이후 등장한 한민족의 열국들이 거의 비슷한 원형의 국가의 세부적인 성격들을 지니고 있다는 점 때문이다. 한 나라의 공통된 경험이나 제도 및 경로의 축적이 없다면 그 후예인 열국들이 비슷한 성격들을 지니기 어렵다.

넷째, 고조선이 동아시아 지역의 최초의 국가이고 유물과 유적들을 볼 때 역사적인 시기가 가장 빠르고 그 영토의 영역도 가장 넓어 대제국으로서의 면모를 가지는 것으로 보이기 때문이다.[4]

---

1) Oswald Spengler. 1926. *The Decline of the West*. George Allen & Unwin; Oswald Spengler. 1928. *The Decline of the West*. vol. 1－2. Alfred A. Knopf; Oswald Spengler 저. 박광순 역. 1995.『서구의 몰락』1－3권. 범우사; 오스발트 A. G. 스펭글러 지음. 양해림 옮김. 2008.『서구의 몰락』. 책세상.

2) Arnold Josepn Toynbee. 1987. *A Study of History* vol. 1~2. Oxford Universiy Press; 아놀드 조셉 토인비 지음. 노명식 역. 1982.『역사의 연구』1－2. 삼성출판사; 아놀드 조셉 토인비 지음. 홍사중 옮김. 2007.『역사의 연구』. 동서문화사.

3)『삼국유사』의 기록을 면밀하게 보면 단군의 4차례에 걸친 천도와 기자 및 위만이 정권을 잡는 과정을 소상하게 기술하고 있어서 고조선의 4개의 정권의 차별성 및 단군조선과 기자조선 · 위만조선의 공존관계를 파악할 수 있다. 이것에 대해서는 뒤에서 각각 소상하게 차례로 밝히도록 한다.『삼국유사』권 제1. 기이 제1. <고조선>조; 일연 지음. 김원중 옮김. 2008.『삼국유사』. 민음사: 19－23.

다섯째, 문화이데올로기의 측면에서 볼 때에도 고조선문명(아사달문명)이 문화적인 포용성과 보편성 및 문화융합성을 지니고 있어서 문화력의 수준이 아주 높기 때문이다. 특히 동양문화의 중심인 공자 자신이 고조선을 동경의 대상으로 삼는 이상국가로 보고 있는 점은 고조선의 역사적인 시간과 품격 수준이 중국보다 크게 앞서고 높은 것으로 평가되기 때문이다.

여섯째, 그동안 정통 사학계에서 위서로 의심하는 사료들의 내용이나 위서논쟁의 내용을 검토할 때 역사적 시간과 행정의 전문화 수준이 중국이나 일본보다 크게 앞서고 높기 때문이다.

여섯째, 한국의 고대문명인 고조선문명(아사달문명)이 시베리아나 중국 황하유역으로부터 전해졌을 것으로 주장되었으나 최근 요하문명 유물들의 발굴과 그 연구결과는 고조선 지역의 청동기문화 개시 연대가 시베리아나 황하 유역보다 앞선 것으로 나타났기 때문이다. 청동기문화의 시작 연대가 시베리아 카라수크문화는 기원전 1200년경이고 황하 유역은 서기전 2200년경인데 고조선 지역은 기원전 2500년 무렵이고 요하문명·홍산문화는 기원전 4000~2500년경이다.[5)]

일곱째, 저자의 기존 국가연구 결과인 『한국산업화국가론』과 『한국자본주의국가위기론』 및 『미군정기의 국가와 행정』[6)] 등 한국 현대국가에 대한 연구에서 도출된 '세계체제·사회계급·국가의 상호활동의 결과로 한국의 정권변동이 전개되었다'라는 가설적 명제를 한국의 고대국가인 고조선의 국가변동에도 적용해보기 위해서이다. 한국 현대국가에서 일제강점기·미군정기·제1공화국은 세계국가체제가 주도한 국가변동·정권변동의 시기이고, 제3공화국~제5공화국은 군대가 중심이 된 국가 주도기이며, 6월민주항쟁 이후 출범한 제6공화국 노태우·김영삼·김대중·노무현·이명박·박근혜·문재인 정권은 민중세력이라는 한국 특유의 사회계급 주도기로 구분된다. 한국의 국가변동·정권변동은 세계체제·국가·사회계급의 상호활동의 결과임이 확인된 만큼 2000여 년이나 지속되었던 고조선에서는 어떤 변수들이 주도하고 이들이 어떻게 전개

4) 신용하. 2010. 『고조선 국가형성의 사회사』. 지식산업사: 143-156; 신용하. 2017. 『한국민족의 기원과 형성 연구』. 지식산업사; 신용하. 2018. 『고조선문명의 사회사』. 지식산업사.

5) 한반도에서 발굴된 청동기 유적은 문화재관리국 발굴단이 발굴한 양평군 고인돌 유적과 목포대 박물관이 발굴한 영암군 장천리 주거지 유적으로 기원전 2500년 유적들이고, 만주 요서지역 하가점하층문화인 내몽골자치구 적봉시 지주산 유적은 기원전 2500년 무렵으로 잡고 있다. 윤내현. 2015. 『고조선 연구-상』. 만권당: 37; 김용섭. 2015. 『동아시아 역사 속의 한국문명의 전환』. 신정증보판. 지식산업사: 83-87.

6) 김석준. 1992. 『한국산업화국가론』. 나남; 김석준. 1991. 『한국자본주의국가위기론』. 풀빛; 김석준. 1996. 『미군정기의 국가와 행정』. 이화여자대학교 출판부.

되었는지를 확인해 보고자 한다. 나아가 국가의 성격을 나타내는 국가자율성·국가경로창조성·국가연속성·국가비동시성·거버넌스·국가능력이라는 6개의 변수들이 고조선의 국가변동과 정권변동 그리고 정책변동에는 어떠한 관련성을 가지고 있는지를 살펴보는 것도 고대국가에 대한 이해의 수준을 높여줄 수 있기 때문이다.

여덟째, 이러한 명제와 가설설정 및 이들에 대한 규명활동을 종합학문적·융합적 접근을 통할 때 기존의 가설과 더불어 새로운 가설의 확인도 가능한 일이기 때문이다. 실증적·역사학적 접근에 따를 때 고조선의 실체에 대해 부정하는 견해가 엄존하는 현실에서 이러한 가설들을 설정하고 논의하는 것이 적실성이 떨어진다고 주장할 수 있다. 그러나 해석학·현상학·비판이론적 접근과 종합학문적 접근을 하면 이 책이 시도하는 명제와 가설을 어느 정도 입증할 수도 있을 것으로 기대한다. 이러한 가설들은 10여 년 전 연구의 초기에 설정했는데, 연구가 진행되는 지난 몇 년 간 이 가설들을 지지해주는 증거들이 속속 드러나고 있다. 세계 최초의 골침 발견, 요하문명·홍산문화 유적의 지속적인 발굴, 세계 최초의 볍씨 화석 발견, 천부경에 관한 14세기 목은 이색문집 기록의 발견, '오성취루' 현상에 대한 고천문학의 확인, 18세기 프랑스 레지신부의 보고서, 여러 고조선 유물과 사료들의 발굴은 이 가설을 지지해주는 유용한 자료들이다. 이들은 엄격한 의미의 가설이라기보다는 연구의 주요 내용과 연구의 방향성을 제시하는 차원으로 해석할 수도 있다.

(3) 연구의 주요 내용

인류는 왜 국가를 형성하였는가? 자연상태의 씨족집단으로 살다가 부족집단을 형성하고 부족연맹체가 국가의 형태를 띠게 되었다면 왜 그러한 변화가 일어났을까? 이 책은 위기와 국가변동의 관점에서 국가의 기원을 밝히고자 한다. 국가나 집단이 스펭글러와 토인비의 문명순환론인 기승전결이라는 과정을 거쳐서 흥망성쇠를 반복하면서 발전한 것으로 본다. 집단이나 국가가 씨족집단, 부족집단, 고대국가, 중세국가, 근세국가, 근대국가, 현대국가 등으로 이어지면서 발전했다면 각 단위는 나름대로 위기를 겪으면서 다음 단계로 발전하였을 것이다.

이 책에서는 첫째, '국가란 무엇인가'에 대한 대답으로 국가를 '나라, 상부구조와 지배이데올로기, 지배계급 또는 지배블럭, 사회관계의 응집, 관료기구와 법 질서의 총체, 정부·정권 또는 통치집단, 국가통치(관리)자' 등의 7가지 차원의 국가 개념으로 나누어 분석하고 이들을 통합하여 해석하고자 한다. 이것은 국가를 연구하는 학문과 관점에 따라 너무나 다양하게 규정되기 때문에 역사학, 정치학, 사회학, 법학, 경제학, 국가학, 행정학, 철학 등 다양한 학문적 이론들과 학문별로 정통이론과 마르크스주의 수정이론 및 통합이론 등의 서로 다른 관점을 최대한 융합하여 종합적으로 분석하기 위한 목적을 반영하기 위한 것이다. 국가에 대한 이해는 학문별로, 시대별로, 관점별로 너무나 달라 그동안 한국의 현대국가에 대한 이해와 설명은 학문과 관점별로 서로 소통이 어려울 정도이다. 한국고대국가에 대한 연구도 현대국가의 연장선 위에 있다고 볼 수 있기 때문에 한국고대국가를 보다 정확하게 이해하고 설명하기 위해서는 다양한 학문의 이론적인 자원을 동원하여 연구의 적실성을 높이기 위해 국가에 대한 7가지 차원의 개념과 이론을 활용하고자 한다. 개별적으로는 '일곱 얼굴의 국가'일 수 있으나 이들을 융합시켜 국가를 이해한다면 보다 종합적 · 입체적인 국가로 파악할 수 있을 것이다.

둘째, 한국의 고대국가 시대에 씨족집단이나 부족집단이 서로 연합하여 초기 국가와 고대국가를 형성하고 발전하여 대제국을 건설했다가 다시 여러 국가로 나뉘어져 고대국가가 일어났다가 해체되면서 다음 단계로 전개되었다면, 어떤 이유로 어떻게 이어지면서 발전해 왔는지를 한국의 고대국가 형성의 기원과 고조선의 국가와 행정의 성격을 중심으로 분석하고자 한다. 이러한 국가형성과 발전 및 쇠망 등은 국가의 7가지 서로 다른 차원에서의 변동으로도 나타났을 것인 만큼 이들의 변동에 대해서도 각각의 국가 성격이 다르게 전개되었을 것이다. 이들 7가지 국가의 변수들 간에 상호 긴밀한 관계가 있고 그들 간에 서로 돕는 경우와 반대로 서로 제약하는 관계가 있을 수도 있을 것이다. 그들의 관계는 상관관계나 인과관계로 나타날 수 있으나 얼마나 충실하게 밝혀 낼 수 있느냐는 것은 신뢰할 만한 정확한 역사적인 사료의 정도에 크게 달려 있다.

이때 7가지 국가의 변수들의 동태적인 변동 단계를 스펭글러의 문명순환론에 따른 기승전결 또는 흥망성쇠 · 흥성쇠망의 단계라는 유기체 삶의 사이클을 중심으로 분석할 수 있을 것이다. 장기 · 중기 · 단기의 사이클로 이어지는 기승전결의 단계는 하나의 사이클이 끝나면서 새로운 사이클이 겹쳐서 일어나기 때문에 하나의 주체가 결의 단계일 때 새로운 국가 주체에게는 기의 단계일 것이고, 이들이 겹치면서 기의 힘이 결의 힘을 이길 때 새로운 국가가 탄생하고 그 이전의 국가는 소멸하게 될 것이다.

셋째, 삶의 사이클에서 각 단계의 전환, 특히 마지막 단계인 '결' 또는 '흥망성쇠'의 '망'의 단계는 유기체로서는 '위기'의 단계로 보고 위기의 성격을 중심으로 고대국가의 발전과 기원을 분석하고자 한다. '위기'는 국가의 주체를 무엇으로 보느냐에 따라 '나라 위기, 지배이데올로기 위기, 지배계급 위기, 사회관계 위기, 관료기구와 법 질서 위기, 정부 · 정권 또는 통치집단 위기, 국가통치(관리)자 위기' 등으로 달라질 수 있고 거기에 따라 국가변동의 성격도 달라진다. 고대국가의 기원은 각 집단이 당면한 위기의 차원이나 성격에 따라 그 성격이 다르게 된다. 국가가 그러한 위기를 어떻게 극복하느냐에 따라 국가가 발전하여 번성하기도 하고, 쇠약하고 소멸하기도 한다. 그것은 국가가 지니고 있는 국가의 성격과 국가능력에 따라 결정된다.

넷째, 국가는 과거의 국가에서 현대의 국가를 볼 수 도 있고, 반대로 현대의 국가를 기준으로 과거의 국가를 추정·이해할 수도 있는데, 이 책에서는 국가의 다양한 현대적 개념을 기준으로 고대국가의 성격을 역으로 추적하고자 한다. '국가란 무엇인가'라는 관점에서 다양한 국가이론들이 규정하는 국가의 7가지 차원에서의 개념을 중심으로 하여 국가발전의 각 단계에서 고대국가의 위기와 발전의 상관성 및 그 성격을 분석하고자 한다. 이것은 현재의 시각으로 과거의 '국가란 무엇인가'라는 차원에서 한국고대국가의 성격을 분석하는 것이다. 비유하면 이것은 마치 고고인류학에서 인간의 조상에 해당 하는 고대 인류의 두개골 조각을 가지고 거기에 살을 붙이고 피부와 머리카락 등을 붙여서 고대 인간의 모습을 추정하는 것과 유사하다. 오늘날의 인간의 모습을 다양하게 유형화하고 그 가운데 가장 가까운 것을 기준으로 하여 고대 인류의 모습을 추정하는 방식과 유사할 수 있다.

다섯째, 국가의 성격을 사회 중심적 시각과 국가 중심적 시각을 통합하여 국가성격과 국가변동을 분석하도록 한다. 먼저, 사회 중심적 시각은 외부세계 또는 국제적인 관계(전쟁과 외교 등 군사외교관계, 경제교역관계), 그리고 국내 지배계급 및 피지배세력과 국가의 관계를 중심으로 분석한다. 이 경우에는 국가가 환경변수들 간의 관계에 의해 형성되고 변화된다는 전제를 따르는 것이고, 지배세력을 한·예·맥의 3부족[7]이나 예·맥의 2부족[8] 등을 중심으로 설명할 수 있다. 다음으로, 국가 중심적 시각에서는 국가를 주체적이고 독립적인 변수로 파악하여 독자적인 통치지배기구와 통치이데올로기로 나누어서 그 성격을 분석하기도 한다.[9] 이에 본 연구는 이들 변수를 모두 포함하여 사회 중심적 시각과 국가 중심적 시각을 통합하는 관점에서 국가변동을 분석하도록 한다.[10]

---

7) 신용하는 단군조선의 건국을 한·예·맥의 3부족의 연맹 형성으로 보고 있다. 신용하. 2010: 45－112.

8) 김용섭은 예·맥의 2부족 연합으로 설명하고 있다. 김용섭. 2017.『농업으로 보는 한국통사』. 지식산업사: 29－31.

9) 진덕규. 2002.『한국정치의 역사적 기원』. 지식산업사: 51－60.

10) 이러한 통합 이론적 시각에서 저자가 연구한 선행 연구들은 여러 저서들과 논문들이 있으나 저서들의 대표적인 예는, 김석준. 1991; 김석준. 1992; 김석준. 1996; 김석준. 2000.『국가능력과 경제통치술』. 이화여자대학교 출판부 등이 있다.

여섯째, 한국고대국가의 국가의 성격을 국가의 역할, 국가의 힘, 국가의 계급성과 자율성, 국가의 연속성과 비연속성, 동시성과 비동시성, 경로창조성과 경로의존성, 국가능력 등을 중심으로 분석하고자 한다. 국가의 역할은 제사장과 군장, 안보와 제의 등의 역할이고, 국가의 힘은 군사력과 경제력, 경성권력과 연성권력, 강한 국가와 약한 국가 등을 나타낸다. 국가의 자율성과 계급성은 세계체제나 국내 사회계급 간의 관계를 나타내고, 연속성과 비연속성은 역사적인 성격의 지속성과 단절성으로 나타난다. 동시성과 비동시성은 사회관계나 역사성의 공간적인 동시성과 비동시성을 나타내며, 경로창조성과 경로의존성은 국가가 새로운 것을 만들어 가는지 아니면 주변 외국이나 선행 국가의 경로를 따라가는지에 대한 것이다. 국가능력은 국가가 목적이나 이데올로기를 실현시키는 능력을 의미하며 국가가 위기를 당할 때 그것을 극복할 수 있는 능력을 의미한다. 이러한 모든 것을 다루는 것이 국가의 성격 분석 틀이며 이들을 차례로 분석하고자 한다.

이 과정에 국가의 성격은 국가의 고대성, 중세성, 근세성, 근대성, 현대성 등으로 나타나고, 이들을 지역적 · 세계체제적 · 역사적 · 인류문명사적 차원에서 성격을 비교하고 규명할 때, 연속성 · 동시성 · 경로창조성 · 국가능력 등을 파악할 수 있다. 이들이 역사적인 시간의 변화에도 불구하고 면면히 이어져오는 전통이나 특성과 같은 고유성을 지니면서 역사적인 전개에 따라 추가되는 시대성을 지닌다고 보고 그것을 찾아내고자 한다. 그것이 한국고대국가에서는 어떻게 나타났는지를 분석하도록 한다. 구석기시대, 신석기시대, 청동기시대, 철기시대 등의 고대사회와 고대국가의 전개가 전 지구적인 차원에서는 어떻게 일어났는지를 보면서 한국고대국가와 사회의 성격을 분석한다. 예를 들면, 고대국가가 형성되었다는 청동기시대가 인류 역사에서는 동시적으로 발생했는지 아니면 지구상에 지역별로 시대를 달리하면서 일어났는지를 검토하여 한국 고대국가의 기원을 밝히고자 한다. 이때 세계 역사에서의 원시수렵시대, 농경사회 시대, 산업사회, 후기산업사회, 지식정보사회 등 경제적 발전단계를 참고한다.

역사적 동시성과 비동시성은 혼재한다. 21세기인 지금도 아프리카나 세계의 원시림에서는 원시인들과 원시사회가 존재하고 있음은 21세기라는 현대와 고대 원시사회가 공간을 달리하여 비동시적으로 공존함을 의미하여 비동시성의 동시성이 나타나고 있음을 보여주는 극단적인 사례이다.

일곱째, 한국고대국가의 기원과 국가성격을 분석하기 위한 연구방법은 과학적 · 실증적 접근을 중심으로 하되, 비판이론적 접근, 해석학적 접근, 현상학적 접근 등 질적 연구방법을 함께 사용하도록 한다. 좁은 시야의 실증주의에만 몰입할 경우, 이론을 잊어

버리고 이론이나 논리가 없는 실증주의 만능에 빠질 우려가 크다. 사건사나 개별 사실에만 매몰되어서 오는 문제가 무엇인지를 밝히고, 그것을 포괄·보완할 수 있는 이론들을 제시하면서 고대국가를 융합이론적으로 연구하고자 한다. 그 과정에 한국사학자들이 지니고 있는 편협한 실증주의를 극복하고, 노론사관, 식민주의 사관, 민족주의 사관, 주체사관, 유물사관 그리고 민중주의 사관 등이 지니는 이데올로기 과잉의 측면을 극복하고자 한다. 한국의 고대국가에 대한 연구에서 고대국가의 성격을 후대에 왜곡시키는 국내외의 요인들과 그들의 왜곡 내용을 검토하면서 한국고대국가의 기원을 밝히고자 한다. 여기에 관한 다양한 위협과 그 위협을 바로 잡기 위한 노력과 연구결과를 다양한 시각에서 분석하여 한국의 고대국가의 기원과 그 성격을 규명하고자 한다. 그 과정에 고대한국역사에 대한 사료의 위서논쟁이 검토될 것이다.

여덟째, 세계문명사적 관점에서 한국 고대사회와 고대국가의 성격이 이어진 것인지 단절된 것인지를 연속성과 비연속성의 차원에서 분석하고자 한다. 한국의 남녀 궁사들, 피겨선수들과 여자 골프선수들이 올림픽에서 다른 국가들이 따라 올 수 없는 기적과 같은 성적을 올리는 것은 한국인이 고대로부터 물려받은 민족성, DNA 때문이라는 주장이 광범위하게 인정되는 것도 과연 역사적인 연속성의 결과인가? 한국인들에게 수천 년 간 이어오는 "집요한 저류"[11]가 과연 있는가 아니면 단절되고 새로운 성격으로 다시 시작되어 온 것인가?

이 책에서는 한국민족, 한국사회, 한국국가, 한국인의 이념과 가치관 등 다양한 측면에서 연속성으로 나타나는 것인지 아니면 비연속성을 기본 성격으로 하는지를 고대국가와 사회의 분석에서 역사적으로 밝히고자 한다. 연속성, 전통성, 국가성과 여기에 역사적으로 가미되는 고대성, 중세성, 근세성, 근대성, 현대성 등을 상정하고, 이들과의 관계 속에서 국가성과 역사성을 밝히고자 한다.[12]

아홉째, 한국고대사의 성격, 고대국가와 사회의 역사적 시간의 동시성과 비동시성의 문제를 분석하고자 한다. 지구 차원의 인류역사에서 전개되는 역사성이 한국 고대사회에서도 동시적으로 일어나는지 아니면 비동시적으로 일어나는지를 밝혀보고자 한다. 그리고 동시성과 비동시성이 누구의 주도로 나타나는지를 비교해 보고자 한다. 그것은 역사의 선도와 추종이라는 형태와 문화의 교류 그리고 민족의 이동 등으로 나타날 것

11) 진덕규는 '집요한 저류'가 있음을 밝히고 있다. 진덕규. 2002: 7-11. 617-620.

12) 중국의 경우, 오랜 역사에서 지배세력과 왕족이 급격하게 바뀌어 왔다. 몽고족, 만주족, 한족, 여진족 등이 왕조를 교체해오면서 중국은 문화적, 민족적, 인종적, 정치적, 행정적인 비연속성위에서 연속성을 이어왔다. 이집트, 메소포타미아, 인더스 및 황하문명 등 세계인류 문명의 4대 발상지에서도 흥망성쇠를 겪으면서 역사적으로 단절되어 왔다.

이다. 한국인이 중국과 일본으로 가서 선진문화를 전파하고 왕실을 중심으로 고대국가의 건립에도 기여했다면 시간적 비동시성에서 고대 한국이 고대 중국이나 일본보다 앞선 것이고 중국과 일본의 변화를 주도한 것이다.

반대로 고대 한국이 고대 중국으로부터 문화를 전수받았다면 그 역사적 시간은 그만큼 중국에 뒤 떨어진 것이다. 이러한 국가 간, 지역 간, 집단 간 역사적 시간의 성격이 규정되지만, 역사의 전개과정에서 그것이 역전되고 또다시 역전되는 등 역사에서의 시간이 다양하게 변화할 수 있다. 역사시간에서의 동시성과 비동시성을 혼재로서의 의미보다는 누가 누구에게 어떤 영향을 주었고, 역사전개에서 그들의 관계가 어떻게 변화하였는지를 밝혀 상호 인과성이나 상관성을 밝혀내게 할 수 있다.

열째, 한국고대국가의 기원과 성격을 밝히고자 한다. 한국고대국가의 성격, 정치체제, 행정체제, 이데올로기, 지배계급, 헌법과 법 체제, 관료체제, 지방행정체제 및 주요 국가정책 등에 대해 밝히고자 한다. 한국고대국가로서 고조선이 동아시아지역의 중심국가·패권국가로서 이 지역 고대국가의 경로를 창조하고 그것을 중국과 일본에 전수하다가 일정기간 이후에는 문화역전현상이 발생하여 단군조선 이후 열국과 4국 및 남북국 시대에는 중국의 영향을 되돌려 받게 되는 과정을 분석하고자 한다.

3. 선행연구와 국가학 이론 적용의 가능성과 한계

(1) 선행연구의 공헌과 한계: 역사학에서 종합과학으로

한국고대국가에 대한 선행연구들은 주로 역사학적인 접근으로 이루어져 왔다. 고대국가에 대한 많은 기록들이 있어서 역사학적인 접근은 고대로부터 이루어져왔으나 아쉽게도 고대시대의 대부분의 많은 문헌들은 지금 존재하지 않는 근본적인 한계를 지니고 있다. 중세인 고려시대 이후의 역사서들 가운데 지금도 전해지는 역사기록들은 유교나 불교 등 종교적인 영향을 받은 것으로 비판받고 있다. 특히 근세와 근대시대인 조선시대의 역사서들은 성리학의 영향으로 노론사학이 지니는 근본적인 한계를 벗어나지 못한다는 비판에서 자유롭지 못하다.

근대와 현대로 와서도 대륙세력에서 해양세력을 포용하는 서세동점의 시대를 맞아 겪게 된 일제시대라는 역사적인 암흑기는 민족말살과 역사파괴를 거쳐 근대사학과 실증사학이란 이름으로 한국고대국가의 정체성을 근본적으로 훼손하고 왜곡시키는 심각한 역사의 오염을 가져왔다. 이로 인해 한국 역사학은 노론사학, 실증사학, 식민사학,

민족사학, 유물사학, 민중사학, 주체사학, 시민사학 등 다양한 분화를 거치면서 근본적으로 서로 다른 패러다임에 따른 치열한 경쟁을 지속하고 있다. 이 과정에 학문 내외적인 이유로 역사학계는 강단사학과 재야사학으로 나뉘어 역사내전을 벌이고, 일본의 역사왜곡과 중국의 동북공정이라는 외국의 역사침략에 대항하는 역사전쟁까지 담당해야 하는 실정이다.

다행히 많은 새로운 역사적인 유물의 발굴에 이은 고고학의 발달은 한국역사학의 실증성과 과학성을 더욱 높여주어 한국 역사학 발전에 크게 기여하고, 한국고대국가의 성격 규명에도 매우 긍정적인 역할을 하여 한국고대사를 다시 쓸 것을 요청하고 있다. 특히 구석기・신석기・청동기 시대 등의 유적과 유물들의 활발한 발굴은 한국고대사를 근본적으로 다시 쓰게 만드는 역사학 연구의 패러다임 혁명을 이끌게 하고 있다.

이처럼 한국역사학의 혁명적인 발전은 새로운 패러다임에 따른 한국고대국가의 새로운 학문의 정립을 불가피하게 하지만 기존 패러다임에서 크게 벗어나지 못하는 한국역사학계 주류의 폐쇄성과 '실증사학의 덫'은 그러한 필요성에 적절하게 대응하지 못하는 한계를 지니고 있다. 이에 사회학, 정치학, 경제학, 문화인류학 등 역사학을 뛰어 넘는 사회과학분야에서 한국고대국가에 대한 새로운 연구의 필요성에 공감하고 괄목할만한 연구들이 속속 나타나고 있다. 사회과학분야에서의 연구들은 역사학이 지니는 한계를 극복하고자 하는 노력들을 적극적으로 하여 한국고대국가 연구에 새롭게 큰 기여를 하고 있다.

(2) 국가학 이론 적용의 가능성과 한계

고대국가에 대한 연구는 역사학이나 다른 사회과학 분야에서 접근할 수도 있으나 고대국가의 성격과 변동에 대한 연구는 학문의 성격상 국가를 연구 대상으로 삼는 국가학 이론으로 연구하는 것이 가장 적실성이 높다고 볼 수 있다. 그러나 그동안 국내에서 국가이론을 연구하는 학자들이 한국고대국가에 대해 연구한 경우가 거의 없다. 그동안 국가이론은 물론 사회과학을 연구하는 학계에서도 고대국가를 연구의 대상으로 삼지 못하고 역사학계의 연구 대상으로만 미루어왔다. 그 근본 이유는 고대국가를 연구하기 위해 고대의 유물이나 유적 및 사료들을 다루어야 하는 데 역사학계와 고고학계가 바로 그것들을 주된 연구대상으로 삼아 왔기 때문이다.

그러나 최근에 와서는 한국고대역사에 대한 새로운 유물・유적들이 발굴되어 한국고대사의 연구 지평이 넓어지면서 사회과학 분야, 특히 정치학과 사회학 등의 분야에서 역사정치학과 역사사회학이라는 역사학에 기반을 둔 분과학문 분야의 연구가 활발해지고 한국고대국가를 새롭게 다루게 된 것이다. 이러한 새로운 사회과학 분야의 연구에 힘입어 한국고대국가를 더욱 잘 이해하기 위해서는 국가학의 이론을 활용할 필요성이 대두하게 되었다. 국가이론이 정치학과 사회학 등 사회과학 전반에 기반을 둔 융합이론적인 성격을 지니기 때문에 정치학이나 사회학 등 개별 사화과학 분과학문의 한계를 넘어 국가학이 한국고대국가 연구에 더욱 높은 이론적인 적실성을 지닌다고 볼 수 있다.

첫째, 역사를 '과거와 현재와의 대화'라는 카(E. H. Carr)의 관점에서 그동안 역사학은 '과거로부터 현재의 의미'를 파악하는 데 주력했으나, 국가이론은 현대의 전 세계적인 다양한 국가이론을 한국의 고대국가로 소급하여 해석하고자 하는 '현재로부터의 과거'를 추적하여 고대국가의 성격을 규명할 수 있게 한다. 이것은 한국고대국가의 보편성과 특수성을 함께 접근·규명할 수 있는 장점이 있다.

둘째, 한국 역사학계의 폐쇄성과 일국사적 한계를 높은 보편성을 지닌 국가이론에 의한 연구를 통해 극복할 수 있는 장점이 있다. 한국고대국가를 국가이론에 따라 설명하는 것은 전 세계 사회과학계나 역사학계와 소통하고 이론적으로 개방적인 토론이 가능할 수 있게 한다. 한국고대국가의 성격을 다양한 외국의 국가사례들을 포괄하는 국가이론의 패러다임과 용어로 설명하는 것은 한국고대국가의 성격에 대해 그 만큼 소통의 수단과 대상이 세계적이고 개방적일 수 있음을 의미한다. 한국 역사학계가 지니는 폐쇄성과 일국사적인 한계를 국가학 연구를 통해 극복할 수 있을 것이다.

다만 고대국가 연구에서 국가이론이 지니는 한계는 역사학과 고고학의 도움을 불가피하게 한다는 점이다. 국가이론은 역사학과 고고학 및 언어문화학 등에서 밝혀낸 실증적인 일차 자료들을 바탕으로 해석하고 비판하는 활동을 통해 한국고대국가의 성격을 규명해야 한다는 한계를 지닌다. 이 때문에 고대국가에 대한 국가학의 연구는 역사학, 고고학, 문화인류학 등의 영향 하에 있는 것이다. 역사정치학과 역사사회학 등 새로운 역사학의 발전은 국가이론적 연구의 성과를 높여줄 것이다.

4. 인공지능시대의 학문과 접근방법

(1) 인공지능시대의 역사학, 사회과학, 그리고 융합학문[13)]

인공지능시대가 현실로 다가왔다. 상상의 시대가 현실이 된 것이다. 의학과 법학은 물론 상당한 학문분야가 인공지능으로 대체되거나 크게 의존하고 있다. 암 환자에 대한 수술과 전문분야 소송을 인공지능이 전문 의사나 법률가 보다 더 잘하고 있고 의뢰인들의 신뢰수준도 크게 높아졌다. 인공지능이 소설과 영화 및 음악을 만들고 로봇이 인간을 생산현장에서 대체하는 것뿐만 아니라 인류가 로봇과 함께 사는 세상이 펼쳐지고 있다. 인류는 드디어 킬러 로봇을 걱정하고 그 프로그램에 참여하는 사람들을 경원하고 있다.[14)] 무인자동차, 무인항공기, 가상현실, 증강현실 등이 4차 산업혁명의 이름으로 예상보다 빠른 속도로 현실화하고 있다.

이미 인류는 부분적으로 인공지능과 함께 살아가기 시작했지만, 곧 인공지능과 더불어 살아가는 것이 불가피하고 보편적인 삶이 될 것이다. 이들은 그동안 인류가 설정해 놓은 학문경계와 접근방법 및 사관이라는 인위적인 경계를 뛰어 넘어 경계나 구분이 없는 융합의 시대에 살아가게 될 것이다. 이미 앞서가는 대학에서는 이러한 움직임들이 현실화되고 있다. 학과와 학부의 전공 구분은 사라진지 오래다. 문과와 이과를 넘어 무전공으로 학생들을 뽑고 교육하며 학생들은 자기만의 전공을 설계하여 공부하고 특성화한다. 서울대학교도 국사학과, 동양사학과, 서양사학과, 역사교육과 등으로 분리되었던 인위적인 구분을 허물고 하나로 통합하고 있다. 많은 대학교들이 신규 교수를 기존의 두 가지 이상의 전공에서 가르칠 수 있는 융합형 인재를 선발하고 있다. 학생과 교수 모두 전공을 뛰어 넘는 융합학문의 시대를 살아가고 있다. 그럼에도 이들에게 가르칠 국사교과서 문제를 두고 국내에서는 역사내전이 치열한 열전으로 진행 중이고, 한·중·일 삼국은 겉으로는 평화로운 가운데 속으로는 역사전쟁이 무섭게 진행 중이고 더욱 확전되고 있다.

---

13) 역사학에서의 융합학문의 필요성에 대해 김철준. 1990. 『한국고대사연구』. 서울대 출판부: 22−23; 신용하. 2010: 19−20.

14) KAIST가 2018년 킬러 로봇 연구에 참여하였다고 외국에서 크게 걱정하고 경고하는 일이 전개되고 있음이 국내외 언론에 대대적으로 보도되었다. 이영완. 2018. <"KAIST가 AI 킬러로봇 만든다"...해외 석학들, 공동연구 보이콧>『조선일보』. 2018.4.6; 송경은. 2018. <AI 무기 개발? 손 내저은 KAIST>『동아일보』. 2018.4.6; 박건형. 2018. <'AI 살인로봇 만든다' 오해 무릅쓰고... KAIST, 왜 방산업체 손 잡았나>『조선일보』. 2018.4.12.

이러한 인공지능의 시대에는 문헌고증학과 문헌비평을 중심으로 하는 역사학은 더 이상 설 자리가 없어지고 역사학 자체의 존립이 크게 도전받는다. 멀지 않아 고고학 분야도 비파괴검사기술이 크게 발달하여 역사적인 유물이나 유적을 발굴하지 않고 땅 속 있는 그대로 검사기계로 비추면 탄소연대측정 등의 방법을 동원하여 시대와 종류 및 성격이 자동으로 측정되게 될 것이다. 이미 땅굴 탐사나 고층빌딩·교량·건축·시설물의 안전도 검사에 비파괴검사기계가 사용되어 시료를 채취하지 않고 시설을 파괴하지 않는 상태에서 안전도 검사를 해 온지는 오래 되었다. 이러한 비파괴검사기계를 사용할 경우, 중국이나 일본 및 미국 등 전 세계로 유출된 우리 문화재나 역사유물들에 대한 과학적인 연구를 가능하게 할 것이다. 또한 인공지능의 발달은 일본이나 중국 및 미국 등이 유출해 간 한국 고대역사자료들에 대한 파악과 연구가 가능할 것이다. 조선왕조실록이나 승정원일기 등이 이제는 검색 키워드 하나로 검색되듯이 외국에 산재한 역사자료에 대해 언젠가 인공지능이 인지하게 되면 한국고대사에 대한 왜곡을 파악하고 일본 등이 지워버린 역사들도 되찾을 날이 멀지 않을 것이다. 만일 일본이나 중국 등이 비밀 서고나 박물관에 소장하고 있는 한국고대사 사료들을 끝까지 디지털 자료로 올리지 않으면 인공지능도 알아내지 못할 것이지만 그러나 언젠가는 올리게 될 것이고 그럴 경우에는 인공지능이 한국고대사를 새롭게 써 내려갈 수 있을 것이다.[15] 다만 이들이 그 사료들을 자기들 것으로 왜곡해서 올린다면 그것을 규명하는 일은 쉽지 않을 것이지만 그런 경우에도 시간이 오래 지나면 왜곡된 기록이 언젠가는 바로잡아질 것이다.

이렇게 문헌고증학이나 문헌중심의 실증적 관점의 역사연구는 인공지능에 그 역할을 빼앗기게 된다면 역사연구는 새로운 길을 열어야 한다. 기계인 인공지능이 하지 못하고 인간만이 할 수 있는 것이 해석학 등 질적 접근에 의한 역사연구와 종합학문적 역사 연구다. 역사학이 역사학자의 전유물일 때에는 발견되지 않았던 것이 고고학자와 한의학자가 공동으로 연구하여 세계 최초의 골침을 발견한 것이 좋은 예이다. 일제시대 경성제대 일인 교수가 발굴한 보고서가 서울대 도서관에 70여 년 간 먼지에 쌓여 있던 것을 사적으로 친구 사이인 고고학자와 한의학자가 술자리의 대화를 계기로 공동 연구하여 세계 최초의 골침임을 밝혀 낸 것은 역사학계의 큰 업적이다.[16] 별자리와 조수간

15) 박검진. 2016. <AI 활용해 우리 고대사 재조명 해보자>『한국대학신문』. 2016.5.8; 윤석만. <사피엔스는 틀렸다, 진화의 끝은 AI?>『중앙일보』. 2017.9.30.

16) 강인욱·차웅석. 2017. <연길 소영자 출토 유물로 본 동아시아 침구류의 기원>. 『의사학』. 57. 대한의사학회.

만에 대한 고대사의 기록을 천문기상학자가 실험을 통해 검증해 낸 것[17]도 고대사에 큰 이정표가 될 발견이다. 이처럼 역사학 이외의 학문들이 종합과학으로 접근할 경우에 역사적 진실을 밝혀내게 되어 있다.

이러한 사실들은 한국고대국가에 대한 연구가 기존의 관점이나 패러다임을 넘어 종합학문적으로 접근해야 하고 접근방법도 실증적 접근을 넘어야 함을 보여주는 것이다. 이 때문에 이론적인 접근으로 역사학, 고고학, 사회학, 정치학, 행정학, 경제학, 문화학, 천문학, 과학, 국가학 등을 종합적으로 활용하여 종합학문적으로 접근하고자 한다. 이들을 한 연구자가 종합한다는 것은 쉬운 일은 아니고 거의 불가능한 일이다. 그러나 그런 한계에도 불구하고 적어도 그러한 종합학문적 접근을 통해 한국고대국가에 대한 다양한 분야의 연구결과들을 최대한 열린 자세로 수용하고 서로 비교하면서 종합하도록 시도하고자 한다. 왜냐면 한국고대국가인 고조선은 다양한 학문분야에서 서로 관점과 중점을 달리하여 연구해왔기 때문에 여러 학문분야에서 이루어진 다양한 연구 성과들을 종합하여 보는 것이 고조선의 성격을 보다 정확하게 이해할 수 있는 첫 걸음이기 때문이다.

(2) 접근방법과 연구방법

이 책은 정통 사회과학분야에서 사용해 온 실증적 접근과 더불어 그것의 한계를 보완할 수 있는 해석학적 접근 등 질적 접근을 종합적으로 활용하고자 한다. 이들 접근방법의 사용 논리에 대해서는 강신택의 연구서들[18]이 잘 설명하고 있으므로 세부적인 설명은 생략하도록 한다. 학문이 20세기에는 정상과학을 위한 연구활동으로 진행되고 가설, 이론, 패러다임을 정립하여 과학혁명을 이루면서 발전하는 것을 지향했다. 이 과정에 선진국가의 학문이 후진국가들에게 영향을 주어 서구보편주의가 패러다임으로 학문을 지배하여 후진국가들의 학문의 독자성과 특수성의 확립이 어려웠다. 이 때문에 선·후진국 혹은 국가 간의 학문간 소통이 어렵고 소통에서도 서구의 패러다임이 일방적으로 상위에서 지배하는 경우가 보편적이었다.

그러나 21세기에 들어 모든 국가들의 문화적 다양성과 학문적인 다양성을 인정하며 다원보편주의가 이론과 학문분야에서 추구되면서 학문연구는 보다 독자적이고 공존적

17) 박창범. 2002. 『하늘에 새긴 우리역사: 천문기록에 담긴 한국사의 수수께끼』. 김영사.
18) 대표적인 저서들은 강신택. 1995. 『사회과학연구의 논리: 정치학·행정학을 중심으로』. 박영사; 강신택. 2002. 2005 개정. 『행정학의 논리』. 박영사; 강신택. 2013. 『행정사상과 연구의 논리』. 조명문화사.

인 위상으로 전환하게 되었다. 이러한 관점에서도 실증적 접근 외에 해석학적 접근, 현상학적 접근, 그리고 비판이론적 접근이 종합적으로 활용될 것을 요청받고 있다.[19]

그동안 국내 역사학계가 문헌고증학적 방법과 고고학 등 실증적 접근에만 치중하여 많은 연구의 한계들[20]을 가지고 있었던 만큼 실증적 접근 외에도 해석학적 접근, 현상학적 접근, 비판이론적 접근 등을 함께 사용하는 것이 고대국가를 다차원적으로 보다 잘 이해할 수 있기 때문이다. 현대국가나 고대국가 모두 국가는 인간의 집단적인 조직으로 영토, 국민, 권력, 이데올로기, 지배세력, 사회관계, 통치기구, 법 질서, 정부, 국왕(통치자) 등을 가지고 있는 만큼 이들은 다양한 접근방법으로 접근하는 것이 그 실체를 바로 이해할 수 있기 때문이다.

비록 방법론적으로 실증적 접근, 해석학적 접근, 현상학적 접근, 비판이론적 접근 등을 융합적으로 활용할 것을 요구받고 있으나, 실제로는 이러한 것을 한 개인 연구자가 수용하는 것은 근본적으로 불가능한 일이다. 그것을 알면서도 이 책이 통합적 접근을 채택하고자 하는 것은 부족함이 많더라도 그러한 방향으로 노력해 보자는 의도를 나타내기 위한 것이다. 이에 이 책은 통합적인 접근방법을 시도하도록 한다.

---

19) John M. Hobson. 2004. *The Eastern Origins of Western Civilizations*. Cambridge: Cambridge University Press; Immanuel Wallerstein. 2006. *European Universalism: the Rhetoric of Power*. New York: The New Press; Young-chan Ro. 2011. "Relativism, Universalism, and Pluralism in the Age of Globalism." In *The 1st World Humanities Forum Proceedings*. The Forum held in Pusan, Korea. 24~26 November: 172-11; 백완기. 1978. <한국행정학의 학문성 정립문제: 과학주의 입장에서>『한국정치학회보』. 12집: 73-91; 김현구. 2018. <한국 사회과학 이론의 보편주의: 서구보편주의를 넘어 다원보편주의로>『한국정치학회보』. 52(1): 201-228.

20) 중국 사학계가 서양 근대사학의 과학적 방법을 도입하면서 1920년대에 중국 고대역사인 오제시대나 하 왕조 등 후대의 기록을 당시의 기록이나 확실한 증거가 없다는 이유로 사실로 인정해서는 안 된다는 '의고학파(疑古學派)'가 과학의 이름으로 근거가 부족한 옛 역사기록을 부인하였다. 이 당시 중국 정부가 스웨덴 요한 군나르 안데르손(Johan Gunnar Andersson)을 지질연구소 광업고문으로 초빙했는데, 그가 중국 선사시대 채색질그릇이 지중해연안에서 기원하여 감숙성을 거쳐 하남성에 전파되었다고 발표해 국제학회에 큰 파문을 일으켰다. 이에 의고학파를 비판하여 '신고학파(信古學派)'가 나타나 신화나 전설이 전혀 근거 없이 만들어진 것이 아니라 그들이 전해주는 고대역사도 연구할 가치가 있다는 입장에서 1928년 중국 중앙연구원 역사어언연구소를 국립으로 설립하여 인류학, 고고학, 신화, 전설을 종합적으로 연구했다. 이들은 중국 채색 질그릇 문화와 다른 문화가 동부 지역에 있을 것이란 가설을 세우고 검은 색 질그릇 문화(黑陶文化) 또는 용산문화(龍山文化)를 발굴하여 1950년대에 방사성탄소 연대측정방법으로 측정하여 의고학파와 안데르손의 주장을 기각하고 중국문화의 역사성과 우수성을 과학적으로 입증했다. 이러한 현실에 대해 윤내현은 "마치 1920년대 중국의 의고학파와 안데르손의 영혼이 2000년대에 우리나라에서 환생한 것 같아 씁쓸한 기분을 떨쳐버릴 수 없다. 지금 우리 고대사 연구에 대한 의식 수준은 중국의 1920년대 수준에 머물러 있는 것은 아닐까."라고 비판하며 한국에서도 '신고학파'가 필요함을 역설하고 있다. 윤내현. 2016. 『우리 고대사, 상상에서 현실로』. 만권당: 116-122.

제1장

한국고대국가에 관한 선행연구 검토

1. 한국 고대역사학의 선행연구와 평가

(1) 한국 고대역사 연구에 대한 평가

김철준은 <한국 고대사학의 방향>이란 글에서 문헌고증학적 사학, 계몽사학과 민족사학, 및 사회경제사학 등에 대해 차례로 그 업적과 한계에 대해 비판하고, 그 뒤 진행된 고대사학의 업적을 소개하며, 새로운 방향을 제시하고 있다.[1)]

첫째, 문헌고증학적 사학은 가장 많은 분야에 걸친 문헌정리를 남겨서 한국고대학의 학문적 토대의 하나를 처음으로 마련하였으나, 그 대부분의 업적이 우리나라 학자들에 의해서가 아니라 일본학자들에 의해서 연구되었다는 '변태적인 과정'을 밟았다. 이 때문에 그 연구영역에 한계가 있고, 그 인식과정이 의식적이건 무의식적이건 일본인들의 정치성과 그들의 문화관에 좌우되었다. 특히 연구방법이 인식범위가 좁은 문헌고증적인 것이어서 한국고대사가 지닌 민족의 내적 경험의 성장과정을 주체적으로 파악하고 이것을 연구대상으로 적극 채택하지 못했다는 비판을 받는다. 과거의 연구는 한·중·일 3국간의 국제관계면에서의 한국의 위치에 대한 이해가 한국사의 성격이라고 생각하고 주로 역사지리와 편년정리(編年整理)에 치중하는 데 그쳤다. 한국고대사 자체의 주체적인 성격이 무엇이냐에 대해서는 사실상 관심을 갖지 못하였다.

예를 들면, 고대사료의 대부분이 오늘날까지 전승되어 오는 동안에 당해시대의 사관이 의도적으로 반영되는 등 시대적인 제약으로 고대적 관념과 중세적 관념의 중첩적인 윤색을 받았던 관계로 고대적 성격이 퇴색하여 당연히 비판적인 재정리를 거쳐야만 했

1) 김철준. 1963. <한국 고대사학의 방향>『東方學志』. 6집에 당초 발표한 글을 그의 저서에 전제하여 이 책에서는 그의 책에 실린 글을 중심으로 인용한다. 김철준. 1990. <한국 고대사학의 방향>『한국고대사회연구』. 서울대학교 출판부: 1-26의 내용을 거의 직접 인용의 수준에서 요약·정리한다. 다만, 직접인용 표시를 하지 않은 것은 한자나 일부 문장들의 요약 때문이다.

다. 이것에 관한 김철준의 주장을 직접 인용한다.[2)]

> "한국사의 각 시대의 시대성에 대한 이해가 충분하지 않았던 당시에는 고대적인 것과 중세적인 요소를 구분하여 이해하기 어려운 경우가 많았다. 그리하여 중세적인 것에 대한 비판기준이 일단 서 있는 당시의 사관으로서는 중세적인 윤색을 입은 고대자료는 중세의 위작이라 하여 제거하여 버리고, 고대관념을 그대로 유지하고 있는 사료에 대해서는 역사 아닌 신화의 범주 속에 밀어 넣고 그 신화의 역사성을 부인하든가 연구를 포기하든가 하는 경향이 생기게 되어, 과거의 문헌고등비평이란 것의 주안이 저절로 고대사의 생리의 발견이라기 보다는 그것을 부인하는 방향에 빠지게 된 것이다. 고대사 자체의 성격을 이해하기 위해서는 이와 같은 무단적(武斷的)이고도 피상적인 방법에서 떠나야 할 것은 두말할 것 없다."

여기에서 위서와 신화를 주장하는 문헌고증학적 사학자들에 대한 김철준의 신랄한 비판과 그 이유는 높이 평가할 만하다.

둘째, 계몽사학과 민족사학은 근대사학정신을 이해하고 바로 제시할 수 있었던 단재 신채호, 육당 최남선 등 계몽사학자들을 중심으로 주체적인 한국고대사학을 규명하고 정립하고자 했다. 이들은 민족운동의 일환으로 한국고대사의 주체성에 대한 인식과 그것의 긍정적인 연구방향에서 한국고대사학에 대해 거둔 학문적인 성과가 크다. 이들의 연구는 방법적·학문적 체계 등에서는 한계가 있으나, 문헌고증학파의 한계성과 비교할 때에 그들의 사학사적 위치는 높이 평가할 만하다. 그리고 문헌고증학자들이 일관되게 부인하며 포기하였던 문제들을 긍정적인 태도로 연구하여 회고적인 태도를 지양하려는 오늘날의 고대사 연구방향과 저절로 연결이 되고 있는 점은 일반의 역사인식에 상당한 영향을 주고 있을 뿐만 아니라 고대사 연구에도 중요한 공헌이라 평가된다.

셋째, 사회경제사학을 표방한 국내 좌파사가들의 연구는 중세적인 역사인식에 대한 파괴의 선봉으로 나섰고 한국에서 사회경제사의 이론을 처음으로 수입하였다는 점은 인정된다. 그러나 이들은 주로 통사나 개설류의 형태로 나타났고 실천적인 성격에 치중하여, 이론과 방법론상으로도 그 방면의 고전적 이론을 그대로 모방하는데 그쳤다. 고대사 사료를 사료로서 분석하고 정리하는 충분한 과정을 거치지 못하면서도 그들의 이데올로기 설정에 주력하여 한국고대사의 특성을 구체화하지 못했다는 비판을 받는다.[3)]

넷째, 근대화 추진 경험이 없는 민족의 사가들인 문헌고등비평학자, 계몽·민족사학

---

2) 김철준. 1990: 2에서 한자를 한글로 바꾸어 직접 인용함.
3) 위의 책: 3.

자, 사회경제사가 모두 역사인식범위의 협소, 활동분야의 제한 등으로 후진적인 기형성을 면하기 어려웠다. 사실상 학문적인 기반을 마련하지 못한 상태에서의 산발적인 활동에 머물 수밖에 없었다는 식민지 하에서의 역사연구의 시대사적 한계를 공통적으로 벗어나지 못했다. 이로 인해 우리 역사가들의 연구가 대부분 민족운동의 교설(敎說)에 그치거나, 사료의 수집 정리에 만족하거나, 개개의 문헌고증에 치중하는 수준이었다. 식민사학을 기조로 한 식민지 시대의 파행적인 연구경향은 그 당시만이 아니라 오늘날까지도 그대로 계속되고 있고 '식민사학의 덫'에서 일본인이 주도한 식민사학을 스스로 벗어나지 못하고 있다.[4)]

(2) 1945년 이후 한국고대국가 연구 성과 및 동향

첫째, 한국고대학 연구에 고고학, 인류학, 언어학 등의 연구 성과와 문헌연구의 성과들이 반영되면서 고대사학의 연구가 활발해지고, 종래의 이론 내용들이 크게 변화·발전하고 기존의 패러다임이 도전받고 새로운 패러다임이 형성되는 전환기에 처해 있다. 고대사학이 취급하는 분야가 확대되고, 시대적으로도 구석기시대, 신석기시대 및 청동기시대의 문화에 대한 이해가 보다 구체적으로 심화되고 있어서 크게 진전되고 있다. 고고학에서 한국과 북한에 새로운 유물과 유적들이 발굴되면서 한국의 구석기학의 기초가 마련되고 구석기문화의 모습이 나타나기 시작한 것은 특기할 만한 일이다.[5)] 신석기문화에 대해서는 일찍부터 토기의 분류와 문화계통의 성격을 논의하였고, 즐문토기 연구로 한 단계 진전된 성과를 보였다.[6)] 이러한 고고학적 연구 업적을 민족의 기원이나 구성문제와 연결시켜 연구하였다.

그러나 즐문토기보다 앞선 시기인 원시무문토기가 발견되고 즐문토기의 연대가 크게 앞당겨져서 그 말기에 와서 비로소 청동기문화와 관련이 있는 무문토기와 접속하는 것이 판명됨에 따라 과거의 토기편년을 통 채로 바꾸어 놓게 되었다.[7)] 또한 서울근교

---

4) 위의 책: 3-4.

5) 1964년 이후 공주 석장리 구석기유적과 제천군 점말유적이 손보기 박사에 의해 정밀하게 조사되고, 북한에서도 함북 굴포리, 평남 상원 등지에서 구석기 유적이 조사되었다. 손보기. 1968. <석장리의 자갈돌찍개 문화층>『한국사연구』, 1; 손보기. 1970. <석장리의 새기개·밀개 문화층>『한국사연구』. 5; 손보기. 1973. <석장리의 후기구석기시대 집자리>『한국사연구』. 9; 손보기, 1974, <한국 구석기시대의 자연-특히 점말동굴의 지층별 꽃가루분석과 기후의 추정->『한불연구』. 1.

6) 신석기문화에 대한 연구는 鳥居龍藏, 藤田亮策, 橫山將三郞 등이 한국의 신석기시대 토기의 분류와 이 토기들이 표시하는 문화계통의 성격을 논하였다. 有光敎一. 1962.『朝鮮櫛目文土器의 연구』는 신석기문화 연구를 한 단계 진전시켰다.

에서 출토된 흑도(黑陶)는 은(殷)의 동용산문화계통과의 관련까지 시사하고 있어서 한국의 선사문화의 성격에 큰 영향을 줄 것으로 보인다.[8] 이외에도 청동기시대의 암각화가 발견되어 고조선을 위시한 여러 부족들의 문화의 역사적 배경을 보여주고 있다.[9]

한국만이 아니라 중국과 일본의 고고학 자료도 한국고대사의 성격과 관련하여 큰 의미를 지닌다. 중국에서의 고고학 자료의 증가는 양자강유역이남의 남방문화와 오월문화를 입증하고 있다.[10] 일본의 승문식토기문화(繩文式土器文化)는 이러한 남방문화권과 관련이 있었던 것으로 보이고, 그것이 한반도를 거쳐 들어간 금속문화의 영향으로 미생식토기문화(彌生式土器文化)의 성립으로 본 것이다. 한편 이와 반대로 일부 학자는 북방계 기마민족인 고구려계인이 일본으로 건너가서 대화정부(大和政府)를 수립한 천황족이 되었다는 학설을 발표하고 있다.[11] 일본에서 대화정권을 수립한 것은 고구려계나 백제계의 기마민족이라 하면서도 그 기마족들이 남쪽으로 이동하여 먼저 김해지역을 지배하고 있었다고 주장하고 그들이 일본으로 건너가 대화정권을 세운 후 김해지역에 대한 과거의 연고권을 주장하여 임나부(任那府)를 설치한 것이라는 주장을 한다. 그러나 고고학자료의 증가에 따라 임나부설 등 일본고대사의 허구가 밝혀졌다.[12]

---

7) 즐문토기와 무문토기의 접속이라 생각되는 예로 평양교외 미림리의 무문토기유적과 청호리 즐문토기유적이 강을 사이에 두고 서로 대치하고 있고, 그 유물에서 그들의 문화계통의 차이에서 오는 것으로 보이는 어로와 농경이라는 각기 그 전통적인 생산방식의 차이가 나타나고 있다. 그러나 당시에는 그러한 차이가 오히려 상호보완하는 협동적 경제공동체를 구성하고 있었던 것을 시시하고 있다. 민족의 문화계통을 연구함에 있어 문헌연구와 고고학적 연구를 병행하여 성과를 종합하는 것은 연구방법상의 큰 발전이다.

8) 관련 논문으로 김원룡. 1962. <암사리유적의 토기・석기>『역사학보』. 17・18합; 김정학. 1967. <한국에 있어서의 흑도문화의 문제>『대동문화연구』, 4; 한병삼, 1971, <선사시대 농경문청동기에 대히여>. 『고고미술』. 112; 임병태. 1969. <한강유역무문토기의 년대>『이홍식박사회갑기념한국사학논총』 등이 있다.

9) 1972년 울주군 대곡리에서 동국대학교조사단에 의해 청동기시대의 암각화가 발견되었으며, 주변지역에 댐을 건설하여 수몰위기에 몰려 다양한 보존대책을 마련하고 있다. 『한국미술전집』 I <원시미술편>(1973, 김원룡 해설 참조).

10) 중국에서 有肩石斧와 印文土器 등 양자강유역이남의 남방문화의 모습이 뚜렸해져 이를 오늘날의 Austro-Asia, Austro-Nesia 어족과 관련 있는 것으로 생각하고 그 이북의 殷의 청동기문화가 성립한 기반인 동・서 龍山文化와 대비시키면서 이를 吳越文化라고 일컷는다. 市川健二郎. <은・오월과 태평양제도문화>『민족학연구』. 25(1・2).

11) 중앙아시아의 민족이동과 문화교류를 연구해온 江上波夫가 1950년대 『민족학연구』 지상 심포지엄에서 발표한 새로운 학설이다.

12) 일본 어용사학의 전통과 타협하려는 다양한 왜곡들이 일어나지만 고고학자료의 증가로 임나부설 등이 허구임이 드러나고 있다. 구주중심 옹관문화설과 결부된 임나부설 등을 포함한 재래의 일본고대사의 허구가 명백해졌음에도 불구하고 가능한 한 그 허구의 하나인 임나부설을 그대로 고집해 보려고 하는 것이다. 민족의 이동과 문화의 전환이라는 당시의 일반 상황으로 보아 일본지역 안에

한편 기자동래설은 부인되고 있지만 그 전설이 내포하는 의미에 대해 다양한 해석이 있다. 고구려 주몽설화와의 유사성, 맥족이 산동반도지역에 있었던 것은 선진(先秦)문헌이나 금문(金文)자료 등으로 확실시 되고 있는 점, 한국의 선사문화가 은문화계통과 관련을 가지면서 황해안 일대에서 성장하였다는 오월문화(吳越文化)[13]와의 관계 등에 대해 논의가 되어왔다. 민족이동에 대한 문헌상의 연구 결과, 중국 북부와 중국 동해안 일대는 원래 동이족의 거주지역이어서 한・예・맥 등이 거기서부터 만주와 한반도로 이동하였다는 것이다.[14] 한편 민족이동을 남방기원 퉁구스족의 북방이동을 주장하거나[15], 바이칼호 일대가 퉁구스족의 근원지라는 등의 논의들[16]에 대한 논의도 있다.

둘째, 한국의 청동기시대 유물은 대동강 유역을 중심으로 하였던 고조선 지역이나 경주 입실리, 영천 어은동 등 여러 곳에서 나온 청동검과 청동말 등은 일본학자들이 내려잡은 연대관을 바로 잡고자 하는 한국학자들에게 결정적으로 중요한 사료로 활용되어 한국의 고대사 연구에 중요한 역사적 의미를 지닌다. 한국과 만주에서 출토되는 비파형청동검과 비파형 청동창끝 등의 유물로 인해 고조선의 역사도 기원전 26세기로 바로 잡고 있다.[17] 청동기 유물과 더불어 돌칼(石劍)이나 같은 시기에 나타난 고인돌(支石墓)과 상식석관(箱式石棺) 등의 원시분묘들도 연대 기준을 밝혀주는 데 매우 중요한 역할을 한다.[18] 철기시대에 들어와서도 원시분묘형식의 하나인 옹관(甕棺)이 그동안 한국에서는 동래와 김해 등지에서 몇 개만 발견되다가, 평남 강서군과 만주, 그리고 중국 본토 여러 곳에서 수백 개가 발견되면서 일본 구주(九州) 중심으로 생각해 왔던 옹

三韓分國이 있었다는 金錫亨의 주장이 더 설득력이 있을 것이다. 김철준. 1990: 6−7.

13) 이것은 먼저 殷문화에 흡수되었거나 산동이나 회하(淮河)유역에 전래되었던 것이 2차적으로 한반도에 유입된 것으로 보인다.

14) 김상기(金庠基)는 선진문헌과 금문자료를 분석하여 이러한 주장을 하고 있다. 김상기. 1948. <한・예・맥이동고>『史海』. 창간호; 김상기. 1954・1955. <東夷와 회이(淮夷)・서융(徐戎)에 대하여>『동방학지』. 1・2집.

15) 남방기원 퉁구스족의 북방이동설은 러시아 인류학자인 S. M. Shirokogoroff. 1931. "Social Organization of the Northern Tungus." *Geography*, The London Geographical Institute 참조.

16) 바이칼호 일대가 퉁구스족의 근원지라는 주장은 A. P. Oklabnikov. 1959. *Ancient Population of Siberia and its Cultures, Russian Translation Series of the Peabody Museum of Archaeology and Ethnology,* Harvard University. Vol. 1, No. 1; A. F. Michurin, 1956・1958. <에벤크(퉁구스인)의 기원문제에 대하여>『민족학연구』. 20(1・2). (김철준. 1990: 7−8 참조).

17) 신용하. 2010: 206−223.

18) 일본학자들이 내려 잡은 연대관을 한국 학자들이 바로 잡고자 노력하였다. 김재원・윤무병. 1967.『한국지석묘연구』. 국립박물관; 유태룡. 2003.『한국 지석묘 연구』. 주류성; 김원룡. 1968. <서평: 김재원・윤무병 공저.『한국지석묘연구』>『역사학보』. 37: 130−134. 일본 학자들의 연구들은, 三上次男. 2000.『만선원시분묘의 연구(滿鮮原始墳墓의 硏究)』. 경인문화사; 有光敎一. 1958.『조선마제석검의 연구(朝鮮磨製石劍의 硏究)』. 신성문화사.

관묘에 대한 재래의 주장이 허위임이 드러났다.[19] 이 밖에도 공주 무령왕릉, 경주 천마총, 서울 석촌동의 백제 초기 적석총군 등이 발견되면서 해당 시기의 역사와 문화를 보다 정확하게 알 수 있게 되었다. 이러한 일련의 유물과 유적의 발굴로 인해 일본인들이 의도적으로 내려 잡은 한국고대사 연대관이나 문화관을 바로 잡을 수 있게 되었다. 이것은 과거 문헌고증 중심의 『위략(魏略)』 등에 나타난 위만조선에서 벗어나 그 이전의 고조선의 성격을 이해하는 데 큰 도움을 주고 있다. 그것은 과거 문헌자료들을 일부 세력들이 다양한 방식으로 의도적으로 취사선택하고 심지어는 분서갱유처럼 파손하거나 왜곡할 수도 있지만, 유적이나 유물의 경우 그러한 왜곡 활동이 제한적이어서 역사의 확실한 과학적 증거를 제시해주기 때문이다.

(3) 단군사화의 전승과 근대적인 연구

단군사화가 문헌상에 처음으로 나타난 것은 고려시대 후반기의 일이다. 충렬왕(1275~1308) 대에 일연이 저술한 『삼국유사』에서 중국의 『위서』[20]에서도 단군신화에 대해 언급하고 있다고 하면서 『고기(古記)』에서 전하고 있는 단군신화를 수록하고 있다. 『삼국유사』는 하느님인 환인의 서자 환웅이 하늘로부터 태백산에 내려와 풍백・우사・운사 등을 거느리고 신정을 베풀어 인간을 다스렸고 '곰'에서 사람으로 변한 웅녀와 혼인하여 단군을 낳았다. 중국 요임금 즉위 50년에 단군왕검은 조선이라는 나라를 세웠다는 내용이다.

이것과 거의 같은 시기에 이승휴(1233~1300)가 지은 『제왕운기』에서는 '본기(本紀)'에서 인용하여 수록하고 있다.[21] 『제왕운기』에서는 환웅을 단웅천왕이라 하고 단웅천왕이 손녀에게 약을 먹여 사람으로 변하게 만든 다음 박달나무신(檀樹神)과 결혼하게 하여 단군을 낳았다고 한다. 이것은 도교적인 영향을 받은 남자무당(巫覡, 무격)들의 전승이나 그 표현방법을 나타내고 있다.[22] 『삼국유사』는 북방계의 신화가 불교의 윤색

---

19) 평남 강서군 지양(岐陽)에서 한대식(漢代式) 옹관 5기가 발견되고, 만주 요녕 삼도호(三道濠)의 348기를 비롯하여 열하・요녕지방 여러 곳에서 발견되고, 중국 하북・하남・협서・산동・산서 등 여러 곳에서 많이 발견되어서 일본 구주 중심 옹관 역사관이 잘못된 것으로 판명되었다.

20) 현존하는 『위서(魏書)』에는 보이지 않는데 일연의 당시에는 있었는지에 대한 확인이 필요하다. 당시에도 있었는데 지금은 없다면 의도적인 삭제일 것이고, 당시에도 없었다면 일연의 착오인지 아니면 『삼국유사』의 다른 내용에 대해서도 신뢰성을 재점검해야 할 이유의 하나가 될 수 있다.

21) 『帝王韻記』에서 '본기(本紀)'라는 것은 '단군본기'인지 분명하지 않다. 『삼국유사』와 『제왕운기』에서의 단군사화의 내용이 다소 차이가 있다.

22) 사당목(祠堂木)이나 본향목(本鄉木) 등 오늘날까지 전해오는 거목숭배신앙(巨木崇拜信仰)과 연결

을 받은 것을 전승하고 있고, 『제왕운기』는 도교의 거목숭배신앙과 연결되는 남방적인 전승의 성격을 보이지만, 단군의 건국시기는 두 계통의 신화가 모두 중국의 요(堯)임금과 같은 시대라 하였다. 이들은 고조선 시대부터 성장해온 한국문화의 전통이 중국문화와는 다른 성격을 가진 것을 자각하고 이를 강조하기 위한 것으로 보인다.

이규보의 『동명왕편』 서(序)나 일연의 『삼국유사』 기이편 서(紀異篇 序)에서 주몽설화나 단군사화가 공자의 입장에서도 이상한 것이 아니라고 주장하였다. 이것은 신라말기와 고려초기(羅末麗初)의 문화전환기를 거치는 동안 중세문화의 기반을 확립시켰고, 이에 새로운 문화적 자신을 갖게 되었던 고려시대의 문화의식이 그러한 구비전승(口碑傳承)의 전통적 가치를 새롭게 발견하고 확인하였기 때문이라 생각된다. 이러한 단군사화의 전승이 고려 말기에 와서는 유교적 재해석으로 나타났고,[23] 조선시대 정도전은 『조선경국전』 국호조(國號條)에서 단군·기자·위만의 이름을 거명하였다. 단군사화에 대해서도 입장에 따라 서로 다른 경전을 인용하였다. 권근은 응제시(應制詩)의 주(註)에서 『삼국유사』 계통의 단군사화를 인용하였고, 유교를 통치이념으로 삼고 있는 조선왕조의 공식 기록인 『세종실록지리지』 평양조(平壤條)에서는 『제왕운기』 계통의 단군사화를 기록하고 있다. 그 뒤 성리학의 발달과 중국사학의 영향으로 유교적 사관이 강화되면서 단군조선을 부인하지는 않으나 기자조선을 보다 중시하는 경향으로 흐르게 되었다.[24]

한국역사에 대한 조선왕조의 공식 사서인 『동국통감』에서는 단군조선의 존재는 인정하고 있으나[25] 단군조선에서 삼한까지는 자료부족으로 외기(外紀)로 따로 분류하여 책머리에 두고 있다.[26] 『동사회강』에서는 삼국이전의 역사로서 단군조선·기자조선·위만조선의 삼조선과 사군·삼한까지의 변천을 간추려 기술하고, 신라시조 원년에서 국사기술을 시작하였다.[27] 『동사강목』은 기자조선 원년에서 한국사 서술을 시작하고,

---

되는 남방적인 전승의 성격을 지니고 있다.

23) 공민왕 12년(1363)에 백문보(白文寶)가 '지금이 단군이 건국한지 3,600년이니, 3,600년이란 기간은 나라의 운명이 순환하는 대주원(大周元)이므로 이때야말로 불교적 미신에서 벗어나 유교이념에 좇아 정치를 혁신하면 하늘의 도움으로 음양이 조화되고 국운이 연장될 것'이란 상소를 올렸다. 이것은 그만큼 국가경영에도 단군의 개국이후의 역사가 큰 영향을 미쳤음을 보여주는 사례이다.

24) 김철준. 1990: 29-30.

25) '東方初無君長 有神人降于檀木下 國人世爲君 是爲檀君 國號朝鮮'이라 하여 단군에 대해 합리적으로 설명하고 있으나 환웅 또는 단웅천왕과 단군을 혼동하여도 무관하게 기술하고 있다.

26) 『동국통감(東國通鑑)』은 조선전기의 문신인 서거정(徐居正) 등 10명의 수사관(修史官)이 세조의 명을 받아 1458~1485년 28년에 걸처 성종 때까지 편찬한 단군조선부터 고려 말까지의 공식 역사서로서 관찬사서(官撰史書)이다. 성리학적 명분주의와 강상윤리(綱常倫理)를 존중하였다. 중국의 『資治通鑑』에 준하여 편찬하여 외기(外紀)를 두었다.

단군이 동방의 첫 임금으로 등장한 것은 인정하나 그 신화 자체는 불교승려들의 조작이라 하여 부인하고 있다.[28]

기존의 사서들과는 달리 고조선 47대 단군의 재위기간과 치적을 기록한 숙종 년간에 저술된 것으로 추정되는 『규원사화』는 위서논쟁에 시달렸다.[29] 이 책은 사대주의적인 유학자와 유교사관을 민족주의적 사관에서 비판하며, 심지어 청나라와 연대하여 고조선 옛 땅을 되찾자는 연청북벌론을 주장하고 있다. 이처럼 조선시대 유교사관에 대한 비판들이 이어지고, 실학시대에 와서는 새로운 해석을 내리려는 고증적 학풍이 일어나기도 하였으나 기자조선 중심의 유교사관 자체는 변함이 없었다. 이처럼 국내 역사학자들 간의 논쟁은 기자조선 중심의 유교사관을 바꾸지 못했다. 그러다가 20세기에 들어와 문헌자료를 중시하는 일본의 근대사학자들이 등장하면서 단군조선과 기자조선을 부인하고 대신 위만조선을 인정하여 한국고대사의 근본 틀을 흔들었다. 이로 인해 단군사화와 기자설화를 민족역사의 기원과 유교문화국가의 상징으로 주장하여 오던 고려시대 이후 지켜온 한국 중세사학에 심각하게 타격을 주었다. 일본학자들이 단군사화를 신화적 검토 없이 부인한 것은 한국고대사의 역사연대관을 내려잡고자 한 것인데, 이것 자체로 일본 문헌고증학의 한계성과 허구성을 보여주는 것이다. 기자조선을 그대로 부인

---

27) 『동사회강(東史會綱)』은 조선 숙종 때 林象德(1683~1719)이 1711년에서 1719년 사이에 지은 것으로 추측되는 고려 말까지의 한국통사이다. 기자수봉설을 부인하고 기자가 주무왕에게 신하로 복종하지 않은 독립군주였음을 강조하여 중국에 대해 조선이 자주적 국가였음을 명시하고 있다. 기자와 기자조선의 후신인 마한을 높이는 태도는 17세기 사서의 공통된 성격으로 이 책에서도 그대로 계승되고 있다. 그러나 이 책에서는 삼국 이전을 편년에서 삭제함으로써 기자조선과 마한을 정통국가로 취급하지 않았으며, 삼국시대를 무통(無統)의 시대로 간주하여, 정통의 시대는 신라통일 이후와 고려 통일 이후만 인정하고 있다.

28) 『동사강목(東史綱目)』은 조선 정조 때 안정복(安鼎福: 1712~1891)이 1756~1758년 사이에 초고를 완성하였고, 22년이 지난 1778년에 완성한 고조선에서 고려 공양왕까지의 통사(通史)이다.

29) 『규원사화(揆園史話)』는 조선 숙종 2년(1675년) 3월 상순 북애노인(北崖老人)이 지은 역사책으로 고조선을 세운 왕검부터 고열가까지 47대 단군의 재위기간과 치적 등을 기록한 역사책이다. 위서문제가 제기되어 1972년 11월 3일 이가원, 손보기, 임창순 등 고서심의위원 3명이 심의를 하여 숙종 때 써진 진본임을 확인하였다. 그러나 이병도, 조인성, 송찬식 등은 제작년도가 조작되었다고 주장하였다. 이들의 주장은 북애노인이 살았던 효종~숙종 시대에는 책에 표현된 천주라는 말이 없었기 때문에 책이 처음 선보인 1920년부터 1930년 사이에 천도교도들이 만들었다는 것이다. 서문에서 북애노인은 자신이 과거에 떨어진 선비로서 전국을 방랑하던 중 어떤 산골에서 발견한 『진역유기(震域游記)』를 바탕으로 이 책을 지었다고 하였다. 고려시대 말 청평 이명(淸平 李茗)이 쓴 『진역유기』는 발해의 역사책 『朝代記』를 참조한 것으로 전하여진다. 이 책은 역대 단군의 재위기간과 치적 외에 중국에 대한 사대주의에 빠진 유학자들을 비판하면서 주체의식이 부족한 민족의 장래를 염려하고 있다. 또한 청나라와 연합하여 옛 땅을 되찾자는 연청북벌론(聯淸北伐論)을 주장하고 있다. 위서논쟁에 대해서는 이 책의 제1부 제4장에서 상세하게 논의한다.

하는 것도 그 당시의 시대적 한계성을 나타내는 것이다.

(4) 일제식민사관과 단군조선 · 기자조선 부인 및 위만조선 인정

1910년 일본의 침략으로 식민통치가 이루어지면서 한국역사마저 빼앗기고 시간적 · 공간적으로 축소되었다. 일제의 한국사 축소는 단군을 허구의 인물로 만들어 한국사의 시간을 축소하는 것과 대륙 · 반도 · 해양에서 진행된 한국사의 무대에서 한사군과 임나일본부설을 통해 대륙과 해양을 삭제해서 반도사로 축소하는 공간적 축소가 이루어졌다.[30] 이에 1910년경 단군을 민족의 시조로 신봉하는 대종교가 창립되고,[31] 한말부터 서구 문물을 접하게 된 지식층들이 민족의식을 기반으로 한 계몽운동과 독립운동을 하고 대종교도 여기에 적극 참여하였다. 한일합방 이전에도 한국의 개국신화인 단군사화에 대해 일부 일본학자들이 관심을 가지고 연구하였으나,[32] 일제 하에서 단군이 민족운동의 상징이 되면서 일본 학자들이 한국의 민족운동에 대한 대책의 일환으로 단군에 대한 연구를 추진하였다. 이것은 역사학자들의 학문적 자유나 자발성에 의한 것보다는 일본제국주의의 한국에 대한 식민통치의 효율화를 위한 수단의 하나로 시작된 것이다. 이러한 국가차원의 필요에 따라 단군사화에 대해 일본 학자들이 연구하여, 단군을 신화로 만들었고, 그것도 평양지방의 일신지(一神祗)가 전민족의 신화로 발전하였다고 하며, 그 근거가 되는 『삼국유사』가 위서라고 주장하면서 건국신화를 부인하는 입장을 취하였다.[33]

---

30) 일본은 1902년 명치 35년 2월 문부성 훈령으로 중학교수요목 역사교과서 분류체계에서 일본역사, 동양사, 서양사로 분류하면서 '조선사'를 그 이전 1894년 4~6월부터 설정해온 동양서에 포함시키지 않고 일본역사에 편입시켜 서술토록 했다. 요시다 쇼인 『유수록』의 <일본서기> 확대 활용을 교과서에 적극 반영하는 형태로서 역사교육의 '선점' 전략을 시행하여 한일합방 이전에 이미 조선의 역사를 일본사에 편입시켜 중학교 교과서에 편입하여 가르쳤으며 이것을 배운 일본 젊은이들이 그 뒤 대동아공영권을 이루어 대일본제국을 건설하고자 한국을 침범했다. 예로써, 『日本歷史教科書』(棚橋一郎/稻葉常楠)에서 '제2편. 상고사. 제2기. 大和時代의 下. 제1장. 神功皇后, 韓土納附. 제3장. 韓土의 변천, 귀화인, 한토 전래의 공예문물 … 제3편. 중고사. 제1기. 왕정시대. 제2장. 越蝦夷 정벌 … 백제 고려의 멸망 … 제9장. 발해의 입공 … 제4편. 戰國時代. 제5장. 豊臣秀吉. 제6장. 朝鮮征伐 … 제5편. 현대사. 제2장. 征韓論 … 제3장. 朝鮮事件 … 4장. 결론: 국가의 前途 (한국병합). 이태진 교수의 <계영계 역사강의>(2018.6.7~6.20) 참고.

31) 나철(羅喆)이 대종교를 창립하여 초대 교주가 되고, 한학에 조예가 깊었던 김교헌(金敎獻)이 1916년경 제2대 교주가 되면서 대종교를 독립운동의 기지로 삼아 교세확장에 힘을 썼다.

32) 1894년에 那珂通世<朝鮮古史考>와 白鳥庫吉<朝鮮古傳說考>의 연구 발표가 있었으나 일제하 민족운동에 대한 대책의 일환으로 단군신화에 대한 연구가 이루어졌다.

33) 이마니시 류(今西龍)는 모든 문헌자료를 섭렵해보아도 『삼국유사』 이전에는 단군에 대한 언급이 없는 것과 단군신화 구성에 나타난 불교적인 요소 등으로 보아 평양지방의 일신지가 전민족의 신

이러한 주장은 1920년대 일제의 어용학자들에 의해 '일선동조론(日鮮同祖論)', '만선사관(滿鮮史觀)', '정체성론(停滯性論)', '문화적 독창성 결여론(文化的 獨創性 缺如論)' 등의 식민사관이 활발하게 제시되는 상황적 배경에서 진행된 것이었다. '일선동조론'은 식민지통치를 합리화하고 식민지의 동화를 관철하기 위한 이론으로서, 태고시대 한국과 일본이 같은 조상을 지닌 혈연집단에 속하고, 일본은 부강한 본가이고 한국은 빈약한 분가라고 주장한다. 이에 따라 '한일합방'은 본가가 분가를 도와주는 일이라고 강변하는 것이었다. '만선사관'은 한민족의 역사적・문화적 독립성을 부인하고, 한반도와 만주를 하나의 역사적・문화적 단위로 보되, 한반도지역에서 형성된 정치권력과 문화는 만주지방에서 패주한 세력에 의해 형성된 것이며, 한반도는 만주에 종속적인 존재임을 주장하는 이론이다. '정체성론'은 19세기 후반의 한국 사회가 일본의 12세기에 해당하는 사회상황에 정체되어 있고 스스로의 발전능력이 상실되어 있음을 주장하는 이론이다. '문화적 독창성 결여론'은 한민족의 문화적 독창성을 철저히 부정하는 논리를 제공하는 이론이다. 이러한 식민사관에 입각한 연구들은 한민족과 한국고대사 및 역사의 주체성과 정체성을 근본적으로 부정함으로 일본제국주의의 한반도 식민통치를 지원하고자 하는 정치군사적 의도 하에 이루어진 것들이다. 여기에 동원된 어용학자들은 과학적・실증적 학문연구라는 명분하에 교묘하게 식민통치의 목적에 악용된 것이다.

이러한 식민사관에 맞서 한국인 연구자들은 반식민사학론을 제시하였는데, 그 대표적인 사례가 민족사학론이다. 1920년대 민족주의 사학은 민족문화에 대한 인식을 기반으로 신채호[34], 안확, 최남선 등이 중심이 되어 새로운 이론을 제시하였다.[35] 신채호와 안확은 정치학적 측면에서 그리고 최남선은 문화적인 측면에서 민족사학을 중시하였으므로 이들을 정치학과 문화학으로 나누어 각각 설명하도록 한다.

화로 발전한 것은 고려 말엽 몽고지배기에 저술된 승려층의 위작(僞作)에서 나온 것이라고 보았다. 『삼국유사』가 고려시대 몽고지배기에 편찬되어 몽고에 대한 민족적 항거의 방식으로 단군신화가 실리게 되고, 그 뒤 일제식민통치기에 단군교와 대종교라는 종교의 형태로 단군신앙이 민족운동으로 이어지는 것을 보면서 확실한 근거 제시 없이 피상적으로 위작이라 주장하는 것으로 추측된다. 今西龍. 1929. <檀君考>『朝鮮古史의 硏究』; 김철준. 1990: 10-11.

34) 신채호는 '민족주의자가 아니라 무정부주의자로서 민족이나 국가의 이익보다 개인의 자유를 우선시하지 않고, 그의 민족운동도 무정부주의적 독립운동이었다. 그는 조선왕조의 부활이나 조선 기득권층의 권력회복을 위한 것이 아니라, 평범하고 힘없는 서민들이 자유를 누리고 보호를 받는 나라를 건설하고자 독립운동을 했다'는 주장도 있다. 김종성. 2014. <프롤로그>. 신채호(김종성 옮김). 『조선상고사』. 역사의 아침: 7-8.

35) 세 학자들의 대표적 저작들을 보면, 안확(1923, 『조선문명사』 경성: 회동서관), 최남선(1918, <계고차존>, 1926, <불함문화론>), 신채호(1931・1948), 『조선상고사』) 등이다. 이들의 출생 및 사망 일자를 보면 신채호(1880~1936), 안확(1886~1946), 최남선(1890~1957) 등이다.

이병도(李丙燾, 1896~1989)는 계몽주의적·민족주의적 성향이 강했던 신채호나 최남선과 달리 문헌고증적 방법에 따라 확실한 고증에서 출발하여 합리적인 해석에 도달하고자 하였다. 그러나 위만조선 이전의 고조선의 생활권과 고려시대 이전 또는 고구려시대 이전의 원시종교적 사유방식에 대한 고려를 의식적으로 피한다든가 무의식적으로 하지 않게 되는 한계를 피할 수가 없었다. 그는 첫째, 위만조선시대와 한사군시대의 역사지리를 검토하여 낙랑군을 중심으로 하여 요하이동 한강이북의 지역이 고조선 전성시대의 영역이라 생각하였고, 둘째, 고려시대의 지리도참사상의 연구를 통해 당대의 한국 기층문화의 체질과 전통적인 사유방식에 대한 구체적인 이해를 기준으로 고려시대에 전승한 단군설화를 정리하였다.[36]

이병도는 '조선'이란 국호는 '아침의 땅'이란 말인 '아사달'이 한자로 번역된 것이라 하였다. 그리고 단군설화에서 '기자가 옴에 단군이 산신이 되어 숨었다'함은 중국문화의 영향으로 일어난 문화변동을 반영한 것에 지나지 않는다고 기자조선 자체를 부인하였다. 단군설화에 나타난 아사달·백악·금미달(今彌達)·궁홀산(弓忽山)·구월산 등이나 평양의 고지명인 백아강(百牙崗) 등의 지명연구를 통해서 거기에 나타난 당시의 관념형태를 추측하고 있다.[37] 1923년에 안확(安廓)이 단군설화의 구성과 고구려 주몽설화와의 유사성을 지적하였는데, 이병도는 이 견해를 따라 그가 이해한 단군설화의 전승을 부여나 고구려 초기보다 올려 잡아 소급하여 단군설화의 전승이 있었던 토대를 찾았다고 생각한 것으로 보인다.[38] 이러한 언어학적인 분석은 고대의 관념형태의 요소와 부족국가시대의 창세신화의 요소를 연결시킬 수 있는 전통성이 있다는 새로운 견해를 보이는 것이어서 의미가 있다.[39]

그 뒤 이병도는 단군과 단군조선을 인정하는 입장으로 바뀌어 자신의 사관을 수정하여 1986년 일간지에 기고와 인터뷰를 하고, 1989년에는 최태영과 공저로 『한국상고사입문』을 출판하였다. 여기에 대해 일부 제자들이 부인하지만 이병도가 국민들에게 언론과 책을 통해 자신이 일생동안 지켜온 역사학적인 입장을 전면적으로 바꾼 것은 큰

---

36) 이병도. 1976(2012). <제1장. 단군설화의 해석과 아사달문제><제2장. 기자조선의 정체와 기자8조교><제3장. 위씨조선흥망고>『한국고대사연구』. 한국학술정보; 김철준. 1990: 33.

37) 이병도. 1955. <아사달과 조선>『서울대논문집』. 인문사회과학 2.

38) 이병도. 1959. 『한국사』 고대편; 김철준. 1990: 34.

39) 이병도는 고려시대 풍수도참신앙과 고대 관념형태의 관계를 연구하였는데, 이 분석틀을 고대 부족국가시대의 창세신화에 적용하여 그 대상 시기를 확대한 새로운 시도를 하였다. 그는 관념형태의 전통성이라는 기준을 고구려 연구에도 활용하여 제1차 사료가 극히 적은 한국 고대관계자료를 취급할 수 있는 하나의 기반을 보여주었다. 이병도. 1956. <高句麗國號考>『서울대논문집』. 인문사회과학.

의미가 있다. 이것에 대해서는 뒤에서 더 자세하게 다루도록 한다.[40]

일본 식민사학자들은 고조선을 부정하고 단군조선을 역사가 아니라 신화에 불과한 것으로 역사왜곡을 하였다. 일제 어용사가들은 조선이 일본보다 2,000여 년 이상 앞선 사실을 부정하고자 한국민족사의 시작을 기자조선이나 중국 식민지인 한사군 심지어는 삼국시대부터라고 하거나, 북방은 중국의 식민지였고 남방은 일본의 소위 임나일본부로 기원후 2세기에서 4세기까지 200년 간 식민지로 통치했다는 등 역사왜곡과 억지 주장을 펼쳤다. 그 과정에 역사유물과 기록의 훼손과 조작 등이 조직적으로 이루어졌다.

'한사군=한반도설', '낙랑군=평양설', '임나=가야설'의 폐기문제를 두고 역사학계는 큰 진통을 겪었다. 북한에서도 문헌사학자들은 중국의 고대 문헌 사료를 근거로 하북성·고대요동 등에 있었다고 주장했으나, 고고학자들은 한반도·평양설을 지지하여 크게 대립하다가 1961년 6월~8월의 <고조선에 관한 과학토론회>를 계기로 '낙랑군=요동설'을 확립하고 '임나=가야설'도 폐기하였다.[41]

(5) 식민·중화사학의 극복 시도

광복 이후 일제 식민사학은 많이 비판받고 극복되고 있지만 아직 단군조선 등 고조선에 대한 왜곡과 오류는 극복되지 못하고 있다.[42] 게다가 중국 사회과학원의 '동북공정'과 '탐원공정'은 고조선·부여·고구려·발해 등 한국의 역사를 중국 지방정부의 역사로 편입하고 심지어는 백제마저 중국의 역사로 편입하여 중국을 다민족국가라고 역사왜곡을 하고 있다. 이러한 일본과 중국의 역사 침략에 대해 과학적 연구를 통해 적극 대응하여야 하지만 역사적인 사료의 제약으로 역사학계만의 노력으로는 적지 않은 한계를 맞고 있다.

고조선은 대부분 문자 이전의 시대에 형성되고 발전된 만큼 문자에 의한 역사학의 대응이 그만큼 어려운 것이다. 고조선이 신지문자(神誌文字)나 가림토 문자를 발명한 흔적은 있으나 지금까지 기록이 명확하게 남아 있지 않고 역사가 기록된 유물·유적의 발굴·수집과 연구가 부족하여 문자기록을 통해서는 역사를 파악하기 어렵다.

---

40) 이 책의 제1부 제4장에서 상세히 설명하도록 한다.

41) 리지린 지음. 이덕일 해역. 2018.『고조선연구』. 말: 6-20.

42) 이태진. 2012.『새 한국사: 선사시대에서 조선 후기까지』. 까치글방; 이태진. 2016.『일본의 한국병합 강제연구: 조약 강제와 저항의 역사』. 지식산업사; 이태진. 2017.『끝나지 않은 역사: 식민지배 청산을 위한 역사인식』. 태학사; 아라이 신이치 저. 이태진·김은주 옮김. 2014.『약탈문화재는 누구의 것인가: 일제의 문화재 반출과 식민주의 청산의 길』. 태학사.

이러한 제약에도 불구하고 식민·중화사학의 극복을 위한 시도들이 정인보, 최태영, 신용하, 김원룡, 김정배, 리지린, 윤내현, 박성수, 심백강, 복기대, 우실하, 이덕일 등에 의해 이루어지고 있다. 정인보는 고대사 인식체계를 기존의 '단군－기자－위만/삼한'이 아니라 '고조선－부여－고구려' 구도로 이해하고, "조선의 시조 단군은 신이 아니라 인간이었다"고 하여 단군조선을 부정하고 신화의 영역에 두고 있던 단군(조선)을 역사의 범주로 귀속시켰다. 중국 사서의 '주신·숙신·직신·식신'을 '조선'과 동일한 이름으로 이해하고, 권람·홍여하·신경준·이익 등의 학맥을 이어 고조선의 강역과 '한사군'의 소재를 한반도가 아닌 요동지역으로 파악하고 있다. 특히 한나라 무제를 전후하여 예맥조선과 위만조선 2개의 조선이 병립했고, '북삼한'이 고조선의 해체로 한반도로 남하하여 '남삼한'을 이루었다고 보고 있다. 나아가 고조선 여러 겨레들의 언어가 서로 일치하고 통했다고 보아 역사의 주체성·독자성·고유성을 밝혀 식민·중화사학을 극복하고 있다.[43] 특히 신용하는 한강문화론과 3부족연합설을 제기하여 고조선 역사의 주체성을 밝히고 있고, 김원룡은 고고유물의 발굴로 고조선 역사의 기원을 찾아내고 있다. 윤내현은 문헌고증학적 접근을 통해 의고학파를 비판하고 신고학파의 입장에서 고조선의 역사적 실체를 소상하게 규명하고 있고, 이덕일은 식민사학의 역사왜곡 실상을 구체적인 역사적 사건들을 자세하게 밝힘으로써 고조선의 역사적 실체를 밝혀내는 데 많은 기여를 하고 있다.

따라서 문헌고증을 방법론으로 하는 역사학만으로는 고조선 연구가 어려워, "문자 이전의 역사를 연구하는 고고학, 언어학, 민속학, 미술사학, 전설·신화학, 자연과학과 함께 발굴 유물들을 증거로 인간의 역사를 과학적으로 해석하고 정립하는 사회과학·문화인류학·자연과학 등이 역사학과 함께 협동연구를 해야 고조선 역사를 겨우 밝힐 수 있다. 즉 고조선 연구는 종합적·통합적 접근, 최근의 용어로는 분과학문의 벽을 넘어선 융합학문의 연구방법에 의해서만 밝힐 수 있을 것이다."[44] 이 때문에 고조선 등 역사에 대한 연구는 역사학, 고고학 외에도 사회학·정치학·문화인류학·경제학·행정학·국가학·천문학·자연과학 등의 융합적 연구를 통해 이루어져야 할 것이다.

43) 정인보 지음. 문성재 역주. 2018.『조선사연구·상』. 우리역사연구재단: 27－44.
44) 신용하. 2010: 19－20.

2. 한국 고대사회학의 선행연구와 평가

(1) 신용하의 『고조선 국가형성의 사회사』 등

신용하는 『고조선 국가형성의 사회사』를 연구하여 고조선의 건국을 한부족, 맥부족 및 예부족의 결합으로 설명하면서 이때부터 한국의 '원민족'이 형성되었음을 주장한다. "한국민족은 매우 이른 시기에 고대국가를 형성하고 '민족'을 형성했기 때문에 … 한국 '원민족'은 한국 최초의 고대국가인 '고조선'의 국가형성과 궤를 같이하여 형성되었다"고 보고 있다.[45] 고조선은 기원전 30세기~기원전 24세기에 동아시아 최초의 고대국가로 개국되고 한국민족을 원민족으로 형성하였다고 보고 있다.[46]

이러한 주장의 근거로 신용하는 한강 유역, 금강 유역, 대동강 유역, 두만강 유역, 섬진강 유역, 제주도 · 황해도 · 함북 등 기타 한반도 해안과 내륙의 주요 지역, 만주 지역, 남부 연해주 지역 등 한반도 등지의 구석기 유적과 한반도에서 서기전 1만 년 신석기인의 출현을 바탕으로 한 한국인의 기원문제를 들고 있고, 그러한 바탕위에서 고조선 국가형성의 3부족설을 제시하고 있다. 그는 그동안 제기되었던 이병도의 예맥 1부족설[47]과 김상기의 예부족과 맥부족의 2부족설[48]을 비판적으로 보면서 '한'부족을 추가하면서 '한'부족이 고조선 제왕을 배출한 가장 중심적인 역할을 하는 부족으로 보고 있다.[49]

(2) 평 가

신용하는 고조선에서 기자조선과 위만조선을 인정하지 않고, 『위서』와 『규원사화』

45) 위의 책: 357.
46) 위의 책: 373.
47) 이병도. 1976. <단군설화의 해석과 아사달문제>. 『한국고대사연구』 참고.
48) 김상기. 1974. <한 · 예 · 맥 이동고>. 『동방학논총』 참고.
49) 신용하. 1984. <민족형성의 이론>. 『한국사회학연구』. 7집; 신용하. 1995. <단군설화의 사회학적 해석>. 『한국사회사연구회논문집』. 47집; 신용하. 2000. <한국민족의 기원과 형성>. 『한국학보』. 100집; 신용하. 2001. 『한국민족의 형성과 민족사회학』. 지식산업사; 신용하. 2000. <한민족의 형성과 단군에 대한 사회학적 고찰>. 『단군학보』. 3집(단군학회 엮음. 2005. 『단군과 고조선 연구』. 지식산업사); 신용하. 2008. <고조선 국가의 형성: 3부족 결합에 의한 고조선 개국과 아사달>. 『사회와 역사』. 80집(겨울). (한국사회사학회); 신용하. 2008. <고조선의 통치체제>. 『고조선연구』. 1집 (고조선학회). 지식산업사; 신용하. 2010: 46-47.

등의 사료를 바탕으로 고조선 47대 왕의 세습 등과 행적을 적극적으로 인정하여 단군조선에 대한 주체적인 역사해석을 수용하고 있다.

신용하의 연구는 첫째, 사회학이 지니는 장점인 민족형성과 민족연합을 중심으로 고대국가의 형성을 역사적인 유물과 사료를 바탕으로 규명하여 과학적으로 고조선 국가형성의 실체를 밝혀주었다는 점에서 큰 공헌을 하였다.

둘째, 민족이동설과 민족정착설로 팽팽하게 맞서온 학계의 대립을 3부족 연합설을 통해 통합하고 융합시켰다는 점에서도 크게 기여했으나 한부족(한강족)의 정체성에 대하여서는 계속적인 연구가 필요하다.

셋째, 민족과 문화를 서로 결부시켜 3부족 결합을 한강문화를 중심으로 한 세 문화의 결합으로 설명하여 서로 다른 접근인 민족과 문화를 결합시켜 보았다는 점에서 높이 평가할만하다.

넷째, 3부족과 세 문화의 결합에서 중심을 이루는 한부족과 한강문화의 중심성과 선진성을 유물과 유적들의 시기를 밝히고 그 시기들을 기준으로 하여 한부족과 한강문화가 고조선의 중심임을 밝히는 것은 의미가 있다.

3. 한국 역사정치학의 선행연구와 평가

고대국가에 대한 정치학적 연구의 예로는 신채호의 『조선상고사』, 안확의 일명 『조선정치사』로 불리우는 『조선문명사』 및 진덕규의 『한국정치의 역사적 기원』 등을 들 수 있다.

(1) 신채호의 『조선상고사』

단재 신채호(丹齊 申采浩, 1880~1936)는 고려·조선시대 사대파 역사가들과 일제강점기 일본인 및 친일파 역사가들이 숨기고 감춘 한국고대사의 진실을 밝히고자 한국고대사를 연구하였다.[50] 그는 관련 모든 중국문헌사료를 재검토하여 고조선에 대한 새

---

50) 신채호는 『조선사 연구초』에서 고려 때 묘청과 김부식의 대결을 '조선 역사 1천 년 이래 최대 사건'이라고 평가했다. 김부식이 묘청의 혁명을 진압하고 『삼국사기』를 편찬하면서부터 자주적이고 진취적인 역사관이 사라지고 사대적이고 퇴보적인 역사관이 이 땅을 지배했다고 보았기 때문이다. 고려와 조선시대의 『삼국사기』, 『세조실록』, 『예종실록』 등에는 수많은 역사서들이 있었으나, 고려와 조선 시대의 분서갱유를 거치면서 지금은 거의 사라져 없어졌다. 거기에 한국을 강점한 일본제국주의는 1910년부터 2년 간 군경을 동원하여 20여 만 권의 서적을 수거했다. 이렇게 고려·조선·일

로운 이해를 얻어 '일선동조론'의 허구를 밝혀 그것을 분쇄하고자 하였다. 모든 중국문헌사료를 재검토한 후 신채호는 첫째, 많은 사료들에서 고조선족이 중국북방에서 한족과 접촉이 있었던 것으로 기록하고 있어서 한국민족의 원래 생활권이 요서・요동지방과 한반도라는 사실을 밝혀냈다. 둘째, 고조선이 한족의 압력으로 요서・요동지방을 상실하는 과정과 그 결과로 발생한 조선민족의 이동경로를 찾아냈다. 셋째, 소도(蘇塗)라는 독특한 우리 민족의 습속에서 고조선의 문화상을 찾아냈다.[51]

소도의 습속은 『삼국지』 위서 동이전 마한조에 보이는 것으로 이것의 역사적 의미를 새로 평가한 것은 매우 의미 있는 시도이다. 서기를 전후하여 한반도에 철기문화가 전파되어 삼한의 여러 부족국가가 새로운 철기문화사회의 정치질서를 수립하고 있었으나 아직 제정이 분리되지 않은 청동기문화의 전통을 그대로 유지하고 있던 집단들은 신흥세력에 밀려나서 따로 거주하던 지역을 소도라 하였다. 신채호는 『조선상고사』(1948) 제2편 <수두시대>에서 이 소도를 '수두'로 읽으면서 이것은 신단을 가리키는 옛 말이라 하였다. 마한 50여개 나라의 하나인 신소도국(臣蘇塗國)[52]은 마한 여러 나라들의 '수두'들을 총괄하는 최대의 신단이 있었던 나라로 보았다.[53] 이처럼 철기문화 이전의 습속인 소도가 삼한시대에도 남아 고조선 시대의 사회상과 문화상을 보여주었다고 주장하였다.

신채호는 고조선이 요동반도와 길림지방의 '신' 또는 '진(眞)' 조선, 요하이서(遼河以西)와 개원이북의 '불' 또는 '번(番)' 조선, 한반도 전역의 '말' 또는 '막(莫)' 조선이라는 삼조선으로 나뉘어 있었다고 하고 이것을 전삼한(前三韓)이라 불렀다. 기자조선은 기씨족이 '불'조선에 망명해 온 교민집단으로 보아 유학자들이 주장해 온 기자조선의 존재를 부정하였다. 이 삼한이 연(燕)의 소왕대(昭王代) 진개의 침략 이후 진한에 이르기까지 계속된 중국의 침입으로 인해 동쪽으로 이동하면서 민족구성에서 해체와 변동이 일어날 수밖에 없었다. 이러한 유이민세력이 한반도에 정착하여 연맹세력을 재구성한 것이 마한・진한・변한이라고 보아 한국고대사의 변천을 새롭게 해석하였다.

그러나 신채호가 자신의 한국고대사 이론을 활발하게 구상하고 연구하던 중 1936년

제강점기에 한국 고대 역사서들은 계속해서 사라졌다. 이러한 상황에서 신채호는 사대파 유학자들이 헤게모니를 지킬 목적으로 은폐한 역사의 진실과 친일파 역사학자들이 은폐한 진실을 밝히고자 『조선상고사』를 연구하였다. 신채호. 1977. 『조선상고사』. 동서문화사; 신채호(김종성 옮김). 2014. 『조선상고사』. 역사의 아침.

51) 김철준. 1987; 김철준. 1990: 32－33.

52) 오늘날 충남 태안에 있던 작은 나라로서 '臣'은 '大'의 의미를 가진 고어의 음사(音寫)임.

53) 신채호. 1972. <前後三韓考>『단제 신채호전집』 중권; 『조선상고사』 제2편 <수두시대>; 신채호. 1972. 『전집』 상권; 김철준. 1990: 32.

여순감옥에서 옥사하면서 그의 이론체계가 정리되지 못하고 미완의 상태에 머물게 되었다. 신채호는 몸은 감옥에 있으면서,[54] 밖으로는 일본의 근대사학이란 이름의 식민사학자들과 대결하고 안으로는 중세 유교주의적 역사관에서 탈피하고자 고군분투하였다.

(2) 안확의 『조선문명사』 등

자산 안확(自山 安廓, 1886~1946)은 『자각론』, 『개조론』, 『조선문학』 등의 저서와 국사, 국어, 국문학, 국악, 미술사 등 국학 전반에 관한 글을 많이 발표한 국학자로서, 1923년에 『조선문명사－일명 조선정치사』를 출간하였다.[55] 『조선문명사』에서는 조선의 역사를 단군 건국부터 열국 즉 삼한 말까지 2,200년 간을 상고 소분립 정치시대, 삼국 초부터 남북조까지 전체 1,000년 간을 중고 대분립 정치시대, 고려 전체 500년 간을 근고 귀족 정치시대, 조선 전체 500년 간을 근세 군주독재정치시대로 나누며 5,000년 간의 역사를 다루면서 단군을 건국초기의 군장으로 인정한다. 그는 5,000년 간의 왕위 계승표를 인정하고 환인의 아들 환웅, 환웅의 아들 단군을 인정하고, 단군시대의 헌법과 행정, 정치상 분열 등에 대해 동시대 외국의 사례와 비교하여 설명하고 있다. 특히 각 시대별로 중앙정치와 지방행정 등의 역사와 제도 등의 내용을 자세히 기록하고 있어서 역사행정학과 역사정치학 및 사회과학 분야의 연구에 큰 도움을 주고 있다.

단군사화와 관련하여서도 안확은 주몽설화에 나오는 천제의 아들 해모수의 '수(漱)'는 수컷을 의미하여 단군사화의 환웅의 '웅(雄)'과 같은 뜻이고, 해모수와 결혼한 하백녀의 하백은 원래의 '고마'에서 음이 비슷한 중국의 수신명(水神名)으로 변한 것이니 이 백녀는 환웅과 결혼한 웅녀와 같다고 하여 단군사화와 주몽설화의 연관성과 유사성을 주장하였다. 이것은 그가 국사, 국문학, 미술사, 국어 등 다양한 지식을 가지고 있기 때문에 단군사화와 주몽설화를 비교하면서 종합적으로 설명할 수 있었다. 안확은 단군

---

54) 신채호는 독립운동으로 1928년 4월 무정부주의동방연맹대회에 참석했다가 5월 타이완에서 체포되어 10년 실형을 받고, 투옥된지 3년째인 1931년 6월부터 10월까지 『조선일보』에 <조선사>라는 제목으로 연재하였다. 그가 미완으로 중단한 글들을 묶어서 순국한지 12년이 지난 1948년에 『조선상고사』로 이름을 바꿔 출간되었다. 그는 여순감옥 감방 안에서 사료를 이용하지 못하여 자신의 기억에 상당부분 의존하지 않을 수 없어서 비록 그의 기억력이 탁월하다는 평을 받았지만 그의 사료 인용은 부분적으로 불완전할 수도 있었다. 이로 인해 그의 주장 간에는 서로 모순되는 것들이 엄정한 고증을 거치지 않은 채 발표되었다는 비판이 있다. 김철준. 1990: 33.

55) 안확. 1923. 『조선문명사－일명 조선정치사』. 경성: 회동서관. 이 책의 출판 당시 '학자 장려의 의미로 안확씨를 청하여' 최초의 출판기념회를 가졌다는 내용이 『동아일보』 1923년 1월 11일자에 게재되었다.

시대 건국의 기초와 단군의 헌법과 행정도 개괄적으로 다루었다.

(3) 진덕규의 『한국정치의 역사적 기원』

진덕규는 정치학의 이론들을 이용하여 고대국가의 성격을 규명하여 국가성격의 일반성을 높이고자 지배세력(제사장, 군사지도세력, 문신관료세력)과 지배이데올로기(무속, 불교-획일적 체계성, 불교-이탈적 체계성, 교조적 성리학)를 기준으로 제의-군장체제, 고대적 군왕체제, 전제적 왕조체제, 중앙집권적 전제적 왕조체제)라는 국가의 분석틀(2×4 Matrix)을 만들어 고조선 시대를 제의-군장체제라는 고대국가로 설명하고 있다.[56]

나아가 진덕규는 크레벨드와 만 등의 정치학 이론들을 활용하여 한국 고대국가의 성격을 일반화시켜 설명하고자 한다. 먼저, 마틴 크레벨드(Martin Van Creveld)의 국가발전 단계론에 따라 무두 부족사회, 군장사회, 전통적 국가, 이행기적 국가, 근대적 국가로 발전하고, 전통적 국가는 고대국가에서 도시국가를 거쳐 거대국가로 전환되면서 중세국가인 봉건제국가와 신분제국가로 전환하며, 이행기적 국가는 절대주의체제를 거쳐 중상주의적 통일국가체제로, 근대적 국가는 민족국가, 국민국가, 복지국가로 각각 전환하게 됨을 소개하고 있다.[57]

다음으로 마이클 만(Michael Mann)의 IEMP(Ideology, Economy, Military, Politics) 모델을 활용하여, 고대사회를 제의(신화와 이데올로기), 자원(가치 배분과 점유), 안전(군사적 강제력 행사), 대외관계(교린-종속적 관계) 등의 영향하에 통치세력을 형성하고 권력구조의 제도화를 통해 국가체계를 정립하고 지배세력(설득, 강제, 억압, 이탈)과 피지배층(수용, 저항, 이탈)의 관계가 형성됨을 보여준다.[58]

이러한 역사정치학적 연구는 첫째, 한국 정치나 국가의 성격을 통사적으로 다루어 이론적합성과 역사의 정치학적 분석의 의미를 높이는 데 크게 기여하였다.

둘째, 특히 국가의 성격을 서구에서 널리 수용되고 있는 정치학 이론을 활용하여 연구하여 연구의 결과가 개방적이어서 역사연구가 지니는 폐쇄성과 소통장애를 해소해주는데 많은 역할을 할 것으로 보인다.

---

56) 진덕규. 2002. 『한국정치의 역사적 기원』. 지식산업사.

57) Martin Van Creveld. 1999. *The Rise and Decline of the State*. Cambridge: Cambridge University Press; 진덕규. 2002: 36-38.

58) Michael Mann. 1986. *The Sources of Social Power*. Vol. 1. II. Cambridge: Cambridge University Press; 진덕규. 2002: 25-26.

다만 고대국가를 집중적, 심층적으로 다루지 못하고 한국 역사를 통사적으로 다루면서 한국사의 일부로만 고조선을 다루어 고대국가 연구의 심층성이 부족함이 아쉬운 점이다. 이로 인해 고대국가에 대해 체계적이고 심층적인 정치학적 접근에 따른 연구가 필요함을 확인할 수 있다.

4. 한국 고대경제학의 선행연구와 평가

(1) 백남운 · 전석담 · 리지린의 유물론 · '아시아적 생산양식'론

백남운의 『조선사회경제사』 · 『바로보는 우리역사 1: 원시공동체사회 · 고대사회 · 봉건사회 · 근현대사회』, 전석담의 『조선경제사』, 리지린의 『고조선연구』는 유물론과 맑스 · 엥겔스의 '아시아적 생산양식' 이론에 따라 한국역사 · 고조선사를 연구하였다. 이들의 연구는 역사를 경제사 · 사회경제사 · 유물론 · 아시아적 생산양식론 · 계급론 등에 따라 실증적으로 연구하여 나름대로 기여를 하였다. 특히 리지린은 고조선을 유물론 · 아시아적 생산양식론 등에 따라 분석하지만, 중국 사료와 고고학적 사료를 크게 활용하여 고조선연구에 큰 기여를 하고 있다.

다만 유물론이 지니는 경제결정론적 한계를 부분적으로 내포하고 있는 점이나 정사(正史)를 '지배계급에 유리하게 편집된 것'으로 보는 점, '삼국 침략을 합리화하기 위해 고조선 역사 지리를 왜곡'시킨 것으로 보는 점, '고대국가의 계급투쟁 역사에 주목'하는 점 등은 구체적으로 밝혀내야 할 일들이라 할 수 있다.[59]

(2) 김용섭의 『농업으로 보는 한국통사』 등

1) 김용섭의 농업경제사와 2부족론

한국 고대국가에 대한 경제사적인 접근의 대표적인 예는 농업경제를 중심으로 고대국가 이후의 역사를 통사적으로 분석한 김용섭의 연구를 들 수 있다.[60] 중세와 근대 등 한국경제사를 농업경제를 중심으로 보는 농업사와 문명사적 관점에서의 한국고대사 탐

---

59) 백남운. 1933(2004 심우성 옮김). 『조선사회경제사』. 개조사(동문선); 백남운 지음. 구로역사연구소 옮김. 1995. 『개정판 바로보는 우리역사 1: 원시공동체사회 · 고대사회 · 봉건사회 · 근현대사회』. 거름; 전석담. 1949. 『조선경제사』. 박문출판사; 전석담. 1990. 『조선경제사탐구』. 범우사; 리지린. 1963(2018 이덕일 해역). 『고조선연구』. 말: 41－55.

60) 김용섭. 2017. 앞의 책.

구를 진보적인 입장에서 한국사의 발전 과정을 거시적으로 연구해 온 김용섭은 단군조선의 건국을 예족과 맥족이라는 2부족의 결합으로 설명한다. 그는 한국고대사에 대한 과감한 가설과 파격적인 해석으로 단군조선 건국 이후 두 부족은 성장을 중시하는 예부족과 평등과 분배를 중시하는 맥부족으로 서로 경쟁해오면서 3국 시대, 남북국 시대, 고려, 조선시대를 거쳐 현대까지 그 부족의 DNA를 유지하여 옴을 설명하고 있다.

김용섭은 한국 민족이 중국 요하문명권에서 꽃핀 홍산문화의 주역이었던 청구국(靑邱國)에서 시작되었다고 보면서 청구국이 중국 민족·문명의 시조인 황제(黃帝)의 정복 전쟁에서 패하여 무너진 뒤 그 유민이 요동과 요서에 예족과 맥족으로 자리를 잡았다고 본다. 요서의 맥족은 부의 균형 있는 배분을 중시하여 농업 공동화를 추진했고, 요동의 예족은 국가 발전을 위한 경제개발을 중시해 대토지 소유제를 추구하였다. 이처럼 서로 다른 가치를 추구하던 맥족과 예족 두 종족이 연합하여 고조선을 건립하였고 맥족의 환웅과 단군이 권력을 잡아 '홍익인간'의 건국이념을 내세웠다. 그러나 평등과 배분 보다 농업발전을 추구하던 예족세력이 단군의 지배에 대해 반대하는 정변을 일으켜 예족의 기자를 추대하여 국왕을 교체하였다고 보고 있다.

맥부족과 예부족의 갈등과 대립은 고조선 이후에도 이어졌다고 본다. 중국 한(漢)나라의 침략으로 고조선이 멸망하자 유민들이 백두산 북서쪽과 요동에 부여를 건국하여 고조선을 재건했다. 그러나 정치경제적 이념이 평등과 성장, 분배와 발전이라는 서로 다른 지향을 하고 있는 두 부족은 함께하기 어려워 맥족은 고구려와 백제로 이어졌고, 예족은 남쪽으로 내려와 삼한(三韓)을 거쳐 신라를 건국하였다.

이처럼 예족은 성장과 경제발전을 중시하여 고조선 이후 부여, 삼한, 신라와 고려 및 조선의 지배세력으로 이어지고, 맥족은 평등과 분배를 중시하여 고조선 건국 이후 지배세력으로 있다가 부여, 고구려, 백제, 발해 등을 건국하여 지배해 오다가, 고려와 조선시대에는 지배세력에서 밀려나 지금까지 이어져 왔다는 것이다. 현대 한국사회가 남과 북으로, 그리고 한국에서도 영호남의 동과 서로 나뉘어 경제발전과 복지를 두고 서로 경쟁하고 있는 것으로 해석이 가능하도록 함의를 주고 있다. "정치이념이 다른 두 종족이 결합하여 하나의 국가를 형성했으므로 이를 종합 절충하여 통합 이념을 마련하는 것이 필요한데 그렇게 하지 못했고 지금도 해결해야 할 과제로 남아 있다"[61]고 말하여 이 책의 현대적인 함의를 보여주고 있다.

그동안 고조선의 건국을 1부족(이병도), 2부족(김상기), 그리고 3부족연합(신용하)으

61) 김용섭의 인터뷰와 연구 내용을 소개한 기사로는, 이선민. 2017. <고조선은 이념 다른 맥족과 예족이 함께 세운 나라>. 『조선일보』. 2017.11.7.

로 각각 설명한 경우는 있으나 그것을 고대, 중세, 근세, 근대 그리고 현대까지로 연결시켜 설명한 경우는 처음이다. 5,000여 년 동안 부족의 DNA가 유지된다는 전제하에 예족과 맥족의 부족의 고유성을 규명하는 것도 독특한 의미를 지닌다. 노동과 자본의 경우에는 일반적으로 이익을 중심으로 정책성향이 다름을 인정하지만 인종과 부족의 부족성 및 민족성을 고유한 것으로 규정한다는 점의 이론적 근거가 매우 흥미롭다.

또한 고조선 이후 삼국의 사회·경제적 지향을 고조선의 두 흐름을 각각 계승한 것으로 보는 시각이나 오랜 역사적인 전통을 부족의 속성을 통해 국가 간의 연속으로 이어짐을 밝히는 점은 매우 특이하다. 성장과 분배, 발전과 복지, 자유와 평등이라는 동서고금을 막론하고 조화하기 어려운 인류의 대립적인 두 중요한 가치가 각각의 부족의 DNA로 연결된다는 주장은 새로운 시도이다. 그동안 유물론과 진보적인 시각에서 농업경제사를 연구해온 학자가 그것을 뛰어 넘어 경제와 정치, 인성과 정책, 농업과 국가를 연결지우는 것은 새로운 시도이고 패러다임적인 변화를 보여주는 것이다.

요하문명과 홍산문화는 일부 고고학자나 역사학자들도 한국상고사와 연관시켜 주목하는 대상이나 고조선의 건국 기원으로 특정부족을 정치경제적 이념대결과 연결시켜 설명한 것은 지금까지 없었던 최초의 시도이다. 왕조나 정권 내에서는 정치이념이나 경제적 이해관계가 정치권력투쟁과 왕조운영의 원리로 작동하였음을 다루는 경우는 있었으나 국가의 건국과 흥망성쇠 그리고 새로운 국가로의 분열로 어어짐을 밝힌 것은 새로운 시도이다.

2) 평 가

기존의 연구를 통해 발표한 중세에서 근대로 이행하는 시기에 대한 김용섭의 경제사적 설명은 학계에서 널리 수용되어 왔다. 예를 들면, 조선 후기에 이르러 토지 집적이 확대되고 농업 생산의 발전과 농촌사회의 분화가 발생했고, 19세기 중·후반 개항 이후 외세와 외래 자본의 침투로 민족적 모순이 중첩되는 가운데 국가적 혼란이 계속되었고 두 갈래의 개혁안이 제시되었다. 양반 지주층은 조세를 중심으로 수취체계를 바로잡아야 한다고 주장했고, 농민층은 지주제를 해체하여 농민경제를 안정시켜야 한다고 서로 대립적인 주장을 했다. 일제시대에서는 자본주의적 농업기구로 재편되면서 반(半)봉건·반(半)자본주의적 성격을 지니게 된 토지제도는 광복 후 남한의 농지개혁, 북한의 토지 개혁과 농업 협동화를 통해 결국 해결책을 찾게 되었다는 주장이 널리 지지를 받았다. 이러한 체제나 정부 내에서의 설명을 넓혀 김용섭은 고조선 이후 현대까지의 국가변동을 정치경제이념을 달리하는 두 부족의 연합관계를 중심으로 설명하여 자신의 이론적인 지평과 대상 영역을 크게 확장시킨 것이다.

이 접근의 기여점은 정치경제이념 대결과 부족의 연합관계를 국가의 개국과 흥망으로 연결시키는 거대담론과 거대이론을 제시했다는 점에서 매우 획기적이고 향후 고대국가 및 중세, 근대 국가의 연구에도 새롭게 공헌이 클 것으로 기대가 된다. 3,000년이 넘는 한국사를 농업 발전과 정치 이념이란 관점에서 하나의 이론 틀로 의욕적으로 설명하고 있다.

다만 이들의 이론적인 근거나 경험적인 사료의 연계가 얼마나 치밀한지에 대한 우려는 적지 않다. 통사나 개설서와 같은 거대담론을 보다 구체적인 사료를 바탕으로 치밀하게 뒷받침될 때 그 설명력과 적실성은 더욱 높아질 것이다.

5. 한국 고대문화학의 선행연구와 평가

고조선에 대한 대표적인 문화적 접근은 최남선의 불함문화론, 손진태의 민속학, 김경동의 한국문화의 원형 연구, 그리고 신용하의 '한'부족의 한강문화론을 들 수 있다.

(1) 최남선의 불함문화론

육당 최남선(六堂 崔南善, 1890~1957)은 단군조선을 비롯한 한국고대사 연구에 집중하여 단군은 제정일치시대(祭政一致時代)의 군장이었고, 이러한 군장들이 하나님의 자손임을 주장하면서 한 시대의 사회 지도이념의 역할을 한 원시종교가 성립되어 있었음을 보여주었다.[62] 그 뒤 기자(箕子)가 오니 단군은 아사달에 숨어 산신이 되었다는 전승은 단군사화로 상징되는 문화가 기자동래(箕子東來)로 표현되는 중국문화의 압력으로 생긴 정치변동과 문화변동을 보여주는 것으로 짐작이 되나 보다 구체적인 역사적인 자료는 없다. 이에 최남선은 문헌자료에 기록되기 이전에 존재한 한국선사문화의 내용과 성격을 밝히고자 옛 지명이나 인명에서 옛 언어를 찾고, 단편적인 민속자료들이 내포하고 있는 옛 문화의 흔적에서 고조선문화를 찾아내고자 하였다. 그는 단군조선시대의 대표적 문화의 하나로 지석묘나 입석 등 태양숭배거석문화를 들고 그것을 설명하였다.

최남선은 이처럼 언어학 · 민속학 · 고고학 · 인류학 등 인접학문들의 연구방법론을

62) 최남선(1926). 『단군론』. 동아일보 1926년 3월 3일~7월 25일; 『육당 최남선전집』. 2; 최남선(1926), 『兒時朝鮮』. 조선일보 1926년 4월.

활용하여 '불함문화론'이라는 대표적인 단군인정론을 제시하였다.[63] 불함문화론[64]은 식민사학에 의해 왜곡된 한국사를 바로잡고자 동방문화의 원류로 ᄇᆞᆰ(Părk)사상을 주목하였고, 이 사상의 발원지가 단군신화에 등장하는 태백산이며, 단군은 그 중심인물임을 설명하였다. 그는 Părk의 가장 오랜 자형(字形)인 '불함'이란 말을 빌려 'ᄇᆞᆰ'을 숭상하던 문화권을 불함문화로 규정하고 그 문화권의 중심이 조선임을 주장한다. 그가 제시한 불함문화는 조선을 중심으로 하여 그 인근지역에 존재하고 있던 'ᄇᆞᆰ사상'을 가진 고대사회의 대문화를 의미한다.

조선이 불함문화권의 중심임을 논증하기 위해 태백산, 소백산 등 '백(白)'자 계열의 전국의 산과 지명에 주목하였다. '백'은 Părk의 대자(對字)로서 태양·신·하늘을 뜻하는 옛말이며, 태양신을 숭배하던 고대문화를 반영하는 어휘로 판단하였다. 그리고 동이족의 거주지에 다수 분포되어 있는 '백산(白山)'은 태양신을 제사하던 곳이었으며, 여러 지역에 산재해 있던 여러 소신산(小神山) 가운데 태백산, 즉 백두산이 가장 으뜸이 되는 곳임을 밝혀냈다. 하늘을 의미하는 고어인 Taigar에 주목하여 이것으로부터 단군의 칭호가 유래됨을 알아냈다. 즉, 단군은 "천(天)을 대표하는 군사(軍師)의 호칭"이며 몽고어에서 하늘을 숭배하는 사람을 뜻하는 Tengri의 발음과 같은 것으로 보았고, '백산'은 단군이 유래한 곳이므로 Părk와 Taigar는 긴밀한 관계가 있는 것으로 해석하였다. 이러한 고대언어학적·문화적·지리학적·인류학적·민속학적 연구를 통합하여 일본과 중국 및 몽고 지역까지 불함문화론이 적용됨을 밝히고자 하였다.

최남선은 불함문화론을 논증하기 위해 인류학·민속학·고대언어학 등의 방법을 활용하여 동아시아 전역을 대상으로 삼아 고대습속이 화석화되어 남은 무속·성황당이나 지석·입석 등과 지명 등의 자료들을 분석하였다. 그는 불함문화의 분포지를 추적하기 위해 한반도 인근지역의 지명을 분석한 결과, 일본과 중국의 동부 및 북부일대도 불함문화의 계통에 포함되고, 몽고와 중앙아시아일대까지도 불함문화와 관계되는 지역임을 밝혀냈다. 불함문화의 잔존요소가 오늘날 이 지역에 분포되어 있는 샤머니즘을 통해 검출된다고 주장하였다. 이것을 통해 그는 일본문화에 포함되어 있는 한국문화의 요소를

63) 최남선. 1927. <불함문화론>『朝鮮及朝鮮民族』. 제1집. 그의 불함문화론은 1918년 발표된『계고차존(稽考箚存)』의 집필과정에서 잉태된 것으로 알려지며, 그 뒤『檀君論』(1926),『아시조선(兒時朝鮮)』(1926),『단군급기연구(檀君及其硏究)』(1928) 등을 통하여 일관되게 연구되었다. 이외에도 최남선의『삼국유사해제』,『태양거석문화(Sun Cult Megalithic Culture)』등의 연구들이 있다.

64) 불함문화론에 대한 내용 정리는 홍일식. 1959.『육당연구』. 일신사; 고려대학교 아세아문제연구소 육당전집편찬위원회. 1973.『육당 최남선전집』. 2, 현암사; 이응백·김원경·김선풍(1998).『국어국문학자료사전』. 한국사전연구사; <불함문화론>,『한국민족문화대백과』. 한국학중앙연구원 참조.

밝혀냈고, 중국문화의 형성에 미친 동이문화의 요소, 즉 '동이소(東夷素)'를 밝히고자 하였다. 불함문화의 실체를 파악하고자 단군사화를 분석하였다.

이러한 최남선의 불함문화론과 단군연구는 첫째, 식민사학들이 주장하는 '일선동조론'과 '만선사관' 그리고 '정체론'과 '문화적 독창성 결여론'을 근본적으로 부정하는 계기가 되었다. 불함문화론은 일제의 식민사관에 대항해 한국 고대역사와 문화의 세계사적 위치를 밝히고자 최남선이 제시하며 단군조선을 연구했다는 점에서 높은 기여를 했다.

둘째, 나아가 조선왕조가 전통적으로 유지해온 중국 중심의 역사이해에 대해 근본적으로 부정하는 의미를 함께 지닌다. 불함문화라는 독자적인 문화의 원형을 밝히고 그 중심이 한국고대국가라는 점을 규명하여 중화주의나 중국중심의 문화적인 사대주의를 근본적으로 부정할 수 있는 문화적·학문적·실증적인 근거를 제시하였다.

셋째, 불함문화론은 한국사의 독자성에 대한 인식을 높여주었고, 한국고대사 특히 고대사상사의 연구를 크게 촉진시켰다. 언어학적 연구방법론이 지닌 한계와 문제점에도 불구하고, 불함문화론은 문명론적 특성을 제시하여 한국사상, 한국문화, 한국문학, 한국민속 등 고대사 연구의 새로운 패러다임, 즉 연구의 새 틀을 제시해주었으며, 식민사관 극복이라는 역사적 과제를 이어나가는데 크게 기여하였다.[65]

넷째, 방법론적으로 당시로서는 선구적이라 볼 수 있는 문화학·인류학·민속학·고대언어학·지리학 등의 다양한 이론과 방법을 융합시켜 연구한 독창적인 연구라는 평가를 받는다.

다섯째, 연구의 이론적인 보편성과 일반성을 높이고자 연구 대상지역을 한반도에 국한하지 않고 한반도는 물론 일본과 중국의 동부·북부일대 및 몽고와 중앙아시아 등 아시아 전역을 대상으로 확대한 것은 매우 의미 있게 평가할 만한 일이다.

여섯째, 단군연구의 대표적인 연구로 평가되지만 후속 연구자들이 더 발전시켜서 한국문화의 원형 패러다임으로 발전시킬 수 있는 바탕을 마련했으나 학계에서 후속연구로 이어지지 못해 너무나 아쉽게 평가된다.[66] 이 점 때문에 최남선의 불함문화론에 대

65) 최남선의 연구는 식민사관 극복이라는 연구 기본 패러다임 변화(paradigm change, paradigm shift)와 다학문적 접근(multidisciplinary approach)이라는 연구방법의 혁명을 가져와, 불함문화론이라는 패러다임혁명과 과학혁명(scientific revolution)을 이루었다. 활발한 후속 연구들이 이어지느냐 여부에 따라 불함문화론을 중심으로 한 과학혁명의 성공여부가 달려있다. 불행하게도 후속연구들이 재야 사학으로 이어지고 있으나, 강단 사학들은 여기에 대한 후속연구를 이어가지 못해 불함문화론의 과학혁명의 성공은 지금도 숙제로 남겨두고 있다. 과학혁명의 성공을 위한 연구 방법론적 한계를 극복하는 언어학, 인류학, 국학, 민속학 등의 후속 연구도 절실하다.

66) 고려대 아세아문제연구소 육당전집편찬위원회에서 『육당 최남선 전집』을 편찬하였으나, 후속 연구가 심층적으로 진행되지 못했다. 불함문화론과 관련하여 말 뿌리에 대한 연구의 예로는 경성대 명

한 비판의 여지를 남겨두게 되었다.

이로 인한 불함문화론에 대한 비판점으로서는 첫째, 인류학·민속학·고대언어학 등의 방법을 이용하여 짧은 기간에 많은 자료들을 수집하고 인용하여 풍부한 자료들을 해석하느라 옥석구분이 없다는 비판을 받는다.

둘째, 일제 식민사학에 대항하는 것은 좋으나 민족운동의 교설(敎說)로서 내세우는 것에 주력하여 융합적인 방법과 넓은 지역에 걸친 연구로 인해 연구의 엄밀성과 치밀성이 부족해 학문적 가치를 떨어뜨렸다는 비판이 있다.

(2) 손진태의 민속학·인류학적 연구

손진태(孫晉泰, 1900~?)는 문헌연구방법만을 위주로 하는 역사학자들과는 달리 민속학·인류학의 입장에서 고대문화를 연구하였다. 그는 주변 여러 민족의 문화와 비교·대조하는 방법과 현 서민층에 남아 있는 기층문화에 나타난 민속학적 자료나 고대 관련 문헌에 나타난 자료 그리고 고고학적 자료와 비교하는 방법을 사용하면서 고문화를 복원하는 독립된 연구 분야를 개척하였다는 점에서 높이 평가되고 있다.[67] 그는 단군신화에 나오는 쑥 한 자래(炷)와 마늘 20매가 합하여 21이 되는 것과 100일 동안 햇빛을 보지 않는 것(百日不見日光)은 오늘날의 습속에도 남아 있는 산후 삼칠일(21일)이나 백일잔치와 같은 것에 주목하였다.[68] 이것은 원시시대 이래 단군신화가 우리 민족의 출산과 출산이후 풍속에 깊숙하게 뿌리내려 기층문화로 전승되고 있음을 보여주는 일이다.

예교수인 송근원과 카자흐스탄에서 역사를 연구한 김정민의 연구를 들 수 있다. 송근원. 2016a. 『우리 뿌리말 사전: 말과 뜻의 가지치기』. 개정판. 퍼플; 송근원. 2016b. 『코리아는 호랑이의 나라』. 퍼플; 송근원. 2016c. 『아내는 해와 같이 높은 사람』. 퍼플; 송근원. 2017. 『안데스에도 가락국이…』. 퍼플; 김정민. 2016. 『단군의 나라, 카자흐스탄』. 글로벌콘텐츠.

67) 손진태의 연구들은 『朝鮮神歌遺篇』(1930), 『조선민담집』(1930), 『조선민족문화의 연구』(1948), 『한국민족설화의 연구』(을유문화사, 1947, 1989), 『조선설화집』(최인학 역편, 민속원, 2008), 『조선상고문화의 연구: 조선고대의 종교학적·토속학적 연구』(고려대학교 박물관, 2002), 『조선 돌맨에 관한 조사연구』, 『조선고대민가형식고』, 『소도고』, 『조선고대산신의 성에 대하여』, 『진단학보』. 1: 145-155, 『조선혼인의 주요 형태인 率婿婚俗考』, 『온돌고』, 『비교민속학』 19(2000.8): 484-512 등이 있다.

68) 손진태. 1949. 『삼국유사의 사회사적 고찰』. 『학풍』. 2(2): 34-48.

(3) 김경동의 한민족문화원형이론

김경동은 한국의 근대화를 연구하면서 동아시아 근대화는 서구 기술과 문화의 전파와 거기에 따른 공업화와 서구화로 설명하는 서구 사회과학 이론으로 설명이 어렵고 비서구 지역의 근대화는 서구근대화 경험의 일방적인 수용이 아니라 각 나라의 고유한 전통에 바탕을 둔 정치적 · 문화적 '선택(selectivity)'이 중요한 영향을 주는 '적응적 변화 (adaptive change)'이므로 각 나라와 사회의 근대성이 서로 다르게 나타남을 밝히고 있다. 이러한 입장에서 한국의 경우에는 유교 · 음양 사상 등에 바탕을 둔 "한(恨) · 흥(興) · 눈치 · 명분" 등이 한국 근대화의 키워드로서 이것들은 한국 문화의 원형에 뿌리를 두고 있음을 주장하고 있다.[69]

그는 동아시아의 근대화에서 동양사상 가운데 특히 주역(周易)에 들어 있는 음양(陰陽)변증법을 중시하여 동양의 음양사상은 한계, 중용, 유연성, 적응성 등을 중시하여 서양의 직선적 · 단선적 · 극단적 변화와 달리 동아시아의 다양한 근대화의 특성을 더 잘 설명할 수 있다고 본다. 나아가 인간과 사회를 부분으로 나누어 접근하여 전체 국가나 사회의 총체적 성격을 잘 설명하지 못하는 서구의 실증주의와는 달리 사람은 인(仁) · 의(義) · 예(禮) · 악(樂) · 지(智) · 신(信)의 육덕(六德)을 갖춰야 한다는 동양의 인성론, 천인합일(天人合一)의 우주론, 사회 · 자연 탐구에서 인간의 주체성을 강조하는 격물(格物)주의 등을 다루는 유교문화가 인간과 사회의 총체적인 이해를 가능하게 한다고 주장한다.

근대와 발전을 동일시하여 근대화는 경제성장과 그에 따른 사회적 변화로 보는 서구의 관점과 달리, 동양적인 관점에서 보면 발전은 삶의 질, 기회의 균등, 행복 등 가치를 함축하는 개념으로 근대화와 차별화된다고 본다. 나아가 한국인의 일상적인 생활문화와 공동체 문화인 한(恨)은 가난하고 무시 받아 온 역사적인 억울함에 바탕을 둔 것으로 경제성장의 동력이 되었고, 고조선 이후 노래와 춤을 중시해 온 한국인 고유의 흥(興)은 신바람으로 나타나 경제성장을 가속화하는 추진력이 되었다고 주장한다. 한편 노사의 냉철한 이해관계에 따라 협상으로 갈등을 해소하는 서구의 합리주의와는 달리, 한국의 노사협상에서 노조가 실질적인 이해관계에 따른 성과보다 다른 노조나 사회적인 '눈치'를 더 중요하게 여기고, 정치적 · 사회적 '명분'을 더욱 중시하여 협상타결보다

---

69) 이러한 내용을 담아 김경동은 필생의 연구들을 3권의 영문 서적으로 정리하여 출판하였다. K. D. Kim. 2017. *Alternative Discourses on Modernization & Development*. MacMilan Press; K. D. Kim. 2017. *Korean Modernization & Uneven Development*. MacMilan Press; K. D. Kim. 2017. *Confucianism & Modernization in East Asia*. MacMilan Press.

는 강경투쟁을 일삼는 것 등은 서구에서는 이해하지 못하고 보기 어려운 특이한 동양 문화적인 현상이라 규정한다.[70]

김경동의 문화원형이론은 첫째, 근대화와 관련하여 한민족의 민족문화원형을 밝히고 있지만, 그 문화원형의 내용을 고조선문명의 성격과 연계시켜 해석할 수 있는 근거를 제시해 주고 있다.

둘째, 고조선 이래 천인합일의 우주관 등 한국의 주체적인 관점에서 서구보편주의를 다원보편주의로 대체하는 한국사회과학계의 대표적인 연구업적을 올렸다는 점에서 매우 큰 공헌을 했다.

셋째, 이러한 문화적인 특성이 한국의 전통적인 문화와 가치의 유산들이고 이러한 요소들을 이해할 때만이 불균등 발전(uneven－development)의 성공사례인 한국의 근대화를 서구와 다른 관점에서 바로 이해할 수 있다는 점에서 학문적 · 이론적인 측면의 공헌이 높이 평가된다.

넷째, 이러한 관점은 한국의 문화적인 원형에 따라 사회변동과 국가변동 및 위기를 이해해야 한다는 점을 함축적으로 보여주는 것이어서 이론적인 독창성이 높다. 사회과학분야에서 제도와 문화의 상관성 및 인과성에 대한 논쟁이 오랜 기간 계속되어 왔는데, 문화원형이론은 한국 고유문화의 독자성이 사회변동과 국가변동의 중요한 핵심적인 변수임을 규명하여 학문적 · 실증적인 기여가 크다.

다섯째, 한국역사와 국가변동과정에서 문화가 비연속성이나 단절성보다는 연속성과 지속성이 높음을 밝혀주고 있다. 이것은 국가의 성격이 연속성이냐 비연속성이냐 라는 논의에서 연속성테제를 지원해주는 것이다.

여섯째, 특히 김경동은 한국문화원형이론을 방대한 세 권의 영문저서로 세계적인 유명 출판사에서 발행하여 세계학계에 한국 사회과학의 연구 결실을 널리 소개한 점은 매우 높이 평가할 일이다. 그동안 한국 역사학이 일국사와 사건사에 치중하고 사회과학분야 전체도 연구의 결과를 세계학계에 발표한 경우를 거의 찾아보기 어려워 세계학계와는 단절되어 왔다는 점이 학계의 근본적인 한계로 지적되어 왔다. 이로 인해 중국의 탐원공정 · 동북공정이나 일본의 역사왜곡에 적절하게 대응하지 못해왔다는 뼈아픈 지적과 반성을 돌이켜 본다면 김경동의 한국문화원형이론은 세계학계와의 소통이라는 점에서도 매우 의미가 크다.

이처럼 한국문화원형론은 많은 장점을 지니지만 문화론자와 제도론자들의 오랜 논

70) 김경동의 연구결과를 소개한 기사로는, 이선민. 2017. <한 · 홍 · 눈치 · 명분 … 한국 근대화의 키워드>『조선일보』. 2017.7.19.

쟁과정에서 제시되는 문화론의 한계를 보다 확실하게 극복해야 하는 숙제를 부분적으로 남겨두고 있다. 이것은 약점이라기보다는 문화론자와 제도론자들이 끊임없이 추구해야 하는 본질적인 숙명과도 같은 것이라 하겠다.[71)]

(4) 신용하의 '한'부족의 한강문화론

신용하는 고조선을 개국한 '한(韓·寒·汗·桓·馯)'부족, 맥부족 및 예부족이라는 3부족의 중심지배세력인 '한'부족의 '한강문화'가 한국 고대국가의 대표적인 문화이고 한국문화의 원형이라고 보고 있다. '한강문화'는 최초의 선진적 농경사회문화 형성, 뾰족밑 빗살무늬토기의 문화유형, 농경도구의 발전, 해(태양) 숭배의 신앙, 천손(天孫)의식을 가진 부족, 남성군장(君長, chief)의 부계 부족공동체 사회, 개석식 고인돌의 장례문화, 선돌(立石)문화의 창조, 제왕을 배출한 부족, 제왕 호칭 '한'·'간'·'칸'을 낳은 부족, '한강문화'의 성립 등을 기본 성격으로 하고 있음을 다양한 유적과 유물을 통해 밝히고 있다.[72)]

한부족의 한강문화를 도와 맥부족과 예부족의 문화는 고조선의 문화를 형성하였다. 맥(貊)부족의 문화유형은 모계부족사회와 여족장 지배, 여신숭배 부족, 곰 토템 부족, 옥장식문화의 발전, 돼지의 사육과 가축화, '납작밑 토기'의 문화, 돌무덤의 장례문화, 왕비를 배출한 부족 등의 성격을 지닌다.[73)] 또한 예(濊)부족의 문화유형은 범 토템 부족, 부계사회의 징표, 농경문화의 시작, '납작밑 토기'의 문화, 후국 소군주를 배출한 후국 부족 등의 성격을 지닌다.[74)]

이처럼 신용하는 한·예·맥 3부족의 연합으로 고조선이 건국하고 그 3부족의 문화원형이 서로 교류하며 융합하면서 한민족의 문화원형으로 후대에도 지속됨을 밝히고 있다. 민족연합을 문화의 특성과 연계시켜 융합적으로 분석한 점이 높이 평가된다.

6. 한국 고고학의 선행연구와 평가

신채호, 안확, 최남선 등의 연구에 뒤이어 석실 벽화의 해석이라는 방법으로 단군사

71) 이것에 관한 논의는, 백완기. 1982.『한국의 행정문화』. 고려대학교 출판부; 백완기. 2006.『행정학』. 박영사.
72) 신용하. 2010: 47-94.
73) 위의 책: 95-106.
74) 위의 책: 107-111.

화에 대한 실증적 연구가 1947년에 김재원(金載元, 1909~1990)에 의해 이루어지면서 단군 연구가 제 2단계로 접어들었다. 그는 A.D. 147년 이전에 건축된 중국 한(漢)나라 시대의 산동성 가상현 무씨사당(武氏祠堂)에 있는 화상석의 벽화의 주제나 그 구성이 『삼국유사』에 실린 단군사화의 구성과 같은 것임을 실증적인 연구를 통해 밝혀냈다.[75] 이 그림에도 '곰'과 '범'이 같이 등장하나 '곰'이 아닌 '범'이 주인공으로 되어 있는 차이를 보이고 있다. 이 연구로 인해 단군사화의 시대가 늦어도 A.D. 147년임을 밝혔다. 단군조선의 강역도 중국 산동성까지 포함하는 것을 보여주는 것인지 아니면 문화교류의 결과인지에 대한 규명도 필요함을 보여준다. 또한 이 시기는 고구려사의 초기에 해당하므로 단군사화와 주몽설화의 관계, 『삼국유사』 왕력에서 주몽을 단군의 아들('檀君之子')이라 한 이유를 밝힐 수 있게 한다.

이외에도, 이 범동북아세아 민족 공통적인 창세신화가 각 지방마다 청동기 문화영웅들의 건국신화로 등장하는 각 부족들의 사회적 기반과 관련하여 이해하고 『삼국유사』에 나타나는 것과 같은 창세신화가 도교적이거나 불교적인 요소와 결합하는 것의 역사적인 의미에 대한 연구로 이어졌다.[76] 단군사화의 원시형태가 중국에서 무씨사당 석실 벽화로까지 세련된 것으로 발전하였다면, 그렇게 되기까지 중국 고대문화와의 교류관계나 그러한 창세신화가 산동성 지역의 고대문화에서 차지하는 위상이나 성격이 그 시대적 배경 속에서 근본적으로 재검토되었다.[77]

한국고고학의 연구는 1960년대 이후 괄목할 만한 발전을 이루어 고고학이 역사학을 이끌어간다는 역사학계로부터의 불만과 비판이 나올 정도였다. 구석기시대는 물론 청동기문화의 유적들이 한반도와 고조선 고토에서 대대적으로 발굴되면서 한국고대사에 대해 전면적으로 다시 써야하는 상황이 수차례 반복되었다. 그러나 역사학계는 고고학의 발굴과 학문연구 성과를 초기에는 비판하고 반발하다가 서서히 수용하는 입장을 취하고 있으나 이미 역사학자들은 자신들의 사관과 사학이론을 가지고 있었기 때문에 역사학계에서의 '고고학 따라잡기'는 원활하지 못한 상황이다. 고고학의 연구 성과 수용을 둘러싸고 역사학계는 더욱 내부적인 균열이 커지고 있다. 노론사학, 실증사학, 식민사학, 민족사학, 민주사학, 유물사학, 주체사학 등이라는 역사학계의 내부 균열은 더욱

75) 김재원은 석실 벽화에서 단군사화의 내용들을 확인하여 단군사화가 일본인들이 위서일 가능성을 제시하는 『삼국유사』 이전의 실증자료에서 나타나고 있음을 확인하여 식민사관의 허구를 반박하고 있다. 金載元. 1947(1984). 『단군신화의 신연구』. 탐구당.

76) 金廷學은 대동강유역 지배부족의 신화로서 연구하였다. 김정학. 1954. <단군신화와 토테미즘>『역사학보』. 7.

77) 김철준. 1990: 11-12.

가속화되어 이들 간의 경쟁이 강단사학과 재야사학이라는 현실적인 이해관계를 둘러싼 경쟁으로 증폭되어 이들 간의 위상을 뒤바꾸는 혼란한 질서로 진입하고 있다.

유물과 유적 발굴의 현장에서 서로 다른 관점의 역사학자들이 답사하고 현장토론을 거쳐 서로 의견조정을 시도하고 있지만 역시 한계가 있었다.[78] 다행히 고고학의 연구결과들이 사회과학자들에게 폭넓게 수용되고 있는 것은 역사연구의 지평을 넓히는 중요한 발판이 되고 있어서 고고학분야의 연구결과들은 높이 평가 받고 있다. 최초의 볍씨 발견[79], 최초의 골침 발견[80], 다양한 청동기 유물들과 유적들의 발굴 등은 고고학을

---

78) 동북아역사재단은 국내 강단사학자들과 재야사학자들이 중국 등의 고대역사발굴의 현장을 탐방하고 토론하는 프로그램을 만들어 몇 차례 회의를 개최하여 일부에서는 의견 접근도 있었으나 더이상 큰 기여가 없어서 그 프로그램 자체를 폐지했다. 그러나 이러한 현장탐방과 상호 의견교환은 서로의 장벽을 뛰어 넘는 학문적인 성숙의 계기로 활용될 수 있으므로 지속될 필요가 있다.

79) 이융조 · 박태식 · 하문식. 1994. <한국 선사시대 벼농사에 대한 연구: 고양 가와지 2지구를 중심으로>『성곡논총』. 22집 상권; 이융조 · 김정희. 1998. <한국 선사시대 벼농사의 새로운 해석: 식물규소체 분석자료를 중심으로>『선사와 고대』. 한국고대학회. 11; 이융조 · 우종윤 편. 2003. 『아시아의 선사 농경과 소로리 볍씨』. 충북대학교 박물관; 박태식 · 이융조. 2005. <소노리 볍씨 발굴로 살펴본 한국 벼의 기원>『농업사연구』. 3(2); 이융조. 2012. <석장리 선사유적의 고고학적 의미>『공주문화』. 통권 293호. 한강문화; 이융조. 2016. <고양가와지볍씨박물관의 오늘과 내일>『박물관학보』. 31권; 이융조. 2016. <세계 고고학의 중심 미국에 '수양개의 자부심' 우뚝 세우다>『한국구석기학보』. 34호 등이 있다. 이융조의 연구결과에 대해 세계 고고학계에서도 관심이 많아 공동으로 탄소연대측정을 하여 세계학계가 최초의 볍씨로 공인한 것은 한국이 중국이나 일본보다 고대역사에서 앞선 것을 실증적으로 입증한 한국 고고학의 쾌거이다. 이러한 한국고대국가의 선진성을 확인시켜주는 좋은 실증적인 증거들이 고고학계의 연구들에서 속속 발표되고 있다.

80) 고고학자 강인욱과 한의학자 차웅석이 공동연구를 통해 소영자 유적에서 나온 골침과 석침을 분석한 결과 치료용 침의 초기 형태로 밝혀지고 이것은 중국보다 10세기에서 3세기나 앞선 침술문화로 확인되었다. 두만강 부근 소영자 유적은 1938년 경성제대 교수 후지다 료사쿠의 주도로 발굴된 기원전 12~9세기 청동기시대의 무덤의 골침과 석침으로 서울대박물관에 있던 것을 강인욱이 사진과 보고서 정리 작업을 2009년까지 마친 후 5년이 지나 친구인 차웅석과의 술자리에서 그 얘기를 우연히 하고 차웅석이 관심을 가지고 실물을 보면서 공동 연구하게 된 것이다. 이처럼 유물과 유적은 고고학자, 의사, 과학기술자, 역사학자, 공학자, 농업학자 등 다양한 분야의 전문가들이 공동으로 볼 때에는 고고학자들이 보지 못한 것을 볼 수가 있는 것이다. 각 대학에서의 고고학과 인류학 및 역사학과의 통합은 이러한 고고학의 중요성을 넓게 인정한 결과일 수 있다. 일본인 후지다 료사쿠는 당시 알고도 덮었거나 몰랐을 수도 있는데 결과적으로 세계 최초의 골침이 발굴된 후 80년 간이나 서울대박물관에서 잠을 자고 있었다는 점이 놀랍다. 이 연구결과는 고고학자는 물론 역사학자나 모든 연구자들에게 큰 교훈을 주는 일이다. '잃어버린 역사'와 '빼앗긴 역사'만 탓할 것이 아니라 지금도 한국고대역사는 국내는 물론 미국과 일본 및 중국 등의 박물관이나 도서관에서 잠자고 있는 경우가 많을 것이다. 대표적인 예로 한국이 세계 최초로 발명한 금속활자로 1377년에 인쇄한 『직지심체요절』을 한말 초대 주한 프랑스공사를 지낸 플랑시가 구매한 후 프랑스 국립도서관 중국자료속에 방치했던 것을 이병도의 제자로 프랑스에서 역사학을 전공한 후 그 도서관 사서로 근무하던 박병선이 우연히 발견하여 2001년 유네스코에 세계기록 문화유산으로 등재한 역사적인 사건을 들 수 있다. 땅속에 있는 것은 물론 이미 발굴된 자료들에 대한 심층적인 연구가 필요한 이유이다.

넘어 한국고대역사를 다시 쓰게 하는 결정적인 증거들이 되고 있어서 역사를 새롭게 찾아가는데 고고학의 연구들은 매우 큰 공헌을 하고 있다. 이들 실증적인 자료들이 고대 동북아지역에서 단군조선이 대제국으로서 일본은 물론 중국의 초기 고대국가들보다 더 앞선 국가로 자리매김했다는 가설을 도출하게 하고 있다. 세계 최초의 유적이나 유물들이 발견되는 것은 그만큼 단군조선이 동아시아지역의 선진국가 · 패권국가 · 중심국가였을 가능성을 높여준다. 한국고대사학의 실증적인 증거들을 한국고고학이 제공하여 한국고대국가학의 정립에도 결정적으로 중요한 역할을 하고 있다.

7. 한국고대사연구에 대한 고대사학계의 종합적인 평가

고조선사의 연구는 그 문헌자료나 고고학적 자료가 부족하고 정리되지 않은 상태에 있어 체계적인 연구가 이루어지 못하고 있다. 김철준이 정리한 고대사학계에서 지적하는 근원적인 역사적인 원인은 첫째, "燕 昭王(311~279 B.C.)代의 秦開의 공격을 받은 이후 줄곧 계속되는 漢族의 침입, 그 鐵器文化勢力의 침투로 말미암아 古朝鮮의 중심세력의 성장이 한 곳에서 오랫동안 지속되기 어려웠다는 점"[81]이다. 바로 이 시기는 고조선시대의 청동기문화 기반이 해체되고 부족이동이 일어나는 과정에서 철기시대로의 문화전환을 할 수 밖에 없었다. 그러다가 철기문화의 기반이 확립된 삼국시대에 와서는 고조선 시대의 문화전통에 대한 인식과 계승의식이 약화되어 문헌사료로 남기지 못한 것으로 보인다.[82]

둘째, 한국고대사에서 청동기문화가 철기문화로 전환하는 시기에 대한 문헌사료가 빈곤한 이유는 국내자료로는 우리 문자가 없어서 구전으로만 남아 있던 것을 생활양식이나 문화가치관념 등 모든 것이 크게 변한 뒤 후대에 와서 희미해진 전승내용을 기록했기 때문이다. 당사자인 우리가 이런 상황에서 중국측의 기록도 남아 있을리가 없고, 오직 『논형(論衡)』의 길험편(吉驗篇) 외에는 몇 마디 안 되는 짧은 말(片言雙鉤)들만

강인욱 · 차웅석. 2017. <연길 소영자(小營子) 출토 유물로 본 동아시아 침구류의 기원>. 『의사학』. 57호. 이것을 소개한 기사는 유석재. 2018. <동아시아 침술, 한반도 북부 두만강 유역서 시작됐다>. 『조선일보』. 2018.1.11.

81) 김철준. 2001(1990). 『한국고대사회연구』. 서울대학교 출판부: 27.

82) 그러한 한계에도 불구하고 남아 있는 것들은, 주몽을 단군의 아들('檀君之子', 『삼국유사』 王曆)이라 하고, 주몽설화와 단군신화의 구성이 비슷하며, 조선의 유민이 산과 계곡에 나뉘어 살다가('朝鮮之遺民 分居山谷之間') 新羅六村이 되었다 하는 전하는 말들이 있었다. 이때 고구려에서 성씨(姓氏)를 '수(解)'라 하였고, 신라에서는 '밝(朴)'이라 하였다는 등의 것이다. 김철준. 2001(1990): 27-28.

남아 있다.

셋째, 고조선사 연구에서 고려시대 이후의 중세사학자들이나 근대에 들어와서의 한국학자나 일본학자가 가지고 있는 일반적인 편견이나 학문적 한계성들이 제약하고 있었다는 점이다. 그러한 제약을 극복하고자 노력하고 주로 단군사화나 기자조선에 대한 새로운 해석을 하고자 노력한 한국 학자들이 신채호 · 최남선 · 이병도 · 정인보 · 신용하 · 김상기 · 리지린 · 김용섭 · 윤내현 · 이덕일 등이다.

또한 한국고대사연구는 우여곡절을 겪으면서 지금까지 시대의 변동에 따라 나타나는 사관의 변동이 많았으나 사관의 변동이 새로운 연구의 결실로 나타나지는 않았다. 사회경제사연구의 필요성은 많이 주장되었으나 성과는 적고, 제도사나 법제사도 별 진전이 없었는데 그 이유는 한국 학자들의 고대사관의 주류가 구태의연하기 때문이다. 1945년 이후에도 도리어 일본 학자들이 활발하게 새로운 성격의 연구를 하고 있어서 고대사연구의 기초적인 문헌정리도 주로 일본학자들에 의해 이루어졌다.[83)]

한국고대사연구에서 매우 중요한 『삼국유사』의 경우, 원전이 없는 상태에서 판본 간에 상이한 내용을 두고 논란이 있고, 일본인에 의한 『삼국유사』의 변조문제도 제기되고 있다.[84)] 『삼국유사』의 변조는 단군조선의 역사를 단군신화로 만드는 중요한 근거로 악용되고 있다.[85)] 역주도 최남선의 역주 외에 대부분의 한국학자와 일본 학자들은 변조한 『삼국유사』를 원본으로 삼아 한국고대사의 근본이 흔들리고 있다. 『삼국유사』는 한국 고대역사와 고대문화의 총체적인 기록인 만큼 한국 고대문화를 구성한 원시신앙 · 불교 · 도교 및 고대언어와 고대문학 등이나 당대 국내 · 외 사회구성에 대한 폭넓은 이해를 바탕으로 해석해야 하나, 아직 『삼국유사』의 원본을 찾지 못하여 원본 자체

83) 대표적인 것으로 『삼국유사』『삼국사기』의 영인, 『조선사』 제1편의 조선사료 · 지나사료 · 일본사료의 3책 및 『조선금석총람』 상권이 있다. 이들 사료들은 한국고대사연구의 기본적인 기초자료인 만큼 매우 중요한데, 『삼국유사』를 위작이라고 주장한 바 있는 일본측 학자들이 영인으로 출간하였고, 『삼국유사』 등 일부 사료의 경우 현재 한국 연구자들이 일본측에 의한 글자조작 의혹 등 사료 왜곡의 문제를 제기하고 있다.

84) 『삼국유사』에서 '석유환국'이란 글자가 '석유환인'이란 글자로 바뀌었음을 처음으로 주장한 학자는 육당 최남선이다. 육당은 조선사편수회 위원으로 제6차 위원회에서 "『삼국유사』 임신본의 『단군고기』 중에 석유환국昔有桓國이라고 되어 있던 것을 석유환인昔有桓因이라고 고친 천인淺人 이마니시 류(今西龍)의 망필妄筆"을 지적하며 울분을 터트렸다. 성삼제. 2005. 2016 2판. 『고조선, 사라진 역사』. 동아일보사: 159－195.

85) 성삼제는 일본의 이마니시 류가 『삼국유사』에서 '환국'을 '환인'으로 고쳐서 '고조선 이전에 환국이 있었다'를 '고조선 이전에 환인이 있었다'로 근본 내용이 바뀌고 이로 인해 고조선의 역사가 단군신화로 바뀌게 되었음을 지적하고 있다. 사정이 이러함에도 중진사학자는 이것을 "재야에서 하는 소리"로만 치부하고 있다. 성삼제. 2016: 159－195.

에 대한 논란이 해소되지 못하고, 완전한 역주나 정리 역시 이루어지지 못한 상태이다.[86] 한국고대사의 기본서인 『삼국유사』를 변조하여 단군조선을 신화로 만들고, 일본은 후쇼사 발행 역사교과서에 기원전 1000년에 일본은 조몽시대, 중국은 은·주·춘추·전국·진으로 세계 연표에 표시하고 조선은 존재하지 않는 것으로 기록하고 있다. 일본과 중국 보다 뒤쳐진 기원전에 조선에는 낙랑군을 표시하여, 조선은 중국의 식민지임을 암시하고 백제와 신라는 기원후 300년 이후로 기록하고 있다.[87] 일본의 한국 역사왜곡은 지금도 진행 중이다.[88] 2001년 일본 후쇼샤에서 발행한 『새로운 역사 교과서』에 실린 세계 연표를 인용한 것이 <표 1-1>이다.

표 1-1 후쇼샤에서 발행한 『새로운 역사 교과서』에 실린 세계 연표

		일 본	조 선	중 국
기원전 1000	조몽시대	채집 수렵생활 농사를 시작하다		은 주 춘추 770 전국 403 진秦 221
기원후 300	야요이 시대	각지에 소국이 생기다 57년 왜의 노국 왕이 후한에 사자를 보냄 239년 야마타이의 히미코 여왕이 다스리고 위에 사자를 보냄 야모토 조정의 통일 진행	낙랑군 고구려·삼한 고구려·백제 신라	전한 202 신 8 후한 25 삼국 220 진 265 5조16국 316 남북조 439

출처: 성삼제. 2016: 193 재인용.

86) 대부분의 학자들이 석유환인으로 표기한 『삼국유사』를 번역하였고(이병도, 성은구, 박석봉·고경식, 도올 김용옥, 김봉두, 이민수, 리가원·허경진, 권혁률, 이재호, 노중국, 조운찬, 김원중, 하정룡, 한국정신문화연구원 등), 석유환국으로 표기한 책은 극히 일부에 그치고 있다(최남선, 민족문화추진회, 중앙승가대학 불교사학연구소 등). 환국을 신으로 보는지, 국가로 보는지에 대한 기록이 『한단고기』에 실린 『삼성기』에서만 나타나 있는데 대부분 학자들은 『한단고기』를 위서로 취급하고 있어서 그것마져 인정되지 못하는 실정이다. 성삼제. 2016: 217-235.

87) 2001년 일본 후쇼샤 출판사 발행 중학교 역사교과서의 역사연표이다. 고조선의 존재는 물론 기원전 57년의 신라와 백제를 기원후 300년 이후로 기록하여 왜곡시키고 있다. 위의 책: 192-194.

88) 한국정부에서 일본역사교과서왜곡대책반 실무반장을 지낸 성삼제는 이러한 일본 역사교과서 왜곡과 『삼국유사』와 같은 국보급 고문서 변조가 국제적 범죄행위임을 지적하고 있다. 위의 책: 194-195.

『위지』<동이전>의 역주 및 연구 역시 완성된 것이 없다는 점도 한국고대사의 근본과 바탕이 아직 마련되지 못함을 보여주는 것이다. 문헌연구방면에서 당연히 활발해야 할 종교·사상관계나 사회경제관계, 법제관계 등 기타 특수 분야의 연구가 적고 있더라도 초기적인 자료정리의 성격을 띠고 그 후속 연구가 계속해서 나오지 않는 후진성을 보이고 있다. 특히, 고고학적인 연구가 비교적 많음에도 불구하고 문헌사가들에게 거의 이용되지 않고 있음은 학자들의 폐쇄성과 아집이라는 학문적인 후진성을 보여주는 대표적인 사례이다.

이러한 한국고대사연구의 후진성의 원인은 세 가지로 나눌 수 있다. 첫째, 자료의 결핍 때문이다. 한국고대사 관련 문헌자료들이 대부분 없어지고 있더라도 일본이나 중국 등 외국이 관리하는 경우가 많다.

둘째, 한국고대사 연구를 보완해줄 인접학문 가운데 고고학 외에는 특수 분야를 개척하는데 필요한 연구 업적이 거의 없고, 그 방법을 활용할 만한 훈련이 전반적으로 부족하다는 점이다. 이것은 인접학문의 미발달이라는 점 외에도 문헌사가들이 역사학계를 주도한 학문의 폐쇄성과 상호 협력부족을 들 수 있다.[89)]

셋째, 계몽사학, 정통사학의 문헌정리, 사회경제사학 등 역사학의 여러 조류가 한국에 지나갔지만 그 조류들이 이 땅에서 해야 할 그 시대마다의 사명을 다하지 못한 점이다. 도리어 그 사명을 다음 시대로 미루어 그 다음 대가 표방하는 새로운 학풍이 성립될 최소한도의 학문적 기반도 마련하지 못하고 도리어 그 부채만 유산으로 남겨 왔다는 점이다. 이러한 악순환은 지금까지도 이어오고 있다.[90)]

이러한 역사학계의 후진성은 지금도 계속되고 있다. 김철준에 따르면, 그것을 극복하기 위해서는 첫째, 특수 분야의 개척과 고고학·불교학·인류학·민속학·언어학·천문학 등 광범위한 인접학문의 연구방법과 연구업적을 활용하여야 한다. 문헌고증학이 주류적인 정통으로 자처하면서 특수 분야의 연구나 인접학문의 적극적인 활용을 비정통적인 것으로 경원하는 역사학의 기본적인 오류를 바로 잡아야 한다. 미국, 유럽, 일본 등 선진 외국의 역사학계가 활용하고 있는 과학적 방법을 적극 도입하여, 한국역사학 연구의 선진화를 이루어야 한다.[91)]

둘째, 식민사학, 민족사학, 사회경제사학 등의 한계를 극복하여 자주적·독자적 한국

89) 지금은 통합했으나 그동안 서울대학교가 국사학과, 동양사학과, 서양사학과, 역사교육학과 등으로 학과를 나누고, 교수나 학생들 간에도 서로 학과의 높은 벽을 인위적으로 설치하여 스스로 폐쇄적인 학문 활동을 하도록 했던 것은 고대사연구의 대표적인 후진성의 원인이었다.

90) 김철준. 1990: 22－23.

91) 위의 책: 22－23.

역사학을 발전시켜야 한다.[92]

이러한 비평적인 평가를 반영하여 한국고대사에 대한 연구는 고고학 등의 도움으로 크게 발전하고 있다. 많은 유물들이 기존 이론들을 크게 바꾸어 고대사 분야에는 큰 패러다임적인 변화가 진행 중이다. 이로 인해 일부에서는 고대역사학이 고고학의 지배를 받는다는 비판이 있을 정도이다. 이 때문에 한국고대국가에 대한 연구들은 혼란스러울 정도이다. 기존 통설에 대한 비판과 부정이 이어지면서도 이것들을 대체할 새로운 이론들이 학계의 공통적인 지지를 받지 못하기 때문이다.

최근 한국고대사 연구들을 노태돈이 정리한 내용을 요약하면 다음과 같다.[93]

첫째, 초기 고대국가의 성립의 징표는 '일정 지역 내의 여러 집단을 통제할 수 있는 집권력의 존재, 집권력을 뒷받침하는 권력장치(법령, 군대, 감옥 등), 조세나 공납을 징수하는 행정력과 관료조직, 수도와 그것을 안팎에 있는 적으로부터 방어하는 자위력, 집권세력과 그 국가의 신성성과 정통성을 뒷받침하는 신화체계(건국신화 등), 계급 분화 등을 열거'하고 있다. 고대국가의 형태는 초기 국가(부체제·연맹체국가) → 영역국가(중앙집권체제·군현제국가적 성격)로 나뉘고, 한국의 고대국가는 고조선·부여·사국(고구려, 백제, 신라, 가야)·남북국(통일신라, 발해) 등이다.

둘째, 고조선의 대두 시기는 늦어도 기원전 4세기 이전이나, 중심지 위치와 긴밀한 관계에 있다.

셋째, 고조선의 초기 중심지 위치는 재요령성설(在遼寧省說), 평양설, 이동설 등이 있으나 문헌은 불충분하고 비파형동검 등의 출토지를 기준으로 요동에서 후기에 평양으로 이동했다고 보는 편이다.

넷째, 고조선, 위만조선을 인정하면서 기자조선은 기자신화 부정을 통해 부인하는 입장이다.

다섯째, 단군신화는 천손강림신화(天孫降臨神話)로서 인수교혼(人獸交婚)을 담고 있어서 동북아지역 고대국가 중 가장 이른 시기에 등장한 것으로 실재를 인정하여, 고려 후기 대항몽기에 고양된 민족의식에 의해 만들어진 것이라는 등의 후대조작설을 부정하고 있다.

여섯째, 단군릉은 15세기 종반 편찬된 『동국여지승람』에 처음 등장하고, 일제강점기인 1930년대 평안도 유지들이 단군릉 정화사업을 하고, 1993년 발굴되었으며, 고구려 때 개장되었다고 하나, ESR 연대측정법의 부적절, 기록이나 유물 부족 등을 이유로 사

92) 위의 책: 22－23.

93) 노태돈. 2014. 『한국고대사』. 경세원.

실성을 부정하고 있다.

일곱째, 기원전 12세기 말의 기자전설의 사실성에 대해 전근대 시기에는 긍정적으로 받아들였으나, 근대 이후에는 부정하는 견해가 대세를 이루다가 21세기 들어 다시 중국학계에서 사실성을 긍정하고 있으나, 입증할 유적 · 유물이 없고 기자전설이 문헌상 처음 등장한 시기가 한무제 때 한이 고조선을 침공하기 전으로 한인들이 조선에 관심을 가지던 시기라는 이유로 부정하고 있다. 낙랑군이 설치된 이후 한의 지배를 정당화하기 위한 역사적 연고권으로 기자전설을 적극 내세우고 강조하였다는 설을 의미 있게 평가하고 있다.

여덟째, 기원전 108년과 107년에 각각 낙랑군 등 4군이 설치된 후 30여 년이 지난 기원전 82년 진번군과 임둔군이 폐지되고, 그 속현 일부가 낙랑군에 편입되었고, 낙랑군의 25개 속현 중 9개 정도가 대동강과 재령강 유역 수로변에 분포했다.

8. 고조선 역사에 대한 한국 고대사학계의 소극적 해석과 적극적 해석

한국고대국가인 고조선에 대한 한국 고대역사학계의 입장은 여러 주제에 대해 크게 소극적 해석과 적극적 해석의 입장으로 첨예하게 나뉜다. 강단사학과 재야사학, 식민사학과 민족사학, 실증사학, 유물사학, 민중사학, 주체사학 등 각자의 시각과 이론에 따라 한국고대사에 대한 입장이 서로 크게 나뉜다. 한국고대사의 이해와 관련하여 대표적인 9가지 쟁점에 대해 서로 크게 입장이 다른 것은 그만큼 한국고대사를 서로 다르게 이해하고 있음을 보여주는 것이다.

2001년 교육인적자원부 일본역사교과서왜곡대책반 실무반장 성삼제가 쓴 책이 중요한 의미를 지닌다. 일본 역사왜곡을 바로 잡기 위해서는 한국의 역사에 대한 국내외 학계의 이견을 정리할 필요가 있어서 정부 실무대책반장으로서 학계의 첨예한 논쟁을 고대사 중심으로 9가지 쟁점에 대해 개방적 · 객관적 · 중립적인 입장에서 정리하였다. 성삼제는 조선시대 조선왕조실록을 기록한 사관의 마음가짐으로 업무와 관련하여 비망록을 작성하고 그 자료들을 정리한 것이다.[94] 성삼제가 정리한 내용들을 9가지 논점에 대해 요약하면 <표 1-2>와 같다.

94) 성삼제가 책을 쓴 이유는 "고등학생부터 교사, 공무원, 시골할아버지, 사업가 등 그야말로 다양한 계층의 사람들이 일본뿐만 아니라 우리 역사교과서와 역사학계를 비판"했고, 역사 교과서 문제는 국가간 문제이기 때문에 중립적인 자세에서 학계, 언론계, 시민단체 등의 의견뿐만이 아니라 외국 학자들의 의견도 가감없이 열린 자세로 수렴하고자 했다는 동기와 태도를 표현하고 있다. 성삼제. 2016: 4-6.

표 1-2 고조선 역사에 대한 소극적 해석과 적극적 해석의 견해 차이 비교

쟁점	소극적 해석	적극적 해석
단군조선	신화	환인・환웅까지는 신화로 볼 수 있으나 단군부터는 역사적 사실
기원전 24세기 단군조선의 건국	신뢰할 수 없다	신뢰할 수 있다
근거	국가는 청동기시대가 되어야 성립하는데 BC 2333년은 신석기시대이므로 국가가 성립할 수 없다	BC 24세기 이전에 청동기 문명이 시작되었으므로 국가가 성립할 수 있다
우리나라의 청동기 시대의 시작 연대	BC 10세기경	BC 25세기경(BC 30세기에 청동기가 시작됨을 주장하는 학자들도 있음)
단군	허구의 인물	역사적 실존 인물
고조선의 영역	대동강 중심 평안도 지방	북경 만리장성에서 송화강 유역, 만주 지역과 한반도 전체
고조선 중심지	평양지방(초기에 요동지방이었다가 후기에 평양으로 옮겼다는 견해도 있음)	요동지방
한사군 설치 지역	평양을 중심으로 한 한반도 북부 지역	요동지방(요동과 한반도 북부 지방에 걸치는 지역이라는 주장과 한사군이 설치되지 않았다는 주장도 있음)
사마천의 『사기』에 나오는 패수의 위치	오늘날의 대동강(청천강이나 압록강이라는 주장도 있음)	북경 근처에 있는 난하
북한의 단군릉에서 나온 인물의 측정 연대	신뢰할 수 없다	신뢰할 수 있다
인골을 측정할 때 사용한 전자상자성공명법	신뢰할 수 없다(방사성탄소동위원소법으로 측정해야 한다는 의견 있음)	신뢰할 수 있다(1980년대 이래로 유럽과 북미의 고고학계, 지질학계에서 보편적으로 사용하고 있음)
『규원사화』	신뢰할 수 없다	신뢰할 수 있다
『환단고기』	신뢰할 수 없다	일부분이라도 가치있는 기록이 포함되어 있는지 적극적으로 연구해야 한다

출처: 성삼제. 2016: 248-249.

제2장

고대국가에 대한 국가이론적 접근

1. 종합 학문으로서의 국가이론과 국가학

국가란 무엇인가에 대한 대답을 국가학에서 다양하게 다룬다. 국가학에서 정통이론과 맑스주의이론, 그리고 통합적인 이론들이 다양한 시각에서 서로 달리 규정한다. 국가에 대하여서는 서로 다른 시각과 이론에서 많은 연구들이 이루어져 왔다. 국가에 대해 학문분야별로 그리고 학문별 시각이나 패러다임에 따라 서로 다르게 이해하고 있다.

먼저, 학문별로는 사회학, 정치학, 문화학, 경제학, 정치경제학, 행정학, 법학, 종교학, 역사학, 고고학 등이 국가의 전체 국면보다는 국가 구성의 특정 부분을 중점적으로 다룬다. 사회관계나 민족·계급·국가형성, 정치권력이나 지배·복종관계, 민족문화나 지배이데올로기, 경제적 생산관계나 생산력, 국가관료기구, 법 질서와 제도, 국가와 행정활동, 국왕의 승계나 통치양식, 종교나 윤리, 유적과 유물 등 문화유산 등 국가의 다양한 속성이나 활동의 내용을 관심 있게 다룬다.

국가에 대한 시각도 정통이론적 시각과 마르크스주의 시각으로 나뉘고, 국가에 대한 범위도 국내적인 측면과 세계 차원에서의 성격을 함께 다룬다. 시간적으로도 과거의 특정 시점을 다루기도 하고 역사적인 시간의 연속성 위에서 특정 시점의 국가의 성격을 다루기도 한다. 이처럼 다양한 이론과 시각에 따라 서로 다르게 규정하고 있는 국가에 대한 이론이나 연구결과를 종합하여 비록 세부적으로 엄밀하게 보면 그 속에서도 서로 차이점이 없는 것은 아니지만 작은 차이를 넘어 크게 서로 다른 점을 기준으로 나누어 보면 7가지 수준의 개념으로 구분할 수 있다.

2. 국가: 역사의 주체로서의 국가의 7가지 차원의 개념

국가에 대한 국가학의 다양한 주장은 국가에 대해 분석의 수준과 차원을 달리하여

"나라, 상부구조로서의 지배이데올로기, 지배연합 또는 지배블럭, 사회관계의 응집, 관료기구와 법 질서의 총체, 정부, 국가관리자" 등 7가지로 나눌 수 있다.[1)]

국가에 대한 서로 다른 철학과 패러다임에 따라 국가에 대한 이론은 우파 정통이론과 좌파 마르크스주의 이론 등 패러다임에 따라 맥락과 차원을 달리하고, 국가의 개념은 넓은 의미와 좁은 의미, 높은 차원과 낮은 차원에 따라 그 내용이 달라진다.

(1) '나라'로서의 국가

국가의 가장 넓은 개념으로 막스 베버류의 국민, 영토, 주권을 포함하는 정치적 공동체로서의 국가 또는 '나라(country)'로서의 국가이며 한국, 미국, 일본, 중국 등으로 나눌 때의 개념이다. 한국은 단군(고)조선, 고구려, 백제, 가야, 발해, 신라, 고려, 조선, 대한민국 등 역대 왕조국가와 현대 국가로 규정하는 단위들이 여기에 해당한다.

근대적 국가의 세 가지 구성요소들인 국민, 영토, 주권도 시대적으로 그 강조점이 달라져왔다. 영토에 중점을 둔 국가관은 봉건시대의 국가관이다. 봉건시대에는 국가를 군주의 사유재산으로 보았고, 국민이나 주권의 개념을 중시하지 않았다. 국가의 주인인 군주에게는 영토가 국가재산으로서 가장 중요하였다. 고대나 17~18세기 유럽의 상속전쟁은 이러한 측면에서 일어났다. 국민에 중점을 둔 국가관은 17~18세기의 자연법적 국가관이다. 국가란 군주와 국민으로 구성된 공동체이다. 이 관점에서는 국민과 군주가 사회계약을 통해 국가를 형성하여 사람이 국가의 주인이고 영토는 부수적인 요소이다. 국내외 인류사회에 배타적인 영향력으로 통치하는 힘인 주권에 중점을 두는 국가관은 주권국가관이다. 이것은 주권이 누구에게 있느냐에 따라 군주주권론, 국가주권론, 국민주권론, 의회주권론 등으로 나뉜다.

국민, 영토, 주권이라는 세 가지 요소를 국가의 필수적인 구성요소로 생각한 것은 근대적 국가개념이다. 국가란 일정한 영토 위에 독점적인 배타적 통치권을 지니고 정부

---

1) 국가의 수준별 개념에 대하여서는 저자의 이전 연구서들인 김석준, 1992; 김석준, 1991; 김석준. 1994(1995 증보판). 『국가변동론: 현대국가의 흥망과 21세기 한국의 전략적 국가경영』. 법문사 등을 참고하고, 이와 관련된 논의로는 Bob Jessop. 1982. *The Capitalist State*. Oxford: Basic Book; Bob Jessop. 1989. "Putting States in Their Place: State Systems and State Theory." A paper presented at an international conference on "Marxism and the New Global Society." sponsored by the Institute for Far Eastern Studies. Kyungnam University, Oct. 25~27. Seoul, Korea; Stephen Krasner, 1984. "Approaches to the State: Alternative Conceptions and Historical Dynamics." *Comparative Politics*. 16(2): 234-258 및 손호철. 1989. <국가자율성개념을 둘러싼 제문제들: 개념 및 이론적 문제를 중심으로>. 『한국정치학회보』. 23(2) 등이 있다.

등 통치체제를 운영하는 조직을 의미한다. 고대국가에서는 초기국가와 영역국가로 나누기도 한다. 국가의 개념이 근대국가로 와서 정립되었지만, 씨족국가, 부족국가, 원시국가, 고대국가, 중세국가, 근세국가, 근대국가, 현대국가 등으로 일정한 지역을 통치하는 단위로 이해할 수 있다.

국민(민족), 영토, 주권으로 구성된 국가는 세 요소 가운데 어느 것에 중점을 두느냐에 따라 영토중심국가와 민족중심국가로 나눌 수 있다. 영토중심국가는 중국, 일본, 미국 등이고, 민족중심국가는 이스라엘과 한국 등이다. 베버와 헤겔 이외에 이 차원의 국가에 대한 이론은 크레벨드의 국가발전 단계이론,[2] 그람시의 '확장된 국가'[3] 및 옐리네크의 전통적 국가개념을 들 수 있다.

(2) '지배이데올로기 · 상부구조'로서의 국가

국가를 경제적인 하부구조에 대응한 상부구조(superstructure), 지배이데올로기(ruling ideology) · 국가이념(state ideology)으로 파악하여, 통치이데올로기, 국가이념, 국가이익, 종교, 문화 등을 중심으로 국가를 이해하는 마르크스주의 · 사회중심적 관점의 구조주의적 이론이다. 우리나라는 열국에서 단일국가로, 원시공산국가(고조선), 노예제국가(삼국시대), 봉건국가(신라통일 이후, 고려, 조선), 이식자본주의국가(일제시대)로 분류하거나[4] 종교이데올로기를 기준으로 도교 국가, 불교 국가, 유교 국가, 종교다원주의 국가 등의 종교적인 국가관을 기준으로 나눌 수 있다. 좌파의 입장에서 백남운과 그의 학설을 계승 발전시킨 북한 역사학계의 분석이나 국가의 통치이데올로기를 중시하는 입장도 여기에 해당할 수 있다.[5]

(3) '지배연합 · 지배계급 · 지배블럭'으로서의 국가

국가를 '지배연합(ruling coalition)', 지배계급(ruling class) 또는 '지배블럭(ruling bloc)'으로 이해하면 국가의 범위는 좀더 축소되어 몇 개의 부족연맹 또는 부족연합 등 지배계급(ruling class)이나 지배층 구성원의 성격을 중심으로 국가를 이해한다. 정치경

---

2) M. V. Crevald. 1999. *op. cit.*
3) Antonio Gramsci. 1995. *Philosophie der Praxis. Gefangnishefte 10 und 11*. Hamburg: Argument.
4) 백남운. 2004. 앞의 책.
5) 한영우. 1997. 2005 전면개정판. 『다시찾는 우리역사』. 경세원.

제학자들의 지배계급론, 맑시스트의 지배블럭, 개타노 모스카 · 빌프레드 파레토 등 엘리트주의이론이나 구레비치의 지배연합이론 등 서로 다른 이론들이 여기에 해당한다. 고대에서 근세까지는 제사장, 군사지도력, 문신관료 등으로 지배세력을 나눌 수 있고, 군사지도세력, 문신관료, 기업, 노동, 사회부문 등으로 나눌 수 있다. 한국고대국가에서 고조선이나 초기국가에서 읍락이나 부족 연맹체로 국가가 형성되는 단계에서는 지배집단에 의한 국가의 개념이 적용될 수 있다. 근세 이후 조선조 절대군주 지배체제에서 양반 지배계급을 중심으로 한 양반 관료국가에서 일제 식민지배세력 중심의 식민국가와 기존의 지배세력과 미군정 협력자들에 의한 미군정체제 등을 거쳐 지주, 식민통치 협력세력, 식민국가관료 등의 지배계급을 중심으로 대한민국 제 1공화국이 성립되는 과정을 분석하거나, 자본가계급, 노동자계급, 관료, 군 관료 등의 관계를 중심으로 산업화와 근대화를 분석할 때에도 이 차원의 국가개념이 유용하다.

(4) '사회관계의 응집'으로서의 국가

'사회관계의 응집(cohesion of social relations)'으로서 국가는 사회계급(계층)구조의 성격에 따라 달라지며 다양한 사회세력 및 집단들 간의 이해나 갈등의 관계 속에서 국가가 주도적으로 헤게모니를 갖고 이들 지배층과 피지배층 등 세력간의 평형을 유지하고자 한다. 국가와 사회의 연계관계에 관한 안토니오 그람시 · 니코스 폴란차스 등 맑시스트와 로버트 달의 다원주의이론 · 토마스 다이의 엘리트이론 · 에밀 뒤르케임의 분업국가론 등 서로 다른 이론들이 여기에 해당한다. 이를 위해 국가는 사회관계의 응집체로서 귀족지배체제, 봉건제, 노예제, 절대군주제 등 다양한 형태의 통치체제를 형성하고, 근대와 현대에 와서는 3권분립체제나 의회민주주의체제 또는 토지제도에 대한 법제도 등을 보유하게 된다. 이렇게 사회세력의 정치참여를 지나치게 배제함으로 인하여 발생된 것이 역성혁명, 한계집단이나 군부 쿠테타 등이다.

(5) '관료기구와 법 질서의 총체'로서의 국가

'관료기구와 법 질서의 총체(totality of bureaucratic apparatus and legal order)'로서 국가를 이해할 수 있다. 사회관계의 응집 가운데에서도 국가관료기구와 법 질서로 국가개념을 축소시켜 보면 국가기구나 법 질서의 변화는 국가성격의 보다 구체적인 변화를 의미한다. 고대국가의 통치기구와 법체계 등을 중심으로 국가를 이해하는 것이다.

중앙행정과 지방행정의 통치체제, 행정통치와 군사지배체제의 관계 및 중앙과 지방의 관계, 중앙군과 지방군의 관계 등이 대표적이다. 이 개념은 국가중심적 관점에서 막스 베버류의 정통이론가들이 국가를 규정하는 공통된 개념으로 스테판 크래스너 · 쎄다 스카치폴 · 존 아이켄베리 등 신자유주의 국가이론이 주로 여기에 해당하지만, 안토니오 그람시의 '협의의 국가'나 국가권력의 물질화로 표현하는 니코스 폴란차스 등 좌파이론들도 관련이 있다. 정부의 관료기구가 중앙집권적인지 아니면 지방분권적 자치제를 유지하는 지가 중요한 지표이고, 법과 제도가 성문법과 불문법 가운데 어느 것을 채택하느냐는 국가별로 다르다. 기독교적 신뢰사회를 전통으로 하고 있는 영국과 미국 등은 불문법을 중심으로 하고, 유교적 · 동양적 가치를 중심으로 하는 동양의 국가들은 성문법적인 법체계를 지닌다. 한국의 고대사에서는 자연법적인 불문법을 중시하다가 국가형성이 어느 정도 진행되면서 성문법체제를 갖추게 되었다.

(6) '정부 · 정권 · 통치집단'으로서의 국가

'정부(government)' 또는 정권(political regime)을 국가라고 대치시켜 이해하면 국가는 국가기구인 관료기구와 법 질서의 총체를 운영하는 집단으로 정권이나 행정부를 중심으로 더욱 구체화된다. 에릭 노드링거 · 스테판 스코로닉 등 신다원주의 전통이론가들의 국가개념이다. 3권이 분리되지 않은 고대국가에서는 왕조의 개념으로 볼 수 있고, 현대에는 입법부, 사법부, 행정부를 담당하는 통치집단을 의미한다. 중앙정부와 지방의 국가관료기구내에 자리를 차지하고 있는 공무원집단은 신분계층에 의해 채용되기도 하고 공개경쟁시험으로 뽑힌 사람도 있지만 민주정부에서는 선거승리와 같은 정치적인 선택의 결과로 공직을 차지하는 정무직들도 포함된다. 정부가 특정 계급에서 충원될 경우에는 피지배계급과는 유리된 권위주의적인 국가가 되고 지역의 대표들이 포함되거나 지역별로 각 부족이 자치적으로 다스릴 때에는 부분적인 자치공동체가 유지된다. 정부나 국왕의 경우, 기승전결과 같은 사이클의 개념에 따라 시기별로 왕조나 국왕의 흥망성쇠 또는 기승전결의 상황을 분석할 수 있다.

(7) '국왕 · 국가관리자 · 국가엘리트'로서의 국가

로버트 알포드 · 로저 프리드랜드 등 국가관리론 · 전통이론의 '협의의 국가' 개념으로 '국가관리자(state manager)' 또는 '국가엘리트(state elite)' 위주로 국가를 이해하면 국가는 지나치게 좁은 의미로 축소된다. 구체적으로 국왕, 대통령이나 수상 등과 같이 보다 구체적이고 분명한 주체로 국가를 이해하기 때문에 국가나 행정의 주체로서는 실질적·상징적으로 많이 사용하는 개념이다. 고대·중세·근대 국가에서는 '짐이 곧 국가다'라고 할 정도로 국왕이 국가의 주인이고 주권을 지니는 주체가 된다. 서양에서 '왕권신수설'이나 동양에서 왕이 '하늘의 아들'(天子)로 불리는 것도 왕이 국가의 주인이라는 차원의 국가개념을 나타낸다. 이렇기 때문에 왕의 통치능력과 전쟁수행능력은 국가능력의 중요한 지표이고, 왕의 재위기간과 함께 중요한 연구의 대상이 된다. 왕조에서 초기는 기, 중기는 승, 중기와 후기 사이는 전, 그리고 말기는 결로 나누어 그 성격을 분류하고 분석할 수 있다. 고대국가나 권위주의 체제에서 주로 사용된 국가의 개념이다.

역사의 주체가 추상적인 차원과 구체적인 현실 사이에서 서로 다른 이론에 따라 다양하게 논의되고 있는 만큼 이 책에서는 국가론적 입장에서 이러한 7가지 서로 다른 관점과 분석 수준에서 접근하고자 한다. 이럴 경우에는 비록 지나치게 많은 개념 유형으로 인해 혼란하고 복잡성을 유발할 위험이 없는 것은 아니지만 어느 하나의 관점에서 접근할 경우 지나치게 단순화하는 오류를 벗어날 수 있는 장점이 있다. 또한 국가개념을 서로 다르게 사용할 때에는 국가 행위의 다양성에서 오는 복잡한 동기와 서로 다른 이해관계 및 맥락적인 분석이 가능한 장점이 있다. 특히 서로 다른 수준에서의 상호 비교는 국가의 역사적 성격을 보다 다차원적이고 종합적으로 이해할 수 있는 장점도 있다. 이 때문에 이 책은 이들을 포함하는 정부나 국가관리자 외에도 다양한 차원의 국가개념을 사용하여 역사의 주체로 분석하고자 한다. 이처럼 국가에 대한 다양한 수준의 개념을 상위맥락, 중간맥락, 그리고 구성부문으로 나누어 간략하게 정리하면 <표 2-1>과 같다.

표 2-1 국가에 대한 국가수준별 선행연구 종합

맥락	국가수준	선행연구
상위맥락	나라	막스 베버류의 국민, 영토, 주권으로서의 국가 나라(country)로서의 국가
	상부구조·지배이데올로기	칼 맑스와 엥겔스의 상부구조로서의 국가
	지배연합·지배블럭	정치경제학자들의 지배연합·맑시스트의 지배블럭
중간맥락	사회관계 응집	맑시스트의 사회관계 응집으로서의 국가
	관료기구·법 질서 총체	막스 베버와 정통이론의 국가개념
	정부·정권·통치집단	정부를 국가로 보는 정통이론의 국가 개념
구성부문	국왕·국가관리자	정통이론의 국왕, 대통령 등 국가통치자 개념 "짐이 곧 국가"라는 관점의 국가개념

이처럼 국가의 개념을 다양한 수준에서 서로 다르게 주장하는 이유는 각 분야의 학자들의 주된 관심이 학문분야와 이론적인 패러다임에 따라 서로 강조점이 달라 국가에 대한 개념도 서로 다르기 때문이다. 국가를 넓고 크게 보는 상위맥락에서는 국가를 나라로 보거나 상부구조, 그리고 지배계급 등으로 보고, 중간맥락의 차원에서는 사회관계의 응집이나 관료기구나 법 질서의 총체, 그리고 관료기구와 법 질서의 총체의 운영을 담당하는 통치집단인 정부 등으로 보며, 마지막으로 가장 구체적이고 좁게 보는 구성부문에서는 국왕과 같은 국가관리자 또는 국가엘리트를 국가로 본다.

표 2-2 국가개념의 계층구조에 대한 주요 학자들의 국가이론 비교

국가수준	지배적 관점 · 이론	비교가능한 관점	전통적 개념 · 대표적 사용례
나라	베버 · 헤겔류의 국민 · 영토 · 주권을 포함한 정치공동체: 제도적 접근, 크래스너, 엘리네크의 국가개념	그람시의 '확장된 국가'	나라(country)로서의 국가: 한국, 미국, 일본, 중국 등
상부구조 · 지배 이데올로기	마르크스주의 · 사회중심적 관점: 상부 · 하부구조관계: 구조주의자		구성체로서의 체제 · 구조
지배연합 · 블럭	정치경제학자들의 지배계급론 맑시스트의 지배블럭	엘리트주의: 모스카, 파레토 지배연합이론: 구레비치	지배계급, 지배연합
사회관계 응집	헤게모니, 불안정한 평형상태: 맑시스트, 그람시, 폴란차스	다원주의자: 로버트 달 엘리트주의자: 다이 분업론적 국가론: 뒤르케임	국가와 사회의 연계관계
관료기구 · 법 질서 총체	국가중심적 관점:베버주의 신자유주의 국가론: 크래스너, 스카치폴, 존 아이켄베리	국가권력의 물질화로 표현: 폴란차스, 그람시의 '협의의 국가'	베버 정통이론 국가개념
정부 · 국가 운영집단	신다원주의자: 노드링거, 스코로닉		정부 · 정권개념, 정통이론 국가개념
국가관리자 · 국가엘리트	국가관리론: 알포드, 프리드랜드 정통이론의 국왕, 대통령 등 국가통치자 개념		"짐이 곧 국가"라는 관점

출처: 김석준. 1992: 25-86; 김석준. 1994(1995 증보판). 『국가변동론』. 법문사: 39-57.

이러한 서로 다른 차원과 수준에서의 국가에 대한 7가지 분류는 이론의 기본 가치정향과 패러다임에 따라 정통이론과 수정이론 또는 베버주의이론과 마르크스주의 이론에 따라 각각 서로 다르게 보고 있다. 이들이 보는 입장이 다르지만 국가 개념의 내용이나 대상은 비슷한 차원이고 유사한 수준이다. 이것에 대해 다양한 국가이론가들이 국가를 규정하고 접근하여 분석하고 있다. 그것은 그만큼 국가라는 주체의 성격이 복합적이고 시대별로 크게 다른 모습으로 전개되어 왔기 때문이다.

각 학자들이나 이론들은 서로 자기들이 배타적으로 국가를 더 잘 설명하고 있다고 주장하지만 개별 국가이론들은 국가의 극히 일부분만 설명할 뿐이다. 그렇기 때문에 이 책에서는 국가에 대한 대부분의 이론들을 수용하면서 다양한 개념과 차원에서 한국의 고대국가를 분석하고자 한다. 이러한 다양한 국가의 개념과 그들 간의 계층구조 및 지배적인 관점과 이론을 중심으로 국가를 이해하되 비교 가능한 관점에서의 이론들도 최대한 수용하여 국가를 분석하고 설명하고자 한다. 이러한 국가의 수준, 지배적 관점·이론, 비교 가능한 관점 및 국가의 전통적 개념·대표적 사용례 등을 간단하게 요약하여 정리하면 <표 2-2>와 같다.[6)]

3. 국가위기

국가는 유기체와 같이 7가지 다양한 차원과 수준의 개념에 따라 국가위기의 성격도 달라진다. 어떤 위기가 낮은 차원의 국가 개념에는 위기이지만 높은 차원에서 보면 위기가 아닐 수 있다. 따라서 국가 위기의 성격에 따라 국가변동의 내용도 달라진다. 이때 필요로 하는 국가능력의 내용도 국가위기나 국가변동의 성격에 따라 다르다.[7)]

(1) 상위맥락 차원의 국가위기

첫째, 상위맥락에서 보는 '나라로서의 국가'의 위기는 국민, 영토, 주권으로 구성된 국가가 그 가운데 어느 하나 이상에 위기가 나타나는 국가위기의 경우이다. 국민이나

---

6) 이 <표 2-2>는 저자의 선행연구를 참조하여 재정리한 것이다. 구체적인 이론과 학자들에 대하서는 저자의 다음 책을 참고하기 바란다. 김석준. 1992: 25-86; 김석준. 1994(1995 증보판). 『국가변동론』. 법문사: 39-57.

7) 국가위기의 성격과 정권변동의 관계에 대하여서는 저자의 선행연구를 참조하기 바란다. Suk Joon Kim. 1988. "Crisis, Regime Change and Development". *The Korean Journal of Policy Studies*. vol 2: 67-96; Suk Joon Kim. 1990. "Crisis, Regime Change and Development: The Cases of the Neo-Mercantile Security States in South Korea and Taiwan." *Asian Perspective* 13(1); Suk Joon Kim. 1991. "Crisis, Regime Change and Development: A Ouantitative Analysis of South Korean Political Transformation 1945-1987." in Gerald E. Caiden and B. W. Kim(eds). *A Dragon's Progress*, West Hartfort, Conn.: Kumarian Press: 58-66; 김석준. 1991. 앞의 책; 김석준. 1994. 위의 책: 51-56, 65-73.

영토가 나뉘어 분단국가가 되거나 국민과 영토는 있으나 주권이 빼앗길 경우에는 나라 차원의 국가위기(state crisis)이다. 이때의 위기는 국가의 분단위기, 통합위기, 주권 상실 위기 등의 형태로 나타나고 국가위기의 극복은 전쟁, 건국, 국가 통일, 분단 극복, 주권 확보 등이라는 형태의 국가변동으로 나타난다. 중국의 경우에는 영토중심국가로서 영토와 국민은 그대로이지만 주권과 국왕 등 통치세력이 진나라 이후 원나라나 청나라 등 외부 민족이 왕조를 맡더라도 민족중심의 국가에서는 위기일 수 있으나 영토국가이기 때문에 나라로서의 국가위기라기 보다는 통치세력 또는 국가통치자 차원의 위기이다.

나라수준 국가위기의 극복에 필요로 하는 국가능력은 국가가 기승전결의 과정을 거치는 동안 외교능력이나 전쟁능력 등 국가생존능력이라 할 수 있다. 국가건설은 국가형성과 국민형성으로 이루어지고, "전쟁수행이 국가형성"[8]이라는 입장에서 국가를 이해하는 입장이다. 이때의 국가능력은 얼마나 장기간 동안 국가를 유지하느냐는 기간을 기준으로 국가의 생존능력을 측정할 수 있다. 국가가 오랜 기간 유지하면 그 만큼 능력이 큰 것이고 짧게 끝난다면 그만큼 능력이 적은 것이다.

이러한 상위맥락 차원에서의 국가를 연구하기 위해서는 연구대상의 성격이 지니는 특성으로 인해 실증적 이론 외에 비판이론을 활용하는 것이 적실성이 높은 것으로 나타나고 있다.[9]

둘째, '상부구조로서의 국가'는 국가의 '정신'이고 '혼'인 지배이데올로기가 도전을 받고 흔들리는 위기로서 이데올로기 위기(ideological crisis)를 의미한다. 일반적으로 정통이론에서 국가가 지배이데올로기와 지배기구로 구성된 것으로 파악하는데, 지배이데올로기가 도전을 받고 흔들린다면 국가 자체가 도전을 받는 위기에 직면하는 것으로 이해하는 것이다. 지배이데올로기의 위기는 분배와 성장, 자본주의와 사회주의, 공산주

---

8) Charles Tilly는 "War making is state making"이라고 보고 있다. Charles Tilly ed. 1975. *The Formation of National States in Western Europe*. Princeton: Princeton University Press.

9) 강신택은 연구방법에서 분석수준(개인·개체수준, 조직·집단수준, 전체사회)이나 맥락단계(구성부문, 중간맥락, 상위맥락) 그리고 연구대상의 성격에 따라 연구의 목적과 방법이 달라지고 연구의 접근과 방법의 적실성이 달라지기 때문에 과학적인 연구를 위해서는 연구의 논리와 방법이 서로 적합해야 한다는 점을 자세하게 밝히고 있다. 연구의 목적과 방법도 경험적·실증적 연구는 설명과 예측을 목적으로 검증과 일반화의 방법을, 해석학적 방법은 의사소통과 이해를 목적으로 해석의 방법을, 그리고 비판이론은 왜곡된 체제와 구조로부터의 해방을 목적으로 자기비판과 반성의 심층적 해석방법이 적절함을 논리적으로 밝히고 있다. 이러한 논리를 바탕으로 상위맥락은 비판이론, 중간맥락은 해석학적 방법 그리고 구성부문은 경험적·실증적 방법이 적실성이 높음을 체계적으로 설명하고 있다. 이처럼 연구대상의 성격에 따라 연구의 논리와 연구방법의 적실성이 서로 다름을 밝히는 상세한 논의는 강신택. 2002. 2005 개정. 『행정학의 논리』. 박영사 참고할 것.

의 등과 같은 지배이데올로기 갈등으로 이들의 위상이 바뀌는 경우이다. 성장 지향의 예족과 분배 지향의 맥족과의 권력투쟁은 이러한 국가이데올로기 위기의 대표적인 사례이다. 이때 지배블록의 교체로 이어질 때 위기는 수습된다. 지배이데올로기의 또 다른 위기는 무속, 불교, 유교 등을 중심으로 삼는 제의군장국가가 그 이념이 도전받거나 교체·탄압되는 등의 상황으로 나타난다.

새롭게 무속, 불교, 유교 등이 도입되거나 배척되는 경우에 발생하는 지배이데올로기 위기는 제의군장국가, 불연국가, 유교국가 등 새로운 이데올로기와 일치하도록 하여 국가위기를 극복하는 국가변동이 이루어진다. 국가이데올로기 위기를 극복하기 위한 국가의 능력은 국가 이념융합능력이다. 유럽이나 중동 등지에서 발생하는 종교전쟁이나 이념전쟁은 국가위기를 나타내는 사례들이고 전쟁이 끝나면서 위기가 해소된다. 이처럼 이데올로기 위기가 전쟁으로 나타난 경우에는 전쟁능력이 중요한 국가능력이 된다.

셋째, '지배연합·지배블록으로서의 국가' 위기는 노동·자본 계급 갈등, 지배연합세력의 분열이나 권력투쟁, 피지배세력의 강력한 저항 등이 일어나 지배세력의 구성에 큰 변동이 있어서 국가적으로 큰 위기가 발생하는 지배연합위기(ruling coalition crisis) 또는 지배계급위기(ruling class crisis)의 경우이다. 3부족 연합이나 2부족 연합 등 부족연합을 중심으로 국가가 형성된 뒤 어떤 부족이 지배연합에서 밀려나거나 새로운 부족이 도전하여 지배하게 되는 등의 지배세력간 거대한 권력이동이 일어날 때 이 위기를 극복하여 새로운 지배연합이 구성되거나 지배세력이 교체되는 등의 국가변동이 일어난다. 이러한 지배연합 구성의 변동을 안정적으로 관리하여 국가위기를 극복하기 위해서는 국가 차원의 지배연합관리능력과 피지배세력 통치능력이 필요하다.

(2) 중간맥락 차원의 국가위기

넷째, 중간맥락 차원에서 '사회관계의 응집으로서의 국가' 위기는 원시공동체, 노예제, 봉건제, 군주제 등과 같은 생산구조와 생산방식을 포함한 사회관계를 근본적으로 규정하는 근본 질서에 대한 도전이나 변화의 필요성으로 나타나는 지배체제위기(ruling system crisis)이다. 위기의 진행은 통치자와 피통치자, 생산구조에 따른 정치사회의 구조적 변동과 같은 국가변동이 이루어진다. 사회관계의 응집이라는 기본 질서에서의 변동을 관리하기 위해서는 국가의 사회관계변환 대응능력이 필요하다.

중간맥락 차원에서의 연구는 실증적 연구 외에 해석학이론이나 현상학이론에 따른 접근이 보다 적실성이 높게 평가 되어 이들의 활용이 필요하다.

다섯째, '관료기구와 법 질서의 총체로서의 국가' 위기는 사회나 권력관계의 변화 등으로 제의-군장제, 군왕제, 관료 조직, 제도, 통치기구 및 법 등이 제 기능을 발휘하지 못하고 제대로 작동되지 못하여 발생하는 국가 위기로서 국가의 법적·제도적 위기(legal-institutional crisis)이며 국가기구실패와 법 질서의 혼란·무력화를 의미한다. 제정일치체제가 무너지고 제정분리체제로 전환하거나, 중앙통치체제, 지방통치조직, 군사체계, 각종 법제도 등이 원래의 기능과 역할을 하지 못하여 질서가 무너지고 국가적인 혼란이 발생하여 그것을 바꾸거나 새로운 조직 및 기구가 필요할 때 발생하는 만큼 이러한 국가의 조직과 제도를 새롭게 만드는 국가제도화능력으로 국가위기를 극복해야 한다. 따라서 국가는 이러한 조직이나 통치구조 및 제도에서 근본적인 새로운 변동이 발생하는 국가변동이 일어난다.

여섯째, '정부나 정권으로서의 국가' 위기는 조직이나 법제도의 문제가 아니라 그것을 책임지고 운영하는 통치자와 집권세력이 무능하거나 부패하고 서로 권력투쟁하는 등으로 인해 발생하는 통치집권세력의 내·외부적인 정부위기(government crisis) 또는 정권위기(regime crisis)로서 정부실패(government failure) 또는 정부통치불가능성(government's ungovernability)을 유발한다. 문신정권, 무신정권, 최씨정권, 기자정권, 위만정권 등의 경우가 정부로서의 국가의 예인만큼, 통치집단인 제사장, 군신, 문신 등이 무능, 부패하거나 이들 간의 권력투쟁이 치열하여 통치를 제대로 할 수 없을 정도로 통치능력을 상실하거나 혼란스러울 경우 통치세력의 교체를 요구하게 된다. 그 과정에 쿠테타가 발생하거나 일부 세력에 의해 왕조교체 혹은 통치세력 교체 또는 이들 간의 권력관계가 재편되어 위기가 극복된다.

통치세력 간 권력투쟁, 관계변화, 세력교체, 통치세력에 대한 도전, 왕조 전복 쿠테타 등으로 위기가 극복되는 것은 국가의 통치집권세력쇄신과 통치집단관리능력을 필요로 한다. 국가가 그러한 능력을 통해 위기가 극복되면 국가는 새롭게 안정을 찾게 된다.

(3) 구성부문에서의 국가위기

일곱째, 구성부문으로서의 국가는 가장 좁은 의미에서 가장 구체적인 국왕 등 '국가통치자'를 의미하는 만큼 이 국가 위기는 국왕이 나이, 건강, 악행, 암살, 독살, 왕위계승 혼란, 쿠테타 등의 이유로 국가를 정상적으로 통치하기 어려운 지도력 위기(leadership crisis)를 의미한다. 국가통치자인 국왕이 제 기능을 수행하지 못할 통치능력상실 위기는 그 종류에 따라 섭정, 정부권력 강화, 평화적인 왕위계승, 국왕교체 등으로 극복할 수 있다. 국가통치자로서의 국가의 능력은 국왕의 통치능력이나 국왕생존능력을 나타내는 국왕재위기간으로 나타난다. 대체로 큰 업적을 올린 국왕은 장기간 재위하여 통치를 하였으나, 단기 재위 국왕은 큰 일을 한 경우가 매우 적다.

구성부문으로서의 국가에 대한 연구는 대체로 과거부터 역사에서 국왕에 대한 기록이나 사료가 가장 많이 남아 있으므로 실증적 이론으로 접근하는 것이 적실성이 높다. 이 경우에도 사료가 충분하지 않을 경우에는 현상학이론, 해석학이론 및 비판이론 등의 질적인 연구방법을 함께 활용하여 부족한 실증적 자료의 한계를 보완할 필요가 있다.

이러한 내용을 요약·정리하면 <표 2-3>과 같다.

표 2-3 국가, 국가위기, 국가변동 및 국가능력

맥락	국가수준	국가위기성격	국가변동	국가능력	연구방법
상위맥락	나라	국가위기 국민·영토·주권위기	건국, 쇠망, 분단 분단, 통합, 상실	국가생존능력 전쟁·외교능력	비판이론
	상부구조	체계위기 지배이데올로기위기	신정, 불연, 유교국가	이념융합능력	
	지배연합	지배계급위기 지배세력분열·투쟁 피지배세력의 저항	부족연합변동 지배세력 교체	지배연합관리능력·피지배세력 통치능력	
중간맥락	사회관계 응집	지배체제위기 원시공동체·노예제위기	정치사회구조 변동	사회관계 변환능력	해석학·현상학적 접근
	관료기구·법 질서 총체	관료기구·법 실패 제의군장제·군왕제위기 중앙·지방·군사체제위기	조직, 제도, 기구, 법 변경	국가제도화능력	
	정부	정부실패·정권위기 통치집권세력교체위기 제사장·군 권력투쟁 왕조·정부전복쿠테타	통치집권세력쇄신 왕조교체 쿠테타성공집권 쿠테타진압	통치집단관리 능력	
구성부문	국가통치자	국가지도자위기 쿠테타, 통치능력상실위기 국왕 나이, 건강, 악행, 피살, 폐위, 복위	섭정, 정부권력 강화 국왕교체	국왕생존능력 국왕통치능력	실증적 접근

4. 국가변동: 문명순환론과 국가발전론

(1) 스펭글러의 문명순환론과 기승전결론

독일의 역사가 오스발트 슈펭글러(Oswald Spengler)는 『서구의 몰락』(제1권 1918, 제2권 1922)에서 "문명은 하나의 유기체로 발생 · 성장 · 노쇠 · 사멸"의 과정을 밟는다는 문명순환론[10]에 입각한 기승전결론(起承轉結論)을 주장하였다. 그는 "여러 문명의 발전과정에는 유사점이 있다고 보고 정치 · 경제 · 종교 · 예술 · 과학 등 모든 사상(事象)으로 문명을 비교함으로써 어떤 사회가 문명사에서 어떠한 단계에 이르고 있는지를 알 수 있다고 하였다. 그것은 역사를 수많은 문화의 탄생 · 성장 · 성숙 · 사멸의 과정으로 이해하고자 한 것이며, 문화의 비교연구로서의 의미를 가지고 있다. 이것이 바로 문명의 흥망에 관한 학문인 문화형태학이며, 이를 근거로 서양문명의 몰락을 예언하였다. 그는 국가나 개인이 하나의 유기체로서 기승전결(흥망성쇠와 생로병사)의 과정을 거쳐서 흥하고 망하게 됨을 지적하고 있다. 이러한 문명사관은 제1차 세계대전과 러시아혁명 등 혼미한 시대의 위기의식의 소산이었고, 그의 문화고찰의 방법은 A. J. 토인비 등에게도 큰 영향을 주었다.[11]

스펭글러의 기승전결론은 국왕 개인이나 왕조의 차원에서 통치사의 전개를 연구할 때에 적용할 수 있다.[12] 국왕이나 국가의 통치사의 전개는 시작, 번성, 유지, 쇠퇴, 몰락 등과 같은 순환을 반복하면서 이어진다. 한 국왕의 통치가 몰락하는 단계에 새로운 국왕의 통치는 준비되고 시작하므로 이들 사이에 겹치는 과도기가 진행되면서 국왕과

10) 대표적인 학자들로 헤로도투스, 베른하임, 헤겔, 풀루타스코스, 공자, 사마천, 아우구스티누스, 기번, 랑케, 스펭글러, 토인비 등을 들 수 있다.

11) 오스발트 슈펭글러(Oswald Spengler, 1880.5.29~1936.5.8)의 대표적 저서로 그의 존재를 일약 유명하게 한 것은 제1차 세계대전 이전에 구상되어 1918년에 제1권이, 1922년에 제2권이 각각 간행된 『서양의 몰락』(『서구의 몰락』으로 1995년 박광순(朴光淳)의 번역, 범우사 간행)이다. 만년에는 나치즘으로 기울었으나 그의 페시미즘이 받아들여지지 않아 고독과 불우한 생활을 하다가 일생을 마쳤다. Oswald Spengler 저. 박광순 역. 1995. 『서구의 몰락』. 1－3권. 범우사; 오스발트 A. G. 스펭글러 지음. 양해림 옮김. 2008. 『서구의 몰락』. 책세상.

12) 국가의 탄생, 성장, 쇠퇴, 몰락 등을 문명을 중심으로 유기체의 생로병사와 관련지워 연구한 학자는 역사를 "도전과 응전"의 과정으로 분석한 토인비와 스펭글러를 들 수 있다. 이들은 문명의 순환을 주장하는데, 환경의 도전의 성격은 반대로 규정한다. 스펭글러는 적자생존의 법칙처럼 사람의 생활에 가장 유리한 환경에서 문명의 기승전결이 이루어진다는 입장인 반면, 토인비는 인간의 삶에 가장 위협이 되고 어려울 때 위기라는 도전을 만나서 이것에 대한 응전으로서 인간의 문명은 탄생하고 기승전결의 과정을 거친다는 입장이다.

국왕의 통치가 이어진다. 왕조의 경우에도 한 왕조의 쇠퇴와 몰락기에 새로운 왕조의 탄생이 준비되기 때문에 그 겹치는 기간이 전 왕조에게는 쇠퇴와 몰락의 위기이고 새로운 왕조에게는 시작을 위한 기회로 활용된다. 이러한 지속적인 반복은 국왕 개인이나 왕조 차원에서 보면 통치자의 단절이 계속된다. 이것은 역사적 차원에서 보면 단절과 비연속이 일회로 끝나지 않고 지속되면서 비연속성이 연속성으로 이어진다. 왕조가 창업한 초기와 자리가 잡히는 중기 그리고 가장 왕성한 시기 그리고 마지막으로는 왕조의 쇠퇴와 몰락기로 기간을 나누어 보면, 왕조의 '생로병사(生老病死)' 또는 '기승전결'의 시기로 나누어 변화의 속도를 파악할 수 있다.[13]

이것은 국왕이나 왕조 차원만이 아니라 지배세력이나 피지배세력의 관계에서도 상대적으로 파악할 수도 있다. 국왕, 왕조, 지배세력, 피지배세력 등의 역사적 시간을 왕조의 '기승전결'이라는 역사성에 비추어 상대적으로 파악할 수도 있다. 통상적으로 왕조 창업자의 에너지는 넘치고 변화의 추진 속도도 매우 높다. 특히 역성혁명이나 전쟁에 의해 기존 왕조가 무너지고 새로운 왕조가 나타날 경우에는 각종 제도나 지배이데올로기 및 문화의 변화 속도가 급변하게 나타난다.

(2) 알몬드와 박동서의 국가발전단계이론: 국가형성, 국민형성, 경제발전, 참여 및 배분

알몬드(Gabriel Almond)는 국가발전을 국가형성(state building), 국민형성(nation building), 참여(participation), 배분(distribution)의 4단계론을 주장하였다.[14] 국가형성은 국가의 영토, 주권, 국민을 바탕으로 한 군대, 경찰, 관료조직 등을 형성하는 외형적인 국가건설을 의미한다. 국민형성은 국민들이 국가공동체의 구성원으로서 일체감과 동질감을 형성하여 하나의 국민이 되도록 종교, 의식, 국민교육과 교화가 이루어지는 단계이다. 참여는 국가형성과 국민형성이 이루어지면서 구성원들이 참여하는 국가를 만들어 민주적인 국가가 되도록 하는 단계이다. 고대국가에서는 로마 공화정이나 고조선·고구려의 제가합의제 등 귀족민주주의의 형태로 나타나고 근대국가가 되면 일반국민들이 주체가 되는 자유민주주의적인 참여를 이루게 된다. 배분은 국민들에게 자산

13) 조선시대의 국가의 탄생, 성장과 붕괴의 단계에 따른 국가 목표, 사상, 정치, 행정의 변화에 대하여서는 이대희. 2001. <행정이념의 변화>, 이대희 외. 『한국의 행정사』. 대영문화사: 38-40.

14) Gabriel A. Almond and G. Bingham Powell, Jr. 1966. *Comparative Politics: A Developmental Approach*. Boston: Little, Brown and Co.

이나 자원이 배분되어 구성원들에게 복지수준을 높이도록 하는 단계이다.

박동서는 이러한 알몬드의 국가발전단계에 한국이라는 상황에서는 산업화와 경제발전이 필요하고, 국가형성과 국민형성의 단계 이후에 경제발전이 추가되어야 한다고 주장하여, 국가발전 단계를 국가형성, 국민형성, 경제발전, 참여 및 배분의 5단계를 제시하였다.[15)]

(3) 스펭글러의 문명순환론과 알몬드·박동서의 국가발전단계론의 통합

스펭글러의 기승전결론은 알몬드·박동서의 국가발전단계설과 통합하여, 한 국가의 기의 단계는 국가형성, 승의 단계는 국민형성, 전의 단계는 경제발전, 그리고 결의 단계는 참여와 배분의 단계로 연계시켜 해석할 수 있다. 국가발전에서 기승전결의 단계별 성격은 역사적인 시대에 따라 그 성격이 달라질 수 있으나 고조선은 고대국가로서 한국의 원형국가이므로 이러한 기능을 할 것으로 보아 각 단계의 국가성격을 규정하고자 한다.

5. 국가위기와 국가변동의 관계: 내인론과 외인론

(1) 토인비의 내인론적 문명순환론: 도전과 응전의 기승전결

영국의 역사학자인 아널드 조셉 토인비(Arnold Joseph Toynbee)[16)]는 첫째, 역사가 "도전(挑戰)과 응전(應戰)(Challenge and Response)"이라는 원리에 따라 진전하고, 문명이 탄생·성장·붕괴·해체의 4단계 사이클(cycle, 주기)을 겪는다는 이른바 문명순환론을 주장하였다."[17)]

---

15) 박동서. 1976. 『발전행정론』. 법문사.

16) 아널드 토인비(Arnold Joseph Toynbee, 1889.4.14~1975.10.22)는 그의 대표적인 저서 『역사의 연구(*A Study of History*)』(12권, 1934~1954, 1959, 1961)에서 문명의 추진력을 "고차문명의 저차문명에 대한 '도전'과 '응전'의 상호작용에 있다"고 보았다. Arnold Josepn Toynbee. 1934~1954, 1959, 1961. *A Study of History* vol. 1－12.; 아놀드 조셉 토인비 지음. 노명식 역. 1982. 『역사의 연구』. 1－2. 삼성출판사; 아놀드 조셉 토인비 지음. 홍사중 옮김. 2007. 『역사의 연구』. 동서문화사.

17) 토인비의 주장은 탄생·성장·붕괴·해체의 4단계 사이클(cycle, 주기)을 겪는다는 이른바 문명순환론으로 이해되고 있다. 그것은 유기체와 생명사상을 중시하는 동양의 사상에서 중시하는 생로병사나 흥망성쇠와 같은 질서와도 유사한 점이 있다. 그는 문명 그 자체를 하나의 유기체로 보고, 그 생성과 소멸이 역사이며, 그 과정에 일정한 규칙성, 즉 탄생·성장·붕괴·해체의 4단계를 주기적으로 되풀이하는 것으로 보았다. 그는 세계 각 지역에서 발생한 26개의 문명권을 경험적으로 분석

둘째, 그는 문명이 인간 생활에 유리한 지역에서 탄생한다는 기존의 통념을 부정하면서 반대로 인간은 불리한 자연환경이라는 도전에 응전하여 살기 위해 응전한 결과가 문명의 탄생이라는 주장을 펼쳤다. 인간이 위험을 극복한 결과가 문명의 발생이므로 문명의 탄생에 불리한 자연환경과 위험은 필요조건이라는 것이다.

셋째, 문명 간의 생존경쟁에서도 "유기체적인 문명의 주기적인 생멸(生滅)이 역사이며 문명의 추진력이 고차문명(高次文明)의 저차문명(低次文明)에 대한 '도전' 과 '응전'의 상호 작용에 있다고 보았다. 후진문명인 후차문명은 선진문명인 고차문명의 도전을 받아 응전하면서 역사는 순환한다는 것이다.

넷째, 토인비는 고대 그리스 역사에서 느끼는 위기의식과 현대 역사에서 느끼는 심각한 위기의식 사이에 역사적 시대가 다름에도 불구하고 '철학적 동시대성'이라는 유사성이 있음을 발견하였다. 그가 느낀 역사적 위기의식이 투키디데스가 그리스 시대의 펠로포네소스 전쟁에서 느낀 역사적 위기의식과 너무나도 유사하다고 느꼈다. 그는 그리스 이후 쇠퇴하였던 역사의 반복성에 빛을 부여함으로써 고대와 현대 사이에 철학적 동시대성(同時代性)을 발견하고 역사의 기초를 '문명'에 두었다.

(2) 토인비의 외인론적 문명순환론: 외적 프롤레타리아트와 고난의 시기

첫째, 토인비에 따르면, 문명의 붕괴과정을 막기 위한 재기노력이 강하게 제기되어 붕괴가 정지되는 과정에 내적 프롤레타리아와 더불어 외적 프롤레타리아트(external proletariat)[18]의 도전도 받게 되어 사회는 수평적 분열과 수직적 분열을 동시에 겪으면서 해체가 촉진된다. 이때 외적인 원인으로는 적대국가나 적대사상과의 전쟁이 중요한 역할을 하고 대중은 내부의 창조적 지도자의 역할보다 세계국가나 적대국가와의 전쟁의 영향을 더 크게 받게 된다. 내부적인 창조적 지도자의 상실과 외국과의 전쟁 및 적대사상과의 전쟁은 정치사회적 통합을 해체하여 문명의 붕괴와 정체를 가져 온다. 이로

하여 병행적·동시대적으로 나열하고, 이들 모두가 규칙적인 주기를 가지고 있다는 것을 구명했다. [네이버 지식백과] 문명순환론 [文明循環論] (실크로드 사전, 2013.10.31. 창비).

18) 내적 프롤레타리아트(inner proletariat)는 창조적 소수인 지도자에 대한 자발적인 '흉내'를 내는 대중으로, 이들이 자발성을 잃어버리고 기계적인 모방이나 강제적인 훈련으로 변화할 때 대중은 지도자에 대해 무관심하거나 적대적인 태도를 취하게 되어 정치적 분열이 심화하고 사회적 통일이 파괴되어 결국 문명은 붕괴하게 된다. 이와 함께 외부적인 도전이 외적 프롤레타리아트(external proletariat)로부터 유발되어 외부적인 적대국가나 적대사상이 문명을 위기로 유도한다. 적대국가나 적대사상과의 전쟁은 대중이 세계국가나 평화를 갈구하게 만들어 문명의 흥망성쇠에 대한 강력한 외부적인 요인으로 작용한다. 이러한 이유로 내인론과 외인론의 성격이 자리매김하게 된다.

인해 사회는 장기적인 화석기에 접어들게 되는데, 토인비는 이집트와 동양문명이 바로 이런 장기적 화석기의 대표적인 사례라고 주장한다. 이 단계에서는 창조성은 자포자기나 자기억제로, 창조적 지도자에 대한 대중의 '흉내'는 보이콧이나 순교로 변해 결국 창조성은 상실한 채 영혼의 분열도 일어나게 된다. 그 결과 복고주의나 미래주의, 유토피아적 초현실주의 등 각종 도피주의가 만연하며, 그러한 혼란한 와중에 이른바 '구세주'가 출현한다. 영혼의 분열과 혼란으로 이 단계에서는 적대국가나 적대사상 간에 전쟁이 일어나고, 그 전쟁으로 기진맥진해진 대중은 개별 적대적인 국가들을 뛰어 넘는 세계국가를 통한 평화를 갈구하게 된다. 이것은 외인론의 영향을 증대시키는 결과를 가져온다.

둘째, 이러한 문명의 해체기나 화석기가 지나서 새로운 문명이 탄생하기까지는 상당히 긴 암흑기인 '밤'을 보내게 되는데, 토인비는 이 기간을 모든 문명이 사라진 채 비어버린 '공위시대(空位時代, interregnum)'라고 규정한다. 이 시대에는 민족이동과 대중운동이 끊임없이 일어나며 문명 차원이 아닌 개인 차원에서 영웅호걸들이 등장한다. 그래서 그는 이 시대를 '영웅시대(heroic age)'라고 하고, 이 시대를 약 400년 동안 지속되는 '고난의 시기'(a time of troubles)라고도 부른다. 이 공위시대의 혼란 속에서 새로운 문명의 싹들이 트고 그 여명이 서서히 밝아온다고 주장한다. 고조선의 시대가 무너지고 열국의 시대로 접어들게 된 것을 토인비의 이론으로 보면 또 다른 도전과 응전의 과정으로 해석할 수 있다.

셋째, 토인비는 문명의 '동시대성'과 유형화 및 순환론을 밝혀냄으로써 문명사 연구의 새로운 방법론을 도출하였으며, 스펭글러의 문명필멸이라는 비관주의를 비판하고 순환에 의한 문명의 새로운 탄생이란 낙관주의적 역사관을 제시하였다. 토인비는 1차 세계대전이 일어나는 것을 계기로 현대사와 유럽문명의 미래에 대한 위기를 통감하면서 투키디데스[19]에 관한 연구를 하다가 고대 그리스사와 현대사 사이에 닮은 점, 즉 '철학적 동시대성'[20]이 있다는 것을 발견하였다. 그는 자신이 느끼는 역사적 위기의식이 투키디데스가 펠로폰네소스 전쟁에서 느낀 역사적 위기의식과 너무나도 유사하다고 느꼈다. 그리하여 그는 세계사의 비교문명론적인 접근을 시작해 마침내 도전과 응전의 원리에 의한 문명순환론을 창안하게 되었다.[21]

---

19) Thukydides, 기원전 5세기(470~401 B.C.)의 그리스 역사가, 명저 『펠로폰네소스 전쟁사』의 저자.

20) '철학적 동시대성'은 절대적인 시대는 다르더라도 투키디데스가 펠로포네소스 전쟁에서 느낀 그리스 역사에서의 위기의식과 20세기 세계 제1~2차 대전에서 느낀 현대 역사에서의 위기의식이 시대를 뛰어 넘어 동질성을 느낀다는 의미에서의 동시대성을 의미한다. 두 전쟁 모두 도전과 응전의 구도가 유사하다는 의미로 '철학적 동시대성'이란 용어를 사용하고 있다.

이러한 슈펭글러에 이은 토인비의 문명순환론은 서구의 대표적인 역사 이론으로 높이 평가된다.[22] 또한 인간생활에 자연환경이 유리한 곳이 아니라 반대로 불리한 조건이 도전이 되어 이러한 도전에 응전하여 극복할 때만이 새로운 문명이 탄생하므로 불리한 환경이 문명탄생의 필요조건이라는 점은 고조선은 물론 현대 한국의 역사 전개에도 매우 적실성이 높은 것이라 볼 수 있다. 4대 문명을 발생시킨 것도 4대강 유역의 범람의 위기와 같은 악조건이라는 도전을 성공적으로 극복하여 가능했다는 도전과 응전의 원리는 삼위태백으로 단군조선이 탄생한 것과도 매우 유사한 측면이 있다. 이 때문에 토인비의 도전과 응전의 이론은 한국의 역사적 사례 분석에 적실성이 높은 이론이라 할 수 있다.

슈펭글러와 토인비는 역사를 과거의 인물과 사건의 기록 및 그들과의 인과적인 관계 등을 중심으로 연구하였다. 역사를 과거의 일로 전제하여 연구하고 분석하여 탄생・성장・붕괴・해체의 유기체적인 순환과정을 유형화하고 문명순환론을 밝혀냈다. 이러한 역사 연구는 토인비의 경우 과거와 현재의 위기가 지니는 '문명의 동시성'과 '철학적 동시대성'이란 측면에서 설명하기는 하나 대체로 과거에 대한 역사 문제들에 초점을 두고 있다. 이에 비해 E. H. 카는 역사를 과거로만 두지 않고 과거와 현재의 관계를 밝히고자 하였다.[23] 그것은 과거의 역사를 오늘의 역사로 살려내는 것이다.

헤겔류의 변증법적 논리에 영향 받은 신채호의 역사에 대한 "투쟁"관은 사무엘 헌팅

---

21) 토인비의 문명순환론에 대한 긍정적인 평가는 첫째, 토인비의 문명순환론이 19세기 이후의 전통 사학에 맞서 새로운 역사학을 개척했다는 것이다. 둘째, 스펭글러의 비관적인 순환론 대신에 탄생, 성장, 붕괴, 해체라는 4가지 사이클이 긍정적으로 발전하면서 순환되는 새로운 역사와 문명의 측면을 설명하고 있다는 점이다. 셋째, 역사에서 시간적인 차원을 넘어 철학적인 동시대성과 문명의 동시대성이 가능함을 밝힌 점이다. 반면에 그에 대한 비판은 첫째, 그가 거대한 세계역사의 흐름을 도전과 응전에 의해 순환이라는 단순하고 교조적인 논리로 설명하는 것은 일종의 사변적 역사철학에 불과하다는 비판이다. 둘째, 그가 창조적 소수(지도자나 영웅)의 역할을 과대평가하고 있으며, '신의 법칙'에 의한 인간의 응전이나 인간으로 육화한 신에 의해 해체기 문명을 구제한다는 주장은 관념론적, 종교적 사관으로 비판받고 있다.

22) [네이버 지식백과] 문명순환론 [文明循環論] (실크로드 사전, 2013.10.31., 창비)

23) 세계적인 학자로서 영국의 역사학자이며 국제정치학자인 에드워드 핼릿 카(Edward Hallet Carr)는 "역사란 역사가와 사실 사이의 상호작용의 부단한 과정이며, 과거와 현재와의 끊임없는 대화"라고 주장한다. 카는 『역사란 무엇인가(*What is history*)?』라는 책에서 "역사가의 주된 임무는 '있었던 일'을 기록하는 것만이 아니라 '있었던 일'을 평가하고 비판하는 일이며 따라서 역사적 사실이라는 것도 역사가에 의해 창조되는 것이라고 밝히고 있다. 그리고 역사가는 그가 속한 시대와 사회의 제약을 받기 때문에 역사적 사건을 해석하고 평가하는 기준도 그 당대의 가치관을 반영하는 것, 즉 역사가의 관점은 시대와 사회에 따라 다를 수 있음을 언급하고 있다." E. H. 카(Edward Hallett Carr) 저. 길현모 역 『역사란 무엇인가』. 1961(2014). 탐구당; [네이버 지식백과] <역사란 무엇인가?>. 『시사상식사전』. 지식엔진연구소. 박문각.

턴의 문명충돌론과도 유사하다. 신채호가 "역사발전의 원동력을 사물의 모순·상극(相克) 관계에서 파악"하고 있는데, 헌팅턴도 제1~2차 세계대전을 겪으면서 역사를 인류의 공생·공영보다 대립적인 모순·투쟁 관계로 파악하였다.[24] 한국 역사학자로서는 단재 신채호(申采浩)를 들 수 있는데, 단재는 『조선상고사(朝鮮上古史)』에서 역사를 '아(我)와 비아(非我)의 투쟁'으로 파악하였다. 슈펭글러와 같은 해에 태어난 신채호는 『조선상고사』 총론에서 "역사발전의 원동력을 사물의 모순·상극(相克)" 관계에서 파악하고 있는데, 이는 헤겔류의 소박한 변증법적 논리가 도입된 것으로 생각된다. 특히 그는 이러한 모순·투쟁 관계가 역사로서 채택되기 위해서는 시간적인 상속성과 공간적인 보편성을 가져야 한다고 주장하였다. 헌팅턴이 신채호의 영향을 받았다고 볼 수는 없으나 서로 역사를 모순·투쟁 관계로 파악하였다는 의미에서는 동서양과 서로 다른 시대를 초월한 유사한 사고라는 점에서 의미가 있다고 할 수 있다.

(3) 크레벨드의 국가발전의 단계별 유형과 전개

크레벨드(Creveld)는 국가발전단계를 무두부족사회, 군장사회, 전통적 국가, 이행기적 국가, 근대적 국가로 나누고, 전통적 국가를 세분화하여 고대국가(도시국가→거대제국)→중세국가→봉건제국가(신분제국가)→봉건영주→농노적 지배체제로 전개됨을 밝히고 있다. 나아가 이행기적 국가는 절대주의체제→중상주의적 통일국가체제로, 근대적 국가는 민족국가, 국민국가, 복지국가 등으로 발전하였음을 요약·정리하고 있다. 크레벨드는 국가발전 단계에 따라 국가의 근본적인 성격이 다르므로, 서유럽 국가역사를 기준으로 국가 이전의 단계, 전통적 국가 단계, 이행기적 단계, 근대적 국가단계

---

24) 헌팅턴은 "복합적인 문명개념을 단순한 가치체계로 축소했다는 데 있다. 그는 문명의 개념을 가치체계, 그것도 주로 종교가 결정적 역할을 한다는 종교 가치체계로 축소하고 단순화하였다. 그리하여 그는 종교를 일차적 기준으로 하여 1993년에 발표한 첫 글에서 세계문명을 ① 기독교, ② 정교, ③ 이슬람교, ④ 유교, ⑤ 불교, ⑥ 힌두, ⑦ 아프리카(비이슬람권), ⑧ 일본 등 8대 문명으로 구분하였다. 그러나 그러한 문명 유형화에 대한 신랄한 비판이 일자, 3년 후에 펴낸 책에서는 ① 중화, ② 일본, ③ 힌두, ④ 이슬람, ⑤ 정교, ⑥ 서구, ⑦ 라틴아메리카, ⑧ 아프리카 등 8대 문명으로 수정하였다. 그는 종래의 '유교문명'을 '중화(Sinic)문명'으로 개칭하면서 여기에 해외 화교공동체와 베트남·한국을 포함시켰다. 그리고 '기독교문명'은 '서구문명'과 '라틴아메리카 문명'으로 이분하였다. 그런가 하면 불교는 탄생지 인도에서 소멸하고 중국과 일본 등지에서 이미 토착문화에 통합되어 '거대 문명의 바탕'이 되지 못하였기 때문에 문명에서 아예 제외시켰다. http://www.changbi.com/ [네이버 지식백과] 문명충돌론 [文明衝突論] (실크로드 사전, 2013.10.31., 창비); Samuel P. Huntington. 2002. *Clash of Civilizations*. New edition. New York: Simon & Schuster; 새뮤엘 헌팅턴. 이희재 역. 2016. 『문명의 충돌』. 김영사.

그림 2-1 크레벨드의 국가발전단계

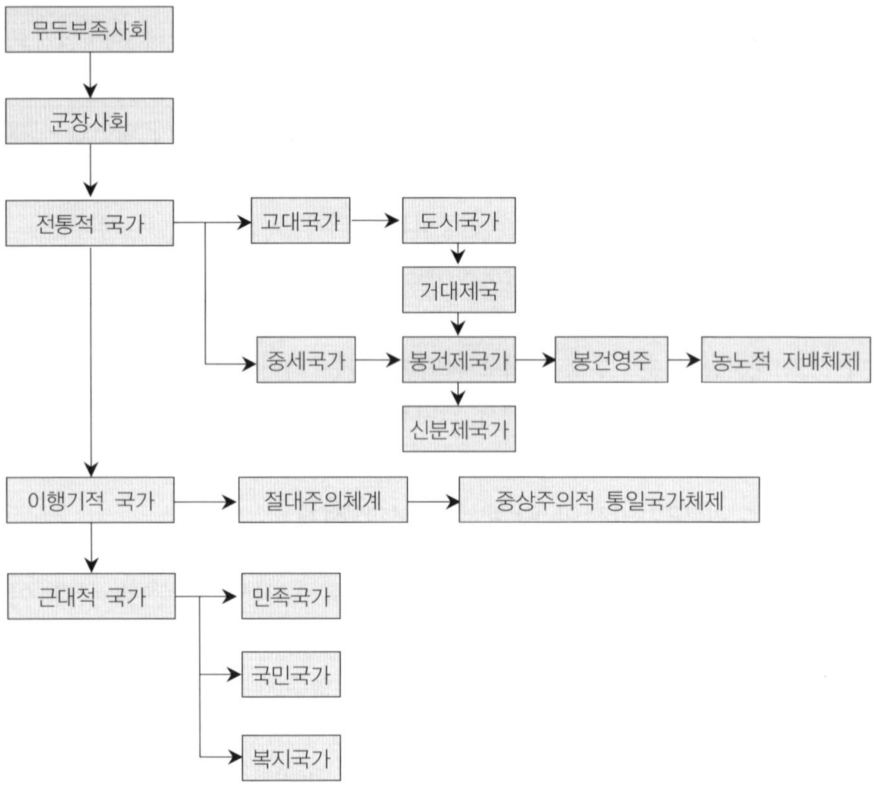

출처: Martin Van Creveld. 1999. *op. cit.*: 2; 진덕규. 2002: 36 참조.

로 나누어 유형화하고 있다. 국가발전의 단계적 유형 구분에 대하여서 요약하면 [그림 2-1]과 같다.[25)]

(4) 진덕규와 만의 IEMP 이론에 따른 국가의 유형과 역사적 전개

진덕규는 지배세력과 지배이데올로기를 기준으로 국가의 유형을 제의-군장체제, 고대 군왕체제, 전제적 왕조체제 그리고 중앙집권적 전제왕조체제의 4가지 유형으로 나누고 있다.

지배세력은 제사장, 군사지도세력, 문신관료세력으로 나누고, 지배이데올로기는 무

25) Martin Van Creveld. 1999. *op. cit.*: 2; 진덕규. 2002: 36 참조.

속, 불교(획일적 체제성 · 호국불교), 불교(이탈적 체제성 · 대승불교), 교조적 성리학으로 나눈다. 이러한 3×4 매트릭스에서 제사장과 군사지도력 및 무속이 결합할 때는 제의 – 군장체제, 군사지도력과 문신관료 및 불교(획일적 체제성)의 결합은 고대적 군왕체제, 군사지도력 · 문신관료세력 · 불교(이탈적 체제성)이 결합하여 전제적 왕조체제, 그리고 문신관료세력 · 교조적 성리학이 결합한 중앙집권적 전제적 왕조체제로 유형화하고 있다.[26] 이 내용을 이해하기 쉽게 단순화시켜 다시 3×4 매트릭스로 재정리하면 [그림 2 – 2]와 같다.

그림 2–2 지배세력과 이데올로기 및 왕조체제의 연관성

<table>
<tr><th>지배세력 / 지배이데올로기</th><th>제사장</th><th>군사지도세력</th><th>문신관료</th></tr>
<tr><td>무속</td><td colspan="2">제의–군장체제</td><td></td></tr>
<tr><td>불교–획일(호국불교)</td><td rowspan="3"></td><td colspan="2">고대군왕체제</td></tr>
<tr><td>불교–이탈(대승불교)</td><td colspan="2">전제적왕조체제</td></tr>
<tr><td>성리학</td><td></td><td>중앙집권전제왕조체제</td></tr>
</table>

이 분석틀에 따라 진덕규는 한국의 국가역사를 분석하는데 그 내용을 요약하면 아래와 같다. 첫째, 제의 – 군장체제는 고대국가와 초기국가의 형태로서 자연친화적인 사상과 무속을 존중하고, 지배세력으로서는 왕이 제사장과 군장으로서 지배체제를 구축한 형태이다. 왕이 하늘과 신의 대리인으로서 제사나 제의를 주관하여 통치권을 유지하는 초기 국가는 왕이 통치권을 중앙집권적인 통치체제나 권력을 체계적으로 확립하지 못할 때인 만큼 초기 국가에서 제사장의 역할은 더욱 중요하다. 초기 국가 이후 영역국가로 되더라도 통치권을 확립하지만 각 부족집단의 장에 대한 통솔력이 확립되는 과정인 만큼 제의는 상징적으로 권력장악에 중요한 의미를 지닌다. 한국고대사에서는 초기국가와 고대국가가 제의 – 군장체제의 성격을 지닌다.[27]

둘째, 고대적 군왕체제는 고대국가가 발달하여 지배세력 내에서 제사장의 역할은 크게 줄어들고 전쟁 등이 빈발하면서 군사지도세력이 문신관료세력과 함께 지배세력을 형성하여 권력을 장악한다. 지배이데올로기도 초기의 무속단계를 넘어 호국불교의 형

26) 진덕규. 2002: 56 – 59.
27) 위의 책: 51 – 165.

태로 국가형성에 중요한 역할을 하는 단계의 국가이다. 한국에서 통일신라 이전의 국가체제에 적용할 수 있는 국가형태이다.[28)]

셋째, 전제적 왕조체제는 대승적 불교를 지배이데올로기로 하고, 군사지도세력과 문신관료가 지배세력으로 구성된 국가 형태이다. 고대 군왕체제와의 차이는 통치이데올로기에서 불교를 국교로 하지만 호국불교로 삼지 못하고 불교도 개인의 구제를 중심으로 하는 종교로 변화한 상태의 이데올로기로 불교를 활용한다. 한국에서는 통일신라에서 고려까지의 시기를 이 형태로 볼 수 있다.[29)]

넷째, 중앙집권적 전제적 왕조체제는 성리학을 통치이데올로기로 하고 양반 관인과 지주가 지배세력으로 구성된 조선왕조의 국가 형태이다. 고려 말 친원파와 반원파의 갈등이 위화도 회군으로 나타나고 군사쿠테타의 성공이 조선의 개국으로 나타나 전제적 통치체제를 승계하면서 중앙집권적 전제왕조를 구축했다. 권력구조의 재구축을 위해 한양 천도, 양전사업, 과세체제를 개편하고, 훈신과 사림파의 갈등을 군신일체의 피라미드 권력구조로 체제화했다.[30)]

(5) 국가의 7가지 개념 간의 상호관계: 내인론과 외인론

1) 진덕규의 역사정치학의 인식논리

진덕규는 마이클 만(Michael Mann)의 이데올로기(I: ideology), 경제(E: economy), 군사(M: military), 정치(P: politics)를 중심으로 권력관계를 분석하는 IEMP 모델을 중심으로 역사정치학적 관점에서 국가권력관계와 국가체계의 변동을 이해하고 있다. 고대사회에서 신화와 이데올로기로서의 제의, 가치 배분과 점유의 자원, 군사적 강제력 행사에 의한 안전, 교린과 종속적 관계의 대외관계 등의 요소가 통치세력의 형성에 영향을 주고 통치세력이 권력구조의 제도화를 이루고 국가체계를 구축하며 이것이 지배세력과 피지배층의 관계에 영향을 주어 지배세력은 피지배층에 대해 설득·강제·억압·이탈의 활동을 하고 반대로 피지배층은 지배세력에 대해 수용·저항·이탈의 활동으로 대응한다. 이러한 관계가 고대사회에서 중세사회, 그리고 근대사회로 이어진다고 보고 있다. 이러한 인식의 논리를 요약·정리하면 [그림 2-3]과 같다.[31)]

---

28) 위의 책: 169-208.
29) 위의 책: 209-395.
30) 위의 책: 397-588.
31) 위의 책: 25.

그림 2-3 진덕규의 역사정치학의 논리

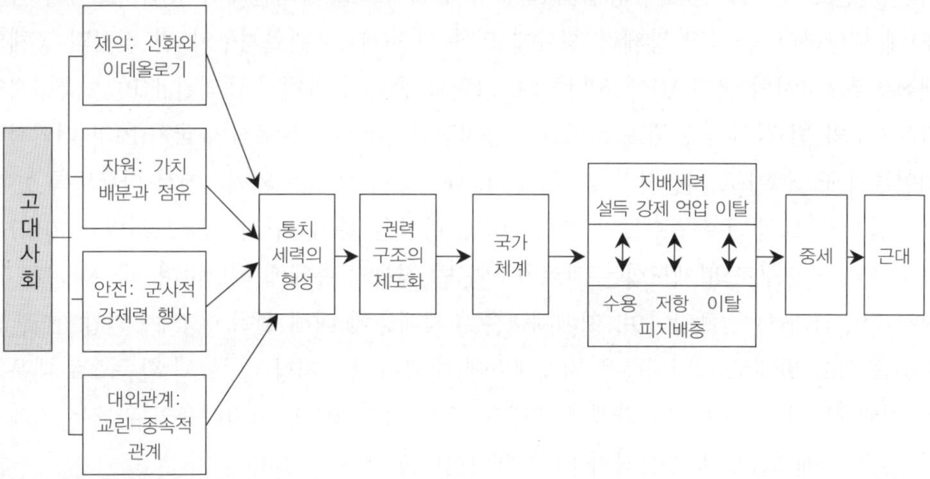

출처: 진덕규. 2002: 25.

2) 국가변동의 내인론

국가변동이 국가 중심적으로 이루어질 경우에는 내부 변수에 의해 국가변동이 이루어진다. 위기는 국가변동을 가속화시키는 역할을 한다. 따라서 국가변동은 평상시에는 현상유지를 전제로 하면서 독립변수에 의해 국가변동이 이루어지는 것이고, 위기는 국가변동을 가속화시키거나 저하시키는 역할을 한다.

진덕규의 권력구조와 국가체계에 대한 인식논리인 IEMP 모델을 국가개념의 7가지 차원으로 확대시켜 그들 간의 인과관계에 대해 검토하도록 한다. 그는 국가권력관계와 국가체계의 변동을 통치세력의 형성, 권력구조의 제도화, 국가체계, 지배세력과 피지배층의 관계 등을 중심으로 분석하고 이것이 고대사회, 중세사회, 그리고 근대사회에서 어떻게 나타나는지를 설명하고 있다. 이들의 성격을 결정하는 독립변수로서 신화와 이데올로기로서의 제의, 가치 배분과 점유의 자원, 군사적 강제력 행사에 의한 안전, 교린과 종속적 관계의 대외관계라는 네 가지 변수를 제시하고, 종속변수로서는 통치세력의 형성, 권력구조의 제도화, 국가체계, 지배세력과 피지배층의 관계 등을 제시하여 이들의 인과관계와 상호관계가 고대사회에서 중세사회 및 근대사회의 전개라는 역사적인 시간위에 어떻게 이루어지는지를 분석하고 있다.

그의 독립변수 및 종속변수와 이 책에서 분석하고자 하는 7가지 차원의 국가의 개념 간에 어떤 관계에 있는지를 검토하고자 한다. 먼저 독립변수들인 신화와 이데올로기로서의 제의(I)는 상부구조인 이데올로기로서의 국가(I)에 해당하고, 가치 배분과 점유로서의 자원(E)은 사회관계의 응집의 핵심이 경제이므로 사회관계의 응집으로서의 국가(E)에 해당하며, 군사적 강제력 행사에 의한 안전(M)은 관료기구와 법 질서의 총체의 핵심부분으로서의 국가(M)에 해당하며, 교린과 종속적 관계의 대외관계(P)는 국내적인 관료기구와 법 질서의 총체를 운영하는 통치집단이라는 정부로서의 국가(P)와 대외적인 외인론의 요소(W)로 치환시켜 볼 수 있다. 대외적인 요소는 외인론에서 다루도록 한다.

다음으로 그의 종속변수들인 통치세력의 형성은 통치집단과 정부로서의 국가(P)에 해당하고, 권력구조의 제도화는 관료기구와 법 질서의 총체에 해당하며, 국가체계는 나라로서의 국가(S)에 해당하며, 지배세력은 피지배층에 대해 설득・강제・억압・이탈의 활동을 하고 반대로 피지배층은 지배세력에 대해 수용・저항・이탈의 활동으로 대응하는 지배세력과 피지배층의 관계에 영향을 주는 지배세력과 피지배층의 관계는 지배연합 혹은 지배계급으로서의 국가(R)에 해당한다고 할 수 있다.

3) 국가변동의 외인론

고대사회나 중세 및 근대사회국가의 발전은 물론 국가의 생존 여부가 외국과의 전쟁이나 외교 등 세계체제와의 변수가 결정적이므로 교린과 종속적관계의 대외관계를 국가변동의 다양한 외인론과 연계하여 검토할 필요가 있다. 종속적 관계인 수동적 입장만이 아니라 국가의 능동적 역할까지 고려해야 한다.

국가변동을 유발하는 외부변수는 세계체제(world system)와 사회계급(social class)이라는 두 개의 변수이고 국가변동은 세계체제, 사회계급 및 국가의 상호활동의 결과로 볼 수 있다. 세계체제는 세계국가체제와 세계경제체제로 나뉘고, 세계국가체제(world state system)는 전쟁, 군사관계, 외교관계 등 국가 간의 정치・외교・군사적인 관계를 나타내는 것이고, 세계경제체제(world economic system)는 국가 간의 경제적인 관계를 규정하는 경제체제로서 대표적인 것은 세계 자본주의 경제체제이다. 대표적인 정치경제학자들로는 임마누엘 월러스타인, 폴 케네디, 리처드 로즈크랜스 등을 들 수 있다.[32] 임마누엘 월러스타인(Immanuel Wallerstein)은 맑시스트의 관점에서 하부구조인 세계자본주의 체제의 등장과 심화를 중심으로 상부구조인 세계국가체제의 형성과 그 성격을 역사적으로 분석하였다.[33]

32) 김석준. 1995. 앞의 책.

33) 맑시스트 이론이 종속이론이나 저발전의 발전 등으로 양 국간의 국제관계를 분석하던 것을 월러스타인은 세계자본주의의 확대 발전의 차원에서 분석하였다. 역사적으로 자본주의가 영국과 미국 등

월러스타인의 이론은 다른 세계에 대해서는 분석하지만 한국, 대만 등 신흥공업국가들의 사례를 설명하지 못한다는 비판을 받는다. 이에 그는 자신의 이론을 수정・보완하여 한국・대만과 같은 준 주변부국가들의 경우에 개별 국가가 힘과 능력을 지니고 국내 자본과 협력하여 외국 자본의 횡포와 이익 착취를 방어하고 국내자본의 시장과 이익을 지켜낼 경우 중심부자본의 착취에서 벗어나 세계자본주의체제의 준 주변부에서 중심부로 편입될 수 있다고 예외를 인정하였다.[34] 이것은 종속이론의 기계적인 적용에 대한 예외적인 현상으로서 제기된 '종속적 발전론(dependent development)'과도 긴밀한 관계에 있다.[35]

월러스타인과는 달리 정통 국제정치경제학(international political economy: IPE)의 입장에서 폴 케네디와 리차드 로즈크랜스는 국제정치경제체제와 국제정치군사체제의

유럽과 북미지역에서 발생하여 확대되다가 중남미, 아시아, 아프리카 등 전 세계로 확대되었다. 20세기 초부터 자본주의의 발달에 저항한 사회주의가 소련과 중국 등에서 발전하면서 세계는 자본주의세계와 사회주의세계로 양분되었다. 그러다가 소련이 붕괴되면서 러시아는 물론 중국까지 시장사회주의로 전환하면서 전 세계는 자본주의세계체제로 정착하고 있다. 월러스타인의 세계체제이론에 따르면, 세계자본주의체제는 중심부와 주변부, 그리고 반 주변부로 구성되어 중심부는 주변부와 반주변부를 착취하여 그 잉여가치를 축적하여 자본주의의 급속한 발전을 가져온다. 이와는 반대로 주변부는 중심부에 더욱 착취당하여 경제가 피폐해지고 저발전의 발전에서 벗어나지 못한다. 반주변부는 중심부와 주변부 사이에서 중심부에게는 착취를 당하지만 반대로 주변부를 착취하여 그들의 경제적인 부를 유지한다. 이 때문에 주변부는 중심부와 준 주변부 양쪽으로부터 착취당하여 그 질곡에서 벗어나지 못하고 더욱 후진국으로 추락한다. 이러한 세계자본주의체제의 구축과 심화는 정치군사체제를 지배하는 세계국가체제도 자본주의경제에 부합하는 것으로 성격을 규정하게 하였다. 중심부는 주변부와 준 주변부를 착취하기 위한 군사력과 경제력을 지녀야 하고, 주변부는 착취와 저발전의 질곡을 유지하기 위해 중심부 세계 자본이익에 기생하는 매판자본적인 독재체제가 필연적으로 구축된다는 것이다. 준 주변부 국가는 중심부 자본의 이익에 부역하면서 주변부를 착취해야 하는 이중적인 성격을 지니기 때문에 또 다른 유형의 권위주의 체제를 필요로 한다고 분석하고 있다. Immanuel Wallerstein. 1974. *The Modern World System I*. New York: Academic Press; ______. 1980. *The Modern World System II*. New York: Academic Press; ______. 1989. *The Modern World System III*. New York: Academic Press; ______. 1984. *The Politics of the World-Economy*. Cambridge: Cambridge University Press.

34) 세계자본주의체제의 주변부에서 국가의 자율성과 능력이 클 경우 주변부 자본과 협력하여 중심부 자본의 집중과 주변부자본에 대한 세계자본주의의 착취의 기능을 약화시켜 주변부는 종속된 상황에서도 발전을 할 수 있다는 것을 한국, 대만, 싱가포르, 홍콩 등의 사례를 경험적으로 분석하여 예외성을 인정하였다. 특히 세계자본주의가 위기를 맞을 경우 세계자본주의체제의 자본집중기제의 작동이 약화되어 주변부에서 준 주변부로, 그리고 중심부로 이동이 가능하다는 것이다. I. Wallerstein. 1980. *op. cit.*; I. Wallerstein. 1989. *op. cit.*; I. Wallerstein. 1984. *op. cit.*

35) 종속적 발전론은 Peter Evans. 1979. *Dependent Development: The Alliance of Multinational, State, and Local Capital in Brazil*. Princeton: Princeton University Press; Hyun-Chin Lim. 1985. *Dependent Development in Korea: 1963~1979*. Seoul: Seoul National University Press.

관계를 중심으로 개별국가 특히 강대국의 흥망을 비교역사적 접근(comparative historical approach)을 통해 규명하고 있다. 영국의 역사학자로 예일대학교 교수인 폴 케네디(Paul Kennedy)는 『강대국의 흥망』[36]에서 강대국의 조건이 역사적인 시대에 따라 다르고 그 시대의 성격에 부응하지 못할 때 과거의 세계에서 아무리 강했던 국가도 쇠망하고 새로운 국가가 강대국으로 등장함을 세계의 여러 국가들에 대한 역사적인 분석을 통해 밝히고 있다. 폴 케네디가 비교역사적인 연구를 통해 밝혀 낸 국가의 힘(strength of state power)을 보면, 초기 국가들은 군사력, 그 뒤에는 군사력과 경제력 등 경성권력(hard power)이 중요하다는 점이다.

폴 케네디의 연구가 큰 반향을 불러일으키자 하버드대학교 교수로 미국 국방부 국제안보담당 차관보를 지낸 조셉 나이(Joseph Nye, Jr.)는 케네디의 주장이 국가의 권력 가운데 경성권력만 중시하고 있는 점을 비판하고 강대국의 흥망에 연성권력(soft power)이 더 중요하게 됨을 분석·예측하고 있다.[37]

리차드 로즈크랜스(Richard Rosecrance)는 개별 국가의 힘이나 권력 자원 보다는 개별 국가가 속해 있는 세계의 지배적인 질서의 성격에 초점을 두고 개별 국가의 흥망을 역사적으로 분석한다.[38] 이 정치군사질서가 주도하는 세계인지, 경제무역질서가 주도

---

36) 이 책은 1500~2000년 사이 경제적 변동과 군사충돌을 중심으로 세계적인 강대국의 흥망을 분석하였다. 초기 국가들은 강력한 군대를 보유하고 전쟁에 승리하여 작은 국가들을 정복하여 영토를 넓히고 국가가 양적으로 커지면 강대국이 되었다. 영토 전쟁이 육지에서 진행되다가 바다로까지 넓혀서 진출하면서 해양대국들이 식민지를 개척하여 세계를 지배하는 강대국이 되었다. 그러다가 군사력에 의지하여 통치하던 국가들이 군비경쟁과 군사력을 늘리면서 강대국의 지위를 유지하다가 더 이상 광활한 영토와 영해를 지킬 대규모 군사력을 유지할 수 있는 경제력을 지니지 못할 때 기존 강대국은 새로운 국가의 도전에 굴복하여 전쟁에 패하고 세계의 지배적인 강대국가의 지위를 상실하게 된다. Paul Kennedy. 1987. *The Rise and Fall of the Great Powers: Economic Changes and Military Conflict from 1500 to 2000.* New York: Random House.

37) 국가는 경성권력(hard power)과 연성권력(soft power) 모두 가져야 하는데 케네디는 경성권력만 지나치게 강조하여 연성권력의 중요성을 무시하였다고 비판하였다. 나이는 연성권력이란 국가가 지니는 문화적인 보편성, 외교력, 사회적 신뢰, 사회적 자본 등으로 쉽게 측정하기는 어려운 자원들이지만 이들이 군사력이나 경제력과 같은 경성권력 보다 오늘날 세계에서 더 중요함을 주장한다. 나이는 연성권력과 경성권력을 합쳐서 스마트 파워(smart power)라고 정의하고 오늘날 강대국은 스마트 파워를 지녀야 한다고 주장한다. Joseph Nye, Jr. 1990. *Bound to Lead: The Changing Nature of American Power.* New York: Basic Books.

38) 그는 세계가 16세기 이전에는 정치군사질서(political security world)가 지배하는 세계이어서 국가들도 군사력과 정치외교력이 강한 국가들이 지배하였으나, 그 이후는 세계경제질서(economic world)가 세계질서를 지배하면서 경제력이 강한 국가들이 세계의 중심국가로 대두하였음을 경험적인 자료들을 바탕으로 제시하고 있다. Richard Rosecrance. 1986. *The Rise of the Trading State: Commerce and Conquest in the Modern World.* New York: Basic Books.

하는 세계인지가 중요하고 전자는 정치군사국가 그리고 후자는 경제무역국가가 강성해지고 반대일 경우에는 각각 몰락하게 됨을 밝히고 있다.

이러한 세계체제론이나 국제정치경제학의 접근들은 내인론이 보지 못한 국가변동의 외부 환경적인 다양한 측면을 설명해주지만 국가변동을 지나치게 외부결정론에 따라 숙명론적으로 해석하는 위험에 빠질 우려가 있다는 한계를 벗어나지 못하고 있다. 국가는 강대국은 물론 중진국이나 주변국가의 경우에도 개별 국가의 능력과 전략에 따라 그 위상과 미래가 달라질 수 있는 국가의 외적인 자율성과 힘을 지닐 수 있다. 이 때문에 월러스타인 스스로 세계체제론의 구조적·기계론적인 한계를 보완하고자 세계체제가 위기일 경우에는 세계체제가 흔들려서 그것의 작동의 힘이 줄어들게 되고 능력이 있는 개별국가는 저발전에서 탈피하여 발전의 길로 나아갈 수 있다고 예외를 인정하고 있다. 월러스타인이 예외를 인정하게 된 것도 한국과 대만을 위시한 싱가포르 및 홍콩과 남미의 여러 신흥공업국가들의 발전 사례 때문이다. 한국의 '한강의 기적'이 맑시스트 이론인 세계체제론의 초기 기계적인 적용을 무너뜨리고 예외적인 사례를 허용하도록 이론을 대폭 수정·개편하게 만들었다. 이것은 국가의 능동적 역할을 인정한 것이다.

국제정치경제학의 이론들도 폴 케네디나 리차드 로즈크랜스의 주장에서 보듯이 개별 국가의 능력과 자율성이 개별 국가의 발전과 후퇴를 결정하게 되는 결정적으로 중요한 변수라고 보고 있다. 이 때문에 세계체제나 사회계급과 같은 국내 변수, 그리고 국가 스스로의 능력은 서로 긴밀한 상호활동을 하게 되고 그 과정에서 국가의 능력이 크면 국가발전을 가져오고 국가능력이 낮으면 국가가 쇠퇴하게 됨을 알 수 있다. 국가의 힘과 국가능력의 정도에 따라 국가의 흥망이 영향을 받게 됨을 밝히고 있다.

이 때문에 국가의 변동은 국가의 내부 변수들은 물론 국가 외부의 세계체제 및 사회계급과의 상호활동의 관계 속에서 내인론과 외인론의 종합으로 파악해야 한다. 이러한 관계를 이론적으로 다룬 선행연구가 저자의 국가, 사회계급 및 세계체제의 상호활동의 결과로 보는 상호활동이론이다.[39]

---

39) Suk Joon Kim. 1987. The Role of the State and Public Policy in the Development of the Newly Industrializing Countries: The Cases of the Neo－Mercantile Security States in South Korea and Taiwan. Ph. D. Dissertation. University of California, Los Angeles, L.A. California. U.S.A; Suk Joon Kim. 1988. *The State, Public Policy & NIC Development.* Seoul: Daeoung Moonwhasa; 김석준. 1987. <정권변동의 정치경제: 세계체제, 사회계급, 국가의 상호활동을 중심으로>. 『한국정치학회보』; 김석준. 1992. 앞의 책; 김석준. 1994. 앞의 책 등 참조 바람.

6. 국가성격의 변화

국가의 성격에 대해서도 초기 국가이론은 국가의 역할, 국가의 힘, 상대적 자율성 및 국가계급성을 중심으로 논의하였으나[40] 최근에는 국가의 비연속성, 국가의 비동시성, 국가경로의 창조성과 의존성 및 국가능력 등을 중심으로 논의하여 그 초점이 바뀌고 있다. 이들을 차례로 살펴보도록 한다.

(1) 국가의 역할

국가의 역할(role of state, state role)은 국가가 국내적으로 주로 어떤 역할을 하느냐에 대한 논의이다. 국가가 역점을 두는 역할이 신정국가, 고전적인 야경국가의 역할로 최소한의 국민들 안전과 치안질서 유지, 생산증진의 경제적 역할, 분배와 복지 확대의 역할, 삶의 질과 행복 증진 등 가운데 어느 것에 치중하느냐에 따라 치안유지에 집중하는 야경국가(police state), 종교적 · 이데올로기적 국가(religious ideological state), 외국의 안보위기에 대응하는 군사안보국가(military security state) 또는 병영국가(garrison state), 부가가치를 생산하는 경제국가(economic state) 또는 무역국가(trading state), 국민복지에 치중하는 복지국가(welfare state),[41] 국민들의 삶의 질과 문화 증진에 주력하는 문화국가(cultural state)[42] 등으로 나눌 수 있다.[43]

(2) 국가의 힘

국가의 힘(state strength)은 '경성국가(hard state)와 연성국가(soft state)' 혹은 '강한 국가(strong state)와 약한 국가(weak state)'를 나누는 사회적 · 경제적 세력에 대한 국가의 권력관계와 지배력의 정도를 나타내는 기준이다.[44] 그 판단 기준으로 기능적으로

---

40) S. J. Kim. 1988: 24-29; 안병영. 1989. <국가, 관료제, 그리고 국민>. 『계간사상』. 창간호; 김광웅. 1992. 『한국의 관료제연구』. 대영문화사; 김석준. 1994: 75-85.

41) Gosta Esping Anderson. 1990. *Three Models of Welfare Capitalism*. Cambridge: Polity Press; Ramesh Mishra. 1984. *The Welfare State in Crisis*. Brighton: Wheatsheat.

42) Zbignew Brzezinski. 1988. *The Grand Failure: The Birth and Death of Communism in the Twenties Century*; Francis Hukuyamaa, 1992. *The End of History and the Last Man*. New York: The Free Press.

43) 김석준. 1994. 앞의 책.

44) 국가의 힘에 대한 일반적인 논의는 Stephen D. Krasner. 1978. *Defending the National Interest:*

는 권력지배 정도를, 제도적으로는 중앙집권체제나 의회 등에 대한 행정부의 독자성 혹은 우위성 등을 들 수 있다.

이처럼 국가의 힘은 기능적 · 제도적으로 국가이데올로기나 국가이익을 실현할 수 있는 힘을 의미하여 강한 국가는 국가목적을 강하게 실현하는 국가이고 약한 국가는 국가목적을 실현할 수 있는 힘을 약하게 가진 국가를 의미한다.

(3) 국가자율성

국가의 상대적 자율성(state relative autonomy)이란 국가가 외국, 외국자본, 국내 지배계급, 국내 피지배층 등 여러 주체들로부터 "자율적으로" 국가이익이나 국가이데올로기 등 국가목적을 실현할 수 있는 성격을 의미한다.[45] 국가의 힘과 상대적 자율성은 밀접한 관계에 있다. 국가의 힘은 사회 내 지배 · 피지배계급과의 관계에서 보이는 국가 내부적 특성과 밀접하게 연결되는 반면, 상대적 자율성의 논의는 지배계급 혹은 국내외 지주나 자본으로부터의 자율성의 정도에 관한 논의로 한정된다는 측면에서 서로 엄격히 구별된다.

국가가 국가목적보다는 특정 계급의 이익에 예속될 경우 국가자율성이 아닌 국가계급성을 지니는 것이다. 초기 국가는 농업을 위한 지주계급성을, 중세는 귀족계급성, 근대는 자본가계급성, 노동계급성 등을 지닌다. 국가역할, 국가 힘, 국가 상대적 자율성, 국가계급성의 장단점 및 국가능력과 거버넌스 능력, 국가능력에 영향을 주는 변수들의 성격에 대한 비교를 통해 각 성격들의 내용을 비교할 수 있다.[46]

Raw Materials Investments and U.S. Foreign Policy. Princeton: Princeton University Press; Peter Katzenstein ed. 1978. *Between Power and Plenty: Foreign Economic Policies of Advanced Industrial State*. Madison, WI.; University of Wisconsin Press; I. Wallerstein. 1984; S. J. Kim. 1988: 25.

45) 이것에 관한 일반적인 논의는 Hamza Alavi. 1972. "The State in Post-Colonial Societies: Pakistan and Bangladesh." *New Left Review*. 74: 59-81; John S. Saul. 1974. "The State in Post-Colonial Societies: Tanzania." *Socialist Register*: 351-360; Nora Hamilton. 1981. "State Autonomy and Dependent Capitalism in Latin America." *British Journal of Sociology*. 32(3): 305-320; Eric Nordlinger. 1989. *On the Autonomy of the Democratic State*. Cambridge: Harvard University Press 등이 주로 다루고 있고, 한국에서는 임현진 · 백운선. 1987; 손호철. 1989 등이 있다.

46) 이것들의 성격 비교에 대해서는 김석준. 2002. 『국가능력과 경제통치술』. 이화여자대학교 출판부.

(4) 국가의 비연속성과 연속성

역사에서 변화의 속도는 시대별로 기준에 따라 다르다. 문화나 과학기술 등의 기준이나 정치 및 경제의 제도를 기준으로 나눌 때, 변화의 속도는 점점 가속도로 일어나고 있다.[47] 역사적으로 볼 때에 고대국가의 변화의 속도는 느리고 중세, 근세, 근대, 현대로 올수록 변화의 속도는 빨라진다. 이 때문에 역사에 대한 시대구분의 간격도 좁혀진다. 한국의 경우에도 역사적 시대 구분을 보면, 고대 3,200여 년(BC 2333~917), 중세 500여 년(918~1391), 근세 450여 년(1392~1862), 근대 80여 년(1863~1944), 현대 70여 년(1945~) 등이다.

유기체인 인간의 경우 독특한 DNA라는 고유한 특성을 소유하고 자손들에게까지 전달하여 조상과 후손들 사이에 개인의 생명은 없어지더라도 끈끈하게 지속되어 혈족의 연속성을 지켜간다. 개인 인간들로 구성된 씨족과 부족 그리고 종족과 민족으로 비록 집단이 커져 한 개체가 없어지더라도 시간을 달리하여 지속되는 특성이 있다면 통치자나 왕조 그리고 국가간에는 역사적인 연속성이 있을 것이다. 민족을 중심으로 하는 민족국가의 경우에는 연속성이 더 강할 것이다. 영토를 중심으로 하는 국가의 경우에도 통치자나 왕조 그리고 국가가 이어지면서 역사적인 연속성을 지니는 부문이 있을 것이다.

역사에서 "집요한 저류"[48]와 같은 연속성을 지니는가 아니면 비연속성을 지니는가를 밝혀내는 것은 매우 중요한 일이다. 고대, 중세, 근세, 근대, 현대라는 서로 다른 역사적인 시기에 서로 시간을 달리하여 연속성을 지니는 요인들이 무엇인지, 단절되는 일은 무엇인지를 가려내는 일은 역사연구의 중요한 과제이다. 국왕, 왕조, 국가를 달리할 때,

---

47) 앨빈 토플러는 인류가 제 1의 물결인 농업혁명, 제 2의 혁명인 산업혁명, 그리고 제 3의 혁명인 정보화혁명을 겪고 있다고 관찰하고 있다. 비슷하지만 산업혁명을 더 세분하면, 세계 차원에서 산업혁명을 기준으로 하면 인류 역사의 시작으로부터 18세기 중반의 1차 산업혁명까지 1만 년, 1차 산업혁명에서 20세기 초 전기커뮤니케이션의 발전과 석유 동력의 내연기관의 조우에 따른 2차 산업혁명까지 200년, 20세기 중반 인터넷 전자통신기술(IT)과 신재생에너지산업의 발전에 의한 정보화혁명으로 대표되는 3차 산업혁명까지 60년, 그리고 21세기 현대 사회에서 진행되고 있는 ICT와 스마트혁명에 의한 4차 산업혁명까지 30년 등과 같이 산업혁명의 역사의 속도는 점점 빨라지고 산업혁명은 더욱 짧은 기간에 일어나고 있다. 이것을 가속화시키는 것이 세계자본주의체제의 형성과 심화발전이고 세계화의 빠른 진전은 경제와 과학기술의 발달의 속도와 범위를 더욱 빠르고 넓게 만들고 있다. 경제 측면의 산업혁명 이외에도 인류는 글로벌라이제이션(globalization), 즉 세계화를 더욱 급속하게 추진하여 정치나 문화 등의 영역에서도 빠른 변화를 보이고 있다. 세계화의 급속한 진전으로 인류의 삶 모든 면에서 변화의 속도는 점점 빠르게 진행되고 있다. Alvin Toffler. 1980. *The Third Wave*. William Morrow.

48) 진덕규는 『한국정치의 역사적 기원』에서 "집요한 저류"를 찾고 있다. 진덕규. 2002: 3-14, 592-621.

종교나 철학이 달라질 때, 관료들이나 지배집단이 달라질 때, 외국과의 관계나 전쟁 또는 위기적인 상황이 역사를 어떻게 바꾸어나가는지를 밝혀내는 일은 중요한 숙제이다.

민족, 국가, 영토, 주권, 법 질서, 지배집단, 지배이데올로기, 국왕 등의 교체가 연속성이 있는지 비연속성이 있는지 밝혀내는 일이 사회과학의 숙제이다. 국가와 행정은 연속성을 지니는 것들 가운데 바람직한 일을 지켜가고 바람직하지 못한 일은 바람직하게 바꾸는 정책이나 대책이 필요하다.

(5) 국가의 '비동시성의 동시성'과 '동시성의 비동시성'

'비동시성의 동시성(simultaneity of non–simultaneous)'[49]은 전근대와 근대가 동시대에 공존하거나 근대와 현대가 공존하는 현상을 의미한다.

하나의 국가나 사회의 역사는 사회 내 각 부문이 같은 속도로 발전해간다면 동시성의 동시성이 나타날 것이다. 그러나 현실 역사에서는 부문 간 변화와 진보의 속도가 달라 속도가 빠른 부문은 앞서가고 느린 부문은 뒤쳐지게 된다. 그것이 시간이 지날수록 더욱 그 격차가 심해지면 모든 부문의 동시성보다는 비동시성이 커진다. 그렇다면 왜 어떤 부문은 뒤처지게 되는지를 밝혀내야 할 것이다.

---

49) "비동시성의 동시성"이란 개념은 에른스트 블로흐(Ernst Bloch)의 개념을 원용한 것으로 당초 블로흐는 '동시성의 비동시성(the non–simultaneity of the simultaneous)' 테제를 제시했다. 블로흐는 당초 '동시성의 비동시성'이라 불렀으나, 국내에 소개한 임혁백이 '비동시성의 동시성'으로 번역하여 저술의 제목으로 사용하였다. 블로흐는 역사적 '동시성'이 현실적인 비동시성으로 나타나게 된 것을 밝히는데 초점을 둔 반면, 임혁백은 역사적인 비동시성이 현실적인 동시성으로 나타나는 현상의 문제를 밝히는데 주목하고 있다. 이 두 개념틀 사이에는 근본적인 차이가 있다. 블로흐는 동시성을 당위로 보고 비동시성의 발생 원인과 배경을 밝히는데 주력하는 반면, 임혁백은 비동시성을 당연한 것으로 보고 그들의 공존 과정의 문제와 갈등이 가져오는 문제들을 규명하고자 한다는 점에서 서로 다른 분석의 틀과 개념을 사용한다는 차이를 보인다. 블로흐는 독일 사회에서 마르크스가 주장하듯이 경제적 하부구조에 따라 당연히 부수현상으로 나타날 것으로 예상된 정치나 의식이 나타나지 않고 지체되는 것을 보고 독일이 지닌 역사적인 요인 때문에 그런 지체현상이 나타난 것을 밝혀냈다. 이것으로 인해 그는 같이 가야할 각 부문들이 동시에 진행되지 못하고 일부는 지체되어 역사적 시간에서 지체되는 원인을 규명하였다. 이 때문에 동시성의 비동시성이 나타난 것이다. 경제적 근대성이 정치적 전근대로 나타난 복합적인 현상을 분석하고 그 원인을 밝혀냄으로써 영국의 역사적 경험에서 형성된 마르크스의 이론이 역사적 배경과 사회문화적인 배경을 달리하는 독일에는 기계적으로 그대로 나타나는 것은 아니라는 것을 규명해낸 것이다. 그것은 독일이라는 한 국가에서 일어난 동시성의 비동시성 현상을 밝힌 것이다. 이것에 대한 자세한 소개는 Ernst Bloch. 1935. *Erbschafst dieser Zeit(Heritage of Our Times)*. Frankfurt am Mein: Suhrkamp Verlag; Ernst Bloch. 2000. *The Spirit of Utopia*. Stanford: Stanford University Press; 임혁백. 2015. 『비동시성의 동시성』. 고려대출판원: 40–48.

동시성의 비동시성은 국가 간에도 쉽게 나타난다. 근대화 이전은 물론 근대화 과정에서 균형발전이 아니라 부문 간 불균형 발전을 추진한 나라일수록 더욱 분명하게 나타날 수 있다. 일반적으로 후진국은 선진국의 과거의 어떤 역사적인 시간에 살고 있고, 선진국은 후진국의 미래시간에 살고 있다. 동 시대라 하더라도 부문과 주체에 따라 서로 다른 시간에 살고 있기 때문에 역사의 충돌과 시간의 갈등이 존재하게 된다. 같은 국가라 하더라도 분야별로 변화의 속도가 서로 다르기 때문에 선진국과 후진국 사이에 시간의 차이가 다르다. 또한 각 부문들끼리도 역사적인 시대에 따라 변화와 발전의 속도가 달라질 수 있다.

예를 들면, 자본주의가 발달하기 이전의 사회에서는 통치 집단이나 정부가 가장 빠른 속도로 변화할 수 있다. 왜냐하면 경제는 고대 원시사회나 노예사회 또는 봉건사회 등으로 농업사회라는 단순한 경제 질서를 유지하여 왔으나 정치적으로는 크게 빠른 속도로 발전하였기 때문이다. 그러나 자본주의가 도입되고 근대화가 이루어진 이후에는 그 부문 간의 변화의 속도는 바뀌게 되었다.[50]

이러한 역사적인 시점에서의 비동시성의 동시성은 종교분야나 학문세계[51]에서도 예

50) 앨빈 토플러가 미국 사회에서 각 부문 간의 변화의 속도를 측정한 것은 자본주의가 빠른 속도로 발전하고 그 중요성이 커진 자본주의 선진국의 모습이다. 세계자본주의체제가 발전하고 심화하는 사회에서의 모습이다. 미국 사회처럼 근대화가 이루어진 사회에서는 미국과 비슷한 변화의 속도를 보이는 것으로 보아도 크게 다르지 않을 것이다. 변화의 속도가 가장 빠른 기업의 경우에는 선진국 기업과 후진국 기업 사이에 세계시장에서 서로 치열한 경쟁을 해야 하기 때문에 선후진국 기업 간의 시간 격차는 짧을 수밖에 없다. 반면에 속도가 가장 느린 법이나 정부의 경우에는 선진국과 후진국 사이에 시간상의 격차가 더욱 길다. 정부나 법은 세계시장에서 경쟁이 필요하지 않고 주권과 국경을 외국과는 배타적으로 가지기 때문에 변화의 속도에서 더욱 차이가 날 수 밖에 없다. 국가경쟁력이 기업부문에서는 사활을 다투는 문제이나 정부나 정치 및 법의 분야에서는 생존을 좌우하는 문제가 아니기 때문에 그만큼 변화가 느릴 수 있는 것이다. 비록 후진국들이 선진국들의 법을 형식적으로는 도입해서 큰 속도로 바뀐듯하지만 실제는 많은 경우 법과 현실간의 격차가 크고 괴리가 있어서 법제도가 뿌리내리지 못하는 경우에는 법의 변화의 속도는 여전히 느린 것으로 보아야 할 것이다.

51) 학문의 경우에도 비동시성의 동시성의 원리를 적용해 보면, 세계 역사학계의 선진 학문을 배운 외국 유학파 현대 사학자와 국내에서 근대사학을 폐쇄적으로 연구한 순수 국내파 순혈 역사학자의 시간은 비록 같은 나라에 동시에 살고 있더라도 전자는 21세기의 학자이고 후자는 19세기 또는 20세기 초기의 학자이다. 동시대에 비동시적인 학자가 공존하는 것이다. 이때 국내에서 20세기 후반이나 21세기의 사학자가 19세기나 20세기 초반에 머물고 있는 학자를 이끈다면 문제가 적고 학계도 현대 사학으로 나아가지만 반대일 경우에는 학문이 순수 혈통을 강조하면서 과거로 후퇴하게 되는 시간의 충돌을 겪게 된다. 인문학으로서 순수역사학과 사회과학이라는 학문간의 시간 차이에서도 근대 역사학은 순수 역사학을 중시하는 좁은 의미의 실증주의사학을 지상과제로 삼고 역사과학을 연구하여 왔으나, 현대사학은 사회과학과 사회과학적 접근을 활용하여 학문자체의 시간이 앞선 사회과학의 지원을 받아 연구하고 있다. 이것을 통해 늦고 느린 역사학의 시간을 앞서고 빠른

외가 없다. 먼저, 종교의 경우, 한국은 샤머니즘이란 전통종교와 신앙이 지배층이나 피지배층에 수천 년이라는 오랜 기간 큰 변화나 발전이 없이 유지되어 왔다. 샤머니즘은 고대 한국의 역사적 시점에서 크게 변화가 없이 그 시대에 머물고 있다.[52]

(6) 국가의 경로창조성과 경로의존성

국가는 건국과정에서 새로운 제도나 조직 및 법을 만들어 국가형성을 이룬다. 앞선 국가는 자기만의 새로운 경로를 만들어야 하기 때문에 국가가 독창적인 조직이나 제도 및 법을 만들 수밖에 없어서 새로운 길, 즉 경로를 만드는 경로창조를 하게 된다. 그러나 뒤따라 가는 국가는 앞선 나라의 길을 따라 갈 수도 있고 그것을 자신들에게 맞게 수정・보완하거나 그들에게 맞는 새로운 길을 만들어 갈 수도 있다. 그리고 국가형성 이후에도 국왕들은 선대 국왕들의 길을 따라 갈 수도 있고 새로운 길을 개척할 수도 있다. 국가는 이러한 경로창조와 경로의존을 반복하면서 발전할 수도 있고 쇠퇴하기도 한다.

경로창조성(path creation, path generation, path emergence)[53]은 새로운 법, 제도,

---

사회과학의 시간으로 융합시켜 역사학을 새로운 융합 학문을 발전시키고 있다.

52) 불교와 유교, 그리고 도교의 경우에는 사국시대에 도입된 이후 매우 급속도로 발전되어 세계적인 차원에서도 가장 앞선 시간을 이끌어 오고 심지어는 원산지인 인도나 중국보다도 더 빨리 발전하고 심화하여 일부는 도리어 중국이나 일본으로 수출하는 역사의 반전이 일어 났다. 불교의 다양한 종파들이 창단되고 최치원과 원효 등의 고승들의 연구들을 위시하여 선종과 교종의 다양한 교리들이 발전하여 역사적 시대별로 빈번하게 세계 차원에서 불교의 최고봉을 이루기도 하였다. 유교의 경우에도 중국대륙에서는 공자와 맹자 이후 왕조의 부침이 극심하고 서로 다른 지배세력들이 왕조를 지배하면서 연속성보다는 단절의 비연속성이 일어나면서 유교의 발전과 지체는 반복되었다. 그러나 중국과는 달리 한국에서는 사국시대 이후 유교가 꾸준히 지속되고 성리학, 양명학, 실학 등으로 심화 발전하면서 국가경영의 기본 이념으로 전개되어, 심지어는 중국에 유교를 수출하는 경우도 일어나 역사의 역전이 일어났다. 공자와 맹자는스스로 왕조의 경영에는 참여하지 못했던 반면 한국에서는 귀족관료, 사림정치와 양반관료정치로 이어오면서 유교는 국가경영의 중심 가치와 원리로 작동하여왔다. 이로 인해 한국의 유교와 불교는 세계 역사에서도 종교적으로 앞선 시대를 열어온 것이다. 이들 유교, 불교, 도교, 샤머니즘 등은 역사적 시간에서 짧은 기간 부분적으로는 종교간 충돌이 없었던 것은 아니지만 전 역사 기간동안은 대체로 종교간 공존하고 심지어는 상호 융합하여 유불선의 통합으로 나타나기도 했다. 유교, 불교, 도교, 샤머니즘은 역사적 시간에서 서로 다른 시대를 경험하고 있어서 이들은 비동시성의 동시성을 실현하고 있지만 충돌보다는 공존과 융합을 이루어 왕조의 역사를 길게 이어가게 하는 원동력의 중요 부분이 되었고 높은 문화국가의 역사로 이어왔다.

53) Jeffrey Goldstein. 1999. "Emergence as a Construct: History and Issues." *Emergence.* 1(1): 49–72; R. Keith Sawyer. 2005. *Social Emergence: Societies as Complex Systems.* Cambridge: Cambridge University Press; Raghu Graud and Peter Karnoe. 2006. *Path Dependence and*

규범, 조직 등을 만들어 개인, 집단, 조직, 국가 등의 행동의 길이나 양식을 만드는 것을 의미한다. 고조선의 경우에도 관료조직이나 법과 제도들을 만들어 새로운 국가운영의 길을 만들어 내는 것을 경로창조성이나 경로창발성이라 할 수 있다. 국가발전 과정에 국가형성, 국민형성, 경제발전 및 복지 등의 단계에서 앞선 국가들은 경로창조성을 지니고 후진성을 지닌 국가들은 경로의존성을 지니게 된다. 앞선 국가들은 새로운 조직이나 법 및 제도 등을 만들어 가는 만큼 경로창조성이 높고 반대로 뒤 따라 가는 국가들은 앞선 국가들의 길을 따라가기 때문에 경로의존성을 높게 지닌다.

경로의존성(path dependency, path dependence)[54]은 조직에서의 인간의 행태를 나타내는 미시적인 차원의 개념으로 출발했지만 거시적인 차원으로 확대하게 되면 국가 구성요소들의 행태와 제도의 측면을 알 수 있은 개념이다. 개인이나 조직은 과거의 경험과 제도 및 관습에 따라 관성에 의해 행동하게 되어 과거의 경로에 의존하게 되어 각각 지속하게 됨을 의미한다.

(7) 거버넌스

거버넌스(governance)는 국가가 구성원들과 공동으로 통치하는 협치(協治)를 의미하는 현대적인 의미이다.[55] 국가가 권력을 바탕으로 일방적으로 결정하고 명령하고 지시하는 전통적인 정부(government) 대신에 사회 구성원들이나 주요 계급들과 함께 공동으로 결정하고 집행하는 민주주의적인 통치의 대표적인 방식이다. 현대 사회에서는 정부가 법적·합리적 권위(legal rational authority)에 바탕을 둔 관료주의라는 원리에

Creation. Mahwah, NJ: Erlbaum; Marie-Laure Djelic and Sigrid Quack. 2007. “Overcoming Path Dependency: Path Generation in Open Systems.” *Theory and Society*. 36: 161-186; Raghu Graud, Arun Kumaraswamy and Peter Karnoe. 2010. “Path Dependence or Path Creation?.” *Journal of Management Studies*. 47(4): 760-774; Dave Elder-Vass. 2010. *The Causal Power of Social Structures: Emergence, Structure and Agency*. Cambridge: Cambridge University Press.; John F. Padgett and Walter W. Powell. 2012. *The Emergence of Organizations and Market*. Princeton, NJ: Princeton University Press.

54) Paul Pierson. 2000. “Increasing Returns, Path Dependence, and the Study of Politics.” *American Political Science Review*. 94(2): 251-267; Scott E. Page. 2006. “Path Dependence.” *Quarterly Journal of Political Science*.1(1): 87-115; George Schreyoegg and J. Sydow. 2011. “Organizational Path Dependence: A Process View.” *Organization Studies*. 32(3): 321-335.

55) 거버넌스에 대한 이론적인 측면이나 한국의 사례에 대한 자세한 논의는 김석준 외. 2000. 『뉴 거버넌스 연구』 대영문화사; 김석준 외. 2002. 『거버넌스의 이해』. 대영문화사; 김석준 외. 2001. 『뉴 거버넌스와 사이버거버넌스 연구』. 대영문화사; 김석준 외. 2005. 『거버넌스의 정치학』. 법문사 등 참조.

만 집착하지 않고, 자본주의 원리에 따라 운영되는 시장이나 민주주의 원리에 따라 운영되는 시민사회와 공동으로 통치하는 기구를 만들어 함께 결정하고 공동으로 집행하는 제도이다. 관료주의, 민주주의, 자본주의라는 서로 다른 가치와 원리에 따라 작동하는 세 가지의 영역 가운데 과거 권위주의 시대에는 정부가 법적인 보호하에 시장이나 시민사회 위에서 군림하고 이들을 이끌어 가는 것이 허용되었다. 그러나 정부실패와 시장실패 그리고 시민사회 실패가 중첩적으로 일어나면서 이들 모두의 단점을 보완하고자 제시된 것이 이들 삼자가 공동으로 통치하는 방식인 거버넌스, 즉 협치이다.

거버넌스는 원칙적으로 현대사회의 통치 방식이지만 역사적으로 이미 비슷한 사례들이 있어 왔다. 로마공화정시대의 원로원의 전원합의제나 신라시대의 화백제도가 거버넌스의 기본 원리를 부분적으로 채택한 제도로 운영된 것이다. 신라나 로마 모두 거버넌스의 질서와 제도를 국가운영에 반영하였기 때문에 오랜 기간의 통치가 가능했고, 여러 국가들을 통일한 대제국으로서 유지될 수 있었을 것이다. 이 점에서 한국의 고대국가의 성격을 분석하고 비교하는데 거버넌스는 의미 있는 제도와 기준이 될 수 있다.

7. 국가능력

국가능력(state capacity, state capability)이란 "국가가 국가 공동체 성원 간에 합의된 국가 목표와 국가 이익을 자율적으로 정책이나 국가 활동을 통해 실현할 수 있는 기능적 · 조직적 · 제도적 측면에서의 총체적 능력"이라고 정의할 수 있다.[56)]

첫째, 국가는 특정 계급이나 외국 자본 등과 같은 사회 구성원의 합의와는 거리가 있는 목표가 아닌 국가 구성원들의 다양한 이해 관계와 의견을 집약한 후에 이들의 화합을 바탕으로 국가 목표와 국가 이익을 규정할 수 있어야 한다.

둘째, 합의에 의해 설정된 국가 목표와 국가 이익은 합리적 정책 대안으로 수립되는 정책 결정 과정의 국가능력으로 나타나야 한다.

셋째, 국가의 정책 수립과 집행에 요구되는 적절한 정책망(policy network)과 정책수단(pllicy instrument)과 같은 제도적 장치를 필요로 한다.

넷째, 국가는 사회계급과 세계체제의 틈바구니에서 스스로의 이익과 목표를 수립하고 집행하기 위해서는 기능적인 추출 · 규제 · 분배 · 재분배 능력과 같은 요소뿐만 아니라, 다양한 조직 장치들을 갖추는 조직 능력과 각종 제도적 장치로 나타나는 제도적

56) 국가능력의 개념 정의와 이하의 주요 내용에 대해서는 김석준. 2000a. 『국가능력과 경제통치술』. 이화여자대학교 출판문화원: 48－112의 내용을 요약하여 인용함.

측면의 능력을 갖추어야 한다.

다섯째, 이러한 측면에서 국가는 기능적 · 조직적 · 제도적 · 상호활동적(지배동맹 관리능력 등)인 면에서 총체적으로 요구되는 능력을 지녀야 한다.

국가능력을 규제하는 변수들은 국가 관료제의 특성, 사회 계급과 정책망의 연계로 나타나는 시장 능력과 시민사회 능력, 세계체제와의 관계에서 나타나는 글로벌 거버넌스(global governance)와 리저널 거버넌스(regional governance) 능력 등이다. 국가능력에 대한 전통적인 논의는 1960~70년대 근대화 이론에서의 체제능력(system capability) 논의이다.[57]

이것에 대해 마르크스주의 국가이론에서는 국가는 생간관계에서 나타나는 계급투쟁의 산물로 국가는 지배계급의 이익에 봉사하는 '부수적인 현상'라는 관점에서 국가무능력론과 제한적 능력론을 주장했다.

여기에 대해 1980~1990년대 이후 국제정치경제학자와 네오 베버리안들을 중심으로 국가 중심의 국가능력이론[58]은 '국가가 사회 속에 내재(embedded)하는 정도'에 따라 국가능력이 결정된다고 보아 국가가 사회 속에 얼마나 침투하느냐를 나타내는 '상호 구성력(co-constitution)' 또는 '상호 내재성(co-embeddedness)'을 국가능력의 주요 요소로 보았다. 이것과 유사한 개념으로 '협치된 상호 의존성(governed interdependence)'과 '선택적인 내재성(selective embeddedness)' 등이 제시되었다.[59]

국가능력은 구조적 접근 · 제도적 접근 · 전략적 행동 접근 · 기능적 접근 등에 따라 달리 규정된다.[60] 국가능력은 시장능력 및 시민사회능력과 더불어 거버넌스 능력이 중요한 요소를 형성하게 되었다. 현대적인 개념인 국가능력은 고대국가의 경우에는 세부

---

57) Almond and Powell은 '국가'라는 용어를 의도적으로 '체제'라는 말로 바꾸고 정치체제의 추출 능력, 규제 능력, 분배 능력, 상징조작 능력, 대응 능력 및 국내 · 국제적 능력을 체제의 능력으로 규정했다. Gabriel A. Almond and G. B. Powell Jr. 1978. *Comparative Politics: System, Process, and Policy*. 2nd ed. Boston: Little, Brown and Company: 190-212.

58) Peter Evans, Dietrich Rueschemeyer and Theda Skocpol eds. 1985. *Bringing the State Back In*. New York: Cambridge University Press.

59) Linda Weiss and Hobson. 1995. *States and Economic Development*. Cambridge: Polity Press; Linda Weiss. 1998. *The Myth of Powerless State*. Ithaca: Cornell University Press: 36-37, 204-211.

60) 구조적 접근은 국가의 내부적 억압구조나 재정조달 장치 등 국가조직 구조를 중시하고, 제도적 접근은 조직 수단 · 신용 수단 · 지출 수단 · 시장 수단 등 정책망과 정책 수단을 중시하고, 전략적 행동 접근은 전략적 지배연합형성 · 관료제 · 외국 자본 · 통제수단 등을 중시하고, 기능적 접근은 사회 내 침투 · 사회관계 규제 · 자원 추출 · 자원 관리 등을 중시하는 등 각 이론적 관점에 따라 국가능력의 핵심 요소를 서로 다르게 규정하고 있다. 이것들에 대한 자세한 비교는 김석준. 1992. 앞의 책: 236; 김석준. 2000a. 『국가능력과 경제통치술』: 46-49.

적으로 나누어 보기보다는 통합적인 개념으로 보는 것이 더 적실성이 높을 수 있다.

고대국가의 경우에는 현대국가들과 달리 전쟁을 통한 국가생존능력이 매우 중요하고 국가를 형성하고 국민을 통합하고 국가를 경제적으로 지탱하는 것이 중요한 국가의 역할이고 기능이기 때문에 고대국가의 능력은 현대국가와 달리 단순화·통합화시켜 파악할 필요가 있다. 고대국가의 기능과 역할이 현대국가와는 달리 미분화되었고 덜 발달한 상태이기 때문이다.

고대국가의 경우에는 국가발전과 관련하여 국가형성능력, 국민형성능력, 세계체제관리능력, 정치발전능력 등으로 통합하여 이해할 수 있다. 국가형성, 국민형성, 경제발전, 세계체제관리능력, 정치발전능력 등은 고대국가의 절체절명의 능력인 국가생존능력을 바탕으로 이루어지는 국가능력들이다.

8. 한국고대국가에 대한 융합학문적 접근과 통합적 연구방법

(1) 정상과학과 융합적 접근의 필요성

학문은 토마스 쿤(Thomas Kuhn)이 규정하는 과학혁명(scientific revolution)을 통해 이루어지는 패러다임(paradigm)을 바탕으로 하는 정상과학(normal science)을 지향한다.[61] 이때 과학활동은 발견의 맥락(context of discovery)과 타당화의 맥락(context of validation or justification)에서 이루어진다. 경험세계를 바탕으로 사실을 수집하여 가설을 설정하고 검증하여 이론으로 정립하고자 연구 활동을 한다. 가설은 경험세계뿐만 아니라 기존의 이론이나 선험적인 논리의 세계에서부터 도출할 수도 있다. 가설이 경험적 사실에 의해 입증이 되면 이론으로 되지만 검증이 되지 못할 때에는 계속 가설의 상태로 남아 있거나 폐기시킬 수 있다. 이러한 과학 활동의 근거는 논리주의와 실증주의 그리고 논리실증주의(logical positivism)이다. 이러한 과학 활동은 변수 간의 관계에 대한 인과관계나 상관관계 등을 밝혀 설명과 예측을 하고자 한다. 대부분의 사회과학이 이러한 논리실증주의적인 접근을 추구하며 과학 활동을 하는 것을 정통학문이라 여겨왔다.

그러나 논리실증주의에 입각한 과학철학과 과학 활동은 현실 연구 현장에서는 자료, 권력구조나 정치경제적인 제약 등 연구여건의 한계로 인해 연구대상의 본질적인 구조

61) 패러다임, 정상과학 등 과학혁명에 대하여서는 Thomas S. Kuhn. 1996. *The Structure of Scientific Revolutions.* Chicago: University of Chicago Press.

나 본질 자체를 제대로 밝히지 못한다는 구조적인 한계 때문에 많은 비판을 받아왔다.[62] 이 때문에 질적인 연구방법이나 해석학·현상학·비판이론적 접근의 활용이 강하게 권장되고 있다. 이것은 예측과 설명 외에 연구대상과 본질에 대한 해석과 자기비판 및 반성에 따른 심층적인 해석을 통해 발견의 맥락과 타당화의 맥락을 보완할 수 있기 때문이다.[63] 사회과학에서 서구 선진국가들이 역사적으로 앞서서 경험을 하고 서구의 보편성이나 법칙이 모여 패러다임으로 정립되는 경우가 많기 때문에 서구의 이론을 적용할 경우에는 서구보편주의(Western universalism)를 극복하고 다원보편주의(plural universalism)를 확립하는 것이 매우 중요하다.[64] 역사학의 경우에도 한국이 일국사와

62) 진덕규. 2011. 『권력과 지식인: 해방정국에서 정치적 지식인의 참여논리』. 지식신업사; 진덕규 편. 2012. 『한국 사회과학 연구의 지적 계보와 한국적 사회과학 이론의 정립의 방안: 자료집 1. 한국 사회의 근대적 전환과 서구 '사회과학'의 수용 관련 문헌·인명 자료』. 선인; 진덕규 편. 2013. 『한국 사회의 근대적 전환과 서구 '사회과학'의 수용』. 선인.

63) 여기에 대하여는 강신택. 1995. 『사회과학연구의 논리: 정치학·행정학을 중심으로』. 박영사; 강신택(2002, 2005 개정). 『행정학의 논리』. 박영사; 강신택. 2013. 『행정사상과 연구의 논리』. 조명문화사; B. Danermark et. al. 1997. *Explaining Society: Critical Realism in the Social Sciences*. Sweden: Studentlitteratur; B. Danermart 외 저. 이기홍 옮김. 2009. 『새로운 사회과학방법론－비판적 실제론의 접근』. 한울; Robert K. Yin. 2009. *Case Study Research: Design and Methods*. 4th ed. Beverly Hills: Sage: 60－64; Mary E. Guy and Marily M. Rubin ed. 2015. *Public Administration Evolving from Foundations to the Future*. New York: Rowtledge; 강신택이 대표집필하여 펴낸 행정사상과 방법론 연구회 편. 2018. 『행정사상과 방법론 연구회 10년사, 또 다른 길을 찾아서: 행정철학, 행정윤리, 현상학, 해석학, 미셀 푸코의 비판철학』. 조명문화사.

64) 서구보편주의는 서구문명적 보편성이라는 명분으로 서구우월의 편파적 보편주의, 제국주의의 식민적 보편주의, 과학주의의 과학적 보편주의, 역사주의의 역사적 보편주의의 실상을 지니는 만큼 이들의 한계를 극복하여 문명초월적 보편성을 확립해야 한다. 서구보편주의의 폐해로 서구보편주의가 쇠퇴하고 그 자리를 다원보편주의가 차지하고 있다. 서구보편주의는 18세기 후반 이후 지배적이다가 20세기 초반 문화상대주의가 등장하면서 문화적 보편주의와 문화다원주의를 거쳐서 20세기 후반과 21세기 초에 다원보편주의가 대두하게 되었다. 과학혁명론에 따른 패러다임이 학문의 준거틀로서의 포괄적 이론체계, 역사적·거시적 관점, 일원적·독점적 존재, 사회심리적 판단의 유용성, 변이누적→위기→혁명의 진보기재, 혁명적·불연속적 진보를 특징으로 하는 반면, 다원보편주의의 중추이론(pivot theory)은 설명의 준거 축으로 검증된 이론, 논리적·미시적 관점, 다원적·경쟁적 존재, 진위·합리적 판단의 유용성, 상호작용→조정→보편확장의 진보기재, 점진적·연속적 진보를 특징으로 한다. 김현구는 "서구보편주의가 '지배의 논리'를 구사해 온 '닫힌 보편주의'라면, 다원보편주의는 '공존의 원리'를 구현하는 '열린보편주의'이다. 서구보편주의의 보편이 일원적·맥락초월적·독점적이고 주기만 하는 보편성이라면, 다원보편주의의 보편은 다원적·맥락조건적·경쟁적이고 주고받는 보편성이다"라고 요약하고 있다. 서구보편주의는 객관적 사실의 절대주의, 실증주의의 과학단일론, 서구중심주의적 단일문명론, 단수의 서구근대성, 닫힌 보편주의 지배적 이념, 일원적 보편성, 맥락초월적 보편성, 독점적 보편성, 주기만 하는 보편성을 특징으로 하는 반면, 다원보편주의는 해석적 실존의 관점주의, 실증주의·해석주의·비판이론의 과학다원론, 다원문명론적인 문화다원주의, 복수의 근대의 다중근대성, 열린보편주의의 공존의 원리, 다원

사건사를 넘어 보편성과 이론을 기준으로 서구 학계와 서로 소통하고자 할 경우에도 일차적으로는 서구보편주의를 극복할 수 있는 다원보편주의가 필요하다. 다원보편주의는 서구보편주의를 배척하는 것이 아니라 그것을 이해하고 확장·개방하는 것을 전제로 하면서 극복하는 것을 의미한다. 그것을 위해 서구와 한국이 문화적·역사적·맥락적·패러다임적인 한계를 극복하는 것이 필요하다.

서구보편주의를 넘어 다원보편주의를 달성하기 위해서는 기존 학문체계의 한계와 경계를 넘어 이들을 융합적으로 통합하는 것이 필요하다. 이것은 학문간 서로 쉽게 벽을 쌓고 정립해 온 특정학문보편주의를 넘어 열린 다원보편주의로 나아갈 수 있는 것이기 때문이다. 이러한 학문과 학문활동에 관한 과학철학과 연구방법론에 대한 논쟁은 그 분야 이론과 학문 자체 못지않게 연구자에게는 진리를 찾아가는데 중요한 관심사항이고 극복해야 할 과제이다. 더구나 한국고대국가에 대하여서는 역사학, 정치학, 사회학, 문화학, 행정학, 경제학, 법학, 문화인류학, 국가학 등 다양한 학문분야에서 논의되어 왔고, 역사학의 경우에도 노론사학, 실증사학, 식민사학, 민족사학, 유물사학, 민중사학, 주체사학 등의 관점에 따라 서로 다르게 연구하여 왔기 때문에 이들을 모두 종합하여 통합학문으로 연구하고자 할 경우에는 더욱 연구방법과 접근의 다양성과 융합적인 연구의 확보가 중요하다.[65]

특히 한국고대국가에 대한 새로운 증거들의 발굴과 이에 따른 새로운 연구들의 발표는 한국고대국가에 대한 기존 이론이나 관점을 근본적으로 바꾸고 있기 때문에 기존의 패러다임을 새로운 패러다임으로 바꾸어야 하는 과학혁명의 단계에 접어들었기 때문이

적 보편성, 맥락조건적 보편성, 경쟁적 보편성, 주고받는 보편성 등을 특징으로 한다. 한국 역사학에서 일제 식민사학자들이 랑케의 근대사학이론을 도입하고 실증주의를 절대적인 접근방법과 준거로 삼은 것도 서구보편주의 원칙에 따른 것이다. 이러한 논의는 '식민사학의 덫'과 '실증사학의 덫'을 극복하기 위해서 다원보편주의를 확립하기 위한 해석학·현상학·비판이론의 활용이 필요함을 함축하고 있다. 이러한 논의는 중화주의에 입각한 노론사학의 한계를 극복하는 것에도 같은 논리로 적용될 수 있다. John M. Hobson. 2004. *The Eastern Origins of Western Civilizations*. Cambridge: Cambridge University Press; Immanuel Wallerstein. 2006. *European Universalism: the Rhetoric of Power*. New York: The New Press; Young-chan Ro. 2011. "Relativism, Universalism, and Pluralism in the Age of Globalism." In *The 1st World Humanities Forum Proceedings*. The Forum held in Pusan, Korea. 24~26 November: 172-11; 백완기. 1978. <한국행정학의 학문성 정립문제: 과학주의 입장에서>『한국정치학회보』. 12집: 73-91; 양승태. 2016. <보편주의, 무엇을 어떻게 연구할 것인가>. 양승태 외. 『보편주의: 새로운 세계를 위한 정치사상적 성찰』. 책세상: 23-36; 김현구. 2018. 앞의 글: 201-228.

65) 한국에서 융합학문이 필요하다고 많은 학자들이 주장해 왔음에도 그 실상을 매우 초보적이고 많은 어려움이 있음을 비판하는 책으로는, 김광웅 엮음. 2011. 『융합학문, 어디로 가고 있나?』. 서울대학교출판문화원.

다. 과학혁명의 과정에서 학문분야나 논자들에 따라서는 과거의 이론이나 시각 및 패러다임에 집착할 경우 서로간의 간격은 너무나 크다. 불행하게도 한국 학계에서는 이러한 혼돈의 과정이 성공적인 과학혁명과 새로운 패러다임의 정립을 위한 생산적인 과학 활동의 경쟁으로 나타나기보다는 학문분야 간 · 이론적 시각 간에 상호 비난 심지어는 역사내전으로 까지 확산되었다. 이로 인해 이들 간에는 생산적인 학문 활동에 필수적인 협력이 어렵게 되었다.

이제 대결이나 역사내전을 넘어 이들 간의 차이점을 지나치게 강조하기보다는 이들이 설명하고 있는 부분들을 서로 보완 · 융합하여 한국고대국가의 본질을 더 밝혀내는 것이 중요하다. 서로의 가설과 이론 및 패러다임을 존중하고 이들 간 학문적인 연구 활동을 통한 경쟁이 과학혁명으로 전환하고 새로운 패러다임이 성립될 수 있도록 다양한 연구방법의 활용이 필요하다. 학문분야의 경계와 연구방법론적인 장벽을 넘어 통합학문과 융합적인 연구방법을 통해 한국고대국가에 대한 새로운 가설과 이론 및 패러다임을 정립함으로 정상과학을 성립시켜야 할 것이다. 그것만이 한국고대국가학이 세계 학계와 소통하고 정상과학으로 공인될 수 있기 때문이다.

(2) 상위맥락 · 중간맥락 · 구성부문에 대한 다양한 연구방법

Alford & Friedland는 자본주의, 국가, 민주주의 등의 관계에 대한 이론들을 비교하며 이론의 설명력과 적실성을 중심으로 상위맥락, 중간맥락 및 구성부문의 분석수준과 접근방법에 따라 서로 다른 성격을 지님을 분석하였다.[66] 이들은 자본주의 국가의 제도적 논리(institutional logics)를 민주주의, 관료제(국가), 그리고 자본주의의 논리로 구분하여 그들의 관계를 분석하고 있다.

강신택은 정치학, 행정학, 정책학, 행정사상 등의 연구를 중심으로 사회과학의 연구의 논리를 분석수준, 맥락단계, 연구의 대상 및 경험적(실증적) · 해석학적 · 비판이론적 방법의 관계를 체계화하고 있다.[67] 연구의 접근 방법은 연구 대상의 성격에 따라 그 적실성이 달라짐을 밝혀주고 있다. 이들의 관계를 간략히 요약하면, 첫째, 구성부문인 개

66) 관료주의, 민주주의, 자본주의의 관계에 따라 민주국가, 관료국가, 자본주의국가가 서로 다르게 형성이 되고 계급투쟁의 성격도 달라지므로 개별 국가의 역사적인 성격에 따라 상위맥락, 중간맥락, 구성부문에 대한 연구의 방법론이 달라져야 함을 밝히고 있다. R. R. Alford and Roger Friedland. 1985. *Powers of Theory: Capitalism, the State, and Democracy*. Cambridge: Cambridge University Press.

67) 강신택. 2002(2005 개정). 『행정학의 논리』. 박영사.

인 · 개체수준에서는 행정인이나 국가관리자의 인지, 동기, 행동, 행태, 행위의 속성과 관계에 대한 사실과 관찰된 자료를 연구대상으로 경험적 · 실증적 접근에서는 인지, 동기, 행태 등 상황적 특성을 주로 다루고, 해석학적 접근에서는 행위의 의도와 의미 및 이유를 해석하고자 하며, 비판이론은 의식과 허위의식 및 소외 등에 대해 왜곡된 체제와 구조로부터의 해방과 심층적 해석을 하고자 한다.

둘째, 중간맥락의 조직 · 집단수준에서 관료제의 성격과 요건 및 지배적 생산양식관계의 재생산에 대해 정립된 이론적 패러다임을 연구대상으로 삼고, 이것에 대해 경험적 · 실증적 접근에서는 이론적 패러다임을 다루고, 해석학적 접근에서는 집단 · 조직 · 관료제 등의 맥락 · 구조적 특성 등을 다루며, 비판이론에서는 지배적 생산양식관계의 재생산에 대해 심층적인 해석과 자기비판 및 반성을 다룬다.

표 2-4 사회과학 연구의 논리

<table>
<tr><th colspan="9">행정이론의 분석수준과 맥락단계 및 행정학 연구의 목적과 방법</th></tr>
<tr><td colspan="2">행정이론의 분석수준 및 맥락단계</td><td rowspan="4">연구의 대상</td><td colspan="2">경험적 · 주로 실증적(empirical)</td><td colspan="2">해석학적 (hermeneutics)</td><td colspan="2">비판이론 (critical theory)</td></tr>
<tr><td rowspan="3">분석수준</td><td rowspan="3">맥락단계</td><td>목적</td><td>방법</td><td>목적</td><td>방법</td><td>목적</td><td>방법</td></tr>
<tr><td>설명과 예측</td><td>검증과 일반화</td><td>의사소통과 이해</td><td>해석</td><td>왜곡된 체제와 구조로부터의 해방 (개혁)</td><td>심층적 해석; 자기비판과 반성</td></tr>
<tr><td colspan="2">고전적 행정학의 과학주의적 부분</td><td colspan="2">해석학적 행정학 (행정학의 행위이론)</td><td colspan="2">비판이론의 행정학 (행정관리, 기획, 정책형성, 실천, 평가의 근본적인 규칙에 관한 검토)</td></tr>
<tr><td>개인 · 개체수준</td><td>구성부분(bits)</td><td>사실과 관찰된 자료; 행정인의 인지, 동기, 행동, 행태, 행위의 속성과 관계</td><td colspan="2">인지, 동기, 행태 등(상황적 특성)</td><td colspan="2">행위의 의도와 의미 및 이유</td><td colspan="2">의식; 허위의식; 소외</td></tr>
<tr><td>조직 · 집단수준</td><td>중간맥락 (midcontext)</td><td>정립된 이론적 패러다임; 관료제의 성격과 요건; 지배적 생산양식관계의 재생산</td><td colspan="2">이론적 패러다임</td><td colspan="2">집단, 조직, 관료제 등의 맥락 (구조적 특성)</td><td colspan="2">지배적 생산양식관계의 재생산</td></tr>
<tr><td>전체 사회</td><td>상위맥락 (metacontext)</td><td>사상과 이데올로기; 합의된 문화적 가치; 조직간 권력관계의 작용; 역사와 제도; 제도들 간의 관계</td><td colspan="2">합의된 문화적 가치를 가정</td><td colspan="2">기존 조직 간 권력관계의 작용을 전제</td><td colspan="2">사상과 이데올로기; 역사와 제도; 제도들 간의 관계 등에 대한 회의(체제적 특성)</td></tr>
</table>

출처: 강신택, 2002: 60의 〈표 3-3〉에서 재인용.

셋째, 상위맥락인 전체사회에서는 사상과 이데올로기, 합의된 문화적 가치, 조직간 권력관계의 작용, 역사와 제도, 제도들 간의 관계 등을 대상으로 경험적·실증적 접근은 합의된 문화적 가치를 가정하며 연구하고, 해석학적 접근은 기존 조직간 권력관계의 작용을 전제하여 연구하며, 비판이론적 접근은 사상과 이데올로기, 역사와 제도, 제도들 간의 관계 등에 대한 비판과 심층적 해석을 통해 체제적 특성을 밝히고자 한다. 이러한 연구논리의 내용을 요약하면 <표 2–4>와 같다.[68]

구성부문에서는 세 가지 접근이 모두 사용가능하지만 설명력의 정도에서는 해석학적 접근이나 비판이론적 접근보다 경험적·실증적 접근의 설명력과 적실성이 더 높은 것으로 평가된다. 중간맥락에서는 세 가지 접근이 모두 사용가능하지만 설명력의 정도에서는 경험적·실증적 접근이나 비판이론적 접근보다 해석학적 접근의 설명력과 적실성이 더 높은 것으로 평가된다. 상위맥락에서는 세 가지 접근이 모두 사용가능하지만 설명력의 정도에서는 경험적·실증적 접근이나 해석학적 접근보다 비판이론적 접근의 설명력과 적실성이 더 높은 것으로 평가된다. 이처럼 연구대상의 맥락단계와 분석수준에 따라 설명력과 적실성이 높은 대표적인 접근방법을 중심으로 그 성격을 요약·정리하면 <표 2–5>와 같다.[69]

표 2–5 사회과학 연구의 분석수준·맥락단계별 대표적인 논리와 분석양식

분석수준	맥락단계	행정학의 연구의 논리			정책환경, 문제성격 및 해결양식의 유형			
		목적	방법	행정학의 논리	정책문제의 환경	정책문제의 성격	분석도구	분석양식
개인/개체	구성부분	설명과 예측	검증	전통적 행정학 (실증적 부분)	안정적/공생적	결정적/약간 추계적	최적화 기법: 외연/외삽법	실증적: 귀납법
조직/집단	중간맥락	의사소통과 이해	해석	해석학적 행정이론	경쟁적	심히 추계적	상황론/게임론/델파이/시나리오	연역적
범사회적/전체사회	상위맥락	왜곡의 시정: 정상화	자기비판과 성찰	비판이론의 행정학	격동적	비결정적	상위가설적	교시적 (발견적)

출처: 강신택. 2005.『한국 행정학의 논리』. 박영사. 300, 〈표 11–1〉.

(3) 국가의 7가지 개념 수준별 접근방법

연구대상의 성격에 따라 접근방법 외에도 학문적인 접근도 서로 다르게 나타난다.

---

68) 강신택. 2002: 60의 <표 3–3>에서 재인용.
69) 강신택. 2005.『한국 행정학의 논리』. 박영사. 300, <표 11–1>.

상위맥락의 국가 개념은 종합학문적 접근이 효과적이고, 이념과 상부구조로서 국가를 이해할 경우에는 문화적 · 철학적 접근, 지배세력으로 국가를 이해할 경우에는 사회학 · 정치학적 접근, 중위맥락인 사회관계의 응집으로 국가를 이해할 때에는 경제학 · 사회학 · 문화인류학적 접근, 관료기구와 법 질서의 총체로서의 국가로 볼 때에는 정치학 · 행정학 · 법학적 접근, 지배세력과 정부로서 국가를 이해하는 경우에는 정치학 · 행정학적 접근, 그리고 구성부문의 차원에서 국가를 국왕으로 이해하는 경우에는 역사학 · 정치학 · 행정학적 접근이 가장 적실성이 높은 것으로 보인다. 이것은 국가를 어느 차원에서 어떤 개념을 중심으로 보느냐에 따라 가장 적실성이 높은 학문분야의 성격이 달라진다는 것을 보여주는 것이다.

그동안 정통 역사학계에서는 실증주의를 거의 배타적인 접근방법으로 사용하였고 실증적 접근 이외의 접근에 대해서는 매우 소극적이었다. 연구대상의 성격에 따라 연구의 논리가 달라지므로 접근방법도 다양하게 활용해야 한다는 점은 한국고대국가학의 학문연구의 과학화와 설명력의 제고를 위해서 매우 중요한 점이다. 20세기까지 대부분의 학문이 전문화 · 분업화에 치중하여 국가 연구의 경우에도 각 학문분야가 국가의 일부만 설명할 뿐 전체의 성격을 높은 수준에서 설명하지는 못하였다. 이 때문에 Alford와 Friedland가 정치학적인 관점에서 국가를 상위맥락, 중간맥락 그리고 구성요소에 따라 접근방법을 다르게 사용하는 것이 적실성이 높고 설명력을 늘릴 수 있음을 밝힌 것이고, 강신택이 사회과학 · 행정학 · 정책학 연구의 논리로서 상위맥락, 중간맥락 및 구성부문에 따라 비판이론적 접근, 현상학적 · 해석학적 접근 및 경험적 · 실증적 접근이 각각 적실성이 높음을 강조하는 것이다. 이들의 관계를 요약 · 정리하면 <표 2-6>과 같다.

표 2-6 맥락단계 · 국가개념수준 · 학문성격과 접근방법의 관계

맥락	국가개념수준	학문성격	접근방법
상위맥락	나라 이념 · 상부구조 지배연합 · 지배계급	종합학문적 접근 문화적 · 철학적 접근 사회학 · 정치학적 접근	비판이론적 접근
중위맥락	사회관계 응집 관료기구 · 법 질서 정부	경제학 · 사회학 · 문화인류학적 접근 정치학 · 행정학 · 법학적 접근 정치학 · 행정학적 접근	현상학 · 해석학적 접근
구성부문	국가관리자	역사학 · 정치학 · 행정학적 접근	실증적 접근

표 2-7 국가개념수준별 성격과 학문적 접근의 상호 적실성 관계

맥락	국가수준	역사학	사회학	정치학	경제학	문화학
상위맥락	나라	**	**	****	*	**
	이념 · 상부구조	**	**	***	**	****
	지배연합 · 지배계급	**	****	***	**	*
중간맥락	사회관계 응집	**	***	***	***	*
	관료기구 · 법 질서	**	***	****	*	**
	정부	**	**	****	*	*
구성부문	국가관리자	***	*	****	*	*

(보기: *: 낮음, **: 보통, ***: 높음, ****: 매우 높음)

<표 2-6>으로부터 국가 개념의 수준별 성격과 학문적 접근의 상호 적실성 관계를 상징적으로 간단하게 표시하면 <표 2-7>과 같다.

<표 2-7>에서 보듯이 국가에 대한 연구는 국가 개념의 다양한 차원에 따라 학문적 접근의 적실성이 달라질 수 있다. 국가 개념의 3가지 맥락과 7가지 수준에 따른 역사학적 접근, 사회학적 접근, 정치학적 접근, 경제학적 접근 및 문화학적 접근의 적용 가능성은 서로 차이가 있다. 각 학문 분야에서 국가를 다루는 관점과 시각에 따라 각각 다양한 내용들을 복잡하게 나타내고 있으나, 국가의 다양한 수준에 대해 각 학문의 특성상 관심 대상과 영역에서 중요성의 비중이 서로 다르기 때문이다.

이 가운데 역사학의 경우에는 사관과 접근방법에 따라 국가의 성격에 대한 강조점이 달라지고, 국가 개념의 7가지 차원에 대한 관심의 정도가 달라진다. 이것은 역사학의 사관과 이론의 관심과 중점이 서로 다르기 때문이다. 이러한 관계를 국가의 개념 수준에 대한 실증사학, 식민사학, 민족사학, 유물사학, 민중사학, 주체사학 등 역사학 연구

표 2-8 국가수준별 성격과 역사학 이론별 접근의 상호 적실성 관계

맥락	국가수준	실증사학	식민사학	민족사학	유물사학	민중사학	주체사학
상위맥락	나라	**	****	****	*	**	****
	이념 · 상부구조	*	***	***	***	***	***
	지배연합 · 지배계급	**	***	***	**	****	***
중간맥락	사회관계 응집	*	**	**	****	**	**
	관료기구 · 법 질서	****	**	**	*	**	*
	정부	**	**	**	**	**	*
구성부문	국가관리자	****	***	***	*	*	****

(보기: *: 낮음, **: 보통, ***: 높음, ****: 매우 높음)

의 다양한 접근들의 관계를 중심으로 그들의 적실성을 표현하면 <표 2-8>과 같다.

<표 2-8>에서 보듯이 역사학에서도 다양한 패러다임과 이론적 시각에 따라 국가의 7가지 수준에 대한 이해와 접근이 다르다. 역사학 이론들은 각각 추구하는 역사철학의 차이에 따라 실증사학, 식민사학, 민족사학, 유물사학, 민중사학 및 주체사학에 따라 각각 국가의 수준과 대상 및 영역과 각각의 내용에 대한 관심과 이론적인 적실성이 서로 다르다. 이것은 각 역사학 이론들의 관심과 중요도를 나타내는 것이고 그 속에서도 다양한 이론들이 복잡하게 전개되어 왔기 때문에 구체적인 내용들은 별도로 이해하고 다루어야 할 것이다.

국가에 대한 연구는 국가를 어느 차원에서 이해하느냐에 따라 적실성이 높은 접근방법이 서로 다르다. 첫째, 연구대상의 성격에 따라 적실성이 높은 접근방법과 연구방법이 서로 달라지는 만큼, 국가의 7가지 수준에 따라 적실성이 높은 접근방법은 서로 다르다. 국가를 상위맥락에서 나라로 이해할 때에는 비판이론적 접근이 설명력이 높고, 중간맥락인 사회관계의 응집으로 국가를 이해할 경우에는 현상학적 · 해석학적 접근이 적실성이 높으며, 구성부문인 국가를 국가관리자로 볼 경우에는 실증적 접근이 가장 적실성이 높다고 본다. 나머지 7가지의 국가의 개념들인 이념이나 사회관계의 응집으로서의 국가는 비판이론적 접근과 현상학 · 해석학적 접근이 서로 비슷한 수준의 적실성을 가진다. 다음으로 관료기구와 법 질서의 총체로서의 국가 개념과 지배세력과 정부로서의 국가 개념은 현상학 · 해석학적 접근과 지배세력과 정부로서의 국가 개념은 현상학 · 해석학적 접근과 실증적 접근의 적실성의 수준이 비슷하여 이들을 혼용하거나 함께 사용하는 것이 연구의 설명력을 높여주는 것으로 나타나고 있다. 이러한 관계를 요약하면 <표 2-9>와 같다.

표 2-9 국가수준별 성격과 연구방법의 상호 적실성 관계

맥락	국가수준	실증적 접근	현상학적 접근	해석학적 접근	비판적 접근
상위맥락	나라	**	*	**	***
	이념 · 상부구조	*	**	**	***
	지배연합 · 지배계급	**	**	**	**
중간맥락	사회관계 응집	**	***	***	**
	관료기구 · 법 질서	**	***	***	**
	정부	***	**	**	*
구성부문	국가관리자	***	**	**	*

(보기: *: 낮음, **: 보통, ***: 높음)

9. 연구의 분석틀

이 책은 한국고대국가를 정태적인 측면과 동태적인 측면에서 분석하고자 한다.

첫째, 정태적인 측면에서는 국가의 다양한 차원과 수준에서의 성격을 나타내는 것으로 각 학문 분야와 역사이론적 관점에서 서로 다르게 중시되고 있는 국가의 7가지 수준별 개념을 중심으로 분석한다([분석틀 I]).

둘째, 동태적인 측면에서 국가의 7가지 수준별 개념들이 국가·국가위기·국가변동·국가성격변화로 어떻게 연결되어 변동하는지를 분석하고자 한다. 국가위기가 국가변동으로 나타나고 거기에 따라 국가성격이 변화하는 동태적인 국면들은 다차원적이고 복합국면적이다. 이들 간에는 수많은 관계들이 존재하여 개별 관계에 대한 인과관계나 상관관계를 엄밀하게 규명하는 것은 쉬운 일이 아니다. 따라서 이 책에서는 종합적인 측면에서 경향성을 밝히는 수준에 치중하여 국가→국가위기→국가변동→국가성격변화의 성격을 개괄적으로 규명하고자 한다([분석틀 II], [분석틀 III]). 이러한 분석틀은 아래와 같다.

(1) [분석틀 Ⅰ]: 국가의 7가지 개념 수준별 분석

[분석틀 Ⅰ]은 한국고대국가를 서로 다른 학문과 이론적인 입장에서 다양하게 접근하고 있는 것들을 종합하여 국가개념의 7가지 수준에 따라 국가를 이해하고, 그 7가지의 서로 다른 차원에서 한국고대국가를 분석하고자 한다. 앞에서 논의한 다양한 학문적, 이론적 관점을 모두 활용할 수는 없으나 최대한 이들을 융합적으로 통합하여 연구

표 2-10 국가개념수준별 활용 가능한 학문분야와 역사학 이론 및 대표적 연구방법

맥락	국가개념수준	학문성격	역사학이론	접근방법
상위 맥락	나라 상부구조·이데올로기 지배연합·지배계급	종합학문 문화·철학 사회·정치학	식민·민족·주체사학 식민·민족·유물·민중·주체사학 민중·식민·민족·주체사학	비판이론적 접근
중간 맥락	사회관계응집 관계기구·법 질서 정부	경제·사회·인류학 행정·정치·법학 정치·행정학	유물사학 실증사학 실증·식민·민족·유물·민중사학	해석학·현상학적 접근
구성 부문	국왕·국가관리자	역사·정치·행정학	실증·주체·식민·민족사학	실증적 접근

하려는 의도에 따라 대표적인 접근 방법의 적실성의 정도를 고려하여 활용하고자 하는 접근방법과 연구방법을 상징적으로 요약하면 <표 2-10>과 같다.

(2) [분석틀 Ⅱ]: 세계체제 · 사회계급 · 7개의 변수 간 국가발전 · 기승전결 단계별 상호관계 분석틀

그림 2-4 세계체제 · 사회계급 · 7개의 변수 간 국가발전 · 기승전결 단계별 상호관계 분석틀

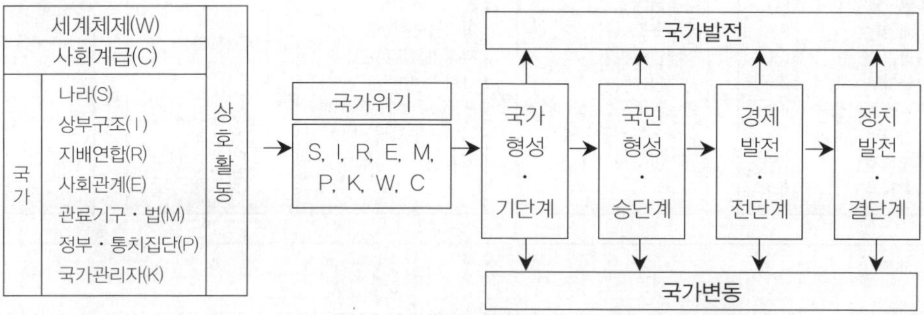

[그림 2-4]의 분석틀은 이 책의 [명제 I]과 [기본가설 I]에 따라 [그림 2-5]와 같이 재정리할 수 있다.

그림 2-5 세계체제 · 사회계급 · 국가의 상호활동과 국가위상변화 분석틀

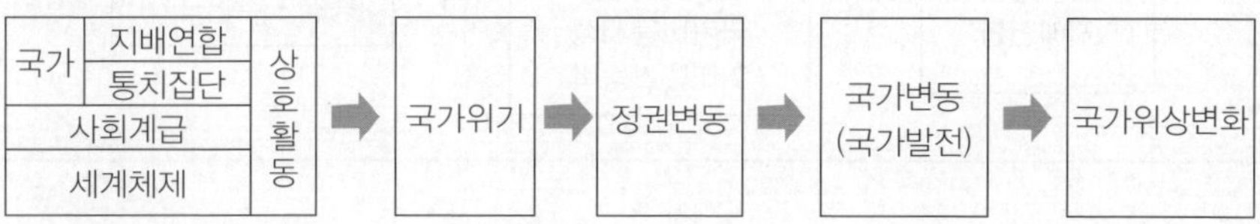

(3) [분석틀 Ⅲ]: 국가 · 국가위기 · 국가변동 · 국가성격변화 · 국가행정 · 국가정책의 분석틀

그림 2-6 국가 · 국가위기 · 국가변동 · 국가성격변화 · 국가행정 · 국가정책의 분석틀

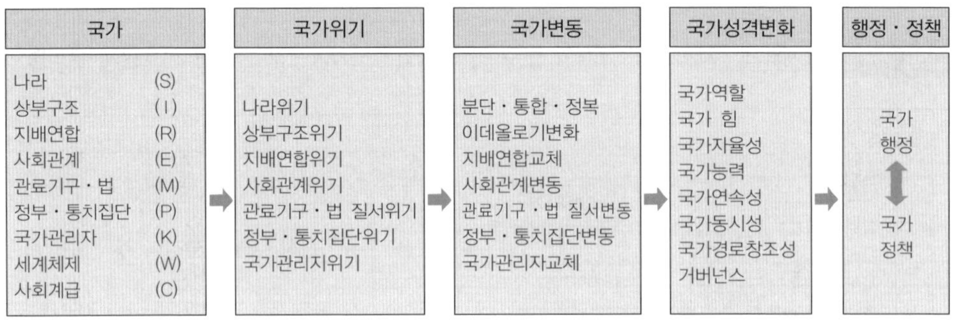

[그림 2-6]의 분석틀은 이 책의 [명제 Ⅱ]와 [기본가설 Ⅱ]에 따라 [그림 2-7]과 같이 재정리할 수 있다.

그림 2-7 국가 · 국가변동 · 국가성격변화 · 국가위상변화의 분석틀

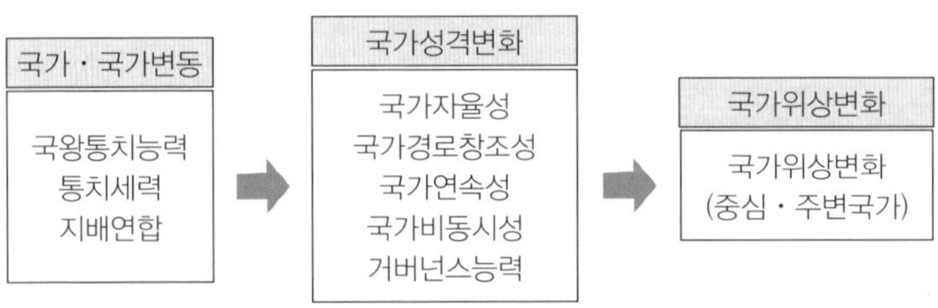

이 책의 [명제 III]과 [기본가설 III]은 [그림 2-8]과 같이 정리할 수 있다.

그림 2-8 국왕능력 · 국왕교체방식 · 통치세력 · 지배연합 · 천도 · 정권 · 국가능력의 분석틀

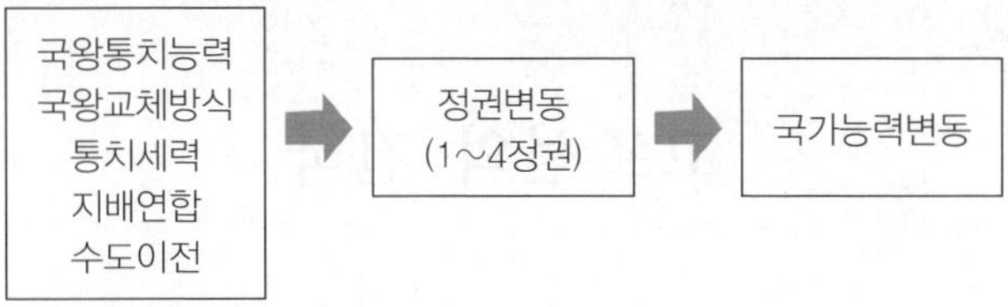

이 책의 [가설 Ⅲ-1], [가설 Ⅲ-2], [가설 Ⅲ-3], [가설 Ⅲ-4]는 [그림 2-9]와 같이 정리할 수 있다.

그림 2-9 [가설 Ⅲ-1]~[가설 Ⅲ-4] 분석틀

변수	제1정권	제2정권	제3정권	제4정권
국왕통치능력	높음	높음	높음	낮음
국왕교체방식	세습	5가합의추대	쿠테타 집권 · 왕위계승	쿠테타 집권 · 계승
통치세력	한족	평등지향맥족	성장지향예족 (기자족)	성장지향예족 (위만족)
지배연합	한 · 맥족 지배연합	맥 · 한 · 예족 지배연합	예 · 한 · 맥 지배연합	예 · 한 · 맥 지배연합
수도이전	평양성 아사달	백악산 아사달	백악산 아사달 (기자족) 장당경 아사달 (맥족)	백악산 아사달 (위만족) 평양성 아사달 (맥족)
국가능력	안정된 연합정권 높은 국가능력	강력한 연합정권 높은 국가능력	강력한 연합정권 높은 국가능력	연합정권 약화
국가발전	성공적인 국가형성 →	성공적인 국민형성 →	성공적인 경제발전 →	국가능력 쇠퇴 · 국가붕괴

제3장

고조선의 건국

1. 고조선 '나라'의 건국

(1) 고조선 건국의 의의

국가형성에 대한 이론은 다양하다. 사회의 발달과 관련하여 역사학자들이나 사회학 및 정치학자들의 논의가 대표적이다. 한국 고대국가에 대한 논의는 근대화 과정에 근대학문이 들어오면서 본격적으로 전개되기 시작하였다. 불행하게도 한국에서는 20세기 초·중반 근대학문이 본격적으로 자리잡아야할 시기에 일제 식민통치를 겪게 되면서 국가에 대한 역사적인 연구가 왜곡되고 식민주의 사학을 학문의 기본 뿌리로 삼게 되었다. 근대학문연구에서 앞장서서 식민주의를 개척하고 가르치고 심화시키는 일본 식민사학자들에 의해 교육받고 함께 한국역사를 빼앗고 없애고 왜곡시키는 일을 주도했던 조선사편수회 등에 동참했던 한국 역사학자들이 대한민국 출범 이후에도 한국 역사학계를 주도하면서 한국고대사를 포함한 한국역사는 제 자리를 잡지 못했다.

식민사학에 대항하여 실증사학, 민족사학, 민중사학, 유물사학, 주체사학 등이 다양하게 발전해 오고 있으나 식민사학의 기본적인 패러다임을 바꾸고 새로운 패러다임을 발전시켜 정착시키는 데에는 역부족이다. 다행히 최근 유물 및 유적 발굴, 새로운 이론, 새로운 시도들이 구체화하면서 한국 고대국가에 대한 바른 패러다임 정립의 가능성을 보여주고 있다. 특히 새로운 고대 유물과 유적들의 활발한 발굴은 한국고대역사와 한국고대국가에 대한 연구의 혁명적인 발전을 가져와 이들을 전면적으로 새롭게 쓰도록 만들고 있다.

나라로서의 국가는 국민, 영토, 주권의 3요소로 구성된다. 민족중심 국가인 고조선은 영토보다 국민이 가장 중요하여 민족을 유지하기 위해 영토를 유지할 수도 이동할 수도 있었다. 반대로 중국처럼 영토중심 국가는 영토가 가장 중요한 요소가 되어 영토 위에서 지배 민족과는 무관하게 다민족으로 국민이 형성되고 통치세력도 민족 간에 치열한 경쟁과 갈등을 통해 지배적인 지위를 차지하는 만큼 통치집단의 교체가 빈번할 수 있다.

고조선에 대한 학설은 새로운 유물들의 발굴과 재야사학계 및 재편된 강단사학계의 새로운 학설들의 활발한 제기 등으로 최근 크게 바뀌고 있다. 새로운 구석기나 청동기 유물들의 발굴은 고대국가에 대한 역사를 근본적으로 다시 쓰게 만들고 고대국가에 대한 이해를 적극적으로 해석하게 만들고 있다. 특히 중국의 탐원공정 · 동북공정과 일본의 역사왜곡 등으로 인해 역사학계는 물론 사회과학계의 새로운 관심들이 늘어나면서 기존 식민사학과 실증사학 중심의 고조선 역사에 대한 소극적인 해석의 입지가 크게 줄어들고 적극적인 입장에서의 해석을 다루는 연구들이 더욱 활발해지고 그 성과도 많이 나타나고 있다. 강단사학자들과 재야사학자들의 공동 연구의 분위기 조성은 폐쇄적이었던 강단사학계의 소극적인 시각을 새로운 고고학 유물과 실증자료에 따라 수정하고 적극적으로 해석하는 방향으로 크게 변화시키고 있다. 이러한 논의들을 바탕으로 고조선의 건국과 관련한 국가형성, 국민형성, 영토형성, 주권형성 등의 주제를 차례로 검토하도록 한다.[1)]

(2) 인류의 탄생과 한민족의 등장

태초에 조선 민족은 동양의 동쪽 대륙, 즉 만주의 장백산과 송화강 부근 지방에 거주한 민족이다. 그런데 자연 환경의 사정과 경제가 발달해 가는 과정으로 인하여 점차 남쪽으로 내려와 한반도 전체에 퍼져서 살게 되었으니, 이러한 사실은 추측에 의존하지 않더라도 역사를 통해서 쉽게 짐작할 수 있는 일이다.[2)]

지구상에 인류가 최초로 생존한 것은 약 8백만~5백만 년 전의 아프리카 적도부근 지역에 오스트랄로 피테쿠스(類人猿: 사람과 비슷한 원숭이)이다. 그 후 약 260만 년 전에 이 지역에 호모 하빌리스가 있었고, 이들이 다시 진화하여 약 150만 년 전에 호모 에렉투스(直立猿人)가 살았다. 아시아에서는 인도네시아 자바와 중국 화북지방 등지에서 호모 에렉투스가 발견되었지만, 한반도에서는 아직 발견되지 않았다. 남한과 북한

1) 여기에 대하여서는 비교적 중립적인 입장에서 성삼제가 자신의 역사논쟁 비망록을 책으로 상세하게 정리하고 표로 잘 요약하고 있다. 성삼제. 2015: 248－249.

2) 안확. 2015: 39－41. 신채호는 “처음에 조선 민족은 서쪽 파미르고원이나 몽골 등지에서 광명의 본원지를 찾아 동진을 해왔다. 이들은 불함산(백두산)을 광명신이 거처하는 곳으로 생각하고 이 부근을 ‘조선’이라 불렀다”고 한다. 신채호(김종성 옮김). 2014: 92.

의 대부분 큰 강가지역 70여 곳에서 약 70만 년 전부터 약 1만 년 전에 이르는 구석기 유적지가 발견되었다. 워낙 구석기시대가 길고 그 안에 여러 차례 빙하기가 있어서, 한반도에 살았던 구석기인이 우리의 조상인지에 대하여서는 시인도 부인도 하기 어렵다.[3]

약 1만 년 전부터 빙하기가 끝나고 신석기시대가 시작되었는데, 우리나라에서는 기원전 6천년 경부터 신석기문화가, 그리고 바로 뒤이어 청동기문화가 꽃 피웠다. 신석기 말기인 기원전 3천 년경부터는 채색토기가 나타났고, 농사와 목축 관련 유물들이 발견되었다. 신석기인들은 그 다음 청동기문화를 건설한 사람들과 더불어 한국인의 조상을 형성했다. 백성은 풀로 옷을 해입고, 나무의 열매를 먹고, 여름에는 둥지에 살았으며, 겨울에는 동굴에서 거처하였다.[4] 군장(君長)이 처음에는 없었다.[5]

개량된 생활도구를 사용하여 의식주에 변화가 있었다. 옷감을 짜서 입고, 농경생활로 집을 짓고 집단적으로 정착하는 생활로 바뀌었다. 어렵생활시대를 거쳐서 농업시대에 들어와 장백산과 두만강 및 압록강 부근에 정주(定住)하였다.[6] 농업생활도 단군 때에 고시씨(高矢氏)[7]가 농사일을 다스렸다는 시대 이전까지는 민족이 흩어져서 어렵생활을 하는 단계를 완전히 벗어나지는 못하였다. 이때부터 온돌을 만들어 난방을 하고, 씨족단위로 모여서 독립된 마을, 즉 부락(部落)을 형성하여 살면서 생산활동과 제사활동을 공동으로 했다. 부락의 시대에는 부락의 조직만으로 단체생활의 요구를 채우기에 충분하였다. 다른 씨족의 영역을 침범할 경우에는 벌을 받거나 무력으로 응징을 받았다.[8] 씨족단위로 배타적으로 살았지만 씨족원 끼리는 혼인을 하지 않아 족외혼(族外

---

3) 한영우. 2005: 59.

4) 혈거(穴居) 생활을 했다는 것은 유형의 한자 기록과 무형의 언어상에 전해오고 있다. 동굴 혈(穴)을 '골'이라 하는데, 고을 군(郡) 역시 '골' 또는 '시골'이라 하고 오방(奧房)을 '골방'이라 한다. 삼림을 벌목하고 그 속에서 거주하여 살던 흔적으로, 들(野)을 '벌'이라 하고, 마을(村)과 고을 지역(州域)도 '벌'이라 하는데, 『삼국사기』에서 "소부리는 지금의 부여군이다(所夫里本夫餘郡), 고하부리는 지금의 고부군이다(古河夫里本古阜郡), 하벌은 지금의 상주이다(河伐本尙州), 추화는 지금의 밀성이다(推火本密城)"라고 하였다. 여기에서 부리(夫里), 벌(伐), 불(火) 등의 말은 '벌'이다. 안확. 2015: 39－40.

5) 안확. 2015: 39.

6) 독일 역사학파 경제학의 선구자인 프리드리히 리스트(Friedrich List: 1789~1846)는 국민경제의 발전단계를 원시 어렵, 유목(목축), 농업, 농공업, 농공상업 상태의 다섯 단계로 나눈다. 그러나 조선은 본래 목축생활 없이 어렵생활에서 직접 농업생활로 전환하였다. 안확. 2015: 39－40.

7) 고시씨(高矢氏)는 BC 3898년에 환웅천황 때 농관을 지냈으며, 조선 상고사에서 농사를 처음으로 시작한 것으로 기록되고 있다. 지금도 남아 있는 제사(祭祀)나 고사(告祀)를 지낸 후 또는 산이나 들에서 음식을 먹기 전에 山神이나 地神 그리고 산짐승이나 들짐승들에게도 음식을 먼저 조금 던져 주면서 '고시례(高矢禮)' 하는 풍습도 '고시씨'에서 유래된 것이다.

婚)의 풍습이 있어서, 여러 씨족을 다시 혈연으로 묶어주는 기능을 하여 부족(部族)이라는 더 큰 공동체를 형성했다. 부족장은 씨족장이 모여 뽑았는데, 『삼국유사』에 신라 경주의 여섯 촌장이 모여 박혁거세를 거서간으로 추대했다는 전설은 이러한 신석기와 청동기시대의 유제라고 할 수 있다.

씨족사회는 평등한 여성중심의 모계사회였으나 씨족이나 부족 사이에 전쟁이 벌어지면서 남자중심의 부계사회로 전환하였다. 운명과 싸우며 사방을 방랑하다가 최후에 고향땅에 도달하기까지는 어느 정도 그리스와 같은 경험을 지녔다. 환경변화와 새로운 생활양식에 따라 민족의 성정이 단련되었고, 정복하여 탈취한 물건도 이전의 생활상과 민족의 정신을 크게 변화시켰다. 이민족과 전투를 겪은 뒤로는 민족의 두뇌 속에 새로운 사상을 일으켰다. 정복 사업은 정복자나 피정복 민족 모두에게 큰 변화를 미쳤다. 승리자인 노르만족이 패배한 색슨족의 사상과 혈액을 받아들인 것 같이 조선민족은 아이누, 건융, 한족 등의 민족을 정복하고 몰아내는 동시에 그 밖의 민족의 영향을 직접적으로 받았다.[9] 이민족의 대부분은 외지로 쫓겨났으며 그 일부분은 조선 지역 내에 거주하였다. 이들 민족에 대해서는 혈족의 관념상 동등하게 대우하지 않아 동양에서는 조선이 먼저 노예제도를 시작하였고 제일 발전하였다.[10]

태고 시절 노예제도에 편입된 아이누, 견융, 한족들은 자기의 본래 관습을 버리고 조선의 미풍양속을 존숭하고 동화되어 자기 민족의 추장에게 돌아가지 않고 조선인들과 공동의 조상을 추대하게 되었다. 이는 마치 유대 민족 중에서 외래 민족이 그 무력에 굴복하여 자기 본래의 신(神)을 버리고, 이스라엘 신에게 귀의한 것과 같다.[11] 조선민족은 안으로 외래 민족을 수용하고 민족이 늘어나며, 밖으로 외적의 침략이 그치지 않자 외래 민족의 동화된 사상과 윤리적 관념을 합쳐서 공동혈족의 통치자에게 귀의할 것을 갈망하게 되었다. 이러한 여러 정치적 관념과 역사적 배경 위에 단군(檀君)을 세

---

8) 기록에 의하면, 동예(東濊)에서는 산천에 구분이 있어서 서로 함부로 들어가지 못했으며 읍락(마을)끼리 서로 침범하면 소나 말, 노미 등을 벌로 지불하는 책화(責禍)라는 습속이 있었는데, 이것은 신석기와 청동기시대의 유풍으로 보인다.

9) 고대에서 조선민족의 명령과 지배를 받은 민족은 아이누족, 훈죽(葷粥), 한족(漢族)이다. 아이누족은 일본의 북해도와 본주의 동북지방, 러시아 쿠릴열도, 사할린 섬, 캄차카 반도에 정착해 살던 선주민이며, 훈죽은 노족의 다른 이름으로 하(夏)나라 때의 북적(北狄)이며, 한족은 지금의 중화민족이다. 안확. 2015: 44－46.

10) 고려시대 충렬왕(忠烈王)은 "이 천류는 옛날 우리 시조로부터 따로 두고 삼가부렸다"고 하였다.

11) 단군신화를 기독교와 관련하여 설명한 책으로는, 허호익. 2003. 『단군신화와 기독교: 단군신화의 문화사적 해석과 천지인 신학 서설』. 대한기독교서회; 박영숙. 1996. 『지중해문명과 단군조선』. 집문당. 한편 기독교인으로서의 비판적 시각에서의 책은, 이근철. 2003. 『그리스도인이 읽는 단군신화』. 앰애드.

워서 군장(君長)으로 삼게 되었다.[12)]

농경중심의 정착생활을 하면서 우주 자연의 위대함과 신비함을 느끼게 되어 자연숭배의 종교적인 믿음을 갖게 되었다. 대자연의 모든 생물은 영혼이 있다고 믿고 섬기며 풍년을 기원하는 애니미즘(Animism)과 씨족 조상을 동물이나 식물과 연관시켜 숭배하는 토테미즘(Totemism)이 종교로 등장하였다.[13)] 자연숭배사상은 우주 자연 가운데에서 태양이 가장 크고 위대하다고 보아 위대한 조물주 즉 하나님이라고 생각하고, 태양을 숭배하는 태양숭배신앙이 신앙세계를 지배했다. 단군신화에서 천제인 환인은 바로 우리 조상들이 믿는 하느님으로서 태양신이다. 그리고 환인의 손자인 단군이 우리나라를 건국하였으므로 우리 민족은 천손, 즉 하느님의 후손이라고 믿게 되었다. 사람도 자연물처럼 몸은 죽더라도 영혼은 영원히 살아서 하느님이 있는 하늘로 돌아간다고 믿어, 사람이 죽으면 '돌아갔다'고 말한다. 사람이 죽어 '하늘로 돌아가는 것'을 한문으로 승천(昇天) 또는 조천(朝天)이라 했다.[14)] 또한 묘지 터를 쓸 때에도 태양신이 떠오르는 동쪽을 향해 머리를 놓고 매장했으며, 사용하던 그릇이나 화살촉 등을 부장품으로 같이 묻어 영혼이 생전처럼 불편 없이 살아가도록 했다.

이러한 자연숭배사상은 그 하늘이나 영혼을 인간과 연결시켜주는 제사장인 무당을 가장 위대한 인물로 생각하게 했다. 무당은 하느님을 대신하여 절대적인 능력과 권위를 가지고 주술을 통해 사람의 생명, 출생, 장수, 질병치료 등을 관리할 수 있다고 믿었다. 인류학에서는 이것을 샤머니즘이라 하는데, 우리나라에서는 선교(仙教) 또는 신교(神教)라고 부른다. 원시시대의 씨족장이나 부족장, 그리고 청동기시대의 군장은 바로 제사장이었다.[15)]

신석기시대 말기에 구리에 주석이나 아연을 합금한 청동기가 발명되면서 석기와 비교되지 않는 강력한 무기와 도구를 가졌기 때문에 인류역사는 크게 바뀐다. 이집트, 수

---

12) 안확. 2015: 49-50.

13) 단군신화에 곰과 범이 인간이 되기를 기원하다가 곰이 여자가 되어 환인의 아들 환웅과 혼인하여 단군을 낳았다는 설화는 곰을 토템으로 숭배하는 부족과 범을 토템으로 숭배하는 부족이 서로 경쟁하다가 곰 토템 부족이 승리하여 왕비족이 된 사실을 반영하는 것으로 보인다.

14) 건국신화들에서 하늘의 빛이 주몽을 잉태하게 하거나 박혁거세가 된 알이 있는 곳을 알려주는 것도 태양이 바로 태양신으로서 하나님을 의미하는 것이고, 죽은 뒤에도 모두 하늘로 돌아갔다는 것은 태양숭배 신앙을 나타내는 것이다.

15) 한영우는 단군이 제사장이어서 무당이라고 주장하지만 다수는 무당과 제사장을 구분하고 있다. 한영우. 2005: 65. 단군도 군장으로 등장하였으며, 우리나라 제주 지역에 남아 있는 창세 신화와 단군신화를 연결하여 설명한 책으로는, 역사인물편찬위원회. 2009.『창세기 신화와 고조선: 단군왕검』. 역사디딤돌.

메르, 인더스, 황하 등 세계 4대 문명이 청동기문화를 바탕으로 건설되었다.[16] 우리나라의 청동기문화가 그동안은 만주지역에서는 기원전 15~13세기경에, 한반도는 기원전 10세기경에 시작되었다고 보았으나 최근 청동기 유물의 발굴은 한반도가 기원전 30세기경, 만주지역이 기원전 25세기경이어서 고조선 건국의 새로운 성격을 발견하게 되었다. 청동기시대에 권력자를 중심으로 소규모의 국가가 여러 곳에 건설되었는데 이들을 학자들은 부족국가, 도시국가, 성읍국가, 읍락국가, 군장사회(君長社會) 등 다양한 이름으로 부르고 있다.

(3) 고조선(아사달)문명권의 형성

우리나라는 이미 신석기시대부터 발해만 주변의 중국 동북지방까지 포함하는 아사

그림 3-1 고조선(아사달)문명권과 요하문명 · 홍산문화

출처: 한영우. 1997. 2004. 『다시찾는 우리역사』. 전면개정판: 71에서 동방문화권을 아사달문명권으로 용어 수정하여, 여기에 저자가 요하문명 · 홍산문화의 위치를 추가함.

16) 이집트와 수메르는 기원전 3천 년경에, 황하문명은 기원전 16세기경에 나타났다.

달문명권(동방문화권 · 고조선문명)[17]의 중심국가의 위상을 보였다. 아사달문명권은 동이문화 · 홍산문화 · 요하문명을 포용하며 단군조선 건국의 문화적 기반이 되었다. [그림 3-1]에서 보듯이 아사달문명권은 동이문화 · 홍산문화 · 요하문명을 수용하여 한반도와 만주, 요동, 요서, 발해만, 산동반도 등을 포괄하고 있다.

나아가 신용하는 고조선문명과 고조선국가의 관계를 연결시켜서 고조선문명권이 고조선 본국과 고조선 후국들, 그리고 고중국 산동반도와 중국 동해안 고조선 이주민 자치

그림 3-2 고조선 최전성기 때 문명권의 범위

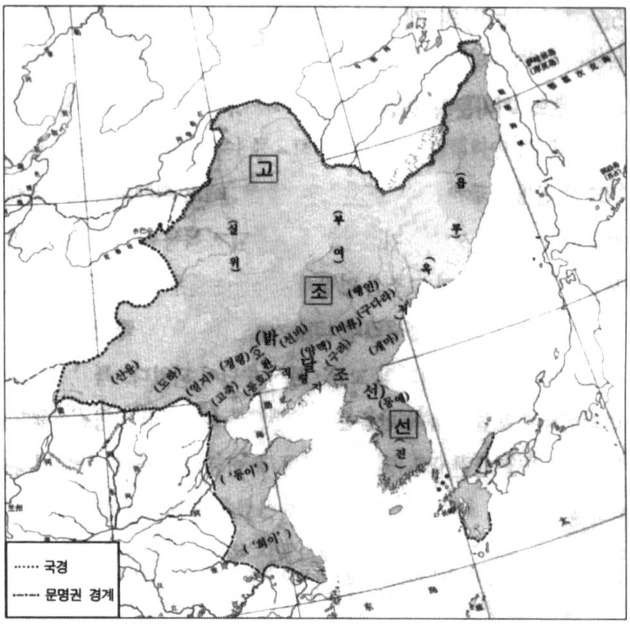

출처: 신용하. 2019. 앞의 책: 41.

---

17) 한영우는『다시찾는 우리역사』제2전면개정판(2014)부터 아사달문명에 대한 학계의 연구들을 수용하여 동방문화권 대신 아사달문명권으로 바꾸어 부르며 우리 고대역사의 근본 성격을 다시 정리하고 있다. 신용하는 고조선문명이라고 부른다. 신용하. 2019. <고조선문명의 개념과 인류문명사에서의 위치>. 신용하 외. 2019.『왜 지금 고조선문명인가: 21세기 새로운 고조선문명의 탐구』. 나남: 1-53. 임재해는『삼국유사』<고조선조>에 환웅의 신시(神市)국 역사를 매우 소상하게 체계적으로 서술한 뒤 단군의 조선국 역사를 간략하게 덧붙였는데, 아들 단군을 민족의 시조로 하여 고조선을 민족사의 최초 국가로 삼는 것을 비판하면서 아버지의 역사인 환웅천왕과 신시국을 최초국가의 역사로 보고 있다. 임재해. 2018.『고조선문명과 신시문화』. 지식산업사; 임재해. 2019. <신시문화의 정체와 고조선문명의 미래>. 신용하 외. 2019. 위의 책: 57-120.

공동체 지역 및 일본열도 규슈 지방 고조선 이주민 자치공동체 지역 등으로 구성되고, 고조선 최전성기 때의 문명권의 범위는 [그림 3－2]와 같다고 보고 있다.

(4) 동이족 · 조선족에 대한 중국고문서의 시각

중국인들은 조선족을 동이(東夷)라고 불러 구별하였고,[18] 『후한서(後漢書)』, 『논어』, 『풍속통(風俗通)』 등의 책에서 동이에 9종이 있다 하였다. 또 고사(古史)에 의하면, 태고에 흑수로부터 한남에 이르러 9소국이 있어서 각기 그 한 지방을 보전했는데, 견족, 우족, 방족, 황족, 백족, 적족, 현족, 풍족, 양족이 그들이다. 이 구이(九夷)를 단군이 신교(神教)로 교화하였다고도 하고, 숙신(肅愼)이니 옥저(沃沮)니 예맥(濊貊)이니 하는 민족이 있다고도 하였다.[19] 그러나 이들은 모두 조선족의 일파로 언어가 서로 같은 동족이다. 대체로 보아서 "독일인이 게르만 삼림에서 나와서 유럽 각처를 정복하고 정주한 것 같이 조선 민족은 만주 삼림에 머물고 생활하여 깊고 엄한 성질이 있고, 또 사나운 호랑이와 사악한 이리 같은 맹수들에 맞서느라 활쏘기와 같은 무예를 지니고 있었다."[20] 이러한 무예를 바탕으로 도처에서 여러 민족을 정복하여 신주 전체를 자손만대의 기업(基業), 즉 민족국가의 영토로 만들었다.

중국인들은 조선족에 대해 예로부터 매우 친밀하게 생각하고 신선들이 사는 땅으로 생각하여 진시황도 불로초를 구하러 조선족이 살고 있는 동쪽으로 신하를 보냈고, 중국 황제도 외국 사신 가운데 우리나라 사신을 한 단계 위로 예우하였다. 아사달문명권은 중국 황하 중류의 화하문화권(중화문화권), 양자강 이남의 남방문화권, 몽고지방 중심이 북방문화권, 중국 서쪽의 서방문화권과 더불어 5대 문화권의 하나이다. 중국인들은

18) 이(夷)라는 글자는 후한 때 허신이 편찬한 최초의 옥편인 『설문해자』에 '큰 활을 가진 사람', '大弓人'으로 기술했다. 중국인들이 동이라고 한 것은 큰 활을 잘 만들고 잘 쏘는 사람들이란 뜻이다. 실제 동이인 가운데 하나라의 제후가 되어 곡식을 타죽게 만드는 열 마리의 태양까마귀 중 아홉 마리를 쏘아 떨어뜨리고 온갖 요괴를 물리쳐서 백성들을 편안하게 하고 죽은 뒤 신으로 추앙되었다는 산동지방의 예라는 유명한 궁수의 전설은 지금도 그를 그린 벽화와 함께 공자의 고향인 산동성 곡부의 무씨사당에 남아 있다. 고려 시조 주몽이나 조선시조 이성계처럼 우리나라 시조나 명장 중에는 활잘 쏘는 궁수가 많다. 주몽이란 이름도 '활잘 쏘는 사람'이란 뜻이고, 올림픽 양궁 경기에서 우리나라 남녀 선수들이 좋은 성적으로 휩쓸고 있는 것은 이런 유전 인자가 지금까지 이어지고 있는 셈이다.

19) 『논어정의』에서는, "구이란 첫째, 현도, 둘째 낙랑, 셋째 고려, 넷째 만식, 다섯째 부유, 여섯째 소가, 일곱째 동도, 여덟째 왜, 아홉째 천비다"라고 『삼국유사』(2015: 29)에서 밝히고 있다. 『논어정의』는 당나라 태종이 유학자 공영달 등에게 명하여 짓게 한 오경의 해석서로 오경정의의 하나다.

20) 안확. 2015: 46－47.

진과 한에 의해 통일되기 이전에는 동이족과 중원을 차지하기 위한 싸움을 치열하게 치루었다. 황하유역은 조선족과 화하족이 번갈아 지배해 요(화하족), 순(조선족), 하(화하족), 은(조선족), 주(화하족)의 시대로 전개되었다.

중국인들이 조선족을 숭배하고 신비스럽게 여긴 기록들이 많다. 중국의 전설적인 시조인 황제(黃帝)는 지금의 하북성 탁록야에서 비와 구름을 부르는 신통력을 지닌 구려(九黎)의 임금인 치우씨(蚩尤氏)와 치열한 전투를 벌여 큰 곤란을 겪었다. 구려는 구이 즉 동이를 일컫는다. 『귀장역』[21]에서 황제가 치우를 청구(靑邱)에서 죽였다 했으니, 청구는 『천문유초』[22]에서 말한 것 같이 조선이 분명하다. 치우씨는 죽은 뒤 하늘로 올라가 별자리가 되었고 후세인들이 그를 전쟁의 신으로 추앙하였다.[23] 치우의 일은 본래 역사에서 보지 못하니, 태고시절 한족과 동이족이 격전을 치루었음이 분명하다. 순임금도 동이사람으로 요임금을 몰아내고 중국의 천자가 되었다.[24] 창해의 역사 여도령(黎道令)이 장량과 함께 진시황을 공격한 일, 조선 민족 일파인 선비, 요, 금, 만주족 등이 중국의 전 영토를 지배한 일과 같은 사실을 보면 태고 시절에 조선 민족이 한족을 지배한 역사가 길었다는 것을 알 수 있다.[25]

사마천의 『사기』에는 중국인들이 숭배하는 상고시대 인물 가운데 복희씨, 순임금, 고요, 백익 등이 모두 동이족으로 기록되어 있다. 복희씨는 처음으로 고기잡이와 사냥, 목축을 가르쳐주고 팔괘와 문자를 만들었고, 순임금은 요임금의 선양을 받은 성인이며, 고요와 백익은 요임금의 황하 치수를 도와 중국인들에게 큰 업적을 남긴 역사적인 영웅들이다.

중국인들이 항상 이상적인 시대로 생각하는 하, 은, 주의 3대 가운데 하 왕조는 화하족과 동이족이 교대로 지배하였고, 은 왕조는 동이족이 지배권을 장악했다. 그 뒤 기원전 12세기경 주나라가 세력을 동방으로 확장하면서 중국 동북지방의 동이족들이 한반도로 이주하기 시작하고, 은나라의 지배층 일부도 한반도로 건너와 기자조선의 왕이 되었다는 근거로 삼고 있다. 그러나 주나라가 황하 하류지역을 차지하는 과정에 36개 소국을 거느린 동이족 서나라의 강력한 저항을 받았다.

---

21) 『주역』 이전의 易經으로 商나라의 『歸藏易』을 말하고, 참고로 夏나라의 역경은 『連山易』이다.
22) 조선 초기 문신이자 천문학자인 이순지(李純之, 1406~1465)가 편찬한 천문학서이다.
23) 한국인들은 치우씨의 얼굴을 기와나 대문 문고리에 조각해 놓으면 악귀를 물리칠 수 있다고 믿었다. 또한 치우씨를 일명 '독아비'(纛아비: 꿩의 꽁지로 만든 군대의 큰 깃발)로 불렀는데, 이것이 뒤에 '도깨비'로 불리게 되었다.
24) 舜임금이 저풍(諸馮)에서 태어나 동이 사람으로 堯임금을 몰아낸 것은 유지기가 지은 『사통』과 『장자』 및 이태백의 시 등에 있다.
25) 안확. 2015: 44-49.

주나라는 기원전 7세기경부터 여러 제후들이 패권을 다투는 춘추전국시대로 되었는데, 동이족이 많이 살고 있던 한, 제, 노, 연 등 중국 동북지방의 나라들에서 공자, 맹자, 관자, 추연 등 걸출한 제자백가들이 배출되었다. 이 지역이 유가, 법가, 음양가 등의 본고장이어서, 이들의 저술에서도 동이족의 문화와 풍습에 대해 숭상하는 기록이 많다. 공자는 『논어』에서 동이문화를 흠모하여 중국이 잃어버린 예(禮)를 동이로부터 배워야 한다고 하고 심지어 뗏목을 타고 군자들이 살고 있는 조선으로 가고 싶다는 기록을 했고, 맹자도 『맹자』, 『시경』, 그리고 『서경』에서 자신이 직접 살면서 체험한 동이족의 풍습과 문화에 대해 많은 기록을 남겼다.

진나라와 한나라가 기원전 3세기에 중국을 통일하자 동이족의 지배층들은 고조선과 삼한으로 망명해 왔고, 나머지는 대부분 중국인으로 동화되었다. 연나라 위만이 무리를 이끌고 조선으로 왔고, 진한의 조상이 진나라 사람으로 알려진 것이 그 예들이다. 동이족은 중국의 통일로 황하와 회수 유역의 영토를 잃고 만주와 한반도로 밀려나게 되었지만 문화적으로는 우수함을 중국인들도 인정하여 우리민족의 예의바름과 공동체적 협동정신을 칭송하고 군자의 나라로 숭상하게 되었다.[26)]

(5) 고조선의 등장

13세기에 편찬된 일연의 『삼국유사』와 이승휴의 『제왕운기』에서 단군조선을 한국의 최초의 국가로 기록한 이후 조선왕조에서는 정설로 받아들였다. 단군조선을 과학적으로 입증할 만한 고고학 자료가 적고 문헌자료도 신화를 토대로 기록된 것이어서 오늘날 의문을 표하는 학자들이 적지 않다. 단군조선 대신 고조선이란 호칭을 널리 쓰고 있지만, 신화나 문헌 기록도 나름대로 가치가 있고 7백 년 간 정설로 되어 온 단군조선이란 호칭을 쓰는 것도 바람직하다고 본다. 기자조선과 위만조선을 인정하며 단군조선을

26) 한나라 이후에 편찬된 『신이경』, 『산해경』, 『설문해자』, 『한서』, 『후한서』 등에서 동이족에 대해 매우 긍정적으로 기술하고 칭송하고 있다. 동이족은 북방의 동호 혹은 예, 맥, 그리고 남방의 한족으로 나뉘어 독자성을 유지한 동이족인 韓族을 중심으로 예족과 맥족의 주류가 함께 연합하여 단군조선을 건국하고 예족과 맥족의 나머지는 중국에 동화되었다. 동이족은 문화적으로 다소 지방적인 차이가 있었으나 알타이어 계열의 언어를 사용하고 형질인류학상으로는 북몽골족에 속한다. 나머지 몽골족으로는 지나-티베트어를 쓰며 오늘날 중국어를 쓰는 중앙몽골족, 현재 중국 남부, 베트남, 태국, 미얀마 등지에 분포된 남몽골족, 시베리아인, 에스키모인, 아메리카 인디언, 인도네시아인 등을 포함하는 몽골로이드 등을 들 수 있다. 일본은 아이누족, 인도네시아인, 남몽골족, 북몽골족 등 여러 종족이 혼합되어 있는데, 역사적으로 국가를 이끌어온 천황가와 지배층은 대부분 한반도에서 건너간 북몽골인이다. 한영우. 2004: 70-74.

이들과 동열에 놓아 이들 모두를 포함하는 것을 고조선으로 부르거나 기자조선과 위만조선이란 용어를 사용하면서 단군조선은 고조선으로 부르는 것은 한국고대국가를 바르게 호칭하는 것이 아니다.[27] 이것은 실증주의 역사관과 식민사관이 낳은 편견의 일부일 수 있기 때문이다.[28] 우리의 건국신화인 단군신화는 기록에 따라 조금씩 차이가 있으나 『고기』를 인용한 『삼국유사』의 기록이 가장 원형에 가까워 그 기록을 중심으로 살펴보면, 세 가지의 특징을 요약할 수 있다.[29]

첫째, 하늘의 후손임을 자처하는 환인-환웅족이 왕족이 되고, 곰을 토템으로 하는 웅녀족이 왕비족이 되었으며, 단군이 조선을 세운 것이 기원전 2333년이다.

둘째, 조선의 첫 도읍지는 평양성인데, 요서·요동 지방의 평양에서 뒤에 지금의 대동강 유역 평양으로 이동해온 것이라는 주장과 대동강 유역 평양성에서 요서·요동지방으로 이동한 것이라는 두 가지 주장이 공존한다.

셋째, 단군신화에서 나라를 세운 사람들의 주체성, 도덕성, 낙천성 등의 세계관이 반영되어 우리민족은 하늘의 피를 타고난 신성한 민족이라는 천손사상, 중국과 거의 비슷한 시기에 나라를 세웠다는 자부심과 주체성, 나라를 새운 목적이 홍익인간에 두고 있다는 도덕성, 그리고 단군이 1908년이나 장수하고 산신이 되었다는 영혼불멸을 믿는 낙천성 등을 함축하고 있다.[30] 특히 우리민족이 물려받은 주체성, 도덕성, 낙천성은 역

---

27) 고조선은 일반 명사이고 단군조선이나 기자조선 및 위만조선은 고유명사인 만큼 국호는 일반명사가 아닌 고유명사를 사용하는 것이 당연한 일이다. 특히 기자조선과 위만조선은 중국 일부에서 후국이라고 주장하고 여기에 대해 다수는 부인하는 만큼 이들을 단군조선과 동렬에 놓는 것은 부적절하다. 그럼에도 기자조선과 위만조선을 단군조선의 하위 정권 차원으로 보고 이들을 통틀어 단군조선이나 고조선으로 부를 수는 있겠다.

28) 『삼국사기』에서 단군조선에 대해 기록하고 있다. 조선시대 세종대왕은 1429년(세종 11년)에 평양에 단군사당를 세웠고, 세조대왕은 1460년 10월 17일 평양 강동현에 있는 단군릉에 행차하여 국조단군사당에서 친히 제사를 거행하였다. 김성환. 2009. <세조의 평양 순행과 단군묘>. 『한국사학사학보』; 김성환. 2009. 『조선시대 단군묘 인식』. 경인문화사. 북한 역사학계에서 단군릉에 대한 고고학적 연구와 고증, 단군 유골에 대한 탄소연대 측정 등이 시도되고 있는 점에 대해 북한정부의 정치적 이용 등을 이유로 일부 국내 학계가 부정적이나 좀더 신중하게 접근할 필요가 있다. 북한이 "단군은 조선의 건국 시조이며, 그가 세운 첫 노예소유자국가인 고조선은 당시 동방의 광활한 영토를 차지하고 대외적으로 강한 나라로 알려졌다. 단군제례는 개천절을 맞으며 단군릉이나 단군사당을 비롯한 그의 유적이 깃든 곳에서 있었다"고 하면서 단군제례를 국가무형문화제로 새롭게 등록했다고 조선중앙통신이 25일 소개했다고 보도했다. 김지훈. 2016. <북, "단군제례, 무형문화제 새롭게 등록">. 『뉴시스』. 2016.7.25.

29) 일연(김원중 옮김). 2008. 『삼국유사』. 민음사; 한영우. 2004: 75-77에서 요약함.

30) 단군신화의 주인공인 환인, 환웅, 단군을 삼신으로 숭배하는 풍습은 오늘날에도 남아 있다. 예를 들면, 사람의 출산과 질병, 그리고 농사의 풍흉을 비는 삼신께 치성을 드리는 풍속에서 삼신은 환인, 환웅, 단군을 의미하며, 삼신단지에 쌀을 담아두는 것은 삼신이 지금도 살아 있다고 보아 삼신께서

사적으로 잦은 북방족의 군사적 압박과 중국의 무서운 문화적 동화력을 막아내고 우리의 고유문화를 지키는 강인한 정신력이 되었고, 불교, 유교, 기독교, 서양문명 등 외래문화를 적극 수용하면서도 이것을 소화하여 더욱 한 차원 높게 발전시키는 정신적인 원동력이 되었다. 이것에 대해 차례로 살펴보도록 한다.

2. 『삼국유사』로 본 나라의 건국

(1) 『삼국유사』의 고조선 건국 기록

고조선의 건국에 대한 역사적인 기록으로 지금까지 전해 오는 가장 오래된 한국의 역사서는 고려시대 승려 일연(一然)이 쓴 『삼국유사(三國遺事)』이다. 고조선[31]에 관한 『삼국유사』 전체 내용을 모두 인용한다.[32]

> 『위서(魏書)』에 이렇게 말했다.
> "지금부터 2000년 전에 단군왕검(壇君王儉)이 있어서 아사달 (阿斯達)『경(經)』에 무섭산(無葉山)이라 하고 백악(白岳)이라고도 이르는데, 백주 (白州)땅에 있다. 개성(開城) 동쪽에 있다 했으니, 지금의 백악궁(白岳宮)이다.에 도읍을 정하고 나라를 열어 조선이라 불렀으니, 바로 요(堯)임금과 같은 시기이다."
> 『고기(古記)』에 이렇게 말했다.
> "옛날 환인(桓因)제석 (帝釋)을 말한다.의 서자 환웅(桓雄)이 자주 천하에 뜻을 두고 인간세상을 탐내어 구했다. 아버지가 아들의 뜻을 알고는 삼위태백(三危太白)을 내려다보니 인간을 널리 이롭게 할 만하여 환웅에게 천부인(天符印) 세 개를 주어 즉시 내려보내 인간 세상을 다스리게 했다. 환웅이(다스리는데 필요한) 무리 3000명을 거느리고 태백산(太白山) 즉 지금의 묘향산 꼭대기 신단수(神檀樹) 아래로 내려 왔다. 이곳을 신시(神市)라 하고 이분을 환웅천왕이라고 한다. 환웅천왕은 풍백(風伯)과 우사(雨師)와 운사(雲師)를 거느리고 곡식, 생명, 질병, 형벌, 선악 등 인간세상의 360여 가지 일을 주관하여 세상을 다스리고 교화했다. 그 당시 곰 한 마리와 호랑이 한 마리가 같은 굴 속에 살고 있었는데, 환웅에게 사람이 되게 해 달라고 항상 기원했다. 이 때 환웅이 신령스러운 쑥 한 다발과 마늘 스무 개를 주면

드릴 양식을 상징한다. 아기를 낳을 때 삼신밥을 지어드리고, 엉덩이의 푸른 반점을 삼신반점으로 부르고, 무병장수와 풍년을 위해 삼신께 치성을 드리고, 햇곡식을 추수하며 감사하는 뜻으로 삼신주머니(업주가리, 부루단지 혹은 제석주머니)를 만들어 정성껏 보관하는 등의 풍습이 단군신화의 정신을 지금까지 이어온 예들이다.

31) 고려시대 일연이 『삼국유사』를 쓴 같은 시기의 이승휴의 『제왕운기(帝王韻紀)』와 이규보의 『동국이상국집(東國李相國集)』 <동명왕편(東明王篇)>과, 그리고 조선시대의 『세종실록 』<지리지>에도 비슷한 내용이 기록되어 있다.

32) 일연(김원중 옮김). 2008: 19－23.

서 말했다. '너희가 이것을 먹되, 백 일 동안 햇빛을 보지 않으면 사람의 형상을 얻으리라.' 곰과 호랑이는 쑥과 마늘을 받아먹으면서 삼칠일(三七日) 동안 금기했는데, (금기를 잘 지킨) 곰은 여자의 몸이 되었지만, 금기를 지키지 못한 호랑이는 사람의 몸이 되지 못했다. (그러나) 웅녀(熊女)는 혼인할 상대가 없어 매일 신단수 아래에서 아이를 갖게 해 달라고 빌었다. 환웅이 잠시 사람으로 변해 웅녀와 혼인하여 아들을 낳았으니 단군왕검이라고 불렀다.

단군왕검은 당요(唐堯)가 즉위한 지 50년이 되는 경인년(庚寅年)당요가 즉위한 원년이 무진년(戊辰年)이니, 50년은 경인년이 아니라 정사년(丁巳年)이므로 사실이 아닌 듯하다에 평양성(平壤城)지금의 서경(西京)이다에 도읍을 정하고 비로소 조선이라고 불렀다. 다시 도읍을 백악산 아사달로 옮겼는데, 그곳을 궁홀산(弓忽山)어떤 곳에 궁이 방(方)으로 되어 있다 또는 금미달(今彌達)이라고 부르기도 한다. 그는 1500년 동안 백악산에서 나라를 다스렸다. 주(周)나라 무왕(武王)이 즉위하던 기묘년에 기자(箕子)를 조선에 봉했다. 그래서 단군은 장당경(藏唐京)으로 옮겼다가 그 후 아사달로 돌아와 숨어살면서 산신이 되었는데 이때 나이가 1908세였다."

당나라 『배구전(裵矩傳)』에는 이렇게 말했다. "고구려는 본래 고죽국(孤竹國)지금의 해주(海州)이다.이었는데, 주(周)나라에서 기자를 봉하면서 조선이라 했다. 한(漢)나라가(이곳을) 세 군으로 나누어 다스렸는데, 이것이 곧 현도(玄菟), 낙랑(樂浪), 대방(帶方)북대방(北帶方)이다. 이다."

『통전(通典)』에도 역시 이 말과 같다.『한서(漢書)』에는 진번(眞番), 임둔(臨屯), 낙랑, 현도의 네 군으로 되어 있는데, 여기서는 세 군으로 되어 있고 그 이름도 같지 않으니 무슨 이유인가.

한국의 고대국가인 단군조선, 즉 고조선에 대한 가장 오래된 기록인 『삼국유사』는 중국의 역사서인 『위서』와 한국의 『고기』, 그리고 중국 당나라의 『배구전』과 『통전』을 인용하여 기록하고 있다. 『위서』는 약 30종이 있는데, 현재 전하는 『위서』는 진수(陳壽)의 『삼국지(三國志)』의 것과 북제(北齊)의 위수(魏收)가 찬술한 것으로 『후위서』라고도 한다.[33] 다만 당초의 내용 가운데 송나라 때 고조선 관련 내용을 포함한 스물 아홉편이 없어져서[34] 단군에 관한 기록을 현재는 찾아 볼 수 없으나 『삼국유사』는 조위

33) 일연(김원중 옮김). 2008: 21의 미주 2 참조.

34) 우연이나 사고로 이들이 없어졌을 수도 있지만, 송나라는 중국 대륙을 차지하고자 하는 중화주의를 두고 요 및 금나라와 서로 치열하게 전쟁하고 다툴 때이므로 요와 금과의 전쟁에서 고려의 지원을 요청하여 대체로 고려가 송과 연합하여 요와 금에 맞섰으나, 때로는 요와 금의 고려 침략으로 고려가 생존을 위해 중화주의에 반하여 송과의 동맹이 깨어지는 일도 많아, 송에서 의도적으로 『위서』에서 중화주의에 위협이 되는 고조선의 기록을 삭제했을 가능성도 배제할 수 없다. 송나라에 이어 명나라와 청나라 그리고 현재 중국이 노골적으로 고조선 역사를 중국의 지방역사로 왜곡하는 것이 이때부터 시작되었을 가능성이 없지 않다.

시대 왕심의 『위서』를 인용한 것으로 보인다.[35]

『위서』에서의 기록 내용은 첫째, 단군왕검의 조선 개국 연도는 『위서』를 기술한 당시 보다 2,000년이 빠른 시기임을 알려준다.

둘째, 도읍지가 아사달인데 『경』[36]에서는 무섭산이라 하고 백악이라고도 하는데 그 위치는 백주땅이나 개성 동쪽에 있다고 하지만 백악궁이라고 해서 당시에도 아사달의 위치가 여러 개이거나 여러 가지로 해석되고 있음을 보여준다.

셋째, 나라의 이름이 조선이라고 밝히고 있다.

넷째, 단군왕검의 시기가 중국의 태평성대로서 후대의 선망의 대상인 요순시대의 전반부 시작인 요[37]임금과 같은 시기임을 기록하고 있다.

(2) 고조선 건국 기록의 열일곱 가지의 함의

다음으로 『고기』의 내용은 고조선에 대한 『삼국유사』의 핵심적인 내용을 기록하고 있다. 『고기』는 『단군고기』를 말하는 것으로 단군의 사적에 대한 가장 오래된 기록으로 이승휴의 『제왕운기』에는 『단군본기』로 되어 있으나, 불행하게도 『단군고기』와 『단군본기』 모두 전해지지 않고 있다.[38]

고조선의 건국과 국가성격 이해에 『삼국유사』의 내용이 중요하고, 특히 『고기』의 내용을 어떻게 해석하느냐에 따라 고조선의 역사가 크게 달라지기 때문에 위에 인용한 『삼국유사』『고기』의 내용에 대해 하나씩 살펴보도록 한다.

1) 한(환)국시대

첫째, 환인에 대해 『삼국유사』『고기』에서 "옛날 환인(桓因)제석(帝釋)을 말한다."에서 "제석"이란 불교에서 사용하는 '한문과 범어의 결합된 용어로 수미산(須彌山) 정상에 있는 도리천의 임금이란 의미여서 환인이란 천상에서 통치권을 행사하는 하느님'이란 의미이다. 현재 전해지는 『삼국유사』 정덕본(正德本)에는 '환국'으로 되어 있어서, 여기의

---

35) 정인보는 曹魏시대 왕심의 『위서』일 것으로 논증하고 있다. 정인보. 1946. 『조선사연구』. 서울신문사: 34; 신용하. 2010: 145의 각주 2에서 재인용.

36) 여기서는 중국 신화와 전설의 보고인 『산해경(山海經)』을 말한다. 김원중: 21.

37) 『삼국유사』 원문에 '고(高)'라고 쓴 것은 고려 정종의 이름인 '요(堯)'를 피해서 쓴 것이다.

38) 이 때문에 일부에서는 『고기』는 여러 가지 옛 기록을 총칭할 뿐 특정한 책을 가리키는 것이 아니라는 주장도 있다. 이 경우에도 당시 여러 책에 이러한 내용들이 기록되어 있었던 것까지 부정하지는 않아 『삼국유사』 기록의 근거를 부정하지는 않는다.

'환인'은 일제시대 '환국'의 위조·위체자라는 주장과 증거가 제기되어 근본적·본질적 논란이 제기되고 있다. '환국'일 경우에는 단군신화에서 환국이 신화가 아니라 역사가 될 가능성이 크기 때문에 이 주제에 대해서는 면밀한 검토가 필요하여 뒤에서 자세히 다루도록 한다.

둘째, "환인의 서자 환웅이 자주 천하에 뜻을 두고 인간 세상을 탐내어 구했다."에서 "환인의 서자"는 환인의 '여러 아들 가운데 하나'이거나 '환국의 서자라는 직위'[39]라는 해석도 있는데 대체로 '적자와 서자'의 관계보다는 '장자가 아닌 아들인 서자'로 보는 것이 다수설이다. 이것은 한국역사에서 대부분 국가들의 건국자들은 한계인(限界人)이었기 때문이다.

2) 신시시대

셋째, "아버지가 아들의 뜻을 알고는 삼위태백(三危太白)을 내려다보니"에서 "삼위태백"에 대한 해석은 여러 가지로 나뉜다. 태백산으로 보는 입장, 삼위산(三危山)과 태백산(太白山)의 사이에 있는 평평한 넓은 평지라는 입장 등 지명으로 해석하는 입장들이 많다.[40] 그러나 "삼위태백(三危太白)"의 문맥에서 "삼위(三危)"와 "태백(太白)"을 분리하여 "세 가지 위험이 있는 태백산"으로 해석하는 것이 더 타당할 수 있다. 이 부분에 대해 이가원은 "그 아버지가 아들의 뜻을 알고 굽어 살펴 세 가지의 위험이 있음을 발견하였다. 태백산 주변이 ..."라고 해석하여 삼위와 태백을 나누어 풀이하고 있다. 이렇게 인간 세상에 3가지 위험이 있음을 발견한 것이 아들 환웅을 세상에 내려보내는 이유가 되는 것이다.

넷째, "인간을 널리 이롭게 할 만하여 환웅에게 천부인(天符印) 세 개를 주어 즉시 내려 보내 인간 세상을 다스리게 했다." 천부인 세 개는 통치자로서의 정당성과 권위

---

39) 최태영은 환국이 신화가 아니라 역사이고 환웅도 신화가 아니라 '환국의 서자'라는 직책에 있는 역사로서의 환웅이라고 주장한다, 최태영. 2000. 『인간 단군을 찾아서』. 학고재.

40) '삼위(三危)'를 이병도는 '삼고산(三高山)', 고운기는 '세 봉우리가 솟은 태백산,' 김원중은 『서경(書經)』에 나오는 산 가운데 하나인 '태백', 서대석은 '태백'을 보통명사로 보아 '백두산'이라 보고 있다. 일연. 김원중 역. 2008. 『삼국유사』: 22의 주 10과 주 12 참고. 또한 『환단고기』에서는 환국에서 태백산 백산(환웅천황의 이동)과 삼위산 납림동굴 돈황(중국 역사의 시조 반고)으로 한민족과 중국족이 나눠고 한민족이 최초의 배달국을 세웠다고 보고 있다. 계연수 편저. 이기 교열, 이유립 현토. 안경전 역주. 1911(2012). 『환단고기』. 상생출판사(임승국 번역의 『한단고기』와 구별하려 『환단고기』로 이하에서 약칭한다): 204-205. 『상서(尙書)』·『회남자(淮南子)』 등에서는 '삼위'를 중국 서쪽 변방 돈황 남쪽에 있는 산의 이름이라 한다. 『산해경』에서는 삼위산이 조서산 서쪽에 있다고 하고, 『상서』 표주(表注)에서는 융인이 봉우리가 셋이 있는 산을 삼위라고 부른다고 적고 있다.

및 권능을 상징하고, 세 가지 위험과 천부인 세 개와의 관계는 우연인지 아니면 큰 의미가 있는지를 알아볼 필요가 있다. 있다면 천부인은 상징으로서만이 아니라 실질적으로 세 가지 위험을 해결할 수 있는 권능을 행사할 수 있는 통치의 수단일 것이다. 예부터 3은 모든 것, 즉 완전의 숫자를 의미하므로 특별한 의미가 부여될 수 있을 것이다. 하늘과 땅 그리고 이 둘을 연결하는 천신·지신·인신을 상징하거나 제사장·군장·제의-군장을 상징하는 것일 가능성이 크다.

다섯째, "환웅이 (다스리는데 필요한) 무리 3000명을 거느리고 태백산(太白山) 즉 지금의 묘향산 꼭대기 신단수(神檀樹) 아래로 내려 왔다. 이곳을 신시(神市)라 하고 이분을 환웅천왕이라고 한다."는 기록은 환웅이 혼자 오지 않고 세 가지 위험을 해결하고 백성들을 구하기 위한 지배집단으로서 3,000명이나 되는 무리를 이끌고 지금의 묘향산인 태백산 꼭대기 신단수 아래로 내려와 신의 도시인 신시를 열고 환웅이 천왕이 되어 신시개천시대를 열었다는 내용이다.

여섯째, "환웅천왕은 풍백(風伯)과 우사(雨師)와 운사(雲師)를 거느리고 곡식, 생명, 질병, 형벌, 선악 등 인간세상의 360여 가지 일을 주관하여 세상을 다스리고 교화했다."는 기록은 세 가지 위험과도 관련되는 일들을 하기 위해 바람, 비, 구름 등 천재지변으로 백성들이 피해를 입지 않도록 백성의 생명을 보호하고자 자연을 관리하는 풍백, 우사, 운사 등 신하를 대동하고, 백성들이 인간답게 잘 먹고 마시고 평화롭고 건강하게 지낼 수 있도록 하는 곡식, 생명, 질병, 형벌, 선악 등 인간세상의 360여 가지 일을 주관하여 백성들을 잘 가르치고 세상을 잘 이끌었다는 것을 기록하고 있다. 당시로서는 360여 업무로 매우 전문화된 통치조직을 보여준다.

일곱째, "그 당시 곰 한 마리와 호랑이 한 마리가 같은 굴속에 살고 있었는데, 환웅에게 사람이 되게 해 달라고 항상 기원했다. 이때 환웅이 신령스러운 쑥 한 다발과 마늘 스무 개를 주면서 말했다. '너희가 이것을 먹되, 백 일 동안 햇빛을 보지 않으면 사람의 형상을 얻으리라.' 곰과 호랑이는 쑥과 마늘을 받아먹으면서 삼칠일(三七日) 동안 금기했는데, (금기를 잘 지킨) 곰은 여자의 몸이 되었지만, 금기를 지키지 못한 호랑이는 사람의 몸이 되지 못했다."는 기록은 환웅천왕이 땅의 부족인 곰 부족과 호랑이 부족을 두고 단련하고 비교하면서 지배연합을 형성하는 과정을 기술한 것이다. 곰 부족은 환웅천왕의 조건을 잘 인내하고 따르면서 지배연합이 되었지만, 호랑이 부족은 금기사항이나 지켜야 할 일들을 소홀히 하여 지키지 못한 결과 환웅천왕과 서로 뜻이 맞지 않아 지배연합에서 탈락한 것이다. 지금도 출산후 삼칠일(21일)·백일을 지키는 관습이 남아 있는 것은 단군사회의 역사성을 보여주는 예이다.

3) 단군조선

여덟째, "(그러나) 웅녀(熊女)는 혼인할 상대가 없어 매일 신단수 아래에서 아이를 갖게 해 달라고 빌었다. 환웅이 잠시 사람으로 변해 웅녀와 혼인하여 아들을 낳았으니 단군왕검이라고 불렀다."라는 내용은 지배세력으로 편입된 땅의 부족인 웅녀가 왕비족으로 환웅천왕과 혼인하여 더욱 강력한 지배세력의 위상, 즉 다음 천왕의 외족이 되어 확고한 권력기반을 구축하고, 하늘과 땅의 세력의 혼인동맹에 의해 태어난 단군왕검이 더욱 강력한 신분과 권력 기반 위에 통치할 수 있게 되었음을 기록한 것이다. 이것은 왕족과 왕비족이 새로운 왕족으로 이어지고 왕비족과 제후족이 지배세력·지배연합을 형성하여 계속 통치세력의 대를 이어감을 보여주는 것이다.

아홉째, "단군왕검은 당요(唐堯)가 즉위한 지 50년이 되는 경인년(庚寅年)당요가 즉위한 원년이 무진년(戊辰年)이니, 50년은 경인년이 아니라 정사년(丁巳年)이므로 사실이 아닌 듯하다에"라는 의미는 단군왕검은 당나라 요임금이 즉위한 지 50년 되는 경인년이 아니라 정사년이라는 뜻이다. 일연은 『고기』의 단군조선 개국 연도에 대한 기록이 당요 50년과 경인년에 혼선과 착오가 있음을 지적하고 있다. 당나라 요임금을 기준으로 즉위 50년이면 정사년으로 기원전 2308년이어서 사실이 아니고, 경인년이면 즉위 25년이어서 기원전 2333년이 되는데 당요 즉위 '50'년은 혼동할 수 있으나, '경인년'을 착각하기가 쉽지 않으므로 단군조선 개국 연도는 이것이 사실이라는 점을 강조하고 있다.[41]

열 번째, "평양성(平壤城)지금의 서경(西京)이다에 도읍을 정하고"라는 기록은 일연 당시의 서경인 평양성에 도읍을 정하였다는 역사적인 사실을 기록한 것이다. 평양성이 어디인지에 대해서는 『삼국유사』의 기록과 정약용·신용하·윤내현 등은 지금의 평양으로 보고 있으나, 신채호와 정인보는 '요동의 해성(海城)'으로 보고, 리지린은 '요녕성의 개평(蓋平)'으로 보는 등 학자들 사이에 주장이 갈린다. 『위서』와 『경』에서는 아사달을 무섭산·백악·백악궁으로 여러 개로 보고 있고, 『환단고기』는 현 흑룡강성 하얼빈의 송하강 아사달이라 보고 있다. 현재는 개평현과 해성현 서남쪽을 아우르는 지역을 고조선 초기의 중심지로 보는 주장이 유력하다.

열한 번째, "비로소 '조선'이라고 불렀다."라는 것은 건국의 모든 과정을 마치고 완성된 국가의 이름을 공식적으로 '조선'이라고 불렀음을 기록한 것이다. 조선이란 국호의 뜻에 대하여서는 여러 가지로 설명이 되고 있다.

---

41) 『삼국유사』·『제왕운기』·『죽서기년』·『상서대전』 등을 근거로 기록된 단군조선의 건국 가능연도는 서기전 2622년·2357년·2333년·2325년·2311년·2284년·2308년 등인데 서기전 2333년이 현재 통용되고 있다. 윤내현. 2015 상: 388-393.

열두 번째, "다시 도읍을 백악산 아사달로 옮겼는데, 그곳을 궁홀산(弓忽山)어떤 곳에 궁이 방(方)으로 되어 있다 또는 금미달(今彌達)이라고 부르기도 한다."는 것은 조선의 도읍이 백악산 아사달로 옮겼는데, 그곳을 궁홀산 또는 방홀산 또는 금미달 등의 서로 다른 이름으로 다양하게 불리고 있음을 보여준다. 그것은 실제로 장소의 이름이 다양하게 불릴 수도 있고, 아니면 실제 옮긴 장소가 여러 곳 가운데 하나일 수도 있는데 어느 곳인지 확정짓지 않은 경우일 수도 있다. 이것은 1908년 동안 지배세력의 권력이동을 통해 수도를 여러 차례 천도했음을 의미하기도 한다.

열세 번째, "그는 1500년 동안 백악산에서 나라를 다스렸다."는 것은 단군왕검 한 사람이 아니라 여러 명의 단군이 평양성에서 천도한 두 번째 수도인 백악산 아사달에서 1500년 동안 다스렸음을 의미한다. 백악산 아사달에 대한 위치 비정에도 학자들 사이에 의견이 갈린다. 현 길림성 장춘이라는 설과 첫 도읍지인 평양성에서의 통치 기간에 대한 언급은 없이 백악산 아사달에서 1500년을 다스렸다는 기록은 평양성에서의 통치 기간을 제외한 것으로 보아야 하나 포함한 것으로 볼 수도 있다. 다만 왜 평양성에서 백악산 아사달로 도읍을 옮겨 통치하였는지에 대한 설명은 없으나 부족연합국가인 국가의 영토확장이나 주변국과의 전쟁, 그리고 고조선의 국왕·통치집단의 교체와 관련되어 그들의 근거지 혹은 지배연합 참여부족의 수도로 이전했을 가능성이 크다. 특히 한맥·예맥족 혹은 한·예·맥족이 지배연합을 구성하여 고조선을 건국하고, 맥족이 지배족이 된 후 예족에게 권력을 빼앗기며 잦은 천도를 하였다. 이것이 이어져서 고조선 맥족의 후예인 고구려와 백제 등이 서로 다른 이유로 많이 천도한 반면, 예족의 후예인 신라·가야·고려·조선은 천도하지 않은 것에서도 지배세력의 정치적 성향이 전수된 것으로 볼 수 있다.

열네 번째, "주(周)나라 무왕(武王)이 즉위하던 기묘년에 기자(箕子)를 조선에 봉했다."라는 기록에 대해서는 의견이 많이 나뉜다. 기자는 은나라의 현인으로서 은나라가 망하고 주나라 무왕이 권력을 잡아 주나라를 건국하자 기원전 12세기 동쪽으로 도망하여 동족인 조선에 들어와 기자조선을 장악하고 팔조금법(八條禁法)을 가르쳤다는 근거가 되는 내용을 기록한 것이다. 여기에 대해 중국에서 은나라가 망하고 주나라가 등장하는 과정에 권력투쟁에서 밀려난 세력인 기자가 조선에 오지 못하고 주나라 변방에 있어서 조선과는 무관하다는 설, 기자가 조선의 한 지방으로 밀려 왔다는 설, 기자는 못 오고 기자의 후손인 기자족이 조선의 한 지방으로 왔다는 설, 기자가 조선에 와서 권력을 잡고 단군은 권좌에서 밀려났다는 설, 기자가 조선의 후국인 번한의 왕이 되었다는 설 등 다양하다.

어떤 경우이든 지금 여기에서의 기록은 중국 중심의 중화주의적인 사상이 반영된 결과라는 것이다. 조선시대에는 중국에 대한 사대주의가 강하여 기자조선을 높이 평가하고, 일제강점기에도 고조선의 북쪽은 중국의 식민지, 남쪽은 일본의 식민지로서 임나일본부 설치 등을 주장하기 위하여 기자조선을 강조하였다는 설 등이 다수설이다. 여기에 대해 평양에 기자의 능과 사당이 있고 조선 시대에 기자사당에서 기자를 모시는 제사를 올렸다는 점을 강조하면서 기자조선의 실체를 중시하는 입장도 있다. 그러나 이와 비슷한 내용이 중국 『사기』 <조선열전> 에도 나오지만 중국의 사료에도 각기 사실이 서로 모순되고 시대가 맞지 않아 광복 이후 우리나라에서는 여기에 대해 부정하는 입장이었다가 그 뒤 다양한 입장이 공존하게 된 것이다. 이것에 대해서는 뒤에서 더 논의하도록 한다.

열다섯 번째, "그래서 단군은 장당경(藏唐京)으로 옮겼다가 그 후 아사달로 돌아와 숨어살면서 산신이 되었는데 이때 나이가 1908세였다."라는 것은 기자조선이 백악산 아사달을 장악하자 단군조선은 황해도 구월산 기슭과 만악산에 있던 땅인 장당경으로 도읍을 옮겼다가 다시 아사달로 돌아와서 1908년이 되도록 다스렸다는 점을 기록하고 있다. 여기에서 단군조선은 세 번째 수도인 장당경 아사달로 옮겼다가 네 번째 수도인 아사달로 천도했다는 점을 기록하여 단군조선이 네 차례나 도읍을 옮겼음을 확인하고 있다. 장당경의 위치에 대해 대릉하지역이라는 주장과 현 요령성 개원이라는 주장이 나뉘고, 마지막 아사달도 평양 아사달이라는 주장과 백악산 아사달이라는 주장이 나뉜다.

또한 단군이 아사달로 돌아와 1908년까지 숨어 살면서 산신이 되었다는 것은 단군조선의 건국 후 네 차례나 도읍을 옮기고 통치세력의 교체를 겪으면서도 1908년이라는 긴 기간 동안 지속하였고 그 이후에도 불사신인 산신과 같이 단군조선은 소분립과 대분립으로 이어졌음을 기록하는 것이다. 이것은 한맥족·예맥족, 한족과 맥족, 그리고 예족이 서로 합치고 경쟁하면서 통치세력을 형성하고 3한체제와 3조선체제를 거치면서 중국 등과 전쟁을 하며 치열하게 영토를 확장하고 지켜오면서 수도를 옮기는 정권변동과 국가변동을 거쳐 고조선이 1908년이나 지탱해 온 것을 함축적으로 기록한 것이다. 이때에도 단군부터 열국 초기 1908년 동안 상고 소분립 시대에 단군조선이 여러 분국으로 소분립시대를 지냈기 때문에 '숨어 살면서'라는 표현을 장당경에서도 계속되었음을 주장하는 학자도 있다.

『규원사화』, 『단군세기』, 『단기고사』 등에 따르면 고조선은 3한체제와 3조선체제를 통해 그 기간 동안도 단군의 통치가 계속되었음을 보여주고 있다. 47명의 단군의 이름이 『규원사화』와 『단군세기』, 『단기고사』 등에 기록되어 있는데 이 책들에 대해 위서라는 주장과 위서가 아니라는 주장이 나뉜다. 일본인 식민사학자들과 고조선의 역사를 좁게 소극적으로 해석하는 학자들은 위서라고 보고, 반대로 고조선의 역사를 적극적으로 해석하는 학자들은 『규원사화』는 위서가 아니라 신뢰할 수 있다는 입장이고 『단군세기』가 실려 있는 『환단고기』는 일부분이라도 신뢰할 수 있는 부분이 있는지를 적극적으로 연구해야 한다는 입장이다.

또한 산신이 되었다는 점은 단군의 영생불사사상으로 단군이 한인, 한웅과 더불어 삼신이 되었음을 의미하는 천인합일의 낙천성을 보여주는 것이다. 여기에서 1908년은 단군왕검의 개국년도인 기원전 2333년에서 44세 단군 구물이 조선이라는 나라 이름을 대부여로 바꾼 기원전 425년을 제하면 나타나는 숫자이다. 단군조선 47세 단군 고열가까지 이어지고 기원전 248년에 몰락했지만 44세 단군 구물은 우화충의 쿠테타를 진압한 백민성의 욕살로서 44세 단군이 되어 단군왕검의 혈통과는 무관하여 『삼국유사』의 기록이 근거가 있음을 입증하는 것이라 볼 수 있다.[42)]

열여섯 번째, "당나라 『배구전(裵矩傳)』에는 이렇게 말했다. '고구려는 본래 고죽국(孤竹國)지금의 해주(海州)이다.이었는데, 주(周)나라에서 기자를 봉하면서 조선이라 했다. 한(漢)나라가 (이곳을) 세 군으로 나누어 다스렸는데, 이것이 곧 현도(玄菟), 낙랑(樂浪), 대방(帶方)북대방(北帶方)이다.이다'"에 대해서는 나누어서 살펴보자. 이 내용은 『당서(唐書)』에 열전이 실려 있는 당나라 고조 때 사람 배구의 전기인 『배구전』의 내용으로 한국의 역사를 중국 당나라의 시각에서 기자동래설과 한사군 가운데 세 곳에 대해 기록하는 것을 인용하고 있다.

고구려는 당시의 해주였던 고죽국[43)]이었는데, 주나라가 기자를 보내어 왕으로 봉하여 기자조선이 되었다는 기자동래설의 내용이다. 다음으로 한사군에 대해서는 뒤에 인용하는 『통전』의 내용과 서로 다른 점을 부각시키고자 하는 의도가 보인다. 이 점에 대해서는 뒤에서 논의한다.

열일곱 번째, "『통전(通典)』에도 역시 이 말과 같다. 『한서(漢書)』에는 진번(眞番), 임둔(臨屯), 낙

---

42) 단군조선의 47세 단군의 이름을 『단군세기』, 『단기고사』, 『규원사화』가 거의 동일하게 다루고 있으나 단군왕검의 1908년의 기간은 『단군세기』에서만 찾아낼 수 있다. 임승국 번역·주해. 2006. 『단군세기』, 『한단고기』. 정신세계사(이하 『한단고기』로 표기하여 안경전 역주의 『환단고기』와 구별함): 114.

43) 고죽국은 "발해만 연안 난하 중류유역에 설치된 처음에는 고조선의 직령지로서 대릉하 유역의 조양(朝陽) 지방과 함께 고조선에서 파견된 고추가(古鄒加)의 통치지역이었다가 후에 중앙 정부의 지배력이 약화된 시기에는 후국처럼 되었다." 황봉기 주편. 1986. 『조양사화』. 요녕인민출판사: 18; 『통전』 권 178, 영주조; 신용하. 2010: 269－271. 이 기록은 기자가 고조선 본국이 아니라 고죽국이라는 후국을 지배했음을 밝히고 있어서 기자동래설을 도리어 약화시키거나 부정하는 셈이다.

랑, 현도의 네 군으로 되어 있는데, 여기서는 세 군으로 되어 있고 그 이름도 같지 않으니 무슨 이유인가."라고 하여 한사군의 숫자와 이름이 서로 달라 사실이 아닐 것이라는 것을 강조하는 저자 일연의 의지가 보인다. 당나라 두우(杜佑)가 편찬한 중당(中唐)이전의 정치제도에 관한 책으로 선거, 예악, 관직, 식화(食貨), 병형(兵刑), 주군(州郡), 변방(邊防) 등을 다룬 『통전』에서는 "현도(玄菟), 낙랑(樂浪), 대방(帶方)"이라는 세 곳으로 『배구전』과 같이 기록하고 있는데 『한서(漢書)』에는 진번(眞番), 임둔(臨屯), 낙랑, 현도의 네 군으로 되어 있고 그 이름도 같지 않으니 무슨 이유인가라고 강하게 의문을 제기하여 한사군의 존재에 대해 강하게 부정하고자 하는 의도를 보이고 있다.

이처럼 고조선의 역사에 대한 기록으로 가장 오래된 것으로 중요하게 인정되고 있는 『삼국유사』는 다양한 의미를 지니고 큰 역사적인 기록으로서의 역사성을 지니는 것으로 평가되고 있다. 『삼국유사』를 중심으로 다양한 학설들이 제기되어 왔다. 이들을 차례로 검토하도록 한다.

『삼국유사』의 기록을 위시하여 『세종실록』<지리지> '평양부조'나 권람의 『응제시주』 '시고개벽동이주(始古開闢東夷主)'조 등의 '옛 기록'을 종합하면, 단군조선의 건국, 환국·환인·환웅·단군왕검·삼위태백·천부인·태백산·신시·풍백·우사·운사·곰·맥족·호랑이·예족 등 건국의 핵심사항에 대해 기록하고 있다. 특히 이례적으로 고조선이 네 차례나 도읍을 옮긴 사실, 공식적으로는 1908년을 지속했다는 점, 기자와 위만조선·한사군에 대한 언급 등 고조선 역사의 중요한 사항에 대해 짧지만 거의 빠짐없이 기록하고 있어서 이들에 대한 자세한 규명이 필요함을 우리들에게 과제로 제시하고 있다. 이들에 대해 하나씩 차례로 검토하고자 한다.

3. '석유환국'이냐 '석유환인'이냐?

(1) 『삼국유사』의 변조설

『고기』를 인용한 『삼국유사』의 기록은,

첫째, "석유환인(昔有桓因)"이냐 "석유환국(昔有桓國)"이냐라는 논쟁의 결과에 따라 기록의 성격이 근본적으로 달라진다. "석유환인(昔有桓因)"일 경우에는 "옛날에 환인이 있었다"라고 하여 신화에 가깝지만 "석유환국(昔有桓國)"일 경우에는 "옛날에 환국이 있었다"라고 하여 신화로서 보다 역사로서의 성격을 더 많이 지니기 때문이다. 이것은 환국의 신시시대와 환웅의 배달시대가 역사냐 신화냐를 결정하는 매우 중요한 근거가 된다.

현재 국내에서 소개하고 있는 『삼국유사』의 번역·해설서 20종 가운데 "석유환인(昔有桓因)"으로 해설하는 책이 15종이고, "석유환국(昔有桓國)"으로 보는 책이 5종이다.[44] 왜 "환인"으로 보는 책이 여러 종이고 "환국"으로 보는 책을 최남선 정도뿐일까? 이것을 알기 위해서는 『삼국유사』에 대해 더 알 필요가 있다.

『삼국유사』는 고려시대 후기 승려 일연(一然, 1206~1289)이 쓴 역사책으로 제목은 저자가 직접 붙인 것이고, 사후에 제자 무극이 1310년대에 책으로 간행했다. 이 책은 전해지지 않으나 필사본과 재간행된 목판본, 영인본, 활자본 등 여러 가지 판본으로 지금 남아 있다.[45] 이 가운데 가장 많이 사용되고 있는 목판본은 조선 중종 7년(1512년) 경주 부윤 이계복이 성주 목사 권공 주(權公 輳)로부터 구해[46] 간행한 중종 임신본(中宗壬申本) 또는 임신본이며, 이것을 당시 중국 무종의 호를 따 정덕본(正德本)[47]이라고 부르기도 한다. 이 책에서는 중국 기준인 정덕본 대신에 우리나라 기준인 임신본으로 부르도록 한다.

이러한 과정을 겪으면서 어렵게 보존되어 온 『삼국유사』의 원문에 대한 논란이 있는

44) "석유환국"으로 표기한 『삼국유사』는 최남선 등의 5종이다.; 최남선. 1946. 『증보 삼국유사』. 민중서관; 최남선. 1946. 『신정 삼국유사』. 삼중당서점; 민족문화추진회. 1973. 『한국고전신서1－삼국유사』. 민족문화추진회; 『원문삼국유사』. 1993. 명문당; 중앙승가대학 불교사학연구소. 1994. 『일연과 삼국유사』. 전17책 중 3책. 불교사학연구소. 반면에 "석유환인"으로 표기한 『삼국유사』는 이병도 역, 성은구 역, 박석봉·고경식 역, 도올 김용옥 교감, 김봉두 편역, 이민수 역, 리가원·허경진 역, 권혁률 역, 이재호 역, 노중국 역주, 조운찬 교열, 김원중 역, 하정룡 교감, 한국정신문화원 등의 15종이다. 이 가운데 김원중 역의 책 등에서는 "현재 전해지는 『삼국유사』 원본인 임신본(壬申本) 또는 정덕본(正德本)에는 환국(桓國)이라고 되어 있는데, 일제 시대에 '환인'으로 날조했다고도 한다. 환인이란 하느님을 가리킨다"라고 주를 다는 경우도 늘어나고 있다. 김원중 역: 22의 주 8 참조.

45) 『삼국유사』의 현존하는 판본은 14세기 말 간행된 고판본(권 3~5, 개인소장)과 임신본(정덕본, 권 1~5 완본, 서울대학교 규장각 소장)은 국보로 지정되어 있고, 나머지 고판본(권 2, 성암고서박물관 소장; 권 4~5, 부산 범어사 소장)과 임신본(권 4~5, 고려대학교 도서관 소장)은 각각 보물로 지정되어 있다.

46) 『삼국유사』 임신본이 고판본 가운데 어느 것을 저본(底本)으로 했는지를 밝히면서 이 책을 몇 년간 구하지 못하다가 성주 목사로부터 구하였음을 발문에서 밝히는 데, 『삼국유사』가 간행 200년 뒤인 조선시대에 경주 부윤도 구하기 어려울 정도로 귀한 책이었음을 보여준다. 그것은 고려 말에서 조선 중기까지 200년 동안 여러 차례 역사서들을 거두어들이거나 관리하였음을 보여주는 것이라 할 수 있다.

47) 이것은 고려 중종 때가 명나라 무종 때라서 무종의 연호인 정덕(正德)을 사용하여 정덕본이라 하는 것이다. 그만큼 고려 후기 이후 특히 조선시대에는 우리나라의 기준 보다는 중국의 기준을 더 중요하게 여겼음을 방증하는 것이다. 따라서 이 책에서는 가능하면 정덕본 보다는 임신본으로 사용하도록 한다.

것은 일제시대 『삼국유사』 임신본 원본에 대한 변조가 이루어졌기 때문이다. 일제는 고조선 역사를 부정하기 위해 대대적인 공작을 펼쳤다. 그 하나가 『삼국유사』 임신본 원본에 있는 "석유환국(昔有桓國)"을 "석유환인(昔有桓因)"으로 조작한 일이다.[48]

2001년 대한민국 정부 일본역사교과서왜곡 대책반장 성삼제 등이 이 조작 사실을 최태영으로부터 듣고 조선사편수회 회의록에서 확인한 내용이다. 최남선 등에 의하면, 국보급 문화재인 『삼국유사』 임신본이 일제강점기에 변조되었는데 그 조작은 조선사편수회의 핵심 인사인 이마니시 류가 주도했다. 조선총독부가 고조선 역사를 말살하는 과정에 본문 글자에 덧칠하여 다른 글자로 변조한 것이다. 당시 조선사편수회에 참여하고 있던 최남선이 그 사실을 알고 편수회 제6차 위원회 공식회의에서 문제를 제기하고 울분을 토하면서 강하게 항의하였으나 묵살되었다. 당시 조선사편수회 회의록에 기록된 최남선의 발언 내용이다.[49]

> 『단군고기』는 광범한 고기록을 지극히 간략하게 요약하여 놓은 것이므로 그 편언척자片言隻字에도 중대한 의미가 내포되어 있는 것이다. ... 그러므로 가령 한 자의 잘못이 있다 할지라도 그것이 전문全文의 해석상 미치는 영향은 지극히 크다. 『삼국유사』의 『단군고기』 중에 석유환국昔有桓國이라고 되어 있던 것을 석유환인昔有桓因이라고 고친 천인賤人 이마니시 류(今西龍)의 망필妄筆을 인용한 것이 바로 그 하나이다.

최남선과 신채호가 생전에 변조사실을 입증하기 위해 『삼국유사』 임신본 원본을 보고자 했으나 실패했다고 한다. 신채호는 "10년을 두고 『삼국유사』를 좀 보았으면 하였으나 불가득不可得하였다"고 한탄했다고 한다.[50] 신채호는 그럴 수 있다. 그러나 최남선은 『삼국유사』 임신본 원본을 일별이라도 하여 변조사실을 확인했을 것으로 본다. 다만 잠시 보고 확인한 것을 사진이나 원본 확보를 통한 증거보존은 못한 것이 아닐까 추측할 수 있다. 왜냐면 당시 조선총동독부가 일본제국주의 본국의 강력한 정책으로 조

---

48) 1920년대 한국사 왜곡에 나선 일본인들이 『삼국유사』 정본의 '환국'을 '환인'으로 변조하고 이를 정본처럼 내세워 단군을 말살하기에 이른 것이다. 군청을 동원하여 환국으로 표기된 책을 비기, 역사서들을 빌리는 형식으로 취해 다 걷어 들여 없앴다. 총독부의 분서 당시 교토대학으로 운반된 『삼국유사』에서 석유환국은 석유환인으로 변조되어 있었다. 일본 학자들도 이를 인정한다. 환국 부분을 환인으로 가필한 흔적이 역력하다.

49) 최남선 선생의 공식 항의기록에 대하여서는 『조선사편수회 회의록』; 최태영. 2000. 『인간 단군을 찾아서』. 학고재; 성삼제. 2016: 161에서 재인용. 『조선사편수회 회의록』은 200부 한정판으로 출판한 것을 최태영이 어렵게 입수하여 공개한 것이다.

50) 문정창(1966). 『단군조선사기연구』. 백문당.

선역사 말살작업을 추진하였고, 그 핵심 도구로 조선사편수회를 구성하고 권력최고위층의 강력한 명령으로 추진하던 강압적인 분위기에서 운영하던 조선사편수회 공식회의에서 피식민지 출신 인사가 증거도 없이 이마니시 류와 같은 편수회 핵심인사를 공격하는 발언을 할 수 없었을 것이기 때문이다. 이러한 변조 사실을 알고도 묵인하거나 마음속으로만 저항하는 경우가 많았을 텐데 공식회의에서 그것도 특정인을 지명하여 역사변조의 주범으로 거명하는 일은 본인이 직접 확인하거나 확실한 증거 없이는 불가능한 일이다.

어떤 경우이든 조선총독부가 『삼국유사』 임신본을 특별히 비밀문서로 관리했거나 조선사편수회 일본인 학자들만이 소재를 알고 있었던 것 같다.[51] 『삼국유사』의 변조에 대해 광복 후에는 1960년대에 문정창, 최태영 및 섬삼제 등이 주장했다.[52] 최태영은 석유환국이 진본임을 알려주는 원본 자료와 후속서로서 황의돈의 소장본, 송석하의 소장본, 도쿄대학 발행본, 조선연구회 발행본, 최남선의 『신정 삼국유사』 등이 있음을 밝히고 있다.[53] 특히 성삼제는 대한민국정부를 대표하는 공식 역사대책반장으로서 집요하게 『삼국유사』의 원본과 영인본 및 일본의 인쇄본을 국내는 물론 일본과 해외의 사료 현장까지 답사하여 여러 가지의 실증자료를 수집하고 이들을 체계적으로 비교・검증하여 일본이 한국의 국보급인 『삼국유사』를 조작한 증거를 밝히고 있다. 성삼제가 그의 책, 『고조선 사라진 역사』에서 제시하고 있는 『삼국유사』의 기록을 조작한 주요 증거들 가운데 일본 교토대학에서 발행한 영인본과 동경제국대학에서 발행한 『삼국유사』를 비교하면 [그림 3-3]과 같다.[54]

이러한 증거들로 볼 때 일본의 『삼국유사』 변조는 단순히 글자 하나를 바꾸는 것이 아니라 한국고대국가의 존재를 부정하는 것이 된다. 이것은 '환국이 신화냐 역사냐?' 그리고 그 연장선상에서 '단군이 신화냐 역사냐'가 결정될 만큼 중요한 사건이다. 글자 하나로 이렇게 엄청나게 큰 차이를 가져올 수 있는 사실을 발견한 그 자체만으로도 매우 두려운 생각이 든다. 실증사학과 근대사학을 내세운 이마니시 류와 일제식민사학자들의 치밀함과 예리함 그리고 무모함과 야만성이 가져온 한국고대사와 한국역사 전반에 대한 교묘한 왜곡만행의 영향이 어느 정도일지가 두렵기 때문이다. 최남선과 최태영, 그리고 성삼제와 같은 학자들의 노력이 없었다면 '천인 이마니시 류의 망필'을 밝혀내

51) 성삼제. 2016: 161.
52) 문정창. 1966. 『단군조선사기연구』. 백문당; 최태영. 2000. 『인간단군을 찾아서』. 학고재; 성삼제: 159-195.
53) 최태영. 2000. 앞의 책.
54) 성삼제. 2016: 159-195 가운데 168과 175 재인용.

그림 3-3 '석유환국'을 '석유환인'으로 조작한 증거들

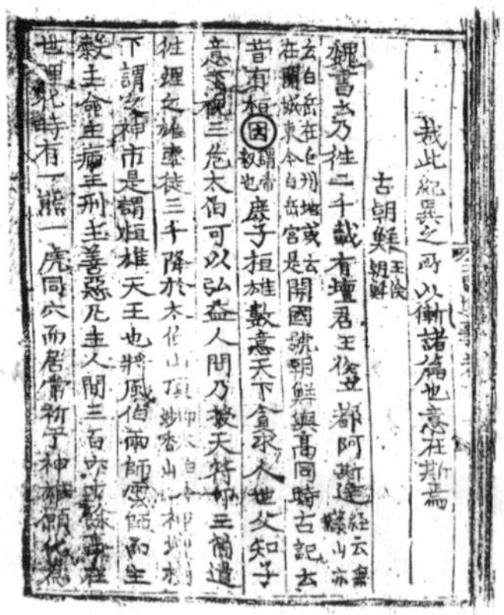

1921년 교토 대학에서 발행한 《삼국유사》 영인본.
○안의 글자는 국(国) 자에 덧칠해서 인(因) 자로 만든 흔적이 보인다.

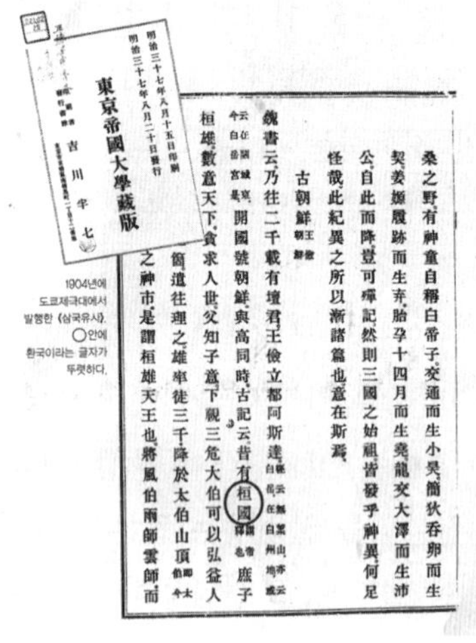

1904년에 도쿄제국대에서 발행한 《삼국유사》. ○안에 환국이라는 글자가 뚜렷하다.

출처: 성삼제. 2016: 159-195 가운데 168과 175 재인용.

지 못했을 것이다. 이러한 식민사학자들의 잔재는 곳곳에 숨어 있고 그 결과로 “고조선 사라진 역사”가 된 만큼, 고조선 역사를 되찾는 일이 한국 사학자는 물론 사회과학자와 모든 과학자들에게 주어진 임무이다.

“석유환국(昔有桓國)”은 “옛날에 환국이 있었다”인데 이것을 “석유환인(昔有桓因)”으로 변조하여서 “옛날에 환인이 있었다”라고 바꾸어 단군조선 이전에 있었던 환국의 존재를 부정하고 단순하게 환인이라는 개인이 있는 것으로 환국의 역사를 부정하는 것이다. 이것은 단군조선의 근거를 환국이 아니라 개인 환인으로 치환하여 국가 건국의 정당성을 약화시켜 부정하고자 하는 일이다.

이러한 의미를 지니는 글자 변조 문제에 대해 대부분의 학자들은 무시하거나 도리어 적극적으로 부정하는 입장을 취해왔다. 이것뿐만이 아니라 『삼국유사』를 번역한 대부분의 학자들은 변조설을 외면하고 환인으로 소개하고 있다. 최근 일부 번역자들이 각주에서라도 언급하는 경우가 있지만 그러한 사실을 언급조차 하지 않은 책들은 적극적이건 소극적이건 변조설을 부인하는데 동조하는 것을 의미한다.

이병도, 신석호 등도 편수회에 참여했으나 이 사실에 대해 항의했다는 기록이 없다. 변조 기록을 보지 않아서인지 아니면 보고서도 모른 채 무시한 것인지는 알 길이 없다. 다만 조선사편수회 공식회의에서 같은 민족인 최남선이 강력하게 항의하고 문제를 제기했는데 그 회의에 이병도 · 신석호 같은 편수위원들이 그 자리에 같이 참석했는지는 불확실하다. 참석해 있었다면 동조발언을 하거나, 부인하는 발언을 하거나 아니면 묵묵하게 있었을 것이다. 참석하지 않았다면 다음 회의에서 발언할 수도 있었을 것이다.

『삼국유사』가 국내에 번역 · 소개된 20종 가운데, 이병도를 포함한 15종의 『삼국유사』는 석유환인으로 표기되어 있고, 석유환국으로 표기한 책은 최남선이 번역한 두 권 외에는 3종일뿐이다. 이것은 한국 역사학계가 이 논란 자체를 모르고 무시하거나 아는 경우에는 석유환국보다는 석유환인을 수용하고 있음을 보여준다. 역사학계의 다수 학자들이 석유환인을 믿고 『삼국유사』 변조 자체를 모르거나 알더라도 변조설을 "재야에서 하는 소리"로 치부하여 무시 · 외면하거나 심지어는 적극 부정하는 반응까지 보인다.[55]

석유환인이 석유환국을 변조한 것이 사실로 거의 확인되고 있다. 결론적으로 확인이 된다면 고조선 역사를 다양한 차원에서 전면적으로 새롭게 재해석해야 할 일이 일어날 수 있다.

첫째, 석유환국이 사실로 확인이 되면 단군신화로 알려진 『고기』의 앞 부분도 신화가 아니라 역사적 사실의 은유적인 기술로 해석될 수 있다. 고조선의 개국 이전에 환국이 신시에 초기 국가를 유지해 오다가 배달시대 마지막 환웅이 단군왕검으로 되는 것을 나타내는 것으로 해석될 수 있다. 환국이 읍락국가나 부족국가의 형태일 수도 있다.[56] 이것은 일제가 국보로 지정된 문화재인 『삼국유사』까지 변조하면서 고조선 시대 이전의 환국의 존재를 부정하여 고조선을 신화로 만들어 한국고대사를 말살하려는 의도가 숨어 있는 것을 확인할 수 있는 것이다.

(2) 환국에 대한 『삼성기』의 기록

석유환국이 인정되면 『고기』와 『삼국유사』의 기록의 역사성이 높아지는 것이다. 환국에 대해 기록하고 있는 『삼성기』에 대한 신뢰도 그만큼 더 높아진다. 그동안 학계에

55) 이도학은 "『삼국유사』에 환국으로 기재되어 있는 것을 환인으로 변조했다는 주장이 있으나 환국의 존재는 허구"라고 주장한다. 이도학. 2001. 『한국고대사, 그 의문과 진실』. 김영사.

56) 이병도 · 최태영과 윤내현은 환국인 환인시대를 구석기시대의 무리사회(band society), 환웅시대를 전기신석기시대의 마을사회(tribal society), 그리고 환웅과 웅녀의 결혼시대를 후기 신석기시대의 고을나라(chiefdom society)로 보고, 단군조선 시대를 청동기시대의 고조선(state society)으로 규정한다. 이병도 · 최태영. 1989. 『한국상고사 입문』. 고려원; 윤내현. 2014. 『우리 고대사, 상상에서 현실로』. 만권당; 윤내현. 2015. 『고조선연구-상』. 만권당.

서 위서라고 취급하던 『삼성기』가 환국과 환인의 관계에 대해 소상하게 기술하고 있기 때문이다. 『삼성기』에 따르면 환인은 환국의 천제이고 천제한인이 다스리는 나라가 환국이다. 『삼성기』의 내용을 오해하고 환국과 환인이 같다고 해석하는 성삼제의 설명은 잘못된 것이다.[57)]

성삼제는 『한단고기』에 있는 『삼성기』를 인용하면서 "여기서 '환국을 가리켜 천제환인이라고 불렀다桓國是謂天帝桓因'는 것은 환국을 신의 호칭으로 본다는 의미이다."라고 설명하고 있으나 이것은 『삼성기』의 내용을 착오로 잘못 해석한 것이다.
『삼성기』의 기록을 직접 인용한다.[58)]

> 우리 한桓의 건국은 세상에서 가장 오랜 옛날이었는데 한 신이 있어 시베리아의 하늘에서 홀로 변화한 신이 되시니 밝은 빛은 온 우주를 비추고 큰 교화는 만물을 낳았다. 오래 오래 살면서 늘 쾌락을 즐겼으니 지극한 기氣를 타고 노닐고 그 묘함은 저절로 기꺼웠다. 모습 없이 볼 수 있고 함이 없으면서 모두 이루고 말 없으면서 다 행하였다. 어느 날인가 동녀동남童女童男 800이 흑수黑水 백산白山의 땅에 내려왔는데 이에 한님桓因은 또한 감군監群으로서 천계天界에 계시면서 돌을 쳐 불을 일으켜서 날음식을 익혀 먹는 법을 처음으로 가르치셨다. 이를 한국桓國(하느님 나라)이라 하고 그를 가리켜 천제한님天帝桓因이라고 불렀다. 또한 안파견安巴堅이라고도 했다. 한님은 일곱 대를 전했는데 그 연대는 알 수가 없다. 뒤에 환웅桓雄씨가 계속하여 일어나 천신天神의 뜻을 받들어 백산과 흑수 사이에 내려왔다. 사람 모이는 곳을 천평天坪에 마련하고 그곳을 청구靑邱로 정했다. 천부天符의 징표를 지니시고 다섯 가지 일(五事)을 주관하시며 세상에 계시면서 교화를 베푸시니 인간을 크게 유익하게 하였더라. 또 신시神市에 도읍을 세우시고 나라를 배달(倍達)이라 불렀다. ... 웅씨熊氏의 여인을 거두어 아내로 삼으시고 혼인의 예법을 정하매, 짐승가죽으로써 폐물을 삼았다. 농사를 짓고 목축을 하고 시장을 열어 교환하도록 하니, 온 세상이 조공을 바치며 새와 짐승도 덩달아 춤추었다. 뒷날 사람들은 그를 지상 최고의 신이라고 받들어 세세토록 제사가 끊임이 없었다. 신시의 말기에 치우천왕蚩尤天王이 있어 청구를 개척하여 넓혔으며, 18세를 전하야 1565년을 누리더라.
>
> 뒤에 신인왕검神人王儉께서 불함산不咸山의 박달나무터에 내려오셨다. 그는 신의 덕과 성인의 어짐을 겸하여 갖추었으니 이에 능히 조칙을 받들어 하늘의 뜻을 이었으니 나라를 세운 뜻과 법은 높고 넓고 강하고 열열하였다. 이에 구한九桓의 백성들이 마음 깊이 복종하여 그를 받들어 천제의 화신이라 하며 그를 제왕으로 모셨다. 그가 곧 단군왕검으로 신시

57) 성삼제. 2005: 190－191.
58) 안함로. 『삼성기 전 상편』. 계연수 편. 임승국 번역·주해. 2006. 『한단고기』. 15－23의 내용 가운데 중요한 내용들을 그대로 인용한다.

로부터 전해지던 오랜 법을 되찾고 서울을 아사달阿斯達에 설치하여 나라를 열었으니 조선朝鮮이라고 불렀다....
병진(B.C. 425)년, 주나라 고考임금(B.C. 440~425)때 나라 이름을 대부여라고 바꾸고 백악白岳으로부터 또 장당경藏唐京으로 옮겼다.... 단군왕검은 무진(B.C. 2333)년부터 나라를 다스려서 47세를 전하니 그 햇수가 2096년을 헤아렸다. 임술(B.C. 239)년 진나라 시황始皇(B.C. 246~206) 때 신인이신 대해모수大解慕漱께서 웅심산熊心山에서 일어났다. 정미(B.C. 194) 년 한나라 혜제惠帝(B.C. 195~188) 때 연나라 추장이었던 위만衛滿이 한나라 땅의 한구석에 스며들었는데 번한番韓의 준準이 이를 맞아 싸웠으나 ...

위의 『삼성기』에서 "이를 한국桓國(하느님 나라)이라 하고 그를 가리켜 천제한님天帝桓因이라고 불렀다是之桓國是謂天帝桓因"라는 것을 성삼제는 "이를 환국是之桓國"이란 부분에서 "이를是之"이란 부분을 빠트리고 '환국을 가리켜 천제환인이라고 불렀다桓國是謂天帝桓因'는 것은 환국을 신의 호칭으로 본다는 의미이다."라고 오해하고 있다. 즉, 두 글자를 빠트리고 해석하여 환국과 천제환인을 동일시하는 오류를 범하게 되었다. 『한단고기』에 있는 『삼성기』에서는 바로 해석했으나 이것을 성삼제가 잘못 이해하여 오류를 낳은 것이다.

『삼성기』에서는 환국의 성격에 대해 기술하고 있다. 환국은 시베리아의 하늘에서 '홀로 변화한 신獨化之神'이 세상에서 가장 오랜 옛날에 밝은 빛으로 온 우주를 비추고 큰 교화로 만물을 창조하고 모두 흥겹게 살았다. 하느님 한인은 모든 것을 보고 이루고 행할 수 있었다. 흑룡강과 백두산의 땅에 어린이 800명이 내려왔고 하느님 한인은 하늘에 계시면서 돌을 쳐서 불을 만들어 음식을 익혀 먹는 법을 처음으로 가르쳤다. 이 나라가 환국이고 신은 천제한인 또는 하늘 아버지라고 한다. 환인은 7대를 지냈는데 연대는 모른다는 것이다. 환인 다음으로 환웅이 환인의 뜻을 받들어 백두산과 흑룡강 사이에 천부인을 가지고 내려와 천평에 청구를 정하고 신시에 배달이라는 나라를 세웠다는 것이다.

이처럼 환국은 7대의 환인이 나라를 다스렸고, 그 뒤를 이어 환웅이 신시에 배달이라는 나라를 세웠다. 환웅은 천부인을 지니고 다섯 가지 일을 주관하여 홍익인간하며, 웅녀와 혼인을 하고 예법을 가르치며 농사와 목축, 시장을 열어 다스리고 온 세상으로부터 조공을 받았다.

환국에 대해 원동중의 『삼성기 전 하편』은 더욱 자세하게 기술하고 있다. 그 내용을 그대로 인용한다.[59)]

인류의 조상을 나반那般이라 한다. 처음 아만阿曼과 서로 만난 곳은 아시사타阿耳斯它라고 하는데 꿈에 천신의 가르침을 받아서 스스로 혼례를 이루었으니 구한九桓의 무리는 모두가 그의 후손이다. 옛날 한국이 있었나니 백성은 부유하였고 또 많았다. 처음 한임桓因께서 천산天山에 올라 도를 얻으시사 오래오래 사셨으니 몸에는 병도 없었다. 하늘을 대신해서 널리 교화하시니 사람들로 하여금 군대를 동원하여 싸울 일도 없게 하였으며, 누구나 힘껏 일하여 주리고 추위에 떠는 일이 없게 되었다. 다음에 혁서赫胥 한임, 고시리古是利 한임, 주우양朱于襄 한임, 석제임釋帝任 한임, 구을리邱乙利 환임에 전하고 지위리智爲利 한임에 이르더라. 한임은 혹은 단임檀仁이라고도 말한다.

옛글에 말한다.

"파나류산波奈留山 밑에 한님의 나라가 있으니 천해天海 동쪽의 땅이다. 파나류의 나라라고 하는데 그 땅이 넓어 남북이 5만 리요 동서가 2만여 리니 통틀어 말하면 한국이요 갈라서 말하면, 비리국卑離國, 양운국養雲國, 구막한국寇莫汗國, 구다천국句茶川國, 일군국一群國, 우루국虞婁國(혹은 필나국畢那國), 객현한국客賢汗國, 구모액국句牟額國, 매구여국賣句餘國(혹은 稷日多國), 사납아국斯納阿國, 선비국鮮裨國(혹은 豕韋國 또는 通古斯國), 수밀이국須密爾國이니 합해서 12국이다. 천해는 지금 북해北海라 한다. 7세에 전하여 역년 3,301년 혹은 63,182년이라고 하는데 어느 것이 맞는 말인지 알 수가 없다."

한국의 말기에 안파견이 밑으로 삼위三危와 태백太白을 내려다 보시며 "모두가 가히 홍익인간弘益人間할 곳이로다"하시며 누구를 시킬 것인가 물으시니 오가五加 모두 대답하기를 "서자庶子환웅이 있어 용맹함과 어진 지혜를 함께갖추었으며 일찌기 홍익인간의 이념으로써 세상을 바꿀 뜻이 있었사오니 그를 태백산에 보내시어 이를 다스리게 함이 좋겠습니다" 하니 마침내 천부인 세 가지를 내려주시고 이에 말씀을 내려, "사람과 물건의 할 바가 다 이루어졌도다. 그대 수고로움을 아끼지 말고 무리 3,000을 이끌고 가 하늘의 뜻을 열고 가르침을 세워 세상에 있으면서 잘 다스려 만세萬世의 자손들에게 큰 모범이 될지어다"라고 하셨다.

(3) 환국의 역사성과 신화성

1) 인류의 동양기원설과 서양기원설

위의 원동중의 『삼성기 전 하편』에서는 환국에 대해 자세하게 기술하고 있다. 많은 백성들이 누구나 힘껏 일하여 부유하고 주리거나 추위에 떠는 일이 없고 하늘을 대신하여 널리 교화하여 군대를 동원하여 싸울 일도 없는 평화로운 나라로 기록하고 있다. 그리고 한인(안파견) 이후 혁서, 고시리, 주우양, 석제임, 구을리, 지위리 한인 등 환국

59) 원동중. 『삼성기 전 하편』 계연수 편. 임승국 번역·주해. 2006. 『한단고기』: 25-38.

의 통치자 7명의 한인의 이름을 밝히고 있다.

고기를 인용하여 환국의 위치와 크기, 그리고 12개의 소속 국가들의 이름을 나열하고 있다. 다만 환국의 시작인 인류의 조상을 나반과 아만으로 보고 이들이 서로 만나 혼인을 하고 우리 민족의 옛 조상인 구한의 무리를 후손이라는 점에 대해 몇 가지 해석이 있다. 인류가 동양기원설이냐 서양기원설이냐에 따라 해석이 판이하다. 이 부분에 대해 『한단고기』를 일본어로 처음 번역한 일본 학자 가지마 노부루(鹿島昇)는 서양기원설에 따라 이스라엘 역사와 비교하여 한국사나 일본사가 히브리・바빌론・아카드 역사의 후손으로 해석하고 있다. 그는 나반과 아반은 아담과 이브일 것으로 보고, 아이사타를 노아의 방주에 나오는 아라랏다 산일 것으로 해석하는 주해를 달았다.

이에 반해 임승국은 『한단고기』『삼성기 전 하편』에서 동양기원설에 따라 한국사(桓國史)는 서양사인 히브리, 바빌론, 아카드, 슈메르보다 더 빠른 문화나 역사를 가지고 있어서 서양의 아담과 이브도 오히려 한국의 후예라고 해석하고 있다. 아직도 우리말에 남아 있는 하나반, 아만은 '하나반'과 '한아버지'가 '할아버지,' '아만'은 '어머니'의 사투리로 아직도 쓰이고 있는 만큼 '나반'은 '아버지'의 뜻으로 보아 '나반과 아만'은 '아버지와 어머니'로 해석하고 있다. 아이사타도 바이칼 호수 근처의 땅으로 비정해야 한다고 주장한다.[60]

한국의 위치는 파나류산 밑과 바이칼 호 혹은 북해인 천해의 동쪽에서 양자강 이북의 호동강북(湖東江北)에 위치하는 것으로 『삼성기』는 기록하고 있다. 먼저, 파나류산과 그 위치에 대해 임승국은 불함산 즉 하르빈 남쪽의 완달산으로 비정한다. 그는 "『진서晉書』 97권에는 '숙신씨肅愼氏는 일명 읍루挹婁라 하고 불함산 북에 있고 부여를 떠나 60일 거리되는 곳에 있다. 동은 대해大海에 닿고 서는 구만漫 한국에 접하고 북은 약수弱水에 닿고 그 국경 [...] 수천리이다.'라고 있는 점과 여기 파나류국의 12개국의 이름 일부가 보이는 점으로 보아" 그렇게 비정하고 있다.[61] 그는 "특히 중국 『이십오사』의 하나인 『진서』의 이 기록에서 말하는 숙신씨의 나라가 곧 파나류국인 한국桓國을 가리키는 것이고, 숙신의 원음은 조선朝鮮이라고도 하니 참고할만 하다"고 한다.

2) 환국과 12개 국가 연방국가

다음으로 '한국의 이름은 파나류의 나라라고도 하고 넓이는 남북 5만리, 동서 2만리의 대국'이라는 부분이다. 그 『삼성기』에서 한국은 비리국, 양운국, 국막한국, 구다천국,

60) 위의 책: 25.
61) 위의 책: 27.

일군국, 우루국, 객현한국, 구모액국, 매구여국, 사납아국, 선비국 및 수밀이국이라는 12개의 국가의 연합으로 이루어진 연방국가이었음을 기록하고 있다. 『진서』에는 이 국가들과 관련하여 '진의 무제 태시泰始 3년(A.D. 267년)엔 비리국, 양운국, 말리국末利國, 포도국蒲都國, 승여국繩余國, 사로국沙樓國, 구만한국, 일군국 등과 진나라 사이에 사신을 파견(견사遣使)하고 공물을 서로 교환(입공入貢)하는 등의 국가간 교류한 사실'을 기록하고 있다.

12개 국가들 가운데 구다천국은 캄차카, 선비국은 퉁구스, 수밀이국은 슈메르(Sumer) 등을 뜻하고 있다. 이들 중 수밀이국은 세계의 인류학계 및 세계 사학계가 슈메르문화의 뿌리에 해당하는 나라로 주목하는 국가이다. 수밀이국은 슈메르문화를 일으킨 슈메르민족으로 구성되고, 슈메르민족은 슈메르어를 사용하며 메소포타미아에서 서구 학계가 세계 최고의 도시문명으로 인정하는 메소포타미아문명을 일으킨 민족이다.

서양학계에서 슈메르문명에 대한 연구가 활발하지만 국내에서는 종교학 등 극히 일부에서만 하고 있다. 슈메르인이 메소포타미아 원주민인지 아니면 다른 지역에서 이동하였는지에 대해 언어학, 인류학, 종교학, 문명사학 등 다양한 분야에서 학설들이 많다. 슈메르어를 언어학적으로 연구하여 슈메르어는 터키, 몽고, 한국어 등과 같은 교착어적인 성격이 강한 언어로서 가프가츠어와 유사한 친근성을 지닌다는 주장이다.[62]

임승국은 "인류학적으로는 장두長頭 혹은 단두短頭의 아르메노이드Armenoid라고도 하는데 최근엔 후자를 취하여 아시아닉쿠계 민족이라는 설이 유력하다."면서 "슈메르는 왕권이 하늘에서 내려오며 에리도우에서 왕권이 시작된다는 전설 등으로 미루어, 과연 한국과의 유사점이 없지 않으니 주목할 만한 연구 대상"이라고 주장한다.[63]

만일 슈메르인이 다른 지역에서 왔다면 인류문명의 발상지에 대한 논의도 새로운 차원에서 가능할 것이다. 『삼성기』와 『한단고기』는 한(환)국이 인류문명의 발상지일 가능성을 보여주는 책이다.

기독교 『성경』에 보면 야곱의 아들 12명 가운데 막내인 요셉이 애급으로 가서 총리가 되어 야곱의 집안이 번성하고 그 뒤 흉년 때 굶어 죽지 않고 히브리 이스라엘 민족의 번영으로 이어지고, <출애급기>에서 기록한대로 모세의 이집트 탈출 즉, 출애급의 엑소더스를 통해 민족대이동을 성공적으로 이루게 되어 이스라엘 민족중흥의 역사를 이루었다.

이러한 역사적인 사례를 들면서 임승국은 "어찌 알랴. 한국 12국의 막내인 수밀이가

62) 위의 책: 28.
63) 위의 책: 28.

서남쪽으로 이동하여 저 유명한 메소포타미아 문화를 일으키고 다시 바빌로니아문명을 거치고, 저 실크로드를 거쳐 중국대륙으로 물결쳐 들어오는 문화의 이동, 곧 동양판의 엑소더스를 단행하였는지?"라고 단순한 희망일 수도 있는 거대한 가설을 제기하고 있다. 이것을 한국 학자들이 위서로 보는 경향이 높아 잘 연구하지 않는 반면, 일본인 가지마 노부루는 『삼성기』와 『한단고기』를 일본에 유리하게 오역하여 원전과는 반대로 해석하고 있다.

『한단고기』는 한국시대 일곱 명의 한인과 3,301년의 역사, 그리고 신시개천시대 18명의 환웅과 1,565년의 역사를 기술한다고 적고 있다.[64]

『일본서기』 및 『고사기古事紀』에서는 일본 건국신화의 신들도 7세로 하고, 『일본서기』에서는 처음 3대는 홀몸 신이다가 4대부터는 음양 남녀의 짝신이었다. 그것은 일본이 모국 한국역사인 환국의 7세 한인들을 일본 신화의 원형으로 삼았을 가능성을 보여주는 신화의 유사성이라 할 수 있다.

3) 신시개천시대와 단군왕검시대

신시개천시대(神市開天時代)와 관련하여 『신시역대기』에서는 "배달한웅倍達桓雄은 천하를 평정하여 차지한 분의 이름이다. 그 도읍한 곳을 신시神市라고 한다. 뒤에 청구국青邱國으로 옮겨 18세 1,565년을 누렸다"라고 하면서 18세 환웅의 이름과 재위 기간 그리고 산 나이를 기록하였다.[65] 환웅들의 이름은 1세 환웅 천왕 또는 거발한, 2세 거불리 환웅, 3세 우야고 환웅, 4세 모사라 환웅, 5세 태우의 환웅, 6세 다의발 환웅, 7세 거련 환웅, 8세 안부련 환웅, 9세 양운 환웅, 10세 갈고 환웅, 11세 거야발 환웅, 12세 주무신 환웅, 13세 사와라 환웅, 14세 자오지 환웅, 15세 치액특 환웅, 16세 축다리 환웅, 17세 혁다세 환웅, 18세 거불단 환웅 혹은 단웅이다.[66]

신시 말기에는 14세 자오지환웅(慈烏支桓雄)인 치우천왕(治尤(蚩尤)天王)이 청구를 개척하여 넓히고 18세를 전하여 1565년을 누렸다고 기록하고 있다. 여기까지가 환국에 관한 『삼성기』의 기록이다.

그 뒤 단군왕검과 단군조선의 내용은 『삼국유사』에 있는 『고기』의 기록과 같은 내용으로 기록되어 있다. 이러한 『삼성기』의 내용은 환국과 환인을 분명하게 구별하는 것이다. 그리고 환국 이후의 환인, 환웅, 단군왕검의 삼성에 관한 기록을 비교적 자세하게

64) 위의 책: 29.
65) 위의 책: 43-44.
66) 위의 책: 44.

기록하고 있다.

4) 환국 · 단군조선의 신화성

환국에 대한 변조사건이 규명되는 것은 환국의 역사성과 신화성 모두를 가능하게 한다. 역사성과 신화성 모두를 지니는 『삼국유사』의 전반부에 대한 다양한 해석과 논의들이 가능할 것이다. 고조선의 역사에 대한 다양한 논쟁들이 공존하는 것은 역사에 대한 규명을 더욱 철저하게 하는 계기가 될 것이다.

그렇기 때문에 일제식민사학은 환국을 부인하고 한인으로 변조하기를 원했을 수 있다. 이러한 『삼국유사』의 변조사건에 대해 국내 역사학자들이 무시하거나 "재야에서 하는 이야기" 정도로 취급하여 제대로 전후관계와 사실 규명 작업을 하지 않은 것은 이해하기 어렵다. 정부의 역사왜곡대책반에서는 할 수 있는 일이지만 개인 연구자들은 다양한 자료들에 접근이 어려울 수는 있다. 그렇더라도 현존하는 역사서 가운데 한국 고대사 연구에 가장 중요한 『삼국유사』에 대해 너무 가볍게 보거나 비판적으로만[67] 본 것이 아닌지 의구심을 거둘 수 없다.

식민사학에 경도된 한국의 역사학자들은 이 뿐만 아니라 '근대사학'과 '실증사학'이란 이름으로 '식민사학'의 역사왜곡의 의도를 무시한 채, 한발 더 나아가 '단군신화론'에 앞장서서 고조선 역사를 부정하는 일에 나섰다. 조선사편수회에서 발간한 『한국사』가 단군조선의 역사를 부정하고 신화로 다루고 그 제자들이 고조선 역사를 부정하는데 앞장서고 있는 점은 주의 깊게 보아야 할 일이다. 당시 조선사편수회에 참여하던 최남선을 제외한 한국인 학자들은 『삼국유사』 조작에 대해 아무런 항의도 하지 않았고, 도리어 김원룡 등 고고학자들이 위원회를 구성하여 위서가 아니라고 판정한 『규원사화』가 위서라는 위서론을 주장하며 사료로서의 가치를 부정하는 일에 앞장섰다.

67) 그동안 학계에서 『삼국유사』의 내용에 대해 불교라는 종교적인 영향이나 근거로 인용한 사료의 신뢰성에 의문을 쉽게 제기하는 분위기여서, 그 결과 『삼국유사』에 대해 사료로서의 의미를 약화시켜 『삼국유사』의 이체자 논쟁 자체를 경시하는 분위기가 학계를 지배했다는 여러 학자들의 증언이 이것을 뒷받침하고 있다. 『삼국유사』의 한인 · 한웅 · 단군시대에 대하여서는 『한단고기』 · 『규원사화』 · 『단기고사』 등이 자세하게 기록하고 있어서 그 내용에 대한 위서시비가 있지만 대체로 그 내용을 역사적 기록으로 인정하는 경향이다. 특히 최근 요하문명과 홍산문화 유적이 발굴되면서 그 내용들이 신화에서 역사로 전환하는 과정에 있다. 한민족의 역사를 1만 4천 년 전 파미르고원 마고성 시대, 황궁씨와 유인씨의 천산주 시대까지 소급하면서 한인 · 한웅 · 단군시대를 다루는 『부도지』가 있지만 그 내용은 신화성을 많이 지닌다. 박제상 지음. 김은수 번역 · 주해. 419(2002). 『부도지』. 한문화.

5) 환국 · 단군조선의 역사성

최남선은 불함문화론을 제시하면서 한국민족의 독창적이고 독립적인 문화론을 주장하여 단군조선의 역사성을 밝히는 노력을 지속하였다. 최남선의 뒤를 이어 법학자출신으로 고대사를 연구한 최태영[68]은 이병도와 함께 『한국 상고사 입문』을 펴내면서 말년의 이병도의 학문적인 입장인 사관을 바꾸는데 크게 기여한 바 있다.[69] 최태영은 고조선의 역사와 『삼국유사』 변조와 관련한 입장을 아래와 같이 정리하였다.[70]

> "고조선 이전에 환국이 있었다. 그 나라 높은 서자 벼슬을 하는 환웅이 있었다. 마지막 환웅 대에 단군이 나타나 조선을 세웠다. 그러나 1920년대 한국사 왜곡에 나선 일본인들은 『삼국유사』 임신본의 환국을 환인으로 변조하고 이를 내세워 단군을 말살했다. 군청을 동원해서 환국으로 표기된 비기秘記, 역사서들을 빌리는 형식을 통해 다 걷어들여 없앴다. 조선총독부가 조선의 많은 역사책들을 태우고 없앨 당시 교토 대학으로 운반된 『삼국유사』에도 국자는 인으로 변조되어 있었다. 일본 학자들도 이를 인정한다.
> 단군 고조선이 건국되기 전에 환국이 있었다. 우리의 아주 오랜 조상족은 기원전 3000여 년경 태백산에 이르러 그 산 북방의 평원, 즉 송화강 유역과 북경 부근, 한반도에 정착해 원주민과 융합하면서 그곳을 근거지로 발전했다. 환웅까지의 오랜 신시시대를 거쳐 민족 통합자 단군이 조선이라는 광역광대한 나라를 세우고 민족 이동을 개시했다. 『삼국유사』는 『고기』를 인용해 단군이 나타나기 직전의 환국 신시시대를 설명하고 있다."

그동안 『삼국유사』의 고조선에 대한 기록을 "석유환인"의 관점에서, 크게 앞의 하늘나라에서의 환인과 환웅의 이야기에 관한 신화적 · 역사적인 부분과 뒤의 땅에서 벌어

---

68) 최태영은 1900년 황해도 태생으로 일본 메이지대에서 법철학을 공부하고 1925년 한국인 최초의 법학 교수가 되어 서울대 법대 초대학장을 지냈다. 1948년 대한민국 건국 직후 법전 편찬위원으로 민법, 형법, 상법, 행정법, 소송법 제정에 참여했고 1949년 고시령 제정시 사법 · 행정 · 외무 고시에 국사를 필수과목으로 하는데 기여했다. 그러나 국사가 조선총독부가 만든 식민사관에 입각한 내용을 그대로 가르치는 것을 보고 경악하여, 그 때부터 우리 역사를 바로 잡아야 하겠다는 결심을 하고 고대사 연구에 여생을 바쳤다. 한국고대사연구에 몰두하여 이병도가 말년에 한국고대사에 대한 종래의 사관을 바꾸는 데 결정적인 역할을 한 것으로 알려졌으며, 이병도와 공저로 『한국 상고사 입문』을 출간하였다. 성삼제. 2016: 164－165.

69) 이병도가 사관을 바꾼 것에 대해 제자들이 수긍하지 못하고 최태영의 일방적인 것이라는 주장도 있으나 사관 변경에 대해 보도한 『조선일보』 1986.10.9 기사에 대한 이병도 본인이나 가족 등 관계자들의 반론이 없어서 사관이 공식적으로 바뀐 것을 펴낸 『한국 상고사 입문』은 당연히 이병도와 최태영의 공저로 보아야 할 것이다.

70) 이러한 내용은 이병도 · 최태영. 1989. 『한국 상고사입문』. 고려원과 최태영. 2000. 『한국상고사』. 유풍출판사에 소상하게 나타나고 있다. 성삼제. 2016: 163－164.

진 환웅과 단군의 이야기에 관한 역사적인 부분인 두 부분으로 나뉜다고 구분되어 왔다. "석유환인"의 시각에서 본다면, 환인과 환웅에 관한 기록은 신화로서의 성격을 더 지닌다. 하느님인 환인이 서자인 환웅을 이 땅의 세상으로 내려 보내는 부분이다. "삼위태백"을 내려다보면서 인간 세상에 세 가지의 위험이 있음을 보고 인간을 널리 이롭게 하기 위해 환웅에게 천부인 세 개를 주어 이 세상으로 내려오게 하였다는 이야기까지는 신화로서의 성격이 강하다. 그것은 하늘나라의 이야기이기 때문이다.

그러나 "석유환국"의 시각에서 보면, 환국, 한인, 환웅 모두 하늘나라의 이야기라기보다 역사로 인식하고 있다. 그래서 최태영과 이병도는 환웅을 신화적인 인물이 아니라 '환국의 서자'라는 높은 벼슬에 있는 사람이라는 역사적 인물로 본다. 이것은 단군은 물론, 환국, 환인, 환웅 모두 역사적인 국가와 인물로 보는 것이다.

다음으로 그 뒤 환웅이 태백산 신단수에 내려와 신시를 열고 환웅천왕이 호랑이와 곰에게 인간이 되게 하고 웅녀와 결혼하여 단군을 낳고 단군이 단군왕검이 되어 조선을 건국한 내용은 이 땅에서의 인간의 이야기이기 때문에 고조선 개국에 대한 인간의 역사적인 기록으로 본다.

이러한 『삼국유사』의 단군조선 개국에 대한 기록은 고려시대 이승휴의 『제왕운기(帝王韻紀)』와 이규보의 『동국이상국집(東國李相國集)』, 『동명왕편(東明王篇)』, 그리고 조선시대의 『세종실록 』, 『지리지』에도 비슷한 내용이 기록되어 있어서 수천 년 간 한국인들이 역사적인 사실로 인정하여 왔다. 그 내용 자체의 진위에 대한 논란이 없었고 고조선의 민족 역사로 믿어 왔었다.

그러다가 20세기에 들어 일제강점기를 거치면서 단군조선의 개국 역사를 신화로 만들고 그것을 부정하는 논란들이 제기되기 시작하여, 이병도를 위시한 많은 진단학회 회원들이 초기에는 일본 식민사학자들과 같은 입장에서 단군을 신화로 보았다. 그러나 최태영이 이마니시 류의 『삼국유사』 이체자 조작 사건을 조선사편수회 공식회의에서 제기하고 항의한 최남선의 발언을 발굴·주목·확산하고, 이병도와 함께 단군신화를 신화가 아닌 역사로 인식하고 『한국 상고사입문』이라는 저서를 출판하면서 상황이 달라졌다.

이병도가 단군을 신화로 보다가 역사로 보게 된 입장 변화에 대해 이병도의 제자들은 이것을 부정하고 받아들이지 않고 있다. 이들은 단군신화를 역사로 보는 이병도의 입장변화를 수용하지 않을 뿐만 아니라 단군의 역사성을 뒷받침하는 역사서들에 대해 적극적으로 위서론을 제기하고 있다. 이병도의 제자들인 송인성 등은 『규원사화』의 위서론과 더불어 한발 더 나아가 『환단고기』의 위서론을 앞장서서 주장하고 있다. 이제

『삼국유사』의 변조론, 『규원사화』와 『환단고기』의 위서론 등은 역사서, 유물, 유적, 문화적 변동, 종교적 활동 등 다양한 역사적인 사료들을 기준으로 하여 종합적으로 판정되고 있다.

(4) 단군왕검과 단군조선의 역사성

1) 북한 역사학계의 단군릉과 인골연도 측정 연구[71)]

북한 역사학계에서는 주체사학을 주장하며 고조선이 세계 문명의 중심으로 가장 오래되고 가장 발전한 고대국가였음을 주장한다. 그 근거로 단군릉과 단군조선 이전의 상고사와 단군조선의 고대 역사를 들고 있다. 단군릉에 대한 전설과 그 기록은 오래 전부터 있어왔다. 1530년 조선 중종의 명으로 편찬된 『신증동국여지승람』에 단군릉에 대해 기록하고 있는데, 강동현 2기의 큰 무덤 가운데 서쪽 3리에 둘레 410척인 무덤이 단군릉이라고 민간에서 전해지고 있다고 기록하고 있다. 북한이 1993년 10월 이 무덤을 발굴하고 보고서를 냈다. 그 무덤에는 구리에 금 도금한 관과 허리띠 장식, 관못, 그리고 두 사람의 유골이 출토되었고, 전자상자성공명법을 사용하여 측정한 결과 오차가 267년 전후인 5011년 전으로 나왔다는 것이다. 1993년에 측정한 것이므로 단군은 기원전 3018년 전의 사람인 것으로 추정하였다.[72)]

2) 최몽룡의 반론

이 보고서에 대해 최몽룡은 3쪽의 짧은 논평 글을 통해 단군릉 발굴 사실과 발굴된 인골 및 유물에 관한 기사는 신빙성이 있으나, 연대, 지리적 위치, 인골의 연대 적용 문제, 무덤의 형식, 출토유물, 단군의 실존 여부 등에 대해 의문을 제기하면서 아래의 여러 이유로 수용하기 어렵다고 한다.[73)]

첫째, 국가는 청동기시대가 되어야 하는데 단군조선은 신석기시대 중기 말에서 후기에 속하여 고조선 건국자 단군이 존재할 수 없다고 연대문제를 지적한다.

둘째, 단군릉이 발견된 평양 근교는 지리적인 위치에서 고조선 중심지인 농안 및 장

71) 이 주제에 대한 상세한 논의는 성삼제. 2016: 77－98 참조 바람.

72) 력사편집실. 1995. 『단군과 고조선 연구』. 평양 사회과학출판사 발행. 한국문화사 영인; KBS 역사스페셜, 2001. ＜남북 역사학의 쟁점, 단군릉＞『한민족 특별기획 북한문화유산시리즈 8부작』. 제8편. 2001년 12월 29일 방영.

73) 최몽룡. 1994. ＜단군릉 발굴에 대한 몇 가지 이견＞. 『한국상고사학보』. 제15호: 455－457; 성삼제. 2005: 82－83.

춘과 멀리 떨어져서 수긍하기 어렵다.

셋째, 단군릉에서 발굴된 유골은 방사선탄소연대측정이나 출토 유물과 유구에 대한 형식적인 편년 및 이를 통한 상대 연대 측정 방법이 바람직한데 인골측정에 불확실한 전자상자성공명법을 사용하여 측정에 사용된 방법이 부적절하다.

넷째, 무덤의 형식이 고구려 말 무덤 형식이므로 단군의 무덤이라고 하기에는 어려움이 있다.

다섯째, 유물이 석실봉토분 내에서 도금된 금동관편 등이 나와서 고구려 시대의 것이므로 기자조선이나 단군조선 시대의 인물로는 볼 수 없다.

여섯째, 단군의 실재 여부는 알 수 없고 고려 말 잦은 몽고 침입과 한말 일제시대에 민족 구원의 상징으로 역할을 했던 것으로 보인다면서 "단군릉 발굴에 대한 북한 측의 견해가 학문적이라기보다는 그들의 정통성 확보를 위한 정치적인 면을 더 보이고 있다"고 결론을 맺고 있다.[74]

3) 최몽룡의 반론에 대한 비판

위의 이유들은 문제제기 차원의 논의는 가능하지만 구체적인 이유로는 근거가 약하다.

첫째, "국가는 청동기시대가 되어야 하는데 단군조선은 신석기시대 중기 말에서 후기에 속하여 고조선 건국자 단군이 존재할 수 없다고 연대문제를 지적"하는 점은 그 뒤 한반도 전역에서 청동기 유물들이 대거 출토되어 더 이상 주장의 근거가 되지 못한다. 일제 식민사학자들은 한국이 청동기가 없이 금석병용기로 넘어갔다고 주장했으나, 고조선 강역에서 수많은 청동기 유물과 유적들이 발굴되면서 더 이상 청동기시대가 없어서 단군조선이 신화라는 주장은 무의미하게 되었다. 이 때문에 한국고대사를 전면적으로 다시 써야 한다는 주장이 크게 지지를 받게 된 것이다.

둘째, "단군릉이 발견된 평양 근교는 지리적인 위치에서 고조선 중심지인 농안 및 장춘과 멀리 떨어져서 수긍하기 어렵다"는 주장 역시 충분한 이유가 되지 못한다. 중국의 진시황의 무덤이나 몽고 칭기즈칸의 무덤의 위치는 여러 가지로 추정만 할 뿐 실제 무덤은 지금도 발견되지 못하고 비밀로 유지되고 있는 점은 단군릉의 위치가 반드시 수도나 고조선의 중심지에 있어야 한다는 주장을 할 수 없게 한다. 또한 신용하의 한·예·맥 3족 연합설에 따르면 고조선의 중심지가 한족의 수도인 평양이므로 이 비판은

74) 최몽룡, 1994: 455-457.

의미를 잃게 된다.

셋째, "단군릉에서 발굴된 유골은 방사선탄소연대측정이나 출토 유물과 유구에 대한 형식적인 편년 및 이를 통한 상대 연대 측정 방법이 바람직한데 인골측정에 불확실한 전자상자성공명법을 사용하여 측정에 사용된 방법이 부적절하다"는 주장도 과학적으로 인골에 대한 측정방법은 다양한 것으로 판명되므로 어느 것만 사용해야 한다는 것은 현대 과학기술에 대한 이해부족에서 나온 착오와 오류일 뿐이다.

과학기술 분야에서 알려진 절대연대 측정방법에는 C14 탄소연대측정법, 열형광법, 아미노산정량법, 핵분열비적법, 전자상자성공명법 등 10여 가지가 있다.[75] 가장 많이 쓰이는 C14 탄소연대측정법은 1960년 노벨 화학상을 수상한 리지가 제안한 것으로, 탄소의 반감기가 5370년인 것에 착안하여 유기체가 죽은 뒤 탄소가 일정비율로 줄어드는 데 탄소량의 정도를 측정하여 연대를 추정하는 방식이다. 이 방법의 장점은 유기체로 한번 살았던 대상이라면 동물과 식물 가리지 않고 무엇이나 측정할 수 있지만, 반감기로 인해 탄소가 자꾸 줄어들기 때문에 일정기간이 지나면 탄소량이 거의 제로로 되어서 측정이 어려운데 그 기간이 7만 년이라고 하지만 실제로는 3만 6천 년까지가 한계라는 단점이 있다.

전자상자성공명법은 우주의 모든 생명체나 무생물체는 지구에 존재하는 자연 방사성 원소들에서 나오는 방사선으로부터 피격되어 축적되는데, 그 축적된 방사선량(혹은 흔적인 물질의 결합량)을 측정하여 그 대상의 존재 기간을 측정하는 방법이다. 이 원리는 1944년에 밝혀졌으나 활용되지 않다가 1980년대에 와서 고고학, 지질학, 지리학 등의 분야에 본격적으로 이용되기 시작한 최신 측정법이다. 이 방법의 장점은 다른 측정법으로는 측정할 수 없는 퇴적암 등 뼈, 조개, 질그릇 등 시료의 제한을 받지 않고, 청동기·신석기·구석기 시대를 포함하여 1억 년 전까지의 모든 고고학적 유물들의 연대를 측정할 수 있다. 특히 청동기와 신석기시대의 유물 측정에 매우 효과적이라는 평가이다.[76]

북한에서는 단군릉 외에도 검은모루유적에 전자상자성공명법을 사용하였으나, 국내에서는 이 방법을 사용한 경우가 거의 없는 편이다. 국내 고고학이나 역사학 분야에서 이 방법을 사용하여 유물의 절대연대를 측정하고 논문이나 저서로 발간한 경우가 희소하다. 북한뿐만이 아니라 "외국에서는 미국, 캐나다, 유럽의 지질학과 고고학 분야에서 전자상자성공명법을 이용한 절대 연대 측정 방법이 광범위하게 사용되고 있다."[77] 다

75) 성삼제. 2016: 89.
76) 절대 연대 측정방법에 대한 자세한 설명은 위의 책: 85-90.

만 치아의 경우에는 화석화가 덜되어 정확하지만 치아 외의 화석화된 인골의 경우에는 전자상자성공명법을 사용하면 오차가 커질 수 있다는 연구결과가 나오는 만큼 인골 연도 측정치에 대한 해석에서 고려할 부분이다.

넷째, "무덤의 형식이 고구려 말 무덤 형식이므로 단군의 무덤이라고 하기에는 어려움이 있다"는 부분은 풀어야 할 숙제이다. 고구려 무덤양식을 단군 묘의 이장 때문이라는 주장도 있는 만큼 상황증거로서는 중요한데 이장과 같은 일이 있었는지에 대해 면밀하게 검토하여 고구려 양식 무덤의 숙제는 풀어야 할 것이다.

다섯째, "유물이 석실봉토분 내에서 도금된 금동관편 등이 나와서 고구려 시대의 것이므로 기자조선이나 단군조선 시대의 인물로는 볼 수 없다"는 주장도 위에서 논의한 것과 같은 방식으로 풀어야 할 숙제이다.

여섯째, "단군의 실재 여부는 알 수 없고 고려 말 잦은 몽고 침입과 한말 일제시대에 민족 구원의 상징으로 역할을 했던 것으로 보인다"는 주장 역시 단군의 역사성보다는 신화성을 주장하는 측에서의 일반적인 주장이다. 그러나 고려시대 이후 조선시대는 물론 일부 신라시대의 승려 안함로가 쓴『삼성기』등에서 이미 역사로 기록하고 있는 점 등은 역사냐, 신화냐의 논쟁에서 역사성을 높여주는 증거들이다. 물론 단군신화를 주장하는 학자들은『삼성기』『한단고기』에 대해서는 위서로 인정하여 사료로 사용하지 않고 있는 만큼 설득의 근거로서는 의미가 약할 수 있으나 이들 서적에 대한 위서론은 별도로 논의하도록 한다.

4) 한국사학사연구회의 비판에 대한 평가

최몽룡의 비판 이후 한국사학사연구회에서는 북한사학사연구반을 구성하여 2003년에『북한의 역사만들기』[78]라는 책을 발행하면서 단군릉에서 발견된 유골이 단군이 아닐 가능성이 높아 북한의 주장을 믿을 수 없다는 결론을 내리면서 전면적으로 반박하고 있다.

첫째, 한반도에는 김해의 김수로왕릉과 허황후릉, 산청의 구형왕릉 등 왕릉으로 불리는 무덤들이 많지만 그것은 대체로 후대에서 그렇게 믿는 것에 불과할 뿐이다.

둘째, 단군릉은 고구려식 돌칸 무덤인데, 왜 고구려 시대 무덤 양식에서 고조선 개국자인 단군의 유골이 나왔는지에 대한 설명이 부족하다.

셋째, 인골 측정 방법이나 측정 결과의 산출 과정에 대한 설명이 부족하고 방사성동

---

77) 위의 책: 89.

78) 한국역사연구회. 2003.『북한의 역사 만들기』. 푸른역사.

위원소법을 사용하지 않고 전자상자성공명법을 사용한 이유를 이해하기 어렵다.

이러한 한국 역사학자들의 주장에 대해 반박하면,

첫째, "한반도에는 김해의 김수로왕릉과 허황후릉, 산청의 구형왕릉 등 왕릉으로 불리는 무덤들이 많지만 그것은 대체로 후대에서 그렇게 믿는 것에 불과할 뿐이다"라는 주장은 북한의 단군릉을 부정하기 위한 직접적인 이유가 될 수 없다. 김수로왕릉이나 허황후릉 및 구형왕릉 등에서 무덤의 주인인 인골이 나왔고 그 연대를 측정한 결과 김수로왕이나 허황후 및 구형왕의 유골이 아니라 할지라도 그런 주장은 간접적인 증거로 응용될 수 있을 뿐이다. 그런데 그동안 이들 왕릉에서 나온 유골의 연대를 측정한 일이 없다면 이런 주장을 할 수가 없다. 대체로 후대에서 그렇게 믿는다는 증거가 무엇인지를 명확하게 밝혀야 할 것이다. 그렇지 못한 상태에서 이것을 이유로 단군릉을 부인하는 것은 적절한 이유가 될 수 없다.

둘째, "단군릉은 고구려식 돌칸 무덤인데, 왜 고구려 시대 무덤 양식에서 고조선 개국자인 단군의 유골이 나왔는지에 대한 설명이 부족하다"는 것에 대해서는 단군릉의 역사성을 주장하는 쪽에서 설득력 있는 해명이 필요하다. 이장설도 하나의 설명이지만 다른 근거의 제시도 필요하다.

셋째, "인골 측정 방법이나 측정 결과의 산출 과정에 대한 설명이 부족하고 방사성동위원소법을 사용하지 않고 전자상자성공명법을 사용한 이유를 이해하기 어렵다"는 주장은 한국역사학계가 외국의 역사학이나 고고학 분야의 연구 동향에 대해 개방적이지 못하고 측정방법에 대한 반박도 일반적인 과학기술방법에 대한 이해 부족 때문인 것으로 보인다. 여기에 대해서는 성삼제의 『고조선 사라진 역사』에서 소상하게 설명하고 있다. 이 책은 방법론적으로 하나하나 반박하면서 단군릉에 대한 북한측의 보고서가 과학적인 신뢰성이 상당한 수준으로 있음을 밝히고 있다.[79)]

이렇게 볼 때 북한의 단군릉과 유골의 연도측정은 상당수준의 과학성을 지니고 있음을 보여주지만 아직도 한국 역사학계가 제기하고 있는 무덤 양식이나 부장품이 고구려 시대인 점에 대해서는 추가적인 연구가 필요하다.

단군의 역사성과 관련하여 유골의 측정연도가 기원전 보다 빠르게 나타나는 부분은 화석화된 인골로 인한 측정 오차인지 아니면 실제 생존 연도가 기원전 3000년 근처인지에 대한 규명이 필요하다. 만일 북한측이 조작을 했다면 기원전 2333년과 비슷하게 하거나 더 뒤로 했을 텐데 700여 년이 빠르게 측정된 것은 측정치에 충실한 결과가 아닌가 보인다. 한국 역사학계에서 탄소연대측정법만을 중시한다면 추후 남북한공동연구팀

79) 성삼제. 2016: 84-97.

이 두 가지 방법을 함께 사용하여 측정하여 그 결과를 비교하는 것도 가능한 방법이다. 과학이란 어떤 주장도 배제하지 말고 실제 실증적인 조사를 통해 밝혀낼 수 있어야 하기 때문이다.

나아가 청동기 유물들, 고인돌, 채색토기 등에 대해서도 동서양의 유물들을 연도 측정하여 서양기원설과 동양기원설의 진위를 밝혀낼 필요도 있다. 특히 환국의 존재 여부, 강역 등을 조사하기 위해서는 다양한 과학적인 측정방법을 사용하는 것이 바람직하다.

(5) 『환단고기』에 대한 일본의 관점

일본은 국가의 기원을 연구하고자 『한단고기』를 일본어로 번역하여 한국에서보다 먼저 출간하였다. 한국에서는 위서논쟁으로 출판이 지연되는 동안 일본에서는 『단군세기』『한단고기』에서 3세 단군 가륵시대 "기원전 2173년 무신 10년 두지주의 예읍이 반란을 일으키니 여수기에게 명하여 그 추장 소시모리를 베게 하였다. 이때부터 그 땅을 일러서 소시모리라고 하다가 지금은 음이 바뀌어 우수국이 되었다. 그 후손에 협야노(섬승노, 陜野奴)라는 자가 있었는데 바다로 도망쳐 삼도에 웅거하며 스스로 천왕이라고 칭했다"는 기록을 일본 조상의 역사로 활용하고자 한다. 협야노는 일명 협야후배폐명(陜野後裵幣命)이라 하고 가지마 노부루는 니기하야히 노모데루로서 페니키아왕의 번역이라 하고 이 협야노가 일본열도로 도망하여 웅거하며 스스로 천왕이라 하며 일본을 개국했다고 보고 있다.[80)]

이 기록을 통해 일본의 기원은 기원전 2173년까지 거슬러 올라갈 수 있는 근거가 되었다. 일본은 한국이 『환단고기』를 출판하지 못하고 있을 때 출판을 했고, 한국이 『환단고기』 한국어 번역 원고를 만들고도 출판비를 구하지 못해 출판을 부탁한 측으로부터 한국어 번역원고까지 받아 자신들에게 유리하게 부분적으로 왜곡하여 일본어로 발행하여 일본 고대사의 사료로 삼고 있다.[81)] 일본이 자신들의 고대사의 근거로 삼고 있

80) 『단군세기』, 『한단고기』: 68－70.

81) 일본의 『일본서기(日本書紀)』와 『고사기(古事記)』에서 '우가야'·윗가야(上加耶)에 대해 기록하고 있고, 가지마(鹿島)는 檀君古記와 야마대국에 대해 '우가야 왕조는 B.C. 3천 년경에 시작하는 단군 왕조로부터 북부여, 고구려로 이어지는 왕조이다.…'라고 하면서 '우선 『환단고기』<단군세기> 제35대 사벌(沙伐, B.C. 723년)조와 제36대 매륵(買勒, B.C. 667년)조에는 일본인의 최대 관심사가 기록되어 있다.' 그리고 『북부여기』 <제2세 단군>조에는 『궁하』 문서우가야 제 33대조와 동일한 기록이 있어서, 결국 그 세기도 또 하나의 우가야의 문서임이 분명하다.'는 것이다. '그 문서에 의하면 처음에 단군조 때 한인(韓人) 배폐명(裵幣命)이 왜왕이 된 것은 B.C. 700년 경이다. 그런데 해

는 『환단고기』를 한국에서는 일본보다 늦게 겨우 출판하고, 어렵게 출판된 책에 대해 한국학자들은 위서로 치부하여 강단사학자들은 연구의 대상으로조차 삼지 않았다. 어떤 면에서는 『환단고기』는 금서로 취급되었다. 그러나 고고천문학자들에 의해 『환단고기』에 기록된 '오성취루현상'이 역사적인 사실로 입증되고 천부경에 대한 기록이 고려말 『목은집』에서 발견되며 16세기 프랑스 신부의 기록에서 유사한 내용이 나오면서[82] 본격적으로 그 책의 내용들의 진실여부를 과학적으로 다루어야 한다는 주장이 힘을 얻고 있다. 그 내용을 본격적으로 검토하지 않은 채 위서나 금서로 취급하는 것은 과학적인 태도가 아니라는 입장이 확산되고 있다. 더구나 일본 및 중국과 고대사를 두고 다투고 있은 입장에서는 더욱 적극적인 태도를 가져야 한다는 것이다.

4. 건국의 성격과 시기

(1) 고대 역사서에서의 기록

고조선의 건국은 다양한 역사서들에 기록되었으나 불행하게도 대부분 지금은 전하지 않고 그 일부만 국내외의 역사서에 기록으로 남아 있다.

첫째, 현재 남아 있는 대표적인 최초의 국내 역사서로서 『삼국유사』 고조선조의 『위서』를 인용한 기록을 근거로 하여 살펴볼 수 있다. 『위서』는 "그 책이 쓰여진 당시로부터 2,000년 전에 단군이라는 왕검이 아사달(백주에 있는 무엽산 또는 백악 혹은 개성 동쪽에 있는 백악궁)에 수도를 정하고 최초의 국가를 건국하여 국호를 '조선(朝鮮)'이

인(海人) 왕조국사가 언제 어떻게 해서 한인 왕조로 변모했느냐 하는 점에 대해서는 <단군세기>는 그것을 명확히 기록하고 있어서 반론을 불허한다.'고 말하고 있다. 가지마는 제3세 단군 가륵이 재위한 동안(B.C. 2182~2138년)에 있었던 일을 원문대로 전부 인용하고 있고, 가륵왕 10년(B.C. 2173년)조에서 '섬승노(陜野奴) 배폐명이 도망하여 미시마(三島, 일본 열도)에 가서 천황이라 일컬었다'는 부분을 기억하자고 강조하고 있다. '신대기(神代記) 일서(一書)에는 스사노오(素戔鳴尊=須佐之男命)가 소시머리에 거(居)하다가 일본 이즈모(出雲)에 이르렀다'고 하여 소시머리는 왜인의 최고의 원향(最古의 原鄕)이다. 『궁하』 문서의 소아계보(蘇我系譜)는 섬승노-배폐명(陜野奴-裵弊命)에 관한 것이지만 섬승노가 무엇을 하였는지는 <단군세기> 제36대 단군 매륵조에 기록되어 있다. 즉, 갑인 38년(B.C. 667년)에 섬승노가 미시마(三島, 일본 열도)를 모두 토평(討平)했다는 것이다. 『고사기』에도 '이 땅은 한국을 향하고, 가사사(笠沙)의 앞을 통하며, 아침 해와 저녁 해가 비치는 매우 길한 땅이다'라고 했다. 『일본서기』는 일본 땅과 산천초목과 조신(祖神)과 천손(天孫)과 일왕가의 생성의 내력을 기록하며 황손 아마즈(天津彦火尊), 즉 니니기(瓊瓊杵尊)는 남한에서 일본 구슈(九州)에 강하한 천손으로서 일본국주(國主)라 한다. 가지마 노부루. 1980. <檀君古記와 야마대국>. 『역사와 현대』; 이병도 · 최태영. 1989. 『한국상고사입문』. 고려원: 163-174.

82) 구체적인 내용에 대해서는 이 책의 제1부 제4장 위서논쟁에서 소개하도록 한다.

라 하고 건국 시기는 중국의 '요(堯)'임금과 같은 시기"라고 기록되어 있다고 소개하고 있다.[83]

이 기록을 근거로 하면 단군조선 건국을 신화로 보는 것이 아니라 역사적인 사실로 보아야 한다. 중국 역사가가 기록한 『위서』는 고조선의 의도와 무관하게 기록된 것인 만큼 역사적인 사실을 객관적으로 기록한 것이기 때문이다. 현존하는 『위서』에 위의 내용이 없다고 주장하는 학자들도 있으나 『위서』도 30가지 서로 다른 본으로 전해져서 그 내용에 서로 차이가 있으나 『삼국유사』가 참고한 『위서』에서는 명확하게 그 내용이 남아 있다.

둘째, 단군조선의 개국 시기는 중국 하나라 요(堯)임금 시대와 같은 시기이고 『위서』가 쓰여진 당시보다 2,000년 전이라 함으로 기원전 24세기를 의미한다. 요임금은 중국의 태평성대를 이룬 유명한 성군으로 삼황오제시대의 대표적인 왕이다. 『위서』가 고조선의 역사를 기록하면서 중국의 대표적인 성군과 같은 시기에 단군조선을 기록하고 요임금과 같이 단군을 기록한 것은 그만큼 당시에도 단군조선을 중국에서도 격조 있는 국가로 인식하고 있음을 보여주는 방증이라 할 수 있다.

셋째, 고조선 건국 연도에 대해 『동국통감』 『해동이적』 『동국역대총목』은 기원전 2333년, 『삼국유사』는 기원전 2333년(요임금 25년) 또는 기원전 2308년(요임금 50년), 『제왕운기』는 기원전 2357년으로 각각 달리 기록하고 있다.[84] 여러 역사서들이 단군조선의 건국 연도를 서로 달리 기록하기 때문에 이들 모두의 기록을 믿을 수 없다고 할 수도 있지만, 반대로 만일 조작된 것이라면 서로 다르게 나타나지 않을 것이기 때문에 도리어 서로 달리 기록하는 것 그 자체가 기록의 신뢰성을 높여 단군조선의 실체와 역사적 사실을 제대로 기록한 것이라고 볼 수 있다.

넷째, 『세종실록지리지』(평안도)에서도 『단군고기』의 내용을 인용하여 단군조선의 건국 사실을 기록하고 건국시기도 기원전 2333년임을 기록하고 있다. 있는 사실을 그대로 기록하기로 유명한 조선 시대 사관들도 단군조선의 역사를 신화가 아닌 역사로 기록한 것을 『세종실록지리지』 고조선 관련 기록에서 확인할 수 있다.

> 『단군고기』에 이르기를 상제환인이 서자가 있어서 이름이 웅인데 세상에 내려가서 사람이 되고자하여 천부인 3개를 받아 가지고 태백산 신단수 아래에 강림하였으니 이가 곧 단웅천

---

83) 『三國遺事』 卷1, 古朝鮮(王儉朝鮮)條, "魏書云 乃往二千載有檀君王儉 立都阿斯達 (經云無葉山 亦云白岳 在白州地 或云在開城東 今白岳宮是) 開國號朝鮮 與高同時."; 신용하. 2010: 144에서 재인용.

84) 성삼제. 2016: 26.

> 왕이 되었다. 손녀로 하여금 약을 마시고 임신이 되게 하여 단수의 신과 더불어 혼인해서 아들을 낳으니 이름이 단군이다.
> 나라를 세우고 이름을 조선이라 하니, 조선, 시라, 고례, 남옥저, 동북부여, 예와 맥이 모두 단군의 다스림이 되었다. 단군이 비서갑 하백의 딸에게 장가들어 아들을 낳으니 부루이다. 이를 곧 동부여왕이라고 이른다. 단군이 당요와 더불어 같은 날에 임금이 되고 우가 도산의 모임을 당하여 태자부루를 보내어 조회하게 하였다. 나라를 누린지 1038년 만인 은나라 무정 8년 을미에 아사달에 들어가 신이되니 지금의 문화현 구월산이다.(『세종실록지리지』 평안도)

다섯째, 위의 『세종실록지리지』는 단군조선의 건국시기와 단군이 아사달에 들어간 시기를 기록할 뿐만 아니라 단군의 아들이 부루라고 하여 『규원사화』, 『단군세기』, 『환단고기』 등에서 기록한 2대 단군 부루(기원전 2240~기원전 2182)의 기록과도 같아 단군조선 47대 왕세기의 신뢰성을 높여주고 있다.

여섯째, 역시 같은 기록에서 단군이 조선, 시라, 고례, 남옥저, 동북부여, 예와 맥 등을 다스리게 되어 단군조선은 기존의 성읍국가들인 조선, 시라, 고례, 남옥저, 동북부여, 예와 맥 등을 통합한 고대국가임을 입증하고 있다. 그동안 고조선의 성격을 부족국가나 성읍국가 또는 군장사회라고 축소시켜 이해했으나, 단군조선은 개국 시부터 여러 성읍국가들을 통합하여 다스린 고대국가임을 보여준다.

일곱째, 한국의 정사인 『삼국사기』<신라 본기 제1>에서 "일찍이 조선의 유민들이 이곳에 와서 산곡간에 헤어져 여섯 촌락을 이루었다"고 기록하여, 고조선의 역사적 존재를 공식 정사를 통해 인정하고 있다. 또한 『삼국사기』 권 17 <고구려 본기><동천왕 21년>조에서 "평양은 본래 선인 왕검의 거주지, 혹은 왕의 도읍인 왕험"이라고 기록하고, 『삼국사기』 권 22 <고구려 본기><보장왕>조에서는 "현도와 낙랑은 본래 조선의 땅으로서 기자가 봉해진 곳"으로 기록하고 있다.[85]

여덟째, 『제왕운기』<지리지>, 『제왕운기』<전조선기>, 『고려사』<지리지><서경유수관평양부>조 등도 고조선에 대해 구체적인 역사로 기록하고 있다.[86]

(2) 별자리로 본 나라의 건국

『고기』와 『삼국유사』의 저자들은 "현실역사로서의 고조선의 개국 사정을, 신들의 이

---

85) 『삼국사기』 권 제1 <신라 본기> · 권 17 <고구려 본기>.
86) 『제왕운기』<지리지>, 『제왕운기』<전조선기>, 『고려사』<지리지><서경유수관평양부>조.

야기라고 하기보다는 하늘・천(天)의 별(日月星辰)들의 구도로 설명하고 있는데, 우리는 이에 관하여 각별히 유의해야 할 것"이라는 지적에 공감하여 김용섭의 설명[87]을 중심으로 단군조선 개국을 별자리들의 성격을 중심으로 살펴본다.

하늘을 숭배하는 인간세상의 여러 부족집단들은 하늘의 별자리((日月星辰)가 하늘 천제(天帝)의 자식들이라 보고 자기 부족집단을 자연스럽게 그 가운데 하나의 별로 상징화할 수 있었다. 고조선의 개국을 문자로 기록한 역사서가 없는 가운데 고조선 부족집단들이 자신들의 건국 이야기를 하늘의 별자리를 통해 후대에 구전시켰다면 별자리에 기록한 건국 역사는 문자에 의한 기록 못지않게 정확한 것이라 볼 수 있다.[88] 북극성 특히 서자별을 상징으로 삼는 부족집단, 해를 상징별로 삼고 있는 부족집단, 그 밖의 여러 별들을 상징별로 삼고 있는 여러 부족집단들이 하늘의 별 자리로 자기집단의 역사를 기록하고 있다. 이들 별 이름으로 상징화된 부족 집단들의 활동무대는 동아시아의 북부 만주 일원과 한반도 북부였다. 이들과는 별도로 북쪽 하늘의 중천에 떠 있는 북두칠성별을 상징별로 삼고 만주 한복판의 대지 위에 살고 있는 부족집단들은 그 자체로서 대 정치세력으로 진국이라는 하나의 국가를 이루었다. 북두칠성은 천제가 하늘의 질서(七政)를 바로잡기 위해 포정(布政)을 하는 중요한 곳이기 때문에, 이 진국은 천제의 명에 따라 서자별을 상징별로 삼고 있는 부족집단 휘하에서 고조선의 핵심적인 일원이 되고 있었다. 하늘에는 이들 별 외에도 무수하게 많은 다른 별들도 떠 있는데, 이 별들은 하늘의 구도와 인간의 사회집단을 연관시켜 고조선계와는 계통을 달리하는 타 종족이나 민족의 부족집단들과 관련된 것이다. 고조선을 건국하는 서자족과 환웅족 등 주도적 부족집단들이 만주의 넓은 대지 위 몇몇 곳에 정착해 있으면서, 그들 집단의 사이사이 또는 주변에 타 종족이나 민족이 정주하고 있더라도 이에 개의치 않고, 멀리 떨어져 있는 동족끼리 원격 연락하고 결속해서 국가를 건설하고 있었음을 볼 수 있다.[89]

김용섭은 하늘・천의 별들의 구조를 다음과 같이 구체적으로 설명하고 있다.[90] 그에 따르면, 첫째, 고조선 사람들은 그들의 하늘 신앙과도 관련하여 하늘에 떠 있는 별자리 특히 자미궁(紫微宮) 주위의 별자리들을 정확히 파악하고, 이를 그들 부족집단의 고인

87) 김용섭. 2015(2008). 『동아시아 역사 속의 한국문명의 전환: 충격, 대응, 통합의 문명으로』(신정증보판). 지식산업사: 64-80.

88) 이옥. 1987. <단군신화에 나타나는 몇 가지 의문점>『동방학지』. 54・55・56호; 이옥. 2003. 『이옥교수 논문집』.

89) 김용섭. 2015: 66.

90) 위의 책: 67-69.

돌무덤・지석묘의 덮개석에 크고 작은 종지 모양의 구멍[穴]으로 새겨 넣고 있었다.[91]

둘째, 하늘에는 수많은 별들이 있지만 단군신화에서는 고조선의 개국과 직접 관련된 지극히 제한된 최소한의 별들만 다루고 있다.

셋째, 환인은 하늘의 유일무이의 지존인 천제로서 북극성을 중추로 하는 자미궁에 거처하며 대웅좌(大雄座) 별무리 속 북두칠성의 동북쪽에서 하늘의 만사를 주재하고, 그 휘하에 환웅별, 서자별, 풍백별, 만월 등이 고조선을 건설하고 있었다. 이 별들이 고조선을 건설하고 있는 구체적인 사정에 대한 김용섭의 설명을 직접 인용한다.[92]

> ① 환웅(桓雄)별은 해・日・太陽으로서 恒星의 하나이다. 천제・하느님의 아들로서 태양계에서 가장 크고 강성한 힘을 가진 별이다. 그와 웅녀(熊女)와의 사이에서 태어난 아들 단군왕검(檀君王儉)도 해(日)였다.
>
> ② 서자(庶子)별은 북극성(北極星), 즉, 북극오성(北極五星) 가운데 제3성이었는데, 이 북극성(北極星・北辰・辰)은 자미궁(紫微宮) 별무리 속의 으뜸가는 별로서. 천체 운영에서 축이 되는 별자리[星座]였다. 이들 북극오성은 각각 주관하는 임무가 있었는데(太子 主月, 帝王 主日, 庶子 主五行, 后宮, 天樞), 그 가운데에서도 서자(庶子: 后妃의 子息)별의 임무는 오행(五行)을 주관하는 일이었다. 오행(五行)은 사전적 지식에 따르면, 금목수화토(金木水火土)로서 천지 사이에 기(氣)를 소통시키는 일종의 원소였으나, 인간의 생활과 관련해서는 인간을 양육하기 위한 것, 즉 수화(水火)는 백성의 음식(飮食)을, 금목(金木)은 백성의 흥작(興作)을, 토(土)는 만물(萬物)의 자생(資生)을 해결토록 하는 것이었다[書傳云]. 말하자면 고대 중국천문학의 북극성(北極星) 가운데서도 서자(庶子)별은, 인간사회의 의식주(衣食住)문제와 산업(產業)을 주관하고 해결하는 것이, 그 임무이었다. 이 같은 문제는 북극성 전체의 임무이었겠으나, 서자(庶子)별은 북극성을 대표해서, 이 업무를 분담 수행하고 있는 것이었다.
>
> ③ 풍백(風伯)별은 기백(箕伯)으로서 동방의 기성(箕星)을 말함이었고, 우사(雨師)・운사(雲師)별은 서방의 필성(畢星)에 속하는 별이었다. 그리고 곰(熊)은 여러 가지 사정으로 보아, 환웅(桓雄)이 신혼(神婚)을 치르게 될, 따라서 그곳 정치집단의 우두머리가 될 곳,

91) 김동일. 1996. <별자리가 새겨진 고인돌 무덤에 대하여>『조선고고연구』. 1996년 제 3호; 김동일. 1997. <증산군 룡동리 10호 고인돌무덤의 별자리에 대하여>『조선고고연구』. 1997년 제3호; 김동일. 정문건. 1999. <고인돌무덤에 새겨져있는 별자리의 천문학적년대추정에 대하여>『조선고고연구』. 1999년 제4호; 박창범. 2002. <고인돌 별자리를 찾아서>『하늘에 새긴 우리역사』. 김영사; 박창범. 2007. <고구려의 고분벽화 별자리와 천문체계> 1. 소남천문학사연구소 발표논문; 구만옥. 2007. <'천상열차분야지도' 연구의 쟁점에 대한 검토와 제언>『동방학지』. 140. 연세대학교 국학연구원.

92) 김용섭. 2015: 67－69.

즉 동방의 별 웅성(熊星)으로 보아야 하겠다. 웅성(熊星)은 방성(房星・房宿・房四星)으로, 고대 천문학에서는 천자(天子)가 포정(布政)하는 궁(宮)이었다. 호(虎)는 서방의 백호(白虎)로서 사신(四神) 가운데 하나였다.

④ 끝으로 중요한 존재로 등장하는 것은 환웅과 신혼한 웅녀(熊女)인데, 그녀는 아마도 처음에는 웅성(熊星) 별자리의 반달곰 공주이었을 것이나, 환웅과 신혼함으로서 만월[滿月]달로 승격하였을 것이다. 물론 황후(皇后)의 선발이 이 웅성(熊星)에만 한하는 것은 아니었을 것이며, 정국의 원활한 운영을 위해서, 그 뒤 단군정권에서는 하늘의 동서남북에 위치한 여러 별로 상징화한 부족집단의 공주들 가운데서 선발하는 경우가 더 많을 것이다.

그림 3-4 장천 1호분 천장 별 그림과 도해

가. 〈장천 1호분 천장 별 그림〉

사진: 조선일보사 제공

나. 〈장천 1호분 천장 별 그림 도해〉

(1) 북두칠성

(2) 해와 달

(3) 북극 5성과 관련 별들

1~5. 북극 5성 9. 보성
6. 기성 7. 방성 8. 필성

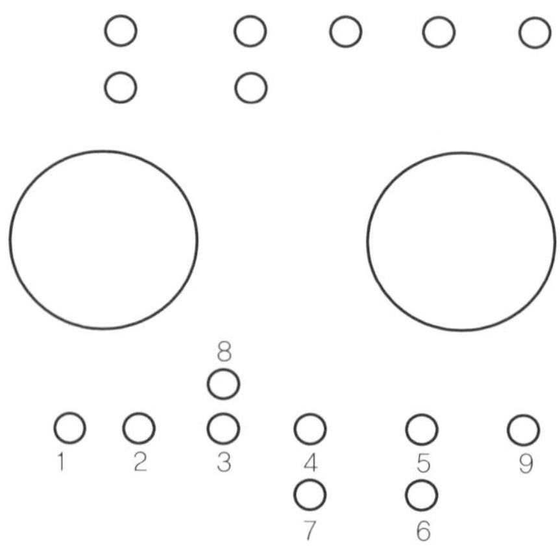

출처: 김용섭. 2015: 권두화보(4쪽).

『삼국유사』에 언급된 단군신화의 내용은 위에서 인용한 하늘의 별자리 구도로 설명이 되고, 그 내용은 단군조선의 후손인 고구려인에 의해 고분벽화에 별들의 그림으로 잘 기록되어 지금까지 전해지고 있다. 적절한 문자가 없어서 직접 문자기록으로는 남겨두지 못했지만 후손인 고구려 대왕 귀족의 고분 천장에는 별자리 그림으로 잘 기록된 것이다. 고분 천장 고임돌 벽면의 사신도와 함께, 천장에는 삼원(三垣) 이십팔수(二十八宿) 별자리 가운데 자미궁 중의 북극성과 그 보성의 그림, 기성・방성・필성의 그림, 하늘의 중천에 떠 있는 북두칠성의 그림, 그리고 해와 달의 그림을 그려 넣고 있었다. 이것은 대왕 귀족이 사후에 고향이고 선영인 선조의 하늘나라로 돌아가고자 함이었고, 그들이 선조 이래의 하늘・천 신앙을 지켜왔음을 반영하는 것이었으며, 그 선조의 개국 사정을 별자리로 기술한 하나의 역사서술이었다.[93] 이 별자리를 그림으로 표현한 장천 1호분 천장 별 그림을 인용하면 [그림 3-4]와 같다.[94]

(3) 단군사화의 3단계

하늘의 구도 질서와 인간사회의 상관관계는 긴밀하여, 신화는 현실 인간사회 인간생활을 반영한다고 보고 있다. 하늘의 별자리 구도 질서를 통해 고조선 사회의 정치사회의 실체를 파악할 수 있게 한다. 샤먼교가 널리 퍼진 동북아시아 만주 일원에서는 하늘을 믿는 고조선 민족의 정치 사회집단들은 자기들 부족의 상징별을 내세워 단군조선의 건국의 역사를 기록하고자 했다. 하느님으로 천제인 환인, 하늘을 믿고 신앙하는 서자족 집단, 환웅족 집단, 풍백족 집단, 우사족 집단, 운사족 집단, 곰 부족집단, 범 부족집단 등 정치사회집단들이 하늘의 별자리 구조 속에 있는 별들과 같이 고대한국사회의 인간세상에서 정치사회를 형성하고 권력투쟁이나 경쟁 및 공존의 질서를 유지하고자 했던 상황을 기록한 것으로 본다.

이러한 관점에서 하늘의 별자리 구도 질서가 환인의 지배 아래 서자별・환웅별・풍백별을 중심으로 운영되었듯이 고조선의 지배연합과 핵심 통치세력도 서자족 집단・환웅족 집단・풍백족 집단을 중심으로 지배연합이 형성되고 정권이 운영되었음을 반영하는 것이다. 이것은 서자족 집단・환웅족 집단・풍백족 집단이 단군조선 건국의 중추적인 지배연합을 형성한 세 기둥이었음을 의미한다. 이것은 서자족 집단과 환웅족 집단이라는 두 세력이 풍백 직함의 대신이나 장관을 통해 다른 부족집단들을 거느리고 통

93) 위의 책: 69.
94) 위의 책: 권두화보(4쪽).

합 · 조정하여 통치를 했음을 의미한다. 그들 부족의 상징인 별들 사이에도 크기와 위치가 다르듯이 여러 부족집단들 사이에도 권력의 강약과 선후가 작용하여 서열과 서차가 있었다고 볼 수 있다. 하늘을 숭배하고 천신을 신앙하는 선진문화를 지닌 환웅족 집단이 서자족 집단과 풍백족 집단 등의 안내로 곰과 범을 토템신앙의 대상으로 삼았던 부족집단의 사회에 와서 이들과 협력하고 결합하여 함께 하늘을 숭배하는 더 큰 정치세력을 형성하여 부족연합국가를 건국하고 유지시킨 것이다.

환웅이 하늘에서 내려온 것은 선진지역의 환웅족 집단이 이동하여 온 것을 의미하며, 환웅족 집단은 선진지역의 통치경험을 바탕으로 하여 여러 부족연합으로 형성된 단군조선을 제정일치의 천왕 천군정치체제로 형성하고 국가부강을 위한 경제기반을 형성하게 만들었다. 따라서 단군신화의 내용은 첫 단계인 천강 · 천왕 신화, 둘째 단계인 신혼(神婚) 단군신화 그리고 셋째 단계인 기자 봉조선설 등 3단계로 구성되어, 원시사회에서 고대사회로의 이행과정을 거친 것으로 해석하고 있다.[95]

단군조선의 첫째 단계는 천강신화의 단계로서 고조선 건국을 위한 정지작업의 시기는 서자족 · 풍백족 · 우사족 · 운사족 집단 등 선진지역에서 온 집단들과 곰 · 범 등의 선주부족집단들을 횡으로 연결 · 결합하여 부족연맹체 국가를 형성했다. 주곡 · 주명 등의 정치운영 체제를 세우고 풍백 · 우사 · 운사 등의 직명을 지닌 장관들로 농업에 기반한 통치체제를 구축하고 천왕이 통치권자가 되었다. 환웅시대의 이 단계에서는 정치와 종교가 일체를 이루는 신권 · 신정정치(神權 · 神政政治)의 천왕정치인 제정일치의 시기였다. 환웅은 정치적으로 천왕인 동시에 종교적으로 제천행사를 주관하는 천군(天君)이기도 하여 제의-군장으로서 통치를 했다. 이것은 이전 선진지역에서 이민족과의 투쟁과 통치경험이 이러한 통치체제를 세운 기초가 된 것으로 추정된다.

둘째 단계인 신혼 단군신화 단계는 환웅이 의도한 건국 계획에 따라 단군(壇君 · 檀君)이 아버지의 뜻을 이어 조선을 건국하고, 수도를 평양성으로 삼았다가 백악산 아사달로 이전하기까지의 시기였다. 단군은 아버지 환웅을 이어 천왕 · 천군으로서 제정일치의 신권 · 신정정치를 행한 것으로 보인다. 단군은 자연인으로서의 고유명사가 아니라 천군 · 단군(壇君) · 단군(檀君)이라는 직함을 지칭하는 일반명사로서의 정권과 정체를 나타내는 명칭이었다. 단군정권의 통치기간은 길어 농경문화와 같은 사회경제 조건의 발달에 따라 정치권력도 점진적으로 변동하고, 기자정권으로 정권교체가 되었다. 단군은 하늘에서 내려온 천자 환웅의 아들이고 그의 계승자여서 별자리구도에서도 일월성신의 하늘의 별의 구도 내 별들의 서열체계에서 천자와 같은 지위에 있었다. 이 때

95) 위의 책: 77-79.

문에 단군은 평양에 신단을 쌓고 천군의 자격으로 그의 조상인 하늘과 태양신에게 제사를 올리고 그 권위를 빌려 그의 아버지 환웅과 같이 그가 지배하는 나라의 모든 일을 주재하는 천왕이 되었다. 따라서 단군은 정치적으로는 국가의 통치권자인 천왕・임검・가한(可汗・카한)이었으며, 종교적으로는 제천을 주재하는 천군(天君・壇君・檀君)이어서 그의 호칭은 '하늘 카한(텡그리 카한-天君・壇君・檀君)' 또는 '햇님 카한'으로 불렸을 것이라 추정하기도 한다.[96]

셋째 단계인 기자 봉조선설 단계는 단군신화 고조선의 마지막 단계로 "중국에서 기자가 온 것이 아니라, 고조선 안에서 사회경제 특히 농경문화가 발전하여, 단군정권이 기자가한의 기자정권으로 정권교체되고, 고대사회 고대국가가 확립되는 새로운 시대가 된 시기"라는 것이다.[97] 『삼국사기』에 고구려에서 '기자가한신(箕子可汗神)'과 함께 '일신(日神)'에 대한 제사를 국가제례행사로 지낸 것은 기자정권의 유산으로 남아 있었음을 의미하는 것이라 보인다.

(4) 고조선의 시기 구분

단군조선의 시기 구분은 전 단군조선기와 후단군조선기, 단군조선 전기와 후기, 단군조선・기자조선・위만조선 등 다양한 시대구분이 있다.

첫째, 『삼국유사』는 단군조선(1500년)과 기자조선(408년)의 시기를 구분하고 위만조선을 별도로 기록하고 있다.

둘째, 『규원사화』는 단군조선의 47대 단군의 기간(1205년)만 기술하고 나머지 기간은 공백으로 남겨두어 기자조선의 시기가 가능하도록 여지를 남겨두었다.

셋째, 『한단고기』는 기자조선이나 위만조선을 인정하지 않고, 『단군세기』에서는 단군조선의 47대 단군들이 전 기간을 통치하였다. 『북부여기』에서 위만조선은 3한 가운데 하나로서 후국인 번한조선의 한 정권이었음을 기록하고 있다.

넷째, 『단기고사』는 전 단군조선의 25대 단군들(1222년)과 후단군조선의 23대 단군들(875년)로 나누고, 기자조선의 42대 단군들(1093년)은 후단군조선의 시기의 후국을 이은 것으로 기록하고 있다.

다섯째, 신채호는 전기 단군조선(1000년)은 전성기이고 후기 단군조선(1000년)은 분열쇠퇴기라고 구분하고 있다.

---

96) 위의 책: 79.
97) 위의 책: 80-81.

여섯째, 이병도와 최태영은 『조선상고사입문』에서 전기 단군조선 47대 단군의 시기와 후기 단군조선 약 40대 단군의 시기로 나누고, 기자조선과 위만조선은 고조선의 소지역 제후여서 고조선국의 후기왕조가 전혀 아님을 강조하고 있다. 전기와 후기 사이에 은의 침략으로 몇 해가 걸린 것으로 보고 있다.[98]

이처럼 단군조선의 통치 기간과 역대 단군의 통치에 대한 설명은 다소 차이가 있으므로 이것들에 대한 보다 엄밀한 규명이 필요하다.

5. 청동기문화와 고조선의 건국

(1) 고조선의 역사성 부정 논리

단군조선의 개국시기에 대해 일부에서는 우리나라의 청동기가 과거에는 기원전 10세기경이라고 주장했으나 최근의 청동기 유물의 발굴과 세계적인 청동기문명의 발생과 이동에 대한 학설이 바뀌면서 한국의 청동기가 기원전 26세기에서 30세기 사이에 시작[99]되었기 때문에 단군조선의 건국도 신화가 아니라 역사로 인정하는 관점이 다수설로 자리 잡게 되면서 신화론자들의 주장은 크게 퇴색하게 되었다.

그동안 일제 어용 식민사학자 등 단군조선을 부정하고 신화로 만들려던 신화론자들은 네 가지의 방어벽을 쳐 두었다.

첫째, 청동기가 되어야 국가가 형성된다.

둘째, 한국에는 청동기가 없다.

셋째, 청동기가 있더라도 기원전 10세기 이후이다.

넷째, 청동기는 유럽에서 시작하여 시베리아, 중국을 거쳐 늦게 한반도로 오게 되었다.

(2) 고조선의 청동기 역사성

위의 주장에 대해, 단군조선의 청동기 역사성이 차례로 입증되고 있다.

첫째, 청동기 이전에도 메소포타미아문명이나 이집트문명 및 인도문명 등에서는 고

98) 이병도 · 최태영. 1989. 『한국상고사 입문』. 고려원: 36－37.

99) 한국의 청동기시대의 시작에 대해 학자들 간에 기원전 4세기에서 기원전 40세기까지 너무나 다양하게 제시되어 학자들 사이에 의견 일치를 보이지 못하고 있다. 이것은 학자들이 최근 많은 고대유물 · 유적들의 발굴로 급속하게 고대사에 대한 사실들이 바뀌고 있는 것을 따라가는 사람과 따라가지 못한 사람들 간의 의견 불일치의 결과라고 보이기 때문에 학자들의 의견보다는 객관적 · 과학적 증거가 더욱 중요하다고 보아야 한다.

대국가가 형성된 것이 드러났다. 먼저 청동기 문명의 발상지라는 메소포타미아에서 청동기가 어떻게 발명되고 고대국가의 형성에 어떻게 영향을 주었는지를 명확하게 설명하지 못하고, 도리어 청동기의 발명이 고대국가 형성과 무관하고 고대국가는 청동기 이전에 형성되었음을 밝히고 있다. 국가가 청동기시대에 형성된 것을 밝히는 이론적인 근거의 대표적인 연구를 한 미국 시카고대 인류학과 교수 로버트 엠 아담스는 『도시의 기원(*The Origin of Cities*)』에서 지구상 최초·최고 도시인 메소포타미아에서 도시의 발생과 발전은 청동기 무기와 같은 금속기술의 발전 등 기술적 환경적 개발과 별개로 문화적·사회적 변화에 따른 것이라고 주장한다.[100)]

이집트문명의 경우에도 고대 이집트 왕조는 고대왕국 시기(기원전 2755년~기원전 2255년), 중세 왕국 시기(기원전 2134년~기원전 1784년), 신왕국 시기(기원전 1567년~기원전 1085년)로 나뉘는데, 고대 이집트 왕국과 청동기문화의 직접적인 관계를 밝히는 연구는 찾아보기 어렵다. 이집트 전문가인 일본 와세다 대학 교수 요시무라 사쿠지는 고대 이집트 유물을 직접 현지에서 발굴하고 연구하여 쓴 『고고학자와 함께하는 이집트 역사기행』에서 도끼, 단검, 나이프, 침 등의 청동 제품이 고대 이집트의 생산품이 아니라 북방으로부터 유입된 교역 상품일 가능성이 크다고 주장하여 이집트 왕국은 청동기 생산시기 이전에 형성되었음을 확인해 주고 있다.[101)]

인도문명도 통일된 국가가 나타나기 시작한 시기가 후기 베다 시대(기원전 1000년~기원전 600년)로서 코살라, 카쉬, 비데하, 칼랑가 등의 왕국들이 형성되었는데 청동기 문명의 도입과 관련지워 설명하지 않아 인도의 고대국가들도 청동기의 직접적인 영향을 받아 건립되거나 발전한 것은 아닌 것으로 보인다.[102)]

이처럼 서구 문명의 대표적인 지역에서 고대국가의 형성과 청동기문화의 관계는 직접적인 조건이 아닌데 그것을 국내에서는 아담스의 연구를 지나치게 확대 해석하여 왔음을 알 수 있다. 이것은 서양사의 기본 지식을 무시하면서 일본 식민사학자들이 단군조선의 역사를 신화로 만들기 위해 만들어 놓은 첫 장벽인 '이론 틀'에 대해 과신하고 의심을 갖지 않은 결과이다.

고대국가들 사이에 청동기 이전에 만들어진 국가들이 청동기를 가질 때 더 강력한 국가가 되어 영토를 확장하고 융성할 수는 있지만 청동기 문명이 필수조건이란 것은 모든 역사가 지니는 '비동시성의 동시성'을 무시하는 것이다. 전 세계는 모든 지역에서

100) 로버트 엠 아담스 저. 최몽룡 역. 1977. 『도시의 기원, 청동기시대의 제 문제』. 백록출판.
101) 요시무라 사쿠지 저. 김이경 역. 2002. 『고고학자와 함께하는 이집트 역사기행』. 서해문집.
102) 로버트 엠 아담스. 1997. 앞의 책.

같은 문화를 동시에 이루지 못하고 앞선 선진문화와 뒤처진 후진 문화가 공존하는 것이 당연하여 '비동시성의 동시성'은 항상 나타나는 현상이기 때문이다.

둘째, 일제 식민통치기 동안 조선총독부 조선사편수회 어용학자들이 한국에는 독자적인 청동기시대가 없었고 단기간의 금석병용기만 있었다고 급조하여 주장했다. 식민사학이 고조선의 건국을 역사적 사실이 아니라 신화라고 강변하고 고조선에서는 청동기문화가 없고 금속병용기만 있었다는 일제 식민학자들의 왜곡된 주장이 실증사학이란 이름으로 이어지면서 고조선 역사를 훼손하는 일들이 역사학계에서 지금까지 전개되어 왔다. 우선 금석병용기라는 이론 아닌 이론을 급조하여 고조선의 역사성을 없애고 신화로 만들고자 했으나, 그 이후 청동기 유물들이 속속 발굴되면서 더 이상 주장할 수 없게 되었다. 이제는 식민사학자들이 주장하던 금석병용기에 동의하는 입장은 사라졌고, 한국에 청동기시대가 없다던 주장도 수많은 청동기 유물들이 발굴되면서 더 이상 주장하는 사람들이 사라지게 되었다. 고조선 강역에서 청동기문화의 유물들이 다수 발굴되면서 그들의 주장의 근거는 사라졌으나 식민사학을 뒤엎고 새롭게 고대국가의 존재를 인정해야 할 역사학계의 반응은 소극적이다.

(3) 청동기문화의 연대 측정

셋째, 청동기가 있더라도 최대한 시기를 뒤로 미루려던 노력도 청동기 유물들이 속속 발굴되고 과학적인 연대 측정 방법이 개발·적용되면서 그 주장들이 무력하게 되었다. 그동안 한국 역사학자들의 주장을 보면, 1960~1970년대까지 한국 역사학자들의

표 3-1 최근 확인된 청동기시대 유적 탄소연대

유적	측정값	교정연대(2편차)	측정기관
강릉 교동 1호주거지	3390±60	기원전 1878–1521	국립문화재연구소
강릉 교동 2호주거지	3100±50	기원전 1492–1219	국립문화재연구소
강릉 교동 3호주거지	3230±50	기원전 1676–1408	국립문화재연구소
속초 조양동 5호주거지	2820±60	기원전 1206±830	국립문화재연구소
강릉 방내리 3호주거지	2930±50	기원전 1365±944	국립문화재연구소
강릉 방내리 4호주거지	2400±50	기원전 761–388	국립문화재연구소
강릉 방내리 1호주거지	2650±170	기원전 1258±392	일본 나고야 대학
강릉 방내리 2호주거지	2710±110	기원전 1187–549	일본 나고야 대학

출처: 강릉대학교 박물관; 성삼제. 2016: 46 재인용.

대부분은 한국의 청동기가 기원전 400년 이후라고 받아들였다. 이 주장이 일본 오오사카서적출판사가 간행한 일본 역사교과서에 포함된 것으로 볼 수 있다. 그 뒤 청동기 유적들이 계속 발굴되면서 청동기의 시작 시기도 점점 소급되어, 기원전 700년~800년(김원용), 기원전 1000년(김정학, 임병태, 송호정), 기원전 12세기(이종욱), 기원전 1300년(김정배, 최성락), 기원전 2000년(사라 엠 넬슨), 기원전 2500년~2600년(윤내현), 기원전 4000년(북한 사회과학원 소속 학자들) 등으로 다양하게 제시되고 있다.

한국의 청동기시대에 대해 학자들의 주장이 크게 나뉘는 것은 유물의 탄소측정 결과라는 실증적인 자료에 크게 영향을 받기 때문이다. 청동기시대의 유물의 지역적인 분포에 따라 그 시작 시기가 달라지는 것은 지극히 과학적이다. 단군조선의 영역으로 볼 수 있는 영토 내에서도 시기가 차이가 나는 것은 청동기가 어디에서 이동·수용한 것이냐에 달려 있다. 그동안 학계에서 청동기 시작 시기에 대한 결정에서 유물들의 지역이나 숫자를 고려하지 않고 단순 산술평균으로 계산하는 방식을 취한 경우, 이것은 과학적인 결정 방식은 아니다. 청동기의 시작 연대는 원칙적으로는 가장 빠른 시기가 시작이 되어야 한다. 다만 그 유물의 숫자가 지극히 적거나 통계적으로 예외적인 경우라면 그 사례에 대한 질적인 판단이 필요하지만 원칙적으로는 가장 앞선 시기가 시작 시기로 되는 것이 타당하다고 본다.

위의 논의에서 보듯이 북한 지역의 유물의 시기가 빠른 것은 단군조선의 중심지 및 역사적인 선행성과도 관련되고 역사에서 한반도의 남과 북, 그리고 요동지역 등 단군조선 영토 내에서의 '비동시성의 동시성' 현상을 나타낸 것이라고 볼 수 있다.

(4) 청동기 유물의 지리적 분포와 고조선의 세력범위

[그림 3-5]에서 보듯이 청동기 유물의 분포와 단군조선의 영토 및 세력범위가 거의 일치하여 청동기문화가 단군조선의 건국에 매우 깊이 기여하였음을 확인할 수 있다.

그림 3-5 고조선의 세력범위와 청동기 유물 분포

출처: 고조선 세력범위를 나타낸 지도. (7차 교육과정 고등학교 국사 교과서); 성삼제. 2016: 56.

(5) 청동기문화의 오리엔트 기원설과 유럽기원설

넷째, 청동기문화의 발생과 전파 경로에 대해 다양한 학설들이 경쟁하고 있으나 세계적으로는 대표적인 학설이 오리엔트 기원설이다. 그동안 우리나라 역사학계에서는 청동기문명이 유럽에서 시작되어 시베리아를 거쳐 우리나라로 들어왔다는 학설을 정설로 여기고 있으나, 반대로 20세기 청동기 문명을 맨 처음 연구했던 유럽학자들은 청동기 문명이 동북아시아에서 발생하여 시베리아를 거쳐 유럽으로 전파되었다는 학설을 주장하였다. 국내의 많은 학자들은 청동기 문명이 중동 지역 → 지중해 지역 → 유럽 → 우랄산맥 → 시베리아 → 요동지방 → 한반도의 경로로 전파된 것으로 알아 한국의 청동기 문명이 세계에서 아주 늦게 일어난 것으로 믿어 왔다. 그것은 스웨덴의 몬텔리우스(G. O. A. Montelius, 1843~1921)의 청동기 오리엔트 기원설에 따른 것이라 보인다.[103)]

몬텔리우스는 1900년에 유라시아 대륙 북부 청동기의 오리엔트 기원설을 내용으로 하는 <초기 청동기 시대의 연대관>이라는 논문을 발표하였다.[104)] 이 연구에서 소아시아나 메소포타미아 지역에서 발생한 청동기 문명이 도나우 강을 따라 유럽으로 북상하는 길과 남러사아를 지나 시베리아와 중국으로 가는 길의 두 가지 길로 전파되었음을 주장하였다. 그러나 이것은 몬텔리우스가 각 지역의 청동기 유물이나 유적을 조사하거나 과학적인 방법으로 연대를 엄격하게 측정하여 얻은 연구 결과를 바탕으로 한 것이 아니고 가설적인 주장을 제기한 것에 불과한 것이다.

위의 가설적인 주장과 달리 유럽과 시베리아 등의 청동기 유물의 발굴 결과 조사를 바탕으로 하여 청동기 문명이 극동아시아나 시베리아에서 발달하여 유럽으로 전파되었다는 학설이 세계적으로 널리 제기되어 왔다. 대표적인 연구로 덴마크의 와르셰(J. A. Warsha, 1821~1885)는 유럽과 시베리아 및 극동지역의 청동기에 대한 실태조사를 통해 연대를 조사한 뒤 청동기문화가 극동 지역과 중국에서 발생하여 알타이와 우랄 산맥을 지나 북유럽으로 전파되었다는 학설을 제기하였다.

핀란드의 아스페링(J. R. Aspering, 1842~1915)은 황금과 동과 같은 광물자원이 풍부한 러시아의 예니세이 강 상류의 알타이 산 일대에서 시작된 청동기 문명이 훈족계 이주민에 의해 우랄 지방을 거쳐 북 유럽의 핀란드로 전파되었다고 주장하였다.[105)]

덴마크의 와르셰와 핀란드의 아스페링이라는 서로 다른 나라의 유럽 학자들이 청동기에 대한 경험적인 실태 조사를 한 후 그 객관적인 자료를 바탕으로 청동기문화의 전파 경로에 대한 기존의 다수설을 뒤집는 학설들을 발표하면서 세계 역사학계에서도 청동기 문화의 근원지에 대한 견해들이 첨예하게 대립되고 있다.

청동기 문명을 위시하여 문명이 유럽에서 아시아로 전파되었다는 주장은 유럽제국주의의 영향 때문이다. 한국도 근대화 과정에 동양문화권에서 벗어나는 서세동점의 압력을 받고 일본제국주의가 지배하면서 유럽제국주의의 영향에서 벗어나기 어려웠던 것이다. 일본제국주의는 유럽제국주의 친화적인 이론들을 지원하고 수용하면서 이러한 세계 학계의 동향은 국내에는 잘 소개 되지 못했던 것이다. 비록 개인 학자 차원에서 이러한 내용을 알았다고 하더라도 그것을 공개적으로 주장할 만한 학계의 연구 환경이

103) 정수일. 2002. 『고대문명 교류사』. 사계절.
104) 최몽룡・최성락 엮음. 2007. 『인물로 본 고고학사』. 한울; 성삼제. 2016: 8.
105) 정수일. 2002. 앞의 책.

허용되지 못했던 것으로 추측할 수 있다. 관련 학자들이 이러한 세계적인 연구를 몰랐다면 그만큼 국내 역사학계가 세계 학계의 흐름과 단절되었음을 의미하고, 알고서 문제를 제기하지 못했다면 바로 이러한 학문풍토를 반영하는 것이기 때문이다. 국내 역사학계의 폐쇄성과 일국사적 접근으로 세계 학계로부터 멀어지고 세계학계와의 소통이 이루어지지 못하고 있다는 한국인 출신 미국 역사학자인 스탠포드대학교 역사학과 교수 문유미의 문제제기와 경고가 이러한 국내 역사학계의 부정적인 성격을 잘 진단한 것이라 할 수 있다.[106] 어떠한 경우라도 학문적·인적 동종교배와 순혈주의라는 폐쇄성으로 비판받고 있는 한국 역사학계나 고고학계로서는 바람직한 일은 아니라 할 수 있다.

국내에서 출판물에 의해 '유럽 청동기의 아시아 전파설' 대신 '극동 아시아지역 청동기 발생과 유럽 전파설'이 새로운 패러다임으로 국내에 소개된 것은 2001년 정수일의 『고대문명교류사』가 발행된 이후이다.[107] 그것은 정수일이 국내 학계의 울타리나 인적인 제약으로부터 그만큼 자유로울 수 있는 여건이 되기 때문이라 여겨진다.

세계 학계에서 유럽제국주의의 학문적인 우월성이라는 신화가 도전받고 부분적으로는 계속 깨어지고 있다. 청동기의 시작과 전파에 대한 도전보다 더욱 확실하게 도전을 받고 무너진 것이 '채색토기 서방기원설'이다. 1920년대 스웨덴인 안데르손(J. G. Anderson)이 중국의 신석기시대 채색토기를 수집·분석하여 중국의 채색토기가 지중해 연안에서 기원하였다는 '채색토기 서방기원설'을 1926년에 국제 학계에 제기하여 세계적인 통설로 자리했다. 여기에 대해 1930년대에 중국학자들이 채색토기, 흑도문화 및 상문화라는 3개 층의 중국 토기를 발굴하고 방사성탄소연대측정법으로 측정한 결과 중국 황화 중류 지역의 채색토기가 가장 오래되고 서쪽 유럽 지역으로 갈수록 연대가 점점 늦어짐을 밝혀 '채색토기 서방기원설'이 무너지게 되었다.[108]

이처럼 유럽문화기원설이 하나씩 뒤집어지는 상황이 계속되는 것은 유적과 유물에 대한 과학적인 연대측정이 객관적으로 이루어지면서 가능하게 된 것이다. 유럽제국주의의 서구문화 우월주의적 편견(Western cultural bias)과 서구의 문화적인 오만성이 과학적인 객관성에 의해 하나씩 허물어지면서 유물과 유적 등에 의한 실증적 사료의 근거가 더욱 중요하게 되었다.[109]

청동기문화의 유럽기원설과 극동아시아기원설이 아직 치열한 경쟁을 펼치고 있어서

106) 문유미. 2016. <사건사와 일국사를 넘어서: 개항기 조선에 대한 영미학계의 연구동향과 새로운 연구의제의 설정을 위해>. 『현대사광장』. 7호. 대한민국역사박물관.
107) 정수일. 2002. 앞의 책.
108) 성삼제. 2016: 53-54.
109) 이러한 것들이 유럽보편주의·서구보편주의가 다원보편주의로 대체되어야 하는 이유이다.

청동기 유물에 대한 폭넓은 증거의 채증이 필요하다. 이러한 세계적인 학계의 흐름에 부응하여 북한이나 중국 요동 그리고 남한 지역에서 발굴되는 청동기 유물의 시기가 기원전 25세기에서 40세기까지 특히 일부 지역에서는 기원전 50세기까지 나타나고 있는 점은 청동기의 극동아시아 기원설의 가능성을 더욱 높이는 증거들이다.

6. 고인돌문화와 고조선의 건국

(1) 고인돌문화의 기록

청동기 유물에 대한 서양기원설과 극동아시아 기원설에 대해 견해가 나뉘는 학자들 사이에도 고인돌을 청동기문화의 대표적인 유물로 인정하고 고조선의 유적으로 생각하는데에는 견해가 일치한다. 고인돌은 고대인들의 무덤과 제단의 역할을 하였다. 고인돌 주변에서 사람의 뼈가 발굴된 곳은 무덤이나 묘역을 표시하는 상징물로 역할을 했고, 유골이 없는 곳은 종교적인 행사를 위한 제단으로 사용된 것으로 보인다.

조선왕조 연산군과 중종 때의 학자인 이맥이 쓴 『태백일사』에서는 『밀기密記』를 인용하여 고인돌이 처음에는 무덤의 표지석으로, 뒤에는 변하여 제사를 지내는데 사용한 지석단, 제석단, 천단, 신단 등으로 역할과 기능이 변화하였음을 500년 전에 이미 명확하게 기록하고 있다. 『태백일사』<신시본기>의 해당 기록을 보자.[110)]

> 『밀기密記』에서 말한다.
> '옛날엔 사람이 죽으면 향리를 벗어나는 법이 없었다. 합쳐서 한군데에 매장하고 표시하여 지석支石이라 하더니, 뒤에는 변하여 단을 만들고 지석단이라 불렀던 것이다. 또 제석단祭夕壇이라고도 했다. 산의 꼭대기에 있으면 산을 파고 성단城壇을 만들어 놓은 것을 천단天壇이라 했다. 산골짜기에 있고 나무를 심어 토단土壇을 만든 것을 신단神壇이라 했다.'

고인돌에 대해 중국에서도 일찍이 기록한 내용이 보인다. 중국 반고가 쓴 『한서』의 기록을 보자.[111)]

> 원봉 3년(기원전 78년) 1월 태산 지역의 내무산 남쪽 흉흉匈匈에 수천 명의 소리가 들려 사람들이 가보니, 큰 돌이 섰는데, 높이가 1장丈 5척尺이고 크기가 48위圍이며 땅속 깊이

110) 계연수 엮음. 임승국 번역·주해. 2006. 『한단고기』. 정신세계사: 192-193에서 인용.
111) 『한서』. 권 27. <오행지>; 성삼제: 62에서 재인용.

8척尺에 돌 3개가 다리를 하여 세워져 있다. 돌이 세워진 곳에는 흰 까마귀들이 수천 마리 몰려 있었다.

이것은 산동반도 제남의 동남쪽에 있는 태산지역 내무산의 고인돌을 묘사한 것으로 '흉흉'은 '오랑케들이 사는 곳'이란 의미여서 '다른 종족들이 사는 곳'에 이 고인돌은 '다른 종족들이 세워 놓았다'고 기록하여 『한서』를 쓴 반고와는 다른 종족이 당시 기원전 78년보다 이전에 돌을 세웠음을 명시하고 있다.

(2) 고인돌문화의 지리적 분포

고인돌은 전 세계에 걸쳐 분포하고 있으며 한국과 영국의 고인돌이 대표적인 것으로 인정되고 어느 지역이 발상지인지에 대해 관심들이 높다. 고인돌의 세계적인 분포나 한반도와 영국 등 세계 각지의 고인돌의 건립시기를 측정하여 비교하면 서구기원설이 맞

그림 3-6 세계의 고인돌 분포 지도

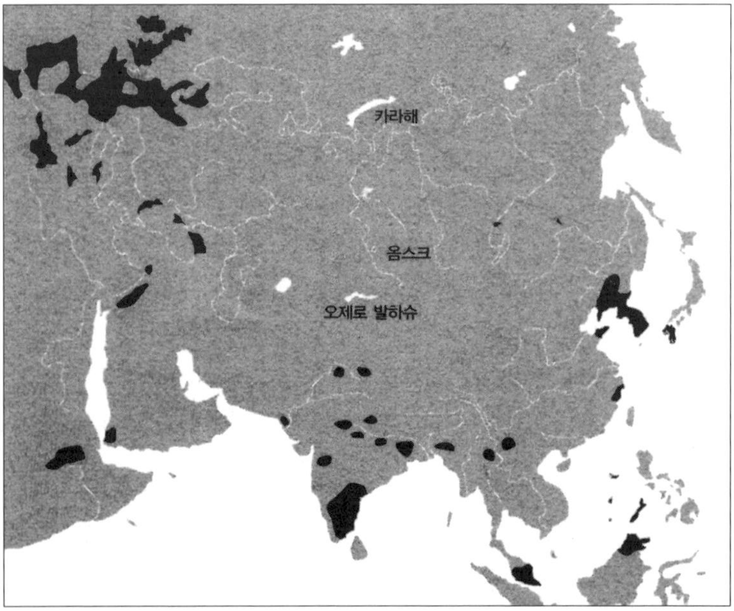

세계의 고인돌 분포. 검게 칠한 부분이 고인돌이 집중적으로 발견되는 지역이다.

출처: 변광현. 2001. 『고인돌과 거석문화-세계편』 미리내; 성삼제. 2016: 66에서 재인용.

는지 한국기원설이 맞는지를 확인할 수 있을 것이다.

[그림 3-6] 지도에서 보듯이 전 세계의 고인돌은 아시아, 유럽, 아프리카, 호주 등의 지역에 광범위하게 분포되어 있다. 한반도 외의 지역으로는 영국, 프랑스, 독일, 네델란드, 덴마크, 스웨덴, 아일랜드 등의 유럽지역, 중국의 산동 반도, 연해지역, 복건성, 사천성 및 절강성, 일본의 규슈 지방, 베트남, 라오스, 태국 등 동남아시아 지역, 인도, 팔레스타인, 요르단, 예멘 등 중동 및 남아시아 지역, 에티오피아, 알제리, 모로코, 튀니지 등 지중해 연안과 아프리카 지방 등 전 세계적으로 고인돌이 약 7만 기가 있고, 그 가운데 3만 기 이상이 한반도에 분포하고 있다.[112)]

그림 3-7 **동아시아의 고인돌 분포도**

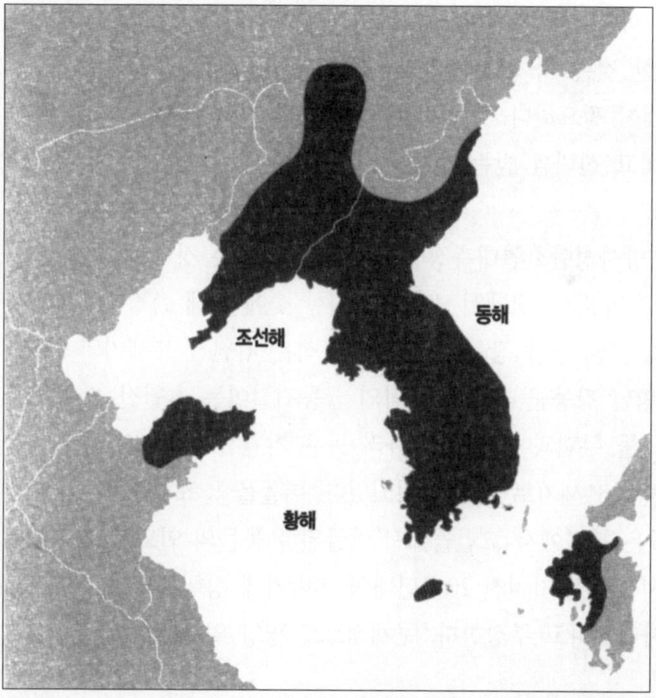

동아시아의 고인돌 분포도. 검게 칠한 부분이 고인돌이 집중된 지역이다. 한반도를 중심으로 북쪽은 중국 만리장성을 경계로 분포하고 있으며 요동반도에서도 집중적으로 나타난다.

출처: 변광현. 2001. 『고인돌과 거석문화–동아시아 편』. 미리내; 성삼제. 2016: 65.

112) 이종호. 2001. 『세계 최고의 우리 문화 유산』. 컬처라인.

세계적으로 보면 전 세계 고인돌의 절반이 한반도에 있다는 사실이다. 한반도에서는 대동강 유역에 약 14,000기, 전라남도에 약 1만 기 등 황주, 춘천, 제천, 대구, 여천 등 전국적으로 남북한의 전 지역에 분포하고 있다. 특히 동아시아 지역의 고인돌 분포를 보면 한반도를 중심으로 하여 집중되고 있고 그 북쪽은 중국 만리장성을 경계로 뚜렷하게 나뉘고 바다 건너 요동반도에도 집중적으로 나타나고 있어서 고조선의 강역을 명확하게 구별시켜 주고 있다.[113)]

(3) 고인돌문화의 측정 연대

고인돌이 어느 지역에서 가장 먼저 만들어지고 어느 지역으로 파급되었는지는 청동기 문화의 발상지와 그 전파 관계를 밝히는 매우 중요한 근거가 될 수 있다. 그동안 고인돌을 연구한 학자들의 연대 추정에는 객관성보다는 주관적인 성향이 많이 반영된 것 같다.[114)] 중요한 것은 과학적이고 객관적인 측정방법을 일관성 있게 사용하여 지역별로 비교하는 것이 필요하다. 역사적 유물에 대해 방사성탄소연대측정법이 전 세계적으로 널리 사용되고 신뢰를 받는 만큼 고인돌의 연대 측정에도 적극적으로 사용하는 것이 바람직하다.

국내에서도 방사성탄소연대측정법을 사용한 예로는 정부 문화재청 발굴단이 경기도 양평군 양수리 고인돌 유적에서 발굴・채집한 숯에 대해 측정한 결과 기원전 2325년경으로 밝혀졌고, 전남 영암 장천리 청동기 유적은 기원전 27세기와 24세기 등으로 측정되었다. 북한 평남 강동군 지역의 무덤의 금동귀걸이는 기원전 25세기~24세기이고, 평남 상원군 고인돌 무덤과 덕천시 집자리 등은 기원전 26세기경이고, 평남 성천군 고인돌 무덤은 기원전 31세기로 각각 측정되었다. 이들을 <표 3-2>로 요약할 수 있다.[115)]

북한 학자들은 북한에서 고인돌에서 발굴된 유물들의 연도 측정 결과 기원전 4000년대 후반기에 시작하여 기원전 2000년대의 전반기에 성행했으며, 기원전 2000년대 후반기에 서서히 사라졌다고 주장한다. 구체적으로 평양 일대에서 발굴된 고인돌의 발굴 지

---

113) 변광현. 2001. 『고인돌과 거석문화－동아시아 편』. 미리내; 성삼제. 2016: 65.

114) 국내 역사학자들은 방사선연대측정 결과를 수용하지 않고 우리나라의 고인돌은 기원전 9~8세기(이종욱. 1997. 『고조선 연구』. 일조각), 기원전 12세기부터 본격적으로 건축되었다는 주장을 하거나(이영문. 2001. 『고인돌 이야기』. 다지리), 지역별로 길림 지역과 북한 지역(기원전 10세기경) 및 요령 지역(기원전 20세기에서 기원전 15세기)을 서로 다르게 추정(하문식. 1999. 『고조선 지역의 고인돌 연구』. 백산자료원)하고 있다.

115) 신용하. 2010: 136의 <표 3-1>을 재인용함.

표 3-2 한반도의 고인돌 등의 청동기 유물 · 유적 측정 연도: 기원전 31~24세기

번호	유적 이름	유적 종류	출토 청동기 · 금동 유물	측정 연대
1	평남 성천군 용산 무덤	고인돌 무덤	청동조각	BC 31세기
2	평남 상원군 용곡 4호	고인돌 무덤	청동단추	BC 26세기
3	덕천시 남양 유적	16호 집자리	비파형창끝	BC 26세기
4	덕천시 남양 유적	16호 집자리	청동단추	BC 26세기
5	덕천시 남양 유적	16호 집자리	청동바울거푸집	BC 26세기
6	상원군 장리	고인돌 무덤	청동교예장식품	BC 26세기
7	상원군 장리	고인돌 무덤	청동방울 2개	BC 26세기
8	상원군 장리	고인돌 무덤	청동끌 1개	BC 26세기
9	평남 강동군 순창리	고인돌 무덤	비파형 청동창끝	BC 25세기
10	평남 강동군 순창리	글바위 5호 무덤	금동귀걸이	BC 25세기
11	강동군 송석리	문성당 8호 무덤	금동귀걸이	BC 25세기
12	강동군 순창리	글바위 2호 무덤	금동귀걸이	BC 24세기
13	강동군 송석리	문성당 3호 무덤	금동귀걸이	BC 24세기
14	강동군 송석리	문성당 8호 무덤	금동귀걸이	BC 24세기
15	경기도 양평군 양수리	고인돌 무덤	청동기시대 공반 유물	BC 24세기
16	전남 영암군 장천리	집자리 ①	청동기시대 유적	BC 27세기
17	전남 영암군 장천리	집자리 ②	청동기시대 유적	BC 24세기

출처: 신용하. 2010: 136의 〈표 3-1〉을 재인용함.

역의 이름을 기준으로 침존형, 오덕형 및 묵방형으로 분류하여 건축 연대를 측정한 결과, 침존형은 기원전 4000년대 후반기에 건축되어 기원전 3000년까지 성행하고, 오덕형은 기원전 3000년대 후반기에 시작하여 기원전 2000년대까지 존속했고, 묵방형은 기원전 3000년대 전반기에 생겨나서 기원전 2000년대 전반기까지 지속되었다고 발표하였다.[116] <표 3-3>이 그 내용을 요약하여 보여주고 있다.

연대 측정결과에 대해 국내 고고학자나 역사학자들은 유보적인 경우가 많은 데, 미국의 고고학자 사라 넬슨(Sarah Nelson)은 경기도 양수리의 고인돌에서 발굴된 유물들의 연대 측정 결과 기원전 2665년~기원전 2140년으로 추정하여 국내 문화재청 발굴단의 측정결과와 유사한 결론을 지지하고 있다.[117]

세계 고인돌 분포에서 한반도와 쌍벽을 이루어 세계문화유산으로 지정된 영국 고인돌인 스톤헨지는 세계 7대 불가사의의 하나인 유적으로 방사성탄소연대 측정 결과 기

116) 북한사회과학원. 2002. 『조선의 고인돌 무덤 연구』. 중심; 성삼제. 2016: 70에서 재인용.
117) Sarah M. Nelson. 2004. *Korean Social Archaelogy: Early Villages*. Jimoondang.

표 3-3 평양 일대 고인돌 무덤 편년도

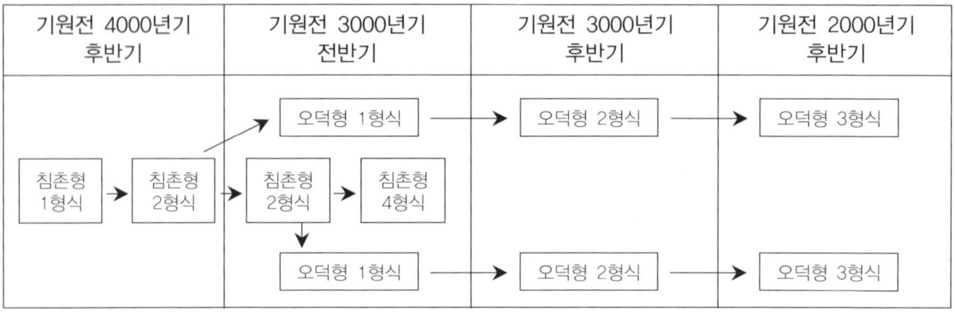

출처: 북한사회과학원. 2002. 『조선의 고인돌 무덤 연구』. 중심; 성삼제. 2016: 70에서 재인용.

원전 약 3300년부터 기원전 1100년까지 약 2000년이라는 긴 기간이 걸려 건축한 것으로 추측하고 있다. 2003년 이 유적 주변에서 발굴된 집단 묘지의 유골에 대한 방사성탄소연대 측정 결과는 이 사람들이 기원전 2300년경에 산 것으로 밝혀졌다. 스톤헨지 주변에서 발굴된 수십 기의 무덤에서는 아시아 계열의 청동기문화 유물들이 나와 이들이 아시아 문화의 영국 유입을 보여주는 가능성을 제기하고 있다. 이 지역 주변은 물론 영국 전역에서 한반도의 고인돌과 비슷한 형태의 고인돌이 발견되고 있다. [그림 3-8]에서 보듯이 고창의 고인돌과 영국 춘콰잇의 고인돌이 거의 같은 모습을 보임을 확인할 수 있다.[118]

이처럼 유사한 모습을 보이는 영국과 한반도의 고인돌 사이에 상관성이 있는지, 어느 것이 먼저이고 어떻게 전파되었는지에 대한 고인돌의 시원과 전파여부를 밝히기 위해서는 두 나라의 고인돌에 대한 객관적이고 과학적인 방사성탄소연대측정방법의 사용에 의한 연대 측정은 매우 중요한 일이다. 고인돌의 생성 연대가 어느 쪽이 빠르냐를 가지고 청동기문화의 상호유입관계의 선행여부를 보여주는 중요한 증거로 작용할 수 있기 때문이다. 역사적인 '비동시성의 동시성'을 밝힘으로써 문명과 역사의 선행성과 후행성을 규명할 수 있기 때문이다.

지금까지 방사성탄소연대 측정결과를 보면 고인돌이 고조선 강역에서는 기원전 4000년대 후반에서 기원전 2000년대 전반기에 건축되었고, 영국에서는 기원전 3300년부터 기원전 1100년 사이에 건축된 것으로 나타나 고조선의 고인돌이 영국보다 앞선 것으로 보인다. 특히 고조선의 고인돌에서는 영국이나 유럽의 유물이 함께 발견되지 않은 반면, 영국 고인돌에서는 아시아 계열의 청동기 유물들이 발굴되어 잠정적으로 고조

118) 변광현. 2001. 『고인돌과 거석문화-세계편』 미리내; 성삼제. 2016: 69에서 재인용.

그림 3-8 한국과 영국의 고인돌 외형 비교

고창의 고인돌

영국 춘콰잇의 고인돌

출처: 변광현. 2001.『고인돌과 거석문화-세계편』미리내; 성삼제. 2016: 69에서 재인용.

선 등 아시아의 청동기문화가 영국에 전파된 것으로 유추할 수 있다.

이러한 사실이 알려지면서 세계 학계의 입장은 과거와 달리 정반대로 바뀌고 있다. 고인돌 문화, 채색토기 문화 및 여러 청동기문화의 발생지가 고조선 등을 중심으로 한 동북아시아일 가능성이 커지면서 기존 학계의 입장은 크게 변화하고 있다. 이러한 사실들이 이미 20세기 초 이후 유럽학자들과 여러 국내외 학자들에 의해 주장되어 온 만큼 고조선의 국가형성도 그만큼 유럽은 물론 중국 등 아시아 국가들보다 빠를 가능성이 큼을 보여준다. 그동안 한국의 영토와 주권 및 민족을 빼앗고 역사마저 빼앗으려던 식민사학자들의 역사왜곡과 그들을 이은 국내역사학계의 식민성과 폐쇄성은 선진 유럽학자들의 연구결과마저 몰랐거나 알면서도 애써 외면하면서 한국고대사를 왜곡하고 지우는 결과를 가져왔으나 객관적인 고대 유물·유적의 지속적인 발굴은 한국고대사는 물론 세계문명사에 새로운 패러다임의 등장을 촉진시키고 있다. 한국고대사를 새롭게 쓰는 것 자체가 세계문명사와 세계고대사를 다시 쓰게 만드는 단초를 제기하고 있다. 이것은 한국 학자들이 사건사·일국사를 얼마나 잘 극복하면서 가설을 만들어 과학적으로 검증하여 이론으로 만들고 이론들을 모아서 새로운 패러다임으로 정립할 수 있느냐에 달려 있고, 그 과정과 결과를 얼마나 세계학계와 개방·공유·소통하느냐에 달려 있다. 그것을 위해 더욱 과학적인 학문 활동이 필요한 것이다.

7. 기록과 유물을 통해 본 고조선의 건국

고조선의 건국과 관련한 『고기』와 『삼국유사』의 단군사화 기록, 일본의 『삼국유사』 기록의 변조, 북한의 단군릉 발굴과 인골의 연대 측정, 『환단고기』에 대한 일본측의 활용 시도, 『동국통감』·『해동이적』·『동국역대총목』·『제왕운기』·『세종실록지리지』·『단군세기』·『환단고기』·『규원사화』·『단기고사』 등 역사서들의 고조선 건국 기록, 별자리로 본 나라의 건국, 청동기문화와 고인돌문화 등을 통해 볼 때 고조선 건국의 역사적 사실이 다양한 관점에서 확인이 되었다.

이러함에도 그동안 고조선의 건국에 대해서는 노론사학·식민사학·실증사학·민족사학·유물사학·민중사학·주체사학 등 이론적인 관점에 따라 역사학계에서 다양한 논의들이 전개되었다. 다양한 청동기 유물과 유적들이 발굴되고 고인돌에 대한 규명이 이루어지고 요하문명과 홍산문화, 그리고 아사달문명에 대한 유물·유적의 발굴이 확발해지면서 고조선의 건국에 대한 역사적·실증적인 확인이 더욱 소상하게 이루어지고 있다. 이러한 고조선의 성격 논쟁을 차례로 살펴보도록 한다.

▌제4장▐

고조선의 성격 논쟁

1. 고조선 국가의 성격 논쟁

(1) 단군과 단군조선은 역사인가 신화인가[1]

단군과 단군조선은 신화인가 역사인가? 이것은 한국고대사학계에서 오랜 논쟁의 주제로 되어 왔다. 단군은 우리나라를 개국한 날을 기념하는 개천절의 노래, 단군기원(단기), 및 역사 교과서에 역사로 기록되어 왔다. 단군은 개천절 노래 가사에서 역사적 실체로 기록되어 있고 지금도 부르고 있다.[2] 단군기원, 즉 단기를 1948년 8월 15일 정부수립 이후 대한민국의 공식적인 역년 기준으로 삼았다. 그러다가 1961년 5·16 군사쿠테타 이후 정부가 국제적인 기준에 맞춘다는 명분으로 단기를 서력기원, 즉, 서기로 바꾸었다. 그럼에도 민족 언론을 표방하는 한국의 주요 언론들은 단기를 버리지 않고 서기와 병기하고 있다. 『동아일보』, 『조선일보』, 『중앙일보』, 『한겨레신문』, 『한국일보』 등이 서기와 더불어 단기를 함께 기록하고 있다가 서서히 감추는 모양새로 변화·후퇴하고 있다. 세로쓰기 편집 때는 대부분 신문들이 단기를 함께 사용하다가, 가로쓰기로 바뀌면서 단기를 쓰지 않는 신문들이 늘고 있다. 대부분의 국민들은 아침마다 서기와 더불어 단기를 함께 보고 있다.

우리나라는 고등학교 국사 교과서에서 '건국되었다'라는 수동태를 사용하다가 '건국

---

1) "단군, 신화인가 역사인가"에 대하여서는 성삼제. 2015: 28-60에서 잘 정리하고 있다. 여기서는 이 책의 내용을 많이 참조하도록 한다.

2) 저자를 포함한 옛 학생들은 3절까지 암기하여 불렀다. 누구도 의심 없이 노래를 불렀다. 가사는 다음과 같다. "1. 우리가 물이라면 새암이 있고, 우리가 나무라면 뿌리가 있다. 이 나라 한 아버님은 단군이시니 이 나라 한 아버님은 단군이시니. 2. 백두산 높은 터에 부자요 부부, 성인의 자취 따라 하늘이 텃다. 이날이 시월 상달의 초사흘이니, 이날이 시월 상달의 초사흘이니. 3. 오래다 멀다 해도 줄기는 하나, 다시 핀 단목잎에 삼천리 곱다. 잘 받아 빛내오리다 맹세하노니, 잘 받아 빛내오리다 맹세하노니."

하였다'로 바뀌었다. 7차 교육과정 고등학교 국사교과서의 달라진 내용을 옮겨 본다.

> "족장 사회에서 가장 먼저 국가로 발전한 것은 고조선이었다. 『삼국유사』의 기록에 따르면 고조선은 단군왕검이 건국하였다고 한다(기원전 2333년). 단군왕검은 당시 지배자의 호칭이었다."

하지만, 아직도 '건국하였다고 한다'라고 하여 우리의 건국 사실을 자신 있게 명시하지 못하고, 교과서 저자가 고민한 흔적을 보인다. 이것은 국사 교사도 믿지 않는 건국 기록 때문이다. 2002년 전국역사교사모임에서 펴낸 『살아 있는 한국사 교과서1』에서는 기원전 2333년 단군이 고조선을 건국한 것은 역사적 사실이 아니라고 한다. 신화와 역사를 구분할 필요가 있고, 신화를 그대로 믿으면 상식에서 벗어난다고 한다. 그러면서 기원전 2333년은 우리나라에서 신석기 시대이고, 세계적으로 청동기시대가 되어야 나라를 세우는 데 우리나라의 청동기문화는 기원전 1000년이기 때문에 단군이 고조선을 건국한 것은 역사적 사실이 아니라 신화로 보아야 한다는 설명이다.[3)]

단군조선 건국 연도에 대해 여러 문헌들이 서로 다르게 기록하고 있다. 『동국통감』·『해동이적』·『동국역대총목』은 기원전 2333년, 『삼국유사』는 기원전 2308년, 『제왕운기』는 기원전 2357년으로 각각 기록하고 있다.[4)] 이렇게 서로 다른 문헌기록을 놓고, 구한말 내각편집국장을 지낸 어윤적이 『동국통감』(서거정, 1485)을 기준으로 삼아 단기 1년을 서기 기원전 2333년으로 역산하여 처음으로 민족역사의 연표를 만들면서 그 이후 널리 사용하게 되었다.[5)] 단군조선의 건국 연도가 문헌마다 다르기 때문에 단군의 역사와 단군기원을 신뢰할 수 없다고 하지만, 역으로 조작하였다면 이렇게 여러 문헌들이 서로 다르게 기록하지는 않았을 것이다. 각 역사책을 지은 사관들은 그 때까지 전해지는 내용을 객관적으로 기록했다고 보는 것이 타당하기 때문이다.

<세종실록지리지>에서 '목숨까지 걸고 있는 그대로' 기록하도록 되어 있는 조선시대 사관들도 단군을 신화가 아닌 역사적 사실로 기록하고 있다. "나라를 세우고 이름을 조선이라 하니, 조선, 시라, 고례, 남북옥저, 동북부여, 예와 맥이 모두 단군의 다스림이 되었다. 단군이 비서갑하백의 딸에게 장가들어 아들을 낳으니 부루이다."[6)] 단군이 고조

---

3) 전국역사교사모임. 2002. 『살아 있는 한국사 교과서1』. 휴머니스트의 3단원 <우리 겨레 첫 나라>에서 밝히고 있는 내용이다.
4) 성삼제. 2016: 26.
5) 김성준. 1997. 『역사와 회고』. 국학자료원.
6) <세종실록지리지> 평안도.

선을 세우고 조선만이 아니라 시라, 고례, 남북옥저, 동북부여, 예와 맥까지 다스리고 비서갑하백의 딸에게 장가가서 아들 부루를 낳았다는 사실을 역사로 기록하고 있음은 단군을 역사로 보는데 매우 중요한 의미를 지닌다. 실록에서 신화를 이렇게 기록할 수는 없기 때문이다. 이것은 조선 세종시대에는 단군조선을 신화가 아니라 역사로 알고 있음을 기록한 것이다.

단군과 단군조선은 고려시대와 조선시대 동안 역사로 인정되어 오다가 일제강점기 식민통치 기간 동안 단군조선이 부정되고 한국고대사 및 한국의 역사를 왜곡시키는 공작이 본격적으로 추진되었다. 조선총독부는 국내외의 한국 역사서들을 헌병과 총독부 지방행정기구를 전국적으로 총동원하여 수색하고 강제로 20만 여권을 수거하여 폐기하거나 일본으로 유출하였다. 유적에 대한 조사도 대대적으로 하여 식민주의에 부합하도록 광개토대왕비를 조작하는 등 역사왜곡 작업을 추진했다. 단군조선과 단군에 대한 역사적인 기록을 담고 이미 널리 퍼진 『삼국유사』를 조작하는 일도 서슴없이 하는 등 사료 왜곡 작업을 대대적으로 하였다.

일제는 만주, 대만, 동아시아 등 다른 지역 식민지에는 두지 않았던 역사왜곡전담기구를 한국에 두어 일제 어용 식민사학자들을 중심으로 '조선사편수회'를 구성하고 조직적으로 역사왜곡 작업을 하여 왜곡된 역사서를 대규모로 편찬하여 발행・보급하였다. 실증주의 근대사학 교육・연구를 명분으로 일본과 조선에 국립대학인 제국대학을 설립하고 식민사학을 본격적으로 확대 재생산하는 체제를 구축하였다. 동경제대, 경성제대 등의 역사학과에서 근대사학과 실증사학의 이름으로 식민사학을 교육・연구하도록 하여 한국 역사학계를 광복 이후에도 식민사학의 패러다임에서 벗어나지 못하게 만드는 역사왜곡 재생산 기본 구조를 '빼내기 어려운 대못 처럼' 박아 두었다.

일제 식민통치기간 동안 민족주의와 민족사학이 제기되고 광복 이후에도 민족사학이 일부 이어졌으나 강단사학과 재야사학의 대결적인 위상, 정치사회적인 환경 변화 등으로 역사학계의 학문발달은 근대 식민사학의 초기 단순모방기에서 크게 벗어나지 못하고 있는 실정이다. 일제 식민권력 당국의 대대적이고 조직적인 실증사료의 멸실과 조작 및 왜곡 위에 한국사학을 실증사학으로만 연구・발전시켜야 한다는 주장은 명분상으로는 맞는 것처럼 보이지만 '실증주의의 덫'에서 한국 역사학계가 벗어나지 못하게 만드는 것이다. 실증사료를 먼저 없애 놓고 역사적인 실증 사료 없이 고조선 역사 등 한국 역사를 연구하여야만 한다는 것은 일제 식민당국이 쳐 놓은 '식민사학의 덫'에서 원초적으로 벗어나지 못하게 만드는 굴레를 쳐 놓은 것이다.[7]

---

7) 이 때문에 역사학 연구도 실증적 접근 외에 그것의 한계를 보완하기 위한 접근 방법으로 현상학적

일제 강점기 조선총독부의 대대적인 '역사지우기' 작업도 땅 속에 있는 한국고대사에 대한 증거들인 유물까지 없애지는 못하였다. 단군조선 강역에서 발견되는 다양한 유물들과 이들에 대한 과학적인 연도 측정 방법의 계발은 더 이상 단군과 단군조선의 역사성을 부정할 수 없게 만드는 실증적인 증거로 등장하고 있다. 구석기, 신석기시대는 물론 청동기시대의 유물들이 한반도는 물론 만주와 요동지역 등 단군조선의 강역에서 대거 발굴되고 있는 것은 한국고대사를 새롭게 쓰도록 강요하고 있다.[8] 그러나 고고학계의 활발한 발굴 성과가 고대사 분야 역사학계의 연구에는 아직 근본적인 패러다임의 변화로 적절하게 반영되지 못하고 있으나 속도는 늦지만 서서히 반영되는 흐름이 일어나고 있는 것은 다행이라 하겠다. 청동기시대 등의 역사적인 유물의 활발한 발굴이 한국고대사를 다시 쓰게 만드는 실증적 근거와 역사적 진실로 나타나고 있는 것이다.

(2) 단군과 단군조선의 부정과 신화화

1) 이병도의 실증・식민사학

단군조선에 대한 부정과 왜곡은 일본과 식민지 사학자 및 중국에서 입체적으로 전개되었다. 단군을 말살한 세력이 바로 일본 제국주의자들이었는데, 이병도의 『국사대관』은 단군조선을 부정하고 신화로 만들었다. 기원전 2333년에 단군이 조선을 건국하였다는 『삼국유사』 고조선 조의 기록을 사실이 아니라 신화로 만들고, 일제와 같이 단군을 부정하고 고조선의 건국을 의심하였다. 일제는 조선사편수회를 두어 단군말살작전을 폈다. 한국의 귀중한 고문서를 다 불태워 버리거나 일본으로 반출하고 한국역사를 왜곡했다. 이병도는 조선사편수회에 20년 간이나 종사했으며, 광복된 뒤에도 단군을 부정하는 입장을 유지했다. 광복당시 단군을 신화라고 생각하는 학자는 식민사학자들 외에는 없었다. 특히 안재홍, 정인보는 단재 신채호를 민족사학의 대들보로 생각하고 역사학계가 신채호에 의해 주도되기를 기대했다. 그러나 신채호는 독립운동으로 순국하여 일제 식민사관의 본산지인 조선사편수회에서 종사한 이병도가 『국사대관』을 쓰고 진단학회 편 『한국사』를 내면서 한국사학계에서 단군을 부정하는 것이 대세가 되었다. 이병도의 사학은 광복 후 학계와 정계 그리고 문화계까지 모두 지배하였다. 이병도가 진단학회를

접근, 해석학적 접근, 비판이론적 접근 등 질적인 접근 방법이 필요하다는 것이다. 서구의 선진 역사학계는 이미 세계적으로 실증주의 외에도 현상학적 접근, 해석학적 접근, 비판이론적 접근 등 다양한 질적 접근이 이루어지고 역사학 외에 정치경제학적 접근 등 다양한 학문 분과에서 연구가 이루어지고 있다. 이 때문에 이 책은 이들 질적인 접근도 함께 수용하여 활용하고 있다.

8) 김태식. 2001. <기원전 10세기 청동기 붕괴, 교과서 새로 써야>. 『연합뉴스』. 2001.3.5.

만들어 일제식민사학과 투쟁한 것처럼 되어 있었으나 진단학회는 단 한편의 단군 논문도 수록하지 않았다. 딱 한편 있었으나 단군을 중국의 신이었다고 한 고고학자의 논문이었다. 그가 뒷날 단군 연구가로 높이 평가받게 되자 "이상한 사람들이야. 나는 단군을 부정하느라 쓴 논문이야!".라고 투덜거렸다는 것이다. 그런데 지금까지도 학계에서는 그를 애국자라고 오해하고 있다.[9)]

2) 백남운의 유물사학

단군을 부정하는 또 다른 세력은 공산주의자 백남운의 좌익세력이었다. 광복 후 정치는 우익화되어 이병도의 국사학이 지배하였으나 학계 일각에서는 좌익세력이 모든 나라의 고대사회가 노예제 사회였다고 주장하는 유물사관에 물들어 단군이 세운 이상적인 국가 고조선을 부정하였다. 그러다보니 단재의 역사관은 재야로 밀려날 수밖에 없었다. 거기에 더하여 북한 학계가 김일성의 교시에 따라 평양을 단군조선의 수도라고 하니 남한에서는 단군조선을 거론하는 것이 불법 또는 쑥스러운 일이 되고 말았다.

3) 이병도의 단군사관과 일제식민사관의 유사성

이병도의 단군사관과 일제식민사관의 닮은 점을 비교해본다.[10)]

첫째, 단군조선을 부정하기 위해 일본 고고학계의 일제식민사학을 빌려 썼다. '한반도에서 구석기가 나오지 않고 청동기도 나오지 않았다. 조선인은 중국에서 청동기를 빌려다가 썼다. 스스로 청동기를 만들 머리가 없었다. 한반도에 신석기와 청동기가 함께 나오니 석기를 쓰면서 중국인이 청동기와 명도전을 갖다 준 것이다. 단군이 건국한 것이 중국사의 요순시대라 하지만 어떻게 석기밖에 만들지 못하고 반 지하실에서 사는 사람들이 나라를 세울 수 있겠는가? 청동기를 만지지도 못하고 글자도 없는 신석기 시대에 어떻게 조선이 나라를 세울 수 있단 말인가?' 일본 고고학자 이노우에(井上秀雄)가 박성수에게 직접 실토한 바에 따르면 일본 고고학이야말로 금석병용기란 기상천외한 역사시대를 만들어 단군조선을 부정하였다는 것이다.[11)]

둘째, 『삼국유사』 고조선 조에 중국의 사서인 『위서(魏書)』를 인용하여 "단군이 조선을 건국하였다고 하였으나 현재 전하는 『위서』에는 그런 구절이 없다. 그러나 이름

---

9) 박성수. 2016. <단군을 부정한 이병도의 국사대관>. 『브레인미디어』. 2016.7.27(www.brainmedia.co.kr/m/media/view.aspx?contIdx=16258&menuCd=).

10) 위의 글.

11) 위의 글.

없는 『고기』를 인용한 부분의 곰과 호랑이가 굴속에서 쑥과 마늘을 먹었다는 설화가 옳은 것이다. 그리고 기자가 와서 단군이 아사달로 수도를 옮겨 산신이 되었다는 말도 신화가 아니고 무엇인가."[12] 이병도는 이렇게 말하면서 자기주장이 단군에 대한 새해석이라 주장하였다. 조선사편수회에서 우리 역사를 연구했다는 학자의 주장을 반대하고 맞설 학자는 없어 그대로 굳어지게 되었다.

셋째, 한무제가 조선에 한사군을 설치한 사실을 인정하고 그 때문에 고조선이 비약적으로 발전하였다고 주장하였다. 만일 한사군이 설치되지 않았다면 한국은 영구히 원시시대에 머물렀을 것이라 주장했다. 단군조선과 기자조선을 없애고 나니 남는 것은 한무제가 북한에다 설치했다는 한사군이 남고, 남한에는 일본의 여인 신공황후가 임나일본부를 설치한 사실이 남는다. 『국사대관』은 한사군의 설치를 인정하고 임나일본부의 설치에 대해서도 애매한 태도를 보이고 있다. 한국이 중국보다 더 선진국이었다는 사실을 분명히 기술하여야 하는데 모든 문화를 중국에서 수입한 것으로 쓴 것이 『국사대관』의 특징이었다. 반도사관에 사대주의까지 반영된 교과서가 바로 이병도의 『국사대관』이었던 것이다.[13]

(3) 단군과 단군조선의 인정과 역사화

식민사학자나 유물사학자와는 달리 신채호와 박은식 등 민족사학자들은 단군과 단군조선을 신화가 아닌 역사로 보고 있다.

1) 단재 신채호의 『조선상고문화사』

먼저 단재 신채호(丹齋 申采浩, 1880~1936)는 단군조선 2,000년사를 크게 전후 2기로 나누어 전기 1,000년을 단군조선의 전성기, 후기 1,000년을 단군조선의 분열쇠퇴기로 구분하였다. 단군조선에 대한 기록이 희귀하다 하여 단군조선을 없었던 나라로 여겨서는 안 된다고 보았다. 단군조선에 대한 우리나라의 기록은 외침과 내란으로 훼손되어 없으나 중국에 많은 기록이 남아 있다. 거기에 보면 단군조선의 강역은 발해와 서해를 중심으로 동으로는 한반도, 북으로는 만주(지금의 중국 동북삼성), 서쪽으로는 중국의 양자강 이북의 땅 산동반도와 중원 땅에 걸쳐 있었다.

단군이야 말로 동양의 알렉산더를 뛰어넘는 영웅이었고, 단군조선의 강역은 고구려

12) 위의 글.
13) 위의 글.

광개토대왕의 영토보다 훨씬 넓었다. 알렉산더는 진시황처럼 악정으로 식민지 백성의 원망을 사서 순식간에 멸망하고 말았지만, 단군조선은 2천 년 간 계속된 대제국이었다. 진시황과 같은 폭정의 나라가 아니라 홍익인간으로 민을 소중히 여기는 민본주의 나라였기 때문에 오랜 세월 동안 고조선이 유지되었던 것이다. 단재 신채호와 민족사학자들의 주장을 요약하면,

첫째, 단군은 '홍익인간 이화세계 (弘益人間 理化世界)와 수미균평위 흥방보태평(首尾均平位 興邦保太平)'의 정치철학을 실현하고자 하였다. 단군조선은 폭력을 행사하지 않고 홍익인간을 이루는 통치를 하는 이상국가(理想國家)였다. 이 부분은 『삼국유사』와 『고려사』, 그리고 그 밖의 여러 고기(古記)에 분명하게 기록되어 있다.

둘째, 단군은 세 곳에 서울을 두고 지방을 다섯 부로 나누어 다스리는 삼경오부(三京五部) 제도를 시행하였다.

셋째, 단군조선은 동북아의 대제국이었으며 그 이전에 환인이 다스리던 환국(桓國)이 있었다. 환국, 신시, 단군조선 그리고 그 후의 부여, 삼한, 삼국, 고려, 조선이 이어졌는데, 이것이 바로 우리 대한민국의 국맥(國脈)이다. 『신지비사』에 나오는 수미균평위의 뜻은 1919년 최초의 삼일운동 대한독립선언문 서두에 "우리 대한민국은 무시(無始) 이래로 우리 대한의 한(韓)이요 이민족의 한이 아니다."고 한 표현과 지금의 대한민국 헌법 전문에 있는 "유구한 역사와 전통에 빛나는 우리 대한민국"이라는 구절로 이어지고 있다.[14)]

2) 백암 박은식의 『대동고대사론』 등

다음으로 백암 박은식(白巖 朴殷植, 1859~1925)은 국혼론(國魂論)에 입각하여 고증과 술이부작(述而不作)의 사관에 따라 단군조선의 역사를 만주 등 현지를 실사하여 밝히고 『대동고대사론(大東古代史論)』, 『대동민족사』, 『단조사고(檀祖事攷)』[15)] 등을 저술하여 단군과 단군조선의 역사를 구체적으로 기술하고 있다.[16)]

첫째, 『몽배금태조』·『대동고대사론』·『단조고사』 등에서 대동사관과 만한사관을 보이며, 한반도와 만주를 우리민족사의 무대로 외연하여 설정하는 광대한 영토인식을

---

14) 위의 글.

15) 『단조사고(檀祖事攷)』는 김교헌의 저술(한영우. 1994: 151) 또는 대종교 계통에서 편찬한 것(김도형. 2001: 269)으로 알려졌으나, 박걸순은 박은식 전집편찬위원회에서의 결정 등 여섯 가지 이유로 박은식의 저술로 주장하고 있다. 박걸순. 2003. <박은식의 고대사 인식론>. 화양신용하교수정년기념논총간행위원회. 『한국사회사상사연구』. 나남: 235.

16) 박걸순. 2003: 223－240.

가지고 있다. 『대동고대사론』에서 '만한일국(滿韓一國)', '만한동족(滿韓同族)' 사관으로 "만주와 한국은 원래 한 나라이고 그 백성은 원래 동족이며 모두 단조의 신성한 후예"라고 보며, 단군조선의 역사성을 인정하고 기자조선도 주나라 무왕의 기자 봉작(封爵)을 부정한다.

둘째, 대동민족이란 개념하에 만주와 한국은 본래 동족이며 단군 대황조의 신성한 후예라는 혈통인식을 지니고 있다. 『단조사고』에서는 단군혈통에 대한 대동민족의 계통도를 담은 <배달족원류(倍達族源流)>와 대동민족의 강역도인 <삼천단부(三千團部)>를 담은 도표를 통해 대동민족사를 기술하고 있다. 내편은 '단조(檀祖)의 탄생을 상고하고 승천한 연대의 통계에 이르기까지의 사실'을 19개 항목으로 기록하고, 외편은 '역대의 역사책에 단조를 숭상하여 받들고 유속이 오래 전해진 것'을 모아 17개 항목으로 서술하는 등 구체적으로 기술하고 있다. 김교헌이 저술한 『신단실기(神檀實記)』의 <족통원류>나 『신단민사(神檀民史)』의 <족통계보>와 유사하나, 조선족과 부여족을 일원적으로 체계화하였다는 점에서 차이를 보인다.

셋째, 단군을 '개국 수군의 조상(開國首君之祖)'으로 내세우고 고대사를 체계화함으로써 대동민족의 혈통성과 문화적 일체감을 정립하여, 단군조선이 주체 민족으로서 예족인 기자의 후예를 동화시켰다고 보고 있다.

넷째, 철저한 고증과 술이부작의 원칙에서 고대사에 관한 실증적 객관적 연구방법을 통하여 새로운 역사해석을 제시하였다. 대표적으로 환인, 환웅, 단군의 삼세설을 부정하고 '삼신일체'와 '일성삼신'을 내세우며 단군으로 일원화하였으며, 기자가 내도한 곳을 평양이 아닌 양평부로 비정하는 등 고대사의 체계화를 시도하고 있다.

다섯째, "국체(國體)는 수망(雖亡)이나 국혼불멸(國魂不滅)하면 부활이 가능하다"는 국혼론을 주장하며, '역사가 바로 국혼'이므로 역사를 살려야 한다는 점을 강조하고 있다.

3) 다른 민족 사학자들의 입장

신채호, 박은식, 안확, 정인보, 안재홍 등의 민족사학자들은 단군과 단군조선을 신화로 몰아가는 식민사학자들과 맞서 단군과 단군조선을 역사로 정립하는 일에 일생을 바쳤다. 이들의 노력은 민족사학이 식민사학을 몰아내고, 재야사학이 강단사학으로 하여금 식민사학에서 벗어나도록 꾸준히 압박을 하는 역사학의 발전으로 이어졌다.

(4) 단군과 단군조선을 인정한 이병도 · 최태영의 『한국상고사 입문』[17)]

이병도는 일제시대 조선사편수회에서 주로 연구 활동을 하고 그 연장선상에서 해방 후 진단학회의 연구 성과로 출판되었으나, 마지막으로 학문을 재정립하면서 최태영과 함께 민족사학의 입장을 수용하여 단군과 단군조선을 신화가 아닌 역사로 인정하였다. 이처럼 이병도가 자신의 역사학의 사관을 재정립한 것은 단군조선에 대한 새로운 역사적인 발견과 역사성의 인정이 자각되었기 때문일 것이다. 이병도가 어렵게 자신의 사관을 변경하여 단군조선의 실체성을 인정한 것은 자신의 학문연구의 일대 결단이다. 젊은 역사학도로서 근대사학과 실증사학을 배운 뒤 조선사편수회에서 일하면서 초기에는 실증사학의 성과에 보람을 느끼고 연구에 열중하였으나 실증사학이 식민사학으로 빠지는 것을 보면서 많은 갈등과 고뇌를 느꼈을 것이다. 그 증거가 진단학회의 결성과 활동이었다. 그러나 진단학회도 실증사학을 중심으로 활발하게 집단적인 역사연구를 수행했으나 실증사학으로는 식민사학의 덫을 벗어나기 어려움을 심각하게 느꼈을 것이다.

해방 이후 활발한 고고학의 발굴성과는 이병도의 학설과 기존 연구 성과들을 부정하는 것들이 속속 나타나면서 스스로의 학문적인 주장을 철회하고 새로운 역사를 수용해야 했을 것이다. 그러나 불행하게도 한국 현대사의 이념대결과 역사학계의 첨예한 균열구조는 이병도 자신의 학문적인 입장과 사관을 스스로 바꿀 수 없을 정도의 연구생태계를 구축한 상태였다. 강단사학과 재야사학의 대결구조는 식민사학과 민족사학이라는 이데올로기적인 전쟁의 구도를 만들어 강단사학의 태두인 이병도의 학문적인 사관을 스스로 바꿀 수 없게 되었다. 고고학의 발굴성과나 새로운 연구 성과로 인해 단군과 단군조선의 실체를 인정할 수밖에 없었지만 그를 둘러싼 한국역사학계의 생태계는 그의 학문적인 사관의 변경을 어렵게 만들었다. 이로 인해 그는 오랜 기간 속으로 느낀 학문적인 발전과 그 성과를 외부로 표현하지 못한 상태로 있었다. 그러던 중 생의 후반에 법철학사를 연구한 친구 최태영과의 깊은 학담을 통해 스스로의 학문적인 발전과 각성의 결과를 일반 국민에게 먼저 언론을 통해 밝히고 그 내용을 최태영과 공저하여 책으로 출판한 것이라 해석할 수 있다.

이 오랜 기간의 학문적인 발전과 사관 변경이 가져올 많은 파장과 부작용을 생각하

---

17) 이병도 · 최태영(1989). 『한국 상고사 입문』. 고려원, 이 책에서 이병도는 단군과 고조선의 존재를 인정하였다. 단군과 고조선을 부인했던 이병도는 최태영의 영향을 받고 자신의 사관을 변경하여 단군과 고조선을 인정하게 되었다. 이병도는 단군과 고조선을 인정했는데, 후학들이 아직도 실증주의에 매달려 단군을 인정하지 못한다고 최태영은 안타까워했다. 최태영(2003). 『한국 고대사를 생각한다』. 고려원.

며 순간순간 마음의 갈등도 많았을 것이다. 이병도의 사관 변경은 재야사학과 강단사학간, 실증·식민사학과 실증·민족사학간 첨예하게 벌어지고 있던 역사내전과 사상전쟁에서 백기를 들고 항복하는 형식으로 받아들여질 것이기 때문이다. 스승의 학문적인 고뇌와는 달리 이제 막 실증사학을 배우고 연구하기 시작한 제자들은 이병도가 학문 활동 초기에 느꼈던 것과 같은 학문적인 성취감에 빠져 있어서 실증사학의 한계를 아직 심각하게 느끼지 못했을 수 있다. 비록 조금 느끼기 시작했더라도 역사학계의 생태계에서 차지하는 강단사학의 기득권적인 위치를 포기할 용기가 나지 않았을 것이다.

이러한 상태에서 이병도와 최태영은 『한국상고사 입문』을 공동 저술하면서 단군과 단군조선을 역사로 보아 전기단군과 후기단군으로 나누어 단군조선의 역사성을 주장하는 책을 발간했다. 이 책은 미국 알래스카대학교 한국학원에서 사용될 교재 『*An Introduction to the History of Ancient Korea*』를 최태영과 이병도가 공동저자로 하여 이병도가 머리말을 쓰고 두 사람이 친필 서명을 했던 것을 한글로 번역한 책이다. 이병도는 고고학 발전과 자신의 성숙한 연구결과를 바탕으로 하면서 자신의 친구로 서울대 법대 초대학장을 지낸 최태영[18]의 권유[19]와 그와의 끈질긴 학담을 통해 결국 자신의 식민사관을 버리고 단군과 단군조선을 역사로 인정하는 사관으로 바꾸는 결단을 내리게 된 것이다. 그리고 한국고대사의 내용을 알차게 채워 나갔다.

구체적으로 이병도와 최태영은 단군조선을 전·후기로 나누고 전기단군 47명과 후

---

18) "단군임금들이 우리 조상이라는 것은 수천 년 동안 한국인에게 자자손손 전해져 내려온 상식이었다. 한국인들이 <千字文> 다음에 배우는 <동몽선습>은 당시 사대 때문에 비록 중국사를 앞세우고 기자와 위만을 말하고는 있다 해도, 어린이들에게 우리 조상이 중국 堯임금과 같은 시기에 조선이라는 나라를 세웠고 단군들이 다스렸음을 잊지 않고 가르치고 있었다."는 점을 최태영은 강조하고 있다. 최태영. 2000. 앞의 책.

19) 최태영은 송지영, 국어학자 이희승, 숙명여대 전 총장 윤태림 등이 "최태영 당신이 죽으면 이병도 설복시킬 사람 없으니, 죽기 전에 꼭 해내라. 이병도에 맞설 사람 당신 밖에 없다."라고 하면서, 사학자 장도빈이 조선사편수회 회의록을 인용해 이병도의 식민사관과 경력을 폭로한 내용이 박창임의 글로 1980년 일본의 『역사와 현대』지에 발표된 뒤 이병도가 흔들렸다고 소개한다. 최태영이 쓴 <서양 법철학의 역사적 배경>이란 논문과 같은 학술원 회원으로서의 학담들이 서로 신뢰를 높이게 되었고, 『세종실록』과 『표제음주동국사략』에서 권도의 동국세년가를 찾아 이병도에게 제공한 것이 단군을 실재 인물로 받아들이게 된 결정적인 계기가 되었다고 한다. 그리고 "당신이 죽고 나면 일본의 식민사관을 전파시킨 국사학자라는 평판을 교정해줄 사람은 아무도 없다. 그러나 변화된 진정한 사관을 용감하게 발표하는 것이 이완용의 반열에서 빠져 나오는 길이다"라는 설득과 3년간의 심도 있는 토론을 거쳐 이병도는 스스로 대표적인 언론인 조선일보에 기고를 하고 신문기자를 만나 1986년 10월 9일자 신문에 게재되었다는 것이다. 원고는 이병도가 직접 작성하고 정신문화연구원 윤여덕 편수관이 증인 겸 원고를 정서했고, 그 뒤 1989년 이병도는 사관을 바꿔 국사학의 방향을 전환한 뒤 최태영과 공저로 『한국상고사입문』을 출간했다고 한다. 위의 책.

기단군 40명이라 주장하며 전기단군조선이 일시적으로 은나라에 패했다가 다시 일어서서 후기단군조선으로 이어졌다고 주장한다.[20] 『단군세기』나 『규원사화』 및 『단기고사』에서 기록한 47명의 단군들은 전기단군들이고 재위년 수가 47대 1,028년이라고 보고, 후기단군은 이들과 다른 40명의 단군들이 928년을 재위하여 단군조선 전체로는 전후기를 합하여 87명의 단군들이 2,000여 년을 통치하였다고 주장한다. 47명의 단군이나 그들의 통치기간을 기준으로 보면 『규원사화』가 이병도와 최태영의 『상고사 입문』의 전기조선의 내용과 거의 유사하다. 신채호의 『조선상고문화사』가 단군조선을 전기 1,000년과 후기 1,000년으로 나눈 것과 이병도·최태영의 『상고사 입문』의 내용은 많은 부분에서 유사하다. 다만, 『규원사화』에서는 후기조선의 내용과 단군의 이름들을 기술하지 못하고 있는데 반해 『상고사 입문』은 40명의 단군이 통치한 후기조선을 기록하고 있어서 이 부분에 대해서는 면밀한 후속 연구가 필요하다.

이병도는 자신의 사관을 바꾸어 단군과 단군조선의 역사를 인정하는 내용의 기고를 하여 1986년 10월 9일자 조선일보에 [그림 4-1]과 같이 게재하였다.

그림 4-1 이병도의 기사가 실린 1986년 10월 9일자 조선일보

"歷代王朝의 檀君제사 日帝때 끊겼다"
堯와 함께 開国…箕子보다 앞서 立国
三国史記 이전 古記등 記錄 믿어야
元老 문헌史学者 李丙燾씨 本紙특별寄稿
檀君은 神話아닌 우리国祖
熊女는 곰 토템族 여자 天神族 환웅과 혼인
구월山은 宮闕 있던 闕山의 長音化된 이름
陳設図·世年歌등 物証많아

"檀君朝鮮은 史實…古代史복원해야"
李丙燾박사 神話규정잘못…교과서 보완 시급
開天의날…本紙특별기고·인터뷰

20) 이병도·최태영. 1989: 36.

핵심내용은 '단군은 신화 아닌 우리 국조, 단군조선은 신화가 아닌 실체적 사실, 고대사 복원해야, 역대 왕조의 단군제사 일제때 끊겼다. 단군조선은 요와 함께 개국, 기자보다 앞서 입국, 삼국사기 이전 고기 등 기록 믿어야, 웅녀는 곰 토템의 여자, 천신족 단군과 결혼, 구월산은 궁궐 있던 관산의 장음화된 이름, 진설도・세년가 등 물증 많아' 등이다.[21] 이 기고와 함께 조선일보와의 인터뷰를 통해 "단군왕검의 실존을 전제로 고고학, 민속학 등 인접학문과 협력, 단군조선 이후 삼국시대 초기까지의 한국 상고사의 공백을 역사과학으로 정립하는 학계의 노력이 시급하다"고 하고, "단군 및 단군조선을 신화로 규정하여 한국사 서술에서 제외하고 한국고대사의 폭을 축소한 일인 학자들의 연구는 비판받아야 할 것"이라고 말했다고 밝혔다. 이 신문은 "이같은 이박사의 기고 및 발언내용은 숱한 미해결 과제를 안고 있는 한국고대사연구에 획기적인 변화를 예고하는 것으로 보인다"고 전망했다.[22] 이 신문기사가 게재되고, 3년 뒤인 1989년 최태영과 『상고사 입문』을 공동으로 출판하였다.

이러한 이병도의 신문기고 및 인터뷰 기사와 최태영과의 공저를 출판한 것으로 공개된 이병도 사관의 변동은 사회적으로도 큰 반향을 불러 일으켰다. 긍정적인 측면은 이병도 사학이 실증사학을 바탕으로 하는 식민사학에서 민족사학을 수용하는 새로운 사관으로 발전하여 한국고대사의 큰 줄기를 발전적인 방향으로 바꾸어 한국고대사의 큰 진전을 이루었다는 점이다. 이것은 한국고대사의 근본 '패러다임을 바꾸는 과학혁명(scientific revolution with basic paradigm change)'에 준하는 역사적인 결단이다. 이병도의 패러다임 변화를 그의 학문 사단이 수용했다면 한국고대사학은 근본적인 변화를 통해 한단계 높이 발전하고 성숙했을 것이다. 그럴 경우, 한국고대사학계는 강단사학과 재야사학의 갈등이 극복되고 식민사학과 민족사학의 역사전쟁도 한 차원 높은 수준에서 통합할 수 있었을 것이다. 그러나 스승 이병도의 결단은 그의 제자들의 반발에 의해 과학혁명 수준으로 승화되지 못하고 스승만 '늙고 병들어 온전한 판단력과 자제력을 잃은 분수를 모르는 사람'으로 치부되게 되었다.

이병도의 사관변경에 대한 제자들의 반발은 간단하지 않았다. 일부 제자와 일부 강단사학계는 『조선일보』의 기사와 『한국상고사입문』의 공저를 "사기극"이라고 비판하고 일부는 스승인 이병도 박사를 '노망난 늙은이'라고 비난하였다. 민현구는 ＜진단학회를 분신처럼 사랑하셨던 두계 선생님＞이란 글에서 1988년 여름 서울대 병원에 입원한 이병도를 문병했을 때 『조선일보』의 기사에 대해 언짢아하고, 최태영과 공저한 『한

21) 1986년 10월 9일자 『조선일보』 기사.
22) 위의 글.

국상고사입문』도 이병도가 전혀 아는 바 없고 최태영과도 사전에 한마디 상의도 없었다는 얘기를 그에게 했다는 내용을 밝혔다. 그리고 이병도가 그 책에 친필서명의 서문을 쓴 것으로 되어 있는데 그것은 일종의 사기극과도 같은 것이어서 고발까지 고려했다는 가족들의 말까지 소개하고 있다.[23)]

이병도의 역사관 변경에 대한 신문기사나 책의 발간의 진실은 어느 쪽이 맞는지 확실하지가 않다. 민현구의 증언이 없었다면 전혀 의심의 여지가 없지만 그 증언으로 인해 당시 상황은 혼돈의 늪에 빠지게 되었다. 먼저 기사 내용이 사실이 아니고 저서도 공저한 것이 아니라면 이병도나 가족들이[24)] 충분히 정정보도나 항의를 신문사에 할 수가 있었을 것이다. 이것은 한국의 대표적인 언론의 공신력에 대한 문제제기이고 한국 최초의 법학교수로서 법무부 장관과 대법원장을 여러 차례 거절할 정도로 올곧은 학자의 길을 걸어 온 학자에 대한 인격적인 모독일 수도 있다. 신문기사는 기고와 기자의 인터뷰가 함께 실려 있었고 그 기사를 이병도가 읽었음을 확인할 수 있기 때문에 결과적으로 묵시적으로 인정한 셈이 된다. 더구나 신문기사가 난 뒤 3년 이후 공저의 책이 출판된 점은 적어도 최태영과 이병도의 학문적인 교류와 학담은 3년 이상 진행된 것으로 볼 수 있다. 이 3년 동안 이병도가 병원에 계속 입원했는지는 불확실하지만 정신적으로는 정상적이었음이 민현구의 증언으로도 확인되는 셈이다.

이러한 정황이라면 이병도의 기사와 공저서 출간은 본인의 의사와 전혀 무관하게 진행된 것은 아닌 것으로 추정된다. 일생을 역사학자로 한국역사학계의 태두로 불리울 정도인 이병도는 자신의 사관을 바꾸는 것이 얼마나 큰 충격과 영향을 학계와 정치·사회·문화 전반에 줄 것을 충분히 깨닫고 있었을 것으로 보인다. 서울대 사학과 창설, 대학원장, 문교부 장관, 학술원 회장 등을 역임한 경륜으로 보더라도 일생을 지켜온 사관을 정반대로 바꾼다는 것이 학자로서는 생명만큼이나 중요한 일이란 것을 충분히 알고 있었을 것이다. 이것은 설령 병상에 있었더라도 알 수 있고 공저한 책이 1989년 사망 직전에 출판되었다 하더라도 명시적이거나 묵시적으로 인정한 것으로 보아야 할 것이다. 이렇게 본다면 이병도의 사관은 실증·식민사학에서 실증·민족사학으로 자의에 의해 바꾼 것으로 볼 수 있다. 어떤 의미에서는 식민사학의 허구를 극복하고 실증사학과 민족사학을 융합하는 통합적인 사관으로 발전한 것으로 볼 수 있다. 이 경우에는 그

---

23) 민현구. 1991. <진단학회를 분신처럼 사랑하셨던 두계 선생님>. 진단학회. 『역사가의 유향』. 일조각.

24) 최태영은 이병도의 가족들이 이병도의 사관을 바꿀 수 있는 사람은 최태영이 적임자라고 여러 차례 격려해주었다고 기록하고 있다. 최태영. 2000. 앞의 책.

에게 오랫동안 따라다닌 '식민사학자'라는 비판에서 자유로울 수 있다.

이것이 민현구의 증언을 부인하는 것은 아니다. 충분히 그렇게 얘기할 수 있을 것으로 추정된다. 이병도마저도 그가 가르친 제자 집단인 강단사학자집단에 영향을 미치기보다는 그들을 대변하는 상징적인 태두로 남기를 강요당하고 있었던 것으로 보인다. 그의 사상과 주장은 그 집단과 일치할 경우에는 수용되지만 반대일 경우에 그는 그 집단으로부터 벗어날 자유를 누릴 수가 없는 입장이었을 것이다. 강단사학자들 가운데 많은 사람들이 이병도의 학문적인 성숙의 경지에 도달하지 못했거나 여러 현실적인 이유 때문에 스승의 역사관 발전을 수용하지 못할 수도 있을 것이다.

이러한 역사학자와 역사학계의 학문적인 생태계를 반영해주는 일이 30년 뒤에 다시 일어났다. 서울대 교수 최몽룡의 사건과 어느 정도 비슷한 점이 발견되기 때문이다. 2015년 정부의 역사교과서 집필책임자로 추대된 최몽룡이 자신은 스스로 그 책임을 맡기로 했으나 그의 제자들은 집단적으로 스승에게 전화하여 결심의 철회를 종용하고 그것이 여의치 않으니까 다음날 새벽부터 그의 집으로 가서 실질적・물리적으로 막았다. 그러한 압박에도 굴하지 않자 스승의 외출을 막고자 아침부터 술판을 벌려 스승을 인사불성으로 만들어 당일로 예정된 수락 기자회견에 참석하지 못하게 막았다. 제자들은 급기야 스승이 술에 취해 여기자에게 "성추행했다는 사건"에 연루된 채 학계는 물론 사회적으로도 매장되어 결국 교과서 집필책임자에서 사퇴하게 분위기를 만든 셈이 되었다.[25] 이병도의 사례와 이 사건이 30여 년이란 시간을 넘어 겹쳐 보이는 것은 저자만이 잘못 본 것일까? 이병도나 최몽룡 모두 자신들이 기른 제자들이 구축하고 있는 성이 견고하고 자신들마저 거기에 대항하기가 어려웠음을 확인하고 무력감을 느끼지는 않았을까? 이병도의 사관변경은 언론과 저술에서 공개적으로 밝힌대로 평가되어야 한다. 한 분야의 태두로 불리는 학자가 일생의 업적을 부정하고 새로운 진리를 밝힌 용기와 결단을 높이 평가해야 한다. 한 사람과의 사적인 대화가 모든 국민들에게 공개적으로 밝힌 내용을 뒤집을 수는 없는 일이다.

이러한 역사학계의 역사 맥락적인 제약 속에 한국 역사학계는 단군과 단군조선을 신

25) 이 사건은 관련 언론의 제목이 상징적으로 표현하고 있다. ＜대표집필 최몽룡교수, "망설임 없이 집필 수락"＞『연합뉴스』. 2015.11.4; ＜최몽룡 교수, "200년 후에도 남을 만한 교과서 쓰겠다"＞『한강타임스』; ＜"최몽룡은 친일식민사관 정립" 국정교과서 집필진 향한 근거 없는 비난 쏟아져＞『MBN』. 2015.11.5; ＜원로학자 신형식・최몽룡. 한국사 국정교과서 대표집필진 참여...최교수 제자 만류로 기자회견 불참＞『경인일보』. 2015.11.4.; ＜국정교과서 집필진 최몽룡 불참 두고 "제자들이 집단테러"＞『헤럴드 경제』. 2015.11.5; ＜최몽룡 교수 자진사퇴 "이제 모든 걸 끝낼거다" 성추행 논란+주변 만류 부담?＞『동아일보』. 2015.11.6; ＜일 언론들, '최몽룡 성추행' 대서특필. 국정화 힐난＞『뷰스엔뉴스』. 2015.11.6.

화로 보는 견해와 이것에 대한 반론으로 나뉘었다. 이들은 다양한 이론적, 실증적 근거를 이유로 단군이 신화라고 주장하는데 이들의 주장을 종합하여 정리하면 아래와 같다.[26]

> "첫째, 고조선이 문헌상에 처음 나타난 것은 기원전 7세기부터이다.
> 둘째, 단군은 역사적인 실존 인물이 아니라 신화, 즉 가공의 인물이다.
> 셋째, 단군신화는 고조선이라는 국가가 세워지고 난 이후 만들어진 건국 신화가 구전되다가 고려시대에 정리된 것이다
> 넷째, 세계적으로 청동기 시대에 와서야 비로소 국가가 성립되는데, 우리나라의 청동기 문화는 기원전 1000년경부터 시작된다."

단군을 신화라고 주장하는 위의 주장들에 대해 여러 가지 반론이 제기되고 있다.

첫째, 고조선이 기원전 7세기 문헌에 처음 나오기 때문에 기원전 24세기의 단군의 건국시기를 믿을 수 없다는 주장은 논리의 비약이 크다. 과거 없어진 문헌은 확인 할 길이 없으니 제외하고, 현재까지 전해지는 문헌 사료 가운데 기원전 7세기 중국의 『관자(管子)』라는 책에 발조선이란 이름이 처음 나온 것은 사실이다. 그러나 그 책에서는 조선이 언제 건국했느냐는 것이 아니라 조선에는 '반점이 박힌 짐승 가죽'이 세상의 일곱 군데 보물의 하나이고, '호랑이 가죽을 그에 상당하는 금을 쳐준다면 8,000리 떨어져 있는 발조선이 조근해 올 것'이라는 제나라와 조선의 교역에 관한 내용이 기록된 것이다.[27]

이러한 내용의 『관자』의 기록은 8,000리나 멀리 떨어진 발조선의 호랑이 가죽이 유명하고 그것은 비싼 값을 제대로 쳐서 금을 주어야 교역할 수 있을 것이란 것을 기록한 것이다. 이러한 『관자』의 기록은 기원전 7세기에 이미 고조선 후기 삼조선체제에서 한 나라인 발조선은 멀리 8,000리나 떨어진 나라에 비싼 값을 받아야 호랑이가죽을 파는 당당한 국가로 이름을 떨치고 있어서 단군은 신화가 아니라 역사임을 보여주는 증거이다.

따라서 기원전 7세기에 조선에서 8천리나 떨어진 산동지방의 먼 제(齊)나라 재상 관중(管仲)이 지은 중국 고문서인 『관자(管子)』에서도 고조선을 '발조선(發朝鮮)'이라 부르며 표범 가죽(문피, 文皮)이 발조선의 유명한 예물이라고 기록하고 있어서[28] 고조선

---

26) 최태영. 2000. 앞의 책: 28.
27) 『관자』 권 24 <경중갑> 제80; 고려대학교 한국사연구소 편. 2019. 『역주 고조선사료집성: 중국편』. 새문사: 315-316.

이 기원전 7세기 이전에 이미 상당한 수준의 국력과 경제력 그리고 외교력을 가진 고대국가로 존재한 역사적 사실을 기록으로 입증하는 것이라 할 수 있다.

또한 『삼국유사』, 『조선왕조실록』, 『동국역대총목』 등 고려시대나 조선시대의 역사서에 기록된 고조선 건국관련 건국 연도는 중국의 요임김 시대의 어느 연도냐에 따라 즉위 원년(기원전 2357), 25년(기원전 2333년) 그리고 50년(기원전 2308년)으로 나뉠 뿐 역사적 사실과는 무관한 것이라 볼 수 있고, 이 기록들과 『관자』의 기록 사이에는 어떠한 모순도 존재하지 않는다.

기원전 7세기의 『관자』의 기록은 고조선과 단군이 신화라는 근거가 아니라 반대로 역사임을 보여주는 증거이므로 이것을 근거로 단군이 기원전 2333년에 단군조선을 건국한 것이 신화라고 하는 주장의 근거가 되지 못한다.

기원전 6세기경에는 공자(孔子)가 뗏목을 타고 구이(九夷; 朝鮮)로 망명하고 싶다고 말할 정도로 조선은 중국에 잘 알려 졌다. 또한 고조선이 중국측 기록에 확실하게 등장한 것은 기원전 3세기 한(漢)나라 이후 『사기(史記)』, 『한서(漢書)』, 『함허자(涵虛字)』 등의 역사서에서는 은나라가 주나라에게 망하자 은나라 귀족이던 기자가 5,000명의 지식인과 기술자들을 데리고 조선으로 왔다는 내용을 기록하여[29] 조선은 이미 중국 은나라 귀족들의 피난처로 되었음을 확인해 주는 것이다. 그것은 당시 이미 조선은 은나라나 주나라와 대등하거나 문화적으로 앞선 선진 고대국가일 가능성을 보여주는 것이다.

둘째, 단군은 역사적 실존 인물이 아니라 신화, 즉 가공인물이란 주장의 근거도 없다. 신화라고 주장하는 사람들은 고조선은 기원전 7세기 전후에 건국되었는데 후대 사가들이 건국 연도를 1800년 빠르게 잡아 '위대한 왕조와 민족'으로 만들고자 한다는 주장이다. 이 주장만으로는 단군이 실존 인물이 아니란 근거가 되지 못한다. 단군이란 실존 인물에 대한 이야기가 후대로 전승되면서 과장되고 신격화되는 것은 가능할 수는 있으나 전혀 실체가 없는 것을 창조해내는 것은 어려운 것이다.

그리스나 로마의 신화도 하늘과 바다, 불과 물 등 실체를 바탕으로 신격화하여 신으로 삼고, 우리의 무속 신앙에서 하늘신, 땅신, 산신 등도 하늘, 땅, 산 등 실체가 있는 것에 인격을 부여하고 신화나 신앙체계를 만들어 낸 것이다. 종교의 경우에도 예수, 석가, 모하메트, 공자 등 실존 인물을 중심으로 기독교, 불교, 이슬람교, 유교 등이 만들어진 것처럼, 실체가 없는 가공인물을 신격화할 경우에는 잠시는 몰라도 오랜 기간 전해

28) 『管子』 卷 23, 揆道篇; 신용하. 2010: 145에서 재인용.
29) 한영우. 1997(2005 전면개정판). 『다시찾는 우리역사』. 경세원: 79.

지지는 못한다.[30]

그렇기 때문에 고조선을 건국한 시조인 단군에 대한 기록은 사람에 대한 것이기 때문에 영웅으로 미화할 수는 있지만 전혀 실체가 없는 가공인물과 신화로만 보기에는 한계가 많다. 수천 년의 역사 기간 동안 그것을 믿어온 그 많은 사람들도 모두 일정 수준의 합리적인 이성과 나름대로의 논리를 가진 사람들이기 때문이다.

셋째, 단군을 신화로 보는 사람들은 고조선이 건국된 이후 만들어진 단군신화가 구전되다가 고려시대 몽고침입 시, 그리고 조선조 말과 일제식민시대에 민족의식을 강화하기 위해 정리하고 대종교 등 민족종교의 영향으로 역사적 실체로 삼고 있다는 주장이다. 그러나 그것을 뒷받침할 기록이나 근거를 발견할 수 없다. 이미 고려시대에 편찬된 『삼국유사』에 있는 단군신화의 기록에 대한 조작여부에 대한 논의는 기록으로 남아 있는 것이 없기 때문에 신화 창조를 주장하는 측의 근거는 없다고 보아야 할 것이다.

이와 반대로 『단군고기』, 『고기』, 『위서』 등의 일부 사료에서 단군조선에 대한 기록은 고려시대 이전부터 있었으나 이들 역사서들이 지금은 전하지 않는다. 이 때문에 신화론자들의 의혹제기를 역사서의 기록을 통해 간접적으로는 반증할 수 있지만 직접적인 기록이 없기 때문에 그 여지를 신화론자들이 파고들어 의혹으로 이어가고 있는 것이다.

넷째, 국가는 청동기시대에 성립되는데 우리나라는 기원전 10세기경부터 시작되어 기원전 24세기 고조선의 건국은 신화라는 주장에 대해 최근 발굴되고 있는 청동기 유물들이 기원전 30세기에서 기원전 26세기를 기록하고 있어서 이 주장을 근본적으로 뒤집을 근거들이 생겨나 신화론의 주장이 설득력을 잃고 있다. 이 점에 대해 뒤에서 자세하게 살펴보도록 한다.

(5) 최태영의 세년가의 발견과 일본 현지답사를 통한 고조선 역사의 확인

최태영은 문자시대 이전의 단군들의 실존이 문자로는 기록되지 못했지만 세년가(世年歌)를 통해 민간에게 노래로 입에서 입으로 전해왔음을 밝혀 단군과 단군조선의 역사적인 실존을 입증하고 있다. 한자가 보급되기 전 일찍부터 정음의 원본인 가림토와 각종 이두(吏讀)가 있었다. 『삼국사기』에 따르면, 고구려 초기 이두 문자로 사서 『유기(留記)』 100권을 지었고, 삼한 시대에도 기록을 하는데 사용한 붓과 먹이 많이 발굴되었음은 삼한시대에도 글자가 있었음을 의미한다. 소도를 중심으로 한 10월 상달 민족

30) 성삼제. 2016: 30.

축제에 노래를 불러 역사를 전했다는 기록이 많이 있는데 그것이 세년가이다. 단군 이래 삼한과 삼국시대까지 매년 음력 10월 상달에 있었던 무천, 영고, 동맹 같은 국가적인 축제가 있었고 신지(神誌)라는 제관이 조상들의 공적과 역대 제왕의 교훈을 노래로 불러 국민교육에 활용했다. 중국의 역사서와 최치원의 비문 외에 『세종실록』에 이러한 세년가에 대한 기록들이 나온다. 『세종실록』 제 40권 세종 10년 6월 유관이 올린 상소[31]와 세종 18년 12월 유관의 조카 유사눌이 올린 상소[32]에서 단군의 사적과 단군릉에 대한 사실이 세년가를 통해 전해져 옴을 확인할 수 있다.

『세종실록』에도 없던 세년가의 내용은 최태영이 1985년경 일본에서 찾아 온 동국세년가 복사 필름에서 찾아냈다. 1436년 권도가 단군에서부터 고려 공양왕까지의 치적을 기록한 『동국세년가』[33]가 영주 군수였던 유희령이 목판활자로 편찬한 『표제음주동국사략』[34]의 책 첫머리에 실려 있다. 이 동국세년가에는 4천 년 전에 건국한 단군조선의 전기 1천 년을 통치한 단군 47대에 대한 기록이 있고 이것은 이승휴가 지은 『제왕운

---

31) 유관이 올린 상소 내용은 "황해도 문화에서 父老들의 말을 들으니 구월산(궐산)은 문화고을의 주산인데, 그 산허리에 단군사당인 삼성사가 있고, 그 밑에 聖堂里라는 마을이 있으며, 단군이 박달나무에 내려와 후대에 문화의 동쪽 장장(藏壯)이란 곳(혹은 당장평, 왕검성이라는 곳이라는 곳)에 도읍을 정했으며, 단군은 중국의 堯임금과 같은 해에 건국했고, 건국한 지 1천여 년 만에 아사달산에 들어가 신으로 화했다고 합니다." 『세종실록』 제40권 세종 10년 6월 유관이 올린 상소.

32) 유사눌이 올린 상소는 "世年歌를 보니 단군이 조선의 시조이며 그 나라가 누린 역사는 매우 깁니다. 전에 그 사당을 지으라고 우사에게 명하실 때는 유사가 잘 몰라서 평양에 새우고자 했으나, 신의 숙부인 유관이 그것이 잘못임을 논해 사업을 아직 시행하지 못하고 있습니다. 그 世年歌에 의하면, 단군이 평양에 도읍을 정했다가 뒤에 백악으로 도읍을 옮기고, 殷나라 무정 8년에 아사달에 들어가 신이 되었다고 합니다. 나라를 누리기 1천여 년이고 지금도 그 사당이 아사달에 있습니다. 그러니 그 근거가 없다고 할 수 없습니다. 더구나 고려가 구월산 밑에 사당을 세웠는데, 그 집과 위판이 지금도 있어서 世年歌와 서로 합치됩니다. 그러니 이를 버리고 다른 곳에 세운다면 그것은 잘못이라고 생각합니다." 『세종실록』 제40권 세종 18년 12월 유사눌이 올린 상소.

33) 동국세년가의 시작은 "요동에 하나의 별천지가 있으니, 중국과 완전히 구분되어 삼면이 큰 파도가 출렁이는 바다로 둘러싸이고 북녘은 대륙에 연한 중방 1천 리, 이것이 조선이다. 아름답고 예의를 아는 나라다. 환국에서 환웅이 온 인류를 크게 이롭게 할 만하므로 (환웅으로 하여금) 무리 3천을 거느리고 태백산 신단수 아래로 내려 보냈다. 그의 아들이 조선이란 나라를 세운 단군이다. 사라, 고례, 남북 옥저, 동북 부여, 예와 맥은 모두 단군의 자손이다." 유희령. 1524－1529. 『표제음주동국사략』의 책 첫머리 <동국세년가>.

34) 이 책은 서거정의 방대한 『동국통감』을 유희령이 간략하게 개편해 민찬 사서로 발간한 것으로 일본에 반출된 수 만 권의 도서 중 하나로 한국정부의 반환요청으로 겨우 책이 아닌 복사 필름본으로 일본에서 찾아 온 것에서 최태영이 1985년 경 동국세년가의 내용을 찾아냈다. 이 책은 다른 책들처럼 신라 중심으로 쓰지 않고 고구려, 백제, 신라 순으로 역사를 기술하고 있고 통일 신라에 대한 발해의 역사를 밝힘으로써 후일 『발해고』를 저술한 유득공보다 앞서서 남북조의 관점에서 선구적인 입장을 보였다. 최태영. 2000. 앞의 책.

기』의 내용과도 일치하는 것이었다. 고조선이 기원전 2333년에 건국해서 2천 년 동안 존속했다는 점은 『규원사화』와 일치하지만, 전기 조선이 1천여 년 47대이고 후기 조선이 9백여 년 40대여서 2천여 년 동안 단군이 87대라고 한 부분은 『환단고기』가 기록한 2천 년의 47대 단군들이라는 내용과 서로 다르다. 『동국세년가』와 『환단고기』의 단군 세년에 대한 내용은 더 확인해야 할 내용이다. 최태영의 동국세년가 발견은 단군과 단군조선의 역사성을 밝히는데 중요한 이정표가 되었다.

최태영은 여기에 힘을 얻어 일본 가고시마 현 미야마에 있는 단군사당 교구산구(玉山宮) 현지답사를 통해 세년가의 존재와 그 내용을 교차 확인하였다. 이곳의 종주이며 조선인 도공 14대 심수관을 방문하여 일본의 조선인 도공들이 세운 단군사당 교구산구의 축문과 축가가 4백 년 동안 세년가로 전해오는 것을 찾아냈다. 교구산구 유래기[35]와 신무가[36] 및 제문[37] 등이다.[38]

(6) 18세기 프랑스 신부 레지가 전하는 고조선 국가 역사의 실체성

고조선 역사와 관련하여 동북아 역사의 당사자들인 한국, 중국, 일본 사이의 논쟁과 한국인들 사이의 논쟁을 넘어 제3자의 관점에서 비교적 객관적인 위치에 있는 프랑스인 신부의 기록은 고조선 국가의 존재를 실증하는 역사적 증거로서의 의미를 갖는다. 18세기 중국으로 기독교를 선교하러 간 프랑스인 장 바티스트 레지 신부는 다양한 사료들을 바탕으로 단군신화로서의 고조선이 아닌 중국과 전쟁을 하고 대결을 한 '국가'로서의 고조선의 역사를 기술하였다.[39]

35) 교구산구 由來記는 1867년 고서의 기록을 다시 필사한 것으로 그 첫 머리는 "옥산궁은 아시다시피 조선 개조 단군의 묘라. 평양의 옥산신궁에 신주를 만들어 사당을 마련하고 모셨다. 큰 집에 아름답고 좋은 것들로 정성을 다하고 평양(황도)에 근축하니 최고로 귀한 신령이시다. 임진왜란에 조선을 칠적에 우리 조상들이 가져왔다."

36) 교구산구 神舞歌는 단군제를 지낼 때 춤을 추며 부르는 노래인데 그 가사는 "오늘이라. 오늘이라. 제물도 차렸다. 오늘이라. 단군축제가 오늘이구나. 모두 함께 노세. 저리도 노세. 祭日이라 祭日이라 우리 어버이 祖神은 잊지 않으리라. 고수례 고수례. 자나깨나 잊지 않으리라."

37) 교구산구 祭文의 큰 뜻은 "대한혼이여 굽어 살피소서. 무엇 때문에 우리가 이렇게 떠돌이의 원객이 되었나이까. 일하며 살아가며, 영귀하게 되도록 애호 교도해주소서. 무궁한 행복을 비나이다. 비애를 그치고 협력하여 땅을 개간하고, 농사를 지으며, 누에 치고 고기 잡자. 길이 길이 우리를 모두 수호해주소서... 마시자, 다 함께. 우는 새도 즐겁고, 산에는 샘이 솟는다. 꽃은 피었다. 노자노자, 모두 함께 마시자. 산과 언덕을 서로 개간하자. 길이길이 이어 가도록, 우리들 모두 수호하소서."

38) 이러한 내용은 최태영이 1985년 일본 현지 답사와 면접 조사등을 통해 정리한 내용이다.

39) 장 바티스트 레지. 유정희 · 정은우 해제. 2018. 『18세기 프랑스 지식인이 쓴 고조선, 고구려의 역사』. 아이네아스.

18세기 프랑스 가톨릭 교단인 예수회는 세계각지에서 포교활동을 하는 선교사들이 보낸 편지를 엮은 후 다시 중국과 인근지역에 대한 편지를 따로 추려내 책을 펴냈다. 그리고 이 책에는 중국의 이웃 나라인 조선에 대해 깊은 관심을 가진 레지 신부의 글도 포함되어 있었다. 18세기 예수회 선교사로 청 나라에 포교를 왔던 레지 신부는 한국의 역사에 대해 깊은 관심을 가졌고, 중국의 황실 서고에 보관되어 있던 중국측 사료들을 통해 우리가 지금까지 전혀 알지 못했던 고조선의 역사를 적어 놓은 만큼 이 책은 역사적인 의의가 너무나 높다. 지난 300여 년 간 어둠 속에서 잠들어 있던 이 사료는 고조선 이후 삼국과 고려 및 조선으로 이어져 오던 한국의 많은 사료들이 소실되고 사라진 지금 중국 황실 서고에서 얻은 사료들을 정리한 레지 신부의 고조선에 대한 역사적인 기술이다. 이것은 고조선의 국가와 역사를 되살리는 귀중한 사료로 누구나 비판하기 어려운 전무후무한 최초의 증거이다.

레지 신부는 이 책에서 고조선이 만주를 기반으로 한반도를 아우르는 강력한 국가였다는 보다 명확한 객관적인 증거들을 제시해주고 있다. 특히 놀라운 사실은 레지 신부의 고조선에 대한 300년 전의 기록이 200년 후인 20세기 초 한국의 독립운동가이며 역사학자들이었던 김교헌, 박은식, 유근 등이 써내려간 한국고대사에 대한 기록과 놀랍도록 일치한다는 점이다. 몇백 년의 세월을 뛰어 넘고 프랑스와 한국이라는 국가적·역사적 배경을 달리하는 레지 신부의 기록과 20세기 민족주의 사학자들의 기록이 일치한 점은 고조선과 관련한 한국고대사가 전면적으로 다시 쓰여져야 한다는 것을 증명하고 있다.

그동안 국내 역사학계에서 김교헌, 박은식, 유근 등을 민족주의자로 보아 이들의 책을 정통역사서로 인정하지 않으려는 태도를 보였던 만큼 레지 신부의 증언은 민족주의 사학의 내용이 국내 사학계의 주장보다 더 객관적인 사실에 입각하고 있음을 반증하는 것이다. 그동안 국내 역사학계에서는 고조선에 대한 『삼국유사』의 기록도 일연이 고려시대 몽골침략을 당해 민족주의의식이 높아져서 기록한 것이고, 19세기 말과 20세기 초의 민족사학자들의 고조선에 대한 기록도 중국 사대주의와 일제식민통치에 대한 반감으로 민족주의가 확산하면서 고조선에 대한 기록을 과장·왜곡한 것이라는 비판을 해왔다. 그런 만큼 레지 신부의 이 책은 한국역사학계 강단사학자들의 지나친 역사왜곡을 바로잡을 귀중한 사료인 것이다.

그동안 한국역사학계는 일제 식민사학의 기반 위에서 실증사학의 이름으로 한국의 고조선 역사를 역사가 아닌 '신화'로 취급하여 왔는데 제3국인 프랑스 레지 신부가 300년 전인 18세기에 이 책의 내용을 기록했다는 것은 정통역사학계인 한국사학계의 한국

상고사인 고조선에 대한 관점이 전면적으로 잘못된 것임을 밝혀주는 것이다. 단군조선에 대한 20세기 전후의 민족사학자들의 역사서들이 한민족에게 오랜 기간 전해오던 단군조선의 역사를 사실대로 기록한 것임이 확인된 것이다. 『삼국유사』·『제왕운기』·『신단민사』·『신단실기』·『환단고기』·『단기고사』·『규원사화』 등의 내용이 레지 신부의 사료에 기록되고 있어서 이들 역사서의 신뢰성은 더욱 높아지는 것이다. 레지 신부의 기록 일부를 직접 인용해 본다.[40)]

> 조선인(고조선)은 B.C. 2357년 치세를 시작한 중국 요(堯) 임금 때부터 ... 중국의 속민이었다. 그러나 이 때 하나라 천자(天子) 태강의 압정은 고조선의 저항을 가져왔다. 그렇지만 걸(傑)의 폭정은 또다시 고조선이 반란을 일으키게 만들어 이 때 고조선은 일부 중국 영토에 침입하기도 한다.

이 부분은 일연이 『삼국유사』에서 기록한 고조선 국가의 건국 시기와 일치한다. 그동안 고조선의 건국 시기를 두고 중국이나 일본 나아가 국내 역사학자들까지 역사로 인정하지 않으려는 입장이 주류를 이루어 왔다. 심지어 『삼국유사』 마져도 위서라고 주장하던 정통사학자들은 레지 신부의 기록을 보고 그들의 잘못된 주장을 바꾸어야 할 것이다. 나아가 하(夏)나라 천자 태강에 대한 기록도 사마천의 『사기』와 『서경』에 기록된 하나라 3대 제왕인 태강에 대한 기록과도 일치한다.

레지 신부의 위의 기록은 첫째, 고조선이 기원전 2357년 중국 요 임금 때부터 국가로 존재했음을 확인하고 있다.

둘째, 고조선은 중국 하나라 천자 태강의 압정에 대해 무기력하게 순응하는 대신 적극적으로 저항했음을 밝혀, 고조선은 중국과는 달리 자발적이고 독립적인 행동을 했음을 알 수 있다.

셋째, 고조선은 걸의 폭정을 맞아 역시 순응하는 대신에 적극 반란을 일으켰고, 심지어 고조선은 중국 영토를 침범하기도 했다고 하여 고조선의 용맹성, 자주성 및 독립성을 밝혀주고 있다.

넷째, 고조선이 기원전 2357년 중국 요 임금 때부터 중국의 속국이었다는 기록은 중국측의 일방적인 사료들을 인용한 것이어서 실제 역사적인 사실과는 거리가 있을 수 있다. 이 부분에 대해서는 고조선이 도리어 중국을 다스리고 중국에게 여러 가지를 가르쳐주었다는 한국측의 기록들이 더 사실에 가까울 수 있다. 그것은 '걸의 폭정으로 고

---

40) 위의 책.

조선이 반란을 일으켰고 고조선은 일부 중국영토에 침입하기도 한다'라는 기록에서 잘 나타나고 있다. 만일 고조선이 중국의 속국이었으면 어떻게 감히 반란을 일으키고 심지어 중국의 영토를 침입하기까지 할 수 있을 것인가라는 의심의 불러 일으키게 한다. 고조선이 하나라를 침입했다는 기록은 고조선이 독립국가로서 중국과 군사적으로 대결하여 전쟁을 치루었고 그 결과 중국의 영토를 침입할 정도로 강력한 군사력을 가졌음을 반증하는 것이다.

이러한 해석을 가능하게 하는 레지 신부의 기록은 그동안 『삼국유사』와 『제왕운기』를 근거로 '단군신화'라는 '신화' 차원에 머물던 고조선의 역사에 대해 프랑스 신부라는 제3자가 고조선이 정치·군사적인 국가의 역사임을 밝혀주는 귀중한 역사자료인 것이다. 그동안 고조선은 한국사의 시원 국가이지만 사서에 그 실체가 잘 기록되어 있지 않는다는 이유로 '신화'나 '전설'로 보는 견해들이 많았으나 레지 신부의 기록으로 인해 고조선은 '신화'에서 '역사'로 자리매김하게 만들었다.

고조선은 인도와 더불어 오랜 역사를 지닌 인류문명의 중요한 초기국가의 하나였고,[41] 고조선에 대한 『고기』나 『고서』 등이 있었다는 기록이 있었지만 그 역사책들이 현재 실존으로 전해지지 않아 고조선의 역사적인 실존 여부에 대해 많은 논란이 있어왔다. 고조선과 같이 인도도 기록이 남아 있지 않기로는 마찬가지이지만 세계사에서 인도의 존재에 대해서는 문제를 제기하지 않으면서도 고조선의 실존에 대해서는 많은 이견이 존재하는 이유는 고조선을 둘러싼 중국과 일본 등의 입장이 비판적이고 그것을 전수받은 국내 역사학자들이 거기에 동조하면서 고조선 국가의 실존문제는 많은 논란에 휩싸이게 되었다. 그리고 그동안 고조선의 역사적인 실체에 대해서는 부정적으로 보는 견해들이 많았다.

한국사학계의 주류를 이루어 온 소위 강단사학자들은 실증사학이라는 미명하에 『삼국유사』나 『단기고사』·『환단고기』·『규원사화』 등 단군조선에 대한 기록들을 '민족사학의 역사왜곡·조작'이고 심지어 일부 국내 역사학자들은 이 역사서들을 위서라고 비판하며 학문적인 횡포를 벌여왔다. 이들은 고조선에 대한 기록들을 위서라고 비판하

41) 가야의 허황후가 인도에서 배를 타고 왔다는 점은 인도와 고조선 모두의 오랜 역사가 양국의 교류를 가능하게 하여 인도 공주가 먼 뱃길을 거쳐 가야에 와서 허황후로 되었음을 보여주는 귀중한 기록이다. 고조선과 인도 양국이 인류 4대 문명의 후예로서 오랜 국가를 이루어 왔기 때문에 양국의 국혼이 가능했던 것이다. 허황후가 인도왕국의 공주로서 꿈에 가야 김수로왕을 보고 일방적으로 그 먼 길을 시종들과 함께 왔다는 점과 먼 이국에서 온 이름도 출신도 모르는 젊은 여인을 황후로 맞은 가야의 김수로왕도 우연하게 부부가 되었다고 보기에는 풀리지 못한 의문이 너무 많다. 양국에 대한 기록은 없지만 가야와 인도는 대표적인 인류문명의 후예로서 교류한 것이라 볼 수 있다.

며 부정하여 위의 사서들은 역사서로서의 신뢰성에 큰 타격을 받았다. 300년 전 프랑스 레지 신부의 고조선에 대한 기록은 고조선 국가를 '신화'에서 해방시킬 뿐만 아니라 위의 역사서들을 '위서론의 망령'에서 해방시키는 소중한 역사혁명을 일으키고 있다.

레지 신부는 오늘의 세계인들에게 인류문명의 역사와 고조선의 역사를 전면적으로 다시 쓰게 하고 있다. 그동안 국내에서 진행되어 온 고조선 역사서들에 대한 위서논쟁이 뿌리채 잘못되었음을 밝히는 것이다.

2. 고조선에 대한 한국 역사서의 성격 논쟁

(1) 문헌고증학 · 문서비평과 위서논쟁

『규원사화』와 『환단고기』 및 『단기고사』에 대한 위서논쟁은 금서논쟁을 포장한 것이다. 이 들 역사서는 당시에는 법적 · 종교적 · 학문적 · 사회적 · 형사적 · 윤리적 · 정치적 · 문화적으로 인정할 수 없는 내용들을 담고 있기 때문에 위서의 형식으로 남게 되고 그 내용은 실질적인 금서로 취급되었다. 위서논쟁은 문헌고증학과 문헌비평의 관점에서 세 책의 내용 자체에 대한 논의 대신 책 자체를 통채로 위서라고 판정하여 사료로 활용되지 못하게 만드는 것이다. 종교적으로 이단이라고 판정하듯이 학문적으로 거짓이라고 판정하여 아예 처음부터 인용을 하지 못하도록 만든 것이다. 이 때문에 이 세 책의 내용을 인용하면 그 연구물을 학문적으로 인정하지 않고 학술논문이나 학술서적으로 인정하지 않아 학회논문집에 실지 못하고 학회에서 공식적으로 발표하지 못하도록 암묵적으로 은연중에 금지해왔다. 학회나 학술단체의 이름으로 이 책들을 학문적으로 매장하는 것이다. 이 세 책에 실린 내용을 검증하여 사실로 입증하는 것도 금지하고 그 결과를 도외시하였다. 그동안 많은 사학자들이 이 역사서들의 내용을 신뢰하고 강의나 학생들에게 말로는 가르치면서도 연구논문이나 책으로는 남기지 못한 것은 역사학계의 지배적인 분위기 때문으로 보인다. 이 때문에 사학계는 전 세계 어느 나라에서도 찾아보기 어려운 강단사학과 재야사학이라는 이상한 구분이 이루어지고 이들 간에 첨예한 대결과 상호비방이 이어져왔다.

(2) 『규원사화』에 대한 위서논쟁 검토

『규원사화(揆園史話)』는 조선 숙종 2년(1675년) 3월 상순 북애노인(北崖老人)이 지은 역사책으로 서문에서 북애노인은 자신이 과거에 떨어진 선비로서 전국을 방랑하던 중 어떤 산골에서 발견한 『진역유기(震域游記)』를 바탕으로 이 책을 지었다고 하였다. 고려시대 말 청평 이명(淸平 李茗)이 쓴 『진역유기』는 발해의 역사책 『조대기(朝代記)』를 참조한 것으로 전하여진다. 이 책은 고조선을 세운 왕검부터 고열가까지 47대 단군의 재위기간과 치적 등을 기록한 역사책으로 역대 단군의 재위기간과 치적 외에 중국에 대한 사대주의에 빠진 유학자들을 비판하면서 주체의식이 부족한 민족의 장래를 염려하고 있다. 또한 청나라와 연합하여 옛 땅을 되찾자는 연청북벌론(聯淸北伐論)을 주장하고 있다.

이 책에 대해 위서문제가 제기되어 전문가들에게 공식적으로 의뢰하여 1972년 11월 3일 이가원, 손보기, 임창순 등 고서심의위원 3명이 심의를 하여 숙종 때 쓰여진 진본임을 확인하였다. 이것을 심의한 위원 세 명은 국내에서 고서에 대해 심사평가하는 최고의 전문가들이고 이들이 각각 전문성을 바탕으로 신중하게 심사한 뒤 공동의 집단적인 결정으로 진본임을 확인한 것이다. 통상적으로는 공식적으로 최고의 전문가들로 구성된 심사위원회에 위서심사를 의뢰하고 그 결정이 나면 따르는 것이 당연한 것이다.

이러한 『규원사화』가 진본이라는 결정에 대해 이병도,[42] 조인성, 송찬식 등의 사학자들은 제작연도가 조작되었다고 주장하며 위서라고 주장하였다. 이들의 주장은 북애노인이 살았던 효종~숙종 시대에는 책에 표현된 천주라는 말이 없었기 때문에 책이 처음 선보인 1920년부터 1930년 사이에 천도교도들이 만들었다는 것이다. 그러나 천주라는 표현은 이미 효종~숙종 시대 이전에 있었다는 것이 입증되어 이 점에 대해서는 이들의 주장이 잘못된 것으로 드러나고 있다. 송찬식, 조인성이 위서라고 제기한 내용을 차례로 검토하도록 한다.

『규원사화』의 위서논쟁에 대해서는 성삼제가 잘 정리하고 있어서 그의 논의를 중심으로 정리한다.[43] 『규원사화』가 위서일 가능성이 있다고 처음 문제를 제기한 사람은 송찬식으로서, 1977년 『월간중앙』 9월호에 <위서변僞書辯>이라는 글을 통해 『규원사화』가 위서라는 주장을 했다. 그 내용의 일부를 인용한다.

> 나는 일전에 누워서 『규원사화(일명 단군실사)』를 들고 오수午睡를 청하다가 불각 중에 잠에서 벌떡 일어나 앉고 말았다. 아무래도 위서가 아닌가 의심이 들기 때문이었다. 대저 그 내용들이 단군에 관한 고금의 의사지설疑似之說을 온통 모아 놓은 듯한 느낌이었다. 한

42) 이병도는 그 뒤 『규원사화』를 인정하는 방향으로 입장이 바뀌었다. 이외 고조선에 관한 국내역사서・사료에 대하여서는 고려대학교 한국사연구소 편. 2019. 『역주 고조선사료집성: 국내편』. 새문사.
43) 성삼제. 2016: 197－215.

> 편 한말 일제시대 대종교계의 주장과 너무도 흡사하였기 때문이다. 더구나 인쇄본이 없는 데다가 북애노인이라는 부지소도래不知所徒來의 사람이 지었다 하며 효종 숙종 대의 저작임을 표방하였다. 주장의 근거가 되는 인용서목이 모두 지금 전하지 않을 뿐 아니라『문헌비고』등 한말 이전의 고문헌에 전혀 이름이 나타나지 않는 소위 기서奇書와 비기秘記들이다. 그 주장이 대개 그럴듯하면서도 그 근거가 황당하여 의심을 품지 않을래야 않을 수 없는 것이다. (중략) 더구나 존주사대(尊周事大)를 규탄하고 국수적 민족성과 장점을 강조하는 강국지요(强國之要)의 내용이나 민기民氣, 선민先民이니 천주天主라는 용어가 이미 효숙종 대의 문헌으로 보기에는 너무 시대를 앞지르고 있으며, 말갈, 여진 등을 우리 민족의 분파로 보며, 만주의 고토회복을 강조하는 등 너무나 후세의 대종교 내지 소위 민족사학의 주장과 유사한 것이다. 이로 보아 필시 한말 일제시대 대종교자류(大倧教者流)의 위서(僞書)로 심증이 굳어진다.[44]

송찬식의 주장을 요약하면, 첫째, '단군에 관한 고금의 의사지설疑似之說을 온통 모아놓은 느낌', 둘째, '한말 일제시대 대종교계의 주장과 너무도 흡사'하고, 셋째, '인쇄본이 없'으며, 넷째, '부지소도래不知所徒來의 사람이 지었'고, 다섯째, '인용서목이 모두 지금 전하지 않을 뿐 아니라『문헌비고』등 한말 이전의 고문헌에 전혀 이름이 나타나지 않는 소위 기서(奇書)와 비기(秘記)들'이고, 여섯째, '더구나 존주사대(尊周事大)를 규탄하고 국수적 민족성과 장점을 강조하는 강국지요(强國之要)의 내용이나 민기民氣, 선민先民이니 천주天主라는 용어가 이미 효숙종 대의 문헌으로 보기에는 너무 시대를 앞지르고 있으며', 일곱째, '말갈, 여진 등을 우리 민족의 분파로 보며, 만주의 고토회복을 강조하는 등 너무나 후세의 대종교 내지 소위 민족사학의 주장과 유사한 것이다. 이로 보아 필시 한말 일제시대 대종교자류(大倧教者流)의 위서(僞書)로 심증이 굳어진다'[45]라고 비판한다.

이러한 그의 문제제기는 여러 가지 점에서 비판받고 있다.

첫째, '나는 일전에 누워서『규원사화(일명 단군실사)』를 들고 오수午睡를 청하다가 불각 중에 잠에서 벌떡 일어나 앉고 말았다. 아무래도 위서가 아닌가 의심이 들기 때문이었다.'라고 가벼운 태도로 글을 시작하고 책에 대한 위서 판정은 사람으로 치면 사형과 같은 가장 심각한 문제제기인데 그러한 글을 충분한 근거도 없이 일반 교양 월간지에 일반인을 대상으로 기고한 점이 경솔해 보인다. 학자로서 위서라는 의심이 들었으면 그 구체적인 근거를 들어 학문을 하는 전문가들의 공론의 장인 학술지에 위서라고 문

---

44) 송찬식. 1977. <위서변僞書辯>.『월간중앙』. 1977년 9월호.
45) 위의 글.

제를 제기하고 전문가들의 판단을 구해야 했을 것이다. 더구나 이미 5년 전인 1972년 11월 3일 한국 최고의 전문가들에게 공식적으로 의뢰하여 이가원, 손보기, 임창순 등 고서심의위원 3명이 심의를 하여 숙종 때 쓰여진 진본임을 확인하였던 점을 알았다면 더욱 신중하게 접근해야 했고, 몰랐다면 학자로서 성실성에 문제가 있는 것이다.

둘째, 위에서 주장하는 처음의 두 가지, 즉 단군에 대한 모든 것을 모았거나 대종교의 주장과 유사하다는 점은 위서 판단의 근거가 아니라 개인의 주관적인 느낌을 적은 것이고 인쇄본이 없다는 것도 위서라는 주장의 근거는 되지 못한다. 숙종조 시대의 정치사회적·문화적·종교적 여건이 연청북벌론이나 도교적인 내용을 담고 있는 『규원사화』를 출판할 여건이 되지 못했고, 그 이후에도 금서로서 당국의 강제 회수 대상으로 탄압을 받을 내용들을 담고 있는 서적으로 공공연하게 사회에 공개할 여건이 되지 못하였기 때문에 출판할 수가 없었을 시대적인 여건을 무시한 '태평성대의 시각'에 따른 비평이다. 출판여부는 위서논쟁과는 무관한 사항이다.

셋째, "부지소도래不知所徒來의 사람이 지었"기 때문에 위서라는 주장도 근거가 약하다. 조선시대의 유교나 정치질서에 부합하는 내용이라면 실명으로 저술이 가능하나 당시의 지배적인 가치나 윤리·종교·정치이데올로기·사회질서 등과 배치되는 내용을 담고 있는 책을 쓰면서 자신을 북애노인(北崖老人)이라 가명을 사용한 것을 근거로 위서라고 주장하는 것은 본질과는 거리가 있다. 근대나 현대에도 정권의 탄압을 피하기 위해 수많은 저자들이 가명이나 필명으로 책을 출판해 온 점을 볼 때에도 적절한 비판이 아니다.[46] 저자는 서문에서 자신이 과거에 떨어진 선비로서 전국을 방랑하던 중 어떤 산골에서 발견한 『진역유기(震域游記)』를 바탕으로 이 책을 지었다고 밝히고, 고려시대 말 청평 이명(淸平 李茗)이 쓴 『진역유기』는 발해의 역사책 『조대기(朝代記)』를 참조한 것으로 전하여지는 만큼, 『규원사화』의 위서 여부는 『조대기』나 『진역유기』의 내용과 비교하여 판단해야 할 일이지 북애노인이라는 가명의 사용과 위서와는 무관한 일이다.

넷째, "인용서목이 모두 지금 전하지 않을 뿐 아니라 『문헌비고』 등 한말 이전의 고문헌에 전혀 이름이 나타나지 않는 소위 기서奇書와 비기秘記들"이라는 지적은 역사적인 사료에 대해 제대로 알지 못한채 한 잘못된 비판이다. 『규원사화』가 인용하고 있는 『조대기』, 『지공기』, 『삼성밀기』 등은 『조선왕조실록』에도 등장하는 책들로서 고조선

46) 유신체제에서 김형욱 전 중앙정보부장의 실종사건을 다룬 책을 미국에서 발간하면서도 김경재는 본명을 감추고 가명인 박사월이란 이름을 썼고, 김지하 등 작가들도 가명으로 쓰고 현재에도 학자들 가운데에도 본명이 아닌 필명을 쓴 경우가 많다.

역사가 기록된 이 책들은 도참사상과 관련되어 새 왕조인 조선왕조 유지에 해롭다고 보아 백성들이 보지 못하도록 한 금서들이다. 『규원사화』에서 인용한 수많은 책들이 이름만 있고 책 자체가 지금까지 전하지 않는 것은 역대 왕조가 정치적인 이유로 과거의 역사서들을 국가 차원에서 대대적으로 회수하고 폐기한 뒤 자신들의 논리로 역사를 다시 쓰고 그 역사책을 배포한 일들을 반복한 결과인 것이다. 그 대표적인 예로 세조가 8도 관찰사에게 이 책들을 개인이 간직하는 것은 옳지 않고 만일 책을 가진 사람이 있으면 나라에 바치도록 하고 대신 본인이 원하는 책으로 바꾸어 준다는 사실을 관청, 개인, 사찰 등에 널리 알리라는 내용을 기록한 『조선왕조실록』의 해당 내용을 직접 인용한다.[47]

> 고조선비사古朝鮮秘詞, 대변설大辯說, 조대기朝代記, 주남일사기周南逸士記, 지공기誌公記, 표훈삼성밀기表訓三聖密記, 안함노원동중삼성기安含老元董仲三聖記, 도증기지리성모하사량훈道證記智異聖母河沙良訓, 문태산文泰山, 왕거인王居人, 설업薛業 등 삼인기록三人記錄, 수찬기소修撰企所의 100여 권과 동천록動天錄, 마슬록磨虱錄, 통천록通天錄, 호중록壺中錄, 지화록地華錄, 도선한도참기道詵漢都讖記 등의 문서는 마땅히 사처私處에 간직해서는 안 되니, 만약 간직한 사람이 있으면 진상進上하도록 허가하고, 자원自願하는 서책을 가지고 회사回賜할 것이니, 그것을 관청·민간 및 사사寺社에 널리 효유曉諭하라.

이처럼 『규원사화』가 인용하고 있는 『조대기』, 『지공기』, 『삼성밀기』 등은 『조선왕조실록』에도 분명히 등장하는 책들이므로 그의 지적은 잘못된 주장이다.

다섯째, "민기民氣, 선민先民이니 천주天主라는 용어가 이미 효숙종 대의 문헌으로 보기에는 너무 시대를 앞지르고 있다"는 주장도 틀린 주장이다. 민기나 선민이란 용어는 중국 고전에 사용되었고 천주라는 단어도 숙종 이전에 알려졌다.[48] "더구나 존주사대(尊周事大)를 규탄하고 국수적 민족성과 장점을 강조하는 강국지요(强國之要)의 내용"을 위서의 근거로 제기하고 있는 듯한 태도에는 위서론자의 의도를 의심하지 않을 수 없다. 사대주의를 비판하고 민족주의와 강국의 내용을 역사책에 담으면 위서라는 의미로 오해될 여지가 있어서 심히 염려스럽다. 그동안 노론사학자들과 식민사학자들이 연청북벌론을 비판하고 사대주의를 옹호하며, 식민사학자들이 사료를 조작하고 역사책들을 없애는 일에 앞장서며 금서와 위서를 주장한 입장과는 다르겠지만 자칫 오해될

47) 『조선왕조실록』 세조 3년 5월 무자戊子일 세조가 8도 관찰사에게 지시한 내용이다.

48) 『규원사화』가 위서라는 조인성 조차 민기나 선민이란 단어는 중국 고전에서 그 용례를 찾을 수 있으며 천주라는 용어도 숙종 이전에 알려졌다고 설명하고 있다. 성삼제. 2016. 앞의 책: 204.

여지도 없지 않다. 실증사학을 강조하는 강단사학자들이 식민사학의 입장과 비슷한 경우가 많아 오해를 받는 것도 스스로 자초하는 면이 없지 않다.

여섯째, “말갈, 여진 등을 우리 민족의 분파로 보며, 만주의 고토회복을 강조하는 등 너무나 후세의 대종교 내지 소위 민족사학의 주장과 유사한 것이다. 이로 보아 필시 한말 일제시대 대종교자류(大倧教者流)의 위서(僞書)로 심증이 굳어진다”라는 주장도 근거가 약하다. 대종교의 주장과 비슷한 것과 위서라는 것에는 논리적인 근거가 없고, 말갈과 여진 등을 우리 민족의 분파로 보고 만주의 고토회복을 강조하는 자체가 위서라는 것과는 무관하게 별도로 논의해야 할 주제이다. 말갈과 여진이 우리 민족의 분파인지는 학문적으로 서로 다투어야 할 주제이지 그것을 주장한다고 위서라고 보는 것은 비논리적·비학문적·비과학적이다.

이처럼 위서론자의 주장은 심증과 선입견으로 주장하는 것이 대부분이고 실증적인 근거와 관련하여 제기한 것들도 역사적인 사실관계를 잘 모르고 한 것이어서 『규원사화』가 진서라는 이가원, 손보기, 임창순 등 고서심의위원 3명의 심의결과를 뒤집지 못하고 있다. 이 때문에 그는 적절한 근거를 제기하지 못한 채 위서라고 해서 『규원사화』가 위서라고 주장하는 학자들로부터도 비판을 받았다.[49]

다음으로 『규원사화』가 위서라는 주장을 가장 적극적으로 하고 있는 조인성은 『규원사화』가 위서라는 주장의 근거로 저술시기가 잘못되었다는 점과 문화라는 현대적인 용어를 사용한 점을 주된 이유로 들고 있다.

첫째, 1675년에 북애노인이 저술한 『규원사화』와 1823년에 한진서가 지은 『해동역사』에 공통적으로 『고려사』의 내용을 틀리게 인용하고 있어서 한 쪽이 다른 쪽을 인용하였을 것이라고 주장한다. 그런데 『해동역사』는 인용한 참고도서를 모두 기록하고 있으나 거기에 『규원사화』가 없으므로 먼저 쓰였다는 『규원사화』가 나중에 지어진 『해동역사』를 인용한 것이 되어 『규원사화』가 1675년에 저술되었다는 것은 사실이 아니라고 주장한다.

> 『고려사(高麗史)』 광종 10년에 압록강 밖의 여진을 백두산 밖으로 몰아내어 살도록 하였다”고 하였는데, 백두산이라는 이름이 여기에서 비로소 나타난다.[50]

---

49) 위의 책: 202.

50) 조인성은 『규원사화』와 『해동역사』 지리지에 나오는 내용이라 인용하고 있다. 조인성. 2000. <‘재야사서(在野史書)’ 위서론(僞書論) – 『단기고사』·『환단고기』·『규원사화』를 중심으로>. 노태돈 편저. 2000. 『단군과 고조선사』. 사계절사: 231.

『고려사』를 인용한 두 사람이 모두 성종 10년을 광종 10년으로 잘못 인용한 것은 한 사람이 다른 사람을 인용한 것이 분명한데, 『규원사화』가 알려진 것은 근대에 와서이고, 『해동역사』는 전거가 된 모든 문헌이 제시되어 있지만, 거기에 『규원사화』가 들어 있지 않으므로 한진서가 그것을 참고하지 않았음이 확실하여, 『규원사화』가 위서라는 주장이다.

이것에 대해 성삼제는 『규원사화』의 저술연도는 책의 서론에 나오는 '상지이년을묘(上之二年乙卯)'를 숙종 2년(1675년)으로 추정한 결과일뿐 학계에서 정확한 저술연대에 대한 검증이 없이 추측에 불과한 연도를 가지고 후대의 책을 참고했을 가능성이 높으므로 위서라고 단정하는 것은 논리의 비약이라고 비판한다. 그러면서 『고려사』를 한 번 들춰만 보아도 확인할 수 있는 내용을 두 책이 함께 틀리게 인용한 것은 이 두 책이 모두 직접 『고려사』를 인용하지 않고 틀리게 쓴 다른 책을 우연히 참고했을 가능성을 제기하며, 『규원사화』와 『해동역사』의 원문의 차이를 지적한다.

『규원사화』 高麗史 光宗十年 逐鴨綠江外 女眞 於白頭山外居之云 則白頭之名 始見於此
『해동역사』 高麗史 光宗十年 逐鴨綠江外 女眞 於白頭山外居之 則白頭之名 始見於此

위에서도 보듯이 『규원사화』는 책 전체를 통해 인용할 경우에는 반드시 '운(云)'자를 써서 인용한 사실을 명기하여, 『고려사』를 인용할 경우 '고려사운(高麗史云)'으로 쓰는데 여기에서는 『고려사』를 직접 인용하는 대신 인용하는 전체 내용 뒤에 '운'자를 달아 "고려사 광종십년 축압록강외 여진 어백두산외거지'운'(高麗史 光宗十年 逐鴨綠江外 女眞 於白頭山外居之云)"으로 기록하고 있다. 또한 『해동역사』도 『고려사』를 직접 인용할 경우에는 '고려사운(高麗史云)'으로 기록해야 함에도 '운(云)'자를 쓰지 않고 그냥 '고려사(高麗史)'라고만 적어 다른 곳에서 보거나 듣고 기록한 것일 가능성이 높다는 것이다.

이처럼 『규원사화』와 『해동역사』 모두 『고려사』를 직접 인용하지 않고 다른 기록이나 전언을 기록했을 가능성이 있는데 불확실한 이것을 근거로 『규원사화』가 『해동역사』를 인용하여 위서라고 주장하는 것은 결정적인 증거 없이 위서를 주장하여 논리의 비약이 크다고 하겠다.

둘째, 조인성이 더욱 분명한 위서의 증거로 제기하는 '문화'라는 용어에 대해 검토하기 위해 인용한 해당 『규원사화』의 내용과 그의 주장을 옮긴다.[51]

---

51) 위의 글: 233.

> "만약 지금 언서(諺書)를 함께 쓴다면 반드시 이런 폐단이 없을 것이며, 초야(草野)의 우부(愚夫)라도 또한 (檀君이 박달임금임을) 쉽게 깨닫게 될 것이니 문화의 계발이 또한 빨라질 수 있을 것이다(<단군기>)." 이것은 『규원사화』의 저자가 후대의 역사가들이 한자를 사용하였기 때문에 박달임금을 한자로 번역한 것이 단군임을 모르게 되었다고 하면서 제시한 의견이다. 그런데 저자가 한자와 언서(한글)를 함께 사용한다면 계발될 것이라고 한 문화는 고전(古典)에 나오는 문치교화(文治敎化)의 뜻이 아니다. 저자가 <만설>에서 고유어의 사용을 포함한 고유성의 보존(이를 '保性'이라고 하였다)이 중요하다고 강조하고 있음을 보면, 한글을 사용하여 계발될 문화는 고유문화이다. 따라서 위에 나오는 문화는 Kultur・Culture의 의미인 것이다. 어떤 단어 혹은 술어는 사료의 성립 연대를 알려주는 지표가 된다. 예컨대 철학(哲學)이란 단어는 Philosophy의 번역어로 근대에 들어와 사용되기 시작한 것이다. 경제(經濟)는 본래 나라를 다스려 백성을 구제한다는 의미(經國濟世)이지만, 근대 이후에는 욕망을 충족하기 위해 재화를 획득하고 사용하는 행위(Economy)를 가리키는 것으로 주로 쓰이고 있다.
>
> 이미 알려진 바이지만 Kultur・Culture가 문화라고 번역되어 사용된 것은 일본에서부터였다. 그리고 그것은 20세기 초 일본의 영향력이 커지면서 정치・경제・예술 등의 번역어와 함께 우리 나라에 전해졌다.[52] 그러므로 위에 나온 저자의 한자・한글 병용론은 근대인의 주장으로 보아야 한다. 여기서 우리는 『규원사화』가 근대에 만들어진 것임을 확인하게 된다.

이러한 위서론자의 주장에는 『규원사화』를 위서라고 주장하는 근거로서는 많은 논리적인 비약과 근거가 취약함을 볼 수 있다. 먼저, 『규원사화』에서 언급한 문화라는 용어가 '문치교화'라는 전통적인 개념이 아니라 '고유성의 보전'이라는 의미에서의 Kultur・Culture의 개념이고 그것은 20세기 초 일본의 영향력 때문이라는 해석은 객관적인 연구 결과를 바탕으로 한 학문적인 주장이기 보다는 일제 식민통치의 영향력을 과대평가하는 자의적인 해석으로 보인다. 우선 문화라는 용어가 일본을 통해 우리나라에 전해졌다는 주장을 뒷받침할 명확한 연구 결과가 없다. 위서론자가 근거로 들고 있는 이숭녕 선생의 <한국언어발달사>에서는 일반적인 언어의 영향을 서술할 뿐 구체적으로 일본에서 사용된 Kultur・Culture의 개념이 우리나라에 '문치교화'의 개념이 아닌 '고유성의 보전'의 의미로 바꾸어 전파되었다는 주장의 근거를 제시하지 않고 있다.

다음으로, 문화라는 용어가 '문치교화'와 달리 '고유성의 보전'이라는 개념으로 내용이 바뀌었다는 주장도 문화의 개념에 대해 자의적으로 해석하는 것으로 보인다. 우리나라의 문화의 고유성과 문치교화는 이미 『삼국유사』의 기록에서 '홍익인간'을 건국이념

52) 이숭녕. 1967. <한국어발달사 하>. 『한국문화사대계』. 9: 317-318.

으로 삼고 이것이 '문치교화'의 핵심으로 자리 잡았을 뿐만 아니라 우리 민족의 '고유성의 보전'의 핵심으로 수천 년 간 내려왔음을 경시하는 입장의 표현일 뿐이다. 공자가 우리나라를 '군자가 사는 나라'라고 하여 배를 타고 와서 살고 싶다고 한 기원전 중국 측의 기록이 남아 있고, 역대 왕들의 교서에서 나타나 있고, 황해도에 조선 초기부터 문화라는 지명이 있을 만큼 문화라는 말은 문치교화와 우리나라 고유문화의 의미를 지니면서 오랜 역사를 통해 내려온 개념인데 굳이 그 뿌리를 일본의 식민통치에서 찾고 있다는 점에 매우 의아한 생각이 든다. 위서론자의 학문과 사고의 뿌리를 의심케 하는 놀라운 일이다. 예로써, 『조선왕조실록』에 있는 조선시대 경종이 즉위하여 반포한 문화의 개념과 관련된 교서의 해당 부분을 인용한다.[53]

> 오직 대행대왕께서는 크게 이어받고 널리 나타내시어 지극한 조행은 하늘에서 품부했으니, 효성이 신명에 통하였고, 다스리는 방도가 날로 승평하여 풍교가 온 나라에 미쳤도다. 유도를 숭상하여 문화가 크게 밝아지고崇儒重道而文化大闡, 윤리를 닦아 기강이 바로 섰도다.

경종의 교지에 나오는 문화라는 용어는 문치교화라는 의미와 고유문화라는 의미가 복합적으로 사용된 것으로 볼 수 있다. 여기에서는 유교를 중심으로 한 문화를 의미하여 경종이 유교문화를 권장하는 교지를 내린 것이다. 이처럼 문화의 고유성을 밝힌 문화의 개념은 이미 조선시대에 사용된 문화의 개념으로 일제시대 이전에 통용된 것인 만큼 문화의 개념이 일제시대에 도입되었다는 주장은 설득력이 약하다. 문화라는 용어가 사용된 시기만을 기준으로 『규원사화』가 위서라는 주장은 논리가 약하다. 『규원사화』에서 사용한 문화의 개념이 경종의 교지에서 사용한 문화의 개념과 다르고 그 문화의 용어가 일본에서 만들어져서 우리나라에 전파되었다는 언어학적인 증거와 전래과정에 대한 철저한 고증이 필요하다. 조선왕조실록 검색란에 '문화'를 입력하면 수많은 용례가 나온다. 이들 하나하나에 대해 검토한 이후에나 할 수 있는 주장이다. 그것이 가능해야 그것을 근거로 위서라는 주장을 시작이라도 할 수 있을 것이다.

또한 한자·한글 병용론이 근대인의 주장이라는 것도 논리가 약하다. 한글이 없는 상태에서 우리의 역사나 문화를 한자로 기록하는 어려움과 한계를 극복하고자 신라시대 때부터 이두(吏讀)를 고안하여 사용한 것도 민족문화의 고유성을 지키고자 하는 피나는 노력의 일환이었다. 우리의 고유한 문자인 한글을 발명하기까지 한자를 사용하느라 겪은 갖은 고난 때문에 한글이 발명된 이후에는 한글로 적었으면 하는 희망을 기술

53) 『조선왕조실록』. 1720년 6월 13일. 경종이 즉위식에서 반포한 교서; 성삼제. 2016: 212에서 재인용.

한 것이라 볼 수 있는 만큼, 이 기록을 근거로 『규원사화』가 근대에 기술된 책이라 하는 것은 논거가 충분하지 못하다.

셋째, 위서론자는 <만설>의 마지막 문단의 내용이 임진왜란이나 병자호란 때문이 아니고 일제 식민통치로 나라를 빼앗긴 저자의 술회라고 보아 『규원사화』가 1910년에서 1928년 사이에 지어진 책이라는 주장을 한다. 해당 부분을 인용한다.

> 저자는 <만설>에서 "나라의 흥망은 뒤바뀜이 무상하니 지금 조선의 불행은 앞으로 행복해질 수 있는 실마리가 아니겠는가. 내가 인심이 분열되고 민기(民氣)가 가라 앉은 것을 보니 붓을 던지고 길게 탄식하지 않을 수 없다. 슬프다 환인이여. 슬프다 환인이여. 지금 한 조각의 진역(震域)과 한 줄기의 유민(遺民)은 장차 어찌될 것인가. 장차 어찌될 것인가."라고 현실에 대한 자신의 심경을 토로하였다. 『규원사화』가 1675년에 쓰어진 것이라면 이것은 임진왜란과 병자호란을 겪은 후의 암담한 실정을 걱정한 것으로 볼 수 있다. 하지만 『규원사화』에 나오는 이 같은 저자의 심경은 근대인의 것임이 분명하다. 따라서 "한 조각의 진역"과 "한 줄기의 유민"은 일제의 식민지가 된 이후의 우리 민족의 처지를 가리키는 것으로 생각된다.[54] 그렇다면 『규원사화』는 1910년 이후에 쓰여진 것이 된다. 『규원사화』가 1928년에 나온 김광(金洸)의 『대동사강(大東史綱)』에 최초로 인용되고 있음을 보면, 그 저술 연대는 1928년 이전 그리 멀지 않은 시기일 것으로 추정할 수 있다.

위의 글은 논리적으로 매우 비약이 큼을 보여준다. 『규원사화』<만설>의 마지막 문단이 "임진왜란과 병자호란을 겪은 후의 암담한 실정을 걱정한 것"이라고 했다가 특별한 이유를 대지 못한 채 "이 같은 저자의 심정은 근대인의 것이 분명하다"고 전혀 다른 해석을 한 후 "일제의 식민지가 된 이후의 우리 민족의 처지를 가리키는 것"이라고 하면서 "그렇다면 『규원사화』는 1910년 이후에 쓰여진 것이 된다"라고 결론을 내리고 있다. 왜 임진왜란과 병자호란 이후의 암담한 실정에서 근대인의 것으로 완전하게 달리 해석하는지에 대한 아무런 설명이 없다. 유일한 근거로는 각주에서 인용하는 이순근이 "숙종 2년에 특별히 불행했던 일도 없고 나라가 망했던 것은 더욱 아니었다"고 한 것을 들고 있다. 그러나 이순근의 주장은 『규원사화』 저자의 마음을 바로 이해한 것은 아니다.

『규원사화』 저자의 비통한 마음의 성격은 『규원사화 서』의 맨 앞 부분에 자세하게 기록하고 있다. 그 내용을 인용한다.[55]

---

54) 李純根은 위 인용문에 대하여 "숙종 2년에 특히 불행했던 일도 없고 나라가 망했던 것은 더욱 아니었다"고 하였다. 이순근. 1987. <고조선의 위치에 대한 제설의 검토>. 『성신여대 학보』: 151–152.

> 북애자는 이미 과거에 응했다가 합격하지 못하니 이에 한숨을 쉬고 붓을 던져 버렸다. 강호를 방랑하며 무릇 여러 해 동안 발자취가 제역(한반도)에 두루 했고, 깊이 바다나 밟고 죽고 싶은 슬픔이 있었다. 때는 임진왜란과 병자호란을 겪은 뒤라 전 고을과 마을들이 쓸쓸하고 나라의 의논들이 들끓고 조정의 벼슬아치들은 밥을 제 때 못 먹고 일반 백성들은 울분을 품고 있었다. (중략) 이에 동해의 해돋이를 바라보며 눈물을 흘리고 만 길 쏟아지는 폭포를 바라보며, 슬퍼져서 세상을 떠나고 싶은 생각이 들었다.

서문에서 밝힌 북애자의 비통한 마음은 임진왜란과 병자호란을 겪은 전국의 백성들이 조정의 벼슬아치들에 대해 느끼는 울분과 전쟁 이후 전 고을과 마을의 쓸쓸함과 같은 나라와 시대에 대한 슬픔과 울분으로 세상을 떠나고 싶은 심정이었다. 이러한 『규원사화』에서 분명하게 밝히고 있는 북애자의 역사인식과 비통한 심정을 무시하고 <만설>의 마지막 문단을 근대로 끌어와서 일제시대의 나라 잃은 슬픔 때문이라고 하는 것은 이해할 수 없는 일이다. 그것을 바탕으로 가정을 하여 1910년 이후에 『규원사화』가 써졌다고 하는 주장은 지나친 왜곡이고 결론을 미리 정해놓고 무리하게 짜 맞추는 것이라는 의구심이 들 수밖에 없다.

이제 위서논쟁은 문헌고증학이나 문헌비평과 같은 형식적인 수준이 아니라 구체적인 내용을 중심으로 이루어져야 한다. 『규원사화』의 내용은 수많은 고문서들을 인용하면서 작성되었기 때문에 그 구체적인 위서논쟁도 그 내용들이 인용하는 원저들과의 관계를 밝히는 차원에서 새롭게 전개되어야 한다. 그러한 과정이나 유물 및 유적과 같은 실증적인 반증자료를 통해 책의 내용이 틀린다는 확실한 위서의 검증이 없는 한 『규원사화』는 진서라고 인정되고 활용되어야 할 것이다. 특히 인용한 원 저서들이 전해오지 않는 경우에는 그 책들의 내용을 그나마 『규원사화』가 전해주는 것으로 보아야 할 것이므로 더욱 진서라는 전제하에 활용되어야 할 것이다.

『규원사화』에는 『설문』, 『춘추』, 『헌원기』, 『사기』, 『한서』, 『한서지리지』, 『상서』, 『진역유기』, 『조대기』, 『요사』, 『요사지리지』, 『통전』, 『위지』, 『괄지지』, 『신당서』, 『삼국사』, 『일통지』, 『북사』, 『식화지』, 『사문록』, 『관자』, 『당서』, 『삼국유사』, 『삼한습윤기』, 『후한서』, 『금사』, 『위서』, 『신선전』, 『고려사』, 『진서』, 『맹자』, 『장자』, 『통지』, 『신이경』, 『우공』, 『왕제측기』 등 많은 역사책들을 인용하고 있다. 통상적으로 인용할 경우에 직접인용과 간접인용이 있다. 『규원사화』는 위의 책들을 대체로 직접인용하고 '운(云)'자를 명시하였으나 때로는 간접 인용할 경우도 있다. 『규원사화』가 인용한 책들

55) 『규원사화』 <규원사화 서>: 7.

가운데 지금까지 전해오는 책들도 많다.

그렇다면 위서논쟁은 구체적인 책의 내용을 중심으로 이루어져야 할 것이다. 몇 가지 단어를 가지고 위서라고 주장하기보다는 책의 내용이 진실인지 가공인지를 중심으로 이루어져야 생산적인 논쟁이 될 수 있을 것이다. 책은 지은이의 문체가 나타나는 것이고 시대별로 고대와 근대의 문체에는 차이가 있을 것이다. 『규원사화』의 내용을 분석하면서 원전을 그대로 인용하였는지, 저자의 필체로 바꾸어 내용만 간접 인용한 것인지, 아니면 전혀 역사적인 사실과 무관하게 저자가 만들어낸 가공의 내용인지를 구체적으로 검증하면서 위서논쟁이 이루어질 때 의미 있는 위서논쟁이 될 것이다.

다만 아쉬운 점은 『규원사화』가 위서라고 주장하는 학자들이 너무도 쉽게 조건을 달면서 단정적 · 확정적 · 심증적 · 주관적으로 위서라는 판정을 내리고 있다는 점이다. 해당 내용을 직접 인용해 본다.

> "『단기고사』가 위서임은 천하가 다 아는 일,"[56]
>
> "이상의 논의가 어느 정도 인정될 수 있다면 이제 원 『단기고사』의 존재는 인정하기 어렵게 되었다고 할 수 있다. 그리고 이화사본 『단기고사』는 1949년 이전 멀지 않은 시기에 이화사 · 김두화 등이 만든 위서(僞書)라고 할 수 있을 것이다."[57]
>
> "그렇다면 『진역유기』는 고려시대에 만들어진 것이 아닌 셈이다. 여기서 『진역유기』가 『청학집』을 비롯한 어떠한 문헌에도 나타나지 않고 오직 근대에 만들어진 『규원사화』와 『태백일사』에만 보인다는 점에 주목하게 된다. 즉 『진역유기』는 『규원사화』를 저술하면서 그 저자가 꾸며 낸 것임에 틀림없다고 생각되는 것이다."[58]

위의 글들은 진리를 찾아가는 학자들의 글이라기에는 도저히 믿어지지 않는다. 일제시대 일본 식민사학자들의 글이라면 '조선사 말살'과 '조선고대사 부정'이라는 총독부의 식민통치목적이 주어진 만큼 연구자들도 결론을 만들어 놓고 주장을 하고 거기에 반하는 증거들을 조작하거나 훼손시키면서 할 수 있을지 모른다. 그 경우에도 양심적인 학자들은 회피하거나 그렇지 않을 가능성을 열어두고 조심스럽게 의견을 개진할 것이다. 그러나 식민통치를 벗어난 독립국가에서 학문적인 훈련을 받은 학자들이 자국의 역사에 대해 이처럼 표현하는 것은 도저히 이해가 되지 않는다.

순수하게 진리를 찾아가는 과학활동과 학문활동은 절대적으로 옳고 절대적으로 틀

---

56) 송찬식. 1977. 앞의 글.
57) 조인성. 2000: 225.
58) 위의 글: 238.

린 것을 밝혀낼 수 없고 단지 실증적인 과학활동을 통해 어느 정도의 수준에서 진리일 것으로 생각되는 것을 밝혀내고 입증하는 것이다. 학문활동에 대한 기본 훈련을 거친 학자라면 항상 자신의 주장이 틀릴 가능성과 반증가능성을 열어두고 학문적으로 겸손하게 활동해야 하는 것은 학자의 직업윤리의 기본이다.

(3) 『환단고기(桓檀古記)』[59]에 대한 위서논쟁 검토

1) 한국역사학회 고대사분과의 위서론 주장

고대사 연구에 참고할 수 있는 다른 서적들은 모두 중국 자료들이고 오직 『규원사화』와 『환단고기』 및 『단기고사』 등만 상대적으로 주체적인 한국의 자료이다. 이 때문에 『환단고기』는 한국 고대 역사연구에서 매우 중요한데 위서론자들은 『환단고기』를 후대에 날조한 역사서로 취급한다. 한국역사학회 고대사분과에서 주장하는 위서론의 주장을 인용한다.[60]

> "첫째, 현재 전하는 『환단고기』는 20세기 들어와 만들어진 필사본으로 『환단고기』는 <삼성기>·<단군세기>·<북부여기>·<태백일사>를 묶은 것인데, 이 책들은 대부분 고려말·조선초의 것이라 전해진다. 원래 구한말의 계연수가 이를 엮어 1911년에 인쇄하였다지만, 그 인쇄본을 찾을 수 없다. 현재 볼 수 있는 책은 1949년에 이유립(1907년~1986년)이 오형기에게 정사시킨 것을, 1979년에 영인한 것이다. 그리고 『환단고기』에 실린 내용이 다른 책들에 인용된 사례가 없다. 숨겨서 왔기 때문이라고 볼 수도 있겠지만 숨겨야만 했던 설득력 있는 이유를 찾기는 어렵다. 따라서 이들 책이 만들어졌다는 연도에 대해서 의심을 품을 수밖에 없다.

59) 현재까지 알려진 『환단고기』 판본은 1911년 계연수가 간행한 초간본, 1949년 오형기가 필사한 오형기본, 1979년 오형기 필사본을 조병윤이 영인·발간한 광오이해사본, 1982년 일본인 변호사 가지마 노부루가 '아시아의 지보(至寶)'라고 극찬하면서 광오이해사본을 저본으로 하고 이유립이 번역·각주까지 붙인 이유립의 번역본의 핵심 내용을 훼손·왜곡하여 일본 역사로 둔갑시켜 번역해 '실크로드 흥망사'라는 부제를 붙여 동경에서 출판한 역사와 현대사발행 일본어본, 1983년 이유립의 단단학회가 광오이해사본에서 문제의 오형기 발문을 삭제하고 오자를 바로 잡은 1979년에 완성한 새로운 필사본 원고를 출판비가 없어서 4년 만에 출간한 배달의숙본 등이 있다. 또한 번역의 경우에 책의 제목도 임승국은 『桓檀古記』를 『한단고기』로 번역해야 한다고 주장한다. '환하다'는 의미에 그치는 환이 아니라, '하느님'의 변천어로서 '한임' 또는 '한님'의 '한'이라는 의미가 더 적절하다는 것이다. 임승국 번역·주해. 1986. 『한단고기』. 정신세계사: 417－419. 이 책에서는 인용하는 책에 따라 『환단고기』(안경전 역주)와 『한단고기』(임승국 번역·주해)를 구분하도록 한다.

60) 한국역사학회 고대사분과. 1995. 『고대사 산책』. 역사비평사.

둘째, 『환단고기』에서는 1923년 이전에는 누구도 알 수 없었던 연개소문의 조부의 이름 '자유(子遊)'가 적혀 있다. 연개소문의 조부 이름은 『삼국사기』, 『삼국유사』를 비롯한 국내·국외의 어떤 문헌에도 나타나지 않아 전혀 알려지지 않다가, 1923년 중국 낙양에 있는 남생(연개소문의 아들)의 묘비명이 발견되면서 처음 알려졌다. 1923년에 비로소 알려진 이름이, 고려 말·조선 초의 책들을 엮어 1911년에 인쇄했다는 『환단고기』에 실려 있는 점은 이해할 수 없다.

셋째, 사용되는 용어에서 모순이 발견된다. 『환단고기』의 <단군세기>에서는 '문화'라는 용어가 culture라는 의미로 사용되고 있는데, '문화'라는 용어는 서구의 culture라는 개념이 20세기 초 일본을 통해 들어온 개념이다. 또 <태백일사>에서는 '원시국사'라는 근대 이후의 용어가 쓰이고 있다. <조대기> 등에서 사용되는 '남여평권' '부권' 등의 용어도 마찬가지 경우이다. 지명에 있어서도 여러 가지 모순이 발견된다. 『환단고기』의 <태백일사> <북부여기> <단군세기> 등에서는 고조선의 사실을 기술할 때 만주에 있는 '영고탑'이라는 지명이 자주 등장한다. 그런데 영고탑은 청나라 시조의 전설과 관련하여 생긴 지명이다. 또 상춘(常春: 長春의 오기인 듯)이라는 만주 지명도 등장하는데, 이는 18세기말부터 사용되었다. 조선 전기 이전에 씌어졌다는 책들에 조선 후기에야 사용된 지명이 나오는 것을 어떻게 보아야 할까. 따라서 <단군세기>와 <북부여기>가 고려말에, <태백일사>가 조선 전기에 씌어졌다는 것은 거짓일 수밖에 없다."

2) 위서론에 대한 동양철학자 이기동의 반론

『환단고기』의 『단군세기』가 위서라는 주장에 대해 고대 동양철학을 연구하는 성균관대학교 동양철학부 교수 이기동은 경솔한 비판이라면서 다음과 같이 반박하고 있다.[61]

첫째, 『환단고기』의 내용이 후대의 역사서에 인용되지 않고 숨겨져 왔던 이유는 유교가 국교로 신봉되던 조선시대에 유교의 경전인 『맹자』에서 언급한 것과 반대되는 내용이 있는 책이기에 가능하다는 것이다.[62]

둘째, 연개소문 조부의 이름이 기록되어 있다는 것이 위서의 근거가 못 된다는 것이다. 누가 보아도 알 수 있는 새로운 사실을 고대의 책의 내용으로 날조한다는 것은, 추

---

61) 이기동. 1997. 『한국의 위기와 선택』. 동인서원: 126-130.

62) 예컨데, <단군세기>에는 단군과 탕임금이 전쟁을 하였고, 전쟁에서 패배한 탕임금이 단군에게 무릎 꿇고 사과했다는 기록이 있다. 그런데 『맹자』에서 "주나라의 성군인 무왕이 은나라의 폭군 주와 전쟁을 했을 때, 피가 흘러 절구공이가 떠돌아다녔다는 서경의 기록을 믿을 수 없는 기록이다"고 하고 있다. 그러므로 유교에서 성군으로 말하는 탕임금이 단군과 싸워 패배했다는 것은 있을 수 없는 일이고, 또 있어서도 안 되는 일이다. 그러니 그것을 기록한 <단군세기>는 믿을 수 없는 위서로 의심받을 수밖에 없고, 다른 책에 인용될 수 없었음은 당연하다는 것이다.

사의 글씨를 위조하는 데 새 종이에 모사하는 것과 다를 바 없이 엉성한 짓이기 때문에 날조한 자가 그다지도 어리석을 수 없다고 한다.

셋째, '문화', '영고탑' 등의 근대 용어가 쓰여 있는 것은 책이 필사본이기 때문에 가능하다는 것이다. 내용을 충실하게 전달하기 위하여 각색을 했을 수도 있고, 당시의 용어가 첨가될 수도 있어서 당시의 용어가 보인다고 해서 그 전체를 부정할 수 없다고 주장한다.

『한단고기』가 위서임을 확인하기 위해서는 단어 몇 개를 근거로 하여 추론할 것이 아니라, 저자에 대한 엄밀한 조사와 내용에 대한 일관성 있는 모순에 대한 검토가 있어야 한다. 그렇지 않다면, 위서임을 전제로 하고 그 이유를 찾기 위해 비판하는 오류를 범하고 말 것이기 때문이다. 그러면서 『한단고기』를 날조된 서적으로 매도할 수 없는 이유를 네 가지로 들고 있다.[63]

첫째, 단군이 탕 임금의 항복을 받았다는 기록은 『맹자』 정도만 읽은 사람은 누구도 인정하기 힘든 일인데, 학자였을 사람이 자신도 믿기 어려운 일을 기록했다는 것은 역으로, 전해져 오던 옛 기록을 있는 그대로 충실하게 기록한 것이라고 보는 것이 타당하다는 것이다.

둘째, 『한단고기』에는 천지화랑(天指花郞)이라는 화랑의 어원에 대한 기록이 있는데, 이것이 신라화랑의 뿌리가 되었을 가능성이 크다는 것이다.

셋째, 고조선의 왕위계승에서 왕자에게만 계승되지 않고 왕의 주변의 가장 훌륭한 자에게 양위되었다는 점이다. 왕자에게만 왕위를 계승하던 고려나 조선시대 사람에게는 상상하기 어려운 일인데 이 내용을 기록한 것은 전해오는 기록을 인용한 것으로 보여 진다.

넷째, 당대인들의 풍속에 관한 이 책의 기록은 『삼국지』 <위지> 동이전의 기록이나 후대의 풍속지의 기록과 내용이 아주 유사한데, 이것 역시 이 책의 신빙성을 높여주는 부분이라고 주장한다.

3) 위서론에 대한 안경전의 반론

안경전은 『환단고기』의 저자들과 사료 입수과정 및 출판과정의 어려움 등을 자세하게 소개함으로 위서라는 주장이 틀렸음을 설명하고 있다. 첫째, 안경전은 "『환단고기』의 편찬과 대중화"[64]라는 항목에서 운초 계연수(1864~1920)가 자신의 집안에서 보관

63) 이기동. 1997: 126－130.
64) 계연수 편저. 이기 교열. 이유립 현토. 안경전 역주. 1911(2012). 『환단고기』. 상생출판: 66－79.

해 오던 안함로의 『삼성기』와 태천에 살던 백관묵에게서 구한 원동중의 『삼성기』와 이암의 『단군세기』, 삭주 뱃골 사람 이형식의 소장본인 범장의 『북부여기』 그리고 계연수의 스승 이기의 집안에서 전해 오던 『태백일사』를 한권으로 엮어 『환단고기』로 편찬한 것임을 밝히고 있다. 『환단고기』에 포함된 책들의 저자인 안함로, 원동중, 이암, 범장, 이맥 등이 당대의 최고 지성들이고[65] 편찬에 관련된 계연수, 이유립, 오형기, 박창암, 조병윤, 양종현, 단단학회 등에 대해 소개하고 있다.[66]

둘째, 안경전은 이 책들을 소장하고 편찬한 이기와 계연수에 대해 설명하고 『환단고기』의 출판과정의 애환을 소개하여 위서라는 주장의 근거를 배척하고 있다. 그것을 간단하게 요약하면, 계연수가 묘향산 단굴암에서 스승 이기가 생전에 세세히 감수해준 『환단고기』에 범례를 지어 붙이고 1909년 스승이 절식으로 자진한 후 만주로 건너가 1911년 자신의 벗이자 독립운동 동지인 홍범도와 오동진 두 사람의 자금 지원으로 만주 관전현에서 『환단고기』 30부를 간행하였다.[67] 그 뒤 계연수는 항일독립운동 과정에 일제 밀정의 덫에 걸려 무참히 살해되고 소장하던 3,000여 권의 서적과 원고가 모두 불태워지는 것을 본 이암과 이맥의 후손이며 계연수의 제자였던 이유립이 『환단고기』를 지키고 그를 중심으로 단단학회를 만들어 가르치고 오형기, 양종현 등 후학들을 길렀다.

오형기가 이유립이 소장하고 있던 『환단고기』 초간본을 빌려 가서 필사하고 자신의 발문을 붙여 이유립이 불쾌해하였고, 역사연구와 강의만으로 생활이 어려웠던 가운데

65) 안함로(579~640)는 수나라로 건너가 중국과 서역의 승려들과 함께 불법을 닦은 신라 진평왕 때의 도통한 승려로 신라의 대표적인 인물 십성(十聖) 가운데 한 사람이고, 행촌 이암(1297~1364)은 고려말 일인지하 만인지상의 자리인 문하시중을 지낸 최고의 정치가이자 문필가이며 대학자였으며, 범장은 이암과 동시대에 살았으며 정4품 간의대부를 지냈고 고려가 망한 후 조선 태조와 태종이 중용하려 했던 학자이자 문신이었으며, 이맥(1455~1528)은 조선 중기인물로 왕조실록을 기록하고 편찬하는 찬수관을 지내며 궁궐 소장 상고 역사서를 섭렵한 전문 역사학자였다. 원동중만 고려시대 인물인지 발해시대 인물인지 불확실할 뿐, 이들은 모두 당대의 최고 지성인이고 학자였다. 『환단고기』: 53-65.

66) 이기(1848~1909)는 이암과 이맥의 후손으로 호남의 삼재라 불리면서 정약용의 학통을 계승한 실학자이자 독립운동가였고, 계연수(1864~1920)는 『해동인물지』에 따르면 이기의 문하생으로 백가의 책을 섭렵한 후 1898년에 『단군세기』와 『태백유사』 등을 간행했고 임시정부의 이상룡 막하에 들어가 참획군정으로 공을 세운 학자와 독립운동가로 기록하고 있다. 이유립은 이암과 이맥의 후손으로 평안도 삭주 유지이자 독립운동가인 이관집의 넷째 아들이며 계연수의 제자로서 학문과 독립운동을 하고 삼육사를 조직하여 잡지 <삼육>을 발간하고 단학회와 단단학회를 만들고 오형기, 조병윤, 양종현 등을 가르쳤고 『환단고기』 발행과 대중화에 일생을 투신하였다. 『환단고기』: 66-79.

67) 『환단고기』 초간본은 계연수가 범례에서 "부저기궐(付諸剞劂)"이라고 하여 "인쇄하려고 나무판에 글자를 새김"을 뜻하여 목판본이라고 한다. 안창범. <『환단고기』는 진서 중 진서이다>: 270; 『환단고기』: 70.

박창암의 배려로 의정부로 옮겨 왕성한 연구 활동을 하던 중 이유립이 백내장 수술차 5일간 집을 비운 사이에 집주인이 야반도주한 줄로 알고 밀린 집세 대신으로 이유립의 책을 모두 팔아 버려 『환단고기』 초판본도 함께 없어졌다. 자신의 생명만큼 소중히 여기던 『환단고기』 초간본이 없어진 상태에서 이유립의 허락 없이 젊은 문하생 조병윤이 1979년 서울에 있는 광오이해사에서 이유립이 싫어하는 오형기의 필사본을 영인하여 100부를 출판했다. 이유립의 허락이 없이[68] 시중에 배포되자 이유립의 단단학회는 사태수습 차원에서 문제된 오형기의 발문을 삭제하고 오자를 바로잡은 새로운 필사본을 1979년에 만들었고 이유립도 『환단고기』의 번역과 주석까지 단 원고를 완성했으나 출판비가 없어 출판하지 못하고 있던 중 『환단고기』 일본어판이 발행되었다.

셋째, 한국에서 위서라는 『환단고기』를 일본에서는 일본고대사 왜곡의 핵심적인 사료로 삼고 있는 점을 보더라도 위서가 아니라는 점을 간접적으로 반증하고 있다. 1982년 일본인 변호사 가지마 노부루(鹿島昇)가 '아시아의 지보(至寶)'라고 극찬하면서 광오이해사본을 저본으로 하고 이유립이 번역 · 각주까지 붙인 이유립의 번역본[69]의 핵심 내용을 훼손 · 왜곡하여 일본 역사로 둔갑시켜 번역해 '실크로드 흥망사'라는 부제를 붙여 동경 역사와 현대사에서 『환단고기』 일본어판을 출간했다. 일본어판은 『환단고기』의 핵심인 환국 → 배달 → 고조선 → 북부여(열국시대) → 고구려 · 백제 · 신라 · 가야(사국 시대) → 대진 · 신라(남북국 시대) → 고려로 이어지는 한국 역사를 왜곡하여, 배달 → 야마토일본 → 나라일본 → 헤이안시대로 이어지는 일본 역사로 둔갑시켜 번역하였고, 동방 한민족의 역사가 중동 유대족의 역사에서 발원하였다는 왜곡된 주장도 하였다.[70] 일본인이 쓴 『환단고기』가 역수입되자, 한국 역사학계는 상당한 충격을 받았고 일반대중도 『환단고기』에 대해 관심이 크게 높아졌다.

넷째, 이유립과 단단학회가 광오이해사본에서 문제의 오형기 발문을 삭제하고 오자

---

68) 조병윤은 스승의 허락 없이 자신을 발행인으로 하여 책을 출판하고 자신을 단단학회 대표로 소개하여 이 사건으로 그는 단단학회에서 파문당하고 소원한 관계가 되었으나, 오형기는 발문 파동 이후에도 단단학회에 참여하였고 이유립 작고후 장의위원장을 맡았다. 위의 책: 75.

69) 이유립은 『환단고기』와 『환단고기』의 한글 번역 원고를 완성하였으나 재정상황이 열악하여 출판하지 못하고 박창암에게 출판에 도움을 받고자 원고를 준 것으로 보인다. 박창암은 '이유립이 주해한 『환단고기』를 일본어로 내준다'는 조건을 걸고 가지마에게 넘겼으나 이유립은 자신의 원고가 일본으로 간 것을 뒤늦게 알았고 더구나 나중에 돌아온 원고는 원본이 아니라 복사본이었다. 박창암은 만주군 출신으로 박정희와 함께 5 · 16에 참여하여 국가재건최고회의 혁명검찰부장을 지냈으나 준장 예편 후 민정이양을 촉구하다 투옥되었고 그 뒤 사재를 털어 반공과 민족정신 함양을 위해 <자유>를 창간하여 이유립 등의 글을 실어 『환단고기』의 대중화에도 기여하였으나 가지마는 그로부터 받은 원고를 자의적으로 왜곡한 것으로 보인다. 위의 책: 75－76.

70) 위의 책: 75－76.

를 바로 잡은 새로운 필사본 원고를 1979년에 완성하였으나 출판비가 없어서 4년 간 출판하지 못하던 것을 1983년에야 배달의숙에서 100부를 발간하였다는 점을 보더라도 의도적으로 『환단고기』를 위서로 출판했다는 주장의 신빙성은 떨어진다. 『환단고기』 일본어판의 발행과 그것의 역수입이 배달의숙본 발행에 도움이 되었다. 어려운 과정을 거쳐서 『환단고기』가 일반에게 공개·대중화되고, 그 뒤 여러 출판사에서 다양한 해설을 달고 출판되면서 지금까지 100만 권 이상이 출판되어 널리 국민들에게 전파되었다.

이처럼 어려운 과정을 거쳐서 널리 보급된 만큼 "『환단고기』의 원전이 없다. 조작되었을 가능성이 크다."는 의혹 제기는 더 이상 큰 의미를 지니지 못한다고 볼 수 있다.

다섯째, 『환단고기』가 인용되지 않았기 때문에 위서라는 주장도 의미가 약하다. 책의 여러 내용들이 유교가 지배하던 시대에 금서로 취급받고 있는 내용들이 많았던 만큼 『환단고기』를 인용하기가 어려웠을 것이다. 이 점은 이기동의 주장과 유사하다.

여섯째, 안경전은 "『환단고기』 진위논쟁"에서 지명과 관련하여 『환단고기』에 나오는 영고탑이 청나라(1644~1911)의 시조 전설과 관련 있는 지명이므로 위서라는 조인성과 이도학의 주장에 대해 안창범의 주장을 근거로 '영고탑'은 원래 단군조선 시대부터 '영안의 옛 탑'으로 탑의 이름이었는데 시간이 흐르면서 탑이 사라지고 지명으로 남았다고 주장하여 위서론을 반박한다.[71] 이희승의 『국어대사전』에도 '영고탑'을 '영안'이라 하고 '역사적 고성'이라 하였고 이익의 『성호사설』에도 '영고탑'은 '성이 높고 해자가 깊은 동삼성의 하나'라고 하여 영고탑은 원래 탑의 이름으로 영고탑이란 명칭이 배달과 고조선의 제천행사를 이어 받은 부여의 영고와 관련이 있어서 부여의 영고제는 고조선의 제천행사로 이어졌다는 점을 밝히고 있다.

일곱째, 위서론자들은 국가·문화·평등·헌법·인류·세계·부권·산업·개화·만방·자유·문명·개벽·원시·거사·진화·순환 등과 같은 근대 용어가 사용되었다는 것을 근거로 『환단고기』가 위서라고 주장하지만 실제로는 이 용어들이 이미 고대로부터 사용하였음을 밝혀 위서론의 주장의 근거가 잘못되었음을 반박하고 있다. 예를 들어 '문화'라는 용어는 2천년 전에 나온 유향(劉向, 기원전 77~기원전 7년)의 『설원』 <지무>와 『주역』 <비>괘에 '교화로써 천하 사람을 다스린다'는 의미로 나오고, '인류'는 『장자』 <지북유>편에 있으며, '평등'이란 용어는 구마라습(鳩摩羅什)의 『금강경』

71) 안창범. 2006. <한단고기 위서론 비판>. 『한국종교연구사연구』. 10집: 196-198. 건축물의 이름이 지명으로 변한 비슷한 사례가 국내외에 너무나 많은데, 서울의 '압구정'은 원래 조선시대 한명회가 한강변에 세운 정자였지만 지금은 정자는 사라지고 지명으로만 남아 있는 것과 같다. 『환단고기』: 100.

에 쓰였으며, '헌법'은 전국시대 역사서인 『국어』<진어>편에 사용되었고, '국가'라는 용어는 『주역』<계사>하에 군자가 국가를 보존하는 방법을 서술할 때와 『맹자』<이루> 하편에 사용되었다.[72]

'세계'라는 표현은 중국 당나라 때의 『능엄경』 등에 '세상'이나 '천하'와 같은 뜻으로 사용되었고, '부권'은 조선 문종 때 편찬한 『고려사 절요』 18권 <원종 순효대왕> 경오 11년조에 '부친의 권세 또는 권력'이란 의미로 기술되었고, '산업'은 지금부터 2천 수백년 전 중국 전국시대의 『한비자』<해로>에 '각기 생업을 꾸리게 하였다'고 기록하였고, '건극개화(建極開化)'는 중국 송나라 고원이 쓴 <정명론>에 '법을 세우고 교화를 펼친다'라는 의미로 쓰였고, '만방'은 『서경』에 16번, 『시경』에 7번 사용되었으며, '자유'는 중국 남북조 시대에 나온 시선집인 『옥대신영』에 실린 <공작동남비>에 '멋대로 할 수 있는 것'이란 뜻으로 쓰였고, '문명'은 『주역』<건>괘에 여러 차례 등장하고 『조선왕조실록』<태조2년>에도 '순임금의 문명'이라고 기록되었으며, '개벽'은 북송 초기 출간된 『태평어람』에는 『상서중후』의 '천지개벽'이란 말이 인용되어 있으며, '원시(原始)'는 『주역』<계사> 상편에 '처음'의 뜻으로 사용되었고, 당나라 현장의 『대당서역기』에는 '최초'라는 의미로 사용되었으며, '거사(居士)'는 불교가 전래되기 훨씬 이전부터 『예기』<옥조>와 남송 때 오증의 『능개재만록』에 '은사(隱士)'라는 뜻으로 쓰였고, '진화'는 『시경』<상유>편에 '앞으로 나아가다'의 의미로 사용되었으며, '순환'은 전국시대의 문헌인 『전국책』<연책2>에 '반복해서 돌게 하다'의 의미로 또 사마천의 『사기』<고조본기>에 '되풀이해서 도는 것'의 의미로 이미 2천 수백 년 전부터 있어 왔던 말이다.[73]

여덟째, 이처럼 위서론자들이 주장하는 용어들은 모두 고대사서들에 사용된 것으로 확인되어 위서라는 주장의 근거가 되지 못한다. 만의 하나 설령 근대 용어가 있다 하더라도 그것은 원전의 진위 여부를 입증하는 증거라기보다는 원전을 필사하는 과정에 여러 사람들이 옮겨 쓰면서 바뀔 수도 있고 들어갈 수도 있는 것이다.

아홉째, 위서론자들은 『환단고기』가 다른 사서들의 영향을 받았거나 그 내용을 일방적으로 베껴 표절한 것이라고 주장하지만 그 주장의 근거가 잘못되어 있다. 대표적으로 『환단고기』가 신채호의 『조선상고사』의 삼조선을 베꼈고, 『단군세기』는 서문에서 박은식의 『한국통사』를 베꼈으며, 『단군세기』에 나오는 삼신일체논리가 기독교의 삼위일체 사상을 모방한 것이라고 주장하면서 『환단고기』가 위서라고 주장한다. 그러나 이러한

72) 위의 책: 101-103, 123-129.

73) 위의 책: 123-129.

주장들은 내용을 잘 모르고 하는 주장들로서 근거가 부족하다. 우선 『환단고기』에는 신채호의 『조선상고사』에서는 찾아 볼 수 없는 삼조선의 배경이 되는 삼한과 삼신관이 동방의 원형문화로 상세하게 기술되어 있어서 『환단고기』가 『조선상고사』를 표절했다는 주장은 틀린 주장이다.[74] 다음으로 『단군세기』 서문에 나오는 "나라는 형체와 같고 역사는 혼과 같으니(國猶形 史猶魂)"라는 구절이 박은식의 『한국통사』의 내용과 유사하여 『환단고기』가 『한국통사』를 베낀 것[75]이라는 주장은 『환단고기』가 1911년에 출간되었고 『한국통사』는 1915년에 발간되어 두 책의 발간연도를 비교하면 금방 알 수 있는 잘못된 주장이다. 1911년에 발간된 책이 1915년에 발간된 책을 표절할 수는 없기 때문이다. 또한 삼위일체의 기독교 사상을 모방한 것이라는 주장[76]도 『환단고기』가 말하는 동방의 '삼신일체상제(三神一體上帝)'와 기독교의 '삼위일체 하느님'은 본질적으로 다름을 모르고 하는 주장이다. 삼신일체상제는 '우주 질서의 주권자인 삼신일체상제의 조화 손길이 개입될 때 비로소 천지만물이 창조되고 변화'하는 반면, 기독교의 삼위일체는 '하나님은 본질적으로 하나인데, 성부, 성자, 성령이라는 세 위격(位格)으로 계신다'는 뜻이어서 서로 본질적으로 다르다. 또한 마테오리치 신부가 말한 성삼품설의 영혼·각혼·생혼은 『태백일사』<삼신오제본기>의 삼혼설에서 말하는 영·각·생과 용어는 같으나 그 의미와 사상적 배경은 다르다. 『환단고기』는 고대동북아문화의 우주론, 삼신관에 바탕을 둔 반면, 마테오리치의 성삼품설은 아리스토텔레스의 삼혼설에 토대를 둔 것이라고 구분하고 있다.[77]

열째, 『환단고기』를 위서로 보는 사람들은 대종교[78]라는 종교적인 색채가 강하여 믿을 수 없다는 주장을 한다. 대종교는 교리서로 『신민단사』, 『천부경』 등 단군이나 고대

---

74) 위의 책: 103-104.

75) 이순근. 1987: 151-152.

76) 박광용. 1990. <대종교 관련 문헌에 위작 많다: 『환단고기』와 『단군세기』에 대한 재검토>. 『역사비평』. 10집: 213.

77) 마테오리치는 『천주실의』에서 영혼불멸성을 주장하며 아리스토텔레스의 영혼삼분설(인간의 혼, 동물의 혼, 식물의 혼)에 따라 인간의 영혼·동물의 각혼·식물의 생혼이라는 삼혼설을 주장했다. 정약용은 마테오리치의 삼혼설을 성삼품설(性三品說)로 소개했다. 그러나 『태백일사』<삼신오제본기>에서 말하는 영각생(靈覺生) 삼혼은 삼혼칠백(三魂七魄)의 삼혼을 지칭한다. 『환단고기』: 106.

78) 대종교는 단군을 교조로 하는 한국의 고유 종교로서 환인, 환웅, 환검의 삼위일체인 한얼님을 신앙의 대상으로 하여 단군교라고도 한다. 단군교는 단군시대에서 부여시대까지지는 대천(代天), 고구려시대에는 경천(敬天), 신라에서는 숭천(崇天) 그리고 고려에서는 왕검교(王儉敎)로 내려왔다. 유교가 건국이념으로 되고 통치이념이 된 조선시대에는 세력이 약화하여 '고싯날'이나 '고시례'라는 민속형태로 겨우 명맥을 이어오다가 한말 일제침략기인 1909년 나철이 대종교를 창설하여 독립운동과 종교가 밀접하게 연결되어 한때 크게 흥하다가 일제의 잔혹한 탄압으로 교세가 크게 줄어들었다.

사와 관련된 책들을 많이 출판하여, 『단군세기』와 『천부경』을 포함하고 있는 『환단고기』도 대종교의 교리책으로 의심하는 학자들이 많아 자연히 '대종교 계통 서적이라 믿을 수 없다'는 입장이다. 단군이나 고대사를 학문적으로 다루지 않고 종교적으로 다루면 실제 역사와는 차이가 많고 신화를 역사로 오해하게 되어 역사서로서 신뢰할 수 없다는 것이다. 이러한 주장이 상당한 호응을 얻었고 『환단고기』는 믿을 수 없는 위서라는 인식이 널리 퍼졌다.

그러나 "천지창조와 예수의 일생에 대한 기록을 담고 있는 『성경』이 오늘날까지 인류에게 전해질 수 있었던 이유 중의 하나는 고대 유대지방의 역사적 기록이 유대교와 기독교라는 종교에 의해 전승되었기 때문"[79]이므로 『환단고기』가 대종교와 관련되어 있기 때문에 모든 기록의 내용을 신뢰할 수 없다는 태도는 올바른 것이 아니다. 종교적인 목적으로 고대의 역사를 전승시켰을 경우, 전달자의 필요에 따라 당초 기록을 윤색하거나 첨삭할 수는 있지만 그것이 전체를 위서라고 배제할 근거는 될 수 없다. 학자들은 그런 것으로 의심되는 부분을 바로 잡아 그 속에서 역사적인 진실을 밝혀내는 것이 주어진 사명이지 그것을 빌미로 전체를 믿을 수 없는 위서라고 주홍글씨를 써서 배제하는 것이 학자들이 할 일이 아니다. 특히 역사적으로 수십차례 금서와 위서로 지목되고 강제로 압수하여 폐기해온 고난의 역사를 겪어 수많은 역사서들이 지금 전하지 못하는 상황에서, 시대를 넘어 수많은 사람들이 목숨을 희생당하면서 겨우 지켜왔다고 밝히고 있는 『환단고기』와 같은 책들을 사소한 이유들을 들면서 위서로 배척하는 것은 역사서들이 지니고 있는 고난의 역사를 도외시하는 일이다. 『성경』이 전해 오면서 수많은 사람들이 희생되어 왔듯이 『환단고기』도 수많은 사람의 희생 위에 오늘날까지 전해지고 있다는 사실을 냉철한 이성으로 판단해야 할 것이다.

열한째, 『환단고기』가 위서라고 주장한 근거인 연개소문의 조부 이름인 '자유'가 도리어 『환단고기』가 진서임을 밝혀주는 증거로 되고 있어서 위서론의 허구성을 입증하고 있다. 『환단고기』 위서론자들은 연개소문 할아버지의 이름이 '자유'로 처음 밝혀진 것은 1923년 중국 낙양에서 연개소문의 아들 남생의 묘지가 발견되면서부터인데 그 전에 쓰였다는 『환단고기』에 '자유'라는 이름을 『조대기』를 인용하여 기록되어 있기 때문에 『환단고기』는 적어도 1923년 이후에 써진 위서라는 주장이다. 그러나 남생의 묘지에서는 아버지 개금, 할아버지 태조, 증조부 자유의 삼대조의 이름만 나오는데 『환단고기』에는 아버지인 연개소문이 개금, 할아버지는 태조, 증조부는 자유, 고조부는 광(廣)이라고 기록되어 있다. 연개소문의 할아버지 이름이 광이라고 기록된 것은 『환단고기』

79) 성삼재. 2016: 222-223.

뿐이다. 『환단고기』는 남생의 묘지 발굴 이전에 이미 증조부 ‘자유’만이 아니라 그에게는 고조부이고 연개소문에게는 증조부인 광의 이름까지 『조대기』를 인용하여 기록한 것이다. 위서론자들의 주장대로라면 『환단고기』 편찬자가 남생의 무덤 묘비 발견 이후 증조부 이름 ‘자유’를 베끼고 다시 고조부 이름 ‘광’을 조작하여 기록했다는 것인데 이것은 불가능한 일이다.

계연수(1864~1920)는 묘향산 단굴암에서 “스승이 생전에 세세히 감수해준 『환단고기』에 범례(凡例)를 지어 붙인 후” 1911년에 책을 발간하고 독립운동에 적극 참여하다가 1920년 ‘조선독립군으로 위장한 밀정의 덫에 걸려 무참히 살해”[80]되어 ‘자유’의 이름을 계연수는 원천적으로 삽입할 수 없고 다른 사람이 써 넣어야 맞다. 그럴 수 있는 사람은 이유립인데 그는 “압록강에 처참하게 버려진 계연수의 토막난 시신이 수습될 때” 14세의 소년으로 조선독립소년단 단장이었다. 원천적으로 그러한 조작을 할 사람이 없고 그런 흔적도 없다.

위서론자들의 주장대로라면 1923년 이후에 『환단고기』를 편집해야 하는데, 그것은 역사책을 조작하는 사람이 금방 허위인 것이 탄로날 일을 하지는 않을 것이다. 설령 편찬자가 조작을 했더라도 남생의 증조부 이름이 일반에게 알려진 것은 묘비가 발굴된 지 10년이 지난 1935년 일본인 학자 가쓰라기 그에지가 『조선금석고』에 남생의 묘비에 대한 기록을 실은 이후이다. 1923년 중국 하남성에서 발굴된 연개소문의 아들 남생의 묘지는 고조선의 역사를 말살하고 있던 조선총독부에게는 그들의 의도에 장애가 되는 극비사항이었을 것이고, 남생의 묘지탁본도 한국역사말살에 앞장섰던 이마니시 류가 소장하고 있어서 그 자료를 볼 수 있는 사람들은 극히 제한되었을 것이다. 그런 상황에서 『환단고기』에 남생의 묘지 자료를 보고 썼다는 주장은 현실성이 없는 주장이다. 이러한 상황을 종합할 때 위서론자들의 문제제기는 『환단고기』가 사실이라는 것을 더욱 신뢰하게 만드는 반증자료가 되고 있다.[81]

열두째, 발해 정혜 공주의 묘지를 발굴한 결과 『환단고기』에만 기록되어 있던 발해(대진국) 문왕의 연호가 ‘대흥’이란 사실이 발견되면서 『환단고기』에 대한 역사서로서의 신뢰성이 더욱 입증되었다. 정혜 공주는 발해 문왕의 둘째 딸인데, 길림성 돈화시 육정산에 있던 그의 무덤이 1949년 중국 돈화의 계동중학과 연변대학 역사과 학생들에게 발굴되고 1980년 일반에 공개되었다. 그 무덤에서 공주의 아버지인 발해 3대왕 문왕의 연호가 “대흥보력효감금륜성법대왕”이라고 기록하여[82] ‘대흥’이라는 사실이 밝혀

80) 『환단고기』: 70－71.
81) 성삼제. 2016: 226－227.

졌다. 그러나 여러 역사책들 가운데 이미 『환단고기』가 문왕의 연호를 대흥이라고 기록하고 있어서 역사책으로서의 『환단고기』의 신뢰성이 높아 졌다. 위서론자들은 『신당서』에 이미 문왕의 연호가 기록되어 있어서 『환단고기』에 연호가 기록되어 있다고 진서인 것은 아니라고 주장하지만 『환단고기』의 기록이 사실로 확인 된 것이 진서라는 것을 입증해주는 또 다른 중요한 증거가 되는 것이다.[83]

열셋째, 위서론자들은 장수왕의 연호 '건흥'이 1915년 충주에서 발견된 불상 광배에 새겨져 있기 때문에 『환단고기』가 1915년 이후에 쓰여졌다고 주장을 한다. 그러나 통상적으로 역사서에 기록된 것이 유물에 의해 확인되면 역사서를 신뢰하는 증거가 되어야지 역으로 위서의 근거로 삼는다는 것은 잘못된 주장이다. 발해 문왕의 연호가 뒤에 유물로 확인되어 진서임을 입증하듯이 장수왕의 연호가 충주의 불상 광배의 기록으로 입증되었다면 위서의 증거가 아니라 진서의 증거로 보아야 할 것이다.

열넷째, 최근 『환단고기』에 기록된 내용들이 중국 홍산문화의 유적발굴에서 입증되고 있는 것도 『환단고기』가 진서임을 입증해주는 증거가 된다.[84] 홍산문화 유적발굴에 대해서는 별도로 다루도록 한다.

열다섯째, 『환단고기』를 구성하는 역사책들의 저자나 우리나라의 호칭에 대해 문제를 제기하며 위서라고 주장한 사람들이 있으나 그러한 주장도 잘못된 것으로 속속 드러나고 있다. 안함로와 원동중이 쓴 『삼성기』의 저자를 위서론자들은 안함 · 원로 · 동중의 세 사람으로 보아야 한다면서 두 사람으로 보는 것은 잘못이라고 주장한다.[85] 그러나 이것은 『세조실록』에서도 세조가 팔도관찰사에게 "안함로원동중삼성기(安含老元董仲三聖記)"를 수거하라는 유시를 내린 기록을 무시하고, 그것보다 70년 후에 쓰인 『신증동국여지승람』의 '안함(安咸) · 원로 · 동중'이 황해도 수양산성을 쌓았다는 기록을 근거로 주장하는 것이다. 이 주장은 매우 부적절하다. 우선 『세조실록』은 세 명 이상일 경우에는 사람 숫자를 명기하는 데 그렇지 않아 두 명을 의미하고, 70년 후에 쓴 책을 앞에 쓴 책보다 우선시키는 실수를 했다. '안함'의 경우에도 한자로는 분명히 다른 두 사람(安含, 安咸)을 구분하지 못하고 서로 같다고 보고, '로원'을 '원로'라고 글자의 순서를 바꾸었다고 주장하는 무리수까지 쓰고 있다. 책을 지은 사람들과 산성을 쌓은

82) 한국역사연구회 고대사 분과. 2004. 『고대로부터의 통신: 금석문으로 한국고대사 읽기』. 푸른역사; 성삼제. 앞의 책: 227 – 228에서 재인용.

83) 『환단고기』: 119.

84) 위의 책: 117.

85) 이문영. 2010. 『만들어진 한국사: 한국사의 비밀 치우, 쥬신, 가림토, 환단고기 그 진실이 밝혀진다』. 파란미디어: 45 – 46.

사람을 같이 보는 잘못을 겹쳐 주장하는 실수를 하고 있으며, 더욱이 '안함·원로·동중의 세 성인에 대한 기록'으로 읽어야 한다는 주장은 삼성기의 내용과 너무나 동떨어진 주장이어서 이들 모두 '위서주장의 근거'로는 적절하지 않다.

열여섯째, 위서론자들은 구한말에 나오는 도기론(道器論)이 『단군세기』에 나오는 것이나, 당대의 왕을 상(上)이라 하면서도 자기 나라를 아조(我朝), 본조(本朝), 또는 아국(我國)으로 쓰지 않고 고려로 하거나, 공민왕 시기에는 고려나 몽고라는 용어를 사용하지 않았는데 이들 용어들을 사용해서 위서라고 주장하나[86] 역시 잘못된 주장이다. 도기론은 『주역』에도 이미 나왔던 것이고,[87] 이암이 고려와 몽고라는 용어를 사용한 이유는 이암이 비록 대신을 지냈으나 '유가(儒家)의 의식보다는 선가(仙家)의 의식'을 가지고 책을 썼기 때문이다. 이것을 유가의 기준으로 판단하는 것은 너무 주관적인 비판이다.

열일곱째, 『단군세기』의 '팔조금법'의 문장이 간결하지 않아 이암이 쓴 것이 아니라는 주장[88]이나 '잠청배(潛淸輩)라는 말이 조선말기에 나온 말이라면서 위서론을 주장하나, 잠청배는 이암이 고려의 역적 오잠과 류청신의 이름을 빗대어 '오잠과 류청신 같은 간신배'라는 뜻으로 처음 사용한 말이어서 한말 '청과 몰래 내통한 무리'라는 의미와는 무관하고 문장이 긴 것도 위서라는 주장의 근거는 못된다.

4) 일본 사학자들의 『환단고기』에 대한 평가

일본역사학자들은 일본의 시조 및 고대 조선과 일본의 관계에 대한 『일본서기』의 기록과 『환단고기』의 기록이 일치하는 것을 발견하고 『환단고기』를 역사서로서 높이 평가한다. 단군의 역사를 기록한 신라 때의 역사서 『단군세기』가 47대 단군의 업적을 기록하며 『환단고기』에 편입되어 이 책이 일본 고대 사서 4종과 여러 주제에서 겹치면서 『환단고기』에 대한 신뢰는 한국과 일본 모두에서 높아졌다. 단군조선과 일본의 상고사가 일치하는 부분은 최소한 네 부분에서 나타난다.[89]

첫째, 협야노(陜野奴, 섬승노로도 읽힌다), 즉 『단군세기』에 나오는 배폐명(裵弊命)

86) 이순근. 1988. <고조선은 과연 만주에 있었는가>. 『역사비평』. 3집: 152; 한영우. 1999. <행촌 이암과 『단군세기』>. 『한국학보』. 96: 151.

87) 도기론은 『주역』에 나오는 "형이상자위지도 형이하자위지기(形而上者謂之道 形而下者謂之器)"에 근거하여 구한말에 나왔다는 주장은 적절하지 않다.

88) 한영우. 2004: 151.

89) 김현구. 2002. 『일본서기 한국관계기사 연구1』. 일지사; 김현구. 2003. 『일본서기 한국관계기사 연구2』. 일지사; 김현구. 2004. 『일본서기 한일관계기사 연구3』. 일지사.

과 일본 상고사 <상기(上記)>에 나오는 장수언(長髓彦)의 내란 부분으로 단군이 왜를 친 기록들이 일본의 역사기록들과 겹친다.

둘째, 『환단고기』의 3대 단군 가륵 때인 기원전 2173년 '두지주의 예읍이 반란을 일으키니 여수기에 명하여 그 추장 소시모리를 배게 하였다. 이 때부터 그 땅을 소시모리라 하다가 지금은 음이 바뀌어 소머리나라(牛首國)이 되다. 그 후손에 협야노라는 자가 있었는데 바다로 도망쳐 삼도에 웅거하며 스스로 천왕이라고 칭했다'라는 부분이다. 협야노를 협야후배폐명(협야후 배반명 또는 섬승노 배폐명)이라고도 불렀다.[90]

셋째, 『환단고기』의 35대 단군 사벌조에는 기원전 723년 '단제께서 장군 언파불합을 보내 바다의 웅습(구마소)을 평정하였다'[91]라는 기록이다. 이 부분이 『일본서기』에는 규우슈 지방 구마소의 언파불합을 우가야후끼 아헤즈노미꼬또(不合尊), 즉 신무(神武) 천황의 부친을 지칭하고 있다.[92]

넷째, 『환단고기』『단군세기』의 36대 단군 매륵조에는 기원전 667년 '협야후 배반명을 보내어 바다의 도적을 토벌하게 하였다. 12월엔 삼도가 모두 평정되었다'라는 부분이다. 『일본서기』의 니기하야히노미꼬도를 배반명이라 하는데 일본을 평정한 후 일본인들의 조상이 되었다는 기록과 겹친다.[93] 이 기록에 상응하는 일본 상고사 <상기>는 '조선인이 선단 70척에 군대 1천 명을 싣고 왜(倭, 규슈)로 쳐들어와 장수언으로 하여금 내란을 일으키게 하고 임금을 내세웠다가 수십 년 후 평정되었다'라고 기록하고 있다. 이때의 왜는 규슈에서 활동하던 집단으로 그 뒤 오랜 세월이 흐른 후 일본 본토로 진출했다. 신무천황 부친 대에 일어난 이 전쟁에서 신무집안 3대가 참여하여 싸우다가 신무의 두 형은 죽고 신문 대에 가서 가까스로 수습이 되고 후일 숭신왜왕(崇神倭王) 대의 업적까지 추가하여 신무천황으로 신격화되었다. 이처럼 배폐명(협야노, 섬승노)의 왜 정벌은 고조선이 가서 일본의 왕을 내세운 사실을 의미하며 <상기>에 의하면 일본에 온 조선인은 단군의 73세 손으로 확인되고 있다.

『단군세기』의 기록은 <상기>와 <야마시타 문서: 신황기> 등을 통해 확인이 된다.[94]

첫째, 가지마 노부루는 "『단군세기』와 『번한세기』에는 왜인의 뿌리라든지, 야마대국 문제 등 일본 고대사의 최대 관심사가 모두 기재되어 있다. 잃어버린 상가야(上伽倻)

90) 『한단고기』(임승국 역주. 이하 동일): 68; 『환단고기』(안경전 역주. 이하 동일): 113.
91) 『한단고기』: 109; 『환단고기』: 159.
92) 『한단고기』: 109－110; 『환단고기』: 159－160.
93) 『한단고기』: 110－111; 『환단고기』: 160－161.
94) 최태영. 2000. 『인간 단군을 찾아서』. 학고재.

왕조의 역사는 이제 『환단고기』에 의하여 불사조처럼 소생한 것이다"라고 『환단고기』를 높이 평가했다.

둘째, 아고 기요히코는 『아시아의 비사－지보 桓檀古記』에서 "桓檀古記의 여러 사서와 倭, 즉 고대 일본사와의 접점에 많은 주목을 하게 되었다. 18개의 접점 중 몇 가지는 다음과 같은 것들이다. 두주의 예읍이 반하므로 그 추장 소시모리를 목 베었다. 샨(혹은 섬, 섬야노, 배폐명)을 보내어 해상을 토벌케 했다. 일본에 서시(徐市, 서복)의 묘사(墓詞)가 있었다고 한다. 소도경전본훈, 천부경, 기타 등이다"라고 주장한다.[95]

셋째, 가지마 노부루도 "檀君世記의 소시머리는 일본 기록 『신대기일서』에 스사모리로 되어 있다. 이 표음이 스사노오노에 연결되어 『일본서기』의 전설로 되었다는 것을 알 수 있다. 즉, 조선 말의 소머리(牛頭)다. 지금도 강원도 춘천에 소머리산이 있다. 그러나 소시모리는 신라의 도읍지였던 경상북도 경주에 해당한다. 그들이 조상의 땅으로 이동함에 따라서 스사모리라는 지명도 따라 옮겨진 것이다"라고 했다.[96]

넷째, 역사를 언어학적으로 생각할 때 민족이동과 지명 천이는 피하여 통과할 수 없는 것인 고로 3세 단군이 예의 추장을 친 소시모리는 예(倭)인의 원향(原鄕)이라고 가시마는 풀이하고 있다. 『환단고기』에 대한 아고 기요히코는 다음과 같은 평가를 했다.[97]

> "桓檀古記는 檀君世記를 비롯해 太白逸史 등 조선을 중심으로 한 秘史이지만 만주, 몽고, 중국으로부터 멀리 서역까지를 무대로 하는 상고사이다. 거란 고전과 아울러 읽으면 고대 일본 민족의 걸어온 길을 밝힐 수 있다. 三聖記全과 檀君世記의 첫머리에는 신화적 요소가 들어 있는데, 이는 한민족의 우주관, 세계관 또는 신관으로서 연구될 만한 것이다. 그런 의미에서 桓檀古記는 사서로서 높이 평가되는 동시에 문화서로서도 독자적 지위를 차지하는 것이다."

다섯째, 가지마 노부루는 『왜인흥망사 1, 2』와 『실크로드의 왜인』에서 다음과 같이 언급하고 있어서 직접 인용한다.[98]

> "太白逸史는 다분히 이맥(李陌)의 史眼을 거친 조선 중심의 아시아史라고 할 터인데, 내

---

95) 위의 책.
96) 위의 책.
97) 위의 책에서 재인용.
98) 耶律羽之 撰. 鹿島昇 解. 1979. 『倭人興亡史. 1－2』. 新國民社; 최태영. 2000. 앞의 책에서 재인용.

외의 문헌 51종에 걸쳐 인용되고 있다. 그 만큼 높이 평가되어야 할 책이며, 우리들이 배울 것이 많이 있다. 이맥이 太白逸史를 저술한 1410년은 일본으로선 무로마치 시대로 전국시대가 되어 참담한 암흑시대로 들어 갔지만 조선은 왕조의 발흥기가 된다. 이맥은 괴산으로 정배(定配)가서 근신하던 중 고서를 섭렵해 일사를 저술했다."

5) 최태영의 평가

첫째, 최태영은 『환단고기』를 구성하는 다섯 개의 역사서들은 국가적으로 보관되어 오던 비서(秘書)들임이 확실하여 『환단고기』는 진서라고 주장한다.

둘째, 최태영은 한일간의 역사 및 역사서의 연계부분과 관련하여 "일본의 고대 사서와 『환단고기』가 연계된 일본 내의 연구는 우리에게도 많은 자료를 제시해주었다. 일본인의 문제는 백제인 왕을 백제인으로 인식하지 못하고 백제와 일본을 구별하지 못한 채 일본왕은 이제까지 전부가 한 핏줄의 일본인이라고 생각하는 것이다. 앞으로 한일상고사 연구가 어떻게 전개될지, 고질적인 한국사 왜곡의 학문풍토 속에 일본학자들이 이를 어떻게 해석하고 진실을 지켜갈지 등을 주목"해야 한다고 주장한다.[99)]

셋째, 최태영은 고대한국에서 만들어진 문자들인 산목(算木), 전목(佃木), 가림토(加臨土) 등이 한글과 일본의 문자로 이어졌음에 주목한다.[100)] 단군 초기에 3대 단군 가륵이 기원전 2181년에 을보륵에게 명해 정음 38자를 만들어 가림토라고 했고, 이것을 세종대왕은 10자를 줄여 28자의 훈민정음으로 재생시켰는데, 이것이 일본어와 연계된다고 주장한다. 일본어는 한자에서 차용한 글자인 가다가나와 히라가나 외에 신자(神子), 의자(疑字) 등 고대 문자 31종이 있는데, 『수진전』 문자의 모양은 한글과 다르다 해도 그 내용은 한글 그대로여서 모음 안에 자음을 집어넣어 만든 글자라는 것이다.[101)]

---

99) 최태영. 2000. 앞의 책.

100) 이에 관해 『환단고기』 <태백일사>에 "신시에는 算木이 있었고, 蚩尤에게 투전하는 佃木이 있었으며, 부여에는 書算이 있었다."쓰여 있는 점을 주목한다. 태백일사에 따르면, 사냥 가서 놓친 사슴과 새의 발자국을 보고서 신시시대 환웅은 기원전 3900년경에 신지 현덕에게 명해 서계(書契)를 만들었다. 신시의 녹서(鹿書), 자부의 우서(雨書), 치우의 화서(花書) 등은 이름만 전할 뿐 그 모양은 알 수 없지만 산목, 전목, 서산 등은 모두 한국 고대 문자의 흔적들이다. 이러한 흔적들로는 당나라 조정에서 해독하지 못한 발해의 글을 이태백이 혼자 해독했고, 신라 헌강왕 때 '보로국(여진)과 흑수국인이 산라인과 화통하려 한다'는 뜻을 15자로 써 놓은 나무 조각, 고려 광종 때 장유만이 해독하고 한시로 답했다는 거문고 뒤판에 쓴 문자, 최치원이 신지의 옛 비에 새긴 천부경을 얻어 세상에 전했다는 글, 중국인들도 해석하지 못하는 명도전에 새겨져 있는 문자 등을 들 수 있다. 위의 책.

101) 위의 책.

6) 진서론자들의 주장

첫째, 위서론자들의 주장에 대해 이덕일은 “그들 비판의 상당 부분이 내용에 대한 충분한 검토 끝에 나온 ‘본질적인 부분’이라기보다는 ‘자구 자구에 매달리는 지엽적인 부분에 얽매인 감이 없지 않다”라면서 “그 숱한 인명, 지명, 연대 사건을 조작할 수 있다고 하면, 그 사람은 세기적인 대천재이다. 그것은 불가능한 일이다”라고 지적한다.[102] 윤내현은 『환단고기』와 『규원사화』 및 『단기고사』에 대한 문헌고증학자들의 서지학적 검토가 불충분한 상태에서 위서론을 성급하게 제기하는 학문적인 미성숙과 조급증을 지적한다.[103] 안창범은 위서론을 비판하면서 <환단고기는 진서 중 진서이다>라고 주장한다.[104]

둘째, 모든 역사서들에 대하여서는 문헌고증학에 따라 서지학적으로 충분히 따져야 할 일이지만 무수한 전란과 외세의 사서 강탈을 피해 온 한국의 역사적인 특수성 때문에 『환단고기』도 편찬과 출판과정에서 살펴보았듯이 파란만장한 과정을 거쳐 와서 그러한 역사적인 고난을 덜 겪은 나라의 경우와 비교하는 것 자체가 어려울 수도 있다. 원본 자체가 보존되지 못한 『환단고기』의 경우에는 몇몇 용어가 아니라 내용을 중심으로 위서 여부와 사실인지 아닌지를 판단해야 할 것이다. 단편적인 지식과 몇 몇 용어들을 가지고 위서라는 주장의 근거로 삼고 있으나 앞으로는 이러한 논쟁의 진위는 인공지능(AI)이 학자들보다 더욱 명확하게 밝혀줄 것이다. 학자들은 AI가 다룰 수 없는 질적인 내용에 대한 사실 여부의 판단을 하는 일에 노력을 집중해야 적어도 AI보다 좋다는 평가를 받게 될 것이다.

셋째, 고조선이란 나라는 기원전 2333년에 만주와 한반도를 세력권으로 단군왕검이 세웠고, 이것을 학생들은 역사가 아닌 신화로 배웠다. 그러나 러시아의 사학자 유 엠 부찐은 동북아 고대사에서 단군조선을 제외하면 아시아 역사는 이해할 수 없다고 하면서, ‘한대(漢代) 이전에 현토와 낙랑 지역에 이르렀던 조선의 영역은 한 번도 중국의 제후국(諸侯國)이 된 적이 없을 뿐만 아니라, 연(燕)나라나 주(周)나라에 예속된 적이 없다.’ ‘이런 중요한 역사를 가진 한국 사람들은 왜! 있는 역사도 없다고 하는지 알 수 없는 나라’라고 했다.[105] 부찐의 주장과 맥을 함께하는 것은 『한단고기』인데, 이것은

---

102) 이덕일 · 이희근. 1999. 『우리역사의 수수께끼』. 김영사: 48, 55.

103) 윤내현. 2015. 『고조선 연구-상』. 만권당: 331.

104) 안창범. 2006. <환단고기는 진서 중 진서이다>『신종교연구』. 제 15집; 안창범. 2006. <환단고기 위서론 비판>『한국종교연구사연구』. 제10; 안창범. 2006. <환단고기 위서론 비판. 1>『한글+환자문화』. 제80호; 안창범. 2006. <환단고기 위서론 비판. 2>『한글+환자문화』. 제82호; 안창범. 2006. <환단고기 위서론 비판. 3>『한글+환자문화』. 제83호.

재야사학자들에게는 '바이블'이지만 소위 주류사학자들 사이에서는 '위서'(僞書) 또는 '금서'(禁書)로 취급당하고 있다.

넷째, 이제 이 책들의 구체적인 내용에 대해 본격적인 검증이 필요하다. 예를 들면, 단군조선 47대 왕세표에서 단군의 이름에서 조금씩 차이가 있고, 특히 역대 단군들의 재위기간에 대해서는 『환단고기』에 있는 『단군세기』와 『단기고사』는 같이 기록하고 있으나 『규원사화』는 다르게 기록하고 있다. 역대 단군들의 승계와 관련하여서도 『규원사화』는 대체로 장자세습으로 기록한 반면 『단군세기』와 『단기고사』는 쿠테타나 정변 등에 의한 왕위계승이나 왕족이 아닌 5가들의 단군추대 등에 의한 장자계승의 단절을 여러 차례 기록하고 있다. 역대 단군시대의 사건들에 대한 기록들도 겹치는 부분은 일부이고 많은 경우 서로 다른 분야를 기록하고 있다. 같은 분야를 기록한 경우에도 『단군세기』와 『단기고사』는 상당한 정도가 비슷한 내용을 담고 있고, 『규원사화』는 단군조선의 관직 임명에 대한 기사들이 많이 나온다.

이제는 한국역사학계에서도 앞에서 인용하였듯이 편집이나 출간연대 및 몇몇 용어를 가지고 부실한 문헌비평으로 위서라고 단정해서는 과학 활동을 중심으로 하는 학문 활동에 과학적인 설득력이 약하다. 위서논쟁의 대상이 된 책들의 내용 가운데에는 잘못 기술된 부분도 있고 제대로 기록한 부분도 있다. 이것은 이 책들만이 아니라 모든 역사서나 사회과학서들이 모두 같은 입장이다. 단지 진실의 정도에서 차이가 있을 뿐이다. 저자나 책의 구체적인 내용에 대해 사실 여부를 면밀하게 논쟁해야 한다. 기독교 성경의 경우에 위서논란이 가장 치열하지만 엄격한 절차를 거쳐 위서 여부를 판정한다는 것을 교훈으로 삼아야 한다.

『한단고기』에 실린 문서들에 대해서도 외면만 하지 말고 엄격하게 검증해야 한다. 어느 부분이 사실인지, 어느 내용이 사실이 아닌지를 면밀하게 검증해야 한다. 외형적인 절차나 형식만이 아니라 내용을 가지고 엄격하게 판정이 내려져야 한다. 역사학자만이 아니다. 이 시대를 살아가는 모든 사람이 나름의 능력과 전문성으로 접근하여 밝혀내야 한다. 고고학자들은 고고학으로, 역사학자들은 역사학으로, 사회과학자들은 사회과학으로, 천문학자나 의학자 등 이공계 과학자들은 과학기술로 밝혀내야 한다.

7) 14세기 목은 이색 문집에서 언급된 『천부경』의 존재

『한단고기』에 실린 『태백일사』의 『소도경전본훈』에 있는 『천부경(天符經)』은 환인

105) 유 엠 부찐(Yu. M. Butin) 지음. 이항재 · 이병두 공역. 1990. 『고조선: 역사 · 고고학적 개요』. 소나무.

이 환웅에게 전해 백성에게 가르쳤다는 81자로 된 경전으로 단군조선 이전부터 내려오는 것으로 알려져 왔다. 천부경에 대해 일부에서는 민족의 3대 경전이라 극찬하거나 천부경의 수리학적 가치를 중시하여 우주 삼라만상의 원리를 과거, 현재, 미래까지도 훤히 제시한 다시없는 경전이라고 극찬하고 있고, 다른 측에서는 이를 문장으로 해석할 수 없는 일종의 기호나 부적이라고 혹평하고 있다. 이러한 천부경을 대종교가 경전으로 삼으면서 국내 학계에서는 오늘날의 천부경이 20세기 초에 위조되었다고 보아 왔는데, 14세기 고려 말의 대학자 목은(牧隱) 이색(李穡, 1328~1396)이 자신의 시에서 천부경을 언급하고 그것이 『목은집』에 기록된 것이 발견되면서 『천부경』이나 『한단고기』의 20세기 위서론은 잘못되었음이 세 가지 점에서 기록에 의해 입증되었다.

첫째, 『천부경』이 '20세기 써진 위서'가 아니라 이미 14세기 이전에 실존했음을 이색의 시를 담은 『목은집』은 밝히고 있다. 그동안 학자들이 알아내지 못하다가 목은 이색의 시 <백악산에 호종하여 짓다(扈從白嶽山有作)>를 새롭게 번역하면서 밝혀졌다. 이색이 이미 14세기에 『천부경』을 읽고 그 내용을 중국의 책 『독단(獨斷)』과 비교하여 시로 읊은 것을, "'독단', '천부경' 내용과도 부합하니"라고 번역하여 밝혀내고 있다. 『목은집』에 있는 목은 이색의 시와 그것을 최영성이 번역한 내용을 직접 인용한다.[106]

〈扈從白嶽山有作(백악산에 호종하여 짓다)〉

秘書初出鬼神驚　비밀스러운 책 처음 나왔을 땐 귀신도 놀랐겠지

擧世皆疑誰辯明　세인들 모두가 의심하는데 누가 분명히 밝힐까.

獨斷與天符契合　'독단', '천부경' 내용과도 부합하니

群官奉日佩環鳴　뭇 관원이 태양을 받드느라 패옥소리가 난다.

雲連翠盖山增秀　*구름이 모이고 비취색이 덮으니 산이 더욱 아름답고*

風透羅衣水更淸　*바람이 비단 옷을 스치고 물이 맑게 바뀌니*

共說龍顔新有喜　모두들 용안에 기쁨이 새로 넘친다고 말하니

當年卜洛想周成　주나라 성왕 때 낙읍에 도읍 정한 일 생각나네.

그동안 『목은집』의 이 부분을 "내 독단은 하늘과 부계가 서로 합하고"라고 오역하여 비밀스러운 책과 『천부경』의 내용을 밝혀 기록하고 있는 대학자 목은 이색의 높은 뜻

106) 자료: 목은집. 번역: 최영성 한국전통문화대 교수. 최영성. 2018. <목은 이색의 역사의식과 민족사상>. 『목은사상의 재조명』 학술대회 발표논문. 2018.10.5. 성균관대학교; 조종엽. 2018. <목은 이색 문집서 '천부경' 언급... 고려 말에 이미 존재한 정황>. 『동아일보』. 2018.9.27. A25에서 재인용. 인용문에서 이탤릭체로 처리한 부분은 저자가 번역한 부분이다.

을 오해하고 『천부경』의 진리를 묻어버린 결과를 가져왔다. 이것은 의도적인 오역이나 왜곡은 아닐 것이고 번역가의 학문적인 수준이 미흡하였기 때문일 것으로 보인다. 학자들이 목은연구회까지 구성하여 활동하면서도 지금까지 이것을 밝혀내지 못했던 점은 매우 아쉬운 일이다.

늦게라도 이색의 시에 대해 신라 최치원 사상을 연구해 온 최영성[107]이 "'독단', '천부경' 내용과 부합하니"라고 번역해 낸 것은 천부경이 적어도 14세기 이색의 시대에 존재했음을 밝히고 있다는 점에서 매우 의의가 크다.

둘째, <천부경>에서 밝히고 있는 내용이 고려시대의 '비밀스러운 책'인 『비기도참』이나 중국 고전인 『독단』의 내용에도 이어지고 있음을 밝혀 환인, 환웅, 단군의 천손사상이 이미 중국의 2세기 사상과 고려의 9세기 사상에 부합되게 반영됨을 확인하고 있는 점이다. 『독단』은 중국 후한 때 학자 채옹(蔡邕: 133~192)이 지은 책으로 "하늘을 아버지로, 땅을 어머니로 하는 '부천모지(父天母地)'의 사상이 본디 동이족으로부터 시작되었다"고 기록하여 그 이전 고조선 시대부터 이어져 온 삼신사상과도 부합됨을 기술하고 있다.

나아가 고려시대에는 건국 초기부터 "비밀스러운 책"이라는 도선국사(道詵國師, 827~898)의 비기도참(秘記圖讖) 사상이 지배하여 태조 왕건의 조상과 개경의 입지 결정은 물론 남경과 서경의 설치에도 큰 영향을 주었다. 그 사상적 기반 위에 이색은 고려의 천도와 관련하여 공민왕을 호종하여 백악산에 갔다가[108] 천손민족으로서 천도의 중요성과 하늘과 사람의 뜻이 합하여(天人合一) 자연은 더욱 아름다워지고 임금과 모든 신하들이 기뻐하며 마음이 하나로 되는 것이 중국의 『독단』이나 주나라 성왕 때의 낙읍 천도와 비견하여 천부경과 비기도참에 연관시켜 고려가 새로운 천도를 통해 '천자국(天子國)'이 될 수 있음을 노래한 내용을 시로 읊은 것이다. 그는 "해동 고려 땅이 천하의 정기가 한군데 뭉친 곳이고, 도읍을 어디로 정하느냐에 따라 고려가 천자국의 지위를 누릴 수 있다고 봤다."

이 시를 보면 이색은 『천부경』이나 『독단』의 내용을 소상하게 이해하면서, 중국 고전인 『독단』의 내용이 『천부경』의 내용에 부합하다고 하여, 2세기에 써진 『독단』이 단군조선 이전 '환인이 환웅에게 전해 백성을 가르쳤다는 경전'인 『천부경』의 내용을 따르고 동이족에서 시작된 '부천모지'와 천손사상(天孫思想)을 인용하고 있음을 시로 읊고 있다. 그는 고조선 동이족의 사상이 중국에 전파되어 중국 고전에 나타나고 있음을

107) 신라 최치원 사상의 전문 연구자인 최영성은 위의 논문에서 이러한 내용을 발표했다.
108) 이 사실은 『고려사절요』에도 기록되어 있다.

은연중에 자연스럽게 기술하고 있다. 이것은 중국에 비해 동이족의 문화적인 우월성이 고려시대에는 널리 인정되고 있음을 간접적으로 보여주는 사례이다.

최영성은 "이색은 천부경이 진짜 경전이라고 의도적으로 높이려던 게 아니라 우리나라가 본디 천자(天子)의 나라라는 점을 밝히려는 과정에서 자연스럽게 시에서 언급한 것"이라고 하며, 위의 시를 통해, "간단한 언급이지만 이 시구에서 이색이 천부경을 공부했다는 것과 당대 천부경의 존재를 알 수 있다"고 강조하여 『천부경』이나 『한단고기』가 '20세기에 쓰여진 위서'라는 주장이 잘못임을 분명히 밝히고 있다.

『천부경』은 하늘의 뜻과 만물 창조의 법칙을 드러내고 그것을 그대로 전해주는 것으로 환인이 환웅에게 전해 백성을 가르쳤다는 경전[109]으로서 한민족에게는 윷놀이라는 민속놀이로 전해오고 녹도문자(鹿圖文字)로 기록된 것을 신라 말 유학자 최치원(崔致遠, 857~?)이 한문으로 번역하여 전한 것을 1916년 9월 9일 『환단고기』를 편찬한 계연수가 묘향산 석벽에서 발견하여 책에 넣었다는 사실[110]에 대해 의문을 제기하는 사람들이 많아 위서론이 제기되었다. 그런데 이색의 시에서 『천부경』이 언급되고 그 내용의 기본 줄기도 비교되면서 『천부경』의 존재 자체에 대해서는 더 이상 문제를 제기하기 어렵게 되었으나 그 구체적인 내용에 대해서는 아직도 명확하게 확인되지는 못한 상태이다.

단재 신채호도 "후인의 위조"라고 천부경을 부인하지만 계연수의 『환단고기』가 1928년 단재가 체포되고 10년형을 선고받아 1936년 옥사할 때까지 출간되지 못한 상태에서 단재가 확인한 천부경의 내용과 환단고기의 천부경이 같은 것인지는 불확실하다.[111]

셋째, "이색이 천부경을 주해(註解)했다"는 내용이 계연수의 『한단고기』에 실린 조선 중기 문신 이맥(1455~1542)이 썼다는 『태백일사』에 기록되어 있었는데, 이 점이 사실로 확인되어 그동안 위서라고 주장되어 온 『한단고기』 위서론이 크게 흔들리게 되었다.[112]

---

109) 『환단고기』: 507.

110) 위의 책: 549.

111) 천부경은 최치원의 각비(刻碑)를 바탕으로 『환단고기』(또는 『한단고기』)에 실린 위의 묘향산 석벽본 외에 이춘희 편. 1972. 『최문창후전집』(성균관대학교 대동문화연구원 영인)에 있는 고운 선생 사적본(孤雲 先生 事蹟本)과 노사 기정진(蘆沙 奇正鎭, 1798~1879)본이 있다. 이 세 본 사이에는 음은 같고 한자가 다르거나 몇 글자가 다른 것으로 나타나 천부경을 암송하다가 기록하는 과정에 차이가 있는 것으로 해석하고 있다. 송호수. 1989. 『한민족의 뿌리사상』. 기린원: 46-49; 『환단고기』: 549.

112) 『한단고기』: 227-257.

『한단고기』에는 이맥의 고조부인 행촌 이암(1297~1364)이 1363년에 단군의 치세 2000여 년을 기록한 『단군세기』도 실려 있다. 이렇게 보면 이색은 이암으로부터 배운 셈이다. 이색이 천인합일(天人合一)이라는 성리학의 주체적인 사상을 발전시켰지만 그의 사상의 바탕에는 『천부경』이나 『단군세기』 등의 사상이 깔려 있음을 알 수 있다. 오늘날 전하는 『천부경』과 단재 신채호나 목은 이색이 보고 공부한 『천부경』이 같은 내용인지는 알 수 없으나, 이색이 시에서 『천부경』과 비교한 중국의 고전인 "『독단』이 천부경 내용과 부합"하다고 한 점을 보면 『독단』의 내용을 기준으로 미루어 판단할 수 있다. 2세기에 쓰여진 중국 고전 『독단』이 고조선에서부터 내려오던 『천부경』의 내용과 비슷하다고 한다면, 그러한 내용을 담고서 현재 전해오고 있는 『천부경』이 '위서'라고 하기에는 주장의 근거가 부족한 반면, 『천부경』이 진서라고 추정할 근거는 더 많다.

특히 위서라고 주장했던 『한단고기』에서 『천부경』을 담고 있는 『태백일사』에 "이색이 천부경을 주해했다"는 기술이 있고, 『목은집』에 실린 시에서 천부경에 관한 기록이 확인된 만큼 『천부경』과 『태백일사』는 물론 이들을 실고 있는 『한단고기』 등이 위서일 가능성은 크게 줄어들고 대신 이들 모두가 진서일 가능성은 더욱 커지는 것이다. 『목은집』에 실린 시 한편에 대한 새로운 해석이 기존의 위서론을 뒤엎는 큰 의미를 부여하고 있는 만큼, 이미 사라진 한국고대국가에 대한 기록들은 차치하고서도 앞으로 AI에 의한 기존 고전들의 재해석은 실증에 의한 역사연구의 질을 한 차원 높여줄 수 있을 것이다. 국내는 물론 중국이나 일본 등 외국으로 반출된 고문서들도 새롭게 살아날 것이기 때문이다.

(4) 『단기고사』에 대한 위서논쟁 검토

『단기고사(檀奇古史)』는 발해 대조영의 아우인 대야발이 왕명을 받아 13년 만인 727년에 발해문자로 간행한 것을 825년에 왕조복이 한문으로 옮겨 중간하고 장상걸이 주석하였다. 이 책을 유응두가 중국에서 구한 것을 이윤규가 학부 편집국장 이경직에게 보여주고 이경직은 중국인 왕상춘으로부터 같은 책을 받아 1907년에 대한제국 학부에서 출간하려다 중단되었고, 1912년에 만주에서 이윤규의 아들 이관구가 신채호와 함께 펴내려다 못했고 해방 후 김두화 등이 출간하려다 못했고, 1949년에 김두화(김해암)·이관구(이화사)가 이시영의 교열과 한재용의 찬조로 국한문으로 출간한 책이다.[113] 대야발의 서문(再編 序)에는 "당나라 장군 소정방과 설인귀가 백제와 고구려를 멸망시킬

113) 대야발 지음. 고동영 옮김. 1986. 『단기고사』. 흔뿌리: 3-18.

때 국서고를 부수고 단기고사와 고구려·백제사를 전부 불태워 다시 여러 의견과 사기를 참조하여 고대사를 편집하였음"을 밝히고 있다. 이어 학부 편집국장 이경직과 단재 신채호의 중간서(重刊序) 그리고 출간경로가 기술되었다.[114]

『단기고사』의 본문은 제 1편 태고사 전단군조선, 제 2편 상고사 후단군조선, 제 3편 상고사 기자조선으로 되어 있다. 전단군조선은 1세 단제 단군왕검에서 25세 단제 솔나 재위 39년까지 25대 1,214년을, 후단군조선은 솔나 39년 부여 평양에서 영고탑으로 천도한 이후인 1세 단제 솔라(25세)부터 23세 단군 고열가(47세)까지 23대 875년의 역사와 해모수의 북부여 건국 사실을, 그리고 기자조선 41대 1,052년의 역사를 기록하고 있다.[115]

『단기고사』에서 47대 단군에 대한 구체적인 기술 내용과 역대 단제의 재위 기간은 『단군세기』의 내용과 거의 일치하는 부분이 많고, 역대 단군의 재위 기간은 『규원사화』와는 다르다.

이러한 『단기고사』의 내용에 대한 위서론자들의 주장을 살펴본다.

첫째, 송찬식은 "『단기고사』가 위서임은 천하가 다 아는 일"[116]이라고 하여 지나치게 단순화하고 비학문적인 주장을 하고 있다.

둘째, 조인성의 비판도 주관적이고 지엽적이어서 위서론의 근거로는 적실성이 낮다. 그는 『단기고사』에 있는 황해도 구월산 마한촌 고문비의 내용과 비슷한 내용이 이화사의 책인 『언행록』에 나와 있다는 점을 이화수가 『단기고사』를 지었다는 증거로 제시하고 있다. 그러나 이것은 이화수가 『단기고사』의 내용을 너무나 익숙하게 알고 있기 때문에 자신의 책에 인용했을 수도 있다고 보아야 할 것이다. 기독교인의 일기에 자신이 좋아하는 성경 구절이 나온다고 그 사람이 『성경』을 지었다고 할 수는 없을 것이기 때문이다. 또한 사소한 일이지만 위서론자가 이 주장을 위해 인용한 글에 '안흥령'을 '흥안령'으로 잘못 옮겨 오자가 나온다. 이 중요한 주장의 근거를 제기하면서 오자가 있다는 것은 위서론을 제기하는 학자로서 성실한 자세는 아니다. 위의 논의에서 중요한 것은 과연 마한촌에 그러한 내용의 고문비가 있느냐 일 것이다.

위서론자는 이화수·김두화가 1945년에서 1949년 사이에 직접 각종 서적을 참고하여 『단기고사』를 썼을 가능성이 크다고 주장하는 이유로 이화사가 『의용실기』<자서전>에서 해방 이후 구제기관 총재로서 금전관계가 여의치 않아 수십 권의 책을 출판

114) 위의 책: 5-18
115) 위의 책: 21-260.
116) 송찬식. 1977. 『위서론』; 조인성. 2000: 219.

중에 있다고 하여 돈을 벌기 위해 『단기고사』를 썼을 것으로 주장을 한다. 그러면서 이들이 학부 편집국장 이경직과 단재 신채호의 중간사까지 직접 대필하여 『단기고사』에 넣었다는 엄청난 주장을 하고 있다. 그러면서 이화수는 일본측 기록에 의하면 각종 인장을 새기고 문서들을 위조하여 독립운동을 위한 군자금을 조달하려했다는 주장을 하면서 『단기고사』는 이화사 · 김두화 등이 만든 위서라고 주장한다.

이 주장은 학자로서나 같은 민족으로서 할 수 없는 주장을 한 것으로 생각된다. 독립운동가 이윤규의 아들로 갖은 고초를 당하고 해방 후 대한광복의용군사령 · 신민당당수 · 사학연구협회 회장 · 광복회 외무국장 등을 지낸 이화사를 그를 탄압해온 일본측 자료를 근거로 공 · 사문서를 위조하고 『단기고사』를 위조한 사람으로 몰고 있는 점[117]은 과학적인 학자가 할 수 있는 것은 아니라고 본다. 『단기고사』의 많은 내용들이 『단군세기』와 비슷한 점을 어떻게 설명할 것인가? 『환단고기』가 1979년에 처음으로 영인된 만큼 1949년 이전에 『단군세기』를 볼 수 있는 방법은 이들이 직접 『환단고기』가 아닌 곳에서 『단군세기』를 얻어 보고 그것을 베낀 셈이 된다. 더구나 이미 당시에 널리 퍼진 것으로 보이는 『규원사화』에 따르지 않고 『단군세기』에 따라 적었다는 것은 이들이 『규원사화』나 『단군세기』 등을 보고 비교한 후 옮겨 적었거나 아니면 『단기고사』가 원래 별도로 존재했다는 것이 된다.

셋째, 위서론자는 『단기고사』의 출판과정에 대해 소상하게 알고 있으면서 『단기고사』가 이화사 · 김두화에 의해 써진 책이라고 주장하는 이유가 명확하지 않다. 그의 주장이 맞으려면 이들이 출판과정의 내용도 조작해 내야 하고, 대한제국 학부 편집국장 이경직이나 단재 신채호 등이 책을 출간하려 했다는 내용도 모두 조작된 것이란 의미이다. 또한 '발해 대조영의 아우인 대야발이 왕명을 받아 13년 만인 727년에 발해문자로 간행한 것을 825년에 왕조복이 한문으로 옮겨 중간하고 장상걸이 주석한 책을 유응두가 중국에서 구한 것을 이윤규가 학부 편집국장 이경직에게 보여주고 이경직은 중국인 왕상춘으로 부터 같은 책을 받아 비교해보고 진본임을 확신하고 1907년에 대한제국 학부에서 출간하려다 중단되었고, 1912년에 만주에서 이윤규의 아들 이관구가 신채호와 함께 펴내려다 못했고 해방 후 김두화 등이 출간하려다 못했고, 1949년에 김두화(김해암) · 이관구(이화사)가 이시영의 교열과 한재용의 찬조로 국한문으로 출간한 책이다'라는 수많은 사람이 오랜 기간 관련되었다는 것을 모두 부인하고 있다. 그렇다면 이화사가 이 모든 출판과정에 대한 얘기마저도 조작하여 소설을 썼다는 것인데 이것은 정말 너무나 엄청난 주장을 확실한 근거도 없이 하여 과학적인 학문 활동을 하는 학자로서

117) 조인성. 2000: 220 – 225.

는 주장할 수 없는 내용의 주장을 하는 것이다. 이것은 위서논쟁의 수준을 벗어나는 것으로 보인다.

(5) 『규원사화』·『환단고기』·『단기고사』의 위서론에 대한 종합적 검토

1) 위서론자들의 주장

조인성은 <'재야사서' 위서론>에서 『단기고사』·『환단고기』·『규원사화』 등에 대해 위서론을 주장하면서 1987년 이후 가장 활발하게 위서론을 제기하는 학자이지만 여러 가지 점에서 문제점을 보이고 있다.[118]

첫째, 한국의 고대사를 스스로 기원전 10세기 근처로 제한하여 그 이전에 단군조선이 있었다는 사실을 학계의 통설이란 명분으로 수용하지 않고 그런 주장을 앞장서서 막고자 하고 있다. 그가 위서론을 주장한 이후 지난 30여 년 간 청동기유물 등 고고학의 발달로 중국의 동북지방과 한반도에 청동기가 기원전 25세기~기원전 30세기까지 소급하여 발굴되고 있는 점을 애써 무시하고 있다. '청동기 이후 국가가 출현했다는 상식'에 따르더라도 고조선의 설립은 기원전 10세기를 크게 넘고 있는 고대사학계의 최근 변화에 스스로 눈을 감고자 하는 것이다.

둘째, 그가 '재야사서'들에서 '일제 황국사관 재판'이라는 '친일적인 성격을 찾을 수 있다는 충격적인 연구발표가 있었다'는 주장은 『단기고사』·『환단고기』·『규원사화』 세 책의 어느 부분이 이 주장에 해당하는지를 구체적으로 지적해야 할 것이다. 그렇지 않다면 세 책의 위서론을 주장하는 본질적인 주장이 아니라 세 책이 위서론이라는 심증을 높이기 위한 간접적인 것으로 세 책 전체를 '친일적인 성격이 있는 위서들'로 호도하는 식민사학의 역습이라는 비판을 받을 여지가 있다. 예를 들면, 그가 일본측의 자료를 근거로 삼아 『단기고사』를 발간한 이화사는 '사문서 위조 경력자로서 『단기고사』를 위서로 쓴 사람'이라고 주장하는 것은 그의 의도와는 무관하게 결과적으로 '일본측의 자료는 진실'이고 '독립운동을 한 학자는 사문서 위조와 위서를 쓴 부도덕한 사람'으로 주장하는 것이다. 한국의 역사와 민족을 말살하고 '동북아대공영'을 이루고자 하는 일본이나 조선총독부의 조선인에 대한 평가 기준은 크게 왜곡되어 있었을 것이다. 상식적으로 볼 때 일본측 자료에서는 '독립운동에 앞장 선 민족주의자는 악질적이고 위험한 테러 주동자'로 간주되어 처형이나 투옥되었고 '친일 협력자는 애국적이고 도덕적인 사

118) 위의 글: 210-212.

람'으로 평가받아 훈장이나 작위를 받았던 것이 일제강점기의 상황이었다. 그러한 일본측 자료를 근거로 이화사를 평가하고 그것을 이유로 『단기고사』가 위서라고 주장하는 것은 객관적 · 학자적인 관점에서의 주장인지 아니면 친일적 · 식민지적 관점에 가까운 주장인지 냉철하게 재평가해 보아야 할 것이다. 일본측 자료를 근거로 이화사를 사문서 위조자라고 보고 『단기고사』가 위서라는 주장의 중요한 근거로 삼는 것은 크게 잘못된 논리라고 보인다.

셋째, 그의 위서론 제기의 의도와 동기에 관해 서론에서 밝힌 주장을 인용해 본다.[119]

> 1980년대에 들어 『단기고사』 · 『환단고기』 · 『규원사화』 등 이른바 재야사서들이 시민들의 큰 관심을 불러일으켰다. 그것들에 따르면 한국 상고사는 찬란한 영광의 시대였다고 할 수 있다. (중략) 유구한 역사, 방대한 영역, 뛰어난 문화로 요약할 수 있는 이러한 한국 상고사상은 학계의 일반적인 이해와는 전혀 다르다. (중략) 학계의 연구성과는 대부분 역사와 관련된 교양지에 발표되었다. 학계에서는 그 결과를 일반시민들과 공유하려고 하였던 것이다. 그 결과 1990년대에는 '재야사서'에 대한 일반의 관심은 어느 정도 줄어들었다고 여겨진다. 그런데 서점과 도서관의 관련 서가를 찾아 보면 '재야사서'와 그에 기초하여 쓰여진 '새로운 한국 상고사'에 관한 책이 꾸준히 출간되어 왔으며, 지금도 여전히 그러함을 알 수 있다. 이는 그에 대한 시민들의 관심이 아직도 적지만은 않음을 일러 준다.[120]
> 이에 '재야사서'들을 위서로 보는 학계의 연구 성과를 정리해 시민들에게 다시 알리는 것이 무의미하지만은 않을 것으로 생각한다. 우선 『단기고사』 · 『환단고기』 · 『규원사화』를 소개하고, 그것들을 의심하는 이유를 제시하려고 한다. 다음으로는 이들 세 책의 진위(眞僞) 여부와 그것들이 쓰여진 연대에 대하여 생각해 보려고 한다. 나아가 그 저자나 그것들에 인용된 이른바 고기(古記)들에 대해서도 검토하게 될 것이다.[121]

---

119) 위의 글: 211－212.

120) 한편 1993년 '단군릉(檀君陵)'의 발굴을 계기로 북한 학계의 일부에서는 『규원사화』 · 『환단고기』를 고조선사 연구의 사료로서 이용하기 시작하였다. 력사편집실이 1994년 편집한 『단군과 고조선에 관한 연구 론문집』에 실린 류렬. <우리 민족은 고조선 시기부터 고유한 민족 글자를 가진 슬기로운 민족>과 조대일. <단군 숭배와 관련한 의례와 풍습> 등이 그러하다. 단, 이런 현상은 일단 국어 · 민속 등 제한된 분야에서만 찾을 수 있다. 같은 책에는 강인숙. <단군의 출생과 활동>을 비롯한 한국사 연구자들의 글이 여러 편 실려 있거니와, 그것들에서는 『揆園史話』나 『桓檀古記』가 인용된 예를 볼 수 없다.

121) 사료 비판에 대한 초보적인 지식은 朴成壽. 1977. 『歷史學概論』. 삼영사. 259－270쪽 및 杜維運(權重達 譯). 1984. 『歷史學方法論』. 일조각: 159－184쪽에서 얻을 수 있다.

2) 위서론에 대한 반론

위의 글을 보고서 여러 가지 의문이 든다.

첫째, 일반적으로 학자들은 자신의 연구 결과를 전문가들을 대상으로 하는 전문학술지에 발표하거나 전문서적으로 발간하여 전문가들의 평가를 받는 것을 목적으로 연구활동을 하는데, 그는 연구 성과를 교양지에 발표하고 그 결과를 일반 시민들과 공유하여 1980년대 『단기고사』·『환단고기』·『규원사화』 등 재야사서들이 불러일으킨 시민들의 큰 관심을 줄이고자 하는 것을 연구 활동의 주된 목적으로 삼고 있다. 학자들이 학문 활동을 하는 주된 목적은 진리의 탐구이므로 이 경우에는 위서론을 심화·발전시켜 학문적·전문적 집단 내에서 서로 승복하고 남겨둔 반증가능성도 줄이는 것이 더욱 중요하다. 강단사학자들은 이 책들이 위서로 결론이 난 책들이라지만, 재야사학자들은 위서가 아니라 새로운 역사적인 사실로 입증이 되고 있는 진서라는 믿음을 더욱 확고하게 하고 있다. 그렇다면 위서론자들과 진서론자들이 서로 역사적인 개별 사실들을 확인하여 양자 간의 주장의 차이를 줄여나가야 하는 것이 열린 학자들의 태도이다. 그런데 위서론자들은 일방적으로 위서임이 밝혀졌다거나 '위서임을 천하가 다 아는 일'이라고 하여 강단사학자들과 재야사학자들의 학문적인 검증과 토론을 포기하는 태도는 진리를 찾아가는 학자의 태도와는 거리가 멀다고 하겠다.

둘째, 그는 재야사서에 대한 일반의 관심은 줄어드는데, '새로운 한국 상고사'관련 책들이 꾸준히 출간되어 서점과 도서관의 서가에서 유통되어 아직도 시민들의 관심이 적지 않아 위서론을 시민들에게 다시 알려야겠다는 각오를 다지고 있다. 학자라면 재야학자들이 펴낸 내용의 무엇이 어떻게 틀리기 때문에 그것을 이렇게 고쳐야 한다는 책을 펴내서 독자들이 바로 판단하도록 하는 것이 기본적인 자세인데, 그는 그 대신 위서론을 반복·주장하여 시민들의 관심을 줄이겠다는 태도이다. 그동안 그가 위서론의 대표적인 학자인데 지난 30여 년 간 그 주장의 구체적인 내용이 크게 심화·발전하지 못하고 유사한 내용을 거듭 반복하고 있어서 위서논쟁이 생산적이지 못하다. 특히 위서론자들이 주장한 상당한 단편적인 내용들이 도리어 진서라는 것을 반증하는 것으로 밝혀지고 있음은 위서론자들이 더욱 분발해야 할 상황임을 보여주는 것이다. 그런데도 위서론자들이 일방적으로 이겼다고 주장하는 것은 이 책들은 물론 역사에 대한 바른 태도가 아니다.

셋째, 그가 각주에서도 인용했듯이 북한 학계에서 그동안 배척해왔던 『환단고기』·『규원사화』를 고조선사 연구의 사료로서 이용하기 시작한 것을 주의 깊게 해석해야 할 것이다. 북한이 김씨 왕조 삼부자의 영웅화를 위해서 배척해왔던 사료를 북한정권의 정통성 확보라는 정치적 목적을 위해 역사를 오용한다고만 볼 일은 아니다. 고조선의 유물과 유적이 주로 북한 지역과 중국에 분포하고 있음을 감안한다면 한국의 강단사학자들도 『단기고사』·『환단고기』·『규원사화』 등의 사료에 대한 새로운 태도와 접근이 필요한 것이다. 그동안과 같은 태도로 무시하고 부정만 할 것이 아니라 어떤 내용이 틀리고 어떤 내용이 옳은지를 구체적으로 하나씩 검증할 필요가 있다. 그것이 위서론의 심화·발전·성숙한 모습이고 한국고대사 발전을 위해서도 불가피한 일이다. 위서론에 따라 전체를 부정하는 대신 내용을 구체적으로 하나씩 연구하여 그 결과에 따라 부정하는 것이 위서론의 새로운 발전된 모습일 것이다.

넷째, 개별 용어들이 근대적인 용어여서 책들이 과거가 아니라 근대에 와서 써진 위서라는 위서론자들의 주장에 대해 천문학자들을 포함하여 과학자들이 인공지능(AI)을 이용하여 한국의 상고사나 고대사를 연구하자는 제안은 하나의 가능성으로 보인다. 고대사를 바로 세우기 위해서는 범국가적인 차원에서 특별위원회를 구성할 필요가 있다. 중국, 일본, 몽고, 러시아, 만주, 중앙아시아, 영국, 프랑스, 터키 등에서 보유하고 있는 우리 고대사 관련 역사자료들을 모두 수집하여 빅 데이터를 만든다. 또한 실증적인 고고학적 자료, 천문학적 자료, 지리학적 자료, 고대 사람들의 DNA 분석을 포함하는 생물학적 자료 등 다양한 자료들을 수집하여 빅 데이터로 만든다. 그리고 인공지능(AI)을 이용하여 고조선(단군조선), 부여, 고구려, 백제, 실라, 발해 등 국가별 키워드, 세부 주제별 키워드 등으로 끄집어내어서 각 국가들의 역사서와 문헌을 비교 검토하여 가장 객관적인 문헌과 사실들을 찾아낼 수 있을 것이다.

3) 역사왜곡과 위서론의 근거 비판

문헌고증학이나 서지학 등 엄격한 과학적인 접근 없이 한국의 주체성을 지닌 고유사서들을 위서로 몰아가는 것은 중국의 중화주의와 사대주의, 일본 식민주의, 미국 등 서구의 문화적인 편견(Western cultural bias)이라는 비판에서 자유롭지 못하다.

첫째, 북한의 대표적인 역사학자인 리지린은 『고조선연구』에서 "<야사> 등의 문헌사료와 고고학적 연구 성과에 의거"해야 한다고 주장한다. "오늘 우리에게 쥐여진 왜곡된 문헌 사료의 허위를 폭로하고 왜곡된 사실을 복원시키기 위하여 전력을 경주하였다. 이를 위해서는 방법론만 가지고서는 부족한 것이며 왜곡된 사료의 허위성을 폭로할 수 있는 자료를 장악하여야 하였다. 그러한 자료는 흔히 <야사>로 불리워지고 있는 사료들과 개인의 문집에서 찾을 수 있었다"라고 하여 선입견이 아닌 수집된 자료를 대조하여 사료의 가치를 판단해야 함을 강조하였다. 이어 일본 역사가의 조선 고대사연구를

검토하고 비판하였다.[122)]

둘째, 임승국은 중국을 종주국으로 떠받들던 전근대의 사대주의 사관을 "중독(中毒)"이라고 하고, 일본의 황국사관을 "왜독(倭毒)"이라 하며, 해방 후 서양학의 영향으로 이룩된 사학을 "양독(洋毒)"이라 표현하여, 한국인의 자아상실증을 비판한다. 일본 식민사학의 이른바 조선사는 바로 중독과 왜독을 합친 복합증상이지 결코 "왜독"이라는 단순 현상은 아니다. 그렇게 볼 때 현대 "양독"이야 말로 전근대의 사학과 일본식민사학을 복합한 현대의 '괴물사학'으로서 "양독"은 중독과 왜독 및 양독의 집대성이라고 강하게 비판 하고 있다. 따라서 한국인의 비주체성을 나타내는 한국사의 구조식을 중독+왜독+양독의 "삼독(三毒)"이라고 주장한다.[123)] 이것은 재야사학의 공통된 대표적인 주장으로 자리 잡게 되었다.

여기에 더하여 국내 역사학계는 강단사학과 재야사학, 식민사학과 민족사학, 유물사학과 민중사학 및 주체사학, 실증사학과 현상학·해석학·비판이론적 사학 등의 대립으로 혼란스럽다. 일국사와 사건사 중심의 폐쇄성은 국제적인 역사학계와의 소통을 단절시키고 고립을 자초하고 있다. 대표적으로 서울대학교에서는 국사학과, 서양사학과, 동양사학과, 역사교육과 등으로 학과를 세분화하여 역사학의 학문연구와 교육의 전문성과 능력을 스스로 약화시키고 폐쇄적으로 안주하게 되었다. 수십 명, 수백 명의 전문가들이 서로 협동하고 공동 연구하여도 성과가 나타날까 말까 하는데 적은 인력을 세분화하여 더욱 적게 만들고 서로 담을 쌓게 되니 연구능력은 더욱 뒤떨어지고 "삼독"의 피해는 더욱 사라지지 않는 상태로 남겨두었다.

중국의 동북공정과 일본의 역사침략은 점점 더 교묘하게 이루어지는데 국내 역사학계나 관련 연구기관들의 대응능력은 너무나 부족한 실정이다. 한반도에서마저 남과 북으로 나뉘고 관련 외국의 자료에 대한 접근이나 활용능력이 뒤떨어져 주체적인 상고사 연구가 거의 불가능한 상태이다. 이러한 역사학계의 자화상이 『환단고기』나 『규원사화』 등에 대한 비생산적인 위서논쟁을 낳아 왔고 중국의 동북공정과 일본의 역사왜곡에 경쟁력 있게 대처하지 못하게 하는 구조적인 한계로 작용하고 있다.

4) 『규원사화』·『환단고기』·『단기고사』에 대한 천문학·고고학·과학자들의 논의

첫째, 위서론자들의 주장과 달리 『규원사화』·『환단고기』·『단기고사』에 기록된 천

122) 리지린. 2018. 『고조선연구』. 말: 47-50.
123) 『한단고기』: 345-347.

문현상인 오성취루현상에 대한 고대천문학 등 최근 과학자들의 입증노력이 눈에 띈다. 천문학자들이나 유물들의 연대측정 과학자들의 연구 성과가 자랑스럽다. 특히 서울대학교 천문학과 교수인 박창범은 『환단고기』에 실린 『단군세기』와 『단기고사』에 기록된 오성취루 현상과 남해의 조류현상이 역사적으로 사실임을 입증하여 『환단고기』와 『단기고사』의 내용이 사실임을 입증하였다.[124)] 『단군세기』에는 무진 50년(기원전 1733년)에 '오성이 모여들고 누런 학이 날아와 뜰의 소나무에 깃들였다'고 기록되어 있다. 이 사실을 그가 고대천문학 이론에 따라 검증하기 위해 기원전 1733년을 전후로 하여 약 550년 간의 기간 내에 수성, 금성, 화성, 목성, 토성 등 다섯 행성의 위치를 계산한 결과 기원전 1734년 7월 13일 초저녁에 오성취루 현상이 일어났음을 확인하였다. 이것은 『환단고기』의 『단군세기』에 기록된 것과 1년의 오차를 보일뿐이어서 『환단고기』와 『단군세기』의 기록이 기원전 1733년에 일어난 오성취루 현상을 역사적인 문서로 기록하였고 그것이 사실임을 증명하는 것이다.[125)]

당시 일어났던 오성취루 현상을 후대에 조작할 수 있는 방법은 중국의 기록을 후대에 인용하여 기록하는 방법인데, 이 경우에도 중국에서 최초로 오성취루 현상을 기록한 것은 기원전 700년대의 것이어서 『환단고기』와 『단군세기』가 후대에 조작한 기록이라는 주장이 틀림을 입증한다.[126)] 오성취루 현상이 기원전 1733년에 단군조선의 역사서에 기록된 것은 단군조선이 중국보다 천문기상 기록에서도 1033년이나 앞섬을 보여 그만큼 단군조선이 중국보다 천문기상분야에서도 선진 국가였음을 보여주는 것이다.

둘째, 조수와 관련하여 『환단고기』의 『단군세기』와 『단기고사』에서 29세 단군 마휴 재위 시대에 "병술 9년(기원전 935년) 남해의 조수(潮水)가 3척이나 물러갔다"[127)]라는 기록이 있는데, 이것을 그가 과학적으로 검증하였다. 그는 기원전 935년을 전후한 200년간 해와 달의 위치와 주석력을 계산한 결과 기원전 931년에 가장 강한 조석력이 발생했음을 발견하고 이것은 4년의 오차만을 보여 『환단고기』의 『단군세기』 기록이 사실이라는 증거를 과학적으로 확인하였다. 이처럼 박창범은 고대천문학을 통해 오성취루 현상과 남해의 조수 3척 밀려난 사건을 입증하여 『환단고기』의 『단군세기』 기록이 사

---

124) 단군신화 등 신화의 내용들을 천문학으로 풀려는 시도들이 있고 각종 연대 측정기술 및 AI까지 역사검증에 이용하는 노력들이 나타나고 있다. 전관수. 2016. 『단군신화는 천문학이다: 단군신화 5,000년의 비밀을 푼다』. 한국문화사; 박창범. 2002. 『하늘에 새긴 우리역사: 천문기록에 담긴 한국사의 수수께끼』. 김영사; 박검진. 2016.

125) 박창범. 2002. 『하늘에 새긴 우리역사: 천문기록에 담긴 한국사의 수수께끼』. 김영사; 박검진. 2016. 앞의 글.

126) 성삼제. 2016: 231.

127) 『단군세기』(임승국 번역 · 주해의 『한단고기』에 있는 『단국세기』에 따른다. 이하 같다): 105.

실이라는 증거를 제시하였다. 『환단고기』의 『단군세기』에는 일식에 대한 기록도 10개 정도가 있는데, 단군조선 시대 2,000년 동안 한반도, 만주, 중국, 몽고에 걸쳐 일어난 일식이 1,500여 회나 되어 연구에 큰 진척이 없으나 이것도 함께 검증된다면 단군조선의 강역을 천문학을 통해 입증하는 것이 될 수 있을 것이다.

물론 여기에는 어려움도 많을 것이다. 단군조선 등 상고사의 강역이 한반도가 아니라 우리의 영토를 벗어나 너무나 광활하기 때문이다. 한반도, 중국대륙, 몽고대륙, 만주대륙, 시베리아 대륙, 일본열도 등 너무나 넓고 우리의 힘이 미치지 않는 지역이 대부분이기 때문이다. 또한 한국사는 여러 가지 역사적 제약 위에 놓여 있기에 그것을 극복하기 위한 특단의 노력이 필요하다.

셋째, 천문학자인 박창범은 여기에 더하여 삼국사기에 서기 224년 백제 구수왕 11년 10월에 쓰인, 금성은 낮에도 관찰할 수 있었다는 '태백주현(太白晝見)'에 대해서 천문학적인 실증연구를 하여 사실임을 입증하였다.[128] 그 당시의 금성의 위치와 밝기를 계산하여 당시 기록의 내용이 사실임을 증명하였다. 또한 개천절 일자와 단군조선 개국년도 문제에 대하여서도 연구하였다.[129] 역사의 진위를 천문학이라는 과학으로 증명한 쾌거이다. 앞으로 과학자들이 더욱 많이 참여하면 역사적 사실이나 신화의 내용 및 문헌의 조작 여부에 대한 검증이 어렵지 않게 이루어질 것이다.

천문학자인 그의 연구결과로 오성취루나 조류 등 고조선의 천문학 연구가 중국보다 1,000여 년이나 앞섰다는 중요한 역사적인 사실이 입증되었다. 그것은 이들 책에서 기록된 천문대의 설치 기록이 사실이고 농업을 담당한 우가가 천문기상관측을 독려하여 천문대의 설치나 천문기상 관측에서 중국이나 일본보다 크게 앞섬을 보여주는 일일 가능성이 크다.

넷째, 동양의학의 경우에도 기원전 10세기 전후의 골침과 석침이 유물로 발견된 고조선의 침술이 기원전 3세기경의 유물로 나타난 중국의 침술보다 700여 년이나 앞섰다는 사실이 경희대 의학과 교수와 사학과 교수인 강인욱·차웅석의 공동연구 결과로 입증되고 있다.[130] 한국이 중국보다 천문학에서 1,000여 년 앞서고 침술을 중심으로 한 동양의학에서 700여 년이나 앞선 사실은 『환단고기』『단군세기』와 『단기고사』에 기록

---

128) 박창범. 1996. <천문학과 고대역사>. 『물리학과 첨단기술』: 2–5; 양홍진·박창범 외. 1998. <고려시대 흑점과 오로라 기록에 보이는 태양활동주기>. 『천문학논총』. 14: 182–208; 박창범 외. 2009. <고구려 고분 벽화 별자리와 천문체계>. 『한국과학사학회지』. 31(1): 1–45.

129) 박창범. 2015. <개천절 일자와 단군조선 개국년도 문제 고찰과 제언>. 『천문학논총』. 30(1): 1–9.

130) 강인욱·차웅석. 2017. 앞의 글.

된 역사적인 사실이 천문학자와 동양의학자 및 고대의학사학자의 과학적인 연구결과에 의해 입증된 것이다. 단군조선에서 단군왕검이 의약과 질병관리를 기성에게 맡기고 5가 가운데 질병과 주병업무를 맡은 노가가 전담 부처가 되어 체계적으로 관리한 결과일 가능성이 크다.

다섯째, 볍씨에 대한 화석 발굴도 『환단고기』『단군세기』와 『단기고사』에 기록된 내용을 입증해주는 귀중한 자료이고 특히 미국 고고학계에서 한국에서 세계 최초의 1만 년전의 볍씨 화석이 발굴된 점을 한국고고학자인 이융조 교수팀과 공동으로 검증하여 미국 고고학계는 물론 세계 고고학계에서 인정받은 점은 단군조선에 대한 기록이 사실임을 입증해주는 사례이다.[131] 단군왕검이 고시에게 농사를 맡겨 진흥시키고 주곡담당 부처로 우가를 전담시킨 것이 사실일 가능성을 높여준다.

여섯째, 고대 천문학, 동양의학, 농업, 치산치수법, 세법 등에서도 단군조선이 가장 앞서고 그것을 기록한 『규원사화』·『환단고기』·『단기고사』의 내용이 사실일 가능성이 더욱 높아지고 있다. 1982년에 일본에서 『환단고기』가 일본어로 번역·출간되었고 일본인은 그들의 고대사를 다시 쓰는 사료로 『환단고기』가 왜곡·수정되어 일본 고대사에 맞는 내용으로 발간되었다. 이것과는 반대로 국내에서는 『환단고기』가 1979년 인쇄본으로 처음 국내에 발행되었으나 『환단고기』가 위서논쟁에 빠져 학자들에게 외면받고 어떤 의미에서는 금서로 간주되어 읽거나 소개하는 것마저 경원시되었는데, 위와 같은 다양한 과학적인 연구결과는 위서론의 근거를 허무는 역할을 하였다.

5) 학자에서 국민으로 바뀐 역사와 역사학의 주역

첫째, 한국사회에서 역사와 역사학의 주인이 학자에서 국민으로 바뀌고 있다. 역사와 역사학에 대한 학자와 국민의 역할은 어떠하며 역사는 누구의 역사여야 하는가에 대해 국민들이 심각하게 묻게 되었다. 그동안 역사학자들의 연구실이나 강의실에서만 논의되던 역사가 강단학자들의 논의를 넘어 일반 국민들의 역사로 위상이 바뀌고 있는 것은 한국역사학계의 특수성과도 관련이 된다. 대부분의 나라에서는 역사학자들의 연구결과를 국민들이 받아들여 국민들의 역사로 삼았다. 거기에는 지역 차원의 갈등은 있을 지라도 국가 차원에서는 갈등이 적었다. 그러나 한국에서는 오랜 기간 중국과 일본의 역사왜곡의 시기를 겪으면서 역사를 빼앗기고 잃어버리게 되어 그 잃어버린 역사를 국민들이 찾아 나선 것이다. 권력과 가까웠던 강단사학자들이 부인하는 단군조선과 고

131) 이융조. 2016. 앞의 글.

대사를 재야사학자들이 되찾으면서 강단사학과 재야사학의 갈등은 역사학자와 국민의 대립으로 확산되어 나타난 것이다. 민주화 이후 역사의 주역이 통치자나 권력자가 아니고 일반 국민이듯이 역사와 역사학의 주인도 정권이나 역사학자가 아니라 일반 국민들로 바뀌게 된 것이다.

역사와 역사학의 주인이 국민들임을 보여주는 사례는 많다. 첫째, 학자들은 위서론을 주장하고 금서로 다루면서 위서논쟁을 하는 가운데, 국민들은 『규원사화』·『환단고기』·『단기고사』의 내용을 직·간접적으로 신뢰하는 사람들이 크게 늘었다. 예를 들면, 『환단고기』가 우여곡절을 거쳐 출간된 이후 역사학자들의 외면과는 반대로 지금까지 여러 종류의 번역서와 주석서가 출간되어 100만 권 이상 보급되었다. 이것은 고대사가 역사학자들의 전유물이 아니라 국민들의 것임을 반영하는 것이다.

둘째, 국민들은 2002년 한일월드컵 당시 '붉은 악마'와 '치우천왕'으로 하나가 되어 뭉쳤다. 모든 국민들과 선수들은 '붉은 악마'와 '치우천왕'이 되어 하나로 뭉친 결과 한국이 월드컵 4강으로 도약했다. 그것은 불가능하다고 보았던 기적이고 그 기적을 이룬 것이다. 모든 국민들과 선수들이 힘과 정성과 기를 모은 결과이다. 하나로 똘똘 뭉친 '민족형성'이 이루어져서 경기 현장 응원은 물론 전국의 광장응원으로 '민족중흥'을 이룩한 것이다. 치우천황을 앞세운 세계인들이 놀란 거리응원문화는 한국사회에 정치·문화적으로도 독특한 새로운 역사를 열어가고 있다.

치우천왕이 붉은 악마의 상징이 되어 전국민들이 하나로 통합된 것에 대해 역사학자들은 여러 가지로 당혹해 한다. 여기에 대해 대한민국 정부의 공식기구인 '일본역사교과서왜곡대책반 실무반장'으로 국내 각계 역사학자들은 물론 일본과 외국 학자들도 접촉하면서 중립적이고 객관적인 입장에서 노력해온 성삼제는 '고조선의 사라진 역사'를 찾고자 세 가지로 정리하고 대책에 대한 견해를 피력하고 있다.[132)]

> 첫째, 지금까지의 논쟁은 단군이 실존 인물이냐, 단군이 기원전 2333년 고조선을 건국했느냐에 초점이 맞춰져 있었다. 그런데 붉은 악마 응원단이 단군을 뛰어 넘어 학계에서 논의되지 않던 치우를 우리의 대표 인물로 내세운 것이다. 치우에 대한 논쟁이 벌어지면 단군은 당연히 역사적인 인물로 자리매김된다.
> 둘째, 치우에 대해서는 중국의 40여 가지 역사책에서 언급되지만 『삼국사기』, 『삼국유사』 등 우리 역사책에는 치우에 대한 언급이 없다. 치우 논쟁을 하려면 『환단고기』 등의 기록을 신뢰할 수 있는지 먼저 검토해야 한다.

132) 성섬재. 2016: 220－222.

셋째, 치우를 우리 고대 조상이라고 주장하는 이들에 대해 비판할 수 있는 논거가 마땅하지 않다. 기존의 역사학자들은 고조선의 영역이 송화강과 북경에까지 이르고, 단군이 역사적 실존 인물일 뿐 아니라, 기원전 2333년에 고조선을 건국한 것도 신화가 아니라 역사적 사건이라는 주장에 대해 잘못된 민족주의라고 비판해왔다. 즉, 1970년대와 1980년대 초 한국 고대사에 대한 인식이 높아진 데에는 극우적 민족주의 성향을 지닌 인사들과 5공화국 정치 세력이 밀접하게 연관되어 있다는 것이었다.

그런데 붉은 악마 서포터스 중에는 당시 이 세상에 태어나지 않은 이들도 많다. 이들은 역사에 심취하기는커녕 역사라면 암기하는 것이 싫다고 고개를 돌리는 신세대들이다. 이들이 학교에서 가르치는 역사의 범위를 넘어, 치우가 우리 조상이며 대한민국의 상징이라고 믿고 있으니 기성세대는 걱정스러울 수 밖에 없다. 이처럼 신세대들은 의식하든 안하든 『환단고기』의 내용을 그대로 우리 역사로 받아들이고 있다. 그렇기 때문에 기성세대도 『환단고기』 문제를 마냥 방치해서는 안된다고 생각한다.

성삼제의 견해처럼 국민들과 역사학자들의 간격을 메우고 잃어버린 고조선의 역사를 되찾아야 한다. 강단사학, 재야사학, 실증사학, 식민사학, 민족사학, 민중사학, 유물사학, 주체사학 등 학자들의 대립과 분열로 인해 잃어버리고 사라진 고조선 역사를 바로 찾아 국민들에게 되돌려주어야 한다. 역사학계의 여러 분파들이 사라진 고조선 역사를 되찾아 대한민국 역사의 뿌리를 튼튼히 해야 한다. 역사학자들만이 아니라 모든 분야의 학자들과 과학자들이 나서야 한다. 역사를 부수고 파괴하는 것이 아니라 찾아 복원하는 일에 서로 협력해야 한다. 역사의 주인은 학자들이 아니라 국민이다.

6) 학자와 국민들이 하나가 되는 과학적인 역사 연구

첫째, 과학자들의 객관적이고 실증적인 연구결과처럼 역사학자들이나 사회과학자들은 열린 마음으로 주체적인 역사를 찾아 바르게 정립해야 할 것이다. 주관이나 편견을 버리고 주체적이고 열린 역사를 찾아가야 할 것이다. '실증사학의 덫', '식민사학의 덫', '민족사학의 덫', '민중사학의 덫', '주체사학의 덫', '유물사학의 덫'을 벗어나고, '강단사학과 재야사학의 전쟁'을 극복하는 길은 열린 융합적 · 과학적 · 질적인 연구이다. 어느 누구도 기존의 고정관념을 넘어 서로 존중하고 서로 수용하고 서로 다르면서 함께 공존하고 협력하는 자세가 필요하다. 실증적인 사료의 활용이 가능한 분야와 새로운 해석과 비판 및 현상학적인 방법을 사용하여야 할 분야를 구분하지 않고 다차원적인 융합적 · 종합적인 연구를 해야 한다.

중국의 진시황 병마용이라는 거대한 유적도 2,000년 동안 잊혀 진 채 잠을 자다가 우연히 한 농부의 우물파기라는 우연한 일로 발견되는 것이 역사이다. 역사적 주장에 대한 논쟁도 사실을 근거로 이루어져야 할 것이다. 사실이 없으면 그 다음 인간이 이해할 수 있는 신화나 논리로 접근할 수도 있을 것이다.

둘째, 학자들의 과학 활동은 진리를 찾아 가기 위해 '틀린 것을 옳다'고 하는 오류(베타 오류)도 줄여야 하지만 동시에 '옳은 것을 틀리다'고 판단하는 오류(알파 오류)도 함께 줄여야 한다. 통상적으로는 베타 오류를 줄이는 노력 못지않게 알파 오류를 줄이는 노력을 더 큰 비중으로 한다. 어떤 책이 위서라고 하는 것은 베타 오류를 줄이기 위한 활동이다. 그것은 틀린 위서를 학자나 일반인들이 사용하여 일어나게 될 오류인 베타 오류를 줄이기 위한 것이다. 그러나 그 책이 위서인지 판단하는 그 자체가 확률적인 수준에서의 판단이다. 절대적인 판단은 인간이 아닌 신만이 할 수 있는 영역이기 때문에 실증주의를 포함한 과학 활동은 항상 허용 오차를 인정하면서 과학 활동을 하게 된다. 위서라고 하는 주장과 진서라고 하는 주장 모두 맞을 가능성과 틀릴 가능성을 열어두고 있어야 한다.

학문활동이 반증가능성을 열어두고 있는 확률적인 과학활동임을 유념해야 할 것이다. 그동안 세계학계에서는 모든 오류를 줄이고 진리를 찾아가는 활동을 하였지만 일반적으로 베타오류보다 알파오류를 줄이는데 더 많은 노력을 해왔던 만큼 한국고대사연구도 과학활동이란 것을 인정한다면 베타오류보다는 알파오류를 줄이는 일에 더 큰 비중을 두어야 할 것이다. 위서론자들은 '틀린 것을 옳다고 하지 못하게 한다'는 베타오류를 줄이는 노력이라고 생각하겠지만, 진서론자들은 이것을 '옳은 것을 틀리게 한다'는 알파오류로 보고 있다. 특히 일본이나 중국이 한국의 역사를 지우고 빼앗고 왜곡시켜 역사적으로 알파오류를 무리하게 조직적으로 확대시켜 온 역사적인 오점을 고려한다면 위서론의 제기는 더욱 조심하고 주의해야 할 일이다. 일제시대의 조선사편수회가 그 일을 실증사학이란 명분으로 조직적으로 해왔던 점을 해방 이후에도 위서론이라는 이름만 바꾸어 진행된다면 위서론자들의 명분이 어떻더라도 오해받을 여지는 있는 것이다.

셋째, 역사서들에 대한 위서여부 판단은 기독교의 위서판정을 하는 방식을 도입할 필요가 있다. 인류사의 여러 역사서나 경전들은 수백, 수천 년의 세월 속에 끊임없는 재편집과 가필을 통해 오늘 날까지 전해오고 있다. 기독교의 『성경』도 수천 년 동안 수백 개의 개별 성경들 가운데 구약 39개와 신약 27개로 확정되어 합계 66개가 되기까지 여러 개의 성경들이 여러 차례 위경 판단을 받았다가 위경이라는 딱지를 떼고 성경에 추가되어 지금은 더 이상 성경에 추가하지 않기로 하고 있다. 동양의 성경에 해당하는 『주역』, 『도덕경』, 『황제내경』, 『화엄경』 등의 경우에도, "『주역』은 태호 복희씨에서 공자에 이르기까지 여러 사람의 손을 거쳐 완성되었고, 『도덕경』은 왕필이 『덕경』과 『도경』의 본래 순서를 뒤집어 재구성한 것이다. 동양의학의 성서인 『황제내경』은 황제 헌원에 가탁하여 전국 시대를 거쳐 한대에 성립되었고, 불교의 『화엄경』도 분리되어 있던 경전들이 수차례의 결집을 거쳐 후대에 편집된 것이다."[133]

이때 기독교의 성경의 위서판정 절차나 기법을 원용할 필요가 있다. 성경도 위서인 위경(僞經)은 당대에 썼으면서도 오래 전에 쓴 것으로 속여 특정 교리나 교파의 위상을 높이거나 사교에 가까운 새로운 교파의 종교적인 정당성을 부여받고자 위경을 성경이라고 주장하는 경우가 많았다. 그리하여 기독교에서는 위경인지 여부를 판단하기 위해 문서와 필체 감정기술이 발달하였다. 『규원사화』는 이미 1972년 고서심의위원들의 심의를 거쳐 진본임을 확인하여 국립중앙도서관에 귀중본으로 지정되어 보관되고 있다. 고서심의위원회의 판정에 문제를 제기하고 있는 만큼 지금이라도 『규원사화』에 대한 연대측정이나 내용검증을 과학적인 방법으로 진행하여 논란을 끝내는 것이 필요하다. 공신력이 인정된 국가기관이나 연구기관이 감정하면 쉽게 판정이 날 문제이다. 다만, 현재 전하고 있는 여섯 종류의 사본들이 모두 근대에 필사 혹은 등사되어 시기가 서로 다르고 원전이 전해오지 않고 필사본만이 전해왔다면 그것은 다른 문제이다. 그럴 경우에는 『규원사화』의 내용들 하나하나를 차례로 검증해야 할 것이다.

3. 고조선에 대한 중국 역사서의 기록

(1) 중국 역사서에 대한 리지린 · 윤내현 · 고려대학교 한국사연구소의 정리[134]

첫째, 가장 오래된 문헌으로 기원전 7세기의 『관자』 <규도>와 <경중갑>에서 '발조선의 표범가죽'과 '발조선의 표범가죽옷' · '8천리 떨어진 발조선'이라 기록해 고조선의 존재를 중국에서 기원전 7세기 이전에 이미 인정하고 있음을 보여 준다.[135]

둘째, 『사기』<송미자세가>는 '기자를 조선에 봉한 일,' 『사기』<진시황본기>는 '영토의 동쪽은 바다에 이르고 조선에 미쳤으며' · '갈석산 · 요동을 순행', 『사기』<효무본기>는 '봉래산 · 갈석산 순행' 등을 기록하여 고조선의 서쪽 국경이 난하와 갈석산임을 기록하고, 『사기』<주본기>는 '기자를 풀어 주었다'라고 가록하고 『사기』<조선열

133) 『환단고기』: 102－103.
134) 리지린. 2018. 『고조선연구』. 말; 윤내현. 2017. 『사료로 보는 우리 고대사』. 만권당; 고려대학교 한국사연구소 편. 2019. 『역주 고조선사료 집성: 중국편』. 새문사.
135) 『관자』 권 23 <규도>와 『관자』 권 24 <경중갑>.

전>은 '조선왕 · 진번 · 패수 · 요동 · 임둔 · 우거' 등 위만조선에 대해 기록하고 있다.[136]

셋째, 『상서대전』<은전>은 '기자가 조선으로 도망갔고, 무왕이 홈범에 대해 문의' 했음을 기록하고 있다.[137]

넷째, 『산해경』<해내경> · <해내북경>은 '조선은 동해의 안쪽, 북해의 모퉁이에 있는 나라', '조선은 연에 속한 열양의 동쪽, 바다의 북쪽, 산의 남쪽에 있다'라고 기록하고 있다.[138]

다섯째, 『한서』<무제기>와 <지리지>는 '태산 · 갈석산 · 요서', '기자를 조선에 봉함'을 기록하고 있다. 『한서』<지리지>는 '요동군 진나라 유주에 설치', 『한서』<장진왕주전>은 '연왕 노관 반기 평정'을 각각 기록하고 있다.[139]

여섯째, 『태강지리지』는 '낙랑군 수성현 갈석산이 장성이 시작된 곳'이라고 기록하고 있다.[140]

일곱째, 『대명일통지』<영평부>조에는 '조선성이 영평부 경내에 있다'고 기록하여 조선성의 존재와 위치를 밝히고 '기자가 봉함을 받은 땅'이라고 기록하고 있다.[141]

여덟째, 『위서』<북평군>조에는 '북평군이 거느리는 현은 둘이다. … 조선현과 신창현이다'라고 하고, 조선현에 대한 주석에는 '전한 · 후한과 진나라 때는 낙랑군에 속했는데, 후에 폐지했다. 연화 원년(432) 조선 백성을 비여(肥如)로 옮겼는데 후에 다시 설치했다'라고 하여 조선현의 명명과정을 기록하고 있다.[142]

아홉째, 『통전』<동이><평주> · 『진서』<당빈열전> · 『회남자』<추형훈> · 『전국책』 · 『구당서』 · 『수경주』 · 『염철론』<험고> · 『후한서』<동이열전><고구려전><예전><부여국전><한전> · 『사기집해』 · 『논어』<미자> · 『삼국지』 · 『양서(梁書)』 등이 고조선의 동이족 · 기자 · 고구려 · 부여 등에 대해 기록하고 있다.[143]

---

136) 『사기』 권 38 <송미자세가>; 『사기』 권 6 <진시황본기><진시황 26년>조; 『사기』 권 6 <진시황본기><2세황제 원년>조; 『사기』 권 12 <효무본기>; 『사기』 권 4 <주본기>; 『사기』 권 115 <조선열전>.

137) 『상서대전』 권 2 <은전><홍범>.

138) 『산해경』 권 18 <해내경> · 『산해경』 권 12 <해내북경>.

139) 『한서』 권 6 <무제기>; 『한서』 권 28 <지리지>하 <낙랑군> '조선현'에 대한 주석 · 『한서』 권 28 <지리지>하; 『한서』 권 40 <장진 왕주전>.

140) 『태강지리지』; 『사기』 권 2 <하본기>의 갈석에 대한 주석인 『사기집해』에 수록.

141) 『대명일통지(大明一統志)』 5권 <영평부><고적조>.

142) 『위서』 106권 <지형지><북평군>조; 리지린. 2018. 앞의 책: 119-120.

143) 윤내현. 2017. 『사료로 보는 우리고대사』. 만권당: 23-231.

(2) 중국 『사고전서』에서 심백강이 찾아낸 고조선 사료들[144)]

첫째, 송나라 때 편찬된 『무경총요』와 『왕기공행정록』에서 오늘날 하북성 동쪽에 있는 조하(潮河)가 송나라 시대에는 '조선하(朝鮮河)'로 불렸다는 사실을 찾아냈다.[145)]

둘째, 송나라 나필(羅泌)이 지은 『노사(路史)』에서 『산해경』에 포함되어 있는 <해내경>이 '『고조선사기』'로 삼은 기록을 밝혀 냈다.[146)]

셋째, 송나라 낙사(樂史)의 『태평환우기』에서 오늘날 하북성 진황도시 노룡현에 '조선성(朝鮮城)'이 있었다는 기록을 찾아냈다.[147)]

넷째, 중국 최초의 정사인 『진서(晉書)』에서 전연(前燕)을 건국한 선비족 모용황을 '조선공(朝鮮公)'에 봉한 기록을 확인했다.[148)]

다섯째, 남북조시대 대표적인 문인이었던 유신(庾信)이 쓴 두로영은(豆盧永恩)의 비문에서 선비족의 발상지 시라무렌강 유역에서 '조선'국(朝鮮國), 고조선이 건국되었다는 1,500년 전의 기록을 확인했다.[149)]

『사고전서』에서 찾아낸 조선하·조선기(朝鮮記)·조선성·조선공·조선국에 관한 기록들은 그동안 국내학자들이 확인하지 못한 사료들이어서 그 의미가 크다. 조선성에 관해서는 『대명일통지』<영평부>조에 있고, 조선현에 대해서도 『위서』에서 확인되었지만 나머지에 대하여서는 그동안 사료를 찾지 못했는데 이번 심백강이 『사고전서』에서 확인한 사실은 중요한 의미를 지닌다. 중국사서에 대한 확인이 잃어버린 고조선의 역사를 바로찾는데 크게 기여하지만, 중국 사서는 중국중심·중화주의 관점에서 기록되었다는 점을 비판적으로 해석·수용해야 할 것이다.

이 책의 <여는장>에서 저자가 각종 고문헌이나 사료들을 디지털화하면 인공지능(AI)이 한국의 역사바로찾기에 크게 공헌할 것이라고 주장한 것이 이번 『사고전서』에서 고조선에 대한 기록을 찾아낸 것에서도 확인된 것이다.

---

144) 심백강 편저. 2014. 『잃어버린 상고사 되찾은 고조선』. 바른역사.
145) 『무경총요(武經總要)』 <전집> 권 16하 <북번지리>; 심백강. 위의 책: 5, 13－71.
146) 『노사』의 <주(注)>에서 『조선기』가 여러 차례 언급되었는데, 3권·22권·36권의 주석에서는 『해내조선기(海內朝鮮記)』로 표현되어 있다; 위의 책: 5, 73－91.
147) 『태평환우기』 권 70 <평주>; 위의 책: 5, 93－120.
148) 『진서』 권 109 <재기> 9 <모용황>; 위의 책: 6, 121－147.
149) 『유자산집』 권 14 <주농우총관장사 중태자소보 두로공신도비>; 위의 책: 6, 149－199.

4. 한국고대사에 대한 외국의 역사왜곡 · 역사전쟁과 한국의 대응

(1) 역사내전 · 역사전쟁과 역사왜곡

1) 투쟁과 전쟁의 기록으로서의 역사의 본질

역사는 토인비의 '도전에 대한 응전'이나 스펭글러의 문명의 흥망성쇠에 대한 기록으로 규정되듯이 국가나 민족의 생과 사, 흥망성쇠 과정에서의 투쟁의 속성을 내포하고 있다. 이 때문에 신채호는 "역사는 아我와 비아非我의 투쟁이 시간적으로 전개되고 공간적으로 펼쳐지는 정신적(心的) 활동 상태에 관한 기록이다"[150]라고 정의하고 있다. 역사는 '아와 비아의 투쟁'이고, 역사의 기록은 '아와 비아의 투쟁의 기록'이므로 역사에 대해 국가나 민족 내부에서는 서로 다른 사관과 관점에 따라 역사내전이 펼쳐지고 국가나 민족 사이에는 역사전쟁이 치열하게 벌어진다.

역사내전과 역사전쟁은 총과 칼이 아닌 기록과 유물 등 사료를 기반으로 한 지적활동의 투쟁이다. 그러면서 역시 역사는 국가나 민족의 지력(知力) 외에도 경제력과 군사력의 투쟁의 산물이다. 같은 민족 내에서도 후임 왕조가 이전 왕조와 투쟁하고, 역사적 흔적을 지우고자 하는 측과 과거를 지키고자 하는 측의 역사내전이 벌어진다. 국가 간에도 승리한 국가가 패한 국가의 역사를 무너뜨리고 훼손하며 주변 국가나 민족의 역사를 자국의 역사로 편입시켜 역사를 새로 쓰거나 유물과 유적을 조작하는 일도 빈번하다. 국가나 민족 간에 투쟁한 결과가 역사가 되고 후대에 과거의 역사를 왜곡시키면서 국가간에 역사전쟁이 벌어지게 된다.

동아시아에서 한국과 중국, 그리고 일본은 5천 년 동안 서로 긴밀한 관계에서 때로는 전쟁을 하고 때로는 평화적인 외교관계를 유지하며 공존해왔다. 지난 5천 년 동안 세 국가는 자국 중심으로 역사를 기록하였고 승자는 패자의 역사를 왜곡 · 조작 · 훼손까지 하는 일들이 벌어지면서 국가간 역사전쟁이 치열하게 벌어지게 되었다. 역사는 승자의 역사이고 역사의 기록은 승자의 기록이어서 패자는 역사를 잃게 되고 역사의 기록을 파괴당했다. 역사를 기록하지 못한 민족이나 국가는 아무리 정복자라 할지라도 승자로 기록되지 못한다. 전쟁에서 이긴 승자들은 대체로 패자의 역사와 문명을 파괴하였다. 겉으로 드러내 놓고 시끄럽게 파괴하는 경우도 있고 반대로 겉으로는 조용하게 그러나 실질적으로는 교묘하게 역사를 훼손시키는 민족이나 국가도 있다.[151]

150) 신채호. 2014: 21.

한국사서를 잃게 된 주요 요인으로는 전란으로 인한 사서 소실, 중국 중화주의·일본 식민주의·서양 실증주의 사관의 폐해, 유교·불교·기독교 등 외래 사상에 따른 역사왜곡 등을 들 수 있다. 고구려(위나라 관구검, 당나라 이적), 백제(나당연합군), 신라(후백제 견훤), 고려(금나라 서표, 몽고 쿠빌라이) 등의 시대에 수도가 함락되고 사고가 불타 없어졌다. 조선시대에는 태종이 모든 비유교서적을 소각하고, 세조·세종때에도 수서령을 내려 수거하고, 임진왜란·병자호란 때 사서들이 소실되고 일제강점기에는 20여 만 권을 탈취·소각하여 대부분의 사서들은 전란 등으로 소실되었다.

한국은 고조선과 고구려 및 발해 등의 영토를 잃고 한반도로 이동해오면서 그 지역에서 일어난 역사를 중국에게 빼앗길 위험에 처해있다. 중국은 현재의 영토를 중심으로 역사를 정리하면서 그들의 소수민족의 고대역사를 중국의 역사로 만드는 동북공정·탐원공정·요하공정을 추진하여 한국의 고대사를 중국의 역사로 편입시키는 작업을 범국가적인 프로젝트로 추진하고 있다. 일본은 일제강점기 식민사학을 통해 한국사 자체를 말살시키고 동양사가 아닌 일본역사로 편입시키는 작업을 조선사편수회를 통해 교묘하고 치밀하게 완성시켰다.

중국과 일본이 자행한 한국에 대한 역사전쟁의 유산은 노론사학과 식민사학으로 남아 한국사학계 내부에서 역사전쟁을 일으키게 하여 한국의 독자적인 역사연구의 지력과 학문으로 축적되지 못하고 역사내전에 에너지를 소모시켜 한국의 역사를 허물고 오염시키는 요인으로 만들고 있다. 한국 고대국가에 대한 독자적인 기록들인 규원사화·단기고사·한단고기·단군세기 등을 위서로 만들어 금서로 만드는 것도 식민사학과 노론사학의 한국역사허물기의 한 사례일 것이다. 지금은 거의 해소되었으나 임나일본부설 등을 주장하여 한국과 일본의 고대사를 왜곡·조작하거나 일제강점기 통치를 미화시켜온 것도 역사왜곡의 중요한 사례였다. 한국의 고대사를 부인하는 중국과 일본의 역사학자들은 각각 거의 같은 주장을 한 목소리로 펼치는 반면, 이들과 역사전쟁을 벌여야 하는 한국 역사학자들의 목소리는 5~6개의 사관에 따라 서로 다른 주장을 펼치며 사분오열하여 역사전쟁 자체가 벌어지지 못하고 있다. 역사내전이 문제되지 않는 중국이나 일본과는 달리 한국에서는 역사내전과 역사전쟁이 긴밀하게 연계되어 있기 때문에 역사전쟁의 양상이 복잡하고 역사전쟁에 대한 대응을 어렵게 하여 이것에 대한 역

151) 진시황이 분서갱유로 중국 통일 이전의 여러 나라들의 책이나 기록들을 모두 불 태운 것은 자신이 새로운 역사를 써나가 역사의 시작을 자신부터 하기 위함이다. 네로황제가 로마를 불태운 것도 자신의 역사를 새롭게 시작하기 위함이고, IS가 인류문화유산을 로켓트 포를 쏘아 파괴하는 것은 종교적인 이유에서 최고의 인류 문화유산을 야만이 파괴하는 것이다. 역사는 야만이 문명을 파괴하고 후진이 선진을 지울 수 있는 역사전쟁을 통해 승자의 역사만이 축적되어 왔다.

사정책적 차원에서 더욱 치밀한 대응이 필요함을 유의해야 한다.

(2) 중국의 동북공정 · 탐원공정 · 요하공정 등을 통한 역사전쟁

중국은 진시황의 분서갱유 이후 중국은 물론 주변 국가들의 역사를 그들의 시각에서 다시 써 왔고, 동북공정 · 탐원공정 · 요하공정으로 지금도 중국은 역사를 새롭게 쓰고 있다. 문화혁명 이후 역사를 다시 써 한국이나 주변 국가들의 역사를 중국의 역사로 만들고 있다.

첫째, 동북공정 · 탐원공정 · 요하공정 등은 영토중심국가인 중국이 소수민족 등 첨예한 정치현안을 극복하고 국민통합을 이루어 다민족국가로 통합시키기 위한 국가프로젝트로 추진한 국가사업이다. 국가는 속인주의와 속지주의 가운데 하나를 택하는데 한국이나 일본은 속인주의인 반면, 중국은 속지주의를 채택하여 다수민족인 한족 외에 55개 소수민족이 전체인구의 약 8.5%를 차지하고 있으나 중국정부와 소수민족 사이에 분쟁이 계속되어 그것을 해결하기 위한 장기적인 국가전략의 일환으로 동북공정, 서남공정, 서북공정 등 각종 공정을 추진한 것이다.[152]

둘째, 동북공정[153]으로 거국적인 역사 다시쓰기 프로젝트로 통일적 다민족국가인 중

152) 55개 소수민족으로는 장족, 만주족, 후이족, 먀오족, 위구르족, 몽골족, 조선족 등이며, 이들 소수민족이 중국 전체 영토의 60%를 차지하여 이들 지역에서 가스, 석탄 등 천연자원과 삼림, 수력발전이 풍부해 경제적으로 매우 중요하고 지역적으로도 러시아, 파키스탄, 아프가니스탄, 인도, 베트남, 북한 등 많은 국가들과 접경하고 있어서 군사전략적으로도 매우 중요하다. 이에 중국 정부는 소수 민족 정책으로 강경책과 유화책을 사용하여 5개 구와 30개 주 12개 현에 소수민족 자치를 허용하고 한족과는 달리 두 자녀 출산을 허용하고 대학입시 우대점수 부여, 범죄에서도 상대적으로 관대한 처벌을 하는 등 유화책을 사용하지만 신장위구르와 티베트지역에서의 대규모 독립시위, 한족의 서부개발 독점에 대한 위구르족의 봉기, 한족의 광산개발권에 대한 몽골족의 갈등으로 인한 네이멍구 봉기 등이 일어나면서 중국 소수민족에 대한 국민통합프로젝트가 국가적 · 정치경제적인 차원에서 필요하게 되었다.

153) 동북공정(東北工程)은 '東北邊疆歷史與現狀系列研究工程'의 줄임말로서, 중국이 현 국경 안에서 전개된 모든 역사를 중국 역사로 만들기 위해 2002년부터 추진한 동북쪽 변경지역의 역사와 현상에 관한 연구프로젝트이다. 중국은 2001년 6월에 동북공정에 대한 연구를 추진하기로 하고, 8개월간의 준비 기간을 거쳐 이듬해 2월 18일 정부가 공식적으로 추진하기로 결정하였다. 연구는 중국 최고의 학술기관인 사회과학원과 지린성 · 랴오닝성 · 헤이룽장성 등 東北三省의 성 위원회가 연합하여 추진하였다. 이것은 중국이 영토중심국가라는 국가관에 따라 역사를 다시 쓰는 것이지만 궁극적 목적은 중국의 전략지역인 동북지역, 특히 고조선 · 고구려 · 발해 등 한반도와 관련된 역사를 중국의 역사로 만들어 한반도가 통일되었을 때 일어날 가능성이 있는 영토분쟁을 미연에 방지하는데 있다. 동북공정은 학문적인 토대가 없이 추진되었다. 구당서, 신당서 등 중국의 正史도 발해를 자기 역사라 생각하지 않아 본기가 아닌 북적열전(北狄列傳)에 포함시켰다. 삼국사기나

국의 변강을 안정시키고 민족을 단결시켜 사회주의 중국의 통일을 강화시키기 위한 정치프로젝트이고 학술연구프로젝트이다. 이 때문에 2000년 12월 중국공산당 중앙이 승인하고 중국 정부 핵심 싱크탱크인 중국사회과학원에 1983년에 설치한 중국변강사지연구센터가 동북지역 3개 성과 연합하여 추진하여 동북3성의 당위원회, 성 사회과학원, 동북지방 소재 주요 대학이 참가하였다. 이로 인해 역사가만이 아니라 중앙정부와 지방정부의 정치인, 관료, 토목건축가, 학자, 중국 공산당 등이 대대적으로 동원되어 거국적으로 역사 다시 쓰기를 추진하고 있다.[154] 대표적인 예로 [그림 4-2]에서 오는 중국정부의 만리장성 연장을 통한 역사왜곡을 들 수 있다. 중국은 6,352km의 만리장성을 2배가 넘는 14,844km를 새로 건축하며 총 21,196km로 늘려 고조선, 고구려, 발해 영토를 중국의 영토로 삼는 공사를 완성하였다.

셋째, 중국 당국이 동북공정을 추진한 배경은 장기적인 국가전략과 관련하여 국가의 안전을 도모하고 동북지역의 내외적 요인에 대응하여 낙후한 동북지역을 개발하여 국토를 균형발전시키는 등 새로운 정책적 조치가 필요했으며 북한의 핵위기를 비롯한 한반도의 정세변화에 대응하는 차원 등의 세 가지 배경에서 추진한 것이다.

삼국유사와 같은 한국역사서는 물론이고 중국의 역사서들도 고구려·백제·신라를 '삼국' 또는 '해동삼국'이라 칭해왔다. 중국사학계를 이끄는 곽말약·전백찬 등은 '고구려는 한국사'라고 했고, 모택동·주은래도 같은 입장이었다. 그러던 중 '청나라 영토에서 이루어진 역사활동은 중국사'라는 '영토중심국가'관의 기반이 되는 역사지리학의 강역이론(疆域理論)을 담기양이 주장하고 그것을 수용하면서 '고구려는 중국동북의 소수민족 정권'이라는 주장이 제기되고 정치적인 이유 때문에 동북공정으로 이어졌다. 중국의 영향 하에 있던 러시아 학자들이 1993~1994년 연해주 크라스키노·코르사코프카의 발해 유적에서 나온 유물로 발해가 말갈족국가가 아니라 고구려·통일신라와 같은 뿌리임을 확인한 것은 역사기록뿐만이 아니라 유적과 유물에 대한 연구가 중요함을 보여주는 사례이다. 이에 편승하여 '고구려 계승'을 주장하는 북한이 신라의 삼국통일을 부정하면 발해와 고구려까지 중국에 넘겨줄 위험이 있음을 경계해야 한다. 김정배. 2018. 『한국과 중국의 북방사 인식』. 세창출판사.

154) 중국 동북공정의 연구는 크게 기초연구와 응용연구로 나뉜다. 주요 연구과제는 동북지방사 연구, 동북민족사 연구, 고조선사·고구려사·발해사 연구, 중국과 한반도 관계사 연구, 한반도 정세 및 변화와 그에 따른 중국 동북 변경지역의 안정에 관한 연구 등이다. 특히 고조선·고구려·발해 등은 고대 중국의 동북지방에 속한 지방 정권인데, 북한과 한국의 학자들이 이러한 사실을 왜곡하고 혼란을 부추기고 있다는 전제 아래 연구를 진행하고 있다. 또한 연구와 더불어 역사왜곡을 위한 역사적 증거를 왜곡하기 위한 만리장성의 연장 공사 등을 진행하였다. 중국은 역사문제를 정치군사적 문제로 접근하여 중앙과 지방의 정치인, 행정가, 군인, 사회과학자, 사학자, 토목건설자, 건축기술자 등 다양한 주체들이 긴밀하게 연합하여, 역사의 현장을 근본적으로 훼손하고 왜곡하는 다양한 작업을 막대한 예산을 투입하여 거국적으로 추진하였다. 저자도 2004년 6월부터 국회의원으로서 현장을 답사하였고, 전직 국회의원들 20여 명과 함께 중국 역사탐방의 일환으로 2013년 8월 만리장성 연장 공사현장을 재답사하면서 중국의 역사왜곡이 공개적으로 광대한 규모로 진행되는 데 크게 놀랐다.

그림 4-2 중국의 만리장성 연장을 통한 역사왜곡

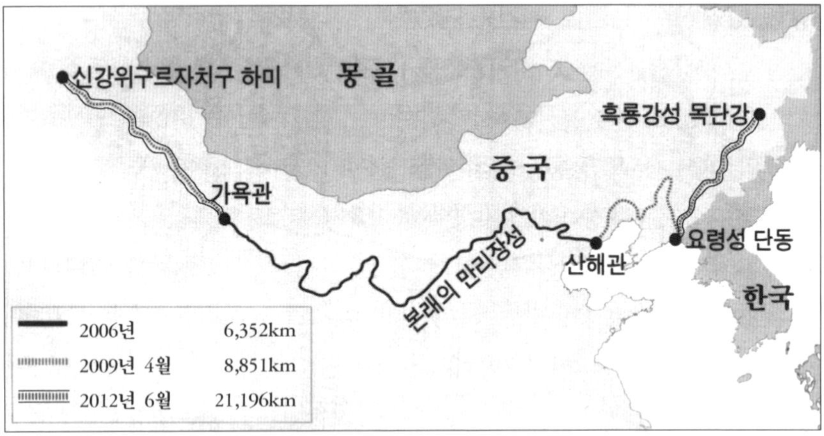

고구려, 발행 땅까지 연장한 중국의 만리장성_역사적으로 만리장성의 동쪽 끝은 하북성 산해관(山海關)이 정설이다. 그런데 2009년 압록강 하구인 단동의 고구려성을 호산(虎山)산성이라 바꾸고 만리장성 동단이라고 하였다. 그러나 이번에는 동쪽 끝과 서쪽 끝을 모두 연장했다. 동쪽의 경우 흑룡강성과 길림성까지, 서쪽은 감숙성 가욕관보다 더 서쪽인 신강위구르자치구까지 장성이 발견되었다고 발표하였다. 한마디로 정치적 목적의 역사왜곡이 점점 심화되고 있는 것이다.

출처: 『환단고기』: 26.

동북공정에 뒤이어 중화문명과 전혀 뿌리가 다른 요하문명을 중국의 문명으로 만들어 역사를 1만 년 전까지 끌어 올리는 탐원공정[155]과 요하공정[156]도 적극 추진되어, 중화문명과는 근본적으로 다르고 한민족과 고조선문명의 뿌리인 요하문명과 홍산문명을 빼앗아 중국의 고대문명으로 만드는 작업이 한창이다. 동북공정, 서남공정, 서북공정 등이 중국의 공간을 횡적으로 확장하는 공정인 반면, 탐원공정과 요하공정은 역사의 시원을 끌어 올려 종적으로 심화시키는 공정이다.

155) 중화문명탐원공정(中華文明探源工程)은 2002년부터 2005년까지 중국이 중화민족과 주변국가 및 중국소수민족의 시원을 연구하는 공정으로 중국의 역사적 실체를 1만 년 전으로 끌어올려 황화문명보다 빠른 요하문명을 중국의 시원문명으로 왜곡시켜 이집트문명이나 다른 문명보다 훨씬 앞선 문명으로 만들려는 공정이다.

156) 요하공정은 탐원공정의 일환으로 중국 동북부 요하지역에서 1983년에 발견된 '뉘우허량 유적(牛河梁遺跡)'이 기존의 홍산문화에서 발견된 여신상과 달리 처음으로 남신상이 발굴되어 이것을 '중화조신(中華祖神)'이라며 기존의 랴오닝성박물관을 개축하여 중국 내몽고 적봉박물관으로 개관하였다.

중국은 진시황의 유적인 병사용도 1997년에 와서야 우물을 파던 농부의 신고로 우연히 발견했다. 땅 속에 더 많은 유적들을 갖고 있으면서도 밝혀내지 못한 채 주변국가들의 역사를 빼앗으며 그들의 역사를 다시 쓰고 있다. 중국의 동북공정은 역사학자들의 영역이 아니라 거국적·정치군사적인 차원의 프로젝트이다. 역사학자들은 서로 다른 사관에 따라 다양한 주장을 펼칠 자유가 허용되지 않은 채 기술자들로서 큰 그림 속에서 부속품으로 이용될 뿐이다. 역사의 기본 구도는 국가경영의 차원에서 범국가적·정치군사적인 사업으로 추진되고 있다. 더 이상 역사가 역사학자들의 전유물이 아니다. 동북공정의 기획자는 정치군사적인 전략가이다.

중국은 동북공정을 통해 고구려와 발해 등이 중국 국경 안에서 전개된 중국의 역사라고 만들었고, 탐원공정을 통해 요하문명과 홍산문명, 그리고 고조선의 역사를 중국의 역사로 주장하였다. 그러한 내용을 박물관과 유적의 해설에 명기하여 중국의 역사로 만들었고 그 역사의 주체인 한국인들이 이들에 대해 접근 하는 것을 엄격히 제한하고 있다.

(3) 일본의 역사왜곡

일본은 더욱 교묘하게 역사를 왜곡하여 한국사를 말살하고 일본사에 편입시키는 식민사학을 정립하여 한국과 중국 및 대만 등 아시아 국가들을 침략하기 위한 수단으로 역사왜곡이 악용된 것이다. 임나일본부설, 정한론, 대동아공영권 등은 식민지 개척을 위한 논리에 동원하기 위한 것들이다. 일본 식민통치의 최고위층 통치자들과 조선총독 및 군사지도자들 그리고 동경제국대학과 경성제국대학 등이 깊이 관여하면서 조선사편수회를 내세워 역사왜곡이 추진된 것이다. 일본의 한국에 대한 역사왜곡은 더욱 심각한 수준에서 공격적으로 진행되어 왔다. 일본은 임나일본부설, 정한론 등으로 꾸준히 역사를 왜곡하고 조선의 역사적 뿌리를 훼손하여 조선에 대한 식민통치를 정당화하고자 하는 꿈을 꾸어왔다.

첫째, 임나일본부(任那日本府)설은 일본의 야마토왜(大和倭)가 4세기 후반에 한반도 남부지역에 진출하여 백제·신라·가야를 지배하고, 특히 가야에는 일본부(日本府)라는 기관을 두어 6세기 중엽까지 직접지배하였다는 설이다. 이 주장은 이미 허구로 드러났으나[157] 아직도 일본 교과서에 수록되어 한국고대사에 대한 오해, 일제식민통치의

157) 첫째, 이 주장의 근거인 광개토대왕비석문("百殘新羅舊是屬民' 由來朝貢° 而倭以辛卯年來渡海破百殘□□□羅以爲臣民° 以六年丙申 王躬率水軍討利殘國°)에 대한 해석이 잘못되었다는 점

합리화 및 일본인의 한국에 대한 편견과 우월감을 조장하고 있다.158)

둘째, 정한론은 1870년대를 전후하여 일본 정계에서 강력하게 대두된 조선에 대한 공략론이다.159)

셋째, 과거만이 아니라 지금도 일본은 역사왜곡을 공격적으로 추진하고 있다. 독도와 위안부 등 교과서 문제는 더욱 정치적인 문제이며 역사학자들의 차원을 넘어 정치 군사적인 주제이다. 이 때문에 한국만이 아니라 중국 및 동아시아 여러 나라들로부터 비판을 받고 심지어는 외교적인 문제로까지 비화되고 있다. 한국과의 관계에서도 독도를 일본 땅이라고 우기고 위안부를 부인하는 등 역사왜곡이 심각하게 진행 중이다. 한일간 일본의 교과서 왜곡과 독도문제는 첨예한 국제정치적인 문제로 되고 있다. 독도가 일본 땅이라는 내용을 기술한 중·고등학교 교과서 배급은 일본 중앙정부 문부성의 주

이다. 일본은 이것을 '왜가 신묘년 즉 391년에 바다를 건너 백제, 신라를 격파하여 신민으로 삼았다고 해석하여 왜를 야마토정권의 군대로 보았으나, 한국학계에서는 한문은 원래 긴문장이거나 비석문의 경우 제일 앞에 주어를 쓰면 뒤에는 생략하므로 곳곳에 '고구려'라는 주어가 생략되었다고 본다. 즉, '왜가 신묘년에 바다를 건너 왔다. 고구려가 백제, 신라를 격파하고 신민으로 삼았다. 병신년 395년에 고구려 왕이 직접 수군을 이끌고 백제를 토벌했다'라고 해석해야 문장과 뜻이 이어지고 역사적 사실과도 일치한다는 것이다. 둘째, 임나일본부의 '府'를 일본서기에서 미코토모치(御事持)로 읽고 또 각주에서 '명령을 전달하는 자'라고 해석하고 있는 것처럼 임나일본부라는 명칭은 사신, 혹은 사신단의 의미가 담겨져 있어서 '백제와 신라의 공격으로부터 살아남기 위한 안라국의 외교적인 노력으로 파견된 왜의 사신'이었을 뿐 가야지역을 지배한 기관이 아니라는 점이다. 이기용. 2017: 22－24.

158) 일본 역사왜곡의 대표적인 사례로서 南鮮經營說이라고도 불리는데, 이에 관한 연구는 이미 17세기 초에 시작되어 식민지 개척의지를 굳힌 19세기 말에는 문헌고증까지 짜 맞춰 일본에서 정설로 만들고 각국에 소개하였다. 여기에서 일본이 이미 3세기경에 외국에 식민지를 건설할 정도로 고대사회가 발전하였으므로, 19세기 이후 일본제국주의의 한반도 지배가 역사적으로도 정당하다는 논리로 악용되었다. 이와 함께 '日鮮同祖論'을 제기하면서 한국인과 일본인은 본래 같은 조상을 갖는 같은 뿌리에서 태어났다는 주장을 하여 일본의 한국 식민통치를 합리화하고자 했다. 일본이 이것을 위한 증거로 광개토대왕비문과 『일본서기』 및 중국의 고서들 그리고 백제의 칠지도 등을 들고 있으나 그 근거들이 왜곡되거나 변조되거나 오해된 것이다. 현재 일본 학계에서는 옛 주장이 거의 사라지고 가야에 파견된 왜의 사신 등으로 바뀌었고, 한국 학계에서는 가야사의 체계적인 연구를 통해 대체로 임나일본부의 존재 자체를 부정하고 있다. 임나일본부 문제는 한국고대사의 복원뿐만이 아니라 한일관계사 및 한일관계 정립에도 중요한 문제이다. 2000년대 중반 한국과 일본측의 학자들이 공동으로 참여한 한일역사공동위원회의 공동연구결과로 임나일본부설을 철회한 것은 사필귀정이지만 다행이라 하겠다.

159) 일본 정부가 조선과 국교를 위해 사신을 보냈으나 번번이 거절당하면서 조선에 파병하여 무력행사를 하는 문제를 두고 논쟁을 벌이다가 아직은 준비가 덜 되었다는 이유로 정한반대를 결정하였다. 그 뒤 비정한파 정권이 1875년 운양호(雲揚號) 사건을 일으키고 강압적으로 강화도 조약을 체결하여 식민통치의 길을 닦았다. 당시 일본에서는 정한파든 비정한파든 식민통치를 공통적으로 꿈꾸고 있었다.

도로 교묘하고도 급속도로 확산되고 있다.[160] 19세기 후반부터 조선 역사에 대한 왜곡이 식민지 침탈을 위한 작업의 하나로 진행되었다.[161]

한국에 대한 식민통치 기간 동안은 더욱 광범위하고 교묘하게 역사왜곡이 이루어졌다. 중국이나 대만 등 일본의 다른 피식민지와는 달리 유일하게 한국에만 조선사편수회를 설립하여, 실증사학이란 미명하에 역사 훼손을 조직적으로 추진했다. 일본인들이 한쪽에서는 역사적 증거들을 조직적으로 말살하거나 조작하고, 다른 한편에서는 조선사편수회를 앞장 세워 전문가들이 왜곡되어 없어진 사료를 바탕으로 역사를 무너뜨리고 왜곡했다.[162] 특히 고대사 부분에 대한 역사 훼손이 심각했다. 역사적 실체의 증거들을 없애거나 훼손하여 실체를 신화로 바꾸거나 내용을 왜곡하는 일들이 전문가들의 전문기술을 바탕으로 교묘하게 이루어졌다. 식민사관에 따른 역사왜곡이 이루어지면서 해방 이후에도 역사왜곡이 자율적 · 자생적으로 이루어지도록 제도화하였다. 실증사학과 역사의 과학화라는 명분으로 고대사와 역사 전체가 새롭게 써진 것이다.

(4) 한국의 대응

1) 중국과 일본의 역사왜곡의 성격과 한국의 기존 대응

첫째, 중국과 일본의 역사왜곡은 국가 차원에서 중앙과 지방정부 및 학계가 연합하여 국가적인 전략에 따라 정치군사적 · 외교적 의도를 가지고 거국적 · 장기적 · 거시적 · 적극적 · 공격적으로 추진되어 왔는데 대해, 한국의 대응은 개인 학자 차원이거나

---

160) 일본의 교과서 왜곡은 문부성 차원에서 거국적으로 추진되었다. 중고등학교 학생의 다수가 독도는 일본 땅으로 믿게 되었으며, 그 비율도 급속도로 증가하고 있다. 공식적으로는 일본 정부가 교과서 제작에 관여하지 않는다고 하지만 실질적으로는 편수회와 교과서 작성 지침 및 편집 검수를 통해 깊숙하게 관여하고 있다. 저자가 2005년 대한민국 국회의 독도 및 교과서 대책 특위 위원으로 일본 문부성 대신(장관)을 공식적으로 만나 추궁했을 때에도 이런 사실을 확인할 수 있었으며, 그 뒤 국내 언론이 이런 사실을 구체적으로 취재하였다.

161) 19세기 말 일본의 조선 역사왜곡은 다양한 차원에서 진행되었다. 일제강점기 중국, 대만 등 아시아 여러 국가 가운데 유일하게 조선에만 조선사편수회라는 기관을 만들어 학자들을 동원하여 한국 역사를 조직적으로 교묘하게 조작하였다. 조선 전역에서 역사관련 문서들 20여 만 권을 강제 압수하여 직접 관리하고 폐기하여 한국인들이 접근할 수 없도록 하였다. 예로써, 편수위원인 최남선마저 삼국유사 임신본 원본을 열람하여 확인하고자 했으나 접근할 수 없었다. 편수위원마저 이런 상황이니 다른 한국학자들은 말할 필요가 없다.

162) 역사왜곡은 유물, 고서, 비문, 사료 파손, 훼손 및 왜곡의 예로 광개토대왕비 글자 훼손 및 조작, 삼국유사 내용 왜곡(환국 → 환인), 청동기 부인 및 금석병용기설, 단군신화설, 사료 조작 등 광범위하게 이루어졌다.

동북아역사재단과 같은 학자들의 집단에 의해 지엽적·단기적·미시적·소극적·수비적으로 이루어지고 있어서 대응의 효과가 거의 없다는 점이다.

둘째, 중국과 일본의 역사왜곡은 일관성·획일성·전략성·집단성을 지니고 있어서 참여하는 역사학자들이 그 기본 전략이나 방향을 수용하며 그것을 구체화시킬 수 있는 실증적 근거나 논리를 마련하는 데 집중하는 반면, 이에 대한 한국측 학자들은 역사내전의 연장선에서 서로 다른 사관과 학설을 지지하여 통일된 연구결과나 주장을 쉽게 내놓지 못하고 있어서 효과적인 역사전쟁을 수행하고 있지 못하다는 점이다. 예로써, 역사전쟁의 한국측 전투사령부인 동북아역사재단이 중국의 동북공정이 주장하는 한국고대사의 중국지역 역사현장에 가서 한국 사학자들끼리 서로 다른 주장을 하여 통일된 결론을 도출하지 못하고 강단사학과 재야사학자들 간의 소통에 큰 의의를 찾았다는 점을 국민들에게 홍보한 것은 한국 역사학계 역사내전의 실상을 그대로 보여주는 상징적인 사례이다. 이들은 역사전쟁 현장에서 역사내전으로 에너지를 소진하고 중국측 학자들과는 논쟁을 시작하지도 못하고 논쟁할 공통점도 마련하지 못했던 것이다.[163]

셋째, 중국 및 일본과 역사전쟁을 벌일 전문학자들의 양과 질이 크게 부족하여 역사전쟁을 제대로 당당하게 벌이지 못하고 있다. 동북공정의 직접적인 대상인 고구려와 발해에 대한 전문연구인력이 한국의 경우 고구려 전공 약 20여 명인데 반해, 중국측은 고구려 전공 약 20명과 동시대 중국사를 연구한 학자들이 40여 명이 되어 총 60여 명이 한국측 20여 명을 상대로 논쟁에 참여할 수 있어서 전문연구인력이 양적으로 3배나 된다.[164] 연구 내용에서도 한국측의 학자들 20여 명은 주류와 비주류 혹은 강단사학과 재야사학으로 그들 사이에도 공통된 결론을 제시하지 못하는데 반해 중국측 60여 명은 같은 목소리를 내고 있기 때문에 고구려사에 대한 역사전쟁의 결과는 미루어 짐작할 수 있다. 게다가 고구려에 대한 역사기록이나 유물 및 유적들이 대부분 중국지역 내에서 중국측의 관리하게 있기 때문에 실증적 접근에 의한 한중간 역사전쟁에서 한국측은 절대적으로 불리한 입장에 처해 있다. 발해사나 가야사의 경우에는 더욱 열악하여 이들을 전공하는 학자들도 각각 10여 명에 불과하여 중국이나 일본에 비해 양적으로나 질

163) 동북아역사재단이 중국이나 일본과의 역사전쟁에 써야 할 에너지의 거의 절반 정도를 역사학계의 주류와 비주류, 강단사학과 재야사학의 소통과 융합을 위한 노력에 사용하여 매 분기 1회 이상의 합동학술회의와 현장방문을 하고 있다는 재단이사장의 고백은 한국사학계의 역사내전이 너무나 소모적임을 보여주는 예이다. 김호섭. 2016. <중 동북공정-일 독도도발 맞서 역사 방위군 역할>『동아일보』. 2016.9.21; 김호섭. 2016. <국제학계 통용 연구성과 내야 역사도발 막을 수 있어>『세계일보』. 2016.10.11.

164) 김호섭. 2016. 위의 글.

적으로 크게 불리한 여건에서 중국 및 일본과 역사전쟁을 벌이고 있다.

넷째, 동아시아사 연구를 전담하는 국제연구계 및 학계에 대한 지원이 크게 부족하고 이들과의 관계에서도 중국이나 일본에 크게 떨어져 역사전쟁에 대한 객관적·국제적인 학자들의 지지와 소통에 크게 제약을 받고 이로 인해 한중역사전쟁이나 한일역사전쟁에서 매우 불리한 입장에 있다. 먼저 중국은 1백여 년 전 하버드대학교 옌칭연구소를 설립하여 친중파 지식인들을 폭넓게 양성하여 미국은 물론 세계적으로 동아시아연구자들이 주로 중국학을 전공하는 학자들이 되도록 하여 중국역사가 동양역사가 되도록 세계 동양학 연구 생태계를 일찍부터 만들어 왔다. 일본은 제2차 세계대전 이후 친일학자들의 중요성을 느끼고 미국과 서구 선진국 주요 대학교와 씽크탱크에 막대한 연구비를 지원하면서 일본에 대한 서구학계의 이해를 높이고 저서나 논문들도 그런 차원에서 이루어지도록 거국적으로 추진하였다. 이로 인해 미국이나 서구 선진국에서 동양학을 두고 중국과 일본 사이에 첨예한 경쟁이 벌어지면서 전문학자 배출, 연구서적이나 논문 지원 등에서 중국과 일본은 서양과 긴밀한 소통 속에서 그들의 역사전쟁의 생태계를 그들 중심으로 유리하게 만들었다.[165]

2) 역사전쟁에 대한 한국의 대응 방안

첫째, 동북공정·탐원공정·요하공정 및 일본의 역사왜곡에 대한 동북아역사연구와 역사정책에 대해 정권을 초월한 국가 차원의 전략수립과 중앙정부·지방정부·대학교 간의 협력체제 형성 및 역사연구 분업과 이들에 대한 지속적인 지원이 필요하다. 한국을 둘러싼 한국, 중국, 일본, 북한과의 역사전쟁을 정파나 정권을 초월한 국가 차원에서 대응할 수 있는 기본 방향과 정책을 범 국가적으로 수립해야 한다. 역사전쟁의 대상인 중국, 일본 및 북한의 역사연구는 국가 차원에서 한 목소리로 이루어지는 만큼 한국도 사관이나 주류·비주류를 넘어 국가 차원의 역사연구 방향과 내용을 수립해야 한다. 이때 식민사관과 노론사관에 연관된 내용들은 원천적으로 배제되어야 한다.

둘째, 미국 등 선진국의 주요 대학교나 연구기관에 한국학프로그램을 확대·설치하고 이들에게 재정적인 지원을 안정적으로 하여 국제학계와의 소통을 늘리고 한국의 역사를 바로 연구·이해할 수 있는 세계적인 인재들을 양성·지원해야 할 것이다. 동양학을 중국학과 일본학에 빼앗긴 결과가 세계 학계에서 한국 역사나 한국을 바로 알리

---

165) 일본은 미국 헤리티지재단에 연 300만 달러(약 30억 원)을 5년 간 지원하고 미국과 서구 선진국의 대표적인 대학교들에 일본학연구센터를 설립하고 막대한 연구비지원과 장학금 지금을 하여 동양학에 대한 신진학자들이 주로 일본학전문가가 되도록 적극 지원·유도하고 있다.

지 못하고 중국과 일본이 한국을 '중국이나 일본의 속국'으로 이해하게 만든 만큼 이것을 고칠 수 있는 세계적인 한국 역사 나아가 한국학 연구 생태계를 마련해야 한다. 한국도 이제 선진국 그룹에 진입한 만큼 여기에 필요한 예산지원과 인적·물적 투자를 아끼지 말아야 한다. 매우 늦게 출발한 만큼 최소한 중국이나 일본의 수준으로 조속히 투자를 늘려야 할 것이다. 멀지않아 세계학계에서 한국은 중국이나 일본의 역사에 편입될 것이라는 미국 스탠포드대학교 역사학과 교수 문유미의 경고에 귀를 기울여야 할 것이다.[166)]

미국 학자가 참여한 연세대-서강대산학협력단의 '동북아역사지도' 프로젝트가 8년간 45억 원의 예산지원으로 추진되다가 국회의 개입으로 중도 취소된 사건은 외국 학자들이 한국사 연구에 주저하게 만드는 부작용을 낳고 있고, 미국대학교에 설치된 한국학 프로그램들에 대한 예산지원이 단절되면서 연구소를 폐쇄하는 등의 조치들이 계속되고 있는 점은 이러한 필요성과 역행하는 일들이어서 크게 염려된다.

셋째, 학자들의 학문의 자유와 국가정책적인 연구와는 별개의 문제인 만큼 그동안 학문의 자유라는 명분으로 역사학계의 배타적·독선적 입장에서의 역사내전이 방임되어 중국과 일본에 대한 대응에 소극적이고 수동적이었던 입장을 벗어나 보다 적극적인 국가 차원의 노력이 필요하다. 중국과 일본 및 북한만의 문제가 아니다. 미국의 경우에도, 국가적인 연구과제의 선정은 학문분야의 자율적 필요성과 국가 차원의 필요성에 따라 이루어지고 있다. 미국의 국가적 연구과제 가운데 이공계는 물론이고, 사회과학분야의 연구주제도 사회과학연구협의회(Social Science Research Council: SSRC)에서 추천하고 심사한다. 비교정치와 같은 분야의 경우, 국제사회에서 미국의 국가적 이익과 관련하여 전략적으로 필요한 주제를 선정한다. 이 과정에 미국의 CIA가 적극적인 역할을 수행하는 것으로 알려지고 있다.[167)] 미국에서 세금으로 연구하는 국책연구의 경우에는

166) "한국에서 민족주의 사관과 식민지 근대화론이 싸우는 사이에 구미 학계에선 일본과 청(淸) 등 제국의 관점에서 한국 근대사를 보는 학자들이 늘어나고 있다." 문유미. 2016. <한국사 연구, 좁은 시야 탓 서구 학계와 불통>『조선일보』. 2016.9.30.

167) 중국과 일본의 경우는 물론이고 학문과 사상의 자유를 세계에서 가장 보장한다는 미국에서도 연구활동에 대해 국방부나 정보기관 등의 정부와 다국적 기업 등 기업의 개입활동은 다양한 차원에서 광범위하게 이루어져 왔다. 국방부의 육군연구소를 통해 중남미, 아프리카, 아시아 등 국제관련 연구에 대해 미국내 여러 명문 대학들의 연구과제를 지원했다. CIA는 충격적으로 전국학생연합(The National Students Association: NSA)에게 1952년에서 1962년까지 4백만 달러를 지원했고, 그 단체의 간부들의 3/4을 CIA의 요원으로 채용했다(*Los Angeles Times*, Febury 26, 1967). 수백만 달러의 CIA 기금이 미국 내외의 다른 청년 조직, 학계, 연구계, 언론계, 법조계, 노동계 단체들에 직접 지급되었고, CIA는 준 공공기관들이나 민간재단을 통해 학계와 연구계에 연구기금을 간접적으로 지원했다(*New York Times,* Febury 19, 1967). CIA는 출판사나 전문저널 등 다양한

국가이익의 관점에서 국가이익에 도움이 되는 방향으로 연구주제와 연구의 방향이 결정된다. 연구의 방향과 수준도 국가의 경제적 지원에 따라 달라진다. 국가이익, 경제력, 연구능력 등은 상호 밀접하게 연결된다. 역사에 대한 연구도 국가 차원의 역사정책의 관점에서 접근해야 할 필요가 있다. 특히 인접국가인 중국과 일본이 한국의 역사를 조직적으로 왜곡시키는 역사공격을 당하고 있는 한국에서는 역사정책 차원에서 더욱 치밀하게 대응해야 한다.

넷째, 동북아역사재단 등의 역할도 재야사학과 강단사학 혹은 주류사학과 비주류사학의 소통과 합의도출에 에너지를 소비할 것이 아니라 중국이나 일본의 입장과 대결적인 내용을 주장하는 관점을 적극 지원하여 한국과 중국 및 일본의 역사전쟁이 바르게 이루어지도록 해야 할 것이다. 국내 학계 가운데 중국이나 일본측의 주장과 일치하거나 유사한 관점은 상대방이 역사전쟁에서 악용하므로 이들은 배제하고 이들과 상반된 내용을 주장하는 국내 학계를 선택하여 주류・비주류 혹은 강단・재야사학을 구분하지 않고 지원해야 할 것이다. 동북아역사재단의 연구진 선발도 이러한 기준에 따라야 하고 연구프로젝트의 진행도 같은 기준에 따라야 할 것이다.

다섯째, 중국 및 일본과 역사전쟁을 벌일 연구자원들을 기존의 강단사학자들 대신 재야사학자들로 충원하여 연구인원과 연구의 질을 확충해야 할 것이다. 그동안 강단사학자들은 대학교수 등 안정적인 지위에서 연구활동을 할 수 있었고 연구비들도 주로 독점하였으나 재야사학자들은 안정적인 연구생태계에서 배제되어 생업을 위한 가십성 연구주제나 흥미위주의 대중성에 치중한 연구에 주력하여 국가 차원에서 연구자원과 능력을 제약・낭비해왔다. 한국이 중국과 일본 등의 연구인력과 양적・질적 측면에서 크게 부족했던 것을 이들로 보충한다면 연구자원을 크게 확충할 수 있을 것이다. 또한 역사학계 이외에 정치학, 사회학, 경제학, 고고학, 인류학 등 역사유관학문 분야의 전문가들과의 협동연구를 권장하고 지원하는 것도 인구능력 향상에 크게 기여할 것이다.[168]

여섯째, 중국의 탐원공정과 관련하여 고조선 역사와 요하문명・홍산문화에 대한 심도있는 체계적인 연구가 절실하다. 동북공정과 관련하여 한국의 대응이 역사학자 몇 명

문화조직들이 미국에 우호적인 책이나 논문 등을 발행할 경우에 경비를 지원하여 그 활동을 적극 촉진시켰다. FBI나 다른 정부 기관들 및 다국적 기업들도 대학과 학계의 교육과 연구에 깊이 개입하였다. 더 자세한 내용은 다음 책을 참고할 것. Ronald Chilcote. 1981. *Theories of Camparative Politics: The Search for a Paradigm*. Boulder, Colorado: Westview Press: 40－48.

168) 동북아역사재단, 한국연구재단, 한국학중앙연구원, 각 대학교 및 교육부・지방정부 등이 재야사학자들이나 비주류학자들에 대해 엄선하여 채용하고 연구를 지원한다면 연구의 질적・양적 수준 모두 크게 향상될 것이다.

을 중심으로 2004년 3월에 고구려연구재단을 발족시키고 2006년 9월 동북아역사재단이 출범하여 이를 흡수·통합하여 대응하는 등 소극적이고 매우 단편적이다. 연구 인력의 양적·질적 수준이나 예산규모 및 계획에서 볼 때, 중국의 거대한 총체적 왜곡에 대해 대응 수준이 너무 미약하여 그 효과가 크게 의심스럽다. 이미 고조선 등 역사자료에 대한 훼손과 왜곡이 심한 상태에서 한국 역사 보호를 위한 노력이 너무 미약하다. 사태가 이러함에도 한국 사학계는 강단사학자들과 재야사학자들의 의견 차이로 한국이 제작한 동북아역사지도도 만들지 못하고 있다. 동북아역사재단은 연세대·서강대 산학협력단이 2016년 초안을 제작했으나 국회가 문제를 제기하면서 협약해약과 사업비회수를 결정하여 역사지도 하나 제작하지 못하고 있는 실정이다.

이처럼 동북공정에도 제대로 대처하지 못하면서 '역사방위군'과 '역사파수꾼'을 자처하는 동북아역사재단에게 탐원공정과 요하공정에 대한 대응까지 맡기는 것은 적절하지 못한 것으로 보인다. 기존 강단사학과 주류사학에서 고조선과 요하문명·홍산문화를 제대로 연구하는 학자들이 많지 않기 때문이다. 이들은 중국이나 일본의 공격에 대해 사용할 한국의 역사적 무기를 스스로 위서논쟁을 벌여 역사전쟁에서의 무기로서의 효용을 상실하게 만들고 있다. 중국과 일본은 스스로 위증을 만들고 증거를 왜곡하고 의도적으로 조작하는 데 반해, 우리 학자들은 이미 오래전에 만들어져 내려오는 고서나 유물들도 스스로 배척하기 위한 논쟁을 적극적으로 벌이는 모습이 안타깝다. 식민사관의 극복이나 동북공정 대응 및 일본의 역사왜곡 대응은 역사학자들만의 과제가 아니다. 그런데도 한국에서는 몇몇 역사학계 학자들의 문제로 축소되고 고립되고 있다. 중국과 일본의 동북공정이나 역사왜곡의 실체를 제대로 이해한다면 한국의 대응도 보다 근본적이고 종합적으로 이루어져야 한다. 이 주제와 관련한 한·중·일의 학자들의 숫자, 학자 이외 사업 참여 인원과 숫자, 예산 규모, 사업 추진 상황과 실적을 비교해보면 문제의 심각성을 알게 될 것이다. 이러한 상위맥락적 배경 하에 고조선에 대한 왜곡과 신화의 문제를 다루어야 할 것이다.

■ 제5장 ■

세계문명, 세계체제, 중국, 북방, 일본 및 고조선의 관계

1. 세계문명, 세계체제 및 고조선의 관계

한 국가는 세계문명이나 세계체제와의 관계 속에서 탄생하고 흥망성쇠를 이룬다. 고조선의 경우에도 세계문명과의 관계 속에서 영향을 주고받으면서 기승전결을 이룬 만큼 이들의 성립과 그 성격을 고조선의 그것과 관련지어 설명하는 것이 필요하다. 역사는 개별 민족이나 국가가 고립되어 흥망하는 것이 아니고 서로 '도전과 응전'을 반복하면서 발전해오기 때문이다.

그동안 메소포타미아문명, 이집트문명 및 에게문명, 인더스문명 및 황하문명을 세계 4대 문명으로 인정하여 왔으나 20세기에 고조선 지역에서 요하문명과 홍산문명이 발굴되고 이들이 세계적으로 매우 오랜 문명임이 밝혀지고 이들은 중국 황화문명과 그 성격이 근본적으로 다름이 확인되면서 세계문명과 고조선문명 혹은 아사달문명의 관계에 대한 이해도 전면적으로 새롭게 이루어지고 있다. 이것은 고조선의 역사와 세계체제의 성격을 전면적으로 재정립시키는 중요한 근거가 되고 있다.

나아가 세계체제는 현대적인 개념이지만 민족과 국가가 탄생하고 성장하는 과정에 세계문명과 밀접한 관계 위에 정치·경제·민족·문화·군사적인 공동체를 형성하면서 공간적인 위상을 확립해왔다. 경제적·사회적 관계 위에 원시사회·구석기시대·신석기시대·청동기시대·철기시대를 거치면서 지역적인 공간 위에 세계체제의 성격도 변화하여 왔다. 고조선문명인 요하문명과 홍산문명, 그리고 아사달문명의 전개 시기가 앞당겨지면서 고조선에 대한 세계체제에서의 역할이 새롭게 조명되고 역사를 새롭게 쓰고 있는 중이다.

고조선은 동아시아 세계체제 속에서 중국, 북방, 일본 등과 긴밀한 교류 위에 발전해 온 만큼 시대별로 이들이 어떤 관계를 가지면서 서로 교류하고 영향을 주어 왔는지를 밝히는 것은 국가의 성격을 구명하는 데 매우 중요한 부분이다. 그동안 북방과 중국이 고조선에 영향을 주고 한반도가 일본에 영향을 준 것으로 이해해 왔으나 요하문명과 홍산문화 및 아사달문명에 대한 새로운 이해는 고조선과 주변 중국·북방·일본 등의 관계에 대한 보다 실증적·객관적·과학적인 이해를 필요로 하고 있다. 역사는 일국사·시건사만이 아니라 세계사의 일부이기 때문이다.

이에 고조선의 국가성격을 세부적으로 논의하기 이전에 세계문명과 세계체제 속에서 고조선이 차지하는 위상을 정확하게 이해하는 것이 매우 중요하다. 이것은 고조선이라는 국가를 세부적·구체적으로 파악하기 위해 먼저 고조선이 놓인 거시적·맥락적 구도와 체제를 보다 정확하게 파악하는 것이 필요하기 때문이다.

2. 고조선 건국 전후의 세계문명과 도시국가들

(1) 고조선 개국 시대와 세계 차원의 4대 문명의 전개

고조선의 건국을 '일국사와 사건사'를 넘어 객관화시켜 이해하기 위해서는 인류문명의 시원과의 관계 속에서 이해할 필요가 있다. 인류가 아프리카에서 시작하여 전 지구로 이동하여 문명을 형성하고 국가공동체를 형성하여 인류의 역사가 전개된 것이다. 그 동안 인류 4대 문명은 아프리카를 떠나 중동과 유럽지역의 메소포타미아문명과 이집트문명 및 에게문명, 남아시아의 인더스문명, 그리고 중국의 황화문명을 들어 왔다. 이들은 기원전 3500여 년에서 기원전 2500여 년 사이에 형성·번성한 것으로 알려졌다. 이들 간에도 이집트가 기원전 3500년경부터 기원전 1500여 년까지 2000여 년 동안 사막과 바다로 둘러싸여 외적의 침입으로부터 비교적 안전하여 오랜 기간 번창한 것으로 알아 왔다. 기원전 3000여 년경에 시작된 메소포타미아문명과 인더스문명은 잦은 외적의 침입으로 국가들의 흥망성쇠가 짧은 기간 동안 여러 차례 반복되어 왔다. 이들과 지리적으로 떨어진 황화문명은 기원전 2000~기원전 1500여 년에 시작하여 독자적인 문명권을 이루고 아시아의 중심문화권으로 인정되어 왔다.

그러나 4대 문명에 대한 유적과 유물의 발굴을 시작한 시기가 빠르지 않아 아직도 많은 지역의 문명에 대한 규명이 진행 중이며 유적과 유물의 발굴에 따라 상고사에 대한 역사가 새롭게 써지고 있다. 그동안 한민족의 고대사에 대한 논의도 많아, 고조선 자체에 대한 역사인식이 너무 크게 차이가 컸다. 기원전 2333년 단군조선의 건국을 역사로 인정해 온 입장과 그것을 부정하는 입장이 팽팽하게 전개되어 왔다. 고조선 지배족인 한민족에 대한 것도 정착설과 이동설 등이 팽팽했다. 고조선의 강역과 수도와 부수도 등에 대한 논의도 다양하다. 고조선이 건국되었다는 기원전 2,333년의 시기가 고조선에서 국가건설이 가능한 청동기시대인지에 대한 논의도 나뉘었다.

그러나 이러한 모든 논의들이 문헌고증적 · 의고학파적 관점이냐 고고학적 관점이냐 등의 접근방법에 따라 크게 나뉘다가, 최근 유적과 유물의 발굴이 활발해지면서 고조선 역사에 대해 전면적으로 새롭게 쓰게 되었다. 고조선 강역에서 발굴된 청동기 유물과 유적, 토기, 고인돌, 볍씨, 골침 등의 발굴은 고조선 역사를 전면적으로 새롭게 인식시키고 있다.

특히 고조선 강역에서 발굴된 요하문명과 홍산문명은 그동안 세계 4대 문명으로 알아 온 전 지구적인 인류역사를 근본적으로 다시 해석하게 만들고 있다. 요하문명이 중국의 황화문명과 근본적인 성격을 달리한 반면 한민족의 고조선문명과는 유사함이 입증되면서 고조선 역사와 인류문명의 역사에 대한 가설을 전면적으로 새롭게 세워야 할 가능성을 높이고 있다. 이러한 관점에서 세계 4대 문명의 성격과 황화문명, 그리고 요하문명 · 홍산문명의 관계를 검토한 후 고조선 건국의 문명사적 성격을 점검하고자 한다.

인류의 4대 문명의 발생은 유럽의 에게문명과 이집트문명, 중동의 메소포타미아문명, 중국의 황화문명, 그리고 인도의 인더스문명으로 널리 인정되고 있다. 이 가운데 가장 일찍 문명이 시작된 것으로는 메소포타미아문명과 이집트문명으로 기원전 3500

그림 5-1 인류의 최초 독립 문명

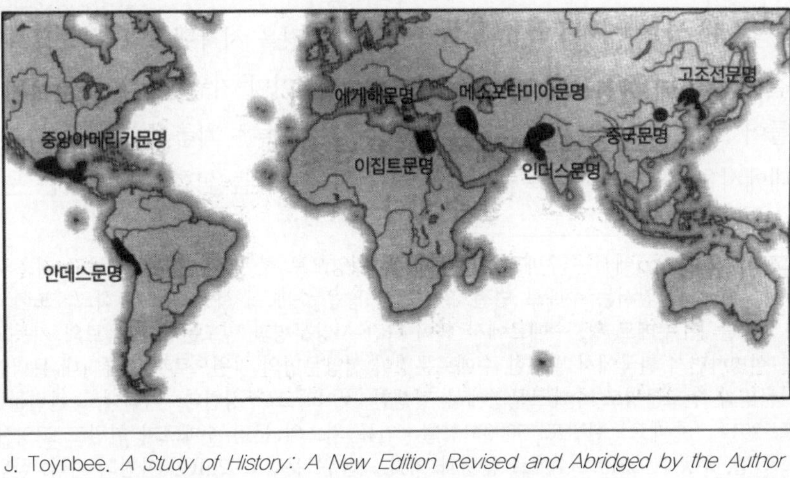

출처: A. J. Toynbee. *A Study of History: A New Edition Revised and Abridged by the Author and Jane Caplan*, New York: Weathervane, 1979; G. Daniel, *The First Civilizations*, 1968, 22~23쪽; J. M. Roberts, *Prehistory and the First Civilizations*, 1998, 66쪽 재구성: 신용하. 2019. 앞의 책: 25에서 재인용.

년경에 시작된 것으로 알려지고 있다. 나일강 하구와 메소포타미아 두 지역 사이에 펼쳐져 있는 동부 지중해 연안의 '기름진 초승달' 지역에서 최초의 도시와 도시국가가 나타나면서 메소포타미아문명이 발전하고, 농경사회의 발전을 이루었다. 이 두 문명의 뒤를 이어 중국의 황하 유역과 인도의 인더스 강 유역에서도 문명이 발생하여 인류문명의 4대 발상지로 되고 있다. 이것에 대해 토인비의 연구를 요약·정리한 것이 [그림 5-1]이다.

(2) 메소포타미아 지역

1) 메소포타미아 도시국가의 등장과 전개

메소포타미아문명을 낳은 기름진 초승달 지역은 동쪽으로 이란의 자그로스 산맥, 서쪽으로 지중해, 남쪽으로 아라비아 사막, 그리고 북쪽으로 터키의 타우루스 산맥에 둘러싸인 지역으로 특히 티크리스 강과 유프라테스 강 사이가 가장 기름진 곳이었다. 그러나 이 지역도 강물이 넘치는 시기와 규모가 서로 다르고 관개시설 설치에 어려움이 많았다. 이러한 어려움에 기원전 27세기경에 남동부에서 옮아 온 수메르인들은 북쪽에 선주민으로 살아 온 아카드인보다 더 잘 대처하여 저수지와 수로를 건설하여 농경생활을 잘하게 되었다.

2) 수메르문명[1)]

기원전 5500년에 동방에서 수로를 만들어 관개농경을 시작했다가 서양에 '갑자기 나타난 완결된 형태의 문명'[2)]인 수메르문명으로 인해 이미 기원전 3500년경부터 도시국가를 만들어 어느 정도 발달한 문명을 지닌 수메르인들은 기름진 초승달 지역의 동부 산악 지대에서 남동부 지역으로 옮겨 와 살며 쇠붙이와 돌을 함께 사용하는 문명이 상

---

1) 『환단고기』: 160-203에서는 수메르인은 '환국'이 서양으로 뻗어 간 문명이라 보고 최초의 양원제, 함무라비 법전보다 앞서는 수메르 법전, 알파벳을 낳은 수메르, 서양 최초의 학교, '노아의 방주의 원형,' 상투를 튼 수메르 왕, 수메르에서 뻗어 나간 서양문명과 인도문명, 수메르와 기독교 등과의 관계를 설명하면서 환국에서 발생한 수메르문명이 서양문명의 기원으로서 인류 4대 문명인 메소포타미아문명과 인도문명도 수메르문명에서 탄생한 것이라고 주장한다. 이외에도 관련문헌으로는, 문정조. 2014. 『수메르·한반도: 5000고양벌-인류 최초의 문명 수메르가 한반도 고양에서 시작되다』. 북랩; 주동주. 2018. 『수메르 문명과 역사』. 범우; 문정조. 2016. 『아침의 나라: 한반도를 수메르 문명의 원류로 지목한 한 지식인의 역사추적』. 북랩; 최몽룡. 2007. 『인류문명 발달사: 도시·문명·국가』. 주류성출판사 등.

2) 『환단고기』: 187.

당히 발달해 있었다. 수메르인들은 상형문자를 사용하여 점토판 위에 그들의 많은 전설과 영웅들의 이야기를 뼈나 갈대 줄기를 사용하여 기록하고 불에 구워 보존했다. 이 상형문자는 페니키아인들에 의해 단순화하고 모음이 더하여져서 그 뒤 알파벳으로 발전하였다. 메소포타미아 지역에는 돌이 매우 귀하여 수메르인들은 진흙으로 만든 집을 건축하고 건물들을 만들고 물을 이용하고 관리하기 위해 수로를 만들었다. 이렇게 하여 수메르인들은 짧은 기간에 인구 1만 명 규모의 각각 독립된 도시국가를 여러 개 만들고 적의 침입을 방어하기 위해 성을 쌓고 성 밖을 둘러 깊은 도랑을 파서 해자(垓字)를 건설하였다. 주민들은 주로 도시 주변의 땅에서 농사를 짓는 농민들이 대부분이고, 목수·대장장이·도자기공이 있었다. 도시를 다스리는 사람들은 승려인 사제 계급이었고, 화폐는 없었고 농민과 장인들 사이에는 물물교환이 이루어졌다.[3)]

수메르인은 우주가 맨 처음 신에 의해 창조되고 신의 뜻에 따라 질서를 지키며 운행한다고 믿었다. 우주 최고의 신으로는 '안'을 숭배하고 안은 신들의 회의를 이끌고 그의 아들 '엔릴'이 대기와 폭풍과 홍수의 신이었다. 수메르인들을 강의 범람과 홍수를 가장 두려워했기 때문에 자연현상을 다스리는 엔릴을 가장 강력한 신으로 숭배했다. 엔릴은 전쟁의 신이기도 하고 디푸르시와 같은 도시를 가지고 있었다. 이외에도 대지의 여신 니후르사그, 물의 신 엔키, 사랑의 여신 이난나 등이 있었고, 이난나는 우르크시를 가지는 등 도시를 가진 신들도 있었다. 신이 인간을 처음으로 만들어 자기에게 봉사하라고 했는데, 인간이 그 뜻을 어기면 곧 파멸을 맞게 되는데 초기 메소포타미아 대홍수와 관련된 홍수신화가 그 예이다. 이처럼 메소포타미아인들은 신과 밀접한 관계 속에 생활하고 신들과 관련한 수많은 신화들이 이어졌다.

메소포타미아에는 기원전 2000년경 히타이트, 기원전 1700년경 바빌로니아, 기원전 1200년경 페니키아, 기원전 1400년경 아시리아, 기원전 7세기 리디아 등으로 이어졌다. 마치 중국의 춘추전국시대나 한국의 열국과 사국 성립 전후와 같이 남부에는 우르, 키시, 니푸르, 이신, 우르크, 라르사, 에리두 등 열국이 병립했고, 북부에는 아시리아와 마리 두 나라가 경쟁하였다. 메소포타미아는 아카드 사르곤 왕의 압도적인 무력과 가혹한 통치술에 의해 기원전 2330년경 한 차례 통일되었으나 그가 죽기 전 제국은 수많은 반란으로 이어지고 2대를 지나지 않아 분열시대로 되돌아갔다.[4)]

---

3) 이보영 엮어 옮김. 2009. 『한 권으로 읽는 이야기 세계사』. 아이템북스: 14-23.
4) 함규진. 2009. <함무라비>『인물세계사』.

3) 바빌로니아(Babylonia) 왕국과 함무라비 왕

바빌론 제1왕조는 기원전 4000년대 말 메소포타미아의 남부에 세운 수메르인의 도시국가에서 바빌로니아문명의 기초가 되는 높은 수준의 도시문명이 발생했다. 기원전 2350년경 셈계 아카드인의 사르곤 1세가 통일국가를 건설하여, 181년 동안의 아카드 시대에 수메르의 문화는 셈족화되어 오리엔트의 각 지방에 전파되었다. 그 뒤 한동안 혼란이 지속되다가 기원전 2050년경 수메르인의 우르나무가 우르 제3왕조를 창시하고 5대 107년 만에 엘람인에게 멸망당했다. 이렇게 메소포타미아 남동부는 아모리아인과 엘람인의 침입으로 정치질서가 완전히 무너지고, 수메르인의 도시국가들이 남아 있었지만 그 세력은 매우 약했다.

그 뒤 유프라테스 강가의 마리와 티그리스 강가의 아쉬르 같은 도시들이 중요한 위치를 차지하게 되어 메소포타미아 세력의 중심은 북쪽으로 옮아가고, 셈족 계통의 아모리인이 바빌론을 차지하게 되었다. 바빌론은 이 무렵 그리 중요하지 않은 곳이었으나 수메르와 아카드 문명을 유입하여 바빌로니아 왕국을 건설하고 함무라비 왕 때 크게 융성하여 메소포타미아 전 지역에 세력을 떨칠 수 있었다. 기원전 1830년경 아모리인의 수무아붐(기원전 1831년~기원전 1817년)이 개창한 바빌론 제1왕조는 이신·라르사와 패권을 다투었는데, 6대왕 함무라비가 이들을 토벌하고 주위를 평정하여 엘람에서 시리아에 이르는 대제국을 건설했다. 함무라비 왕(Hammurabi, 기원전 1810?~기원전 1750년)은 중앙집권제도를 확립하고 수도 바빌론에 성벽을 쌓아 군사력을 길러 국가안보를 튼튼히 했다. 나아가 운하를 파고 도로를 정비하여 교역의 통로로 삼아 융성한 무역을 통해 경제력을 크게 늘리고 국력을 확충했다. 군사력 및 경제력과 더불어 종교력을 키우고자 전국 각지의 신전을 재건·부흥시키고 마르두크신을 중심으로 종교를 재편하여 신상(神像)을 안치했다. 이렇게 함무라비 왕은 막강한 군사력을 바탕으로 숙적 이신·라사르를 토벌하고 중앙집권적인 통치체제를 구축하면서 국제무역을 활상화시켜 바빌론은 오리엔트의 중심도시로 번영하였다.

함무라비 왕은 함무라비 법전[5]을 반포하고 책력(冊曆)을 통일하고 아카드어를 국어

---

5) 기원전 1790년경 만들어진 함무라비 법전은 약 2.5m 높이의 둥근 기둥 같이 생긴 현무암에 민법·상법·소송법 등 282조의 법률을 새겼으며 여기에는 '눈에는 눈, 뼈에는 뼈, 이에는 이'라는 법조문도 들어 있다. 서문에는 "아누 신과 벨 신께서 나 함무라비를, 신을 두려워하는 사람을, 지엄한 군주로 임명하셨다. 그리고 이 땅을 정의로 다스리게 하셨다. 사악한 자와 악행을 일삼는 자들을 없애도록, 강자가 약자를 괴롭히지 못하도록 하셨다. 그러므로 나는 샤미시 신과 같이 높은 곳에서 민중을 내려다보며, 온 세상에 빛을 비치리라. 인류를 복되게 하리라."라고 기록하고 있다. 함무라비 법전 비문은 1901년 프랑스 고고학자 드모르강이 발굴하여 '세계 최초의 법전'으로 인정되다가,

로 정하고 널리 보급하여 바빌로니아 왕국이 문화적으로도 세계의 중심이 되도록 만들었다. 그러나 그를 이은 삼수일루나 왕(기원전 1686년~기원전 1648년) 때에는 전국 각지에서 반란이 일어나 왕국이 점차 쇠약해져서 기원전 530년경 히타이트인의 침입으로 멸망했다.

바빌론 제1왕조 멸망 뒤의 바빌로니아는 지속적으로 이민족의 침입을 받아 왕조와 민족이 분립하여 서로 항쟁하는 시대가 끊임없이 계속되었다. 아시리아 제국의 지배 후에 신바빌로니아(칼데아)시대가 성립하면서 번영을 되찾았으나 그것도 100년이 채 되지 못하여 기원전 538년 페르시아제국에 멸망되었다.

아시리아제국시대에 바빌로니아 왕국의 중심이 되는 바빌론이 완전히 파괴되어 이 시대의 문명을 입증하는 유물과 유적은 거의 남아 있지 못하여 매우 적다. 그 일부를 바빌론이 아니라 주변 도시인 마리 · 우르 등의 도시 유적에 남아 있는데 마리에서 발견된 왕궁터와 2만 수천 매의 점토판(粘土板)은 매우 귀중하게 취급되고 있다. 함무라비 법전비(法典碑) 상부의 부조(浮彫), 왕무라비 왕 머리 상(頭像), 마리에서 출토된 노래하는 여인의 좌상 등의 조각이 있고, 마리 왕궁의 프레스코화 등의 벽화가 겨우 남아 있는 정도이다.[6)]

메소포타미아문명은 히타이트 · 바빌로니아 · 페니키아 · 아시리아 · 리디아 · 페르시아제국 · 알렉산더제국 · 박트리아 · 파르티아 · 시리아 · 사산조 페르시아 · 이슬람제국 · 셀주크투르크 · 일한국 · 티무르제국 · 오스만투르크제국 · 페르시아 · 이집트 번왕국 · 이스라엘 · 사우디아라비아왕국 · 이라크 · 터키 공화국 · 이집트 공화국 · 이란 등으로 이어졌다.

(3) 이집트문명

1) 이집트의 세 왕국

이집트문명도 수메르문명과 비슷한 시기에 나일강의 물과 강변을 따라 형성되었다. 홍수로 강물이 범람하여 기름진 땅을 만들었으며 메소포타미아 지방과는 달리 홍수와 강물의 범람이 규칙적이어서 농사를 시기에 맞출 수 있었다. 고대 이집트는 히에로글리

1947년 그것보다 150년 이상 앞선 리피트-이시타르 법전이 발견되고, 그 서문에 다시 70년 전쯤의 빌랄라미 법전을 참조했다고 기록하였고, 1952년에는 기원전 2050년경의 우르남무 법전이 발견되었다.

6) 함규진. 2009. 앞의 글.

프라는 상형문자를 사용했고 기념비나 묘비에 남아 있다. 이집트는 상하 두 왕국으로 구성되었다가, 상왕국의 메네스 왕이 하왕국을 점령하여 나일강 하류의 멤피스까지 약 1천 킬로미터에 이르는 광활한 지역을 통할하여 2천 년 동안 다스려 그 시대 수메르 도시국가들보다 더 크고 강한 국가를 건설했다.

고대 이집트는 고왕국 시대(기원전 2700년에서 2200년), 중왕국 시대(기원전 2100년부터 1600년경 힉소스의 침입으로 멸망할 때까지), 및 신왕국 시대(기원전 1580년 힉소스를 물리치고 일어 선 후 기원전 11세기 다시 외침으로 쇠퇴해진 시기까지)로 이어졌다. 고시대에는 피라미드 등 대규모 건축과 무덤 및 미라를 남겼다.

2) 피라미드 등 거대한 유물과 유적

이집트가 거대한 규모의 피라미드와 같은 유물을 남길 수 있었던 것은 첫째, 메소포타미아 왕은 신의 대리인이었으나 이집트의 왕은 곧 우주의 중심으로서 파라오라고 불리는 왕은 태양신 레의 아들이어서, 파라오가 죽어 저승의 왕이자 어학・결혼・곡물의 여신인 이시스의 남편 오시리스와 한 몸이 되어 저승에서 신으로 되살아나 나일 강의 강물이 넘쳐흐르는 것을 조절하여 풍년을 보장해준다고 믿었기 때문에 궁전 또는 큰 집이란 뜻의 파라오의 집을 거대하게 지어주어야 한다고 믿었다. 이 때문에 고왕국의 왕들은 신으로 숭배되어 사제들보다 높은 위치에 있으며, 이집트에서 정치와 종교는 매우 가까운 관계로서 거의 제정일치의 수준을 유지했다.

둘째, 이집트는 비록 값은 비쌌으나 수메르인보다 돌을 구하기가 쉬웠다.

셋째, 이집트의 기하학과 건축기술 수준이 매우 발달했다. 가장 큰 피라미드는 각 변이 250미터, 높이가 170미터, 사용된 돌의 무게가 약 6백만 톤에 이르러 인력이나 원시적인 도구 밖에 없던 당시에는 건축이 거의 불가능한 것이었으나, 이집트의 탁월한 기하학과 건축기술로 건축을 완성할 수 있었다.

3) 이집트의 종교

이집트는 다신교 국가로서 갖가지 신화가 모여 전체적으로 우주현상을 설명한다. 이집트의 가장 큰 신은 태양신인 아툼의 권위를 물려받은 '아몬 레'이고, 그 밑에 아툼의 자식들인 대기의 신 슈, 습기의 신 테프누트, 이들의 결합으로 낳은 대지의 신 게브와 하늘의 여신 누트, 게브와 누트의 결합이 낳은 오시리스・세트・네프티스・이시스 등이 있다고 믿었다. 세트가 형인 오리시스를 질투하여 계략으로 죽여 시체를 나일강에 버렸으나 아시스가 남편 오리시스의 시체를 자신의 날개로 부쳐 다시 살아나게 하고,

오리시스는 저승에서 죽은 자의 죄를 심판하는 자리에 앉게 되었다. 오리시스의 아들 호루스는 세트를 죽여 원수를 갚고 신의 법정에 섰으나 신들은 호루스의 정통성을 인정하여 호루스는 오리시스에 이어 지상의 왕을 계승하게 되었다.

이러한 이집트의 신화는 파라오가 비록 불행하게 죽을 수는 있으나 영원히 죽는 것이 아니라 저승에서 그리고 이승에서 다시 살아나기 때문에 미라로 된 시체와 함께 시종들이나 생활에 필요한 모든 도구들을 거대한 피라미드 무덤 속에 넣어 두었다. 처음에는 시종들이 산 채로 매장되었으나 그 뒤에는 조각상을 대신 넣었다.

고왕국 시대에는 죽은 파라오만 오리시스로부터 인정받는다고 믿었으나, 중왕국 시대에는 귀족들도 포함되었고, 그 뒤에는 종교적인 계율을 잘 지킨 일반인들도 다음 세상에서 다시 살아나 살아갈 수 있다고 믿게 되었다.

이집트는 기원전 7세기에 아시리아의 침입을 받아 아시리아 왕의 아들인 네코의 통치를 받다가, 네코의 아들 프사메티쿠스 1세는 아시리아지배를 벗어나 사이스를 서울로 하여 이집트왕국인 사이스 왕조를 다시 세웠다. 사이스 왕조는 아마시스 2세 때(기원전 569~526) 전성기를 이루고 그리스식 무역도시인 나우크라티스를 발전시켰다. 그 뒤 기원전 526년 페르시아제국에 편입되어 캄비세스 2세의 지배를 받으며 파라오의 제국 이집트는 멸망하게 되었다.[7] 이집트는 페르시아제국, 알렉산더 제국, 이집트 등으로 이어졌다.

(4) 인더스문명 모헨조다로

남아시아의 인더스문명은 기원전 3000년기 중엽부터 약 1,000년 동안 인더스강 유역을 중심으로 번영한 고대문명으로 서쪽에서 침입해온 아리아인에 의해 멸망한 문명이다. 파키스탄 하라파에서 최초로 유적지가 발견되어 하라파문명이라고도 불리나, 대표하는 도시유적은 모헨조다로(MohenjoDaro) 도시 건축물과 배수시설, 대목욕장, 테라코타로 만들어진 토우와 청동 조각상 등이 출토되었다. 인더스문명은 기원전 4000년경 농경촌락 유적인 서아시아의 자르모 문화에 병행하는 무토기(無土器) 농경문화단계의 킬리 굴 무하마드 유적으로 일광건조벽돌집에 살면서 염소・양 등을 사육하고 보리류를 재배하였다. 그 뒤 기원전 3000년경의 농경 촌락문화는 가지무늬토기로서 조브

7) 최몽룡. 2001.『인류문명발달사: 고고학으로 본 세계문화사』. 주류성; 김성. 2009.『송골매에서 태양신까지: 이집트 종교와 신화』. 국립중앙박물관; 에드워드 맥널 번즈・로버트 러너・스탠디시 미첨 저. 박상익 옮김. 1994.『서양문명의 역사. 1-2』. 소나무; 최몽룡. 2007. 앞의 책; 이보영 엮어 옮김. 2009. 앞의 책: 24-30.

(Zhob)문화 · 토가우(Togau)문화 등 적색 토기문화와 암리날(Amri－Nal) 문화 · 쿨리(Kulli)문화 · 퀘타(Kueta)문화 등의 순황색 토기문화가 남아 있다. 무늬토기는 기원전 2600~1900년 사이의 유물로서 파키스탄에서 출토된 것이 남아 있다.

인더스문명은 고대 근동문명과 달리 1920년대에 와서야 겨우 알려지게 되었다. 처음에는 메소포타미아문명의 전파로 여겼으나 이란고원의 발굴 결과로 전파론은 설득력을 잃었으나 아직 파키스탄과 북서 인도에 대한 조사가 미진하여 모헨조다로, 하라파 등 6개의 선 인더스 유적에 대한 상세한 규명이 필요한데 이제 막 연구가 시작된 단계이다.

인더스문명은 400여 종의 인더스 문자를 가지고 있어서 통일된 문명으로의 발전에 한계가 있었다. 인더스문명은 마가다국, 마우리아, 안드라왕조 · 쿠산왕조, 굽타왕조, 분열시대, 가즈니왕조, 분열시대, 무갈제국, 영국령 인도, 인도공화국 · 파키스탄 · 스리랑카로 오늘에 이르고 있다.

(5) 에게문명

에게문명은 그리스 크레타 섬을 중심으로 기원전 3000년경에 번영한 청동기 문명을 발전시켜 기원전 1500년경 전설적인 왕 미노스 때에 가장 크게 번성하여 미노아 문명으로 불리는 계기를 만들었다. 기원전 2000년경부터 인도 · 유럽어족의 일파인 아카이아인이 발칸반도로 내려와 그리스로 들어 왔을 때, 원주민과 아카이아인은 서로 싸우지 않고 공존하여 섞여 살면서 미노아 문명을 수용 · 발전시켰다. 아카이아인들은 미케네 왕국을 건설하여 기원전 1400년경에는 미노아 문명의 중심지인 크레타를 정복하여 에게 해 일대를 장악했다가, 기원전 1200년경에 남하하기 시작한 같은 민족 도리아인에게 정복되어 미케네 문명도 함께 멸망하였다.

도라이인은 도리아인과 같은 민족으로서 같은 그리스어를 사용했고 철제무기를 사용하여 청동기를 사용하던 미케네 문명보다 발달하여 멸망시킬 수 있었다. 이들은 처음에 그리스 서북부에 머물다가 기원전 1200년경 그들의 선진 문명을 바탕으로 그리스 본토로 진출하여 기원전 1200~1100년 사이에 미케네 왕국과 펠로폰네소스 반도의 중요한 미케네 문명의 근거지들을 차지하여 오리엔트식 사회 구조의 그리스 청동기시대를 마감시켰다.

고대 그리스에서 최초의 서양문화가 탄생하고, 오리엔트 문화와는 근본적으로 성격이 다른 독창적인 문화를 발전시켜 오늘의 유럽과 서구문명의 뿌리가 되었다. 고대 동방에서 태어난 오리엔트 문화가 에게 문명을 통하여 그리스 문명에 영향을 주었으나,

기원전 8세기부터 그리스 문화는 자유로운 시민들의 공동체인 도시국가, 즉 폴리스를 바탕으로 삼아 민주정치를 일찍부터 꽃피웠다. 왕이 신과 같은 권력을 사용해 백성들을 다스렸지만 오리엔트와 동양의 전제국가와는 전혀 다른 것이었다. 또 그리스는 지중해를 무대로 하여 지리적 조건이 좋고 활동하기가 좋아 곳곳에 식민지를 세우는 역사적인 무대가 되었다.

로마는 기원전 8세기 중엽에서 5세기 말까지 약 1,300년 동안 지속되어 왕정, 공화정, 제정(원수정, 전제정), 동·서로마제국 등으로 이어졌다. 카르타고는 기원전 9세기 말에 오늘날의 튀니지를 중심으로 아프리카 북쪽지역에서 번성하다가 지중해의 큰 섬인 사르디니아와 코르시카를 로마에 빼앗기고 기원전 1세기경 로마제국에 멸망당하고 편입되었다.[8] 로마제국은 서로마제국과 동로마제국·7왕국·프링크왕국·게르만민족이동·노르웨이·스웨덴·덴마크·영국·서프랑크·동프랑크·도시국가·프랑스·신성로마제국·모스크바공국·로마노프왕조·프로이센·독일·오스트리아·헝가리제국·헝가리공화국·오스트리아공화국·체코슬로바키아·독일제국·이탈리아·소련·러시아 등으로 이어졌다. 한편 유럽의 문명은 아메리카 지역의 북아메리카 인디언, 마야문명, 잉카문명 등과 연계되어, 스페인·포르투갈·영국 식민지, 미국, 스페인·포르투갈 식민지, 라틴아메리카 연합 등으로 이어졌다.

(6) 황화문명

황화문명은 기원전 2070년~1600년경 중국 황하 중류와 남북지역인 중원에서 발생한 한족의 문명으로 인류의 4대 문명으로 인정되어 왔다. 한족은 황화문명을 바탕으로 삼황오제의 신화에 이어 하(기원전 2070~1600)·상(은: 기원전 1600~1046)·주(기원전 1046~기원전 771)를 거쳐 춘추·전국·진·한·삼국·진·남북조·수·당·5대10국·요·송·금·원·명·청으로 이어졌다. 중국 대륙을 중심으로 '동이, 서융, 남만, 북적'이라면서 동서남북의 '오랑캐'들을 제외한 나머지 중심의 문명과 민족으로 국가를 이어왔다고 자부하면서 중국의 정통성을 주장하나, 실제로는 '오랑캐'들이 점령하여 중국을 통치한 역사가 더 길었다. 이 때문에 진시황이 중국을 통일한 후 동서로 만리장성을 건설하여 북적으로부터 침략을 방어하고자 했다.

그래서 중국은 만리장성 이북의 땅에 거주하는 동이족이나 북적들을 야만인으로 생

---

8) 김칠성. 2018. 『에게·그리스문명·로마제국: 지중해, '오랜된 미래'를 찾아서』. 살림출판사; 최몽룡. 2007. 앞의 책; 이보영 엮어 옮김. 2009. 앞의 책: 61－126.

각하고 '문명도 없다'고 무시하여 왔다.

(7) 요하문명과 홍산문화

오랜 기간 중화문명이 동양의 대표적인 고대문명으로 인정되어 왔으나, 1984년 요하문명이 발굴되면서 중화문명보다 훨씬 오래 전의 문명이고 그것이 황화문명과는 다른 성격을 지닌 것이 밝혀지면서 중국 고고학계는 물론 세계학계는 충격에 빠졌다. 내몽고자치구 붉은 산이란 의미를 지닌 적봉시(赤峰市)에 있는 홍산(紅山)에서 5,000년 전의 여신상이 발견된 것을 시발로 하여 만리장성 북쪽 요서지방 일대에서 어머 어마한 신석기 유물과 유적이 무더기로 발굴되면서 요하문명이 세상에 들러나게 되었다. 지금까지 발견된 것은 기원전 7000년까지 소급하는 소하서문화인데 그보다 더 빠른 시기의 유물과 유적이 발굴될 가능성도 매우 높다.[9)]

용산문화와 요서문하의 신석기문화가 황화문명보다 앞선 시기의 문화가 오랑캐의 땅이라고 했던 지역에서 나오면서 충격에 빠졌던 중국 사학계는 난감했으나 결국 상고사에 대한 전면적인 재편 작업에 들어갔다. 중국은 예로부터 중원과 변방을 나누는 경계로 만리장성을 생각하여 왔는데 요하문명의 출현으로 이론을 수정하여, 중화문명의 다기원론을 제시했다. 기존의 중화문명에 1970년대 들어 장강문명, 그리고 최근에는 요하문명을 시원지로 추가하였다. 이렇게 하여 중국은 자신들의 자존심이었던 황화문명과 만리장성을 넘어 요하문명을 중국 문화의 원형으로 탈바꿈시키고 있다. 요하 일대가 원래 중화민족의 시조라는 황제의 영역이라 주장하며 황제가 여기에서 활동하고 문명을 건설하고 중원에서도 문명을 이루었다고 기존 주장을 바꾸어 주장한다. 이와 함께 요하 일대에서 발원한 모든 소수 민족이 황제의 후예라고 주장하면서 전설적인 인물인 황제를 역사로 끌어 오고 있다.

요하문명의 발굴 이후 중국은 '오랑캐의 땅'으로 '문명이 없다'고 주장했던 이 지역까지 포함하여 만리장성의 동단 기점을 원래 고구려의 박작성이었던 지점까지 만리장성을 늘려 공사를 하며 요하문명을 중국의 문명으로 주장하고 있다.[10)] 중국은 탐원공

9) 요하문명 지역 주요 유적과 시기를 보면, 신석기시대인 소하서문화(기원전 7000~기원전 6500년)에서 시작하여 홍산문화(기원전 4500~기원전 3000년)를 거쳐 초기 청동기시대의 하가점하층문화(기원전 2000~기원전 1500년) 등으로 이어졌다는 것이다.

10) 만리장성은 당초 6,400km였다가 기점을 늘려 8,851km로 확장하여 건설하고 있다. 이것이 중국의 동북공정과 탐원공정이다. 탐원공정은 중국역사를 1만년으로 끌어 올리는 공정이다. 김태경. 2004. <"동북공정 1만 년으로 끌어 올려라" 신화-전설을 역사로 만드는 '공정'>『Ohmy News』. 2004.10.3.

정[11]과 동북공정[12]을 대대적으로 추진하여 그들의 역사를 만드느라 의도적이든 아니든 주변 국가의 역사를 왜곡시키는 결과를 가져오고 있다.[13] 그러나 중국의 고대사 뿌리로 만들려는 요하문명은 중국의 중원문화와는 다르고 한민족의 상고시대 도시국가라는 증거가 더 많다.[14]

첫째, 중국 한족은 토광묘를 쓰는 데 반해, 요하문명·홍산문화는 우리 한민족의 고유한 무덤 형태인 '돌무지무덤'이라 불리는 적석총을 사용하여 민족고유의 장례문화를 쓰고 있는 점이다. 적석총과 고인돌 등의 거석문화는 한민족의 고유한 장례문화를 나타내는 것이며 태양신 숭배와 연결하기도 한다.

둘째, 홍산과 흥륭와 문화에서 발견된 옥기의 재질은 압록강 바로 위 수암에서 나온 수암옥으로 요하문명인 흥륭와에서 나온 옥귀걸이와 동일한 형태가 강원도 고성에서

중화문명과 만리장성에 대하여서는, 강남주. 2017 <중화문명의 시조 황제 공손 헌원: 사마천의『사기』를 중심으로>『한글+한자문화』. 212호(3월호); 류둥 편저. 구린 옮김. 2014.『중화문명독본』. 토담미디어; 팽림·제길상·범초옥 총찬. 1999.『中華文明史: 弟1卷, 史前』. 河北教育出版社; 줄리아 로벨 지음. 김병화 옮김. 2007.『장성, 중국사를 말하다: 문명과 야만으로 본 중국사 3천 년』. 웅진지식하우스; 신동준. 2010.『왜 진시황은 만리장성을 쌓았을까? 진시황 vs 사마천』. 자음과 모음.

11) 탐원공정 프로젝트는 예비단계(2001~2003), 제1단계 연구(2004~2005), 제2단계 연구(2006~2008)로 진행되었다. 1단계 연구는 기원전 2500~1500년경 중원지역, 2단계는 기원전 3500년경 장강유역 및 요하 지역까지 확대해 중국문명의 토대를 추적했다. 중국은 중화문명과 직접 관련이 없는 요하문명을 중국문명으로 결부시켜 기존 중국사의 틀을 수정하여 주변국의 상고사의 존립기반을 허물고 있다. 중국이 통일적 다민족 국가론에 입각한 공정연구의 일환으로 정식 명칭은 '중화문명탐원공정'으로, 중화민족과 주변국가 및 중국소수민족의 시원을 연구하는 것이다. 박양진 외. 2008.『중국 문명탐원공정과 선사고고학 연구현황 분석』. 연구총서 46. 동북아역사재단; 김정열. 2013. <중화문명탐원공정의 현황과 의미>『동북아역사문제: 주요 현안분석』. 통권 80호.

12) 우실하. 2007. <'통일적다민족국가론'의 전개와 적용>『고구려연구』. 제29집.

13) 중국의 탐원공정에 대해 한국의 대응능력은 매우 모자라며 여기에 대해 전문가들의 지적은 다음과 같다. 동북아역사재단 김정렬 박사: "중국의 탐원공정을 알고 있다. 황화문명을 이 문화보다 더 오래된 요하문화와 연결시키려는 것이다. 문제가 있다. 중국학자들 사이에도 의견차가 크지만 국가 프로젝트여서 말을 못하고 있다. 정부 차원의 대응보다 아직은 학술적 대응이 더 필요하다고 본다. 몇 년 전 관련 논란을 책으로 출간했다. 그러나 이 분야에 대응할 우리 학계의 역량이 강하진 않다. 중국의 신석기·청동기 등을 연구할 전공자도 부족하다." 몽골학회 부회장 박원길: "탐원공정은 한국에서도 문제가 되고 있다. 홍산문화는 고조선과 흉노의 기원문화가 분명하다. 몽골에서는 이를 당연히 여긴다. 그런데 국내에서는 이를 아예 보려 들지 않는 학자들도 있다. 그렇다고 홍산문화 출토품들이 한반도문화의 원형들이라는 것을 부인하는 것도 아니다. 중국은 한국이 분열된 상황을 즐긴다. 한국이 정리되지 않고 연구하는 사람도 적으니 '말끔히 끝났다'고 보는 것이다." 경북대 아시아연구소 연구원 윤은숙: "한국 사학계가 해결해야 할 큰 문제인데 거의 의식도 하지 않고, 따라서 대책도 없다." 안성규. askm@joongang.co.kr. 2011. <한국의 탐원공정 대응능력 모자라>『중앙선데이』. 2011.2.5. 탐원공정은 '국사 수정공정'(2010~2013)으로 계속되었고, 지금은 이것을 전세계로 전파하는 '중화문명 전파공정(2016~)'이 진행 중이다.

14) 이기환. 2007. <코리안루트를 찾아서(7)－빗살무늬토기문화>.『경향신문』. 2007.11.16.

발견되었다. 즉, 기원전 6000년경으로 추정된 흥룡와 옥귀걸이, 서해옥귀걸이, 고성문암리 옥귀걸이의 모양이 같아 이들이 단일 문화권이라는 증거이다.

셋째, 홍산문화에서 출토된 여신상인 웅녀상은 곰을 대지의 신으로 인식한 한민족 고유의 토템을 나타내는 것이다.

넷째, 용봉문화－천자문화와 연관된 것으로 '채옹'도 인정했듯이 천자문화는 한민족으로부터 나온 문화이다.

다섯째, 요하문명이 나온 곳은 그 뒤 고조선의 강역이었고, 고구려 때까지 한민족의 땅이었고 한민족의 주 활동무대였던 곳이다.

여섯째, 홍산문화에서 나온 유골의 유전자 분석결과 대부분 현대 한국인과 일본인의 유전자에 가깝고 일부는 현대 한국인과 완벽하게 일치한 반면, 중국 한족과는 다르게 나타나고 있다.[15]

일곱째, 요하문명은 빗살무늬토기인데 이것은 중화문명인 중국 중원 일대에서는 전혀 보이지 않는 북방계통의 문화로서 요서 일대, 흑룡강 중·하류지역, 한반도, 일본 등지에서 발견되어 이들은 같은 문화권으로 인정되고 있다. 이 문화는 고조선과 고구려의 예·맥족의 문화로 이어졌다. 빗살무늬토기는 발해문명권, 한반도 압록강·대동강·재령강·한강유역·두만강·동해안·남해안·김해 등으로 이어졌다.

이러한 여러 가지 근거를 바탕으로 요하문명은 한민족의 문화이고, 황화문명의 뿌리는 한국[16]이라는 주장까지 나오고 있다. 이러한 사실들의 일부가 『환단고기』에 기록되어 있어서 요하문명이 발굴되기 전부터 한민족이 수메르와 중국 등 많은 민족의 조상으로 주장되기도 했다. 『환단고기』의 내용에 대해 처음에는 대부분의 학자들이 신화로서 보고 그 내용이 지나치게 과장되어 믿을 수 없다는 입장이었으나, 요하 문명의 여러 가지 유물과 유적들이 발굴되고 중동지역 등 다른 지역의 유물과 유적들이 발굴되면서 새로운 가설들이 검토의 대상으로 부각되고 있는 실정이다.

인류의 고대문명과 고대사에 대해서는 고고학이 발달하고 유적과 유물이 발견되면서 한국과 중국은 물론 세계적으로도 상고사와 고대사를 다시 쓰게 하고 있다. 이들 간에는 매우 긴밀한 연계 위에 연구들이 이루어지고 있다.

---

15) 홍산문화 우하량 유적 유골 mtDNA분석결과는 http:\\yayul.egloos.com/2426051

16) 최종철 편. 1995. 『환웅·단군 9000년 비사: 황화문명의 뿌리는 한국입니다』. 미래문화사; "중원 중화문명은 변방이고 우리가 중심 센트랄이었다.", "명백한 사실을 두고 고대사 논쟁을 하고 있다.", "중국 동북 삼성에 현존하는 고구려 성만 200개." 도올 김용옥. 2016.11.18. http://www.podbang.com/ch/7064

그림 5-2 인류문명 4대 발상지와 요하문명 발생지 지도[17)]

출처: 『환단고기』: 160-161.

3. 세계적인 고대국가들의 건국과 고조선의 관계

(1) 요하문명 유적발굴과 『환단고기』 기록의 상관성

그동안 강단 역사학계에서 위서로 취급해 온 『환단고기』에서 환국 · 환인 · 환웅 · 단군의 시대를 나누고 환국시대의 환인과 환웅시대, 그리고 단군시대를 역사로 기술한 내용을 부인해 온 반면, 재야사학계서는 환인 · 환웅 · 단군의 시대를 역사로 인정하고 수메르인이 환국의 후예라고 인정하기도 했다. 이러한 상반된 주장에 대해 최근 요하문명과 홍산문화가 발굴되면서 이들의 논쟁은 더욱 뜨겁게 진행되고 있다.

앞으로도 세계 인류의 시원을 밝혀줄 고대 유물과 유적이 발굴될 가능성은 열려 있다. 지금까지 밝혀진 요하문명은 소하서문화(기원전 7000~기원전 6500년), 흥룡와문화(기원전 6200~기원전 5200년), 사해문화(기원전 6000~기원전 5200년), 부하문화(기원전 5200~기원전 5000년), 조보구문화(기원전 5000~기원전 4400년), 홍산문화(기원전 4500~기원전 3000년), 동석병용시대의 소하연문화(기원전 3000~기원전 2000년), 그리고 초기 청동기시대의 하가점하층문화(기원전 2000~기원전 1500년) 등으로 나타나고

17) 『환단고기』: 160-161의 그림을 재인용함. 이 책에서는 환국에서 홍산문명이 나오고 그것이 황하문명과 북미 인디언 문화와 아즈텍 · 마야 · 잉카문명으로 이어짐을 보여주고, 그 외에도 수메르문명을 거쳐 인더스문명, 이집트문명, 그리스 지중해문명으로 전파되어 환국에서 동 · 서양의 문명이 뻗어 나갔다고 주장하고 있다. 이러한 문명의 유사성은 저자가 수년에 걸쳐서 이 지역 문화들을 답사하면서도 확인할 수 있었으며 학계에서 꾸준히 재확인해야 할 주제이다.

있다. 이것은 그동안 『환단고기』에서 기록하고 있으나 신뢰하지 않고 신화로 간주했던 환인의 환국시대(기원전 7197년~기원전 3896년)와 환웅의 신시시대(기원전 3898년~기원전 2333년)가 요하문명과 연결되는 것은 아닌가라는 문제에 대해 관심이 높아지고 있다. 단군조선시대(기원전 2333년~기원전 238년)와 하가점하층문화와의 관계에 대해서도 청동기 유물과 유적들을 중심으로 집중적으로 연구하고 있다.

표 5-1 신석기-청동기시대 요하문명의 주요 고고학 문화

시대 구분	연대	주요 문화	비고
신석기시대	기원전 7000~3000년	소하서문화	
	기원전 6200~5200년	흥륭와문화	
	기원전 5200~5000년	부하문화	
	기원전 5000~4400년	조보구문화	
	기원전 4500~3500년	홍산문화 전기	
동석병용시대	기원전 3500~3000년	홍산문화 후기	초기 국가단계 초급 문명사회
	기원전 3000~2000년	소하연문화(=후홍산문화)	
청동기시대	기원전 2300~1600년	하가점하층문화	고급 문명사화
	기원전 1000~300년	하가점상층문화	비파형동검 출현

출처: 우실하. 2019. 앞의 글: 131.

그림 5-3 신석기-청동기시대 요하문명의 주요 문화 유적지 분포 지역

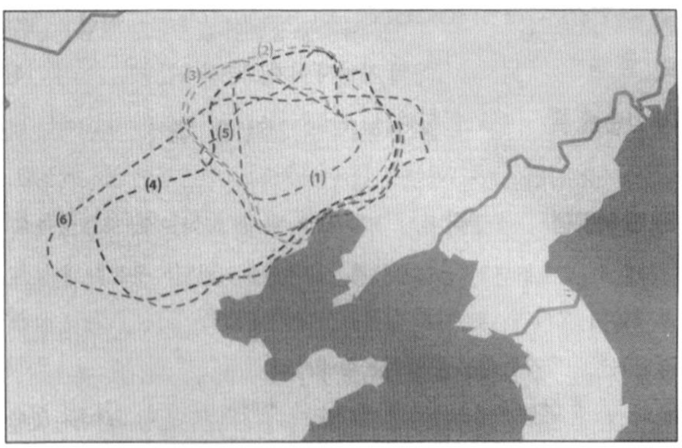

(1) 소하서문화 (3) 조보구문화 (5) 소하연문화
(2) 흥륭와문화 (4) 홍산문화 (6) 하가점하층문화

출처: 중국 오한기사전문화박물관 내부 자료 재구성: 우실하. 2019. 앞의 글: 131 재인용.

그림 5-4 요하문명, 황하문명, 장강문명의 위치

출처: 우실하. 『고조선의 강역과 요하문명』. 동아지도. 2007 재구성; 우실하, 2019: 216 재인용.

1980년대 요하문명의 발굴은 한국과 중국의 고대사를 통 채로 바꾸고 있다. 이것을 두고 영토중심국가인 중국은 탐원공정과 동북공정을 통해 자국의 문명과 역사로 만들려는 노력을 의식적으로 하고 있다. 중국은 발해와 고구려 및 백제의 역사를 그들의 역사로 만드는 것뿐만 아니라 고조선 역사도 요하문명의 줄기로 보아 중국의 역사로 만들고 있다.[18] 요하문명의 주요 고고학 문화 [그림 5-4]와 주요 문화 유적지 분포지역을 정리하면 <표 5-1>과 [그림 5-3]과 같다.[19]

역사학자들의 논문이나 역사책으로서만이 아니라 중국 국가주석 시진핑이 미국 대통령 트럼프에게 '한국은 역사적으로 중국의 속국'[20]이라고 역사 강의를 하여 통일 이

18) 우실하. 2006. <역사 왜곡의 노림수 무엇인가? 대중화주의에 인근국 초토화: "단대공정·탐원공정·동북공정·요하문명론으로 1만 년 중국역사 만들어">『월간중앙』. 32(10). 371호; 한만선. 2006. <신화와 문명의 원시까지 왜곡: 중국 주변의 역사 다 지운다: "동북공정의 곁가지 … 단대·탐원공정에 맞서야 한다">『월간중앙』. 32(10). 371호; 김선자. 2005. <황제신화와 국가주의: 중국 신화 역사화 작업의 배경 탐색: 何新의 『論政治國家主義』>『중국어문학논집』. 31호; 문학마을. 2006. <한민족, 상고사의 홀대와 중국의 동북공정>『문학마을』. 8(1). 통권 29호; 우실하. 2005. <최근 중국의 역사관련 국가 공정들과 한국의 과제>『단군학연구』. 제12호.

19) 우실하. 2019. <요하문명의 발견과 한반도: 요하문명 도사 유지의 발견과 단군조선의 가능성>. 신용하 외. 2019. 『왜 지금 고조선 문명인가』. 나남: 131.

20) 동북공정은 2002년부터 2007년까지 5개년 계획으로 라오닝성을 중심으로 하면서 발해와 고구려 역사를 중국의 역사로 편입시키고 가끔, 백제와 신라의 역사까지 왜곡시키고 있다. 2017년 4월 미·

표 5-2 신석기-청동기시대 요하문명, 황하문명, 장강문명의 주요 고고학 문화와 유적

문명	위치	시대 구분	연대	주요 문화 및 유적
황하 문명	황하 중류	신석기시대	기원전 5000~3000년	앙소(仰韶)문화
		동석병용시대	기원전 2450~1900년	도사(陶寺) 유지 요도(堯都) = 평양(平陽)
		청동기시대	기원전 2000~1500년	이리두(二里頭) 유지 하도(夏都)
장강 문명	장강 하류	신석기시대	기원전 5000~3300년	하모도(河姆渡)문화
			기원전 3600~3300년	능가탄(凌家灘) 유지
		청동기시대	기원전 3000~1000년	삼성퇴(三星堆) 유지
요하 문명	요하 중·상류	신석기시대	기원전 7000~3000년	소하서문화, 흥륭와문화 부하문화, 조보구문화, 홍산문화
		동석병용시대	기원전 3000~2000년	소하연문화
		청동기시대	기원전 2300~1600년	하가점하층문화
			기원전 1000~300년	하가점상층문화

주: 1) 표기된 연대는 모두 나이테 교정연대로 실제 연대에 더 가까운 절대연대이다.
2) 나이테 교정연대는 일반적으로 탄소-14 측정 연대보다 500~800년 정도 빠르다.
출처: 우실하. 2019: 126 재인용.

후 북한에 대한 영토와 권리를 주장할 터전을 마련하고 있다. 중국의 탐원공정과 동북공정은 진행 중이지만,[21] 요하문명은 중국의 황하문명이나 장강문화와는 주요 문화 및 유적에서 근본적으로 다른 것으로 연구자들에 의해 더욱 명확하게 밝혀지고 있음을 [그림 5-4]와 <표 5-2>에서 확인할 수 있다.[22]

이러한 중국의 역사왜곡에 대해 대한민국 정부는 대응이 소극적이고 심지어 무시·무산시키는 압력까지 행하고 있다.[23] 정부는 물론 한국 역사학계의 대응도 소극적이라기보다는 도리어 부정적인 입장이 주를 이룬다. 그것은 중국이 탐원공정과 동북공정 등을 더욱 적극적으로 추진하게 만들고 있다. 요하문명과 홍산문화에 대한 중국학계의 시각과 국내 한 연구자의 시각을 비교·정리하면 <표 5-3>과 같다.

중 정상회의에서 시진핑 중국 국가주석이 "한국은 역사적으로 중국의 일부"라고 말한 것은 동북공정의 일환이라 볼 수 있다.

21) 이덕일. 2017. <동북공정은 진화중>『서울신문』. 2017.10.12.

22) 우실하. 2019. 앞의 글: 126.

23) 2006년에는 외교부에서 한국의 동북공정 대응기관인 고구려연구재단에 압력을 넣어 학술회의와 자료배포를 막았고, 2018년 교육부 산하 한국교육과정평가원에서는 중·고교 역사교과서 집필기준에 동북공정에 관한 사항을 삭제하는 것으로 예고하였다.

표 5-3 요하문명 및 홍산문화에 대한 시각 비교

	중국 학계의 시각	우실하의 시각
요하문명의 주도세력	• 중국인의 시조라는 황제족 • 유웅씨 황제 집단	• 동이족의 선조
요하문명의 성격	• 중화문명의 시발지	• 동북아 공통의 시원문명
요하문명과 주변의 관계	• Y자형 문화대(소병기)	• A자형 문화대
홍산문화의 단계	• 초기 국가(문명) 단계 • 추방(酋邦, Chifdom, 군장국가) • 고국 단계	• 동의함
홍산문화의 주도세력	• 황제의 후예인 고양씨 전욱과 고신씨 제곡 집단	• 단국조선 이전의 토착세력 가운데 웅녀족일 가능성이 높음
하가점하층문화의 단계	• 방국 단계의 대국(소병기) • 하나라보다 앞선 문명고국(설지강)	• 여러 방국(方國) 혹은 방국(邦國)들의 연합체 • 중국의 상고사에서는 비정할 국가 이름이 없으므로 단군조선일 가능성이 높음

출처: 우실하. 2019. 앞의 글: 190에서 재인용.

중국의 동북공정과 탐원공정이 있기 이전부터 북한에서는 주체사학의 관점에서 한민족이 세계에서 가장 오래된 민족이라는 주체사관을 정립하고, 단군릉 복원사업을 대대적으로 추진하였다. 이러한 복합적인 성격을 지니는 고조선의 국가에 대한 연구는 다양한 가설들에 대해 비판적으로 검토하고 유물과 유적 등 객관적인 증거들을 중심으로 검토해야 할 것이다.

4대 문명이나 요하문명의 성격을 비교해보면, 메소포타미아 및 황화문명은 거대한 유물들과 유적들을 가지고 있으나, 요하문명과 인더스문명, 그리고 고조선 문명의 유물과 유적은 거대한 규모를 지니는 그들과 달리 섬세하고 소규모인 점은 문화적인 특성에서 유념해야 할 점이다. '홍익인간'이나 자연주의라는 휴머니즘과 같은 문명이 지배적인 고조선문명, 요하문명, 인더스문명에서는 피라미드나 스핑크스 및 만리장성 등과 같은 '야만적인 노동 착취'에 의해 가능한 대규모의 '불가사의한 유적'을 남기지 못했을 수 있다. 대신 토기나 생활용품 등의 유물을 통해 삶의 흔적을 보이는 것을 소홀히 하지 말아야 할 것이다. 고대 인류문명에 대한 유물과 유적들은 계속하여 발굴되고 고대사에 대한 역사도 새롭게 지속적으로 써가고 있는 중에 있다.

인류의 4대 문명과 요하문명의 성격을 파악하면서 이 문명들 사이에 유사점과 차이점이 있는 것도 조심스럽게 다루어야 할 것이다. 그러한 관계 속에 고조선문명의 특성과 고조선의 건국 및 고조선의 역사를 연구하여 고조선의 역사를 바로 찾아가야 할 것이다.[24] 고대사는 지난 역사가 아니라 후손들이 얼마나 다시 찾느냐에 따라 역사가 될 수도 있고 신화로 머물 수도 있다. 이 과정에 중국은 중화문명 탐원공정, 요하공정 및 동북공정 등 각종 공정을 통해 인위적으로 자국 역사로 왜곡시키고 있다. 여기에 대응하여 역사내전과 역사전쟁을 넘어 한국고대국가인 고조선 역사를 중국에게 빼앗기지 않고 바로 찾아가야 한다.

(2) 신용하의 설명

1) 세계 세 번째로 형성된 고조선문명

이것과 관련하여 신용하는 “5,000년 전에 나타난 고조선문명은 5,500년 전의 메소포타미아문명, 5,100년 전의 이집트문명에 이어 세계에서 세 번째로 형성된 고대문명으로, 고조선문명과 고조선국가가 3,700년 전에 일어난 중국 황하문명보다 앞섰다”는 점을 고조선문명의 기원과 탄생, 사회경제적 토대와 문화적 특성, 고대국가 건국과 발전·해체를 한국과 중국의 문헌사료, 고고학 발굴자료, 사회학·인류학 이론서, 동서양의 연구 성과를 폭넓게 활용하고 프랑스 아날학파의 연구방법론 등을 종합적으로 활용·연구하여 다양한 근거를 바탕으로 밝히고 있다.

그는 ‘고조선문명이 기원전 30세기 무렵 대동강 유역과 요동지역에서 형성되어, 요하동쪽에 자리 잡은 사람들은 호랑이가 토템인 예족이 되었고 요하 서쪽으로 건너간

24) 영토중심국가와 민족중심국가의 현실적인 충돌은 이스라엘과 팔레스타인의 사례이다. 이스라엘은 민족중심국가로서 시온주의를 중심으로 전 세계 유태인들이 이스라엘 국가 재건을 위해 뭉쳐 그들의 성지이고 고토인 예루살렘을 중심으로 2000년 만에 민족국가를 건설하면서 이스라엘-팔레스타인 분쟁이 시작되고 지금도 세계의 화약고로 지속되고 있다. 이것은 영토중심국가인 팔레스타인과 민족중심국가인 이스라엘의 역사적인 충돌 사례이다. 대한민국과 북한은 민족중심국가로 지금은 서로 다른 ‘지배이데올로기로서의 국가’의 충돌로 분열되어 있지만 통일국가가 될 경우 영토중심국가인 중국과 만주 등에 대한 영토문제가 대두할 여지가 없지 않다. 이 때문에 중국은 동북공정과 탐원공정을 통해 중국의 고대사를 1만 년 전으로 소급하여 요하문명을 중국의 고대사로 만들고, 만주와 요동 등을 영토로 하며 요하문명을 이은 고조선과 발해 및 고구려를 중국의 고대 다민족국가들의 하나로 편입시켜 영토분쟁의 근거를 없애고자 하는 것이다. 이렇게 본다면 1980년대 만주 일대의 넓은 땅을 장기 임대히여 농지로 개척하는 프로젝트를 추진한 고려합섬 회장 장치혁의 선구적인 노력은 평가할 일이다. 다만 국내에서 정부의 기업구조조정 대상으로 기업이 해체되어 만주프로젝트마저 실패로 끝나게 되어 아쉬움으로 남는다. 일본의 재력가들이 라인강과 남미 등 주요 지역으로 분산하여 토지를 매입하여 실질적인 영토를 넓히듯이 한국의 재력가들의 만주지역 등에 대한 투자와 개발은 권장할 일이다. 이 지역에 이미 오랜 기간 많은 한민족들이 유민으로 남아 있는 만큼 토지에 대한 확보는 중요한 역사적인 의미를 지닌다.

사람들은 곰이 토템인 맥족이 되었고, 5,000년 전 계속되는 기상 이변을 만난 요서지역의 맥족이 동남쪽으로 이동하여 대동강 유역에서 한족(韓族)과 재결합하면서 청동기문화를 토대로 하는 고조선이 세워졌으며, 고조선은 1,000년 뒤 요동으로 수도를 옮겨 예족을 흡수했고, 동서쪽으로 영토를 확장하여 한반도・만주・연해주에 걸치는 고대연방국가를 건설했다'고 주장한다. 나아가 요하문명(홍산문화)의 주인공이 곰 토템인 맥족이고, 고중국 동해안에 정착한 고조선 이주민이 황하문명과 상(商)나라의 형성에 큰 도움을 주었음을 중국의 석학 부사년(傅斯年)도 인정했음을 밝히면서 함께 주장하고 있다.[25] 신용하의 연구결과는 한국 상고사에 대한 중요한 이정표가 되고 높이 평가되어야 할 것이다.

인류의 4대 문명 가운데 황하문명이 아니라 고조선 문명이 인류의 4대 문명으로 되고 있음을 요하문명이 발굴되면서 더욱 분명해지고 있다. “그동안 단군조선의 역사가 일찍부터 문자로 기록되어 고기로 편찬되었으나 모두 소실되어, 단군조선의 역사는 ‘기록이 없는 5천 년 역사’였다. 이 점에서 조선과 유사한 나라는 인도다. 인도라는 나라가 오래기는 사오천 년의 문화를 가진다 하면서도 문헌 없기로는 세계에 유명하다. 둘이 다 고난의 짐을 지는 자들이다. 모든 기록, 모든 유물은 반만 년 풍진리에 다 소진되어 버리고, 같은 것은 오직 수난의 흔적뿐이다”라고 함석헌은 기술하고 있다.[26] 이처럼 기록과 유물이 없었던 고조선의 역사는 요하문명의 유적들이 발굴되면서 서서히 실증적인 증거로 드러나고 있다. 이것을 신용하는 고조선문명으로 규정하고 한영우는 아사달문명으로 부르며 이것이 세계의 4대 문명으로 자리하고 있음을 밝히고 있다.

2) 인류문명사에서의 고조선문명의 지위와 위상

신용하는 자신의 기존 연구들을 바탕으로 하여 인류문명사에서 고조선문명이 차지하는 지위와 위상을 밝히고 있다. 약 5천 년 전에 탄생한 고조선문명은 고중국 황화문명보다 약 1천여 년 앞섰으며, 중국문명 형성에 큰 영향을 주어 토인비의 문명기준에 따르면 수메르문명, 이집트문명에 이어 세계 세 번째로 형성된 문명이다. 고조선문명은 유라시아대륙의 극동지역에서 탄생하여 베링해협과 알류산열도를 건너서 북・중앙아메리카와 남아메리카 안데스산맥에 도달한 사람들의 아즈텍문명 및 마야문명과 잉카문명의 기원・모체・뿌리가 되었다.[27]

---

25) 신용하. 2010.『고조선 국가형성의 사회사』. 지식산업사: 143－156; 신용하. 2017.『한국민족의 기원과 형성 연구』. 지식산업사; 신용하. 2018.『고조선문명의 사회사』. 지식산업사.

26) 함석헌. 1950.『성서적 입장에서 본 조선역사』. 성광문화사: 80.

인류 최초의 독립문명 중 고조선문명의 위상은 수메르문명, 이집트문명, 고조선문명, 인도문명, 에게해문명, 중국문명, 중앙아메리카문명, 안데스문명의 순위로 파악되고 있다.[28]

4. 고조선 시대 세계체제의 성격

(1) 고조선 시대 대륙 세계체제의 성격

고조선 시대의 세계체제는 군사적·문화적인 관계를 중심으로 지역적인 차원에서 형성되어 전 세계를 관할하는 의미에서의 세계국가체제나 세계문화체제는 아니다. 인류의 4대 문명권이라는 기존의 이해 위에 동양세계에서 최근 새롭게 인정받고 있는 요하문명과 홍산문화를 중심으로 한 아사달문명이 세계적인 문명으로 등장하면서 동양문명을 대표하던 중국의 화하문명·중화문명보다 고조선의 문화적인 고차원성과 선진성을 점차 이해받게 되었다. 동아시아에서 고조선이 고대국가를 건국한 시기에 국가단계의 수준에 도달했던 사회는 중국뿐이어서 고조선과 중국은 동아시아세계체제에서 서로 긴밀한 교류 관계와 경쟁관계를 유지했다.

서양문명권에서도 슈메르문명이 점차 발굴되고 기존의 메소포타미아문명과 이집트문명보다 먼저 발전한 것으로 최근 새롭게 밝혀지고 슈메르문명과 요하문명의 관련성이 밝혀지면서 고조선과 그 이전 시대의 세계문명체제에서 고조선의 문화적·정치군사적인 위상이 새롭게 자리매김되고 있다.

또한 고조선 시대의 세계국가체제는 동양과 서양 사이에는 서로 긴밀한 교류도 없었고 하나의 세계국가체제를 형성하지도 않은 채 동양세계에서 고조선이 동아시아세계국가체제의 중심국가로 출발하였다. 고조선은 중국과 일본 및 북방지역에 문화적·정치적·군사적 우위를 유지하고 이들에게 문화를 파급시키고 군사적·경제적 교류를 활발하게 전개하였다가 후반으로 가면서 그 위상이 후퇴·약화되어 영토국가인 중국과 역전이 되었다.

고조선문명의 발굴과 세계 4대 문명에 대한 새로운 재정리가 이루어지면서 고조선의 세계문화체제 내에서의 위상은 확고하게 자리 잡고 있다. 비록 중국이 탐원공정이나 동북공정을 통해 영토국가의 특성을 내세워 고조선과 뒤이은 고구려 등의 역사를 중국

---

27) 손성태. 2014. 『우리 민족의 대이동』. 코리; 손성태. 2017. 『고대 아메리카에 나타난 우리민족의 태극』. 코리.
28) 신용하. 2019. 앞의 책: 46-47.

지방정권의 역사로 곡해하고 헌팅턴과 같은 미국 학자들도 현대사회에서의 종교를 중심으로 중국과 일본을 세계적인 문명국으로 규명하고 있지만[29] 민족중심국가인 한·예·맥 민족국가인 고조선의 역사적인 정체성과 고유성 및 독자성이 더욱 분명해지고 있다.

고조선은 동아시아 세계체제의 중심국가로서 국경을 접하고 있던 중국은 물론 그 북방의 몽골·중앙아시아·시베리아, 그리고 남동쪽의 일본열도와도 깊은 교류를 가졌다. 중국의 황하유역에는 고조선보다 다소 늦었지만 그래도 비교적 일찍이 국가가 형성되었기 때문에 고조선과는 문화적인 교류와 더불어 정치외교·군사적인 교류 및 경제적인 교류도 활발하였으나, 북방의 몽골·중앙아시아·시베리아, 그리고 남동쪽의 일본열도에는 고조선 시대에 아직 국가가 출현하지 않았기 때문에 문화교류가 주로 이루어졌다.[30]

고조선과 중국·북방·일본의 관계에 대한 기록은 어느 관점에서 보느냐에 따라 같은 사안도 다른 방향과 내용으로 해석되므로 사료의 채택이 매우 중요하다. 고조선은 당시에 상형문자나 신지문자 등으로 기록했던 것으로 추정이 되나 지금 남아 있는 것은 없고 그 뒤에 기록된 『단군세기』·『단기고사』·『규원사화』·『환단고기』 등에 대해서는 위서논쟁이 있는 반면, 중국 측이 남긴 기록들은 많이 남아 있어서 국내외 학자들은 그동안 주로 중국 측의 관점에 따라 고조선과 중국 및 북방의 관계를 이해해왔다. 이 때문에 중국 중심의 관점에서 고조선과 중국 및 북방의 관계를 이해하여 중국의 선진문명이 북방과 고조선으로 전파된 것으로 해석해 왔다.

그러나 20세기 중반 이후 한반도와 만주 등 고조선의 영토에서 중국 및 북방보다 시대가 1,000여 년 이상 앞선 청동기 유물과 유적들이 발굴되면서 중국 중심의 역사해석이 잘못된 것으로 과학적으로 입증되어 상고사와 고대사를 새롭게 쓰게 되었다. 게다가

---

29) 헌팅턴은 종교를 일차적 기준으로 하여 1993년에 발표한 첫 글에서 세계문명을 ① 기독교, ② 정교, ③ 이슬람교, ④ 유교, ⑤ 불교, ⑥ 힌두, ⑦ 아프리카(비이슬람권), ⑧ 일본 등 8대 문명으로 구분하였다가 3년 후에 펴낸 책에서는 ① 중화, ② 일본, ③ 힌두, ④ 이슬람, ⑤ 정교, ⑥ 서구, ⑦ 라틴아메리카, ⑧ 아프리카 등 8대 문명으로 수정하였다. 그는 종래의 '유교문명'을 '중화(Sinic) 문명'으로 개칭하면서 여기에 해외 화교공동체와 베트남·한국을 포함시키고 불교는 탄생지 인도에서 소멸하고 중국과 일본 등지에서 이미 토착문화에 통합되어 '거대 문명의 바탕'이 되지 못하였기 때문에 문명에서 아예 제외시켰다. 이것은 세계문명을 종교적인 관점에서 현대의 시각으로 재해석한 것이지만 하버드대학교의 세계적인 정치학자이고 문명평론가인 헌팅턴이 간접적으로 인류문명의 발상지 및 아시아문명의 기원에 대한 오해를 불러 일으킬 여지를 제공하고 있다는 점에서 주의해야 할 내용이다. Samuel P. Huntington. 2002. *Clash of Civilizations*. New edition. New York: Simon & Schuster; 새뮤엘 헌팅턴. 이희재 역. 2016. 『문명의 충돌』. 김영사.

30) 이러한 점에 대해 자세한 논의는 윤내현. 2016 하: 439－529 참조.

요하문명과 홍산문화 유적들이 발굴되면서 고조선의 아사달문명이 중국 화하문명에 앞서고 국가의 성립도 고조선이 중국이나 북방 지역보다 먼저 이루어진 점이 밝혀지면서 이러한 내용을 기록한 한국측의 고대 역사서에 대한 위서논쟁의 양상도 달라지고 있다. 이러한 관점에서 고조선과 중국・북방・일본의 관계를 차례로 살펴보도록 한다.

(2) 고조선 시대 해양 세계체제와 해륙교통망

고조선문명권의 해양활동과 해륙교통망에 대하여서는 윤명철이 자세하게 밝히고 있어서 그 내용을 소개하도록 한다.[31] 그는 고조선을 중심으로 동아시아가 지중해를 형성하고 해양 세계체제와 해양교통로를 형성하고 활발하게 교류한 것으로 보고 있다. 고조선시대에 만주와 화북지역을 이어주는 교통로는 육로 외에 해로도 있었다.[32] 난하하구는 항구도시였고[33] 춘추전국시대 이래로 계속해서 발전했다. 갈석이 발해를 이용하는 중요한 교통로였고, 대표적인 해로는 발해 횡단항로이다.

한나라 및 위나라 시대에는 산동반도에 있는 래주만의 항구들을 출항하여 노철산 수도를 경유하여 요동반도 남단의 마석진, 답진 등에 상륙한 후에 육로를 이용하거나 발해를 횡단하여 요구(遼口)에 상륙한 후에 배를 타고 내륙에 있는 강을 거슬러 올라가는 것이다. 고조선의 해양항로는 황해권, 동해권 및 남해권으로 활발하게 구축하여 [그림 5-5]와 같이 해양교통망을 구축했다.[34]

1) 황해권의 해양활동과 항로

황해권의 대표적인 해로는 황해 북부 연근해 항로, 황해 북부 사단항로 및 황해 중부 횡단항로이다. 첫째, 황해 북부 연근해 항로는 황해의 서쪽인 중국 남쪽 절강성의 해안부터 산동반도를 거쳐 요동반도까지 북상한 다음 연근해 항해를 하여 압록강 유역인 서한만에 진입한 후 대동강 하구, 경기만을 지나 계속 남하하여 서남해안, 남해안의 일부, 대마도, 규슈 북부로 이어진 장거리 항로이다.

둘째, 황해 북부 사단항로는 대동강 하구에서 출발하여 요동반도의 남쪽 해역과 묘

---

31) 윤명철. 1998. <황해문화권의 형성과 해양활동에 대한 연구>. 『선사와 고대』 11. 한국고대학회.
32) 하(夏) 대의 항해담당자를 '동이'라고 했다. 손광기. 2005. 『중국고대항해사』. 해양출판사: 69.
33) 이붕. 1985. 『진황도항사』<고・근대부분>. 인민교통출판사: 27-29.
34) 윤명철. 2019. <고조선문화권의 흥망과 해륙활동>. 신용하 외. 『왜 지금 고조선문명인가』. 나남: 290-295. 다만 윤명철은 중국 고문서들을 중심으로 해륙로를 설명하여 고조선중심이 아니라 중국중심이라는 한계를 지닌다.

그림 5-5 동아지중해 해양교통로

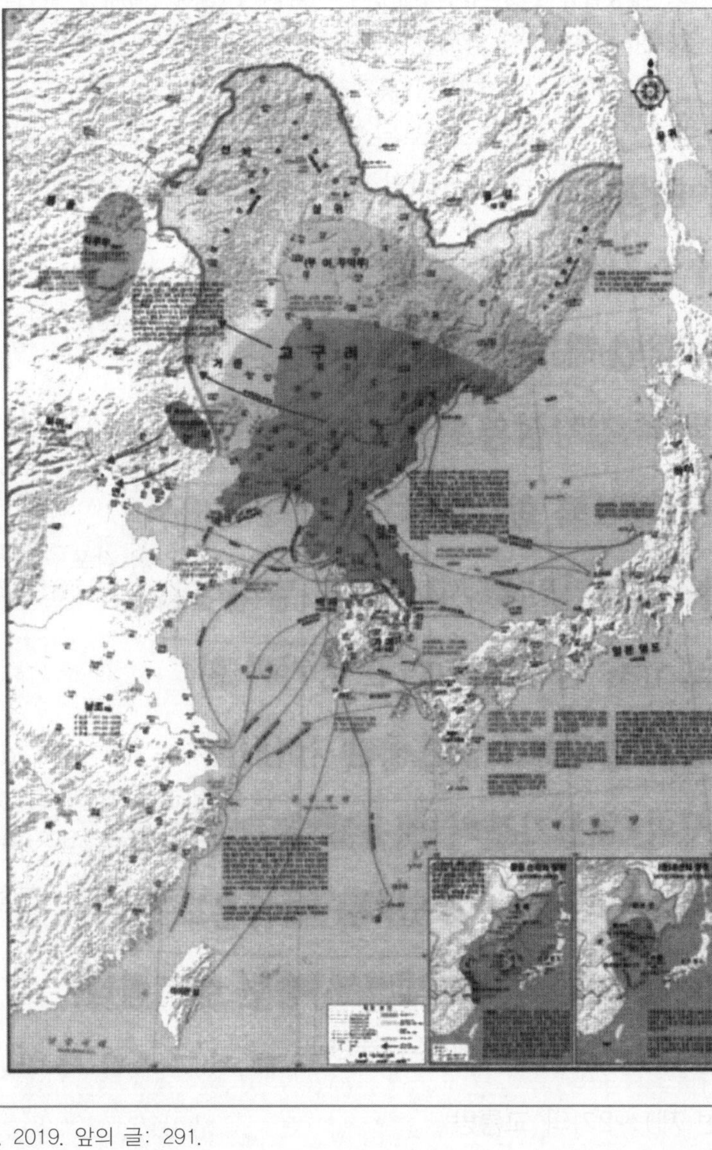

출처: 윤명철. 2019. 앞의 글: 291.

도군도의 근해를 부분적으로 이용하면서 산동반도의 해역권에 들어온 다음에 황해서안의 근해권을 이용하여 양자강 하구 유역까지 남진해 가는 항로이다.

셋째, 황해 중부 횡단항로는 한반도의 경기만 일대 중부지방의 여러 항구에서 서쪽으로 횡단항해를 하여 산동반도의 여러 지역에 도착하는 단거리 항로이다.

2) 동해권의 해양활동과 항로

동해안에서도 해양활동이 구석기시대부터 시작되어 신석기시대에 들어와 본격화되었다. 첫째, 동해권의 대표적인 항로인 동해 남북 연근해항로는 연해주 일대와 한반도 동해안은 연안 항해 혹은 근해 항해를 통해서 남북으로 오가는 항로이다.

둘째, 연해주 항로 또는 타타르 항로는 북부 항로와 남부 항로로 구분된다.

셋째, 동해 북부 항로는 두만강 이남의 나진, 청진 등과 원산 이북에서 출항하여 동해 북부 해양을 횡단 또는 사단한 다음에 일본의 동북지방에 도착하는 항로이다.

넷째, 동해 종단항로는 동해 북부 해안의 항구가 모두 출항 지역에 해당된다. 일본열도의 중부와 남부 해안에 도착할 수 있으며, 항법상으로는 항해하기 가장 어려운 항해이다.

다섯째, 울릉도 항로를 포함하는 동해 중부 횡단항로는 동해의 중부인 삼척, 강릉 등의 해역을 출항하여 울릉도와 독도까지, 또는 그곳을 경유하여 일본열도에 도착하는 항로이다.

여섯째, 동해 남부 횡단항로는 동해의 남부지역인 울진, 포항, 감포, 울산 등을 출항하여 동해 남부를 횡단한 후에 혼슈 남단에 도착하는 항로이다.[35]

3) 남해권의 해양활동과 항로

남해권에서는 신석기시대 초기부터 해양활동과 어업활동을 한 흔적이 있고, 남해를 활용한 항로에는 제주도 항로도 있지만 남해 동부에서 출발하여 대마도를 경유해 규슈 북부까지 항해하는 항로가 대표적이었다. 일반적으로 고대 대왜항로의 기점을 낙동강 하구로 인식하고, 서남해안 혹은 남해 서부 해안에서 출발하여 규슈 서북부로 직항하는 항로도 있다.

(3) 고조선 시대 육상 세계체제와 육상교통망[36]

1) 고조선 제1~2기의 교통망

첫째, 기원전 11세기, 즉 상나라 말에서 주나라초부터 요서 및 그 이동 지역은 중원과 교류를 시작했다. 그 시대에는 『설원(說苑)』<수문(修文)>에 따르면 9도를 이용하

35) 윤명철. 2019. 앞의 글: 292-295.
36) 위의 글: 296-300.

여 북으로는 산융과 숙신, 동으로는 도이(島夷) 등에 닿았다고 기록되었다.

둘째, 기원전 11세기부터는 숙신과 중원을 이어주는 교통로가 있었고, 만주의 특산인 천잠, 즉 비단을 수입하기 위해 무역로가 개설되었다.

셋째, 당시 방국들의 위치를 근거로 보면 도하와 고죽을 경유한 요서 교통로는 연산의 산맥들과 발해 연안의 사이인 요서 주랑 일대에 있을 수 있고 이 길은 군사로이기도 하다.

넷째, 황하 이북과 발해 연안에서 산해관을 넘어 육로 또는 연안을 활용하여 요서 지방에 도착한 이후 여러 개의 방향으로 분리된다. 고조선문명권과 연관된 육로는 요동을 지나 남만주 와 중만주에 분포한 육로와 수로들을 활용하면서 동만주 일대와 연해주로 나가 해양으로 연결되었다.

다섯째, 산동반도 해안과 발해만의 항구에서 묘도군도를 활용하여 요동반도 남단에 도착한 이후에 다시 요동반도 남단에서 해안선과 가까운 내륙을 이용하여 압록강 하구 유역을 경유한 다음에 한반도로 접근하는 길이다.[37]

2) 고조선 제3기의 교통로

기원전 5세기부터 요동·요서 지역과 화북 지역은 교류가 더욱 빈번하였다. 『사기』에는 "장성을 쌓았는데, 조양에서 양평에 이른다. 상곡, 어양, 우북평, 요서, 요동군을 설치하여 오랑캐[胡]를 막았다"라는 기록이 있는데,[38] 이것이 그 시대에 사용된 육로 교통이다.

요동 지역은 양평성을 중심으로 하여 남과 북으로 향하는 육로와 해로로 구성된다. 남로 구역인 안산과 해성 이남, 평곽, 웅악하(熊嶽河)의 북쪽 강가 등에서 대량으로 명도전과 양평포(襄平布) 등이 출토되고 있어서 이길을 이용해서 교류와 교통길이 있었음을 입증하고 있다. 한편 북로는 양평성에서 심양 등으로 이어지는데, 정가와자의 청동단검묘, 철령 남신대자진의 전창 유적지 등은 그 시대 교통의 이동 방향과 기점 등을 알려 준다. 전국시대에 연나라·제나라와 조선 간의 교통은 요서부터 양평과 연수를 중심으로 구성되었다.[39]

---

37) 위의 글: 296－298.

38) 『사기』 권 110 <흉노열전>.

39) 윤명철. 2019. 앞의 글: 299－300.

3) 고조선 제4기의 교통로

위만조선 시대에 한나라가 사용한 만주지역의 교통로와 시설들을 대부분 연나라를 이어 진나라 때부터 계승된 것이다. 흉노와의 전쟁, 동호와의 전쟁 등은 교통로를 더 개척하고 발전시켰다. 『태평환우기』와 『기주도』의 기록에 의하면, 한나라의 동북쪽인 만주지역으로 나가는 대표적인 교통길을 세 가지이다.

첫째, 중도는 화북지역의 태원을 출발하여 정북 방향으로 용성(龍城, 현재의 朝陽)까지이다.

둘째, 동북지역의 길은 중산에서 출발하여 북평을 경유하여 어양과 백단을 지나 요서 일대에 도착하였고, 노룡 요새에서 빠져나가 직접 흉노 좌현왕이 다스리는 속지에 가는 길이다.

셋째, 서북으로 가는 길은 농서에서 출발하여 흉노의 우현왕이 다스리는 영토에 도착한다.[40]

세 개의 길은 모두 한나라 무제 시기에 만들어졌으며, 많은 민족과 부족들이 활용한 북부 지방의 주요 통로로서 고조선의 운명과 연관되었다.[41]

요동·현도 지역 내의 육로 교통도 고조선문명권과 연관되어 있다. 이 지역의 교통상황을 보면 요동군의 양평을 중심으로 해서, 남쪽으로는 요동반도 끝의 연해 일대인 답진까지 연장되었고, 서쪽으로는 요수를 건너 요서군의 관할지역인 그 시대의 유성(오늘날 조양)까지 연결되었다. 또한 동쪽으로는 현도와 낙랑을 연결시키며, 북쪽으로는 부여까지 갈 수 있는 이른바 '수륙 사통팔달'의 교통망이 구성되었다. 서만주 일대의 근간이 되는 교통망은 양평을 중심으로 양평에서 남쪽으로 신창·안시·평곽·답씨 등의 현을 지나 바다 연안까지, 서쪽으로 요대·험독, 의무려산 넘어 요서, 요수하류·우북평, 우북평 중심에서 유주·만리장성 이북지역으로 가는 길 등 다섯 개의 주요 간선으로 연결되었다.

양평에서 동으로 무차·서안평·낙랑군으로 가는 길은 양평을 출발한 후 남으로 태자하, 탕하고도, 량갑, 안평을 경유하여 애하, 초하의 상류를 지나 무차와 압록강 서부 강변에 있는 서안평을 통해 압록강의 동부 강변으로 진입하는 길로 현도군 북행의 부여길이다. 요동, 요서, 우북평, 낙랑 간의 교통로 외에도 북행 간선으로서 현도군에서 부여로 가는 교통로도 매우 중요하다. 『사기』에서는 이 길이 연·발해·갈석·제·조·흉노·오환·선비·부여·예맥·조선·동북 진번 등과 연결된 북방무역의 요충

---

40) 『한서』 권 6 <무제기>; 『사기』 권 110 <흉노열전>; 『한서』 권 99 <왕망전>.
41) 윤명철. 2019. 앞의 글: 300-301.

을 잇는 길로 기록하고 있다. 『한서』에도 "동쪽으로 나아가면 현도·낙랑·고구려·부여에 닿는다"고 기록하고 있다.[42]

마지막으로 요동군·현도군의 변경 길인 이른바 '수변(戍邊) 길'이다. 한나라, 위나라 시대에 사용된 만주의 교통 상황을 보면, 요동군의 양평을 중심으로 동쪽으로는 예맥, 조선, 고구려와 연결되었고, 북쪽으로는 현도, 부여, 읍루의 영지까지 갈 수 있었다. 서쪽으로는 요서군과 우북평을 중심으로 유주 또한 만리장성 이북 지역 부족들과 연결시켜주는 중요한 지역이었다.[43]

5. 고조선과 중국의 관계

고조선문명은 약 5천 년 전 탄생한 동아시아 최초의 고대문명이기 때문에 그 후 인접지역에서 형성된 고중국문명(황하문명)과 고대 중국 국가의 탄생에 매우 큰 영향을 주었다. 고조선 이주민의 이동, 미곡·밀·보리의 경작, 목축, 누에고치 및 명주 짜는 기술, 치수사업, 큰 활(대궁) 및 화살 제작술, 청동기문화, 기미문화 및 기사술, 상문명의 기원 등의 다양한 측면에서 영향을 끼쳤다.[44] 그 뒤 고조선국가와 중국의 국가들 사이에는 정치·경제·문화·전쟁 등의 관계가 지속되었다.

고조선이 단일국가로 동아시아와 한반도에서 2천 년이라는 오랜 기간 기승전결을 거치며 흥망성쇠를 전개하는 동안 주위 여러 지역 가운데 국가단계의 수준에 도달했던 사회는 중국뿐이었고, 중국도 요·순시대로부터 하·상(은)·서주·춘추·전국·진제국을 거쳐 전한(서한)까지 이르는 여러 국가들이 명멸하면서 고조선은 이들과 긴밀한 관계를 가지며 동아시아세계체제를 지배하였다. 고조선과의 교류의 영향을 받아 사회와 국가가 발전하며 중국은 수많은 국가를 서로 다른 민족이 중심이 되어 건국하고 교체하면서 고조선은 그 과정에도 직·간접적인 영향을 행사하게 되었다. 고조선과 중국의 교류는 양국 모두에게 정치·경제·사회·군사·문화 등의 측면에서 큰 영향을 주었으나 중국에 더 큰 영향을 주어 단일국가를 유지한 고조선과는 달리 중국에서는 빈번한 여러 차례의 국가변동으로 나타난 것이라 볼 수 있다.

---

42) 『사기』 <조선열전> 제 55 <원봉 2년>; 『한서』 권 99 <왕망전>.
43) 윤명철. 2019. 앞의 글: 303.
44) 신용하. 2019. 앞의 책: 47-50.

(1) 고조선과 중국의 정치외교관계 및 전쟁의 전개

고조선은 부여·고죽·고구려·예·맥·추·진번·낙랑·임둔·현도·숙신·청구·양이·양주·발·유·옥저·기자조선·진·비류·행인·해두·개마·구다·조나·주나·한 등의 많은 거수국(제후국)[45]들을 난하 동쪽에 두고 있어서 이들과 중국의 관계도 고조선에 포함시켜 보도록 한다.[46] 고조선과 중국의 관계를 시대 순으로 간략하게 살펴보도록 한다.

첫째, 고조선 건국 초기 고조선의 치우는 주변 씨족들을 매번 공격하여 이기고 중국의 강인족의 영토를 정복하여 공공족이 그 충격으로 하늘이 무너지고 땅이 갈라질 정도였고 황제족의 영토를 공략하여 탁록대전에서 여러 차례 전투에서 이겼다는 기록에서는 한국 측과 중국 측의 기록이 일치하지만 마지막의 승자에 대해서는 서로 자기편이 이겼다고 기록하고 있다. 중국정사를 바탕으로 정리한 치우에 대한 기록을 직접 인용한다.[47]

> 동이족의 우두머리는 짐승의 몸에 사람 말을 하는 치우였다. 그는 싸움을 좋아하여 매번 주변 씨족들을 공격했다. 황하 중류에 거주하고 있던 강인(羌人) 중에 공공(共公)이란 인물이 있었는데, 치우와의 싸움에 패하여 크게 노하면서 머리로 부주산(不周山)을 받아 '하늘의 기둥이 무너지고 땅이 갈라져' 하늘이 북서쪽으로 기울고 땅이 남동쪽으로 함몰되는 일이 있었다. 이후 황제가 강인의 우두머리인 염제(炎帝)와 연맹하여 탁록(涿鹿)에서 치우와 결전을 벌였다. 연기를 내어 오리무중으로 만든 치우에 대항하여 지남차(指南車)를 활용한 황제가 승리했다는 바로 그 전투였다. 치우가 죽자 황제는 맹주의 야심을 보이던 염제와 판천(阪泉)에서 싸워 어렵게 승리한다. 마침내 황제는 여러 사람들의 추대를 받아 '천자'의 자리에 오른다. 천자가 된 그는 의복·궁실·배·수레를 발명했고, 영륜(伶倫)에게 악기를, 대요(大撓)에게 간지(干支)를, 창힐에게 문자를 발명케 했으며, 부인인 누조(嫘祖)에게 양잠을 가르쳤다. 이리하여 황제는 중국 고대의 여러 민족을 제압한 화하족(華夏族)의 시조이자 문물제도를 확립한 '인문의 첫 할아비(人文初祖)'로 칭송받게 되었다.

중국 측 기록에서도 치우천황이 싸움을 좋아하여 주변 씨족을 매번 공격하고 중국

---

45) 비슷한 개념을 학자들에 따라 윤내현은 거수국, 중국측에서는 제후국, 신용하는 후국과 분국 등으로 구분하여 사용하고 있으나 이 책에서는 유사한 개념으로 보아 서로 구분하지 않고 상호보완적으로 사용하도록 한다.

46) 윤내현. 1992. <고조선의 국가구조>. 『겨레문화』 6. 한국겨레문화연구원: 67-112.

47) 심규호. 2002. 개정증보판 2018. 『연표와 사진으로 보는 중국사』. 일빛: 16-17.

강인족의 공공에게 승리하자, 공공은 치우와의 전쟁에서 패하여 부주산을 머리로 받아 하늘이 무너지고 땅이 갈라지고 남동쪽은 함몰되기까지 했다. 이에 중국 화하족의 시조가 된 황제가 단독으로는 치우를 치지 못하고 강인족의 염제와 연합하여 탁록대전에서 지남차의 도움을 받아 어렵게 이겨 천자로 되었음을 기록하고 있다. 이것은 그만큼 치우가 전쟁의 신이 될 정도로 용맹하고 영토를 크게 늘리는 정복황제였음을 인정하는 것이다.

중국측의 『사기』 등의 기록에는 황제족이 치우족에게 여러 차례 패전하다가 마지막에 치우를 잡아 죽이고 승전한 것으로 기록하고 있다.[48] 이 기록에서 중국의 황하 중류 유역에 거주했던 황제족과 황화 하류 유역에 거주했던 치우족이 탁록에서 큰 전쟁을 하고 이때 치우가 풍백과 우사에게 청하여 비와 바람을 일으킨 것으로 전해져서[49] 치우족은 고조선 계통의 군장일 것으로 보아 고조선과 중국은 고조선 초기에 큰 전쟁을 치룬 것으로 볼 수 있다.[50]

다만 중국측의 기록에 대해 황제가 잡아 죽인 치우는 치우의 81명의 형제 가운데 한 명일 뿐으로 치우 자신은 아니며, 황제가 치우에게 연전연패한 것은 인정하면서 마지막에 염제와 연맹하여 어렵게 이겼다고 한 것은 황제를 중국 화하족의 시조로 영웅화·미화시키기 위한 신화로 만들기 위한 것이라는 반론이 있다.

이 부분에 대해 『대변경(代辨經)』을 인용한 『환단고기』 <신시본기>에서는 '우리 치우천황은 ... 유망(楡罔)의 정권이 쇠약해지니 군대를 보내어 정벌하였다. 갈로산의 쇠를 캐내어 도개(刀鎧), 모극(矛戟), 대궁(大弓), 호시(弧矢) 같은 무기를 대량으로 제작하여 탁록을 함락하고 구혼(九渾)에 올랐다. 연전연승하는 그 위세는 질풍과 같아서 만군을 겁에 질려 굴복케 하고 위세는 천하에 떨치었다. … 1년 동안에 모두 아홉 제후(諸候)의 땅을 함락하고'라고 기술하고 있다.[51]

어느 쪽의 기록을 신뢰하느냐와 무관하게 치우가 황제에게 연전연승한 것은 사실이고 고조선이 중국을 침공한 것도 사실이기 때문에 고조선 초기에 고조선이 중국에 비해 국가위상이나 군사적으로 강대국이었음을 나타내는 것에는 무리가 없는 것으로 볼

48) 중국은 치우에게 이긴 황제를 중국의 조상으로 숭배하고 있다. 풍국초 외 1인. 2008. 『중국상하오천년사』. 신원문화사.

49) 『사기』 권 1 <오제본기>.

50) 치우는 고조선계의 언어에서 군장이나 영웅에 대한 호칭이고, 『규원사화』에서 단군왕검이 치우씨를 군대를 담당하는 웅가에 임명한 것으로 기록하고 있어서 탁록전쟁은 고조선 초기의 고조선과 중국의 전쟁이라 볼 수 있다. 『규원사화』: 67-68; 김광수. 1988. <치우와 맥족>『손보기박사정년기념 한국사학논총』. 지식산업사: 15-21.

51) 『환단고기』<신시본기>: 369-372; 『한단고기』<신시본기>: 178-180.

수 있다.[52] 이러한 점 때문에 4천여 년이 지난 2002년 월드컵에서 전 세계에 펴져 있는 한민족 모두가 어떻게 보면 시대착오적이고 무서워 보이는 '치우천황과 붉은 악마'를 한 민족의 선수와 응원단의 상징으로 거부감이 없이 자발적으로 받아들인 것으로 보인다.

둘째, 고조선은 건국 초기에 활과 화살촉 등 당시로서는 첨단무기들을 전해주면서 중국에게 정치군사적인 영향력을 행사했다. 예로써, 숙신은 기원전 2209년 무렵에 중국에 사신을 보내 활과 화살을 전해주었고,[53] 기원전 12세기에 서주 무왕이 상나라를 이겼을 때 숙신은 그 길이가 여덟 치나 되는 나무화살과 돌화살촉을 선물로 전해주었다.[54] 이러한 『죽서기년』과 『국어』의 기록은 고조선이 기원전 23세기부터 기원전 12세기까지 확실하게 중국보다 우수한 첨단무기인 활과 나무화살 및 돌화살촉을 사용하였기 때문에 이것을 중국에게 선물로 전해준 것이다. 그렇지 않다면 주나라가 상나라를 물리친 것을 기념하는 자리에 고조선의 나무화살과 돌화살촉을 선물로 가지고 갈 이유가 없기 때문이다. 이 때문에 『국어』 기록에서도 그 길이가 여덟 치나 된다고 그 나무화살과 돌화살촉의 길이가 긴 것에 놀라는 표현을 남긴 것으로 보인다.

또한 고조선은 하나라와 은나라 시대에 동아시아 강대국으로서 하나라와 은나라를 정벌한 강력한 군사력[55]을 행사했고, 하나라 걸왕을 도우니 은나라 탕왕과 소갑이 사신을 보내오는 등 막강한 외교력[56]을 과시하였다.

---

52) 『단군세기』에 따르면, 1세 단군 왕검 시대에 태자 부루가 하나라 우왕과 만나 치산치수와 오행치수 이론을 전수하는 도산회맹에 참가하고, 국경을 따져 요임금의 12주인 유주 영주 편입, 회대지방 제후 평정하여 분조를 설치하고 천하의 땅을 삼한으로 나누어 다스리고, 5가 64족을 포함하였다. 11세 단군 도해는 선사 20명을 하나라 서울로 보내 처음으로 나라의 가르침을 전하여 위세를 보였다.

53) 『죽서기년』<오제기><제순유우씨>조; 윤내현. 2016. 하: 441.

54) 『국어』 권 5 <노어> 하; 윤내현. 2016. 하: 442.

55) 『단군세기』에 의하면, 2세 단군 부루는 유주 영주의 이웃 연나라가 반란을 일으켜 병사로 정벌한 후 동무·도라 두 제후를 두었고, 3세 단군 가륵 때 강거의 반란을 단제가 티벳지방인 지특백에서 정벌하고 두지주 예읍의 반란을 여수기를 보내 진압하고 추장 소리모리를 처형했다. 4세 단군 오사구 때 하나라 상이 백성들의 덕을 잃어 식달이 람·진·변의 3부 병력을 이끌고 가서 정벌했다. 13세 단군 흘달 때 하나라 걸왕 조약 위배해 걸왕 정벌 위해 군대 진격, 관중의 빈·기땅에 웅거, 관청 설치했고, 21세 단군 소태 때 은나라 왕 무정 귀방 치고 대군으로 색도 영지 침공해 대패 후 은나라 조공바쳐 화해요청했다. 22세 단군 색불루 때 구한의 군사 이끌고 은나라 서울 격파, 화친, 격파 승전하고, 고죽군과 더불어 남으로 진격하여 빈·기에 웅거, 여나라 세우고 항산까지 교화시켰다. 23세 단군 아흘 때 웅갈손을 보내 남쪽 정벌한 군대가 은나라땅에 여섯읍 설치, 신독 주살후 포로 석방, 청구·구려 임금 회합, 병력 합쳐 은나라 성책 부수고 회대의 땅을 평정했다.

56) 『단군세기』에 따르면, 13세 단군 흘달은 은나라 공격을 받은 하나라 걸왕에게 고조선이 원병을 보내 도우니 은나라 탕왕이 사죄사신을 보내왔고, 은나라 왕 소갑이 화친 사신 보내왔다. 21세 단군 소태 때는 은나라 왕 소을이 사신을 보내 공물을 바쳐오고, 23세 단군 아홀 때에는 포고씨를 엄, 영고씨를 서, 방고씨를 회 땅에 각각 임명하여 은나라가 단제의 위세에 경외감을 가졌다.

셋째, 고조선은 중국에게 수시로 사신을 파견하여 지역 중심국가로서의 정치외교적인 외교관계를 유지하며 지역국가체제를 관리하였다. 예로써, 기원전 12세기에 고죽국은 상(은)[57]나라 마지막 왕인 제신 21년에 상나라의 서방에 있던 주의 문왕이 착하여 노인을 공경한다는 소식을 듣고 확인하기 위해 왕자들인 백이와 숙제를 주에 사신으로 파견했다는 기록이 『사기』와 『죽서기년』에 남아 있다.[58] 고조선의 고죽국의 왕자들이 먼 나라인 주의 문왕이 노인을 잘 받든다는 소식을 듣고 그를 만나러 주나라를 방문하였다는 중국 측의 기록은 고조선이 중국 주나라에 비해 높은 문화와 노인공경의 문화를 권장하고 있음을 확인해주는 것이다.

넷째, 기원전 12세기에도 고조선과 서주의 외교관계는 지속되어 서주가 국내의 정변에 휩쓸려 정치가 혼란할 때에도 침략하지 않고 서주가 스스로 반란을 진압한 후 고조선의 거수국들을 초청해서 성주대회를 열고 평화적인 관계를 유지토록 보장해주었다.[59] 서주가 고조선의 동북지역 거수국들을 초청하여 성주대회를 열었다는 점은 국내의 반란집압과 왕권 안정을 주변국에 알리는 것으로 그만큼 고조선과 그 거수국들의 위상이 중요했음을 반증하는 것이다.

다섯째, 기원전 8세기 서주 말기에는 고조선의 단군이 직접 서주의 선왕을 방문하여 국교를 강화시켰음을 기록하여 고조선과 중국의 관계가 변화하고 있음을 보여준다. 서주 선왕 때의 작품인 『시경』 <한혁편>에서 고조선의 단군을 지칭하는 것으로 보이는 '한후'가 서주 왕실을 방문하여 환대를 받은 내용이 기록되어 있다. 환대받은 내용들은, 서주 왕실이 고조선의 위치를 인정하고 매우 환대했다는 점, 고조선의 단군이 서주 여왕의 생질녀를 아내로 맞이한 점, 고조선의 단군이 추와 맥을 포함한 북쪽 여러 나라를 다스리는 것을 서주 왕실이 공식적으로 인정했다는 사실 등이다.[60] 기원전 10세기경까

57) 商왕조는 기원전 1600년 湯이 건국하고, 19대 왕 盤庚이 殷으로 천도한 뒤 은나라로 불리게 되었다. 심규호. 2018: 22−23.

58) 『사기』 권 61 <백이열전>과 『죽서기년』 <주기> <무왕>조에 이 내용이 기록되어 있다. 윤내현. 2016 하: 442.

59) 서주 무왕은 상나라를 멸망시킨 후 그 지역을 상의 왕자인 무경 녹부가 통치하도록 하고 그의 동생들인 관숙 · 채숙 · 곽숙에게 무경 녹부를 감독하게 했다. 무왕이 주족의 본거지인 호경으로 돌아와 곧 사망하고 나이 어린 성왕이 즉위했으나 주공 단이 섭정하게 되어 이에 불만을 품은 관숙 · 채숙 · 곽숙 등이 무경 녹부와 공모하여 반란을 일으키자 성왕과 주공이 3년여의 전쟁을 통해 이 지역을 평정하고 이 지역을 통치하기 위해 낙읍을 건설하고 성주成周라고 불렀다. 그 성주에서 각국의 대표를 초청하여 성주대회를 열었고 거기에 중국의 동북지역에 거주하던 고조선의 거수국들인 직신(숙신) · 예 · 양이 · 양주 · 발인 · 유인 · 청구 · 고이(고구려) · 고죽 등의 대표가 참석한 것으로 기록되어 있다. 『일주서』 권 7 <왕회해> 제59; 윤내현. 2016: 443.

60) 『시경』 <대아> <탕지십> '한혁편'; 윤내현. 2016: 445−446.

지는 중국과 고조선의 거수국들과 교류를 해와 고조선 본국과는 직접적인 교류를 하지 않았는데, 기원전 8세기부터는 고조선 본국이 직접 중국과 상대하고 교류하게 되었다는 점이 달라진 점이다. 특히 고조선 단군의 환심을 사려고 공주를 바치고 고조선의 거수국들인 추와 맥이 고조선의 속국으로 지배를 받아야 함을 밝혀 고조선의 영토를 공인한 것은 고조선을 높여 보고 있음을 상징하는 것으로 보인다.

여섯째, 기원전 8세기에서 5세기까지 주나라 왕이 유명무실하고 사회가 혼란해진 춘추시대에는 고조선과 중국 사이에 교류가 적었던 것으로 보인다. 춘추시대 초기 제나라 환공(기원전 685~기원전 643)과 그의 상인 관중과의 대화를 기록한 『관자』<경중갑> 편에 보면, 중국 사회가 혼란하여 주변국의 사신들이 중국을 방문하지 않았고 고조선과 중국의 관계도 소원해진 것으로 보인다.[61]

일곱째, 춘추시대부터 중국의 고조선 침략으로 인해 그동안 비교적 우호적이었던 고조선과 중국의 관계는 악화되기 시작하였다. 중국 제나라 환공이 춘추시대의 첫 패자가 되어 주나라의 여러 제후국들과 이민족 여러 나라를 침략하여 산융을 정벌한 후 국경을 접하고 있던 고조선 고죽국을 침략하면서 고조선과 중국의 관계는 크게 악화되었다.[62]

여덟째, 기원전 4세기와 기원전 3세기 전국시대에는 연나라 진개가 고조선을 침략하여 고조선과 연나라 사이에 전쟁이 일어나 초기에는 피해를 입었으나 곧 영토를 빼앗아 연나라를 응징했으나 고조선은 약화되었다. 『위략』에 따르면,[63] 중국에서는 전국시대에 주나라의 제후국이었던 여러 나라들이 독립하여 왕이라 칭하고 영토 확장 전쟁을 계속하여 밖으로 연나라가 고조선의 거수국인 기자조선을 침략하였다. 고조선이 이 전쟁에 잠시 피해를 입었으나 다시 영토를 수복하고 연나라의 동부 영토를 빼앗아 침략을 응징했으나 전쟁의 피해로 고조선의 국력은 크게 약화되었다.

아홉째, 진제국을 거쳐 전한(서한) 초 사이에 고조선은 전한의 대리세력인 연나라 사람 위만과 전쟁을 하였다. 전한 요동태수가 외신으로 삼은 위만은 기자조선으로 무리 1,000여 명과 함께 망명하여 기자의 40여 대 후손인 준의 정권을 찬탈하여 위만조선을

---

61) '四夷가 복종하지 않은 것은 잘못된 정치가 천하에 퍼져서 … 발 조선이 조근을 오지 않는 것은 문피와 타복을 예물로 요청하기 때문 … 한 장의 표범 가죽이라도 여유 있는 값으로 계산해준다면 8천 리의 발과 조선도 조근을 오게 될 것입니다.' 『관자』 권 24 <경중갑>편; 윤내현. 2016. 하: 446-447. 고려대학교 한국사연구소 편. 2019. 『역주 고조선 자료집성: 중국편』. 새문사: 315-316.

62) 『사기』 권 5 <진본기><성공 원년>조; 『관자』 권 16 <소문> 제51; 『설원』 권 18 <변물>; 『수경주』 권 14 <유수>; 윤내현. 2016. 하: 446-447.

63) 『위략』; 『삼국지』 권 30 <동이전><한전>; 윤내현. 1991. <고조선의 서변경계 재론>『한국독립운동사의 인식-백산박성수교수화갑기념논총』: 532-533.

세운 후 고조선의 여러 소읍과 진번·임둔 등을 쳐서 복속시켰는데 그 과정에 고조선과 전쟁을 했다.[64] 기자조선을 찬탈한 위만조선은 한나라와의 전쟁으로 패망하였다.[65]

열째, 기원전 1세기에 위만조선이 멸망한 후 고조선과 한나라는 직접 큰 전쟁을 치르게 되어 양국 관계는 최악으로 치닫게 되었고 고조선은 국력이 약화되어 열국으로 분열하게 되었다. 한 무제는 위만조선을 멸방시킨 후 그 지역에 낙랑·임둔·진번의 3개 군을 설치한 후 고조선의 국경을 침략하여 그곳에 현도군을 설치했다. 이 과정에 한나라와 고조선 사이에는 치열한 전쟁이 벌어졌고 그 결과 고조선의 붕괴로 이어졌다.

종합적으로 볼 때, 고조선과 중국의 정치외교·군사적인 관계에서 볼 때, 고조선은 중국에 비해 강대한 국가로서 선진무기체계를 갖추고 탁록전쟁 이후 전쟁에서도 우위에 있고 중국과 고조선의 부왕국이나 거수국·제후국·후국·분국 등이 전쟁을 벌이거나 교류하여 고조선 건국 초기와 중기까지는 고조선이 빈번하게 권력이 교체되어 국가의 생존능력 자체가 약한 요·순·하·은·서주·동주·춘추시대·전국시대 등 중국의 여러 국가들에 비해 월등하게 우월적인 지위에서 동아시아 세계체제의 패권국가로 자리매김했음을 확인할 수 있다.

고조선 후기에 가서는 중국이 진나라로 통일하고 이어서 전한이 중국을 통일하며 강력한 국력을 보유하여 상대적으로 고조선은 3한체제에서 3조선체제로 전환하면서 3조선의 하나로 기자정권과 위만정권이 이어지고 국력이 약화되어 동아시아 세계체제의 패권국가로 등장한 중국이 고조선에 대해 우위에 서는 관계로 역전하게 되었다.

(2) 고조선과 중국의 경제적인 관계

고조선은 기원전 2209년 제순시대부터 서주시대까지 중국과 빈번한 사신왕래를 통한 외교적인 교류를 하면서 관무역을 중심으로 한 경제교류도 활발하게 추진하였다. 경제교류는 주로 고조선의 특산물이나 선진문물을 중국에 전해주고 중국으로부터 물건을 받아오는 형태를 취했는데 초기에는 무기 등 군사적인 용품들을 주로 전해주다가 사치품과 특산품들을 중심으로 이루어졌다. 물품들의 성격을 보면 고조선과 중국의 당시 정치군사적·경제적 발전수준을 보여주는데 고조선이 중국에 앞선 문명을 보이면서 선진무기와 사치품 및 특산품을 중국에 꾸준히 전해준 것으로 나타나 있다.

첫째, 고조선이 중국에 미곡·밀·보리 경작을 전파했다. 고조선 이주민 백익족이

---

64) 『사기』 권 115 <조선열전>.
65) 『삼국유사』<위만조선>: 24－27.

미곡 경작을 산동반도와 중국 동해안에 전파하고, 근모족이 밀과 보리 재배를 산동반도와 중국 동해안에 전파했다.[66]

둘째, 고조선 이주민 백익족과 래족이 선진적 목축을 산동반도와 중국 동해안에 전수·전파했다.[67]

셋째, 고조선이 누에고치 및 명주짜는 기술을 중국에 전파했다고 중국 고문헌은 기록하고 있다.[68]

넷째, 중국 고문서인 『상서정의(尙書精義)』는 "동이족인 우족이 초기 고중국의 치수사업을 도와주었다"고 기록하고, 『단군세기』는 단군왕검의 태자 부루가 도산에서 고중국인 요나라 우사공에게 전해주었다고 기록하고 있다.[69]

다섯째, 고조선은 고중국에 큰 활(대궁) 및 화살 제작술을 가르쳐주고, 활·화살·돌화살촉 등을 전해주었다.[70]

고조선의 사신들은 기원전 2209년 제순시대에 호나무활, 길이가 여덟 치나 되는 화살과 돌화살촉 등을 중국에 예물로 전해주었다는 점인데 고대사회에서는 군사적인 무기와 기술이 가장 중요한 시대인 것을 감안한다면 고조선의 무기가 중국에 비해 발전했고 우수했음을 보여주는 사례인 것이다. 특히 초기 청동기사회였던 기원전 23세기에는 청동기를 사용하기 시작하던 때인 만큼 청동무기를 일부 사용했지만 아직 보편화되지는 못했던 만큼 석기로 만든 돌화살촉과 호나무활 및 화살은 먼 거리에서 사용할 수 있는 매우 위력이 큰 무기여서 아주 귀중한 물건으로 존중되었다.[71] 지금도 한국 활이 세계적으로 최고의 상품으로 인정받듯이 고조선 당시에도 활과 활촉 등이 중국과 주변국가에서 매우 성능이 우수하여 귀중하게 평가받았다. 중국학자 부사년은 동이 소호족이 처음으로 활과 화살제조법을 고중국에 가르쳐주었으며, 동이 전욱족이 크고 좋은 활과 화살 병기를 고중국에 전하여 가르쳐주었다고 기록하고 있다.[72]

여섯째, 고조선은 기원전 12세기에서 기원전 8세기에 비휴 가죽, 붉은 표범 가죽, 누런 말곰 가죽 등 모피 의류 등 사치품인 특산품을 중국 서주 왕실에게 전해주었다.[73]

---

66) 신용하. 2019. 앞의 책: 48.
67) 위의 책: 48.
68) 위의 책: 48.
69) 위의 책: 49; 『단군세기』: 59.
70) 신용하. 2019. 앞의 책: 49.
71) 주나라 무왕이 그 나무 화살에 '숙신씨가 공납한 화살'이라는 명문을 새겨 서주 무왕의 장녀인 태희가 진에 봉해진 우호공과 결혼할 때 나누어줄 정도로 고조선으로부터 받은 선물을 귀중하게 여겨서 다시 딸의 혼수품으로 주어 기념토록 하였다. 『국어』 권 5 <노어> 하.
72) 신용하. 2019. 앞의 책: 49-50.

『관자』<경중갑>[74]에서도 언급하였듯이 중국에서는 고조선의 특산품인 표범 가죽과 모피의류가 매우 비싼 소중한 물건, 심지어 화폐용으로 천거되고 있음은 그만큼 고조선의 물품과 생활수준이 중국보다 더 앞서 있음을 간접적으로 인정한 것으로 보인다.

일곱째, 고조선과 중국 사이에는 기원전 8세기에서 기원전 5세기 춘추시대 주나라의 제후국이며 전국 칠웅의 하나였던 연나라 시대에 민간 상인을 통해 호피 등 특산품 외에 여러 가지 상품을 중심으로 교역이 이루어져서 연나라가 상당한 경제적인 이익을 본 것으로 기록되고 있다.[75] 특히 전한의 민간 상인인 팽오가 예·맥·조선·진번과 교역을 활발하게 하여 이익을 취하였음을 기록하여 민간 차원의 교역이 활발하였음을 보여준다.

여덟째, 고조선과 중국은 기원전 4세기에서 기원전 3세기 전국시대에 교역을 활발하게 한 것이 명도전·포전·반량전·명화전·일화전 등의 청동기 화폐의 유물출토를 통해 확인되고 있다. 화폐들 가운데 일화전과 명화전은 난하 서쪽에서는 출토된 예가 없어서 고조선의 화폐일 가능성이 많고[76] 명도전과 포전은 중국의 전국시대 화폐였으며 반량전은 진나라의 화폐인 것으로 알려져 왔으나 명도전이 고조선 지역에서 많이 출토되어 고조선의 화폐라는 주장도 강하게 제기되고 있다.[77]

아홉째, 고조선은 위만조선시대에도 중국과 민간무역을 하였으나 고조선의 진번과 진국 등이 한나라와 교류를 하고자 하였으나 위만의 손자 우거가 그 길을 막는 등 방해를 했고,[78] 한나라와 위만조선이 전쟁을 하면서 교역이 거의 중단되었다가 위만조선 패망 이후 다시 고조선과 중국 한나라의 교역은 민간인들에 의해 증가하였다.[79]

종합적으로 볼 때, 고조선은 초기와 중기까지는 중국에 비해 선진문명을 보여 우수한 무기들을 중국에 선물하고 호피 등 사치품을 중국에 보내어 강대국으로서의 위상을

73) 『시경』<대아><탕지십> '한혁'편; 『관자』 권 23 <규도> 제78.
74) 『관자』 권 23<규도> 제78. 권 24 <경중갑> 제80.
75) 『사기』 권 129 <화식열전>; 『사기』 권 30 <평준서>; 『한서』 권 24 하 <식화지> 하.
76) 리순진·장주협. 1973. 『고조선문제연구』. 사회과학출판사: 60; 사회과학원 력사연구소. 1979. 『조선전사 2－고대편』. 과학백과사전출판사: 77.
77) 중국 화폐가 고조선 지역에서 많이 출토된 예를 보면, 명도전은 자강도 전천군 운송리 5,000점, 평남 덕천군 청송로 동자구 유적 4,280점, 자강도 전천군 길다동 유적에서 4,000점 등으로 중국 지역보다 많이 출토되고 있고, 포전은 평남 덕천군 청송로 동자구 유적 299점, 평남 영원군 온양리 유적에서 23점이 출토되었으며, 반량전은 요령성 여순시 목양성지 7점, 자강도 자성군 서해리 유적 3점이 출토되었으며 포전과 반량전이 한두 점 출토된 유적도 여러 곳이 있다. 위의 책: 29, 39의 표 참조.
78) 『삼국유사』 권 제1 <위만조선>: 25.
79) 윤내현. 2016. 하: 457.

과시하였으며 다양한 회폐들의 유물이 많이 발굴되어 이러한 활발한 경제적인 교류를 확인시켜 주었으나, 말기로 가면서 고조선의 국력이 떨어지면서 고조선과 중국의 경제적인 교류도 약화되었음을 볼 수 있다.

(3) 고조선과 중국의 문화교류

첫째, 고조선은 고중국에 문명을 전파하여, 상(商)문명의 기원을 이루었다. 부사년은 이미 1930년대에 상문명이 고중국문명·황하문명으로 인정받을 당시, 상문명이 발해를 건너온 동이족이 창조한 문명임을 밝혔다. 상의 원래 호칭은 '밝(박, 亳)'이었다. 1928년부터 서양 고고학자들이 상문명의 청동기를 발굴하기 시작하여 황하문명 및 고중국문명의 호칭과 개념을 정립했는데, 상의 청동기문화는 고조선 청동기문화를 갖고 가 발전시킨 것이다. 상의 지배층과 다수 주민은 고조선 이주민이었고, 고조선의 문물을 배워 이주했으므로, 상문명보다 훨씬 먼저 탄생해 발전한 한반도·요동·요서의 청동기와 농경 등 고조선문명을 고중국이 배우게 된 것이다.[80)]

둘째, 고조선의 문화적인 배경인 요하문명과 홍산문화, 그리고 이들을 포함하는 아사달문명이 고조선 시대 이전부터 중국 황하 유역에 크게 영향을 주어 한반도·만주와 황하 유역 사이에 문화교류가 있었음이 고고학 자료들에서 확인되고 있다. 대표적인 것들로 한반도와 만주의 전기 신석기시대의 질그릇에서 보이는 지그재그무늬와 물고기뼈무늬가 황하유역의 촌락사회문화인 배리강문화와 자산문화에서도 보이고,[81)] 후기 신석기사회인 촌군사회 시대에 한반도와 만주에서 사용되었던 곰배괭이·반달칼·동물의 이나 돌로 만든 낫 등의 농구가 중국의 동부 해안지역에서 널리 출토되었으며,[82)] 후기 신석기시대에 한반도와 내몽골자치구 동부 등지에서 널리 사용되었던 점뼈가 중국에서 출토된 것,[83)] 청동기시대에 한반도와 만주에 분포되어 있던 고인돌이 산동성에서도 일부 발견된 점[84)] 등을 들 수 있다.

셋째, 고조선은 고중국에 청동기문화를 전파했다. 고조선 이주민 우족이 청동기문화

---

80) 신용하. 2019. 앞의 책: 49－50.

81) 이형구. 1991.『한국고대문화의 기원』, 까치: 76－83.

82) 사회과학원 력사연구소. 1979.『조선전사－원시편』. 과학백과사전출판사: 88, 92의 그림 14, 그림 18 참조.

83) 中國科學院考古研究所內蒙古工作隊. 1964. <內蒙古巴林左旗富河溝門遺址發掘簡報>『考古』. 1964년 1기: 1; 황기덕. 1975. <무산읍 호곡동 원시유적 발굴보고>『고고민속론문집』 6: 124－226; 심봉근. 1981.『김해부원동 유적』. 동아대 박물관; 이형구. 991: 112.

84) 王儀. 1973.『古代中韓關係與日本』. 臺灣中華書局: 4; 윤내현. 2016. 하: 459.

를 전파하여, 중국에서 철(鐵)의 고자(古字)는 '철(銕)'로서 '동이의 쇠붙이'라는 뜻으로 된 것이 그 증거이다.[85]

넷째, 고조선은 고중국에 기마문화와 기사술을 전파했다. 고중국은 기원전 4세기에 가서 조(趙)나라가 처음으로 고조선 후국들로부터 호복기사(胡服騎射)를 도입·시행하여 고조선보다는 크게 뒤떨어졌음이 그 증거이다.[86]

다섯째, 고조선 시대에는 유물뿐만이 아니라 난생설화와 탄란회잉설화의 기록을 통해서도 고조선의 문화가 중국에 활발하게 전수되고 양국 사이에 문화교류가 활발했음을 알 수 있다. 고조선은 건국 이전부터 환국·환인·환웅·단군왕검에 대한 단군사화를 가지고 단군이 풍백과 우사를 청하여 비바람을 일으킨다는 내용이 있는데 이것과 비슷한 내용을 담은 황제족과 치우족의 탁록전쟁 사화를 가지고 있다. 또한 고조선의 한반도와 만주의 여러 종족 설화내용과 비슷한 난생설화를 중국의 상족과 진족의 시조 설화에서 보이고 있는 것은 고조선의 영향을 직접 받은 것이라 할 수 있다.[87] 고조선의 난생설화는 고구려 주몽, 신라 혁거세와 탈해, 여섯 가야의 시조 등이 알에서 태어난 것[88]이고 만주에서는 선녀가 신성한 까치가 물고 온 붉은 과일을 먹고 잉태하여 만주족을 낳았다[89]는 설화로 이어졌다.

고조선과 중국의 난생설화의 내용을 비교하면 고조선과 고구려·신라·가야의 설화는 알에서 직접 태어난 난생설화인 반면, 중국 상족과 진족의 시조는 '알을 먹고 잉태한 탄란회잉설화(呑卵懷孕說話)'로서 고조선의 설화가 더 오래된 것이다.[90] 현존 문헌의 연도로 보면 상족과 진족의 설화의 기록이 가장 오래된 것이지만 내용에서는 고조선의 설화내용이 가장 오랜 것이고 다만 중국 측에서 기록한 것이어서 기록 연도만 중국보다 늦을 뿐이다. 이점은 같은 고조선이면서도 만주족의 난생설화가 알을 과일로 바꾼 설화를 가지고 있다는 것은 만주족이 고조선 안에서도 늦게 고조선의 영향을 받아

85) 신용하. 2019. 앞의 책: 49.

86) 위의 책: 49.

87) 『사기』 권 3 <은본기>에 '은의 설의 어머니는 … 현조가 그의 알을 떨어뜨린 것을 … 삼켰는데 이로 인하여 잉태하여 설을 낳았다.'라고 기록하고, 『사기』 권5 <진본기>에는 '진의 선조 … 여수가 길쌈을 하는데 현조가 알을 떨어 뜨리자, 여수가 그것을 삼키고 아들 대업을 낳았다.'라고 난생설화 보다 뒤처진 '呑卵懷孕說話'를 기록하고 있다.

88) 『위서』 권 100 <고구려전>; 『삼국사기』 권 13 <고구려본기><시조 동명성왕>조; 『삼국사기』 권 1 <신라본기><시조 혁거세거서간>조; 『삼국사기』 권 1 <신라본기><탈해이사금>조; 『삼국유사』 권 2 <가락국기>.

89) 國書刊行會. 1974. 『靑太祖實錄』. 國書刊行會. 昭和 49: 2-3.

90) 윤내현. 2016. 하: 461.

난생설화를 갖게 된 것을 의미한다. 이처럼 중국의 상족과 진족의 시조가 출생한 시기는 고조선 초기에 해당하므로 고조선의 문화적인 영향을 받아 시조 탄생설화가 만들어진 것으로 볼 수 있다. 이것은 고조선과 중국의 문화교류가 고조선 초기 이전부터 시작되었을 가능성을 보여준다.

여섯째, 이러한 영향은 고조선 중기인 기원전 11세기에서 기원전 10세기에도 이어져서 중국 서주시대에 동부 해안지역에 있었던 서국(徐國)의 언왕(偃王)에 관한 설화도 고구려 주몽의 설화와 매우 유사하여 고조선의 영향을 크게 받은 것으로 보인다.[91] 고주몽과 서언왕은 두 사람 모두 알에서 깨어났으며 활을 잘 쏘아 주몽(朱蒙)과 궁(弓)이란 이름까지 얻은 것으로 보아 이 두 설화는 기원이 동일한 것으로 그것은 두 지역이 문화적인 교류가 긴밀하게 이루어진 결과로 보인다. 시대로는 서언왕이 고주몽을 앞서서 주몽이 언왕의 영향을 받을 수도 있고, 자체적으로 고구려가 고조선을 이으면서 난생설화가 발전할 수도 있다. 혁거세나 6가야 시조왕들이 알에서 바로 태어난 것과 달리 주몽과 탈해가 어머니가 낳은 알에서 깨어난 것은 난생설화의 진화인지 아니면 중국 서언왕의 영향인지 아니면 고조선의 예족(신라 혁거세, 가야 6왕)과 맥족(고구려)의 차이인지 분명하지 않다.

일곱째, 고조선의 선인사상(仙人思想)이 중국에 전파되어 중국 도교의 성립에 핵심적인 영향을 주었다. 선인사상은 고조선 종교사상의 핵심으로 이것이 중국에 전파되어 명칭이 신선사상으로 바뀌고 중국의 도교가 종교로 성립되는 과정에 그 핵심사상의 하나가 되었다. 이것은 고조선의 종교사상인 신선사상이 중국의 도교 형성에 결정적인 영향을 주었고 나아가 동양의 종교로 확산된 바탕이 되어 고조선의 사상과 종교는 동양사상과 동양종교의 모태가 되었다.[92]

이외에도 고조선 말기 고조선 건국 이전의 내용을 담은 단군사화가 중국에 전파되어 중국사상체계의 일부를 형성한 사례로 고조선이 붕괴된 후 300년쯤 되는 후한시대에 만들어진 산동성 무씨사당 석실 화상석을 확인할 수 있다. 이 화상석에 조각된 그림은 중국 고대사상의 요소도 일부 보이지만 80~90%는 고조선 건국 이전의 단군사화와 내용이 일치하는 것으로 보아[93] 고조선의 종교와 사상이 중국에 크게 영향을 주었음을 알 수 있다.[94]

---

91) 장화. 『박물지』 권 8 <서언왕>조; 『위서』 권 100 <고구려열전>; 『삼국사기』 권 13 <고구려본기> <시조 동명성왕>조에서 각각 비슷한 내용을 기록하고 있다.

92) 윤내현. 1993. <고조선의 종교와 그 사상>『동양학』 23. 단국대 부설 동양학연구소: 143-165.

93) 김재원. 1976. 『단군신화의 신연구』. 탐구당: 61-93.

94) 무씨사당 화상석 조각그림에 대해 그동안 해석이 엇갈렸다. 이 그림에 중국 요소가 있는 것을 이유

여덟째, 고조선의 선인사상이 중국에 전해져서 고대 중국인들은 그들의 동쪽 바다 건너에 선인들이 사는 것으로 믿고 그것을 찾기 위한 노력을 기원전 5세기 전국시대부터 해왔던 기록들이 많다. 기원전 5세기에서 기원전 4세기 중국 전국시대 제나라 위왕과 선왕, 연나라 소왕 등이 사람을 시켜 동쪽 바다에 들어가 선인과 불사약이 있다는 삼신산을 찾도록 했고,[95] 뒤 이어 기원전 3세기 중국 진나라 시황도 그것을 실행한 것으로 『사기』에 기록하고 있다. 특히 진시황은 지금의 산동성인 제나라에 이르렀는데 거기에서 서불(徐福)의 건의를 받고 그에게 어린 소년 소녀 수천 명을 거느리고 동쪽 바다 가운데 있는 삼신산에서 선인을 구하도록 했다는 것이다.[96] 『사기정의』에서는 선인이 사는 땅 이름을 동쪽 바다 가운데 있는 단주(亶洲)라고 하여 '단(亶)의 땅'이라는 것은 단군이 통치하는 지역을 지칭하고 있다.[97]

『삼국사기』에서 고조선의 단군왕검을 선인왕검[98]으로 부르고 있고 고조선에서는 제정일치원칙에 따라 정치와 종교를 단일 지도자가 다스리는 제의-군장제를 채택하여 단군은 제사장인 선인과 군사책임자인 군장을 동시에 수행하여 단군은 선인으로 불리었는데 진시황이 선인인 단군이 다스리는 땅에서 불로초를 구하러 선남선녀를 보낸 것이다. 한반도 여러 곳에는 지금도 진시황이 불사약을 구하러 보낸 사신들이 다녀갔다는 전설이 많은데 이 사실을 담은 석각문이 경남 남해군 금산과 제주도 정방폭포에 남아 있다.[99]

아홉째, 고조선과 중국은 사상과 경제적인 교류만이 아니라 언어와 문자의 교류도 있었던 것으로 보인다. 기원전 12세기경 상나라가 주나라에 멸망하면서 상나라 왕실의 후예였던 기자가 고조선으로 망명하여,[100] 기자족이 고조선 서부 변경에 정착하고 이

로 단군사화가 한민족의 고유 사화가 아니라 중국과 한국에 보편적으로 존재했던 것이고 그것도 중국사상의 영향을 받았을 것이라는 관점(김재원), 고조선은 중국에서 이주해 온 사람들이 건국했을 것이라는 관점(이종욱), 무씨사당 그림의 원본은 기원전 2세기 무렵에 세워진 영광전에 있었다는 관점(이기백), 단군사화가 고조선 이전부터 존재했고 고조선 말기에 중국에 전파되었다는 관점(윤내현) 등 다양한 관점으로 나뉘었으나 최근에는 윤내현의 관점이 폭넓은 지지를 받고 있어서 타당하다고 본다. 관련연구로는 김재원. 1976; 이종욱. 1993. 『고조선사연구』. 일조각; 이기백. 1975. 『한국고대사론』. 탐구당; 윤내현. 1993; 윤내현. 2016 하: 466-467.

95) 『사기』 권 28 <봉선서>.

96) 『사기』 권 6 <진시황본기> <진시황 28년> 조.

97) 『사기』 권 6 <진시황본기> <진시황 28년> 조 인용문의 주석으로 실린 『사기정의』.

98) 仙人王儉으로 기록한 것은 『삼국사기』 권 17 <고구려본기> <동천왕 21년> 조.

99) 그 내용은 '서불이 일어나 일출에 예를 올렸다'(금산)와 '서불이 이곳을 지나갔다'(정방폭포) 등이다. 李元植. 1989. <徐福渡來傳說 …> 『讀書新聞』. 文化面. 平成 元年. 12月 28日字; 윤내현. 2016하: 465.

100) 『상서대전』 권 2 <주서> <홈범오행전>; 『사기』 권 38 <송미자세가>. 제8.

지역에서 상나라와 서주의 청동기가 출토되어 고조선과 중국이 긴밀하게 교류했음이 확인되고 있다. 이것은 기자족을 따라 중국의 언어와 문화가 기원전 12세기경부터 고조선 서부지역에 전파되었음을 의미한다.

또한 고조선의 거수국인 숙신의 사신이 서주를 방문했을 때 서주 성왕이 '책서'를 의미하는 '숙신의 명'을 내렸다고 했는데,[101] 이것은 기원전 1100년경에 고조선과 중국 서주 사이에 한자로 된 문서 교류가 있었음을 의미한다. 이 당시 한문이 고조선에 일반화된 것은 아니지만 외교문서를 담당했던 관리들은 한자를 이해하고 있었을 것으로 보인다.

전한이 위만조선을 치게 된 이유를 '진번 옆의 진국이 상서를 올려 천자를 알현하고자 하나 또한 가로막고 통하지 못하게 했다'는 것을 들고 있어서 고조선에서 진국과 중국이 한자를 사용한 것을 확인하고 있다.[102] 기원전 12세기에서 기원전 8세기의 서주 사람과 고조선의 낙랑 사람이 서로 말할 때에는 통역을 두 번 이상이나 거쳐야 소통이 되었으나, 기원전 8세기경에는 고조선지역에 한문이 상당하게 보급되었으며,[103] 서기 1세기 중엽에는 낙랑지역 사람들이 『시경』·『서경』·『춘추』 등의 어려운 한문의 내용과 의미를 쉽게 이해할 수 있을 정도였다고 기록하고 있다.[104]

종합적으로 볼 때, 고조선은 중국에 비해 선진고급문명인 요하문명, 홍산문명, 아사달문명 등을 발달시켜 황하유역 배리강문화와 자산문화에 영향을 주고, 고조선의 난생설화가 중국의 탄란회잉설화에 영향을 주었다. 특히 고조선의 선인사상이 중국에 전파되어 중국 도교의 성립에 핵심적인 영향을 주었다는 점은 고조선문명이 중국의 종교와 사상에 매우 중요한 영향을 주었다는 점에서 의미가 매우 크다. 도교뿐만이 아니라 고조선의 선인사상이 중국에 전해져서 고대 중국인들은 그들의 동쪽 바다 건너에 선인들이 사는 것으로 믿고 그것을 찾기 위한 노력을 기원전 5세기에서 기원전 4세기 중국 전국시대 제나라 위왕과 선왕, 연나라 소왕 등, 그리고 기원전 3세기 진시황이 사람을 시켜 동쪽 바다에 들어가 선인과 불사약이 있다는 삼신산을 찾도록 했다는 점은 고조선의 선인사상이 중국 왕실에게까지 폭넓게 비쳤음을 의미한다.

---

101) 리지린. 1963. 『고조선연구』. 과학원출판사: 361.
102) 『사기』 권 115 <조선열전>; 『삼국유사』 권 제1 <기이 제1> <위만조선>: 25.
103) 리지린은 기원전 8세기 이전부터 한자를 수입하여 사용하기 시작한 것으로 보고 있다. 리지린. 1963: 360.
104) 『논형』 <회국> 편.

(4) 고조선과 중국의 주민이동

고조선과 중국의 주민이동은 약 5천 년 전 고조선 주민들의 산동반도 등으로의 이전, 12세기에 시작된 기자족과 2세기경에 있은 위만족의 고조선으로의 유입, 그리고 예군 남려 등 예족 28만 명의 중국으로의 이동이 있었다.

1) 고조선 이주민의 이동

고조선인들 가운데 약 6천~5천 년 전, 고한반도의 중부인 진(震) 지역에서 태호족(용 토템족)이 선진 농업경작과 선진 문화를 갖고 산동반도 등으로 이동했고, 약 5천~4천 년 전에는 소호족(새 토템족)이 산동반도 등으로 이동했다.

그 후 중국 고문헌에 자주 나오는 치우・전욱・백익・우(嵎)・래(萊)・한(寒)・엄(奄)・박(亳)・상(商)・근모(根牟)・거(莒)・서(徐) 등은 모두 고조선 이주민 씨족・부족이었다. 중국 고문헌은 이들을 합쳐서 '동쪽에서 온 큰 활을 사용하는 사람들'이라는 뜻의 '동이(東夷)'라고 불렀다.[105)]

2) 고조선과 고중국의 상호 주민이동

고조선과 중국은 국경을 사이에 두고 있어서 주민들이 국경을 이동하여 옮겨 사는 것은 어려운 일은 아니며 이것은 문명의 교류와 양 국가의 국내정치에도 상당한 영향을 주거나 받는다. '나라로서의 국가'는 국민, 영토 및 주권으로 구성된 만큼 백성인 주민의 이동은 국가에게 큰 영향을 준다. 주민들이 이동하는 이유는 소속 국가로부터 박해를 받거나 아니면 상대 국가로부터 이익을 받고 유인을 받게 되는 경우이다. 고조선과 중국 사이에 대규모 주민의 이동은 기원전 12세기에 시작된 기자족과 기원전 2세기경에 있은 위만족의 고조선으로의 유입 그리고 기원전 2세기에 있은 예군 남려 등 예족 28만의 중국으로의 이동을 들 수 있다.

첫째, 고조선과 중국 사이에 첫 대규모 주민의 이동은 기원전 12세기에 시작된 기자와 그 일족의 이동과 기자조선의 탄생을 들 수 있다. 여기에 대해서는 중국 측과 한국측의 설명에 차이가 있다. 중국측의 기록들에 따르면, 기자는 은(상)나라 왕실의 후예로서 기국(箕國)에 봉해졌던 자(子)라는 작위를 가진 상나라 제후였고 당시 작위는 대대로 세습되어 상・주 교체기의 기자에게까지 이어졌다. 은나라 왕실의 성은 자였고 이름은 서여여서 그 성명은 자서여(子胥餘)였다.[106)] 그는 조국인 은나라가 주나라에게

105) 신용하. 2019. 앞의 책: 48.

멸망하자 그의 일족을 데리고 '조선'으로 망명했는데, 무왕이 기자를 "조선에 봉했다"라고 기록하고 있다.[107] 이기록을 근거로 중국 측에서는 기자가 조선에 와서 기자조선을 건국했다는 주장을 펼치고 있다.

그러나 주 무왕이 기자를 조선에 봉했다는 의미에 대해서도 『사기』<송미자세가>는 "(서주의) 무왕은 바로 기자를 조선에 봉했으나 신하는 아니었다"[108]라고 하여 기자가 주나라 무왕과는 독립적임을 명시하고 있다. 또한 은나라의 마지막 왕인 제신이 폭정을 펼치자 비간이 바로잡고자 간하였으나 사형을 당하자 기자는 놀라서 거짓으로 미친척하다가 옥에 갇혔던 것을[109] 주나라가 은나라를 멸망시키고 감옥에 있던 기자를 무왕이 풀어주자[110] 기자는 자신의 조국에서 감옥에 갇히고 조국이 주나라에 멸망당한 후 주왕에 의해 감옥에서 풀려난 것을 부끄럽게 여겨 조선으로 망명했다는 것이다.

이렇게 보면 "기자를 봉했다"는 것은 주나라를 버리고 도망간 기자를 죄인 취급하지 않고 조선에 가서 사는 것을 공식으로 승인했다는 의미로 보므로 기자가 세웠다는 기자조선이 주나라의 제후국이라는 의미는 아니라는 뜻이다. 기자 서여가 망명해 온 조선은 지금의 하북성 동북부에 있는 난하 하류 유역으로 그 뒤 낙랑군 조선현이 된 지역이다.[111] 이 지역은 중국과의 접경인 고조선의 서부 변경으로 중국인들은 조선이라 불러서 그동안 일부 역사학자들이 이 지역을 고조선과 혼동하여 기자가 조선에 봉해졌다는 것을 기자가 고조선의 통치자가 되었다는 오해하기도 했다.

기자 서여가 조선으로 망명할 때에는 기자와 그 일족이 함께 왔으나 상 왕실의 후예인 기국이 분족이 된 작은 제후국이었고 기국의 지배족이된 기자 일족의 숫자는 많지 않을 것으로 본다. 기자족은 원래 고조선을 건국한 한・예・맥족 연합의 핵심 구성족인 예족의 후예로서 조선으로 온 후 기자 서여는 난하 유역에 있던 고조선의 거수가 되었다. 이때 기자족이 다스린 정권을 『단군세기』에서는 인정하지 않고,[112] 『단기고사』에서는 기자조선을 고조선의 후국・부왕국인 번한조선이라 보고 서여를 전단조 19세 단군 종년의 아우인 청아왕 종선의 증손으로 기자조선의 제1세 단군 서여로 보아 중국 측의 기록과는 다른 내용을 확인하고 있다.[113] 『규원사화』는 명시적으로 기자조선을

106) 『사기』 권 38 <송미자세가>의 기자에 대한 주석으로 실린 『사기집해』와 『사기색은』.
107) 『상서대전』 권 2 <은전><홍범>조; 『사기』 권 38 <송미자세가>.
108) 『사기』 권 38 <송미자세가>.
109) 『사기』 권 3 <은본기>.
110) 『사기』 권 4 <주본기>.
111) 윤내현. 2016 상: 455-502.
112) 『단군세기』: 103.
113) 『단기고사』: 181-186.

언급하지는 않으나 단군조선이 기원전 1128년에 끝나고 그 이후를 공백으로 남겨두어 기자조선의 존재 가능성을 암묵적으로 인정하는 듯하다.

기자조선의 성격에 대해서는 이미 앞에서 살펴보았으므로 더 이상의 논의는 생략하도록 한다. 다만 기자조선의 성격에 대한 규정 내용에 따라 기자와 기자족의 조선으로의 이동과 그 영향을 다르게 평가하므로 여기에 대해서는 객관적인 확인이 필요하다. 기자족이 고조선 건국 부족인 예족의 후예인 기자족인지 아니면 중국 은나라 왕실의 후예인 기자족인지, 또한 기자족이 일시에 온 것인지 아니면 오랜 기간 동안 서서히 옮겨 온 것인지 아니면 고조선의 예족 일부가 중국 은나라를 건국하고 멸망 후 그 일부가 조국인 고조선으로 돌아 온 것인지, 이들이 모두 합해진 것인지 등 다양한 논의에 대한 체계적인 이해가 필요하다.

둘째, 고조선과 중국 사이에 일어난 두 번째의 대규모 주민의 이동은 기원전 2세기경에 있은 위만족의 고조선으로의 유입이다. 기원전 3세기 중엽 전국시대의 혼란을 진나라가 통일하고 다시 한나라가 통일하면서 중국의 혼란은 가중되어 고조선 주변의 연, 제, 초 등의 나라에서 수만 명의 동이족 지배층이 같은 동이족인 조선족이 다스리는 고조선으로 망명해 왔다.[114] 이러한 시대 흐름에 동화되어 기원전 2세기 초 동이족인 위만이 무리 1,000명을 이끌고 연나라에서 나와 고조선으로 망명해 와서[115] 기자정권의 변방수위대장인 박사의 지위에 있다가 기원전 194년에 무력으로 같은 예족인 기자의 40대 후손인 준을 몰아내고 정권을 탈취하여 위만정권을 수립하였다.[116]

위만정권의 수립이 가능하였던 것은 중국의 동이족들을 중심으로 고조선 여러 지역으로 많이 이주하여 그 가운데에는 중국인 마을을 형성하여 지역 차원에서 기반을 내리고 있었던 것을 확인할 수 있다. 예로써, 고조선 말기 중국인 가운데 일부는 진나라에서 고역을 피해 낙랑을 거쳐서 삼한으로 왔더니 마한이 그 동쪽 경계 땅 일부를 주어 거기에 정착하여 마한 사람과 다른 중국말을 사용하여 진한(秦韓)이라 부르는 사람도 있었다는 것이다. 이들은 고조선 서쪽 변경으로 중국과 접경지역인 낙랑지역에 살다가 다시 그 사람들 가운데 일부가 한 지역으로 이주하여 중국인 마을을 형성한 사실을 기

114) 중국 이주민 일부는 한반도로 이주하여 중국인 마을을 형성하기도 했다.

115) 『삼국유사』<위만조선>: 24-27.

116) 위만조선의 성격에 대해서는 『단기고사』는 고조선의 부왕국인 번한조선으로 보고, 『규원사화』는 명시적으로 언급하지 않고 있으며 『단군세기』는 고조선의 부왕국인 번한으로 보며, 『삼국유사』는 위만조선으로 인정하여 기술하고 있다. 『삼국지』 권 30 <동이전><한전>에서도 위만이 망명하고 무리를 모으고 거짓으로 준을 속이고 준을 공격하여 권력을 찬탈하는 비슷한 내용을 기술하고 있다.

록한 것이다.[117]

셋째, 앞의 두 사례와는 반대로 고조선에서 중국으로의 대규모 주민의 이동은 기원전 2세기에 있은 위만조선 지역에 거주하던 예군 남려 등 예족 28만 명의 중국으로의 이동을 들 수 있다. 중국의 서한 무제 때 예군 남려 등 28만 명이 위만조선의 우거왕을 배반하고 전한의 요동군으로 망명해 오자 무제는 그곳에 창해군[118]을 설치했다가 몇 년 후 폐지했다.[119] 이들은 예족 인 한민족으로 비록 고조선의 변방인 위만조선에 살던 고조선의 국민들이었지만 중국으로 이동하여 중국 동부 해안지역에 거주하게 되었고 고조선은 지금의 대릉하 서쪽 땅을 빼앗기고 그 동쪽지역까지를 다스리고 있었다.

예군 남려 등이 위만조선을 버리고 중국으로 망명한 것은 당시 위만조선이 내부적으로 귀족들간의 권력투쟁이 치열하고 정치와 사회가 불안하며 그 권력투쟁 과정에서 남려 등이 권력에서 배제되고 위만조선이 한나라의 공격을 받아 정국이 불안해진 때문으로 보인다. 그만큼 위만조선이 중국을 통일한 한나라에 비해 국력이 약해졌고 사회도 문란하여 중국이 고조선보다 더 강성한 나라로 되었음을 의미한다.

종합적으로 망명에 의한 주민의 이동은 권력의 탄압으로부터 탈출하거나 정치나 사회가 혼란하여 주민들이 생존의 위협을 느껴서 보다 살기 좋은 지역으로 이동하는 것을 의미하여, 망명대상국은 피망명국가보다 강대국이거나 안전한 국가임을 의미한다. 고조선과 중국 사이에는 고조선의 중기와 후기에 기자족과 위만족이 고조선으로 망명해 와서 고조선이 중국에 비해 강대국이고 안전한 국가였음을 보이나, 말기인 기원전 2세기에는 반대로 위만정권의 예군 남려 등 예족 28만 명이 중국으로 이동하여 이때는 고조선이 중국보다 국력이 약화되고 정국도 불안했음을 의미한다.

6. 고조선과 북방지역의 관계

(1) 고조선과 북방지역의 관계

고조선의 영토가 된 한반도와 만주, 그리고 그 북방의 몽골과 시베리아 지역은 구석

117) 비슷한 내용들이 『후한서』 권 85 <동이열전><한전>과 『삼국지』 권 30 <동이전><한전>에 기록되어 있다.

118) 창해군의 위치를 일부 학자가 강원도 지역이나 압록강 유역으로 비정하지만 윤내현은 이들이 모두 틀리고 지금의 하북성 창주 지역이라 주장한다. 윤내현. 1991. <창해군고>『한국의 사회와 역사-최재석교수정년퇴임기념논총』. 일지사: 640-668.

119) 『후한서』 권 85 <동이열전><예전>.

기시대부터 서로 이동하면서 긴밀하게 문화교류를 하며 함께 살았다. 유목민으로 떠돌이 생활을 했던 구석기시대에는 조선이나 중국 · 몽골 · 시베리아 지역을 서로 이동하며 생활했고 동쪽으로는 베링해를 건너 알래스카를 거쳐 미주지역까지 이동했고,[120] 서쪽으로는 중앙아시아를 거쳐 인더스문명, 수메르문명, 이집트문명, 지중해문명 등 페르시아까지 이르렀던 것으로 확인된다.[121]

신석기시대에 이르러 대부분 지역의 사람들이 유목민생활에서 정착생활로 바뀌면서도 고조선지역인 한반도와 만주, 중국 북부와 몽골, 북만주 등지는 유목을 하면서 이동생활을 하고 이들은 세석기라는 공통의 문화요소를 가지고 있었다. 그 결과 고조선을 포함한 북방지역은 요하문명과 홍산문화, 아사달문화, 불함문화 등의 공통의 문화를 형성하게 되었다.

첫째, 고조선과 북방의 문화적 · 종족적 특성과 교류에 대해 최남선은 불함문화론(不咸文化論))을 제시하며, '흑해에서 카스피해를 거쳐 파미르의 동북 갈래인 천산산맥으로 하여 알타이산맥 · 사얀산맥 · 야블로노이산맥을 따라 다시 남으로 전(轉)하여 흥안산맥 · 태행산맥 이동의 지(地), 조선 · 일본 · 류큐(琉球)를 포괄하는 일선에는 părk중심의 신앙 · 사회조직을 가진 민족이 분포하여, 그 종족적 관계는 차치하고 문화적으로는 확실한 일연쇄를 이루고 있었다'[122]고 주장하며, '밝'을 '백(白)', '불함(不咸)'이라하여 위의 지역을 불함문화권으로 규정했다.

둘째, 고조선과 북방의 문화적 · 종족적 특성과 교류에 대해 최남선은 이 지역들에 거주한 민족들이 관계 보다는 문화적인 공통성을 지닌 점을 밝혔지만, 그 뒤 한민족의 기원을 연구하는 신채호, 손진태, 이병도, 김연학, 김상기, 김정배, 김원룡, 신용하, 윤내현 등이 중앙아시아, 몽골, 중국 북부 등의 지역을 한민족의 기원과 연결시켜 민족들의 관계에 대해 논의하게 했다.

신채호는 한민족이 파미르고원이나 몽골에서 기원하여 동쪽으로 광명의 본원지를 찾아 이동하여 불함산(不含山: 지금의 백두산) 지역에 정착했을 것이라 보았고,[123] 손진태는 만주 시베리아 종족과 한민족이 가장 가까운 관계라는 견해를 보였다.[124]

이병도는 한민족이 만주족 · 몽골족 · 터키족 등 우랄알타이어계의 공동조상에서 분파된 일족으로 보았고,[125] 김연학도 한민족이 체질이나 언어 · 풍속 등 기본문화에서

120) 윤내현. 2016 하: 487.
121) 『환단고기』: 160－161.
122) 최남선. 1973. <불함문화론>『육당최남선전집』 2. 현암사: 75.
123) 신채호. 이만열 주석. 1983. 『조선상고사』. 형설출판사: 104.
124) 손진태. 1958. 『조선민족사개론』 조선문화총서 11. 을유문화사: 17－19.

만주족·몽골족 등 알타이족과 가장 가까워 북방아시아에 연결되기에 알타이족의 한 지파로 보아야 한다고 했다.[126] 김상기는 한민족의 중심세력이 상고시대에 중국 북부 변경으로부터 만주를 거쳐 한반도에 이르렀을 것으로 보고 동이계의 종족은 동쪽으로 이동하여 한 줄기는 중국의 산동방면으로 내려가 우이·내이·회이·서융 등이 되었고 다른 한 줄기는 만주와 한반도로 내려와서 예·맥·한을 형성했다고 주장한다.[127]

김정배는 한반도에 거주했던 신석기시대인들과 청동기시대인이 서로 다른 종족이었다고 보아 신석기인들은 시베리아에 널리 거주했던 고(古) 아시아족이고 청동기시대인들은 예·맥족이라고 주장한다.[128] 비슷한 시각에서 김원룡은 한반도와 만주에는 구석기시대가 끝난 후 오랜 기간 사람이 살지 않다가 신석기시대가 되어 시베리아 지역에서 고아시아족이 들어왔고 이들은 만주와 한반도에서 지역화한 퉁구스족인 예·맥족에게 흡수되어 한민족으로 되었을 것으로 본다.[129]

이러한 한민족의 기원을 북방의 대륙으로 보는 견해와 달리 신용하는 고조선의 부족과 문화가 한강족의 한강문화·예족의 예족문화·맥족의 맥족문화가 서로 연합하여 고조선의 지배족인 한민족과 고조선문화를 이루게 되었다는 고조선 정착설을 주장한다.[130] 윤내현은 구체적으로 밝히지는 않았으나 한민족 기원 이동설에 동의하지 않는다는 점은 밝히고 있다.[131]

고조선과 북방의 문화와 종족의 관계에 대한 이러한 논의들은 고조선에 대한 중국측의 역사기록이 소홀하고 늦은 시기에 나타나고, 그동안 고조선 지역에서 청동기 유물과 유적이 많이 발굴되지 못하고 그 연대도 기원전 4세기경이나 기원전 11세기경으로 추정되어 북방지역보다 크게 늦은 것으로 보였기 때문이다. 그러나 고조선 지역에서 발굴된 청동기 유물과 유적들이 많아지고 발굴이 활발해지면서 추정연도도 기원전 25세기 혹은 그 이전까지 소급되어 대륙에서 발굴된 청동기유적과 유물보다 1,200~1,300년이나 앞서게 되면서 그동안의 주장들이 무너지게 되었다. 이러한 점을 반영한 것이 신용하와 윤내현의 연구들이므로 그 근거가 되는 청동기 유물과 유적을 중심으로 고조선과 북방과의 관계를 살펴보도록 한다.

---

125) 이병도·김재원. 1959. 『한국사－고대편』. 을유문화사: 10.
126) 김연학. 1966. <고고학상으로 본 한국민족>『백산학보』 제1호: 148.
127) 김상기. 1984. <한·예·맥 이동고>『동방사논총』. 서울대 출판부: 355－368.
128) 김정배. 1973. 『한국민족문화의 기원』. 고려대 출판부.
129) 김원룡. 1983. <한민족의 형성과 선사시대>『한국학입문』. 대한민국학술원: 8.
130) 신용하. 2010. 『고조선국가형성의 사회사』. 지식산업사: 45－112.
131) 윤내현. 2016 하: 489.

셋째, 고조선과 북방의 문화적 특성과 교류에 대해 종래에는 대체로 한민족의 기원을 북방의 대륙으로 보았기 때문에 고조선의 문화도 북방에서 유입되었을 것으로 보는 견해들이 많았다. 이 때문에 김연학, 김원룡 등의 고고학자들은 시베리아지역의 미누신스크문화가 안드로노보문화기(기원전 1700~1200), 카라수크 문화기(기원전 1200~700) 및 타가르문화기(기원전 700~200)로 전개되는 것을 기준으로 시베리아의 청동기문화가 고조선의 청동기유물과 유적들에 유입된 것으로 보고 있다.

김연학은 고조선의 대표적인 청동기들인 비파형동검·조형다뉴기하문경·선형인동부·동포·내만인동도·동착·동패·청동장식 등인데 이 가운데 선형인동부와 동포·내만인동도·동패 등이 카라수크 지방에서도 발견된 것으로 보아 고조선의 청동기유물들이 시베리아로부터 유입된 것이라 주장하고 있다.[132] 김원룡도 고조선 지역의 청동기문화는 오르도스와 시베리아의 미누신스크, 스키드 청동기문화의 요소를 받아들이고 있다고 보며, 카라수크-타가르계의 돌널무덤이 몽골, 만주, 한반도 일대 및 러시아의 연해주 지역에도 보이는 것은 시베리아문화가 이들 지역에 전파되었던 때문이라는 것이다.[133] 그러나 이러한 주장은 고조선 영토인 한반도와 만주지역에서 청동기유물들이 활발하게 발굴되면서 주장의 근거를 상실하고 허물어지고 있다.

넷째, 새로운 청동기 유물들이 발굴되어 기원전 25세기로 추정되는 사례가 많이 나타나는 것은 그동안의 주장과는 달리 고조선의 청동기문화가 반대로 시베리아지역에 전파되었을 가능성을 높여주고 있다. 대표적인 사례들로는 문화재관리국이 발굴한 기원전 2326년으로 교정연대가 나온 경기도 양평군 양수리의 고인돌 유적, 목포대 박물관이 발굴한 교정연대가 기원전 2630년·2365년인 전남 영암군 장천리 주거지 유적 그리고 요령성 지역 하가점하층문화로 교정연대가 기원전 2550년·2270년인 내몽골 자치구 적봉시 지주산 유적 등이다.[134] 또한 북한 단군릉에서 발굴된 왕관에서 사용된 금동장식이 출토 당시보다 5,011년 전인 것으로 확인되어 한국의 청동기 개시 연대는 고조선시대보다 크게 앞선 기원전 3018년경인 셈이다.[135]

단군릉의 금동유물을 제외하더라도 고조선 지역의 청동기 개시연대는 시베리아 카

---

132) 김연학. 1983. <청동기의 전개>『한국사론』 13-한국의 고고학 II·상. 국사편찬위원회: 111-122; 윤내현. 2016 하: 490-491.

133) 김원룡. 1986. 『한국고고학개설』. 제3판. 일지사: 63.

134) 이들에 대해서는 이 책의 제3장 5에서 자세히 다루었으므로 구체적인 논의는 생략한다. 또한 윤내현. 2016 하: 495의 각주 23 참고.

135) 북한문제조사연구소. 1993. <사회과학원의 단군릉 발굴 보고문>『북한의 <단군릉> 발굴관련자료』. 북한문제조사연구소: 3-13; 김교경. 1993. <단군릉에서 나온 뼈에 대한 연대측정결과에 대하여>. 위의 책: 42-52.

라수크문화의 청동기 개시연대보다 1,200~1,300여 년 이상 앞서므로 고조선지역의 청동기문화가 시베리아로부터 전파된 것이 아니라 고조선지역의 문화가 도리어 시베리아에 전파되었을 가능성이 높다. 이것 하나만으로는 단정적으로 말할 수 없지만 다른 분야들에서도 비슷한 사례가 발견되면 그 가능성은 더욱 커질 것이다.

다섯째, 고조선과 북방지역 사이에는 곰 숭배사상과 새를 신성시하는 신앙 등에서 비슷한 풍속과 문화적인 동질성을 보이는 것은 두 지역 사이에 교류가 활발했음을 의미한다.[136] 곰 숭배사상은 신석기시대에 고조선를 포함한 아시아 제역에 넓게 퍼져 있었던 것이 청동기시대에도 이어졌으며,[137] 솟대를 세워 신성한 지역임을 표시하는 새를 신성시하는 신앙은 고대로부터 지금까지도 이어져 온 한민족의 신앙으로 농경문청동기문화의 하나이다.[138] 새에 대한 신앙은 고구려 시조 주몽과 신라 석탈해 전설, 그리고 고구려 벽화에도 세 발 달린 까마귀인 삼족오가 등장하는데 스키타이 계통의 돌무지무덤인 카자흐스탄의 이식 고분에서 새 장식이 등장하는 등 고조선과 몽골·중앙아시아·시베리아 등의 지역에 비슷한 유물들이 보인다.

여섯째, 한반도와 몽골·중앙아시아·시베리아 등의 지역에서 동질적인 유사한 문화요소들이 발견되지만 이것을 근거로 하여 이 지역 전체를 하나의 공통된 문화권으로 설정하는 것은 신중해야 한다. 유사성을 보이는 것은 문화적인 교류의 결과인지 하나의 문화권이기 때문인지 신중하게 판단해야 한다.

일곱째, 한반도와 만주·몽골·중앙아시아·시베리아 등의 지역에서 유사한 문화요소가 발견될 경우 과거에는 그 문화 요소들이 몽골·중앙아시아·시베리아 등의 지역에서 한반도와 만주로 전파된 것으로 보았으나, 최근에 새로운 청동기 유물과 유적들이 많이 발굴되고 그것들의 과학적인 연대측정 결과 도리어 만주나 한반도지역의 청동기문화의 개시 연도가 1,200~1,300년이나 앞선 것으로 나와 문화전파의 방향이 바뀐 것으로 보인다.

여덟째, 이것은 고조선의 청동기문화가 도리어 몽골·중앙아시아·시베리아 등의

136) 이것에 대한 자세한 내용은 윤내현. 2016 하: 496-500 참조.

137) A. I. Hallowell. 1926. "Bear Ceremonialism in the Northern Hemisphere." *American Anthropologist* 28-1: 1-17; 이정재. 1994. <길리약(Giljak) 부족의 샤만신상: 샤마니즘과 곰 숭배사상의 비교>『한국민속학보』. 3; 곽진석. 2010. <시베리아 에벤족의 곰 축제에 대한 연구>『동북아문화연구』. 25; 곽진석. 2011. <시베리아 만주: 퉁구스족 곰 신화의 양상과 유형에 대한 연구>『동북아문화연구』. 26.

138) 한병삼. 1971. <선사시대 농경문청동기에 대하여>『고고미술』 112: 2-13; 박호원. 1987. 『솟대신앙에 관한 연구』. 한국정신문화연구원 부속 대학원; 이필영. 1989. 『한국 솟대 신앙의 연구』. 연세대학교 대학원.

지역으로 전파되었고 고조선이 이 지역의 국가들에 정치적[139]·문화적·인종적[140]으로 다양한 분야에서 큰 영향을 주었을 가능성을 확인해주는 것이다.

(2) 고조선과 중국 및 북방의 관계

약 6천~5천 년 전에 고조선인들이 중국으로 이동하고, 고조선이 동아시아 최초의 고대국가와 고조선문명권을 형성하면서 고조선·중국·북방의 관계는 긴밀한 관계로 전개되었다. 고조선이 건국된 이후 동이족이 하·은나라를 건국하고, 여러 종족이 통치한 주나라를 거쳐 화하족이 춘추전국시대와 진나라를 통치했다. 그 뒤 한족이 전한·신·후한·삼국을 통치하였다. 이처럼 중국에서는 서로 다른 종족이 나라를 세우고 통치하는 동안 고조선은 하나의 민족으로 통치하다가 열국으로 나뉘고, 북방지역에서는 동이·북적·견융·강 등이 통치하였다. 중국 중심으로 과잉 해석된 것이지만 중국 사료와 민족지에 나타난 고조선 시대 국가별 종족 구성의 변동을 비교·정리하면 <표 5-4>와 같다.[141]

7. 고조선과 일본열도의 관계

한국과 일본은 선사시대부터 활발하게 교류하여 비슷한 토기, 석기, 청동기, 철기 등

139) 『단군세기』에 따르면, 3세 단군 가륵이 강거의 반란을 티벳지방인 지특백에서 정벌하고, 4세 단군 오사구의 동생 오사달을 몽고리임금으로 봉하고, 18세 단군 동엄 때에 지특백사람이 와서 특산물을 바치고, 32세 단군 추밀 때에는 선비족의 발상지 선지산의 추장 문고가 공물을 바치고, 45세 단군 여루 때에는 북막 추장 액니거길이 말 200필을 바치고 함께 연나라를 칠 것을 요청하고, 46세 단군 보을 때에는 북막 추장 이사가 음악을 바쳐 후한 상을 내리고, 47세 단군 고열가 때에는 북막 추장 아리당부가 공물을 바치지 않았다고 한다.

140) 현재 중앙아시아국가들 사이에 진행되고 있는 '범 투르크 민족 공동역사교과서 설립운동'에 한국도 적극 참여하여 유라시아 북방민족들의 공동역사교과서를 만들고 형제의식을 고취하여 유라시아 대륙을 통한 고속철도무역, 자원외교, 민간교류를 확대코자하는 취지에서 쓴 책에서 파미르 고원에 남아 있는 고조선의 흔적인 환국 신화, 북방민족과 한민족의 동일한 기원(훈족과 한민족은 같은 민족, 조선과 흉노는 같은 국가, 중앙아시아 무사와 고구려 개마 무사의 유사성, 빌게카칸과 고구려 무사의 복장의 유사성), 고조선인의 서천, 카자흐어와 한국-한자어의 유사성, 중앙아시아로 진출한 조선인들, 중앙아시아민족의 문화로 본 환족의 제도(카자흐스탄과 한국에 남아 있는 환웅의 신시와 단군조선의 흔적), 『한단고기』에 나오는 인물-지명의 투르크식 발음, 유럽에 남아 있는 조선의 흔적 등에 대해 기술하고 있는 대표적인 책으로는 김정민의 책을 들 수 있다. 김정민. 2016. 『단군의 나라, 카자흐스탄』. 글로벌콘텐츠.

141) 윤명철. 2019. 앞의 글: 243-244.

표 5-4 중국 사료와 민족지에 나타난 국가별 종족 구성표

시대 및 국가		연대	기간	중심 지역	종족	개국 황제	주변 종족 (북방 및 서방)	주변 종족 (동방)
하		기원전 2033~1562년		산서·하현	동이	우	동이·북적	조선
은		기원전 1562~1046년	30대	하남·상구	동이	탕	견융·강·동이·씨	조선
주	서주	기원전 1046~771년	12대	섬서·서안	이·융·적·용·촉·강·종·미·로·팽·복	문왕·희창	이·만·월·융·적	조선·부여·동호·숙신
주	동주	기원전 771~256년	22대	하남·낙양		희의구		
춘추전국	제	~기원전 379년	32대	산동·임치	화하	제태공·여상	산융·흉노·강·귀방·고죽·구이·동이	조선·부여·동호·숙신
춘추전국	노	기원전 1055~249년		산동·곡부	화하	백금		
춘추전국	진	기원전 10세기~221년		합서·함양	서융	진비자		
춘추전국	연	~기원전 222년		북경	화하	소공석		
춘추전국	송	기원전 3세기~286년		하남	화하			
춘추전국	위	기원전 1050~209년	44대	조가	화하	위강숙		
춘추전국	초	기원전 223년	47대	단양	화하	웅역		
춘추전국	월	기원전 500초~334년	48대	절강·제기	화하	월후·무여		
춘추전국	한	기원전 453~230년		하남·우현	화하	한무자계장		
춘추전국	위	기원전 403~225년	8대	산서·예성	화하	위무자위주		
춘추전국	조	기원전 403~228년		산서·태원	화하	조성자조쇠	조선·동호·흉노·숙신	
진		기원전 221~206년	3대	섬서·함양	화하	시황제영정	흉노·오손·월씨·강	조선·숙신·고구려·부여·삼한·동호
전한		기원전 206년~서기 8년	12대	섬서·서안	한	고조 유방	흉노·월씨·강	조선·부여·고구려·동예·옥저·삼한·선비·오환·숙신
신		9~25년	2대	섬서·서안	한	왕망		
후한		25~220년	14대	하남·낙양	한	유수	남흉노·대월씨·대하	고구려·부여·백제·신라·가야·옥저·동예·선비·오환
삼국	위	230~265년	5대	하남·낙양	한	조비	남흉노·강	고구려·부여·백제·신라·가야·옥저·동예·선비·오환
삼국	촉	221~264년	2대	사천·성도	한	유비		
삼국	오	222~280년	4대	강소·남경	한	손권		

주: 한족이 등장한 이후의 시대는 음영 표시.
출처: 윤명철, 2019, 앞의 글: 243-244.

의 유물과 유적들이 서로 시간을 달리하여 나타나고 있다. 구석기시대 한반도와 일본열도는 대륙으로 연결되어 한국에서는 충남 공주 석장리 주거지터 및 구석기유물 발굴을 통해 구석기시대부터 사람들이 살고 있었음을 확인할 수 있고, 일본열도에서는 후기 구석기시대부터 사람들의 거주흔적이 발견된다.

신석기시대에 들어와 한반도에서는 대표적인 빗살무늬토기가 기원전 5000년 전후부터 출토되고 청동기와 함께 민무늬토기는 기원전 25세기경부터 발굴된다. 일본의 문화는 농경개시 이전 토기 표면에 꼰 새끼줄을 눌러 무늬(조몬)를 넣은 신석기의 조몬문화(~기원전 4세기경)와 농경의 청동기 야요이문화(기원전 3세기~3세기경)로 나뉘는데 이 두 문화는 근본적으로 다르다. 이것은 한반도로부터의 제1차 대량이주에 따른 이민 파동의 여파일 것으로 보고 있다.[142]

고조선 시대에는 일본열도에 있었던 신석기의 조몬문화와 청동기의 야요이문화는 한반도로부터 전해지는 문화적 영향을 받아 형성된 것이며 구석기시대 이후 한반도로부터의 문화의 전파가 활발했다. 그 이후 한반도의 4국시대에 야요이문화에서 교체된 고훈문화도 한국문화의 성격을 지녔는데 한반도로부터 크게 영향을 받았다. 기원전 8천년 이전의 구석기시대 빙하기에 한반도와 일본열도가 육지로 연결되어 있어서 당시에는 한국과 중국 및 일본 사이에 사람과 문화의 왕래가 활발하여 구석기시대의 유물·유적들이 동해와 남해 바다 속에 있을 것으로 보인다.[143]

(1) 신석기시대 한반도문화가 일본 조몬문화에 미친 영향

신석기시대에도 한반도와 일본열도 사이에 문화교류가 활발하여 일본의 융기문토기(隆起紋土器)·소바타토기(曾畑土器)·결합식조침(結合式釣針)·석거(石鋸)·옹관묘(甕棺墓) 등의 문화의 기원이 한반도인 것으로 확인되고 있다. 첫째, 한반도의 동삼동·다대포·영선동·죽곡·신암리·상노대도·욕지도·소흑산도·오산리·산달도·상시동굴 등 부산과 경남 해안 및 도서지역에서 집중적으로 발굴되고 강원도·전남·충청도에서도 출토된 융기문토기가[144] 대마도 고시타가 등 일본열도의 신석기문화인 조몬문화에서 나타나 고조선의 문화가 일본으로 전파된 것으로 보고 있다.[145]

---

142) 이기용. 2017. 『오늘날 다시 보는 한일관계사』. 국학자료원: 18.
143) 김원룡. 1983. <고대 한일 관계>『이화사학연구』 13·14: 163.
144) 임효재. 1986. <신석기시대의 한·일문화교류>『한국사론 16-고대 한·일관계사』. 국사편찬위원회: 5.
145) 한국의 신석기 유적 가운데 가장 연대가 빠른 강원도 오산리 유적에서 출토된 것과 유사한 문양

둘째, 일본 규슈지역을 중심으로 분포된 소바타토기는 일본 동부의 여러 질그릇과는 전혀 다른 독자적인 문화권을 보여 소바타토기의 기원에 대해서는 다소 이견이 있지만, 한반도의 평양 오야리·부산 절영도 동삼동과 영선동 조개무지·경남 양산군 서생면·서울 한강유역 암사리 등에서 출토된 한반도의 빗살무늬(새김무늬) 팽이모양 질그릇이 일본문화인 소바타토기의 원형이라는 데 의견이 모아지고 있다.[146] 즉, 한반도의 빗살무늬 질그릇 기술과 장인들이 한반도에서 가까운 일본의 니시카라스를 포함한 서북규슈를 중심으로 기원전 4000~3000년 사이에 당시 일본열도의 전통적인 토기문화에 충격을 주어 소바타토기문화가 성립·전개되었던 것으로 보고 있다.[147]

셋째, 신석기시대의 어로문화인 결합식조침은 한반도와 일본열도에 함께 분포되었는데 이것은 동아시아 지역에서 가장 앞선 지역인 한반도에서 출토된 오산리 유적이 그 원류여서 그것이 인적인 교류를 통해 한반도에서 일본열도로 전파된 것으로 확인되고 있다. 한반도에서 오산리·동삼동·농소리·상노대 등 신석기 유적에서 출토되었고 오산리 유적에서 출토된 70점의 결합식조침 가운데 60점은 기원전 6000~4500년의 것으로 가장 오랜 시기의 것이다.[148]

넷째, 석거(石鋸)는 흑요석을 사용하여 만든 돌톱으로 신석기시대 한반도와 일본열도에서 사용하고 한반도에서는 신석기 중기와 후기, 그리고 일부 전기로 올라갈 가능성이 있고 일본에서는 조몬문화 후기에 나타나기 시작했다. 한반도에서는 무산·웅기·유판·동삼동 등의 유적에서 출토되었고, 일본에서는 서북규슈의 결합식조침과 같은 지역에서 출토되어 연대가 한반도가 빠르기 때문에 일본열도 석거의 기원이 한반도일 것으로 추정한다.[149]

다섯째, 일본 조몬문화 중기에 북규슈에서 나타난 합구식(合口式) 옹관묘도 한반도 전남지역에서 발견된 독특한 매장법을 시원으로 하여 한반도에서 전해진 것이다. 한반도 전남 나주군 반남면 신촌리·덕산리·대안리와 다시면 복암리, 영암군 시종면, 함평군 월야면, 광산구 비아면 신창리 등에 분포되어 있는 독특한 매장법으로 유행했던 합구식 옹관묘와 북규슈의 옹관은 완전히 일치한다.[150]

의 융기문토기가 그 뒤 대마도 고시타가 유적에서 출토되어 한반도로부터 문화가 일본열도에 전해진 것으로 보고 있다. 임효재. 1986: 10.

146) 조희승 1988.『초기조일관계사』상. 사회과학출판사: 9.

147) 임효재. 1986: 16.

148) 위의 책: 16-21.

149) 위의 책: 21.

150) 조희승. 1988: 10.

여섯째, 조몬문화시대 일본은 사냥이나 고기잡이, 채집생활을 하며 떠돌이 생활을 하여 오래 정착하지 못하여 집자리도 마른 고지대나 높은 대지 등에 위치한 것으로 확인되고 있다. 당시 조개무지 유적에서 보면 이들이 먹었던 식료들은 “사슴 · 멧돼지 · 개 · 야생토끼 · 너구리 · 승냥이 · 곱등어(돌고래) · 고래 · 족재비 · 수달 · 원숭이 · 오소리 등의 동물과 꿩 · 매 · 백두루미 · 소리개 등의 날짐승, 그리고 바스레기(바지락) · 바다와라(갯고등) 등을 포함한 70여 가지의 조류 등이었다.”[151] 조몬시대는 일본의 신석기시대였던 만큼 매우 완만하게 1,000년 단위로 발전해왔다면 그 뒤 고조선으로부터 강한 영향을 받아 청동기시대 야요이문화로 접어들면서 이전과는 완전히 다른 사회로 100년 단위로 빠르게 발전했다.[152]

(2) 청동기시대 한반도문화가 일본 야요이문화에 미친 영향

한반도인들은 기원전 6000년 이전에 농경과 함께 정착생활에 들어갔고 기원전 2400~2300년경에 고조선이라는 국가를 형성했는데, 일본열도에서는 매우 늦은 고조선 말기인 기원전 300년부터 고조선에서 가까운 서북규슈 지방에서 시작하여 그 말기에는 홋카이도 일부를 제외한 전 일본열도 지역에 서기 300년까지 약 600년 동안 청동기문화인 야요이문화를 확산시켰다. 일본열도인들은 고조선 말기에야 정착생활에 들어가기 시작하여 벼농사를 주로 한 농경과 질그릇 · 묘제 · 청동기 · 철기 등의 새로운 야요이문화를 시작했는데 이것은 한반도에서 전파된 것으로 확인된 것임을 차례로 살펴보도록 한다.

첫째, 질그릇의 경우 조몬문화 말기의 구로가와식 질그릇시기에 고조선의 무문토기가 일본열도에 전달되었고 이것이 야요이문화 질그릇의 원류가 되었다. 야요이문화에서 상식석관 · 관옥 · 유병식마제석검은 종래의 조몬문화에서는 보이지 않던 것인데 이 세 가지가 고조선의 무문토기문화에서는 한 조를 이루어 크게 유행했던 것이 야요이문화에서 나타난 것으로 보아 일본이 고조선의 문화를 전해받은 것으로 볼 수 있다.[153] 구로가와식 질그릇 단계의 뒤를 이은 야요이문화 초기의 유스식 질그릇에서 발견되는 소아 · 대아 · 고배 · 각목돌대문토기 등은 일본열도에서 이 시기에 처음으로 나타나는 것인데 이들은 고조선 무문토기의 영향을 강하게 받은 것이다. 유스식 질그릇 단계의

151) 『세계고고학대회』 <일본 I>. 평범사. 1964: 84－87; 윤내현. 2016 하: 504－505.
152) 정혜선. 2011. 『일본사 다이제스트 100』. 가람기획: 27.
153) 심봉근. 1986. <야요이문화를 통하여 본 한 · 일문화의 교류관계>『한국사론 16－고대 한 · 일관계사』. 국사편찬위원회: 36－38.

뒤를 이은 이타스케 I식 질그릇과 그 뒤를 이은 이타스케 IIb식 질그릇도 고조선의 무문토기의 영향을 강하게 받은 것이다. 고조선의 영향은 질그릇만이 아니라 함께 출토된 유병식마제석검·석촉·유구석부·삼각석도 등에서도 보이는데 이런 유물들은 고조선 무문토기 요소에서만 볼 수 있는 독창적인 것이기 때문이다.[154]

둘째, 묘제에서도 고인돌무덤이 고조선 말기에 일본열도에 전해져서 역사적·지역적으로 한반도와 밀접한 관계를 맺고 있는 서북규슈에만 편재해 있고, 양식에서도 일부 다른 양식도 있지만 대부분 고조선의 고인돌무덤과 같은 양식을 보이고 있다. 고인돌에서 발견된 유물도 고조선에서 출토된 것들과 유사하고 고인돌무덤의 위치도 크고 작은 강이나 바닷가의 평야를 낀 작은 구릉이나 모래구릉 또는 충적대지의 평야여서 하구나 산기슭이었던 조몬시대와는 차이가 있었다. 야요이문화인들은 평야에서 농경생활을 했고 고인돌지역에서 농경도구나 탄화된 벼 등이 출토되어 함께 출토되어 일본열도에 고조선으로부터 고인돌무덤과 농경이 함께 전달되었음을 확인해주고 있다.[155] 고조선의 고인돌무덤은 탁자식·개석식·기반식 등의 유형이 있는데 일본열도에서 초기 고인돌은 개석식과 기반식이 혼재하여 이것은 기원전 4세기~기원전 3세기경 고조선의 개석식 말기나 기반식 초기에 고인돌이 일본열도에 전해졌을 가능성이 큼을 의미한다.[156]

셋째, 일본열도의 벼농사에 대해 야요이문화 초기단계설, 자생설, 인도나 중국남부로부터 직접 전달설 등 여러 견해가 있으나 최근 발견된 유적들로 볼 때 조몬문화 말기로 보는 견해가 우세하고 한반도와 일본열도에서 출토된 볍씨가 모두 짧은 알맹이 벼이므로 고조선의 벼농사와 농경기술이 일본열도에 전해졌다고 보는 것이 타당하다. 벼농사의 경우 그동안은 중국 남부 장강 유역에서 기원전 5000년 이전부터 재배되었고 한반도에서는 경기도 일산과 김포에서 기원전 3000년~기원전 2000년에 재배한 것으로 보았으나, 충북 청원군 소로리 볍씨 화석은 기원전 14000년 전으로 추정되어 세계 최초의 볍씨화석임이 미국 고고학자들과의 공동 검증을 통해 확인되어 한반도에서 세계 최초로 벼농사를 재배했음이 확인되었다. 이것은 일본열도에 한반도로부터 벼농사가 전파되었음을 확인해주는 것이다. 중국 남부에서 일본열도로 벼농사가 전달되었다면 중국의 문화도 함께 일본에서 발견되어야 하는데 그런 증거는 없고 반대로 후쿠오카시

154) 심봉근. 1986: 47－50.

155) 일본열도의 고인돌무덤은 규슈의 가라쓰만을 중심으로 사가현 북부의 가라쓰 평야와 그 동북측인 후쿠오카 현 이토시마 평야, 서남측인 나가사키 현 북부 해안지대와 사마바라 반도의 고원지대, 동남측인 구마모토 현 남부의 소평야지대 등의 다섯 지역으로 나뉘어 무리를 이루고 있다. 심봉근. 1986: 50－65; 윤내현. 2016 하: 507－508.

156) 심봉근. 1979. <일본 지석묘의 일고찰>『부산사학』 3. 부산사학회: 62.

이타쓰케, 가라쓰시 나바타케 등의 유적에서 한반도의 요소와 일치하는 점들이 많이 발견되고 한반도 거주민들이 일부 이 지역으로 이주하여 마을을 형성했다는 점은 한반도 유입설의 타당성을 높여주는 일들이다.157)

넷째, 일본열도의 청동기문화는 한반도로부터 무문토기 · 고인돌 · 벼농사 등의 문화요소를 가장 일찍 유입했던 북규슈지방에서부터 야요이문화 중기가 시작되면서 고조선의 남부지역에서 제조된 청동기가 그대로 수입되어 사용되면서 점차 그것을 모방해서 수용하는 과정을 거치게 되었다.158) 당시 고조선에서 다뉴세문경 · 세형동검 · 동과 · 동모 · 동탁 등이 일본열도로 건너가 일본열도의 청동기문화로 나름대로 자리 잡게 되었다.159) 특히 세형동검은 한반도에서 일본열도로 전래된 청동기 중 가장 대표적인 유물이다. 또 일본 야요이시대의 동경은 중국 동경과 달리 한반도의 다뉴세문경에 기원을 두고 있음을 중국 동경과의 차이에서 확인할 수 있다.160)

다섯째, 기원전 8세기경이나 그 이전에 시작된 고조선의 철기가 700여 년이 지난 후 고조선 말기에 한반도 남부 가야지역 김해를 중심으로 일본열도로 전파되었다.161) 일본 학자들은 일본열도에서 철을 생산하기 시작한 시기를 서기 5세기 후반에서 6세기 초 · 중반 사이일 것으로 보아 일본열도는 500여 년 이상 고조선으로부터 계속 철기를 수입하여 사용한 것으로 보인다.162) 이 때문에 야요이시대의 철기 유적의 밀집도와 분포상황을 보면 한반도에서 가까운 지역에 집중되어 있음을 확인할 수 있다.163) 이때 전

157) 조희승. 1990. 『일본에서 조선소국의 형성과 발전』. 백과사전출판사: 15－29.

158) 전영래. 1983. <청동기의 비교 III(일본과의 비교)>『한국사론 13－한국의 고고학 II · 하』. 국사편찬위원회: 448－512.

159) 전영래. 1983: 477－499; 윤내현. 2016 하: 511－513.

160) 한반도와 중국 동경의 차이점은 첫째, 오목거울로서 거울의 앞면이 약 2mm 정도 오목하게 들어가 있고, 둘째, 한반도의 동경은 꼭지의 위치가 중심부에서 약간 올라가 있고 꼭지 수도 2~3개인 반면 중국의 동경은 거울 중심에 하나의 꼭지만 있으며, 셋째, 한반도 동경은 원형무늬 구획이 초기에 두 개 정도로부터 후기에는 다섯 개까지로 늘어나며 수백 개의 삼각형과 수천 개의 평행선들로 구성된 기하학적 잔줄무늬로 되어 있으나 중국 동경은 원형무늬 구획이 두 개 또는 세 개 정도이다. 이기용. 2017: 19.

161) 철의 전달은 기원전 1세기일 가능성이 크지만 가야지역에서 생산된 철원료와 철제품이 4세기경에 일본열도로 전파되었다는 주장도 있다. 이기용. 2017: 20－21.

162) 안춘배. 1993. <고고학상에서 본 고대 한일교섭>『한국민족학연구』 1. 단국대 한국민족학연구소: 59.

163) 대표적인 지역은 후쿠오카 현 · 사가 현 · 오카야마 현 · 오사카 부 · 나가사키 현 · 히로시마 현 · 오이타 현 · 야마구치 현 · 효고 현 · 구마모토 현 · 가가와 현 · 이시카와 현 · 교토 부 · 에히메 현 · 미야자키 현 · 돗토리 현 · 와카야마 현 · 나라 현 · 시즈오카 현 · 가고시마 현 · 도쿠시마 현 · 지바 현 · 시마네 현 · 홋카이도 현 · 오키나와 현의 순서로 유적의 밀집도와 분포가 나타나고 있다. 안춘배. 1993: 160－161.

달된 철기 가운데 철제도끼가 중요한 역할을 했으며 일본열도에서 울창한 원시림을 개간하고 나무를 다듬어 목제 농구로 만들어 사용하여 농업생산에 활용한 것으로 보인다.[164)]

한반도 남부에 살던 고조선인들이 당시로서는 미개척지인 일본열도로 이주하여 넓은 평야에 마을을 형성하고 '조선소국'을 형성한 것은 일본의 정치경제적인 발전에도 큰 영향을 주었다.

(3) 사회관계의 발달 수준을 통해 본 고조선과 일본의 관계

첫째, 한반도와 만주지역에서는 기원전 40세기경 '군장(chiefdom)사회'(고을사회)에 진입하고 기원전 24세기경 고조선이 국가 단계의 사회에 진입했으나, 일본열도에서는 고조선 말기인 기원전 3세기 이후에야 군장사회 단계의 사회로 향하고 이 과정에서도 고조선인들이 중요한 역할을 한 것으로 나타나고 있다.

둘째, 청동기문화가 고조선 영토였던 한반도와 만주지역에서 기원전 25세기경에 출현했고 기원전 8세기경에는 철기문화가 출현했으나, 일본열도에는 신석기문화인 조몬문화가 기원전 4세기~기원전 3세기에 청동기문화인 야요이문화로 교체되었다. 고조선에서는 철기를 기원전 8세기경에 사용하기 시작하여 기원전 4세기~기원전 3세기에는 철기가 일반화되었으나, 일본열도에서는 철기가 서기 5세기 후반부터 6세기 초·중반에 생산되기 시작한 것으로 보고 있다. 이러한 청동기문화와 철기문화의 발전 시기를 고조선 지역과 일본열도 사이에 비교하면 청동기문화는 고조선 지역이 일본열도에 비해 2천여 년이나 앞서고, 철기문화는 1천여 년 이상 고조선 지역이 일본열도에 비해 앞서고 있음을 확인할 수 있다. 이것은 그만큼 고조선의 문화가 신석기, 청동기, 철기 시대 동안 일본열도보다 크게 앞서서 고조선의 문화가 각 시대별로 일본열도에 전파되었음을 알 수 있다.

(4) 한반도와 일본열도의 신화와 문화교류

한국과 일본은 건국신화, 전설 등에서도 기본구조나 발상 및 내용에서 매우 유사한 점이 많고 이것은 한반도에서 일본열도로 문화교류와 주민이동이 있어서 전달된 것으로 보고 있다.[165)] 한국의 남부 가야와 제주도로부터 일본으로 주민들이 이동하고 전설

164) 조희승, 1990: 44.

과 설화도 함께 전파된 것으로 확인할 수 있다.

첫째, 일본은 한국의 환국·환인·환웅·천부인 3개·신시·단군왕검 등의 단군사화 및 가야의 건국설화와 매우 유사한 건국설화를 일본의『고사기』가 기록하고 있어서 한반도 남쪽 가야로부터 건너간 사람들이 일본을 건국에 기여했음을 보여주고 있다.[166]

한국과 일본의 건국사화는 첫째, 단군과 다카기노카미가 모두 나무와 관련된 명칭이고, 둘째, 가락국의 김수로왕이 강림한 구지봉과 일본 천손이 강림했다는 구지후루타케는 음이 비슷하며, 셋째, 단군사화의 천부인 옥·거울·칼과 일본의 세 가지 신기인 구슬·거울·칼이 비슷하며, 넷째, 고조선·고구려 건국 초기의 통치부족 5가(加)와 일본의 5반서가 비슷하며, 다섯째, 고구려 주몽왕과 백제 온조왕의 설화와 일본 건국과정의 진무천황 전설의 기본구조가 유사한 점은 한반도와 일본열도 사이의 긴밀한 이주민과 문화의 교류가 있었음을 입증하는 증거들이다.[167]

둘째, 한국의 제주도 비양도와 대구 달성산의 전설이 일본에서도 비슷한 전설로 남아있다는 점이다. 태초에 땅이 물위에 떠 있었다는 전설은 제주도 한림리 앞바다에 있는 비양도의 전설이고 대구 달성산·능라도·암도·덕천산·공주산·부산·내산 등 한반도 각지에도 산이 흘러왔다고 하는 전설이 전승되고 있다.[168] 이와 같은 내용을 일본『고사기』에도 기록하여 일본열도는 태초에 마치 물 위에 뜬 기름 또는 해파리처럼 바다 위를 떠돌고 있었다고 전하고 있다.[169]

셋째, 한국과 일본에서 비슷한 천지분리설화를 볼 수 있어서 두 나라 사이의 친밀한

---

165) 현용준. 1976. <한·일 신화의 비교>『제주대학논문집』 제8집－인문·사회과학편. 제주대학: 135－136.

166)『고사기』에 기록된 일본의 건국신화를 보면, 아마테라스오미카미(天照大御神)와 다카기노카미(高木神)의 명에 따라 손자인 히코호노니니기노미코토(日子番能邇邇藝命)가 아메노코야네노미코토(天兒屋命)·후토다마노미코토(布刀玉命)·아메노우즈메노미코토(天宇受賣命)·이시코리도메노미코토(伊斯許理度賣命)·다마노오야노미코토(玉祖命) 등의 5반서(五伴緖)를 거느리고 구슬·거울·칼 등 3신기(三神器)를 가지고 구름을 헤치고 다카치호(高千穗)의 구지후루타게(久士布流多氣)에 내려와서 나라를 세웠다고 한다. 히코호노니니기노미코토가 구지후루타케에 나라를 세울 장소를 잡을 때 '이곳은 한국(韓國)을 바라보고 있고 가사사(笠沙)의 곶(岬)과도 바로 통해 있어 아침 해가 바로 비치는 나라, 저녁 해가 비치는 나라이다. 그러므로 여기는 정말 좋은 곳이다'라고 했다고 한다. 여기서 韓국이란 한반도 남부의 고조선 거수국인 한이어서 일본을 건국한 일족이 韓으로부터 이주한 사람들임을 암시하는 것이다.『고사기』: 166－176.

167) 大林太良. 1974. <神武天皇傳說 百濟·高句麗 建國傳說>『日本神話 比較研究』. 法政大學出版局: 98－129; 윤내현. 2016 하: 521－522.

168) 이 전설들에는 섬이나 산이 떠 내려온다고 소리치자 그 자리에 멈춰버렸다는 내용이 공통된다. 현용준. 1976: 118－121.

169)『고사기』: 32－35.

문화교류와 주민의 이동 상황을 확인할 수 있다. 한반도 전 지역의 무가(巫歌)에서, 하늘의 옥황상제와 천지왕이 해와 달을 보내 천지를 개벽하고 천지왕이 땅의 총명부인과 사이에 대왕별과 소왕별 형제를 낳아 이승과 저승을 차지하고 질서를 잡았다는 천지분리설화를 발견할 수 있는데 비슷한 내용을 일본 『고사기』에 기록하고 있다는 점이다.[170]

넷째, 한국의 제주도 무가와 일본의 이자나미 신과 관련한 삶과 죽음에 대한 전설에도 비슷한 내용이 발견된다. 제주도 무가에서 동해 용왕의 딸이 여러 죄를 지어 용왕이 죽이려 하자 어머니가 딸을 삼승할망(産神)으로 세상에 내려 보내 지상에서 임박사의 처에게 포태를 시켜주었으나 해산시킬 줄을 몰랐다. 이에 임박사가 옥황상제에게 하소연하여 포태와 해산하는 법을 가르쳐 명진국 딸을 산신으로 내려 보내자 두 처녀가 서로 산신이 되려고 싸우자 옥황상제는 꽃 가꾸기에서 이긴 명진국의 딸을 삼승할망으로 삼아 이승에 있게 하자 동해 용왕의 딸은 화가 나서 "네가 포태를 시켜 아이가 태어나면 내가 병을 주어 잡아가겠노라"고 하면서 저승으로 갔다는 생의 신과 사의 신의 전설이 있다.[171]

이것과 비슷한 생사에 관한 전설이 실린 『고사기』에 따르면, 이자나미 신이 화상을 입고 죽어 황천국으로 간 후 아내를 잃은 이자나기 신이 부인을 만나러 황천국에 갔으나 미움을 받고 쫓겨나오다가 황천의 경계에서 부인과 대결하며 큰 바위로 길을 막았다. 이에 이자나미 신은 "이렇게 하면 당신 나라의 사람을 하루에 1,000명씩 죽이겠다"고 하자, 이자나기 신은 "나는 하루에 1,500명씩 낳겠다"고 대항하여 두 신은 이승과 저승으로 갈라서고 인간세계는 하루에 1,500명씩 태어나고 1,000명씩 죽게 되었다는 것이다.[172]

---

170) 대지가 아직 고정되지 않고 떠돌아다닐 때 천신은 이자나기 신과 이자나미 신의 남매신에게 국토를 고정시키도록 명했는데, 남매신은 서로 남는 곳과 모자란 곳을 맞대어서 국토를 낳을 것에 합의하고 결혼하여 이와지 섬을 비롯한 일본열도와 40여 명의 신을 낳았으며, 마지막에 이자나미 신은 화신을 낳다가 음부에 화상을 입고 죽어 황천국으로 가게 되어 남매신은 이별했다고 한다. 이것은 천부인 이자나기 신과 지모인 이자나미 신이 결혼하여 국토와 여러 신들을 일본열도와 여러 신 등 만물을 낳고 마지막에는 천지가 분리되었음을 의미하는 설화를 기록한 것이다. 『고사기』: 37-62.

171) 현용준. 1976: 125-27.

172) 『고사기』: 58-64.

(5) 소국의 형성과 야마타이국: 중국사서에서 보이는 고대 일본열도

일본은 기원전 1세기에는 100여 개국이 있었으며 서기 57년에는 왜의 노국왕이 중국 후한에 사신을 파견하고 중국 황제에게서 인수(印綬)와 문물을 하사받았다고 기록하여 일본열도에 '100여 개국'과 '왕'이라는 정치적인 지배자가 출현했음을 확인하고 있다. 이때 '왕'이란 거창한 명칭에도 불구하고 정치지배자는 촌락공동체의 장의 수준이라 평가되고 있다.

『삼국지』<위지왜인전>에는 2세기 말 야마타이 국의 히미코 여왕에 대한 기록에서 열본열도 소국들 사이에 격렬한 항쟁이 벌어져 30여 개국이 야마타이 국 여왕 히미코를 옹립하자 겨우 난이 수습되었다고 한다. 여기에서 히미코는 "신의 도에 종사하여 능히 사람들을 현혹시켰다"라고 하여 히미코는 주술을 지닌 무녀로서 영적 권위를 내세워 군림하였음을 알 수 있다. 여왕이 된 후에도 큰 궁전 깊은 곳에서 독신으로 지내며 주술과 신탁으로 통치를 했고 남동생의 보좌를 받았다고 한다. 히미코가 죽은 후 남자왕이 이었지만 내란으로 물러나고 히미코의 친족인 13세 소녀 이요를 여왕으로 삼고 다시 평화를 찾았다는 것을 보면 2세기 말 일본은 히미코왕을 맹주로 하는 일종의 최초 통일체가 형성된 연맹왕국 정도로 샤머니즘과 정치가 분리되지 않은 제정일치체제라 보인다.

야마타이 국은 2세기 말 일본열도에 처음으로 통일된 연맹왕국이어서 일본사에 등장하는 최초의 국가일 가능성이 크지만 그 뒤 150여 년 간 중국 역사서에 기록이 완전히 자취를 감추어 일본사에 최초로 등장하는 국가는 야요이시대 다음 4세기의 가야유민과 5세기의 백제유민 등 한반도 사람의 대거 이주로 형성된 고분시대에 야마토정권으로 나타나게 된다.[173)]

야요이시대에 시작한 한반도인의 이주는 고분시대에 이르러 절정에 달했다. 신개척지를 찾아, 핍박을 피하고 자유를 얻기 위해, 혹은 국가적 후원하에 일본으로의 이주는 계속되었다. 야요이시대에는 한반도 남부에 살던 사람이 그 주류였고 그 이후에는 가야인, 백제인들이 중심을 이루었다. 한반도인들은 일본 서부 지역을 중심으로 여기 저기 집단을 이루어 정착하여 긴키 지방 등 서부 일본의 주요 평야지대에는 이주민 비율이 80~90%에 달할 정도였다. 이주민 집단 간의 경쟁도 치열하여 부족 간 통합과정을 거치면서 거대한 고분을 축조할 정도의 대수장으로 성장했고 이 대수장들이 대왕을 중심으로 연합세력 즉 야마토정권을 형성하고 대왕의 명칭도 천황으로 바뀌게 되었다.

173) 정혜선. 2011: 30-38.

일본의 고대사에서 한반도의 비중은 절대적이었다.[174] 일본이 한반도의 영향을 받아 크게 발전했다. 그러나 일본의 고대는 한반도인이 일본열도라는 새로운 환경에 적응하며 만들어 낸 새로운 세계요 새로운 국가였다. 한반도에서 건너간 문화도 일본열도에 맞게 적응하며 새롭게 태어났다. 이 때문에 한반도와 일본열도 사이에는 공통점과 차이점이 공존하게 된 것이다.

8. 동아시아 최초 제국으로서의 고조선의 전개[175]

(1) 동아시아 최초 고대국가와 고조선문명권 형성

고조선문명권이 형성되면서 동아시아 최초 고대국가로 기원전 30~24세기에 한반도에서 고대국가 '고조선(아사달 국가)'이 성립되었다. 고조선은 건국 후 다수의 후국들을 포섭하여 동아시아 최초의 고대 연방제국으로 발전하였다. 신용하에 따르면 고조선은 기원전 30~24세기에 한·맥·예 3부족의 연맹 결합에 의하여 동아시아 최초의 고대국가로 형성되었다. 이때 한족과 맥족은 혼인동맹에 의해 결합하고 예족의 군장에게는 자치권을 주어 처음부터 후국제도를 채택했다. 여기서 '후국(侯國)'은 고조선 제왕이 제후 또는 후왕(侯王)을 통하여 간접통치하는 복속국가 또는 지역을 가리키는 것이다.

이에 고조선의 단군은 처음부터 왕인 동시에 '제왕'이 되었으며, 예족은 고조선 제왕의 간접통치를 받는 동시에 직접적으로는 예족 후왕의 지배 아래 있었다. 예족의 후국 지위는 기자조선·위만조선을 거쳐 고조선이 기원전 108년 멸망할 때까지 지속되었다.

고조선은 기원전 2333년 건국 이후 2,000여 년 간 동아시아 패권국가로서 제국을 형성하였음을 보여주는 여러 증거들이 나타나고 있다. 고조선은 동아시아지역의 최초의 최선진국가로서 지역패권국가 및 중심 제국으로 발달하여, 세계 최초의 농업국가로서 동양 최초의 의학과 침술, 고고천문학, 고인돌, 청동기 유물, 선인사상과 홍익인간의 높은 문화국가 등을 실현하여 동아시아지역의 선진 대제국의 위상을 달성한 증거들이 나타나기 시작했다.

---

174) 『단군세기』에 따르면, 고조선 35세 단군 사벌 때(일본 신무천왕의 아버지가 된) 장군 언파불합을 보내 바다 규슈지방 웅습 평정하고, 36세 단군 매륵 때(진국과 부여의 조상) 협야후 배반명을 보내 바다의 도적을 토벌하고 일본열도 삼도를 평정했다.

175) 신용하는 고조선문명의 개념과 특징으로, 동아시아 최초의 신석기시대 농업혁명(세계 최초의 단립벼 재배·콩재배·단립벼+콩식문화), 청동기문화 형성, 동아시아 최초의 고대국가와 고조선문명권의 형성, 최초의 기마문화 형성, 공동의 신앙과 종교의 형성, 고조선어의 형성과 우랄·알타이족의 조어 등을 들고 있다. 신용하. 2019. 앞의 책: 26-43.

첫째, 고조선이 한반도와 만주 지역은 물론 아시아지역에서 국가의 형태를 최초로 갖추고 동아시아지역을 지배한 강대국으로 고조선은 중국과의 국경에 고죽국[176] 등 여러 개의 거수국(속국, 제후국, 후국)을 거느렸다.

역사학자들은 고조선에 이르는 과정을 환인시대, 환웅시대, 환웅과 웅녀의 결혼 시대, 단군시대의 단계로 설명한다. 환인시대는 1만 년 전 이전의 구석기시대·중석기시대로 무리사회의 단계이고, 환웅시대는 1만 년 전후에서 6천여 년 전까지의 전기신석기 시대로 부락사회의 단계인데, 이 시기에는 농경을 기초로 정착 생활을 하던 시기이다. 환웅과 웅녀의 결혼시대는 6천여 년 전부터 4천 3백여 년 전까지의 후기 신석기시대로 부락연맹체 사회의 단계였다. 부락연맹체 단계의 사회들은 각기 수호신을 가지고 있었는데, 환웅과 웅녀의 결혼은 각기 하늘과 곰을 숭배하던 부락이 연맹체를 형성했음을 보여주는 것이다. 그리고 다음 단군의 고조선 시대는 BC 2300여 년 전부터 BC 2세기 말까지이다.[177]

둘째, 고조선은 선인사상(仙人思想) 등의 영향으로 당시 중국인들에게 이상국가로서 선망의 대상이 되고 가서 보고 살고 싶은 나라임을 보여주는 것은 고조선의 문화수준이나 국격이 중국보다 우위에 있음을 보여주는 것이다. 대표적인 사례로 중화문화를 창시하고 유교를 만든 공자가 『산해경』의 '군자의 나라'·『신이경』의 '선인(善人)' 등 여러 기록에서 자기 나라에 도덕이 문란해져서 도덕이 높은 조선에 와서 살고 싶다는 것을 밝힌 것이 비록 역사적 사실이 아닐지라도 반고를 비롯한 한 대 지식인들이 그렇게 인정하고 있었음을 의미하는 것이다. 중국 역대 왕조의 왕 특히 진시황이 오래 살고 싶은 욕망을 달성하고자 신들이 살고 있다는 조선에서 불로초를 구하도록 신하를 보낸 것 등을 들 수 있다. 이러한 일들은 고조선이 중국의 하·상(은)·주·진 나라들보다 더 살기 좋고 예의바르고 군자와 신선들이 살고 있는 나라라는 이상적인 문화국가로서의 높은 위상을 확보하고 있었던 것으로 볼 수 있다.

셋째, 고조선문명에서는 태양숭배를 공동으로 하고, 최초의 고대국가 고조선을 건국한 단군을 조상신이면서 동시에 하느님으로 숭배하는 단군신앙(Tengrism)을 형성하여

---

176) 『배구전』에서 "고구려는 본래 고죽국이었는데, 주나라에서 기자를 봉하면서 조선이라 했다"고 하여 중국측에서도 기자조선이 고조선의 변방 국경지역에 있는 고조선의 속국(거수국)임을 인정하고 있다. 『삼국유사』<고조선>: 21. 고죽국의 위치도는 윤내현. 2016. 『우리고대사, 상상에서 현실로』. 만권당: 177.

177) 윤내현은 고고학적으로 청동기시대가 국가사회 단계이므로, 고조선의 건국은 한반도와 만주에서 비파형동검의 개시 시기인 BC 2400년경으로 잡아야 한다고 주장한다. 윤내현 외. 2005. 『새로운 한국사』. 집문당; 이기동. 1997: 121.

공동의 신앙과 종교로 삼았다. 이것은 유일신 신앙으로, 하느님이며 조상신인 단군이 하늘에서 후손들을 항상 보호하고 감시·감독한다고 믿는 것이다.[178]

넷째, 고조선은 최초의 기마문화를 형성했다. 고조선의 후국인 부여와 실위에서 야생마의 가축화에 성공하여 동북아시아형 기마문화와 독특한 기마술을 만들어 고조선 연방제국에 보급했다. 고조선의 기마문화는 동북아형 기마문화로 아랍형 기마문화와 함께 고대 기마문화의 양대 산맥을 이루었다.[179]

다섯째, 고조선은 홍익인간과 평화를 중시하는 국가이념의 존중으로 높은 문화력을 보여주고 있다. 국가는 군사력, 경제력, 문화력 등을 중심으로 국력을 이해할 수 있는데, 문화력은 상부구조의 힘, 경제력은 사회관계 응집의 힘, 그리고 군사력은 군사조직과 관료기구의 힘으로 나타난다. 부족들의 안전을 보호하기 위해 불가피하게 군사력을 중심으로 건국되었으나 원시공동사회에서 출발한 고조선의 경제력도 군사력이나 문화력에 비해 상대적으로 높은 수준인 편이다.

(2) 동아시아 최초의 신석기시대 농업혁명과 고유한 식문화 형성

첫째, 고한반도 중부지역 남한강 유역과 금강 상류 지역에서는 약 1만 2천~8천 년 전부터 세계 최초로 단립벼를 재배하여 신석기시대 농업혁명을 시작했다.[180]

둘째, 고한반도 지역은 세계 최초 콩 재배와 조·기장·팥·들깨 등의 재배를 7,175~7,160년 전에 시작했다. 서유럽에서는 18세기에 동방에서 콩을 도입하여 동아시아 지역보다 크게 늦었다.[181]

셋째, 세계 최초의 단립벼 재배와 콩 등의 재배는 고유한 식문화(단립벼·잡곡·콩)를 형성하여, 메소포타미아문명 및 이집트문명(밀+보리 식문화), 인도문명(장립벼 식문화), 고중국문명(밀+잡곡 식문화), 멕시코문명(옥수수 식문화), 페루문명(감자 식문화) 등과 대비되는 독자성을 지닌다.[182]

넷째, 고조선의 높은 경제력을 보여주는 증거로 농업경영이 중국이나 일본보다 앞섰음을 볍씨 화석을 통해 입증하고 있다. 충북 청원군 소로리 볍씨 화석은 세계 최초의 볍씨화석임이 미국 고고학자들과의 공동 검증을 통해 확인되고 그 연구결과가 미국 고

178) 신용하. 2019. 앞의 책: 43.
179) 위의 책: 42.
180) 위의 책: 26-29.
181) 위의 책: 27-29.
182) 위의 책: 27-29.

고학계에도 보고되어 공인되었다.[183] 고조선은 농업이 경제활동의 중심이고 경제적 기초를 이루었다. 어로나 수렵은 지역에 따라 병행되었다. 이 때문에 고조선의 유적지에서 농기구가 많이 출토되고 있다. 서민은 대부분 농민이었고, 일부 자경농을 제외하고는 대부분 부락공동체에서 집단적으로 경작활동에 종사했다. 이러한 부락공동체가 고조선 사회의 기층을 이루었다.

(3) 청동기문화 형성(약 5,100~3,800년 전)과 중국에 앞선 철기문화

약 5,100~3,800년 전에 있었던 고인돌과 토기 등은 동아시아는 물론 세계적으로도 한국의 청동기문화가 이른 시기에 발전하였음을 입증하는 유물과 유적들이다. 고조선 지역의 청동기문화는 BC 2400년경으로 고조선의 건국 연대보다 조금 앞선다. 이 시기의 청동기는 대체로 작은 소형으로 청동기 전기의 것에 해당된다. 이 시대의 문화를 풍하문화(豊下文化)라 하는데, 황하 중류 유역의 청동문화보다 수백 년 앞서 오히려 여기에 상당히 큰 영향을 주었다. 그 뒤 고조선에서 철기를 사용하기 시작한 것은 기원전 8세기경이고, 널리 보급된 것은 기원전 5세기경이고, 보편화된 것은 기원전 3세기경이어서 중국에 크게 앞섰다.

(4) 고조선의 다양한 세계 최초 선진문명

첫째, 의료와 보건수준을 나타내는 동양의학도 고조선이 중국보다 1,000년 정도 앞선 것으로 드러나고 있다. 고조선 강역인 두만강 유역 유적에서 발굴된 골침에 대한 탄소연대측정을 통해 고조선에서는 기원전 12세기에서 9세기 사이에 골침이 실물로 확인되었으나 중국의 골침 실물은 기원전 2세기경의 것만이 확인되고 있어서 고조선의 침술이 중국보다 훨씬 오래전에 발달했음을 입증하고 있다. 중국의 침술에 대한 기록도 기원전 6세기경에 나타나기 시작해 실물이 아닌 기록으로만 볼 때에도 6세기 이상 고조선이 중국에 앞섬을 보여주고 있다.

둘째, 천문대나 천문학 분야에서도 고조선에서는 천문대나 천문현상에 대한 기록이 기원전 24세기에 나타나고 실제 천문현상인 오성취루에 대해 기원전 13세기에 기록되고 있지만 중국은 기원전 5세기경에 겨우 기록이 있어서 고조선이 중국에 비해 8세기 이상 앞섰던 증거를 제시하고 있다.

---

183) 박태식 · 이융조. 2004. <소노리 볍씨 발굴로 살펴본 한국벼의 기원>『농업사연구』. 3(3).

셋째, 달력이나 책력 등에 대한 기록도 고조선의 기록이 중국보다 앞섬을 볼 수 있다.

넷째, 정전제나 치산치수법 등에 대한 것도 중국이 기자조선 시대에 전해 온 것이 아니라 고조선이 태자 부루를 시켜 우왕이 되기 전의 우사공에게 전해주었다는 기록이 더 신뢰성이 높게 평가되고 있다.

다섯째, 토기 등의 경우에도 고조선의 문화가 홍산문화와 요하문명으로 꽃 피운 사실이 최근의 유물발굴로 확인되어 중국 황하문화보다 크게 앞서고 있음이 확인되고 있다.

여섯째, 고조선의 약재와 의약이 중국 하나라나 은나라보다 앞섰다. 이로 인해 진시황이 불로초를 구하러 한반도로 사람을 보내오고 산삼 등의 불로초를 구해간 것은 그만큼 고조선의 약재와 의약학이 중국에 비교해 앞섰음을 보여주는 사례이다.

일곱째, 고조선이 중국이나 일본 등 아시아 다른 나라에 비해 앞서서 선진국가로 발달하면서 고대사회에서 새로운 정치행정·법 제도와 경로를 만들어가는 경로창조성이 높았다고 볼 수 있다. 고조선이 걸었던 길을 중국이나 일본, 그리고 고조선의 후예들인 열국들이 이어 받아 고조선에 대한 국가경로의존성을 높였을 것으로 추정된다.

여덟째, 고조선이 중국보다 정치·문화적으로 앞서 고조선에는 도적이 없고 밤에도 문을 걸지 않았다고 기록할 정도로 고조선의 법률체계와 치안상태가 엄격하고 법치가 유지되었음을 의미한다.

아홉째, 고조선 전민(田民)은 변(籩)과 두(豆) 등 제기로 쓰는 식기를 사용하였는데 낙랑군의 관리(한인)와 상인들은 배(杯·접시)에 음식을 담아 먹었다고 기록한 것은 고조선 사회의 생산력이 중국보다 높다는 것을 입증하는 것이다.

열째, 고조선의 부인들이 정신(貞信)하였다는 기록은 고조선인들의 도덕품성이 고상하고 높았음을 증명하는 것이다.

고조선의 국가성격이 7가지 차원의 국가 개념별로 어떻게 다르게 나타났으며 제1~4 단군정권별로 어떻게 변동하였는지를 차례로 살펴보도록 한다.

제2부

고조선 국가의 해부:
일곱 얼굴 고조선

제6장

고조선의 '나라'로서의 국가

1. '나라'로서의 국가

'나라'로서의 고조선은 국민, 영토, 주권을 중심으로 구성되었다. 영토중심국가인 중국과는 달리 단군조선 이후 한국은 민족중심국가로 오랜 역사를 유지해 왔다. 국호를 '조선'이라 하고, '아사달'에 도읍을 정하고 단군조선을 개창하였다. 어떻게 민족이 형성되고, 영토를 정하고, 주권을 어떻게 정립하고 어떤 성격으로 변동하여 왔는지를 확인하는 것이 중요하다.

민족중심국가로서 지켜온 주권의 성격은 '나라'로서의 고대국가의 성격을 결정하는 중요한 사항이다. 절대권력으로서의 주권, 연합부족들과의 관계, 주권의 상징, 제의-군장으로서의 주권자, 주권자 단군의 역사성과 실존 관련 문헌 기록, 주변국가들과의 외교와 전쟁, 기자조선 · 위만조선 · 한사군의 문제 등에 대해 차례로 살펴보도록 한다.

고조선은 개국 이후 동북아시아 지역에서 최초의 최대 강국으로 성장하여 제국으로서 아시아세계체제의 중심국가로 발돋움하고 패권국가로 발전하였다. 홍익인간의 이상국가, 높은 문화력, 세계 최초의 볍씨와 농업발전, 세계 최초의 골침과 의학발전, 천문기상학의 발달, 고인돌과 토기 등 앞선 청동기문화 등 단군조선의 고대 선진 제국으로서의 역사적 선진성과 높은 국가능력에 대해 검토하도록 한다.

2. 국가 · 국호

(1) 국가 · 국호로서의 '조선'

국호에 대해 이병도는 "옛날의 국호는 대개 도읍지의 이름과 일치하므로 단군의 도읍지라고 하는 아사달이 정작 국호였고 조선은 후에 이르러 '아사달'을 아역한 것'이라고 하여, 처음에는 '아사달'이 국호라고 주장한다.[1] 중국의 세계지리서인 『산해경』에 "조선인들이 한문을 쓰게 된 뒤 나라 이름을 아사달에서 朝鮮이라 하고 배달임금을 檀君이라고 했다"고 하고, "朝鮮의 음이 潮仙과 같다"라고 기술하고 있다.[2] 여기에서 潮仙이란 단순히 그 음을 차용한 것이라고 한다. 이것은 우리말을 한자로 표현하는 과정에 국호가 '아사달'[3]에서 '조선'으로 바뀌고 '배달임금'이 '단군'으로 한문식으로 기록되었음을 의미한다.[4]

'조선(朝鮮)'이란 국호가 국내 문서에 기록된 대표적인 것들은 1146년 편찬된 김부식의 『삼국사기』,[5] 13세기에 편찬된 일연(一然, 1206~1289)의 『삼국유사』와 1287년 이승휴의 『제왕운기』, 권제(權踶, 1387~1445)의 <동국세년가>, 1445년 정인지의 『용비어천가』<제9장>, 1454년 정인지의 『세종실록지리지』<평안도> 평양조, 1449년 김종서·정인지 등의 『고려사』 권 12 <지리지> 서경유수관평양부조, 박상(1474~1530)의 『동국사략』, 유희령(1480~1552)의 『표제음주동국사략』, 1476년 노사신·서거정 등의 『삼국사절요』, 1481년 노사신·김종직의 『동국여지승람』, 1484년 서거정 등의 『동국통감』, 1530년 이행 등의 『신증 동국여지승람』, 박세무(1487~1554)의 『동몽선습언해』, 홍봉한(1713~1778)의 『동국문헌비고』, 1778년 안정복의 『동사강목』, 한치윤(1765~1814)의 『해동역사』, 1878년 안종화의 『동사절요』, 1895년 학부편집국 편 『조선역사』, 1899년 학부편집국 편 『동국역대사략』, 1908년 정인보 편집 『초등대한역사』 등이다.[6]

---

1) 이병도는 '아사'는 '아침(朝)'을 나타내고 '달'은 '쪽으로'라는 뜻으로 보아 '아사달'을 '아침쪽으로'라는 뜻으로 보고, 미칭인 '鮮'을 덧붙여 '朝鮮'이라 부르게 되었다고 설명한다. 이병도. <아사달과 조선>『서울대 논문집(사회과학)』. 제2집; 이병도. 1986. <단군은 신화 아닌 우리 국조>『조선일보』. 1986.10.9.

2) 최태영. 2000.『인간 단군을 찾아서』. 학고재.

3) '아사달'은 '처음·새·애벌'의 '아사'와 '산·땅'을 뜻하는 '달'이 합친 말로 '처음 땅·새 땅·처음 산·새 산'을 의미하는 우리말 고어이다. '아사'라는 말은 '朝'로 표현되었고, 일본에 건너가 그대로 '아사'라는 말로 계속 사용되었다. 또한 '새터→아시터→아사달'이 일본으로 건너가 '애터'에서 '에또'로 바뀌어 일본의 옛 서울 동경의 이름으로 되었다. 『한단고기』: 197.

4) 아사달은 '아침의 땅'이고 아침은 '아침의 시작'을 뜻하는데, 새 나라 새 도읍이 생길 때마다 그 마을은 동경(東京=새밝), 서라벌(徐羅伐), 소부리(所夫里) 같이 모두가 'ㅅ'과 'ㅂ'의 두 두음 속에서 이루어졌다. 'ㅅ'은 새것이고 'ㅂ'은 밝음이다. 새로운 밝음, 즉 아사달 처럼 '아침'이란 뜻이다. 문화콘텐츠진흥원. 2002. <단군>『문화콘텐츠닷컴』.

5) 『삼국사기』<신라본기> 시조 혁거세 거서간에서 "始祖 姓朴氏 諱赫居世, … 號居西干, 時年十三, 國號徐羅伐, 先是朝鮮遺民,…"이라고 하여 조선의 유민을 언급하며 '조선'이란 국호를 기록하였다.

6) 이 가운데 『동국사략』, 『삼국사절요』, 『동국통감』, 『해동역사』, 『조선역사』, 『동국역대사략』, 『초등

'고조선'을 기록한 중국 문헌들은 기원전 645년 관중의 『관자』 권 23 <규도>와 <경중갑>, 『산해경』 권 12 <해내북경>, 『산해경』 권 18 <해내경>, 사마천(기원전 145~기원전 86)의 『사기』<진시황본기>, 『사기』<소진열전>, 『사기』 권 38 <송미자세가>, 『상서대전』 권 2 <은전> 홍범, 반고(32~92)의 『한서』<흉노열전>, 『한서』<동이열전>, 나필·송의 『로사(路史)』<국명기4>, 청의 『대청일통지』 등이다. 이들 기록은 국내 문헌들보다 기록 시기가 많이 빠르다.

이 때문에 『삼국유사』에서도 우리나라의 역사서를 근거로 하여 기록한 것이 아니라 중국의 『위서』를 인용하여 '단군왕검이 당시로부터 2,000년 전에 아사달에 도읍을 정하고 나라를 열어' 나라 이름을 '조선'이라고 부르게 된 것을 소개한 것이다. 『삼국유사』 <고조선>의 해당 내용을 인용한다.[7)]

> 『위서(魏書)』에 이렇게 말했다.
> "지금부터 2000년 전에 단군왕검(壇君王儉)이 있어서 아사달(阿斯達)『경(經)』에 무섭산(無葉山)이라 하고 백악(白岳)이라고도 이르는데, 백주(白州)땅에 있다. 개성(開城) 동쪽에 있다 했으니, 지금의 백악궁(白岳宮)이다.에 도읍을 정하고 나라를 열어 조선이라 불렀으니, 바로 요(堯)임금과 같은 시기이다."

조선의 역사와 국호에 대해 기록했을 것으로 추정되는 우리나라의 역사서들이 그 이전 삼국시대에도 고구려의 『유기』(留記), 백제의 고흥이 편찬한 『서기』(書記, 375), 『백제기』, 『백제본기』 및 『백제신찬』, 신라의 『국사』(國史, 545) 등 수많은 역사서들이 있었다고 이름만 기록으로 남아 있지만 불행하게도 지금은 전해지지 못하고 있다. 대표적인 예로 『조선왕조실록 세조실록』 7권 세조 3년의 팔도관찰사에게 보낸 유시에 나타난 역사서의 목록들을 보면, 『조대기』(朝代記), 『고조선기』(古朝鮮記), 『표훈삼성밀기』(表訓三聖密記), 『고조선비사』(古朝鮮秘史), 안함로·원동중의 『삼성기』(三聖記), 『주남일사기』(周南逸士記), 『신비집』(神秘集), 『대변설』(大辯說), 『지공기』(誌公記), 『도증기』(道證記), 『지이성모하사량훈』(智異聖母河沙良訓), 문태산·왕거인·설업 등

대한역사』 등은 고조선을 단군조선으로 기록하고, 『관자』는 발조선으로 기록하고 있다. 그동안은 역사학자들이 역사서에 기록된 내용을 문헌비평과 문헌고증을 통해 더 많이 아는 것이 학문적으로 높게 평가받았으나, 앞으로 인공지능에 모든 기록들이 입력되면 인공지능에 의해 보다 정확한 역사적인 사실 규명이 객관적·과학적으로 가능할 것이다.

7) 『삼국유사』: 19; 『三國遺事』 卷 1, 古朝鮮(王儉朝鮮)條, "魏書云 乃往二千載有檀君王儉 立都阿斯達 (經云無葉山 亦云白岳 在白州地 或云在開城東 今白岳宮是) 開國號朝鮮 與高同時."; 원문은 신용하. 2010: 144에서 재인용함.

『삼인기록』(三人記錄), 『수찬기소』(修撰企所)의 1백여 권, 『동천록』(動天錄), 『마슬록』(磨蝨錄), 『통천록』(通天錄), 『호중록』(壺中錄), 『지화록』(地華錄), 『도선한도참기』(道詵漢都讖記) 등이 있다.[8)]

조선조 세종·예종·성종 등이 8도 관찰사에게 명하여 전래의 희귀서들을 거두어들이라는 구서령(求書令)을 내렸는데, 그 도서 목록에 『한단고기』의 안함로·원동중이 쓴 『삼성기』, 『규원사화』(揆園史話)의 인용문헌인 『조대기』 등 20여 종이 실려 있었다. 그것은 최소한 지금으로부터 500여 년 전인 성종실록의 간행년도인 1499년에만 해도 이 모든 책들이 존재했다는 의미이다.[9)] 심지어 일제 강점기 당시 서운관(書雲觀)에도 위의 책들이 모두 있었다는 증언이 있었다. 일본인 식민사학자로서 조선사편수회의 주축이고 한국역사를 식민사학으로 왜곡시킨 실질적인 중심인물이며 한국 실증사학자들 당시 교육·훈련시켰던 이마니시 류가 위에 열거된 모든 역사책들과 고려시대 『고조선기』와 유사한 구전과 고기(古記)가 많았다고 했다는 것이다.[10)] 이마니시 류의 증언에 따른다면 한국고대사에 대한 많은 역사서들이 일본의 어느 창고나 비밀 도서관에 보존되어 있을 가능성이 크다.

'조선'의 어원으로 『신증동국여지승람』 평양부조에서 "동쪽의 해 뜨는 지역에 있어 조선이라고 하였다(居東表 日出之地 故曰朝鮮)"고 한다. 김성일의 『조선고이(朝鮮考異)』에서는 "땅이 동방에 있어 아침 해가 선명하여 조선이라 하였다(地在東方 朝日鮮明 故曰朝鮮)"고 기술하고 있다. 이들은 한자의 뜻풀이를 통해 조선의 어원을 설명하고 있지만 그것은 우리말을 나중에 한자로 표기했다고 보아야 할 것이다. 신채호는 『만주원류고(滿洲原流考)』에서 "소속(所屬)을 주신(珠申)이라 하며 또한 숙신의 전음(轉音)이다"라 한 것을 인용하면서, '朝鮮－肅愼－珠申－珠理眞'이 모두 연결된 것으로, 조선의 어원은 관경(管境), 즉 관할 지역을 나타내는 말이라 하였다.[11)]

우리나라의 이름인 '조선'을 우리나라에서 인용이 아니라 주체적으로 기록한 최초의 것으로 지금까지 남아 있는 책으로는 위의 역사책들 가운데 신라시대 10성의 한 사람인 승려 안함로(579~640)가 쓴 『삼성기』[12)]이고, 그 다음이 발해(대진국) 태조 대조영

8) 『조선왕조실록 세조실록』 7권 세조 3년 5월 26일 무자 3번째 기사 1457년 명 천순 1년.

9) 계연수 편. 임승국 번역·주해. 1911(1986). 『한단고기』. 정신세계사: 358.

10) 위의 책: 39의 '1. 밀기'에 대한 기록 참조.

11) 아계외 저. 장진근 역주. 2008. 『만주원류고』. 파워북.

12) 계연수는 집안에 전해오던 안함로가 편한 책을 『삼성기 전 상편』으로 하고, 원동중이 찬하고 태천의 백진사 관묵(寬默)으로부터 얻은 책을 『삼성기 전 하편』으로 하여 자신이 편한 『한단고기』에 포함시켰다. 계연수 편. 『한단고기』: 9.

의 동생 대야발이 727년에 쓴 『단기고사』이고, 고려 말 이암(李嵒, 1296~1364)이 쓴 『단군세기』와 1675년 북애노인이 쓴 『규원사화』 등이다.

먼저 안함로의 『삼성기』는 계연수는 편찬한 『한단고기』에 실려서 지금까지 전해지고 있고, 고조선의 건국 시조인 단군왕검과 조선의 개국에 대해 잘 기록하고 있다.[13)]

> 뒤에 신인왕검(神人王儉)께서 불함산(不咸山)의 박달나무터에 내려오셨다. 그는 신의 덕과 성인의 어짐을 겸하여 갖추었으니 이에 능히 조칙을 받들어 하늘의 뜻을 이었으니 나라를 세운 뜻과 법은 높고 넓고 강하고 열열하였다. 이에 구한(九桓)의 백성들이 마음 깊이 복종하여 그를 받들어 천제의 화신이라 하며 그를 제왕으로 모셨다. 그가 곧 단군왕검으로 신시로부터 전해지던 오랜 법을 되찾고 서울을 아사달(阿斯達)에 설치하여 나라를 열었으니 조선(朝鮮)이라고 불렀다.

단군왕검이 불함산 박달나무터에 내려와 덕성을 갖추고 백성들의 마음을 얻어 오래 전부터 내려오던 법을 지키며 아사달에 나라를 연 것이 조선이라고 기록하고 있다. 제왕으로서 갖추어야 할 품성과 자격을 가지고 백성, 수도, 법을 갖추고 백성들의 열렬한 지지 위에 조선이라는 나라를 열었다는 사실을 조목조목 정확하게 기록하고 있다.

다음으로 당나라의 공격으로 국서고가 불타며 기존의 『단기고사』도 소실되어 그것을 되살리고자 발해 태조 대조영의 아우인 대야발이 태조의 명을 받아 13년 간 편찬하여 발해문자로 727년에 쓴 『단기고사』의 단군조선 건국 관련 내용을 인용한다.

> 단군왕검은 제1세 단제(檀帝)시니, 환웅의 아들이며, 환인의 손자이다. 신성(神聖)하시고 문명(文明)하시며, 인애(仁愛)하시고 자비하셨다. 또한 도(道)는 천지에 통하시고, 덕이 사해(四海)에 미쳤으며, 구이족(九夷族)과 친하시며 많은 사람들을 만나 가르치셨다. 또한 종교를 창립하여 삼일신고(三一神誥)를 천하에 널리 알리시고, 365사(事)의 신정(神政)으로 정성스럽게 교훈하시니 그 덕은 천지에 견줄 수 있고 그 밝음은 해와 달과 같았다. 그 교화를 받은 모든 백성들이 10월 3일에 총회를 열어 환검을 임금으로 추대하니, 제1세 단제(檀帝)시다. 부여길림평양(夫餘吉林平壤)에 도읍을 정하고, 나라 이름을 부여조선(夫餘朝鮮)이라 하였다. 돌아가신 환웅을 높이 추대하여 지일(地一)이라 하고, 환인(桓仁: 王考公)을 추대하여 천일(天一)이라 하고, 맏아들 부루(扶婁)를 태자로 삼았다.[14)]

13) 안함로. 신라시대. <삼성기 전 상편>. 계연수 편. 『한단고기』: 20-21.
14) 대야발. 고동영 역주. 1986. 『단기고사』. 한뿌리: 24.

『단기고사』는 대야발이 발해문자로 쓴 것을 825년에 한문으로 옮긴 것을 국한문으로 번역하고 최종적으로 한글로 번역한 것이어서 다소 느낌에서 차이가 있으나 내용은 비슷하게 기록되어 있다. 『단기고사』에서는 나라 이름을 '부여조선(夫餘朝鮮)'이라고 하였다. 이러한 두 책과 거의 같은 내용을 기록하면서 조선의 개국에 대해 고려 말 이암(李嵒, 1296~1364)이 쓴 『단군세기』의 내용을 보자.

> 무진 원년 戊辰元年(B.C. 2333), 바야흐로 신시의 다스림이 시작되었을 때 사방에서 모여든 백성들이 산과 골짜기에 두루 퍼져 살며 풀잎으로 옷을 해입고 맨발로 다녔다. 개천 1565년 상월 上月 3일에 이르러 신인 왕검이 오가의 우두머리로서 800인의 무리를 이끌고 와서 단목의 터에 자리 잡았다. 무리들과 더불어 삼신님께 제사를 올렸는데 지극한 신의 덕과 성인의 어진 마음을 함께 갖추었더라. 마침내 능히 하늘의 뜻을 받들어 이어 그 다스림이 높고 크고 또 맹렬하였으니 구한의 백성들이 모두 마음으로 따르며 천제의 화신이라 하고 그를 임금으로 삼아 단군왕검이라 하였다. 신시의 옛 규칙을 도로 찾고 도읍을 아사달에 정하여 나라를 세워 조선이라 이름했다.[15)]

신라시대 10성의 한 사람인 승려 안함로가 쓴 『삼성기』와 발해 태조의 동생 대야발이 쓴 『단기고사』, 그리고 고려 말 문하시중을 지낸 선비 이암이 쓴 『단군세기』는 신라시대나 발해 초 및 고려 말 당시 지금은 사라지고 이름으로만 남아 있는 여러 역사서들과 여러 자료들을 바탕으로 이러한 역사적인 기록을 했을 것이다. 이처럼 기원전 24세기에 개국된 단군조선의 이름이 2천 년 이상 아주 늦게 역사서에 기록으로 남게 된 것은 가림토나 신지문자, 발해문자, 이두(吏讀) 등의 문자가 있었다지만 한자가 들어 올 때까지 기록으로 잘 되어 있지 못하고, 한자로 기록된 역사책들도 잘 남아 있지 못하기 때문이다.

한국고대사에 대한 기록과 사료들이 우리나라에는 거의 전하지 않고 있는데, 정작 중국에서는 기원전 7세기의 『관자』에서 그것도 '조선'의 호랑이 가죽이 유명한 특산품이고 예물이라는 기록이 나타나고, 기원전 4세기~기원전 3세기의 『산해경』에서는 '조선'의 이름과 성격,[16)] 그리고 '조선'의 위치에 대해 소상하게 기록하고 있다.[17)] 이처럼

15) 이암. 1360. <단군세기>. 계연수 편(임승국 번역·주해). 1911(1986, 2006). 『한단고기』. 정신세계사: 56.

16) "열양동해 북산 남쪽에 나라 이름을 조선이라 한다. 낙랑군(요동) 왕검성이 고조선 땅이다. 군자의 나라로 서로 사양하고 다투지 않고 훈훈해 박하지 않다. 음식은 기장을 먹고 짐승도 키워서 먹는다. 의관을 하고 띠를 띠고 검을 찬다. 공자는 자기의 도가 중국에서 잘 행해지지 않으니 배를 타고 九夷의 나라(조선)로 갈까보다고 했다…" 『산해경』. 최태영은 중국이 철저히 주변국의 역사를 개

중국에서는 '조선'이란 이름을 많은 역사서에서 기원전 일찍부터 여러 용도로 서로 다르게 기록하고 있으나, 우리나라에서는 역사가 지워지고 빼앗긴 때문에 일찍이 기록으로 남아 있지 못하였다. 그것은 고조선 당시의 문자인 가림토나 신지문자가 지금까지 전하지 못하고, 한자도 삼국시대에 와서 전파되어 그만큼 한국의 고대국가에 대한 역사 기록이 늦게 이루어진 때문이다.

단군조선에 대한 역사를 삼국시대는 물론 고려시대와 조선시대 천여 년 이상 동안 모든 국민들과 역사학자들이 의심하지 않고 역사적 진실로 믿어 왔는데, 지난 백여 년 동안 일본제국주의의 식민통치를 거친 이후 부정하고 있는 현상은 심히 염려되는 일이다. 실증주의 근대사학이란 이름으로 식민주의 패러다임이 지난 백여 년 동안 한국의 역사학계를 지배하면서 고조선의 역사는 물론 고대국가가 모두 빼앗기고 있었다.

역대 왕조는 물론 일제가 한국고대사의 모든 역사서들을 강제 수거하고 빼앗아 간 채 '실증사학의 덫'을 놓은 결과, 한국의 사학자들은 실증의 근거가 되는 역사자료들을 '위서'로 강변하고 인정하지 않는 것이 당연하도록 학계의 분위기를 만들었다. 이로 인해 '조선'이란 우리나라의 이름, 국호에 대한 기록도 우리의 고대 기록이 아니라 중국 고전에서 그 근거를 찾는 비정상적인 일이 정상적인 학문 활동으로 공인되는 '비정상의 정상화'가 지난 백여 년 간 학계에서 벌어지고 있는 것이다. 그런데도 이러한 역사적인 기록을 어렵게 찾아 기록한 『규원사화』, 『단기고사』, 『단군세기』, 『삼성기』, 『한단고기』 등의 역사서들을 '위서'로 몰아가고 있다,

『규원사화』의 경우, 학계에서 손보기, 김원룡 등으로 위원회를 구성하여 진서로 감정하여 국립중앙도서관에 고서희귀본으로 지정 · 보관했음에도 뒤늦게 이병도 등이 위서라고 주장하면서 위서논쟁에 빠져 들어 지금까지도 위서 딱지가 완전히 떨어진 것은 아니다. 『단군세기』, 『단기고사』, 『삼성기』, 그리고 『한단고기』 등에 대한 위서 시비는 여전히 살아 있다. 그러나 앞에서 검토하였듯이 위서를 주장하는 학자들의 근거는 매우 취약하다. 다행히 학계에서 『규원사화』를 인정하는 입장이 크게 늘어나고, 『한단고기』에 대하여서도 명백하게 틀린 부분을 제외하고 부분적으로 인정해가는 입장이 적극 늘어나고 있다.[18] 이러한 학계의 변화는 '식민사학의 덫'과 '실증사학의 덫'에서 벗어나는

조했는데, 기적적으로 지리서인 『산해경』만은 개조를 면했다고 한다. 최태영. 2000. 앞의 책.

17) 신용하. 2010: 145-147.

18) 『규원사화』와 『한단고기』의 위서 주장의 근거와 그 주장이 잘못됨을 정리한 예로는 성삼제의 연구를 들 수 있다. 성삼제는 2001년부터 정부의 '일본역사교과서왜곡대책반장'으로 일하면서 첨예한 역사적 논점에 대한 한국과 일본의 역사학자들, 한국 내에서의 역사학자들의 견해 차이 등을 중립적인 관점에서 객관적으로 심도 있게 접근하고 파악하여 비망록으로 기록한 내용을 책으로 발간하

새로운 동향이라 할 수 있다. 특히 1993년 단군릉의 발굴을 계기로 북한 학계에서도 김씨 3부자의 영웅화로 배척받았던 단군과 고조선 연구에 『규원사화』와 『환단고기』 등을 사료로 인정하는 것은 고조선 연구에 새로운 이정표로 기록될 일이다.

조선이란 나라의 이름만이라도 남의 기록이 아니라 우리의 기록으로 떳떳하게 인용하고 주체적으로 사용하는 학문적인 도덕성과 주체성을 지키는 것이 필요하다.

(2) 고조선, 단군조선, 기자조선, 위만조선, 창해군의 호칭 · 위치 문제

고조선이란 '옛날의 조선'이라는 말이다. '고조선'이란 명칭이 기록으로 남아 있는 가장 오래된 것은 『삼국유사』 <고조선>으로 단군조선에 대한 항목의 명칭을 '고조선'이라 했고 고조선을 '왕검조선(王儉朝鮮)'이라 부른다고 소개했다. 고조선이 단군조선으로 개창된 이후 기자조선이나 위만조선과의 관계에서 이들을 모두 혹은 일부를 포함하는 이름으로 시대와 학자들에 따라 달리 규정되어 왔다. 일연은 『삼국유사』에서 고조선 항목에서 단군조선에 대해서만 기술하고, 위만조선은 별도의 항목으로 구분하여 고조선을 단군조선만을 지칭했다.

고조선을 기록한 문헌들 가운데 『고려사』 권 12 [지리지] <서경유수관평양부> 조가 고조선(전조선), 기자조선(후조선), 위만조선을 삼조선이라 하고 이들을 모두 고조선에 포함시키고 있다. 『고려사』는 1449년 세종 31년에 시작하여 1451년 문종 1년까지 김종서 · 정인지가 편찬한 것으로 삼조선이 고려시대의 서경인 지금의 평양을 수도로 하며 서로 계승한 것으로 보아 『삼국유사』 <고조선> 조와는 다르고, 『제왕운기』의 내용과 일치하여 오늘날까지 한국사학계의 통설로 되어 왔다. 단군조선의 뒤를 기자조선이 계승하고 또 위만조선이 이어서 전체가 고조선이 되고 있다. 지금까지 '삼조선'으로 보는 견해가 통용되어 현행 고대사 체계에서는 기자가 삭제되고 그 후손인 준왕이 그 자리를 대신하고, 한사군이 같은 지역에 있었다는 것이다. 그러나 이것은 몇 가지 점에서 잘못될 가능성이 크므로 면밀하게 검토되어야 할 것이다.

첫째, 기원전 7세기의 중국 문헌인 『관자』가 조선을 '발조선(發朝鮮)'[19]으로 기록하고 있는 점에 유념할 필요가 있다. 발조선은 고조선이 건국 초기의 3한체제에서 3조선 체제로 분화하면서 번한과 마한이 발조선과 말조선으로 된 것이고, 발조선은 중국과 접

였다. 성삼제. 2005(2판 2016). 『고조선 사라진 역사』. 동아일보사: 197－235.

19) 윤내현은 발과 조선을 별도로 보아 서로 다른 거수국으로 해석하지만 발조선을 하나로 보는 것이 『관자』의 취지에도 맞고 『단군세기』나 『환단고기』의 기록과도 일치한다. 한영우나 신용하 등도 발조선으로 이해한다.

하고 있어서 중국『관자』에서는 조선을 발조선으로 기록하게 된 것이다. 기자조선과 위만조선도 발조선을 계승한 것인 만큼 이들의 위치와 성격은 고조선의 본국을 계승하고 고조선 그 자체인 것은 아니다. 이 때문에 중국측과 중화주의적 사관에서는 기자조선과 위만조선이 고조선을 계승한 고대국가라고 기술하지만 그 기록이 잘못되었을 수 있음을 기원전 7세기 중국의 기록인『관자』가 밝혀주는 것이다. 이외에도 고조선의 명칭이 단군조선, 기자조선, 위만조선으로 이어져서 많은 혼란이 일어나고 있다.

둘째, 고조선과 단군조선, 기자조선, 위만조선에서 사용하고 있는 조선이란 명칭의 용어는 같으나 그 실질적인 역사적인 내용의 수준과 질에서는 차이가 크다. 고조선과 단군조선은 모두 초기 고대국가의 '나라'로서의 명칭이다. 고조선의 첫 국가인 단군조선은 국민, 영토, 주권 모두 새롭게 형성한 명실 공히 한국 최초의 고대국가이며, 이때 단군조선은 통치세력으로서의 부족 연합만이 아니라 부족연맹국가로서의 성격을 지니기 때문에 고조선의 원형 국가로서 단군조선과 고조선은 동격의 동일 차원의 국가이다. 단군조선은 고조선의 단군정권이 아니라 고조선 그 자체인 것이다.

셋째, 발조선은 물론이고, 단군조선을 이은 경우에도 기자조선은 단군조선의 국민과 영토 및 주권을 그대로 승계하면서 단군직위, 즉 왕권과 통치집단만 바꾼 것이어서 고조선의 국가성은 그대로 유지되고 그 하위 차원인 정권 차원에서의 정권교체로 탄생한 기자정권인 것이다. 그것은 단군조선을 폐하고 새로운 국가를 개국한 것이 아니라 고조선의 모든 것을 이으면서 통치집단과 국왕만 교체한 것이다. 이것은 단군조선이나 발조선에서 기자정권이라는 부분적인 권력교체만 의미할 뿐이다. 1부족이건, 2부족이건, 3부족이건 부족 연합 구성원 내에서 이들 간의 권력적인 지위의 교체일 뿐이다.

넷째, 기자정권을 이은 위만정권도 기자족으로 부터 위만족의 권력장악이고 그 범위와 영향력은 기자정권의 교체보다 더 적은 범위이다. 특히 위만이 기자정권의 변방 수비장군으로 있다가 일으킨 쿠테타에 의한 정변이므로 그 변동의 내용은 정권 차원보다 좁은 발조선의 왕권 차원의 왕권교체에 머물고 있다.

다섯째, 고조선의 3조선체제 하에서 고조선 본국의 하위국가인 발조선의 권력이 기자족과 위만족으로 이어진 경우는 물론이고, 만의 하나 중국이나 일본 측의 주장을 따르더라도 이처럼 고조선 본국 내에서의 국가변동이 단군조선에서 기자정권으로, 다시 위만 왕권으로 권력교체가 이루어진 것으로 볼 수 있다. 이것을 국가의 7가지 차원으로 나누어 보면, 기자정권의 변동은 부족연맹이라는 지배연합수준까지 변동이 있는 정권교체였고, 위만의 왕권찬탈 쿠테타는 부족연합 수준 내에서 왕권만 교체되는 가장 낮은 차원의 권력변동이라 할 수 있다.

여섯째, 역사학계에서는 고조선을 정권 차원에서는 단군조선, 기자조선, 그리고 위만조선으로 나뉘는 것으로 규정하지만, 고조선 개국 정권인 단군조선 이외에는 명칭에서 조선을 빼고 기자조선과 위만조선 대신에 기자정권, 위만정권 혹은 기자왕조, 위만왕조로 개칭하는 것이 바람직하다고 본다. 그렇게 되면 기자조선이나 위만조선은 고조선의 기자정권 또는 기자왕조, 고조선의 위만정권 또는 위만왕조로 부르면 될 것이다. 또는 이들 모두 단군의 명칭을 사용하였으므로 단군조선 기자정권 또는 기자왕조, 단군조선 위만정권 또는 위만왕조로 부르면 될 것이다. 그렇게 되면 고조선은 단군조선과 같이 보고, 기자정권과 위만정권은 단군조선이라는 국가의 하위 정권 차원인 기자정권과 위만정권으로 위상이 규정될 것이다. 이것은 단군조선의 구성 부족이 3부족이나 2부족 가운데 그들의 위상이 달라지고 새롭게 기자족이 참여하고 기자족이 위만에게 권력을 빼앗긴 권력이동을 잘 표현하게 될 것이다.

일곱째, 그동안 기자조선과 위만조선에 대한 인정과 강조 여부에 대해 국내 학계는 물론 중국이나 일본의 입장도 서로 달라져 왔던 것은 단군조선을 부정하고 중국이나 일본의 식민국가라는 것을 조작하고 강조하고자 하는 외국 학자들의 왜곡된 의도가 작용하였기 때문이다. 이것에 대해 단군조선을 지키려는 국내 학자들의 대응이 기자조선이나 위만조선의 부정으로 나타났었다. 이제 이러한 역사왜곡과 이에 대한 대응의 문제를 이 책에서 사용하는 7가지의 차원을 달리하는 국가 개념으로 분류하여 정리하면 해소될 수 있을 것으로 본다.

여덟째, 고조선과 단군조선, 기자조선, 위만조선, 한사군의 관계에 대해서는 『삼국유사』가 고조선과 단군조선을 같은 것으로 보듯이 이 책도 고조선과 단군조선은 같은 것으로 본다. 기자조선과 위만조선은 고조선의 3조선 가운데 하나의 제후국에 해당하는 발조선(번한)의 왕권을 정변을 통해 장악한 것이어서 기자조선이나 위만조선이 직접 단군조선을 계승했다는 것은 과장된 것일 수 있다. 이 점을 일부 논란은 있으나 『환단고기』, 『단군세기』, 『단기고사』는 세부적으로 기록하고 있다.

아홉째, 창해군(蒼海郡 · 滄海郡)은 예군 남려 등 28만 명이 위만조선의 우거왕에게 반기를 들고 서한으로 망명하자 무제가 이를 받아 들여 창해군을 설치하였다. 따라서 창해군은 위만조선으로부터 벗어나 설치된 예족의 군으로 한사군과는 다른 반대의 성격을 지닌다. 그동안 한사군 · 위만조선 처럼 창해군의 위치, 원거주지, 설치 및 폐지 등에 대해서도 견해들이 나뉘었고 오해들도 있었다.[20]

---

20) 오해로는 위만조선이 한반도 북부에 위치했다는 전제 위에 창해군이 한반도 북부지역에 위치하고, 1백 수십년 뒤에 함경남도 남부와 강원도 지역에 나타난 동예와 동일시하고, 한사군의 전신으로 해

그림 6–1 기자국 위치의 이동

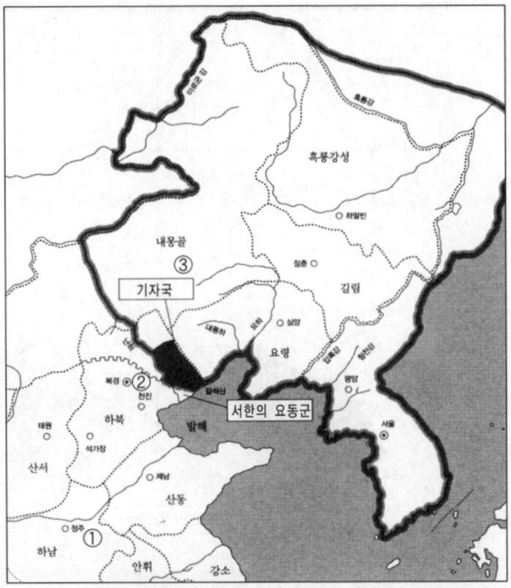

① 상시대의 기자국
② 서주~적국시대의 기자국
③ 기자국의 최후의 위치(진~한초)

출처: 각주 21; 최태영. 2000. 『한국상고사』. 유풍출판사: 53에도 같은 그림이 있음.

그림 6–2 위만조선과 창해군의 위치

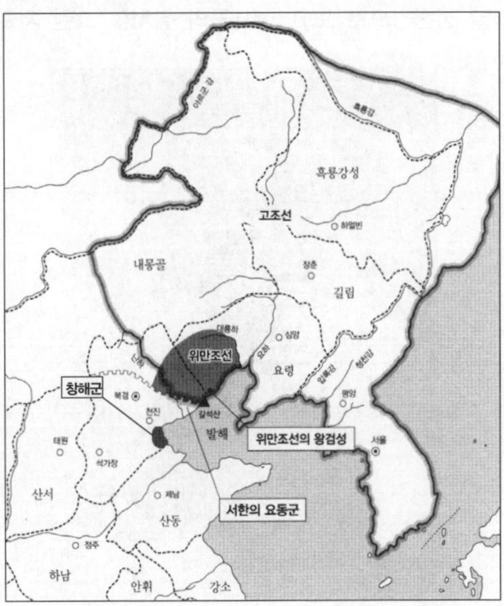

출처: 윤내현. 2017: 157(위만조선 위치)과 윤내현. 2015. 상: 537의 창해군의 위치도를 합하여 수정함.

그림 6-3 한사군 위치

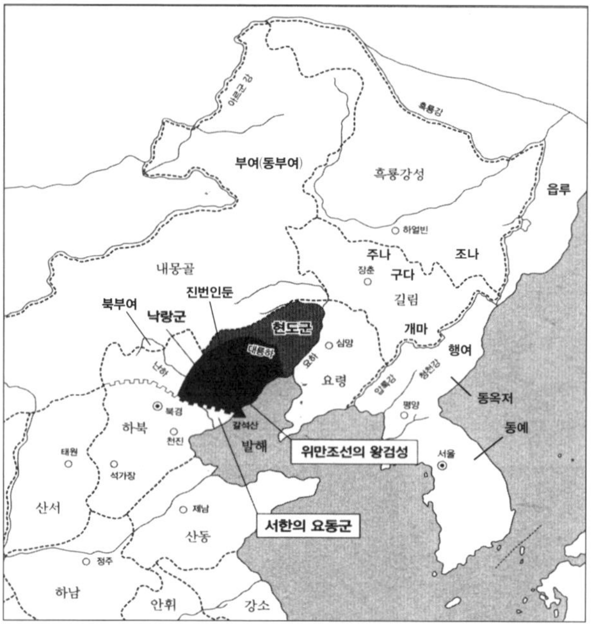

출처: 윤내현. 2017: 185(한사군 위치)에서 직접 인용함.

그림 6-4 패수를 오늘날 청천강으로 보고 한사군의 위치를 그린 지도

출처: 성삼제. 2016: 113.

윤내현이 사료를 바탕으로 정리한 기자조선(기자국) · 위만조선 · 한사군 · 창해군의 위치에 대한 지도를 [그림 6－1], [그림 6－2] 및 [그림 6－3]으로 요약 · 비교하도록 한다.[21)]

그동안 패수를 평양을 끼고 흐르는 대동강과 청천강이라고 보고 한사군의 위치를 [그림 6－4]라고 주장하기도 했으나, 패수가 중국 만리장성 부근의 난하 또는 요하라는 주장이 더 타당하다. 『사기』의 기록을 꼼꼼히 보면 고조선과 한나라의 전투장면 등에서 보듯이 대동강이나 청천강이 아니고 중국 만리장성 부근의 난하 · 요하임을 확인할 수 있다.

3. 민족형성

(1) 한민족이동설

건국에서는 국가형성과 더불어 민족형성 및 국민형성이 중요하다. 고고학, 문화인류학 및 사회학의 연구 결과에 따르면, 인류는 가족, 씨족, 부족, 민족의 순서로 확대 · 성장하고 고대국가와 고대문명을 형성한 것으로 나타났다. 가족과 씨족의 혈연공동체를 넘어 부족단계에서는 지역과 결합하여 정착해서 문화공동체로 전환하면서 군장사회(君長社會, chiefdom)를 형성하고 안정된 군장을 가진다. 여러 부족들이 분화하고 통합하여 3중 복합사회인 고대사회와 최초의 '민족'을 형성하고 안정된 '왕'을 가지며, 처음으로 고대국가를 형성하고 고대문명을 형성하는 것이 인류 보편의 발달과정이었다. 예외적으로 여성이 군장이 되거나 국왕이 된 경우도 있지만,[22)] 사회학 연구들에 따르면, 대

석하는 오류 등이다. 윤내현은 사료들을 바탕으로 창해군이 위만조선과 발해 옆에 위치했다고 밝히고 있다. 윤내현. 2015. 상: 504－539.

21) 기자국과 위만조선 및 한사군의 위치에 대한 지도는 윤내현. 2017. 『사료로 보는 우리 고대사』. 만권당: 129(기자국 위치)를 중심으로 하며 ①, ②, ③의 시기별 이동을 추가하고, 185(한사군 위치)는 직접 인용하며, 157(위만조선)과 윤내현. 2015. 상: 537의 창해군의 위치도를 합하여 그림.

22) 한국의 대표적인 사례로는 강원도 평창군 하리 유적에서 출토된 청동기시대 비파형동검과 인골의 분석 결과 기원전 6세기~기원전 5세기경 여성군장이 한반도에서 최초로 존재했음이 밝혀지고, 이 여성은 키 160cm의 20대 여성으로 권력의 상징인 동검과 함께 발견된 최초의 여성리더로 추정된다. 지금까지 한국고대사에서 여성이 제사장이나 정치지도자였던 기록은 신라 2대 왕인 남해차차웅의 여동생 아로공주(阿老公主)가 가장 빨랐고, 일본에서는 청동기시대였던 기원전 3세기~기원후 3세기 야요이(彌生)시대에 여성 제사장이었던 히미코가 왕에 올랐다는 기록이 있었는데 평창에서 발굴된 여성 제사장의 유골로 인해 청동기시대 여성 사회참여제도가 일본에 전해졌을 가능성을 높여주고 있다. 유원모. 2018. <평창 청동기시대 무덤 속 비파형동검 주인은 20대 여성이었다>『동아일보』. 2018.2.14.

부분의 고대국가는 부계 부족공동체의 남성부족군장이 선진 신석기·청동기 문화와 함께 반드시 무기를 가지고 형성하였다.[23)]

민족은 일반적으로 원민족(proto-nation), 전근대민족(pre-modern nation), 근대민족(modern nation)의 단계로 형성되고, 최초의 고대국가는 원민족 또는 전근대민족을 형성한다.[24)]

신용하는 민족과 인종을 구분하고 민족을 중심으로 고조선의 국가형성을 분석한다. 민족은 문화적 사회적 개념으로 '인간이 객관적으로 언어의 공동, 지역의 공동, 혈연의 공동, 문화의 공동, 정치의 공동, 경제생활의 공동 및 역사의 공동으로 공고히 결합되고, 그 기초 위에서 주관적으로 민족의식이 형성됨으로써 더욱 공고하게 결합된 역사적 범주의 인간공동체'로 본다. 인종은 '생물학적 유전학적 개념으로서 혈연, 피부색, 눈의 색과 형, 두발의 색과 형, 코의 높이, 신장, 두개골 지수, DNA 등 각종 생물학적 특징을 지표와 기준으로 인류를 분류하는 생물학적 개념의 인간집단'으로 민족 개념과는 엄격하게 다르다.[25)]

기존 대부분의 민족이동설은 민족보다 인종, 부족, 민족을 혼동한 가설들이다. 역사학, 인류학, 언어학, 사회학, 문화학 등 학문분야에 따라 인종이나 민족에 대한 비중이 다르다. 이 이론들은 다양한 근거를 가지고 주장하나 아직은 가설 수준에 머무는 경우가 대부분이다.

[그림 6-5]에서 보듯이 현생인류의 발생과 이동경로에 대한 학설도 새로운 화석의 발견에 따라 수시로 바뀌면서 점점 더 오랜 시기로 소급되고 있다. 지난 30년 간 현생인류의 탄생 시점을 20만 년 전이라고 믿어 온 '아프리카 기원론'[26)]이라는 정설이 새롭

---

23) Herbert Spencer. 1876. *The Principle of Sociology*. London: Williams and Norgate; F. Engels. 1972(1884). *The Origin of the Family, Private Property and the State*. New York: Pathfinder; W. H. Morgan. 1909. *Ancient Society*. Chicago: H. Charles & Kerr; J. H. Steward. 1955. *Theory of Cultural Change*. Urbana-Champaign, Ill.: University of Illinois Press; D. Y. Peel. ed. 1972. *Herbert Spencer on Social Evolution*. Chicago, Ill.: University of Chicago Press; Elman R. Service. 1975. *Origin of State and Civilization: Process of Cultural Evolution*. New York: Random House; A. W. Johnson & T. Earle. 1987. *The Evolution of Human Societies: From Foraging Group to Agrarian State*. Stanford, Cal.: Stanford University Press; T. Earle. ed. 1991. *Chiefdoms: Power, Economy and Ideology*. Cambridge: Cambridge University Press; 신용하. 2010: 21.

24) 신용하. 1984. <민족형성의 이론>. 『한국사회학연구』. 제7집. 서울대 사회학연구회; 신용하. 2001. 『한국민족주의 형성과 민족사회학』. 지식산업사; 신용하. 2010: 20-21.

25) 신용하. 2010: 21-22.

26) '아프리카 기원론'은 리베카 캔 버클리 캘리포니아대 연구원팀(현 하와이 의대 교수)이 현생인류 147명으로부터 모계로만 유전되는 핵 바깥의 미토콘드리아 DNA를 추출·해독한 결과를 1987년 『네

게 발견된 화석과 유전자를 이용한 연구결과들이 축적 되면서 30만 년 전으로 앞당겨지고, 중국과 동남아시아 등 아시아 지역에 처음 유입된 연대도 기존 6만 년 전에서 12만 년 전으로 앞당겨야 한다는 주장이 설득력을 얻고 있다.[27] 고기후학자들은 기후 모델링 기법으로 12만 년 전에 이주가 시작된 것을 뒷받침하고 있고,[28] 유전학자들도 현

그림 6-5 현생인류의 발생과 이동경로

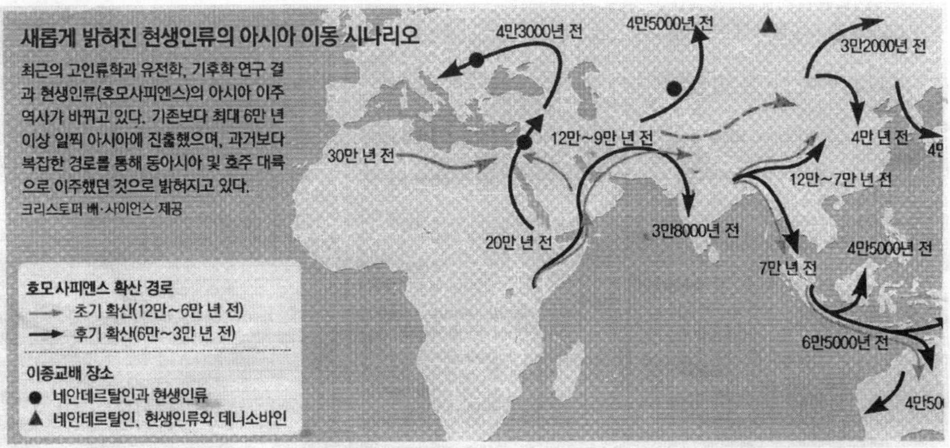

출처: 윤신영. 2017. 〈현생인류, 12만년 전 아프리카 벗어나 아시아에 첫발〉. 『동아일보』. 2017.12.8에서 재인용.

이처』지에 발표한 논문을 시작으로 후속 연구들이 인류의 이동경로를 밝혔다. 그 내용은 인류가 20만 년 전에 아프리카에서 태어났고, 약 6만 년 전에 아프리카에서 유라시아 대륙으로 이주를 시작했으며 가장 먼 지역에 해당하는 동아시아와 호주는 4만~4만 5,000년 전에 도착했다는 것이다.

27) 2017년 8월 호주 매쿼리대 연구팀은 『네이처』지에 게재한 논문에서 인도네시아 수마트라섬에 약 7만 3,000년 전에 현생인류가 살았다고 발표했다. 2015년 10월 중국 남부 후난성에서 8만~12만 년 전의 치아 화석이 수십 개 발굴되고, 논란은 있지만 대만 해역에서는 최대 19만 년 전의 턱뼈가 발견되었다. 하와이대 인류학과 크리스토퍼 배 교수는 중국 광시성, 대만, 인도네시아, 필리핀 등에서 6만 년 전보다 이른 시기에 살았던 화석을 발견하고 2016년 3월 포르투갈 학회, 2017년 12월 8일자 『사이언스』지, 『현대인류학』 특집호 및 기초과학연구원(IBS)의 <기후변화와 인류 이동> 콘퍼런스에서 그 내용을 발표했다.

28) 악셀 티머만 IBS 기후물리연구단장은 "유전학자들은 6만~7만 년 전부터 현생인류의 이주가 시작되었다고 주장하지만 이것은 (그 이전에 아프리카를 벗어났다가 나중에) 아프리카로 되돌아간 인구를 고려하지 않아 오해를 한 것"이고 "12만 년 전에 이주가 시작됐다고 보는 게 맞다"고 주장한다. 이것에 대해 미국 컬럼비아대 지구환경과학과 피터 드 메노컬 교수는 "12만~7만 년 전에 인류가 아프리카 밖 아라비아반도까지 나간 것까지는 맞지만 더 이상 유라시아로 진출하지 못했다"며 "인류가 유라시아로 처음 떠난 것은 6만 년 전이 맞다"고 했다. 윤신영. 2017. <현생인류, 12만 년 전 아프리카 벗어나 아시아에 첫발>. 『동아일보』. 2017.12.8에서 재인용.

생인류가 약 12만 년 이전에 아프리카를 벗어났다고 주장했다.[29] 이러한 6만 년 전 설과 12만 년 전 설 사이에 다소 논란이 있으나, "인류는 6만 년 전 이전에 소규모 인원이 여러 차례에 걸쳐 아프리카 밖으로 나와 아시아의 해안가와 북부 내륙으로 퍼진 것"이며 "이후 6만 년 전 이후 다시 대규모 인구 이동이 일어나 그 흔적을 덮었을 것"이라고 두 가지 모두 인정하고 있다.[30] 이처럼 인류의 이동은 12만 년 전에 처음으로, 6만 년 전에 두 번 째, 그리고 그 이후에는 기후가 급격하게 춥거나 건조해지는 등 기후 변화에 따라 인류의 이동이 더욱 활발했을 가능성이 있다.[31]

인류이동사를 앞당기는 연구들이 속속 발표되고 있다. 과학전문지 『사이언스』는 이스라엘 카르멜산의 미슬리어 동굴에서 지난 2002년 발견된 사람의 턱뼈가 현생인류의 어른의 것이고, 17만 7,000년~19만 4,000년 전의 것이라고 밝혀져서 기존에 아프리카 밖에서 발견된 가장 오래된 현생인류 화석 9만~12만 년 전 보다 더 오래된 것이다.[32] 현생인류의 출현·이주 시기는 지속적으로 거슬러 올라가는 추세이다. 그동안은 현생인류의 출현을 나타내는 가장 오래된 화석은 아프리카 에티오피아에서 발견된 20만 년 전의 것이었으나. 2017년 6월에 아프리카 모로코에서 30만 년 전의 것으로 추정되는 현생인류의 화석이 발견되면서 30만 년 전으로 거슬러 올라갔다. 여기에 2015년 8년 1월 이스라엘의 턱뼈 화석이 발견되면서 현생인류가 아프리카를 떠나 이동한 시기가 20만 년 전쯤으로 소급되었다. 이것은 아프리카에서 현생인류인 호모 사피언스가 발생한 시기도 기존에 알려진 30만 년 전보다 오래되었을 가능성도 있음을 보여준다.[33]

인류는 유전적으로나 언어적으로 단일근원설과 다지역근원설로 나뉘지만 단일기원설을 따르는 루카[34]는 "문화 진화가 생명 진화와 유사한 양상으로 진행된다고 주장했

29) 2016년 10월 미국 연구팀은 『네이처』에 게재한 게놈 해독 연구에서 현생인류가 약 12만 년 이전에 아프리카를 벗어났다고 발표했고, 2015년에는 『진화인류학』지에 실린 논문에서 현생인류의 서남아시아 진출 시기가 12만 년 전이라고 게재했다. 2017년 6월 말 아프리카 북부 모로코에서 31만 년 전 현생인류의 화석이 밝혀지면서 인류의 탄생 연대가 10만 년 앞으로 올라갔다.

30) 미국 하와이대 인류학과 크리스토퍼 배 교수의 주장이다. 윤신영. 2017에서 재인용.

31) 메노컬 교수는 "덥고 습한 기후와 건조한 기후가 2만 년 주기로 반복되던 이 지역(아프리카대륙과 아라비아반도)은 7만~6만 년 전 사이에 급격히 춥고 건조해졌다"며 "생존을 위한 이주가 이때 집중적으로 이뤄졌을 것"이라고 주장했다. 윤신영. 2017에서 재인용.

32) 이스라엘 연구진은 턱뼈 발견 후 15년 동안 방사성 동위원소 측정법으로 턱뼈의 연대를 측정하고 주변 지층에 대한 추가 발굴을 진행하여, 턱뼈에 붙은 치아 형태가 현생인류의 특징을 보이고 함께 발견된 뗀석기들이 현생인류의 특징으로 알려진 '르발루아 기법', 즉 의도적으로 석기 둘레의 파편을 떼 내 도구를 만드는 방식으로 현생인류의 특징인 '추상적 사고'의 증거가 나타나 현생인류의 것으로 판정했다. 정우영. 2018. <이 뼛조각이 … 인류이동史 10만 년 앞당겼다>. 『조선일보』. 2018. 1.27.

33) 이것은 이스라엘 연구팀을 주도한 텔아비브대학고 헤르시 코비츠 교수의 전망이다. 정우영. 2018.

그림 6-6 루카의 인류 유전-언어 계통도

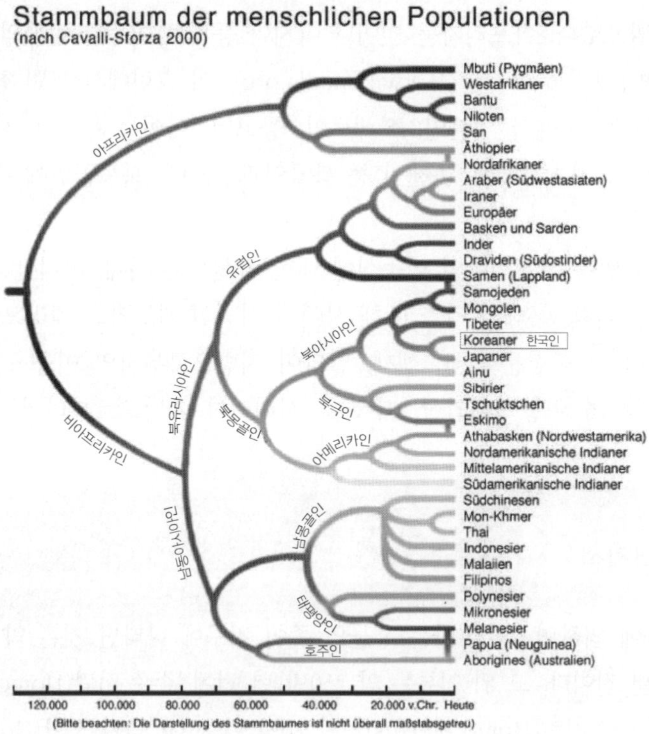

출처: wikimedia.org; 최윤필. 2018. 앞의 글.

34) 이탈리아 출신의 루이기 루카 카발리 스포르차(Luigi Luca Cavalli-Sforza, 이하 '루카', 1922~2018)는 2000년 저서 『유전자, 인간, 그리고 언어(*Gene, Peoples, and Language*)』에서는 "유전적 차원에서 인종 따위는 없다"고 했다. 그는 DNA의 구조조차 규명(1953년)되기 전인 1950년대 초, "현생인류가 어디서 생겨나 어떤 경로로 이동해 전 세계로 퍼져 나갔는지 그 전모를 재구성해보자는 연구"를 했다(medium.com). 그는 A-B-O나 Rh 등의 혈액형, 특정 단백질 변이 같은 이른바 '클래식 마커(Classic Marker)' 등의 유전지표를 활용하여 1960년대 중반부터 고대 인구 이동 및 문화 확산의 경로들을 지도화하며 유전지리학(Genetic Geography)이란 분야를 개척했다. 그는 부계 혈통으로 유전되는 Y염색체를 추적해 10만 년 전 아프리카를 떠난 최초의 현생인류 '아담'을 찾아 나서기도 했다. 유럽의 농경문화가 기술 이전 방식이 아닌 유전자 이동(인구 집단이동)으로 확산되었다는 사실을 농업 유물 확산 속도 및 양상과 유전자 대립형질의 전파 양상을 대비해 밝혀냈고, 문화의 진화도 생명 진화의 양상과 유사하다는 '문화진화이론'을 제기했다. 그는 DNA시대 이전부터 유전자의 잠재력을 확신하며 '겁 없는' 상상력으로 집단유전학의 새로운 장르를 개척하고 2018.8.31. 96세로 사망했다. 루이기 루카 카발리-스포르차 지음. 이정호 옮김. 2005. 『유전자, 사람, 그리고 언어』. 지호출판사; 루이기 루카 카발리-스포르차. 2015. 『우리는 누구인가? 인류 다양성의 역사(*Who Are We?, History of Human Diversity*)』; 최윤필. 2018. <"유전적으로 인종이란 없다" 차별의 근거를 깨부순 유전학자>. 『한국일보』. 2018.10.15.

고, 언어학계의 비판에도 불구하고, 인류 집단의 유전적 진화와 언어적 진화의 계통이 포개질 수 있다"고 분석해내고 그 연구결과를 1991년 『미국과학학술지(*Scientific American*)』에 발표했다. 아프리카를 벗어나 아시아 등지로 이동한 인류의 유전 언어계통도를 정리하면 [그림 6-6]과 같다(wikimedia.org). 이 그림에서 보면 한국인은 유전적·언어적 진화계통도에서 일본인, 티베트인, 몽고인, 아이누 등 북아시아인과 가장 가깝고 시베리아인, 에스키모인, 축첸인 등 북극인과 가까운 북몽골인에 속하는 것으로 나타나고 있다.

이러한 다양한 인종이나 민족의 이동설에 대한 가설들은 첫째, 바이칼 지방으로부터의 이동·이입설, 둘째, 흑해와 카스피 해 사이의 지방인 카프카스 지방으로 부터의 이동·이입설(최남선의 불함문화론), 셋째, 알타이 지방으로부터의 이동·이입설, 넷째, 몽골 지방으로부터의 이동·이입설, 다섯째, 시베리아 지방으로부터의 이동·이입설 등이다.

(2) 한민족정착설

고생물학자들에 의하면, '인류'라는 생물의 종이 지구에 나타난 것은 약 800만 년 전에서 약 500만 년 전이다. 그 뒤 인류는 약 250만 년 전에 '손쓴 사람(Homo habilis)', 약 170만 년 전에 '곧선 사람(Homo erectus)', 약 20만 년 전에 '슬기 사람(Homo sapiens)' 그리고 약 5만 년 전에 현생인류인 '슬기슬기 사람(Homo sapiens sapiens)'으로 진화해 왔다.

최초의 현생인류는 동아프리카에서 탄생하여 유라시아로 대륙으로 이동한 것으로 설명하는 것이 통설이고, 여기에 대해 그 시기를 두고 20만 년이 30만 년으로, 5만 년이 10만 년, 그리고 20만 년으로 늘어나고 있는 것이 최근 학계의 논의임을 살펴보았다. 여기에 대해 아프리카 단일기원설이 아니라 다기원설이 제기되는 것은 다른 지역에서 100만 년 전의 구석기인 유적이 발굴되기 때문이다. 이처럼 인류의 출현과 이동에 대한 논의는 여러 가지 이론으로 진행 중이다.

단일기원설이나 다기원설 모두 인류는 '곧선 사람'일 때 해가 뜨는 곳과 살기 좋은 곳을 향해 수십만 년에 걸쳐 매우 느리게 이동했다는 점이다. 인류는 여러 곳을 찾아 움직였지만 아프리카에서 가장 먼 한반도와 남부 연해주가 인류 이동의 동쪽 끝으로 종착지가 되어, 가장 적극적이고 도전적인 인류의 무리(bands)가 여기로 이동하였을 가능성이 크다.[35] 한반도에서 100만 년 전부터 구석기 유적이 나타나고,[36] 1만 2천 년

전~1만 년 전에 신석기가 시작되었다. 구석기시대 인류가 생존한 지구는 매우 더웠다.

지구과학자들과 지질학자들에 의하면 지구는 1기 고생대, 2기 중생대를 지나 약 6,500만 년 전부터 시작된 3기 신생대가 시작되었다. 이때에 지구 기후가 매우 덥게 되면서 동·식물이 생겨나고 거대한 공룡과 코끼리 등이 한반도와 시베리아에 살았다. 그 뒤 4기 신생대에 기온이 급강하하여 '빙기'가 되면서 약 6만 년 전에는 지구상에는 구석기인 수십만 명 가운데 수천 명만 살아남게 되었다고 한다.[37]

4기 신생대는 약 250만 년 전부터 시작한 갱신세와 약 1만 2,000년 전~1만 년 전부터 시작된 완신세로 나뉜다.[38] 갱신세는 '빙기(the glacial)'와 '간빙기(the interglacial)'가 여러 차례 반복되었으며, 1만 8,000년 전~1만 5,000년 전 사이에 가장 추웠던 최후의 빙하기(the Last Glacial Maximum: LGM)에서의 인류 이동의 성격이 고조선을 형성한 한민족의 기원을 결정하게 되었다. 실제 갱신세 기간 동안 대부분의 생명체들이 빙하로 얼어 3~5차례 소멸되었다. 이 당시에는 한반도와 중국 산동 반도가 이어졌고 서해 바다는 육지 가운데 있는 호수였다. 동북아지역에서 북위 40도선 이북은 최후의 빙하기 동안 빙하로 덮여서 생물이 거의 생존하기 어려웠고, 그 이남은 빙하로 덮이지는 않았으나 백두산 일대 고원지대나 그 주변은 인류가 살아남기 어려웠을 것으로 보인다.[39]

이 기간 동안 한반도·만주·연해주·시베리아 등 대륙의 동쪽 끝 지역으로 이동해 온 구석기인들은 얼거나 아니면 남쪽으로 이동하여 살아남았다고 볼 수 있다. 약 1만 5,000년 전인 이 시기의 인류는 주로 동굴에 사는 인류 '무리들'로서 아직은 가족·씨족·부족·민족을 형성하기 훨씬 이전의 단계이다.

이 때문에 신용하는 "한국'민족'이 이 시기에 카파카스 지역이나 시베리아나 바이칼 호수나 알타이 지방이나 몽골 지방 또는 서방에서 이동해 왔다는 주장은 지구과학적 근거에 의하여 성립될 수 없음이 확실한 것이다"고 주장한다.[40] 그 근거는 이미 구석기

35) 여기에 대한 자세한 논의는 신용하. 2010: 22-27.

36) 구석기시대는 전기(250만 년 전~30만 년 전), 중기(30만 년 전~5만 년 전), 후기(5만 년 전~1만 5,000년 전), 중석기(과도기 또는 초기 신석기, 1만 5,000년 전~1만 년 전)으로 구분하여 한반도에서는 전기 구석기 이후 인류가 생존했음을 보여준다.

37) 지구과학자들은 기온급강하의 원인을 큰 운석의 지구 충돌설, 화산대폭발설, 이들로 인한 먼지의 폭발적 발생설, 화산재의 태양빛 차단 및 화산재의 지표면 커버설 등 다양하다. 극심한 한파가 6년간 계속되면서 식물생장이 급감하고 현생인류가 멸종 위기에 직면하였다.

38) 지구과학자들의 통설로 제4기 신생대를 갱신세(更新世, 洪積世, Pleistocene)와 현세인 완신세(完新世, 沖積世, 現世, Holocene)로 나눈다.

39) 신용하. 2010: 26. 최후 빙기 때 40도선 이북에 거주하던 구석기인들은 40도선 이남인 지금의 한반도에 해당하는 지역으로 이동하고, 동아시아 해안선을 따라서 북상하여 40도선 이남인 한반도 지역으로 옮겨 왔다.

그림 6-7 한반도 구석기 유적 분포도

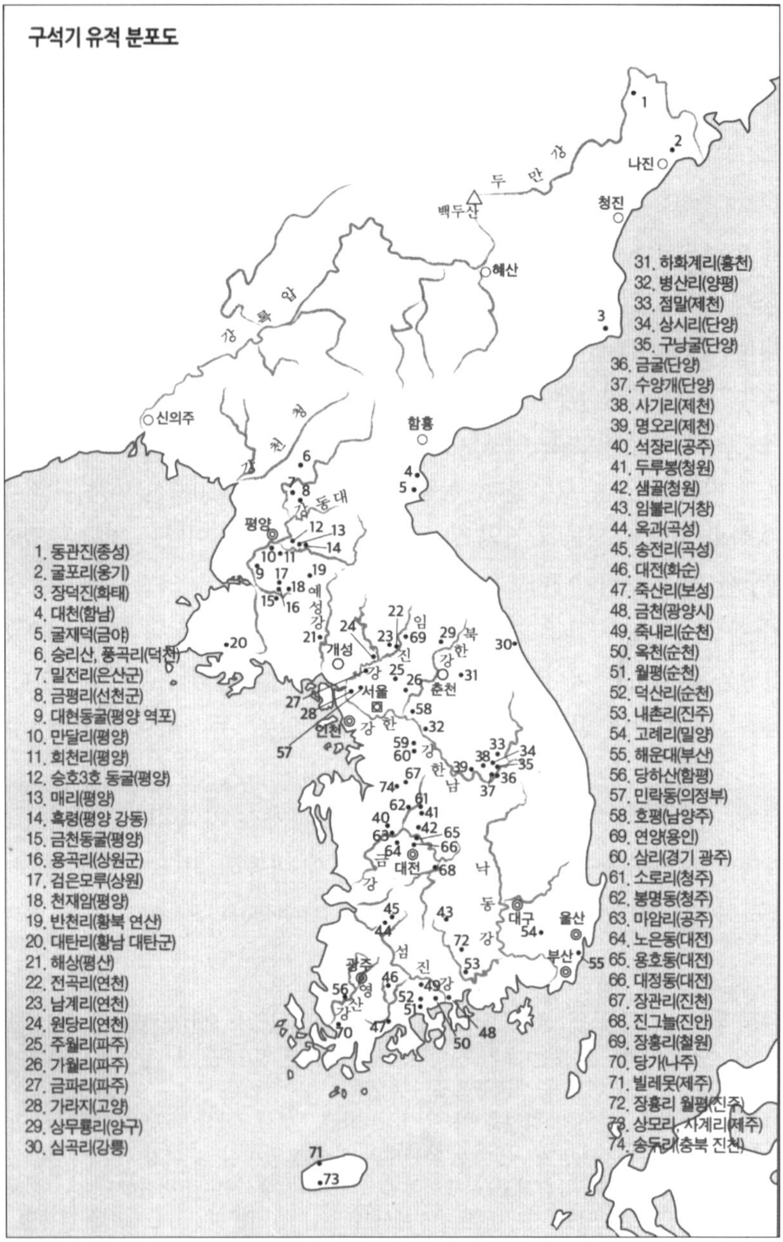

출처: 각주 41.

40) 위의 책: 26.

그림 6-8 한반도 신석기 유물 · 유적 분포표

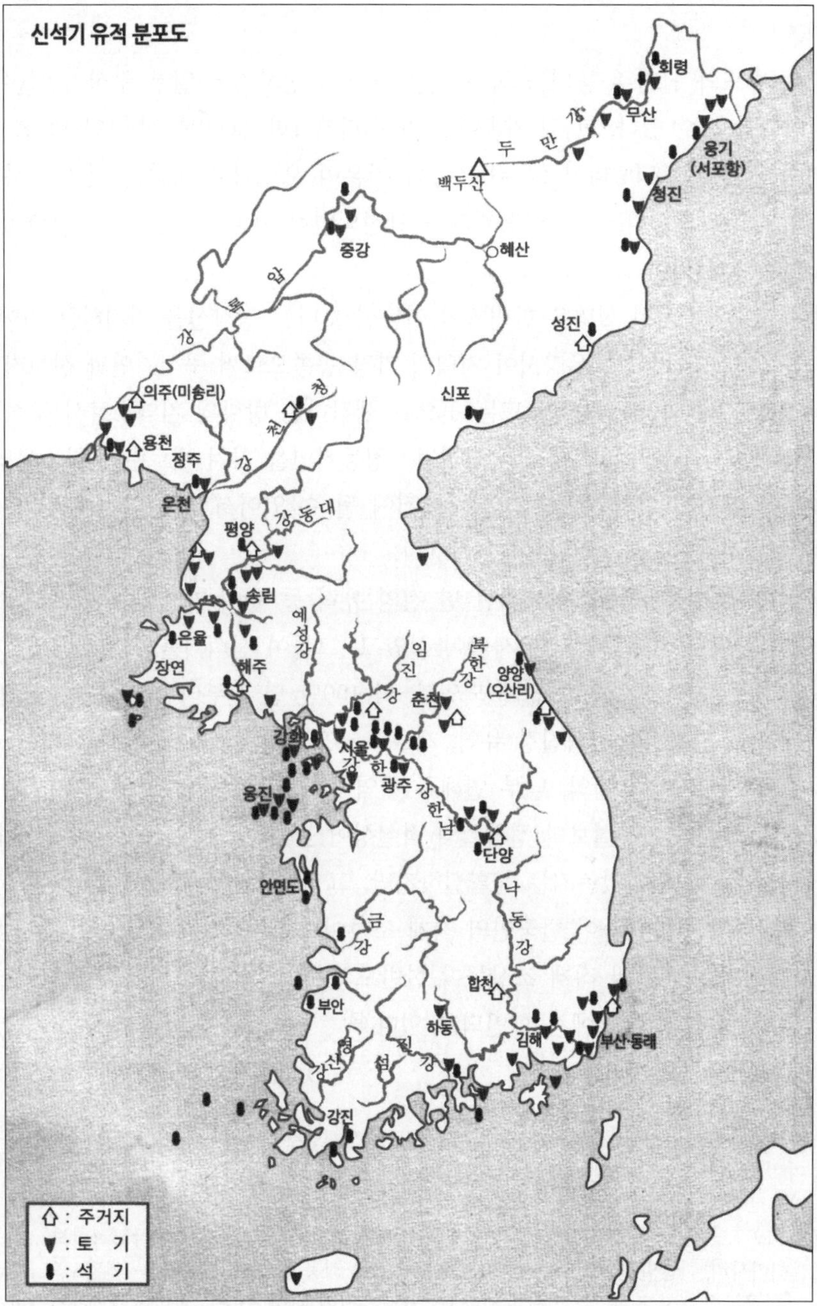

출처: 각주 44.

시대에 한반도 전역에 고르게 걸쳐서 한민족의 토착주민들이 거주한 사실이 유적·유물발굴에서 확인되기 때문이다. [그림 6-7]은 한반도 구석기 유적분포도에서 확인할 수 있다.[41)]

반면, 한반도와 남만주 등의 남쪽 지역은 최후의 빙하기에 일부 구석기인들은 동굴에서 살아남았을 수 있다. 그 뒤 기온이 점차 올라가 1만 2,000년 전~1만 년 전에는 현재와 비슷한 기온이 되었다가 그 뒤 조금씩 기온이 오르거나 내리는 것을 반복하다가 현재의 기온으로 되었다.[42)] 기온과 기후가 안정되면서 인류나 생물 분포 상황이 그 뒤 안정적으로 되었다.

이러한 지구과학적인 설명은 한민족의 이동설 보다는 정착설을 지지하는 것이다. 한반도와 동북아시아 지역은 유라시아 지역의 가장 동쪽으로써 구석기인과 신석기인들에게 본능적으로 해(태양, 하늘)가 뜨는 곳으로 생각하는 방향의 지역으로서 구석기인들 일부가 살아남을 수 있었다. 이들이 신석기·청동기인을 거쳐 새로운 문화·문명을 다른 지역보다 앞서서 먼저 만들 수 있는 여건이 될 수 있어서, 민족의 이동설과 정착설에 대해 면밀하게 비교·검토하여야 하겠다.

한국 고고학계가 해방 후 약 100만 년 전의 유적 등 50여 개소의 구석기 유적 등을 발굴하면서 한반도에 구석기시대 사람이 살았고, 그들이 신석기를 거쳐 오늘날 한민족의 조상일 가능성을 배제할 수 없게 되었다. 약 100만 년 전부터 한강 유역, 금강 유역, 대동강 유역, 두만강 유역, 섬진강 유역, 제주도·황해도·함북 등 기타 한반도 해안과 내륙의 주요 지역, 만주 지역, 남부 연해주 지역 등 한반도 등지에 구석기인들이 살았다는 것은 한민족의 이동설보다 정착설의 적실성이 높을 가능성을 높여주는 일이다. 구석기인들이 계속 살아남았는지는 불확실하지만, 그 뒤 한반도에서 서기전 1만 년 신석기인이 출현하였는데 이들이 한국인의 직계 조상이라고 보고 있다.[43)] [그림 6-8]에서 신석기시대에도 한민족의 직계 조상들이 한반도의 전 지역에 고르게 분포되어 거주하였음이 유적·유물의 발굴에서 확인되고 있다.[44)]

---

41) 배기동. 2002. 수정 2013. 『문화재』 제35호. 국립문화재연구소; 한영우. 2014: 70 재인용.

42) 기온이 9,000년 전~5,300년 전에는 2~3도 높아 졌다가 그 뒤 다시 내려가 추웠다가 지금의 기온·기후로 회복되었다.

43) 임효재. 1977. <한국 중부지방 신석기 문화의 상사성과 상이성연구>. 『한국고고학보』. 2; 임효재. 1981. <미사리 긴급발굴 보고>. 『한국고고학보』. 8; 최몽룡. 1981. <백령·연평도의 즐문토기유적>. 『한국문화』. 3; 김용간·석광준. 1984. 『남경유적에 관한 연구』. 과학·백과사전출판사; 신용하. 2010: 36.

44) 한영우. 2014: 72 그림에서 인용.

(3) 한민족이동설과 한민족정착설의 조화

구석기인들이 살아남았다면 물론이고 신석기인이 한국인의 직계 조상이 될 경우에도 한국의 역사적인 뿌리는 깊고 동북아시아에서 대표적인 민족으로 등장할 충분한 역사적인 여건을 만든 것이다. 고조선 건국이 이루어진 청동기시대의 대표적인 유물들인 비파형동검 · 세형동검 · 민무늬토기의 한반도와 요동 · 만주지역에 분포된 상황을 보면 [그림 6-9]와 같다.[45]

그림 6-9 한반도 · 만주 · 요동지역 청동기 유물 · 유적 분포도

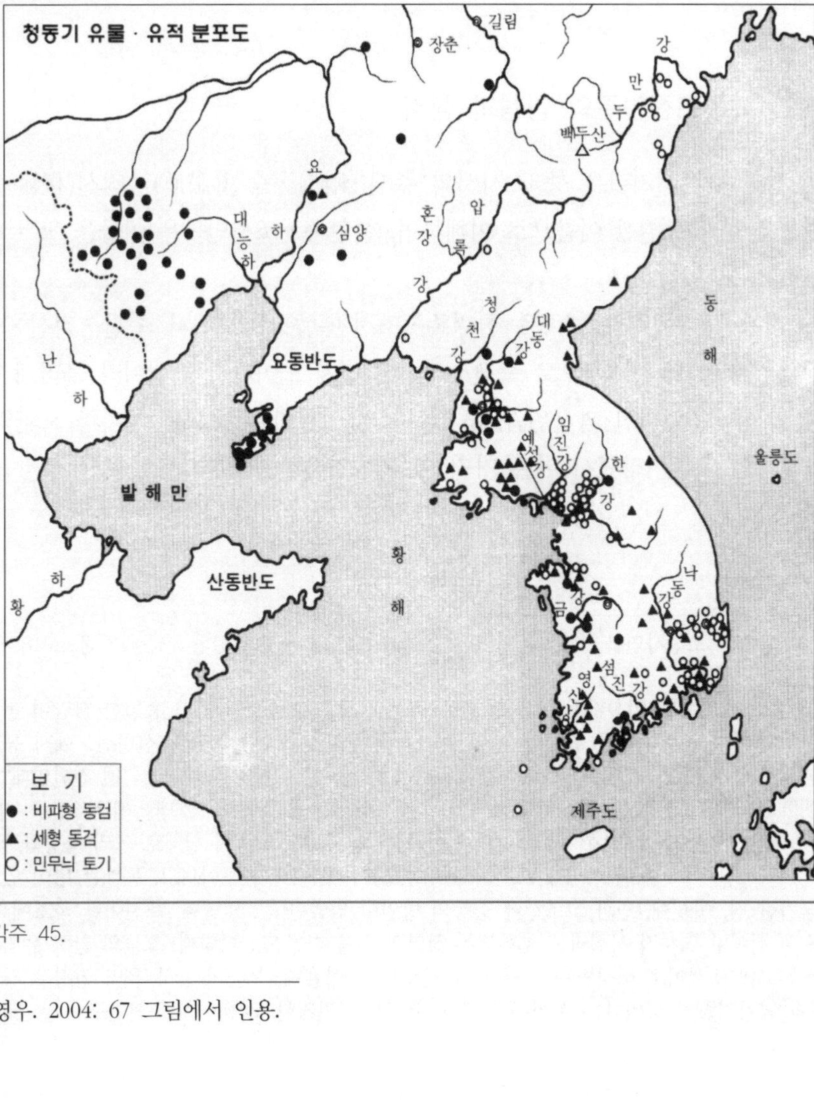

출처: 각주 45.

45) 한영우. 2004: 67 그림에서 인용.

청동기 유적 분포도에서 한민족의 구성을 이룬 민족들의 성격을 추정할 수 있는데, 이병도는 예맥족 단일 부족설, 김상기와 김용섭은 예족과 맥족의 2부족 결합설, 그리고 신용하는 이들을 조상으로 하는 씨족·부족들의 연합을 바탕으로 한 고조선 국가형성의 한·예·맥 3부족설을 제시하고 있다. 고조선의 개국에서는 민족형성이 중요한데 1부족설(이병도: 예맥족), 2부족설(김상기, 김용섭: 맥부족, 예부족), 그리고 3부족설(신용하: 한부족, 예부족, 맥부족) 등으로 나뉘고, 각각 일정부분 설명력을 지니면서 장단점을 가지고 있지만 종합적으로 판단해야 한다. 또한 민족형성은 지배연합·통치세력 형성을 통한 왕위교체·정권형성·정권변동과 밀접하고 천도와도 연결되어 국가변동에 영향을 주어 이 부분에 대해서는 지배연합·지배계급과 정권·통치세력 부분에서 자세하게 다루도록 한다.

(4) 한민족·조선민족의 형성과 성격

첫째, 정인보와 리지린은 중국 사서의 주신(州愼)·숙신(肅愼)·직신(稷愼)·식신(息愼)을 '조선'과 동일한 이름으로 이해하여, 한민족·조선민족은 이들을 모두 포함하는 것으로 보고 있다.[46]

둘째, 리지린은 예족과 맥족을 한민족·조선민족으로 보면서 숙신·직신·식신은 조선과 같은 것인데, 시기적으로 숙신·직신이 먼저 쓰이다가 조선이라 불리게 되었다고 한다. 또한 『흉노열전』과 『위략』을 결부시켜 고찰하여 동호는 선비와 오환의 선조이며 조선족인 맥족이라면서 아홉 가지 이유를 자세하게 밝히고 있다.[47]

46) 정인보. 2018. 『조선사연구·상』. 우리역사연구재단: 27, 35-37, 157-171; 리지린. 2018. 앞의 책: 113-115.

47) 리지린은 동호가 맥족인 9가지 이유를 첫째, 조선과 동호가 동일한 시기 동일한 사람이 동일한 방향으로 연과 대정벌 전쟁을 진행한 사실, 둘째, 『후한서』<오환전>과 <선비전>에서 동호를 오환과 선비의 선조로 규정했으나, 『한서』<지리지> 현도군 주에서 안사고가 "옛 진반인데 조선 호국(朝鮮 胡國)"이라고 한 점, 셋째, 『사기』<흉노열전>에서 동호·호맥·예맥조선을 기록하고, 진개가 인질로 잡혀 갔던 '호'가 바로 '맥족'이라 한 점, 넷째, 맥족이 실제로 연의 북방과 동북방에 거주했던 사실, 다섯째, 전국시대 오환과 선비는 왕이 있는 국가가 아니고, 동호는 왕이 있고 강성한 국가란 점, 여섯째, 연과 고조선에 공통의 방언이 있었던 점, 일곱째, 조선이란 국호에 대해 가장 오랜 설이며 역사적 사실과도 부합되는 장안의 설을 따른 점, 여덟째, 오늘의 난하 유역과 요서 지방에 고대 조선어로 해석되는 지명이 있다는 사실, 아홉째, 오늘의 난하 유역 영평부 경내에 조선성과 낙랑지방이 있었다는 사실 등으로 들고 있다. 리지린. 2018. 『고조선연구』. 말: 84-122.

4. 영토와 수도

(1) 영토와 국경

고조선의 영토와 관련하여 다양한 견해들이 나뉘고 있다. 첫째, 고조선의 영토형성과 관련하여서 고조선의 영역은 대동강 중심 평안도 지방이라는 소극적인 관점도 있지만, 북경 만리장성에서 송화강 유역, 만주 지역과 한반도 전체로 적극적으로 해석하는 것이 다수설이다. 『관자』＜규도＞편과 ＜경중갑＞편은 기원전 발조선의 영역을 오늘의 요서인 의무려산 부근으로, 『산해경』＜해내북경＞에는 '연나라의 열양 동쪽과 바다의 북쪽 · 산의 남쪽', 『산해경』＜해내경＞에는 '동해의 안쪽과 북해의 모퉁이', 『산해경』＜열양＞에서는 '열은 요동에 있는 강', 『전국책』에는 '연나라 동쪽에는 조선'이라고 기록하고, 『요사』＜예지＞ · 『구당서』＜고구려열전＞ · 『한서』＜광무제기＞ · 『성격통지』＜연혁＞조 · 『만주원류고』＜어제 삼한정무＞ 등에서도 고조선의 위치는 오늘날의 요동과 요서에 걸치는 지역이었음을 확인할 수 있다.[48] 고조선의 영토에 대해 청동기 유물 · 유적 및 사료를 바탕으로 판단할 때 여러 주장들 가운데 대표적으로 윤내현의 고조선 강역도에 대한 [그림 6-10]이 가장 적실성이 높은 것으로 볼 수 있다.

둘째, 고조선의 중심지도 학자들에 따라 한반도 정착설(평양부근 왕검성)과 한반도로의 이동설(요동 중심지설, 요하 중심지설)로 크게 나뉘고, 한반도의 평양지방이나 초기에는 요동지방이었다가 후기에 평양으로 옮겼다는 견해도 있으나, 다수설은 요동지방 중심지설이라 할 수 있다([그림 6-10], [그림 6-11] 참조).

셋째, 사마천의 『사기』에 나오는 패수의 위치에 대해 오늘날의 대동강, 청천강 및 압록강이라는 다양한 주장이 있으나 북경 근처에 있는 난하라는 주장으로 견해들이 모이는 추세이다.

청동기 유물분포도와 고인돌 등 고고학적 유물분포나 역사서들의 기록을 바탕으로 고조선의 영토와 중심지에 대한 논의는 지난 수백 년 동안 한국 학자들은 물론 중국과 일본 학자들 사이에도 활발하게 진행되어 왔다. 이들의 주장은 대동강 중심설, 만주 요동 중심설, 요서 중심설 및 초기에는 요동 지역에 있다가 후기에 대동강 유역으로 이동했다는 이동설 등이다. 이 논의에서는 중심지인 왕검성(왕험성)[49]과 고조선의 국경 역

48) 리지린. 2018. 앞의 책: 54-79.

49) 고조선의 중심 위치와 영토에 관련하여, 왕검성 · 패수 · 한사군 · 낙랑 · 평양 · 아사달 · 갈석산 · 양평 등의 위치에 대해 문헌사학자들과 고고학자들 사이에 견해 차이가 컸으나, 북한에서는 1961년

할을 한 패수의 위치를 어디로 하느냐에 따라 달라진다. 또한 한(漢)이 위만조선과의 전쟁 이후 설치했다는 한사군의 위치와도 직결된다.

일연은 도읍에 대해 여러 고서들을 인용하여 소개할 뿐 명확하게 어느 것이라고는 한정지우지 않고 있다. 『삼국유사』에서 『위서』와 『고기』가 서로 다르게 기록하고 있는 것을 그대로 소개만 하고 있다. 『고기』에는 서경인 평양성에 도읍하였다가, 다시 도읍을 궁홀산 또는 금미달이라 불리우는 백악산 아사달로 옮기고 1,500년 동안 다스렸고

그림 6-10 고조선 강역도

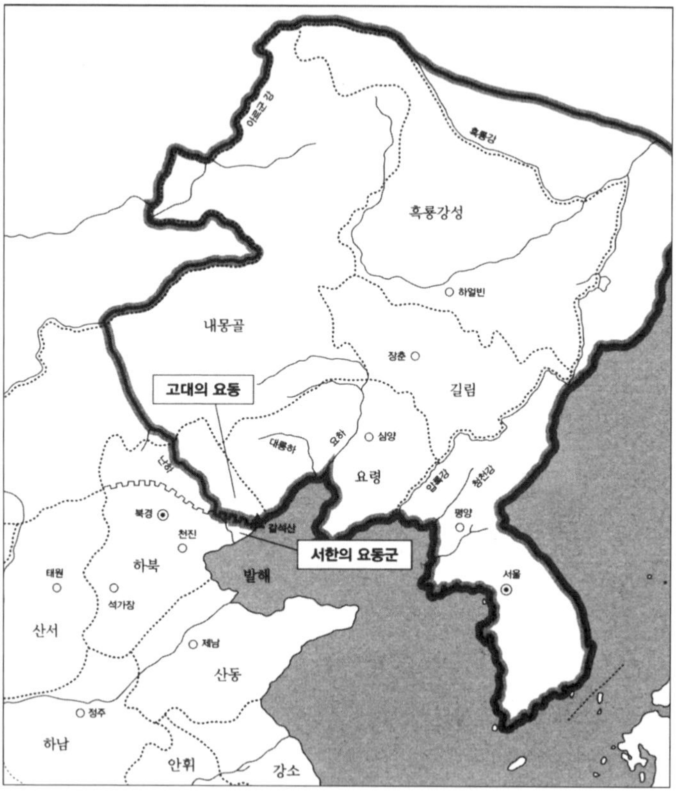

출처: 윤내현. 2016. 『고조선, 우리 역사의 탄생』, 만권당: 120.

8월~10월 3개월 간 7차례의 집중적인 토론회를 열고 15년 이상에 걸친 치열한 논쟁을 마치고 재요동설・재만주설이 채택되었다. 그러나 한국에서는 학자들 사이에 견해가 나뉘지만 국가 차원에서 대규모 심층토론회가 없이 한반도를 중심으로 보고 있다. 명칭에서도 『삼국유사』에서는 왕검성(王儉城)으로 표현하고, 사마천의 『사기』에서는 왕험성(王險城)이라 표현하지만 여기에서는 왕검성으로 표기한다.

그 뒤 기자에 물려준 뒤 장경당으로 옮겼다가 아사달로 돌아와 1,908세까지 숨어 살았다고 기록하고 있다.

『삼국유사』, 『위서』에는 무섭산, 백악, 백주, 개성 동쪽, 백악궁, 아사달에 도읍하였다고 하여 상당히 혼란스럽게 소개하고 있다. 그러나 그것을 고조선의 시대에 따라 도읍이 이동했다고 보면 혼란이 정리된다. 『삼국유사』는 평양도읍시대, 백악산 아사달 시대, 장당경시대, 아사달 산신시대로 나뉜다[50]고 보면 혼란이 사라진다. 다만 각 지역에 대한 비정이 필요할 뿐이다. 먼저 평양이 어디 있는 평양이냐의 문제이다. 평양은 요동 지역, 흉노 지역, 대동강 지역 등 세 곳으로 나타난다.

그림 6-11 왕험성(왕검성)의 위치

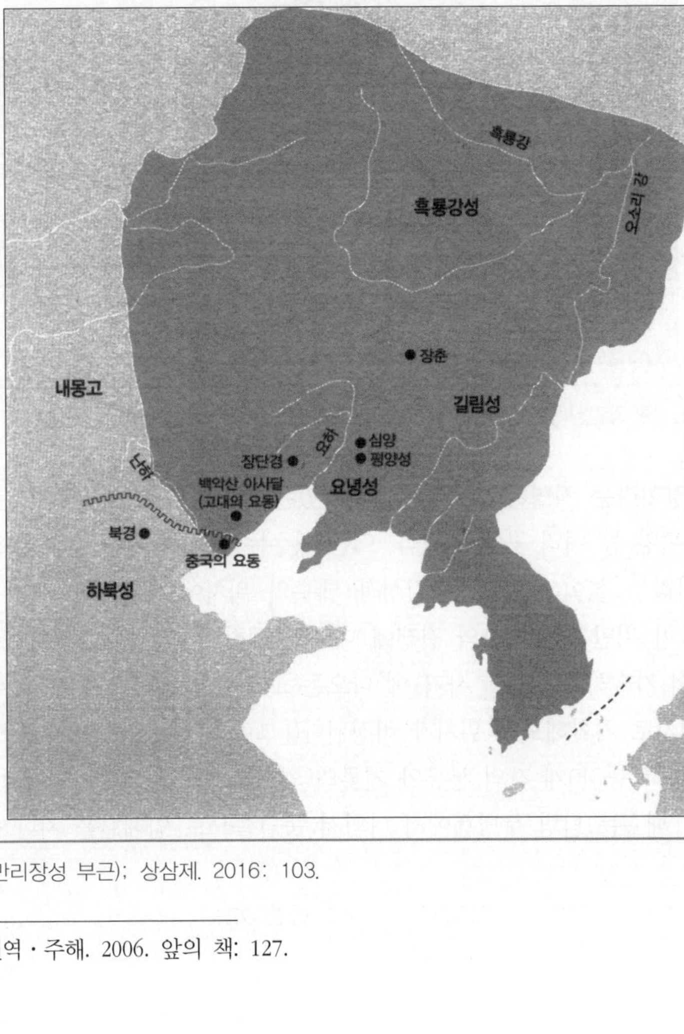

출처: 윤내현(만리장성 부근); 상삼제. 2016: 103.

50) 임승국 번역·주해. 2006. 앞의 책: 127.

왕검성은 평양의 옛 이름이고, 왕검이란 표현과 관련하여 신라의 『선사(仙史)』에서는 "평양은 신선인 왕검의 땅"이라고 했고,[51] 『위서』에서는 단군왕검이 아사달에 나라를 세웠다고 해서 아사달은 평양과 같은 지역을 의미한다는 주장과 평양과 왕검성은 전혀 다르다는 설이 팽팽하게 대립하고 있다. '왕검'을 이두문으로 읽으면 '임금'이어서 보통명사로 보기 때문이다.[52]

그림 6-12 한나라의 고조선 왕험성(왕검성) 침공도

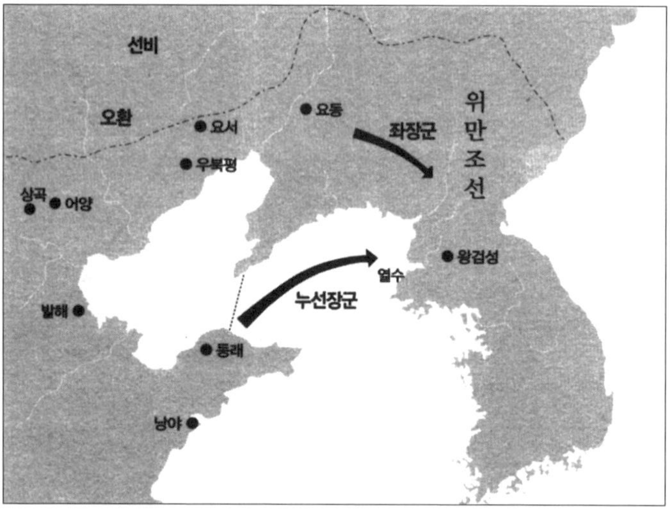

출처: 서의식·강봉룡(왕검성 평양 부근); 성삼제. 2016: 102.

고대에 평양이라는 지명은 대동강 유역에 있는 평양, 요동 지역에 있는 평양, 흉노 지역에 있는 평양 등 여러 곳에 있었다. 또한 패수는 대동강, 중국 만리장성 부근의 난하 또는 요하라는 설이 나뉜다. 왕검성과 패수의 위치에 대해서는 사마천의 『사기』 <조선열전>이 위만조선과 한의 전쟁에 대해 자세하게 기록하면서 왕검성과 패수의 위치에 대해서 기술하고 있다. 『사기』에 나오는 고조선과 한나라의 전투장면을 왕검성과 패수의 위치로 치환해보면 위치가 비정된다([그림 6-12] 참조).

양자강과 황하 등 40개 강의 본류와 지류의 지리와 물길의 흐름에 대해 기록한 『수경주』에서는 "패수는 낙랑 누방현에서 나와서 동남쪽으로 임패현을 지나 동쪽으로 바

51) 신채호. (김종성 역). 2014. 『조선상고사』. 역사의 아침: 97.
52) 위의 책.

다에 들어간다"라고 하여 패수는 대동강이나 청천강이 아니라 요동지역에 있음을 보여주는 것이다. 『수경주』는 한사군의 하나인 낙랑이 대동강이 아니라 요동지역에 있었음을 기록하고 있다.

성삼제는 패수가 대동강이나 청천강이 아니고, 왕검성과 평양이 서로 다름[53]을 『사기』, 『한서』, 『수경주』, 『수경주소』 등 여러 가지 근거를 바탕으로 밝히고 있다.[54] 이처럼 영토와 수도에 대한 논의는 다양한 관점에서 논의되고 있는 만큼 객관적이고 과학적인 증거를 기준으로 논의가 수렴되어 결론이 도출되어야 할 것이다.

(2) 고조선의 영토: 확장과 축소

1) 고조선의 영토 확장

고조선은 부족연맹국가로 출범한 이후 빠른 속도로 계속 영토를 확장시켰다. 일반적으로 국가는 정복전쟁을 통해 다른 부족국가들을 멸망시키고 통합시켜 영토를 확장시켰으나 고조선의 경우에는 정복전쟁이 아니라 교화나 연맹확대를 통해 평화적인 방식으로 영토를 확장시켰다. 그것이 가능했던 것은 고조선이 동아시아에서 가장 먼저 출범한 부족엽합국가이고 청동기무기 등 청동기문화도 가장 앞장섰기 때문으로 보인다.

신용하는 고조선의 영토확장과 지방통치체제의 발전이 3단계를 밟아 발전한 것으로 추정한다.[55]

> "고조선은 한·맥·예의 3부족이 결합하여 동아시아에서는 가장 일찍 고대국가를 건설했기 때문에 고조선 건국 이전부터 동일한 맥족과 예족이 분산거주하고 있던 요동 지방과 요서 지방, 즉 요하(遼河), 대릉하(大凌河)·난하(灤河) 일대로 전조선은 비교적 급속하게 영역과 세력이 뻗어나가게 되었다. 이것은 3단계를 거친 것으로 이해된다.

---

53) 왕검성과 평양이 다르다고 주장하는 저서들로는, 김득황·김도경. 2003. 『우리 민족 우리 역사』. 삶과 꿈; 김성남. 2005. 『전쟁으로 보는 한국사』. 수막내; 김영주. 2004. 『한민족의 뿌리와 단군조선사』. 대원출판사; 김인배. 1995. 『고대로 흐르는 물길』. 세종서적; 문정창. 1993. 『고조선사연구』. 한뿌리; 윤내현. 1995. 『고조선 연구』. 일지사; 최태영. 2003. 『한국 고대사를 생각한다』. 눈빛; 유엠 부찐(이항재·이병두 역). 1987. 『고조선-역사·고고학적 개요』. 소나무. 리지린도 『사기』 ＜조선열전＞·『사기』 29권 ＜하거서＞·『한서』＜조선열전＞·『삼국지』＜위지＞＜동이전＞·『구당서』＜고구려열전＞·『후한서』 1권 ＜광무제기＞·『성경통지』 제10권 ＜건치 연혁＞조·『만주원류고』 제2권 ＜어제 삼한정무＞ 등을 근거로 '왕검성의 위치를 발해 연안에서 찾는게 타당'하다고 밝히고 있다. 리지린. 2018. 앞의 책: 74-79.

54) 성삼제. 2016: 104-120.

55) 신용하. 2010: 246-247.

> 제1단계로 고조선은 대동강 유역에서 BC 30세기~BC 24세기경에 강동(江東)의 아사달에 수도를 정하고 건국했을 때에는 북으로는 압록강 이남, 남으로는 예성강 · 임진강 · 한강 이북까지의 영토를 가진 것으로 추정된다.[56]
>
> 그러나 바로 얼마 후에 고조선은 제2단계로 들어가서 서쪽으로는 압록강 건너 지금의 요하 이동의 요동 지방, 북으로는 송화강 중류, 남으로는 남해안까지 후국의 형태로, 동으로는 동해안까지 영유했던 것으로 고찰된다. 이 지역에서 널리 체계적으로 발견되는 고조선식 고인돌 무덤 및 돌관 무덤과 비파형 청동단검의 체계적 분포가 이를 단적으로 증명해 준다. 이 시기에 고조선은 요동 지역의 개주(蓋州) 지방 험독(險瀆)에 천도했거나 또 하나의 부수도를 설치했던 것으로 보인다.[57]
>
> 고조선의 제3단계로 더욱 융성해졌을 때에는 요하를 건너서 요서 지방으로 진출하여 지금의 난하 하류에 고죽국(孤竹國)을 두어 고추가를 파견해서 통치하고 만리장성 너머 일대까지를 영토로 지배했던 것으로 고찰된다. 이 무렵에는 뒤이어 대릉하 중류 유역에 또 하나의 수도 또는 부수도인 '아사달'(朝陽)로 천도하여 이 요서 지방의 후국들을 관장했던 것으로 관찰된다. 이 지역에서 다수 발굴되는 청동기나 비파형 청동단검들이 고인돌 무덤을 동반하지 않고 나오는 것이 그 증거의 하나가 된다.[58]"

고조선의 영역이 이처럼 짧은 기간에 급속하게 확장된 것은 첫째, 이 지역이 고조선 개국에 처음부터 왕비족으로 결합한 맥족의 발생 · 거주지역이었으며, 둘째, 고조선이 동아시아 지역에서 형성된 최초의 고대국가여서 요서 지역 등의 각 부족의 연합이 용이했고, 셋째, 고조선이 여러 부족연합국가로 개국하고 후국제도를 채택하여 각 부족들의 연맹 참여를 용이하게 하였으며, 넷째, 고조선의 선진 청동기문화 등이 주변 부족의 복속을 쉽게 한 점 등을 들 수 있다.[59]

고조선 가운데 단군조선의 지방통치제도에 대한 직접적인 기록은 고문헌에 없고

---

56) 신용하. 2008. <고조선 국가의 형성－3부족의 결합에 의한 고조선 개국과 아사달>. 한국사회사학회. 『사회와 역사』. 第80집.

57) 『史記』 卷 55, 朝鮮列傳, "索隱曰 遼東有險瀆縣 朝鮮王舊都" 등 참조.

58) 한창균. 1992. <고조선의 성립배경과 발전단계시론>. 『國史館論叢』. 제33집; 윤내현. 1994. 『고조선연구』. 일지사; 복기대. 1995. <하가점 · 하층문화의 기원과 사회성격에 관한 시론>. 『한국상고사학보』 제19호; 복기대. 1999. <하가점 상층문화에 관한 시론>. 『박물관기요』. 제14집; 기수연. 2001. <중국 문헌에 보이는 東夷와 朝鮮>. 『단군학연구』. 제14호; 복기대. 2002. 『요서 지역의 청동기시대 문화연구』. 『백산자료원』; 박선희. 2003. 『한국고대복식: 그 원형과 정체』. 지식산업사; 윤내현. 2005. <고조선의 도읍위치와 그 이동>. 단군학회 엮음. 『단군과 고조선 연구』. 지식산업사; 박선희. 2005. <복식비교를 통한 고조선 영역연구>. 단군학회 엮음. 『단군과 고조선 연구』. 지식산업사.

59) 신용하. 2010: 248－249.

그림 6-13 기원전 5~4세기 조선 고대국가들의 위치 약도

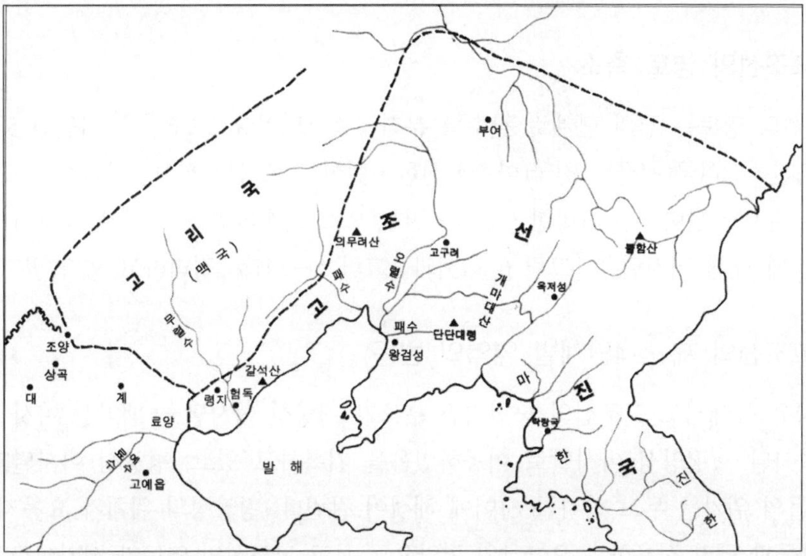

출처: 리지린. 2018. 『리지린의 고조선 연구』. 말: 56.

그림 6-14 기원전 3~2세기 조선 고대국가들의 위치 약도

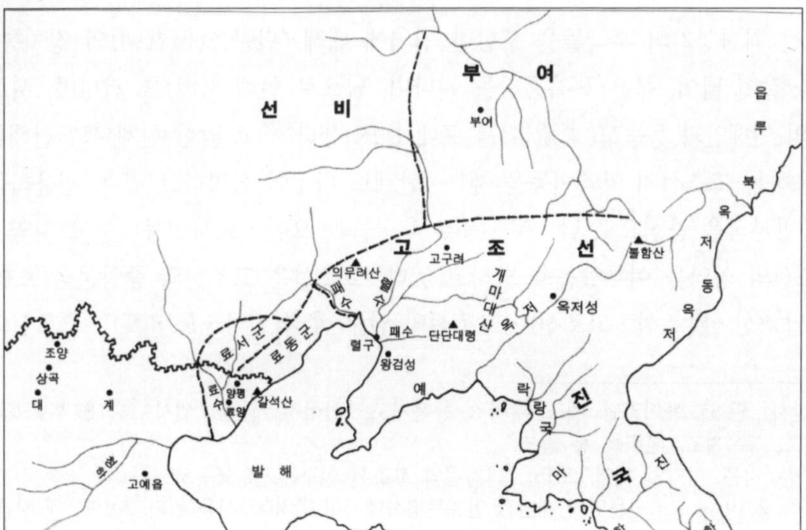

출처: 리지린. 위의 책: 57.

예・맥・옥저・부여・동옥저・읍루 등의 후대에 대한 기록이나 당시의 고고유물・유적을 통해 추정할 수 있다.60)

2) 고조선의 영토 축소

고조선의 영토는 결의 단계로 갈수록 분화・축소되었다. 고조선은 기원전 5~4세기에 고조선・고리국(맥국)・진국(마한・진한・번한)으로 분화하고, 기원전 3~2세기에 고조선・부여・선비・진국(마한・진한・번한)으로 분화하면서 영토가 축소하게 되었다. 이것에 대해 리지린은 [그림 6-13]과 [그림 6-14]로 정리하고 있다.61)

3) 고조선의 제1~4단계별 영역의 변동

『삼국유사』에서도 고조선의 중심지인 수도가 평양성 아사달→백악산 아사달→장당경 아사달→평양성 아사달로 이동하였음을 기록하고 있고, 평양성 아사달과 다른 아사달들의 위치를 두고 학자들 사이에 해석이 갈린다. 평양성의 위치가 요동지역이라는 학자들과 달리 신용하는 오늘날의 평양으로 보고 고조선의 영토가 시기별로 확장・변동한 것으로 보아 고조선의 영역이 제1・2・3・4단계별로 크게 변동하였음을 [그림 6-15]로 정리하고 있다.62)

4) 고조선의 본국・후국과 영역

고조선 최전성기의 후국들을 포함한 영역에 대해 "단군조(檀君朝)의 정치통일구역이 그와 같이 넓어, 북으로 흑룡강을 지나며, 남으로 현해(玄海)를 건너며, 서로 지나(支那)의 연해안과 동몽고(東蒙古)를 포내(抱內)했다"63)고 밝힌 신채호의 견해를 따르며, 신용하는 고조선의 영역변동을 제1~4단계로 나누어 설명하고 있다. 신용하는 고조선의 중앙본국을 중심으로 남・북・동부 후국들과 요동・요서・동내몽고 지역 후국들이 고조선의 영역을 이루었음을 밝히고 있다. 고조선은 고조선의 중앙본국(조선: 직령지・밝달조선・발조선・고조선)・고조선의 남부 후국(진국・辰・震)・고조선의 동부

60) 『후한서』 권 85. 동이열전. 예조, 부여조, 동옥저조; 『삼국지』 권 30. 위서. 烏丸鮮卑東夷傳. 예조, 부여조, 동옥저조, 挹婁條 등 참조.

61) 리지린. 지음. 이덕일 해역. 2018. 『리지린의 고조선 연구』. 말: 56-57.

62) 신용하. 2019. <고조선문명의 개념과 인류문명사에서의 위치>. 신용하 외. 2019. 『왜 지금 고조선문명인가』. 나남: 32-39.

63) 신채호. 2007. <조선상고문화사>. 『개정단재신채호전집』 상. 독립기념관 한국독립운동사연구소: 401.

그림 6-15 고조선의 제1~4단계 시기 영역

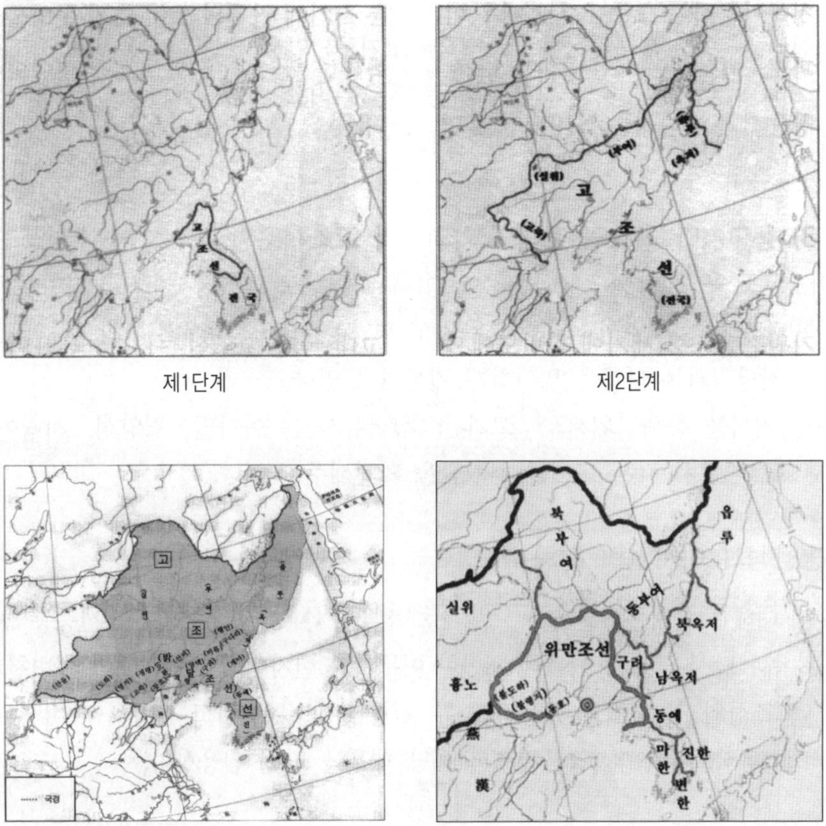

제1단계 제2단계

제3단계(고조선 연방제국의 최성기) 제4단계(위만조선 시기)

출처: 신용하. 2019. 〈고조선문명의 개념과 인류문명사에서의 위치〉. 신용하 외 5인. 『왜 지금 고조선 문명인가』. 나남: 32 · 35 · 39의 그림들을 통합함.

후국(옥저 · 읍루) · 고조선의 북부 후국(부여) · 요동지역 후국(양맥 · 구려 · 비류 · 개마 · 구다 · 행인 · 임둔) · 요서지역 후국(고죽 · 불영지 · 불도하 · 청구 · 진반 · 동호 · 원오환 · 선비 · 고마해 · 원정령 · 오손) · 동내몽고 지역 후국(산융 · 원유연 · 실위) 등의 후국과 분국으로 구성되었고, 고조선의 영역도 이들 지역을 포함한다.[64]

64) 신용하. 2019. 앞의 책: 31-35.

(3) 첫 수도 평양성·아사달

1) 평양성과 아사달 및 왕검성의 관계

고조선의 첫 수도에 대해서는 『위서』와 『고기』를 인용하여 『삼국유사』<고조선>조에서 명확하게 밝히고 있다. 『위서』에서는 “지금부터 2000년 전에 단군왕검(檀君王儉)이 있어서 아사달(阿斯達)에 도읍을 정하고 나라를 열어 조선이라 불렀으니….”[65] 이것은 첫 수도가 아사달임을 밝히고 있다. 나아가 『고기』는 “단군왕검은 … 평양성(平壤城)지금의 서경(西京)이다.에 도읍을 정하고 비로소 조선이라 불렀다. 다시 도읍을 백악산 아사달로 옮겼는데 … 단군은 장당경(藏唐京)으로 옮겼다가 그 후 아사달로 돌아와 ….”[66]라고 하여 평양성과 아사달은 같고 평양성은 당시의 서경과 같으며 백악산 아사달이나 장당경과는 다름을 명확하게 기록하고 있다.

이러한 기록을 통해 『위서』·『고기』·『삼국유사』는 아사달·평양성·서경이 고조선의 첫 도읍지로서 같은 도시를 지칭함을 확인해주고 있다.

2) 평양성과 아사달의 위치

이것에 대해 신용하는 『위서』·『고기』·『삼국유사』·『삼국사기』·『신증동국여지승람』의 기록과 당시 도읍의 이름을 표현한 이두문과 한자어의 어원 및 발음 변천과정을 밝히며, 고조선의 첫 수도를 대동강 중류 ‘강동(江東)’현이라고 논증하여 비정하고 있다.[67] 『신증동국여지승람』 강동현조의 해당 내용을 직접 인용한다.[68]

> 고려 인종(仁宗) 14년에 서경기(西京畿)를 나누었는데, 잉을사향(仍乙舍鄕)·반석촌(班石村)·박달관촌(朴達串村)·마탄촌(馬灘村)을 합하여 강동현(江東縣)으로 하고 현령을 두었다. 후에 성주(成州)에 속하였다가 공양왕 때에 다시 현령을 두었다.

신용하는 위에 있는 ‘잉을사향(仍乙舍鄕)’은 ‘우르집마을’, ‘임금집마을’[王宮里]의 이두표기로 왕궁이 있던 지역이라 추정한다.[69] 『신증동국여지승람』 강동현조에서 기술하

---

65) 『삼국유사』 권 제1. 기이 제1. <고조선>조.
66) 위의 책.
67) 신용하. 2000. <한국민족의 기원과 형성>. 『한국학보』. 제100집; 신용하. 2000. <한민족의 형성과 단군에 대한 사회사적 고찰>. 『단군학보』. 제3집; 단군학회 편. 2005. 『단군과 고조선 연구』. 지식산업사; 신용하. 2010: 160-164.
68) 『新增東國輿地勝覽』 券 55. 平安道 江東縣 建置沿革條.
69) ‘잉을사향(仍乙舍鄕)’의 ‘잉(仍)’은 옛말 ‘그대로’ 표기한다는 이두식 도입표현이면서 다음의 발음과

고 있는 '잉을사향(仍乙舍鄕)'은 조선왕조 당시의 현내방(縣內坊) 용흥리(龍興里)이고, 반석촌((班石村)은 당시의 고천방(高泉坊) 반석리(盤石里)이며, 박달관촌(朴達串村)은 당시의 구지방(區池坊) 용암리(龍巖里)이고, 마탄촌(馬灘村)은 당시의 마탄방(馬灘坊)이라고 설명하였다. 고려 인종(仁宗) 14년에 서경기(西京畿)를 나누어 현을 설치했는데, 이러한 잉을사향(仍乙舍鄕)·반석촌(班石村)·박달관촌(朴達串村)·마탄촌(馬灘村)을 합하여 강동현(江東縣)으로 하고 현령을 두었다고 기록하여 평양성인 서경기가 왕궁이 있던 지역 등 고조선의 도읍지를 여러 개의 고을로 나누어지고 현들로 나뉘게 된 것을 확인하고 있다. 고려 인종 이 후에 강동현은 성천이라고도 불리는 성주(成州)에 속하였다가 공양왕 때에 다시 현으로 하여 현령을 두었다고 하여 고조선의 도읍지가 평양성 도시의 발달에 따라 행정구역이 시대에 따라 달라졌음을 확인해주고 있다.

특히 조선조 말 일제강점기에는 이전의 강동현 동헌이 있다가 강동군 군청과 강동면 사무소가 있던 평안남도 강동군 강동읍에는 1913년까지 '아달동(阿達洞)'이라는 큰 시가지 마을이 있었는데 1914년 무렵 일본제국주의자들이 행정구역을 개편하면서 '아달동'을 2개로 분리·해체하여 고조선의 역사의 근거를 허물고자 했다. 이때 아달동을 2개로 나누어 하나는 강동군 강동면 아달리(阿達里)로 축소시키고, 다른 하나는 강동군 강동면 칠포리(漆浦里)에 통합시켜 그 이름마져 사라지게 하였다.[70] 신용하는 여기의 '아달동'이 '아사달'이라고 주장하면서 원래는 '아사달동'이어야 하지만 작명에 3음절을 택하는 오랜 관습으로 1음절을 탈락시키는 경우 '아'자를 취하고 '사'자를 탈락시키는 것이 자연스러운 것이라는 것이다.[71] 신용하는 '아사'는 '아침'을 의미하여 '아'가 어근이기 때문에 '아사달골'이나 '아사달동'을 3음절 한자인 '아달동'으로 표기했다고 해석하고 있다. 이러한 논리로 강동현의 아달동과 강동읍이 고조선의 단군이 도읍으로 정한 '아사달(阿斯達)'이라고 주장한다.

3) 강동현 아사달의 규모

고조선의 최초 도읍인 강동현 아사달의 규모는 『신증동국여지승람』<강동현><고

연결되고, '을(乙)'은 '우르=임금'의 고대어의 이두식 표기이다. '사(=마, 舍)'는 가(家)·궁(宮)을 표기하면서 다음 발음에 연결시킨다. '을사'(乙舍, 우르집)가 '왕궁'(王宮)의 이두표기이다. '향(鄕·시골·마을)'은 앞 글자 '사(舍)'를 '마'로도 발음하기 때문에 '마을'로 읽도록 한정되어 있다. 그러므로 '잉을사향(仍乙舍鄕)'은 예 명칭으로서 '우르집마을', '임금집마을', '왕궁리'(王宮里)이며, 고조선 수도 '아사달'의 왕궁(王宮)터임을 알려주는 것이다. 신용하. 2010: 166-167.

70) 『新舊對照朝鮮全道府郡面里洞名稱一覽』(越智唯七編). 1917: 748.

71) 신용하. 2010: 164-165.

적>조의 기록을 근거로 추정할 수 있다. 고적조에는 잉을사향(仍乙舍鄕, 현의 남쪽 12리에 있다) · 기천향(岐淺鄕, 현의 북쪽 3리에 있다) · 반석촌(班石村, 현의 서쪽 20리에 있다) · 박달관촌(朴達串村, 현의 북쪽 15리에 있다) · 마탄촌(馬灘村, 현의 서남쪽 30리에 있다) · 태자원(太子院, 연의 남쪽 26리에 있다) 등의 큰 마을들을 묶어서 두었는데 이들이 모두 아사달의 일부로 아사달은 큰 성시(城市)였다. 조선왕조시대 『신증동국여지승람』이 편찬된 15세기 무렵을 기준으로 하면 '아사달'은 '강동현의 현청[동헌]마을(아달동)을 중심으로 적어도 현의 서쪽으로 20리, 현의 남쪽으로 12리, 현의 서남쪽으로 30리, 현의 복쪽으로 15리의 범위'까지를 도읍의 규모라 할 수 있다.

4) 단군묘와 고황제묘의 실재

『신증동국여지승람』 강동현 고적조의 '대총(大冢)'이라는 항목에 "하나는 서쪽으로 3리에 있으며 둘레가 410척으로 속담에 단군묘(檀君墓)라 전한다. 하나는 현의 북쪽으로 30리에 있으며 도마산(刀ㄚ山)에 있는데 속담에 고황제묘(古皇帝墓)라고 전한다"[72]라고 명기하고 있다. 이것은 평양성 강동현 아사달이 고조선의 첫 수도인지 아닌지를 결정하는 매우 중요한 기록이다. 여기에서 단군묘와 고황제묘가 속담으로 전해 오는 것을 15세기 조선조 초기에 기록으로 남겨 둔 것으로 실제 강동현에 이러한 큰 무덤이 현재에도 있다면 속담과 이 기록의 내용이 맞을 가능성이 높음을 의미한다. 그런데 실제 『신증동국여지승람』에 있는 강동현의 서쪽 3리에 있는 큰 무덤이 존재하고 이것이 단군묘라고 믿고 여기에 제사를 지내왔고,[73] 북한에서도 나름대로 사료를 바탕으로 하여 단군릉으로 복원하였으므로 강동현 아사달은 고조선의 초대 도읍지라는 중요한 증거가 될 수 있다.[74]

단군묘가 조선조 초기인 15세기에도 둘레가 410척(123m)이나 되는 큰 무덤이어서 전설대로 고조선 초대 단군인 단군왕검의 황제릉일 가능성이 높다.[75] 특히 단군릉이라

72) 『新增東國輿地勝覽』. 平安道 江東縣 古跡條.

73) 김성환. 2008. <전통시대의 단군묘 인식>. 『고조선연구』 제1집. 고조선학회. 지식산업사. 『단군세기』에서는 '단군이 봉정에서 사망하여 교외 10리 땅에 장사지냈다'라고 하여 『신증동국여지승람』의 기록과 비슷함을 확인하고 있다.

74) 북한에서는 평양시 강동군 문흥리 대박산 기슭에 22m, 너비 50m의 피라미드형 단군릉을 북한 국보 문화유물 제 174호로 1994년에 화강석 1,994개를 다듬어 쌓아 올려 45정보의 면적에 복원하였다. 단군릉 안에는 단군과 아내의 유골이 든 관이 있고 유골에 대한 연대측정 결과 고조선 시대보다 조금 빠르다고 하나 여기에 대해 논란이 있다.

75) 기원전 2826년경~기원전 1085년경에 건조된 이집트의 피라미드규모(저변이 사방 230.4m, 높이 146.6m 현재는 137.8m)와 비교하면 많이 작으나 고조선의 후대 왕국의 왕릉이나 당시 동양의 황

는 곳에서는 인골과 유물이 출토되어 인골에 대한 연대측정 결과까지 제시된 만큼 단군릉의 실증성은 더욱 높아진다. 고조선 영토였던 한반도・만주・내몽고 전역에서 단군묘라고 전승이되거나 명확하게 기록된 곳이 없고 오직 강동현에만 기록과 전설 및 제왕릉이 존재하는 것은 그 만큼 단군릉일 가능성이 크고, 강동현이 아사달일 가능성이 높음을 의미하는 매우 중요한 사실이다.

『단군세기』에는 47세 단군 고열가가 기원전 282년에 '단군왕검의 묘(廟)를 백악산(白岳山)에 세우고 유사(有司)에게 명을 내려 사철 이에 제 지내게 하고 단제께서는 1년에 한 번 친히 제사를 지냈다'[76]라고 기록하여 유일하게 단군왕검의 묘에 대해 기록하고 있다. 여기서 묘는 무덤이 아니라 '조상의 신주와 위패를 모시고 제사를 지내는 사당'을 의미하고 백악산은 백악산 아사달을 지칭하여 『삼국유사』에 따르면, 단군이 기자에게 수도를 내어주고 장당경으로 천도한 곳이고 기자와 위만이 계속 통치한 근거지이다. 그 뒤 단군이 장당경에서 평양성 아사달로 천도하여 단군릉은 강동현에 있으므로 백악산 아사달에는 단군왕검의 묘를 세우고 철따라 유사가 제사를 지내고 단군도 1년에 한 번은 친히 제사를 지낸 것이다. 『단군세기』의 기록은 일반적으로 황제릉(皇帝陵)과 황제묘(皇帝廟)를 별도로 세우고 제사를 드리는 풍습과도 일치하여 단군릉이 강동현에 있을 가능성을 높여주는 기록이라 할 수 있다.[77]

또한 도마산에 있는 '고황제묘'는 전설에 '한왕묘'라고 불러왔다고도 하여 제1세 단군인 단군왕검의 '선조(환웅)묘'이거나 단군왕검의 후세 단군일 가능성이 있다. 다만 수많은 단군들 가운데 '단군묘'와 '고황제묘' 두 기만 '대총'으로 표현하고 서로 멀리 떨어져 있으면서 수천 년을 보존해 왔고 전설로도 내려왔는지를 면밀히 검토해야 할 것이다. '고황제묘'가 '한왕묘'라고 불리우고 대총이 두 기만 보존되어 왔다는 점에서는 제1세 단군왕검과 환웅의 묘일 가능성이 크지만 환웅은 신시에서 통치했던 만큼 신시와 평양성이 같을 수 없다는 점에서는 환웅묘일 가능성을 낮게 하고 있다. 그렇다면 고황제묘가 후대 단군의 묘일 수 있는데 여러 단군 가운데 어느 단군일지는 불확실하다. 『삼국

제릉과 비교할 때에도 매우 큰 규모이다. 다만 일본인들이 발굴할 당시에는 무덤의 네 벽에 옛 선인(仙人)과 장수의 모습이 있었다고 장지연의 『위암문고』에 적혀 있으나 파손되었고, 일본인들이 발굴보고서도 출간하지 않아 사실상 도굴이나 마찬가지다. 이 때문에 단군릉에서 철제 못이 출토되어 그 시기가 단군시대와 다르다는 조작 문제를 제기하기도 하지만 단군릉의 유골과 출토된 유물이 다른 시기의 것일 수 있음을 나누어 보아야 할 것이다. 윤내현. 2016. 『고조선, 우리역사의 탄생』. 만권당: 34-41.

76) 『단군세기』『한단고기』: 119.

77) 조선시대에도 역대 왕과 왕비의 신위를 봉안한 사당으로 조상에게 제사를 올리는 종묘를 왕릉과 서로 다른 곳에 별도로 두었다.

유사』의 기록에서 평양성을 첫 도읍으로 했다가 백악산 아사달로 옮겼다고 했고, 단군이 오가 가운데 선출되는 사례가 늘어나다가 10세 단군 때부터는 우가들이 계속 단군으로 선출된 것을 근거로 통치세력의 교체가 있었을 가능성이 큰 만큼 백악산 아사달로의 천도가 늦어도 이 때에는 이루어졌을 가능성이 크다. 이렇게 본다면 9세 단군까지가 평양성 아사달에서 재임했을 가능성이 큰데, 제2세 단군 부루는 『성천지』에 부루골을 별도로 두고 있어서 나머지 단군의 묘일 가능성이 크다.

5) 황제단과 황제굴의 존재

강동현 아사달이 고조선의 첫 도읍지였다는 단군묘와 고황제묘 외에도 황제단과 황제굴의 존재는 더욱 중요한 증거이다. 『강동군읍지』 고적조에 강동현의 북쪽 35리의 전포리(錢浦里)에 단군의 고적으로 둘레가 607척 4촌(82.2m), 높이가 126척(37.8m)의 단(壇)인 '황제단(皇帝壇)'이 있다[78]고 기록하고 있다. 황제단이란 황제가 하늘에 제사를 올릴 때 사용하는 제단(祭壇)으로 여러 개의 계단을 가진 피라미드형 대형제단이라 할 수 있다. 이러한 형태의 제단은 고조선의 문화를 전파받은 것으로 추정되는 멕시코·중앙 안데스·페루 등 남북미의 아즈텍·마야·잉카문화의 피리미드와 규모와 형태가 매우 유사한 것이다.[79] 이것은 강동 아사달이 고조선 초대 도읍으로서 고유한 계단형 피라미드 제단인 황제단을 가진 황제국임을 확인해주는 것이다.

또한 황제단의 남쪽 오애(烏崖)에는 황제굴로 불리는 큰 굴이 있어서 고조선 시대의 유적임을 시사하고 있어서 고조선 초대 도읍으로의 강동 아사달의 역사성을 높여주고 있다. 다만 그 굴속에 "남산 아래끝나는 곳까지는 한왕의 천지이다(終南山下 漢王天地)"[80]라고 한자로 기록된 부분은 여러 가지의 해석이 가능하다. 첫째는 강동현에 '남산'이 없으니 한강과 남산이 있는 조선시대의 '한양(漢陽)'처럼 고조선 시대의 단군을 후대에 '한왕(漢王)'으로 표기했을 것이라는 것,[81] 둘째는 단군이 백악산 아사달에서 1,500년을 다스리다가 기자에게 밀려나 백악산 아사달을 버리고 장당경 아사달로 갔다

78) 『江東郡邑誌』 古蹟條.

79) 이들 지역의 피라미드들은 신전의 기단으로 사용되고 형태도 계단형으로 되어 있고 규모도 이집트의 피리미드보다 월등히 적어서 기능과 형태 및 규모로 볼 때 이집트형이 아니라 고조선 아사달문명의 피라미드형태를 보인다. 로마제국의 피라미드가 비록 규모는 이집트보다 월등히 적게 했으나 기능은 여전히 묘로 사용한 것인 반면, 고조선과 남북미 지역의 피라미드는 신전·제단으로 계단형 피라미드를 사용하였다는 점에서 차이를 보인다.

80) 『江東郡邑誌』 古蹟條.

81) 신용하. 2010: 169.

가 다시 후대에 평양성 아사달로 돌아 왔을 때 고조선의 국력은 약화되고 한·예·맥족의 권력다툼에서 맥족과 예족에게 권력을 넘겨 준 한(강)족이 고조선의 옛 영화를 생각하면서 당시에 새긴 글자일 가능성이다. 어느 것이든 가능성만일 뿐 한자 자체가 고조선 말기에 전파되었을 것인 만큼 고조선 말기 이후에 새긴 글자로서 그 자체보다는 '황제굴' 혹은 '구황제굴'의 존재가 고조선의 초대 수도의 입지를 확인하는 데 더 중요하다는 점이다.

6) 왕도의 유적·유물·남경리·참성단·삼랑성의 명칭과 대형 고인돌의 실재

첫째, 강동현에는 고조선의 수도였음을 나타내는 황제·용·태자·왕릉·사직단·남경리 등의 연관된 이름들을 지닌 지명들을 많이 확인할 수 있다. 『신증동국여지승람』 고적조에 '현의 남쪽 25리에 석탑이 있고 탑 남쪽에 연산이 있는데 속담에 고태자(古太子)의 태(胎)를 감춘 곳'인 '태자원(太子院)'이 있다[82]고 기록하고 있다. 왕릉을 나타내는 고을 이름인 읍릉동(邑陵洞)·읍릉리(邑陵里)가 강동현에 있다. 사직단(社稷壇)도 현의 서쪽에 있다고 기록되어 있고,[83] 그림으로까지 그려져 있으며 실재로 사직동(社稷洞)·사직리(社稷里)가 『강동군읍지』에 지도의 그림과 기록이 함께 남아 있다.[84]

둘째, 강동현에는 그곳을 서울[京]로 보고 서울 남쪽의 지역 혹은 남서울을 뜻하는 남경리(南京里)가 강동현의 서쪽 40리 지점에 있는 원당방(元堂坊)의 고읍(古邑)의 흔적으로 남아 있다. 이것을 남서울의 의미와 더불어 강동 아사달에서 백악산 아사달로의 천도 이후 강동 아사달 전체를 '남쪽서울'인 남경으로 지칭했을 가능성도 없지 않다. 어느 경우더라도 강동 아사달은 고조선의 첫 도읍지였음을 확인시켜주는 것이다.

셋째, 『규원사화』에서는 1세 단군 왕검 시대에 지금의 강화인 갑비고차에서 남이가 난을 일으켜 왕자 부여가 군대로 평정한 후 부소·부우 왕자들과 함께 삼랑성을 지었다고 기록하고 있고, 『단기고사』에서도 단군 왕검 때 왕자 부우를 보내 강화 전등산에 삼랑성을 짓고 마니산에 제천단을 쌓았다고 기록하고 있다. 『단군세기』도 강화에 삼랑성과 참성단을 신축했다고 기록하고 있으며 이 삼랑성과 참성단은 지금도 강화도에 유적이 남아 있고,[85] 지금도 참성단에서는 매년 개천절에 천제를 지내고 이곳에서 채화한 성화는 전국체육대회나 각종 국가적인 행사의 상징인 성화로 사용되고 있다. 이러한

---

82) 『新增東國輿地勝覽』. 平安道 江東縣 古跡條.
83) 위의 책.
84) 『江東郡邑誌』의 地圖.
85) 『규원사화』·『단기고사』·『단군세기』의 제1세 단군 왕검에 대한 부분에 각각 자세하게 기록되어 있다.

유적과 유물로 볼 때 고조선의 첫 수도는 강화도와 가까운 평양 강동 아사달임이 확실하다.

넷째, 『강동군읍지』에서 현의 서쪽 10리 문흥리의 대로변 산 꼭대기에 대형 고인돌 무덤이 있다고 하며 지도에 큰 탁자식 집채모양의 고인돌의 그림을 그려두었다.[86] 문흥리에는 6기의 고인돌이 있는데,[87] 이것들은 고조선 귀족들의 무덤으로 이외에도 고인돌의 지명을 나타내는 입석동·반석동·석름동 등이 있어서 서쪽 3리의 단군릉을 위시하여 강동현 서쪽 지역이 고조선인들의 무덤지역으로 사용되었음을 확인하고 있다.

7) 마산·금속 및 도자기 생산 도시·아사달 성곽

강동현 아사달을 입증하는 유적으로서 마산·금속 생산 도시·아사달 성곽 등을 들 수 있다. 첫째, 강동현에는 단군이 기마연습을 했다는 마산(馬山)이 현의 남쪽 1리 지점에 있고, 대박산과 묘운대 위에 철마가 세워져 있다. 현의 남쪽 50리 지점에 있는 만달산 정상에도 수철마(水鐵馬)가 세워져 있고[88] 강동현 옛 지명에 마산방(馬山坊)·마학동(馬鶴洞)·마산동(馬山洞)·마산면(馬山面)·마탄촌(馬灘村)·도마산(都馬山) 등 '마(馬)'자가 있는 지명이 많은 것도 고조선의 병마를 키우고 조련하고 훈련하는 등의 용도로 이 지역이 사용되었을 가능성을 보여준다. 이처럼 여러 지역에 걸쳐 넓게 말과 관련된 지명이 있다는 것은 강동 아사달이 도읍지였음을 확인해 주는 셈이다.

둘째, 강동 아사달에는 동·금·철 등 금속을 생산·제련하는 마을을 의미하는 생금동(生金洞)과 도자기를 생산하는 도산(陶山)이라는 도시가 있고,[89] 이 지역에서 청동기유물들과 금동 유물들이 많이 발굴된 것도 이 지역이 큰 도시인 도읍과 관련됨을 확인시켜주는 것이다.

셋째, 강동 아사달임을 입증하는 가장 중요한 것으로 아사달은 외성인 고성(姑城)과 내성인 토성(土城)이 2중의 성곽으로 보호하는 도시라는 점이다. 『강동군읍지』에는 '고성(姑城)'이 현의 서쪽 40리에 있는데 조선왕조시대에는 유지(遺址)만 남아 있다[90]고 하였는데, 고성은 '고모성' 또는 '곰성'으로 단군시대의 유물임을 시사한다. 『신증동국여지승람』에는 '서강 동쪽에 있다. 토축(土築)으로 둘레는 5,757척이며 안에 두 개의 우

---

86) 『江東郡邑誌』 古蹟條 支石.

87) 석광준. 1991. <문흥리 고인돌에 대하여>. 『조선고고연구』 제81호.

88) 『江東郡邑誌』 山川條 蔓達山.

89) 『新增東國輿地勝覽』. 平安道 江東縣 備考條, 『江東郡邑誌』 坊曲條 및 『新舊對照朝鮮全道府郡面里洞名稱一覽』: 785-787.

90) 『江東郡邑誌』 姑城條.

물이 있다'[91]라고 묘사하여 '고읍성'이 당시에도 토성으로 남아 있다고 했다. 이처럼 강동 아사달은 강동현 서쪽 40리 지점에 고읍을 둘러 싼 외성이 유지로만 남아 있고, 이 외성 안에 서쪽 20리 지점에 토성으로 된 내성이 16세기 당시에도 2중으로 남아 있음을 확인하는 것이다. 이것은 강동 아사달이 고조선의 수도 왕경이었기 때문에 2중으로 성곽을 쌓아 방어를 철저하게 했음을 의미한다.

(4) 도읍지 · 수도 · 부수도의 이전

1) 수도 · 도읍지의 이전

고조선의 도읍지는 정착설과 이동설에 따라 같은 이름을 사용하면서도 위치 비정이나 시기에는 역사기록이나 학자들 사이에 크게 차이가 있다. 이것은 고조선의 국가성격과 하위 차원의 정권의 성격을 구분하는 중요한 기준이므로 계속하여 보다 객관적이고 실증적인 차원에서 규명할 필요가 있다.

첫째, 『삼국유사』<고조선>에서는 『위서』를 인용하여 기원전 2333년 단군왕검이 개성 동쪽 백주 땅에 무섭산에 있는 백악궁 아사달에 도읍을 정하고 조선을 열었다는 것과 『고기』를 인용하여 당시 고려시대 서경인 평양성에 도읍을 정했다는 것을 같이 기록하고, 다음에 궁홀산 또는 금미달이라 부르기도 하는 백악산 아사달로 도읍을 옮겨 1,500년 동안을 다스렸고, 기원전 1122년 주나라 무왕이 즉위하던 기묘년에 기자를 조선에 봉하자 단군은 장당경으로 옮겼다가, 다시 아사달로 돌아와 1,908세까지 살았다고 하여 네 차례의 천도를 기록하고 있다.[92] 이것은 백악산 아사달을 궁홀산 또는 금미달이라고 부르기도 한다는 『고기』를 인용하면서 궁홀산을 방홀산으로 부르기도 한다고 주석을 달아서 고려 당시에 일연 스스로도 백악산 아사달을 정확하게 규명하지 못하고 있음을 의미한다.

둘째, 신용하는 『삼국유사』에 인용된 『고기』를 근거로 고조선은 기원전 30세기~기원전 24세기에 대동강 '아사달'에서 건국한 후, 제1차 천도는 기원전 20세기경에 요동반도의 '개주(蓋州) 왕검성'으로 천도하고, 제2차 천도는 영토의 확대에 따라 기원전 15세기경 요서지역 대능하 유역 조양(朝陽)지구로 천도한 것으로 본다.[93] 고조선은 천도 때마다 집권세력에 큰 변동이 일어나 대릉하 유역 조양지구로의 천도 때에는 '한'족 주

91) 『新增東國輿地勝覽』. 平安道 江東縣 古蹟條.
92) 『삼국유사』 권 제1. 기이 제1. <고조선>: 19－23.
93) 신용하. 2010: 174－181.

도의 한・맥・예 융합 황실은 '맥'족 주도의 한・맥・예 융합 황실로 집권세력의 대변동이 있었던 사실이 고고유물에서 조금씩 보이고 있다. 무덤양식에서 고인돌무덤을 사용하지 않고 적성총 등 다른 양식의 무덤을 채택한 것이 좋은 예이다.[94] 고조선의 강동 아사달(왕검성) 시기와 요동반도 개주 왕검성 시기는 전조선 왕조의 시기이고, 대릉하 유역 조양지구 왕검성 시기는 전조선 왕조가 후조선 왕조로 교체하는 시기와 대체로 중첩되는 것으로 해석하고 있다.[95]

신용하에 따르면, '고조선문명이 기원전 30세기 무렵 대동강 유역과 요동지역에서 형성되어, 요하동쪽에 자리 잡은 사람들은 호랑이가 토템인 예족이 되었고 요하 서쪽으로 건너간 사람들은 곰이 토템인 맥족이 되었다. 5,000년 전 계속되는 기상 이변을 만난 요서지역의 맥족이 동남쪽으로 이동하여 대동강 유역에서 한족(韓族)과 재결합하면서 청동기문화를 토대로 하여 지금의 평양인 아사달에 도읍을 정하고 고조선 국가를 건립하였다. 고조선은 1,000년 뒤 요동으로 수도를 옮겨 예족을 흡수했고, 동서쪽으로 영토를 확장하여 한반도・만주・연해주에 걸치는 동북아지역의 중심국가인 고대연방국가를 건설했다. 나아가 중국의 주장과는 달리 요하문명(홍산문화)의 주인공이 곰 토템인 맥족이었으며, 고중국 동해안에 정착한 고조선 이주민이 황하문명과 상(商)나라의 형성에 큰 도움을 주었다. 이러한 사실은 중국의 대표적인 석학인 부사년(傅斯年)도 인정했음을 밝히고 있다.[96] 신용하의 연구는 한국 상고사에 대한 중요한 학문적인 업적을 축적한 것으로 부족과 수도이전 등을 중심으로 고조선의 형성과 발전 등에 대한 관련 분야 연구의 이정표가 되고 학술적으로도 높이 평가되어야 할 것이다. 이러한 점은 윤내현의 연구에서도 잘 나타나고 있다.

셋째, 윤내현은 '기원전 2400년~2300년 이전 고을나라시대에 지금의 평양을 처음 아사달로 삼았다가, 2400년~2300년 무렵에는 고조선이 조선이란 명칭을 사용한 시기에 평양성인 지금의 요령성 본계시 지역을 도읍으로 정하였으며, 서기전 1100년 무렵 이전에는 지금의 난하 유역인 백악산 아사달로 도읍을 옮겼고, 기원전 1100년 무렵부터 한사군이 설치된 기원전 108년까지는 지금의 대릉하 동부 유역 북진 동남 지역의 장당경에 도읍을 했으며, 마지막으로 현도군이 설치된 기원전 107년 무렵부터 고조선이 붕괴하기까지 지금의 평양인 아사달로 도읍을 옮겼다'는 것이다.[97] 고조선의 천도

94) 위의 책: 180－181.
95) 위의 책: 181.
96) 신용하. 2010: 143－156; 신용하. 2017.『한국민족의 기원과 형성 연구』. 지식산업사; 신용하. 2018.『고조선문명의 사회사』. 지식산업사.
97) 윤내현. 2015.『고조선연구－상』. 만권당: 450－451.

이유를 '첫째, 고조선의 영토 팽창에 따라 새로운 지역을 통치하기 위해서, 둘째, 서부 변경에 기자 일족이 이사해 와 거수국으로 자리 잡음에 따라서, 셋째, 서부 지역에서 위만조선이 건국된 후 그 영토를 확장함에 따라서, 넷째, 고조선이 쇠퇴함에 따른 영토의 축소로 인해서 등과 같은 네 가지를 들고 있다.'98) 이러한 도읍(수도)의 시기별 이동 상황을 그림으로 정리하면 [그림 6－16]과 같다.99)

넷째, 『환단고기』는 최초에 삼한시대에는 현재 흑룡강성 하얼빈인 송화강 아사달(기원전 2333~1285)에 도읍을 정했다가, 삼조선 시대에는 현재 길림성 장춘인 백악산 아

그림 6-16 고조선의 도읍지 이동(윤내현)

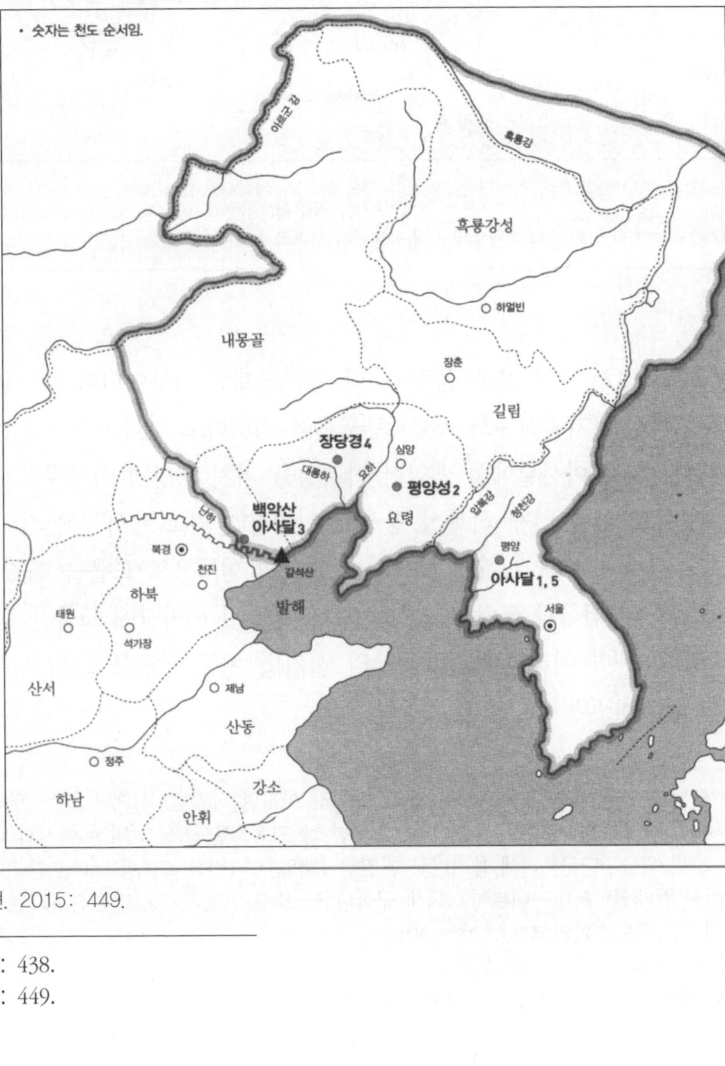

출처: 윤내현. 2015: 449.

98) 위의 책: 438.
99) 위의 책: 449.

그림 6-17 고조선의 도읍지 이동(환단고기)

삼한(三韓)의 수도 위치: 6세 단군 때 신지 발리는 자신이 지은 서사시 〈서효사〉에서 삼한의 수도를 저울대(소밀랑, 송화강 아사달), 저울추(안덕향), 저울판(백아강)에 비유하였다. 세 수도가 하나의 저울이 되어 균형을 계속 유지하는 한, 고조선의 태평시대는 보전될 것이라 하였다(『고려사』).

출처: 각주 102.

사달(기원전 1285~425)로 도읍을 옮겼고, 마지막 단계인 대부여시대에는 현재 요령성 개원인 장당경 아사달(기원전 425~239)로 도읍을 정했다고 한다.[100] 고조선의 상국인 진한은 이처럼 송화강 아사달에서 백악산 아사달을 거쳐 장당경 아사달로 두 번 천도를 했고, 번한(발조선)은 현재 하북성 당산인 안덕향(탕지보)에서 삼한시대와 삼조선 시대를 지내고 대부여 시대에 현재 하북성 창려현인 험독으로 도읍을 옮겼으며, 마한(말조선)은 고조선의 건국과 몰락 때까지 현재의 평양인 백아강에 도읍을 정하고 유지시켰다고 주장한다.[101] 이러한 도읍(수도)의 시기별 이동 상황을 그림으로 정리하면 [그림 6-17]과 같다.[102]

100) 『환단고기』는 고조선의 변천과정을 제1왕조: 송화강 아사달(하얼빈) 시대-삼한-단군왕검~21세 소태단군(기원전 2333년~기원전 1286년) 1,048년 간 지속, 제2왕조: 백악산 아사달(장춘) 시대-삼조선-22세 색불루단군~43세 물리단군(기원전 1285년~기원전 426년) 860년 간 지속, 제3왕조: 장당경 아사달(개원) 시대-대부여-44세 구물단군~47세 고열가단군(기원전 425년~기원전 238년) 188년 간 지속. 『환단고기』: 298-301.

101) 위의 책: 298-301.

102) 위의 책: 299.

다섯째, 『환단고기』에 따르면, 고조선의 본국의 부왕인 후왕이 디스리는 3한 · 3조선의 이러한 천도 내용을 보면 한족인 마한(말조선)은 현 대동강 평양인 백아강에서 삼한 · 삼조선 · 대부여 시대의 처음부터 끝까지 도읍을 지속시켰고, 예족인 번한(불 · 발조선)은 삼한과 삼조선 시대를 현 하북성 당산의 안덕향(탕지보)에 도읍을 두었다가 대부여 시대에는 현 하북성 장려현의 험독으로 동천하였으며, 맥족인 진한(신한 · 단군조선)은 삼한시대에 현 흑룡강성 하얼빈의 송하강 아사달 · 삼조선시대에는 현 길림성 장춘의 백악산 아사달 · 대부여시대에는 현 요령성 개원의 장당경 아사달로 두 차례 천도하여 한 · 예 · 맥족정권의 성격 차이를 볼 수 있다.[103)]

여섯째, 『삼국유사』 <고조선>의 세 차례 천도 기록을 3한 · 3조선의 도읍과 관련지워 나름대로 해석해보면, 3한시대의 한족정권(평양성) → 3한시대의 맥족정권(백악산 아사달) → 3조선시대의 예족정권(장당경 아사달) → 대부여시대의 한족정권(평양성)으로 천도한 것과 겹침을 보여주고 기자와 위만의 예족이 백악산 아사달을 차례로 장악하였음을 기록하고 있다. 그러나 『환단고기』에서 예족정권은 단군조선과 병렬적으로 3한 · 3조선시대의 안덕향에서 대부여시대의 험독으로 옮겨 통치했다고 하여 안덕향이 백악산 아사달의 다른 이름인지 아니면 다른 도시여서 『삼국유사』와 『환단고기』가 서로 다른 내용을 기록하고 있는지 확인이 필요하다. 또한 『환단고기』에서는 고조선 시대를 3한시대 · 3조선시대 · 대부여시대로 나누는 반면, 이 책에서는 고조선 본국을 한 · 예 · 맥족 가운데 어느 세력이 통치하느냐에 따라 한족정권 · 맥족정권 · 예족정권(기자)[104)] · 예족정권(위만) 시대로 나누고 있다. 이 네 개의 정권별 시대구분은 세 차례의 천도와 한 · 예 · 맥족의 지배연합형성 및 권력변동을 파악할 수 있는 장점이 있으나, 예족정권에서 기자족과의 관계가 불확실한 것이 단점이다.

2) 부수도

부수도로서 '아사달'과 관련된 것이 지금의 북경 바로 동북 지역인 영평부(永平府) '조선성(朝鮮城)'으로 지금의 난하 유역의 아사달이다. 이 지역을 고조선의 발생 건국지로 주장하기도 하는데 신석기시대로부터 청동기로 이행하는 시기의 고조선 유물들인

103) 위의 책: 300 – 301.

104) 예족정권(기자)의 시기는 장당경 아사달로 천도한 고조선 본국과 고조선 본국의 천도 이전의 수도인 백악산 아사달에 있던 변한(불 · 발조선)을 차지한 기자조선이 병렬적으로 존재했던 시기를 지칭한다. 『단기고사』는 고조선의 후기인 후단군조선과 기자조선을 나누어 기록하고 있고, 『단군세기』는 기자조선을 별도로 기록하지 않고 위만은 발조선의 왕인 준왕으로부터 왕위를 찬탈한 것으로 기록하고 있다.

비파형 청동단검과 청동기는 나오지만 대릉하 조양지구보다 적게 나오고 팽이형 토기나 고인돌 무덤이 나오지 않아 이곳은 고조선의 부수도였거나 융성기에 임시 천도한 지역으로 보고 있다.

또 다른 고조선의 수도 또는 부수도와 관련된 곳이 지금의 내몽고 자치구인 요서지방 '적봉(赤峰)인데 뾰족밑 팽이형 토기와 고인돌 무덤은 나오지 않고 고조선 비파형 동검은 상당수가 발굴되어 고조선의 서변쪽 부수도의 하나로 추정하고 있다.[105] 고조선 왕실과 지배족의 위상이 바뀌고, 고조선이 3경체제에서 5경체제로 늘어나고 영토가 확장되면서 수도였던 곳이 천도한 이후에는 부수도가 되고 부수도가 수도로 되는 등의 변화도 충분히 가능하였다.

3) 고조선 제1~4정권(왕조)과 세(네) 차례의 수도 이전

이처럼 고조선의 수도 위치에 대한 역사서의 내용과 그것을 바탕으로 한 위치 추정에 대해 학자들의 주장이 서로 다른 것은 고조선이 3경체제를 두다가 5경체제로 확대하고, 2천 년에 걸친 오랜 기간에 5경의 명칭을 '아사달', '왕검성', '평양성' 등으로 혼용하면서 역사기록이나 수도 명칭에 혼동이 자연스럽게 발생한 때문이라 보인다. 고조선 2천 년 기간 동안 47대의 단군 직위를 두고 서로 다른 지역에 권력기반을 둔 여러 세력들이 권력투쟁을 벌이고 여러 차례 장자계승이라는 순리 대신에 5가합의나 쿠데타 등을 통해 5가나 다른 사람이 단군으로 되면서 영토 확장이나 정권의 권력 안정을 위해 지배연합 상대방의 거점지역이나 자신의 권력기반이 있는 도시로 세 차례나 천도하면서 수도에 대한 혼란이 가중되었을 가능성이 크다고 볼 수 있다.

수도의 이전과 단군조선의 정권 구분(제1~4정권)은 상당한 수준에서 친화성이 있어 보인다. 첫째, 신용하는 대동강 유역의 강동 아사달 → 요동 개주 지역 험독에 천도 혹은 부수도 설치 → 조양 아사달(수도 또는 부수도)로 옮겨 제1~3단계의 영토확장을 기했다고 주장한다.

둘째, 윤내현은 평양 아사달 → 요령 평양성 → 백악산 아사달 → 대릉하 장당경 → 평양 아사달로 네 차례 수도를 옮긴 것으로 본다.

셋째, 『환단고기』는 송화강 아사달(하얼빈소밀랑) → 백악산 아사달 → 장당경 아사달로 천도한 것으로 보며, 3한의 수도는 송화강 아사달과 안덕향 및 평양 백아강이라 보고 있다. 『환단고기』는 제1왕조를 송화강 아사달 하얼빈(소밀랑) 시기로 보아 기원전

105) 신용하. 2010: 180-181.

2333년에서 기원전 1285년까지 1048년으로 보고, 제2왕조는 백악산 아사달 장춘(녹산) 시기로서 기원전 1285년에서 425년까지 860년이며, 제3왕조는 장당경 아사달 개원 시기로서 기원전 425년에서 239년까지 188년 간이라고 구분하고 있다.[106]

넷째, 천도를 네 차례 했다는 『삼국유사』, 두 차례 했다는 신용하와 『환단고기』의 주장과 네 차례 했다는 윤내현의 주장 가운데 윤내현과 『환단고기』 사이에 겹치는 부분은 평양 백아강과 평양 아사달, 안덕향과 백악산 아사달, 그리고 장당경 아사달과 대릉하 장당경이다. 이것은 5경을 서로 바꾸어 볼 수 있음을 의미하는 것이다.

다섯째, 수도와 부수도를 혼용하는 입장은 신용하의 설명에서 구체적으로 확인된다. 다만 고조선의 수도를 『삼국유사』와 윤내현은 평양 아사달이 처음과 마지막으로 겹쳐서 네 개로 보는데 반해, 『환단고기』와 신용하는 세 개로 보고 있다는 점에서 차이를 보일 뿐이다.

4) 수도 이전의 시기

첫째, 『삼국유사』는 『고기』를 인용하면서 천도의 시기를 평양성 도읍과 1차 천도지인 백악산 아사달에서 1,500년 살다가 기자에게 백악산 아사달을 넘겨주고, 장당경 아사달로 갔다가 다시 아사달로 돌아와 1,908년을 살았다고 기록하고 있다. 이 때문에 평양성에서 언제 백악산으로 옮겼는지, 장당경 아사달에서 얼마나 있었는지는 명기하지 않아 정확한 천도시기를 특정하지 못하고 있다.

둘째, 신용하는 기원전 30세기~기원전 24세기의 대동강 '아사달'에서 건국한 후, 제1차 천도는 기원전 20세기경에 '개주(蓋州) 왕검성', 제2차 천도는 기원전 15세기경 요서지역 대능하 유역 조양(朝陽)지구로 천도한 것으로 보아 천도의 시기를 추정하고 있다.

셋째, 『환단고기』는 송화강 아사달(기원전 2333~1285), 백악산 아사달(기원전 1285~425), 그리고 장당경 아사달(기원전 425~239)로 도읍을 옮겼다고 하여 천도 시기를 구분하고 있다.[107]

넷째, 『단기고사』는 제25세 단군 솔나 재위 마지막 해 39년인 기원전 1111년에 영고

---

106) 『환단고기』: 2-3.

107) 『환단고기』는 고조선의 변천과정을 제1왕조: 송화강 아사달(하얼빈) 시대-삼한-단군왕검~21세 소태단군(기원전 2333년~기원전 1286년) 1,048년 간 지속, 제2왕조: 백악산 아사달(장춘) 시대-삼조선-22세 색불루단군~43세 물리단군(기원전 1285년~기원전 426년) 860년 간 지속, 제3왕조: 장당경 아사달(개원) 시대-대부여-44세 구물단군~47세 고열가단군(기원전 425년~기원전 238년) 188년 간 지속. 위의 책: 298-301.

탑으로 도읍을 옮겼다고 기록하고 이것을 전단군조선과 후단군조선을 나누는 분기점으로 삼고 있다.[108] 제3세 단군 가륵이 첫 해에 '가륵의 아우 가록을 사달(斯達: 阿斯達)왕으로 삼고 서울을 구월산 당장경에 정하였다'[109]라고 하여 천도한 것 처럼 보이지만 실제로는 고조선 본국이 아니라 가륵이 제후국을 만든 것을 기록한 것이다. 천도로 다분히 오해할 수 있는 내용이나 제4세 단군 오사구가 20년에 평양성을 쌓았다'[110]라고 하여 고조선 본국의 도읍은 그대로 평양성임을 확인해주고 있다.

5) 천도・정권변동・통치세력변동・국가생존능력

첫째, 단군들은 중앙집권적인 권력강화를 위해 통치기간 동안 3경이나 5경을 수시로 순회하고 때로는 장기간 머물게 되고 천도에 대한 논의도 많아지면서[111] 수도와 수도 이전에 대한 기록에 혼란이 있었을 것으로 본다. 여기에 고조선 본국이 아닌 후국들이 도읍을 정하거나 옮기는 것들이 그 혼란을 더하게 했을 가능성도 없지 않다.[112]

둘째, 이러한 논의를 종합하면 고조선 시대에는 적어도 두 차례 나아가 세 차례의 수도 이전이 있어서, 고조선 시대를 4개의 왕조・정권으로 구분할 수 있다는 점이다. 따라서 고조선 수도나 위치 비정에 대한 학자들의 서로 다른 주장은 누가 옳고 그름의 차원 보다는 이러한 정황에서 벌어질 수 있는 일로 이해할 수 있을 것으로 본다.

셋째, 고조선의 수도와 부수도의 이전과 위치를 역사서의 기록을 중심으로 분석하면서 역사서들이나 학자들의 주장 사이에 차이가 있는 것으로 표면상 보이지만 수도와 부수도를 함께 비교하면서 구별하지 않고 왕험성(왕검성)의 위치를 표현한 [그림 6-11]과 [그림 6-17]까지 함께 보면 상당부분 공통점이 발견된다. 그렇기 때문에 하나의 주장만 맞고 다른 주장은 틀린다고 보기 보다는 상호 보완적으로 보아서 고조선의 중심세력의 분포와 이동이란 관점에서 보면 상당부분 공통점이 보이므로 그 공통점을 중시해야 할 것이다. 그 공통점은 평양 아사달, 장춘 백악산 아사달, 요녕성 평양성, 장당경 아사달, 험독 왕험성 백악산 아사달 등이다.

---

108) 『단기고사』: 115.

109) 위의 책: 40.

110) 위의 책: 45.

111) 23세 단군 아홀 시대에 영고탑으로의 천도 논의가 활발해지자 기원전 1233년에 단군이 이한과 오가를 불러 천도 논의 중단을 지시하기도 했다. 『단군세기』. 『한단고기』: 101; 『단기고사』: 111.

112) 『단기고사』에서 3세 단군 가륵이 '아우 가록을 사달왕으로 삼고 서울을 구월산 당장경으로 정하였다.'라고 기록하고, 『규원사화』에 23세 단군 아물이 '동생 고불가에 명령하려 낙랑홀을 다스리게 하고 웅가 을손을 보내서 남쪽으로 정벌하는 군대를 관찰하여 상나라 땅에 도읍을 세웠다'라고 기록하고 있다. 『단기고사』: 40; 『규원사화』: 139.

넷째, 고조선의 수도와 중심지의 이동은 기록과 함께 고조선의 지배·통치세력의 연합의 구성과 그들 간의 권력관계의 변동을 중심으로 보아야 할 것이다. 고조선이 한족·예족·맥족의 지배연합으로 구성된 후 한강족 주도에서 맥족 주도를 거쳐서 예족 주도로 정권이 변동한 것과 함께 한족·예족·맥족의 세력 근거지를 고려해야 할 것이다. 고조선의 지배세력이 한족중심에서 맥족중심을 거쳐서 예족중심으로 지배세력이 변동한 것을 고려해야 한다. 즉, 한족은 한강을 중심지역으로 하여 평양 아사달을 근거지로 시작하고 맥족이 통치세력이 되면서 맥족의 근거지인 장춘 아사달과 장당경 아사달 및 요령성 평양성으로 이동하고 예족이 정권을 잡으면서 예족의 근거지인 장당경 아사달과 험독 왕험성 백악산 아사달, 그리고 예족이 중국에 밀리면서 평양 아사달로 근거지를 옮겼다고 볼 수 있다. 이렇게 볼 경우 고조선은 통치집단교체와 그 근거지인 수도이전이 정권과 밀접하여 한강족 지배의 제1정권, 맥족 지배의 제2정권, 예족 기자족 지배의 제3정권, 그리고 예족 위만족 지배의 제4정권 등으로 나누어 살펴볼 수 있다.

다섯째, 고조선의 수도이전은 국가의 생존능력을 늘리는데 결정적으로 중요한 역할을 하였다. 한족이 맥족에게, 맥족이 예족에게, 기자족이 위만족에게 수도를 빼앗기고 다른 곳으로 옮겨서 3한과 3조선의 하나로 연명하게 된 것이 고조선의 생명을 늘리게 된 중요한 이유이다.[113]

5. 주권형성

국가의 주권(sovereignty)은 국가의 의사를 최종적으로 결정하는 권력으로 대내적으로는 최고의 절대적 힘을 가지고, 대외적으로는 자주적 독립성을 가진다. 국가로서의 고조선의 주권도 대내적으로는 각 부족에 대한 최고의 절대적 힘을 가지고 대외적으로는 전쟁과 외교를 자주 독립적으로 하는 최종적인 권력을 가지는지 여부를 기준으로 판단할 수 있다.

113) 고대국가들 가운데 통치집단의 교체를 네 차례의 수도이전으로 극복하여 연명한 국가는 고조선 맥족이 대표적이다. 특히 맥족 고조선의 뒤를 이은 고구려가 졸본성, 국내성, 평양성으로 천도하고, 백제가 위례성(한성), 웅진(공주), 사비(부여) 등 세 차례 수도이전을 하며 연명했다. 반면 예족은 고조선 시대에 백악산 아사달에서 기자족 준이 같은 예족 위만에게 수도를 빼앗긴 후 한반도로 와서 3한을 형성했고, 그 뒤 예족을 이은 신라가 경주, 고려가 개성, 조선이 한양으로 수도를 삼은 후 천도가 없었다. 다만 고려의 강화도 천도는 거란과의 전쟁으로 예외적인 일이다. 맥족의 후예로 볼 수 있는 노무현 정부의 수도 이전시도도 같은 맥락에서 이해할 수 있을 것 같다. 특히 신라는 고조선과 같이 박·석·김 3성이 통치하면서도 수도를 천년 동안 옮기지 않아 예족과 맥족의 차이를 보이는 것 같아 흥미롭다.

고조선의 주권은 단군의 실재성, 지배 연합 구성 부족과의 관계, 주변 국가들과의 외교와 전쟁 등을 중심으로 파악할 수 있다. 특히 중국의 기자조선, 위만조선, 한사군 문제, 일본의 임나일본부설 등은 고조선의 주권과 관련되어 제기되고 있는 문제들이다. 중국이 동북공정을 통해 고조선이 중국의 지방정부라는 주장을 하고, 한사군의 설치가 중국의 지배라는 주장을 하는 것들이 고조선의 주권을 부정하고 침해하는 주장들이다. 일본이 임나일본부설을 주장하는 것도 고조선에 대해 일본이 주권을 부정하고 침해하는 일이다. 이러한 문제들을 살펴본다.

(1) 절대권력으로서의 주권

고조선의 주권을 나타내는 최고의 통치권력은 천손사상과 천강신화가 모두 고조선의 최고 통치자인 단군의 권력이 '하늘로 부터 내린 권력'이라는 것을 보증하여 백성들을 통치할 수 있는 정당성이 부여되었음을 보여준다. 유럽에서 왕권신수설이 널리 인정된 것도 절대권력이라는 주권인 국왕의 권리는 인간이 주는 것이 아니라 하늘나라의 신이 내린 권리라는 의미였다. 그것은 천손사상이나 천강신화와도 친화적인 것이다. 최고의 권력이 하늘로부터 내려온 것이라는 것은 중국이나 주변 어떤 나라보다도 고조선의 권력이 더욱 정당성이 있음을 강조하여 최고 통치자로서의 권위를 국내는 물론 주변 국가들에게도 과시할 수 있게 하였다. 『삼국유사』에서 보여주는 환국, 환인, 환웅, 단군에 대한 기록은 '하늘의 아들'로서의 단군의 통치력의 정당성을 보여주는 근거가 된다. 삼신사상과 삼신숭배의 전통도 고조선의 문화적·종교적 고유성과 주권성을 보여주는 사례이다.

(2) 연합 부족들의 추대 및 지배연합 구성 부족과의 관계

고조선의 최고 통치자인 단군은 1·2부족 또는 3부족의 연합으로 통치집단이 구성되고 여러 부족들의 대표인 부족장들이 단군을 추대·옹립하여 통치자로 삼아 통치권력이 백성들로 부터 나와서 권력의 정당성을 확보하고 있다. 역대 단군들 가운데 힘이 약하거나 건강이 나쁘거나 천재지변이 있으면 백성들이 국왕을 교체하도록 한 것이 고조선 때부터 여러 차례 있었던 것은 고조선 시대부터 주권이 하늘만이 아니라 땅의 부족, 백성들의 자발적인 지지도 필요했음을 보여서 주권의 고귀함을 보여준다. 『삼국유사』에서 환웅과 웅녀의 혼인에 의해서 단군왕검이 탄생한 것을 기록하고 있는 것은 고조선 주권의 통합성과 융합성을 보여주는 것이다. 『단군세기』에서 5가합의제와 화백제도를 실시하여 지배연합의 합의와 지지를 얻도록 했다는 것은 배타적·독단적인 주권의 횡포 대신 주권의 고차원적·문명적인 성격을 보여준다.

(3) 주권의 상징 천부인

『삼국유사』에서 천부인 세 개를 주고, 신하들과 3,000무리를 함께 이끌고 하늘에서 내려온 것을 기록한 것은 단순히 단군이 하늘의 아들로서의 신분만이 아니라 세 가지 위험을 해소하기 위한 부하들과 통치집단을 함께 내려 보내 주권의 실질적인 실천력을 보여주어 최고 통치권력의 실질적인 힘을 보여주고 있다. 주권은 단순히 천부인 세 개를 가진 것으로 상징적이고 형식적인 것으로 끝나는 것이 아니라 실천력을 지녀야 함을 보여주고 있다.

(4) 제의·군장으로서의 주권자 단군의 역할

고조선의 최고 통치자인 단군이 제사장과 군장의 두 가지 역할을 한 것은 최고의 주권자로서의 단군의 역할을 폭넓게 보여주는 일이다. 제의를 주관하여 하늘과 땅의 연결자 혹은 하늘의 대행자로서의 역할을 하여 종교적·문화적인 최고 지도자와 통합의 상징이 되고, 군장으로서 연합부족국가 백성들을 내·외의 적들로부터 보호하는 역할을 하는 실질적인 군사력을 지닌 지도자가 되어 명실 공히 최고의 주권자로서의 역할을 하게 되었다. 제의-군장으로서의 단군의 역할은 고조선 주권자로서 부족 연합들의 지지를 받고 이들을 보호하고 통치할 수 있는 권력 기반을 구축했다. 이처럼 제의-군장으로서의 단군에게는 중세 유럽의 주권이 국왕에게 있어서 '짐은 곧 국가'라는 명제가 지배하였듯이, 고조선의 경우에도 국왕인 단군에게 최고의 권력이 부여되게 만들었다.

(5) 주권자 단군의 역사성과 승계

주권형성과 관련하여 단군조선의 통치자인 단군의 실존 여부에 대한 것은 고조선 주권의 역사성에 관한 것이다. 역사성을 보여주는 증거들로서 단군릉, 고인돌, 채색무늬 도자기 등과 유골·유물·유적들이 있다. 예로써, 북한 단군릉에서 나온 인골의 연대측정 때 사용된 전자상자성공명법 및 측정 연대에 대한 신뢰 여부에 대한 논란이 있지만 다수는 신뢰하는 방향으로 견해가 모아져서 단군은 허구의 인물이 아니라 역사적 실존 인물로 받아들여지고 있다. 고인돌과 채색무늬도자기의 유물에 대한 탄소연대 측정 등은 고조선의 영역과 역사성을 보여주는 역사적인 증거들이 되고 있다. 고조선 최고 통치자의 계승 및 왕계 승계와 관련하여 장자 승계가 원칙이었지만 때로는 3부족 또는 5가 지도자들이 돌아가면서 단군이 되고, 비정상적으로는 쿠테타의 방식으로 단군직을 찬탈한 경우도 있었음을 보여주는 것은 주권으로서의 최고권력의 유지가 쉽지 않음을 보여주는 사례들이다.

(6) 주권자 단군의 실존관련 문헌 기록

고조선의 주권과 관련된 단군의 실존 여부는 단군조선 47대 왕계를 기록하고 있는 관련 문헌들에도 규명되고 있다. 대표적인 예로 『규원사화』에 대한 위서논쟁에서 위서라고 주장하는 내용들이 해명되고 있고 위서판정위원회에서 위서가 아니라는 판정을 했던 만큼 『규원사회』에 기록된 단군조선 47대 왕계는 신뢰할 수 있다고 보는 입장이 늘어나고 있다. 나아가 단군조선의 47대 왕계를 기록하고 있고 '오성취루'현상과 같은 일부 천문현상에 대해 고대천문학자들의 역사적인 검증도 확인되고 있는 『환단고기』의 내용 가운데 일부분이라도 가치가 있는 기록이 포함되어 있는지 적극적으로 연구해야 한다는 고조선 역사에 대한 적극적인 해석의 필요성을 인정하는 경향이 증대하고 있다. 이외에도 『동국세년가』·『단기고사』·『단군세기』 등 여러 고서들에는 단군왕검을 위시한 역대 단군들의 행적에 대한 기록들이 있어서 단군의 역사성을 높여주고 있다.

(7) 주변 국가들과 고조선의 거수국 위치

고조선은 각 지역의 마을연맹체로서 독립된 정치단위였던 주변의 여러 종족들을 거수국·제후국으로 포용하여 부족연합국가로서의 지역 패권국가 위상을 확립하였다. 고조선의 여러 거수국들의 위치에 대해 윤내현은 [그림 6-18]과 같이 추정하고 있다.

(8) 주변 국가들과의 전쟁 등을 중심으로 본 주권

고조선은 고대 중국 등과의 전쟁을 통해 주권을 행사한 국가이다. 국가의 주권이 대외적으로 나타나는 대표적인 사례가 외국과의 전쟁이다. 주권을 지니지 못한 집단의 경우에는 전쟁이 불필요하다. 주권이 없을 경우에는 외국에게 오로지 복종하고 절대 권력의 지배를 수용할 수밖에 없을 것이다. 반대로 주권을 지닌 국가는 외국의 무력 침공에 대해 전쟁을 통해 백성과 영토를 보호하게 된다. 지방정부에 대한 진압은 내란이나 내전일 경우이고, 외국과의 경우에는 전쟁을 통해 국가의 영토, 백성 및 주권을 지키게 된다. '전쟁이 국가형성이다(War-making is state-making)'라는 찰스 틸리히[114]의

그림 6-18 고조선의 여러 거수국 위치

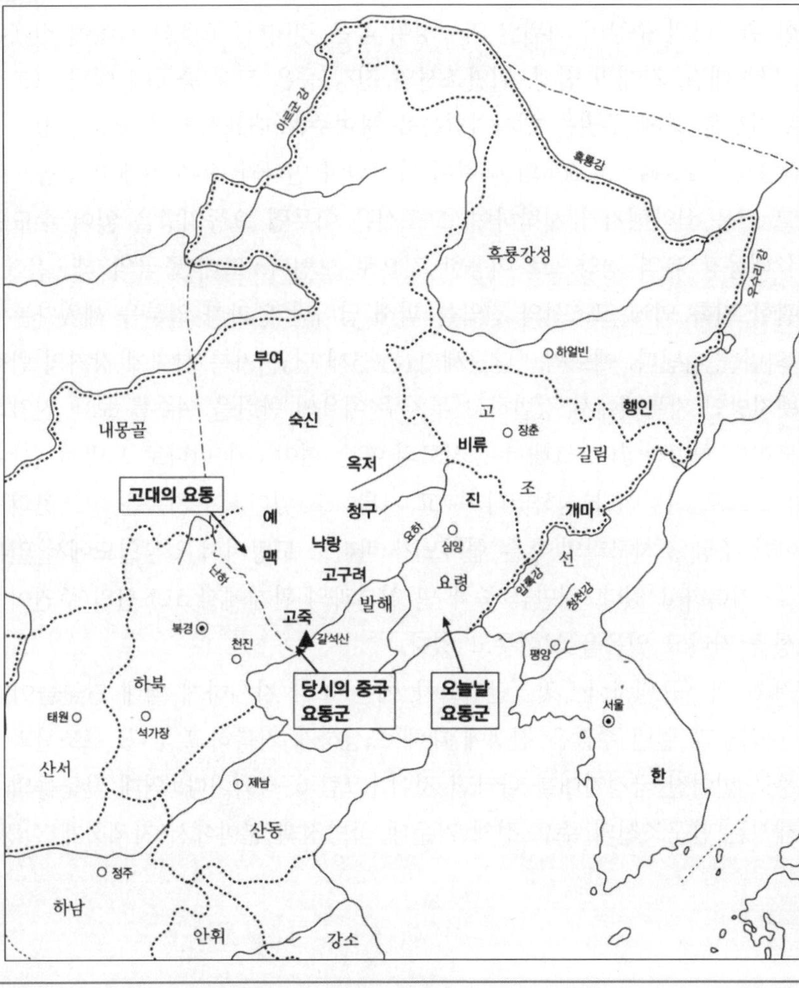

출처: 윤내현. 2016.『우리 고대사, 상상에서 현실로』. 만권당: 128.

114) C. Tilly. 1975. *op. cit.*

관찰처럼 국가는 전쟁을 통해 국가를 형성하고 유지・보호하게 되어 전쟁은 국가 주권의 상징적인 행위가 된다.

고조선시기에는 중국과 수많은 전쟁들이 있었다. 사마천의 『사기』<조선열전>에 상세하게 기록된 고(위만)조선과 한의 전쟁을 중국측에서는 한사군의 설치와 한나라의 고조선에 대한 침공전쟁의 성공을 기록하기 위한 것이다. 그것은 역으로 고조선이 중국의 한나라와 결연하게 전쟁을 치루고 심지어는 한나라가 참전한 사령관들을 처형한 것 등을 볼 때 기록의 내용과는 반대로 한나라가 고조선과의 전쟁에서 패했음을 위장하고 변명하기 위해 기록한 것으로 의심을 받고 있다. 이 때문에 고조선에 대한 한사군의 설치에 대한 한나라의 주장이 허위일 가능성이 높은 것이다. 고조선 시대에 전개된 한과의 전쟁, 탁록대전, 진개의 전쟁, 위만조선의 전쟁 등은 고대 중국에 대해 고조선이 적극적으로 전쟁을 통해 주권을 행사하였음을 보여주는 대표적인 사례들이다.

기원전 3세기 초에는 고조선의 국력이 약화되어 연나라 장수 진개의 침공으로 서쪽 땅을 잃고 더욱 쇠약해지기 시작하여, 고조선은 이무렵 요동지방을 잃어 수도도 요하 유역에서 대동강 유역 평양으로 이동한 것으로 보인다. 고대 중국의 하・은・주와의 전쟁에 관한 기록 외에 고조선의 진압을 피해 달아난 일파가 일본을 세웠다는 기록은 또 다른 의미를 지닌다. 예로써, 『단군세기』는 '3세 단군 가륵 시대에 강거의 반란을 단제가 티벳지방인 지특백에서 정벌하고 두지주 예읍의 반란을 여수를 보내 진압하고 추장 소리모리를 처형하였다. 그래서 소시모리 후손 협야노가 바다로 도망쳐 일본열도에 웅거하며 스스로 천왕이라 칭하였다'[115]고 기록하고 있다. 이 기록은 고조선의 진압을 피해 달아난 추장 소시모리의 후손 협야노가 바다로 도망쳐서 일본열도에서 일본 천황이 된 것을 기록하고 있다. 이만큼 중국 및 일본과의 관계에서 고조선의 주권이 독자성과 우월성을 지니고 있음을 보여주고 있다.

『단군세기』와 『규원사화』 및 『단기고사』에는 보다 자세하게 역대 단군들이 중국이나 이웃 나라들과 벌인 수많은 전쟁에 대해 소상하게 기록하고 있다. 고조선과 중국의 전쟁이 주로 벌어진 국경지대를 나타낸 것이 [그림 6-19]이다. 역대 단군들의 전쟁활동에 대해서는 단군조선의 주요 정책 가운데 국방정책 분야에서 자세하게 설명하도록 한다.

115) 『단군세기』: 68.

그림 6-19 고조선과 중국의 국경지대

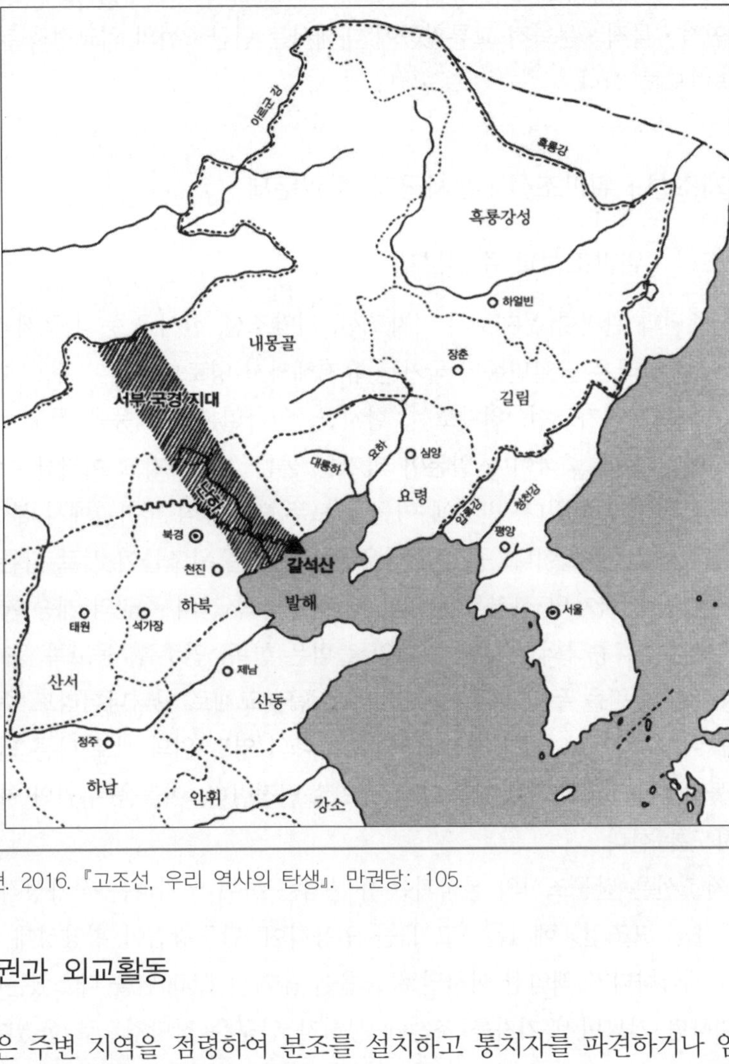

출처: 윤내현. 2016.『고조선, 우리 역사의 탄생』. 만권당: 105.

(9) 주권과 외교활동

고조선은 주변 지역을 점령하여 분조를 설치하고 통치자를 파견하거나 임금으로 봉하는 등 주권을 확대하여 행사하였다. 고대 중국 등 여러 국가들과 활발한 외교활동을 하여 국가의 주권을 행사했다. 국가 간 사신을 주고받으며 서로 문화를 교류하고, 공물을 주고받으며 교역을 통해 물자를 교류한 기록들이 많이 나온다. 중국 고사서 중 최초의 기록인 기원전 7세기『관자』에서 8천 리나 떨어진 먼 나라인 조선의 호랑이·표범 가죽의 우수성과 비싼 값을 쳐주면 사올 수 있고 화폐로도 사용할 수 있다고 기록한 것은 조선 상품의 고귀함을 보여주는 기록이다.

『단군세기』와 『규원사화』 및 『단기고사』에는 보다 자세하게 역대 단군들이 중국이나 이웃 나라들과 벌인 수많은 외교활동에 대해 소상하게 기록하고 있다. 역대 단군들의 외국과 인적 · 물적 · 문화적 교류활동에 대해서는 단군조선의 외교정책 분야에서 자세하게 설명하도록 한다.

(10) 기자조선 · 위만조선 · 한사군과 주권문제

1) 기자조선 · 위만조선과 주권문제

고조선의 주권과 관련한 문제로서 기자조선, 위만조선, 한사군 등의 문제를 들 수 있다. 고조선 이후 한국은 단일민족의 국가를 유지해와서 영토보다는 민족을 중시하는 민족국가이기 때문에 기자조선, 위만조선, 한사군, 임나일본부설 등을 두고 주권문제와 관련짓는다. 이 때문에 중국이나 일본이 과거는 물론 지금까지도 이러한 주제를 두고 한국과 논쟁을 벌이게 되었다. 반면에 이들은 모두 영토중심 국가관에서 볼 때에는 전혀 주권과 관련 없는 일들이다. 중국의 경우에는 수많은 왕조들이 서로 다른 민족으로 구성이 되어 다민족 국가의 성격을 지녔기 때문에 민족 간의 주권의 계승 자체가 전혀 문제가 되지 않는다. 중국의 새로운 왕조의 출범은 한족, 만주족, 몽고족 등 서로 다른 민족들이 중국의 중원을 두고 다투어서 지배 민족의 교체로 나타나더라도 주권은 민족과 무관하게 이어지는 것으로 인정하고 있다. 하나의 영토 위의 서로 다른 민족이 하나의 주권을 놓고 다툴 뿐 주권은 계승되는 것으로 인정한다. 이들을 주권의 차원에서 차례로 검토하도록 한다.

첫째, 기자조선은 단군조선의 본국과는 구분되는 하위 국가라는 국가성격의 문제이다. 『삼국유사』<고조선>에서는 『고기』를 인용하여 '단군왕검이 평양성에 도읍을 정하고 조선을 개국하다가 백악산 아사달로 도읍을 옮겨서 1,500년을 다스렸는데, 주나라 무왕이 즉위하던 기묘년에 기자를 조선에 봉하자 단군은 장당경으로 옮겼다가 그 후 아사달로 돌아와 1,908세까지 살다가 산신이 되었다'라고 기록하여 단군과 기자가 병존했음을 분명하게 명기하고 있다. 이것은 『고기』 자체가 중국이 주장하는 기자를 조선에 봉했다는 것을 인정하면서도 단군은 장당경으로 도읍을 옮겼다가 기자정권이 몰락한 이후 다시 아사달로 돌아와 1,908세가 되도록 오랜 기간 다시 다스렸음을 기록하여 단군조선 본국과 기자가 다스린 국가를 구분하고 있다. 이것은 기자가 다스린 국가는 단군조선 자체인 본국이 아니라 그 하위 국가인 부왕 혹은 제후에 해당하는 정권으로서 3조선의 하나임을 의미하는 것이다.[116]

이러한 사실을 같은 『삼국유사』 <고조선>에서 당나라 『배구전』을 인용하여 재확인해주고 있다. '고구려는 본래 고죽국이었는데, 주나라에서 기자를 봉하면서 조선이라 했다. 한나라가 [이곳을] 세 군으로 나누어 다스렸는데, 이것이 곧 현도, 낙랑, 대방이다. 『통전』에도 역시 이 말과 같다'[117]라고 기록하여 기자가 다스린 기자조선은 고조선의 제후국(거수국)인 고죽국이었고, 그 고죽국을 그 뒤 한나라가 소위 한사군이라는 현도, 낙랑, 대방의 세 군으로 나누어 다스렸다고 분명히 기록하여 단군조선 본국과 고죽국이었던 기자조선 및 한 3군을 구별한다.

둘째, 위만조선은 단군조선의 본국과는 구분되는 하위국가인 진번조선을 이은 것이다.[118] 『삼국유사』 <위만조선>은 『전한서』 <조선전>을 인용하여 '연나라 사람 위만은 망명하면서 무리 1,000여 명을 모아 동쪽으로 요쇄를 빠져나와 패수를 건너 진나라의 옛 빈터인 상하장의 변방 요쇄에서 살았다. 그리고 그는 차츰 진번조선의 만이, 연나라와 제나라의 망명자를 복속시켜 왕이 되어 왕검에 도읍을 정했다. 위만은 군사의 힘으로 주변의 작은 고을들을 침략하여 항복시켰는데 이에 진번, 임둔이 모두 복속해와 땅이 수천 리나 되었다'[119]라고 기록하여 위만은 기자의 진번조선과 주변의 고을들을 장악하여 위만정권을 세웠음을 명기하고 있다. 위만정권도 기자정권과 함께 단군조선의 본국이 아니라 3조선의 하나인 진번조선을 다스렸음을 『삼국유사』는 확인해주고 있다. 이러한 내용을 기록한 것이 『단기고사』와 『단군세기』이다.

셋째, 『단기고사』는 기자조선과 위만조선을 고조선의 부왕국인 번한조선으로 보고 있어서 상국인 단군조선과는 구분하고 있다. 『단기고사』는 25대 단군 솔나의 시기를 기준으로 전단군조선과 후단군조선으로 나누고, 기자조선은 단군조선에서 갈려 나간 서여를 시조로 1,093년 간 42명의 임금이 다스렸다고 본다. 이때 기자조선은 후단군조선과 병립한 것으로 기록하고 있다. 위만조선에 대한 구체적인 언급은 없고 다만 위만이 연나라 망명자 수천 명과 기준왕을 습격하고, 왕은 신하들과 피신하여 목지국 금마면으로 가서 마한을 세웠음만 기록하고 있다.[120]

넷째, 『단군세기』는 기자조선의 시조라는 서우여가 번한조선의 30대 왕으로 기록하

116) 『삼국유사』 권 제1. 기이 제1. <고조선>: 19-23.
117) 위의 책: 21.
118) 위의 책. <위만조선>: 24-27.
119) 『삼국유사』 <위만조선>: 24-25.
120) 『단기고사』에서는 기자조선의 태조가 전단군조선 19세 종년(『단군세기』에서는 구모소)의 둘째 아들 종선 청아왕 증손 서여라고 하여 기자조선은 단군조선의 후국이라고 기록하고 있다. 대야발 저. 고동영 역주. 1986. 『단기고사』. 한뿌리: 104, 181.

고, 위만조선에게 나라를 빼앗겼다는 준(기준)왕을 번한의 74대 왕으로 기록하고 있다. 이것은 위만조선도 기자조선에 이어 고조선 본국이 아닌 3한·3조선의 하나인 번한(번조선)이었음을 명기하는 것이다. 이처럼 『단군세기』는 기자조선은 인정하지 않고 위만조선은 역시 고조선의 부왕국인 번한으로 보고 있어서 위만조선의 상국인 단군조선은 그대로 위만조선을 거느린 본국이라고 본다.[121]

다섯째, 『규원사화』는 명시적으로 기자조선과 위만조선을 언급하지 않고 있다. 다만 단군조선 47대 단군들이 모두 기원전 1128년에 끝나는 것으로 하여 기자조선과 위만조선의 시기에 해당하는 기간을 여백으로 남겨두고 있다. 반면에 중국 사서들과 그것을 인용한 『삼국유사』는 기자조선과 위만조선을 고조선 본국의 한 시대로 인정하고 있다. 이처럼 기자조선과 위만조선에 대한 역사적인 기록은 한국측과 중국측의 기록 사이에 큰 차이가 있어서 여기에 대하여서는 면밀한 검토가 필요하다.

여섯째, 종합적으로 볼 때 기자조선은 3한의 하나인 번한의 30대 왕이 된 서우여를 중시조로 삼고, 위만은 번조선(번한·불조선) 74대 왕인 기준으로부터 정권을 찬탈하였으므로 역시 번한의 왕으로 보아야 할 것이다. 따라서 기자조선이나 위만조선은 모두 단군조선의 비왕이었던 번한의 정권이었다. 『단군세기』에서는 25세 단군 솔나 때 기자가 서화에 온 사실은 기록하면서도 숨어 살았다고 기록한 반면, 21세 단군 소태 때 서우여와 소태·색불루의 관계를 소상하게 기록하고 있다. 『단군세기』에 따르면, 21세 단군 소태가 늙어 스스로 종친인 서우여에게 왕위를 물려주고자 오가와 논의하고 그에게 살수의 섭주로 삼고 기수로 부르게 했다. 개사원욕살에서 우현왕이 된 색불루는 이 소식을 듣고 왕에게 반대하며 중지케 했으나 듣지 않자 사냥족 수천을 이끌고 신궁에서 22세 단군으로 즉위하자, 소태 단군은 어쩔 수 없이 옥책, 국보를 전하고 서우여를 폐서인한 후 은퇴·사망했다.[122] 그 뒤 서우여는 좌원에 돌아와 사냥꾼 무리 수천인과 더불어 군대를 일으키자 단군 색불루는 서우여를 번한의 왕으로 삼았다.[123] 『한단고기』에 있는 『단군세기』와 <번한세가 하>의 기록이 너무나 자세하고 본국인 단군조선의 21세 단군 소태, 22세 단군 색불루, 번한의 서우여, 기자, 위만 등의 권력투쟁 과정을 사료를 근거로 소상하게 기록하고 있다.

---

121) 『단군세기』는 기자조선을 부인하고 있고(103), 『북부여기 상』은 위만조선에 대해 기록하고 있다(128). 서우여에 대해서는 『한단고기』<태백일사/삼한관경본기: 번한세가 하>: 222에 기록하고 있다.

122) 『단군세기』: 97-99. 은나라 왕 무정의 귀방정벌은 갑골편의 갑골문자로도 기록되어 있고, 은나라 때의 작은 나라인 귀방은 서융설, 귀주성설, 섬서성설 등 여러 다른 주장이 있다.

123) 『한단고기』<태백일사/삼한관경본기: 번한세가 하>: 222.

이 기록에 따르면, 고조선 본국왕인 단군이 우현왕 색불루의 쿠테타로 소태에서 색불루로 바뀌고, 본국의 왕으로 예정되었던 서우여는 폐서인 당했다가 군대를 일으키자 색불루가 번한의 왕으로 봉하였고, 기자는 25세 솔나 때에 와서 칩거했음을 명확하게 기록하고 있다. 『단기고사』도 『단군세기』와 같이 기자조선을 세운 서우여가 21세 단군 소태와 같은 왕족이고, 단군조선을 쿠테타로 집권한 22세 단군 색불루는 왕족이 아니어 왕족이 바뀌게 됨을 기록하고 있다. 『단기고사』는 21세 단군 소태의 왕족이 기자조선으로 이어지고 단군조선 본국은 다른 부족이 왕이 되고, 25세 단군 솔나 때에 도읍을 영고탑으로 옮겨 전단조 1세 단제부터 25세 솔나 39년까지 1222년의 전단군조선을 마치고 후단제 1세 솔나로부터 23세 고열가까지 875년 간의 후단군조선을 열었다고 기록하고 있다. 『단기고사』는 기자조선이 1세 기자 서여에서 42세 기자 마한까지 1093년간 지속되었다고 기록하고 있다.

일곱째, 위의 어느 경우라 하더라도 기자와 위만에 대한 명칭이 기자조선, 위만조선 등 그 시대 고조선의 이름으로 부르는 것은 적절하지 않다. 『삼국유사』, 『위서』, 『고기』, 『전한서』, 『단군세기』, 『단기고사』 등 한국측과 중국측의 사서에 따르면, 단군조선 본국이 아닌 주권을 지니지 못한 부왕국인 후국이므로 부왕국의 주권을 지닌 상국인 단군조선 자체의 성격과는 구분이 되어 부왕국의 이름에 불과하여 기자조선이나 위만조선으로 부르는 것은 적절하지 않다. 또한 중국측의 사료에 따르더라도 기자와 위만은 단군왕검이 세운 고조선을 이어 온 일정 시기의 제한적인 통치집단일 뿐이기 때문에 고조선의 국호, 영토, 주권, 국민을 그대로 이어 받고 별도로 통치집단만 바뀐 것이기 때문에 국가 자체의 성격이 달라졌을 때 국호를 바꾸는 기자조선이나 위만조선의 호칭은 적절하지 못하다.

여덟째, 이들을 인정하지 않는 경우는 물론이고 기자조선과 위만조선을 인정하는 경우라 할지라도 조선이라는 이름 대신 통치집단을 의미하는 정권의 이름으로 부르면 충분하여 기자정권이나 위만정권으로 부르면 될 것이다. 기자의 경우에는 『삼국유사』에 따르더라도 그 당시 단군이 스스로 장당경으로 옮겨 백악산 아사달을 평화적으로 넘겨주었고, 위만은 쿠테타를 통해 기자정권의 권력을 탈취하였을 뿐 3조선체제의 고조선이라는 고대국가의 성격과 틀을 바꾸지 않은 채 그대로 유지하여 왔기 때문이다. 이것은 3조선의 하위 국가의 통치권 차원의 교체이지 고조선 국가 차원의 몰락이나 새로운 국가의 건국과 같은 차원은 아니기 때문이다. 고조선 지배체제 내에서 기자나 위만의 위상은 단군이나 국왕 등 통치자나 제한된 통치세력 간의 위상의 교체일 뿐 고구려, 백제, 신라, 가야 등의 개국과 같은 국가 차원의 흥망성쇠에 해당하는 것은 아니다.

아홉째, 이 때문에 기자나 위만의 등장을 기자조선과 위만조선으로 표현하는 것은 고조선의 주권상실로 과장·왜곡하여 고조선의 역사를 식민국가의 역사로 왜곡하고자 하는 의도에 악용될 우려가 크다. 특히 중국은 기자를 봉한다고 표현하여 기자조선을 중국의 제후국으로 기록하고자 하는 의도를 가지고 기자조선과 위만조선으로 부르기 때문에 이것은 둘 다 단군조선의 독립국가임을 부정하기 위한 중국과 일본의 의도가 반영된 것이어서 기자조선과 위만조선으로 부르는 것은 주체적인 역사관에서는 허용할 수 없는 것이다. 따라서 향후 한국에서는 기자와 위만을 다루더라도 기자조선이나 위만조선으로 스스로 과장·왜곡하는 일은 없이 기자정권과 위만정권으로 불러야 할 것이다.

2) 기자동래설과 기자조선의 문제

기자동래설은 동이족인 은나라가 주나라에게 망하자 은나라 귀족인 기자가 무리를 이끌고 조선에 와서 왕이 되었다는 주장이다. 이것에 대해 주나라 왕이 조선의 왕으로 봉했다는 기록과 기자가 아니고 동이족인 기자족이 이민족인 주나라의 압박을 벗어나 같은 동이족이 살고 있는 조선으로 이동해 와서 살았다는 주장이 갈린다. 중국측에서는 주나라가 왕으로 봉했다는 기록을 기원전 3세기 사마천의 『사기』 등에서 기록한 뒤 그것을 사실로 믿고, 한국측에서는 『삼국유사』 등에서는 그것을 받아들이나 『단군세기』와 『단기고사』 등에서는 부인하는 기록들이 많아 부정하는 입장이다. 이처럼 견해가 나뉘는 것은 동이족이 한반도 주변으로 이동하여 한민족으로 형성되어 왔듯이 기자족의 망명도 그러한 파동의 한 줄기로 보느냐 아니면 중국의 파견이냐에 대해 견해가 나뉘기 때문이다. 중국에서 기원전 12세기 은나라와 주나라가 교체되고, 기원전 8세기 이후 춘추시대, 기원전 5세기 전국시대가 열리며 전쟁이 계속되면서 동이족계통의 지배층들이 많이 고조선으로 파상적으로 망명해왔다. 기자족의 이동도 그러한 망명의 일환이기 때문에 이러한 관점에서 기자동래설을 이해해야 한다.

기자동래설과 기자조선에 대한 한국의 입장은 고려와 조선 등 중국과의 관계가 좋았을 때에는 중국의 입장에서 기록된 것을 존중하였으나, 고려 말 중국의 침략이나 조선조 말과 일제시대에는 기자조선을 부정하는 입장을 취해 왔다. 특히 일제강점기 일본이 기자조선을 마치 중국의 식민국가인 것처럼 강조하면서 이에 대한 반발로 민족주의 역사가들은 기자조선을 아예 부인해 버리고, 해방 후 역사책에서도 기자조선을 삭제해버렸다.

『사기』, 『한서』, 『함허자(涵虛字)』 등 중국의 역사서에는 기원전 12세기에 은나라가 주나라에게 망하자 은나라 귀족이던 기자가 5천 명의 지식인과 기술자들을 이끌고 조선으로 왔는데, 기록에 따라 기자가 스스로 도망해 왔다고도 하고, 주나라 무왕이 기자를 조선에 파견하여 왕으로 봉하였다고도 하여 조금씩 다르게 기록하고 있다. 『삼국유사』도 『고기』를 인용하여 주나라 무왕이 기자를 조선에 봉하였다고 기록하고 있다.

기자에 대해 고구려 때에는 평양에서 기자신에 대해 제사를 지냈고, 고려시대와 조선시대에는 평양에 기자 사당을 세워 제사한 사실들이 기록되어 있어서 현재 학계에서는 기자 자체를 부정하기는 어렵다는 것이 다수설이다. 이때 기자에 대한 제사는 기자가 전해 온 시서예악 등의 문화와 정전제와 8조교 등 법제의 도입과 같은 국왕으로서 이룩한 업적에 대한 평가일 것이다. 기자 동래설은 마치 가야에서 허황후가 먼 인도에서 배를 타고 와서 김수로왕의 왕비가 되었거나, 모세가 이집트의 압제를 벗어나기 위해 유대인들을 이끌고 출애급 하는 사건, 그리고 신라시대 외국인을 처용으로 비유한 처용가와 유사한 것일 뿐 기자조선이라는 새로운 나라를 건립한 것은 아니다. 그 뒤에도 기자나 허황후와 같은 이민족들이 도래하여 한민족으로 동화된 것과 비슷할 뿐이다. 이것을 기자족이 기자조선이라는 새로운 고조선이라는 나라를 새운 것으로 과장하는 것은 적절한 것이 아니다.

한편, 『단군세기』에서는 정해 37년(기원전 1114년)에 "기자箕子 서화西華에 옮겨가 있으면서 인사를 받는 일도 사절하였다"라고 하여 기자가 조선의 왕이 아니라 옛 기자족의 땅인 서화[124]에 옮겨가 은퇴한 삶을 살았음을 기록하고 『수경주』에서는 기자의 무덤도 은나라 탕왕 무덤 옆 서쪽에 있다고 기록하고 있어서 기자 본인이 조선에 온 것이 아니라는 것을 밝히고 있다.[125] 기자는 은나라의 귀족으로서 은나라가 주나라에 망한 이후 권력에서 밀려 조선으로 탈주·이주한 세력으로서 기자 본인은 조선까지 오지 못하고 그 후손들이 기원전 5~4세기경까지 파상적으로 조선으로 왔을 것이란 천관우의 학설이 지지를 받고 있다. 기자족은 원래 고조선과 같은 동이족이 세운 나라여서 이민족인 주나라와 달라 동이족이 세운 은이 망하자 같은 동이족인 조선으로 이주한 것이라는 해석이다. 이것은 모세가 이집트라는 이민족의 압제를 벗어나 유대인들을 이끌

124) 『대청일통지(大淸一統志)』에서 "서화는 옛 기(箕)의 땅이다. 개봉부 서쪽 90리에 있다"라고 기록하고, 『수경주(水經注)』에는 "두예 말하기를 양국(梁國) 몽현(夢顯)의 북쪽에 박별성이 있는데 성안에 은나라 탕임금의 무덤이 있고, 그 서쪽에 기자의 무덤이 있다"라고 기록하고 있다. 이 두 책의 기록으로 볼 때 기자는 조선이 아니라 화남성 서화지방에 은퇴해서 살았고 지금의 서화와 같은 양나라 몽현에 기자의 무덤이 있다는 것이다. 이것은 기자가 조선에 온 것이 아니라 기자의 후선, 즉 기자족이 조선으로 이동해왔다는 것을 기록한 것이라고 해석한다. 『단군세기』: 103-104.

125) 위의 책: 103-104.

고 탈애굽 하는 것과 비슷한 것이다. 이렇게 해석하면 기자족의 조선 유입은 같은 동이족의 새로운 연합일 뿐 이민족이 새로운 국가를 세운 것과는 차원이 다르다.

이 점에서도 기자족의 조선으로의 이동은 기자조선의 창업이 아니고 같은 한강족, 맥족, 예족 등 3부족의 연합 내에서 예족인 기자가 맥족으로부터 권력을 이양받은 것(김용섭) 또는 조선이 새로운 기자족을 엽합세력의 일부로 흡수한 것이라고 해석하고 있다. 그리고 이들 부족들 간의 권력 투쟁과 권력 이전으로 보아야 할 것이다. 그렇기 때문에 기자와 기자족의 유입은 고조선의 주권문제도 아니고 국가 차원의 문제는 더욱 아닌 것이다. 이러한 점들이 기자조선과 위만조선 명칭을 더 이상 사용할 수 없는 이유이다. 이처럼 기자와 기자족의 성격에 대해서는 학설들이 나뉘지만 기자의 이주는 고조선 국가에 대한 부정이나 주권 차원의 문제는 아니고 국가 주권보다는 낮은 차원인 집권통치세력이나 국왕 차원의 교체문제로 보아야 할 것이다.

3) 위만조선·창해군의 문제

위만조선의 문제는 대내적인 권력 장악과 대외적인 전쟁의 두 가지 측면에서 검토해야 한다. 기원전 3세기 중엽 중국이 전국시대에 진나라가 통일을 하고 단명에 그치고 다시 한나라가 통일하는 과정에 사회가 혼란해지면서 고조선 주변의 연(燕), 제(齊), 초(楚) 등의 나라에서 수만 명의 동이족계 지배층이 고조선으로 망명해 왔다. 이 과정에 기원전 2세기 초 동이족예족인 위만이 1천여 명의 무리를 이끌고 연에서 나와 고조선으로 망명해왔다.[126] 위만과 그 무리들은 동이족으로서 고조선 사람과 똑 같은 옷을 입고 상투를 틀고 와서 고조선과 차이가 없었다. 이에 고조선 준왕(準王)이 위만을 서쪽 국경을 지키는 수비대장으로 임명하였는데, 기원전 194년에 쿠데타를 일으켜 준왕[127]을 몰아내고 왕위에 올랐다.

이때부터 위만이 다스리는 나라를 위만조선이라 하지만 그것은 왕위찬탈에 의한 국왕교체 차원의 문제이지 고조선 국가 차원과 주권 차원으로 볼 일은 아니기 때문에 위만조선이라는 국호는 적절하지 않다. 더구나 위만이 조선이라는 국호를 그대로 사용하고 위만족이 동이족이기 때문에 더욱 국왕 명칭으로서만 사용할 수는 있으나 위만조선이라고 단군조선과 별개의 국호로 사용하는 것이 부적절한 것이다.

---

126) 『삼국유사』<위만조선>: 24－27.

127) 준왕은 나라를 빼앗기고 무리를 이끌고 배를 타고 남쪽 진국(辰國)으로 내려와 마한 연맹의 중심인 월지국을 습격하여 한왕(韓王)이 되었고, 얼마 지나지 않아 마한의 여러 나라들이 함께 일어나 기준을 멸망시켰다고 한다. 신채호. 앞의 책: 137.

특히, 위만이 왕위를 찬탈한 것이 단군조선이 아니라 단군조선의 지방왕조인 진번조선[128] 또는 번조선이라면 더욱 위만조선이란 명칭은 부적합하다. 위만이 번조선의 왕으로서 단군의 제후인 기준이 실수로 위만에게 번조선의 왕위를 찬탈 당했다고 『북부여기 상』이 기록하고 있다.[129] 이 때문에 단재 신채호도 위만이 불(번)조선의 왕위를 찬탈하여 왕이 되어 단군에게는 제후라고 보고 있다.[130] 이처럼 위만이 쿠테타를 한 국가가 단군조선이 아니라 불조선이고 위만조선의 집권기간도 86년의 단기간이기 때문에 위만조선이라는 국호가 적절하지 못하다.

『단군세기』에 따르면, 단군조선 47대 단군 가운데에도 위만처럼 쿠테타로 집권하거나 왕위의 장자세습이 아니고 5가출신이 왕이 된 경우가 여러 차례 있다. 예로써, 22세 단군 색불루가 첫 쿠테타로 집권하여 단군이 되었다. 기원전 개사원의 욕살 고등이 몰래 군사를 이끌고 귀방을 습격하여 멸망시키고 고등의 군대와 군사력이 강화되어 우현왕이 되었으며 그의 손자 색불루가 우현왕을 세습하고 세력을 모아 쿠테타로 단군직을 찬탈하여 단군이 되었다.[131] 46세 단군 보을 때에는 번조선 왕 해인이 연나라 자객에 시해되어 오가가 다투어 일어나 읍차 기후가 병력을 이끌고 입궁하여 번조선 왕을 자칭하자 단제가 윤허하였다.[132] 이러한 쿠테타를 통해 집권한 사례들로서 위만과 이러한 비정상적인 왕위 승계는 같은 차원에서 보아야 할 것이다.

다음으로 위만과 중국과의 전쟁문제이다. 위만 시대에는 높은 수준의 철기문명을 바탕으로 강략한 군사력을 지니고 있어서 진번과 임둔 등 주변의 여러 나라들을 복속시켜 나갔고, 한강 이남에서 큰 세력을 형성하고 있던 진국과 한나라가 고조선을 통한 중개무역을 허용하여 경제적인 이득을 얻어 경제력도 키웠다. 위만 시대의 고조선이 동아시아의 경제군사 강국으로 성장하는 것을 두려워한 한나라는 고조선을 견제하고자 하였다. 마침 기원전 128년 고조선에 복속되어 압록강 중류와 동가강 유역에 있던 예국(濊國)의 왕 남려(南閭)가 28만 명의 주민과 함께 한에 투항하여 이 지역에 창해군(滄海郡 · 蒼海郡)을 설치하였으나 몽고로부터 만주까지 세력을 키우고 있는 몽골(흉노)과 고조선의 동맹을 통한 협공을 걱정하여 창해군으로 고조선을 견제하고자 했다. 한나라의 의도와는 달리 토착인들이 강력하게 저항하여 실패하였다.[133] 이에 한나라 국왕

128) 『삼국유사』<위만조선>: 24－25.
129) 『북부여기 상』『한단고기』: 128－129.
130) 신채호. 2014. 『조선상고사』: 137.
131) 『단군세기』: 99－101
132) 위의 책』: 118－119.
133) 한영우. 2004: 81.

은 외교를 통해 창해군을 살리고자 섭하를 사신으로 보냈으나 위만의 손자인 우거왕이 응하지 않아 섭하는 돌아가는 길에 자신을 배웅하는 장수를 죽였고, 고조선은 군대를 파견하여 요동도위로 있던 섭하를 죽여 복수했다.[134]

이 사건으로 인해 고조선과 한의 외교적인 관계는 파탄이 나고, 기원전 109년 한 무제가 5만 명의 육군과 7천 명의 수군을 보내 고조선을 침공하면서 전쟁이 벌어졌다. 1년 간의 전쟁 기간 동안 고조선은 한나라 육군을 패수 서쪽에서 패퇴시키고 왕검성을 포위한 수군을 물리쳐서 승전하였다. 고조선은 1차 전쟁에서 승리한 후 한이 추가로 군대를 파병하여 수도 왕검성을 포위하자 고조선 내부의 지배세력들이 주전파와 주화파가 나뉘고, 주화파가 한나라에 투항하면서 주전파인 우거왕과 대신들을 살해하자 내부로부터 무너져 내렸다.[135]

이에 한나라는 이 지역에 네 개의 군현을 설치하고 태수를 파견하여 정치를 간섭하자, 고조선 지배층이 남쪽으로 이동하여 마한, 진한,[136] 변한의 남삼한 발전에 큰 자극을 주었다.[137] 위만과 그 후손의 몰락은 고조선 가운데 불(번)조선이며, 사마천의 『사기』 기록에서 왕검성과 패수의 위치 및 전쟁 상황에 대한 기록 등을 볼 때 한반도와 대동강 유역의 왕검성이 아니라 만리장성 주변 지역과 요동지역이라는 주장이 많은 지지를 받고 있다.

4) 한사군문제

고조선의 주권문제는 중국과 관련한 한사군의 인정 여부 및 설치 지역문제와 직결되는데, 평양을 중심으로 한 한반도 북부지역이라는 해석도 있지만 다수설은 한사군이 설치되지 않았거나 설치되었더라도 한반도가 아닌 중국 요동지방이거나 요동과 한반도 북부 지방에 걸치는 지역이라는 주장이다. 한사군의 논쟁은 한사군이 설치된 것인지, 아닌지, 설치되었다면 고조선 영토 내인지 아닌지, 고조선 영토 내에 몇 개가 설치된 것인지, 한사군이 한반도에 설치된 것인지 등에 대해 활발한 의견 대립이 있다.

한사군에 대해 당나라 『배구전』은 '고구려는 본래 고죽국이었는데, 주나라에서 기자를 봉하면서 조선이라 했다. 한나라가 [이곳을] 세 군으로 나누어 다스렸는데, 이것이 곧 현도, 낙랑, 대방이다'[138]라고 하여 한사군은 고조선의 서쪽 변경 국경지역의 속국인

134) 『삼국유사』: 24－27.
135) 주화파들로는 토착세력인 고조선의 상(相)들 중에 路人, 韓陶, 尼谿相 參, 장군 王唊 등이고, 주전파는 右渠王, 대신 成己 등이다. 위의 책: 24－27.
136) 『삼국사기』에는 고조선 지배층이 이동하여 경북지방에 진한을 세운 것으로 기록하고 있다.
137) 한영우. 2004: 80－82.

고죽국에 설치되었음을 기록하고 있다.

한사군의 논쟁에서 최근에 부각되고 있는 것은 고조선과 한과의 오랜 전쟁에서 승자가 한이 아니고 고조선이라는 주장이다. 그 증거로 고조선과 한의 전쟁이 한창 진행 중인데 좌장군 휘하 보병 우두머리인 다(多) 장군, 황제의 직할 정예군 총지휘자 위산 장군, 제남 태수 공손수 장군 등을 전쟁 패배의 책임을 물어 처형하고 누선 장군은 체포하는 등 군 책임자들을 엄중하게 연이어 처벌하였고, 나아가 전쟁 이후에도 패전의 책임을 물어 좌장군은 사형시켰고 누선 장군은 관직박탈을 당했다는 점이다. 모든 전쟁 이후에는 논공행상을 하여 승전 시에는 상을 주는 게 당연한데 한에서는 상을 준 것은 없고 사형, 관직박탈 등 처벌만 한 것으로 보아 한이 고조선에게 패전 당했을 가능성이 크다는 것이다.[139]

『사기』<조선열전>은 한이 고조선과의 전쟁에서 승리한 후 한사군을 설치했다고 기록하지만, 한사군의 이름이 등장하는 것은 반고가 지은 『한서』부터이다. 고조선에 관한 『한서』의 기록 대부분은 『사기』<조선열전>의 내용을 문자 그대로 옮겨두고 있는데, 유독 한사군과 관련된 부분에만 『사기』에 없는 진번, 임둔, 낙랑, 현도 등의 이름을 기록하고 있다.[140]

일연도 『삼국유사』에서 『배구전』과 『통전』에서 현도, 낙랑, 대방 세 군이 기록된 것을 인용하면서 『한서』에서는 네 군을 들고 있고 이름도 서로 다름을 지적하여 이 기록에 대한 의구심을 의견으로 기록하고 있다.[141] 평양성과 패수의 위치가 한반도가 아니라 중국요동 지역이라는 것은 설사 한사군이 설치되었어도 중국 요동 지역과 그 주변 지역에 설치되었음을 의미한다. 이 때문에 "한사군은 설치된 적이 없다"[142]는 주장이 크게 확산되고 있다. 위만조선과 한사군의 위치도를 [그림 6-20]에서 나타내주고 있다.

---

138) 『삼국유사』<고조선>: 21.
139) 성삼제. 2016: 121-122.
140) 『삼국유사』<위만조선>: 24-27.
141) 『삼국유사』<고조선>: 21.
142) 성삼제. 2016: 120-122.

그림 6-20 위만조선과 한사군의 위치도

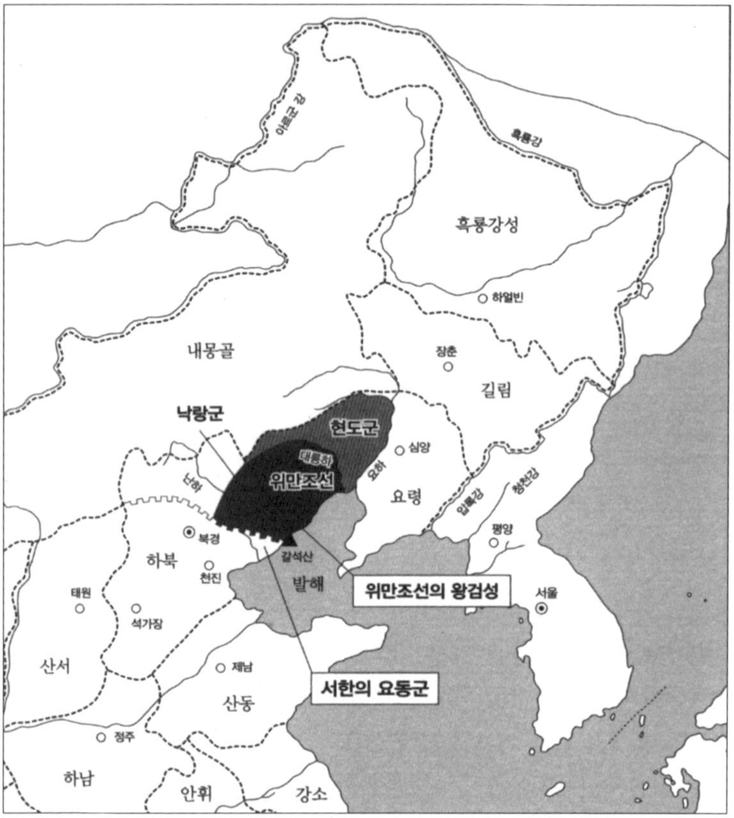

출처: 윤내현. 2016: 231.

6. 동아시아 최초 제국으로서의 고조선의 전개와 국가능력

(1) '나라'로서의 동아시아 최초 제국인 고조선

'나라'로서의 고조선은 민족·영토·주권으로 구성된 동아시아 최초 제국이었다. 한 민족이 1~3부족으로 형성되었다는 주장들이 나뉘지만 고조선의 전 기간을 통해 3부족의 권력관계는 변화하였다. 단군을 맡아 집권을 한 단군과 통치세력이 변화하여 정권변동을 가져오고 각 부족의 근거지로의 수도 이전은 권력기반 확립과 광활한 영토를 개척·유지하는 국가능력의 중요한 수단으로 활용되었다. 천도에 관한 『삼국유사』의 기록은 나라로서 고조선의 특징을 규정하는 중요한 변수가 되었다. 평양성 아사달에서 백악산 아사달에 도읍을 옮겨 1,500년 간 통치하고 기자족의 점령으로 장당경 아사달로 옮겼다가 다시 평양성 아사달로 옮겨 1,908년이나 통치했다는 기록은 고조선의 기본적인 성격을 확인해주고 있다.

(2) 단군조선 · 기자조선 · 위만조선 · 창해군 · 고죽국의 관계

『고기』를 인용한 『삼국유사』의 기록은 단군조선 · 기자조선 · 위만조선의 관계를 정확하게 규정하고 있다. 한족이 통치하던 단군조선을 맥족이 통치하게 되면서 중국 대륙으로 진출하여 영토를 확장하고자 평양성 아사달에서 중국 북경에 가까운 맥족의 근거지인 백악산 아사달로 수도를 옮겨 1,500년 간 단군조선이 동아시아의 대제국으로서 통치를 하던 중, 국내 · 외적인 위기가 닥치고 기자족이 백악산 아사달을 차지하여 예족이 단군조선을 통치하면서 예 · 맥족은 예족의 근거지인 장당경 아사달로 천도하게 된 것이다.

이러한 백악산 아사달에서의 단군조선과 기자국의 국가변동과 정권변동을 가까이에서 본 중국측에서는 백악산 아사달을 뺏고 빼앗긴 기자국과 단군조선의 관계를 기록하면서 기자국이 단군조선을 장악한 것으로 기록하게 된 것이다. 이때에는 장당경 아사달의 단군조선과 백악산 아사달의 기자국이 병렬적으로 공존하는 시기이다. 그 뒤 위만족이 기자국의 준왕을 몰아내고 기자국을 장악하고 영토도 넓혔으나 여전히 고조선의 대부분의 영토와 민족은 장당경 아사달의 단군조선이 통치하였다. 위만조선의 국력이 약해지자 예족 남려의 28만이 이탈하여 창해군을 설치하여 기자조선 · 위만조선 · 창해군 · 고죽국의 국가변동이 중국과의 국경 가까운 난하지역과 갈석산 주변 지역에서 일어나게 된 것이다. 이 책에 제시된 여러 지도에서 이러한 위치와 상호관계를 확인할 수 있다.

(3) 단군조선 · 기자조선 · 위만조선과 제1～4 단군정권

고조선은 초기와 중 · 후기까지는 위에서 설명한대로 동아시아의 최초 제국으로서 높은 위상을 보였다. 단군조선 개국 초기 한족 · 예족 · 맥족 연합국가와 한족이 지배하는 통치세력을 중심으로 한 제1 단군정권시대와 중기 맥족이 통치세력의 중추가 되면서 맥족의 근거지로 수도를 옮기면서 정권을 장악한 제2 단군정권 시대, 그리고 예족인 기자족이 일부 지배하던 제3 단군정권의 시대에는 영토나 국가능력 및 국가위상에서 높은 수준을 보여 동아시아 세계체제의 중심 패권국가로서 단군조선의 전성기를 실현했다. 평등과 분배가치를 지향하느라 경제력의 축적을 이루지 못하여 강력한 군사력을 지탱하지 못하면서 맥족이 실권하고 성장과 경제력 축적을 중시하던 예족이 집권하면서 제3 단군정권(기자족은 번조선 장악)을 형성하여 고조선을 융성시켰다.

그러나 이 과정에 부족간 균열과 높아진 사회갈등을 엄격한 형법과 강력한 무력으로 지탱하다가 '강한 국가의 역설(irony of strong state)'[143]로 무너지면서 같은 예족의 위만족이 번조선을 장악하면서 고조선 본국도 예족 주도의 제4 단군정권으로 전환하게 되었다. 위만정권은 초기에는 강력한 힘을 바탕으로 중국과 전쟁을 벌이는 등 강한국가로서의 면모를 보이는 듯했으나 고조선의 국가 내부적으로 이 시기에 3한 연합국가였던 고조선이 3조선체제로 나뉘면서 상황이 달라졌다. 진조선, 불조선 및 말조선이 각각 독자적인 전쟁선포권과 높은 자치권을 가지면서 모국인 고조선의 국력은 약화되었다. 국가의 위상도 크게 낮아지게 되면서 중국과의 전쟁에서도 패하게 되고 고조선은 열국으로 나뉘게 되었다. 이로 인해 고조선 말기인 제4 단군정권 시기인 위만정권 시기에는 고조선과 위만정권의 국가능력은 약화되고 동아시아 지역의 패권도 중국에 넘겨주게 되었다.

이처럼 '나라로서의 국가'인 고조선은 국민, 영토, 주권의 구성 요소의 성격이 달라지면서 제1~3 단군정권으로 나뉘고 그에 따라 국가능력이 강력하여 앞에서 언급한 다양한 분야의 우수한 특성을 실현시켰다. 그러다가 제4 단군정권 시기에 국가능력이 약해지면서 대외적으로 동아시아 세계체제에서 최초의 강력한 국가라는 강대국의 지위에서 물러나 그 패권국가의 지위를 중국에게 물려준 채 몰락하고 열국으로 나뉘게 되었다. 고조선 국가의 원형은 열국에게도 이어졌는데 그 가운데 핵심 요소는 단군조선이 가지고 있던 높은 문화력과 아사달문명으로서의 지배이데올로기였다.

---

143) '강한 국가(경성국가)의 역설'이란 국가가 권위주의적인 강력한 통치체제로 독재체제를 단기간은 효과적으로 운영할 수 있지만 시간이 지나면 그 효력이 상실하여 더욱 강력한 통치수단을 동원해야 이전과 비슷한 효과를 유지할 수 있게 되어 권위주의체제를 계속 유지하려면 통치수단의 강도를 시간이 지날 수록 더욱 높여야 하기 때문에 일정한 시기가 되면 더 이상 강도를 높일 수가 없어서 강한 통치수단이 무력화되고 결국은 강한 국가가 붕괴하게 됨을 나타내는 것이다. 마치 약에 대해 병균의 내성이 점차 높아지면 더 이상 약의 효과가 없게 되는 것과 비슷한 현상이다. 20세기 중후반 남·북미나 아시아·아프리카·중동·남유럽 등 전세계적으로 권위주의 국가들의 등장과 몰락과정을 설명하는 효과적인 개념이다. 고조선의 경우에도 예족이 지배하던 기자정권과 위만정권의 붕괴과정을 설명할 때에도 적용할 수 있을 것으로 본다. '강한 국가(경성국가)의 역설'에 대하여서는, G. John Ikenberry. 1986. "The Irony of State Strength: Comparative Responses to the Oil Schocks in the 1970s." *International Organization* 40(1). Winter 1986 참조.

제7장

고조선의 '지배이데올로기 · 상부구조'로서의 국가

1. 지배이데올로기 · 상부구조로서의 국가

국가를 지배이데올로기와 상부구조로서 이해할 때 고조선 시대에는 계급적인 개념인 상부구조의 성격은 약하고 주로 지배이데올로기의 성격을 지닌다. 고조선 시대의 핵심적인 지배이데올로기로서는 고조선 국가형성과 지배의 근본문명이 된 고조선(아사달)문명을 중심으로 보아야 할 것이다. 고조선문명은 단군왕검이 아사달을 터전으로 고조선을 건국하고 통치하여 그 지역적 · 문화적 · 민족적 상징성을 기준으로 하여 아사달문명으로 부르게 된 것이다.

고조선문명은 단군사회를 기반으로 하여 지배이데올로기가 형성되어 천손 · 생명의식, 세 가지 위험과 지배이데올로기, 세 개의 천부인과 지배이데올로기, 홍익인간, 삼신사상, 불함문화, 요하문명과 홍산문화, 한강문화와 맥 · 예족문화, 무속과 샤먼교를 믿는 하늘 숭배 종교 등이 고조선 지배이데올로기에 융합적으로 나타나게 되어 높은 융합성과 포용성 및 문화적 우월성과 선차성을 보이게 되었다. 이러한 우수하고 독자적이며 고차원적인 지배이데올로기의 문화력이 고조선을 문화국가로 만들게 하고 2천 년이라는 장기간의 국가생존력으로 이어지게 되는 원동력으로 작용하게 되었다.

국가의 지배이데올로기도 고조선 국가체제의 성격변화에 따라 시기별로 달라졌다. 단군조선이 여러 부족국가들을 연합하여 건국한 연합국가로 출발하여, 국왕과 통치체제도 제사장과 군장의 역할을 동시에 해야 하는 제의-군장과 제의-군장체제를 가졌다. 건국 초기에는 연합국가의 왕인 단군왕검에게 부족국가들을 통합시킬 수 있는 제사장의 역할이 더 강하게 요구되었으나, 연합국가로 건국한 이후 외국과의 전쟁이 많이 벌어지면서 부족국가들을 지휘하고 외국 군대에 대항한 일사불란한 전쟁을 치루게 되어 단군에게도 제사장으로서 보다 군장의 기능을 더 많이 요구하게 되었다. 고조선의 통치체제도 제사장과 종교의 기능을 중시하던 제의-군장체제에서 전쟁과 국방의 기능을 더 중요하게 필요로 하는 군장-제의체제로 변화하면서 지배이데올로기의 성격도 바뀌게 되었다.

이러한 단군과 고조선 체제의 성격이 변화하면서 고조선의 지배이데올로기도 샤머니즘과 토테미즘 등의 종교적 지배이데올로기를 중시하다가 중반 이후 군장-제의체제로 전환하면서 불교와 유교와 같은 이념이 더 중요하게 되었다. 이것은 제의 중심의 통치이데올로기가 새로 유입된 불교나 유교 및 도교와 같은 새로운 선진 종교의 도입으로 그 위력을 잃게된 때문이다. 천손사상, 삼신사상, 홍익인간, 불함문화 등 아사달문명으로 대표되는 지배이데올로기들이 불교나 유교 및 도교와 같은 새로운 선진 종교의 도입으로 융합되면서 고조선 국가의 지배이데올로기는 더욱 강력한 지배이데올로기가 되었다. 이러한 우월성을 지닌 강력한 지배이데올로기의 융합적인 발전은 고조선 2,000년이라는 장기적인 국가생존능력으로 이어졌다.

이러한 고조선 문화국가의 지배이데올로기의 성격을 차례로 검토하도록 한다.

2. 고조선(아사달)문명권과 고조선의 지배이데올로기 형성

(1) 단군사화의 성격: 한(환)국시대·신시시대·단군조선시대의 계속성과 융합성

1) 세 가지 위험에서 환웅과 선주 집단의 생명을 구할 세 가지 천부인

먼저 환국의 황제 환인이 그의 서자인 환웅이 늘 천하에 뜻을 두어 인간 세상의 일을 탐구하는 줄 알고, 굽어 살펴 "세 가지 위험이 있음을 발견하였다"[1]는 점이다. 환웅이 스스로 위험이 있는지 알았는지는 모르나, 아버지가 보니 아들이 뜻을 두고 있는 천하에 위험이 하나도 아니고 세 개씩이나 있는 것을 발견한 것이다. 그 위험은 천하에 뜻을 두고 내려가 다스릴 생각을 하는 아들에게 분명 위험이 될 것이고, 나아가 아들이 다스릴 그 지역에 이미 터를 잡고 살고 있을 것으로 보이는 선주 부족에게도 위험이 될 것으로 보인다. 이에 환국 황제는 아들을 보호하고 아들이 다스릴 천하의 선주 부족도

1) '삼위태백'에서 '삼위'에 대한 해석이 다양하다. 먼저, 삼위가 『서경』에 나오는 산 이름으로, '태백'은 그 중의 하나로 보는 입장이다. 고운기는 '세 봉우리가 솟은 태백산'이라고 해석했고, 이병도는 '삼고산(三高山)'이라고 풀이했다. 신채호는 삼위산과 태백산의 두 개의 산으로 보았다. 이처럼 '삼위태백'에 대한 해석이 다양한데, 대부분의 해석이 삼위와 태백을 중복되게 해석하여 복합용어로서의 그 의미가 제대로 해석되지 못하고 있다. 이에 김원중은 삼위를 '세 가지 위험'으로 해석하고, 저자는 세 개의 천부인과의 관계에서 삼위를 세 가지의 위험으로 해석하고자 한다. 그것은 태백산을 수식하는 수식어로서의 의미도 살고 천부인 세 개라는 것과도 상관성과 인과성이 있어서 그 의미를 크게 보고 있다.

안전하게 다스릴 수단으로 생각되는 "천부인 세 개를 주고 가서 다스리게 하였다." 이것이 우리 민족과 관련 된 첫 신화인 단군신화에서 나타난 환웅의 아버지의 첫 통치활동이라 할 수 있다. 그것은 위험으로부터 지배자가 될 아들 환웅과 그가 다스릴 집단, 특히 이미 그 지역에 살고 있는 선주 부족의 생명을 구해내는 일이다. 위험의 내용은 정확하게 알 수 없으나 선주 부족이 외부로부터 온 지배자인 환웅에 대한 반대나 공격이 될 수도 있으나 그럴 경우라 할지라도 그 위험은 환웅과 선주 부족 모두에게 위험이 되는 것은 분명하므로, 이 위험을 해소하고 환웅과 선주 부족 모두를 위험으로부터 구해내기 위한 행위는 생명존중을 지향하는 통치활동이라 보기에 부족함이 없다.

또한 환웅의 아버지 환인은 아들을 세 가지 위험에서 구해 내기 위해 구체적인 통치활동의 수단을 주었다. 즉, "… 천부인 세 개를 주고 가서 다스리게 하였다." 여기에서 천부인 세 개가 무엇인지는 명확하지 않다. 진덕규는[2] "천부인이 구체적으로 무엇을 의미하는가에 대해서는 이 신화는 밝혀 놓지 않았지만, 그것은 주민들의 생활수준보다 더 발전된 새 문명을 나타내는 특정 물품일 것으로 추정된다"고 한다. 그러면서 각주에서는 "그러한 물건들은 단순한 도구이기보다도 정치적 종교적 의미를 지닌 것들로 보여진다"고 하며, "이들 물품을 과시함으로써 새로 이주한 환웅의 집단이 한 단계 더 높은 문명의 소유자였음을 자처했을 것이고, 그에 따라 새 통치자의 영향력이 커졌을 것으로 생각된다. 상징물, 즉 통치자의 신성함을 드러내고 그것이 하늘에 의해 주어졌음을 강조하는 의미가 그 속에 담겼음을 이해할 수 있다"고 보고 있다.

신용하는 고조선문명권에서 발굴되는 군장급의 고분에서 출토되는 유물을 근거로 천부인 세 개를 청동거울, 청동검, 그리고 옥(玉, 曲玉 또는 環玉)일 것으로 추정하고 있다.[3] 천부인 가운데, 둥근 '거울'은 태양숭배 신앙과 관련된 것으로서 '해(태양)', '하

2) 진덕규. 2002: 66. 또한 이것과 관련하여 이종욱. 1999.『한국고대사의 새로운 체계』. 소나무: 151 참조.

3) 이 세 가지 유물은 청동으로 만들어진 것이 대부분이지만 청동기 이전에는 일부가 석기로도 만들어 졌을 것으로 추정하고 있다. 신용하. 2010: 192-195. 최남선(1954)은 거울, 검, 방울, 북, 모자 등을 제시하고, 장수근(1982)은 거울, 칼, 방울로 압축하여 천부인은 청동검 · 청동거울 · 청동방울, 청동검 · 청동거울 · 북 또는 청동거울 · 청동검 · 옥일 것으로 각각 서로 다르게 추정하고 있다. 천부인은 천(天) · 지(地) · 인(人) 삼재(三才)와 원(○) · 방(口) · 각(△) 삼묘(三妙)와 성(性) · 명(命) · 정(精) 삼진(三眞)과 인(仁) · 지(智) · 용(勇) 삼달(三達)의 표상(表象)으로 추정되며,『회삼경(會三經)』에는 "성품의 모양(性相: ○), 목숨의 모양(命相: 口), 정기의 모양(精相: △)이라는 세 가지 묘함(三妙)이다"라고 하였다.『삼한관경본기』『환단고기』; 최남선. 1954. <단군고기전역(檀君古記箋繹)>『사상계』 10. 사상계사; 장수근. 1982. <삼국유사의 무속기록의 고찰>『삼국유사의 연구』. 중앙출판사. 일본은 청동검 · 청동거울 · 청동방울을 삼종신기(三種神器)로 삼고 일왕 통치의 상징물로 삼고 있으나 실물이 대중에게 공개된 적은 없다.

느님', '천손'의식과 관련되고, '검'은 고조선 왕족 부계인 '한족'(환웅족)의 정통 후손으로 통치권의 위엄을 가지고 있음을 증명하는 것이며, '옥'은 고조선 왕계에서 모계가 '맥족'으로 고귀함과 아름다움을 증명하는 것이라고 해석하고 있다.[4)]

천부인에 대한 이러한 해석들은 통치의 차원에서 일반적인 권력관계의 입장이나 3부족 연합이라는 지배연합 차원에서 천부인을 해석하는 것이어서 신화의 바로 앞부분에서 언급한 위험이란 부분을 경시한 해석이라 생각된다. 그러나 신화에서는 세 가지 위험을 언급하고서 아버지가 아들에게 세 가지 천부인을 주고 가서 다스리게 했다는 점에는 분명 중요한 의미가 함축된 것으로 보인다. 따라서 조심스럽게 세 가지 위험을 벗어날 수 있는 수단들을 천부인 세 개에 담고 있을 것으로 본다. 환웅의 아버지는 이처럼 조심스럽게 아들에게 예상되는 세 가지 위험을 각각 단단히 사전에 예방토록 하는 조치를 취하면서 세 가지 천부인을 주어 잘 다스릴 수 있도록 한 것이라 생각한다.

또한 세 가지 위험과 세 가지 천부인에 대해 특별히 언급하지는 않았으나 왜 세 가지일까에 대해 그 의미를 따져 볼 수 있겠다. 고대 원시 사회에서 가장 큰 위험이 무엇일까를 중심으로 논의하는 것은 자연스러운 일이다. 고대 사회에서 사람이 겪을 가장 큰 위험은 목숨, 즉 생명이고 생명을 보존하고 삶을 영위하기 위해서 가장 중요한 일은 먹는 일, 자는 일, 그리고 입는 일이 아닐까? 그리고 부족의 생활을 넘어 부족연맹체와 초기국가를 건설하는 이유가 외부 적으로부터의 침략에 대해 집단을 보호하기 위한 것이라면 이러한 위협으로부터 국가를 지키기 위한 목적과 직결되는 것일 것이다. 이처럼 세 가지 위험과 세 가지 천부인이 인간의 생명과 직결된 의, 식, 주, 그리고 외침으로부터의 안전보호라고 본다면, 단군신화에서는 삶의 가장 중요한 부분에 대한 일을 다루고 있었다고 추측해 볼 수 있겠다. 따라서 천부인은 세 가지 위험으로부터 인간을 보호하는 상징으로서의 의미가 더 클 것으로 보인다. 의 · 식 · 주 · 안전 · 아름다움 등을 상징하는 것으로 보는 것이 타당할 것이다.

4) 천부인이 이러한 세 가지일 가능성이 높다. 다만 3부족과의 관계를 연결시키는 부분에서는 다소 부자연스러운 부분이 있다. 이것은 왕의 씨족적 · 부족적 정통성을 상징하는 것들이지만 삼부인을 환웅이 환인으로부터 받은 것이므로 시간적인 전후관계에서 부적합한 것으로 보인다. 세 부족이 형성된 것은 환웅이 천부인을 받고 인간세계에 내려온 이후 곰과 호랑이 부족을 만나 곰이 웅녀가 되고 그 뒤 단군왕검이 태어났기 때문에 삼부인을 후대 부계와 모계로 거슬러 상징하는 것에는 다소 무리가 있어 보인다. 물론 '운명예정설'처럼 환인이 환웅에게 준 천부인 세 개의 의미에 따라 3부족 연합으로 건국되었다고 사전예정설로 해석할 경우에는 시간의 선후관계문제는 해소될 수는 있다.

2) 땅과 생명: 널리 인간에게 이롭게 할 태백산 주변 지역 지정

환웅의 아버지 환인은 아들이 다스릴 지역도 널리 인간에게 이로운 지역인 태백산 지역을 선택하여 주었다. 단군신화에서 태백산의 도읍 결정도 인간이 스스로 하는 것이 아니라 환국의 황제 환인이 볼 때 인간에게 널리 이롭게 할 땅을 의도적으로 선택하여 아들에게 주고 내려가서 다스리도록 했다는 점이다. 지금 우리 민족은 터로서의 땅의 입지를 중시하는 데 그것이 이미 단군신화에 뿌리를 두고 있음을 보여주는 것이다. 천하에 위험이 있음을 안 황제는 그 위험을 피하고 도리어 널리 인간에게 이롭게 할 땅을 찾아서 아들이 내려가도록 한 것이다. 황제가 밝히지는 않았으나 여러 가지 기준을 고려하여 아들 환웅이 다스릴 나라의 입지로 태백산을 특별히 선택하여 지정한 것은 도읍지의 중요성을 일깨우는 일이다. 여기에서 입지 선정의 기준으로서도 아들에게 위험하지 않은 곳과 널리 인간에게 이로움을 주는 곳이라는 두 가지 기준이 최소한 적용되었을 것으로 유추할 수 있다. 우리 민족이 명당과 풍수지리에 그렇게 많은 관심과 노력을 기울이는 것은 이미 단군신화에서부터 유래하는 것임을 확인할 수 있는 일이다. 이것은 땅이 생명을 줄 수도 그 반대일 수도 있음을 보여주면서 생명을 주는 곳을 특별히 선택해야 함을 보여준다.

3) 환웅천왕 지배이데올로기와 지배집단의 형성

환웅이 장자가 아닌 한계인인 서자이거나 환국의 서자직에 있었던 후왕이기에 자신이 살고 있던 천상이 아닌 천하에 늘 뜻을 두어 인간 세상의 일을 탐구하다가, 아버지로부터 받은 무리 삼천 명을 거느리고 태백산 마루턱 신단수 아래로 내려와 그곳을 신시라 하여 나라를 세우고 환웅천왕이 되어 다스렸다. 환웅천왕이 무리 삼천 명을 데리고 내려왔다면 그들은 환웅천왕을 도와 이미 거기에 살고 있던 선주 부족을 다스린 지배세력이었을 것이다. 삼천 명의 규모에 대해서는 당시 고대 사회의 상황에 비추어보면 매우 큰 규모라고 볼 수도 있으며, 대규모의 지배집단이 환웅천왕의 지배를 도왔다는 측면에서는 국가통치의 안정성 확립이라는 점에서 매우 그 의미가 크다.

4) 통치이데올로기와 행정 업무의 분업·분장

풍백, 우사, 운사를 거느리고 곡식의 재배, 인명의 보호, 질병의 치료, 형벌의 집행, 권선징악 등을 주로 맡아 보살피되, 무릇 인간의 360여 가지 일을 두루 맡아 다스려 통치·행정업무를 분업·분장했다는 점은 의미가 크다. 단군신화는 농업, 치안질서 유지와 내무, 보건 의료, 법무, 문화 등 매우 구체적으로 행정을 분업화하고, 더 나아가 업무를 360여 가지 전문분야로 나누어 다스렸다는 점에서 행정의 분업이 고대 사회에서 이미 높은 수준으로 이루어지고 집행되었음을 보여준다. 여기에 대해 자세한 언급은 없으나 공동체 운영을 위한 인간의 협동적인 활동이 상당 수준에서 전문화되고 분업화되었음을 상징적으로 보여준다.

5) 건국 이데올로기와 단군조선의 건국

환웅천왕이 다스릴 때, 곰과 범이 환웅에게 빌어 햇빛을 보지 않고 쑥과 마늘을 먹고 사람이 되려고 했으나 삼칠 일만에 범은 되지 못하고 곰만 여자의 몸으로 변했다. 웅녀는 더불어 혼인할 사람이 없으므로 매양 신단수 밑에서 잉태할 수 있게 해달라고 빌었고, 환웅이 다른 사람으로 변신한 뒤 혼인하여 단군왕검을 낳았다. 따라서 단군은 하늘에서 내려온 존재와 땅에서의 존재 사이에 태어난 존재로서 신격화되고 있다. 단군왕검은 당요가 제위에 오른 지 쉰 해가 되던 경인년에 평양성에 도읍하고 비로소 조선이라 하였다. 나라를 다스린 지 천오백 년에 주 호왕이 즉위하던 해인 기묘년에 기자를 조선에 봉하자 단군은 곧 장경당으로 옮겼다가 뒤에 아사달로 돌아와 숨어서 산신이 되었고 수는 1,908세를 누렸다.

이것은 단군왕검이 선주 부족 가운데 곰 부족과 합쳐서 단일적인 통치체제를 형성했다가 기자족이 연합하며 권력관계가 변화하여 천도까지 했음을 보여준다. 특히 곰이 환웅에게 인간이 되도록 빌고, 또 여자가 된 뒤에는 매양 신단수 밑에서 잉태할 수 있도록 빈 것은 종교적으로도 상징적인 의미가 크다.

6) 토템신앙과 제의-군장체제 형성

환웅이 곰과 범 등 여러 부족들 가운데 범 부족은 배제하고 간절하게 인간이 되고, 또 잉태하기를 빈 곰 부족을 연합대상으로 삼아 새로운 통치체제를 만들었음을 의미한다. 단군왕검은 곰의 인간화로 상징되는 부족 간 통합과정을 거쳐 고조선을 건국하였음을 나타낸다. 환웅천왕이 선주 부족들 가운데 곰의 부족을 통치세력에 편입한 반면, 범의 부족은 통치권력 핵심에서 배제하여 새로운 고대국가를 형성했음을 설명하고 있다. 이것은 여러 촌락으로 분산 거주 했던 고대 사회에서 추장이나 존장(尊長) 중심의 사회에서 발전하여 고조선은 제의-군장체제로 새로운 국가를 형성했음을 의미한다.[5)]

5) 진덕규. 2002: 65.

7) 통치이데올로기로서의 홍익인간과 생명사상

단군신화를 통해 환웅이 홍익인간의 철학을 실천하고자 태백산을 도읍지로 선정하고, 곰 부족과의 통합도 곰 부족의 간절한 기도를 받아들여 이룬 것이다. 단군도 1,500년이란 긴 기간 동안 백악산에서 다스리고, 기자를 봉하자 스스로 장경당으로 옮겼다가 뒤에 아사달로 돌아와 숨어서 산신이 되었고 1,908세를 살았다. 1,908년 간의 고조선의 통치도 대단한 일이지만 기자가 오면서 맞서서 싸우는 대신 스스로 산신이 되었다는 것은 인간존중, 생명사상, 그리고 홍익인간이라는 가치에 충실한 면모를 보여주는 일이다. 이것은 여러 단군이 1,500년 간 다스렸고, 기자가 나타나자 스스로 양보하면서도 패망하지 않고 도읍을 옮기며 계속하여 다시 408년 간 통치를 이어갔다가 다시 돌아왔음을 보여 준다.

8) 고조선 국가의 주체와 객체 및 대상 활동

단군신화에서는 천상 세계의 주인인 하늘 혹은 황제, 황제의 서자 환웅, 환웅과 곰에서 인간이 된 웅녀, 하늘의 존재인 환웅과 땅의 존재인 웅녀의 아들인 단군이 신화의 주체들이다. 이들은 지배자이면서 통치자, 그리고 제사장의 역할을 겸하는 통합적인 국가 지도자이다. 이들은 돕는 집단이 풍백, 우사, 운사이며 이들의 지휘 하에 3,000명의 무리들이 단군을 돕는 지배세력 또는 지배세력과 피지배계층을 이룬다. 이들은 모두 천상 황제의 뜻에 따라 파견된 만큼 환웅이나 단군의 지배 차원을 넘어 근본적으로 황제의 큰 그림에 맞게 국가를 지배해 나가는 세력이라 하겠다.

따라서 이들은 홍익인간이라는 천상 황제의 철학과 이념을 철저히 따르고 실천하는 집단이다. 또한 이들은 널리 인간을 이롭게 하고 농업, 치안, 보건복지, 국방 등 국가의 업무를 360가지로 세분화하여 추진할 수 있는 업무분장과 전문능력을 가진 것으로 유추할 수 있다. 이들은 천상 황제의 생명존중과 홍익인간의 가치를 능히 실천할 수 있는 능력, 태도, 성실성 등 모든 것을 가진 것으로 추정된다. 그 결과 단군왕검의 고조선은 1,908년이나 통치할 수 있었고, 기자가 책봉되자 반항이나 전쟁 등 저항이 없이 바로 자발적으로 양보하고 장당경으로 옮겨 408년 간 다스리다가 아사달로 돌아와서 산신으로 돌아가는 자연 생명사상을 실천한 것으로 보인다.

9) 고조선 국가의 이데올로기적 · 철학적 성격

환웅이나 단군의 생각이나 행동이 바로 하늘의 뜻이기 때문에 특별히 법이나 제도 또는 정책 등이 나타나 있지 않지만, 풍백, 우사, 운사 등이 바람과 비 및 구름까지도 다스리고 농업이나 치안, 건강, 국방까지 360가지 일로 나누어 맡아 다스렸다는 점은 인간의 의지와 협동적인 행정행위가 중요함을 보여주는 일들이다. 다른 천강 신화에 비추어 환웅이나 단군 및 무리들의 역할을 구체적으로 밝혀 백성들의 삶의 질은 높이고 인간존중의 홍익인간의 생명사상을 철저히 집행한 점은 높이 평가할 만하다. 그것은 바로 통치기간의 길고 짧음으로 나타났다.

선주 부족인 곰 부족과 범 부족 모두 인간이 되고자 갈망하고 동굴 속에서 햇빛도 보지 못한 상태에서 마늘과 쑥만 먹으면서 그들의 욕구인 인간이 되고자 하는 절규를 했으나, 곰 부족은 성공하고 범 부족은 실패한 것은 그들 두 집단의 노력의 질과 정도가 다름을 의미하는 것이다. 곰이나 범이라는 동물이 인간이 된다는 것은 새로운 생명을 부여받는 것보다 더 어렵고 귀중한 일이기에 곰과 범 모두 새로운 생명을 받으려고 환웅에게 애걸했던 것이다. 그 처절한 절규를 받고 환웅이 자의적으로 생명을 주거나 죽이는 결정을 하는 대신 곰과 범의 스스로의 노력이라는 재량과 선택의 기회를 준 것은 매우 창의적이고 귀한 생명존중의 철학을 우리 조상인 단군왕검부터 시행했다는 의미에서 높이 평가된다. 100일 간의 고통의 시간을 주고 그것을 잘 견디고 수용하는 듯한 곰에게는 약속했던 100일이 되기 이전인 삼칠일(21일) 만에 사람이 되도록 하고, 그 이전에 이미 탈락한 범에게는 거기에 합당한 대응을 한 것은 정의로운 결과인 것으로 보인다. 이것은 한족·곰족·호랑이족 부족 등이 왕족과 왕비족 및 제후족으로 지배연합 및 통치세력을 형성하는 과정을 상징적으로 표한 것이다.

따라서 단군신화에서는 국가활동·통치·행정의 의미를 나타내는 활동들이 있었고, 그들이 추구했던 본질적인 가치는 홍익인간, 정의, 생명, 인간존중 등이고, 절차적 가치로서는 자의적 선택과 민주성, 전문화와 분업 등이며, 수단적인 가치로는 하늘과 환웅 및 단군의 뜻을 잘 따랐다는 의미에서 합법성과 능률성 등 행정 가치들이 추구되고 실천되었음을 유추할 수 있다.

(2) 고조선의 건국이념과 문화적 선차성·우월성

고조선의 건국이념은 『삼국유사』에서도 보듯이 홍익인간이다. 홍익인간의 가치는 고대사회에서 가장 빨리 발달한 가치와 사상의 수준이어서 그 뒤 공자 사상의 핵심인 인(仁)으로 연결되어 체계화하고 발전하였다. 이것은 고조선 건국이념의 역사적 시간이 매우 앞서 갔고 그 내용도 질적으로 우수했음을 보여주는 것이다. 『산해경』에서 조선을 '군자지국(君子之國)'이라 한 것도 조선의 높은 인본주의 사상과 가치를 보여주는 것이다.[6] 『산해경』<대황동경>조에 기록된 군자국 사람들의 모습을 직접 살펴보도록 한다.[7]

> "의관을 정제하고 칼을 찼으며 짐승을 먹이고 두 마리의 큰 호랑이를 곁에 두었다. 그 사람들은 양보하기를 좋아하고 다투지 않으며 무궁화가 있었는데 아침에 피어났다가 저녁에 시드는 꽃이 있었다."

여기에 대한 동양철학자 이기동의 해석은 많은 공감을 불러일으킨다.[8] 의관을 정제하고 있었다는 것은 고대 조선인들이 문화인이요 교양인으로서 의복과 모자를 갖추어 입어서 예의를 다하는 모습(禮貌)을 보여준다. 칼을 찼다는 것은 철기 또는 청동기문화가 생활 속에 정착한 것을 의미하고, 짐승을 먹이는 것은 목축생활을 보여주는 것이다. 두 마리의 큰 호랑이를 곁에 두고 있다는 것은 맹수와 다투는 사람이 아니라, 큰 호랑이라는 동물의 왕을 두 마리씩이나 다스리고 또 호위를 받으며 함께 평화롭게 사는 신선의 모습을 보여주는 것이다. 양보하기를 좋아하고 다투지 않는 다는 것은 겸양과 평화애호의 생활모습으로 동양사상의 중심이 된 인(仁)을 실천하는 모습을 구체적으로 예시한 것이다. 또한 민족의 꽃인 무궁화를 예로부터 가까이 한 것은 자연과 꽃을 사랑하는 여유와 취미를 지닌 높은 문화인의 모습을 보여주는 것이다. 조선에 대한 이러한 고대 중국인들의 인식은 후에 공자(孔子)가 인(仁)을 인간사상의 가장 고귀한 핵심사상으로 삼고 조선의 자연과 조선인의 생활에 대해 동경하는 군자국으로 생각하는 데 크게 영향을 주었다.

고조선의 문화의 일반적인 특징으로, 짐승의 뼈나 소의 발을 가지고 점(占)을 치는 것, 순장제도가 있는 것, 흰 옷을 숭상하고 같은 씨족 동성(同姓) 간에 혼인하지 않는 것, 하늘을 숭상하고 제천행사를 많이 하는 것 등을 들 수 있다. 하늘의 뜻을 숭상하고 점을 치는 생활을 하는 것은 하늘을 숭배하는 문화에서 나타난다. 순장제도나 흰 옷을 입는 것도 하늘 숭배의 유산이다. 하늘 중심의 문화는 남과 나의 구별이 없고, 선과 악

---

6) 류승국은 『산해경』에서 조선을 칭하는 말로 '청구국' 또는 '군자국'이 등장하는데, 청구국은 요동지방에 있던 나라이고 군자국은 한반도에 있던 나라임을 논증하고 있다. 류승국. 2001. 『한국사상의 형성과 전개: 홍익인간사상의 뿌리』. 홍익문화통일협회; 류승국. 2008. 『한국사상의 연원과 역사적 전망』. 성균관대학교 출판부; 류승국. 2010. 『유가철학과 동방사상』. 성균관대학교 출판부.

7) 『산해경』<대황동경>; 이기동. 1997: 133에서 재인용.

8) 이기동. 1997: 133－137.

의 구별이 없는 이상적인 사회로서 환인시대가 오랜 기간 전개되었음을 전제할 때 비로소 이해할 수 있다. 그러다가 농경사회가 되면서 남과 나에 대한 분별의식이 나타나고, 자아의식이 나타나면서 자기중심적인 마음과 이기심이 나타나게 되었다. 점차 대립과 갈등이 나타나고 삶에서 경쟁과 고통이 반복된다. 이러한 고통과 갈등은 이전의 세계에 대한 동경으로 이어져서, 하늘 중심 세계에 대한 신앙으로 나타난다. 이상적이고 영원한 세계에 절대적 가치를 부여하고 하나님, 하느님, 한울님에 대한 갈망이 모든 갈등을 해방시켜주는 이상향이며 편히 쉴 안식처, 고향의 모습으로 나타난다.

종교성이 강한 민족은 태고적부터 오랜 기간 동안 이상적인 공동체 문화를 누린 경험이 있는 민족이다. 고조선은 하늘의 뜻이 실현되었던 고도의 문화국이었고 이상향이었다고 볼 수 있다. 그러나 하늘 중심 종교 문화는 외부 사회로부터의 도전이나 공격에 취약하다. 하늘 중심 문화에서는 남과 나를 하나의 존재로 보는 성향 때문에 타인에 대한 경계심을 갖지 않고 공격에 대한 대비를 잘 하지 못하는 약점을 지닌다. 단일 문화는 문화 간 충돌이나 갈등이 없어서 온존하지만 발전은 어렵다. 문화 발전은 서로 다른 문화가 충돌하고, 그 갈등을 해결하기 위해 노력하는 가운데 일어난다. 이 때문에 한때 중원에 진출했던 이족의 나라인 은나라가 호전적인 서부족으로 군사문화를 발전시킨 주나라에 의해 멸망하였다. 고조선도 은나라와 함께 같은 이유로 멸망하면서, 그 이전까지 지켜왔던 문화적 우위를 중국 주나라 서부족에게 내주게 되었다. 이로 인해 수천 년을 이어왔던 찬란한 고조선과 이족의 선진 문화가 중국 서부족에 의해 역전당하게 되었다.[9]

(3) 중국 서부족에 의한 문화의 역전과 침체

정치권력의 교체를 문화역전현상으로 해석한 이기동의 설명은 매우 흥미롭다. 기원전 1000년 경 문화역전이 일어나자, 수천 년 간 문화 후진국으로서 열등감을 지녔던 중국 서부족은 반작용으로 이족에 대한 '바보화 작업'을 추진했다.[10] 은나라의 후예들이 모여 살던 송나라에 대한 바보화 작업이 각종 기록에서 보듯이 광범위하게 적극 추진되었다. 이 때문에 춘추전국시대에 바보로 등장하는 인물들은 거의 송나라 사람이었다.[11] 서로 문화를 달리하면 상대에 대한 평가와 판단이 반대로 나타난다. 처음에는 가

9) 위의 책: 134－138.

10) 위의 책: 139－141.

11) 『춘추좌전』에서 송 나라 양공이 초나라 사람 홍과의 전쟁에서 패한 얘기, 송나라 농부가 곡식 싹을 뽑아서 죽인 얘기(『맹자』 공손추상), 송나라 모자 장수 장보 얘기(『장자』 소요유편), 송나라 빨래

치관과 문화의 차이로 생겨나는 일로 비웃었으나, 차츰 바보스런 일은 무조건 송나라 사람으로 연결시키게 되었을 것이다. 송나라 사람에 대한 바보화 작업은 이족에 대한 '바보화 작업'이었고, 이족에 대한 의미 변화의 시도로 나타났다.

원래 중국에서 공자의 사례에서 보듯이 '이(夷)'는 '인(仁)'이란 의미에서 선망의 대상이었고, 이족은 존경의 대상이었다. 성품이 어질고 자신의 이익을 자제하면서 타인을 위해 양보하는 것을 미덕으로 삼는 것이 기본적인 도덕이었다. 사람을 기본적으로 선한 존재로 보는 성선설(性善說)의 인간관이 지배적이었다. 이것을 이기적인 다른 문화의 입장에서 양보를 모르는 자기중심의 타산적인 사람이 볼 때에는 바보처럼 보일 수도 있다. 그리고 그런 사람들이 많으면 양보하는 사람들이 도리어 손해를 보게 되면서 바보로 대우 받게 된다. 이렇게 양보하는 미덕은 사라지고 타산적인 이기주의가 지배하게 된다. 이족에 대한 문화적 열등감이 이족에 대한 바보화 작업으로 일제히 의도적으로 진행되었다. 이처럼 이족에 대한 의미 변화를 시도하면서 중국 서부인들은 '이'를 '오랑케'라는 의미로 변화시켰다. 이(夷)는 이족을 지칭하는 고유명사에서 '오랑케'를 의미하는 일반명사로 바뀌게 되았다. 『논어』의 이적(夷狄)이나 『맹자』의 서이(西夷)라는 말이 그 예이다.

오랜 '바보화 작업'의 결과로 문화의 역전이 일어났다. 이때부터 이족은 문화적 선진국의 자리를 서부족들에게 내어주고 바보 취급받으면서 굴복하게 되었다. 이족은 자신의 선진문화를 상실하고 서부족의 문화와 세계관으로 세상을 보게 되었다. 자신에 대해서도 바보처럼 생각하게 되고 위축되면서 스스로 능력발휘를 못하게 되었다. 그 영향으로 주나라 이후 한국 문화는 옛 영광을 되찾지 못하고, 문화의 영역도 주나라에서 밀려 한반도로만 한정하는 축소를 겪게 되었다.

중원을 장악한 주나라는 인의 사상을 배척하고 극심한 사상적 혼란을 겪으면서 춘추전국시대로 들어서게 되었다. 공자(孔子, BC 551~BC 479)의 인의 사상이 아니라, 강력한 힘으로 혼란한 사회를 바로 잡아야 한다는 순자(荀子, BC 298~BC 238)의 철학과 법가(法家)의 사상이 큰 호응을 받았다. 인간을 도덕적, 정신적인 존재로 보는 성선설(性善說)보다는 물질적, 육체적 존재로 보는 성악설(性惡說)에 따라 이해한다. 순자의 철학은 강력한 예(禮)사상과 왕권 강화론을 핵심으로 한다. 인간을 도덕에 기반하여 마음을 다스리는 대신 강력한 힘에 의해 물리적으로 통제함으로써 사회질서를 바로 잡

꾼 애기(『장자』 소요유편), 송나라 부자의 무너진 담장 애기(『한비자』 세난편), 송나라 사람의 토끼 잡기 애기(『한비자』 오두편) 등 송나라 사람 '바보만들기'의 애기들은 너무나 많다. 위의 책: 137－138.

고자 한 것이다. 이러한 법가의 사상을 바탕으로 진나라가 최초로 중국통일에 성공하였으나, 힘을 바탕으로 한 정치이념과 내부 문제로 인해 30년이라는 짧은 기간에 멸망하게 되었다. 항우와 중원의 패권을 놓고 다투던 유방이 경쟁에서 승리하여 한나라를 세웠다. 한나라는 초기 혼란을 극복하는 데 순자의 철학이 도움이 되었으나 체제가 안정이 되면서 곧 통치이념의 한계를 맞게 되었다. 사회가 안정이 되면 더 이상 왕권의 강화가 필요하지 않은데, 강력한 권력을 장악한 왕은 더욱 왕권을 전횡하여 백성들의 마음을 잃게 된다. 백성들의 반발에 직면하고 마음을 얻지 못하면 왕은 강권통치, 허무주의와 쾌락주의에 빠져 국가사회 유지의 원동력을 잃게 된다. 이러한 허무주의와 쾌락주의가 팽배하면서 한나라는 멸망하고, 중국은 다시 혼란과 침체의 시기에 접어들었다. 이 혼란과 침체의 중국을 구하는 역할을 맡게 된 것이 불교다. 불교의 해탈의 논리가 허무주의와 쾌락주의를 벗어날 수 있는 사상적, 이론적 구조를 가지고 있었다. 중국에 불교가 성행하면서 사상과 가치관에 큰 변화가 일어나고 종교적 가치를 새롭게 숭상하게 되었다. 종교적 가치와 마음의 세계를 중시하면서 종교성이 강하고 정신적 가치를 중시하는 이족의 문화를 새롭게 인식하게 되었다.[12] 이족의 문화를 줄곧 폄하해 왔던 중국인들의 시각이 바뀌어 '예의 바른 부여인', '성품이 정직한 동옥저인', '인성이 원만하고 염치 있는 예인' 등으로 좋게 기록하고 있다.[13]

(4) 동아시아 역사 속의 고조선문명·아사달문명

1) 고조선문명·아사달문명

단군조선의 주역인 한민족 고조선의 시원문명은 동방문화권이라는 보통명사 대신에 고조선문명 또는 '아사달문명'으로 볼 수 있다.[14] 아사달문명권의 지역은 한반도와 중국의 산동지역, 요서지역, 요동지역, 그리고 길림성지역 등을 포괄하는 중국 동북부지역으로 여기에 속해 있던 종족은 조선족 외에도 선비족, 오환족, 말갈족, 여진족, 거란족, 일본족 등이 모두 포함된다. 이 지역은 황해와 발해를 중심에 두고 말발굽 형태로

12) 이 시기에 저술된 『三國志』 魏志 東夷傳에 보면, 부여는 은나라의 달력으로 정월에 迎鼓라는 제천행사를 하였고, 고구려는 10월에 동맹이라는 종교행사를 대대적으로 했으며, 濊도 10월에 무천이란 제청행사를 대대적으로 거행하였다. 韓에서는 天君을 뽑아 天神의 제사를 주관하게 하고, 신성한 지역을 따로 골라 신전을 만들어 蘇塗라 하였는데, 불교의 사원과 비슷하였다고 기록하였다.

13) 이기동. 1997: 142-144.

14) 한영우는 『다시찾는 한국역사』 제2전정판(2014: 23)에서 중국인들은 '동이문명권'이라 부르지만 한국인의 시각에서는 '아사달문명권(阿斯達文明圈)'이라 불러야 한다고 입장을 새롭게 정하였다.

둘러싼 지역인데, 동아시아 문명사에서 황해는 마치 로마문명에서의 지중해와 에게해와 같은 역할을 했고, 고조선은 이 지역을 권역으로 하고 있어서 아사달문명권의 중심을 차지하고 그 주역이었다.

그동안 학자들이 알타이어계 북방민족의 문명으로서 한민족의 독자적인 고유문명권은 알타이어계 문명권, 고조선문명권, 동이족문화권, 동방문화권을 형성하고 발전해왔다고 보았으나,[15] 고조선문명을 아사달문명이란 고유명사로 부르는 것이 적합하다. 지나-티베트어를 쓰는 중국과 달리 아사달문명권은 알타이어를 사용하여 중국과 고조선은 본질적으로 다른 민족과 문명을 가지고 있었다.[16]

이것에 대해, 첫째, 주채혁은 한민족의 원주지 국호인 '조선(朝鮮)'의 어원과 관련하여 현지답사를 통해 한민족이 알타이어계 민족으로서 순록 떼를 몰고 목초지를 찾아 이동하는 데에서 어원을 찾는 노력을 하고 있다.[17] 최한우는 한국어 어원연구에 관한 연구사를 정리하면서 비교언어학적인 측면에서 볼 때 다른 언어 요소가 많이 가미되어 있어서 한민족의 문화를 고유문화로 알타이민족의 문화에서 찾을 수밖에 없지만 알타이어계설 일원론으로 단정하기에는 어려움이 있음을 지적한다.[18]

둘째, 한영우,[19] 이기동,[20] 권태원[21]은 한반도, 만주지역, 중국의 황해에 접한 동해안 지역 및 발해만 연안의 산동반도 지역 등에 대한 그간 설화 고고학 등 학계의 연구

15) 이기문. 1981. 『한국어형성사』. 삼성미술문화재단; 김방한. 1983. 『한국어의 계통』. 민음사; 한영우. 2006. 『다시 찾는 우리역사』. 전면개정판. 경세원; 알렉세프 아나톨리. 2007. <한민족 기원과 고대국가 형성과정의 퉁구스-만주 요소 문제>『한민족 유목 태반사 연구 · 복원을 위한 구상』. 강원대학교 국제학술회의; 김용섭. 2015(2008). 『동아시아 역사속의 한국문명의 전환: 충격, 대응, 통합의 문명으로』(신정증보판). 지식산업사: 50-53.

16) 중국과 조선의 두 문화권 사이에는 문화제와 유물 등에서도 큰 차이를 보이지만 가장 중요한 언어구조에서 알타이어는 '주어-목적어-동사'의 순서로 되어 있는데 반해, 중국어는 '주어-동사-목적어'의 순으로 되어 있어서 근본적인 차이를 보이고 있다. 아사달족이 만든 상형문자인 갑골문자를 은나라가 사용했고 중국인은 이것을 발전시켜 한자를 만들었고 아사달족이 그것을 사용하면서 어순이 달라 이두를 고안해 별도로 사용하였다. 아사달족은 천지인을 상징하는 원(圓○) · 방(方口) · 각(角△) 도형을 즐겨 사용했는데 이것을 발전시켜 훈민정음을 만들었다. 한영우. 2014: 26-27.

17) 주채혁. 2002. <조선의 순록유목 기원사 연구 시론>『한국시베리아학보』 4집; 주채혁. 2006. <'몽골'-<貊高麗>, 유목형 '고구려' 세계제국고>『백산학보』. 76; 주채혁. 2008. <고조선 고구려, 韓語名인가 漢語名인가?: 그 순록유목태반 기원과 관련하여>『중국학보』. 58집.

18) 최한우. 1995. <한반도 민족형성에 관한 역사 비교언어학적 조명>『한국사회사학회논문집』. 48집.

19) 한영우. 2004. 앞의 책.

20) 이기동. 1982. 『한국사강좌』. I 고대편. 일조각.

21) 권태원. 1983. <국민의식의 통합과 내실화-민족문화의 연원을 중심으로>『하성 이선근 박사 추념논문집』. 한국정신문화연구원.

성과를 바탕으로 한민족 고조선 동이족의 문명을 중국 '화하문명권'이나 '북방문화권(北狄)과 다른 '동이문화권'·'동이족문화권'·'동방문화권'으로 규정하여 문화적인 정체성을 지녔음을 밝혔다.

셋째, 신용하는 보다 구체적으로 고조선의 문명이 알타이어계 문명이 아닌 고조선어를 기반으로 한 '고조선문명권'이라는 독자적인 문명을 지녔음을 밝혀내고 있다. 중국이 진이나 한이라는 대제국으로 성장하여 동아시아에 천하체제를 확립시킬 무렵 고조선이 해체되면서 동아시아의 다른 지역으로 이동하여 살고 있는 알타이어계 여러 민족들을 현지 방문 연구한 결과, 그들의 언어에 공통된 뿌리 언어인 모어(母語)와 조어(祖語)가 역사적인 발전과정을 고려할 때 알타이어가 아니라 고조선어임을 밝히고 그 언어에 바탕을 두고 발전한 문명이 고조선문명이라는 독자적인 문명임을 밝혀냈다.

넷째, 김용섭은 한민족의 시원문명권을 중국의 중화문명권과 차별화되는 알타이어계 문명권, 고조선문명권, 동이족 문화권, 동방문화권으로 보고 있다.[22] 한민족 고조선계도 터키계·몽골계·퉁구스계 민족 등 알타이어계 민족으로서 시베리아 동토지대·삼림지대·초원지대 등을 포함하여 동쪽 베링 해협 연해주 지역에서 서쪽 스칸디나비아 국경지대에 이르는 북방 아시아와 남 시베리아 지역 등에서 다른 여러 종족들과 같이 유목민으로 동서를 이동하며 함께 살아왔다. 이 지역 가운데 예니세이 강 중상류 알타이산맥과 사얀산맥 사이의 미누신스크를 중심으로 한 알타이지방 평야지대에는 이 지역을 대표하는 청동기문화가 일찍 발달하여 아파나세보문화(기원전 3000년 말~2000년 초), 안드로노보문화(기원전 17~16세기), 카라스쿠문화(기원전 1200년~700년), 및 타가르문화(기원전 6~1세기)로 이어졌고, 그 동쪽 바이칼호 주변에는 그라스고보문화(기원전 1800년~1300년)가 일어났다는 것이다.

다섯째, 고조선은 고조선문명이라는 선진문화를 이루며 중국과 북방민족들의 문명이 화려하게 전개되는 한가운데에 있으면서 문명을 발전시키고, 그들 문명과 교류도 하고 충돌도 하면서 고조선과 고조선문명을 발달시켜왔다. 김용섭은 홍산문화→하가점하층문화→하가점상층문화→초기 철기문화로 이어지는 '요하문명(遼河文明)'을 중심으로 고조선 문명의 발전을 설명한다. 몽골 만주지역에 걸쳐 흐르는 요하(遼河)를 중심으로 형성·발전된 요하문명은 기원전 6200년~5000년 또는 기원전 6000년~5500년경의 흥륭와문화(興隆窪文化)의 흥륭구(興隆溝) 유적과 지금도 발굴이 진행 중인 기원전 5000년경의 요동지역 심양부근의 신락유적에서부터 시작되었다. 이 요하문명에서는 청동기문명과 조·기장 등의 농경문화도 시작되었고, 점차 콩·수수의 재배로 이어졌다.

22) 김용섭. 2015. 앞의 책; 김용섭. 2017. 앞의 책: 53.

고조선계의 고죽국(孤竹國)은 중국 난하(灤河)유역에 이미 일찍부터 정착하고 살고 있으면서[23] 요하문명의 발달에도 기여하고 산동반도 요동반도를 거치는 유통로와 함께 중국과의 문물교류 중계역할을 활발하게 했다. 요하문명의 서남쪽 수원(綏遠 · 후후호토)지구는 청동기문명이 발달하고 동서교통의 중요한 거점지역 역할을 했다.

요하문명은 단군신화에 선행하는 기원전 4000년~2500년 무렵의 국가 문명발생 직전 시기의 홍산문화기, 단군신화 시기인 기원전 2500년~1500년 무렵의 청동기시대의 하가점 하층문화기, 단군조선 · 기자정권 시기인 기원전 1500년~철기시대 이전의 청동기 · 비파형동검시대의 하가점상층문화기, 그리고 기자정권 시기 이후의 초기 철기시대로 고조선 국가의 발달과 긴밀한 관계 속에 발전하였다. 이 가운데 기원전 3500년~3000년의 홍산문화의 만기(晩期)의 문화수준은 대단히 높은 것으로 파악되어 세인을 놀라게 하였다.[24]

특히, 그 홍산문화인 무덤의 주인공이 고조선의 그것과 같은 것으로 나타나 이제 단군신화를 신화로만 돌릴 수 없게 되었다.[25] 20세기 후반 이후 요하문명의 발굴과 고고학 연구의 비약적인 발전으로 단군조선의 역사적인 증거들이 속속 드러나고 있다. 하가점 하층문화는 그 사회발전의 수준도 높아 주민들이 초기국가와 같은 모습의 생활유적으로 보이고 성을 축조하고 살고 있는 것이 확인되었다.[26]

단군조선은 이보다 앞서 서자족 집단 등의 안내로 동으로 이동한 환웅족 집단을 중심으로 하가점하층문화와 거의 같은 시기에 이 문화와 이웃해서 만주와 한반도 북부지역에 걸쳐 건설되고 발전되고 있었다. 단군조선은 초기 국가 문명단계에 들어가고 있는 북방민족들의 세계 속에서 같은 북방민족으로서 고도로 발전한 청동기문화를 누리고 있었다. 한반도에서 청동기문화의 시작을 얼마 전까지만 해도 기원전 16세기로 알려져 있었는데, 최근의 발굴조사에 따르면, 남한에서도 청동기시대의 시작이 만주 · 북한에서와 같이 기원전 20세기~15세기로 올라갈 가능성이 한층 높은 것으로 받아들이고 있다. 기원전 2000년기까지 청동기문명 연구의 시기가 미치고 있고 그 이상의 시기로까지 소급되는 중이다.[27]

---

23) 신용하. 2013. <고죽국의 성립과 고조선 후국의 지위>『고조선단군학』. 28.

24) 우실하. 2007.『동북공정 너머 요하문명론』. 소나무; 우실하. 2007. <요하문명론과 한국상고사>『2007년 상고사토론회』. 국사편찬위원회.

25) 한창균. 1999. <최근 북한의 청동기시대 연구 동향>『한국상고사학보』. 30. II. 무덤.

26) 복기대. 2002.『요서지역의 청동기시대 문화연구』. 백산자료원.

27) 최몽룡. 2008.『한국 청동기 · 철기시대와 고대사회의 복원』. 주류성출판사; 최몽룡. 2011. <한국문화기원의 다원성－구석기시대에서 철기시대까지 동아시아의 제문화 · 문명으로부터 전파>. 단군대 동양학연구원 편.『동북아시아의 문명 기원과 교류』. 학연문화사; 이청규 · 조진선 · 천선행 ·

그동안 시베리아나 중국의 문화가 고조선으로 전파되고 민족의 이동도 그 방향으로 이루어지는 것으로 전제했으나 최근 발굴되고 있는 고고학적인 자료는 그 가설을 근본적으로 뒤집는 방향으로 증거를 제시하고 있다. 요하문명이 기원전 6천~5천 년경부터 수수·조·기장 등의 농경문화가 시작되고 콩·수수 등이 재배되어 초기국가 등장의 경제적인 기반이 마련된 것으로 알려졌으나, 한반도에서 옥곡은 물론이고 벼의 재배가 기원전 수천 년 또는 그 이전 1만 년으로 거슬러 올라가면서[28] 고조선문명은 물론 고조선 초기국가의 건설도 그만큼 더 빨라지는 것으로 밝혀지고 있다. 이러한 고고학적 증거들이 나타나는 것은 단군조선이 아시아지역에서 가장 빨리 건국이 되고 문화도 고조선에서 중국이나 시베리아로 전파되었을 가능성을 더욱 높여주고 있는 것이다. 세계 최초의 골침 발굴, 오성취루현상과 조수현상과 같은 최초의 천문현상의 기록, 세계 최고 최다 고인돌, 무문토기, 명도전의 대량 발견 등의 유물과 유적의 발굴은 독자적인 고조선문명의 발달과 단군조선의 대제국화의 가능성을 입증하는 증거들이다. 이외에도 수많은 기록들이 이것을 뒷받침해주는 것은 별도로 논의한다.

2) 고조선문명의 특징

고조선문명의 특징은[29] 첫째, 인류 최초의 독립문명 가운데 수메르문명·이집트문명에 이어 세 번째 문명이다. 둘째, 후국인 부여와 실위에서 야생마의 가축화에 성공하여 동북아형 기마문화와 기마술을 형성·보급하였다. 셋째, 태양숭배를 공동으로 하고, 단군을 조상신이며 하느님으로 숭배하는 단군신앙(Tengrism)을 형성하여 공동의 신앙과 종교로 하였다. 넷째, 고조선어를 형성하고, 우랄·알타이족을 탄생시켰다. 다섯째, 세계 최초의 단립벼·콩재배로 동아시아 최초의 신석기시대 농업혁명을 이루었다. 여섯째, 동아시아 최초의 고대국가와 고조선문명권을 형성하였다. 일곱째, 햇빛살 무늬 청동 거울, 비파형동검, 부채꼴 청동도끼, 팔주령 등 청동의기 등의 청동기문화를 형성하였다.

이종수. 2010. 『요하문명의 확산과 중국 동북지역의 청동기문화』. 동북아역사재단; 하문식. 2011. <요동지역의 문명 기원과 교류>. 단국대 동양학연구원 편. 『동북아시아의 문명기원과 교류』. 학연문화사.

28) 김영희. 1997. <新樂유적에 대하여>『한국선사고고학회』. 4; 안승모. 1998. 『동아시아 선사시대의 농경과 생업』. 학연문화사; 임효재 편. 2001. 『한국고대 도작문화의 기원』. 학연문화사; 이융조. 우종윤 편. 2003. <세계최고의 소노리 볍씨 발굴과 의미>제1회 국제학술회의. 『아세아 선사농경과 소로리 볍씨』. 충북대학교 박물관·청원군.

29) 신용하. 2019. 앞의 책: 26－47.

3. 단군사화의 이데올로기적 성격

(1) 천손 · 생명의식

환인, 환웅, 단군의 삼성에 대한 기록인 『삼국유사』의 내용은 환인과 환웅에 관한 기록까지는 신화의 영역일 수 있으나, 단군과 조선의 개국에 대한 기록은 역사로 볼 수 있다. 역사로 볼 경우, 무리사회, 마을사회, 고을나라로 보아[30] 신화가 아니라 역사로 이해할 수 있다. 이것을 단군신화냐 역사냐 라는 논의로 나뉘는 것은 역사와 신화의 융합으로 이루어진 단군신화의 기록을 각각 자신의 주장에 맞추어 일부분씩만 본 것이라고 할 수 있다.

단군신화의 이데올로기적인 측면의 내용은 몇 가지로 요약할 수 있다.

첫째, 단군과 건국 세력의 세계관은 천강신화와 그에 따른 천손의식(天孫意識)이다. 조선을 개국한 단군의 혈통은 하느님인 환인, 환인의 서자인 아들 환웅과 땅의 웅녀의 아들 단군왕검으로 이어져서 단군왕검은 하느님인 환인의 손자이다. 조선이라는 나라를 세운 단군왕검이 하늘과 땅의 아들이란 점은 건국세력의 자부심과 주체성을 나타내는 점이다. 세계에서 천손의식으로 나라를 건국하고 오랜 기간 동안 천손민족 국가로서 유지해온 국가는 한국이 가장 대표적인 나라의 하나이다. 하늘과 땅의 자손으로 내려온 조선민족은 이 땅에서 하늘과 땅의 주인이라는 주체성을 유지하며 대대손손 나라를 이어올 수 있었다.

천손신화는 동양의 중국이나 서양의 이스라엘과 같은 맥락이지만, 중국은 영토중심 국가로서 천손이라는 민족보다는 영토를 중시하기 때문에 천손의식이 크게 훼손되었다. 중국은 천손이라는 한족이 권력을 잃고 그들이 야만족이라고 멸시했던 변방민족인 요나라의 거란족, 금나라의 여진족, 원나라의 몽고족, 청나라의 만주족 등에게 나라를 잃고 빼앗긴 채 국가의 명맥을 유지했기 때문에 천손의식의 의미가 크게 훼손되는 셈이다. 일본의 국왕은 스스로 천황이라고 불러 하느님의 자손이 아니라 스스로 하늘의 황제라고 하고 있기 때문에 천손민족과는 다르다는 점에서 논외로 하겠다.

서양의 경우에도 이스라엘이 하느님의 자손이라는 천손의식으로 똘똘 뭉쳐 오만할 정도의 민족우월주의를 신봉하여 왔으나 독립국가로서 민족국가를 세운 것은 매우 짧은 역사를 기록하고 있다. 시온주의를 일으켜 이스라엘을 건국한 것이 수천 년의 역사

30) 윤내현. 2015. 앞의 책.

에서 볼 때에는 너무나 짧은 기간 동안이다.

둘째, 단군조선의 근본적인 지배이데올로기는 생명사상(生命思想)이다. 나라로서의 단군조선은 부족의 생명을 보호하기 위해 건국되었다. 생명존중사상이 단군조선의 기본적인 가치이다. 단군조선의 개국을 기록한 『삼국사기』는 위험에서 사람의 생명을 살리고 그것도 도전과 의지를 중시하는 한계인에 의해 주도되고 있음을 보여준다.

『삼국사기』에 "옛날 하늘의 서자 환웅이 늘 천하에 뜻을 두어 인간 세상의 일을 탐구하였다. 그 아버지가 아들의 뜻을 알고 굽어 살펴 세 가지의 위험이 있음을 발견하였다"[31)]라고 기록하고 있다. 여기에서 하느님인 환인이 아들 환웅을 세상에 내려 보내는 이유를 발견할 수 있다. 환인은 세상에 세 가지 위험이 있음을 보고 그 세 가지 위험들로부터 인간을 구해내도록 하는 임무를 주어 환웅을 이 세상에 내려 보내었다는 것이다.

환웅이 하느님의 아들이란 자격으로 그냥 세상에 내려와서 사람들을 통치한 것이 아니라 세상에 세 가지 위험이 있는 데에도 인간들이 스스로 위험에서 벗어나지 못하는 것을 보고 하느님이 아들을 이 땅에 내려 보냈다는 점이다. 그것은 그대로 두면 세상의 세 가지 위험으로 인해 인간들이 살아가기 어려운 위험에 직면하고 있기 때문에 하느님이 아들을 보내지 않으면 인간의 생명이 위협을 받았기 때문이다.

단군조선의 건국은 하느님이 이 세상에서 위험에 처한 인간을 구원하여 생명을 살려내기 위한 절박한 뜻이 담겨 있음을 보여준다. 기독교에서는 하느님이 아들 예수를 이 땅에 보낸 이유가 이 땅의 인간들이 지은 죄로 인해 사망에 이르게 되기 때문에 죄를 지은 사람을 구원하여 살려내기 위해 예수를 보냈고 예수의 십자가 사망의 피로 인간을 구원한다는 것을 기독교 신앙의 기본 내용으로 하고 있다. 그래서 기독교를 생명의 종교라고 스스로 부르고 있다.

단군신화 앞부분에서 기록하는 내용은 단군왕검이 조선을 개국하기 이전의 조상에 대한 것이다. 단군왕검의 아버지인 환웅이 이미 아버지인 하느님 환인으로부터 세 가지 위험이 있는 이 세상의 위험에서 사람들을 구해내라는 사명을 주어 환웅을 인간 세상으로 내려 보낸 만큼 환웅이 받은 사명은 단군왕검에게는 존재 이유인 것이고 지상 명령인 것이다. 따라서 단군조선의 개국 주체인 단군왕검과 지배세력은 생명사상을 건국의 기본 사상으로 물려받은 것이다.

또한 하나님은 세상을 구하는 일을 하느님의 장자가 아니라 '서자'이자 '지차'인 환웅에게 시킨 것도 의미가 있는 것 같다. 새로운 개척과 역사의 창조 주체는 한계인이 맞게 된다는 것을 상징적으로 보여주는 것이다. 아마 하느님의 장자는 하늘나라의 주역으

31) 일연. (이가원 역). 1991. 『삼국유사』. 태학사: 46.

로서 하늘나라를 다스리는 일이 맡겨졌을 것이다. 반대로 하늘나라가 아닌 이 세상은 하느님의 서자를 내려 보내 하느님의 명령을 실천하도록 한 것이다.

따라서 하느님의 명에 의해 장자가 아닌 하늘나라의 한계인인 환웅이 세상을 구하는 임무를 맡게 된 것이다. 이러한 한계인과 한계 집단이 새로운 나라를 열어가는 역사는 그 뒤 계속 이어진다. 단군왕검의 후예들이 단군조선을 이어 가다가 능력이 약해져서 세상이 혼란하여 백성들이 위기에 처하게 되어 기자와 기자족 그리고 위만 등이 3조선의 하나인 번조선의 통치를 잇고 고조선 본국인 조선을 이어가게 도왔다. 조선의 힘이 다 되었을 때에는 부여, 삼한 등 열국이 나타나고, 열국들이 위기로 백성들의 생명과 재산을 보호하기 어렵게 될 때 고구려, 백제, 신라, 가야 등 사국이 세상을 나누어 다스렸다. 뒤 이어 신라와 발해, 고려, 조선으로 이어지는 역사도 항상 한계집단과 변방세력이 새로운 국가를 건국하고 백성들의 생명을 구해 나갔다. 이러한 고대국가들과 중세 및 근대국가로 이어질 때 백성들의 생명과 안위를 지켜나가는 주체 세력들은 환국이나 하느님의 서자였던 환웅의 지위처럼 한계집단의 성격을 이어 나간 것이다.

단군조선 개국 당시에도 이 땅의 인간세상에서 세 가지 위험이 있는 것으로 보이는 태백(三危太伯) 혹은 삼위산과 태백산 사이의 평평한 지역인 삼위태백산에 내려와 사람들을 위험에서 구하고 생명을 안전하게 보호하기 위해 세 가지 천부인을 받아 세운 나라가 단군조선이다.

(2) 세 가지 위험과 지배이데올로기

환인 하느님이 아들 환웅을 이 땅에 보내어 인간을 구원해야 할 절박한 위험, 즉 세 가지 위험은 무엇일까? 대홍수, 대혹한, 대지진이나 해일, 화산 폭발 등 천재지변이나 대 전염 질병, 다른 종족의 무자비한 침략, 대규모 메뚜기 떼의 침략, 먹거리 · 입을 거리 · 주거지 붕괴 등 의식주의 부족 등이 예상할 수 있는 위협들이다.

하느님이 인간을 세 가지 위험에서 구해내기 위해 세 개의 천부인과 함께 풍백, 우사, 운사의 세 명의 신하를 거느리고 곡식, 인명, 질병, 형벌, 선악의 5사 등 인간의 360여 가지 일을 담당할 3,000명의 무리를 이끌고 내려가도록 한 것에서 당시 위험의 성격을 추측할 수 있다. 세 가지 위험에서 백성들을 구해내기 위해 홍익인간의 이념, 360가지 일, 3,000단부를 함께 내려 보내고, 주곡(主穀), 주병(主病), 주명(主命), 주병(主兵), 주선악(主善惡), 주형(主刑), 우사 · 운사 등에게 각각의 임무를 준 것으로 보인다.

첫째, 당시 자연과 더불어 원시공동사회에서 당면하던 의식주의 위기를 농업사회로의 전환을 통한 농업생산성 향상으로 해결하고, 당시 원시 사회의 바람과 비와 구름으로 상징되는 자연극복 능력을 인간에게 주도록 하는 조치를 취한 것이다. 그것은 자연의 재해에서 피해를 입던 원시 부족사회가 아니라 자연의 재해를 막고 그 피해를 입지 않음으로써 곡식과 인명을 보호하여 인간의 생명을 보존하도록 하는 의·식·주의 안전이라는 초보적인 국가의 역할을 할 수 있게 한 것으로 보인다. 이것은 매슬로의 인간 욕구 6단계 가운데 가장 기본적인 물리적 안전의 욕구를 고대국가인 단군조선이 담당하게 됨을 상징하는 것이다.

둘째, 질병의 위협으로부터의 백성의 보호라는 치병(治病)에 대한 국가의 역할을 하게 된 것이다. 질병을 치료하고 건강을 유지토록 하는 복지행정의 역할을 요청하고 그것을 단군조선이 담당하게 된 것이다.

셋째, 인간으로서의 윤리와 가치를 기준으로 하는 선악에 대한 판단과 형벌에 대한 역할을 단군조선이 수행함으로써 국가의 기본 질서와 인간의 존엄성 유지라는 문화국가로서의 역할을 담당하게 하였다.

이러한 일들을 전문화하고 능률적으로 수행하기 위하여 국가의 일을 360가지로 나누고 3,000명의 무리가 함께 나누어 담당하도록 한 것은 단군조선이 고도의 국가통치 능력과 행정능력을 지니고 개국하였음을 보여주는 일이다. 세계 어느 나라 고대국가 개국 역사나 설화에서도 이처럼 치밀하게 국가를 출범시킨 사례를 찾아보기 어렵다.

중동 이스라엘에서 하느님이 예수를 보내어 인류를 구원하고자 할 때에도 예수 한사람만 보내고 이 땅에서 12명의 제자를 양성하여 생활하였을 뿐이다.

(3) 세 개의 천부인과 지배이데올로기

하느님이 아들 환웅에게 주어 인간세상으로 보낸 천부인에 대하여서는 다양한 견해들이 있다. 첫째, 『삼한관경본기』(三韓管境本紀)의 기록을 근거로 거울, 북, 칼이라는 주장이다.[32)]

> 세상에 전하는 말로는 환웅천황이 이곳에 들려 머루르시며 사냥도 하고 제사를 지냈다고 하는데, 풍백은 천부를 새긴 거울을 들고 앞서서 나아갔고, 우사는 북을 쳐서 울리며 주변을 돌면서 춤추었고, 운사는 백명의 무사를 데리고 대장의 검으로 호위하였으니, 무릇 천제가 산으로 갈 때의 의장 행렬이 이와 같이 성대하고 엄중하였다.

---

32) 안함로. 『삼성기전 상편』; 『한단고기』: 18.

둘째, 신용하는 고조선문명권의 군장급 고분에서 발굴된 유물[33]을 근거로 천부인을 청동거울, 청동검, 옥(玉, 曲玉 또는 環玉)으로 주장한다.[34] 이 세 가지 유물이 한 벌 세트로 발굴된 군장급 고분 유적들은 중국 요녕성 심양 정자가와 제6512호 목곽 무덤, 충청남도 부여 연화리 유적 석관 무덤, 충청남도 아산 남성리 유적 석관, 대전광역시 괴정동 유적 석관, 전라남도 함평 초포리 유적 석관, 일본 규슈 후쿠오카 사와라 구 소바라 목곽 무덤 등이다.[35]

신용하는 천부인을 단군조선의 제왕권을 상징하는 것으로 해석하여 단군설화에서는 하느님이 환웅에게 내려준 것으로 기록되었으나 실제는 환웅이 단군에게 내려준 것으로 해석하고 있다. 이것은 고조선 단군 계통의 왕족을 증명하는 증거라고 해석한다. 둥근 '거울'은 '천손'의식, '해'(태양), '하느님', 태양숭배 신앙을 상징하고, 원형 거울과 거울 뒷면에 찬란한 태양무늬를 새겨둔 것은 해(태양)을 상징함과 동시에 해가 있는 둥근 하늘과 천손의식을 나타내는 것으로 본다. '검'은 고조선 왕족 부계인 '한'족(환웅족)의 후손을 증명하는 것으로 청동기시대에 들어와서는 특정 비파형동검이나 세형동검으로 전승되었다는 것이다. 마지막으로 '옥'은 고소선 왕계에서 모계가 '맥'족임을 증명하는 징표라고 해석하고 있다.

이처럼 천부인에 대한 주장이 거울과 칼에서는 같으나 북이냐 옥이냐에 대해서는 견해가 나뉜다. 천부인 세 개가 단군의 위엄을 나타내고 제왕으로서의 증표가 된다는 점에서는 동의하지만 단군조선의 건국 이데올로기에 비추어 보면 제왕으로서의 위엄이나 정통성에 더하여 백성들의 생명을 보호하고 세 가지 위험에서 구해내는 일에 사용되도록 하는 기술이나 도구가 아닐까하는 생각을 가진다.

(4) 세 가지 위험과 세 개 천부인의 관계

그렇다면 환웅천황이 이 땅에 내려 올 때 어떤 위험이 있었을까를 보고 판단해야 할

---

33) 군장급 고분에서 청동거울, 청동검, 옥(玉, 曲玉 또는 環玉) 등이 발굴된 것을 밝히는 책들은, 윤무병. 1991.『한국청동기문화연구』. 예경산업사; 임병태. 1996.『한국 청동기문화의 연구』. 학연출판사; 국사편찬위원회. 1997.『한국사』3 (청동기 문화와 철기문화); 권태원. 2000.『고대한민족문화사연구』. 일조각; 유병린. 2004.『한국 청동기시대 주거지 집성(서울 · 경기 · 강원도)』; 김정배. 2005. <고조선 비파형 동검의 문제>.『단군과 고조선 연구』. 지식산업사; 송순탁. 2005. <대동강유역 청동기시대문화 성격에 대하여>.『단군과 고조선 연구』. 지식산업사; 이건무. 2006.『청동기문화』. 대원사; 신용하: 192.

34) 신용하. 2010: 193.

35) 위의 글: 193.

것이다. 단군조선은 위기에 처한 사람의 생명을 구해내어 살리기 위해 개국했다는 것이 건국의 기본 철학으로서 중요한 의미를 지니고 단군조선 건국의 근본 성격을 결정하는 데 본질적인 성격을 지니는 만큼 『삼한관경본기』의 기록대로 거울, 칼 외에 부족들의 기를 살리고 춤추게 하는 북일 가능성이 맥족을 상징하는 옥보다 더 높다고 생각된다. 특히 천부인은 한민족의 어느 한 부족이 아니라 모든 부족 전체에게 내린 것이므로 맥족만의 상징인 옥이 아닐 가능성이 크다. 대신에 북을 치며 삼신숭배와 국가적인 축제・제천행사를 행하도록 하여 단군조선과 그 후대 국가들이 하늘의 뜻을 잇도록 하는 상징으로 삼았을 것으로 보인다.

단군왕검의 생명사상은 위기와 국가형성, 그리고 국가변동의 전개가 기본적으로 위기에서 시작된 위협에서 사람의 생명을 구해내는 방향으로 국가가 개국하고 운영되고 통치되었으며 그것을 소홀하게 할 때 국가 위기가 나타나 새로운 국가의 개국으로 이어짐을 함축하는 기본적인 국가변동의 질서를 보여주는 것이다. 이 과정에 국가가 얼마나 능력을 지니느냐에 따라 국가의 흥망성쇠가 달라짐을 예시하는 것이다.

4. 홍익인간 사상과 고조선의 지배이데올로기

생명 사상 위에 단군조선의 핵심 건국이념은 '홍익인간(弘益人間)'이다. 널리 인간에게 이익을 주기 위해 국가를 개국한 것이다. 『삼국유사』에서 "… 태백산 주변이 널리 인간을 이렇게 할 수 있음을 알고 곧 천부인 세 개를 주고 가서 다스리게 하였다…"[36] 여기에서 인간에게 이롭게 하여 이익이 되는 것으로 가장 중요한 것이 생명이고 위험에서 생명을 구하는 것이다. 인간이 잘 살게 하는 것이 가장 이롭게 하는 중요한 것이기 때문에 홍익인간의 이념은 생명과 직결되는 정치이데올로기이다. 이 때문에 단군조선 국가운영의 기본 가치와 철학이 바로 홍익인간으로 민족형성과 단군조선 개국의 도덕성을 나타내는 것이다.

국가의 건국은 물리적인 군사력을 필요로 한다. 이 때문에 고대나 현대 모두 국가융성을 위해 전쟁을 하고 전쟁은 영토를 넓히기 위한 침략전쟁이건 외적의 침략으로부터 방어하기 위한 방어 전쟁이건 무력을 기준으로 전쟁의 성패가 달려 있다. 구석기와 신석기 그리고 청동기를 거치면서 무기의 기술과 종류는 달라져서 전쟁의 승패에 결정적인 영향을 주었고 부족국가, 성읍국가, 고대국가 등으로 발전한 것도 무기와 무력을 바탕으로 하였다. 그러나 동서고금을 막론하고 역사에서는 고대나 현대 모두 무력만 가지

36) 일연. (이가원 역). 1991. 『삼국유사』. 태학사: 46.

고 국가를 개국하거나 유지한 나라는 오래 유지하지 못하고 망하여 국가의 생존능력에는 무력만이 아니라 국민통합과 국가공동체의 도덕적인 힘으로서의 연성권력(軟性權力, soft power)이 더욱 중요하다.

이러한 관점에서 단군조선의 건국이념인 홍익인간의 이념은 우월한 도덕성을 지닌다. 현재 세계적으로 가장 널게 신봉하고 있는 기독교의 생명사상과 이웃사랑, 그리고 불교와 유교의 생명존중 사상의 의미를 단군조선의 건국이념인 홍익인간에 포함시키고 있는 것은 단군조선의 건국이념은 국가 이상인 종교 차원의 우월적인 도덕성을 지니고 있음을 보여준다.

이러한 우월한 도덕성을 지닌 홍익인간의 이념은 단군왕검의 조상인 하느님과 환웅이 단군왕검에게 내려준 것으로 임금인 단군왕검 본인은 물론 개국 집권세력 모두를 지배하는 통치이념이 된 것이다. 그것은 단군왕검 본인도 홍익인간의 이념에 거역할 수 없는 절대적인 통치이념임을 의미한다. 이러한 통치이념의 전통은 그 뒤 역대 국가들의 통치자들에게도 유사하게 적용되었다. 이로써 단군조선의 건국은 지배를 받는 백성들의 이익을 널리 이롭게 해야 한다는 국가 존재의 도덕적인 기반을 확고히 한 것이다.

홍익인간의 건국이념은 조선이 주변 국가들에 대한 침공을 하는 일이 거의 없고 전쟁도 방어 전쟁이 대부분이어서 생명사상과 홍익인간, 그리고 평화사상을 함께 지향하고 있음을 알 수 있다. 역사상 수많은 전쟁들 가운데 방어전쟁으로만 집중된 국가나 민족은 많지 않은데 단군조선 이후 홍익인간의 건국이념은 침략이 아닌 방어에만 전쟁을 제한하게 한 정치이데올로기로서 역할을 하였다.

홍익인간의 이념은 국왕인 단군왕검이 스스로 설정한 것이 아니라 천손민족의 조상인 하느님인 환인이 하느님의 서자인 환웅을 이 땅에 내려 보낼 때 함께 명령하여 보낸 천손강하의 임무이며 이 땅에 내려오는 명분으로 주어진 것이다. 『삼성기』에는 단군왕검이 신의 덕과 성인의 어짐을 갖추고 신시로부터 전해오던 오랜 법과 조칙을 받들어 하늘의 뜻을 높고 넓고 강하고 열렬하게 이어 모든 백성들이 마음 깊이 복종하여 천제의 화신이라 여기며 제왕으로 모신 기록이 잘 나타나고 있다.

> "… 그는 신의 덕과 성인의 어짐을 겸하여 갖추었으니 이에 능히 조칙을 받들어 하늘의 뜻을 이었으니 나라를 세운 뜻과 법은 높고 넓고 강하고 열렬하였다. 이에 구한九桓의 백성들이 마음 깊이 복종하여 그를 받들어 천제의 화신이라 하며 그를 제왕으로 모셨다. 그가 곧 단군왕검으로 신시로부터 전해오던 오랜 법을 되찾고 …"37)

37) 안함로. 『삼성기전 상편』; 『한단고기』: 20－21.

이 기록에서 보면 단군왕검은 신시로부터 전해오던 법과 조칙을 받들어 존중했음을 알 수 있다. "나라를 세운 뜻과 법"(建極)은 인륜도덕의 모범으로 제왕상전의 대법을 의미한다.[38] 단군신화의 앞부분의 환인과 환웅의 기록에서 보여주는 정신과 법을 그대로 따르고 그것을 바탕으로 단군왕검의 지도력이 구한의 백성들의 지지를 마음으로부터 얻어 복종을 받으면서 단군조선이 건국되었음을 보여준다. 단군조선이 외부세력에 의한 외삽국가나 정복국가가 아니라 구한의 백성들이 마음으로부터 받아들인 '백성들의 국가'임을 알 수 있다.

5. 삼신사상과 고조선의 지배이데올로기

고조선 시대의 건국 정신으로 한인, 환웅, 단군이라는 삼신사상(三神思想)이 중심을 이룬다. 삼신사상은 영혼불멸의 낙천성을 핵심으로 한다. 『삼성기』에 보면 "단군은 하염 없이 맨손으로 고요히 앉아서도 세상을 평정하고 깊고 묘한 도를 익혀 여러 생령生靈들을 두루 교화하였다"[39]라고 기록하고 있다. 여기에서 "깊고 묘한 도"라는 것은 '현묘한 도'라고도 하였는데 후대 신라시대 최치원의 난랑비(鸞郞碑) 서문에서 말하는 "국유 현묘지도 실내포함삼교(國有 玄妙之道 實乃包含三敎)"라는 기록이 보여주듯 선·불·유(仙·佛·儒) 삼교의 뜻을 포함할 수 있었던 우리나라 고유의 도이며 고유의 종교를 포용하는 근본 사상의 넓고 깊은 생명사상을 의미한다고 볼 수 있다.

환인·환웅·단군의 삼신사상이 천·지·인의 삼신을 포용하여 생명의 근원과 조상숭배 그리고 조상의 근원이 되는 자연존중사상으로 이어졌다. 단군을 제의를 담당하는 제의군장으로 삼아 지도자로 삼는 무교사상이 널리 퍼진 것도 단군시대의 제정일치적인 성격을 보여준다. 단군시대의 유물들인 고인돌과 첨성단 등은 삼신 숭배의 역사를 보여주는 증거이다.

『한단고기』 『단군세기』에 기록된 단군왕검 이후 47대 제왕들의 제의 활동 기록을 보면 삼신신앙의 중요성을 보여 준다.[40] 역대 단군의 삼신숭배와 제의 활동을 보면, 단군왕검이 무리들과 삼신님께 제사 드리고, 강화도인 갑비고차 혈구산에 삼랑성을 짓고 마리산에 제천단인 참성단 쌓아 시월상달마다 하늘에 제사지내고 백성들은 기쁨에 넘쳐 환호하는 축제를 하게 했다. 이것을 이어 2세 단군 부루가 봄·가을로 하늘에 제사

38) 『한단고기』: 21.
39) 안함로. 『삼성기전 상편』; 『한단고기』: 21.
40) 이암. 『단군세기』; 『한단고기』: 55-143에서 발췌하여 정리함.

를 드리고, 어아가(於阿歌)를 부르며 하늘과 조상에 제사를 드리고 집집마다 업주가리를 두어 상시적으로 삼신을 모시도록 했다. 3세 단군 가륵은 삼육대례라는 제의형식을 만들어 삼신제사를 올리고, 4세 단군 오사구는 태백산에서 삼신제사를 드렸다. 5세 단군 구을은 태백산에 단을 쌓고 사자를 보내 제사를 드리고, 6세 단군 달문은 구월산에 삼신제사를 했다. 11세 단군 도해는 전국의 12명산에 국선 소도와 한웅 상(웅상)을 설치하고, 천경신고를 조술하며, 천부경과 삼일신고를 강연하여 삼신을 숭배했다. 이러한 역대 단군의 삼신숭배는 47대 단군들에게 이어져 단군조선 내내 조상과 삼신에 대한 숭배는 지속되었다.

고조선의 삼신사상은 단군조선 이후 여러 고대국가들과 고려시대 및 조선시대에까지 이어졌다. 부여, 옥저, 고구려, 백제, 신라, 가야, 발해, 고려, 조선의 제천 행사들로 이어진 여러 국가들의 제천 행사들은 삼신숭배와 삼신사상을 중심으로 하고 있다.

삼신신앙은 우리나라 민족의 문화적 유전인자가 되어 지금까지 핏속에 흐르고 있다. 한국인들이 사람의 출산과 질병, 그리고 농사의 풍년과 흉년, 그리고 오늘날 개인들이 사업을 하거나 큰 공사를 할 때에도 삼신께 치성을 드리는 풍속으로 남아 있는 것은 환인, 환웅, 단군이라는 삼신신앙이 단군조선 이후 뿌리 깊게 한국인의 삶에 녹아내린 증거이다. 이러한 삼신 숭배의 풍속은 한민족의 낙천성을 보여주는 것으로 "여자가 아기를 낳을 때 삼신밥을 지어드리고, 엉덩이의 푸른 반점을 삼신반점이라 부르고, 질병이 돌면 삼신께 치성을 드리고, 가을에 햇곡식을 거두면 삼신께 감사하다는 뜻으로 삼신주머니(업주가리, 부루단지 혹은 제석주머니라고도 함)를 만들어 정성껏 집에 보관한다."[41] 이러한 삼신숭배사상은 1960년대 새마을사업을 전국적으로 실시하면서 '미신타파'라는 명분으로 다소 약화되었으나 아직도 전국적으로 남아 있는 풍속이다. 심지어는 미국이나 외국에 나가 살고 있는 한국 교포들에게도 그대로 남아 있고, 1960년대 이전에 외국으로 이민한 가정에는 오늘날 한국 사회보다 더 철저하게 삼신신앙을 지키는 일들도 있다.

고조선 이후의 삼신사상은 민족의 종교적 · 사상적 기반이 되어 외부로부터 유입된 불교, 유교, 무교, 기독교 등을 배척하지 않고 적극적으로 수용하여 우리의 문화와 종교로 융합하는 문화적인 능력이 되었다. 세계적으로 보면 여러 민족과 국가들 사이에 종교 갈등으로 전쟁을 치루고 문화충돌을 일으키는 경우가 많아 문명충돌론까지 제기되고 있지만, 우리나라는 삼신사상을 기반으로 하면서 용광로처럼 녹아내리게 하여 우리의 문화로 동화시키면서 문화력을 더욱 확대 · 강화시켜 왔다.

41) 한영우. 2004: 77.

역사를 통해 보면 우리나라의 경우에는 문명교류론이나 문명공존론을 넘어 우리나라만의 주체적이고 고유한 융합적인 문명과 문화로 새롭게 만들어 왔다. 고조선 이후 삼한과 사국에서 각종 제천행사를 하면서 삼신사상을 계승시키다가, 불교가 유입된 이후 원효 등 세계적인 불교 지도자를 배출하여 불교의 독자적인 원융사상과 대승불교로 발전시킨 것은 삼신사상의 종교문화적인 토양이 그 기반이 된 것이다. 유교의 경우에도 공자의 유학이 우리나라에서 퇴계와 율곡의 논쟁을 거치면서 크게 한 단계 발전하였다. 고려나 조선시대에도 남자들이 낮에 공직에서는 유교나 불교에 따라 생활하고, 가정에서는 부인들이 불교나 삼신사상에 따라 생활하여 유교, 불교, 삼신사상, 무교, 도교 등이 평화적으로 공존하였다. 가정에서 출산이나 질환이 있을 때에는 삼신에게 빌고 점이나 무당의 굿으로 해결하고자 한 것 등은 종교적으로 융합적인 생활을 해온 것을 보여주는 것이다.

근대화 이후 가톨릭과 신교를 합친 기독교의 전파는 짧은 기간에 가장 활발하게 확산하였다. 세계적으로 기독교의 확산이 정체되고 선진국에서는 침체하고 있는데 반해, 가장 큰 기독교 대형교회들이 대부분 한국에 있고, 인구 대비 기독교 교인의 비율도 가장 높은 편이고 빨리 증가하였다. 전 세계에 가장 많은 선교사들을 파견하여 세계적인 기독교 중흥에 앞장서서 기독교 발생국인 이스라엘보다 더 적극적으로 기독교를 파급시키는 일에 나서는 것도 그만큼 한국의 종교문화적인 기반과 전통적인 융합종교 문화력이 높은 때문이라 할 수 있다. 특히 기독교의 성부, 성자, 성령의 삼위일체신앙과 고조선 이후 전래되어 온 한국사회의 삼신신앙의 유사성과 동질적인 구조가 적극적으로 기독교를 수용하는 데 큰 역할을 하는 것으로 보인다. 이처럼 한국은 고조선 이후 삼신사상과 자연숭배사상으로서의 도교와 샤머니즘이 민족의 생활 저변에 깔려 종교문화로서 전래되어 온 것이다.

이러한 융합적인 성격은 고조선 이래 한국문화의 선진성과 생명을 소중히 여겨 충돌이나 전쟁보다는 공존과 포용을 기본으로 하는 문화적인 고품격을 나타내는 것이다. 이러한 기본 성격을 무시하고 외래 종교들에 배타적인 삼신을 모시는 대종교와 같은 특정 종교를 창시하는 것은 민족의 고유한 문화적 포용성과 융합성에 어긋나기 때문에 크게 번성하지 못하고 쇠퇴하게 되는 것이다. 물론 일제의 탄압 등 외부적인 충돌이 있었지만 단군 이외의 특정인이 대종교의 창시자가 되고 교주가 되는 것은 민족의 사상기저인 삼신사상에 위배되는 일이어서 특정종교는 민족의 지지를 얻는 데 실패하게 된 것이다.

6. 불함문화론과 고조선의 지배이데올로기

최남선은 단군조선의 문화는 불함문화이고 불함문화권의 중심이 단군조선이라고 주장한다.[42] 단군조선은 불함문화라는 선진문화를 창조하여 문화적인 독창성과 문명발달의 시간에서 선진성을 보여주고, 나아가 동북아시아의 불함문화권의 문화적인 발상지로서의 성격을 지닌다.

최남선은 국가는 문화력의 결집의 형태라고 생각하고 문헌자료에 기록되기 이전에 존재한 한국선사문화의 내용과 성격을 밝힘으로 고조선의 실체를 밝히고자 했다. 단군신화를 부정하는 식민사학에 대해 옛 지명이나 인명에서 옛 언어를 찾고, 단편적인 민속자료들이 내포하고 있는 옛 문화의 흔적에서 고조선문화를 찾아내어 고조선의 역사적인 실체를 밝히고자 하였다. 그는 고조선이라는 고대국가의 역사적인 실체가 고조선 영토에 널리 퍼져있는 불함문화의 실체로 나타난다고 보고 지석묘나 입석 등 태양숭배 거석문화가 단군조선시대의 대표적 문화의 사례들이라고 밝혀냈다.

이것을 밝혀내기 위해 최남선은 언어학·민속학·고고학·인류학 등 인접학문들의 연구방법론을 활용하여 한반도는 물론 만주와 요동, 요서, 몽고, 일본, 그리고 동남아시아 지역에까지 대상지역을 넓혀 고조선 문화를 조사하여 '불함문화론'이라는 독자적인 문화이론을 제시했다.[43] 불함문화론은 고조선문화의 원류를 ᄇᆞᆰ(Părk)사상으로 보고, 그 발원지가 단군신화에 등장하는 태백산이라고 밝혀냈다. 그는 단군이 불함문화 중심인물이고 그 문화권의 중심이 조선임을 찾아냈다. 그가 제시한 불함문화는 조선을 중심으로 하여 그 인근지역에 존재하고 있던 'ᄇᆞᆰ 사상'을 가진 고대사회의 대문화를 의미하여, 고조선 지배이데올로기의 중심이 불함문화임을 민속문화와 고고유물을 통해 밝혀냈다.

최남선은 한반도에서 태백산, 소백산 등 '백(白)'자 계열의 전국의 산과 지명에 주목하여 '백'은 밝(Părk)의 대자(對字)로서 태양·신·하늘을 뜻하는 옛말이며, 태양신을 숭배하던 고대문화를 반영하는 어휘로 보았다. 그리고 동이족의 거주지에 다수 분포되어 있는 '백산(白山)'은 태양신을 제사하던 곳이었으며, 여러 지역에 산재해 있던 여러

42) 홍일식. 1959. 『육당연구』. 일신사; 고려대학교 아세아문제연구소 육당전집편찬위원회 편. 1973. <불함문화론>『육당최남선전집』 2. 현암사.

43) 최남선은 고대언어학적·문화적·지리학적·인류학적·민속학적 연구를 통합하여 일본과 중국 및 몽고 지역까지 불함문화론이 적용됨을 밝히고자 동아세아 전역을 대상으로 삼아 고대습속이 화석화되어 남은 무속·성황당이나 지석·입석 등과 지명 등의 자료들을 분석하였다.

소신산(小神山) 가운데 태백산, 즉 백두산이 가장 으뜸이 되는 곳임을 밝혀 조선이 불함문화권의 중심임을 논증해냈다. 하늘을 의미하는 고어인 Taigar에 주목하여 단군은 "천(天)을 대표하는 군사(軍師)의 호칭"이며 몽고어에서 하늘을 숭배하는 사람을 뜻하는 Tengri의 발음과 같은 것으로 보았다. '백산'은 단군이 유래한 곳이므로 Părk와 Taigar는 긴밀한 관계가 있는 것으로 밝혀냈다. 또한 일본과 중국의 동부 및 북부일대도 불함문화의 계통에 포함되고, 몽고와 중앙아시아 일대까지도 불함문화와 관계되는 지역임을 밝혀냈다. 나아가 불함문화의 잔존요소가 오늘날까지 한반도와 그 주변 지역에 분포되어 있는 샤머니즘을 통해 검출된다고 주장하였다. 이것을 통해 일본문화에 포함되어 있는 한국문화의 요소를 밝혀냈고, 중국문화의 형성에 미친 동이문화의 요소, 즉 '동이소(東夷素)'를 밝히고자 하였다. 불함문화의 실체를 파악하고자 단군신화를 분석하였다.

불함문화론은 고조선의 지배이데올로기와 고조선 문화의 원형이 일본은 물론 중국지역에까지 깊숙하게 파고들어 지금까지 남아 있음을 밝혀 삼국유사 등 문헌사료의 한계를 극복하는 매우 중요한 문화고고인류학적인 연구로 평가된다. 비록 후속 연구들이 이어지지 못해 더 심층적으로 밝혀내지 못하고 있지만 불함문화는 고조선 국가의 지배이데올로기적인 실체를 밝혀주고 있다. '지배이데올로기로서의 국가'라는 관점에서 국가를 볼 때 불함문화론은 고조선이 한반도, 만주, 요동, 요서, 몽고, 일본 등지에 실질적으로 영향을 미친 정치적 공동체였음을 실증적인 자료를 통해 입증하고 있다. 불함문화론은 고대국가로서 고조선이 중국과 일본에 앞선 고차문명을 지닌 선진 고대국가임을 밝혀내고 있다.

7. 요하문명의 발전과정과 고조선의 지배이데올로기[44)]

요하문명은 기원전 1만 년까지 소급되나 그 가운데 단군조선과 직접 연결되는 홍산문화기 이후의 발전과정을 살펴보면 아래 시기들로 구분할 수 있다.

첫째, 홍산문화기(기원전 4000년~2500년 무렵)는 국가 문명발생 직전시기로서 단군조선에 선행하는 시기(환웅시대)이다. 국가의 존재를 나타내는 대규모의 총묘단(적성

44) 한창균. 1992. <고조선의 성립배경과 발전단계 시론–고고학 발굴 자료와 연구 성과를 중심으로>. 『국사관논총』. 33.국사편찬위원회; 한창균. 1999. <최근 북한의 청동기 시대 연구 동향>『한국상고사학보』. 30. II. 무덤; 우실하. 2007. 『동북공정 너머 요하문명론』. 소나무; 우실하. 2007. <요하문명론과 한국상고사>『2007년 상고사토론회』. 국사편찬위원회; 『환단고기』: 258–287.

총, 여신묘, 제천단)시설, 대형피라미드, 여신상, 옥웅룡 등 다양한 옥기, 청동주조유물, 석기, 채색토기, 무문토기, 제사용토기 등이 대표적인 유물이다.

둘째, 하가점하층문화기(기원전 2500년~1500년)는 청동기시대로서 단군조선시기이다. 비파형동검, 적석총, 석관묘, 치(雉)가 있는 석성, 대형건물터, 옥기, 삼족(三足)토기, 일상용 토기와 의례용 토기, 복골 등이 대표적인 유물과 유적이다.

셋째, 하가점상층문화기(기원전 1500년~철기시대)는 청동기 · 비파형동검시대로서 단군조선 · 기자정권 시기이다.

넷째, 초기 철기시대는 기자정권 시기 이후 위만정권시기가 포함된다.

이 가운데 홍산문화기는 단군신화의 환웅시대에 해당하고 고조선 건국에 참여하고 왕비족을 배출한 맥족의 문화이다. 홍산문화 가운데 그 만기(滿期, 기원전 3500년~3000년)의 문화수준은 대단히 높은 것으로 나타났다.[45] 홍산문화 만기의 문화의 하나인 무덤의 주인공이 고조선의 것과 같은 것으로 이해되고 있어서 이제는 단군신화를 신화로만 돌릴 수 없게 되었다.[46]

더욱이 하가점하층문화가 홍산문화를 계승하는 것으로 사회발전 수준이 높아서 주민들이 성(城)을 축조하고 살고 있는 모습은 흡사 초기 국가의 모습을 보여준다.[47] 단군조선은 서자족 집단 등의 안내로 동으로 이동한 환웅족 집단을 중심으로 하가점하층문화와 거의 같은 시기에 이 문화의 이웃인 만주와 한반도 북부 지역에 걸쳐 건설되고 발전하고 있었다.[48]

또한 한반도에서의 청동기문화의 시작은 얼마 전까지 만 해도 기원전 15세기로 알려져 있었는데, 최근의 발굴조사 결과는 남한에서도 청동기의 시작이 만주 · 북한에서와 같이 기원전 20~15세기로 올라갈 가능성이 높아져, 기원전 2000년기까지 청동기문명이 소급되고 있다.[49]

---

45) 우실하. 2007. 앞의 글.

46) 한창균. 1992; 한창균. 1999; 김용섭. 2015: 83-84. 임재해는 고조선문명의 뿌리로 신시문화를 중시하고 있다. 임재해. 2018. 앞의 책; 임재해. 2019. 앞의 글.

47) 복기대. 2002.『요서지역의 청동기시대 문화연구』. 백산자료원.

48) 김용섭. 2015: 84.

49) 최몽룡. 2008.『한국 청동기 · 철기시대와 고대사회의 복원』. 주류성출판사; 최몽룡. 2011. <한국문화기원의 다원성-구석기 시대에서 철기시대까지 동아시아의 제 문화 · 문명으로부터 전파>. 단국대 동양학연구원 편.『동북아시아의 문명 기원과 교류』. 학연문화사; 한창균. 1999. <최근 북한의 청동기 시대 연구 동향>『한국상고사학보』. 30. II. 무덤; 우실하. 2007.『동북공정 너머 요하문명론』. 소나무; 복기대. 2002.『요서지역의 청동기시대 문화연구』. 백산자료원; 이청규 · 조진선 · 천선행 · 이종수. 2010.『요하문명의 확산과 중국 동북지역의 청년기문화』. 동북아역사재단; 하문식. 2011. <요동지역의 문명 기원과 교류>『동북아시아의 문명 기원과 교류』. 학연문화사.

이러한 요하문명의 발굴은 고조선의 역사와 지배를 확산시켜주는 중요한 지배이데올로기를 보여주는 것이다. 이것은 단군조선이 중국 화하족의 문명보다 선차성을 보이고 광범위한 부족연합성과 개방성 및 독창적인 문화를 바탕으로 한 선진 지배이데올로기를 보유하였음을 보여주는 것이다.

8. 한강문화론과 고조선의 지배이데올로기

신용하는 최근 고고학 발굴 성과를 바탕으로 동아시아에서 벼농사를 맨 처음 시작한 지역은 남한강·금강 상류·한탄강을 포함한 한강 중·상류 유역과 양자강 중·하류 유역이므로 한반도 중부지방 '한'강 유역에서 기원하여 농경생활을 먼저 시작한 부족을 '한'부족으로 본다. 강·산의 이름과 토템에서 부족의 이름을 부르는 신석기시대의 문화를 고려하여 '한(韓·寒·馯·桓·汗)'[50]부족으로 보고 그 문화의 특성을 규명하고 있다. '한'부족의 문화유형을 '한강문화'로 보고 그 성격은 최초의 선진적 농경사회문화 형성, 뾰족밑 빗살무늬토기의 문화유형, 농경도구의 발견, 해(태양) 숭배의 신앙, 천손의식을 가진 부족, 남성군장의 부계 부족공동체 사회, 개석식 고인돌의 장례문화, 선돌문화의 창조, 제왕을 배출한 부족, 제왕 호칭 '한', '간', '칸'을 낳은 부족 등으로 '한강문화'의 성립을 설명하고 있다.[51]

특히 최초의 선진적 농경사회문화의 형성이라는 사실을 규명하기 위해 남한강과 금강 상류지역인 청원 소로리의 고대 볍씨 18개에 대한 미국과 한국의 두 연구소의 측정결과[52]가 기원전 12670년~기원전 10550년으로 나타난 사실, 남한강 유역 충주 조동리(기원전 4250년 전후 40년), 금강 상류 옥천 대천리(기원전 3500년~기원전 3000년), 한강·임진강 유역 고양(기원전 3360년 전후 80년), 한강 하류 김포군 가현리(기원전 2070년 전후 26년), 남한강 유역 여주군 흔암리(기원전 1650년~기원전 1490년) 등을 통해 동아시아에서 한강유역이 농경사회가 가장 먼저 시작된 것으로 보고 있다.

이러한 한강문화를 중심으로 맥부족의 홍산문화와 예부족의 문화가 합해져서 고조선의 지배문화를 이루었다고 주장한다. 맥(貊)부족은 "백량수(白狼水, 지금의 大凌河) 중·상류와 시라무렌 강의 중·상류 유역에서 기원하여 요서·요동 지방에 널리 퍼지

50) 중국 고문서에서 '한'부족이 중국 산동 지방과 동북 지방에 진출한 일을 기록할 때 이러한 여러 한자를 사용하는 것을 보고 '한'이 순수한 '한'부족의 언어로 보고 있다.

51) 신용하. 2010: 47-94.

52) 볍씨 18개 중 측정 가능한 14개 가운데 미국 지오크론연구소가 8개, 서울대 기초과학연구소가 6개를 측정한 결과 같은 결과가 나왔다. 그 뒤 미국 아리조나대학교에서도 같은 측정결과가 나왔다.

면서 압록강을 건너 청천강 · 대동강 유역까지 내려온 부족"이다. 맥부족의 문화유형은 모계부족사회와 여족장 지배, 여신숭배 부족, 곰 토템 부족, 돼지의 사육과 가축화, '납작밑 토기'의 문화, 돌무덤의 장례문화, 왕비를 배출한 부족 등이다.[53)]

"중국 고고학계가 최근 발굴한 홍산문화(紅山文化) 유물들(이른바 '요하문명' 유물들)을 만든 맥족의 주류는 고조선(古朝鮮) 건국에 왕비(王妃)를 배출하는 부족으로 참가하여 맥족의 문화(紅山文化)도 고조선문화와 고조선 문명의 일부로 통합 발전하게 되었다고 필자는 판단하고 있다."[54)] 기원전 6세기~기원전 5세기경 맥부족 여성군장으로 추정되는 유골이 평창 청동기 무덤에서 발굴된 것이 이것을 입증하는 사례이다.[55)]

예(濊)부족은 예강(濊江)[56)] 유역에서 기원한 부족으로 예부족의 문화유형은 범 토템 부족, 부계사회의 징표, 농경문화의 시작, '납작밑 토기'의 문화, 후국 소군주를 배출한 후국 부족 등을 들고 있다.[57)]

고조선은 한강문화, 맥족문화 및 예족문화를 통합한 문화를 가지고 있으며, 특히 남성군장의 부계부족 공동체를 지배하는 이데올로기를 한강문화가 고조선에 심어준 것으로 보고 있다.

9. 무속과 샤먼교를 믿는 하늘 숭배 종교

단군조선의 종교에 대해 함석헌은 '하나님 중심의 다신교'라고 보아 『성서적 입장에서 본 조선역사』에서 다음과 같이 기술하고 있다.[58)]

> 종교는 다신교였다. 지금도 오히려 같어 있는 바다. 그러나 다신교이면서도 '하나님'은 독특한 지위를 가지는 신이었다. 그는 직접 그들의 국조였다. 자기네는 천손이라고 믿었다. 고로 천제를 섬기는 것이 국교요, 그 정신생활의 중추이었다. 후대에 불교의 영향으로 그를 제석이라 불렀는데, 집집마다 제석을 사귀지 않는 이는 없었다. 열국시대에는 십월에 하늘에 제사를 행하였는데 수일을 두고 군취가무하며 성대히 거행한다고 하였고 단군도 아들을 시켜 강화에 단을 쌓게 하고 하늘에 제사하였다고 한다. 고로 고대에 있어서는 대개 어느

53) 신용하. 2010: 94－106.
54) 위의 글: 106.
55) 유원모. 2018. <평창 청동기시대 무덤속 비파형동검 주인은 20대 여성이었다.>『동아일보』. 2018. 2.14
56) 예강은 문헌상 중국 만주 길림성과 하북성 두 곳에 나오나 신용하 교수는 문헌상 빨리 나오는 것을 기준으로 길림성의 예강으로 보고 있다. 신용하: 107.
57) 신용하. 2010: 106－111.
58) 함석헌. 1950. 『성서적 입장에서 본 조선역사』. 성광문화사: 83－84. 원문의 한자를 한글로 바꾸었다.

> 민족이나 다 그런 것이지만 제사는 중요한 국사였고 정치와 종교는 하나이었다. 그 잔영이 신라시대에도 있어서 임금을 차차웅이라고 하였다. 차차웅이란 무의 의로 거기서 일전하여 존귀한 사람을 가리키는 말이 되었다고 한다.
> 본성이 인하다고 위에서도 말했지만 도덕생활의 정도가 높았던 것은 건국정신에도 잘 나타나 있다. 천제가 그 아들 환웅을 인간에 하강시켜 조선을 세우게 하였다는 그 신화를 보면, 그 건국동기로는 도덕적 이유 밖에 없다. 다른 민족들의 경우에서와 같이 황당무괴한 것을 볼 수 없다. 또는 살벌정복의 이야기를 들을 수 없다. … 그것이 수천년의 생명을 가지는 민족적 신앙의 결정임을 부정할 수 없다.

또한, 지리적으로 북방아시아계이고 문화언어적으로 알타이어계에 속하는 여러 민족들은 개인적으로나 민족적으로 그리고 민족국가적으로 다신교적인 종교 생활을 했다. 이들은 자신의 부족을 상징하는 토템을 숭배하는 다신교를 신봉하여 토테미즘(totemism)[59]과 애니미즘(animism),[60] 그리고 이들을 통합시킨 샤머니즘(shamanism)[61]과 샤먼교를 믿으며 부족이나 종족 가운데에는 특히 하늘과 해(天・天神)를 숭배하는 하늘(日・太陽)의 아들이라는 선민의식을 갖게 되었다. 그 샤먼교에서 하늘(天 Tengri)・천신(天神)은 유일 절대한 지고신(至高神)이었고, 퉁구스족은 이 천신을 부가

59) 토템이란 말은 "북아메리카 인디언인 오지브와족이 어떤 종류의 동물이나 식물을 신성시하여 자신이 속해 있는 집단과 특수한 관계에 있다고 믿고 그 동・식물류(독수리・수달・곰・메기・떡갈나무 등)를 토템이라 하여 집단의 상징으로 삼은 데서 유래한다." 어떤 현상이 토테미즘이 되기 위한 조건은 "i. 집단은 그 집단의 토템이름으로 불린다. ii. 집단과 토템과의 관계는 신화・전설에 의하여 뒷받침되어 있다. iii. 토템으로 하고 있는 동・식물은 죽이거나 잡아먹는 일은 금기로 하고 있다. iv 동일 토템집단 내에서의 결혼은 금지되어 있다. v. 토템에 대해서 집단적 의식을 행한다. 토테미즘은 현재도 북아메리카・오스트레일리아・멜라네시아・인도 등 넓은 범위에 존재하고 있으며, 전에는 남아메리카・폴리네시아・아프리카・북극 에스키모에도 존재했다고 한다. 토테미즘은 J. F, 맥레넌의 조직적인 연구에 의해 1870년경부터 학계와 일반에게 알려지게 되었는데, E. 뒤르켐의 오스트레일리아에서의 사례를 중심으로 한 정밀한 연구에 의해서 종교기원론・본질론으로 전개되었으며, 그 후의 조사연구로 여러 가지 측면이나 형태가 밝혀지기에 이르렀다. 오늘날 토테미즘을 제도적인 주술(呪術), 종교적 현상으로 보는 점에서는 여러 학문 사이에 의견의 일치를 보이고 있으나 그 실체는 아직 충분히 해명되었다고 보기는 어렵다." <토테미즘>『두산백과』; 『지식백과』.

60) 애니미즘은 무생물계에도 영혼이 있다고 믿는 세계관으로 물신숭배・영혼신앙・만유정령설(萬有精靈說)로도 번역되는데, 라틴어의 영혼을 뜻하는 아니마에서 유래된 말이다. 영국의 인류학자 E. B. 타일러가 『원시문화』(1871)에서 처음 사용한 말로서, 보통 사람이 넋을 잃으면 질병에 걸리거나 죽는다고 믿어 무당이 잃어버린 영혼을 찾아내어 환자의 육체에 되돌려준다고 믿는다. <애니미즘>『두산백과』.

61) 샤먼이라는 말이 퉁구스족에서 유래한다는 설에서 샤머니즘을 시베리아의 원시종교로 보는 경향이 있었는데, 근래에 와서는 M. 엘리아데, I. M. 루이스, G. K. 넬슨 등 세계 각지의 유사현상도 샤머니즘으로 보아 샤머니즘을 세계적・보편적인 현상으로 이해하는 넓은 시각에서 비교・연구하는 경향으로 전환하고 있다. 한국사전연구사. 1998. <샤머니즘>『종교학대사전』; 『지식백과』.

(Buga)라고 부르며 절대적인 존재로 널리 믿고 신봉했다.

이들은 하늘의 선택을 받은 선민의식을 강하게 지니고 있어서 신성하고 존엄한 절대적인 하늘 신(天 · 天神)의 명령(天命)에 따라 국가를 건설하고 천명을 받은 천자가 나라를 다스려, 가한(可汗)들은 자신을 천자와 일치시켜 스스로 천자(天子)라 부르고 따르게 했다. 그래서 백성들은 가한을 흉노제국에서는 탱그리 쿠투(Tangri Qutu), 튀르크비문에서는 빌개카간(Bilga Qaghan), 위르그국에서는 텡그리카간(Tangri Qaghan) 그리고 몽골에서는 칭기스한(Chinggis Qan)으로 각각 비슷하면서도 다르게 불렀다. 여기에서 튀르크의 빌개카간은 하늘과 같고 하늘에서 태어난 천자라는 의미를 지니고, 몽골의 칭기스한은 넓은 세계인 사해(四海)를 지배하는 보편군주로서의 천자라는 뜻을 포함하여 보다 큰 제국의 통치자임을 이름에서부터 보여주고 있다.[62]

단군조선의 지배이데올로기와 관련되는 한민족의 종교적인 특성인 샤머니즘과 토테미즘 그리고 샤먼교는 다른 여러 국가의 건국신화에서 보여주는 천신숭배와 그 본질이 비슷한 점이 많다. 단군신화로 대표되는 개국신화의 종교적인 성격도 단군교나 대종교로 이어졌지만 초기의 종교적인 성격은 천명에 따라 개국하고 통치했다는 무교와 샤먼교의 성격을 바탕에 깔고 있다. 한민족이 종교적으로 무속신앙과 샤머니즘적인 성격이 단군조선의 건국 이후 지금까지도 국가의 중요한 지배이데올로기로 남아 있는 것은 그만큼 북방아시아계, 알타이어계 여러 민족이 공통으로 지니고 있는 하늘 신앙(天信仰)과 천숭배사상(天崇拜思想)이 한민족에게 뿌리 깊게 남아 있음을 보여주는 것이다.[63] 단군조선 시대에도 가뭄이나 홍수로 농가가 어렵고 백성들이 전란의 고통 속에서 위기를 겪게 되면 단군에게 책임을 묻고자 한 것도 하늘이 임금을 버렸다고 백성들이 믿었기 때문이다. 아무리 하늘의 아들로서 천명을 받아 국왕이 되었더라도 같은 하늘의 자손인 백성들을 살기 어렵게 만들면 국왕의 덕을 잃고 하늘의 선택에서 멀어진 것으로 느끼게 된 것은 통치자나 백성이나 모두 천신숭배와 천손사상을 종교로 믿었기 때문이다. 단군이라 할지라도 홍익인간의 통치이념을 저버리고 백성들을 재난에서 구해내지 못하면 하늘의 천명에서 어긋난다고 믿게 만든 것은 그만큼 단군조선의 지배이데올로

---

62) 김호동. 1989. <고대유목국가의 구조>『강좌 중국사』 II. 지식산업사; 김호동. 1989. <몽고제국의 형성과 전개>『강좌 중국사』 III. 지식산업사; 김호동. 1993. <북아시아 유목국가의 군주권>『동아사상의 왕권』. 동양사학회; 김열규. 2003. 『동북아시아 샤마니즘과 신화론』. 아카넷.

63) 김태곤. 1968. <무속상으로 본 단군신화>『사학연구』. 20; 유동식. 1975. 『한국무교의 역사와 구조』. 연세대학교 출판부; 이필영. 1981. <단군신화의 기본구조-천신신앙을 중심으로>『백산학보』. 25; 이필영. 1991. 『샤머니즘의 종교사상』. 한남대학교 출판부; 이은봉. 1986. <단군신화를 통해 본 천신의 구조>『단군신화연구』. 온누리; 이두현. 2007. <건국시조신화와 무조신화연구>『학술원논문집: 인문사회과학편』. 46(1). 대한민국학술원.

기에서 천신사상과 천신숭배 및 홍익인간이 모두 중요했기 때문이다. 이때에는 국가의 지배이데올로기로서 홍익인간이나 천손사상 및 천신숭배 그 자체가 국가였기 때문이다. 보다 근본적인 국가인 지배이데올로기로서의 국가가 그 위의 수단적인 국가인 국왕을 바꿀 수도 있었던 것이다. 제가회의나 오가합의제로 단군을 추대하도록 법을 만들고 단군조선을 통치한 것은 지배이데올로기로서의 국가가 하위수준인 단군 자신보다 더 중요하고 무겁게 생각한 때문으로 보인다.

지금도 제왕적 대통령제라는 헌법적 통치제도 못지 않게 대통령이 헌법 이상의 절대적인 통치권을 행사하고, 한국정치가 '소용돌이의 정치(politics of vortex)'[64]라는 정치권력의 중심축이라는 한 곳으로 빨려 들어가는 것은 정치이데올로기 속에 샤머니즘적인 요소가 뿌리 깊게 심어져 내려오기 때문이라 보인다. 설령 분권형 개헌을 한다고 하더라도 다시 정치적인 포퓰리즘에 기반 한 권위주의적인 통치로 귀결되는 것이 우려되는 것도 대통령과 같은 통치자는 하늘로부터 뽑힌 사람으로 하늘의 뜻에 따라 통치한다는 착각을 하기 때문인 것으로 보인다. 통치권력의 내부적인 결속에 의한 통치집단은 통치하는 동안 스스로 선민의식을 가지고 통치하다가 권좌에서 물러난 뒤에는 다음의 통치집단의 심판을 받게 되는 것이 반복되는 것도 통치집단과 일반국민들의 역사적인 비동시성과 간격이 아직 극복되지 못한 때문으로 보인다.

단군조선 이후 불교나 유교 및 기독교와 같은 다양한 종교들이 전파되고 융합되었지만 샤머니즘과 무속신앙과 같은 초기 종교의 영향이 사라지지 않고 아직도 다양한 형태로 남아 있는 것은 단군조선 문화원형의 지속과 단절이란 차원에서 이해할 수 있을 것이다.

10. 고조선의 지배이데올로기와 고조선의 문화력

(1) 고조선의 지배이데올로기의 성격

고조선은 무력이나 경제력을 바탕으로 형성된 국가가 아니라 9한의 연합과 합의로 형성된 국가이다. 고조선이 연합국가로 건국이 되고 유지되고 번성한 핵심동력이 고조선이 지닌 지배이데올로기의 선진적이고 포용적인 문화력이다.

첫째, 홍익인간이라는 단군조선의 지배이데올로기는 고도의 문화력과 통치력의 핵심

64) Gregory Henderson. 1968. *Korea: The Politics of the Vortex*. Cambridge: Cambridge University Press.

을 이루는 것이다. 부국강병이나 대제국건설과 같은 이념이 아니라 '널리 인간에게 도움이 되는 것'이 홍익인간인 만큼 고조선의 지배이데올로기는 많은 부족들과 후국들을 포용하는 포용력을 보여주는 중요한 요인으로 작용했다.

둘째, 고조선은 '세 가지 위험'에서 인간을 구해내기 위해 건국한 만큼 국가의 존재이유를 명확하게 밝히고 있다. 지배이데올로기는 국가와 통치의 가치기준을 제시하여 국왕으로부터 모든 관리들이 따르도록 만드는 것인데, 이들이 백성들을 세 가지 위험에서 구하도록 하는 일에 집중토록 하여 '위민(爲民)' 통치를 가능토록 이끌었다.

셋째, 고조선은 천손사상과 생명사상을 존중하여 '생명을 중시하는 하늘의 백성'으로 다스리고 국가를 운영하는 지배이데올로기로 삼아 국가의 품격과 위상을 높였다.

넷째, 고조선은 천신과 다신교를 믿는 토테미즘과 샤먼교를 지배적인 종교로 삼았던 만큼 천신 숭배와 토템숭배 등 자연숭배종교를 중심으로 자연주의적인 지배를 존중했다.

다섯째, 환인, 환웅, 단군의 삼신사상이 중요한 종교적 생활의 중추가 된 만큼 조상숭배, 하늘숭배, 삼신숭배의 신앙이 백성들은 물론 단군과 통치자의 통치 기본 가치로 되었다.

여섯째, 단군은 삼신숭배와 삼신교의 교주로서, 그리고 제사장으로서 통치한 만큼 단군조선은 신정국가의 성격도 지니고 있어서 제사장과 군장의 역할을 동시에 하는 제정일치체제의 지배이데올로기로 역할 하였다.

일곱째, 고조선의 지배이데올로기의 문화적 기반이 불함문화와 요하문명으로 확인되어 지배이데올로기로서의 역사성과 자주성 및 높은 문화력의 수준을 보여주고 있다.

이러한 성격을 지닌 고조선의 지배이데올로기는 단군조선의 문화의 선진성과 고차문화성을 나타내고, 그것은 중화문화의 시조인 공자가 조선을 동경의 대상으로 삼은 것에서 잘 입증되고 있다. 공자가 이끌던 중화문화보다 조선의 문화력이 더 높아 공자의 선망의 대상이 된 점은 중국과 조선의 문화력과 문화의 선진성에서 조선이 더 빠르고 우위임을 입증하는 증거이다.

특히 중국대륙에서 권력투쟁이 벌어지고 그 과정에 동이족 귀족들이 조선으로 피신한 것은 조선의 문화국가로서의 포용력과 높은 위상을 간접적으로 보여주는 것이다. 동이족 백성들은 무력이나 경제력보다 높은 문화력에 이끌려 이동하게 되었다. 홍익인간과 천신숭배를 중심으로 한 고조선의 문화적인 우위성이나 고차원성 및 포용력이 공자의 선망이나 기자족 등 동이족의 고조선으로의 이동을 유발하였다. 고조선의 지배이데올로기의 우월성이 국가의 문화적인 실체로 작동하였고 2천 년 고대국가의 장기적인 생존력으로 이어지게 한 것이다.

(2) 고조선의 지배이데올로기의 전개와 고조선의 문화력

고조선은 건국 초기 국가형성과정에서부터 지배이데올로기의 힘이 컸다. 여러 부족의 연합국가로 출범한 만큼 이들을 묶을 수 있는 종교와 정신력 및 문화력은 국가형성과 국민형성을 동시에 진행시키도록 요구했다. 특히 홍익인간이란 지배이데올로기는 부족이나 지역을 구별하지 않고 모두가 하나가 되게 하는 이념이어서 후세에 공자도 존중했던 선진 이념이었다.

고조선이 한·예·맥 3부족 연합국가로 건국되고 이들이 서로 다른 가치성향을 지녔던 만큼 한족이 중심이 된 제1기 단군정권의 시기에는 홍익인간·천손사상·삼신신앙·불함문화·무속·조상숭배·샤먼교가 중요하여 국왕인 단군이 제정일치제에 따라 제사장과 군장을 직접 겸임하여 군사력보다 종교력·제사장의 권위가 더욱 중요한 역할을 했다. 이때에는 단군도 제사장에 집중하는 제의-군장이었고 통치체제도 제의-군장체제였다.

제2기 단군정권은 맥족이 지배집단이 되고 더 많은 부족이 참여하고 국가가 강성해지면서 중국과의 전쟁이 빈발하여 단군의 기능도 제사장으로서의 역할에는 소홀해지고 전쟁을 수행하는 총사령관과 군장으로서의 역할이 더 중요해지면서 아직 제정일치체제가 유지는 되었지만 초기와는 달리 단군도 군장-제의로 비중이 변화하였고 통치체제도 군장-제의체제로 전환하여 지배이데올로기의 역할이 총량에서는 유지되었으나 군사력의 비중이 절대적으로 커져서 상대적으로 이데올로기의 역할이 축소되었다.

제3기 기자족 중심의 예족이 통치하면서 정권의 성격도 바뀌고 지배이데올로기도 초기의 평등과 분배를 중시하던 홍익인간중심 가치에서 성장과 경제력 축적을 중시하는 물질적·경제적인 가치를 중시하면서 지배이데올로기의 성격도 변화하였다. 불문법에 의한 자연질서를 중심으로 하던 통치에서 노예제도를 강화하고 빈부격차로 인해 발생하는 사회적인 모순을 권력으로 억제·통치히려는 경향이 증대하면서 지배이데올로기의 성격변화와 위상변화가 동시에 일어났다.

제4기 위만족 중심의 예족이 집권하면서 기존의 3한체제가 3조선체제로 독립적·분권적이 되어 원심력으로 나뉘는 정치체제를 하나로 묶을 수 있는 지배이데올로기의 힘은 거의 한계에 달하여 영향력을 크게 상실하고 제정일치체제가 붕괴하였다. 이에 고조선의 분국들인 말한과 불한은 말조선과 번조선으로 각각 나뉘면서 중국과의 전쟁에서 크게 밀리고 고조선의 몰락과 열국의 탄생으로 이어졌다.

제8장

고조선의 '지배연합 · 지배계급'으로서의 국가

1. 지배연합 · 지배계급으로서의 국가

(1) 지배연합으로서의 국가

고조선은 사회신분계급이나 경제적 생산수단에 의한 지배계급의 형성이 뚜렷하지 않았던 고대사회였던 만큼 지배계급으로서보다는 지배연합으로서의 국가의 개념이 더 적절하다. 고조선은 부족 간의 연합을 통해 국가를 형성하고 오랜 기간 지배하면서 그들 간의 권력관계에서도 변동이 일어나고 그것이 국가와 정권의 성격을 결정했던 만큼 고조선의 건국과 전개에서는 민족형성과 지배연합의 형성이 중요하다.

(2) 지배연합형성으로서의 한민족의 형성

지배연합으로서의 국가를 어떻게 이해하느냐에 따라 민족이동설과 민족정착설의 성격이 규정되고, 고조선 국가의 중심과 수도가 만주나 중국 요동지역인지 아니면 한반도인지 여부를 밝혀내는데까지 중요한 영향을 주고 있다. 이것은 고조선 국가를 영토중심 국가로 보지 않고 민족중심국가로 보는 한국역사의 기본 사관과도 밀접하게 연결되고 있기 때문이다.

1) 지배세력연합 이동설

한민족의 주체에 대해 중심세력이 어느 종족인가와 그들이 토착민인지 외래인인지가 관심 사항이었다. 여기에 대해 그동안 학계의 통설은 한민족이 예 · 맥족과 한족으로 구성되어 있었다는 것이다.[1] 한민족의 구성을 그렇게 본 것은 고대 한반도와 만주

1) 노태돈. 1991. <한국민족 형성과정에 대한 이론적 고찰>『한국고대사논총』. 제1집. 가락국사적개

에는 북부에 고조선·부여·고구려·동예는 북방의 대륙족인 예·맥족이고, 남쪽의 한족은 남방의 해양족인 한(삼한) 등으로 독립해 있었을 것으로 본 것에서 출발했다. 여기에 대해 북쪽의 예·맥족에 대해 예맥을 하나의 종족명으로 보는 견해와 예족과 맥족으로 나누어 보는 견해로 나뉘었다.[2)]

이외에도 최남선은 불함문화론이 한민족의 기원이라 보았고,[3)] 신채호는 한민족이 광명의 본거지인 환국을 찾아 동쪽으로 이주해 왔음을 주장하고,[4)] 손진태는 한민족이 몽골인종(황색인종)의 여러 종족 가운데 퉁구스족에 속하는 만주 시베리아 종족과 가장 가까운 관계를 가지고 있다고 보았다.[5)] 김정배는 한반도에 거주했던 신석기시대인과 청동기인은 각각 다른 종족이었다고 보고 신석기인들은 시베리아에서 널리 거주했던 고(古)아시아족이며 청동기인들은 예·맥족이었다고 주장했다.[6)] 김원룡은 한반도와 만주는 구석기시대가 끝난 후 사람이 살지 않은 공백기가 상당히 오랜 기간 계속되다가 새로운 사람들이 이주해 와서 신석기시대가 개시되었다고 보아 신석기주민들은 시베리아 지역에서 들어온 고아시아족이었고 후에 만주와 한반도에서 지역화한 퉁구스족인 예·맥족이 고아시아족을 흡수하여 한반도의 직계조상이 되었다고 보았다.[7)] 천관우와 이종욱은 고조선의 건국세력은 토착인들이 아니라 중국에서 이주해 온 사람들일 것으로 보고 이들은 단군왕검이 고조선을 건국했다는 사실도 부인했다.[8)] 천관우는 조선시대 학자의 견해에 따르면서도 고조선을 세운 기자족은 중국 기록에 나타난 상·주 교체기의 기자가 아니라 중국 북방에 있던 기자종족이었을 것으로 가정하고, 그들이 만주

발연구원: 10. 한민족의 구성을 예·맥족과 한족으로 본 견해는 나카 미치요(1894. <맥인고>『사학잡지』. 5(5): 34)와 시라토리 구라키치 등 일본인들이 내놓았는데, H. B. 헐버트(1905. *The History of Korea* 1: 103)나 대만의 예일부(芮逸夫. <韓國古代民族考略>『중한논문집』 1: 39) 등이 수용했다.

2) 김정배. 1973. <예맥과 예와 맥>『한국민족의 기원』. 고려대 출판부: 15－35.
3) 최남선. 1973. <불함문화론>: 75.
4) 신채호 지음. 이만열 주석. 1983: 104.
5) 손진태. 1958.『조선민족사개론－조선문화총서 11』. 을유문화사: 17－19.
6) 김정배. 1973: 15－35.
7) 김원룡. 1983. <한민족의 형성과 선사시대>『한국학입문』. 대한민국학술원: 8－11.
8) 천관우는 단군은 고조선의 건국자가 아니라 어느 지역 족단의 지배자로서 뒤에 그 족단의 조상신으로 받들어진 것을 통일신라시대에 전민족의 조상신으로 자리잡았을 것이라는 조선시대부터의 견해에 청동기 상한을 기원전 1000년이라는 것을 근거로 하여 동의하고 있다. 이종욱도 단군사화에 보이는 환웅족과 호랑이족은 중국으로부터 이주한 집단이며 곰족은 토착인이었을 것인데 고조선의 건국은 상나라로부터의 이주민과 토착민들에 의해 이루어져서 상나라가 멸망한 기원전 12세기보다 앞설 수는 없다고 주장한다. 천관우. 1991. <고조선에 관한 몇 가지 문제>『고조선사·삼한사 연구』. 일조각: 6·22－23; 이종욱. 1993.『고조선연구』. 일조각: 43－48·296.

를 거쳐 한반도로 이주하여 고조선을 건국했을 것으로 보았다.[9)]

2) 지배세력연합 정착설

신용하 · 윤내현 · 북한학계 등은 지배세력이 이동하지 않고 토착세력으로 성장하고 정착한 것으로 본다. 첫째, 북한학계에서는 예족 · 맥족 · 한족으로 보는 것은 같으나 이들이 외부로부터의 이주민이 아니라 토착민으로 보아 인종적 특징은 원시시대의 오랜 역사를 통해 발전하면서 고대에 이르러 완성되었다고 보고 있다. 이때 한민족의 인종적인 특징은 언어와 풍습, 문화와 정신적 기질의 공통성을 바탕으로 하는 체질유형의 단일성으로 나타난다고 보고 있다.[10)]

둘째, 신용하 · 윤내현은 한민족을 외지로부터의 이주민으로 본 견해가 제출된 초기 학계의 학문적인 미발달과 미성숙성을 비판하면서, 한민족은 신석기시대부터 한반도와 만주지역에 붙박이 생활을 하여 민족의 기원을 이루었다는 주장을 펴고 있다.[11)] 특히 황하 유역에서 가장 빠른 청동기문화인인 이리두문화는 기원전 2200년 무렵[12)]인데 비해, 한반도와 만주의 청동기시대 유적인 경기도 양수리의 지석묘[13)]와 전남 영암군 장천리의 집자리[14)] 및 요서지역의 하가점하층문화는 기원전 2500년 무렵으로 확인된 것[15)] 등을 이유로 고대 한반도와 만주의 거주민은 다른 지역에서 이주해 온 사람들이 아니라고 주장한다.

3) 통합적 관점

이처럼 다양한 주장을 배경으로 하면서 고조선의 지배연합에 대해 1부족설(이병도: 예맥족), 2부족설(김상기, 김용섭: 맥부족, 예부족), 그리고 3부족설(신용하, 김상기: 한부족, 예부족, 맥부족) 등으로 학자들에 따라 서로 다른 이유를 근거로 다양하게 전개

---

9) 천관우. 1991: 10-89. 여기에 대해 윤내현(2015 상: 212)은 천관우가 중국문헌의 사료를 무시하고 자의적으로 추리하고 윤색함으로써 역사연구의 기본 방법을 어겼고 그동안의 고고 발굴자료를 충분한 이유 없이 부인했다고 비판한다.

10) 사회과학원 력사연구소. 1979. 『조선전사 1-원시편』. 과학백과사전출판사: 308.

11) 신용하. 2010: 113-133; 윤내현. 2015 상: 204-205.

12) Kwang-chih Chang. 1986. *The Archaeology of Ancient China*. Fourth Edition. Ithaca, Ill.: Yale University Press: 315.

13) Chan Kirl Park and Kyung Rin Yang. 1974. "KAERI Radiocarbon Measurements III." *Radiocarbon*. 16(2): 197; 이호관 · 조유전. 1974. <양평군 양수리 지석묘 벌굴보고>『팔당 · 소양댐 수몰지구 유적발굴종합조사보고』. 문화재관리국.

14) 최성락. 1986. 『영암 장천리 주거지』 2. 목포대박물관: 46.

15) 中國社會科學院考古研究所 編. 1984. 『新中國的考古發現和研究』. 文物出版社: 340-344.

되어 왔다. 이들 사이의 기본적인 차이는 예족과 맥족을 나누어 2부족 연합으로 볼 것이냐(김상기, 김용섭) 아니면 처음부터 예맥족이라는 하나의 부족으로 볼 것이냐(이병도)라는 1·2부족설과 최근 한강문화를 중심으로 한 한부족을 추가하여 이 한부족을 중심으로 맥족 및 예족과의 3부족 연합이라는 새로운 3부족설이 제기되는 점(신용하)이다.

세 학설은 모두 맥족과 예족이라는 점을 포함하는 점에서는 공통인데 이들을 나눌 것인가와 여기에 한부족을 핵심으로 추가할 것인가가 논쟁의 핵심이다. 2부족설의 경우, 특이한 점은 맥족과 예족의 본성을 토지제도를 기준으로 성장지향이냐 분배지향이냐를 가지고 나누고 그것이 현재까지 반복·전개·지속되는 것으로 해석하는 김용섭의 새로운 가설이다. 이러한 민족연합·지배연합으로서의 국가에 대한 1·2·3부족설을 차례로 검토하도록 한다.

2. 이병도의 예맥족 1부족설의 내용과 그 평가

(1) 예맥족, 예족, 맥족의 성격과 그들의 관계

이병도는 단군조선을 예맥족 단일부족으로 구성된 국가로 본다.[16] 이처럼 예맥(濊貊)족에 대해서 '고대 한민족(韓民族)의 종족명으로 한반도 북부와 중국의 동북부에 살던 한민족의 근간이 되는 민족 중 하나'로 보는 게 다수설이다. 예맥족은 한민족의 근간이 되는 민족으로 맥(貊·貉) 또는 예(濊·穢·薉)로 약칭하였다. 예·맥·예맥의 상호 관계와 그 종족적 계통에 대해서는 여러 가지 논란이 복잡하게 얽혀 진행되어 왔다.

예맥에 대해서는 예와 맥으로 나누어 보거나, 예맥을 하나의 범칭(泛稱)으로 보는 견해, 예맥은 맥의 일종이며, 예는 예맥의 약칭이라는 등의 다양한 견해들이 제시되어 왔다. 이처럼 백가쟁명식의 다양한 견해들이 제시되었으나, 현재 학계에서는 예맥이 예와 맥으로 구분되지만 서로 다른 계통이 아닌 하나의 계통이더라도 다른 갈래로 보는 견해가 일반적으로 받아들여지고 있다. 즉, 예와 맥은 사회적·정치적으로 서로 구분이 되지만 종족상으로는 큰 차이가 없는 것으로 이해되고 있다. 예맥 내부의 여러 집단 가운데 우세한 집단이 등장하여 주변 세력을 병합하면서 점차 세력을 키워나갔다. 예맥이

---

16) 이병도를 위시한 여러 학자들의 주장이다. 이병도. 1968. <예맥문제>『사상계』. 16(5); 이병도. 1975. <민족사적으로 본 우리나라의 정통성>. 『통일정책』. 1(3); 이병도. 김사엽. 1979. 『한국고대사』(상·하). 육흥출판; 이병도. 1985. 『한국고대사연구』. 박영사.

고조선을 형성하는 종족집단을 이루었고, 한반도 중남부에 거주하던 한족과 더불어 한민족 형성의 근간을 이루게 되었다.[17] 이러한 고조선의 민족 형성과 민족 이동과정에 대해 중국측에서는 그들의 시각으로 기록을 했고 그 기록을 중심으로 고조선 중심 민족의 성격을 중국의 시각에서 설명하고 있다. 이것들을 차례로 살펴보도록 한다.

중국 고전 기록에 의하면 『시경』·『논어』·『중용』·『맹자』에는 맥(貊)으로, 『사기』의 <흉노전> <화식전>에는 예맥으로 기록되어 있다. 맥족의 원주지에 대한 명확한 근거는 없으나 『위지』<고구려전>에 따르면 대수(大水, 鴨綠江)유역과 소수(小水, 渾江) 유역에 거주한 두개의 집단이 각각 수장을 추대하였으며 소수맥이라고 불렀다고 기록하고 있다. 또한 『한서』<무제기 원삭원년조(武帝紀 元朔元年條)>와 『후한서』<동이전 예조>에 보면 기원전 128년 예의 군장인 남려(南閭)는 조선왕 우거와의 관계를 끊고 부족 28만 명을 이끌고 한의 요동군으로 이주하여, 당시 대수맥과 소수맥을 연합한 최고의 맹주였을 것으로 추정된다. 예맥족은 이후 부여, 고구려, 동예, 옥저 등으로 중국 북동부와 한반도의 동부 및 중부에 정착한 것으로 보인다.[18] 그러나 예맥족을 하나로 보느냐 아니면 두 개의 부족이 결합한 민족이냐에 대해서는 여전히 다양한 견해가 제시되고 있다.

첫째, 예맥을 단일 종족으로 보는 견해에서는 예맥은 고조선의 한 구성부분을 이루던 종족으로서 고조선의 중심세력이었다고 보며, 이병도가 이 입장이다. 한편, 윤무병은 예맥이라는 명칭은 사마천의 『사기(史記)』에서부터 쓰였는데, 예족과 맥족을 합쳐 부르는 말이 아니라 예맥은 맥족인 고구려를 지칭하는 것이었고, 한대 이후의 예(濊)와 맥(濊貊)은 동일계통 내에서 각각 구분되었던 실체였다고 보았다.

둘째, 예(濊)와 맥(貊)을 두 개의 서로 다른 부족으로 나누어 보는 입장인데, 이 견해에서는 예족은 요동과 요서에 걸쳐 있었고 맥족은 그 서쪽에 분포하고 있다가 고조선 말기에 서로 합쳐진 것이라고 본다. 김상기는 예족과 맥족을 구분하고, 김용섭은 예족과 맥족의 서로 다른 정치적 성향이 고조선의 국가변동과 고조선 해체 이후의 열국과 삼국, 그리고 그 이후 국가들의 전개로 이어져왔다고 주장한다.

셋째, 조선의 정약용은 맥은 종족 명칭, 예는 지역 또는 강의 이름이라고 보아 예맥은 맥족의 아홉 갈래(九貊) 중의 하나를 지칭한 것이라고 하였다. 중국의 능순성(凌純聲)도 예는 예수(濊水)지역에 거주했던 맥족이라고 하여 정약용과 동일하게 이해하였다.

---

17) 한국학중앙연구원. 2018. <예맥>『한국민족문화대백과』. 한국학중앙연구원.
18) 두산백과. 2018. <예맥>『두산백과』.

넷째, 일본의 미시나장영(三品彰英)은 선진(先秦)문헌에 보이는 맥은 북방족의 범칭이며, 예는 진대(秦代)의 문헌에서 처음 보이는데 한대(漢代)에 범칭되는 예는 고구려·부여·동예를 포괄하는 민족명이라고 보았다. 예맥이라는 호칭은 현실적인 민족명과 고전적인 북방족에 대한 범칭인 맥을 결합시켜 편의적으로 쓰여진 것이라고 하면서, 고구려를 지칭한 맥은 민족명인 예족 내의 특정한 부족을 가리키는 것이라고 보았다. 곧 한대 이후의 맥은 예와 동일한 계통의 실체라는 것이다.

다섯째, 예일부(芮逸夫)는 한민족을 예맥과 한(韓)의 양 계통으로 구성되었다면서, 예맥족 중 예족은 한반도 중북부와 송화강·길림·눈강(嫩江)지역 등에 살았고, 맥족은 산동·요동·발해만 연안 등에 거주했으며, 거주지역에 따라 예와 맥이 구분되었다고 보았다. 김정배도 예(濊)·맥(貊)·한(韓)은 동일계 족속으로서 그 분포지역의 차이에 따라 각각 구분되었다고 보았다.

여섯째, 이옥은 맥족과 예족은 원래 중국의 산서성(山西省)·하북성(河北省) 방면에 각각 거주하다가 점차 동으로 이동해왔는데, 기원전 3세기 무렵 장춘·농안 방면에 먼저 정착해 있던 예족은 이어 이동해온 맥족에게 밀려 남으로 왔다가 고조선에 쫓겨 요동군에 예속하게 된 것이 예군(濊君) 남려의 집단이었고, 이 예의 일부가 맥족에 흡수되어 서기전 2세기경 새로운 종족인 예맥이 성립한 것이 고구려족이라고 주장하였다.

고조선의 준왕이 남으로 망명할 무렵 북방에서 함께 내려온 이주민들은 한강 이남 지역에서 선주 토착민들과 연합하여 삼한(三韓)이라는 연방체를 만들었는데, 여기에 고구려의 한 갈레인 위례가 한강 유역에 자리 잡으면서 차차 커져서 또 다른 예맥족의 나라인 백제가 되었다. 이러한 사실들로 미루어 볼 때 예맥족은 초기에 숙신과 동호 사이에 끼어 중국의 쑹화강(松花江) 및 헤이룽강(黑龍江)과 압록강·두만강 유역 및 한반도 북부 지역인 함경도·두만강 유역 및 한반도 북부 지역인 함경도·강원도 등지에 걸쳐 살고 그 갈래가 남부에 백제를 이루며 번창한 대민족으로 한민족의 주류를 형성했다는 것이다.[19]

(2) 왕부의 『잠부론』과 한민족

예맥족, 예족 및 맥족과 이들의 관계에 대한 해석은 다양한 견해로 나뉜다. 이처럼 한(韓)민족의 기원에 대해서는 의견이 나뉘는데, 그것은 이병도가 인용했던 왕부(王符)의 저서 『잠부론(潛夫論)』 중 '기후한서역성한 위위만소벌 천거해중(其後韓西亦姓韓

19) 위의 글.

爲魏滿所伐 遷居海中)'에 대한 서로 다른 해석과도 밀접하게 관련된다. 왕부의 의도를 정확하게 알아보기 위해서는 『잠부론』 지씨성조(志氏姓條) 관련 문장의 해당 내용 전문을 살펴보도록 한다.[20)]

왕부의 『잠부론』에서 우리가 고조선(古朝鮮)이라고 부르는 집단이 연(燕)나라 근처에 있던 한후(韓侯)와 관련 있는 것으로 기록하고 있다. 문장으로만 볼 때 왕부는 조선(朝鮮)이라는 표현을 쓰지 않았으나 그는 고조선의 왕성(王姓)이 한씨(韓氏)였던 것으로 암시하고 있다. 한민족과의 관계 부분을 정확히 파악하려면 우선 왕부의 글 전체를 보아야 한다. 앞에서 인용한 글은 씨성조(氏性條)에 나오는 것으로 한씨(韓氏) 성(姓)을 설명하기 위한 부분이다.

왕부는 전국시대(戰國時代)의 한국(韓國)은 진(晉)나라 목후(穆侯)의 아들인 환숙(桓叔)을 조상으로 한다고 하면서, 주(周)나라 왕성(王姓)인 희성(姬姓)에서 파생한 한씨(韓氏) 성(姓)을 가진 사람들과, 연(燕)나라 지역에 있던 한후국(韓侯國)의 한씨(韓氏)와, 고조선(古朝鮮)의 한씨(韓氏)가 종족적으로 관련이 있는지는 언급하지 않은 채 이들 모두가 한씨를 성으로 했음을 기술하고 있다.

이제 문제가 되고 있는 『잠부론(潛夫論)』 중 '기후한서역성한 위위만소벌 천거해중(其後韓西亦姓韓 爲魏滿所伐 遷居海中)'에 대한 다양한 해석들을 검토하도록 한다.

첫째, 중국인 왕계배(汪繼培)는 이 글의 주석에서 '한서(韓西)'의 한(韓)을 조(朝)의 오기(誤記)로 보고, 서(西)는 선(鮮)과 호용(互用)되는 글자로 보아 이를 조선(朝鮮)으로 보았는데, 많은 학자들이 이 주석을 수용하고 있다. 이들은 왕부가 기술하는 환숙의 후예인 전국시대 한국의 한씨, 주(周) 선왕(宣王)의 재위 기간(기원전 827~782년)에 연나라 근처에 있던 한국의 한씨 및 '한서'가 가리킨다고 본 조선(朝鮮)−후조선(後朝

---

20) 왕부의 『잠부론』의 해당부분을 직접 인용하도록 한다.

晉穆侯生桓叔, 桓叔生韓萬, 傅晉大夫. 十世而爲韓武侯, 五世爲韓惠王, 五世而亡國. 襄王之孼孫信, 俗人謂之韓信都. 高祖以信爲韓王孫, 以信爲韓王, 後徙王代, 爲匈奴所攻, 自降之. 漢遣柴將軍擊之, 斬信於參合, 信妻子亡入匈奴中. 至景帝, 信子頹當及孫赤來降, 漢封頹當爲弓高侯, 赤爲襄城侯. 及韓嫣, 武帝時爲侍中, 貴幸無比. 案道侯韓說. 前將軍韓會, 皆顯於漢. 子孫各隨時, 帝分陽陵·茂陵·杜陵. 及漢陽·金城諸韓, 皆其後也.

信子孫餘留匈奴中者, 亦常在權寵, 爲貴臣. 及留侯張良, 韓公族姬姓也. 秦始皇滅韓, 良弟死不葬, 良散家貲千萬, 爲韓報讎, 擊始皇於博浪沙中, 誤椎副車. 秦索賊急, 良乃變姓爲張, 匿於下邳, 遇神人黃石公, 遺之兵法. 及沛公之起也, 良往屬焉. 沛公使與韓信略定韓地, 立橫陽君城爲韓王, 而拜良爲韓信都. 信都者, 司徒也. 俗前音不正, 曰信都, 或曰申徒, 或勝屠, 然其本共一司徒耳. 後作傳者, 不知信都何因, 彊妄生意, 以爲此乃代王爲信都也. 凡桓叔之後, 有韓氏·言氏·嬰氏·禍餘氏·公族氏·張氏, 此皆韓後姬姓也. 昔周宣王亦有韓侯, 其國也近燕, 故≪詩≫云: "普彼韓城, 燕師所完." 其後韓西亦姓韓, 爲魏滿所伐, 遷居海中.

鮮) 시대의 한씨 등이 고조선의 민족이라고 보았다. 그러나 『잠부론』에서 기술한 세 집단의 한씨(韓氏)의 존재시기를 비교할 때, '한씨(韓氏) 성(姓)을 가진 한서(韓西)'가 가리킨다고 본 조선(朝鮮)－후조선(後朝鮮)은 주(周)나라 초기부터 존재하고 있어서 시기상 서로 모순된다는 점을 지적한다. 세 부류의 한씨의 시대적인 선후를 비교하면 조선(朝鮮)이 가장 앞서고, 다음이 연(燕)나라에 있었던 한국(韓國)이며, 마지막이 전국시대(戰國時代)의 한국(韓國)이 된다. '기후(其後)'를 연(燕)나라 주변의 한후(韓侯)가 있은 후라고 해석해야 하므로 '한서(韓西)의 한(韓)'은 조선(朝鮮)일 수 없고 당연히 한후(韓侯)보다 늦게 한씨(韓氏) 성(姓)을 사용한 전국시대(戰國時代)의 한국(韓國)이어야 한다는 지적이다. 이 때문에 한서를 조선으로 보는 것은 무리가 있다는 해석이다.

둘째, 고『시』운: "보피한성, 연사소완(故≪詩≫云: "普彼韓城, 燕師所完)"은 『시경(詩經)』 한혁편(韓奕篇)의 한국(韓國)과 이름이 같은 한국이 서쪽에 있었으며 그들의 성(姓)이 한씨(韓氏)였다는 것을 말하기 위해 삽입한 문장일 뿐이고, 위만에게 공벌 당했다는 나라는 한혁편의 한국을 말하며 연나라 주변에 있던 한국의 후예들이 주도한 나라인 조선(朝鮮－韓氏朝鮮)을 지칭한다고 해석한다. 이처럼 왕부가 한혁편에 나오는 한국과 조선이 관련 있다고 해석하는 사람은 한치윤(韓致奫)과 곽조경(郭造卿)이다. 한치윤은 일찍부터 왕부가 말하려고 한 것은 "주 선왕 때 한나라가 연(燕)과 가까운 곳에 있었다. 그 뒤에 위만에게 정벌당하여 바닷가로 옮겨가서 살았다"는 것이라고 해석했다. 또한 명대(明代)의 곽조경도 "주나라 선왕 때의 한국이 동천(東遷)하여 (고)조선(古朝鮮)을 이루고 (고)조선 왕 준(準)이 위만에게 패망하여 남천(南遷)하고 삼한(三韓)을 형성했다"고 보았다.

이러한 곽조경의 견해는 '其後韓西亦姓韓 爲魏滿所伐 遷居海中(기후한서역성한 위위만소벌 천거해중)'에서 西는 東의 오기라고 한 이병도의 주장과 매우 근접하고 있다. 이병도는 '그 후 한국의 동쪽에도 한씨성이 있었는데, 위만이 그들을 정벌하여 이들은 바다 가운데로 옮겨 살았다'라고 해석하고 있다. 이병도는 '이미 일찍이 한국의 동쪽에 살고 있던 한씨성을 지닌 집단을 위만이 정벌하여 이들은 바다 가운데로 옮겨 살았다'라고 재해석하여 한민족의 이동과 위만과의 관계를 밝히고자 했다. 이러한 이병도와 곽조경의 수정 해석에 대해 북한의 역사학자 리지린은 고조선과 삼한(三韓)까지도 조선족의 국가가 아니고 서주(西周)의 후(侯)였던 한국(韓國)이 통치한 나라라고 한 것은 왕부의 망설(妄說)을 인정하는 것이라고 강하게 비판했다. 이는 리지린도 왕부가 한후국(韓侯國)과 조선(朝鮮)이 관련된 듯이 말하고 있다는 것을 인정하면서도 왕부의 기록에 대해 비판적임을 보여준다.

셋째, 『잠부론』 중 '기후한서역성한 위위만소벌 천거해중(其後韓西亦姓韓 爲魏滿所伐 遷居海中)'에 대해 오자가 있다고 보지 않고 글자 그대로 해석하는 입장이다. 『관자』에서 이미 기원전 7세기에 조선의 풍물 가운데 호피가 유명하고 값이 비싼 것으로 기록했듯이 『잠부론』의 기록도 조선의 민족인 한씨족, 한국, 조선족 등에 대해 기원전 9세기 주나라 선왕 시기에 연나라 근처에 있던 한국의 한씨와 왕부가 기술하는 환숙의 후예인 전국시대 한국의 한씨, 그리고 『한서』가 가리킨다고 본 기원전 12세기 주나라 초기 조선(朝鮮)－후조선(後朝鮮) 시대의 한씨 등이 고조선의 민족을 구성하는 여러 집단들이라고 기록한 것으로 볼 수 있다. 이렇게 보면 이들은 한민족과 고조선의 일부일 뿐 고조선 전체를 대체하는 것은 아니라고 한 것이다.

넷째, 『잠부론』의 원문에 보면 고조선을 지칭하는 말은 한(韓)·제한(諸韓)·한후(韓候)·한성(韓城) 등인데, 민족이나 나라를 의미하는 구절은 "급한양·금성제한(及漢陽·金城諸韓)", "진시황멸한(秦始皇滅韓)", "한후(韓候)", "한서(韓西)" 등이고, 한씨 성을 나태는 것은 "한씨(韓氏)", "성한(姓韓) 등이다.

(3) 이병도의 1부족설의 평가

예맥족에 대한 중국측의 기록들이 고조선의 중심 민족이 예맥족임을 보여주는 근거가 된다. 『시경』·『논어』·『중용』·『맹자』, 『사기』의 <흉노전><화식전>, 『위지』<고구려전>, 『한서』<무제기 원삭원년조(武帝紀 元朔元年條)>와 『후한서』<동이전 예조> 등에서 언급하고 있는 예맥족에 대한 기록들은 고조선의 핵심 부족의 성격에 대해 기술하고 있다.

나아가 『잠부론』에서 한씨 성이나 한 부족을 의미하는 경우와 한국이나 국가를 상징하는 나라 이름이나 도시(한성, 한양, 금성 등) 및 성으로 상징되는 국가를 지칭할 때에도 "한(韓)"이란 말이 다양하게 사용되고 있음을 보여주는 것이다. 따라서 『잠부론』에서는 한씨부족이나 한부족 단일부족만 나타내기보다 한민족의 다양한 부족을 포함하는 포괄적인 용어로 "한"이란 말이 사용된 것으로 보아야 할 것이다. 이 때문에 『잠부론』의 "한서"라는 용어를 너무 넓게 보거나 '서'라는 글자가 '동'이란 글자의 오자라는 이병도의 해석은 무리가 있는 것이다. 한씨 성을 지닌 집단이나 한부족 단일민족으로서의 한민족을 주장하는 이병도의 1부족설에는 무리가 있는 것으로 보인다.

이와 같이 보면 왕계배가 주석에서 '한서(韓西)'의 한(韓)을 조(朝)의 오기(誤記)로 보고, 서(西)는 선(鮮)과 호용(互用)되는 글자로 보아 이를 조선(朝鮮)으로 보는 것이나, 이병도가 '한서(韓西)에서 西는 東의 오기'라고 무리를 할 필요 없이 있는 글자 그대로 해석하면 될 것이다. 그렇게 되면 단군조선의 한민족이 오직 한씨족이라는 단일부족설에서 벗어나 고조선은 몇몇 부족들의 연합으로 구성된 것이라고 볼 수 있다. 『잠부론』의 내용을 있는 글자 그대로 해석하면, 1부족설이라는 이병도의 주장이나 윤내현과 같이 지나치게 의역(意譯)하여 기자조선과 고조선(古朝鮮)이라는 둘을 설정하고 그들 모두 한씨(韓氏) 성(姓)을 가진 나라로 무리하게 볼 필요가 줄어든다.

특히 고조선의 건국 시점을 기원전 24세기로 보면 건국의 중심 부족과 고조선 후기의 중심지배부족 사이에는 권력이동이 가능하게 될 가능성이 크다. 그럴 경우에는 건국 초기의 1부족 지배설이 성립했더라도 후기에는 다른 부족이 지배부족의 지위를 차지하게 되어 1부족 지배설을 스스로 포용력과 일관성을 잃게 된다. 이 때문에 1부족설보다는 다부족설의 적실성이 높아질 가능성이 크다. 특히 고조선이 2,000여 년을 통치하게 된 만큼 그 긴 기간을 단일 부족이 권력을 유지하면서 통치하기는 더욱 어렵기 때문이다. 통치 기간이 길수록 여러 부족들의 연합의 가능성이 넓어지고, 1부족일수록 국가의 통치기간이 짧아질 가능성이 더 커진다.

『잠부론』이 다루는 시기가 고조선 후기이고 이 기간에는 한부족이 통치했을 가능성이 큰 만큼 고조선 전체 기간인 2,000년의 통치에는 1부족보다 여러 부족연합의 통치 가능성이 더 크다고 볼 수 있다. 이러한 예맥족의 근원과 이동에 대한 기록은 중국의 관점에서 이루어진 것인 만큼 그 시원의 시기에 대해서는 중국의 기록보다 더 소급한 이전 시기로 추정하기도 한다. 고조선 건국의 뿌리가 예맥족이고 이들이 고조선을 이룬 중심 부족이 되기 위해서는 중국의 기록을 뛰어 넘는 시기에 대한 논거들이 필요하기 때문이다. 이 부분에 대해서는 한국측의 역사기록들에 대한 해석이 필요하다.

3. 예족과 맥족의 2부족설

(1) 김상기의 예족과 맥족의 2부족설과 그 평가

1) 김상기의 2부족설

김상기(金庠基)는 예(濊)와 맥(貊)을 두 개의 서로 다른 부족으로 나누어 보는 입장인데, 이 견해에서는 예족은 요동과 요서에 걸쳐 있었고 맥족은 그 서쪽에 분포하고 있다가 고조선 말기에 서로 합쳐진 것이라고 본다.[21] 김상기는 예족과 맥족을 구분하고,

21) 김상기. 1954 · 1955. <동이와 회이 · 서융에 대하여>. 『동방학지』. 1 · 2집; 김상기. 1974. <한 ·

김용섭은 예족과 맥족의 서로 다른 정치적 성향이 고조선의 국가변동과 고조선 해체 이후의 열국과 삼국, 그리고 그 이후 국가들의 전개로 이어져왔다고 주장한다. 『삼국지』 <동이전>에 예족이 호랑이에 제사를 지냈다는 기록이 있는데, 이를 근거로 단군신화가 탄생했다고 한다. 하늘을 숭배하는 천신족(天神族)이 호랑이를 신성시하는 예족과 곰을 중시하는 맥족을 평정했다는 것이다. 고조선 종족 기원설을 여기에 근거를 두고 있다.

이것은 예맥족을 예족과 맥족으로 나누어 보는 입장이다. 이종설(異種說)의 대표적인 학자는 미카미(三上次男)인데, 그는 예족은 유문토기문화를 영위했고, 생활방식에서 수렵과 어로의 비중이 컸던 고아시아계통이고, 맥족은 무문토기문화를 남긴 퉁구스족 계통으로 파악했다. 미카미의 주장은 빗살문토기문화와 무문토기문화가 같은 시기의 것이 아니라 시대를 선후하는 문화였다는 사실이 확실해짐에 따라 부정되어졌다. 또한 이옥은 맥족과 예족은 원래 중국의 산시성·허베이성 방면에 각각 거주하다가 점차 동으로 이동해왔는데, 서기전 3세기 무렵 장춘·농안 방면에 먼저 정책해 있던 예족은 이어 이동해 온 맥족에게 밀려 남으로 왔다가 고조선에 쫓겨 요동군에 예속하게 된 것이 예군 남려의 집단이었고, 이 예의 일부가 맥족에 흡수되어 서기전 2세기경에 새로운 종족인 예맥으로 성립하고 고구려족이 되었다고 주장한다.[22)]

김상기는 왕부·곽조경·한치윤의 뒤를 이어 『시경』 한혁편의 한후(韓侯)와 조선의 관련 위에 한민족과 한후의 관련성을 제기하며, 후조선의 왕실이 한(韓)을 성(姓)으로 한 것이나 준왕(準王)이 남하하여 한왕(韓王)이라고 일컬은 것은 모두 그들이 한부족 출신이기 때문이라고 했다. 한국인들은 원래 기주(岐周)의 서쪽 지역에 살다가 지금의 섬서성(陝西省) 한성현(韓城縣)으로 이주하여 서주(西周) 초·중기에 한국(韓國)이 되었다. 그 후 서주 중·말기에 이르러 동남으로부터 진(晋)의 침공과 서북으로부터 험윤(玁狁-匈奴)이 압박해 오자 다시 동으로 이동하여 연나라 부근인 지금의 하북성(河北省) 고안현(固安縣) 근처로 진출했다가 만주를 거쳐 한반도로 들어왔다고 보았다.

김상기는 한민족의 형성과 이동을 세 가지 단계로 나누어 설명한다. 첫째, 서주 초기에 기주(岐周)의 서쪽 지역에 살던 종족은 융족(戎族)과 진족(秦族)이 있었는데, 유왕(幽王)의 난리 때 진족들은 융족에 대항하여 싸웠지만 일부 분파가 동쪽 대량(大梁)으로 피난하였고, 그 후 조상(祖上) 소호(少昊)의 땅 곡부(曲阜)로 가서 살게 되었다. 그 후손들 중에 진개(秦開)는 연나라의 영토를 확장시켰으나, 이후 진시황의 전국통일(戰

예·맥 이동고>. 『동방학논총』. 서울대출판부.
22) 이옥. 1987. <단군신화에 나타나는 몇 가지 의문점>『동방학지』. 54·55·56; 『이옥 교수 논문집』.

國統一)로 연나라가 망할 때, 그 후손이 백성들과 더불어 동북으로 피신하게 되었다.

둘째, 옛 한국은 섬서성과 산서성의 경계지역인 한성현(韓城縣)에 자리했는데, 이곳은 전국 초 위나라 때 작은 양(梁)나라의 읍이었다. 이곳의 이름은 진나라 때는 하양현(夏陽縣)이었으며 그 뒤 성(省)으로 되었다가 수나라 때는 한성현이었고, 당나라 때는 한원(韓原)이라 했다.

셋째, 최초의 한(韓)은 하(夏)나라가 생기기 19년 전인 BC 2224년, 하북성 고안현 동남에 있었던 치두남씨(蚩頭男氏)의 한이라는 나라였다. 이때의 한나라나 한부족이 주나라의 조상의 성(祖姓)인 희성(姬姓)을 지닌 부족이 아니라 그들과는 다른 독자적인 한족이다.

이것과 관련하여 『시경』 한혁편에서 한후(韓侯)의 후예가 주도한 나라와 후조선을 동일하게 보면 기존의 기자정권은 어떻게 보아야 하는지의 문제가 제기된다. 『후한서』 동이열전과 『삼국지』 오환선비열전(烏桓鮮卑列傳) 및 『위략』 등에는 위만에게 공벌당하여 정권을 빼앗긴 인물은 준(準)이며, 준은 기자의 후손이라고 분명하게 기록되어 있다.[23]

여기에서 기자정권은 기자 혹은 기자 집단이 주초(周初)에 고죽국 경내로 들어와 연나라와 일정한 관계를 맺으면서 독자적인 세력으로 성장하여 대릉하(大凌河) 중류로 진출하던 중 연나라 주변에 있던 한국(韓國)이 주나라 평왕(平王) 때(기원전 770~720) 진(晉)에게 멸망하면서, 그 지도자들이 동쪽으로 이주하여 기자정권 지역으로 들어온다. 기자정권으로 들어온 한후의 후예들은 기자족과 연합하여 조선을 이끄는데 얼마 지나지 않아 한후의 후예들이 조선의 주체가 되었다.

이렇게 보면 『시경』 한혁편에 나오는 한후(韓侯)가 누구인가를 밝히는 것이 한민족의 뿌리를 밝히는 데 중요한 단서가 된다. 이 한후에 대한 정확한 정보를 확보하면 기자 혹은 기자집단을 인정한다 해도 한민족의 독자성을 확보할 수 있다. 그들은 흔히 말하는 화하족(華夏族)이 아니기 때문이다. 그리고 한혁편 한후의 후예들이 후조선 중기 이후의 주체가 되었다면 『삼국유사』 '고조선조(古朝鮮條)'의 기자조선과 『제왕운기』의 후조선인 기자조선의 후기 주체는 한씨(韓氏)가 되어 '한씨조선(韓氏朝鮮)'이 되는 것이다.

---

23) 여기에 대해 『위략집본(魏略輯本)』에는 기자의 후손인 기준(箕準)이 '인(因)하여 한씨(韓氏)로 모성(冒姓)하였다'는 기록이 있다. 모성은 가성(假姓)을 의미한다. 위만이 기자조선을 탈취하고 기자의 후손을 압박하여 그들은 본성을 감추고 한씨라는 가성을 사용했다는 것이고 그들이 사는 땅도 한(韓)이 되었다는 것이다. 정형진. 2006. 『상고시대 한민족 자존심의 뿌리가 밝혀졌다』. 일빛.

다만 이때에도 중요한 것이 위만이 정벌한 나라나 기자정권이 후조선 본국인지 아니면 후조선의 일부인지에 대해서는 보다 심도 깊은 논의가 필요하다. 단군조선이 처음부터 3한이나 3조선으로 나뉘었고 기자조선이나 위만조선이 이들 3한이나 3조선의 하나를 장악하거나 정벌했다면 후조선과의 관계가 전면적으로 다르게 자리매김하기 때문이다. 단군조선이 3한이나 3조선으로 나뉘었는지 여부는 단군조선의 지배연합이 몇 개의 중심부족으로 구성되었느냐의 문제와 직결되는 문제이다.

한민족의 뿌리에 관한 예족과 맥족의 논의는 고조선을 이어, 그 뒤 부여, 고구려, 옥저, 동예, 부여의 한 갈래인 한강유역의 백제 등으로 이어졌다. 당나라 가탐(賈耽)은 『고금군국지(古今郡國志)』에 '지금 신라 북계인 명주(강릉)는 예의 고국'이라고 썼고, 기원전 129년 위만조선에 속했던 예는 한때 한나라에 합쳐졌다가 기원전 30년에 새 세력을 형성하며 동예가 되었다는 기록이 있다. 『삼국유사』에는 '춘주(춘천)는 예전의 우수주(牛首州)인데 옛날의 맥국'이라고 기록하고 있는데, 이것은 왕대산의 왕궁터, 왕릉이 있는 능산, 도읍지였던 발산리의 수리산 북쪽에 있는 맥국 석벽성터 등이 남아 있다. 의암호의 '의암(依岩·옷바위)'도 맥국을 침략한 적군이 군복을 빨래 널 듯 널어놓아 군사를 방심하게 했다는 바위이고, '맥궁(貊弓·角弓)'과 '맥적(貊炙·너비아니)'이라는 말도 맥국에서 비롯되었다고 한다.

2) 김상기 2부족설의 평가

김상기가 이처럼 한민족의 정주 위치와 지역적인 민족 이동의 경로를 따져서 한족이 주나라의 희성을 이은 한족이 아니고 독자적인 한족인 점을 밝힌 것은 높이 평가할 만하다. 다만 아쉬운 점은 한민족이 그가 생각하는 것보다 훨씬 이전에 동북지역으로 이주하여 한부족을 형성했다는 점을 더 깊이 있게 추적하여 밝히지 못하고 있는 것이라 하겠다.

(2) 김용섭의 예족과 맥족의 2부족설과 그 평가

1) 김용섭의 2부족설

김용섭은 한국 고대국가에 대해 농업경제의 발전을 중심으로 한 경제사적인 접근을 하면서 맥부족과 예부족의 2부족이 서로 결합하여 고조선을 형성하고 있음을 설명하고 있다.[24] 고대 농업경제의 발전과정에서 발생하는 사회적인 모순의 축적이 이들 간의 관계를 바꾸고 그들의 권력관계 변화가 정변으로 나타난 것이 기자조선이라는 정권이란 점을 밝히고, 같은 논리를 고조선 고대국가 이후의 역사에도 통사적으로 접근하고 있다.[25] 단군조선 건국 이후 두 부족은 성장을 중시하는 예족과 평등과 분배를 중시하는 맥부족으로 서로 경쟁해오면서 3국 시대, 남북국 시대, 고려, 조선시대를 거쳐 현대까지 그 부족의 DNA를 유지하여 온다는 거대한 역사적인 가설을 제시하고 있다.

고대 한국 민족이 중국 요하문명권에서 꽃핀 홍산문화의 주역이었던 청구국(靑邱國)에서 시작되었으나, 기원전 2600년경 요하문명과 중화문명의 충돌로 요하문명을 대표하던 동이계 민족의 가한이며 천군인 치우(蚩尤)가 중국 민족·문명의 시조인 황제(黃帝)와의 탁록(涿鹿)전쟁에서 패하여 청구국이 무너진 뒤 그 유민이 요동의 예족과 요서의 맥족으로 자리를 잡았다고 본다. 유목민 시대 광활한 강역에 걸친 이동을 하며 살아가던 고대 한민족의 여러 부족들이 서서히 농업경제가 발전하면서 농업공동체사회가 농촌공동체 사회로 전환하면서 토지소유제와 사유재산제 등에서 발생하는 사회적 모순이 증가하면서 요서의 맥족은 부의 균형 있는 배분을 중시하여 농업 공동화를 추진했고, 요동의 예족은 국가 발전을 위한 경제개발을 중시해 대토지 소유제를 추구하였다.

고조선의 문화적인 배경이던 홍산문화와 청구문화는 치우가 황제에게 패하면서 무너지고, 고조선계 정치세력들은 청구국을 통해서는 국가건설이 어렵게 됨을 알고, 요하문명권에서 살아 남기 위해서는 더 큰 정치집단들로 국가를 건설해야 할 필요성을 느끼게 되었다. 그래서 홍산문화권에만 집착하지 않고 이것을 벗어나 새로운 세력들과의 연합을 불가피하게 만들었다.

『삼국유사』에서 기술하였듯이 서자족(庶子族) 진국(辰國) 집단이 고조선 건국의 산파역을 자임하고 나서서 환웅족(桓雄族)과 연합·결합하여 조선을 건국하게 되었다. 이들 두 부족은 원래 같은 종족이었을 것으로 보이나 오랜 기간 동안 헤어져서 살았기 때문에, 후대에 서자족은 예족 예국 계통, 환웅족은 맥족 맥국 계통으로 구분되거나, 또는 합해서 예맥족, 예맥국으로 부르게 되었다. 홍산문화권 산림지역의 환웅족집단이 치우의 탁록대전 패배와 하가점하층문화 주체세력의 발흥 등으로 어렵게 되자 비슷한 처지의 부족들과의 연합을 계획하게 되고 서자족과의 결합을 이루게 된 것이다.[26]

이처럼 고조선은 당초 연맹체 국가로 출범하였다. 고조선을 건설한 여러 집단들이

---

24) 김용섭. 2008. 2015(신정증보판). 『동아시아 역사 속의 한국문명의 전환－충격, 대응, 통합의 문명으로』. 지식산업사; 김용섭. 2017. 『농업으로 보는 한국통사』. 지식산업사.

25) 김용섭. 2017. 위의 책.

26) 위의 책: 29－30.

의논하여 환웅족 집단을 동쪽으로 이동시켜 태백산에 정착시키고, 환웅을 천왕천군으로 추대하여 나라를 세우게 되었다. 풍백, 우사, 운사를 장관으로 거느리고 여러 부족집단의 여론도 참작하면서 국호를 조선으로 하고 단군왕검을 추대하여 단군정권을 평양에 수립하였다. 강력한 권한을 갖는 천왕, 천군, 천가한으로서 신정 신권정치로 시범적인 국가운영을 한 환웅의 국가운영체계를 물려받았다.

부족사회 부족국가 · 읍제 국가들은 그 말단 행정체계를 큰 규모의 농촌공동체 · 읍락으로 일원화하고 그 정치를 일사불란하게 운영하였다. 농업사회를 기획하고 기원전 2천 년 중반 농업생산이 크게 발전하였다. 이때 농경문화 발전의 입지조건이 좋은 선진지역의 부족사회, 부족국가들은 다른 지역에 비해 한층 더 높은 차원으로 농업생산이 증대되었다. 이것으로 인해 농지사유제, 농업생산의 증진과 관련하여 잉여의 축적과 신분계급사회가 더욱 확고해지면서 부족국가들의 국력과 권력이 더욱 성장 · 강화되었다. 이 시기 부족국가들의 농경문화 농업생산의 개발 · 발전정책은 사회발전, 국가발전, 역사발전을 추진하는 동력이 되었다. 이 시대 부족민들의 흐름은 농업발전과 성장 정책을 강조하고 독려하는 것이었다. 선진지역의 부유한 부족사회, 부족국가에서는 더욱 농업발전정책을 추구하였고, 농지사유와 개별경영 허용은 그 발전의 기폭제가 된 것이다. 그 결과 농업공동화의 문제나 부의 균형 있는 배분이 제외되어 소외 계층이 생기고 사회정치적 갈등구조가 조성되었다. 이러한 갈등구조를 해결하기를 희망하는 세력은 분배를 중시하고 추구하게 되었다.

이처럼 서로 다른 가치를 추구하던 맥족과 예족 두 종족이 연합하여 고조선을 건립하였고 맥족의 환웅과 단군이 권력을 잡아 '홍익인간'의 건국이념을 내세웠다. 그러나 부족국가들의 농업문제 수습책으로 평등과 배분 보다 농업발전을 추구하던 예족세력이 단군의 지배에 대해 반대하는 정변을 일으켜 예족의 기자를 추대하여 국왕을 교체하여 권력을 찬탈한 정변의 결과가 기자조선이고 기자정권이었다고 보고 있다.[27)]

기자정권은 농경기술의 개량발전을 위해 인력을 이용하던 농업경영에서 소의 힘을 이용한 우리경(牛犁耕)이라는 새로운 영농기술을 도입하여 농업생산 혁명을 이루었다. 농업생산 증대 치중으로 농업공동체사회와 분배문제가 소홀해지면서 읍락사회의 가난한 민들의 생존문제가 심각하게 대두하고 이들의 저항이 심해지면서 그들을 억압하기 위한 '8조금법'이 도입되었다. 이들을 억제하면서 농업생산의 독려와 회유정책이 동시에 추진되어, 대토지소유자와 대농장주, 중토지소유자와 자경농의 성장이 있었다. 이 시기 농업생산의 주체가 원시사회의 농업공동체에서 고대적 신분계급사회 안에서 권력

---

27) 위의 책: 42－45.

과 연계한 개인으로 변동하고 있었다.[28]

이 정변에 대해 모든 부족들이 동의한 것이 아니고 환웅족 단군정권 계열의 맥족, 추족 등 몇몇 부족국가들은 동조하지 않고 그들의 원 고향지인 서유하 상류의 변방 요서지역의 요하문명 홍산문화지역으로 유망하였다. 이들은 서자족 진국집단에 비해 농업생산이 상대적으로 덜 발달하고 단군정권의 농정정책이념과 유사하였다. 이들은 난하 유역에 남아 있던 동족 국가인 고죽국과 함께 의지하며 살아가다가 오랜 기간 이후 기자정권이 쇠망하면서 다시 돌아와 부여와 고구려를 건국하여 고조선의 재건을 시도하였다.

서로 분배와 발전을 지향하면서 서로 다른 농업정책적·정치적 지향을 보인 맥부족과 예부족의 갈등과 대립은 고조선 이후에도 이어졌다고 본다. 위만정권 때 중국 한(漢)나라의 침략으로 고조선이 멸망하자 유민들이 백두산 북서쪽과 요동에 부여를 건국하여 고조선을 재건했다. 그러나 정치경제적 이념이 평등과 성장, 분배와 발전이라는 서로 다른 지향을 하고 있는 두 부족은 오랜 기간 함께하기 어려워 맥족은 고구려와 백제로 이어졌고, 예족은 남쪽으로 내려와 삼한(三韓)을 거쳐 신라를 건국하였다.

이처럼 예족은 성장과 경제발전을 중시하여 고조선 이후 부여, 삼한, 신라와 고려 및 조선의 지배세력으로 이어지고, 맥족은 평등과 분배를 중시하여 고조선 건국 이후 지배세력으로 있다가 부여, 고구려, 백제, 발해 등을 건국하여 지배해 오다가, 고려와 조선시대에는 지배세력에서 밀려나 지금까지 이어져왔다는 것이다. 이처럼 고조선 이후 삼국의 사회·경제적 지향을 고조선의 두 흐름을 각각 계승한 것으로 보는 시각은 매우 독특하다. 오랜 역사적인 전통을 부족의 속성을 통해 국가 간의 연속으로 이어짐을 밝히는 점은 매우 의욕적인 대 가설을 제시하는 것이다. 경제와 정치, 인성과 정책, 농업과 국가를 연결지우는 것은 새로운 시도이고 패러다임적인 변화를 보여주는 것이다.

2) 김용섭 2부족설의 평가

고조선의 건국 기원으로 특정부족을 정치경제적 이념대결과 연결시켜 설명한 것은 지금까지 없었던 최초의 시도이다. 왕조나 정권 내에서는 정치이념이나 경제적 이해관계가 정치권력투쟁과 왕조운영의 원리로 작동하였음을 다루는 경우는 있었으나 국가의 건국과 흥망성쇠, 그리고 새로운 국가로의 분열로 이어짐을 밝힌 것은 새로운 시도이다. 정치경제이념 대결과 부족의 연합관계를 국가의 개국과 흥망으로 연결시키는 거대

28) 위의 책: 48-50.

담론과 거대이론을 제시했다는 점에서 매우 획기적이고 향후 고대국가 및 중세, 근대국가의 연구에도 새롭게 공헌이 클 것으로 기대가 된다.

그동안 고조선의 건국을 1부족(이병도), 2부족(김상기), 그리고 3부족연합(신용하)으로 각각 설명한 경우는 있으나 그것을 고대, 중세, 근세, 근대, 그리고 현대까지로 연결시켜 설명한 경우는 처음이다.

5,000여 년 동안 부족의 DNA가 유지된다는 전제 하에 예족과 맥족의 부족 특성을 밝히는 것도 상당한 의미를 지닌다. 경제적 사회관계의 변동을 보완적으로 설명하기 위해 『삼국유사』『위서』『고기』의 내용을 고조선 당시에는 가림토 문자가 있었다는 기록도 있으나 지금까지 전해지는 문자가 없어서 기록하지 못하고 별자리를 각 부족의 상징별로 보아 단군설화를 별자리로 치환하여 전해왔다는 점에 착안하여 고대천문학의 이론을 근거로 단군신화를 역사로 재해석하는 점도 의의가 크다.

또한 농업관련 곡식들, 농기구들, 관련 유물들, 유적들, 홍산문화와 요하문명의 관련성 등을 밝히며 사회관계의 응집을 밝히고 그 관계 위에서 맥족과 예족의 관계를 밝히는 노력도 큰 의미를 지닌다. 이 부분에 대하여서는 사회관계의 응집으로서의 국가 부분에서 다루도록 한다.[29)]

다만 거대가설과 이론을 구체적으로 설명할 수 있는 고조선 시대의 기록, 별자리, 유적, 유물 들이 제한적이어서 이들의 이론적인 근거나 경험적인 사료의 연계를 보다 치밀하게 규명하고 입증하는 노력을 계속해야 한다는 과제를 남겨두고 있다.

(3) 리지린의 예족과 맥족의 2부족설과 그 평가

1) 리지린의 2부족설[30)]

첫째, 리지린은 고대 중국문헌사료를 바탕으로 예족과 맥족을 구분하면서, 다만 시기별로 기원전 3세기 이전에는 맥에 관한 기록이 풍부하나 예에 관한 기록은 드물다가 기원전 3세기 이후(진 · 한 대)에는 많음을 밝히고 있다.

둘째, 예를 예맥, 맥을 예맥이라고 쓴 실례들이 있는데 이것은 한 대 이후 한인들이 고조선과 접촉하면서 혼동한 것으로 보고 있다.

셋째, 예의 거주지는 대체로 부여 영역과 인접한 것이고 동이 예군 남려 등 28만 명이 요동에 와서 창해군을 만들었음을 중시한다. 그는 창해군을 압록강 유역으로 인정한

29) 김용섭. 2015. 앞의 책.
30) 리지린. 2018. 앞의 책: 300 – 417.

백조고길을 비판한다.

넷째, 맥족은 고대 중국인들에게 인근족들 중 가장 강력한 종족으로 중국 북방에 거주한 동이족이다. 그는 맥족이 흉노라는 고힐강을 비판하고, 맥족은 연에 가까워 연에 멸망했다고 보았다.

다섯째, 예족과 맥족은 언어·풍습 등을 같이하는 족속이다.

여섯째, 예족과 맥족은 모두 북방족으로 일찌기 신석기시대, 늦어도 기원전 2천여 년 이전에 오늘의 요동·요서 지역에 정착하였다.

일곱째, 예족은 요동 개평을 수도로 하여 국가를 형성하였고, 예족의 여러 부족들은 국가형성 이전에 이미 요서와 조선반도로 퍼져나갔고, 그 일부는 오늘의 하북성 남부인 청장수(고 예수) 지역까지 진출했다.

여덟째, 맥족은 처음부터 예족 지역의 북방에 거주하면서 기원전 10세기 이전 시기에는 이미 그 일부가 중국 북부까지 진출했고, 늦어도 기원전 5세기에는 요서의 열하·릉원·조양지역·고 요동의 고조선 지역 북부에 걸쳐서 계급국가인 맥국을 건립했다.

아홉째, 예족이 고조선을 형성하고 고조선이 망한 후에도 예인이란 명칭으로 불리워진 일부가 3세기까지 잔존하였다.

2) 리지린의 2부족설 평가

리지린의 2부족설의 기여점으로는 첫째, 예족과 맥족을 동일한 언어와 풍습을 지닌 동질적인 종족·민족이라고 밝히고 있다.

둘째, 예족과 맥족 모두 북방족으로서 일찌기 신석기시대, 늦어도 기원전 2천여 년 이전에 요동과 요서 지역에 정착하고 국가를 건립하였다고 보고 있다. 이것은『단군세기』에서 기술하고 있는 고조선(단군조선·신한)과 번한(불한)의 건국 및 이들의 관계에 관한 기록을 확인해주는 흔하지 않은 주장이다.

셋째, 시기별로 기원전 3세기 이전에는 맥족에 관한 기록이 많고, 그 이후에는 예족에 관한 기록이 많다고 밝히는 점은 고조선의 3조선(신한·불한·말한)의 권력관계가 맥족지배에서 예족지배로 변화한 것을 나타낸 것이라 볼 수 있다. 리지린이 속국(후국)으로 진한·반한·모한을 언급하지만 상세히 밝히지는 않고 있다.

다음으로 리지린의 2부족설의 한계점으로는 첫째, 고대 중국 문헌사료를 바탕으로 하고, 리지린 자신도 북경대학교에서 박사학위를 한 만큼, 비록 자신은 비판적인 관점을 가지고자 했으나 중국 사학의 시각이 크게 반영되었다. 이에 고조선의 역사를 중국의 관점에서 중국과 연관되는 부분을 중심으로 해석·평가하여 중국 문헌에 나타나지 않은 부분을 다루지 않는다.

둘째, 고조선의 역사 가운데 동아시아 최초 고대국가로서 고조선이 패권국가 지위에 있어서 중국과 교류가 많지 않았던 건국 초기나 중기에 대해서는 소홀하게 다루었다. 그 대신 고조선 말기 중국이 고조선에 우월적인 지위에 있으며 고조선은 열국으로 분화하던 시기, 특히 진개의 침략으로 위만조선이 패하던 시기를 기록한 많은 중국 사서들을 중심으로 고조선의 패망과정을 고조선으로 다루고 중국 시각에서 해석하는 한계가 있다.

4. 신용하의 한족·예족·맥족의 3부족설과 그 평가

(1) 한족·예족·맥족의 3부족 연합·결합설[31)]

신용하는 한족·예족·맥족의 3부족 연합·결합에 대해 다음과 같이 주장하고 있다.[32)]

> "한강 유역으로부터 대동강 유역으로 이동해 가서 정착한 '한'부족의 한 갈래(桓雄족)와 북방으로부터 내려와 정착한 '맥'부족의 주류 갈래, 그리고 '예'부족의 주류 갈래 등 3부족이 대동강 중류에서 결합하여 3부족 연맹에 의해 최초의 고대 국가를 수립한 것이 '고조선'[古朝鮮(朝鮮)] 국가이다.[33)]"

3부족 결합설의 핵심은 한강 유역에서 기원하여 대동강 유역으로 이동하여 정착한 한부족의 한 갈래인 환웅족이 중심을 이루고 북방으로부터 내려와 정착한 맥부족과 예부족의 주류 갈래를 대동강 중류에서 결합하여 3부족 연맹으로 최초의 고대국가인 고조선 국가를 수립했다는 것이다. 신용하는 3부족 결합설의 근거를 첫째, 한국의 문헌 기록인 『삼국유사』, 둘째, 중국의 고문헌 기록, 셋째, 고고유물의 기록 등을 제시하고 있다.

---

31) 한족·예족·맥족의 3부족 연합·결합설은 천관우도 주장하고 있다. "한, 예, 맥이 보여주는 양계는 지역과 시기를 따라 혹은 분리 혹은 결합을 거듭하는 가운데 한국상고사가 형성되었다고 볼 수 있을 것이다"; 천관우. 1995. 『고조선사·삼한사연구』. 일조각: 205.

32) 신용하. 2010: 114.

33) 고조선 건국설화에서 '환웅'이 하느님의 아들로서 하늘에서 내려왔다는 이야기는 기원을 신성화시키고 싶어하는 '민족(부족)이동'의 설화적 표현이다. 다른 지역의 경우에도 동일하다. 건국설화에서 나오는 '동물'은 토템으로서 전 세계 보편적임을 뒤르케임이 상세히 밝힌 바 있다.

(2) 한국의 고문서 『삼국유사』 등에서 보이는 한 · 맥 · 예 3부족 결합

이 3부족 연맹에 의한 국가 건립의 근거를 『삼국유사』의 『위서』와 『고기』에서 찾고 있다. 그러면서 이들 기록 가운데 신화적인 요소를 배제하는 이유를 세계적인 사회학자인 뒤르케임의 연구[34]에서 찾고 있음을 각주에서 밝히고 있다.

『삼국유사』에서는 『위서』와 『고기』를 인용하여 '환국의 천황 환인의 서자 환웅이 세상에 내려와 환웅천왕이 되어 신시를 다스리는데, 곰과 호랑이(범)가 사람이 되기를 원하여 사람이 된 곰과 혼인하여 단군왕검을 낳고 그가 조선을 건국하였다'는 건국설화를 기록하고 있다.

이 설화에서 신화적인 요소를 제외하고 환웅족 · 곰 토템족 · 범 토템족의 3부족이 고조선을 건국하였다는 것이다. 그는 '단군설화'에서 신화적 요소를 분리하고 역사적 · 사실적 부분만 간추려 '사회학적 · 문화인류학적'으로 해석하여, "i) 천손의식을 가진 가장 선진적인 '한(韓)'부족과, ii) 곰 토템 부족인 '맥'부족이 '혼인동맹'에 의해 결합하고, iii) '범' 토템 부족은 다른 방법으로 결합해" 고조선 국가가 개창되었다.

고조선 건국과정에 가장 주도적인 역할은 한 선진부족인 '한(韓 · 桓 · 馯 · 寒 · 汗)'부족에서 '왕(王 · 天王)'을 내고, '맥(貊)'부족이 왕비를 내기로 하는 '혼인동맹'이 맺어진 것이다. 이러한 혼인동맹이 고조선의 후손이 세운 고구려에서 5부 연합으로 이어지는 점에서도 확인이 된다. 『삼국지』 『위지』 <동이전> 고구려조에 보면, 고구려가 연노부, 절노부, 순노부, 관노부 및 계루부라는 5부 연합으로 이루어졌다. 5부 가운데 처음에는 연노부에서 왕을 내다가 세력이 약해지자 계루부가 이어 왕을 계속 내고, 왕비는 절노부에서 계속 맡았다.[35] 고구려 시대의 혼인동맹은 매우 견고하여 국왕이 자의로 다른 부족에서 왕비를 택할 수 없었다.[36]

한부족과 맥부족의 혼인동맹이 고조선 국가형성에서 처음 시작한 것인지 그 이전부터 내려 온 것인지는 확실하지 않으나, 중국 고문서에 나오는 '한맥'이 한국 원민족을 표현하는 것이므로 고조선의 혼인동맹은 일찍부터 공고하게 유지되어 온 것이다.

고조선 건국의 3부족 중 '예'부족은 왕족이나 왕비족 다음의 수준에서 어느 정도 자

---

34) Emile Durkheim.(Translated by Karen E. Field). 1995. *The Elementary Forms of Religious Life*. Free Press; 에밀 뒤르케임(노치준 · 민혜숙 역). 1992. 『종교생활의 원초적 형태』. 민영사: 153-339 참조. 세계적으로 원시부족의 거의 모든 토템은 부족 명칭의 기능을 하며 건국설화에서 나오는 '동물'은 토템으로서 전 세계 보편적임을 뒤르케임이 상세히 밝힌 바 있다.

35) 『삼국지』 권 30, 위서 30, <동이전> 고구려조.

36) 이기백. 1959. <고구려왕비족고>. 『진단학보』, 20집; 이기백. 1985. <고구려 국가형성 문제>. 『한국고대국가와 사회』. 일조각.

치권을 가진 부족 군장의 '후국(侯國)'으로 본다. 이것은 고조선 말기에 중국의 한나라가 침범하였을 때 '예군' 남려의 투항이나 같은 이름의 인장이 발견된 것으로 미루어, 예군은 고조선 국왕인 단군왕검의 제후의 하나로서 연합하여 결합한 것으로 보고 있다.

고조선 국가형성은 한 · 맥 · 예 3부족의 결합으로 이루어졌으나 한족과 맥족은 왕과 왕비라는 강력한 혼인동맹으로 이루어졌고 예족은 제후국으로 인정받는 상태로 함께 국가형성에 동참하고 연합한 것이다.

(3) 문화를 통해 본 한 · 맥 · 예 3부족 결합과 천도와의 관계

신용하는 민족은 종족과 다른 점이 집단이 지니는 문화와 문명이라는 전제 아래 각 부족이 지니는 고유한 문화의 특성을 밝히고 그것을 통해 고조선 국가형성과정의 한 · 맥 · 예 3부족 결합의 증거를 찾아 제시하고 있다. 고조선문명은 기원전 30세기 무렵 대동강 유역과 요동 지역에서 형성되어 세계 최초로 단립벼 쌀과 콩의 재배에 성공했다. 구석기시대에는 어업과 수렵생활을 발달시켜 세계 최고의 고기잡이 유물인 그물추를 사용했다.[37] 신석기시대 농업혁명의 결과로 남한강 · 금강 유역에 살던 무리의 수가 크게 늘어났고 그들 가운데 일부가 점차 농경이 가능해진 북방으로 이주하여, 요하 동쪽에 자리 잡은 사람들은 호랑이가 토템인 예족(濊族)이 되었고, 요하 서쪽으로 건너간 사람들은 곰이 토템인 맥족(貊族)이 되었다.

5,000년 전 계속되는 기상이변을 만난 요서 지역의 맥족이 동남쪽으로 이동하여 대동강 유역에서 한족(韓族)과 재결합하면서 청동기문화를 토대로 하는 고조선을 세웠다. 한 · 예 · 맥족이 한민족을 형성하여 고조선민족의 중심을 이루고, 읍루 · 흉노 · 돌궐 · 몽골 등 정복 · 병합된 유목민족이 주변에 포진하였다. 고조선은 야생마를 길들여 독특한 기마문화를 발전시켰고 태양과 단군을 조상신으로 여기는 천신숭배의 공동신앙이 발달했다. 한 · 예 · 맥족은 부족언어를 통합하여 우랄 · 알타이어족에 속하는 언어 가운데 가장 오래된 고조선어를 탄생시켰다. 한 · 예 · 맥족 3부족과 그들의 문화를 한부족의 한강문화, 맥부족 문화, 그리고 예부족의 문화의 성격과 특성을 나누어 살펴보도록 한다.

---

37) 강원도 정선군 남면 낙동리 매둔동굴에서 2만 9천 년 전 구석기시대 사람들이 사용하던 그물추가 발굴되었다. 연세대 박물관팀은 구석기시대 퇴적층에서 그물추 14점과 사람 손가락뼈 등을 발견하여 한국지질자원연구원의 방사선탄소연대를 측정하여 세계 최고임을 밝혔다. 유석재 기자. 2018. ＜2만 9000년전 추정 그물추 강원 정선군 동굴서 발견＞. 『조선일보』. 2018.8.8.

1) 한부족과 한강문화

한부족의 한강문화를 최근 고고학 발굴 성과를 바탕으로 동아시아에서 벼농사를 맨 처음 시작한 지역이 남한강·금강 상류·한탄강을 포함한 한강 중·상류 유역이란 점에서 한강문화의 기원을 찾는다. 한반도 중부지방 '한'강 유역에서 기원하여 농경생활을 먼저 시작한 부족을 '한'부족으로 본다. 강·산의 이름과 토템에서 부족의 이름을 부르는 신석기시대의 문화를 고려하여 '한(韓·寒·馯·桓·汗)'[38]부족으로 보고 그 문화의 특성을 규명하고 있다.

'한'부족의 문화유형을 '한강문화'로 보고 그 성격은 최초의 선진적 농경사회문화 형성, 뾰족밑 빗살무늬토기의 문화유형, 농경도구의 발견, 해(태양) 숭배의 신앙, 천손의식을 가진 부족, 남성군장의 부계 부족공동체 사회, 개석식 고인돌의 장례문화, 선돌문화의 창조, 제왕을 배출한 부족, 제왕 호칭 '한', '간', '칸'을 낳은 부족 등으로 '한강문화'의 성립을 설명하고 있다.

첫째, 한강유역이 최초의 선진적인 농경사회문화를 형성하였다는 점에서 한부족이 다른 부족보다 먼저 한반도에 기원·정착한 부족임을 밝히고 있다. 특히 한강유역과 한부족은 한반도만이 아니라 동북아시아에서도 가장 먼저 벼농사를 한 지역이고 부족 지역이라는 점을 고고학적인 유물·유적(최초의 선진적 농경사회문화 형성, 뾰족밑 빗살무늬토기의 문화유형, 농경도구의 발견 등)의 연대측정을 통해 밝히고 있다.

둘째, 한부족은 해(태양) 숭배의 신앙과 천손의식을 가진 부족이라는 특징이 있다. 한부족은 태양숭배와 천손의식을 가진 부족으로서 고조선 통치집단의 중추가 지녀야 할 제의적·종교적·도덕적인 정당성을 지니고 있다.

셋째, 한부족은 남성군장의 부계 부족공동체 사회, 개석식 고인돌의 장례문화, 선돌문화의 창조, 제왕을 배출한 부족, 제왕 호칭 '한', '간', '칸'을 낳은 부족 등의 성격을 지녀 고조선 국가 형성 이후 단군을 배출하고 왕족으로서의 권리를 지켜왔음을 보여준다. 국왕 혹은 천왕으로서의 위엄을 지키고자 세계적으로도 고유한 고인돌이나 선돌문화를 만들었고, 제왕의 호칭도 한부족의 우두머리를 '한', '간', '칸' 등으로 부른 것도 한부족이 고조선의 배타적인 왕족이었음을 보여주는 것이다.

이러한 한부족의 한강문화의 고유한 성격들이 한부족이 3부족 연합의 중심이고 최고 권력과 문화를 지닌 부족이었음을 입증하는 것이다.

---

38) 중국 고문서에서 '한'부족이 중국 산동 지방과 동북 지방에 진출한 일을 기록할 때 이러한 여러 한자를 사용하는 것을 보고 '한'이 순수한 '한'부족의 언어로 보고 있다.

2) 맥부족과 홍산문화

고조선 국가형성에 동참한 맥(貊)부족은 "백랑수(白狼水, 지금의 大凌河) 중 · 상류와 시라무렌 강의 중 · 상류 유역에서 기원하여 요서 · 요동 지방에 널리 퍼지면서 압록강을 건너 청천강 · 대동강 유역까지 내려온 부족"이다. 맥부족의 이름을 한문자로 분해해서 보면 "맥(貊)의 원음은 '백(白)과 같고, 豸(치)는 신수(神獸)를 가리키는 문화적 비칭이며, '百(백)'은 '白(백)'과 원음이 동일하다. 맥(貊)은 음독에서 '박'이고 훈독에서 '고마'이다. 白狼水(백랑수)의 '白狼(백랑)'은 큰 범주에서 '맥(貊)'과 동일한 의미"이다. 초기 맥부족은 백랑수 및 시라무렌 강 유역과 그 부근 에서 발굴된 홍산(紅山)문화 유적을 남겼고, 최근 중국 고고학계가 많이 발굴한 홍산문화의 유적들은 맥부족의 신석기시대 유적 · 유물이라고 보고 있다.[39]

맥부족의 문화적 특성은,

첫째, 모계부족사회, 여족장 지배, 여신숭배 부족 및 왕비를 배출한 부족이라는 점이다. 맥부족이 여신을 숭배하고 모계부족사회이며 여족장이 지배하는 사회라는 특성을 지니고 있었기 때문에 고조선 국가형성 과정에서도 한부족을 왕족으로 삼고 왕비족으로서 쉽게 결합 · 연합할 수 있었을 것으로 보인다.[40]

둘째, 맥부족은 곰 토템 부족, 돼지의 사육과 가축화, '납작밑 토기'의 문화, 돌무덤의 장례문화 등의 문화적 특징을 지니고 있다. 『삼국유사』에서 환웅과 곰에서 여자로 변신한 웅녀의 결혼으로 단군왕검을 낳고 조선을 건국하였다는 기록에 따르더라도 곰 토템족인 맥족이 한웅족인 한부족과 결합하는 것은 자연스러운 일이다. 곰 토템족인 맥부족이 고조선의 왕비족이 되었다고 해석하는 것은 맥부족의 문화의 특성과도 일치한다.

셋째, 맥부족은 홍산문화를 일으킨 부족으로서 고조선의 문화를 중국에까지 넓게 확산시키고 이 문화가 3부족의 연합으로 건국된 단군조선의 문화를 더욱 발전시켰다.

3) 예부족과 예족문화

예(濊)부족은 예강(濊江) 유역에서 기원한 부족으로 예강은 문헌상 중국 만주 길림성과 하북성 두 곳에 기록되어 있다. 먼저 중국 고문서들의 기록에 따라 예부족이 기원

39) 시라무렌 강과 대릉하 유역 일대에서 유적들이 많이 발굴되었는데, 소하서문화유적(기원전 7000년~기원전 6500년), 강가만 · 흥륭와 · 사해 · 부하 · 조보구 · 홍산 · 우하량 · 소하연 문화유적 등이다. 이들은 기원전 7000년~기원전 2000년 사이의 유적들이다. 홍산문화는 넓게 볼 때에는 이들 전체를 포함하고, 좁게 볼 때에는 홍산유적과 우하량유적만 포함한다. 이들은 모두 크게 보아 맥족의 신석기시대 문화유적들로 보인다. 신용하. 2010: 94−95.

40) 신용하. 2010: 94−106.

한 땅을 부여국(夫餘國)이 세워진 곳으로 예강을 지금의 중국 만주 길림성 북류 송화강(엄호수)의 옛 이름으로 비정해 본다. 『후한서(後漢書)』에 보면 "부여국은 본래 예의 땅이다"[41]라고 기록하였고, 『진서(晋書)』에 "(부여)국 안에 옛 성이 있는데 이름을 예성(濊城)이다. 대개 본래 예맥(濊貊)의 땅이다"[42]라고 기록한 것에서 그렇게 볼 수 있다.

다음으로 예족의 기원지를 지금의 중국 하북성 행당현(行唐縣)·안평현(安平縣)에 걸쳐 있는 예강, 즉 예수(濊水)로 비정해 본다.[43] 그런데 문헌상 기원전 3세기 중국 고문헌에는 요서·하북 지방에 맥족이 주로 기록되었다가, 그 뒤 기원전 2세기 이후에 예족이 기록되기 시작하였다. 이것은 하북성에 맥족이 먼저 살았고 그 다음에 예족이 옮겨 왔음을 뜻하여 하북성을 예족의 기원지로 볼 수 없음을 보여주는 것이다. 이것은 예족이 길림성의 예강과 예읍에서 기원하여 그 일부가 서쪽 하북성으로 이동하여 정착한 것으로 추정할 수 있다.

이러한 두 가지 기록을 비교하여, 예부족의 근거지를 하북성이 아닌 길림성의 예강으로 보고 있다.[44] 이처럼 길림성 예강에서 기원한 예부족은[45] 일부가 서쪽 하북성으로 갔지만 대부분은 강을 따라 남쪽으로 이동하여 요하유역,[46] 요동반도, 압록강·두만강 유역, 청천강·대동강 유역, 한반도 동해안 등으로 이동하였다. 청천강·대동강 유역으로 이동한 예부족의 주류가 고조선 국가형성에 참여하고 제후족으로서 지배세력에 연합하였다.

예강에서 기원한 예부족은,[47]

첫째, 예부족은 범(호랑이) 토템 부족으로 『삼국사기』에 기록하였듯이 곰과는 달리 한웅과 결혼하지 못하였다. 우선 환웅이 요구하는 조건을 충족시키지 못하여, 사람으로

---

41) 『後漢書』 卷 85, 東夷列傳 夫餘傳.

42) 『晋書』 卷 97, 東夷列傳 夫餘國傳.

43) 관련 문헌 기록으로는 『수경주(水經注)』와 『태평환우기(太平寰宇記)』가 있다. 『수경주』 청장수·탁장수 주에는 청장수와 예읍 및 예수(濊水)의 위치 관계를 밝히고 있고, 『태평환우기』 하북도 진주 평산현조에는 예수가 석구수 또는 녹수라고 한다는 기록이 있다.

44) 신용하. 2010: 107.

45) 예부족은 이름에서 물의 이름(水名)을 나타내고 있어서 강을 따라 고기잡이와 수렵생활을 했을 것으로 보여 강을 따라 이동했을 것으로 추정하고 있다. 다산 정약용도 예부족의 이름이 물의 이름이어서 군장도 스스로 예왕이라 지칭했다고 기록하고 있다. 정약용. 『강역고(疆域考)』. <예맥고(濊貊考)>.

46) 발해만 동부 요하지역이 예족의 거주지역이라고 기록한 고문서로는 『여씨춘추(呂氏春秋)』<지군람(恃君覽)>이 있다.

47) 신용하. 2010: 106-111.

그림 8-1 한 · 예 · 맥 3부족의 이동 지도

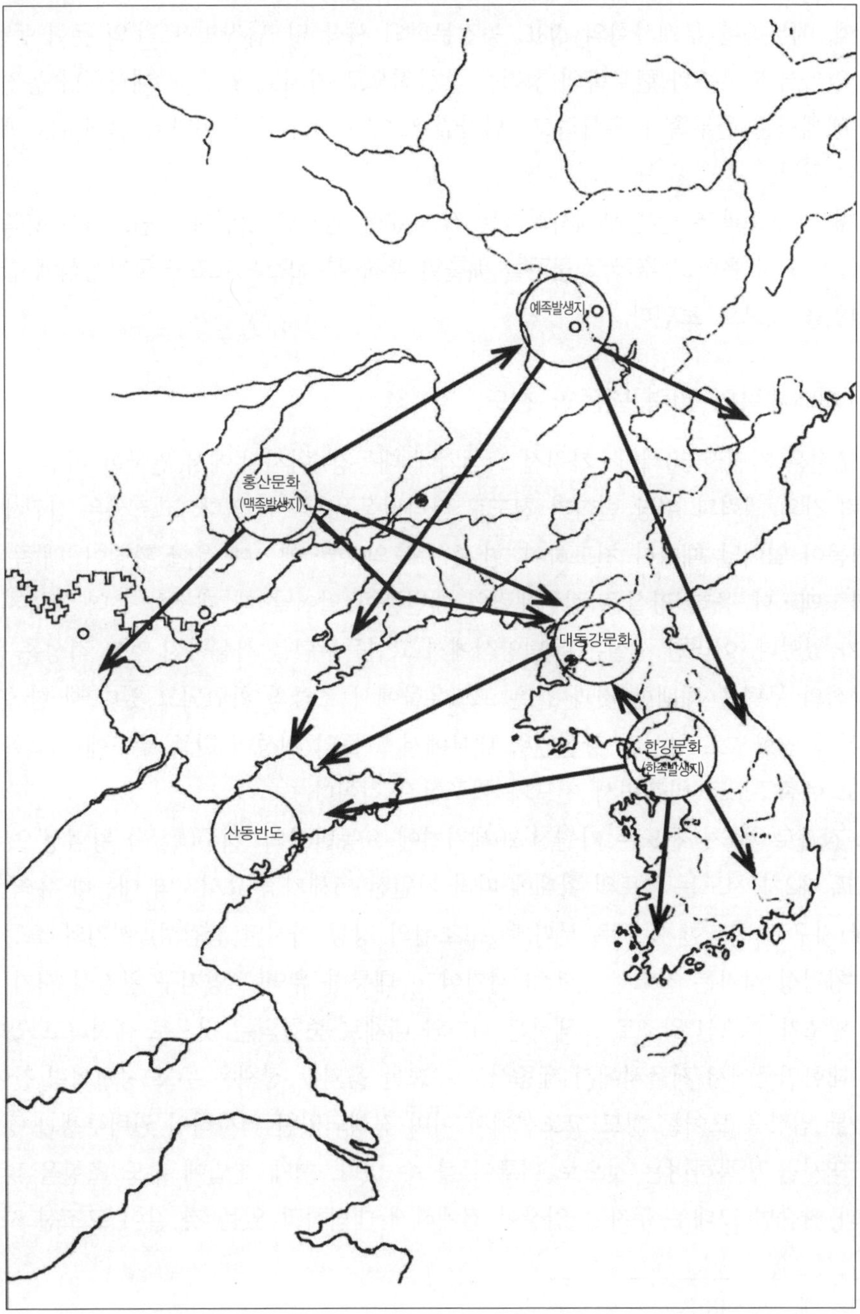

출처: 신용하. 2010: 133.

되지 못하였기 때문이다. 그것이 의미하는 것은 환웅족과 호랑이 족은 서로 여러 가지 측면에서 성격이 맞지 않음을 상징적으로 표현한 것이다.

둘째, 예부족은 부계사회의 징표, 농경문화의 시작 및 '납작밑 토기'의 문화 등을 지니고 있어서 맥부족과 한부족의 성격을 혼합적으로 가지고 있다. 부계사회나 농경사회라는 점에서는 한부족과 유사하고, '납작밑 토기'나 토템 부족이라는 점에서는 맥부족과 유사하다.

셋째, 한부족과는 같은 부계사회라는 점 때문에 엄격한 서열화가 필요하여 왕족이나 왕비족이 되지 못하고 후국 소군주를 배출한 후국 부족으로 고조선 국가형성에 참여하게 되었을 것으로 보인다.

4) 지배세력의 권력 변동과 천도

고조선은 기원전 30세기~기원전 24세기에 대동강 '아사달'에서 건국한 이후, 지배연합세력 간의 권력과 위상 변화가 천도로 나타났음을 알 수 있다. 고조선은 집권세력에 큰 변동이 일어날 때마다 천도하여 '한'족 주도의 한·맥·예 융합 황실이 '맥'족 주도의 한·맥·예 융합 황실로 집권세력의 대변동이 일어날 때 대릉하 유역 조양지구로 천도가 있었다. 이러한 사실은 무덤양식에서 고인돌무덤을 사용하지 않고 적성총 등 다른 양식의 무덤을 채택한 것과 같은 고고유물에서 조금씩 확인되고 있다.[48] 한·맥·예 3부족 연합으로 형성된 황실권력 내부에서 그들의 위상이 한족 주도에서 맥족으로 바뀌고 예족주도로 바뀌면서 천도가 이루어진 것이다.

그 결과로 제1차 천도는 기원전 20세기경에 요동반도의 '개주(蓋州) 왕엄성'으로 천도하고, 제2차 천도는 영토의 확대에 따라 기원전 15세기경 요서지역 대능하 유역 조양(朝陽)지구로 천도한 것으로 본다.[49] 고조선의 강동 아사달(왕검성) 시기와 요동반도 개주 왕검성 시기는 전조선 왕조의 시기이고, 대릉하 유역 조양지구 왕검성 시기는 전조선 왕조가 후조선 왕조로 교체하는 시기와 대체로 중첩되는 것으로 해석하고 있다.[50] 현재 대한민국에서 서울시에서 세종시로 수도를 옮기는 정책을 두고 정치세력 간에 서로 다른 입장을 보이는 것도 고조선에서 이미 진행되었던 역사적인 권력투쟁과 정권변동의 역사를 반복하려는 것으로 미루어 볼 수 있다. 현재 헌법에 수도 조항을 넣자는 입장과 관습법 그대로 두자는 입장이 첨예하게 대립하고 있는 것 같이 고조선 시대에

48) 위의 책: 180-181.
49) 위의 책: 174-181.
50) 위의 책: 181.

도 수도는 관습 헌법의 사항이어서 국가적으로 매우 중요하게 취급했을 것이라 추정할 수 있다.

(4) 중국의 고문헌에 기록된 한 · 맥 · 예 3부족 결합

중국의 고문서에서는 한부족과 맥부족의 결합, 예부족과 맥부족의 결합, 그리고 한 · 맥 · 예 3부족 결합에 대한 기록들이 부분적으로 나오고 있다. 이들을 한부족과 맥부족의 근거부터 차례로 소개하도록 한다.

첫째, 한부족과 맥부족의 결합에 대하여서는 기원전 5세기의 『상서(尙書)』의 주서(周書)에 "무왕이 이미 동이를 정벌하니 숙신의 사신이 와서 축하하였다"[51]라는 기록이 있다. 이것을 '해동의 오랑캐들인 구려, 부여, 한맥(馯貉) 등의 족속들이 무왕이 상(商, 殷)을 이기자 모두 길을 통하게 되었는데, 성왕이 왕위에 오르자 회수 지방의 동이들이 반란을 일으켰으므로 성왕이 이를 정벌했고 숙신이 와서 축하한 것이다'[52]라고 해설하고 있다. 공자도 '貉(맥)'이 '맥(貊)'이라고 했다고 기록하여, '한맥(馯貌)'은 '한맥(馯貊, 馯貌, 馯貉)'으로 서로 같이 쓰여, 기원전 5세기경 한족과 맥족이 결합한 동이가 주나라 무왕이 상나라를 쳐서 이긴 새로운 왕국 주나라와 통하게 된 것을 기록하고 있다. 이 기록에서 한족과 맥족이 결합한 나라가 고조선이기에 이 기록은 한부족과 맥부족이 고조선을 형성한 사실을 기록한 중국의 고문서인 것이다.[53]

둘째, 예부족과 맥부족의 결합에 대한 기록으로는 『한서』 <식화지> 의 "팽오가 예맥조선과 개통하여 창해군을 설치하자 연과 제나라 사이가 모두 발동하였다"[54]라는 것을 들 고 있다. 여기에서 예맥을 함께 사용하는 것은 예족과 맥족의 결합을 의미하는 것으로 볼 수 있다. 나아가 조선을 바로 기록하여 예맥조선으로 보거나 아니면 예맥과 조선을 서로 병립하는 것으로 해석할 수도 있다. 예맥조선으로 볼 때에는 예맥과 조선을 같은 것으로 보아 예부족과 맥부족의 결합인 조선을 지칭한다.

---

51) "武王旣伐東夷 肅愼來賀"는 『尙書』 卷 22, 周官에 기록된 것이다.

52) 『尙書注疏』 卷 18, 周書, 孔安國傳에서 해설한 내용은 "海東諸夷 句麗 · 夫餘 · 馯貌之屬 武王克商 계通道焉, 成王卽政而叛 王伐而服之 故肅愼氏來賀"이다.

53) 중국 고문서에서 고조선을 한맥(馯貊)으로 표현했는데, 이것은 고조선이 한족과 맥족으로 구성된 민족을 의미할 뿐만 아니라 말(馬)과 방패(干)의 결합인 한(馯)을 사용한 한맥(馯貊)으로 지칭하여 기마민족임을 시사하였다. 고조선 건국 전후부터 한부족의 일부가 산동반도 등으로 건너가 소분국을 이루며 살았는데 고대 중국인들은 이들을 寒 · 韓 · 馯 · 汗 등으로 표기하다가 중국에 동화한 일부에 대해서는 韓으로 불렀다. 신용하. 2010: 120.

54) 『漢書』 卷 24, <食貨志> 第4 下. "彭吳窄 穢貊 · 朝鮮 置滄海郡 則燕齊之間 비然發動".

셋째, 예부족, 맥부족 및 한부족의 3부족 결합설을 지지하는 기록으로는, 『한서』<식화지>와 『시경』<한혁편>을 들 수 있다. 신용하는 『한서』<식화지>의 내용에서 예맥과 조선을 같은 것으로 보지만, 원문을 잘 보면 도리어 예백과 조선을 별개의 독립적인 것으로 보는 것이 더 타당한 것으로 보인다. 서로 별개의 독립적인 주체라면 이것이 도리어 예족과 맥족의 결합 위에 조선의 주도 민족인 한부족의 3자의 결합으로 볼 수 있기 때문이다. 그것은 한족과 맥족의 결합을 한맥족으로 많은 곳에서 기록해왔기 때문이다. 그것은 한·맥·예 3부족 결합에서 두 부족이 강조되고 다른 한 부족이 약하게 보인 결과가 한맥족 결합 혹은 예맥족 결합으로 나타난 것일 수 있기 때문이다. 그렇기 때문에 예맥족과 조선의 결합이 3부족의 결합을 반증하는 것일 수 있다고 보아야 할 것이다.

한·맥·예 3부족 결합에 대한 보다 구체적인 기록은 『시경』<한혁편>에 나와 있어서 옮기고 있다.[55]

> 커다란 저 한(韓)의 성은 연(燕)나라 백성들이 완성한 것일세.
> 선조가 받으신 명(命)을 받들어 많은 오랑캐를 다스리셨네.
> 왕(王)께서 한후(韓候)에게 추(追, 예)와 맥(貊)을 하사하셨네.
> 북국(北國)들도 모두 받아서 그들의 백(伯)이 되셨네.

이 글에 대해 신용하는 '한'(韓)을 중국의 다양한 고문서에 나오는 '한(韓)', '한(寒)', '한(馯)', '한(汗)', '한(桓)'으로 다양하게 보아서 위의 『시경』<한혁편>을 분절해서 다시 해석하고 있다.

> i) 한(韓)나라의 저 카다란 성(城)은 원래 한[韓(寒, 馯, 汗, 桓)]이 쌓았었는데, 또 연(燕)이 그것을 완성시킨 것이다.
> ii) 한[韓(寒, 馯, 汗, 桓)]은 많은 오랑캐들을 다스렸다.
> iii) 한[韓(寒, 馯, 汗, 桓)]은 '추'(追, 濊－김상기 등)와 맥(貊)을 통합하였다.
> iv) 한[韓(寒, 馯, 汗, 桓)]은 북국(北國)들도 모두 지배하여 그 '백'(伯, 우두머리)이 되었다.

이렇게 분절하면서, '예'와 '맥'을 통합한 강성한 한[韓(東夷의 韓, 寒, 馯, 汗, 桓)]이 그 후의 '연'나라 지역을 지배해서 큰 성을 쌓고 북쪽의 나라들로부터 우두머리인 백

---

55) 『詩經』<韓奕篇>."薄皮漢城 燕師所完 以先祖受命 因時百蠻 王錫韓候 其追其貊 암受北國 因以其伯".

(伯)으로 존중받으며 그들을 지배했다가 '연'의 공격을 받고 성을 빼앗긴 것으로 해석하고 있다. 이러한 관점에 한[韓(東夷의 韓, 寒, 馯, 汗, 桓)]족이 중심이 되어 추[追(濊)]와 맥(貊)을 통합하고 중국의 북쪽에 있는 나라들인 북국들을 모두 다스리는 종주국이었음을 알려주는 기록이라고 주장한다.[56]

(5) 중국의 고고유물에서 보이는 한 · 맥 · 예 3부족 결합

한 · 맥 · 예 3부족 결합은 한강 유역에서 기원한 한족, 백랑수와 시라무렌 강 유역에서 기원한 맥족, 그리고 예강 유역에서 기원한 예족의 결합을 의미한다. 이들의 결합 여부에 대해 입증하기 위해서는 이 세 지역들에서 출토되는 유물과 유적의 분포와 연대측정에 의한 시기 비교에서 각 부족의 이동 및 결합 상황을 파악하고 있다.

첫째, '한'부족의 유적으로 한강유역 암사동(기원전 6000년기~4000년기) 등에서 기원한 '뾰족밑 빗살무늬토기'는 남쪽의 한강하류 · 충청남도 서해안 · 군산 · 금산 · 남해안 · 낙동강 등은 물론이고 북쪽으로 대동강 유역 · 대동강 하류 해안 · 황해도 해주 용담포 · 황해도 봉산 지탑리(기원전 6000년기~4000년기)[57] · 대동강 하구 궁산리 패총 · 연도리 패총(기원전 3000년기) · 평양시 금탄리 유역(기원전 4000년기)[58]에서 많이 발견되어 한강문화의 대동강 이동을 보여준다.

둘째, '맥족의 납작밑 토기'와 유사한 '납작밑 토기'가 요동반도와 압록강 유역의 의주 '미송리형 토기'로 발굴되어 '맥'족의 주류가 압록강 유역까지 이동하여 가지고 온 토기 형태로 해석하고 있다. 미송리형 납작밑 토기는 고조선 건국 시기에 대동강 유역에서 뾰족밑 토기 다음으로 출토되어, 기원전 4000년기~기원전 3000년기까지는 뾰족밑 팽이형 빗살무늬토기들만 주로 나타났다. 대동강 유역에서 발굴된 뾰족밑 빗살무늬토기는 황해도 지탑리 유적(기원전 6000년기~기원전 4000년기) · 평양 금탄리 유적(기원전 4000년기) · 평양 어은동 유적(기원전 3000년기) · 평양 남경 유적(기원전 3000년기) 등으로 이어 왔다. 남경 유적의 토기들은 뾰족밑 팽이형 빗살무늬토기가 주류이기는 하지만 표족밑이 둥근 밑'으로 바뀌고 맥족 초기 단지 항아리와 비슷한 납작밑 단지 항아리로 변화한 것이 보인다.

셋째, 예족의 토기는 '귀달린 민무늬 항아리'와 '귀달린 덧무늬 항아리' 등이다. 두 귀

56) 신용하. 2010: 119－127.
57) 도유호. 1961.『지탑리 원시유적 발굴보고』.
58) 김용간. 1964.『금탄리 원시유적 발굴보고』;『한국사』. 2: 353.

달린 항아리의 출토 토기로서 강원도 고성 문암리 유적(기원전 10000년~기원전 6000년, 기원전 3500년~기원전 2500년)과 대동강 유역 남경 유적(기원전 3000년기) 등이 있다. 이것은 맥족의 단지 항아리와 비슷한데 두 귀를 상부에 붙인 점에서 차이가 있다. 고조선 건국 시기 전후에 예족의 토기 문화의 영향이 대동강 유역에서 발견되어 예족의 문화가 대동강 유역으로 전파된 것으로 보인다.

넷째, 대동강 유역 남경 유적 등에서 발견되는 점은 예족과 맥족, 그리고 한족의 문화가 서로 접촉하고 융합하고 있음을 보여주는 것이다. '귀 달린 빗살무늬 항아리'의 두 귀는 예부족의 영향이고, 무늬는 '빗살무늬'여서 한족의 문화와 융합한 것으로 보인다. 여기에 맥족의 문화가 합하여 한·맥·예 3부족 결합이 토기 양식에서 나타나고 있음을 알 수 있다.

다섯째, 기원전 5000년~기원전 4500년경의 예족의 유물로 추정되는 요동반도의 옥으로 제작한 옥귀걸이가 강원도 고성 문암리에서 출토된 점도 예족의 이동을 보여주는 것이다. 특히 이것이 홍산문화의 옥귀걸이와 매우 유사하여 예족이 강원도까지 이동하고 청천강·대동강 유역으로 이동하였을 것으로 추정하고 있다.

이러한 토기나 옥귀걸이 등의 유물의 분포나 연대를 바탕으로 신용하는 한족의 한 갈래가 북쪽으로 이동하여 다른 부족인 맥족 및 예족과 결합하여 고조선을 건국하였고 서로 다른 3부족의 3문화가 융합하여 고조선 고대국가를 단기간에 더욱 강성하게 발전시키게 된 것으로 보고 있다. 한강문화의 한족과 홍산문화의 맥족, 그리고 요하문명을 배경으로 한 예족의 결합이 고조선의 발전을 북쪽의 대륙으로 향하게 만든 것이라고 추정하고 있다.[59]

(6) 신용하의 한·맥·예 3부족 결합설에 대한 평가

첫째, 그동안 예맥족 1부족설과 예족과 맥족의 2부족설을 주장해 온 기존 연구와 달리 신용하는 고조선 건국의 중심주도 부족으로서 '한'부족을 새롭게 발굴하여 제시한 점은 큰 의미가 있다. 고조선 건국의 중심인 왕계부족을 명확하게 함으로써 동아시아는 물론 세계에서 한부족의 역할이 새롭게 부각될 수 있게 하였다.

둘째, 그동안 고조선의 건국 중심세력이 대륙에서 이동해왔다는 민족이동설이 주류를 이루었는데, 한강문화를 바탕으로 한 '한'부족이 대동강으로 이동하고 정착하여 대륙에서 이동해 온 맥부족과 예부족의 주류 갈래와 연합하여 고조선을 건국했다는 점은

59) 신용하. 2010: 127-134.

한민족 정착설의 새로운 핵심을 제시하고 있다.

셋째, 건국과정에서의 혼인동맹의 중요성을 밝혀 홍익인간의 융합 · 화합 · 결합 · 통합의 이데올로기를 부족 연합 · 통합으로 실현시키고 건국의 사회적 합의를 높여주고 있다. 3부족 연합을 혼인동맹으로 보고 그 증거를 후대 고구려 역사에서 찾고 있는 점도 의의가 크다. 그것은 그 뒤 고려 건국 시에도 왕건이 여러 지방호족들과 혼인동맹을 맺어서 취약한 건국초기 왕권 강화에 활용한 것도 고조선 이래 내려온 혼인동맹의 유습이라 볼 수 있을 것이기 때문이다.

넷째, 한강문화를 바탕으로 한 한부족의 발견은 민족 주체적 역사를 정립하는 데 큰 의미를 부여하고 있다. 민족중심역사와 영토중심역사의 충돌을 그동안 민족이동설로 해소하고자 했으나, 영토중심국가론에서 봤을 때에는 이동 이전까지는 자국의 고대 역사라는 주장을 할 여지를 남겨 두었는데, 한강을 기반으로 하는 한부족이 이동한 맥부족과 예부족을 왕비족과 제후족으로 결합시켰다는 것은 민족중심역사와 영토중심역사의 민족적 · 이론적 · 역사적인 충돌의 여지를 제거할 수 있기 때문이다.

다섯째, 유물과 유적 등 과학적인 증거들을 동원하여, 인문사회과학과 자연과학 등 융합과학적으로 접근하여 그 설명력을 높였다는 점이다. 고문서들과는 달리 유적과 유물은 역사를 빼앗고 지우고자 하는 세력들이 왜곡하고 파손하는 데에도 제약이 있다. 새로운 유물과 유적들의 발굴은 역사를 새롭게 바로 잡을 수 있는 증거들이기 때문이다.

다만 더 보완해야 할 부분으로는 첫째, 3부족 연합설의 근거를 한국과 중국의 고역사서를 중심으로 설명하나 제시하고 있는 고문서들의 내용에서 직접적으로 3부족 결합설을 입증해주는 기록은 취약하다. 제시하고 있는 문서들은 한맥족이나 예맥족의 단일부족설 또는 한족과 맥족의 결합설(한맥)이나 예족과 맥족의 결합설(예맥)과 같은 2부족 결합설을 지원하는 근거로 사용되는 것이 더 직접적이다. 여기에서 3부족 결합설의 근거로 제시하는 『시경』<한혁편>에 대한 해석이나 『한서』<식화지>에 대한 인용 모두 여러 가지 해석 가운데 하나일 수는 있으나 객관적이기 보다는 주관적 · 자의적인 해석의 성격도 배제할 수 없다.

둘째, 『삼국유사』의 환국과 환인 및 환웅의 기록을 신화로 보아 자세한 설명 없이 제외하고 있는 데 이 점은 보다 면밀하게 검토를 해야 할 부분이다. 환인과 환웅 및 단군왕검 등을 삼신으로 삼고 삼신숭배의 문화가 천손사상의 핵심이므로 이 부분에 대해서는 보다 상세한 규명이 있어야 할 것이다.

5. 고조선 지배연합의 성격과 고조선 국가의 위상

(1) 고조선 지배연합의 성격

한국 고대국가로서 고조선의 위상은 지배연합을 구성하는 부족의 성격과 밀접하다. 1부족, 2부족, 3부족 등 부족이 동북아시아에서 얼마나 빨리 일어나서 고대국가를 형성했느냐에 따라 한국, 중국, 일본 등 동북아시아의 고대국가들과의 관계에서 고조선 국가의 위상이 결정된다.

특히 영토중심 국가의 성격을 지니는 중국이나 일본과 달리 한국은 민족중심 국가를 이어 왔으므로 국가형성의 중심 부족이 누구이며 어디에서 기원하여 이동하였는지, 정착하였는지, 정착 부족세력을 중심으로 이동해온 부족이 서로 결합하였는지가 매우 중요한 의미를 지닌다.

그동안 한민족의 기원이 되는 부족을 이병도는 예맥부족이 대륙에서 이동해온 것으로, 김상기·김용섭은 맥부족과 예부족이 각각 결합하여 대륙에서 정착해서 고조선 국가를 형성·운영하다가 중국과의 전쟁 등으로 밀려서 한반도로 이동하였다는 주장을 하였다. 그러나 신용하는 한강문화를 일으킨 한부족이 대동강 유역으로 이동·정착하고 대륙에서 맥부족과 예부족이 이동해와서 맥부족은 왕비족이 되고 예부족은 제후족이 되어 왕족인 한족과 연합·결합하여 고조선 국가를 형성하였다고 주장하고 있다.

이러한 민족이동설과 정착설에 대한 검증은 고대 역사서들과 유물·유적 등의 실증적인 사료들을 기준으로 이루어지고 있다. 불행하게도 한국의 고대국가에 대한 고문서들은 한국의 기록들은 전해 내려오는 것이 거의 없고 있는 것도 불신을 받아 주로 중국에서 기록한 것들이 대부분이다. 이 때문에 중국의 관점에서 기록한 내용들을 한국 고대사에 적용하여 해석하는 과정에 많은 어려움이 있다. 특히 고대 한국과 중국이 전쟁을 하거나 외교관계를 벌이는 것에 대한 기록이 중국 위주로 되어 사대주의라는 역사왜곡의 문제가 심각하게 대두하였다.

이러한 고문서의 일방적인 해석에 대한 왜곡의 우려를 반증할 수 있는 것이 유물과 유적이다. 고고학, 지구과학, 천문기상학 등의 관련 학문들이 발전하면서 새로운 유물과 유적에 대한 발굴과 과학적인 연대측정이 이루어지면서 고문서의 부족한 부분을 바로 잡아주고 있다. 신용하가 새로운 3부족 결합설을 주장하는 데에도 이러한 과학적인 증거들이 큰 역할을 하고 있다. 최근 중국에서 활발하게 발굴되어 제기되는 요하문명과 홍산문화, 그리고 아사달문명의 주류가 고조선과 혼인동맹을 이룬 왕비족인 맥족과 제후족인 예족이라는 주장은 매우 중요한 의미를 지닌다. 대륙의 문화가 먼저인지 아니면 한강과 한반도의 문화가 먼저인지 유물과 유적을 통해 검증이 되면 고조선 국가형성 부족의 이동설과 정착설의 규명은 물론 고대국가들 간에 고조선의 역사적인 위상이 결정될 것이다.

또한 한민족을 1~3부족연합 가운데 어느 것으로 볼 것인가에 대해서는 어느 하나만이 옳다고 볼 것이 아니라 이 세 가지가 모두 맞을 가능성이 크다는 새로운 관점에서 접근할 필요가 있다. 한민족 통합설 혹은 단일민족설과 내부 분열설 혹은 3민족설을 상정해 볼 수 있다.

첫째, 한민족통합설 혹은 한민족 단일민족설은 2천여 년이라는 긴 세월을 이어 오는 동안 건국 초기 한 · 예 · 맥 3민족이 족외혼의 관습과 왕족 · 왕비족으로 결혼을 지속하고 왕족 · 왕비족 · 제후족으로 결합하여 한맥족과 예맥족으로 통합되다가 하나의 한민족으로 통합되었다고 볼 수 있을 것이다. 이 과정에 왕족이 한족에서 맥족으로, 그리고 예족으로 교체되었고, 수도와 부수도를 3~5차례 이동하였다면 한민족의 통합은 더욱 촉진되었을 것이다.

둘째, 반대로 한민족 분열설 혹은 3부족설은 고조선 건국 초기에는 한민족이 단일민족이었으나 집권세력 내부의 권력투쟁과 왕권다툼이 전개되고 고조선과 3한체제, 그리고 고조선과 3조선체제로의 전환에 따라 권력기반을 옮기면서 도읍을 2~5차례 이동하고 부수도가 3경에서 5경으로 확대되면서 한예맥 단일민족이 한맥족과 예맥족으로 분열하고 다시 한족 · 예족 · 맥족으로 분열될 수 있을 것이다. 이것은 고조선 붕괴 이후 만주와 한반도로 지역을 달리하여 기반을 잡고 한반도에서도 동예 · 옥저 · 마한 · 진한 · 변한 등 열국으로 나뉘면서 각각 예족과 맥족 및 한족으로 서로 다른 민족국가를 이루게 되는 과정을 설명해 줄 수 있다. 그 뒤 맥족이 고구려와 백제로 이어지고 예족이 신라와 가야, 그리고 고려와 조선의 지배족으로 이어진다는 김용섭의 가설에도 부합하는 것이다.

셋째, 한민족 통합설과 분열설 혹은 단일민족설과 3민족설은 국가를 민족중심국가로 보느냐 혹은 영토중심국가로 보느냐의 역사관과도 밀접한 관계가 있다. 고조선은 2천여 년 동안 지배세력이 교체되면서 지배족의 근거지로 도읍을 3~5차례 이동하여 수도와 부수도의 위상이 다르게 되었다. 고조선이 한 · 예 · 맥민족으로 건국하여 초기에는 3한체제를 이루고 상국으로 고조선이 존재했는데 후기에 3한이 3조선체제로 변하고 3조선 사이에는 독자적인 전쟁선포권과 높은 자치권을 가지면서 구성 민족 간의 권력관계에서도 큰 변동이 일어 난 것으로 보인다. 이것을 영토중심국가관에 따르면 평양성에서 조선을 개국한 한족이 맥족에게 권력이 빼앗기면서 단군조선은 평양성에서 백악산 아사달로 옮겨 도읍으로 삼다가 맥족의 단군조선이 장당경으로 천도하여 백악산 아사달에서는 사라지고 그 대신 예족의 기자족이 백악산 아사달에서 집권한 것이 백악산 아사달이라는 영토중심시각에서는 단군조선에서 기자조선으로 국가가 바뀐 것으로 보이게 된 것이다. 그리고 백악산 아사달에서 기자족이 같은 예족의 위만조선으로 교체되면서 단군조선→기자조선→위만조선으로의 교체를 주장하게 되었다.

반면에 민족중심국가의 관점에서 보면 한족의 고조선은 맥족에게 권력을 넘긴 후 일부는 평양성에 계속 남아 있고 일부는 백악산 아사달로 이동하였고 맥족의 고조선은 백악산 아사달에서 장당경으로 옮겨 계속 남아 있으며, 예족의 기자족과 위만족은 백악산 아사달에서 통치하게 된 것이다. 이것은 단군조선과 기자조선·위만이 고조선 영토 내에서 3조선의 구성 국가로 각각 다른 지역에서 공존한 것이고 상국인 단군조선의 관점에서 보면 기자조선과 위만조선은 하위에 있는 3조선의 하나일 뿐인 것이다.

이처럼 한민족의 부족과 민족구성의 성격, 그리고 수도 이전 및 국가에 대한 역사관에 따라 단일민족설과 3민족설이 나뉘고 고조선의 본국인 단군조선과 하위 3조선체제의 하나인 기자·위만조선의 성격이 규명되는 것이다. 즉, 중국이나 일본의 관점에서는 단군조선이 멸망하고 기자조선과 위만조선이 그 뒤를 이었다고 주장하지만 실제 역사에서는 단군조선의 하위 국가로 기자정권이나 위만정권이 단군조선과 공존했음을 의미한다. 단군조선의 잦은 수도 이전과 후기의 국력 약화는 단군조선과 기자·위만정권의 권력 관계에서 상대적인 위상의 변화를 가져왔을 가능성을 배제할 수는 없을 것이다. 이러한 관계에 대해서는 실증적인 규명이 필요하다.

특히 이것과 관련하여 논란은 없지 않으나 평양에서의 단군릉 발굴과 단군왕검의 인골에 대한 연대측정, 그리고 고조선 영토 내 각 지역에서 발굴된 고인돌, 토기, 벼, 각종 유물에 대한 발굴과 그 연대 비교가 이러한 논의를 규명하는 데 큰 의미를 지닌다. 청동기 문화와 철기 문화의 발생과 전개에 대한 지역적인 비교도 큰 의미를 지닌다. 청동기 가운데 명도전이 연나라의 화폐가 아니라 고조선의 것이라는 연구결과들의 새로운 발표도 중요한 의미가 있다. 국가활동의 중추를 이루는 경제활동의 수단이고 상징인 화폐로 명도전이 고조선의 화폐일 수 있다는 주장의 제기는 고조선의 국가성격을 다시 규명할 수 있는 중요한 증거가 될 것이다.

(2) 부족 · 지배연합 · 속국 · 후국 · 거수국 등의 연합

고조선을 건국한 한민족이 1 · 2 · 3부족연합이라는 거시적인 차원의 권력연합을 통해 고조선이라는 고대국가를 건설하였다. 고조선 강역 내에는 70여 개의 열국들이 흥망성쇠를 거듭한 만큼 고조선 본국과 이들 후국 · 소국 · 속국 · 거수국 · 열국들의 지배연합관계 구축은 매우 중요하다.

고조선의 3한체제가 3조선체제로 전환하면서 고조선의 지배연합의 성격이 변하고 국가의 성격도 변동으로 전개되었다. 한족과 맥족 및 예족이 각각 한족정권 · 맥족정권 · 예족정권을 형성하고 이들이 고조선 본국의 국왕과 부왕의 관계로 권력구조를 형성하여 고조선 국가의 지배연합과 국가구조를 유지하였다.

고조선 본국과 후국 · 속국 · 거수국 · 제후국의 관계도 다양한 형식으로 구축이 되었다. 어느 정도 자치권을 가지는 것과 그렇지 않은 것들이 구분되고 시대 변화에 따라 그들의 지위도 변화하였다. 특히 3조선체제로 전환하면서 후국들이 전쟁선포권과 한 차원 높은 자치권을 가지면서 부족 · 속국 · 후국 · 거수국 · 제후국 등으로 구성된 지배연합의 성격도 변화되었다.

국가의 성격이 종족의 단위에서 지역적 단위로 전환하고 그 과정에 공권력과 법체제가 형성되면서 국가단계로 발전하는 것을 지배부족의 연합형성을 통한 국가의 지배연합이 형성되고 국가로 발전하게 됨을 고조선의 종족 · 부족 · 속국 · 후국 · 거수국 · 제후국 · 열국 등의 관계 변동으로 이해할 수 있다.

(3) 고조선의 제1~4정권변동과 국가위상의 변화

고조선은 한족 · 예족 · 맥족이 연합하여 단군조선을 건국한 이후 왕족 · 왕비족 · 후왕 · 제후족 등의 동맹을 맺으면서 초기 국가권력을 안정시켰다. 한강문화를 배경으로 한 한부족이 왕족이 되고 맥족이 왕비족이 되어 왕권을 강화시키면서 평양성 강동 아사달을 수도로 삼고 제1기 한족 단군정권을 안정시키다가, 왕비족 맥족이 왕족이 되어 통치하면서 제2기 맥족 단군정권을 성립시키고 요동반도 개주 왕험성 혹은 백악산 아사달로 천도하여 영토를 확장하는 등 국가위상을 크게 높였다. 건국 초기부터 제후족으로 지배에 동참했던 예족인 기자족이 맥족의 뒤를 이어 정권을 잡아 제3기 예족 · 기자족 단군정권을 이으면서 대토지소유와 강력한 노예제 실시 등의 성장중심 경제정책으로 강력한 군사력을 지탱할 경제력을 키워 고조선을 더욱 발전시키다가 내부적으로 균열하여, 같은 예족인 위만족이 정권을 맡은 제4기 예족·위만족 단군정권은 3조선체제로 고조선이 분할되고 국가의 위상이 추락하게 되었다. 고조선의 정권변동과 수도 이전 및 지배족의 성격에 대해서는 학자들의 다양한 논의들이 있으나 고조선의 위상이 높아졌다가 약화된 점에 대해서는 크게 다르지 않다.

▮ 제9장 ▮

고조선의 '사회관계 응집'으로서의 국가

1. 사회관계 응집으로서의 국가

(1) 사회관계 응집으로서의 국가: 고조선 국가형성의 생산과 기술의 기초

국가는 정치·경제·사회·문화 등으로 다양하게 구성되어 있으나 이러한 많은 사회관계들이 응집한 것으로 규정될 수 있다. 사회관계는 국내에서 경제적인 생산관계나 사회발전의 성격을 기준으로 나눌 수 있고 국제관계 속에서 이들과의 연계관계의 응집이 국가의 성격을 규정한다.

먼저 역사문명적으로 국가는 청동기시대를 기준으로 형성되는 것으로 파악되는 만큼 고조선 사회가 청동기 사회의 문화와 무기 및 유물을 지니고 있는지? 농업·어업·잠업의 기술발달 수준은 어떠한지? 원시공동체사회와 고대 노예제사회의 성격은 어떠한지? 사회의 신분·계급구조는? 화폐경제 수준은? 경제와 사회관계의 변화는? 농경문화 발전과 고조선 국가형성은? 고조선의 사회관계와 국가의 형성은 어떠한지 등에 대하여 논의할 필요가 있다.

(2) 사회관계의 응집에 관한 현대 사회과학이론

사회관계의 응집을 국가나 역사변동의 주된 변수로 주장하는 현대 이론들은 근대화이론(modernization theory),[1] 맑스주의 이론(Marxist theory),[2] 세계체제이론(world

1) 근대화이론은 선진사회가 후진사회를 이끌어 가기 때문에 후진사회는 선진사회와의 교류를 늘릴수록 발전한다는 이론이다. 선진국의 문화와 제도 및 기술 등이 후진국에게 전수될수록 후진국은 발전하게 된다는 이론이다. 이것은 선진사회의 사회관계의 응집이 원시농경사회, 농업사회, 산업사회, 정보사회, 지식정보사회 등으로 자연스럽게 진화하는 것으로 보고 있다. 선진국 사회들이 이런 관계의 응집으로 자연스럽게 진화하여, 경제적으로는 농업사회, 자본주의 사회, 정보사회, 지식정보사회로 진화하는 자본주의의 발전단계로 본다. 최근의 제4차 산업혁명도 자본주의의 심화단계이다.

system theory),[3] 국제정치경제이론(international political economy theory),[4] 기술선

정치적으로는 원시공동체사회, 군장제, 봉건제, 군주제, 독재체제를 거쳐 민주주의로 발전한다.

2) 근대화이론에 대한 비판으로 대두한 이론이 종속이론과 세계체제이론이다. 후진국이나 후진사회는 선진국이나 선진사회와 교류할수록 불공정 경쟁과 자본주의의 빈익빈 부익부의 노동착취로 인해 후진사회와 후진국은 더욱 저발전하게 된다는 이론이다. 이러한 자본주의적 모순관계를 극복하는 유일한 방법이 자본주의 선진국가들과 관계를 끊고 노동자 계급혁명으로 자본주의를 해체시키고 사회주의나 공산주의로 사회체제를 전환시켜야 한다는 이론이다. 계급혁명까지 가지 못할 경우에는 자본주의 선진국들과의 교역을 중단하고 내수시장 중심의 폐쇄적인 경제를 운영하라는 것을 대안으로 제시하고 있다. 20세기 중반 이전 브라질, 아르헨티나, 칠레, 페루, 콜롬비아 등의 남미와 아프리카의 여러 국가들이 20세기 초반까지는 중진국가의 선두그룹이고 선진국 진입 직전의 단계에서 경제적 모순으로 노동자계급혁명이 상시적으로 일어나고 노동자민중정권이 종속이론과 노동자혁명이론에 따라 정변을 일으켰으나 그 결과는 이들 국가들의 추락으로 나타나 더욱 비관적이었다. 20세기 초·중반까지 남미나 아프리카의 사례들이 종속이론의 상황과 비슷한 경우도 많아 제2차 세계대전 이후 냉전시기에 자본주의와 사회주의 체제를 두고 선택의 기로에 있던 많은 후진국가들이 사회주의로 전환하는 데 큰 기여를 했다. 그러나 한국, 대만, 싱가포르, 홍콩 등의 아시아 신흥공업국들(NICs)의 국가들이 미국·영국 등 자본주의 선진국가들과 급속한 교류를 하고 국가주도의 개방적인 자본주의 시장정책을 국가전략으로 채택하여 추진한 결과 '한강의 기적' 등의 '경제기적'을 각각 달성하면서 종속이론이나 맑스주의에 대한 명확한 반증의 사례들로 제시되고 많은 후진국들이 이들 나라의 자본주의 경험을 국가 간 학습하게 되었다.

3) 세계체제이론은 개별사회나 국가 간의 관계가 지구 위의 세계체제의 영향 하에 있음을 주장한다. 세계체제는 세계경제체제와 세계정치군사체제로 나뉜다. 세계경제체제는 자본주의체제의 심화에 따라 더욱 깊이 연결되고 개별 국가들은 자본주의 세계체제에 편입될수록 자본주의 중심국에게 불공정 무역 등으로 노동의 착취가 심화되어 종속의 상태에서 벗어나지 못한다고 보았다. 남미나 아프리카의 여러 국가들의 식민종주국에 대한 착취로 식민주의와 제국주의의 경제적인 피해가 극심함을 경험적인 연구를 통해 밝히고 있다. 세계경제체제의 논리에 따르면 후진국들이 자본주의를 도입하여 세계체제에 편입될수록 불공정 거래, 자본 직접 투자에 의한 노동 착취 등으로 더욱 피폐해지기 때문에 유일한 해결방안은 노동계급혁명에 의해 개별 국가가 자본주의세계체제에서 탈퇴하는 것이라고 주장하였다. 실제 남미와 아프리카 등지에서의 사회주의 혁명들이 이러한 논리에 따라 일어났으나 곧 실패하고 다시 자본주의로 전환하게 된 사례가 대부분이다. 맑스주의와 뉴 맑스주의인 종속이론과 세계체제이론의 반증사례로 20세기 중·후반에는 NICs의 경험이 제시되었고, 20세기 말과 21세기 초에는 브라질, 러시아, 인도, 중국 등(BRICs)이 종속이론과 세계체제이론의 반증사례로 속속 제시되고 있다. 이러한 반증사례들로 인해 세계체제이론은 수정을 가하여 비록 자본주의의 세계체제에서 주변주 국가이더라도 국가와 외국자본(MNCs) 및 국내 자본이 3자 동맹(triple alliance)을 맺고 개방형 경제정책을 추진하면 자본주의 세계체제의 착취구조를 벗어나 주변부에서 반주변부로 이동할 수 있고, 반주변부 국가들은 중심부로 진입하여, 후진국이더라도 중진국을 거쳐서 선진국으로 될 수 있음을 이론적으로 수용하였다.

4) 국제정치경제이론에서는 국가 간 관계나 국제체제는 결정론적·일방적 관계가 아니라 상호역동적인 관계적임을 주장하며 세계체제이론의 한계를 비판하여 세계체제이론은 스스로 수정을 하였다. 수정 조건은 제한적인 것으로서 첫째, 세계경제체제의 위기 상황일 때 가능성이 크고, 둘째, 국가능력과 국가자율성이 높아야 한다는 점이다. 첫째 변수인 세계경제체제의 위기는 주변부 국가가 선택할 수 있는 일이 아니므로 이것은 개별 국가들에게 위기일 수도 기회일 수도 있다. 둘째 변수인 국가능력과 국가자율성은 개별 국가가 보유하여야 할 성격이다. 이때 주변부나 준 주변부의 국가

도이론(technology driven theory),[5] 사회구성체이론(social formation theory) 등이 있다. 사회관계를 이해하는 이론적인 패러다임과 역사적인 시대에 따라 사회관계의 성격을 이해하는 기준과 내용이 매우 다양하고 폭이 넓다. 근대사회를 가져온 산업혁명 이후 지난 400년 간의 세계의 선진국들의 강대국 등장에서 기술의 중요성을 밝히는 '테크노 헤게모니'의 연구를 중국의 사례에도 적용하여 적실성이 높은 것으로 보인다.[6] 이러한 사회관계의 응집이 자본주의사회 이후에는 많은 영향을 주고 있는 것으로 밝혀지고 있으나 자본주의 이전의 역사에서는 연구들이 많지 않다. 역사학자들의 연구가 있으나 사회관계의 응집 차원에서 역사를 연구한 학자들은 많지 않다. 맑시스트나 유물론자들의 연구들이 여기에 해당하지만 국내에서의 연구는 극히 제한적이다.

이러한 사회관계의 응집 차원에서 한국 고대사를 연구하기 위해서는 각 시대별 사회

들은 '발전국가(development state)' 또는 '강한 국가(strong state)'로서 국가능력(state capacity)과 국가자율성(state autonomy)를 가져야 한다는 조건을 달았다. 그것은 주변부나 준주변부의 국가가 노동자나 자본가의 계급이익을 대변하는 계급국가가 아니라 국가이익(state interest, national interest)을 지킬 수 있는 능력이 있어야 하고, 국가는 노동자나 자본가의 계급지배로부터 자유로운 국가자율성을 지니고 있어야 한다는 것이다. 위의 반증의 사례 국가들로 들고 있는 NICs와 BRICs 등은 이러한 국가능력과 국가자율성이 비교적 높은 수준으로 충족되고 있으나, 이 조건들이 약화될 때 다시 세계경제체제이론에서 주장하는 방향으로 추락하는 개별 국가 차원에서의 위기의 징조를 보이고 있다. 이것은 세계체제론이나 종속이론이 주장하는 종속국가가 아니라 개별 국가들이 지닐 수 있는 국가의 자율성과 국가능력에 대한 논의로 이어졌다.

5) 세계경제체제에서도 기술의 변수가 경제사회관계의 응집의 성격을 크게 좌우하여 역사전개와 국가변동에 매우 중요한 일을 한다는 주장들이 앨빈 토플러, 폴 케네디, 리차드 로즈크랜스, 조셉 나이, 야쿠시지 타이조 등의 연구에서 나타나고 있다. 앨빈 토플러의 '제3의 물결'과 '권력이동' 등의 이론들은 정보혁명이라는 IT 기술혁명이 새로운 권력이동을 가져와 새로운 사회관계의 혁명으로 나타남을 예측하였고, 20세기 말과 21세기 초의 세기적인 변화가 그의 예측대로 변화하고 있다. 폴 케네디의 '강대국의 흥망'과 리차드 로즈크랜스의 '무역국가의 등장' 등의 국제정치경제학이론들(IPEs)은 세계체제에서 강대국의 흥망이 군사력과 경제력의 상관 관계로 설명한다. 세계체제에서 정치군사체제가 지배적일 때에는 군사력이 강하여 전쟁에서 이기는 정복전쟁 승리가 강대국의 핵심 변수였으나 세계자본주의경제체제가 등장하면서 군사력과 함께 경제력이 더욱 중요함을 서구의 세계적인 패권국가들의 사례를 역사적으로 분석하여 설명하고 있다. 이 과정에서 강대국가의 조건들을 군사력과 경제력과 같은 경성권력을 중심으로 논의하였고, 21세기의 세계질서와 강대국의 질서재편 방향을 제시했다. 그러나 경성권력 중심의 세계 패권국가논의에 대해 조셉 나이는 경성권력보다 기술, 문화적 포용력, 지식력, 스마트파워 등의 연성권력의 중요성을 주장했고 그의 예측이 지금까지 적중되고 있는 편이다.

6) 야쿠시지 타이조. (강박광 역). 2002. 『테크노 헤게모니』. 겸지사. 이 책에서 산업혁명 이후 지난 400년 간의 국제정치사를 기술의 패권이란 시각에서 분석하여 국가의 흥망과 국제 간의 갈등 및 세계질서를 국가들의 역사적인 사례들을 바탕으로 그 시대마다 기술이 앞서가고 세계에서 테크노 헤게모니를 장악할 때 세계질서에서도 강대국이 되었음을 설명하고 있다. 그는 같은 시각에서 중국이 선진 기술을 초기에는 모방하여 그것을 개량하여 패권을 장악해 나가고 있음을 다음 책에서 밝히고 있다. 야쿠시지 타이조. (강박광 역). 2012. 『테크노 헤게모니와 중국의 포효』. 일진사.

관계의 성격을 파악할 필요가 있다. 고조선 사회의 특징은 청동기시대, 농경시대, 잠업시대 등의 사회이다. 이러한 고조선의 사회적 관계의 응집으로 나타난 것이 고조선이라는 한국의 고대국가이다.

청동기시대는 무기를 수단으로 군사력과 국방력을 기르게 하고, 농경시대는 경제력을 기르고, 잠업시대는 의생활을 고급화시키는 바탕이 된다. 고조선 국가는 사회관계, 경제관계, 생산기술, 국제관계 등의 성격에 따라 국가의 성격이 다르게 규정된다. 이러한 내용들을 차례로 살펴보도록 한다.

2. 고대국가의 형성을 유도한 청동기 무기와 청동기문화활동

(1) 청동기 유물을 통한 분석

1) 청동기문화와 유물

고조선 사회는 비파형 청동검과 민무늬토기의 청동기문화를 지닌 청동기시대이다. 청동기시대는 무기를 수단으로 군사력과 국방력을 기를 수 있기 때문에 고대국가의 성립이 가능하게 된다. 청동기 이전에도 국가가 형성된 사례들이 있지만 대체로는 청동기시대에 국가가 건립된다고 보는 것은 청동기에 의한 무기들이 발명되면서 부족국가들은 부족연맹 국가를 형성하여 외부의 침략을 방어하게 되기 때문이라고 보고 있다. 석기시대 말기에 청동기가 발명됨으로써 석기와는 비교가 되지 않을 정도의 강력한 무기와 도구를 가지게 되었기 때문이다.

지금까지 이집트, 수메르, 인더스, 황화 등 세계 4대 문명이 모두 청동기문화를 바탕으로 건설된 것이다. 이집트와 수메르는 기원전 3000년경으로 소급되고, 황화문명은 기원전 16세기경으로 추정한다.

한국의 청동기문화도 지역적인 차이가 있어서 만주지역은 기원전 30~25세기경에, 한반도는 기원전 31세기경에 청동기가 시작되는 것으로 알려져 왔다. 그러나 최근 고대 한국의 유물들이 활발하게 발굴되면서 고대사를 다시 쓰고 있다. 고조선 시대 청동기의 유물들이 대동강 유역에서 활발하게 발굴되고 있기 때문이다. 동아시아에서 단립벼 재배를 중심으로 한 농업경작의 '신석기시대 농업혁명'은 한강문화의 중심지인 한강유역에서 가장 먼저 시작하여 발전시켰는 데 비해, 청동기문화는 대동강 유역에서 가장 먼저 시작하여 고조선 국가형성을 '대동강문화' 중심으로 이루어질 수 있게 하였다. 고조선의 국가형성은 군사력을 우선하고 경제력은 그 다음으로 중요했음을 보여주는 일이다.

고고학계에서 발굴한 청동기 유물들은 기원전 31세기에서 기원전 24세기에 시작된 것으로 나타나고 있다. 이러한 청동기 유물의 새로운 발굴은 이집트와 수메르와 더불어 대동강문화가 비견될 상황으로 발전할 가능성을 보여준다. 대동강문화와 황화문명의 관계에 대한 것도 다시 생각하게 하고 있다. 고대유물들이 고대사와 세계사를 새롭게 써야할 정도의 충격이 될 수가 있다. 그 증거들은 고조선의 강역에서 발굴되는 청동기 유물들이다.

이들을 보면, 기원전 31세기 대동강 중상류의 용산무덤유적은 청동조각들이 팽이형 토기, 돌도끼, 돌도끼 조각들과 함께 고인돌 무덤에서 나왔다. 이들은 청동 무기나 청동 도구를 제조하기 직전의 청동 조각들이지만 구리와 주석과 아연의 세 가지 광석을 함께 녹여 만든 것들이다. 그 뒤 고인돌과 집자리터 등에서 청동단추, 청동방울, 청동방울 거푸집, 청동교예장식품[7] 등과 비파형 창끝,[8] 청동끌 등이 기원전 26세기의 것들로 나타났다. 비파형 청동창끝과 금동귀걸이 등이 기원전 25세기~기원전 24세기의 것으로 밝혀졌다.

이러한 청동기 유물들 가운데 청동교예장식품은 두 사람의 교예사가 둥그런 링을 들고 재주를 피우는 정교한 장식품으로 청동기 상류 지배층이 곡예와 음악·무용 등을 즐기고 오락도구로 사용하였음을 상징화한 것으로 보인다. 또한 금동귀걸이를 사용한 것으로 보아 귀부인들의 화려한 문화생활의 수준을 보여준다.

가장 중요한 비파형 창끝과 청동끌 등 청동무기들이 이미 기원전 26세기에서 25세기에 사용된 것으로 보아 고조선의 청동기 무기의 활발한 사용을 알 수 있다. 이러한 청동무기들의 발굴은 고조선이 군사적으로도 발전된 수준의 군사력을 지니고 있음을 보여주는 것이다.

비파형동검은 한국 청동기문화를 대표하는 것으로 모양이 비파를 닮아 붙여진 이름으로 허리가 잘록한 것이 특징이다. 이 칼은 황화 유역의 은·주시대 청동기나 내몽고 오르도스식 청동기와는 매우 다른 형태를 띠고 만주 요녕성에서 집중적으로 출토되고 한반도에서도 상주, 부여 송국리 및 전남 해안가 등에서도 출토되어 이 전체 지역을 아울러 동방문화권 혹은 동이문화권으로 부를 수 있을 것이다.[9]

---

7) 최응선. 1999. <상원군 장리 고인돌 무덤을 통하여 본 고조선 초기의 사회문화상에 대하여>. 이형구 편. 1999.『단군과 고조선』. 살림터: 479-488.

8)『조선기술발전사』I. 과학·백과사전종합출판사. 1996: 31-38.

9) 한영우. 2004: 66.

표 9-1 요서 지역 청동기시대의 단계성과 주요 특징

구분			하가점하층문화	위영자문화	하가점상층문화	십이대영자문화
중심 연대			기원전 21~15세기	기원전 13~11세기	기원전 11~6세기	기원전 10~4세기
분포 범위			서랍목륜하, 노합하, 대·소릉하	대·소릉하, 노합하	서랍목륜하, 노합하	대·소릉하
주거 형태			• 환호 및 성지성 취락	• 주거형태 불명	• 지상·지하·반지하식 주거지	• 쌍실 반지하식 주거지
생계 형태			• 안정된 정착농경과 목축 병행	• 정주성 축약농경과 목축 병행 • 말·양의 사양 시작	• 탄화곡물, 돼지 위주의 가축 사양 • 농경 위주의 정주사회	• 축약농경과 목축·어로 등이 병행된 정주사회
주요 유물	토기	주요 기종	• 삼족기 위주 명기 • 채문토기와 존형기가 특징적	• 삼족기 위주, 평저토기 증가 • 화변구연격과 무문의 통복격, 승문발 등이 전형	• 격, 정, 언 등 삼족기 위주 • 무문의 통형격과 고복격가 전형	• 관과 호, 발, 완 등 평저토기 위주 • 외첩순(점토대)토기와 회흑색 장경호가 특징적
		태토	• 협사흑도, 회도, 흑회도 위주	• 협사홍도와 홍갈도 위주	• 협사홍갈도 및 홍도 위주	• 협사홍도와 홍갈도, 회갈도 • 후기: 니질회도와 흑도 증가
		문양	• 승문과 현문, 부가퇴문, 획문 등	• 승문과 화문(부가퇴문), 압인삼각문 등	• 부가퇴문, 원과문, 비점문 • 후기: 무문 증가	• 무문의 마연토기 위주
	청동기		• 동이환, 장수 등 소형 장식품 • 동병과 등	• 동도·차마기·장식품 등 북방 카라숙계 청동기와 중원계 청동예기	• 공병식검과, 과, 회, 마구, 장식품 등의 북방계 청동기 • 동호, 동곽 등 농경구, 중원계 청동예기와 무기류	• 비파형동검, 조문경 등 재지계청동기 • 북방계 장식품과 마구류
	석기		• 용범, 석부와 도, 산, 서, 착 등 경작용 도구 다수	• 용범, 석부, 석도, 석렴 등 소수, 경작용 도구의 감소	• 용범, 석산, 석서, 석도 등 경작용 도구 다수	• 용범, 석부, 석도, 갈돌, 갈판, 그물추 등 경작·어로용구 복합
묘제 종류			• 토광묘, 목관묘, 벽돌묘, 석관묘	• 토광묘, 목관묘	• 석관(목관)묘, 목관묘, 석관묘, 토광묘	• 목관묘, 석관(목관)묘, 토광묘
장속 특징			• 단인장과 측신직지장 위주 • 합장과 앙신직지장, 부신장 등 소수	• 모두 단인장, 앙신직지장과 측신직지장 등 확인	• 단인장 위주, 소수의 합장묘 • 측신직지장과 앙신직지장이 유사	• 단인장과 앙신직지장 위주 • 소수의 합장과 간골장, 측신굴지장 확인
부장 양상			• 인골의 면향과 부장품에 따라 피장자의 성별 구분 • 시신의 발치 쪽 토기 부장 혹은 벽감 내부에 유물 부장 • 개와 돼지 등 동물순생	• 토기, 청동기, 석기, 장신구 등의 차별적 조합 • 시신의 머리쪽에 토기 부장 • 돼지, 양, 소 등 동물순생	• 청동기 위주, 부장품의 종류와 수량에 따라 등급(수령층·무사층·평민층) 분화 • 동물순생 감소	• 청동기 위주 • 무덤의 규모와 부장품 종류에 따른 등급화 • 돼지, 소, 개 등 동물순생

출처: 백종오. 2019. 앞의 글: 345의 〈자료 5-11〉 인용.

비파형동검과 더불어 다뉴조문경(多紐粗紋鏡)이라는 거친무늬 거울은 표면에 새겨진 줄무늬가 거치고 거울에 끈을 단 꼭지가 많아 비파형동검과 더불어 의식용으로 많이 사용된 것이다.

비파형동검은 구리에 아연을 합금하여 더욱 세련되게 개량되어 기원전 4세기경에는 가느다란 세형동검으로 발전하고 다뉴조문경도 줄무늬가 가늘게 바뀌고 모양도 부드럽게 세련되어 세문경(細文鏡)으로 개량되었다. 민무늬토기는 청동기시대를 대표하는 토기로서 신석기시대의 민무늬토기와는 달리 색깔이 적갈색을 띠고 형태가 매우 세련되고 다양하게 농경시대에 적합하도록 넓고 비옥한 평야를 바라보는 야산지대에 널리 분포되어 있다.

2) 요서·요동 지역의 청동기문화유형과 시대별 주요 특징

중국 고고학계는 요서지역과 요동지역에 대한 청동기문화에 대해 중심 연대·분포범위·주거 형태·생계 형태·토기(주요 기종·태토·문양)·청동기·석기·묘제 종류·장속 특징·부장 양상 등에 대해 자세하게 밝히고 있다.

첫째, 요하문명과 홍산문화로 세분화하여, 요서지역의 문화는 하가점하층문화(기원전 21~15세기)·위영자문화(기원전 13~11세기)·하가점상층문화(기원전 11~6세기)·십이대영자문화(기원전 10~4세기)로 기원전 21세기에서 기원전 4세기까지 단계별로 나누어 <표 9-1>과 같이 그 특징을 정리한다.[10)]

둘째, 요동지역 청동기는 쌍타자문화(기원전 21~10세기)·마성자문화(기원전 19~10세기)·쌍방문화(기원전 9~4세기)로 나누고 쌍방문화는 다시 신성자 유형(기원전 9~7세기)·쌍방 유형(기원전 9~4세기)·강상 유형(기원전 9~4세기)으로 전개됨을 밝히며 그 주요 특징을 <표 9-2>와 같이 정리하고 있다.[11)]

---

10) 백종오. 2019. <고조선문명의 고고학적 접근> 신용하 외. 2019.『왜 지금 고조선문명인가』. 나남: 319-372.

11) 위의 글: 360-361.

표 9-2 요동 지역 청동기 시대의 단계성과 주요 특징

구분			쌍타자문화	마성자문화	쌍방문화		
문화유형			–	–	신성자 유형	쌍방 유형	강상 유형
중심 연대			기원전 21~10세기	기원전 19~10세기	기원전 9~7세기	기원전 9~4세기	기원전 9~4세기
분포 범위			대련, 벽류하, 대양하	태자하, 대양하 상류	태자하, 혼하, 동요하	벽류하, 대양하	대련 지역
주거 형태			• 초기: 반지하식(쌍실 · 단실) • 후기: 반지하식(단실), 석축(지상)식	• 반지하식 추정	–	–	–
생계 형태			• 농경 · 어로 · 수렵 · 목축	• 농경 · 목축 · 어로 병행	• 농경(추정) · 수렵	• 농경(추정) · 수렵	• 농경 · 어로
주요 유물	토기	주요 기종	• 평저토기 위주 • 초기: 관, 호, 발, 배, 두, 언, 궤, 기개 • 후기: 호와 관 증가	• 호, 관, 발, 완, 분, 배 등 평저토기만 확인	• 미송리형 토기, 횡이관, 발, 두	• 미송리형 토기, 망문호, 장경호, 이중구연관	• 미송리형 토기, 망문호, 장경호, 관, 발, 두
		태토	• 초기: 협사 흑갈도 • 후기: 진흙질, 회갈도, 흑도, 홍도 증가	• 협사 갈도 위주 • 후기: 진흙질의 회갈도와 흑도	• 협사 홍갈도, 진흙질의 회갈도, 흑도	• 협사 홍갈도, 회갈도, 진흙질의 회흑도	• 협사 홍갈도, 진흙질의 회도, 회갈도, 회흑도
		문양	• 1기: 현문과 점선문, 채회문, • 2기: 철릉문 · 각치문, 부가퇴문 • 3기: 부가퇴문과 각화문, 융기문, 현문	• 무문 위주 • 초기: 부가퇴문, 점차 이중구연, 삼각문, 각획문, 자점문 현문 등 증가 • 각종 형태의 손잡이 발달	• 무문, 현문 • 각종 형태의 손잡이 발달	• 무문, 현문, 그물문	• 무문, 그물문, 꼭지형 장식
	청동기		• 1기: 동과 • 3기: 동족, 동포식, 동어구, 동환	• 장방형과 원형의 장식품, 동환, 이식	• 비파형 동검, 동부, 동도, 동환, 동족, 동착, 동모	• 비파형 동검, 동부, 동족, 장식품	• 비파형 동검, 동부, 동족, 동분, 마구, 장식품
	석기		• 석부, 석도, 석족, 석모, 석검, 석분, 석서, 갈돌과 갈판, 석월, 석과	• 석부와 석산, 석분, 석도, 석착, 환상석기, 방추차	• 석검, 석부, 석삽, 석서, 석족, 석착, 용범	• 석부, 석족, 지석, 용범	• 석검, 석부, 석족, 용범
묘제 종류			• 적석묘, 지석묘, 옹관묘, 토광묘	• 동굴묘, 석관묘	• 석관묘, 지석묘	• 지석묘	• 적석묘
장속 특징			• 화장, 단인장, 다인다차합장	• 화장, 간골장, 단인장, 합장, 앙신직지장, 부신장, 앙신굴지장, 측신장	• 화장, 단인장, 합장, 앙신직지장, 측신굴지장	• 화장	• 화장, 합장, 단인장
부장 양상			• 1 · 2기: 재지계 및 산동계유물 조합 • 3기: 재지계 위주	• 석기, 토기 조합 위주 • 돼지, 사슴뿔, 어류 등의 동물 골격	• 미송리형 토기와 비파형 동검 조합 혹은 개별 부장	• 미송리형 토기와 비파형 동검 조합 혹은 개별 부장 • 동물 골격(금류)	• 재지계토기와 비파형 동검 조합

출처: 백종오, 2019, 앞의 글: 360–361의 〈자료 5–23〉 인용.

셋째, 고조선문명이 요하유역과 그 주변지역을 중심으로 기원전 1000년경에 요서지역은 십이대영자문화, 요동지역은 쌍방문화, 한반도(서북한) 지역은 미송리문화, 길림지역은 서단산문화로 전개되었다. 이들의 성격을 묘제 · 토기 조합 · 청동기 조합 등을 기준으로 하여 요서 · 요동 · 한반도(서북한) · 길림 지역의 청동기문화를 비교하면 <표 9-3>과 같다.12)

표 9-3 기원전 1000년 요하 유역과 그 주변 지역 청동기문화 비교

지역	요서	요동	한반도(서북한)	길림
문화	십이대영자문화	쌍방문화	미송리문화	서단산문화
연대	기원전 10~4세기	기원전 10~6세기	기원전 9~4세기	기원전 10~3세기
묘제	석곽목관묘 목관묘 토광묘	적석묘(대련) 지석묘(요남 · 요북) 석관묘(요북)	지석묘 석관묘 석곽묘	석관묘 지석묘
토기 조합	점토대토기 흑색 장경호 관, 호, 발, 완 등 평저토기 다수	미송리형 토기 망문호 이중구연관 횡이관, 발	미송리형 토기 망문호 장경호	서단산형호 노성형호 관, 발
청동기 조합	비파형동검, 조문경 등 재지계 청동기 북방계 장식품과 마구류	비파형동검, 동모, 동부, 동족, 장식품	비파형동검, 동모, 동부, 동족, 동령, 장식품	비파형동검, 동모, 동부, 동족

출처: 백종오. 2019. 앞의 글: 362의 〈자료 5-24〉 인용.

3) 한반도 · 요동 · 요서 · 동내몽고 지역의 부채꼴 청동도끼 등 발굴 분포

위에서는 중국 고고학자들의 연구결과를 중심으로 하고 요하문명과 홍산문화 등의 자료를 중심으로 고조선문명을 정리하여 중국 지역이 아닌 한반도 지역에 대한 청동기 유물이나 문화들은 소홀하게 다루었다.

고조선문명은 한반도 · 요동 · 요서 · 동내몽고 지역에 고르게 퍼져 있었는데 대표적인 청동기문화인 부채꼴 청동도끼와 거푸집 등이 이들 지역에 공통적으로 분포되어 있는 점을 통해 고조선문명을 확인할 수 있다.

청동기문화의 대표적인 유물인 부채꼴 청동도끼 등의 한반도 · 요동 · 요서 · 동내몽고지역의 발굴 분포를 정리하면 <표 9-4>와 같다.13)

12) 위의 글: 362.
13) 신용하. 2010: 225-227 표 인용.

표 9-4 부채꼴 청동도끼 등 한반도 · 요동 · 요서 · 동내몽고지역 유물 분포도

(단위: 길이 · 날너비 · cm)

지역	번호	유적	길이	날너비	모양새
한반도	1	평북 의주군 미송리 동굴 유적	4.5	5.0	부채꼴 청동도끼
	2	함북 영흥읍 유적(a)	6.0	5.5	부채꼴 청동도끼 거푸집
	3	함북 영흥읍 유적(b)	12.0	10.5	부채꼴 청동도끼 거푸집
	4	함남 금야군 금야읍 집자리 유적			부채꼴 청동도끼 거푸집
	5	황해도 봉산군 송산리 유적(a)			긴네모부채꼴 청동도끼
	6	황해도 봉산군 송산리 유적(b)			부채꼴 청동도끼
	7	황해도 신계군 정봉리 석곽 무덤			부채꼴 청동도끼
	8	충남 부여군 구봉리 석곽 무덤(a)	11.9		긴네모부채꼴 청동도끼
	9	충남 부여군 구봉리 석곽 무덤(b)	11.0		긴네모부채꼴 청동도끼
	10	충남 아산군 남성리 석곽 무덤	4.3		부채꼴 청동도끼
	11	전북 전주시 여의동 유적(a)	5.8		부채꼴 청동도끼
	12	전북 전주시 여의동 유적(b)	5.8		부채꼴 청동도끼
	13	전남 화순군 도곡면 대곡리	7.8		부채꼴 청동도끼
	14	전남 함평군 초포리 적석 석곽 무덤	9.7		부채꼴 청동도끼
	15	전남 영암군 학산면 독천리(a)	16.7		긴네모부채꼴 청동도끼 거푸집
	16	전남 영암군 학산면 독천리(b)	11.6		부채꼴 청동도끼 거푸집
	17	전남 영암군 학산면 독천리(c)	11.3		부채꼴 청동도끼 거푸집
	18	전남 영암군 학산면 독천리(d)	14.6	7.0	부채꼴 청동도끼 거푸집
	19	강원도 속초군 조양동 1호 고인돌			부채꼴 청동도끼
요동	20	대련시 와룡천(a)	3.5	3.2	부채꼴 청동도끼
	21	대련시 와룡천(b)			부채꼴 청동도끼 거푸집
	22	대련시 강상 무덤(a)			부채꼴 청동도끼 거푸집
	23	대련시 강상 무덤(b)			부채꼴 청동도끼 거푸집
	24	대련시 강상 무덤(c)			부채꼴 청동도끼 거푸집
	25	대련시 劉家疃A	4.5		부채꼴 청동도끼
	26	대련시 관둔자			부채꼴 청동도끼
	27	대련시 堲周墓	4.9		부채꼴 청동도끼
	28	대련시 윤가촌 하층 2기			부채꼴 청동도끼
	29	심양 정가와자 M6512	7.2	4.2	긴네모부채꼴 청동도끼
	30	심양 정가와자 1지점	6.5	4.7	부채꼴 청동도끼
	31	무순 大伙房	6.0	5.0	부채꼴 청동도끼
	32	무순 祝家溝 M1	6.2		부채꼴 청동도끼
	33	요양 이도하자(a)	7.0	4.3	부채꼴 청동도끼
	34	요양 이도하자(b)	8.0	6.3	부채꼴 청동도끼

	35	요양 이도하자(c)	6.7	6.4	부채꼴 청동도끼 거푸집
	36	청원현 門臉	5.7	4.5	부채꼴 청동도끼
	37	서풍현 성신촌	7.2	5.8	부채꼴 청동도끼
	38	서풍현 충후둔	9.2	6.0	긴네모부채꼴 청동도끼
	39	서풍현 阜豊屯	5.4	4.8	부채꼴 청동도끼
	40	개원현 尖山子	7.0	6.0	부채꼴 청동도끼
	41	보란현 쌍방	12.6	7.5	긴네모부채꼴 청동도끼
	42	보란현 벽류하 M21			부채꼴 청동도끼
	43	장하현 四塊石鎭	3.4	3.9	부채꼴 청동도끼
	44	길림 후석산 M88(a)	8.4	8.0	부채꼴 청동도끼
	45	길림 후석산 M88(b)			부채꼴 청동도끼
	46	길림 장사산	8.2	8.5	부채꼴 청동도끼
	47	영길현 후석산 M19(a)	7.6	6.6	부채꼴 청동도끼
	48	영길현 후석산 M19(b)			부채꼴 청동도끼
	49	영길현 山頂大棺	4.8	5.7	부채꼴 청동도끼
	50	영길현 東梁崗	4.9	5.1	부채꼴 청동도끼 거푸집
	51	통화현 소도령(a)-1	5.8	6.1	부채꼴 청동도끼 거푸집
	52	통화현 소도령(b)	6.2	6.0	부채꼴 청동도끼 거푸집
	53	통화현 소도령(c)	10.9	9.5	부채꼴 청동도끼 거푸집
	54	통화현 소도령(e)	8.2	8.7	부채꼴 청동도끼 거푸집
	55	통화현 소도령(e)	8.6		부채꼴 청동도끼 거푸집
	56	집안현 오도령구문(a)	7.1	6.4	부채꼴 청동도끼 거푸집
	57	집안현 오도령구문(b)	6.0	6.0	부채꼴 청동도끼
	58	집안현 오도령구문(c)	6.4	5.8	부채꼴 청동도끼
	59	집안현 오도령구문(d)	5.8	5.6	부채꼴 청동도끼
	60	반석현 小西山 乙 M4	6.5	5.3	부채꼴 청동도끼
	61	동풍 山里七隊 M2	5.0	4.5	부채꼴 청동도끼
	62	동풍 十大望	8.4		부채꼴 청동도끼
	63	흔강 三岔子	8.2	8.8	부채꼴 청동도끼
	64	흔강 草沙河	7.7	7.7	부채꼴 청동도끼
요서 및 동내몽고	65	조양 십이대영자 M1	9.3	5.8	부채꼴 청동도끼
	66	조양 십이대영자 M2	7.7	5.2	부채꼴 청동도끼
	67	금서 오금당(a)	6.5	3.8	긴네모부채꼴 청동도끼
	68	금서 오금당(b)	6.0	5.5	부채꼴 청동도끼
	69	금서 오금당(c)	8.5	4.5	부채꼴 청동도끼
	70	건평 대랍한구 M751	7.1	4.3	긴네모부채꼴 청동도끼
	71	건평 대랍한구 M851	4.8	4.0	부채꼴 청동도끼
	72	건평 炮手營子 M881	6.9	4.0	부채꼴 청동도끼

73	건평 樂家營子 M901	6.1	4.1	부채꼴 청동도끼
74	건평 채집 4호			부채꼴 청동도끼
75	극십극등기 용두산 M1	4.3	3.5	부채꼴 청동도끼
76	극십극등기 용두산 채집	4.3	3.1	부채꼴 청동도끼
77	영성 소흑석구 M8501(a)	7.9	4.5	긴네모부채꼴 청동도끼
78	영성 소흑석구 M8501(b)	12.0	5.3	긴네모부채꼴 청동도끼
79	영성 소흑석구 M8501(c)	7.5	5.8	걸이날부채꼴 청동도끼
80	영성 소흑석구 M8501(d)	18.0	5.5	옆머리 투겁 청동도끼
81	영성 소흑석구 출토	7.7	5.5	사다리부채꼴 청동도끼
82	영성 남산근 M101(a)	11.6	5.5	긴네모부채꼴 청동도끼
83	영성 남산근 M101(b)	7.3	6.3	걸이날부채꼴 청동도끼
84	영성 남산근 M101(c)	15.5	6.6	자귀와 부채꼴 도끼 한몸 청동도끼
85	영성 남산근 M101(d)	9.2	4.8	긴네모부채꼴 청동도끼

출처: 신용하. 2010: 225-227.

(2) 고문서를 통한 고조선의 군사력 구축과 전쟁활동

청동기문화의 상징인 청동기무기들은 고조선을 형성시킨 핵심 무기이고 군사력의 핵심인데, 그것을 고문서를 통해 고조선의 군사력 관련 기록을 중심으로 검토한다.

『삼성기전 상편』에 "신시의 말기에 치우천왕(治尤天王)이 있어 청구를 개척하여 넓혔으며"[14] "우(尤)에겐 군대를 관장하게 하였다"[15]라고 기술하여 고조선 국가의 군사활동이 신시시대 말기부터 있었음을 기록하고 있다.

위만의 정권탈취 및 진개의 침략전쟁 등 고조선과 중국의 전쟁에 대해서는 중국의 여러 문서들에 기록되어 있고, 『삼국유사』에도 자세하게 기록되어 있다. 『단군세기』, 『규원사화』, 『단기고사』 등에 보면 고조선 역대 단군들이 건국 초기부터 중앙행정기구로 군대와 전쟁을 관할하는 주병(主兵)업무를 중시하여 국방부 장관으로 웅가를 5가의 하나로 설치하고, 지방을 5부로 나누어 중앙군과 지방군을 유기적으로 통합하면서 국방업무를 추진한 것으로 기록하고 있다. 이들 국방 및 전쟁활동에 대한 내용은 고조선의 국방정책에서 자세하게 살펴보도록 한다.

14) 『삼성기전 상편』: 17.
15) 위의 책: 21.

3. 고대국가형성의 기반이 된 농경시대 농업 · 목축업 · 어업 · 잠업 활동

(1) 유물을 통해 본 농경시대 농업 · 목축업 · 어업 활동

1) 유물을 통해 본 농업활동

고조선 사회는 농경시대이다. 농경시대의 유물들인 벼, 조, 콩, 수수 등의 곡식들과 기장, 낫, 호미, 괭이, 도끼 등의 농기구들이 기원전 3000년기의 대동강 유역에서 발굴되고 있다.[16] 이것은 기원전 3000년기에 벼농사와 밭작물 재배의 경종농업(耕種農業)이 대동강 유역에서 이루어졌음을 보여준다. 곡물 낟알들이 출토된 주요 유적을 정리하

표 9-5 곡물 낟알이 출토된 주요 유적

발견된 유적 및 집자리	연대	낟알 종류	발표된 책
황해북도 봉산군 지탑리 2호 집자리	신석기시대 서기전 3000년기 전반기	피, 조	『지탑리 원시유적 발굴보고』, 과학원출판사, 1961, p. 52.
청진시 무산군 범의구석 15호 집자리	청동기시대 서기전 2000년기 후반기	기장, 수수	『고고민속론문집』, 사회과학출판사, 1975, pp. 155-205.
청진시 무산군 범의구석 31호 집자리	서기전 2000년기 말~1000년기 초	기장	위와 같음
함경북도 회령군 오동 유적	청동기시대 서기전 2000년기 후반기	콩, 팥, 기장	『회령 오동 원시유적 발굴보고』, 과학원출판사, 1960, p. 58.
황해북도 송림시 석탄리 30호 집자리	청동기시대 서기전 8~7세기	조, 팥	『석탄리 유적 발굴보고』, 과학백과사전출판사, 1980, p. 58.
평양시 삼석구역 남경 유적 31호 집자리	신석기시대 서기전 3000년기 후반기	조	『남경 유적에 관한 연구』, 과학백과사전출판사, 1984
평양시 삼석구역 남경 유적 36호 집자리	청동기시대 서기전 2000년기 말~1000년기 초	벼, 조, 콩, 기장, 수수	위와 같음
평양시 삼석구역 남경 유적 11호 집자리	서기전 1000년기 초	기장	위와 같음
경기도 여주군 흔암리 유적 12 · 14호 집자리	서기전 1600년 무렵	벼, 보리, 조, 수수	『흔암리 주거지』 1-4, 서울대 박물관, 1974~1978

출처: 김용간 · 석광준, 1992, 「남경 유적에서 나온 낟알을 통하여 본 팽이그릇주민의 농업」, 장호수 엮음, 『북한의 선사고고학』 3-청동기시대와 문화, 백산문화: 297 표에 저자가 흔암리 유적을 추가함. 윗글은 원래 과학백과사전출판사, 1984, 『남경 유적에 관한 연구』: 191-202에 실려 있음.

16) 대동강 유역 봉산군 지탑리, 평양시 남경유적, 평북 영변 유적 등에서 다양한 곡식과 농기구 등이

면 <표 9-5>[17]와 같다.

또한 고조선기의 곡식과 농기구 등의 유물들의 숫자가 유적의 층별로 급속하게 증가하여 농업생산력이 몇 배씩 증가하였음을 보여준다. 예로써, 곡식 낟알을 수확하는 농기구인 반달칼이 기원전 3000년기 후반기와 기원전 3000년기 전반기와 비교할 때 2~3배 증가한 것에서 확인된다.

기원전 3000년기 전반기에는 평양시 삼석 구역 호남리 남경 유적 2기층과 황해도 송림시 석탄리 유적 2기층 집자리에서 나온 반달칼 수는 1호당 각각 평균 1.7개와 2개였는데, 기원전 3000년기 후반기에 해당하는 남경 유적 3기층과 석탄리 유적 3기층 집자리에서 나온 반달칼의 수는 1호당 각각 평균 3.3개와 7개나 되어 2~3배가 증가하였다.[18]

고조선 시대 서북지방과 중부지방에서 출토된 괭이 · 곰배괭이 · 보습 · 삽 · 호미 등 갈이용구, 반달돌칼 · 낫 등 수확용구, 갈판 · 갈돌 등 조리용구 등 농구들의 내역을 보면 <표 9-6>과 같다.

이것은 대동강 유역에서 기원전 3000년기에 농업생산력이 급격하게 증대하여 사회관계의 내용과 응집이 크게 달라지는 계기를 만들었음을 의미한다. 급속한 노동력의 수요 증대는 노예제도와 같은 새로운 농업 노동력의 수요를 증가시켰고 이들을 통치할 수 있는 청동기 무기와 같은 군사력을 필요로 했을 것으로 추정할 수 있다.[19]

고조선은 청동기시대를 거쳐서 철기시대로 접어들어 호미 · 괭이 · 삽 · 낫 · 반달칼 · 도끼 등 농구, 자귀 · 끌 · 손칼 · 송곳 등 공구, 비수 · 창끝 · 단검 · 과 · 활촉 등 무기, 띠고리 · 낚시 등의 철기 생활용품들을 사용하여 주요 유적들에서 철기들이 출토되고 있다. 고조선 시대의 주요 유적의 철기 출토 상황은 <표 9-7>과 같다.[20]

발굴되었다. 조희승. 1999. <잠업, 제강, 벼재배 기술을 통해 본 고조선문화의 우수성과 독자성>. 『단군과 고조선』. 살림터: 477.

17) 김용간 · 석광준. 1992. <남경유적에서 나온 낟알을 통하여 본 팽이그릇주민의 농업>. 장호수 엮음. 『북한의 선사고고학』 3-청동기시대와 문화. 백산문화: 297의 표에 윤내현(2016 하: 192)이 혼암리를 추가한 것을 재인용함.

18) 김유철. 1999. <고조선 시기 경제발전과 노예제도의 변천>. 『단군과 고조선』. 살림터: 393.

19) 김유철. 1999. 앞의 글.

20) 박진욱. 1988. 『조선고고학전서-고대편』. 과학백과사전출판사: 139.

표 9-6 고조선 서북 · 중부지방의 농구 출토상황21)

지방	분류 / 유적지 \ 농구	갈이용구						수확용구			조리용구			합계
		괭이	곰배괭이	보습	삽	호미	소계	반달돌칼	낫	소계	갈판	갈돌	소계	
서북지방	중강 중덕리													
	중강 초당리													
	중강 토성리													
	시중 심귀리							4		4				4
	강계 공귀리							21	5	26				26
	벽동 송연리							4		4				4
	영변 세죽리(공귀리식 토기)										1	1	2	2
	영변 세죽리(미송리식 토기)			1			1	16		16		1	1	18
	영변 세죽리(북방리식 토기)							11		11				11
	맹산 대평리	1					1	16	8	24	1	1	2	27
	평양 금탄리 Ⅲ							15		15				15
	연탄 송신동										1		1	1
	송림 석탄리 Ⅰ	1					1	20		20	1	3	4	25
	송림 석탄리 Ⅱ							11		11		1	1	12
	송림 석탄리 Ⅲ							11		11	1			12
	봉산 신흥							9		9	2	6	8	17
	소계	2		1			3	138	13	151	7	13	20	174
중부지방	해주 용당포	1					1							1
	서울 구릉동(북)										1		1	1
	서울 암사동 구릉											1	1	1
	파주 교하리							3		3				3
	파주 옥석리							2		2	3		3	5
	파주 독서리													
	양주 신곡리													
	양주 백양리								1	1				1
	양주 삼패리													
	광주 덕풍리							1		1	1		1	2
	여주 흔암리	1		1	1		3	16		16	4	7	11	30
	강릉 포남리							11		11				11
	금화 금화											1	1	1
	용천 용천	1					1							1
	제원 양평							1		1		1	1	2
	소계	3		1	1		5	34	1	35	9	10	19	59
	합계	5		2	1		8	172	14	186	16	23	39	233

21) 길경택. 1985. <한국선사시대의 농경과 농구의 발달에 관한 연구>『고문화』 27: 106 · 109의 표를 통합.

표 9-7 고조선 시대의 주요 유적의 철기 출토 상황

유적 이름 \ 철기 종류	농구						공구				무기					기타	
	호미	괭이	삽	낫	반달칼	도끼	자귀	끌	손칼	송곳	비수	창끝	단검	과	활촉	띠고리	낚시
세죽리 유적	○	○		○			○	○	○		○			○	○		
단산리 유적						○	○		○								
연화보 유적	○	○		○	○	○	○	○	○	○					○		○
양초장 유적	○		○	○			○		○								
대니와 유적				○			○										
고려채 유적		○	○	○			○	○					○		○		
목양성터			○			○	○		○						○		
대령둔 성터						○	○		○						○		
용연구 유적	○	○		○	○		○				○	○			○		
윤가촌 7호 무덤											○						
Ⅶ호 조개무덤																○	
청송 로동지구							○										
조가둔 유적		○	○		○		○										

출처: 박진욱. 1988. 『조선고고학전서-고대편』. 과학백과사전출판사: 139.

2) 유물을 통해 본 목축업활동

고조선에서는 사냥이 병행되어 여러 유적에서 멧돼지·등줄쥐·집쥐·비단털쥐·승냥이·여우·너구리·곰·큰곰·검은곰(검은 담비)·산달·수달·족제비·오소리·시라소니·삵·범·표범·물개·바다말·수염고래·바다사자·넝이·사향노루·노루·복작노루·사슴·말사슴·산양 등의 멧 짐승 뼈가 출토되었다.[22] 고조선 시대의 사냥하는 모습은 사람들이 무리를 짓거나 홀로 동물을 사냥하는 고구려 벽화에서의 모습과 유사할 것이다.

고조선에서는 발달된 농업생활과 더불어 목축업도 성행하여 고조선의 여러 유적에서 초기에는 멧짐승들의 뼈가 더 많이 출토되었으나 후기에는 개·돼지·소·말·양·닭 등 집짐승들의 뼈가 더 많아져서 목축업이 더욱 발달했음을 보여준다. 고조선 시대 집짐승들의 뼈가 출토된 주요 유적들은 <표 9-8>과 같다.[23]

---

22) 김신규. 1970. <우리나라 원시유적에서 나온 포유동물상>『고고민속론문집』 2. 사회과학출판사: 108-109; 장호수. 1992. <청동기시대 짐승>. 장호수 엮음. 1992. 『북한의 선사고고학』: 589.
23) 장호수. 1992. 앞의 책: 589.

표 9-8 고조선 시대 집짐승 뼈가 출토된 주요 유적

유적 \ 짐승	개	돼지	소	말	양	닭
서포항	○		○			
초도	○		○			
오동	○	○	○	○		
범의구석	○	○	○	○		
미송리	○			○		
입석리		○	○			
승리산	○	○	○	○		
양두와	○					○
망해둔		○	○	○	○	
서단산		○				
소영자		○				

출처: 장호수. 1992. 「청동기시대 짐승」: 589.

(2) 고문서를 통해 본 농경시대 농업·어업 활동

『삼성기전 상편』에 "농사를 짓고 목축을 하고 시장을 열어 교환하도록"[24]하였고, 『단군세기』에 따르면, 1세 단군왕검은 "팽우(彭虞)에게 명하여 땅을 개척하도록 하였고 … 고시(高矢)에게는 농사를 장려하도록 맡"[25]겼다고 기록하고 있다. 이러한 기록들은 고조선 당시에 농사를 짓고 땅을 개척하고 시장을 열어 교환한 사실을 보여주는 것이다. 2세 단군 부루는 산업을 다스리고, 도랑파기·농사짓기·뽕나무심기·쌀 되와 저울 통일·베와 모시 가격을 통일하였다. 특히, 8세 단군 우서한 때에는 풍년이 들어 벼 한 포기에 이삭 여덟 개가 달렸다. 25세 단군 솔나 때에는 밭곡식에 풍년이 들어 한 줄기에 다섯 개 이삭의 조가 있었다고 기록하고 있다.

『단군세기』·『규원사화』·『단기고사』에서 기록하고 있는 고조선의 농업 및 산업 활동들의 흔적이 최근 고조선 강역에서 발견되고 있는 볍씨의 화석이나 농기구 등의 유물과 유적을 통해 입증되고 있다. 고조선의 농업은 자연발생적인 것이 아니라 중앙정부가 우가라는 곡식생산의 주곡(主穀)을 담당하는 주무부처로 농림수산부에 해당하는 중앙부처를 설치하고 농업생산을 장려한 결과이다. 중앙정부가 팽우에게 땅을 개척하고

24) 『삼성기전 상편』: 17
25) 『단군세기』: 58-59.

도랑파고 밭길 내고, 고시에게 농사를 담당시키고 가뭄과 큰비를 관리하는 치산치수업무를 하여 농업생산이 발전하도록 다양한 활동을 했다. 농업생산 등 활동에 대해서는 고조선의 농업정책에서 상세하게 소개하도록 한다.

(3) 고대국가 농경시대의 잠업 관련 유물과 잠업 활동

1) 농경시대 잠업 관련 유물

고조선 사회는 잠업시대인데, 대동강 유역에서는 기원전 4000년기에 이미 누에를 쳐서 비단을 짜기 시작한 것으로 보이는 유물들이 발굴되고 있다. 평양시 남경 유적 신석기 문화층 3호 집자리에서 밑창에 누에의 먹이인 뽕잎을 그려 넣은 질그릇이 출토되었다. 늦게 잡아도 기원전 4000년기를 내려가지 않는 것으로 측정된 황해도 봉산군 지탑리 제2지구에서 출토된 질그릇에서는 누에를 여러 마리 반복하여 새김으로써 하나의 '번데기' 무늬가 되게 만들었다. 이 누에 무늬들은 10개 이상의 둥근 마디가 윗면에 있고 같은 수의 다리가 아래쪽에 있게 만들었으며, 이 누에들은 중국의 넉잠누에와 다른 석잠누에로 판명되었다.

정백동 200호 무덤, 석암리 214호 무덤과 205호 무덤에는 당초무늬와 구름무늬 등을 수놓은 자수비단이 나왔는데, 석잠누에에서 뽑은 명주실로 직조한 것임이 확인되었다.[26]

잠업에서의 발전은 생산력, 경제력과 더불어 명주실과 비단으로 옷을 짜고 질그릇에 누에 무늬까지 새겨 넣은 것은 그만큼 문화수준이 높아짐을 보여준다. 기원전 4,000년기에 벌써 비단옷을 짜고 누에를 기르는 잠업시대를 열고 의생활을 고급화한 것은 의미가 크다.

2) 농경시대 잠업 관련 고문서의 기록

『단군세기』에서 단군왕검은 "비서갑(棐西岬)의 하백녀(河伯女)를 거두어 아내로 삼고 누에치기를 다스리게 하니 …"[27]라는 기록이 있다. 또 단군왕검은 "도랑을 파고 밭길을 내고 누에를 치도록 권장하며 고기잡이를 가르치니"[28]라고 기록하여 단군왕검 시

26) 조희승. 1999. <잠업, 제강, 벼재배 기술을 통해 본 고조선문화의 우수성과 독자성>. 『단군과 고조선』. 살림터: 473-474.
27) 『단군세기』 『한단고기』: 58-59.
28) 위의 책: 61.

대에 단군이 누에치기를 적극 권장하고 누에치기를 다스리게 했다는 것이다. 단군왕검에 이어 2세 단군 부루도 "도랑을 파기도 하고 고치기도 하며 농사짓고 뽕나무 심을 것을 권장하였다"29)고 하여 잠업을 권장하는 활동을 한 것으로 기록하고 있다. 이러한 양잠활동을 권장한 결과가 유물을 통해 입증되고 있다.

4. 한국 고대사회 발전과 국가형성단계에 대한 여러 가설

한국고대사회의 성격을 중심으로 국가형성과 국가발전을 설명하는 다양한 가설과 이론들이 그동안 여러 가지 관점에서 제시되어 왔다. 여러 학자들의 주장들을 간략하게 비교·정리하면 <표 9-9>와 같다.

<표 9-9>에서 보듯이 기존 역사학계 이론들은 청동기시대에도 성읍국가, 군장사회, 부족사회, 추장사회, 부족국가 등으로 규정하고, 초기 철기시대에 들어서서 부족국가, 부족연맹, 성읍국가, 군장사회, 소국, 소국연맹, 초기국가 등으로 보고 있다. 1960년대 초까지만 해도 한국에는 구석기시대가 없었던 것으로 인식되었으나 북한 굴포리와 남한 석장리에서 구석기 유물들이 발굴되면서 입장이 바뀌었다. 중석기의 경우에도 만주와 한반도에서 유물이 발굴되고, 신석기시대는 일찍부터 인정되었다. 구석기시대가 확인되면서 한반도의 주민이 다른 곳에서 이주해 왔을 것이란 견해는 사라지고 있다.30)

광복 전까지만 해도 한국에 청동기시대가 존재하지 않는 것으로 보고 일본인 학자들은 전국시대 말기부터 전한 초에 걸쳐 중국의 이주민들에 의해 청동과 철이 한반도에 전달되었을 것으로 보았다.31) 한국에서는 청동기시대를 거치지 않고 신석기시대로부터 바로 청동을 함께 사용하는 철기시대, 즉 금석병용기로 넘어갔을 것으로 보았다. 그러다가 1959년에 북한에서 청동기유적이 발견되고 한국에도 청동기시대가 있다는 것이 확인되었으나32) 1970년대까지만 해도 한국의 청동기시대는 기원전 7세기 이전으로 올라가지 않은 것이 주류였다.33) 한국 청동기문화는 오르도스와 시베리아의 청동기문화가 전파되어 형성되었을 것으로 보고 순수한 한국의 청동기는 세형동검이라 보았기 때문이다.

---

29) 위의 책: 62.
30) 이선복. 1991. <신석기·청동기시대 주민교체설에 대한 비판적 검토>『한국고대사논총』1. 가락국사적개발연구원: 41-66.
31) 김원룡. 1973.『한국고고학개설』초판. 일지사: 76.
32) 도유호. 1959. <조선거석문화연구>『문화유산』. 1959년 2호: 1-8·24-35.
33) 김원룡. 1977.『한국고고학개설』개정판. 일지사: 85-92.

표 9-9 한국고대사회 발전단계에 대한 여러 가설[34)]

학자	신석기시대	청동기시대	초기 철기시대	원삼국시대	삼국시대
백남운	원시씨족사회		원시부족국가		노예국가
손진태	씨족공동사회		부족국가		귀족국가
김철준	씨족사회		부족국가, 부족연맹		고대국가
천관우	씨족제		성읍국가	영역국가	대제국
이기백1	씨족사회	부족국가	부족연맹		고대국가
이기백2	공동체사회	성읍국가	연맹왕국		귀족국가
김정배	(군사회)	부족사회	군장사회		국가사회
이종욱		추장사회	소국, 소국연맹 소국정복		중앙집권왕국
변태섭	부족사회	군장사회	초기국가		고대국가
신채호	원시사회	부여	대단군왕검 건국		
안확		상고	소분립정치시대		중고대분립정치시대
진덕규	무두 부족사회	군장사회	제의군장체제-초기국가	고대국가	고대적 군왕체제
한영우		성읍국가	고대국가 연맹국가	열국시대	고대 귀족국가
윤내현[35)]	무리·마을·고을나라	고대국가	고대국가	열국시대	고대국가 사국시대

그러나 청동기유물이 종래 요령성의 청동기로만 인식하던 비파형동검이 한반도와 만주 전 지역에서 출토되고[36)] 세형동검은 비파형동검으로부터 발전된 것이라는 것이 확인되어 한국의 청동기시대 개시연대를 올려 잡지 않을 수 없게 되었다. 그러나 아직도 일부 학자들은 비파형동검의 연대를 서기전 10세기 이전으로 올려 잡는 것을 거려하고 있다. 그러나 지금까지 확인된 비파형동검 연대는 기원전 13세기 초까지 올라가고 한창균은 기원전 16~14세기까지 올려보아야 한다고 주장한다.[37)]

이러함에도 한국의 역사학자들은 고대국가의 형성을 대체로 청동기가 아닌 초기 철

---

34) 김태식. 1990. <가야의 사회발전단계>. 『한국고대국가의 형성』. 민음사: 42; 진덕규. 91에 신채호, 안확, 진덕규, 한영우, 윤내현을 저자가 추가하여 보완함.

35) 윤내현은 엘마 서비스의 신진화론에 따라 무리(band), 부족(tribe), 추방(酋邦, chiefdom), 국가(state)의 단계로 진화한다고 본다. Elmar R. Service. 1962. *Primitive Sicial Organization*. Random House.

36) 이영문. 1992. <한반도 출토 비파형동검 형식분류 시론>『박물관기요』 7. 단국대 중앙박물관: 85 지도 참조.

37) 한창균. 1992. <고조선의 성립배경과 발전단계 시론>『국사관논총』 제33집. 국사편찬위원회: 10.

기시대로 보아 고대국가의 형성을 사회관계로 볼 때 늦은 시기로 추정한다. 엥겔스는 국가단계를 철기시대로 상정하고 국가 이전의 사회를 원시공동체 단계로 보고 있다.[38] 이것들은 외국의 학자들이 청동기시대에 고대국가가 형성된 것으로 보는 일반적인 이론 입장에서 이례적으로 벗어나는 편이다. 이러한 고대국가의 기원에 대한 역사학자들의 가설은 일제강점기 이후 한국 고대사회에서는 청동기시대가 없고 금석병용기로 건너뛰었다는 일본 식민사학자들의 영향을 직·간접적으로 받은 결과로 보인다. 이 내용이 일본의 중고등학교 교과서에 실려서 기원전부터 낙랑군이 있었을 뿐 그 이전에는 어떤 국가도 없는 것으로 되어 있다.

처음에는 식민사학자들이 고조선 사회에서 청동기시대가 없었다고 하다가 부분적으로 청동기 유적과 유물이 발굴되면서 청동기시대도 기원전 4세기까지만 인정하였다. 거기에 따라 고대 한국은 기원전 4세기부터 형성되었다는 가설이 역사학계의 다수 의견으로 되고 이것을 따르는 것이 과거 정설로 되었다. 그러다가 청동기 유물과 유적이 계속 발굴되면서 역사학자들의 다수가 기원전 10세기를 넘을 수는 없다는 입장을 고수하였다. 그러나 최근에는 청동기 유적과 유물이 기원전 30세기에서 기원전 25세기 전후까지 소급되고 있다. 이에 따라 한국의 고대사는 전면적으로 다시 써야 할 입장이 되면서 기존 가설들은 기각되고 완전히 새로운 가설을 설정해야 할 입장이다.

그동안 청동기시대에 국가가 형성된다는 일반 이론에 따르던 사학자들이 고대 한국에서는 청동기가 없으니 자연히 초기 철기시대에 고대국가를 형성하게 되었다는 가설을 주장하게 되었다. 그러나 광복 이후 고대 한국의 영토에서 청동기 유물들이 대대적으로 발굴되면서 한국 사학자들은 기존의 입장을 쉽게 바꾸지 못하고 계속 고수하거나 기원전 4세기, 그리고 기원전 10세기 등으로 부분적인 수정에 그친 것이다. 한국 역사학계는 이론적으로 일제 식민사학을 단순 모방하던 시기를 거쳐 지금은 적응적 모방의 단계에 있는 것으로 보인다. 일부는 창조태동기에 접어들기도 했지만 역사학계의 이론적인 발전은 크게 이루어지지 못하고 있다. 고대국가에 대한 역사학계의 연구와 가설들도 기존 식민사학자들의 주장을 부분적으로는 비판하고 보완하지만 근본적으로 식민사학의 패러다임을 벗어나지 못하고 있음을 위의 사회관계에 대한 기존 가설들의 논의에서 확인할 수 있다.

북한 주체사학의 주장에 대하여서도 김씨 일가와 북한 정권의 정통성 확보를 위한 비학문적이고 통치 이데올리기적인 측면을 배제하고 기원전 4000년대의 유물 발굴 등 역사적 사실을 중심으로 새롭게 해석할 필요가 있다.

---

38) 프리드리히 엥겔스. 김대웅 옮김. 1991. 『가족 사유재산 국가의 기원』. 아침: 231.

국가에 대해 플래너리는 첫째, 혈연적 유대가 무너지고 그것이 지역적 결속에 의해 대체되고, 둘째, 법이 출현하여 합법적인 권력을 소유해야 한다고 보았다.[39]엥겔스는 국가 단계의 특징을 첫째, 혈연적 유대인 씨족의 결합이 소멸되고 국민을 지역에 따라 구분하는 것이고 둘째, 자기 자신을 무장력으로 조직하는 공권력의 출현이라고 보고 이 두 가지 요소가 확인되면 국가 단계의 사회라고 규정한다.[40]

이러한 기준 가운데 중국 상나라는 혈연적 관계라는 하나의 기준에만 기초한 고대국가여서 '아시아적 거대국가'[41]라고 하였는데, 이것은 고대 한국에서도 국가가 출현한 후 오랫동안 거주형태에서 혈연적 유대가 계속되었기 때문에 한국 고대국가에서도 유사하게 적용될 수 있다. 그러나 국가 이전의 사회는 정치적 서열이 혈연 체계와 연결되어 있는 반면, 보편적인 국가로의 발전이 이루어지면 국가단계의 사회는 기본적으로 강한 권력과 관료조직을 가지고 합법적인 권력에 의해 법을 집행하게 된다.[42] 이러한 고대국가의 보편적인 성격을 고조선은 갖추고 있었으나 이것에 대한 논의는 학자들에 따라 다양하게 전개되었음을 위의 <표 9-9>가 요약하고 있다.

5. 마르크스주의의 원시공동체사회와 고대 노예제사회론

유물론이나 마르크스주의 사학에서는 인류사회의 발전을 사회관계 가운데 중심을 이루는 경제적 생산관계를 토대로 하여 원시사회, 노예제사회, 봉건사회(농노제사회), 자본주의사회, 사회주의사회로 발전한다고 주장한다. 이를 바탕으로 백남운 등은 고대 한국사회의 발달을 원시공동체사회, 고대노예사회, 봉건사회, 근대사회, 현대사회로 전개된 것이라고 본다.[43]

---

39) Kent V. Flannery. 1972. "The Cultural Evolution of Civilizations." *Annual Review of Ecology and Systematics* 3: 403-404.

40) 엥겔스. 1991: 231.

41) Jonathan Friedman. 1975. "Tribes, States, and Transformations." In M. Block ed., *Marxist Analysis and Social Anthropology*. Malaby Press: 195.

42) William T. Sanders. 1974. "Chiefdom to State: Political Evolution at Kaminaljuyu, Guatemala." In C. B. Moore ed., *Reconstructing Complex Societies*. Supplement to the Bulletin of the American School of Oriental Reseatch. No. 20. American School of Oriental Reseatch: 109.

43) 백남운(심우성 옮김). 2004. 『조선사회경제사』. 동문선; 고려대학교민족문화연구원. 2010. <백남운의 보편사관과 조선학: 문화사적 맥락의 역설을 중심으로>. 『민족문화연구』. 52호; 백남운; 구로역사연구소. 1995. 『개정판 바로보는 우리역사 1: 원시공동체사회 고대사회 봉건사회 근현대사회』. 거름.

(1) 원시공동체사회와 부족사회

원시공동체(primitive communal system, 原始共同體) 사회는 인간이 손을 사용하여 노동하기 시작함으로써 다른 동물과 구별될 수 있었는데, 그 초기단계를 원시공동체사회라고 한다. 이 시기 생산관계의 기초는 생산수단에 대한 공동체적 소유여서, 아직 생산력의 수준이 낮았기 때문에 공동으로 일하고, 생산한 것은 공동으로 분배하는 생활을 할 수 밖에 없었다. 이 시기는 계급이 발생하지 않았기 때문에 착취나 억압구조가 존재하지 않았다. 원시공동체사회는 인류의 원시무리사회로서 그 다음 단계인 신석기시대로 접어들면서 씨족사회와 씨족공동체사회로 넘어가, 모계 씨족사회와 부계 씨족사회로 나누어진다. 모계 씨족사회는 구석기시대는 물론 신석기시대까지 이어져, 이 시기는 노동의 성격상 여성들의 역할이 크고 결혼관계에서도 일부일처제가 확립되지 않은 단계여서 모계 쪽으로 혈통을 구분하였다.

그러나 신석기시대로 넘어가면서 사회관계에서 생산력의 역할이 커지고 강한 노동력을 지닌 남자들의 역할이 커지면서 모계사회에서 부계사회로 넘어가게 되었다. 신석기시대를 지나 청동기시대로 넘어가면서 원시공동체사회가 붕괴하기 시작하고 계급이 발생하면서 기원전 8~7세기경에 국가가 형성되기 시작한 것이라고 주장한다.[44]

원시공동체연구는 19세기 초부터 계속되어, 원시공동체의 여러 유형을 종적인 계열로 이해하려고 시도한 것은 마르크스이고, 그 뒤 고고학적 연구도 활발해져 원시공동체의 실재가 밝혀지기 시작했다. 원시공동체는 혈연성과 지연성을 기준으로 구성되었는데, 씨족공동체에서 부락공동체로 발전하면서 혈연성이 약해지고 지연성이 강해졌다. 원시공동체는 생산수단의 소유와 분배가 평등하게 이루어지고 있었으나 생산력이 높아짐에 따라 빈부의 차가 생겼으며 평등한 이웃관계는 무너지고 부락공동체도 해체되기 시작했다. 목축농업이 행해지는 곳에서는 오랜 공동체가 토지 점유의 전제가 되므로 공동체의 토지도 존재하나 농업은 소규모의 가옥을 단위로 하기 때문에 오랜 공동체는 해체되고 경제적으로 자급적인 자유로운 토지 소유 농민이 그리스나 로마처럼 군사적인 방위를 위해 도시로 결집하고 새로운 정치사회적인 공동체를 구성하게 되었다.[45]

원시공동체는 원시공유제로서 인류 최초의 경제적 사회구성체이며 무계급사회이며, 농경과 목축의 사회적 분업을 유발했다. 사회적 생산력의 발전이 이루어지고 잉여생산물에 대한 획득이 나타나게 되면서 교환·사유재산·공동체 구성원의 경제적 불평등이

44) 한국사사전편찬회. 2007. <원시공동체사회>『한국고중세사사전』. 가람기획.
45) <원시공동체>『두산백과』.

발생했다. 전쟁에 의한 타 부족의 포로를 노예로 삼는 노예노동은 경제적 불평등을 더욱 심화시키고 원시공동체의 붕괴를 촉진시켰다. 청동기나 철기의 금속기구가 생산도구로서 이용되고 이에 따라 생산력이 더욱 발달하면서 제2의 커다란 사회적 분업과 농경과 수공업의 분리가 이루어져, 종래의 공동체적인 집단생산과 생산물의 평등한 분배질서가 무너져 빈부의 차이가 증대하고 착취계급, 나아가 국가가 발생하게 되고 계급사회, 즉 노예제사회와 봉건제사회가 출현하면서 원시공동체는 붕괴하게 된다는 것이다.[46]

(2) 고대 노예제사회와 연맹국가

1) 노예제사회

노예제사회(slavery society)는 노예제도가 경제 및 노동조직의 기반인 사회를 말한다. 마르크스주의자들은 인류사회의 발전을 사회관계 가운데 중심을 이루는 경제적 생산관계를 토대로 하여 원시사회, 노예제사회, 봉건사회(농노제사회), 자본주의사회, 사회주의사회로 발전한다고 주장한다. 여기에서 노예제사회는 원시사회의 생산력 발전에 따라 발생한 사유재산에 바탕을 둔 인류 최초의 계급사회이며, 노예제 생산양식 위에 성립한 사회이다.

고대의 그리스와 로마 시대 노예제도가 가장 번성한 시기에는 노예소유자와 노예라는 2개 집단이 사회계층을 이루었다. 이 시대에는 노예가 사회구성의 하층토대를 형성하고 농업·광업·공업에 사역하여 사회생산의 주요부분을 담당하고 있어서 노예소유자는 노예노동에 의한 전 잉여생산물을 수탈하였다. 노예제사회 그 자체도 역사적·구체적으로는 사회발전의 조건에 의해 형태의 변화가 나타나 유럽과 아시아의 여러 지역의 노예제사회가 반드시 동일한 것은 아니었다. 그리스와 로마에서 시작한 노예제사회가 게르만·슬라브·아시아·이집트 고대사회나 다른 지역에서는 다른 형태로 나타날 여지도 많았다. 이집트나 서아시아의 노예제도도 비슷하지만, 특히 중국 고대사회는 노예와 일반 인민에 대한 인신지배가 이루어져 왕 하나만 자유로웠던 총체적인 노예사회라고 할 수도 있다. 각 국가별로 노예의 숫자와 지배방식에서 큰 차이가 나서 노예제사회의 성격은 국가마다 큰 차이를 보였다.[47]

46) 임석진 외 21인. 2009. <원시공동체>『철학사전』. 중원문화.
47) <노예제사회>『두산백과』.

2) 한국고대사회의 일반적인 사회관계

한국고대사회 성격에 대해 안확은 혈연관계나 일반적인 사회관계를 중심으로 기술하고 있다. 부락시대 부족들이 단체생활의 수요를 충족시키기 위해 다른 부족이나 이민족과 전투를 벌이면서 힘을 기르고 부족의 규모를 키워나갔다. 그리스의 경험과 비슷하게 어려운 환경이나 운명과 싸우면서 환경변화와 새로운 생활양식에 따라 민족성이 형성되고 정복한 부족의 사람이나 물건도 민족정신과 생활양식에 큰 영향을 주었다. 다른 부족과의 정복 전쟁은 피정복 부족을 피지배계급으로 만들고 승리자인 정복 부족은 더욱 강력한 지배계급으로 위상과 힘을 키우게 되었다.

피지배집단이 늘어나면서 고조선 사회에 노예제도가 동양에서 가장 먼저 시작된 것으로 보인다.[48] 고조선 민족은 아니누, 견융(犬戎), 한족 등의 민족을 정복하고 몰아내는 동시에 그 밖의 민족의 영향을 직접적으로 받았다. "태고 시절 노예제도에 편입된 아이누, 견융, 한족들은 마치 유대 민족 중에서 외래 민족이 그 무력에 굴복하여 자기 본래의 신(神)을 버리고, 이스라엘 신에게 귀의한 것이나 유럽에서 노르만 민족이 전쟁에 승리하여 패배자인 색슨족의 사상과 혈액을 받아들인 것과 같다. 점차로 아이누, 견융, 한족 등은 자기의 본래 관습을 버리고 조선의 미풍양속을 존숭하고 또 동화되어 자기 민족의 추장에게 돌아가기를 바라지 않고, 조선인과 더불어 공동의 조상을 추대하는 관념이 생겼다."[49]

조선 민족이 외부 민족을 수용하며 점차 늘어나고 밖으로부터 외적의 침략이 계속되자 소극적인 대응과 적극적인 대응이 대내정비와 국방력 강화 등의 형태로 나타났다. 이러한 역사적인 사회관계의 필요성이 단군(檀君)이라는 군장(君長)을 필요로 하게 되어 고조선의 건국으로 이어지고 노예제도를 자연스럽게 도입한 것이다. 고조선은 주변의 여러 이민족들을 정복하고 대부분의 이민족들은 쫓겨났으나 일부는 고조선 지역에 남아 있어서 이들이 피지배집단이 되고 이들이 늘어나면서 노예제도가 성립한 것으로 보인다.

고조선 국가 건국의 동력을 사회관계의 응집으로 볼 때에는,

첫째, 고유한 사회성의 결과로 형성된 동일한 민족이라는 혈족의 관념과 동족의 결합의 결과가 고조선의 형성이다. 원시사회 이후 사회관계의 핵심은 혈족관계이고 혈족관계는 원시씨족사회, 씨족사회, 부족사회, 부족사회 연합, 민족형성, 국민형성의 단계로 이어진다. 이러한 사회관계의 근본인 혈족관계의 진화가 국가형성으로 이어진 것이

48) 안확. 2015: 50.
49) 위의 책.

다. 부족국가, 성읍국가, 초기국가, 부족연맹, 노예국가, 귀족국가, 중앙집권왕국, 고대국가, 대제국 등 다양한 명칭의 고조선 국가 형성으로 나타난 것이다.

둘째, 조선 사람의 같은 혈족이라는 사상은 같은 혈족이 흩어져 서로 교섭이 없을지라도 하늘을 숭배하고 존경하는 동일한 하늘 숭배신앙의 종교적 관계가 고조선의 국가 형성으로 나타났다. 하늘인 환인, 환인의 아들 환웅, 환웅의 아들 단군은 각각 신(神)으로서 환인은 천신(天神), 환웅은 신(神), 단군은 인신(人神)으로 이들을 숭배하는 삼신신앙이 고조선 건국의 동력인 종교적 사회관계의 응집결과로 보는 것이다.

3) 한국 고대노예제사회의 성격

첫째, 사회관계를 사회의 성격에 따라 원시공동사회에서 노예제사회 등으로 전개됨에 따라 원시공동사회는 부족사회와 부족국가, 노예제사회는 연맹국가로 이어지는 것으로 규정하면서 고조선 국가 형성의 사회적 성격을 규명할 수 있다.

둘째, 사회관계를 경제적인 관계를 기준으로 하여 원시자연사회, 농경사회, 목축사회 등으로 전개되는 것으로 보아 농경사회의 발전이 높은 경제력을 바탕으로 고조선 형성이 이루어진 것으로 보고 있다.

6. 경제력 · 생산력을 중심으로 한 사회관계의 응집 형성

(1) 사회관계로서의 농업과 잠업 등 생산과 기술의 발달

1) 청동기문화의 위력

고조선의 사회관계로서 생산과 기술을 나타내는 청동기유물들이 발견되어 고조선의 역사적인 실재를 입증하고 있다. 청동기는 비록 생산도구로는 별로 이용되지 않았으나 화려함과 무기로서의 위력은 기존의 석기와는 근본적으로 달라 비교할 수 없을 정도로 우수하여 그 영향력은 대단히 컸다. 이 때문에 고조선이나 중국 초기 국가인 상나라가 그렇게 넓은 영토를 확보할 수 있었던 것도 당시의 지배 부족이 소유하고 있던 청동기의 위력이 상상할 수 없을 정도로 컸기 때문이다. 이처럼 막강한 위력을 지닌 청동기무기와 청동기문화는 중국 황하유역보다 고조선 지역에서 먼저 시작되어[50] 한반도와 만

50) 가장 이른 청동기문화가 고조선 지역에서는 하가점하층문화로 기원전 2500년 무렵인데, 황하유역에서는 이리두문화(二里頭文化)로 개시 연대가 기원전 2200년 무렵이다. 윤내현. 2016 하: 397의 각주 13.

주지역을 강역으로 하는 고조선이 중국보다 먼저 출현했을 가능성을 이 지역에서 출토된 청동기유물을 통해 확인할 수 있다.

2) 청동기유물의 대표적 사례

대표적인 사례로 기원전 31세기에서 기원전 24세기 사이에 많은 청동기유물과 금동유물이 고조선지역에서 발굴된 것들을 들 수 있다. 대동강 중상류인 평안남도 성천군 용산무덤에서 기원전 3073년경으로 측정되는 청동기 조각들이 팽이형 토기, 돌도끼, 돌도끼 조각들과 함께 출토되었다. 이어서 고조선 성립기인 서기전 26세기의 것으로 추정되는 비파형 청동창끝, 청동단추 등이 출토되고, 대동강 상류 상원군 장리에서는 기원전 3000년기 전반기의 고인돌 무덤칸에서 청동교예장식품, 청동방울, 청동끌, 돌활촉, 질그릇 조각, 사람뼈 등이 발굴되었다.

또한 동아시아에서 단립벼 재배를 비롯한 농업경작의 '신석기시대 농업혁명'은 한강유역의 '한강문화'에서 가장 먼저 시작하여 발전시켰고, 대동강 유역의 '대동강문화'에서는 청동기문화를 동아시아에서 가장 먼저 시작하여 고조선 국가형성의 기초가 되었다.[51]

고조선에서는 청동기를 주조하는 데 필요한 거푸집을 돌이나 모래 또는 밀납틀로 만들었고, 청동기를 만드는데 필요한 구리를 얻기 위해 개발한 기원전 1200년 무렵의 동광이 지금의 내몽골 자치구 임서현 대정에서 발견되었다.[52] 고조선 시대의 섬세한 잔줄무늬로 장식된 청동거울은 밀랍에 송진을 녹여 섞어서 만들고자 하는 문건의 원형을 만들고 그 주위를 진흙으로 발라 외형을 만든 밀랍틀을 사용했을 것으로 추정된다.[53]

3) 동아시아지역 최초 선진 농업 발달

고조선 지역에서는 동아시아지역에서 가장 빨리 선진농업을 발달시킨 것으로 <표 9-2>에서 보듯이 출토유물들이 입증해주고 있다. 농업생산력의 차원에서 보면, 대동강 유역 봉산군 지탑리에서 신석기시대 유적에서 피와 조가 나와서 경종농업이 시행되었음을 알 수 있다. 또한 기원전 3000년기와 기원전 2000년기로 연대 측정되는 벼·조·기장·수수·콩 등 5곡이 평양 남경 유적 집자리와 대동강 유역에서 출토되어, 대동강 유역에서 기원전 3000년기에 벼와 조·기장·수수·콩 등 밭작물의 경종농업이

51) 신용하. 2010: 135-139.
52) 中國社會科學院考古研究所 編. 1983. 『中國考古學中碳十四年代收據集』. 文物出版社: 25.
53) 황기덕. 1984. 『조선 원시 및 고대사회의 기술발전』. 과학백과사전출판사: 43.

진행되었음을 확인해주고 있다.

남경 유적에서 나온 벼알은 단립벼로서, 지름 1미터 범위 안에서 흙과 함께 8~10센티미터 두께로 수북이 쌓여 있어서 농업생산의 정도를 추정할 수 있다.[54] 평안북도 영변군 세죽리 마을 유적에서는 수십 개의 도끼, 낫, 괭이, 호미 등이 출토되었다. 농업기술을 나타내는 곡식 수확 농기구인 반달칼 등 생산수단인 농기구가 2~3배 증가하여 기원전 3000년기에 대동강 유역에서 농업생산력이 2~3배로 급격하게 증가하였음을 보여주는 것이라 할 수 있다.[55]

4) 고조선의 양잠

농업의 발전과 더불어 대동강 유역에서는 기원전 4000년기에 이미 뽕나무를 심고 누에를 쳐서 비단을 짜는 등 잠업이 발달했다. 평양시 남경 유적 신석기문화층 3호 집자리에서 밑창에 누에의 먹이인 뽕잎을 그려 넣은 질그릇이 나왔다. 황해도 봉산군 지탑리 제2지구에서 나온 질그릇에는 누에를 여러 마리 겹치게 새겨 하나의 번데기 무늬를 이루게 했다. 여기에 새겨진 누에 무늬는 윗면에 10개 이상의 둥근 마디와 다리가 그려져 있다. 봉산군 지탑리 유적 제2지구 문화층은 늦게 잡아도 기원전 4000년기를 내려가지 않는 것으로 측정되었다. 이 누에들은 석잠누에로서 중국의 넉잠누에와는 염색체가 서로 다른 종류의 누에이다. 정백동 200호 무덤, 석암리 214호 무덤과 205호 무덤에서는 당초무늬와 구름무늬 등을 수놓은 자수비단이 나왔는데, 중국 누에와는 다른 석잠누에에서 뽑은 명주실로 짠 것이 확인되었다.[56]

이처럼 기원전 4000년기나 기원전 3000년기에 누에를 치고 명주를 짠다는 것은 주민들의 자연발생적인 의생활의 결과가 아니라 국가의 조직적인 농업과 양잠의 권장의 결과일 것이다. 고조선의 건국 이후인 기원전 24세기는 물론 그 이전에 이미 농업과 양잠을 권장한 기록들이 있는 것은 우연한 일이 아니다. 『단군세기』·『규원사화』·『단기고사』·『환단고기』 등에서 오래전부터 농업과 양잠에 대해 권장한 기록들이 나오고 단군왕검이나 왕비인 화백녀가 직접 누에치기를 전담하고 옷을 짠 기록들이 이러한 유물과 유적을 뒷받침하는 기록들이라 볼 수 있다.

---

54) 조희승. 1999. <잠업, 제강, 벼재배 기술을 통해 본 고조선문화의 우수성과 독자성>『단군과 고조선』. 살림터: 477.
55) 김유철. 1999. <고조선 시기 경제발전과 노예제도의 변천>『단군과 고조선』. 살림터: 393.
56) 조희승. 1999: 473－474.

5) 철기시대의 생산력 · 농업과 사회질서 변화

첫째, 청동기시대를 지나 철기시대가 되면서 사회구조와 경제구조가 근본적으로 바뀌었다. 청동기시대에는 청동기는 지배계층의 독점물로 주로 무기와 종교적인 행사 등을 위한 의기(儀器)였으며 농민들의 농구는 여전히 삭기(削器)나 목기(木器)였다. 그러나 철기시대에는 철기로 만든 농기구들이 많아지고 농민들에게 널리 보급되어 농업노동의 생산성이 크게 늘어났다. 이로 인해 마을 주민들이 공동으로 생산하던 농업공동체는 와해되고 개별 집이나 가정은 농업생산의 기본 단위가 되어 대규모 토지를 소유한 귀족 지주와 맺는 농촌공동체의 경제구조와 생산관계가 형성되어 대토지소유제도를 지탱하게 되었다.

둘째, 청동기시대에는 석기로 만든 농구로 자신들이 개간할 수 있는 토지만 경작했으나 철기시대에는 주변의 넓은 땅을 개간하는 경쟁이 일어나고 대토지를 소유한 귀족 지주들은 더 넓은 토지를 소유하기 위한 경쟁이 치열해져서 토지 쟁탈전이 일어나고 기존의 사회질서가 붕괴되는 결과를 가져왔다. 이 과정에 대토지소유제도와 노예제도의 강화가 일어나고 일반 농민들을 노예로 만드는 등 사회가 무질서하게 되어 국가는 더욱 엄격한 형법제도와 조세제도를 구축하고 분배나 평등보다는 대토지중심의 성장정책을 추진하는 등 국가정책에서도 근본적인 변화가 발생하였다. 이처럼 철기시대는 청동기시대와는 근본적으로 다른 경제관계 · 사회관계 · 국가권력구조와 법 질서를 구축하게 되었고 고조선의 붕괴와 위만조선의 건국 및 한사군의 설치로 이어졌다.[57]

셋째, 고조선의 철기는 중국 내륙보다 장성 이북에서 더 발전했고, 동이가 한족보다 먼저 철을 사용했음을 유물을 통한 고고학적 증거로 입증되었다.[58]

넷째, 고조선이 철기를 이용하면서 농업생산력도 중국보다 크게 높았다.[59]

다섯째, 철기무기의 사용으로 한무제의 침공을 왕검성에서 1년 간 방어할 수 있었다. 비록 내부의 배신으로 성을 지키지는 못했으나 고조선은 충분한 군수품과 병기, 군마, 군량을 준비하였고, 이것은 고조선의 농업생산력이 한과 동등하게 발전하였음을 보여주는 것이다.[60]

여섯째, 고조선의 농업생산력이 중국의 전국말 조 · 제 · 연 등 나라들보다 높아 중국 전국시대의 대동란기에 수만 명에 달하는 중국인들이 중국을 버리고 고조선으로 망명

57) 윤내현. 2015 상: 406－407.
58) 리지린. 앞의 책: 667－673.
59) 위의 책: 673－675.
60) 위의 책: 676－678.

하여 왔다.[61]

(2) 고조선의 수공업과 상업

고조선의 대표적인 수공업 제품은 청동기와 철기였다. 비파형동검을 기준으로 시대가 구분되어, 고조선 전기는 비파형동검이 출현하기 이전이며 고조선 중기는 비파형동검시대이고 고조선 후기는 철기시대이다.

1) 고조선 초기의 수공업과 상업

첫째, 고조선 전기 비파형동검이 출현하기 이전의 청동기문화는 하가점하층문화(풍하문화)로서 고조선이 건국되기 이전인 기원전 2500년 무렵에 시작되었다.[62] 발굴된 유적에서 출토된 청동유물들은 귀고리·단추·가락지·활촉·작은 칼 등 소품들이고 종류도 단순하다. 이 시대에는 청동기는 칼이나 무기 등 지배계층의 독점물로 사용되어 직접 농민들을 위한 농기구나 서민들의 생활을 위해서는 사용되기 어려웠다.

2) 고조선 중기의 수공업과 상업

둘째, 비파형동검의 개시연대에 대해 일부학자들은 기원전 10세기 무렵을 고집하고 있지만[63] 그동안 발굴 자료들을 보면 고조선 중기인 기원전 16~14세기 이전으로 보아야 한다는 주장이 폭넓은 지지를 받는다.[64] 비파형동검문화는 그 자체가 우수한 무기이며 섬세하고 정교한 기술이 필요한 공예품 등 수공업품들의 주종을 이루어 고조선 중기문화를 대표하였다. 이 시대를 대표하는 유적인 요령성 여대시의 강상무덤과 누상무덤에서는 다양하고 많은 청동기 유물들이 출토되어 당시에 청동기가 널리 보급되어 청동기 수공업이 매우 발달했음을 보여준다.

강상무덤[65]에서는 단검·창끝·활촉 등 무기, 팔찌·비녀·그물모양 장식 등 장식품, 청동고리·청동 덩어리 등 청동제품 등 많은 청동기유물들이 출토되었다. 이외에도 돌 제품으로 검자루맞추개·거푸집·곤봉대가리·활촉·가락바퀴·숫돌 등과 낚시·

61) 위의 책: 678-680.
62) 中國社會科學院考古硏究所. 1984.『新中國的考古發現和硏究』. 文物出版社: 339.
63) 김원룡. 1986.『한국고고학개설』 제3판. 일지사; 이기백. 1988. <고조선의 국사형성>『한국사시민강좌』. 제2집. 일조각: 12.
64) 한창균. 1992. <고조선의 성립배경과 발전단계 시론>『국사관논총』 제33집. 국사편찬위원회: 10.
65) 조중 공동 고고학 발굴대. 1966.『중국 동북지방의 유적 발굴보고』. 사회과학원출판사: 63-89.

표 9-10 기원전 8~6세기 강상무덤에서 출토된 유물 통계표

구분	묘광 번호	1	2	3	4	5	6	7	8	9	10	11	12	13	14	15	16	17	18	19	20	21	22	23	계
청동기	단검				1		1			1				1					1	1					6
	창끝					1																			1
	활촉														1		1								2
	고리모양							1																	1
	덩어리																								0
석기	검자루받치개													1						1					2
	활촉						12	2	1	2			1	2	4		5			1					30
	곤봉대가리				2				1																3
	거푸집																4								4
	가락바퀴			1	1							2	3								1				8
	숫돌						1			1															2
골기	낚시								1																1
	송곳																							1	1
청동 장식품	팔찌														4										4
	비녀														1										1
	구리장식	2				1	3	2																	8
돌 장식품	구슬	3	2	3	6		2	69	457	1	1	3		29	50		124				2	19			771
	돌고리																	1							1
	달아매는 장식품		1					2	2			1	1							1					8
기타 장식품	뼈비녀														1		2								3
	조개장식							2																	2
토기			1					1		1			2	4	2					1	2			1	15
계		5	4	4	10	2	19	79	462	6	1	6	7	37	63	0	136	1	1	5	5	19	0	2	874

출처: 각주 69.

송곳 · 구슬 · 돌고리 · 달아매는 돌장식 · 뼈비녀 · 조개 장식 · 질그릇 등 874점이 발견되었다.[66] 강상무덤 1-23기에서 출토된 유물을 수공업의 종류별로 정리하면 <표 9-10>과 같다.

누상무덤[67]에서는 단검 · 방패 · 활촉 등의 무기, 도끼 · 끌 · 칼 · 송곳 등의 공구, 일산대 꼭지 · 팔찌 · 단추 모양 장식 · 패쪽 장식 · 구슬 등의 장식품 · 통 모양 청동기 · 방울 · 고리 모양 청동기 · 용도를 알 수 없는 청동기 등 다양한 청동제품이 출토되었다. 이외에 활촉 · 그물추 · 숫돌 등의 돌 제품, 돌이나 옥 또는 흙으로 만든 구슬 · 조개장식 · 뼈구슬 등의 장식품 및 질그릇 등 모두 288점이 출토되었으며,[68] 이 가운데 청

66) 위의 책: 87.
67) 위의 책: 90-100.

동기가 180여 점이었다.[69]

비슷한 시기의 유적인 요령성 심양시 정가와자 유적 6512호 무덤에서는 42종 797점의 껴묻거리(부장품)가 출토되었는데 대부분이 청동기 무기·공구·마구제품들이어서 169점의 활촉·130점의 활집에 달았던 단추모양 장식·180점의 가죽 장화에 걸었던 단추모양의 장식·224점의 말띠 장식용 구슬 등이었다. 청동기가 아닌 것은 질그릇 3점·뼈재갈 8점·천하석으로 만든 크고 작은 구슬 각각 한 줄·뼈로 만든 활 1점 뿐이어서 당시에 청동기 수공업이 얼마나 발달하고 청동기가 얼마나 널리 보급되어 사용되었는지를 확인할 수 있다.[70]

당시 청동기제조기술 수준은 매우 발달하여 청동 방패와 청동거울·청동원판·청동구슬 등의 청동제품은 매우 정교하여 당시 기술이 매우 높았음을 확인해준다. 이외에도 네모난 조각에 보이는 기하 무늬 장식, 단검 자루에 보이는 번개 무늬, 강상무덤에서 출토된 청동실로 만든 장식품 등은 높은 수준의 금속 가공 기술을 보여주고 가는 구리실을 뽑아내는 것은 오늘날의 기술로도 쉽지 않은 높은 급속세공기술수준을 보여 주는 것이다. 특히 청동공업의 발달은 청동재료의 채취에서부터 주조에 필요한 틀을 만드는 작업 등 여러 공정별로 고도의 기술과 분업을 필요로 하여 이러한 기술과 분업은 다른 산업 발전에도 크게 기여했을 것으로 추정된다.

3) 고조선 후기 철기시대의 수공업과 상업

고조선 후기에는 철기가 보급되어 수공업은 더욱 발전하고 농업과 다른 경제 발전에도 크게 기여했다. 한국의 철기 개시연대를 기원전 300년으로 잡아 왔으나[71] 그동안 발굴된 고고학 자료들은 만주지역에서 중국의 전국시대(기원전 5세기 말~기원전 3세기 후반)에 해당하는 시기에 철기가 보편화된 것으로 나타난다.[72] 중국 고고학자들은 전국시대부터 한대에 이르기까지 화북지역에 철기가 보편화되었으며 장성 이북의 동북지역에도 철기가 널리 분포되어 있었음을 인정하고 있다. 그러면서 요령성 지역을 전국

68) 고고학연구소. 1969. <기원전 천년기 전반기의 고조선문화>『고고민속론문집』 1.사회과학출판사: 90.
69) 박진욱. 1988.『조선고고학전서-고대편』. 과학백과사전출판사: 71.
70) 위의 책.
71) 김원룡. 1986.『한국고고학개설』. 일지사: 101-103; 최몽룡. 1991. <역사고고학 연구의 방향>『한국상고사』. 민음사: 98-99.
72) 요령성의 무순 연화보 유적·안산 양초장 유적·관전 쌍산자유적·오한 노호산유적 등은 중국 전국시대에 해당하는 시기의 만주지역의 대표적인 철기 유적들이다. 중국 고고학자들은 이 유적들에서 출토된 철기의 종류나 형태 및 제련 기술 등이 황하 중류 유역과 수준이 비슷한 것으로 평가하고 있다. 文物編輯委員會. 1979.『文物考古工作三十年』. 文物出版社: 92.

시대의 연나라 영역에 포함시키려 하지만 이 지역은 고조선 강역으로 확인되고 있다.[73]

또한 평안북도 영변군 세죽리 유적에서 호미·낫·괭이·도끼·끌·자귀·손칼·비수·활촉뿌리·과 등의 철기와 활촉·검코·검자루맞추개 등의 청동기가 출토되었는데, 연화보 유적과 동일한 성격의 동시대 유적으로는 고조선 여러 지역에 광범위하게 분포된 대표적인 유적이어서 세죽리–연화보 유형 유적이라 부른다.[74] 철기는 쉽게 부식되어 오늘날까지 남아 있기 어렵고 철기를 사용하여 보편화되기까지는 오랜 세월이 걸려서 만주지역에 철기가 전국시대에 보편화되었다면 철기의 개시연대는 훨씬 올려 잡아야 한다. 이에 황기덕과 김섭연은 송화강 유역 길림성 소달구 유적 돌곽무덤에서 출토된 조롱박 모양 단지는 기원전 8~7세기경의 미송리형 단지이며 부챗살 모양의 청동 도끼와 자루에 새긴 돌기가 있는 청동 칼과 흰 토막 구슬 등은 기원전 8세기 전후에 유행한 물건들이어서 한국의 철기시대 개시연대를 기원전 8~7세기 또는 더 올려보아야 한다고 주장한다.[75]

조셉 니덤은 중국의 철기시대 개시 연대를 기원전 8~7세기 무렵으로 잡고 있고[76] 중국학자들도 기원전 8세기 이전으로 올려보려는 경향이 주류를 이루고 있다. 만주의 여러 유적들의 유물들을 근거로 하면 고조선의 철기 개시연대는 기원전 8세기나 그 이전으로 잡을 수 있다.[77] 고조선에서 철기가 사용되기 시작한 시대는 후기 초이고 말기에는 널리 보편화되었다.

고조선 시대에는 연철과 선철 및 강철을 사용하였음이 유적들을 통해 확인되었다. 고조선에서 철기 초기에는 무기·농기구·공구 등의 다양한 철기제품들을 연철로 만들었다가 기원전 6세기경에는 선철을 사용하기 시작하여 기원전 3세기경에는 강철을 사용하게 되었다.[78] 서구에서 선철을 널리 사용하기 시작한 것은 서기 14세기 무렵부터였고 선철에서 강철을 얻는 발전된 제련 방법을 사용한 것도 이 시기부터였다. 이것은

---

73) 윤내현. 1991. <고조선 서변경계 재론>: 517–540.

74) 사회과학원 고고학연구소. 1977. 『조선고고학개요』. 과학백과사전출판사: 139–143.

75) 황기덕·김섭연. 1983. <우리나라 고대 야금 기술>『고고민속론문집』 8. 과학백과사전출판사: 171–172.

76) Joseph Needham. 1970. "Iron and Steel Production in Ancient China." In Joseph Needham ed., *Clerks and Craftsmen in China and the West*. Cambridge: Cambridge University Press: 107–112.

77) 김정배는 길림성·압록강·두만강 유역 등지에서 늦어도 기원전 6세기 무렵에는 철기가 상당한 수준으로 보급되어 있었다고 보아 한국의 철기시대 개시연대를 상당히 올려 잡아야 함을 암시하고 있다. 김정배. 1977. <한국의 철기문화>『한국사연구』 16. 한국사연구회: 27.

78) 황기덕·김섭연. 1983: 173.

한민족이 서구보다 훨씬 빠른 시기인 고조선부터 철에 대한 고도의 지식과 가공 기술 등을 발전시켰음을 의미한다. 뿐만 아니라 고조선에서는 도금·판금·누금·맞머리못(리베트)·땜질 등의 금속 가공기술을 사용했고 도금법은 아말감법과 박도금법이 사용되었다. 기원전 1000년기 후반에 보급된 마구류와 수레 부속품들에서 보이는 금동제품들은 아말감 합금의 수은도금 제품이었고,[79] 평양시 정백동 37호 무덤에서 출토된 범무늬 띠고리의 얼룩덜룩한 무늬는 박도급으로 만든 무늬이다.[80]

고조선 당시에 사용되었던 유물로부터 분석된 연철·선철·강철의 화학조성표는 <표 9-11>과 같다.[81]

표 9-11 고조선 철기 유물의 연철·선철·강철의 화학조성표

	유물 이름	유적 이름	연대	원소들의 화학조성				
				탄소	규소	망간	인	유황
연철	도끼	범의구석	기원전 7~2세기		0.02	0.02		
	도끼	범의구석	기원전 7~2세기		흔적	0.01		
	활촉	세죽리	기원전 3~2세기		흔적	0.02		
선철	도끼	범의구석	기원전 7~5세기	4.20	0.20	0.006	0.196	0.035
	도끼	범의구석	기원전 3~2세기	4.05	0.04	0.02	0.415	0.038
	도끼	범의구석	기원전 3~2세기	4.45	0.23	0.03	0.18	0.017
	도끼	세죽리	기원전 3~2세기	4.20	0.19	0.03	0.10	0.008
	도끼	세죽리	기원전 3~2세기	2.98	0.20	0.05	0.185	0.016
	도끼	노남리	기원전 2~1세기	4.31	0.30	0.3 이하	0.215	0.03
	수레굴대끝 마구리쇠	운성리	기원전 1세기	3.95	0.25	0.04	0.193	0.013
강철	도끼	세죽리	기원전 3~2세기	1.43	0.10	0.18	0.009	0.011
	도끼	세죽리	기원전 3~2세기	0.70	0.04	0.15	0.008	0.004
	도끼	범의구석	기원전 2~1세기	1.55	0.10	0.12	0.007	0.008
	도끼	운성리	기원전 2~1세기	0.62	0.25	0.01	0.041	0.012
	도끼	풍청리	기원전 2~기원전후	0.45	0.009	0.04	0.070	0.016
	도끼	노남리	기원전 2~기원전후	0.72	0.02	0.11	0.032	0.013
	창	풍청리	기원전 2~기원전후	0.31	0.08	0.05	0.007	0.008
	손칼	토성리	기원전 2~기원전후	0.15	0.13	0.01	0.027	0.008
	도끼	심귀리	기원전 2~기원전후	0.85	0.06	0.076	0.075	0.014

출처: 각주 81.

79) 아말감 합금법은 수은에 금이나 은 등을 혼합하여 아말감을 만들어 그것을 청동기에 바르고 열을 가하면 수은은 증발하고 금이나 은만 청동기 표면에 남아 도급되는 방법이다. 황기덕. 1984: 44.

80) 박도금은 청동기에 먼저 수은을 바르고 그 위에 금박이나 은박을 씌운 후 열을 가하여 수은을 증발시키는 도금방법이다. 황기덕. 1984: 44.

81) 황기덕. 1984: 50, 51 및 53의 표들을 하나로 통합함.

이 당시에는 철기제품의 용도에 따라 단철과 주철을 모두 사용했으며 열처리 기술도 사용하고 있었고[82] 제철과정에 송풍장치가 필요하므로 수동 풀무나 디딜풀무가 당연히 있었을 것이다.

이러한 제철기술의 발달로 청동기술도 새로운 단계에 진입하여 세형동검문화가 나타나게 되었다.[83] 이 시기에는 청동기제품이 매우 다양화되어 각 지역별로 널리 전파되어 청동제품에도 지역 특성이 나타나기 시작하여 세형동검이 널리 보급된 기원전 3~2세기경 출토된 청동기와 철기 등의 수공업제품 유물들은 매우 다양했음을 <표 9-12>에서 확인할 수 있다.

4) 고조선의 상업과 교역

고조선의 청동 무기나 청동기구들은 지배계층의 독점물로 통치권력의 유지에 사용되어 상품화할 수 없었으나 농업과 목축업, 수공업에서 얻은 잉여 생산품들을 상품화하여 상업이 발달하였다. 고조선과 외국의 교역은 초기에는 외교사절이 가지고 가는 형식을 취하다가 점차 상품교역으로 확장되었다.

고조선과 중국의 무역에 관해 『죽서기년』에 따르면, 숙신은 기원전 2209년 순(舜) 25년에 사신을 보내 활과 화살을 선물로 가지고 갔으며[84] 서주의 무왕과 성왕 때에도 사신과 선물들을 보냈다.[85] 『국어』<노어>에 따르면, 서주 무왕이 상나라를 멸망시키자 숙신의 사신이 호나무로 만든 화살과 돌화살촉을 가져 왔는데, 무왕이 그것을 그의 장녀인 태희가 진나라 우호공과 혼인할 때 그 화살에 숙신이 보낸 화살이라는 글자를 새겨 기념품으로 주었다.[86] 이러한 기록들을 보면 고조선의 후국인 숙신은 중국에 호나무로 만든 화살과 돌화살촉 등 활·화살·화살촉 등을 관무역의 성격을 지닌 교역품으로 가지고 가서 고조선의 무기가 우수해서 중국에 무기를 수출했음을 확인할 수 있다.

고조선은 생활용품인 고급 가죽이나 특산품도 중국에 수출한 기록들이 많이 나온다. 『시경』<한혁편>에 따르면, 고조선의 단군이 비휴(貔貅) 가죽·붉은 표범 가죽·누런 말곰 가죽을 중국에 선물로 가지고 갔다.[87] 『관자』<규도>편[88]에서도 춘추시대 패자

82) 황기덕·김섭연. 1983: 177.
83) 세형동검문화를 청동2기문화라고 부르는 학자들도 있지만 윤내현은 철기시대의 문화유물이라 불러야 한다고 주장한다. 윤내현. 2016 하: 210의 각주 98.
84) 『죽서기년』<오제기><제순유우씨>조.
85) 『죽서기년』<주기><무왕>조·<성왕>조.
86) 『국어』 권 5 <노어> 하.
87) 『시경』<대아><탕지십><한혁>편.
88) 『관자』 권 23 <규도> 제78.

표 9-12 기원전 3~2세기 한반도 북부의 무덤 출토 유물

구분	종류		솔뫼골 무덤	반천리 무덤	석산리 무덤	정백리 일괄 유물 유적	동대원 허산 유적	황주 부근 유적	천주리 무덤	당촌 무덤	석암리 무덤	용산리 무덤
청동기	무기 및 공구	좁은놋단검	1	1	1		1		1	1	1	1
		검자루끝										
		좁은창놋끝			1							
		과			1	1						
		고달						1				
		쇠뇌									1	
		활촉										
		비수	1	1								
		끌	1									
		자귀	1									
	마구 및 수레 부속	말관자				2					2	
		멍에금구				4					1	
		수레굴대끝				1	1		2			
		굴대끝씌우개				2	1	2	2			
		삿갓 모양 동기				5		2	2		1	
		을자형 동기				2	2	2	1		2	
		양산살 꼭지				8		1				
		고리						3	5	2		
		고삐끼우개										
		동탁				6					1	
		방울				1						
		주머니(공)				1						
		장식못				9						
	기타	잔줄무늬거울	1	2								
		솔										
		외귀단지					1					
		도장										
		띠걸이										
철기	무기	단검										
		장검										
		창끝									1	
		극									1	1
		비수										
		찰갑쪽										
		도끼	1		1				1			
		수레굴대끝										
	마구 및 수레 부속	낫										
		자갈									1	
		갈모										
		고리										
	기타	끌										
		못										
		외귀단지							1			
기타	질그릇	화분형 질그릇								2		
		배부른단지							1	2		
	기타	유리구슬						1				
		숫돌										
		청동접시										

출처: 박진욱, 1988, 『조선고고학전서-고대편』, 과학백과사전출판사: 150-151.

부조예군 무덤	상리 무덤	금석리 무덤	갈현리 무덤	부덕리 무덤	태성리 11호 무덤	운성리 9호 무덤	태성리 13호 무덤	태성리 15호 무덤	태성리 16호 무덤	운성리 3호 무덤	운성리 4호 무덤	태성리 8호 무덤
1	1	1	1	1		1						
	2		1			1						
1			1	1								
2												
2		1	1									
15												
4												
4	2		2		2							
2					2	2						
					2							
7	2	1	3		2							
	2	2	6		2							
18		1		1		12						
2		7	3		7	3						
		2										
12	3											
2												
		2										
1												
	1		1									
2	1	1		1			1	1	1	1		1
3	1	1	1			1				1	1	2
1	2	1	2				1	1	1	1	1	1
1	1											
3												
수십												
1	2	2	1			1	2	2		2	2	2
							1	1			1	1
		1			2		1	2	2			
4	1	1	1		2							
		3		1	2							
1					4			2				
2		1		1			1	1		1		1
			1									
					1							
1		1	1			1		1		1	1	
1	1	1				1	1	1		1	1	
			7		7	23						
						1						1
					1							

인 제나라 환공(기원전 685~643)과 관중의 대화에 따르면, 고조선의 후국인 발조선의 특산품이 표범가죽이고, 『관자』<경중갑> 편에는 표범가죽과 털옷을 바싼 값에 수출했음을 확인하고 있다.[89)]

러시아의 부찐은 고조선에서 당시에 이미 목축업을 하여 양을 길러 털을 얻었을 가능성이 있다고 보며[90)] 이 사실은 비파형동검이 출토된 길림성 영길현 성성초 유적의 돌널무덤에서 모직물 두 조각이 출토되어 양털실과 개털실을 섞어 짠 것으로도 확인되고 있다.[91)] 이 모직물을 통해 고조선은 당시로서는 매우 정교한 모직물 생산기술을 보유한 것으로 볼 수 있다.[92)] 고조선은 모피 의류와 양털 등의 동물털을 가공한 털옷을 전국시대 이전부터 중국에 수출했는데 이후 전한시대에도 계속되었다.[93)]

『화식열전』에는 고조선의 물산인 물고기(어)·소금(염)·대추·밤(조) 등이 한나라 상인들의 빈번한 왕래에 의해 활발한 교역으로 이어졌음을 기록하고 있다.[94)]

5) 고조선의 무역과 조선업 발달

강상유적 7호 무덤에는 열대나 아열대 지역에서 생산되는 보배조개가 출토되었는데, 이것은 고조선의 교역범위가 남중국 또는 그 이남 지역까지 넓었음을 확인해준다.[95)] 이러한 먼 지역까지는 다른 나라에서도 육로보다 해로를 많이 이용했으므로 고조선에서도 당시 먼 해로를 이용하기 위해 청동 공구를 이용해 큰 배를 만들었을 것이다.[96)] 배를 만들려면 나무를 다루는 목공, 청동 부품을 만드는 청동 기술자, 가죽이나 삼을 이용하여 로프를 만드는 기술자 등 다양한 분야의 전문 수공업 집단이 있어야 한다. 조선소 외에도 폭넓은 경제활동과 무역활동 등과 관련하여 다양한 산업분야가 발달했으므로 고조선의 수공업은 여러 분야에서 매우 높은 기술 수준을 가지고 종합적으로 발전했음을 확인할 수 있다.

『단군세기』에 따르면, 4세 단군 오사구(기원전 2137~기원전 2099년)가 살수 상류에 조선소를 만들었다는 기록이 있어서 당시에 배를 만들었다는 사실을 확인할 수 있다.

---

89) 『관자』 권24 <경중갑> 제80.
90) 유 엠 부찐 지음. 이향재·이병두 옮김. 1990. 『고조선』. 소나무: 358.
91) 吉林省博物館·永吉縣文化館. 1983. <吉林永吉星星哨石棺墓第三次發掘>『考古學集刊』 3. 中國社會科學出版社: 120.
92) 趙承澤. 1983. <星星哨石棺墓織物殘片的初步探討>『考古學集刊』 3: 126－127.
93) 고조선과 중국의 교류에 관하여서는 이 책 제2부 제5장에서 자세하게 설명하였다.
94) 리지린. 2018. 앞의 책: 681－684.
95) 박진욱. 1988: 75.
96) 위의 책.

살수와 강상무덤의 거리가 멀지 않은 점은 이 기록이 사실일 가능성이 큼을 보여준다.

(3) 사회관계의 응집으로서의 화폐 경제의 발달

상업과 교역의 경제관계로 대표되는 사회관계는 화폐경제로 대표되어 나타난다. 고조선 시대에 고조선의 강역에서 유통된 것으로 보이는 명도전이 그것의 지리적인 분포를 볼 때 연나라 것이 아니라 고조선의 화폐일 가능성이 크게 제기되고 있다. 농경시대와 잠업이 활발하게 경제활동의 중심으로 이루어지며 상품을 교환하고 시장이 서는 등의 초기 시장경제가 형성되면서 화폐가 등장하게 되었다. 『단군세기』에는 4세 단군 오사구 시대에 둥근 구멍 뚫린 조개 모양의 돈을 만들었다는 기록이 나온다.

그동안 명도전은 연나라의 화폐라는 것이 정설로 되어 있다. 그러나 유물 가운데 그동안 중국 춘추전국시대에 연나라와 제나라에서 사용된 것으로 알려진 명도전이라는 화폐의 발굴 지역 분포와 명도전에 쓰여진 그림 같은 글자를 보면 중국 화폐가 아니라 고조선의 화폐일 가능성이 강하게 제기되고 명도전이 연나라 화폐가 아닌 이유를 여러 가지로 제시하고 있다.[97]

> "명도전은 전국시대 때 연나라(기원전 323~222년)에서 만들어진 청동기 화폐로서, 손칼 모양의 납작한 표면에 명(明) 자 비슷한 문양이 양주(陽鑄)되어 있어 이런 이름이 붙었다."[98]

명도전이란 이름은 일본 학자들이 붙였고, 중국학자들이 이 화폐가 주로 고대 연나라 지역에서 발굴되어 연나라 화폐라고 규정했으나 여러 가지 점에서 고조선의 화폐일 가능성이 높아 보인다. 그 주된 이유들은,

첫째, 연나라 지역이라는 국경의 경계에 대해 의견이 나뉘고,

둘째, 고조선의 땅에서 명도전만 너무 많이 출토되며,

셋째, 명도전에 새겨진 글자를 중국 사람들이 글자인지 그림인지를 밝혀 내지 못하고,

넷째, 고조선과 연나라는 치열하게 수많은 전쟁을 치른 나라여서 물자나 화폐의 교환이 많지 않았을 것이고,

다섯째, 명도전이 연나라에 가까운 동호 지역에는 많지 않은데 더 멀리 떨어진 고조

---

97) 명도전이 연나라 것이 아니라 고조선의 화폐일 가능성이 크다는 문제를 제기하는 연구로는 성삼제: 137–158.

98) 송호정. 2003.『한국 고대사 속의 고조선사』. 푸른역사.

표 9-13 고조선 지역 유적에서 발굴된 화폐들의 출토 상황

(단위: 점)

유적명 \ 돈 종류	명도전	일화전	명화전	포전	반량전
세죽리 유적	2,000여			4	
연화보 유적					1
양초장 유적	1,000여				
대니와 유적	100근				
고려채 유적	10	23		5	1
목양성지	14	2	3		7
대령둔성지	20				
서해리 유적	2,000여	650			3
진천읍 유적	2,700				
운송리 유적	5,000여				
길다동 유적	4,000				
중암리 유적	250				
용연리 유적	400				
청상리 유적	50				
이천리 유적	50				
도관리 유적	1상자				
보산리 유적	수백				
손양리 유적	수백			23	
청송로동지구	428	91		299	
무순	40kg				
국가구	300				
반룡산	다수				

출처: 리순진·장주협, 1973, 『고조선 문제 연구』, 사회과학출판사: 39 표.

선에는 많은 점,

여섯째, 전국 시대 이후 등장했던 진나라 시황제가 도량형 개혁과 반량전이란 화폐를 만들어 그 이전의 화폐들을 수거·폐지하였고,

일곱째, 진나라에 이어 등장한 한나라가 고조선 땅에 한사군을 설치했다면 그 지역에는 반량전이 명도전 보다 많아야 할 텐데 그런 연구 보고는 없고,

여덟째, 고조선에서도 청동기를 다루는 정교한 기술 수준으로 볼 때 충분히 화폐를 제조할 수 있을 것으로 보이는데 명도전 이외에는 고조선 지역에서 발견되는 화폐가 없다는 점 등이다.[99]

이것을 입증하는 것으로 고조선의 유적에서 발굴된 화폐들의 출토 상황을 보면, 명

99) 성삼제. 2016: 137–158 참조.

도전이 거의 절대 다수이고 일화전 · 명화전 · 포전 · 반량전 등은 거의 무시할 수준임을 <표 9-13>에서 확인할 수 있다.[100]

또한 중국의 춘추전국시대에 화폐는 칼 모양의 도전을 사용한 제, 연나라 및 고조선 지역과 표창 모양의 포전을 사용한 주나라와 진나라의 내륙 지역들이 분명하게 나뉘었다. 중국학자들은 포전에 새겨진 국가명, 지역명, 화폐 단위 등을 해독하고 있으나 도전에 새겨진 것은 글자인지 그림인지도 잘 구별하지 못하여 해설을 잘못하고 있다.[101] 명도전의 출토량을 보면 고조선 중심지에서 너무 많은 양이 출토되어 100여 년 존재한 나라의 화폐라기보다는 훨씬 더 오랜 기간 존재한 나라의 것일 가능성이 크다. 명도전

표 9-14 명도전 출토 유적

나온 곳	명도전 수량	나온 정형	함께 나온 유물	자료 출처
자강도 자성군 서해리	2,000여 점	황칠나무 껍질로 쌈	일화전 650점.	『문화유산』 1958년 5호
자강도 전천군 전천읍	2,700점	항아리 속에 있었음		『문화유산』 1957년 1호, 1958년 5호
자강도 전천군 운송리	약 5,000점	나무 썩은 흔적 있음	노기	강계력사박물관 자료
자강도 전천군 길다동	약 4,000점	바닥에 판자 흔적		『사학론총』
자강도 전천군 중앙리	약 250점	돌각담 속에 있었음		〃
자강도 위원군 용연리	약 400점	〃	청동기 2, 철기 2	〃
자강도 회천군 청상리	약 50점	〃		『문화유산』 1958년 5호
평안북도 동창군 이천리	약 50점	도로 공사 중 땅속 3미터에서		『사학론총』
평안북도 구장군 도관리	한 상자	돌각담 속 돌간에 있었음		〃
평안북도 철산군 보산리	수백 점			『조선원시유적 지명표』
평안남도 영원군 온양리	수백 점	채로 중 발견	포전 23점	『사학론총』
평안북도 덕천군 청송로 동자구	4,280점		일화전 91, 포전 299, 쇠도끼 3, 쇳조각 3	조선력사박물관
무순	약 40kg	단지 2개 속에 있었음		『우리나라 고대 화폐의 기원과 발전』
영성자국기구	약 300점	단지 속에 있었음		『사학론총』
영구 대석교 반룡산	다수 점	포대 쌓을 때 나옴		〃

출처: 각주 102.

100) 리순진 · 장주협. 1973: 39의 표 인용.
101) 丁福保. 1992. 『歷代古錢圖說』. 陝西省 陝西旅游出版社.

이 출토된 위치, 수량, 출토 정황, 함께 나온 유물 그리고 자료 출처를 정리하면 <표 9-14>와 같다.102)

특히 가장 중요한 것은 고조선의 영역 지도와 명도전의 출토지역이 [그림 9-1]과

그림 9-1 명도전 출토지역 분포도103)

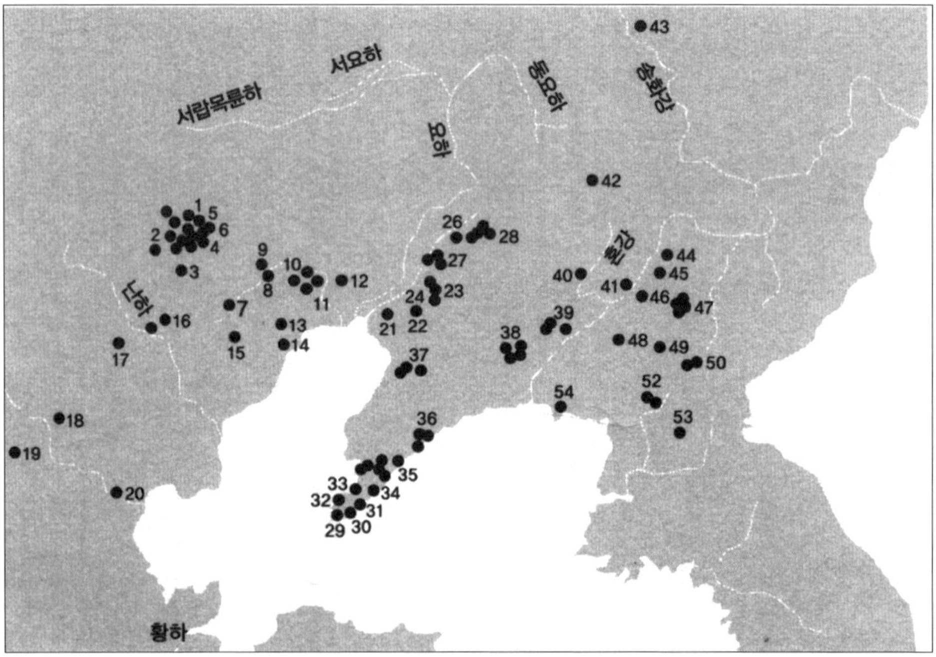

1. 지주산
2. 적봉 산만성
3. 적봉 소성
4. 적봉 신와포
5. 적봉 냉수당
6. 적봉 오한기
7. 건평 수천
8. 조양 송수취자
9. 조양 칠도령
10. 의현 복흥보
11. 의현 노군보
12. 흑산 단가향
13. 금주 대니와
14. 금서 태집둔
15. 조양 건창
16. 승덕 팔가지 남태촌
17. 하북 난평
18. 북경 조양문외
19. 하북 연현
20. 하북 천진
21. 안산 양초장
22. 영성자 대석교
23. 요양 사령방촌
24. 철령 신태자진
25. 본계 장가보자촌
26. 요중현
27. 본계 우심태공사
28. 무순
29. 여대시 남산리
30. 후목성역 루상
31. 여대 여순구구 조가둔
32. 여순 목양성
33. 대련 와방점
34. 대령 둔성지
35. 비자와 고려채
36. 장하
37. 웅악
38. 봉성 봉산공사
39. 관전 여명대대
40. 환인 대전자
41. 집안 태왕릉 부근
42. 사파영자 고성
43. 길림 모아산
44. 자강도 자성군 서해리
45. 자강도 시중군 노남리
46. 자강도 위원구 용연동
47. 자강더 전천군 중암이
48. 평북 동창군
49. 자강도 회천읍
50. 평남 영원군 온양리
51. 영원
52. 영변 세죽리
53. 덕천 청송노동지구
54. 평북 철산군 보산리

출처: 각주 103.

102) 리순진 · 장주협. 1973: 29의 표 인용.
103) 박선미. 2000. <기원전 3~2세기 고조선 문화와 명도전 유적>. 서울시립대 석사학위논문; 성삼재: 150.

그림 9-2 부찐의 고조선 영역 지도[104]

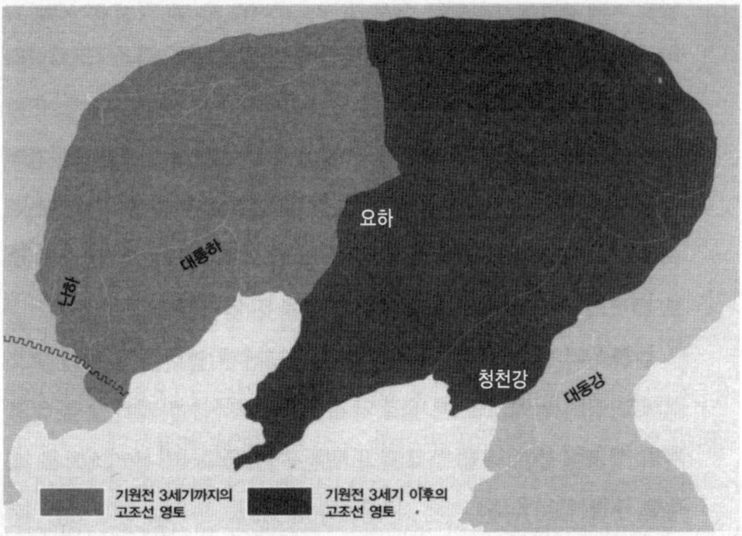

출처: 각주 104.

[그림 9-2]에서 보듯이 너무나 일치한다는 점이다. 그동안 한국과 중국학자들 사이에 고조선 영토의 경계에 대한 논란이 많아서 제3자인 러시아 학자 부찐이나 요하를 패수로 본 크리스 피어스[105]가 주장하는 고조선 영토와 명도전 발굴 지역이 너무나 같은 것이다.

이 때문에 고조선 지역에서 많이 발굴된 명도전은 연나라의 화폐가 아니라 고조선의 화폐일 가능성이 높다는 것이 성섬제의 주장이다.[106] 이러한 명도전이 연나라의 화폐가 아니라 고조선의 화폐라는 주장은 박선미[107]와 중국 길림대학 역사학과 교수인 장보촨(張博泉)[108] 등의 연구들에서 속속 제기되고 있다. 장보촨의 연구 일부를 인용한다.[109]

104) 유 엠 부찐 지음. 이항재 · 이병두 역. 1990. 『고조선역사 · 고고학적 개요』. 소나무: 54; 성삼제: 151에서 재인용.

105) 크리스 피어스 지음. 황보 종우 옮김. 2005. 『전쟁으로 본 중국사』. 수막새.

106) 성삼제. 2016: 137-158 참조.

107) 박선미. 2000. <기원전 3~2세기 고조선 문화와 명도전 유적>. 서울시립대 석사학위논문.

108) 장보촨. 2004. <명도폐연구속설明刀幣研究續說>『북방문물北方文物』. 4기 논문집.

109) 위의 글.

> 기원전 7세기부터 기원전 3세기 무렵까지 만주 지역에는 3종의 화폐가 있었다. 즉, 첨수도, 원절식도폐, 방절식도폐가 그것이다. 이들 화폐 가운데 첨수도는 고죽 또는 기자 관련 족의 화폐이고 원절식은 (고)조선의 화폐이며 방절식은 연나라 화폐다.

장보촨은 명도전이 첨수도, 원절식, 방절식 세 가지가 있는데, 첨수도와 원절식이 고조선 화폐라고 주장한다. 이 주장은 매우 큰 의미가 있다. 현지인 중국 길림대학의 역사교수가 명도전이라는 것을 세 가지 서로 다른 유형으로 나누고 그것이 각각 고조선의 것과 고죽이나 기자관련 화폐이고 나머지 하나만 연나라 화폐라는 점은 이 화폐들의 발굴 위치나 여러 가지 정치·경제·군사적인 사정을 비교할 때 가장 잘 설명하고 있는 것으로 보인다.

한국 학자들이 단순히 중국이나 일본 학자들의 주장을 인용한 것인지 아니면 무슨 근거로 명도전이 연나라의 것이라고 판단하고 중고등학교 교과서에 공표하였는지 근거가 모호하다. 석사학위 수준의 연구에서도 연나라의 것이 아니라 고조선의 것이라는 결론이 제기되고, 고조선과 기자조선의 화폐라는 길림대학 역사학 교수의 연구논문이 제출되었는데도 한국 역사학자들의 태도는 너무나 소극적으로 보인다.

명도전이 연나라 것인지 아니면 고조선의 것인지에 대한 과학적인 규명이 필요하다. 이 화폐들에 대해 보다 과학적인 연대측정 및 구리나 주석의 재질 분석 및 산지 등을 분석하여 철저하게 규명해야 할 일이다. 영국 학자들은 스톤헨지 주변 도랑에 있는 유기물질을 분석하여 유적 제작 당시의 거주인들이 알프스 산맥 부근에서 왔다는 사실을 밝혀 낸 만큼 명도전에 대한 규명도 가능할 것이다.[110] 지금까지 고조선의 영토에서 출토된 명도전이 연나라의 화폐가 아니라 고조선의 것일 가능성이 매우 높은 것으로 나타나고 있다. 명도전이 고조선의 화폐라면 고조선의 사회관계의 성격은 크게 달라질 수 있다. 경제적으로 농업과 잠업이 크게 발달하고 물물교환 대신 화폐 경제에 의해 경제적으로 시장경제가 활발하게 발달함을 보여주는 것이다. 많은 화폐의 사용은 그만큼 경제력이 강성했음을 의미한다.

---

110) 성삼제. 2016: 157.

7. 경제와 사회관계의 변화

(1) 한민족의 시원 문명권과 고대 민족들의 세 가지 경제활동 유형

김용섭은 한국 고대국가의 형성과 변동에 대해 농업경제를 중심으로 하는 경제생활의 이질화에 따른 경제적인 모순 극복 방안에 주목하여서 부족간의 권력관계 변동이 국가형성과 국가변동으로 이어짐을 분석하고 있다. 이것을 위해 먼저 한민족의 시원문명권과 알타이어계 문명의 특징을 규명하고 있다.

한민족의 시원문명권은 중국과는 다른 문명권인 알타이어계 문명권, 고조선 문명권, 동이족 문명권, 동방문화권과 같은 한민족의 독자적인 고유 문명권을 형성하고 발전한 것으로 본다.[111] 한민족은 타 종족, 타 민족과의 결합이나 침략 및 민족이동 등으로 인해 복합문명으로서의 성격을 지니기는 하지만 그 정도가 주류를 바꿀 정도는 아니라는 것이다.

한민족 고조선계는 북방민족으로서 알타이어계 종족이나 민족들인 터키계·몽골계·퉁구스계 민족, 시베리아 동토지대·삼림지대·초원지대를 포함하는 동쪽 베링 연해주 지역에서 서쪽 스칸디나비아 국경지대에 이르는 북방아시아와 남 시베리아 지역에서 다른 여러 민족들과 더불어 교류하고 동서를 질주하고 같이 살아왔다고 보고 있다. 이 지역에는 알타이지방 평원지대에 이 지역의 대표적이며 선진 고도의 청동기문화인 아파나세보문화(기원전 3000년 말~2000년 초), 안드로보노 문화(기원전 17~16세기), 카라스쿠문화(기원전 1200년~1300년)가 발달하고 동쪽 바이칼 호 주변 지역에는 그라스고보문화(기원전 1800년~1300년)가 있었다. 이 지역들 보다 더 동쪽 몽골 만주 시베리아 동쪽 끝에 남 시베리아 지역의 문화와 다른 요하문명이 더 일찍부터 발달하고 있었다.[112]

근래 알려진 요하문명은 홍산문화, 하가점하층문화, 하가점상층문화 및 초기 철기문화인데 그 시작은 기원전 6200년~5000년 또는 기원전 6000년~5500년경의 흥륭와(興隆窪)문화의 흥륭구(興隆溝) 유적, 그리고 기원전 5000년경 요동지역 심양부근의 신락(新樂)유적에서부터이다.

---

111) 이기문. 1991. 『국어사개설』. 탑출판사; 김방한. 1983. 『한국어의 계통』. 민음사; 최한우. 1995. <한반도 민족형성에 관한 역사 비교언어학적 조명>『한국사회사학회논문집』. 47; 주채혁. 2006. <몽골-<貊高麗>, 유목형 '고구려' 世界帝國考>『백산학보』. 76.

112) 김용섭. 2015: 53-54.

고조선은 요하문명 지역에 가까이 접해 있는 지역에서 일찍부터 정착하여 발달해온 조선계 고죽국 집단이 있고 산동반도 요동반도를 거치는 유통로와 함께 중국과의 문물 교류 중계역할이 활발해 청동기문명이 발달했다. 이러한 주변의 문화들과 더불어 고조선은 그 한가운데에서 그들과 충돌하고 교류하면서 문명을 발전시켰다.[113)]

이들 북방민족 알타이어계 문명들은 첫째, 각자 알타이어계 언어체계를 정착시키고, 둘째, 수렵・채집생활에서 농경・목축 유목생활을 전전하며 북방 아시아지역을 이동하며 살아왔고, 셋째, 북방민족 상호간, 그리고 중국과 상호 정복전쟁을 벌이며 정착 농경생활에 적합한 땅을 차지하기 위한 끊임없는 경쟁을 하고, 넷째, 중국문명과 계통을 달리하는 비파형동검 등 청동기문명을 창안・발전시켰고, 다섯째, 그들의 토착종교인 샤먼교를 믿으며 천신숭배 신앙을 발전시키는 공통적인 특징을 가지고 있었다.[114)]

한민족은 이러한 특징을 가지면서 이들 가운데 가장 먼저 만주, 요서・요동, 한반도 지역, 그리고 산동반도 주변 연해안 지역에 정착하여 농경생활을 하였다. 고조선을 창업한 민족들은 기본적으로는 알타이어계라는 점에서는 동일하면서도 그 안에서 민족들 사이에 경제생활이 서로 달라 이질화하고 있음을 주목한다. 이들 민족 사이에 역사가 발전하고 사회가 발전하며 농경문화가 발전함에 따라 알타이어계 북방민족들의 경제생활에는 큰 변화와 차별화가 발생하게 되었다.

그 결과 북방민족의 경제생활은 첫째, 목축・유목민생활, 둘째, 반농반목・수렵・어로생활, 셋째, 정착농경생활 등으로 크게 나뉘게 되었다. 이러한 경제생활에서의 차이는 종족이나 민족 간의 이질화와 경제력의 차이, 그리고 문명의 차별화・격차가 커졌다.

첫째, 목축・유목민생활을 하는 민족은 고대 한민족의 초기 문명발전 과정에 해당하며, 지역 간 이동을 활발하게 하여 동서 간 경제・무역・문화・문물 등의 소통을 가능하게 하는 상시적인 통로와 길을 개척하여 선진문물을 중계 무역할 수 있었다. 수렵・목축・유목민생활을 하다가 경제가 발전하면서 농업경제 친화적으로 전환하게 되었다.

둘째, 반농반목・수렵・어로생활을 하는 부족들은 농사와 목축을 반반 정도씩하고 수렵과 어로생활을 다양하게 하여, 한민족과 같이 일찍부터 농경문화를 개척하고 농경지대에 서서히 정착하여 살게 되면서 점진적으로 정착농경생활을 지향하게 되었다.

---

113) 김정학. 1990.『한국상고사연구』. 범우사; 복기대. 2002.『요서지역의 청동기시대 문화연구』. 백산자료원; 김영희. 1997. <신락유적에 대하여>.『한국선사고고학보』. 4; 안승모. 1998.『동아시아 선사시대의 농경과 생업』. 학연문화사; 김정배. 2002.『고조선에 대한 새로운 해석』. 고려대학교 민족문화연구원; 르네 그루쎄. (김호동・유원수・정재훈 역). 1998.『유라시아 유목제국사』. 사계절; 김용섭. 2015: 55.

114) 김용섭. 2015: 55－56.

셋째, 정착농경생활 등을 하는 민족들은 선진 농업경제를 발전시켜 경제수준과 경제력을 크게 향상시키고 문화적으로도 앞선 선진문화를 발전시킨 민족이다.

(2) 고대 한민족의 농경문화 발전과 고조선 국가형성

사회관계를 나타내는 근본이 되는 문명이 구석기시대, 신석기시대, 그리고 청동기시대를 거치면서 고조선의 건국을 위한 사회적인 관계가 응집되고 있었다. 고대 한민족의 농경문화는 원시 씨족사회의 농업공동체에서 시작하여 부족사회 부족국가의 농촌공동체를 통하여 농업을 개발하고 요하문명과 더불어 농경문화를 발전시켰다. 신석기시대 말기에서 고대사회 초기로의 전환기에 농경문화의 발전으로 농업생산이 증가하고 잉여가 발생하여 농지의 사적 소유가 확대되었다. 농업생산의 발전은 신분 계급이 형성되고 갈등구조가 심화되어 이를 극복하기 위해 정치권력이 생성·확장되었다. 정치권력의 확대·강화는 국가 형성의 기반을 구축하게 되었다. 선사시대에서 고대사회로 넘어가는 전환기의 근본적인 사회관계의 변화에 따른 사회발전과 대표적인 사회변동의 양상이었다.

선사시대에서 고대사회로 이동하는 전환기이며 신석기시대 말기와 고대사회 초기에 농경사회발전의 주도적인 부족민들이 마을 주거지에 가까운 산언덕 지역에 커다란 고인돌 무덤이나 지석묘 등 웅장한 상징물들을 만들어 고대문화의 대표적인 상징으로 남았다. 이러한 고인돌과 지석묘는 고대 한민족의 상징물이며 고유한 문화적인 특성으로 농경문화를 개발·발전시키고 황무지에서 신시대의 국가를 건설한 그들의 농업지도자와 농업영웅들의 죽음을 애도하고 그 영혼과 하늘에 제사를 지내던 무덤이며 제단으로 사용된 것이었다.[115]

한민족의 문명이 신석기시대를 거쳐 청동기로 접어들고 정치·경제·사회·사상·

---

115) 박희현. 1984. <한국의 고인돌문화에 대한 한 고찰-그 상한 연대를 중심으로>『한국사연구』. 46; 하문식. 1997.『동북아시아 고인돌문화의 연구』. 숭실대 박사학위 논문; 하문식. 1997.『고조선 지역의 고인돌 연구』. 백산자료원; 하문식. 2011. <요동지역의 문명기원과 교류>『동북아시아의 문명 기원과 교류』. 단국대학교 동양학연구원; 최몽룡·김선우 편. 2000.『한국 지석묘 연구 이론과 방법-계급사회의 발생-』. 주류성; 최몽룡·김경택. 2000. <한국 지석묘사회 연구의 이론적 배경-계급사회의 발생 및 성장을 중심으로>. 최몽룡·김선우 편. 2000; 이성주. 2000. <지석묘: 농경사회의 기념물>. 최몽룡·김선우 편. 2000; 유태용. 2000. <지석묘의 축조와 엘리트 계층의 등장에 대한 이론적 검토>. 최몽룡·김선우 편. 2000; 송호정. 2000. <지석묘 사회와 고조선>. 최몽룡·김선우 편. 2000; 석광준. 2002.『조선의 고인돌무덤 연구』. 중심; 김용섭. 2015. <고대의 농경문화와 고조선의 성립 발전>『요하·홍산 답사기행-요하문명과 고조선』. 지식산업사.

과학·산업 등에 관한 의식과 생활방식이 달라지면서 농경문화의 발달은 사회가 분화되고 신분계급이 형성되며 권력이 발생하면서 국가가 형성되고 고조선이 개국되었다.

고대국가의 개국에 대해 김용섭은 『삼국유사』의 기록을 별자리와 연관시켜 전기 고조선·단군조선의 개국을 해석하고 하늘의 구도질서와 인간사회의 상관관계, 단군신화 속의 3단계 역사 발전, 정치세력의 변동에 의한 정변으로서의 기자조선의 등장, 위만의 국가찬탈과 토착 정치세력 간의 충돌 및 문명전환으로서의 후기 고조선 등에 대해 나름대로 독자적인 체계를 세워서 설명하고 있다.[116]

첫째, 『삼국유사』에서 인용하고 있는 『위서』는 "만주에서 고조선과 이웃해서 살았던 선비족(鮮卑族)이, 중국을 정복하고 지배하던 위(魏, 北魏)나라 때, 고조선 사정에 정통한 인물이 편찬하였던 사서로 보이고, 『고기』는 고려 인종(仁宗)이 문명전환의 한가운데 서서, 이를 보고 무졸(蕪拙)하다고 평가하였던 바로 그 책으로 보인다"고 하면서, 일연이 이 자료들에 보충자료들을 추가하여 "그 논지의 체계를 역사적 사실로서 바로 세우고자 하였던 것"으로 보고 있다.[117] 김용섭은 『삼국유사』·『위서』·『고기』 모두를 "역사적 사실"로 인정하는 입장에 있다.

둘째, 『고기』의 내용을 천강(天降)·천왕(天王)신화, 신혼(神婚) 단군신화 및 기자봉조선설의 세 부분으로 나누고, 개국의 주체를 별로 상징화된 부족집단들의 "현실 역사로서의 고조선의 개국 사정"을 "신들의 이야기라고 하기보다는 하늘·천(天)의 별[日月星辰]들의 구도로 설명하고" 있다.[118] 하늘을 숭배·신앙하는 인간세상의 여러 부족집단들은 하늘 천왕의 자식들이라고 여기는 하늘의 많은 별자리 가운데 하나를 자기 부족의 상징으로 자연스럽게 믿게 되었다. 고조선 개국 시기인 고대 한국 당시에는 문자로 기록된 역사서가 없어 고대국가 건국의 역사를 하늘의 별자리로 구전되어 왔고 그 내용을 후대 역사가들이 고조선의 개국 역사로 기록했다고 해석하고 있다. 이러한 시각에서 하늘의 별자리에 대한 중국 천문서들인 『천문유초(天文類抄)』와 관련 연구들과 중국과학사 연구,[119] 『중문대사전(中文大辭典)』 등을 활용하고 있다.

셋째, 고조선은 동아시아의 북부 만주 일원과 한반도 북부에서 활동하는 부족집단을

116) 김용섭. 2015: 61－135.

117) 김상현. 2012. <"고기"의 사적 검토>『한국고대사학회 제125회 정기학술회의 발표 자료집』. 2012. 4. 14; 이강래. 2012. <'고기'와 "고기": 김상현, "고기"의 사학사적 검토를 읽고>『한국고대사학회 제 125회 정기학술회의 발표 자료집』. 2012.4.14; 김용섭. 2015: 62.

118) 김용섭. 2015: 64.

119) Joseph Needham. 1959. *Science and Civilisation in China*. v. 1－5. Cambridge: Cambridge University Press; Joseph Needham. 이석호 외 역. 1988. 『중국의 과학과 문명』. I－III. 을유문화사.

덮은 하늘의 별자리로서 처음에는 북극성 특히 서자(庶子)별을 상징별로 삼고 있는 부족집단, 해[日]를 상징별로 삼고 있는 부족집단, 그 밖의 몇몇 부족집단이 중심이 되어 건국되었다. 여기에 더하여 천제(天帝)가 하늘의 질서를 바로 잡기 위해 북쪽 하늘의 가운데에 띄워두고 있는 북두칠성(北斗七星)별을 상징별로 하는 대정치세력으로 국가를 이룬 진국은 천제의 명에 의해 서자별을 상징별로 삼는 부족집단의 휘하에서 고조선의 핵심적인 일원으로 통합되었다. 하늘에는 서자별과 북두칠성 사이에 수많은 별들이 있듯이 만주의 넓은 땅에도 수많은 부족들이 흩어져서 살고 있었지만 고조선 건국 주도세력인 서자족·환웅족은 이들에게 개의치 않고 멀리 떨어져 있는 동족끼리 연락하고 결속해서 고조선을 건국하였다고 보고 있다.

넷째, 고조선인들의 신앙과 관련하여 환인은 하늘의 유일무이 지존인 천제로서 북극성을 중추로 하는 자미궁(紫微宮)에 거처하며 북두칠성의 동북쪽에 있는 대웅좌 별무리 속의 환웅별, 서자별, 풍백별, 만월달 등을 거느리는 하늘의 구도 질서가 만들어졌다.[120] 즉, 단군신화는 환인, 서자족 집단, 환웅족 집단, 풍백족 집단, 우사(雨師)족 집단, 운사(雲師)족 집단, 곰 부족집단, 범 부족 집단 등 많은 정치 사회집단들이 하늘의 별들과 같이 서자족 집단, 환웅족 집단, 풍백족 집단이라는 세 집단을 중심으로 고조선을 개국한 인간세상에서 정치사회를 형성하고 질서를 유지하고자 하였던 내용을 기술한 것으로 보고 있다.

다섯째, 별들 사이에도 서열이 있듯이 서자족 집단과 환웅족 집단이라는 두 정치집단이 풍백직함의 장관을 통해 나머지 부족들을 거느리고 서열과 서차에 따라 정치사회를 운영하였음을 상징적으로 표현한 것이다.

여섯째, 단군신화는 하늘을 숭배하고 신앙하는 선진문화의 환웅족 집단이 서자족 집단과 풍백족 집단의 안내로 곰과 범을 토템신앙의 대상으로 하는 부족집단들 사회에 와서 이들과 연합하고 결합하여 하늘을 숭배하는 더 큰 정치사회를 형성하였다. 이 과정에 새로운 정치사회는 각 부족들이 그동안 의존했던 부족사회·씨족사회·원시공동체사회를 운영하던 종래의 정치원리로는 어렵고 더 큰 틀의 강력한 정치운영 원리를 필요로 하였다. 중국문명을 상징하는 황제와 요하문명을 상징하는 치우(蚩尤)의 격돌이 있었고, 만주지역의 강성해진 국가들과의 경쟁에서 이기기 위해 막강한 권력이 부여된 제정일치의 천왕(天王) 천군(天君)정치가 등장하게 되었다.

---

120) 김동일. 1996. <별자리가 새겨진 고인돌무덤에 대하여>『조선고고연구』. 제3호; 김동일. 1997. <증산군 룡동리 10호 고인돌무덤의 별자리에 대하여>『조선고고연구』. 제3호; 김동일·전문건. 1999. <고인돌무덤에 새겨져 있는 별자리의 천문학적 년대추정에 대하여>『조선고고연구』. 제4호.

일곱째, 고조선 사회의 의식주와 산업문제를 전담하는 전문가 집단인 서자족 집단은 부강한 국가 건설을 위해 농업경제 농업공동체를 국가기획 차원에서 전담하고, 농경생활과 수렵생활을 발전시키기 위해 천문기상을 잘 관측할 뿐만 아니라 가뭄, 폭우, 홍수 등 기후변화에 대비하기 위해 운사와 우사 등의 기상 농업전문가 집단을 국가운영에 동참시켰다.

여덟째, 단군신화에 반영된 이러한 고조선 건국의 실체는 신석기 말기에서 청동기시대로 넘어오는 시기에 많이 일어나는 정치·경제·사회·신앙 측면에서의 급변이 요구하는 정치조직의 변동에 대해 압축적으로 정리한 역사서술인 것이다.

아홉째, 환웅이 하늘에서 내려온 것은 환웅족 집단의 선진지역으로부터의 이동을 의미하는 것이며, 단군신화는 가공적인 신화가 아니라 구체적 현실적 사실로서 서술되었던 것이다. 그 선진문화는 비파형동검 및 남 시베리아 알타이 지방의 고도한 청동기 문화와 관련된 '요하문명' 가운데 적봉·조양지역의 기원전 3500년~3000년 '홍산문화 만기의 문화권'과 관계가 높을 것으로 본다. 홍산문화권에서 기원전 4400~3300년 바로 단군조선의 시기에 그들이 숭배하던 여신상이 파괴된 상태로 여신묘(女神廟)유적지에서 발굴된 것으로 보아 홍산문화권의 정치적 불안으로 지배족의 위상에 큰 변동이 있게 되자, 하가점하층문화단계에 요하 동부 요양지역에 있던 서자족 진국집단, 풍백족 집단 등이 동료집단인 환웅족 집단을 태백산으로 안내하여 이동했을 것으로 추정하고 『고기』에서 기록하는 것으로 보고 있다.[121]

열째, 단군신화 속의 3단계 역사발전에서 첫 단계인 천강·천왕신화 단계는 고조선 건국의 정지작업 시기이고, 둘째 단계인 신혼(神婚) 단군신화 단계는 고조선 건국 단계이고, 셋째 단계는 기자 봉조선설 단계로서 중국에서 기자가 온 것이 아니라 고조선 안에서 사회경제 특히 농경문화가 발전하여 단군정권이 기자가한의 기자정권으로 교체되고 고대사회 고대국가가 확립되는 새로운 시기로 보고 있다.

열한 번째, 단군신화의 첫 단계인 단군조선 건국의 정지작업 시기에 정치적으로 서자족·풍백족·우사족·운사족 집단과 곰·범 등 부족집단을 횡으로 연결 결합, 부족연맹체 국가를 형성하였다. 주곡(主穀)·주명(主命) 등 정치운영의 체계를 세우고, 풍백·우사·운사 등 직함의 농업전문가 집단의 장관들에게 농업기반 공사를 하게 하고 환웅은 부족연맹체 국가의 통치자인 천왕(天王)이 되었다. 환웅천왕은 정치적 통합은 물론 씨족이나 부족 차원에서 이루어지던 개별 분산적인 토템신앙을 환웅천왕 중심의 샤먼교적인 제천신앙으로 통합시켰다. 환웅은 정치적으로는 천왕이고 종교적으로는 제

121) 김용섭. 2015: 75-77.

천을 주관하는 천군이었다. 신시(神市)는 제천을 위한 종교적인 성지였고, 환웅시기의 천왕정치는 제정일치의 신권·신정정치의 시기였다. 이러한 통치체제의 구축은 이전 주거지역에서의 이민족과의 투쟁과 통치의 경험을 기초로 하여 이루어진 것으로 추정하고 있다.[122]

열두 번째, 신혼 단군신화의 두 번째 단계는 단군이 그 아버지 환웅의 계획에 따라 정식으로 국가를 조선으로 개칭하고 태백산에서 그리 멀지 않은 평양성에 도읍을 두고, 정치체제는 그 이전과 같이 제정일치의 신권·신정정치를 한 것으로 추정하고 있다. 단군이라는 호칭은 사람이름이 아니라 제천행사의 주재자인 천군(天君)·단군(檀君)·단군(壇君)에서 유래한 정권·정체의 명칭이었다. 단군정권의 통치기간이 길어 농경문화와 같은 사회경제 조건의 발달 양상에 따라 정치권력도 점진적으로 변동하고 그 결과가 기초가 되어 기자조선으로의 정권교체가 있게 되었다.[123] 단군은 천자 환웅의 아들이고 그 계승자로서 별들 서열에서는 천자의 지위에 있어서 그는 평양에 신단을 마련하여 천군의 자격으로 그 조상인 하늘과 태양신에게 제사를 올리고 그 천왕의 권위로 나라를 다스렸다. 그는 제정일치체제에서 정치적으로는 천왕·잉검·가한(가간·카한)이었고 종교적으로는 제천행사를 주재하는 천군(天君)·단군(檀君)·단군(壇君)이었으나, 그의 호칭은 하늘에서 온 임금이라는 점에서 '하늘 카한(텡그리 카한)' 또는 하늘의 자손이라는 점에서 '햇님 카한'으로 불렸을 것으로 추정한다.[124]

열세 번째, 단군신화의 세 번째 단계인 기자봉조선 단계는 사회적인 모순구조의 심화와 사회변동으로 인해 농업경제와 청동기문화에서 선진부족은 경제성장과 발전을 추구하여 부의 분배를 중시하는 단군조선의 지배족을 공격하여 부족간 권력 투쟁과 권력 이동과 같은 정변의 결과로 기자족이 정권을 찬탈하게 되었다. 그 결과 단군시대 천왕의 신권·신정정치에서 기자족지배 정권 칸들의 합의제 귀족 정치로 바뀐 것으로 해석하고 있다. 단군조선 동안 비약적인 농경문화의 발전과 농업공동체 사회 해체·농촌공동체 사회로의 이행·농지의 사적 소유제와 사유재산제 발전·수직형 신분사회계급 형성 등으로 "농업공동체·농촌공동체 내의 호민층과 빈농층 사이, 그리고 선진지역 부족국가와 후진지역 부족국가들 사이에, 이해관계의 차이에서 오는 견해차가 커질 수 있고, 사회적 모순구조가 심화되어 갈등·대립·마찰이 발생"하여, "농업이나 청동기문

122) 위의 글: 77－78.
123) 김용섭. 2015b. <고대의 농경문화와 고조선의 성립 발전>『요하·홍산 답사기행－요하문명과 고조선』. 지식산업사.
124) 김용섭. 2015: 77－79.

명을 가장 잘 발전시키고 있는 선진지역 부족국가에서는, 개발 발전 등 앞으로 나아가고자 하는 강한 발언을 했을 것이며, 그것은 부의 배분에 역점을 두는 단군정권의 농업공동화정책을 강하게 비판하였을 것"으로 분석한다.

그 근거를 후기 고조선인 기자조선의 쇠망 이후 등장한 부여의 옛 풍속에는 홍수나 가뭄 등 기후변화로 인한 오곡불숙(五穀不熟)뿐만 아니라 국가존망의 위기에 직면할 경우 국왕은 책임을 지고 추방을 당하는 옛 풍속이 그 이전 예국(濊國) 시절까지 거슬러 올라가는 것에서 찾고 있다. 기자정권은 정권교체에는 성공했지만 그 국가체제 국력이 강성하기는 어려워 서자별을 상징별로 삼고 있는 서자족·진국집단이 기자조선·후기조선을 대표하는 우두머리 가한, 즉 수장으로 추대되었다. 단군조선에서 풍백·우사·운사 등의 장관 가운데 수석 장관역할을 한 풍백족은 세 정치집단 가운데 관료를 조직해내는 한 축으로 기자조선에서도 지배부족으로 참여하게 되었다. 중국에서 기자가 온 것이 아니라 고조선 안에서 사회경제 특히 농경문화가 발전하여 단군정권이 기자가한의 기자정권으로 교체되고 고대사회 고대국가가 확립되는 새로운 시기로 보고 있다.[125)]

열네 번째, 고조선 말기인 기원전 4세기 말 3세기 초 연나라 소왕 때 진개가 동방을 정벌하여 고조선을 더 동쪽으로 밀어내고 위만의 국가찬탈, 한사군 설치, 중국 군현세력과 토착 정치세력의 충돌, 기자가한체제의 국가를 국왕체제의 국가로 각각 변동하였다.[126)]

(3) 김용섭의 사회관계 응집에 대한 평가

첫째, 중세와 근대 등 한국경제사를 농업경제를 중심으로 보는 농업사와 문명사적 관점에서의 한국고대사를 진보적인 입장에서 탐구하며 한국사의 발전 과정을 거시적으로 연구해 온 김용섭은 단군조선의 건국을 전기 고조선, 고조선, 후기 고조선의 시대에 대한 『삼국유사』의 단군신화를 신화가 아니라 역사로 인정한다. 고조선의 역사성을 밝히기 위해 고대천문학 등 과학적 연구들을 활용하여 고조선 시대에는 한자나 문자가 없어서 고조선 개국상황과 개국 과정에 대한 역사를 기록하지 못한 대신에 하늘의 자미궁, 북극성, 북두칠성 등의 부족의 별을 상징으로 삼아 별에 기록한 것으로 보고 단군신화의 내용을 역사적인 사실로 해석해내고 있다.

---

125) 위의 책: 88-107.
126) 위의 책: 107-134.

둘째, 전기 고조선의 역사성을 수용하고 신석기말 청동기 초의 부족연합 국가체제를 인정하고 있다. 전기 고조선 시대는 환인과 서자족의 시대인 만큼 이 시대를 단군조선의 건국 준비기로 보는 것은 단군조선의 역사적인 근거를 강화시키는 의미가 있다. 『삼국유사』에서 '석유환인'이냐 '석유환국'이냐를 두고 논쟁이 벌어진 이유도 전기 고조선에 해당하는 기간을 신화로 보느냐 역사로 보느냐에 매우 중요한 일인데, 전기 고조선의 역사성 인정은 환인과 환국의 내용을 '부족연맹국가'라는 역사적인 실체로 해석하는 것이어서 한국고대사의 내용에서 매우 중요한 의미를 지닌다.

셋째, 고조선 국가의 형성을 농업공동체와 농촌공동체 사회의 모순과 예·맥족의 결합이라는 사회관계의 응집으로 접근하는 측면은 국가이론에서 매우 의미가 큰 것이다. 농업경제와 청동기시대의 발전과 사회적 모순의 심화가 그 모순을 풀기 위한 구체적인 농업정책의 방향인 평등과 분배라는 가치정향을 가진 고조선 지배세력인 맥족에 대해 성장과 발전이란 가치정향을 지향하는 서자족·예족이 정변을 일으켜 정권을 탈취하였다는 주장은 새로운 시도로서 의의가 높다.

넷째, 한국고대국가에 대한 경제사적인 접근의 대표적인 예는 농업경제를 중심으로 고대국가 이후의 역사를 통사적으로 연구한 김용섭의 연구들을 수 있는데,[127] 그는 사회관계와 고대문명, 그리고 지배부족이라는 세 가지 변수들을 융합시켜, 단군조선의 건국을 예족과 맥족이라는 2부족의 결합으로 설명한다. 그는 한국고대사에 대한 과감한 가설과 파격적인 해석으로 단군조선, 기자조선, 위만조선 등을 정권 차원으로 보고 고조선이라는 국가가 농업경제의 사회적 모순 및 이것이 유발하는 정치적인 이해관계를 중심으로 지배 부족 간에 정치적인 권력투쟁과 정권찬탈과정을 설명한다. 그러한 고조선의 정권변동과 부족의 권력관계에 대한 설명을 고조선 건국 이후 두 부족은 성장을 중시하는 예족과 평등과 분배를 중시하는 맥부족으로 서로 경쟁해오면서 3국 시대, 남북국 시대, 고려, 조선시대를 거쳐 현대까지 그 부족의 DNA를 유지하여 옴을 설명하고 있어서 그 주장의 적실성이 높은 것으로 평가된다.

다섯째, 그의 핵심 논리는 요서의 맥족은 부의 균형 있는 배분을 중시하여 농업 공동화를 추진했고, 요동의 예족은 국가 발전을 위한 경제개발을 중시해 대토지 소유제를 추구하였다는 주장을 하여 부족의 성향이 국가건설과 정치변동에 중요한 영향을 주고 있음을 밝혀낸 점이다. 한국 민족이 중국 요하문명권에서 꽃핀 홍산문화의 주역이었던 청구국(靑邱國)에서 시작되었다고 보면서 청구국이 중국 민족·문명의 시조인 황제(黃帝)의 정복 전쟁에서 패하여 무너진 뒤 그 유민이 요동과 요서에 예족과 맥족으로 자리

127) 김용섭. 2017: 앞의 책.

를 잡았다고 본다. 이처럼 서로 다른 가치를 추구하던 맥족과 예족 두 종족이 연합하여 고조선을 건립하였고 맥족의 환웅과 단군이 권력을 잡아 '홍익인간'의 건국이념을 내세웠다. 그러나 평등과 배분보다 농업발전을 추구하던 예족세력이 단군의 지배에 대해 반대하는 정변을 일으켜 예족의 기자를 추대하여 국왕을 교체하였다고 보고 있다.

여섯째, 맥부족과 예부족의 갈등과 대립은 고조선 이후에도 이어졌다고 본다. 중국 한(漢)나라의 침략으로 고조선이 멸망하자 유민들이 백두산 북서쪽과 요동에 부여를 건국하여 고조선을 재건했다. 그러나 정치경제적 이념이 평등과 성장, 분배와 발전이라는 서로 다른 지향을 하고 있는 두 부족은 함께하기 어려워 맥족은 고구려와 백제로 이어졌고, 예족은 남쪽으로 내려와 삼한(三韓)을 거쳐 신라를 건국하였다는 것이다.

이처럼 예족은 성장과 경제발전을 중시하여 고조선 이후 부여, 삼한, 신라와 고려 및 조선의 지배세력으로 이어지고, 맥족은 평등과 분배를 중시하여 고조선 건국 이후 지배세력으로 있다가 부여, 고구려, 백제, 발해 등을 건국하여 지배해 오다가, 고려와 조선시대에는 지배세력에서 밀려나 지금까지 이어져 왔다는 거대한 가설을 제시하여 후속연구의 기반이 되고 있다.

8. 의식주생활과 사회관계

인간 삶의 기본은 의식주이고 인간 사회생활관계의 기본도 의식주생활이다. 고조선 건국의 동기가 되는 세 가지 위기도 의식주라는 인간의 기본적인 삶을 위협하는 것으로 해석할 정도로 의식주는 인간생활에서 중요한 기본적인 사회관계의 하나라고 할 수 있다.

(1) 고조선 사람들의 복식과 의생활

1) 관련 기록과 유물들

고조선 사람들은 흰색의 도포나 바지를 입고 모자를 쓰며 다양한 장식을 한 것으로 여러 기록들과 유물에서 확인할 수 있다. 함경북도 선봉군 굴포리 서포항에서 발굴된 고조선 시대의 청동기 유물에서 흙으로 만든 남자 인형이 아랫도리가 넓게 퍼져 있으며 머리 위에는 모자를 쓰고 서 있는 형태인데 이것은 고조선 남자들이 두루마기 같은 겉옷을 입고 머리에는 고깔같은 모자를 썼었던 것을 나타낸 것으로 보인다.[128] 또한 함경북도 무산군 무산읍 범의구석 유적 청동기문화층에서 출토된 남자 조각품은 머리 위에 둥근 모자를 쓴 것처럼 보여,[129] 고조선 사람들은 둥근 모자와 고깔모자를 함께 썼음을 보여준다.

또한 『삼국지』·『후한지』·『한서』 등에도 의복에 대한 기록들이 있다.

> (부여 사람들은) 국내에 있을 때의 의복은 흰색을 숭상하며 흰 배로 만든 큰 소매 달린 도포와 바지를 입고 가죽신을 신는다.[130]
>
> (예 사람들은) 남녀 모두 곡령(曲領)을 입는다.[131]
>
> (예 사람들은) 남녀가 모두 곡령을 입는데 남자는 넓이가 여러 치 되는 은화(銀花)를 옷에 꿰매어 장식한다.[132]
>
> (고구려 사람들은) 그들의 공공 모임에 모두 비단에 수놓은 의복을 입고 금과 은으로 장식한다.[133]
>
> (고구려의) 대가(大加)와 주부(主簿)는 모두 책(幘)을 쓰는데 중국의 관책(冠幘)과 같기는 하지만 뒤로 늘어뜨리는 부분이 없다. 소가(小加)는 절풍(折風)을 쓰는데 그 모양이 고깔과 같았다.[134]
>
> (예 사람들은) 삼을 심고 누에를 기르며 길쌈을 할 줄 안다.[135]
>
> (마한 사람들은) 양잠을 할 줄 알며 길쌈하여 배를 짠다.[136]
>
> (한 사람들은) 구슬을 귀중히 여겨서 옷에 꿰매어 장식하기도 하고 목이나 귀에 달기도 한다. 그들은 대체로 머리를 틀어 묶고 상투를 드러내놓으며 베로 만든 도포를 입고 짚신을 신는다.[137]
>
> 은의 도가 쇠퇴하자 기자는 조선으로 가서 그 지역 주민들을 예의로써 가르치고 농사짓고 길쌈했다.[138]

---

128) 김용간·서국태. 1972. <사포항 원시유적 발굴보고>『고고민속론문집』 4. 사회과학출판사: 117; 『조선유적유물도감』 1-원시편. 조선유적유물도감편찬위원회. 1988: 148.

129) 『조선유적유물도감』. 1988: 204.

130) 『삼국지』 권 30 <동이전><부여전>.

131) 『후한서』 권 85 <동이열전><예전>.

132) 『삼국지』 권 30 <동이전><예전>.

133) 『후한서』 권 85 <동이열전><고구려전>.

134) 위의 책.

135) 『후한서』 권 85 <동이열전><예전>.

136) 『후한서』 권 85 <동이열전><한전>.

137) 위의 책.

138) 『한서』 권 28 <지리지> 하.

2) 의복 · 복식 · 모자 · 토시 · 신발

첫째, 이 기록들은 고조선의 거수국인 부여 · 고구려 · 예 · 한과 고조선이 붕괴한 이후의 고구려 · 예 · 한의 의복 풍습에 대한 것들이지만 이것들은 고조선을 계승한 것으로 볼 수 있으므로 이 기록들을 미루어 고조선 사람들은 큰 소매가 달리고 목둘레가 둥근 옷깃을 한 도포를 입었고, 옷에 은화 장식을 꿰매어 멋을 낸 것으로 볼 수 있다. 또한 비단 옷에 수놓은 의복을 입고 금과 은으로 장식하였음을 확인할 수 있다.

둘째, 고조선의 거수국이었던 고구려의 경우에는 신분에 따라 모자를 다르게 하여 대가나 주부와 같은 고위층은 둥근 모자를 썼고 지위가 낮은 소가는 모자가 꺾이는 고깔과 같은 절풍을 썼는데 고조선에서도 지위에 따라 모자와 복식을 달리 했음을 보여준다. 고조선인들의 바느질 솜씨는 뛰어나 범의구석 8호 집자리에서 자작나무 껍질을 누빈 것이 발견되었는데 그 솜씨가 쇠바늘로 한 것처럼 상당히 꼼꼼하고 정밀했다.[139]

셋째, 신발은 짚으로 만든 짚신을 주로 사용했다고 기록하고 있으나 귀족이나 산림지역에서는 호피를 입었으므로 가죽으로 된 신발도 신었을 것으로 보인다. 오늘날까지도 한국인들이 즐겨 사용하고 있는 토시를 당시에도 사용했던 유물이 지금도 남아 있다. 함경북도 북청군 토성리의 청동 유적에서 청동으로 만든 토시 한 쌍이 출토되어 고조선인들이 의복에 매우 정성을 들였음을 알 수 있다.

3) 화려한 고급 장신구들

첫째, 고조선 사람들은 종류도 다양하고 수량도 많았으며 매우 정교한 기술과 품격을 지닌 많은 장신구들을 사용한 문화인으로 생각된다. 대표적인 장신구들은 남자들이 주로 사용한 동물 문양이 있는 동패와 여자들이 주로 사용한 구슬류,[140] 단추, 목걸이, 귀고리, 팔찌, 가락지 등이다. 지역에 따라 경제수준이나 재료 확보 조건 등이 달라서 장신구들의 재질 · 종류 · 기술 수준 등이 다르고 매우 다양하다. 재료로는 청동을 비롯해 푸른색 · 자색 · 보라색 · 흰색 등의 벽옥과 천하석 · 공작석 · 구리 · 조개껍질 · 뼈 · 흙 등 자연 재료뿐만 아니라 사기물 · 유리 등 인공적인 재료로 구슬을 만들었다. 구슬 모양도 동근구슬 · 대롱구슬 · 7면구슬 · 장고구슬 · 대추구슬 등 다양했다.[141]

둘째, 고조선 초기에 해당하는 요령성 북표현 풍하 유적에서 출토된 진한 녹색의 옥패, 복숭아 모양의 우윳빛 석벽, 원형의 납작한 송록석 구슬, 관 모양의 뼈구슬, 뼈비녀

139) 황기덕. 1975: 173.
140) 퉁동주 편. 1987. 『중국동북사』. 길림문사출판사: 218－219.
141) 사회과학원 력사연구소. 1991. 『조선전사 2－고대편』. 과학백과사전종합출판사: 246－247.

등과 풍하 유적과 동일한 시기의 하가점 유적 하층에서 출토된 옥종(玉琮)·옥고(玉箍)·옥패식(玉佩飾) 등은 이전의 홍산문화에서 보이는 제작 기술과 예술 품격을 계승하고 있었다.[142] 만주의 북부의 경우에는 옥이나 돌이 많이 사용되고, 남부에서는 청동이 많이 사용되었다.

그림 9-3 고조선 고유 양식의 복식 유물 출토지와 복식 재료 및 양식 확인 지역

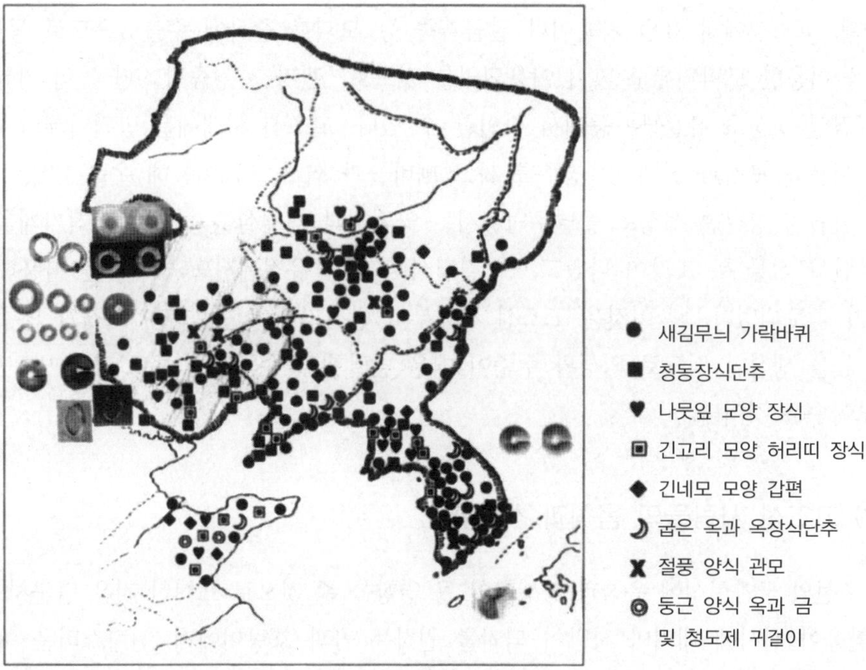

주: 색으로 표시한 영역은 홍산문화권. 이와 관련해서는 박선희. 『한국고대복식: 그 원형과 정체』; 『고조선 복식문화의 발견』; 『고구려 금관의 정치사』. 경인문화사. 2015; 박선희. 2019. 앞의 글: 393에서 재인용.

고조선인들의 고유한 복식의 다양한 유물들이 고조선 영역에 걸쳐 출토되고 있음을 [그림 9-3]에서 확인할 수 있다. 이 유물의 출토지역은 고조선문명의 영역을 실증적으로 확인시켜주고 있다.[143]

142) 퉁동주 편. 1987: 218-219.
143) 박선희. 2019. <복식과 제의문화로 본 홍산문화와 고조선문명>. 신용하 외. 『왜 지금 고조선문명인가』. 나남: 373-447.

4) 양잠 · 길쌈 · 방직기계 사용

첫째, 고조선에서는 삼베 · 모직 · 비단 등을 생산하여 의복의 재료로 삼았고 고조선인들이 직접 양잠과 길쌈을 했음을 확인해준다. 심지어 『한서』<지리지>에서도 '기자가 조선에 와서 농사짓고 누에치며 길쌈했다'고 하여 기자가 조선에 왔을 때에는 이미 농사와 양잠 및 길쌈이 크게 번창했음을 확인하고 있다. 그렇지 않다면 '중화주의에 따른 중국식 표현'으로 '주민을 예의로써 가르치고' '길쌈을 가르쳤다'고 표현했을 것이기 때문이다.

둘째, 고조선에서 표범 가죽이나 말곰가죽 등 모피를 중국에 수출했으므로 동물의 가죽을 이용한 모피의류도 많이 이용되었을 것으로 『관자』<경중갑>편 등의 기록[144]과 길림성 성성초 유물[145] 등에서 확인할 수 있다. 고조선 시대에는 방직기계와 베틀 등을 이용해 모직과 삼배 및 명주를 짜고 뼈바늘과 쇠바늘을 이용해 옷을 지었다.[146] 특히 길림성 영길현 성성초 돌널무덤에서는 양털실과 개털실을 섞어서 방직기계를 이용해 짠 모직물 두 조각이 나왔고,[147] 길림성 후석산 유적에서도 방직기를 사용해 짠 마포가 출토되었다.[148] 이것은 고조선 시대부터 방직기계를 사용하여 모직과 명주 및 삼베 등을 생산할 정도로 의생활 수준이 매우 발달했고 수공업 수준도 크게 발전했음을 보여주는 것이다.

(2) 고조선 사람들의 음식과 식생활

고조선의 국가형성에 음식과 식생활이 큰 영향을 준 것으로 표현한 것은 단군사화이다. 환웅이 신시에 내려와 사람이 되기를 원하는 곰과 호랑이에게 '신령스러운 쑥 한 다발과 마늘 스무 개를 주면서, 너희가 이것을 먹되, 백일 동안 햇빛을 보지 않으면 사람의 형상을 얻으리라'[149]고 약속하고 삼칠일 동안 금기를 지킨 곰은 여자의 몸이 되었지만 호랑이는 금기를 지키지 않아 사람이 되지 못했다는 것이 사화의 내용이다. 이것

144) 환공과 관자의 대화에서 8천리 먼 발조선의 표범 가죽을 비싼 값으로 계산해주어야 한다는 내용이 실려 있다. 『관자』 권 80 <경중갑>. 제80.

145) 길림지구고고단훈반. 1980. <길림후석산유지발굴간보>『考古』. 1980년 2기: 141.

146) 함경남도 무산군 무산읍 범의구석 청동기시대의 유적에서 이전에 비해 뼈바늘이 훨씬 많이 출토되어, 뼈바늘이 신석기층에서 2점, 청동기층에서 30점, 철기문화층에서 5점이 출토되었다. 황기덕. 1975. <무산범의구석 유적 발굴보고>『고고민속론문집』 6. 사회과학출판사: 124-226.

147) 퉁동주 편. 1987: 196-197.

148) 길림지구고고단훈반. 1980. <길림후석산유지발굴간보>『考古』. 1980년 2기: 141.

149) 『삼국유사』<고조선>조: 20.

을 바탕으로 한·예·맥족의 부족연합국가 형성과 관련지워 고조선 국가의 지배연합과 통치세력의 성격을 설명하는 만큼 식생활 등으로 표현되는 부족의 성격이 국가형성에 매우 중요한 영향을 주었음을 의미한다. 이처럼 고조선의 음식과 식생활의 성격은 '사회관계의 응집으로서의 국가'에 중요한 부분임을 알 수 있다.

1) 음 식

첫째, 고조선에서는 벼·보리·기장·조·콩·팥·수수·피 등 오곡을 비롯한 여러 종류의 곡물이 주식으로 사용되었다.[150] 한반도와 만주의 산과 들에 널려 있는 개암·도토리·밤·잣·호두 등의 열매, 고사리·미나리·쑥·참나물·도라지·더덕·달래 같은 자연산 나물, 물고기·대합·굴·미역·김·다시마 등 바다에서 나는 것들은 부식으로 사용되었다. 목축에 의한 개·돼지·소·말·양·닭 등과 사냥에 의한 육지의 멧돼지·등줄쥐·집쥐·비단털쥐·승냥이·여우·너구리·곰·큰곰·검은곰·산달·수달·족제비·오소리·시라소니·삵·범·표범·물개·바다말·수염고래·바다사자·넝이·사향노루·노루·복작노루·사슴·말사슴·산양 등의 멧짐승들이 음식재료로 사용되었음이 여러 유적들에서 확인되고 있다.[151] 고조선 사람들은 갈돌봉과 갈돌판을 사용해 곡물을 가루로 가공하여 음식을 만들어 먹었음을 입증하는 곡물 가루들이 범의구석 유적 2기층 움집자리 중앙에 두텁게 쌓여 있는 등 유적에서 확인되고 있다.[152]

둘째, 음식을 조리한 기구로 유적에 따라 형태나 밑에 뚫린 구멍의 수는 다르지만 오

150) 오곡의 유물은 황해도 봉란군 지탑리 유적, 청진시 무산군 범의구석 유적, 함경북도 회령군 회령읍 오동 유적, 황해도 송림시 석탄리 유적, 평양시 삼석구역 남경 유적, 강원도 양양군 오산리 유적 등에서 출토되었다. 윤내현. 1993. <고조선의 경제적 기반>『백산학보』 41: 5. 볍씨는 경기도 일산과 김포에서 기원전 3000~2000년 무렵에 출토되었다. 임효재. 1992.『한국고대문화의 흐름』. 집문당: 69; 한국선사문화연구소·경기도. 1992.『일산 새도시 개발지역 학술조사보고 I』. 한국선사문화연구소: 29. 청원 소로리 볍씨는 세계 최고인 기원전 13000년 전의 토탄층에서 발견되었다. 출토된 볍씨는 형태와 구조면에서 고대형 단립·장립의 2가지 벼와 유사벼1·2의 2가지 유사벼로 구별되는데, 이들 볍씨의 DNA조성을 현재의 재배벼, 잡초성벼, 야생벼 등과 함께 비교 검토한 결과 평균 39.6%의 낮은 유전적 유사성을 지닌 것으로 밝혀졌다. 이융조·우종윤 편. 2000.『청원 소로리유적』. 충북대학교박물관; 국립문화재연구소 편집부. 2001. <청원 소로리유적>『한국고고학사전』. 국립문화재연구소.

151) 김신규. 1970. <청동기시대의 짐승사냥>.『고고민속론문집』 2. 사회과학출판사: 108-109; 장호수. 1992. <청동기시대 짐승>. 장호수 엮음.『북한의 선사고고학』 3-청동기시대의 문화. 백산문화: 589.

152) 황기덕. 1975. <무산 범의구석 유적 발굴보고>: 165.

늘날의 시루와 비슷한 질시루와 청동시루가 발견되어,[153] 당시 밥과 떡 등을 음식으로 조리해서 먹은 것으로 보인다. 이외에 대추・밤 등의 과일도 재배하여 풍부하게 따 먹은 것으로 기록되어 있다.[154]

2) 술・소금・식초・조미료

첫째, 고조선인들은 하늘과 조상에 대한 제사와 국가적인 축제를 전국적으로 열면서 축제에 술과 같은 음료와 음식이 일찍부터 널리 개발되고 함께 나누었음을 기록[155]과 유적・유물에서 확인할 수 있다. 유물・유적으로는 범의구석 유적・오동 유적과 요동반도의 쌍타자 유적・장군산 유적 등 고조선의 전 지역에서 골고루 잔이 출토되어[156] 기록의 내용을 확인해주고 있다. 『후한서』<동이열전>에는 이러한 풍속을 이은 부여의 영고・고구려의 동맹・예의 무천・한의 5월제와 10월제 등은 각각 하늘에 제사지내는 풍속으로 이 때에는 나라 안의 모든 남녀노소가 밤낮없이 음식을 먹고 술 마시며 노래 부르고 춤을 추었다고 기록하고 있다.[157] 『후한서』<동이열전><부여전>에는 부여 사람들이 모여 "회합을 할 때에는 잔을 올리고 잔을 씻는 예법이 있다"[158]고 하여 한민족이 술을 마실 때 잔을 씻고 상대에게 권하는 음주예법이 고조선 때부터의 풍속

153) 초도 유적과 범의구석 유적에서 질시루가 출토되고 평양시 낙랑구역 정백동 유적8호 무덤에서 청동시루가 출토되었다.

154) 『사기』 권 129 <화식열전> <오씨과>조.

155) 『규원사화』와 『단군세기』에 따르면, 단군 왕검은 무리들과 삼신님께 제사하고, 혈구에 삼랑성을 짓고 마리산에 제천단인 참성단 쌓았으며, 시월 상달마다 하늘에 제사지내고 백성들은 기쁨에 넘쳐 환호하는 축제를 했다. 2세 단군 부루는 봄・가을로 하늘에 제사, 어아가(於阿歌)를 부르며 하늘과 조상에 제사지내고, 3세 단군 가륵은 삼육대례와 삼신제사, 4세 단군 오사구는 태백산에서 삼신제사, 5세 단군 구을은 태백산에 단을 쌓고 사자를 보내 제사, 6세 단군 달문은 구월산에 삼신제사, 11세 단군 도해는 12명산에 국선 소도 설치, 한웅 상(웅상) 설치, 천경신고 조술, 천부경 삼일신고 강연, 13세 단군 흘달은 온 누리에 거문고 노랫소리 넘침, 소도설치하고 천지화 심음, 천지화랑 선발, 14세 단군 고불은 기우제, 16세 단군 위나는 구한의 한들이 영고탑에 모여 삼신과 상제께 제사, 닷세간 백성과 연회・마당밟기, 20세 단군 고홀은 영고탑 개축, 24세 단군 연나는 소도 증설 하늘에 제사, 30세 단군 내휴는 서쪽 엄덕골 병사 사열 후 하늘에 제사, 33세 단군 감물은 영고탑 서문 밖 감물산에 한님・한웅・단군왕검 모시는 서당 삼성사 세우고 친히 제사, 44세 단군 구물은 단을 쌓아 하늘에 제사, 삼신영고의 제사, 삼육대례, 47세 단군 고열가는 단군왕검의 묘를 백악산에 세우고 유사가 사철 제사를 지내게 했다.

156) 조선유적유물도감편찬위원회. 1988. 『조선유적유물도감』 1－원시편: 189・197.

157) 『후한서』 권 85 <동이열전>의 <부여전>・<고구려전>・<예전> 등 참조.

158) 『후한서』 권 85 <동이열전><부여전>. 오늘날 음주문화로서 잔을 돌릴 때 씻지 않고 돌려 병을 옮기는 등 위생이 문제가 되어 최근 잔을 돌리지 않고 자기잔으로만 마시자는 캠페인이 일어나는 것은 그만큼 고조선과 부여의 음주문화와 음주예법의 수준이 심지어 오늘날 보다 더 높았음을 의미하는 것이다.

으로 이어져 높은 위생생활 · 식생활의 예법과 문화수준을 지켰음을 보여준다. 이것은 고조선인의 생활이 단순히 씨족 · 종족 · 부족과 같은 차원의 공동체가 아니라 법 · 예법 · 풍습 등이 엄수되는 국가권력과 사회관계가 지탱하는 높은 수준의 발달된 고대국가를 형성했음을 보여준다.

둘째, 고조선인들은 음식의 맛도 중시하여 소금 등을 사용하여 요리하는 등 높은 식생활풍습을 지닌 것으로 확인되고 있다. 『사기』<화식열전><오씨과>조에 "물고기 · 소금 · 대추 · 밤 등이 풍부하다. 북쪽으로는 오환 · 부여와 이웃했고 동쪽으로는 예 · 맥 · 조선 · 진번의 이익을 관장했다"[159]라고 기록하여 고조선은 거수국인 예 · 맥 · 조선(기자조선) · 진번 등과 긴밀한 교류를 했을 것이므로 소금을 사용하였을 것으로 볼 수 있다. 『후한서』<동이열전><동옥저전>에는 고구려가 동옥저를 병합한 후의 상황을 묘사하며 "고구려는 … 조세로 단비 가죽 · 물고기 · 소금 및 해산물을 징수하고 미녀를 징발하여 종이나 첩으로 삼았다"[160]라고 하여 고조선 시대에 거수국으로 지금의 요서 지역에 옥저로 있다가 고조선이 붕괴하자 동쪽으로 이동하였던 동옥저가 소금생산기술을 가졌음을 확인해준다. 고조선인들은 고기나 물고기 · 해산물 · 채소 등을 소금으로 절여서 물고기로 젓갈을 만들고 고기로 육포를 만드는 등 오랜기간 보존하며 일년 내내 먹었을 것으로 보인다.

셋째, 고조선인들은 음식의 맛도 중시하여 식초 · 조미료 등을 발명하여 사용하였다. 식초는 술이 오래되면 변하여 만들어지는 것인 만큼 자연스럽게 식초를 발명하였을 가능성이 크다. 소금과 식초가 조미료로 사용되고 소금과 물고기 및 채소 등이 젓갈 등의 발효식품으로 만들어지고 이들이 식초나 식물의 즙 · 응축액과 만나면서 여러 가지 조미료와 반찬 등으로 만들어졌을 가능성이 크다.

넷째, 단군사화에서도 나와 있듯이 '쑥과 마늘'은 고조선 한민족의 상징적인 음식이다. 고조선 시대부터 쑥과 마늘은 곰과 호랑이를 사람으로 바꿀 수 있을 정도의 '신령스러운 풀과 열매'로 인정되어 왔다. 이외에도 이미 고조선 시대에 인삼이나 약재들이 신선초와 신령한 풀로 중국에까지 알려진 만큼 고조선의 식생활에 이러한 약재들의 영향이 큰 것으로 볼 수 있다. 지금까지도 쑥, 마늘, 인삼 등은 한민족의 상징적인 약재와 식품으로 인정되었다. 중국 등 외국에서도 인삼 등은 고조선 당시 중국의 진시황은 물론 춘추시대와 전국시대의 왕들도 '신선초 혹은 신령한 풀' · '불로초' · '불사초'로 간주되어 실제 수천 명의 선남선녀를 파견하기까지 했고, 지금까지도 한국의 인삼 · 홍삼은

---

159) 『사기』 권 129 <화식열전><오씨과>조.
160) 『후한서』 권 85 <동이열전><동옥저전>.

중국 · 일본 · 아시아 및 세계인에게 가장 인기있는 식품이 되고 있다. 인삼과 홍삼은 지금도 한국의 상징적인 상품으로 한국정부가 공기업으로 인삼공사를 설립하여 운영할 정도로 중요한 식품이며 약재이다.

다섯째, 쑥과 마늘의 경우에도 한국인은 매우 좋아하여 지금도 약재와 가공 식품으로 애용되고 있지만 반대로 외국인들은 아직도 아주 싫어 하는 경우가 많다.[161] 이러한 것은 음식과 식생활이 민족과 국가공동체의 형성에 큰 영향을 미침을 확인할 수 있게 한다.

3) 그릇 · 식기 · 숟가락 · 젓가락

식생활의 문화적 · 위생적인 수준을 나타내는 필수적 · 대표적인 기기는 그릇 · 식기와 술잔 및 숟가락 · 젓가락 등이다.

첫째, 고조선의 식기와 음식생활은 매우 문화적이고 위생적이었음을 중국측의 기록인 『한서』<지리지>에도 분명하게 기록되어 있다.[162]

> 은의 도가 쇠퇴하자 기자는 조선으로 가서 그 지역 주민을 예의로써 가르치고 농사짓고 누에치며 길쌈했다. … 그 전민(田民)은 변(籩)과 두(豆)를 사용해 음식을 먹는데 도읍(都邑)의 방자한 효리(效吏) 및 내군(內郡)의 상인은 배기(杯器)로 음식을 먹기도 한다.

이것은 기자가 고조선에 왔다는 기원전 12세기 무렵 고조선인들의 식생활을 기록한 것으로 고조선의 주민들이 각각 위치에 따라 다양한 식기를 사용했음을 구별하여 보여주고 있다. 농민들은 대나무로 만든 채소를 담는 굽이 높고 뚜껑이 있는 그릇과 나무로 만든 굽이 높은 그릇[변 · 두]을 사용하고, 대도시의 관리들이나 지방도시의 상인은 고급인 대접류의 그릇이나 잔[배기]으로 음식을 먹는다는 것이다. 중국인들이 그들의 문

---

161) 쑥(mugwort, wormwood)으로는 강화쑥이 유명하며 쑥환 · 쑥엑기스 · 진액 · 쑥가루 · 쑥분말 · 말린쑥 및 목욕탕과 사우나에서도 쑥탕이 보편화하는 등 다양하게 상품화하여 있고, 마늘(garlic)도 생마늘 · 찐마늘 · 흑마늘 · 마늘환 · 엑기스 · 마늘분말 등은 외국인들이 대체로 싫어하지만, 최근 마늘빵 · 갈릭빵 등이 외국인들에게도 제한적으로 조금씩 전파되고 있다. 한때 올림픽에 출전하는 레슬링 · 유도 · 권투선수 등 호흡을 함께하며 몸을 맞대고 경쟁하는 운동선수들이 마늘을 많이 먹고 출전하는 것도 마늘이 강장제로서 힘을 내게 하는 것과 외국인들이 마늘을 싫어하는 것을 이용해 제압하기 위한 방편이라는 선수들의 고백도 식생활이 중요한 의미를 지님을 상징적으로 확인시켜주는 일이다. 허준 지음. 황문환 외 편. 2018. 『동의보감』 권 1~5. 한국학중앙연구원; 이시진 지음. 민족의학연구원. 2018. 『본초강목』. 문사철.

162) 『한서』 권 28 하 <지리지>하.

헌에 농민이나 관리 및 상인 등 고조선인들이 서로 다른 그릇에 음식을 담아 먹는다는 것을 기록한 것은 당시 중국에서는 농민들이 보편적으로 그릇을 사용하지 않아 매우 신기한 것으로 생각하여 특별하게 기록한 것으로 보인다. 중국에는 그런 비슷한 그릇을 사용하지 않았기 때문에 안사고는 『한서주(漢書注)』를 지으면서 변은 대나무로 만든 것이고 두는 나무로 만든 것이라고 주석을 달아 설명하고 있다.[163] 비슷한 내용이 『후한서』<동이열전> <부여전>과 <예전>에도 기록하고 있다.

> (부여사람들은) 먹고 마시는 데에 조(俎)와 두(豆)를 사용한다.[164]
>
> (예 사람들은) 음식을 변(籩)과 두(豆)로써 마시고 먹는다.[165]

이 기록들은 부여와 예에 대한 것이지만 이들이 원래 고조선의 거수국들이었으므로 고조선의 풍습을 이었음을 알 수 있다. 여기에서 부여사람들이 사용했다는 조(俎)는 제사 때 제물・희생을 올리는 높고 평평한 대와 그 위에 올리는 굽이 낮고 편편한 그릇을 의미한다.

둘째, 고조선인들은 숟가락・젓가락을 사용하여 위생적이고 식생활에서의 높은 문화적인 수준을 보였다. 고조선인들이 숟가락을 사용하였다는 것은 매우 문화적・위생적이었음을 의미하는데, 많은 유적들에서 청동과 뼈로 만든 숟가락들이 출토되고 있다. 대표적인 유물로는 서포항 유적의 청동기문화층에서 청동으로 만든 숟가락 2점, 함경북도 나진시 유현동 초도의 청동기 유적에서 뼈로 만든 숟가락 1점 등이 출토되었는데 타원형에 자루가 있는 모양이다. 뼈 숟가락에는 손잡이에 아름다운 조각이 되어 있어서 의복에서의 장식류와 더불어 화려한 문화생활을 영위했음을 보여준다.

청동숟가락이나 뼈 숟가락은 신분이 높은 사람들일 가능성이 높고 일반 고조선인들은 나무나 대나무로 만든 숟가락을 이용했을 가능성이 크다. 숟가락과 더불어 젓가락을 사용했을 가능성도 높은데 다만 나무나 대나무로 만든 젓가락이나 숟가락이 모두 전해지지 않았기 때문에 추측만 할 뿐이다. 이 점에서 한민족이 젓가락을 일찍부터 사용한 것이 오늘날 한국이 세계적으로 반도체산업과 IT 산업분야를 선도하고 가장 앞서게 한 요인이라는 지적에 공감케 한다.

---

163) 『한서』 권 28 하 <지리지>하의 주석.
164) 『후한서』 권 85 <동이열전><부여전>.
165) 『후한서』<동이열전><부여전><예전>.

(3) 고조선 사람들의 주택과 도시 및 주거생활

1) 고조선 서민 주택의 성격

첫째, 고조선인들의 주택은 난방문제 때문에 습지와 같은 특수한 지역을 제외하고는 대체로 지하 움집이었던 이전 시대에서 조금 발전하여 대개 지하 50~60센티미터 정도의 깊지 않은 반지하 움집이었으나[166] 고조선 중기 이후 일부 지상식 건물도 나타났다.

둘째, 집의 평면형태도 이전 시대에는 원형이나 원형에 가까운 사각형이었으나 고조선에서는 직사각형이 대부분이었다.[167] 직사각형 가로와 세로 변의 비율은 1 : 1.4의 비율이 많아 이것을 황금비율로 여긴 듯하다.

셋째, 집자리 바닥의 면적은 10제곱미터 이하의 아주 작은 집에서부터 80제곱미터의 큰 집까지 다양했으나 20제곱미터의 집이 가장 많았다. 이것은 대체로 가족의 기본 구성원이 20제곱미터의 면적에 살고 10제곱미터를 단위로 하여 집의 규모가 커져 갔다.[168]

넷째, 고조선의 주택은 집자리를 단단히 다진 후에 기둥을 세우고 지붕을 만들었는데 지붕은 짚이나 갈대풀 같은 것으로 이었고 그 위에 진흙을 두껍게 바른 것도 있었다.[169] 북부 산간 지역은 보온을 위해 두터운 흙을 덮었고 기둥도 더 굵고 주춧돌도 일찍 출현했다.

2) 주택의 일곱 가지 유형

고조선 서민들의 일반 주택은 일곱 가지의 유형으로 나뉜다.[170]

첫째 유형은 직사각형의 집자리에 양쪽 두 줄과 가운데 한줄, 모두 세 줄의 기둥이 세워진 집 유형으로 석탄리 유적의 8채의 집자리[171]와 평안남도 남포시 강서구역 태성리 유적의 집자리가[172] 이 유형에 속한다. 각 집에는 화덕이 하나씩 있었고 나머지는

166) 지역에 따라 움집의 평균 깊이가 동북 지역 71.8, 서북지역 44.6, 중부지역 46.0, 남부지역 46.6센티미터였는데 그 차이는 지역의 기후 때문이라 본다. 윤기준. 1985. <우리나라 청동기시대 집터에 관한 연구-지역적 특성과 그 구조를 중심으로>『백산학보』 32: 46.

167) 김용남 · 김용간 · 황기덕. 1975. <청동기시대 집자리를 통하여 본 집짜임새의 변천>『우리나라 원시 집자리에 관한 연구』. 사회과학출판사: 138-158.

168) 김정기. 1993.『한국목조건축』. 일지사: 21.

169) 위의 책: 24.

170) 일곱 가지 유형에 대한 설명은 윤내현. 2016 하: 317-325.

171) 리기련. 1980.『석탄리 유적 발굴보고』-유적발굴보고 제12집. 과학백과사전출판사: 38-47.

172) 고고학 · 민속학연구소. 1959. <태성리 고분군 발굴보고>『유적발굴보고』 5. 과학원출판사: 112-

아무 시설이 없이 바닥이 우묵하게 파져 있고 움벽 변두리에는 기둥구멍이 5~10센티미터의 작고 얕으며 배열상태는 다소 무질서했고 바닥 중심에는 2~5개의 20~30센티미터 기둥구멍이 있었다. 직사각형의 벽체들을 중앙의 높은 기둥들과 이들을 연결하는 용마루・큰 들보・서까래 등으로 구성된 맞배지붕의 집 유형이다.[173]

둘째 유형은 직사각형이지만 집 모양이 좁고 길며, 서울시 역삼동 유적(현재 강남구 도곡동)[174]과 경기도 파주군 월롱면 옥석리 유적[175]이 이 유형에 속한다. 이 유형은 폭이 좁아 중앙에 기둥이 없이 양쪽의 벽체를 세운 집 유형이다.

셋째 유형은 직사각형 집으로 집안 구조가 두 부분으로 나누어져 절반 부분은 한 단 높았으며,[176] 이 유형에는 석탄리 유적 31호・32호[177]와 평안남도 북창군 대평리 유적 윗문화층 2호 집자리[178] 등이 있다.

넷째 유형은 집의 기둥이 네 줄로 세워졌고 함경남도 회령군 회령읍 오동 유적[179]과 무산군 무산읍 범의구석 유적[180] 등이 여기에 속한다. 이 유형의 집 구조는 가운데 두 줄의 기둥들은 움벽 쪽의 기둥보다 훨씬 긴 것으로 세우고 그 위에 중도리를 건 다음 이 중도리와 움벽 가장자리의 기둥 위에 있는 베개도리에 걸쳐 서까래를 올려 위 끝이 맞물려 경사진 지붕을 만드는 건축구조의 방식, 다른 하나는 중앙의 기둥이나 가장자리의 기둥 높이를 똑 같이 하고 가로와 세로로 굵은 도리와 들보를 걸고 그 위에 대공을 세우고 대공 위에 용마루를 올려 지붕 양쪽을 경사지도록 하는 두 가지 방법이 있다.[181]

다섯째 유형은 양쪽으로 두 줄의 기둥이 있고 그 밖에 벽이 따로 존재하는 건축구조이며, 이 유형에는 자강도 시중군 심귀리 유적 1・2호[182]와 범의구석 유적 17호[183]가

114.

173) 리기련. 1980: 83-87.

174) 김양선・임병태. 1968. <역삼동 주거지 발굴보고>『사학연구』 제20호. 한국사학회: 43-48 및 25 도판 참조.

175) 김재원・윤무병. 1967. 『한국지석묘연구』-국립박물관 고적조사보고 제6책. 국립박물관: 36-40 및 37 도판 참조.

176) 낮은 부분은 50~70센티미터 정도이고 한 단계 높은 부분은 25~30센티미터 정도였다.

177) 리기련. 1980: 59-62.

178) 정찬영. 1974. <북창군 대평리 유적 발굴보고>『고고학자료집』 제4집. 사회과학출판사: 124-125.

179) 고고학・민속학연구소. 1960. <회령 오동 원시유적 발굴보고>『유적발굴보고』 7. 과학원출판사: 16-26.

180) 황기덕. 1975. <무산 범의구석 유적 발굴보고>『고고민속론문집』 6. 사회과학출판사: 124-226.

181) 황기덕. 1984. 『조선 원시 및 고대사회의 기술발전』. 과학출판사: 148.

182) 정찬영. 1983. 『압록강・독로강 류역 고구려 유적 발굴보고』-유적발굴보고 제13집. 과학백과사

속한다. 이 유형은 독립된 기초를 가진 기둥들과 도리·들보·대공·용마루 등의 굵은 재목으로 맞물린 견고한 힘받이 구조로 이루어져 10개 안팎의 기둥으로 100제곱미터나 되는 큰 건물을 세웠다는 것은 당시 이미 큰 건축 자재를 다루는 높은 기술을 가지고 있었음을 의미한다.

여섯째 유형은 정사각형 또는 직사각형에 가까운 집으로 황해남도 용연군 석교리 유적 2호 집자리,[184] 자강도 강계시 공귀리 유적 윗문화층의 집자리,[185] 요동반도 남단의 쌍타자 유적 제3문화층의 집자리,[186] 충청남도 서산군 해미면 휴암리 유적의 일부 집자리 등이 이 유형에 속한다. 이 집들의 벽에 세운 기둥은 벽의 골조를 겸하고 기둥 위에 베개도리·들보·대공·중앙기둥·용마루를 걸어 용마루 좌우로 경사진 맞배지붕을 한 집과 다른 하나는 중앙의 굵은 기둥을 중심으로 네 면의 베개도리에 걸쳐 서까래를 건 사각지붕의 집이라 볼 수 있다.

일곱째 유형은 정사각형 바닥 중앙에 2개의 기둥을 세워 우진각지붕에 가까운 형태를 한 집으로 이 유형에는 충청남도 서산군 해미면 휴암리 유적,[187] 요령성 여대시 쌍타자 유적,[188] 충청남도 부여군 초촌면 송국리 유적[189] 등이 속한다. 이 집의 움벽을 따라 있는 기둥들은 벽체골조를 겸했으며 그 위에 베개도리를 올리고 중앙의 두 기둥은 대공을 겸했으며 두 기둥 사이에 용마루를 걸고 이 용마루와 네 면의 베개도리에 서까래를 걸쳐 네 면이 경사를 이루고 중앙 2개의 기둥 사이는 수평을 이룬 우진각지붕을 만드는 형태이다.[190]

3) 주택의 발전과 온돌 시설의 발명

첫째, 고조선 시대를 통해 주택은 대체로 종래의 단순한 움집이 벽체를 겸한 기둥과

전출판사: 7－11.

183) 황기덕. 1975: 124－226.

184) 황기덕. 1973. <황해남도 룡연군 석교리 원시유적 발굴보고>『고고학 자료집』 제3집－각지 유적 정리 보고. 과학출판사: 38.

185) 고고학·민속학연구소. 1959. <강계시 공귀리 원시유적 발굴보고>『유적발굴보고』 6. 과학원출판사: 9－17.

186) 조중 공동 고고학 발굴대. 1966.『중국 동북지방의 유적 발굴보고』. 사회과학원출판사: 6－16.

187) 윤무병·한영희·정준기. 1990.『휴암리』－국립박물관 고적조사보고 제22책. 국립중앙박물관: 17－28.

188) 조중 공동 고고학 발굴대. 1966: 6－7.

189) 국립중앙박물관. 1986·1987.『송국리』 II·III－국립박물관 고적조사보고 제18책·제19책. 국립중앙박물관: 8－31.

190) 조유전. 1990. <청동기시대 연구사>『국사관논총』 제19집. 국사편찬위원회: 85.

서까래식 지붕이 있는 반지하의 움집으로 발전했고, 다시 벽체와 기둥이 분리되어 벽체·기둥·도리·들보·대공·용마루·주춧돌 등 여러 가지 건축요소를 반영한 견고한 힘받이 구조의 건물로 발전하여 한민족의 집의 원형을 형성했다. 집과 경계지역 사이에 흙이나 돌을 쌓아 담장을 설치하여[191] 주택의 독립성과 보안성을 지켜 집과 담장을 하나로 하는 한민족 전통 건축의 기본 요소를 고조선 시대에 형성했다.

둘째, 주택의 난방시설도 발전하여 고조선 시대에 화덕의 열량을 높이기 위해 화덕을 2개로 늘리고 화덕의 열을 보존하기 위해 화덕 바닥이나 주변에 돌이나 자갈을 달구는 등 여러 가지 시설을 고안하고 고조선 말기인 기원전 2세기 무렵에는 온돌이 나타났지만 실제 발명은 그 이전인 것으로 보인다. 초기 온돌은 토성리 유적에서 다섯 개의 온돌시설이 확인되어[192] 얄팍한 판돌을 돌상자무덤을 만들듯이 고래로 잇대어 만들었다. 고래의 형식은 곧은식과 꺾임식, 고래의 숫자에 따라 외고래와 두 줄 고래[193] 등이 있는데 고래 숫자가 늘어가는 것은 기술이 발전했음을 의미한다.

셋째, 고조선인은 방안의 바닥에서 올라오는 습기와 냉기를 막고 보온하고자 집자리 바닥을 굳게 다지고 불로 달군 곳도 많으며 진흙에 굴껍질을 섞어 바닥을 만들거나 삿자리·멍석·넓고 얇은 널판자 등을 깔았다.[194]

넷째, 널판자는 움벽에 둘러쳤고 천장과 벽체에 자작나무 껍질 40~50센티미터로 규격품으로 잘라 실로 꿰매어 연결하여 도배종이처럼 바르기도 했다.[195]

다섯째, 고조선 집자리에서 칸막이 시설도 발견되었는데 이것은 가족공동체의 삶에서 사생활보호와 같은 가족의 분화를 가능하게 하여 주택의 혁명적인 변화라 할 수 있다.[196]

4) 집자리와 가족 구성원 총수

유적별 집자리 면적은 가족공동체의 구성원의 총수를 추정하여 고조선 시대의 가족 규모를 알 수 있게 한다. 대체로 고대사회에서는 대규모의 가족을 거느린 대가족제도를 가진 것으로 추정된다. 집자리의 면적은 18.8m^2에서 70.0m^2까지이고 가족 규모와 가족

191) 佟主 編. 2006. 『中國東北史』. 長春: 吉林文史出版社: 222.
192) 정찬영. 1966. <우리나라 구들의 우래와 발전>『고고민속』. 1966년 4월호. 사회과학원출판사: 16-18.
193) 정찬영. 1974. <북창군 대평리 우적 발굴보고>『고고학자료집』 제4집. 사회과학출판사: 141-146.
194) 황기덕. 1975: 155·178.
195) 위의 글: 124-226.
196) 고고학·민속학연구소. 1959: 9-18.

공동체 총인구에 대해 김정기는 4~14명(13~41명), 북한은 6~23명(20~67명)으로 추정하고 있다. 전체로는 가족규모가 4명에서 23명까지로 차이가 크지만 매우 큰 대가족이 하나의 집에서 거주했고 이웃한 집까지 함께 가족공동체를 구성하여 가족공동체 총 규모는 13~67명까지 큰 규모로 거주했던 것으로 보고 있다. 이러한 내용이 고조선 지역에서 발굴된 대표적인 유적들에서 나타나고 그것을 정리하면 <표 9-15>와 같다.[197]

표 9-15 유적별 집자리 면적과 가족공동체의 구성원 규모

유적 이름	집자리	넓이	북한의 견해	김정기의 견해
범의구석 유적 제2층 시기의 가족공동체	15호 집자리	46.75제곱미터	15명	9명
	20호 집자리	18.80제곱미터	6명	4명
	35호 집자리	42.64제곱미터	14명	8명
	가족공동체 총인구		35명	21명
공귀리 유적 아래층의 가족공동체	2호 집자리	69.37제곱미터	23명	14명
	3호 집자리	63.00제곱미터	21명	13명
	6호 집자리	70.00제곱미터	23명	14명
	가족공동체 총인구		67명	41명
공귀리 유적 위층의 가족공동체	4호 집자리	39.65제곱미터	13명	8명
	5호 집자리	38.61제곱미터	13명	8명
	1호 집자리	약 40.00제곱미터	13명	8명
	가족공동체 총인구		39명	24명
침촌리 유적 가족공동체	1호 집자리	22.65제곱미터	7명	5명
	2호 집자리	20.59제곱미터	6명	4명
	3호 집자리	22.00제곱미터	7명	4명
	가족공동체 총인구		20명	13명

출처: 각주 197.

(4) 고조선의 궁궐과 창고·감옥 등

1) 고조선의 귀족들의 집

고조선의 수도와 3경·5경과 국읍·소읍 등에의 궁궐터와 집자리는 국왕이나 왕족 및 귀족들의 주거로서 일반 서민들과는 크게 다를 것이다. 『후한서』<동이열전><부여전>에는 "(부여는) 둥근 목책으로 성을 만들고 궁실과 창고, 감옥이 있었다"[198]라고

---

197) 윤내현. 2016 하: 244의 표 6.
198) 『후한서』 권85 <동이열전><부여전>.

기록하여 부여의 성과 궁궐 및 창고 · 감옥이 대단한 규모의 건축물들일 것으로 생각된다. 고조선을 계승한 부여가 이렇다면 고조선의 도읍에서는 큰 성과 궁궐 및 창고 등이 건축되었을 것으로 추정된다.

아직까지 고조선의 도읍과 국읍 등 3경 · 5경 그리고 부수도들의 위치에 대해 정확하게 찾아내지 못하고 궁궐터나 수도에 대한 발굴들이 되지 않아 국왕이나 왕족 및 귀족들의 궁궐 및 저택들에 대한 정확한 정보가 없다. 다만 강화도에 있는 삼랑성이나 형제산성 등을 둘러보면 그 규모가 대단하였음을 알 수 있고, 평양의 단군릉 유적 발굴과 평양성에서의 일부 유물 발굴은 고조선의 도읍에 대한 향후의 발굴과 관련하여 검증해야 할 일들이다.

2) 고조선 중심지로 추정되는 집자리 유적지

고조선 중심지로 추정되는 집자리의 유적들로 평안북도와 요령성 여러 지역에서 발굴된 집자리를 들 수 있는데 이들을 정리하면 <표 9-16>과 같다.[199]

표 9-16 고조선 중심지로 추정되는 집자리 유적지

유적 이름	유적의 위치
세죽리 유적 위층	평안북도 영변군 세죽리
단산리 유적 위층	평안북도 박천군 단산리
연화보 유적	요령성 무순시 연화보
양초장 유적	요령성 안산시 양초장
윤가촌 유적 위층	요령성 여대시 여순구구 철산공사
대니와 유적 아래층	요령성 금주현 대니와
고려채 유적	요령성 금현 비자와
대령둔성터	요령성 금현
목양성터	요령성 여대시

출처: 각주 199.

고조선의 도읍과 관련하여 기원전 3~2세기 무렵의 유적으로 추정되는 요령성 여대시 목양성 유적과 단산리 유적, 윤가촌 유적 등에서는 여러 가지 아름다운 문양과 문자로 새겨진 기와 조각들이 출토되어 고조선 지배 귀족은 여러 종류의 기와와 막새를 사용한 화려하고 웅장한 건물에서 살았을 것으로 추측할 수 있다.[200]

199) 윤내현. 2016 하: 85의 표.
200) 위의 책: 329.

3) 고조선의 신시·도읍·국읍·읍·소읍 등의 국가구조

고조선의 국가는 단군이 제사장과 군장, 즉 신정국가의 교주와 세속적인 정치군사국가의 국왕을 겸하였고, 통치체제도 제의－군장체제를 이루어던 만큼 국가의 중앙과 지방, 고조선 본국과 3한, 후에는 고조선 본국과 3조선이 연합한 국가체제를 이루었다. 이에 따라 도시체제도 이원화하여 신정국가 통치체제의 기본이 되는 선인들이 거주하는 종교적인 성지인 신시를 정점으로 하고, 정치군사국가로서의 고조선 본국과 3한·3조선·후국·속국·거수국 사이에 계층적인 관계가 형성되었다. 신시의 경우에도 하나님의 아들인 천자이며 교주로서 제사장인 단군이 사는 도시로서의 신시에 대선·국선·조의와 천관·천신·무당·점술사들이 초기에는 함께 살다가 고조선이 발전하며 단군 자신도 제사장 기능이 점차 줄어 들면서 제사장－군장에서 군장－제사장으로 기능이 전환되고 후기에는 제정분리체제가 되면서 이들의 거주지도 전국적으로 분산되며 각 지역의 치외법권적인 도시인 소도와 별읍으로 분산·전문화하였다.

정치군사적인 체제로서의 고조선의 기능은 도시들 사이에도 격을 달리하여 수도·부수도·3경·5경·국읍·읍·소읍의 계층적인 체제를 유지하여 도읍·국읍·소읍·읍·읍락의 체제로 규모와 도시발달 수준을 달리한 것으로 보인다. 단군·부왕·5가·9한·9대국·후왕·제후국·12소국·거수국·800단부·3,000단부 등으로 분화하면서 단군과 왕족·왕비족·통치세력·귀족관료 등이 거주한 서울로서의 아사달·평양성,

그림 9-4 고조선의 사회구조

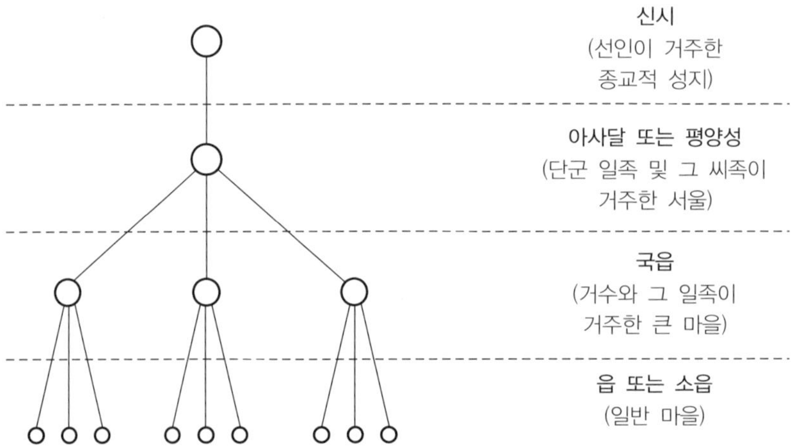

출처: 윤내현. 2016.『고조선, 우리역사의 탄생』. 만권당: 137에서 재인용.

제후와 후왕 등 그 일족이 거주한 부수도 · 5경 · 국읍 등의 큰 도시 마을, 일반 마을로서 읍 · 소읍으로 나뉘었다. 앞에서 발굴된 대부분의 집자리들은 읍이나 소읍에 해당하는 일반 백성들의 주거지로 보이고, 고조선 중심지로 추정되는 집자리들은 국읍 수준으로 추정된다. 가장 규모도 크고 건물이나 도시시설 등이 가장 발달했을 도읍 · 수도의 경우는 평양성이나 여러 지역의 아사달로서 조금씩 유적들이 발굴되기 시작하는 상태이다.

고조선의 도시구조는 신시 – 아사달(또는 평양성) – 국읍 – 읍(또는 소읍)으로 [그림 9 – 4]와 같다.

4) 아사달 수도의 고조선 왕궁 위치와 왕도의 유적 · 유물

신용하는 고조선의 첫 수도 아사달에 대해 아사달과 서경(평양)과 왕검성의 일치, 박산(태백산) '아사달', '아사달' 지명의 유적, 아사달동과 아사달산, 아사달 수도의 고조선 왕궁 위치, 단군묘의 실재, 고황제묘의 존재, 황제단의 존재, 황제굴의 존재, 왕도의 유적 · 유물의 명칭, 대형고인돌의 실재, 마산의 실재, 아사달 성곽, 금속 생산의 도시, 남경리의 지명 등을 논의하면서 고조선 도읍의 실재를 밝히고 있다.[201] 나아가 요동반도로의 1차 천도지인 개주 지역 험독 · 요서 지역 대릉하 유역의 조양 · 영평부 조선성의 아사달 · 요서 지역(지금의 내몽고) 적봉 지구의 아사달에 대해 뾰족밑 팽이형 토기 · 고인돌 무덤의 연대와 분포 · 비파형 청동단검의 연대와 분포 등을 한 복합문화의 지표에 준거하여 고고학적 발굴물을 분석하여 수도 · 부수도의 존재와 성격을 규명하고 있다.[202] 고조선이 이집트의 피라미드나 스핑크스 · 그리스 아테네의 파르테논 신전 · 중국의 만리장성 등과 같은 큰 유물을 남겨 두었으면 고대국가 주민의 삶의 흔적에 대해 쉽게 확인할 수 있으나 한민족은 인도와 같이 유물이나 유적을 많이 남겨두지 못해 역사적인 사실의 확인에 어려움이 있다. 다만 중국측의 왜곡 시도에도 불구하고 요하문명과 홍산문명에 대한 발굴이 이루어지면서 그 신비의 일부를 벗겨내기 시작하여 다행이라 하겠다.

201) 신용하. 2010: 160 – 174.
202) 위의 책: 174.

9. 사회관계의 응집과 고대국가의 형성

(1) 한국 고대사회관계

고조선의 건국 주역들은 동아시아의 알타이어계 민족으로서 고도의 청동기문화를 발전시켰고, 같은 북방민족으로서 비슷한 수준의 청동기문화를 발전시킨 남 시베리아의 알타이지방 및 바이칼 호 주변지역으로부터 문화를 적극 수용하고 있었다.[203] 요하문명에서는 기원전 6천 년~5천 년경부터 이미 수수·조·기장 등 농경문화가 시작되었고, 이어서 콩·수수 등이 재배·발달하고 있어서 초기국가 등장의 경제기반이 마련되고 있었다.[204]

이러한 오곡들 외에도 한반도에서 벼 재배가 시작된 시기도 기원전 수천 년 또는 그 이전으로 소급하고 있다.[205] 이러한 연구들로 볼 때 청동기와 곡물재배 및 농경문화가 뒷받침하는 전기고조선과 단군조선이라는 초기국가가 등장할 수 있는 과학적·논리적 근거가 형성되고 있다.

기원전 2천 년~3천 년기의 전기고조선 단군조선이 중국의 춘추전국시대에 등장하는 국가에서와 같이, 치밀한 국가조직의 체계를 갖추었으리라고는 생각되지 않는다는 견해도 있다.[206] 그러나 고조선과 이웃해서 살고 있는 요하문명이나 남 시베리아·중앙아시아의 수렵·농경·목축민족의 계급사회와 정치사회 형성에서 볼 수 있듯이 고조선 지역의 사회에서도 농경문화와 청동기문화가 충분하게 성숙하였다. 고조선 사회의 사회적인 관계가 성장하면서 환웅천왕의 건국구도와 같은 초기 국가의 연맹체국가 형성이 가능했을 것이다. 농업공동체·농촌공동체를 바탕으로 강성한 이민족으로부터 보호하고 방어하기 위한 여러 부족집단 부족국가들이 초기국가·연맹국가를 형성하고 발전

---

203) 김정배. 1973.『한국민족문화의 기원』. 고려대학교 출판부; 김정배. 1986.『한국고대의 국가기원과 형성』. 고려대학교 출판부; 김정배. 2010.『고조선에 대한 새로운 해석』. 고려대학교 민족문화연구원.

204) 李澍田 주편 衣保中 저. 1993.『중국동북농업사』. 길림문사출판사; 김용섭. 2015. <고대의 농경문화와 고조선의 성립 발전>『요하·홍산 답사기행－요하문명과 고조선』. 지식산업사.

205) 미야모도 가즈오(宮本一夫). 2011. <일본열도의 문명 기원과 교류>. 단국대 동양학연구원 편.『동북아시아의 문명기원과 교류』. 학연문화사; 안승모.『동아시아 선사시대의 농경과 생업』. 학연문화사; 심봉근. 1991. <한국 선사시대 도작 농경>『한국고고학보』. 27; 임효재 편. 2001.『한국고대 도작문화의 기원』. 학연문화사; 이융조·우종윤 편. 2003.『제1회 국제학술회의: 아세아 선사농경과 소로리 볍씨』. 충북대학교 박물관·청원군.

206) 김용섭. 2015: 86.

한 것으로 추정된다.

이 시기에 중국에서도 삼황오제(三皇五帝) 이후의 초기국가 성립의 단계로서 중국을 통일한 통일국가와 천하사상 천하체제가 확립되지 않아, 전기고조선과 중국 사이에는 공식적인 국교나 거래가 어려웠다. 이 때문에 고조선의 문명 발생 초기에는 고조선에 대해 중국에서도 기록을 남기거나 역사서를 편찬하지 못했고, 그 뒤 천수백 년이 지난 후대의 국가 차원에서 『사기』와 같은 역사편찬에 공식적으로 수록될 수는 없었다.[207]

다만 고조선의 문화나 역사에 대해 발해만 연안의 평주지역에 잔류하던 고조선계 고죽국이나 산동반도 주변 지역에 살면서 활동하였던 동이계 예맥족들과 왕래하거나 상인들의 교류를 통해 지속적으로 받아들인 것으로 보인다.[208]

고조선은 미개한 원시사회 속에 갇혀 있는 것이 아니라 초기국가 문명단계에 들어가고 있는 북방민족들의 세계 속에서 호흡을 같이하고 있었다.[209]

(2) 고조선의 사회관계와 국가의 형성

한국고대사회에서 고고학 편년이 구석기시대, 중석기시대, 전기 신석기시대, 후기 신석기시대, 청동기시대 및 철기시대로 발전하는 동안 사회관계의 변화는 무리사회, 마

표 9-17 한국 고대사회관계와 국가의 형성

고고학편년	엥겔스구분	서비스구분	한국사회성장	황화 유역	단군사화시대	연대
구석기시대		band 무리	무리사회	유단사회	환인시대	B.C. 8000 이전
중석기사회	원시공동체					
전기신석기		tribe 부족	마을사회	촌락사회	환웅시대	B.C. 8000
후기신석기		chiefdom 군장	고을나라	촌군사회	환웅・웅녀	B.C. 3500
청동기시대	국가	state 국가	고조선국가	하・상・주	단군왕검	B.C. 2500 B.C. 2333 B.C. 2200
철기시대				춘추전국시대		

출처: 각주 210.

207) 윤내현. 1986. <위만조선의 재인식>『한국고대사신론』. 일지사: 246.
208) 徐亮之. 1956. <灰陶文化與東夷>『中國史前史話』. 香港.
209) 김용섭. 2015: 84.

을사회, 고을나라를 거쳐 국가사회로 전개되었다. 중국에서는 유단사회, 촌락사회, 촌군사회, 국가 시대로 변화하였고, 엥겔스는 원시공동체 사회에서 국가로 전환하였다고 진단했다. 이러한 사회관계의 변화는 환인시대, 환웅시대, 환웅·웅녀 시대를 거쳐 단군왕검의 고조선 건국으로 이어졌다. 이러한 관계를 정리한 윤내현의 분석을 종합하면 <표 9-17>과 같다.[210)]

(3) 사회관계의 변화와 단군조선의 정권변동

단군조선시대의 사회관계는 첫째, 제1~4 단군정권시기 동안 제1 단군정권의 초기 청동기시대에서 제2 단군정권의 청동기시대를 거쳐서 제3 단군정권의 초기 철기시대와 제4 단군정권의 철기시대로 변화하였다. 무기체계나 생활양식 및 정치체제·문화도 사회관계의 변화에 따라 근본적인 변화를 가져왔다.

둘째, 경제관계는 제1 단군정권의 초기농업공동체에서 제2 단군정권의 발전된 농업공동체를 거쳐서 제3 단군정권의 농촌공동체로 이전하고 제4 단군정권의 분화된 농촌공동체로 질적인 변화를 이루면서 전개되었다. 농업, 어업, 축산, 양잠 등의 경제활동과 노예제도 및 각종 형법제도 등이 농업공동체에서 농촌공동체로 전환함에 따라 근본적인 변화를 나타냈다.

셋째, 종교와 정치의 관계도 제1 단군정권에서는 제정일치사회에서 제사장이 중시되는 제의-군장사회로 발전하다가 제2 단군정권에서는 군장의 기능이 강화되어 군장-제의관계로 변화하고, 제3 단군정권에서는 종교와 정치가 분리되어 정치와 군사가 더 중요해지고 제의기능은 약화되었고, 제4 단군정권에서는 중국과의 전쟁이 치열해지면서 군사와 정치기능이 주도하고 제사장의 기능은 매우 취약해졌다.

넷째, 도시의 발달도 제1 단군정권에서는 제정일치사회로 제사장의 역할이 중시되어 제의-군장체제를 형성하여 신시 → 아사달·평양성 → 국읍 → 읍·소읍의 체계로 계층화되었으나, 제2 단군정권에서는 영토가 확장되고 군사력이 중시되면서 제정일치사회는 단군의 제사장 기능이 축소되고 군장의 기능이 확장되어 단군도 제의-군장에서 군장-제의로 성격이 바뀌고 체제도 군장-제의체제로 변화하였다. 수도도 이전하여 기존의 신시 → 아사달·평양성의 도시 간 계층구조가 변화하여 신시의 위상은 하락하고 백악산 아사달·평양성의 위상이 높아지게 되었다. 제3 단군정권에서는 백악산 아사달에서 장당경 아사달로의 수도이전에 따라 제정분리원칙이 정립되어 군장의 기능

210) <표 9-17>은 윤내현. 2016: 86과 윤내현. 2015: 170을 종합한 것이다.

이 강화되면서 장당경 · 백악산 아사달 · 평양성 → 국읍 → 읍 · 소읍의 체제로 정립이 되어 소도와 국읍은 별도의 종교적인 기능을 하는 도시로 분리되었다. 제4 단군정권에서는 수도도 평양성으로 이전하고 중국과의 전쟁에서 밀리면서 도시 간의 관계도 모두 새롭게 정립되었다.

제10장

고조선의 '관료기구와 법 질서의 총체'로서의 국가

1. 관료기구와 법 질서의 총체로서의 국가

고조선 국가체제의 성격은 관료기구와 법 질서의 총체에 직접적으로 영향을 준다. 고조선이 부족국가들의 연합으로 연합국가를 이루어 건국한 이후 국왕인 단군과 국가통치체제의 성격도 초기에는 제사장의 기능을 중시하는 제의－군장, 그리고 제의－군장체제로 출발하여 제사장과 제의기능을 하는 종교지향적인 지배이데올로기가 더욱 중요해졌다. 그러다가 외국과의 전쟁이 많아지고 부족국가들 사이의 통합기능이 중요해지면서 단군과 통치체제도 제사장이나 제의체제보다 군장과 군장체제를 더 중요하게 필요로 하게 되었다. 이처럼 고조선 통치체제가 제의－군장체제에서 군장－제의체제로 전환하면서 중앙정부와 지방정부의 관료기구와 법 질서 및 군사체제가 더욱 중요하게 되었다. 이러한 국가의 기본적인 성격의 변화는 이데올로기와 관료기구・법 질서의 관계 및 그 구체적인 성격을 시대별로 다르게 전개하도록 만들었다.

이러한 역사적・시대적 맥락 속에서 관료기구는 국가의 공식적인 조직으로서 국가의 기본 틀이고 법 질서는 국가를 운영하는 기본 질서를 의미하여, 국가를 관료기구와 법 질서로 보는 시각은 국가의 틀과 기본 질서를 국가로 이해하는 것이다. 단군조선에서는 고대국가이기 때문에 공식조직이 적고 기본 질서도 자연 질서에 가까울 것으로 생각되나 여러 기록들에 보면 매우 방대한 조직과 복잡해진 사회관계를 반영하는 다양한 법 질서가 불문법과 성문법으로 성립한 것으로 보인다.

첫째, 국왕인 단군이 군장으로서 통치하는 관료기구의 경우에는 중앙정부의 관료조직과 지방정부의 통치조직, 그리고 국방을 담당하는 군사조직 등이 매우 체계적으로 구성되었다. 국가의 최상층부에는 국왕과 제사장을 겸하는 제정일치통치체제의 지도자로서 제의－군장인 단군이 통치하였다. 국왕을 보좌하는 부왕들이 두 명이나 있고, 그 아래로 환웅시대로부터 이어 받은 중앙정부관료제인 3상5가제가 구성되었다. 단군조선이 체제를 갖추면서부터 3상5부제는 8가제로 개편되고 8명의 장관들이 행정각부를 나누어 담당 부처의 정책과 행정관리 업무를 추진했다. 8명의 장관인 8가 산하에는 상하 관계 계급을 나타내는 관료제와 같은 계층제가 구축되어 다양한 관리의 계급이 구분되었다.

둘째, 지방행정은 전국을 동서남북중의 5부로 나누어 통치하고 8가 가운데 구가(狗加)가 내무부장관과 같은 일을 맡아 '분관제주(分管諸州)' 업무를 전담했다. 전국에는 환웅시대의 3,000단부와 단군왕검 시대 이후의 800단부가 설치되어 중앙정부 통치의 일관성을 유지하였다. 중앙정부의 지방통치조직 외에 지방에는 상당한 수준의 자치 기능을 지닌 후국이나 속국들이 설치되어 지방자치적인 후국과 제후국 등으로 운영되어 단군조선이 대제국으로 웅비하는 데 중요한 통치방식이 되었다. 지방 도시들도 크기에 따라 다양한 수준의 명칭이 부여되었다.

셋째, 군사조직으로서는 중앙군과 지방군으로 나누고 웅가가 국방장관이 되어 중군대원수를 맡고 지방을 전국에 5군체제로 구성하여 전후좌우중군체제로 운영했다. 여기에 지방 제후국이나 후국들이 가진 군대를 연합하여 전국을 방어했다. 기병과 보병으로 구성된 육군을 중심으로 하면서 수군도 함께 운영하였다.

넷째, 국왕인 단군이 제사장·교주로서 통치한 제의체제는 대선·국선·조의와 천관·천신·무당·점술사의 체제로 이어지고, 별읍의 소도와 소도별읍을 설치하여 신정국가의 지역체제를 구축하였다. 고조선의 제의체제는 제의-군장체제의 한 축으로서 제사장·교주인 단군이 도읍-국읍-소읍-읍-촌락이라는 지방통치체제에 대선·국선·조의와 천관·천신·무당·점술사를 두어 신정국가체제를 유지했고, 특히 별읍의 소도와 소도별읍을 두어 일반 정치·행정·군사의 영역과는 별개로 보호를 받을 수 있도록 하였다.

다섯째, 고조선 관료조직의 계급과 관명은 국왕-비왕(부왕·후왕)-상-경-대부-대신-대원수-원수-장군-박사-감찰관 등으로 관료체제가 계급제로 운영되었다. 고대국가가 계급제적인 관료체제를 조직·운영하였다는 점은 관료체제의 높은 발전정도를 보여주는 것이다.

여섯째, 법 질서는 불문법으로서 헌법이 있고, 성문법으로서 8조금법을 위시한 정전제와 세법, 치산치수법, 도량형법, 사유제산제법, 노예제도법 등을 가진 것으로 보인다. 단군조선 시대부터 사유재산제나 노예제도 및 남성중심의 가족제도 등을 가진 것으로 추정된다. 이들의 내용에 대해 관료기구에 대해서는 제15장에서 다루므로 여기에서는 중요한 사항만 간략하게 정리하고 법 질서에 중점을 두면서 차례로 살펴보도록 한다.

2. 고조선의 중앙통치조직과 관료기구

(1) 환웅시대의 통치조직

『삼국유사』에 따르면, 고조선에 앞선 환웅시대 '한'부족의 군장 환웅은 풍백(風伯)·우사(雨師)·운사(雲師)의 3상(相)과 주곡(主穀)·주명(主命)·주병(主病)·주형(主刑)·주선악(主善惡)의 5부의 중앙통치조직을 두었다. 먼저, 3상은 환웅체제의 최고위 관직으로 농업경영 등 국가의 업무를 총괄하였고 이 가운데 풍백은 이름에서 '백'(伯)으로 표현하였듯이 3상의 우두머리로서 나머지 우사와 운사를 지휘하는 맏 재상, 즉 조선시대 영의정이나 오늘날의 국무총리의 역할을 했다.

5부는 이름 그대로 첫째, 주곡(主穀)은 농업·식량·목축 등 경제활동을 다루는 농축산어업 관련 부서인데, 이것을 맨 앞에 내세운 것은 단군조선이 지향하는 바가 농업국가 건설임을 나타내는 것이고, 둘째, 주명(主命)은 천명·왕명·칙령·헌법·법률·정령·교령·제천·제신·단군의 지시 등 국정운영에 대한 여러 가지 명령을 다루는 입법과 왕명출납 행정 및 제천행사 주관 부서이고, 셋째, 주병(主病)은 질병치료·의약·악귀 퇴치 등 보건사회 및 정신건강관리 부서이고, 넷째, 주형(主刑)은 형벌·재판·죄·죄수관리 등을 다루면서 법과 명령을 어겼을 때 처벌하는 법무부와 검찰 등의 역할을 하는 부서이고, 다섯째, 주선악(主善惡)은 종교·윤리·교육·교화 등을 다루는 교육부나 문화부와 같은 부서이다.

고조선 시대 단군왕검은 '한'부족의 남군장 환웅과 '맥'부족의 여군장의 아들로서 부족연맹 국가의 제왕이므로 환웅시대의 3상5부제 통치체제를 이어받으면서 한족 혹은 한맥족으로서 더욱 발전시켰을 것으로 볼 수 있다. 주명과 주형에 관한 부서는 8조 금법으로 반영되고 계승된 것으로 추정하기도 한다. 8조금법은 기자정권에서 처음 나온 것인지 아니면 단군조선 건국 초기부터 입법된 것인지에 대해서는 철저한 점검이 필요하다.

(2) 고조선의 초기 중앙·지방·군사 융합통치조직

고조선은 부족연맹과 혼인동맹 등 혈족관계와 천손사상을 중심으로 하는 종교적인 관계로 국가를 수립한 만큼 국가운영과 정치생활의 정신은 신시시대의 전례를 이어 받고 전례를 존중하는 관습법이라는 불문법을 중심으로 운영되었다. 조상을 숭배하고 혈족을 애호하는 사상이 그 뿌리가 된 까닭에 전례는 절대권력을 지녔다. 오늘날에도 새 왕조의 군주가 전대 왕조가 백성들에게 행했던 오래된 법률을 느닷없이 바꾸게 할 수 없으며, 전쟁에서 승리한 자가 망한 나라 백성의 편벽되고 잘못된 견해와 속에 잠복해 있는 세력을 감히 간섭하지 못하는 것과 같다. 그처럼 단군은 환웅 시대 군장사회 부족국가에서부터 전해오던 신시시대의 법칙들을 이어받고 자연적 · 인습적인 법칙들을 존중하였다. 현재의 영국과 미국의 국민들이 성문법보다 관습법에 더 치중하는 것과 같은 것이다.

단군이 재상인 팽우로 하여금 산천을 다스리게 하여 백성들이 거주할 터를 잡으며, 문교장관에 해당하는 신지로 하여금 상형문자를 만들고 사물을 나타내기 위해 고안된 부호인 서계(書契)를 관장하게 하며, 고시씨로 밭농사 일을 다스리게 했다. 단군이 곡식, 생명, 형벌, 질병, 선악을 주관할 책임자를 각각 임명하여 다스리고, 남녀 · 부자 · 군신 · 의복 · 궁실 · 편발 · 개수에 대해 가르치고 질서를 지키도록 했다. 화백제도를 운영하여 귀족들의 의견을 존중하고 일반 백성들의 여론을 존중한 정치를 펼쳤다.

단군시대의 입법과 행정의 기본질서의 총체는 도덕과 종교 및 정치가 서로 융합되고 통합된 관습법으로 삼으면서 형법과 세법 등 최소한의 분야에서만 8조교나 정전제 등 세법과 같은 법률을 정하여 엄히 적용하였다. 여기에 대해 안확은 "그 법제가 고대 로마의 법률보다는 크게 발달하였음을 드러냈으니, 로마의 12동표(銅表)[1]를 공개적으로 선포하기 이전의 법률은 오직 하나의 종교법에 불과한 것이었다. 단군의 헌법은 종교법에 치중하는 경향이 비록 많을지라도 사회법의 조건 또한 많았다. 그렇지만 제정일치(祭政一致)를 하여 종교와 정치를 혼동한 것은 로마나 고조선이 모두 서로 같았다"[2]라고 진단하고 있다. 이것은 고조선 사회의 헌법과 법 질서가 총체적으로 종교가 관습의 원천이 되어 종교법과 관습법이 하나로 융합하여 나타났음을 의미하는 것이다.

고조선의 중앙행정조직에 대해 신채호는 삼경 · 오가 · 오부 · 오군 제도로 설명한다. 국가의 최상층통치자로는 국왕과 제사장을 겸하는 제정일치통치체제의 제의－군장인 단군이 있었다. 단군을 두 명의 부왕들이 보좌했고, 중앙정부관료제는 3상5가제에서 단군8가제로 개편되고 8명의 장관들이 행정각부를 나누어 통치했고, 8가 산하에는 다양한 관리들의 계급이 구분되었다.

---

1) 고대 로마 최초의 성문법으로 12장의 구리 동판에 새겨져서 12동표라고 한다. BC 451년과 BC 449년의 두 번에 걸쳐 제정되었는데, 내용은 주로 민사법, 형법, 제사법, 가족법, 상속법 등으로 되어 있고 나중에 로마법 발전의 토대가 되었다.

2) 안확. 2015. 『조선문명사』. 우리역사연구재단: 56.

단군왕검(大檀君王儉)은 삼신・오제의 신화로 우주의 조직을 제정하여, 인간세상의 제도를 신한・말한・불한의 삼한으로 세우고 스스로 신한의 대왕이 되고, 말한과 불한을 좌우의 부왕으로 삼아 신한을 보좌토록 했다. 삼한에 삼경을 두어 삼한이 각각 주재토록 하였고, 삼한 밑으로는 중앙정부조직으로 돗가・개가・소가・말가・신가의 5가[3]를 두었고, 지방정부로 전국을 동・남・서・북・중의 오부로 나누었다. 오부를 남(藍)・적(赤)・백(白)・현(玄)・황(黃)으로도 불렀다. 오가는 중앙의 다섯 국무대신인 동시에 오부를 분담하는 다섯 지방장관이었다. 전쟁 시에는 오부의 인민을 중・전・후・좌・우의 오군으로 조직하고 웅가(신가)가 중군 대원수가 되고 나머지 가(加)가 전・후・좌・우의 원수가 되어 출천했다.

(3) 고조선 중앙정부 관료조직

단군조선 초기 통치조직의 중앙조직・군사조직・지방조직 등의 융합・통합성은 초기 국가형성에는 상징적으로 작용하여 효과적이었으나 멀지 않아 상호충돌과 중첩 및 모순이 드러나면서 단순화하고 전문화할 필요성이 제기되어 몇 가지 점에서 크게 전환・발전하게 되었다.

『규원사화』가 단군조선의 이러한 행정체제의 발전을 통해 달라진 내용을 비교적 잘 설명해주고 있다. 어느 정도 단군조선의 통치권력이 정착된 뒤의 중앙행정조직과 군사조직, 그리고 지방조직의 발전 양상을 잘 설명하는 것으로 보여 『규원사화』에서 보다 자세하게 설명하고 있는 '단군8가(檀君八加)' 제도에 대한 기술을 직접 인용한다.[4]

> "단군이 이미 도읍을 왕검성에 세워 놓고 곧 성곽을 쌓고 궁실을 세우고 명령을 주관하는 사람, 곡식을 주관하는 사람, 군대를 주관하는 사람, 법을 주관하는 사람, 병을 주관하는 사

---

3) "지금까지 유행하는 윷판의 오가 출진도인 도刀・개介・걸乞・유兪・모毛는 이두로 쓴 오가의 칭호였다. 도는 돗가이고, 개는 개가이고, 유는 소가이고, 모는 말가이고, 걸은 신가다. 유는 옛날 음이 소였으므로 소가 된다. 걸이 신가인 이유는 명확히 알 수 없다. 부여시대에 견사犬使라는 관직이 있었고 그것이 신가의 별칭이었으므로, 걸은 견사의 '견'을 의역한 것으로 보인다. 돗(돼지)・개・양・소・말 같은 가축으로 오방의 신을 가리키는 동시에 관직명으로 삼은 것은, 수렵시대가 지나고 농경시대가 되었다는 증거이다." 신채호. 2014. 『조선상고사』. 역사의 아침: 98-99. 리지린은 '가'를 왕・군주를 의미하는 명사로 '가한(可汗)'과 동일어로 판단하고, 4가(소・말・돼지・개)는 방위를 가리키는 명사로 해석한다. 동・서・남・북・중의 5부는 맥족의 5행사상(五行思想)을 반영하는 것으로 본다. 5가와 5부는 부여・동이・삼국・고구려・백제 등으로 이어졌다. 리지린. 2018. 앞의 책: 456-471.

4) 북애자(민영순 옮김). 2008. 『규원사화』. 도서출판 다운셈: 67-68.

람, 선악을 주관하는 사람 및 누에실을 주관하는 모든 벼슬아치들을 설치하고 그 아들 부루로서 호가를 삼아서 모든 가(加)들을 거느리게 했다. 신지씨, 즉 옛 신지씨의 후손으로 마가를 삼아서 임금의 명령을 주관하게 하고, 고시씨를 우가를 삼아 곡식을 주관하게 하고, 치우씨로 웅가를 삼아 군대를 주관하게 하고, 둘째 아들 부소로 응가를 삼아 형벌을 주관하게 하고, 셋째 아들 부우로 노가를 삼아 질병을 주관하게 하고, 주인씨로 학가를 삼았으니 이것은 선악을 주관했고, 여수기를 구가로 삼아 여러 고을을 맡아 나누어 다스리게 했다. 일컬어 단군 8가라고 하고 이에 흰소를 잡아 태백산 기슭에서 하늘에 제사를 지냈다."[5]

이 기록 내용에서 단군조선의 중앙정부 조직에 대한 내용만 요약해서 정리하면 <표 10-1>과 같다.

표 10-1 단군8가제의 8가와 기능

8가 이름	상징동물	담당 기능 및 업무
호가(虎加)·용가(龍加)	범(용)	국정 총괄, 모든 가(加)들을 총괄
마가(馬加)	말	주명(主命) 담당, 왕명·칙령관리·시행입법 등
우가(牛加)	소	주곡(主穀) 담당, 누에실 주관
웅가(熊加)	곰	주병(主兵) 담당, 군대 담당
응가(鷹加)	매	주형(主刑) 담당
로가(鷺加)	해오라기	주병(主病) 담당
학가(鶴加)	학	주선악(主善惡) 담당
구가(狗加)	개	지방업무(分管諸州) 지방 여러 고을 담당

『규원사화』에 기록된 단군8가제의 내용을 단순화시키면 환웅시대의 3상5부제에서 3상과 5부를 통합한 8가제와 유사하게 보인다. 다만, 군대, 누에실, 고을담당의 기능이 추가되고, 그 기능 추가에 따라 군사담당 부서와 누에실을 담당하는 부서, 그리고 지방의 여러 고을을 담당하는 부서를 추가한 것이 달라진 것으로 보인다. 그러나 환웅시대의 3상5부제와 단군조선의 단군8가와 비교해보면, 환웅시대의 3상이 추가된 기능을 나누어 담당한 것으로 보인다. 즉, 누에실은 주곡에서 담당하고, 호가는 풍백이 담당하던 국정 총괄의 기능을 맡고, 군대를 담당하는 웅가는 우사에 해당하고, 지방의 여러 고을을 담당하던 구가는 운사가 담당하는 것으로 각각 대응이 된다.

5) 위의 책: 67-68.

3. 고조선의 지방통치체제

(1) 3한 3경5부제에서 3조선 5경5부제로의 확대

고조선의 지방통치체제는 부족연합국가가 지니는 성격으로 단군조선의 영토는 개국 초기부터 단군이 직접 통치한 직령지와 연합부족의 군장인 후국 제후를 통해 간접적으로 통치하는 후국의 속령으로 나뉘어 3한체제에서 3조선체제로 전환하였다.

고조선의 지방통치체제에 대해 신채호는 3한・3경・5가・5부・5군의 통치체제 가운데 지방통치체제는 중앙통치체제를 제외한 3경・5부제(三京五部制)를 주장하고, 신용하는 5경・5부제(五京五部制)를 주장하여 3차례의 천도에 따른 2경을 추가하고 있다.

(2) 고조선의 영토 확장과 지방통치체제 확장

고조선은 부족연맹국가로 출범한 이후 빠른 속도로 계속 영토를 확장시켰다. 일반적으로 국가는 정복전쟁을 통해 다른 부족국가들을 멸망시키고 통합시켜 영토를 확장시켰으나 고조선의 경우에는 정복전쟁이 아니라 교화나 연맹확대를 통해 평화적인 방식으로 영토를 확장시켰다. 그것이 가능했던 것은 고조선이 동아시아에서 가장 먼저 출범한 부족엽합국가이고 청동기무기 등 청동기문화도 가장 앞섰기 때문으로 보인다. 고조선의 도시체계는 도읍(都邑), 국읍(國邑), 소읍(小邑), 읍(邑), 읍락 체제를 형성하여 전국을 제의－군장체제와 지역의 중요성과 규모에 따라 계층을 달리하여 체계화하였다.

(3) 국가와 지방 후국・속국・거수국・제후국 등의 통치구조

고조선의 국가구조에 대해 『삼국유사』와 더불어 한국측의 가장 오래 된 기록인 『제왕운기』＜전조선기(前朝鮮紀)＞는 주석에서 단군이 시라(신라)・고례(고구려)・남북옥저・동북부여・예・맥을 다스린 것으로 기록하고 있다. 고조선 본국과 이들과의 관계는 고조선이 주권을 갖고 후국이나 속국・거수국・제후국들은 고조선의 보호 속에 있었다. 이것은 고조선의 단군이 고조선의 강역 내에 있는 이 나라들을 후국이나 속국 등의 형태로 다스린 것을 의미하여 그 기록 내용을 직접 인용한다.[6]

(단웅천왕은) 손녀에게 약을 먹도록 하고 사람이 되게 하여 단수신(檀樹神)과 결혼시켜 아들을 낳게 하였다. 이름을 단군이라 하였는데 조선 지역에 거주하며 왕이 되었다. 그러므로 시라(신라) · 고례(고구려) · 남북옥저 · 동북부여 · 예와 맥은 모두 단군을 계승한 바다.

『제왕운기』<한사군급열국기>에 따르면, 고조선 단군의 후손들이 '때에 따라 합하기도 하고 흩어지며 흥하거나 망하여서, 자연에 따라 분계되어 삼한(三韓)이 각자가 국가라 칭하고 서로 침략하는 70여 개 국가를 다스렸음'을 기록하여 고조선이 70여 개의 열국으로 되었음을 확인하고 있다.[7] 그 대표적인 '국가'들은 부여 · 비류 · 시라(신라) · 고례(고구려) · 남옥저 · 북옥저 · 동북부여 · 예 · 맥 등 70여 개를 모두 단군이 다스렸다고 기록하고 있다.[8]

또한 고조선의 전국적인 도시들은 선인들이 거주하는 종교적인 성지인 신시(神市), 단군 일족 및 그 씨족이 거주한 서울인 아사달 또는 평양성, 거수 · 제후와 그 일족이 거주한 큰 마을인 국읍, 일반 마을인 읍 또는 소읍으로 구성되어 중앙과 지방의 국가구조를 형성하고 있다.[9]

4. 고조선의 군사조직 및 제도

(1) 초기 군사조직

고조선은 군장사회의 군장인 환웅시대에서 발전한 여러 부족연합국가이므로 이들 새로 확장된 영토의 부족들을 지켜야 하는 군사국가로서의 역할과 기능을 강력하게 요청 받았다. 그래서 도입한 것이 각 부족국가에서 보유하고 있던 군대들을 지역별로 나누어 전군 · 후군 · 중군 · 좌군 · 우군이라는 5군제로 지방군을 중심으로 조직화하였다. 건국 초기에는 중앙군대를 새로 만들면서 기존의 각 지역 부족들의 군대를 활용하기 위해 지방군을 중심으로 지방정부인 동 · 남 · 서 · 북 · 중이라는 5부와 연계시켜 조직화하였다.

---

6) 『제왕운기』 권 하<전조선기>의 단군에 대한 주석.
7) 『제왕운기』 권 하<한사군급열국기>.
8) 위의 책.
9) 윤내현. 2016 하: 86-88.

(2) 중기 이후 군사조직

고조선의 권력이 어느 정도 정착해가면서 군대 지휘체제는 중앙군과 지방군의 균형을 이루고자 하여 제왕인 단군왕검이 총사령관이 되고 5가 가운데 군대를 직할로 지휘하는 신가(웅가)가 중군을 맡아 중군대원수가 되어 중앙군을 강화시켰다. 단군왕검과 중군 대원수 신가의 지휘 하에 나머지 전군·후군·좌군·우군이라는 4개의 지방군을 동·남·서·북이라는 4부의 책임자인 돗가·개가·소가·말가라는 국무대신들이 원수를 맡아 전쟁을 치루도록 편제하였다.

고조선의 중앙군은 단군왕검의 직할군대로서 3한3경 가운데 신한의 1경과 영지인 '직령지'에 대해서만 제왕단군왕검과 웅가(신가)가 직접 통수권을 행사하는 군대로서 단군조선의 수도와 직령지를 방어하는 역할을 하였다. 고조선이 평양성에서 백악산 아사달과 장당경 아사달로 천도한 뒤에는 고조선 본국과 3한·3조선의 관계가 변화하였다. 백악산 아사달로 천도했을 때에는 불한(발한)이 고조선 본국의 역할을 하고, 장당경 아사달로 천도했을 때에는 말한(마한)이 본국의 역할을 하였다.

지방군으로서는 제후국인 말한과 불한의 후왕들이 단군왕검의 승인 아래 부왕으로서 통수권을 행사하는 군대와 지방 후국들의 후왕인 '가'나 그 사령관인 '두만'이 동·남·서·북의 4부에서 운영하는 전군·후군·좌군·우군의 4군이 있었다.

(3) 고조선의 군사제도

첫째, 고조선의 군대는 육군과 수군으로 구성되었다.

둘째, 고조선의 육군은 보병(步兵)과 기병(騎兵)으로 구성되었다.

셋째, 군인의 충원은 귀족과 평민 및 노예 등 모두를 포함하여 각계 각층의 국민들이 총동원되었다.

(4) 고조선의 군사무기체제

고조선에서 사용한 무기들로는 단궁(檀弓)과 맥궁(貊弓), 비파형 청동단검, 비파형 청동창끝, 부채꼴 청동도끼, 세형 청동단검, 고조선식 청동꺾창[銅戈: 동과], 고조선 철제무기(철제 장검, 쇠뇌鐵弓, 철도끼鐵斧), 고조선식 갑옷, 고조선식 청동투구 등을 들 수 있다.[10]

(5) 고조선의 방어체제와 석성 · 성곽

고조선은 성읍국가로 출발하여[11] 첫 수도인 아사달은 주위에 성을 쌓아 외적의 침입을 방어했다. 북한 고고학계가 대동강 유역 강동군에서 황대성을 발굴하고[12] 중국고고학계가 옛 만주 요밍성 부신 삼좌점 평정산에서 하가점하층문화 시기의 석성을 발굴하였다.[13] 황대성 주변의 고인돌 무덤은 지금부터 4539년의 것으로 측정되어 단군조선 시대의 석성으로 추정된다.

5. 고조선의 불문헌법과 그 내용

한 국가의 법 질서는 근본 질서에 관한 헌법과 거기에 바탕을 둔 법률에 따라 형성되고 유지 · 발전한다. 사회관계가 발전하고 권력이 강화되며 권력 간 투쟁이 발생할 때 국내의 법률은 통치자와 피통치자, 그리고 구성원 간의 질서를 확립하기 위한 것이다. 외국의 위협이나 침략에 대비해 국가를 방어하거나 국내 치안질서를 유지하고 미풍양속을 지키고 발전시켜 백성들이 편안하게 잘살 수 있도록 하는 것이 법 질서 확립의 목표이다. 백성들은 물질적인 것만이 아니라 종교적 · 문화적인 품위 있는 인간다운 삶을 추구하고 그것을 실현하기 위해 정치와 종교가 긴밀한 관계를 발전시켜 왔다.

고조선은 혼인동맹을 중심으로 한 부족연합국가로서 짧은 기간에 대제국으로 성장 · 발전한 것은 고조선만이 지니는 고유한 '고조선문명'을 창조하고 그것을 불문법과 성문법으로 확대 · 발전시켜왔기 때문으로 보인다. 고조선은 천손국가로서 '하늘 민족'이 '지상의 세 가지 위험'에서 인간을 구해내고자 '홍익인간'의 이념으로 개국한 국가이므로 헌법정신에는 '하늘 민족'과 그 자손인 '천손'의 이익만 고집하고 배타적으로 확장시키고자 하는 지배집단의 이기적인 것이 아니라 지배집단 이외의 부족 집단에 소속된 이 땅의 위험한 모든 백성의 생명과 재산을 위험에서 구하고자 하는 '이타정신(利他精神)'을 창업목표로 둔 국가이다. 그것은 지배집단과 참여 부족간의 합의와 동의를 필요로 하는 정치제도로서 부족장이나 귀족들의 '화백제도'를 중요한 국가정책 결정의 제도

10) 이 무기들에 유물 사진, 모양, 용도, 출토지 등에 대한 자세한 내용은 신용하. 2010: 205-239.
11) 이기백. 1988. <고조선의 국가형성>. 『한국사시민강좌』. 제12집.
12) 리순진. 1995. <평양 일대에서 새로 발굴된 황대성에 대하여>. 『조선고고연구』. 1995년 1월호: 7-12.
13) 2006~2007년에 산성을 발굴하였는데 기원전 24세기~기원전 14세기의 고조선의 성으로 추정하고 있다. 고조선학회. 2008. 『고조선유적 답사자료』: 13-14; 복기대. 2008. <한국사연구에서 고고학 응용의 몇 가지 문제에 대하여>. 고조선학회. 『고조선연구』. 제1호. 지식산업사.

와 기구로 두었을 가능성이 큼을 보여준다. 『단군세기』에서 화백제도를 기록하고 있고 고조선을 계승한 부여나 신라 등의 국가에서 후대에 화백제도를 발전시키고 있는 것을 볼 때 고조선의 헌법정신이거나 제도였을 가능성이 큰 것이다.

비록 고조선의 헌법이 불문법이고 그 내용이 고문서에 구체적인 기록으로 남아 있지는 않지만 세계적인 중화문명의 중심사상을 이루는 공자가 당시 기원전 5세기~기원전 4세기 춘추전국시대 중국의 혼탁한 정치사회체제와 질서에 실망하면서 조선을 '군자의 나라'이고 배를 타고 가서 살고 싶은 '신선이 사는 나라'라고 동경한 내용을 기록으로 남긴 것으로 보아 고조선문명의 높은 품격과 문화의 선진성을 짐작할 수 있다. 그때 공자가 보다 구체적으로 왜 조선으로 와서 살고 싶은지를 기록해두었다면 당시 고조선문명의 성격을 보다 자세하게 알 수 있었을 것이므로 없는 것이 아쉽지만 고조선의 자체 기록이 없는 지금 그 기록 하나만으로도 많은 것을 미루어 짐작할 수 있게 한다.

또한 공자에 뒤이어 기원전 3세기 중국대륙을 최초로 통일한 진나라 시황제가 '불로초'를 구하고자 신하를 조선에 보낸 것은 중국이 가지고 있지 못한 것을 '신선의 나라'인 조선이 가지고 있을 것으로 동경한 것이라 보인다. 이러한 조선에 대한 인식은 기원전 5세기~기원전 3세기의 중국 최고의 지성인이요 유교문화의 창시자인 공자나 중국 역사상 최초로 중국대륙을 통일한 진시황만의 인식이 아니라 그 오래전부터 중국에 비해 조선의 문명이 앞서 있었음을 상징적으로 보여주는 것이다. 그 뒤에도 중국의 부사신을 위시한 많은 학자들이 중국의 문명이나 군사적인 대결이 중국을 중심으로 남과 북의 대결보다는 동과 서의 대결로 보고 고조선과 그 계승 세력이 중국에 미친 영향을 강조하고 있는 것은 고조선의 문명이 단군조선 때부터 크게 발전하였음을 반증하는 것이다.

이러한 높은 수준의 고조선문명과 고조선의 국가경영을 위한 헌법과 법률의 내용을 성문법으로 하기 위해 단군은 제왕의 명령과 칙령의 출납을 담당하는 전담 부처로 마가(馬加)를 두고 옛 신지(神誌)를 임명하여 그 일을 하도록 하였다. 호가(虎加)에는 단군의 큰 아들 부루를 임명하여 모든 가들을 총괄하게 했다. 그것은 고조선이 여러 부족이 연합한 고대국가로서 광활한 영토를 통치한 대제국이었으므로 고도의 체계적인 법체계와 법적인 장치를 구축해야만 했기 때문이다.

고조선을 계승한 후대 고려나 조선 시대에는 왕명 출납에 대한 기록을 전담 사가들이 24시간 국왕의 지근거리에서 왕명출납은 물론 국왕의 일거수일투족의 모든 활동을 기록하는 왕조실록이나 승정원일기 등과 같은 공식기록을 사료로 남겨두고 있다. 이 기록들은 세계문화유산으로까지 등록되어 한민족만의 문화유산이 아니라 인류의 문화유산으로 보존되고 있다. 같은 한민족으로서 후대에는 이처럼 치밀하게 기록한 것을 미루어 고조선의 시대를 추정한다면 고조선 당시에도 '가림토'라는 문자가 있었다는 주장이 있듯이 문자로 그것을 기록해두었을 것이다. 다만 그 기록들이 전해지지 않기 때문에 당시에는 성문법으로 된 것이라도 지금은 불문법으로 추정할 수밖에 없을 것이다. 다만 마가의 활동 내역이 기록으로 지금 전해지지 않기 때문에 대부분은 불문법으로 보고 일부 지금까지 전해지는 핵심적인 것만을 성문법으로 보아 그 성격을 종합하여 요약하면 아래와 같다.

첫째, 고조선은 '홍익인간'의 건국이념을 최고의 헌법정신으로 하고 최우선적인 불문헌법으로 삼았다. 홍익인간의 이념은 『삼국유사』에서 기록으로 전해주고 있듯이 당시는 물론 후대, 그리고 지금까지도 한민족의 가장 중요한 건국정신으로 전해지고 정치와 문화는 물론 사회교화와 국민교육의 중심으로 삼고 있다. 그 홍익인간이라는 가치이념이 고조선 부족연합 국가에 동참한 부족들은 물론 후대에까지 전해지는 고조선문명의 핵심가치이고 근본적인 국가건립의 중심 헌법 질서였다.

둘째, 고조선은 천손사상과 삼신숭배의 정신을 헌법정신의 기본으로 삼고 불문법으로 지켰다. 『삼국유사』에 기록하였듯이 고조선의 건국은 환국의 주인 환인, 하늘의 아들 환웅, 환웅과 웅녀의 아들 단군은 모두 하늘나라 환국의 구성원들이고 환인·환웅·단군왕검을 삼신으로 숭배하는 삼신사상이 고조선을 건국·발전·유지시킨 핵심 종교적 가치였다. 삼신숭배사상과 천손사상은 고조선 이후 지금까지 이어온 문화인만큼 천손사상과 삼신숭배 정신은 단군이나 후왕들은 물론 누구도 거절할 수 없는 고조선의 기본 헌법 질서였다.

셋째, 고조선은 제정일치(祭政一致)체제로서 정치와 종교의 통합을 위한 제의-군장이라는 제왕체제를 불문헌법 통치질서의 중심으로 발전·유지했다. 고대국가들의 공통적인 성격이 신정과 정치를 통합하는 제의-군장(祭儀-君長)체제이듯이 고조선의 헌법도 단군의 제의군장으로서의 위상과 권한을 불문법으로 확고히 지킨 것으로 보인다. 단군은 제왕뿐만 아니라 제사장 천군으로서 하늘에 대한 중요한 제의를 주관하고 종교적인 교주로도 활동하도록 하여 제왕권을 강화시키도록 했다. 신라의 『선사』(仙史)에서 왕검이란 표현과 관련하여 "평양은 신선인 왕검의 땅"이라 하여 고대 조선에서는 단군왕검을 종교적인 교주로 신봉한 것으로 기록하여 이 사실을 뒷받침하고 있다.

넷째, 고조선은 한·예·맥족 연합국가로 출범한 만큼 초기 왕족인 한족의 부계사회 장자상속 원칙에 의한 제왕권 세습제도를 도입하여 제왕권을 안정·강화시켰다. 고조선은 부족연합국가로서 제왕권의 확립이 중요한 헌법적인 사항인 만큼 제왕권을 확고히 하기 위해 왕권을 왕족에게만 제한하고 왕족 가운데에서도 단군의 첫째 아들에게 왕위를 계승시키는 장자세습제를 채택하였다. 왕족은 남자족장 부족이었으나 왕비족은 여자부족장 부족이어서 이 두 왕족과 왕비족이 결합한 국가의 왕위는 왕족 가운데 장자에게 상속시키는 것이 지금으로서는 당연하다고 볼 수 있으나 당시 부계사회와 모계사회가 공존하여 있던 시대에는 헌법에 규정하여야 할 정도의 중요한 왕위계승질서에 관한 내용이다. 왕위 장자세습 전통은 고조선의 단군 47대 가운데 일부 예외를 제외하고는 대체로 지켜져서 제왕권의 안정화와 통치권 강화에 기여하였다.

다섯째, 고조선은 3한 5가 64부족으로 창업한만큼[14] 부족대표나 귀족들의 참여에 의한 합의제인 '화백제도'를 운영하여 중요한 국가적인 결정을 했다. 고조선이 큰 부족들인 왕족과 왕비족의 결합 위에 여러 부족들이 연합하여 국가를 개창하고 대륙으로 영토가 확장되면서 많은 중소 부족들이 참여하면서 이들 부족장이나 부족 대표들이 수시로 모여 국가의 중요한 일을 결정하는 것은 매우 중요한 일이었다. 『단군세기』에 따르면, 6세 단군 달문(기원전 2083년~기원전 2048년)이 "국경을 지키고 화백회의의 결과를 공개하며, 서로 위하고 다 화합하는 마음으로써 겸손하게 자기를 낮추는 것으로 스스로의 힘을 길렀으니, 바로 어진 정치의 비롯함이 여기에서 시작된 듯하다. 때에 동맹을 맺어 공물을 바쳤던 곳은 대국이 둘이요 소국이 스물이요 부락이 3,624곳이었다."[15] 이것이 부여나 신라 등에 전해진 '화백제도'로서 그 뿌리는 고조선 시대였음을 『단군세기』는 기록하고 있다.

여섯째, 고조선은 유목사회에서 농경사회로 전환하면서 사유재산제도와 토지소유제도를 확립하여 개인의 재산권을 보장하고 경제발전과 분배질서의 확립을 보장했다. 농업경제가 발전하면서 농업공동체가 농촌공동체로 되고 사람의 노동력(人力)을 이용하던 농업에서 소의 노동력(牛力)을 이용하던 농업으로 발전하면서 개인의 재산권과 토지소유제를 인정하게 되어 이러한 사항들이 고조선 헌법에 반영되었을 것이다.

일곱째, 고조선은 노예제도를 도입하여 사회질서를 유지하고 노동생산력을 증대시켰다. 전쟁 노예나 천민 및 범죄자와 그 가족 등을 노예로 삼는 노예제도는 사람의 신분계급에 관한 것으로 권력자들 개인이 자의적으로 할 수 있는 것이 아니라 국법 질서로 규정해야 할 헌법 사항이어서 고조선 헌법에서 노예제도를 허용하도록 규정한 것으로 보인다.

여덟째, 고조선은 수도, 부수도, 국가행정 및 군사관련 사항과 관련하여 중앙과 지방,

14) 『단군세기』: 61.
15) 위의 책: 78.

그리고 군사통치체제를 3한・3경(후에는 5경)・5가(후에는 8가)・5부・5군체제로 조직화하여 국가조직을 헌법과 법률에 따라 운영하였다. 헌법에서 국가의 조직과 체계를 규정하는 것이 국가의 중요한 법적인 장치였다. 수도와 부수도를 3경에서 5경으로 바꾸고 천도를 하거나, 중앙정부관료체제를 5가에서 8가로 확대시키는 것 등은 헌법 사항이다. 부족 간의 이해관계가 상충하고 국가 운영에서 중요한 사항이기 때문이다. 각각의 경계나 구체적인 내용에 대한 것은 불문법과 성문법에 적절하게 나누어 법이나 단군의 칙령 등으로 제정해 두었을 것이다.

아홉째, 중앙과 지방 및 군사통치체제의 담당자를 각 부족이나 왕족으로 충원하여 인사행정의 질서 확립과 지배연합 집단의 제도적인 참여를 보장하여 통치체제를 안정시켰다. 3한에는 신한・말한・불한을 두고 신한은 단군이 직접 다스리고, 말한과 불한은 후왕이 각각 다스리게 3경을 두고 말한과 불한의 후왕은 중앙 상위 본국의 제왕인 단군의 부왕으로 돕도록 하였다. 중앙정부의 장관들로는 각 부족을 대표하는 5가(나중에는 8가)에게 각각의 부족의 특성에 적합한 중앙기구를 맡기고 이들이 지방의 5부를 각각 분담하고 군사지휘체계인 5군을 함께 맡아 통치하도록 하여 중앙정부와 지방정부의 체계적인 통치를 가능하게 하였다. 흔히 인사문란으로 오는 통치권의 누수를 방지하기 위해 제도적으로 5가(8가)가 담당하도록 정하여 국정의 혼란을 미연에 방지하고자 조직과 인사에 대한 기본 질서를 규정한 것으로 추정하고 있다.

열째, 고조선은 광활한 영토 내에 봉건제도와 유사한 후국제도를 두고 중앙정부에서 전담부처인 구가(狗加)가 중앙과 지방의 관계를 긴밀하게 유지・발전시키도록 했다. 봉건제도나 후국제도와 같은 것은 부족과 부족, 중앙과 지방의 관계에 관한 헌법에 규정되어야 할 정도의 중요한 권력과 지위에 관한 것이었고 구체적으로 '분관제주(分管諸州)'의 업무를 규정한 것으로 보인다.

열한 번째, 소도와 소도별읍 그리고 천군의 권한과 지위에 대한 사항은 제의에 관한 사항으로 군장에 관한 일반 중앙정부나 지방정부의 행정권 및 군사권력과 서로 충돌하는 부분인 만큼 제의권한은 군장의 권한인 일반 행정권이나 군사권의 침해를 받지 않고 이들 위에 존재하는 권력과 권위로서 헌법에 규정되어야 할 사항이다. 소도와 소도별읍은 천군이나 천관의 지배를 받으며 최종적으로는 최고 천군인 단군의 지휘를 받는다. 단군은 군왕과 제사장으로서 일반행정권과 군사권, 그리고 종교권까지 총괄하여 통치하도록 헌법에서 보장해야 할 사항들로 보인다.

열두 번째, 고조선은 강력한 권한을 가진 '5가(뒤에는 8가)합의제'를 국가운영의 중요한 제도로 두었다. 왕족, 왕비족, 후족, 제후족 등 5가(8가)가 고조선 권력의 중추를 이루고 권력을 나누어 가지면서 중요한 국가적인 정책은 '5가(8가)합의제'를 통해 결정하였다. 단군이 왕권승계에서도 순탄하게 계승이 이루어지지 못할 때에는 5가(8가)합의제로 여러 차례 후임 단군을 추대하였다.

열세 번째, 임금인 단군은 치산치수에 힘써서 수·화·목·금·토의 오행을 잘 다스려 백성들이 잘살도록 해야 하고, 가뭄·홍수·흉년 등으로 백성들이 살기 어려울 때에는 임금이 그 책임을 져야 한다. 천재지변에 따라 백성들이 살기 어려워지는 것은 단군의 부덕의 소치이므로 하늘의 뜻이 임금과 함께하지 않는 것으로 간주하여 그 책임을 지도록 하였다. 하늘의 아들(天子)이라는 단군이 악행을 하거나 덕이 없으면 하늘의 버림을 받는 것으로 믿는 것은 하늘숭배의 신앙과도 밀접하게 연결되어 있다. 이러한 믿음과 풍습은 그 뒤 부여, 3한, 고구려, 신라, 백제, 가야 등, 발해, 고려, 조선 등에도 이어졌다.

6. 고조선의 법률과 그 내용

이러한 불문헌법의 틀 안에서 고조선은 정부조직법, 민법, 형법, 종교법, 재산법 등에 관련된 내용들을 성문법으로 두었을 것으로 본다. 다른 내용들은 법의 형태로 전해오지 못하고 형법 및 일부만 전해오므로 이들을 차례로 소개하도록 한다.

(1) 고조선의 형법 8조금법

고조선의 형법으로는 8조금법이 있다. 이 가운데 지금까지 3조목만 남아 전해온다.

첫째, 사람을 죽인 자는 사형에 처한다.

둘째, 남에게 상해를 입힌 자는 곡물로써 배상한다.

셋째, 남의 물건을 훔친 자는 데려다 노비로 삼는다. 단 스스로 속죄하려는 자는 1인당 50만 전을 내야 한다.

나머지 5조목의 내용은 고조선의 제도를 물려받아 고조선 이후 가장 빨리 출범한 국가인 부여의 법금을 보면 고조선의 법금의 나머지 내용을 추정할 수 있다.

부여의 법금은,

첫째, 살인자는 사형에 처하고, 그 가족은 노비로 삼는다.

둘째, 남의 물건을 훔친 자는 12배로 배상한다.

셋째, 간음한 여자는 사형에 처한다.

넷째, 남편에 대하여 질투하는 여자는 죽인다.

부여의 법금을 바탕으로 하여 고조선의 8조금법의 나머지 5조목은 간음이나 질투, 그리고 남의 지역이나 경계를 침범하는 자에 대한 처벌 등을 포함하는 것으로 추정된다. 경계를 넘을 때에는 벌로 생구(生口: 노예)가 되거나 소·말 등의 '책화(責禍)'를 부과한 것으로 기록되어 있다.[16] 또한 『후한서』와 『삼국지』에 따르면, 부여에 목책을 둥글게 쌓아 성을 만들고 궁실과 창고와 감옥을 만들었다고 하여 고조선의 것을 전해 받은 것으로 추정된다.

『환단고기』의 『삼한관경본기(三韓管境本紀)』에는 고조선 8조금법을 다음과 같은 내용으로 기록하고 있다.[17]

제1조. 살인한 자는 즉시 사형에 처한다.

제2조. 상해를 입힌 자는 곡식으로 보상한다.

제3조. 도둑질 한 자 중에서 남자는 거두어들여 그 집의 노奴(남자 종)로 삼고 여자는 비婢(여자 종)로 삼는다.

제4조. 소도를 훼손한 자는 금고(禁錮)형에 처한다.

제5조. 예의를 잃은 자는 군에 복역시킨다.

제6조. 게으른 자는 부역에 동원시킨다.

제7조. 음란한 자는 태형(笞刑)으로 다스린다.

제8조. 남을 속인 자는 잘 타일러 방면한다.

『환단고기』의 기록에 대해 신뢰성의 문제를 제기하는 사람들도 있지만, 반대로 『환단고기』에서는 도리어 『삼국지』<위지동이전>에서 "기자가 조선에 와서 8조금법을 제정했다고 날조했다. 그 중에 대표적인 것이 '자속하려는 자는 50만 전을 내놓아야 한다'는 조항이다. 이는 후대에 조작한 것이 분명하다"고 주장하고 있다.[18] 어느 것이 옳은지에 대해서는 보다 면밀한 검토가 필요하지만, 이러한 내용들을 비교하면서 고조선 사회의 질서를 유지하기 위한 형법의 내용들의 기본 방향을 추정할 수는 있을 것이다.

단군조선의 8조금법의 내용을 추정할 수 있는 것으로 고려시대의 형법을 참고할 수 있다. 고조선 시대의 형법인 8금법의 내용에서 3개만 전해지고 나머지는 전해지지 못하는데, 고조선을 계승한 고려에 비슷한 형법으로 8관계율이 있었던 것으로 기록되어

---

16) 예, 옥저, 구려는 본래 고조선의 지역으로 예에서는 책화제도가 있는 것으로 미루어 고조선의 관습과 법이 전해진 것으로 볼 수 있다. 『후한지』 권 85. 동이열전 예조; 『삼국지』 권 30. 『魏書』<烏丸鮮卑東夷傳> 예조.

17) 안경전 역. 『환단고기』『삼한관경본기(三韓管境本紀』: 471.

18) 위의 책: 471.

왔다. 고려시대의 8관계율(八關戒律)도 고조선의 8금법과 비슷한 내용을 담고 있는 것으로 추정되어 그 내용을 소개한다.

첫째, 살상하지 말라.

둘째, 도둑질하지 말라.

셋째, 질투하지 말라.

넷째, 간음하지 말라.

다섯째, 음주하지 말라.

여섯째, 사치하지 말라.

일곱째, 높은 자리를 탐하지 말라.

여덟째, 보고 듣는 일을 즐기지 말라.

고조선 시대의 8금법이나 중세인 고려시대 8관계율 등은 한국사회가 고대나 중세 모두 중시하는 민족공동체의 핵심 가치를 지향하는 공통점을 보인다는 점에서 매우 중요한 의미를 지닌다.

또한 고조선 사회는 남성중심의 가족 관념이 강한 사회였음이 전해오는 '공후인(箜篌引)'이라는 노래에서도 확인된다.[19] 이 노래는 부부 간의 순수한 애틋한 애정을 나타내기도 하지만 남편이 죽으면 아내도 따라 죽어야 하는 엄격한 가부장제도의 모습을 보여주는 것으로 보인다.

(2) 정전제와 세법

고조선은 국가통치의 표준으로 정전제, 세법, 도량형, 치수법 등에 대한 다양한 법을 제정하여 사용하였다.

첫째, 정전제는 단군왕검 시대에 부루 태자가 중국 우사공에게 전파한 것 뿐만 아니라, 구체적으로 늦어도 2세 단군 부루 시대에 실시된 것으로 기록되어 있다. 정전제는 9개의 구획 가운데 8개는 각자 경작하고 가운데 1개를 공동으로 경작하여 그것을 세금으로 내도록 하는 제도이다. 이 때문에 정전제의 기본은 거리에 대한 척도의 표준화와 토지 측량에 의한 토지소유권과 토지지적도인데, 고조선에서는 기원전 2229년 임자 12년에 신지인 귀기가 오늘날의 토지구획도와 도시계획도와 같은 구정도(邱井圖)를 만들어 바쳤다는 기록이 있다. 이것은 이미 그 이전부터 토지이용과 계획이 이루어져서 치

19) '공후인'의 가사는, "그대 강물을 건너지 마시라고, 그토록 애태워 당부했건만, 그대 마침내 빠져 죽었구려, 아, 그대를 어이하리." 한영우. 2004: 82.

신치수에 활용되고 그것을 기본으로 한 정전제가 시행되었음을 보여주는 방증이다. 단군왕검 시대에 왕자였던 부루의 서행과 수두의 전파를 비슷하게 기록한 고문서는『단군세기』,『오월춘추』,『규원사화』등 많다.

『단군세기』에 따르면, 고조선 초 단군왕검은 8년 간이나 홍수 뒤처리에 대해 성과를 내지 못하여 걱정하고 있던 순나라 우사공(뒤에 하나라의 우임금이 된)에게 아들 부루를 보내 오행과 치수를 가르치고 귀중한 신서를 전하여 우임금은 그것으로 물을 다스리는 이치를 깨우쳐 홍수를 막았다.『단군세기』를 보면, "갑술년인 재위 56년에 임금께서 태자 부루를 보내 순임금의 사공(司空)[20]인 우(禹)와 도산에서 만나도록 했다. 태자는 오행과 치수의 법을 전해주었다"[21]라고 기록하고 있다. 이것은 고조선이 오행과 치수의 법을 중국에 전해주었음을 보여주는 기록이다.

『오월춘추』[22]에 따르면,

> "요임금 때에 9년 동안 홍수가 일어나니, 순임금이 우(훗날의 우임금)에게 그것을 처리하라고 명령했다. 우는 8년간이나 성과를 내지 못하고 걱정하다가, 남악(南嶽)인 형산에서 백마를 제물로 하늘에 제사하고 성공을 기원했다. 꿈에 한 남자가 나타나 자신을 현이(玄夷)의 창수사자(蒼水使者)라고 소개한 뒤, 우에게 구산(九山) 동남쪽의 도산에 신서(神書)가 있으니 3개월간 몸을 정결히 한 다음 읽어보라고 말했다. 우는 이 말에 따라 귀중한 신서[金簡玉葉]를 얻고, 물을 다스리는 이치를 깨달아 홍수를 막았다. 이에 그는 주신(州愼)의 은덕을 잊지 못해, 정전제를 실시하고 법률과 도량형을 제정했다."[23]

위의 인용 글에서 나오는 창해사자가『단군세기』에 나오는 부루로서 중국 우임금이 고조선 태자 부루가 준 신서와 가르침을 따라 홍수를 막고 치산치수의 법을 배운 사실을 기록하고 있다. 이때 중국에서 대홍수의 재앙이 있었던 사실은 여러 고대사 서적들이 함께 기록하여 증명하고 있다. 단군왕검이 중국의 수해를 구제하고자 아들 부루를 창해사자로 임명해 도산으로 보내어 우에게 삼신오제교의 오행설, 치수의 방법, 정전제, 법률 및 도량형을 가르쳐 이들 법제도를 고조선이 중국에게 가르쳤음을 기록하고 있다. 이 사실은 매우 중요한 역사적인 사실로 그동안 중국의 정전제와 종교가 조선에

---

20) 사공은 우임금이 순임금의 신하였을 때의 관직으로 후대의 공부(工部)와 유사한 직분이다.
21)『단군세기』: 59.
22) 조엽이 지은『오월춘추』의 권 6 <월왕무여외전>에 창수사자와 우왕의 이야기기 나온다. 신채호. 2014: 100-101.
23) 위의 책: 100-101.

전파되었다는 중국과 일본 학자들의 주장이 잘못임을 확인하고 있기 때문이다.

둘째, 사유재산제도와 토지소유제를 실시하던 고조선에서는 국고와 재정을 확보하기 위해 조세제도를 창안하여 실시하고 구체적인 세법을 도입하였는데, 1/8 세제인 정전제 이후, 이십분의 일과 80분의 1 및 감세제도 등 세법의 내용에 대하여서는 다양한 기록들이 있다. 3세 단군 가륵 시대에 "병오 8년 초여름 4월이 되자 단제께서는 불함산에 올라 민가에서 나오는 연기를 보시고는 연기 일어나는 것이 적은 집은 조세를 줄이도록 명령하시어 조세에 차이가 있게 하였다."[24] 8세 단군 우서한 시대에 "무신 원년, 이십 분의 일을 세금으로 내는 법을 정하여 널리 쓰이게 하며, 있는 곳과 없는 곳이 서로 부족한 것을 보충하도록 하였다."[25] 15세 단군 대음 시대에 "80분의 1의 세법을 정하였다."[26] 이러한 1/8, 1/20, 1/80, 감세제도 등 여러 기록들은 백성들의 조세부담을 줄이면서 국가를 운영하는 고대국가의 국가경영전략을 보여주는 것이라 볼 수 있다.

(3) 고조선의 민법 · 가족법 · 경제법 등

위의 8법금에서 고조선 사회는 형법 외에 민법 · 가족법 · 경제법 등에 관련된 내용도 규정하고 있은 것으로 보인다.

첫째, 사람의 생명과 사유재산을 보호하는 토지제도, 도시구획도, 토지등기부제도 등을 구체적으로 시행하였다. 사유재산을 보호하기 위해 2세 단군 부루 시대에 "경술 10년 4월 밭을 나누고 밭문서를 만들어서 백성들로 하여금 사사로운 이익을 구하지 않도록 하였다. 임자 12년 신지인 귀기가 칠회력과 구정도(邱井圖)를 만들어 바쳤다"[27]고 기록하여 토지구획과 토지구획 지적도인 구정도를 만들고 소유자의 이름을 올리는 토지등록문서제도와 토지등기부제도를 도입 · 사용하도록 했다. 불문헌법의 내용인 사유재산제도를 당시 재산의 핵심인 토지를 중심으로 구획하고 토지소유자를 등록하는 제도를 통해 사유재산을 실질적으로 보호토록 한 것으로 보인다.

둘째, 노비제도를 허용하고 엄격한 조건을 두어 신분보호와 노비제도를 조화시켰다. 노비는 전쟁에서 얻은 포로나 그 가족, 그리고 남의 물건을 훔친 범죄자 등을 노비로 삼도록 엄격히 규정하여 남용이 없도록 하고, 신분질서를 엄격하게 유지토록 했다. 사유재산을 가지고 노예를 거느린 귀족층이 사회를 이끌어 간 귀족사회를 유지했고 순장

24) 『단군세기』: 68.
25) 위의 책: 79.
26) 위의 책: 91.
27) 위의 책: 65.

제도를 통해 신분계급사회 질서를 유지했다.[28]

셋째, 남성의 가부장권을 인정하고 남자 중심의 가족제도를 확립하여 호적을 관리하고 있었음을 확인할 수 있다. 왕비족으로 참여한 부족은 여족장을 두고 모계사회이었는데, 고조선 건국 이후 이들 부족도 부계사회의 질서를 수용하고 가부장권을 인정한 것으로 보인다. 『단군세기』에 따르면, 단군왕검은 "나을(那乙)에게는 호적을 관리하도록 하"[29]여 가족제도를 유지시켰다.

넷째, 정전제 등 조세제도를 도입하고 소득세로 소득의 1/30의 세금을 거두다가 1/20, 1/10로 점차 법으로 엄격하게 비율을 정하여 국고를 충당하여 국가 재정을 안정적으로 운영하였다.

다섯째, 도량형을 제정하여 경제활동을 표준화하고 유통질서를 체제화 · 선진화시킨 것으로 추정된다. 『단군세기』에 따르면, 2세 단군 부루가 "쌀되와 저울을 모두 통일하도록 하였고, 배와 모시의 시장 가격이 서로 다른 곳이 없으며, 백성들 서로 속이지 않으니 어디서나 두루 편했다"[30]라고 하여 쌀되와 저울 등 경제생활이 필요한 도량형기를 제정하여 시장가격 질서를 안정시켰다.

여섯째, 화폐를 제정하여 시장 질서를 확립하고 경제유통활동을 촉진하였다. 『단군세기』에는 단군조선 개국 초기부터 여러 차례 화폐를 제정한 기록이 나오고 있다. 나아가 중국의 화폐로 생각되어 왔던 명도전이 중국 지역보다 고조선 영역에서 더 많은 양이 출토되고 명도전에 그려진 상형문자를 중국인들이 해석할 수 없는 글자인 것이 드러나면서 고조선의 화폐일 가능성이 높다는 주장들이 강력하게 제기되고 있다. 명도전에 새겨진 글자가 가림토 글자일 가능성이 제기되면서, 고조선 당시에 높은 수준의 경제활동이 이루어진 것으로 추정된다.

일곱째, 삼신제와 단군대제 등 제천행사를 정기적으로 행하여 백성들에 대한 교화를 하고, 홍익인간의 생명사상을 넓고 깊이 전파하였다. 음식을 먹을 때마다 천신에게 고시례를 하여 추수감사를 하고, 모든 가정들이 부루단지와 삼신단지 등을 집에 두고 조상에게 소원을 빌고 감사하는 생활을 일상화하도록 했다.

---

28) 8세기 강상무덤에서 100여 명이 함께 묻힌 사실이 발굴되면서 노비의 순장제도를 확인할 수 있다.
29) 『단군세기』: 58.
30) 위의 책: 64－65.

7. 고조선의 홍범구주

(1) 부루의 서행과 수두의 전파 및 귀환

단군왕검이 오랜 홍수로 인한 중국의 수재(水災)를 구제하고자 태자 부루를 창해사자로 임명하여, 부루가 도산에 가서 우(禹)사공에게 삼신오제교의 오행설을 전파하고 치수의 방법을 가르쳤다. 그래서 우는 왕이 된 뒤에 부루의 은덕을 생각하며 삼신오제의 교리를 신봉하고 이것을 중국 각지에 전파했다. 부루의 서행(西行)과 삼신오제교의 오행설, 정전제, 법률 및 도량형 등 수두의 전파로 중국은 이러한 고조선의 제도들을 모방하여 시행하였다.[31)]

홍범구주(洪範九疇)는 고조선의 신서로서 단군왕검의 큰 아들 부루가 도산에서 중국 우임금이 왕이 되기전 순임금의 신하인 사공(司空)직에 있을 때에 전하여 가르친 것이다. 그것을 전해받고 배운 우가 홍수 피해와 재해를 다스린 치수의 공로로 왕이 되어 국호를 하(夏)나라로 정하고 수두의 신앙을 믿고 국교로 정하고, '도산의 신서'를 '홍범구주'라고 하며 추앙했다. 그 뒤 수백 년 만인 기원전 18세기경 하나라가 망하고 상나라(은나라)가 뒤를 이었다가, 주나라가 흥한 뒤 무왕이 홍범구주를 배척하자 은나라 왕족인 기자가 거기에 해설을 달아 홍범구주를 가지고 무왕과 논쟁한 뒤 조선으로 도망했다. 이처럼 홍범구주는 원래 고조선에서 만들어지고 내려 온 것인데 그것에 대한 기록문서가 정작 고조선에는 남아 있지 않고 전해 받은 중국에서 보존하고 숭배해 오다가 주나라를 이탈할 때 기자가 조선으로 다시 가지고 온 것이다. 중국에서는 홍범구주의 신서를 추앙하며 신봉하다가 기자가 원본에 해설을 더하여 시대에 맞게 보완·발전시켰다.[32)]

---

31) 위의 책: 59－60.

32) 기자가 가지고 왔다는 <홍범구주>가 조선의 것이냐 아니면 중국의 것이냐에 대해 논란이 가능하나 기자의 해설을 제외한 원본은 당초 고조선의 것으로 보아야 할 것이다. 이것을 한국과 일본의 문화 전수와 관련하여 한국이 일본에 전파한 고대문화를 '대륙문화가 한반도를 거쳐 일본으로 왔다'고 주장하여 한반도의 영향을 부인하려는 일부 일본학자의 잘못된 주장과는 달리 전파된 한국의 문화를 일본에서 도자기, 불상, 사찰건립 등 수정·발전시킬 경우 일본의 것으로 보아야 한다는 학자가 아닌 언론인의 객관적인 주장이 의미를 지닌다. 그럼에도 문화 원천인 한국에서는 신라 황룡사가 불타버리고 주춧돌만 남아 있는 반면, 그것을 전파받고 도래인들이 많이 참여하여 건립한 황룡사와 비슷한 규모의 사찰이 일본에는 8세기의 도다이지 사찰로 온존하여 세계 최대 목조 건축물로 남아 있는 것은 많은 교훈을 준다. 한·일 간의 역사를 모르는 세계인들은 도다이지 사찰과 신라 황룡사의 관계를 어떻게 이해할까? 임진왜란 때 데려간 조선 도공 이삼평에게서 도자기 기술을 전수받고 그 위에 화려한 색채의 아리타(有田) 도자기를 개발하여 유럽에 대량 수출했고 한반도에

(2) 홍범구주의 내용

기자가 중국에서 추가한 해설부분을 제외하고 고조선에서 중국 순임금 때 당시 사공이었던 우왕에게 전해진 『서경』의 홍범구주의 본문을 보면 내용은 이렇다.

> "첫 번째는 오행(五行)이고, 두 번째는 오사(五事)로서 공경하는 것이고, 세 번째는 팔정(八政)으로 농사를 하는 것이고, 네 번째는 오기(五紀)로 협력하는 것이고, 다섯 번째는 황극(皇極)으로 세우는 것이고, 여섯 번째는 삼덕(三德)으로 다스리는 것이고, 일곱 번째는 계의(稽疑)로 밝히는 것이고, 여덟 번째는 서징(庶徵)으로 상고하는 것이고, 아홉 번째는 오복(五福)으로써 향하고 육극(六極)으로 위엄을 보이는 것이다.
>
> 첫 번째로, 오행이란 것은 첫째는 수(水)이고 둘째는 화(火)이고 셋째는 목(木)이고 넷째는 금(金)이고 다섯째는 토(土)를 말한다.
>
> 두 번째로, 오사란 것은 첫째는 형상[貌]이고 둘째는 언어[言]이고 셋째는 보는 것[視]이고 넷째는 듣는 것[聽]이고 다섯째는 생각하는 것[思]을 말한다.
>
> 세 번째로, 팔정이란 첫째는 먹는 것[食]이고 둘째는 재물[貨]이고 셋째는 제사[祀]이고 넷째는 사공司空이고 다섯째는 사도司徒이고 여섯째는 사구司寇이고 일곱째는 외교관[賓]이고 여덟째는 군사[師]를 말한다.
>
> 네 번째로, 오기란 것은 첫째는 세歲이고 둘째는 달이고 셋째는 해이고 넷째는 별[星辰]이고 다섯째는 역법[歷數]을 말한다.
>
> 다섯 번째로, 황극이란 것은 임금이 표준을 세우는 것을 말한다[皇建其有極].
>
> 여섯 번째로, 삼덕이란 것은 첫째는 정직이고 둘째는 굳셈으로 이기는 것[剛克]이고 셋째는 부드러움으로 이기는 것[柔克]을 말한다.
>
> 일곱 번째, 계의란 것은 점칠 사람을 가려서 세우는 것을 말한다[擇建立卜筮人].
>
> 여덟 번째로, 서징이란 것은 비내리는 것[雨]과 볕이 빛나는 것[暘]과 더운 것[燠]과 추운 것[寒]과 바람이 부는 것[風]과 시간에 맞추는 것을 말한다.
>
> 아홉 번째로, 오복이란 것은 첫째는 장수[壽]이고 둘째는 부유함[富]이고 셋째는 강녕함[康寧]이고 넷째는 덕을 좋아하는 것[攸好德]이고 다섯째는 제 명을 다하고 죽는 것[考終命]을 말하며, 육극이란 것은 첫째는 흉한 것과 요절하는 것[凶短折]이고 둘째는 질병[疾]이고 셋째는 근심하는 것[憂]이고 넷째는 가난[貧]이고 다섯째는 너무 굳센 것[惡]이고 여섯째는 약함[弱]이다."[33]

서 건너간 '방구부채'도 '쥘부채'로 개량해 17세기 이후 유럽 사교계를 휩쓸었던 것은 우리에게 '온고지신'의 깨우침을 촉구하는 것이다. 유석재. 2017. <한·일 고대사의 溫故知新>『조선일보』. 2017.12.28.

33) 이 부분은 도산에서 부루가 우왕에게 전한 신서의 본문이며, <홍범> 편의 나머지 부분은 기자가

이 내용은 고조선의 수두교 삼신오제교의 오행설 교리와 국가를 다스리는 원리에 대한 것으로 기자는 "하늘이 우임금에게 홍범구주를 하사했다"고 했는데, 이때 하늘은 '단군'을 지칭하고 있다. 기자가 조선으로 도망친 것도 수두교를 국교로 했던 상(은)나라가 주나라에 망하고 무왕이 수두교와 수두교 지도자들을 탄압하고 권력투쟁에서도 밀리면서 고국을 버리고 수두교의 모국인 고조선으로 오고자 했던 것이다.[34)]

홍범구주는 수두교의 원리뿐만이 아니라 국가경영자로서 국가경영에서 해야 할 모든 일과 일반 백성들이 지키며 수신제가해야 할 내용들을 폭넓게 담고 있어서 다양한 법들을 종합적으로 기술하고 있다. 이 내용들의 핵심을 나름대로 다시 정리해 본다.

첫째, 오행은 수화목금토로서 물, 불, 나무, 금, 흙이 지구나 국가가 다스려야 할 기본이다. 국가가 백성을 보호하고 농사를 잘 하기 위해서는 치산, 치수, 토목 등을 잘해야 한다.

둘째, 오사는 모양과 말하고 보고 듣고 생각하는 것으로 백성들간 서로 공경하여 국가공동체의 품격을 높이는 기본 활동이다. 사람들 사이에는 서로 존중하는 얼굴 표정으로 말하고 보고 듣고 생각하며 서로 공경해야 한다.

셋째, 국가는 백성들이 먹을 것을 기르고 재물을 모으고 제사를 섬기고 치산치수의 공사를 하고 수두교를 전파·교화하고 도둑이나 외적의 침략을 막고(司寇) 외교관을 보내고 군대를 두어 백성들이 잘 살 수 있게 하는 여덟 가지 정치(八政)를 펼쳐야 한다.

넷째, 국가는 매년의 해와 달과 별과 역법과 같은 천문지리의 자연 질서를 잘 알아 백성들에게 알려주어 백성들이 농사나 생업을 하는데 달력에 따른 절기의 특성에 맞추어 살아가게 하고 정부도 자연 질서와 천문지리(五紀)에 밝은 정사를 펼쳐야 한다.

다섯째, 임금은 정전제나 도량형과 같은 각종 정부 행정의 표준을 세우고 그것에 따라 자의적인 정치가 아니라 객관적이고 표준적인 행정을 해야 한다.

여섯째, 임금과 관리들은 임금이 정한 표준에 따라 정사를 보되 정직하고 때로는 강하게, 때로는 부드러운 세 가지 덕으로 정치와 행정을 해야 한다.

일곱째, 백성들이 어려운 일을 당하여 미래 일을 알고자 운명을 점치고자 할 때에는 점치는 사람을 그만한 능력과 자격이 있는 사람으로 엄격히 밝게 가려서 세워야 한다.

여덟째, 백성들에게 날씨가 맑은지 비가 오는지, 더운지 추운지, 바람이 언제 얼마나 부는지 등에 대해 늘 알려주어야 한다.

덧붙인 내용으로 여기에서는 생략한다. 『서경』<홍범>; 『상서』(尙書)의 <홍범구주편>; 신채호. 2014. 『조선상고사』: 104-105.

34) 위의 책: 105.

아홉째, 백성들이 오래 부유하고 건강하고 덕을 좋아 하며 살고 제 명을 다하고 죽는 오복을 누리게 하고, 반대로 아프고 근심하고 가난하고 악하며 흉하고 빨리 죽는 여섯 가지 육극에서 피할 수 있도록 해야 한다.

(3) 홍범구주의 내용과 고조선 국가운영의 질서

홍범구주를 이렇게 해석하면, 국가가 할 일과 임금 및 관리들이 행정을 통해 해야 할 일들을 소상하게 정하고 있음을 알 수 있다. 고조선은 국가가 일찍부터 치산치수와 토목을 잘해야 하고, 그 일을 8정으로 세분화하여 추진해야 함을 정하고 있다.

첫째, 오행설(五行說)[35]의 오행은 수·화·목·금·토로서 물, 불, 나무, 금, 흙이 지구나 국가가 다스려야 할 기본이고 우주 간 운행하는 원기(元氣)로서 만물을 낳게 하는 5원소(元素)이다. 국가가 백성을 보호하고 농사를 잘하기 위해서는 우주 간 운행하는 원기이고 원소인 물, 불, 나무, 금, 흙의 원리를 잘 알고 치산 치수, 토목 등을 잘 해야 한다는 가르침이다. 이것은 고조선이 국가로 건국한 근본 이유와도 관련된다.

『삼국유사』 기록대로 환인 천제가 아들 환웅을 이 땅에 내려 보낸 이유가 세 가지 위험에서 인간을 구하기 위한 것인데, 그 세 가지 위험은 대체로 치산치수와 관련된 일이기 때문에 오행에 따른 물, 불, 나무, 금, 흙이라는 오행을 잘 다스려야 하는 것이 고조선 국가의 기본 존재 이유였다. 고조선 시대에 홍수나 가뭄 등 천재지변에 따른 심각한 재해로 백성들이 살기 어려워지면 임금이 그 책임을 지는 불문법이 고조선 이후 조선시대까지도 오랜 기간 전수·유지되어 온 것도 임금의 부덕을 문책하는 것이지만 실

35) 오행설은 단군왕검이 2세 단군이 되기 전인 아들 부루를 시켜 뒤에 우왕이 된 우사공에게 전달한 <홍범구주>에 나오는 내용으로 중국에서는 이것을 신봉하고 발달시켜 기록으로 남겨두고 있다. 조선에서는 기록으로 남겨진 대신 중국에서는 "전국시대 추연이 제왕조에 배당시켜 우는 토덕, 하는 목덕, 은은 금덕, 주는 화덕으로 왕이 되었다는 주장을 했다. 그 뒤 한대에 이르러 음양오행설이 성행하여 오행을 우주조화의 면에서 해석하고 일상 인사에 응용하면서 일체 만물은 오행의 힘으로 생산된 것이라 하여 여러 가지 사물에 이를 배당시켰다. 곧, 목은 육성의 덕을 맡는다하여 방위는 동쪽이고 계절은 봄, 화는 변화의 덕으로 방위는 남쪽이고 계절은 여름, 토는 생출의 덕으로 방위는 중앙이고 4계절의 주가 되며, 금은 형금의 덕으로 방위는 서쪽이고 계절은 가을, 수는 임양의 덕으로 방위는 북쪽이고 계절은 겨울에 해당한다고 한다. 한편 오행의 관계에는 상생과 상극이 있어, 상생은 목생화(木生火)·화생토(火生土)·토생금(土生金)·금생수(金生水)·수생목(水生木)으로 그 순서는 목·화·토·금·수이다. 상극은 수극화(水剋火)·화극금(火剋金)·금극목(金剋木)·목극토(木剋土)·토극수(土剋水)를 말하며 그 순서는 수·화·금·목·토이다. 음양가들에 의하면 남녀가 상생으로 화합하면 행복하고 상극으로 만나면 재화(災禍)가 있다"(<오행설>『두산백과』 참조)고, 오행설을 백성들의 일상생활에까지 확장시켜 이용후생을 위해 그 성질과 효용을 이용하고 있다.

질적으로는 치산치수에 소홀한 임금의 책임을 묻는 것이다. 따라서 임금과 관료들은 오행에 따른 치산치수의 임무를 중요한 의무로 수행해야 했다.

『단군세기』에 따르면, "정사 50년, 홍수가 크게 나서 백성들이 쉴 수 없었다. 제帝께서는 풍백風伯인 팽우에게 명하여 물을 다스리게 하고 높은 산과 큰 강을 평정하여 백성들을 편하게 하였으니 우수주에 그 비석이 있다"[36]라고 기록하였다. 바로 이 기록 다음에 도산에서 아들 부루를 시켜 오행치수의 방법을 전해준 사실을 기록하여 치산치수의 일이 얼마나 중요한지를 보여주고 있다.

둘째, 고조선 국가는 구체적으로 행정을 여덟 가지로 나누고 전담 관료들이 각각 그 책임을 지도록 했다. 농업 등 산업으로 백성들이 먹을 것을 기르고(농어업 담당), 재물과 재화를 개인의 소유로 모으도록 하고(재무·국고 담당), 삼신오제에 대한 제사를 섬기고(삼신오제교 제천·제의담당), 치산치수의 공사를 하고(건설토목 담당), 수두교를 전파·교화하고(교육·종교교화 담당), 도둑이나 외적의 침략을 막고(司寇, 경찰·검찰 등 치안질서유지 담당), 외교관을 보내고(외교업무 담당), 군대(국방 담당)를 두어 백성들이 잘 살 수 있게 하는 여덟 가지 정치(八政)를 펼쳐야 한다. 고조선의 관료조직인 정부가 8정을 펼치도록 중앙정부조직을 '단군8가(檀君八加)'제로 조직한 것도 이러한 8정을 전담토록 업무를 분담시킨 것이다.

셋째, 국가는 매년 해와 달과 별과 역법과 같은 천문지리의 자연질서를 잘 알아 백성들에게 알려주어 백성들이 제사, 농사나 생업을 하는데 달력에 따른 절기의 특성에 맞추어 살아가게 하고 정부도 자연질서와 천문지리(五紀)에 밝은 정사를 펼쳐야 한다. 책력은 단군왕검 시대에 만들어져 오던 것을 아들 부루를 시켜 중국에게 전해준 이후에도 그 내용을 지속적으로 발전시키면서 보정해 온 기록들이 있다. 『단군세기』에 따라 대표적인 것만 보아도, 2세 단군 부루에게 "임자 12년(B.C. 2229) 신지(神誌)인 귀기(貴己)가 칠회력(七回歷)과 구정도(邱井圖)를 만들어 바쳤다"[37]라고 기록하고 있다. 5세 단군 구을 시대에 "을축 4년 처음으로 육십갑자(六十甲子)를 사용하여 책력을 만들었고,[38] 18세 단군 구모소 시대에도 지리숙(支離叔)이 주천력(周天曆)과 『팔괘상중론』(八卦相重論)을 지었다.[39]

중국의 서량지(徐亮之)라는 학자는 『중국사전사화』(中國史前史話)에서 "중국의 책

---

36) 『단군세기』: 58－59.
37) 위의 책: 65.
38) 위의 책: 72.
39) 위의 책: 95.

력법은 동이에서 시작되었다. 책력을 만든 사람은 희화자이다. 그의 계통은 은나라 상나라의 동이 조상이다. 동이가 달력을 만든 사실은 실로 의문의 여지가 없다"라고 하여 중국의 책력이 동이에서 시작되었음을 기록하고 있다.[40] 희화자는 요순 시대의 인물로 알려지고 있는 만큼 단군왕검 시대에 아들 부루를 시켜 전달한 책력을 중국측에서 희화자가 보완하여 중국의 책력을 만든 것으로 추정된다.

칠회력(七回歷)은 하늘 천신에 제사를 지내는 날, 천신・월신・화신・수신・목신・금신・토신에 제사하는 날 등을 달력에 기록한 책이다. 칠회력에 대해 『태백일사』<신시본기>는 "신시의 세에 칠회제신(七回祭神)의 책력이 있었다. 첫회의 날엔 천신(天神)에 제지내고, 2회의 날엔 월신(月神)에 제지내고, 3회 날에는 수신(水神)에 제하고, 4회 날에는 화신(火神)에 제지내고, 5회 날에는 목신(木神)에 제하고, 6회 날에는 금신(金神)에 제지내고, 7회 날에는 토신(土神)에 제지내었다. 대저 책력을 만듦은 이에서 비롯됨이라. 그렇지만 옛날엔 계해(癸亥)를 섰나니 단군구을이 처음으로 갑자를 써서 10월을 상달이라 하고 이를 한 해의 시작이라 했다. 육계는 신시씨에 의하여 신지에 명하여 제정한 것으로 계를 처음 시작으로 한다"[41]라고 칠회력에 대해 소상히 기록하고 있다.

이 기록을 보면, 오늘날의 책력인 일・월・화・수・목・금・토라는 7일마다 반복되는 달력이 이미 이때부터 만들어져서 사용될 정도로 고대천문학이 발달하였음을 알 수 있다. 이 책력을 중국 사공 우에게 부루태자가 전파시키고 가르쳐준 것이다. 고대천문학이 발달하여 『단군세기』에 따르면, 13세 단군 흘달 시대 기원전 1733년인 무진 50년에 다섯 별들이 하늘에서 모여들어 길조라고 여긴 오성취루(五星聚婁) 현상이 있었음을 관측하고 기록하였다.[42]

넷째, 임금은 정전제[43]나 도량형과 같은 각종 정부 행정의 표준을 세우고 그것에 따

40) 위의 책: 72.

41) 『태백일사』<신시본기>: 174.

42) 『단군세기』: 89. 이 오성취루현상은 고고천문과학자들인 서울대 천문학과 박창범 교수 등에 의해 사실임이 증명되고 있다. 박창범. 2002.『하늘에 새긴 우리 역사: 천문기록에 담긴 한국사의 수수께끼』. 김영사; 김연수・박창범. 2014. <하늘과 사람이 만들어 가는 대체로운 무늬>. 『문예중앙』. 통권 139호.

43) 근세의 정전제(井田制)는 조선시대 정약용이 제시한 토지제도 개혁안으로 중국 하・은・주 삼대의 남겨진 제도로 알려져 있다. 토지의 한 구역을 '정(井)'자로 9등분하여 8호의 농가가 각각 한 구역씩 경작하고 가운데 있는 한 구역은 8호가 공동으로 경작하여 그 수확물을 국가에 조세로 바치는 제도였다. 진・한 이후의 토지겸병 현상을 해결하기 위하여 정전제를 다시 실시할 것을 주장한 정전론은 균전론(均田論)・한전론(限田論) 등과 함께 한대 이후 당・송대에 걸쳐 계속 제기되었다. 조선에서는 지주전호제(地主佃戶制)가 확대된 16세기 이후 그 논의가 전개되었으나(<정전제>

라 자의적인 정치가 아니라 객관적이고 표준적인 행정을 해야 한다. 단군왕검 시대부터 측량의 방법을 제정하여 나라의 경계를 따지고 땅을 되찾아 새롭게 편입시키는 일을 직접하였다. 『단군세기』에 "태자는 오행치수(五行治水)의 방법을 전하여 주었고 나라의 경계도 따져서 정했으니, 유주(幽州)와 영주(營州)의 두 곳 땅이 우리에게 속하였다. 또 회대(淮岱) 지방의 제후들을 평정하여 분조(分朝)를 두고 이를 다스렸는데, 우순(虞舜)에게 그 일을 감독하게 하였다"[44]라고 기록하여 표준을 세우고 국가간에 서로 따져서 영토를 찾아 가져오는 일을 하였음을 보여준다. 유주와 영주는 중국 요 임금의 12주의 하나들로서 부루가 측량을 다시하여 중국으로부터 그것을 받아 영토에 편입시켰고, 후국으로 있던 회대 지방의 제후들을 평정하여 후국으로 삼고 고대 중국의 동이족 출신 오제(五帝)의 하나인 제순유우(帝舜有虞)[45]에게 감독을 맡겼다는 기록이다.

다섯째, 백성들이 어려운 일을 당하여 미래 일을 알고자 운명을 점치고자 할 때 점치는 사람을 그만한 능력과 자격이 있는 사람으로 엄격히 밝게 가려서 세워야 한다. 단군왕검은 "희(羲)에게 점치는 일을 관장케"[46]하여 공식적으로 정부가 점치는 사람과 일을 관장하여 백성들이 무자격자에게 현혹되지 않도록 종교·정신생활을 보호하였다. 자격과 능력이 있는 사람이 점을 치도록 하여 종교생활의 질서를 국가가 보장·보호토록 하였다.

여섯째, 백성들에게 날씨가 맑은지 비가 오는지, 더운지 추운지, 바람이 언제 얼마나 부는지 등에 대해 늘 알려주어야 한다. 이것은 오늘날 기상예보처럼 24절기와 비슷한 것을 나라에서 만들어 백성들이 농사나 살림에 기준으로 삼도록 하였다. 농사를 장려하는 일을 맡은 고시(高矢)와 물을 다스리는 풍백(風伯)이 이일을 했을 것으로 보인다.

일곱째, 백성들이 오래 부유하고 건강하고 덕을 좋아 하며 살고 제명을 다하고 죽는 오복을 누리게 하고, 반대로 아프고 근심하고 가난하고 악하며 흉하고 빨리 죽는 여섯 가지 육극에서 피할 수 있도록 해야 한다. 이 일은 의약과 백성들의 건강을 담당한 기성(奇省)이 맡은 것으로 보인다. 최근 두만강 유역에서 발굴된 골침이 기원전 14세기경의 것으로 밝혀져 중국 골침보다 10세기 이상 빠른 것으로 밝혀지는[47] 등 고조선이 중

『두산백과』 참조), '부루의 서행과 수두의 전파' 및 '기자의 동진' 등으로 볼 때 정전제가 고조선에서 중국으로 전파되었다는 점은 유념해야 할 일이다.

44) 『단군세기』: 59.

45) 위의 우순(虞舜)은 제순유우(帝舜有虞)를 지칭하는 것이고 유우국의 제순왕을 지칭한다. 그는 이른바 중국사의 오제五帝의 하나로 『맹자』에서 "순임금은 제풍에서 태어나고 부하로 이사하시고 명조에서 죽으시니 제풍, 부하, 명조는 동이족의 땅이라 그는 동이 사람이다"라고 기록하고 있다. 그를 단군이 제후로 임명하여 분조를 감독토록 했다는 기록이다. 위의 책: 59-61.

46) 위의 책: 58.

국보다 동양의학과 침술에서 크게 앞선 것도 홍범구주의 영향으로 보인다.

여덟째, 임금과 관리들은 임금이 정한 표준에 따라 정사를 보되 정직하고 때로는 강하게 때로는 부드러운 세 가지 덕으로 정치와 행정을 해야 한다. 이것은 공직윤리에 관한 것으로 고조선 시대부터 행정을 엄격한 법에 의한 것만이 아니라 법이나 표준을 시행하더라도 백성들에게 편의와 이익이 되게 공평무사하면서도 정직하고 강약을 조절하면서 행하라는 행동규범을 제시하고 있다. 홍익인간과 덕치를 강조한 공직윤리의 핵심 내용이다.

아홉째, 오사는 모양과 말하고 보고 듣고 생각하는 것으로 서로 공경해야 한다. 사람들 사이에는 서로 존중하는 얼굴 표정으로 말하고 보고 듣고 생각하며 서로 공경해야 한다는 점을 강조하고 있다. 이것은 모든 백성들이 홍익인간의 가치를 실현하고 서로 존경하는 태도로 언행을 하고 공경하는 사회와 공동체를 만들어야 한다는 것을 강조하는 것이다. 단군왕검이 나라를 세운 뒤 첫 가르침이 하늘 뜻에 따라 오로지 순수하게 참마음으로 스스로 살펴보면 다른 사람의 마음도 살필 수 있다는 것이었다. 『단군세기』에 따르면,

> "단군왕검은 가르침을 내려 말했다. 하늘의 법칙은 하나일 뿐이니 그 문은 둘이 아니니라. 너희들은 오로지 순수하게 참마음을 다할 것이니 이로써 너희 마음이 곧 한님을 보게 되리라. 하늘의 뜻은 어디서나 하나이고 사람의 마음도 마찬가지로 한 가지니라. 이런 까닭에 스스로를 살펴보아 자기의 마음을 알면 이로써 다른 사람의 마음도 살필 수 있으리라. 다른 이의 마음을 교화하여 하늘뜻에 잘 맞출 수 있다면 이로써 세상 어느 곳에서도 잘 쓰일 수가 있는 것이리라.
>
> 너희가 태어남은 오로지 부모에 연유하였고 부모는 하늘로부터 내려오셨으니 다만 너의 부모를 옳게 받들어 모시는 것이 바로 하늘을 받들어 모시는 것이고, 또 나라에까지도 그 힘이 미치는 것이니, 이것이 바로 충성되고 효도함이니라. 너희가 이 도를 잘 따라 몸에 지닌다면 하늘이 무너져도 반드시 먼저 화를 벗어날 수 있으리라. 짐승에게도 짝이 있고 다 헤진 신발도 짝이 있나니, 너희 사내와 계집은 서로 화목하여 원망함 없고 질투함도 없고 음란함도 삼갈 것이다.
>
> 너희들 열 손가락을 깨물어 보면 크건 작건 가림없이 모두 아프지 않던가? 서로 사랑할지언정 서로 헐뜯지 말고 서로 도울지언정 서로 다투는 일이 없다면 집안도 나라도 다 크게 일어나리라. 너희들, 소나 말을 살펴보아도 다만 서로 먹이를 나누어 먹지 않더냐? 너희가 서로 양보하여 서로 어쩌지 않고 함께 일하여 서로 빼앗지 않는 다면 나라가 다 융성하리

47) 강인욱 · 차웅석. 2017. 앞의 글.

라. 너희들, 호랑이 무리를 보아라. 힘만 세고 난폭하여 신령스럽지 못하더니 비천하게 되어 버렸도다. 너희가 사람다운 성품을 잃고 난폭하게 날뛰지 않는다면 사람을 다치게 하는 일 따위는 없을 것이니라. 항상 하늘의 뜻을 받들어 모든 것을 사랑할지니라. 너희는 위태로운 것을 만나면 도울지언정 모욕을 주지 말지니라. 너희가 만일 이런 뜻을 어긴다면 영원히 하늘의 보살핌을 받을 수 없어 네 한 몸은 물론 집안까지도 다 사라지리라."[48]

이러한 홍범구주의 내용은 온 백성들이 지켜야 할 사회규범이고 윤리이며 사회교육과 국민교육의 기본 내용이다. 홍익인간의 정신을 바탕으로 모든 사람들이 하늘의 법칙과 한님의 모습을 닮아 서로 사랑하고 다투지 말고 헐뜯지 말고 위태로울 때 서로 돕고 모욕 주지 말고 서로 양보하고 공경하라는 가르침이다. 부모를 하늘과 같이 생각하고 모셔서 효도하고 나라에 충성하며 남녀가 서로 사랑하여 결혼하고 질투하지 말고 음란하지 말고 화목하라고 가르친다. 그러면서 이러한 뜻을 어긴다면 영원히 하늘의 보살핌을 받을 수 없어 자신의 몸은 물론 집안까지도 다 사라진다는 강한 경고를 하고 있다. 이것은 하늘의 뜻인 가르침을 잘 지키되, 지키지 않고 어기면 자신의 몸과 집안까지도 멸망하는 영원한 벌을 받게 됨을 경고하여, 도산 신서의 홍범구주가 단순한 도덕적인 기록이 아니라 엄격히 지켜야 할 사회법칙임을 강조하고 있다. 이 홍범구주를 어긴 개인에 대한 처벌 방법도 당시에는 있었을 것으로 추정된다.

홍범구주를 이렇게 폭넓게 해석하면, 국가가 할일과 임금 및 관리들이 행정을 통해 해야 할 일들을 나타내는 것과 일반 백성들이 해야 할 일을 모두 규정하는 것으로 생각된다. 오늘날의 행정법, 공직자윤리법, 정부조직법, 치산치수법, 정전제 세법, 도량형법, 국가표준법, 사회교육법 등에서 다룰 내용들의 근간을 제시하는 것이라 볼 수 있다.

8. 한국의 오훈과 다섯 가르침 및 교육법

(1) 한국의 오훈

고조선의 사회규범과 국민윤리 및 국민교육과 관련한 사회교육법의 성격을 지니는 것으로 '한국의 오훈'이 있다. 『단군세기』에 따르면, 6세 단군 달문(기원전 2083년~기원전2048년)은 여러 제후들인 한(汗)들과 약속하면서 "대저 나와 함께 이를 약속하는 사람은 한국의 오훈(五訓), 신시의 오사(五事)를 가지고 끝없이 지켜나갈 일로 삼는도

48) 『단군세기』: 57－58.

다. 하늘에 제사하는 의식은 사람을 근본으로 삼고, 나라를 이루는 길은 먹는 것을 우선으로 하나니, 농사는 사람 사는 모든 일의 근본이요 제사는 다섯 가르침의 근원이라, 마땅히 백성과 더불어 다스려 산업을 일으킬지니라"라고 했다.[49] 이 기록에 따르면, 고조선 당시에 "한국의 오훈", "신시의 오사," "다섯 가르침" 등이 존재했음을 알 수 있다.

우선, 이맥(李陌)이 지은 『태백일사』의 <한국본기(桓國本紀)>에 의하면 '한국의 오훈'은,[50]

첫째, 성실하고 신의 있어 속이지 말라(誠信不僞).
둘째, 공경하고 행함에 게으르지 말라(敬勤不怠).
셋째, 효도하고 순종함에 위배되지 말라(孝順不違).
넷째, 청렴 검소하고 의리 있어 음란치 말라(廉義不淫).
다섯째, 겸손하고 화목하여 다투지 말라(謙和不鬪).

(2) 신시의 오사

"신시의 오사"는 환웅시대 신시의 오사로서 『단군세기』에서 "신시의 옛 규칙을 도로 찾고 도읍을 아사달에 정하니 나라를 세워 조선이라 이름했다"[51]고 하여 단군조선에서 신시오사를 그대로 이어받은 것이다. 그러나 그 내용은 불확실하나 한국의 오훈, 다섯 가르침, 소도오율, 화랑 오계 등으로 이어진 것이 아닌가 추측된다.

마지막으로, "다섯 가르침"은 『태백일사』<대진국본기>에 보이는 "구서오계(九誓五戒)"와 같은 것으로 발해에서는 아침 저녁으로 외우고 익혔다고 기록하여 생활에 밀착한 관습법으로 체화하였음을 보여준다. 여기에서 구서오계란 '부여의 9가지 서약'과 '소도오률(蘇塗五律), 그리고 화랑오계(花郎五戒)'이다.[52] 위에서 소개한 부여의 법금이 고조선의 8법금을 이어 받은 부여의 9가지 서약의 일부 일 수 있다.

소도오율과 화랑오계는 서로 성격이 다르지만 백성들에게 교육법·금법을 함께 적용한 것으로 보인다. 소도오율은 소도가 일반 관청의 통치권한에서 벗어나 천신을 숭배하는 성역으로 종교적인 특별지역임을 보장하는 법률이다. 일반 통치권과 종교적 삼신숭배 제의권이 충돌할 때 단군만이 조정·해결할 수 있고, 소도나 별읍의 통치는 천군이나 천관이 배타적으로 다스리고 누구도 그들의 허락이 없을 때에는 출입을 금하는

49) 위의 책: 77.
50) 위의 책: 78.
51) 위의 책: 56.
52) 위의 책: 78.

내용으로 소도오율이 규정하고 있을 것으로 추정한다.

(3) 화랑오계

화랑오계는 고조선의 젊은 엘리트 양성·훈련체제로서 국자랑(國子郎)이라는 천지화랑(天指花郎)이 존재하고 그들이 지켜야 할 행동지침을 밝히는 것이다. 『단군세기』에 천지화랑에 대한 기록이 많이 있다. 13세 단군 홀달 시대에 "소도를 많이 설치하고 천지화(天指花)를 많이 심었다. 미혼의 자제로 하여금 글 읽고 활쏘는 것을 익히게 하며 이를 국자랑(國子郎)이라 부르게 하였다. 국자랑들은 돌아 다닐 때 머리에 천지화를 꽂았으므로 사람들은 이들을 천지화랑(天指花郎)이라고도 불렀다"[53]라고 기록하고 있다. 고조선 시대의 천지화랑의 오계에 대해서는 잘 알려져 있지 않으나, 그것을 계승한 것으로 보이는 화랑오계에 대한 구체적인 내용이 신라시대의 일반인들은 물론 지금의 국민들까지 암송할 정도이다. 다만 신라시대 화랑오계에는 불교의 영향이 큰 점이 다르다.

화랑오계는,

첫째, 충성으로 임금을 섬긴다(事君以忠).

둘째, 효로서 부모를 섬긴다(事親以孝).

셋째, 친구와 사귐에 믿음이 있어야 한다(交友以信).

넷째, 전투에 임하여 물러서지 아니한다(臨戰無退).

다섯째, 살생을 함에 가림이 있어야 한다(殺生有擇).

이러한 신라시대의 '화랑오계'는 고조선의 천지화랑이 지키고자 한 화랑오계의 정신을 계승한 것이라 생각된다.

9. 역대 단군의 정부조직과 헌법 및 법률관련 활동

『단군세기』에 기록된 역대 단군의 정부조직과 헌법 및 법률관련 활동들을 정리하면 <표 10-2>와 같다.

53) 위의 책: 89.

표 10-2 역대 단군의 헌법과 법률관련 활동

대수	단군 명	정부조직 · 헌법 · 법률활동
	환웅	기원전 2370년 왕검 탄생, 2357년 대읍의 비왕으로 임명받음(24년 간 비왕 봉직)
		[제1정권 · 한족정권]
1세	단군 왕검	기원전 2333년 단군왕검 추대, 산과 같은 교화로 신시통치시작, 신시의 옛 규칙 되찾음, 효도 충성 가르침, 팽우 땅 개척, 성조 궁실건축, 고시 농사장려, 신지 글자제정, 기성 의약, 나을 호적관리, 희 점, 우 군대관리, 풍백 치산치수, 태자부루 도산 파견 우사공에게 오행치수방법 전수, 삼한으로 나누어 5가 64족 다스림
2세	단군 부루	여러 왕(제후) 평가 상벌, 소련 · 대련불러 효와 제례 배움, 공자도 칭찬, 복식조서, 쌀되 · 저울 통일, 베 · 모시가격통일, 밭문서 · 칠회력 · 구정도 만듬, 부루의 단지 · 전계 · 업주가리 만듬
3세	단군 가륵	종훈 · 전계 · 삼광오정 · 삼육대례, 삼신제사, 조세감면
4세	단군 오사구	화폐제조, 조정과 백성의 구별을 돌로 새김
5세	단군 구을	육십갑자사용 책력제정
6세	단군 달문	신지발리 서효사작성, 진한 · 모한 · 번한의 세 왕권 균형, 백아강 · 소밀랑 · 안덕강 지역 균형, 한국오훈 · 신시오사 약속, 화백회의 결과공개, 2대국 · 20소국 · 3,624부락 동맹 공물받음
8세	단군 우서한	이십분의 일 세금법 제정 · 빈부조정, 단제 변복 · 하나라 정세살피고 관제 크게 고침
9세	단군 아술	덕치를 펼침
		[제2정권 · 맥족정권]
10세	단군 노을	민정시찰 · 신원목설치 백성민원 청취 해소, 천문대 감성 설치
11세	단군 도해	오가에 명하여 12명산에 국선 소도 설치, 한웅 상(웅상) 설치, 천경신고 조술, 천부경 삼일신고 강연, 대시전 건립, 선사 20명 하나라로 보내 처음 나라 가르침 전함, 송화강 기슭 관청 건립
13세	단군 흘달	주와 현 제도도입 · 직책한계정함, 법치행정, 은 · 하 전쟁 원병참여 빈 · 기 땅에 관청설립, 소도설치하고 천지화 심음, 국자랑 · 천지화랑 운영
14세	단군 고불	큰 가뭄, 기우제, 큰비내림, 관리를 보내 호구조사
15세	단군 대음	80분의 1 세법 제정, 홍수피해, 백성곡식배분
16세	단군 위나	구한의 한들이 영고탑에 모여 삼신과 상제께 제사, 닷세 간 백성과 연회 · 마당밟기, 백성들 모여 애한가(애국가) 함께 부름
17세	단군 여을	오가와 함께 나라를 돌아 봄
19세	단군 구모소	남상(장)인 벼슬 얻음, 지리숙이 주천력 · 팔괘상중론 제작
20세	단군 고흘	영고탑 개축, 공공인 공홀 구한의 지도 제작
		[제3정권 · 예족 · 기자정권]
22세	단군 색불루	관제 개정
23세	단군 아흘	웅갈손 은나라땅 여섯 읍 설치, 이한 · 오가 불러 영고탑 천도논의 중단 지시
24세	단군 연나	여러 한들은 조서받들고 소도 증설 · 하늘에 제사
25세	단군 솔나	단제 영신 · 직신 문의

33세	단군 감물	한님・한웅・단군왕검 삼성사 세우고 친히 제사
43세	단군 물리	융안 사냥꾼 우화충 반란, 단제피난중 붕어, 백민성욕살 구물 어명으로 장당경 점령, 구지의 동서 압록18성 모두 병력 지원・원조
[제4정권・예족・위만정권]		
44세	단군 구물	단제 반란군 진압・우화충 사살, 즉위・하늘제사, 국호 대부여・삼한은 삼조선으로 개칭, 전쟁권한 분산, 해성개축 평양 개칭, 이궁건설 삼신영고의 제사, 삼육대례, 감찰관 각 주・군 파견, 효자・청백리 천거
45세	단군 여루	번・진・막조선 연합군으로 연・제군대 오도하에서 정벌・요서 회복, 번조선 대장군 우문언 연나라 연운도 주둔잔군 격파・장수 사살, 조양서쪽 경계삼음, 죄수사면, 크게 가물어 기우제
46세	단군 보을	도성 큰불 단제 해성 이궁, 한개 궁궐 침범 왕 자칭, 대장군 고열가 진압, 단제 귀경후 대사령, 국운기움, 국고고갈
47세	단군 고열가	왕단군왕검의 묘를 백악산에 세우고 유사가 사철 제사를 지내게 함, 일식, 고리국사람 해모수 군대 일으킴, 단제지도력 상실, 왕위 포기, 오가들 6년 간 나라 다스림, 대해모수 서울 습격, 천왕랑이라 칭함, 북부여・고구려라 칭함

10. 고조선 문화와 법 제도의 중국 전파

고대 한국과 중국 사이에 문화적 충돌과 문화교류가 어느 방향으로 나타났는지에 대해 그동안 중국의 문화와 법제도가 일방적으로 고대 한국에 전파된 것으로 주장되어 왔다. 그것은 중국의 기록을 중심으로 했기 때문이다. 고조선에서는 가림토와 신지문자가 있었다는 기록은 있으나 지금까지 남아 있는 문자들이 없어서 당시의 제도나 문화를 그대로 기록한 것은 지금 남아 있는 것이 없다. 그러나 고조선 단군왕검의 시대에 부루가 오행설과 치산치수의 법제 등 홍범구주를 중국에 전파하였다는 기록들이 나오고 유물과 유적들이 중국과 고조선의 영토에서 발굴되는 연대를 비교할 때 도리어 고조선의 영역에서 오래된 유물과 유적이 나오면서 고조선에서 중국으로 전파되었다는 주장들이 강하게 제기되고 있다.

이것과 관련하여 중국학자인 부사년(傅斯年)이 중국 고대사를 남・북의 대결로 보아오던 관점을 비판하고, 진나라의 통일 이전까지는 동쪽의 '동이' 계열과 서쪽의 '하' 계열의 동・서의 대립으로 전개되었다는 획기적인 새로운 패러다임을 제시한 것은 고대 한국문화가 중국으로 전해진 것을 지지하는 데 큰 의미를 지닌다. 부사년은 하나라 초기 이래 8가지 동・서 대결의 국면을 정리하고 있는데 동쪽과 서쪽 모두 세 차례씩 이겼고 두 차례는 부분적으로 이겨 동과 서의 대결이 역사적으로 팽팽하게 전개되어 왔음을 보여준다.54)

첫째, '동'의 이(夷)와 '서'의 '하'(夏)의 대결은 동과 서의 직선적인 대결로서 동과 서가 서로 번갈아 승리하였다. 동이가 1차 하후(夏候)를 멸하였고, 하도 여러 차례 이를 이겼으나 하가 이의 땅을 모두 차지하지는 못하였다.

둘째, 동쪽의 상(商)과 서쪽의 하(夏)의 대결에서 동쪽의 이가 서쪽의 하를 이겼다.

셋째, 동쪽의 은과 서쪽의 귀방(鬼方)의 대결에서 동쪽이 서쪽을 이겼다.

넷째, 동쪽의 은과 서쪽의 주가 대결하여 서쪽이 동쪽을 이겼다.

다섯째, 동쪽의 회이(淮夷)와 서쪽의 주(周)가 대결하여 동쪽이 두 차례 서쪽을 위기에 몰아 넣었으나 성공하지 못하였다.

여섯째, 동쪽의 육국(六國, 韓·魏·趙·齋·楚·燕)이 서쪽의 진(秦)과 대결하여 서쪽이 동쪽을 이겼다.

일곱째, 동쪽의 진공[陳貢, 秦 말기의 봉기 세력]과 서쪽의 진의 대결에서 동쪽이 서쪽을 이겼다.

여덟째, 동쪽의 초(項羽)와 서쪽의 한이 대결하여 서쪽이 동쪽을 이겼다.

부사년이 예리하게 분석하고 있는 중국 고대사에서의 동쪽과 서쪽의 대결은 양쪽이 서로 팽팽하게 이기고 지는 것을 반복하여 왔음을 보여 준다. 이것은 고조선을 중심으로 한 동이족의 힘이 상당히 큰 규모로 중심을 이루고 있어서 서쪽과의 대결에서 서로 힘의 균형을 어느 정도 유지하고 있음을 의미하는 것이다. 동쪽의 이, 상, 은, 회이, 육국, 진공, 초 등이 모두 고조선과 직접 연관이 있는 나라들은 아니지만 이, 상, 은, 회이, 육국의 일부 등은 고조선과 같은 동이족이어서 고조선과 동이족이라는 점에서 상당한 정도의 영향을 주고 받았을 것으로 생각할 수 있다. 이 때문에 부사년이 분석하는 이러한 동과 서의 대결은 동이족의 중심 국가인 고조선의 문명과 제도가 서쪽의 중국에게도 많이 영향을 주게 되었을 것으로 쉽게 짐작할 수 있다. 이 때문에 고조선의 관료조직과 법 질서의 총체로서의 여러 질서들이 자연스럽게 중국에 전파되었음을 알 수 있다. 전쟁의 결과로 이긴 쪽이 진 쪽에 대해 미치는 영향이 너무나 크기 때문이다.

11. 관료기구와 법 질서의 변화와 고조선 국가변동

첫째, 고조선의 중앙정부 관료기구를 보면, 제1 단군정권은 3상5부제를 수립하였다가, 제2 단군정권에서는 단군8가제도로 확대되었다. 제3 단군정권과 제4 단군정권에서

54) 부사년. 1935. <夏夷東西說>. 『경축채원배선생육십오세논문집』; 천관우. 1979. <부사년의 '夏夷東西說'>. 『한국학보』. 제14집; 신용하. 2010: 333 참조.

도 단군8가제도가 이어졌다.

둘째, 고조선의 중앙정부와 지방통치체제의 성격을 나타내는 통치체제로서 제1~3 단군정권은 진한, 말한, 불한이라는 3한체제를 가지면서 진한의 국왕이 단군조선의 단군이 되고 말한과 불한의 왕은 단군조선의 부왕으로서 단군을 보좌하는 중앙집권체제를 이루다가, 제4 단군정권은 진조선, 말조선, 불조선의 3조선체제로 분화되면서 중앙집권체제가 이완되면서 지방분권의 성격을 강화시키는 방향으로 변화하였다. 단군조선 본국은 물론 말조선과 불조선이 독자적인 전쟁선포권과 전쟁수행권을 가지면서 3조선들이 서로 분리되어 연합국가로서의 중앙집권제도는 크게 약화되었다.

셋째, 지방통치체제를 보면, 제1 단군정권은 3한 3경 5가 5부 5군제도를 수립하였다가, 제2 단군정권에서는 3한 5경 5가 5부 5군체제로 확대되었다. 제3 단군정권에서는 3한 5경 5가 5부 5군체제를 계속하다가, 제4 단군정권에서는 3한체제를 3조선체제로 분화시키면서 3조선 5경 5가 5부 5군체제로 변화되었다. 단군조선은 전국을 3한 5부로 나누어 다스리다가 3조선 5부체제로 나누어 통치하는 변화를 보였다.

넷째, 군사제도를 보면, 제1~3 단군정권은 3한 5군제도를 수립하였으나 고조선의 중앙정부의 전쟁선포권과 전쟁지휘권을 일사불란하게 받는 체제를 유지하다가, 제4 단군정권에서는 3한체제를 3조선체제로 분화시키면서 3조선 5군체제를 유지시켰으나 말조선과 불조선이 독자적인 전쟁선포권과 전쟁수행권을 가지면서 5군의 군령권과 군정권은 3조선들로 나뉘어 연합국가로서의 고조선의 군사체제에서의 중앙집권제도는 크게 약화되었다.

다섯째, 법 제도의 경우, 고조선은 건국 초기 제1 단군정권에서는 환웅시대 한국의 오훈과 신시의 오사 등 신시의 법을 그대로 이어 받아 화랑오계 등 불문법이 중심을 이루면서 홍범구주, 8조금법과 정전제 및 세법을 유지하다가, 수도를 이전하고 영토를 확장시키면서 제2 단군정권에서는 불문법 보다 8조금법과 정전제 및 세법 등의 성문법을 점차 중시하였다. 제3 단군정권은 예족 기자족이 집권하면서 농촌공동체에 따른 소득격차와 노예제도유지를 위해 8조금법과 정전제 및 세법을 더욱 엄격하게 시행하고 세법의 내용도 더욱 강화시켰다. 제4 단군정권은 예족위만족이 집권하여 철기사회를 발전시키고 군사력은 강화시켰으나 내부사회적 모순·갈등으로 각종 법 제도들이 제 기능을 약화·상실하여 3조선 국가의 분열과 열국의 등장으로 귀결하였다.

종합적으로 볼 때, 고조선의 관료기구와 법 질서는 고조선국가의 원형인 핵심은 유지한 채 제1~4정권으로 변화하면서 부분적으로는 변화하여 국가변동의 중요한 부분을 차지하였다.

제11장

고조선의 '통치집단과 정권 · 정부'로서의 국가

1. 통치집단과 정부로서의 국가

고조선 국가의 통치집단은 부족연합국가라는 고조선의 근본적인 성격으로 인해 국가형성의 초기와 후기에 그 성격을 달리하게 되었다. 개국 초기에는 여러 부족국가들이 상당한 자율성과 권력을 지닌 채 고조선 연합국가를 형성하여 연합국가인 고조선은 이들을 통합할 수 있는 종교적 · 제의적 기능을 강하게 수행해야 하는 제의-군장체제를 중시했다. 이로 인해 3부족 연합을 통한 통치집단과 제사장의 역할을 하는 선인들이 통치집단의 상위를 차지하였다. 고조선 후기로 갈수록 외국과의 전쟁기능이 많아지면서 고조선 국가도 전쟁능력과 경제능력을 중시하는 군장의 기능과 군장-제의 국가체제를 중시하여 왕족과 왕비족인 한족 · 예족 · 맥족, 그리고 후국 · 제후국 · 속국 등의 거수와 그 일족들의 위상이 통치집단 내에서 선인들보다 더 높아지는 통치집단 내부의 집단 간 권력이동이 일어나게 되었다. 이로 인해 통치집단의 형성과 유지에서 왕족 · 왕비족 · 단군족 · 선인들 · 후왕과 거수족 등 통치집단 내부에서의 위상과 구성이 시대별로 달라지게 되었다.

고조선의 통치집단 형성은 국왕이 지배연합을 형성하고 통치세력을 형성하는 국왕 주도의 형성방식과 반대로 지배연합이 지배세력을 형성하고 지배세력이 통치세력를 구성하여 국왕을 옹립하는 두 가지 방식이 있는데 고조선에서는 두 가지 방식이 시기를 달리하여 모두 적용되었다. 고조선 형성 초기에는 환웅시대 환웅의 아들로서 비왕으로 영지를 통치하면서 능력을 인정받아 국왕으로 세습하는 과정에 주위의 9부족과 핵심 3지배부족의 결합으로 단군왕검에 추대되어 전자의 방식에 후자의 방식을 부분적으로 보완시킨 두 가지 방식의 융합으로 단군에 취임했다.

단군왕검이 취임 후 아들들을 8가에 임명하고 후국의 왕으로 봉하는 등의 방식으로 왕족의 권력을 확대하면서 부족연합세력들을 관리하여 이들을 8가에 임명하는 등 통치세력을 형성하여 국왕의 영향력을 키웠다. 그 뒤 단군들이 세습되면서 왕권의 강화를 기도했으나, 건국 초기단군들이 5가에서 추천되고 5가합의제가 정착하면서 국왕의 권한은 상대적으로 줄어들었다. 후국과 분국 등 부족연합국가에 새로 추가되는 부족들이 많아지면서 국왕의 권한은 줄어들고 지방과 후국들의 영향력이 더 커져서 고조선의 중·후반기 대제국으로 전개되면서 지배연합과 통치세력들이 국왕을 추대하는 일들이 늘어났다. 후반기에는 반란과 쿠테타가 빈발하여 기자정권과 위만정권이 등장하고 몰락하는 등 국왕보다는 지배연합과 통치세력의 영향력이 더 커졌다. 단군왕검을 돕던 통치세력인 삼천단부의 영향력도 후국과 분국들의 확장으로 줄어들면서 단군과 왕족의 권력이 줄어들게 되었다.

고조선의 관료기구인 정부조직과 헌법·법률의 질서를 유지하는 일을 담당하는 통치집단(governing group)인 정부(government)는 국왕이 강할 때에는 자율성을 높게 가지나 통치세력이나 지배연합의 권력이 왕권보다 강할 때에는 국가관료제의 자율성은 그만큼 약화된다. 넓은 의미로 볼 때에는 정부와 정권의 종합적인 권력의 자율성을 국가 자율성으로 보기 때문에 고조선의 국가 자율성은 전반적으로 높았으나, 내부적으로는 이러한 역학관계에 놓여 있음을 알아 둘 필요가 있다.

이러한 시각은 국가를 정부, 정권, 그리고 통치집단으로 보는 입장이다. 비록 충원 방식은 다르더라도 결과적으로는 같이 단군조선의 통치조직인 3한·3경(후에는 5경)·5가(후에는 8가)·5부·5군을 어떤 사람들로 충원하고 어떤 집단이 담당하였는지에 대한 것을 파악하고자 하는 것이 이 장에서의 의도이다. 그 내용에 대한 기록들은 많은 고문서에 남아 있다.

2. 고조선의 통치집단 구성

(1) 국왕과 단군족·한족

첫째, 고조선의 제왕인 단군은 『삼국유사』기록대로 환국의 천황인 환인의 아들 환웅이 세운 군장사회 부족국가 환웅천왕과 왕비족의 아들 단군왕검과 그 후손들이 장자세습을 원칙으로 계승되었다. 단군조선 개국 이후에 단군왕검은 왕족의 세력을 확장하여 장자인 부루에게는 단군직을 계승시키기로 하고, 다른 왕자들을 서쪽 나라에 봉하여 부소를 구려에, 부우를 진번에, 그리고 부여를 부여에 각각 봉하고 왕으로 삼아서 국가 부족연합국가 통치체제와 단군의 통치세력을 강화시켰다. 단군왕검은 아들 외에도 5가로서 측근들인 학가 주인씨의 후손에게 개마국을 열어 왕으로 봉했고, 구가인 여수기는 예의 임금으로 삼아 단군조선 통치세력과 단군의 친정세력을 강화시켰다.

단군조선의 제왕인 단군은 왕족과 왕비족의 결합으로 탄생한 통치자로서 대를 이어 왕족과 왕비족의 결합의 상징으로 이어졌다. 그러나 모든 단군이 처음 단군왕검과 같은 왕족인지 아니면 새로운 부족들인지는 명확하지 않으나 적어도 여러 차례 정변으로 인해 다른 부족이 단군의 대통을 찬탈하거나 단군의 건강이 나쁘고 후손이 없어서 왕족이 섭정하거나 오가에서 단군을 추대한 사례가 여러 차례 기록으로 남아 있다. 이것은 한 · 예 · 맥족 연합정권에서 단군은 한족에서 맥족 및 예족으로 출신족이 변화하였음을 보여주는 것이다. 오가합의에 의한 추대는 쿠테타의 경우와 달리 새로운 단군이 기존의 왕족을 교체하거나 새로 추가하여 왕족이 확장된 것을 의미한다.

『규원사화』에서는 단군들이 모두 세습한 것으로 기록하고 25세 솔나, 30세 나휴, 38세 다물 세 명의 단군만 아우들이 단군을 계승한 것으로 기록하고 있다.[1] 그러나 『단군세기』에 의하면 47대 단군 가운데 평탄하게 태자가 왕위를 계승한 경우는 28명이고, 태자가 아닌 왕자가 1명, 단군현손 1명, 왕족 추정 4명, 오가에서 9(태자 세습 합하면 14명)명, 쿠테타 2명으로 왕위 계승이 보다 다양한 형태로 이루어진 것으로 기록하고 있다.[2] 이 두 기록 가운데 『단군세기』를 더 신뢰하고자 하는 것은 고대국가 개국 초기 권력이 불안정하고 부족연합국가로 출범한 만큼 정치권력에서의 변동이 심했을 것으로 추정되기 때문이다. 이 점 때문에 왕권안정을 중시하는 왕조와 학자들이 『단군세기』와 『환단고기』를 위서 · 금서로 간주하고 있지만, 특히 고대국가시대에 고조선 중 · 후반기로 갈수록 중국과의 전쟁과 대결이 심화되고, 가뭄과 홍수가 심해지면서 천재지변에 따른 책임을 국왕이 져야 할 일이 많아지기 때문에 왕권의 변동을 사실로 받아들이는 것이 역사적 사실에 더 적합하여 적실성이 높은 것이라 평가된다.

『단군세기』에 따르면, 단군조선의 왕위계승에서 특징적으로 보이는 것은 단군조선 초 · 중기에 우가가 7명의 단군(6세 달문, 10세 노을, 12세 아한, 13세 흘달, 14세 고불, 16세 위나, 20세 고흘)을 배출하고 양가에서도 2명(5세 구을, 7세 한율)의 단군을 배출한 점이다. 이 점은 왕족이 우가로 빠뀜을 의미하여 단군조선 초기의 통치세력이 우가세력으로 교체됨을 의미한다. 단군조선이 초기에 한족이 통치하다가 맥족으로 교체되고 다시 예족(기자족)과 예족(위만족)으로 교체되었으므로 우가는 맥족일 가능성이 크다. 이 때문에 10세 단군 노을이 아들에게는 왕위를 세습시켰으나 손자에게는 이어지

1) 『규원사화』: 140, 142.
2) 『단군세기』: 70－121.

지 못하고 12세 아한, 13세 홀달, 14세 고불, 16세 위나, 20세 고흘로 계속 이어져 우가 지배족 속에서 치열한 권력 투쟁이 이루어졌음을 보여주고 있다.

이처럼 단군조선에서는 통치세력들인 5가가 단군을 배출하여 왕족에 직접 편입되고 편입되지 않은 5가들도 왕족과 비슷한 강력한 지위에 있었던 것을 의미한다. 이 점은 5가가 합의하여 단군을 추대한 사례가 많고 5가합의제가 중요한 국가운영체제로 정착한 것과 47대 단군 고열가가 지도력을 상실한 후 왕위를 버리고 입산수도를 떠난 후 오가가 6년 간 함께 집단통치한 사실에서 확인시켜주는 것이다.

이 점으로 볼 때 단군조선의 단군은 건국초기 왕족인 '한'부족이 중심이 되고 맥족 우가가 한족을 이어 왕족이 되고, 예족(기자족)이 맥족으로부터 왕족의 지위를 빼앗으면서 개사원 욕살 고등의 손자 색불루가 왕위를 찬탈하여 22세 단군 색불루가 되는 등 새로운 부족들이 왕족으로 편입되면서 왕족이 확장되었다.

그동안 기자나 위만의 왕위 찬탈을 기자조선이나 위만조선으로 국호까지 바꾸어 단군조선과 다르게 구분하고 있으나 그것은 중국측의 일방적인 기록이다. 『단군세기』에서는 기원전 1114년 "기자가 서화에 옮겨가 있으면서 인사를 받는 일도 사절하였다"[3]라고 기록하고, 『대청일통지』에서는 "서화는 옛 기(箕)의 땅이다. 개봉부 서쪽 90리에 있다. 처음 기자가 송나라 기 땅에서 살았기 때문에 기자라고 한 것이다. 지금 읍 가운데 기자대가 있다"라고 기록하였다. 『수경주(水經注)』에는 "두예 말하기를 양국(梁國) 몽현(蒙縣)의 북쪽에 박벌성이 있는데 성안에 은나라 탕임금의 무덤이 있고, 그 서쪽엔 기자의 무덤이 있다"[4]라고 기록하여 기자가 조선에 와서 왕이 되었다는 기록은 잘못일 가능성이 크다.

사실이라 할지라도 기자족이 색불루 처럼 왕위를 차지할 수는 있는데 그 경우에도 왕권교체나 확대해서 보더라도 통치집단 차원의 교체인 만큼 그것을 기자조선이라고 역사적인 의미를 지나치게 과장하지 말아야 한다. 기자가 아니라 기자족이 단군을 차지한 것이라는 기록과 해석들이 나오고, 위만도 북부여 1세 단군 해모수 시대에 번조선의 왕 기준이 상·하 운장을 떼어 위만에게 봉하였다고 기록된 만큼 이것을 위만조선으로 칭하는 것은 잘못된 것이다. 식민사관이나 중화사관에서처럼 확대·과장·왜곡 해석하는 것은 피해야 한다.

따라서 단군조선의 왕족은 '한'부족이 중심이고 맥족과 예족을 포함한 오가들이 왕족에 준하게 단군을 배출한 만큼 넓은 의미의 왕족으로 해석하는 것이 타당하다.

---

3) 위의 책: 103.
4) 위의 책: 103-104.

(2) 3한 · 부왕 · 비왕제도와 3경(5경) 통치세력

단군조선은 3한과 3경(5경)으로 구성되고 3한은 신한 · 말한(마한) · 불한(발한 · 번한)으로 구성되어 지배부족연합으로 왕권을 보강하고 있다. 초기에는 신한의 왕이 단군으로 국왕이 되고, 말한과 불한의 왕이 단군의 부왕으로 고조선 제국의 왕권을 확대 · 보강시키도록 제도화하였으나 시기별로 이들 간의 위상이 변화하였다. 여기에서 신한은 단군의 직할영지이고 말한과 불한은 각각의 왕이 통치하는 연맹국으로 단군조선의 핵심 영토였다. 따라서 3한은 후국제도나 봉건제도와는 다른 부족연합국가의 세 중심축 가운데 각각 하나의 축을 이루며 결합하여 하나의 대제국 단군조선을 이룬 것이다.

신용하의 3부족 연합설에 따른다면 신한은 '예'부족, 말한은 '한'부족, 불한은 '맥'부족이라 볼 수 있다. 3부족 연합국가인 단군조선은 한 · 예 · 맥부족을 지배연합으로 하는 만큼 이들은 왕족, 왕비족, 지배 귀족 집단으로 역할을 한 것이다. 또 국왕과 부왕이라는 3각 동맹의 통치체제를 이루어 부족 간의 권력통치체제를 유지하고 단군조선 통치집단의 핵심을 구성하였다.

단군조선의 3경은 이들 각 부족의 영토적인 중심 기반으로 상당한 자치적인 통치가 허용되었다. 3경은 지배집단의 통치권력 확보와 확장의 영토적인 토대가 되었다. 후에 5경으로 확장된 것은 부수도와 천도 등으로 확장된 것이며 그것은 단군의 직할영지로서 단군의 권력 확장의 상징적인 의미를 지닌다. 고조선의 도읍을 평양성에서 백악산 아사달 · 장당경 아사달 · 평양성 아사달로 옮기면서 고조선 본국과 3한(3조선)의 권력관계가 변화하고, 한족 · 맥족 · 예족의 왕족 · 왕비족 · 제후족으로의 권력관계도 변화하였다.

(3) 후왕 · 왕비족 · 제후 및 5가합의제 · 화백제도 · 9대국 · 12소국 귀족 통치세력

부족연합국가의 핵심 3부족을 포함하여『단군세기』에서의 9한(汗)이나『규원사화』에서 기록한 9파, 그리고 중국에서는 9이(夷)라고 부르는 부족들로서 단군조선 건국의 핵심세력들이고 이들의 왕들이 왕족, 왕비족 등과 더불어 고조선 계급사회의 상층 지배계급을 이루었다. 이 9부족의 대표들과 뒤에 제후국들로 편입된 후국들의 왕들로 국가의 상징적이고 중요한 결정을 하는 화백회의를 구성하여 단군조선 통치집단의 상징적인 지위를 유지했다.

9한(파)은 환웅시대 신지씨, 치우씨, 그리고 고시씨의 후손들로서 견이족, 우이족, 방이족, 황이족, 백이족, 적이족, 현이족, 풍이족 및 양이족이며 이들은 각각 제후국이 되었다.[5] 신지씨 후손들은 만주와 동북쪽인 알라스카·시베리아·아프리카 등지로 분포되어 숙진국과 숙신을 건국하고 숙신홀을 수도로 삼았다. 치우씨 후손들인 견이족과 풍이족은 서남쪽 땅인 중국 지역 큰 벌판이 넓고 하늘이 맑고 푸른 지역에 남국(藍國)을 수립하고 엄려홀을 수도로 정했다. 고시씨 후손들은 동남쪽·한반도 지역에서 청구국을 열고 낙랑홀을 수도로 만들었다.[6]

주인씨의 후손에게는 개마국을 봉해 주었고, 여수기는 예(濊)의 임금을 삼았고, 단군왕검의 아들들인 부소, 부우, 부여에게 서쪽나라를 봉하여 구려, 진번, 임둔을 맡겼다. 이렇게 단군왕검은 아들들에게도 나라들을 맡겨 왕족의 통치세력 내에서의 위상을 강화시켰다.

그 후 2세 단군 부루도 동쪽에서 온 세 사람을 각지에다 봉해 주었는데 이들을 후세에 각각 옥저, 졸본, 비류라고 불렀다. 이렇게 하여 단군의 시대에 큰 나라 9개, 작은 나라 12개가 나누어 여러 고을들을 다스렸다. 이들은 단군이 통치세력을 형성하여 단군조선을 통치하는 중요한 단위가 된 것이고 통치세력의 중추를 이루었다.[7]

단군왕검은 이들 후손들을 왕자들과 함께 5(8)가에 임명하여 직접적으로 통치세력의 중추로 삼았다. 주명을 담당하는 마가에 신지씨, 주곡을 담당하는 우가에 고시씨, 그리고 주병을 담당하는 웅가에 치우씨를 임명하여 단군의 핵심 통치세력으로 삼았다. 왕자들이 왕명출납과 곡식생산, 그리고 군사력을 담당하도록 하여 단군의 권력행사를 실질적으로 분담·보완토록 하였다. 5가(8가)합의제는 단군의 통치권력을 보완하는 중요한 통치기구가 되었다.

『규원사화』에서 단군 시대에 통틀어 큰 나라 아홉과 작은 나라 열둘이 있었다고 기록하고 있어서 합하면 21개의 크고 작은 후국들이 단군조선에 참여하고 있음을 보여준다. 이것은 대제국으로서의 단군조선의 위상을 보여주면서 통치집단에 9개의 큰 나라와 12개의 작은 나라의 왕들이 후왕과 제후로서 통치집단을 이루고 있음을 알 수 있다.

이들은 화백회의 귀족통치의 구성원들로서 국가의 중요 방향 결정에 상징적으로 동참한 통치세력을 이루었다. 고조선 화백회의의 전통을 이어 신라에서 6부 족장 화백회의나 남당회의가 있었고, 고구려에서는 제가평의회를 운영하였다. 신라나 고구려가 화

5) 『규원사화』: 26-27.
6) 위의 책: 80-82.
7) 위의 책: 82.

백제도나 제가평의회를 운영하게 된 것도 고조선 시대의 통치방식을 전수 받은 것이다. 화백회의는 단군의 통치력을 보완하고 오가들이나 후족들의 권력을 상호 견제할 수 있는 제도이다.

(4) 한 · 예 · 맥족과 8가의 관계

단군왕검이 둘째 아들 부소를 웅가, 셋째 아들 부우를 노가에 각각 임명하여 『규원사화』에 따르면 왕족인 한족이 웅가와 노가를 맥족이 주곡담당 우가와 주병담당 웅가를, 그리고 예족이 호가와 마가를 맡은 것으로 보인다. 맥족은 곰을 상징으로 하고 평야지역에 근거지를 두었기 때문에 우가와 웅가를 맡았고, 예족은 호랑이를 상징으로 하고 험한 산악지역에 근거지를 두었기 때문에 호가와 마가를 맡게 되었다. 왕족인 단군왕검이 한족으로서 아들들을 웅가와 노가에 임명한 것은 한족이 단군뿐만이 아니라 중앙행정 통치기구를 직접 담당하여 국왕을 보좌하도록 한 것으로 보인다. 단군왕검이 호가에 태자 부루를 임명하여 단군8가제를 출범시켰다가 호가를 용가로 개칭한 뒤 선라를 임명하고, 2세 단군 부루도 용가에 식달, 3세 단군 가륵은 구실씨를 임명하는 등 왕족이 아닌 제후족인 예족을 임명한 것으로 보인다. 맥족은 평야와 낮은 구릉지대에서 자리잡았고, 예족은 험한 산악지대에서 유목민과 기동성을 중심으로 생활하여, 맥족정권은 정적이고 평등 · 분배를 지향하고, 예족정권은 동적 · 성장지향의 성향을 지니게 되었다. 이에 맥족정권은 정치적 위기를 천도로 해소하는 반면, 예족은 천도 대신 기동성을 바탕으로 대응하여 국가 위기를 극복하려는 성향을 지니게 된 것으로 보인다.

3. 고조선 통치세력의 교체와 변동

고조선의 전 기간동안 대표적인 통치세력의 교체는 10세 단군 때부터 계속된 맥족(또는 한맥족)으로 추정되는 고시씨의 후손들인 우가들의 집권, 예족(또는 예맥족)으로 추정되는 22세 단군 색불루가 최초의 쿠테타로 집권한 것, 장군들의 추대로 즉위한 44세 단군 구물의 정권 장악 등을 들 수 있다. 고시씨가 맥족인 근거는 주곡의 임무를 맡아 평야지역이나 얕은 구릉지에 거주하여 맥족의 근거지와 겹친 반면 험한 산간지역에 거주하는 유목 · 기동부족인 예족의 호가나 마가와는 다르기 때문이다.

이외에도 단군조선 전 통치 기간 동안 통치세력을 위협한 사소한 반란이나 전쟁 등이 많이 일어났다. 그 와중에 왕궁이 침범을 당하여 단군이 이궁을 하고 오랜 기간 거기에 머물다가 반란이나 전쟁이 끝난 후 적을 진압한 뒤에 환궁을 한 경우도 많았던 것으로 기록되고 있다. 이러한 일들이 빈번할수록 왕권은 도전을 받고 약화되어 통치세력 내부에서의 권력관계가 크게 변화되는 경우가 많았다. 심한 경우에는 쿠테타로 왕권교체까지 이루어지고 수도 이전으로 발전하여 통치세력과 정권의 성격을 근본적으로 바꾸는 사례들도 단군조선의 색불루의 쿠테타, 기자조선의 위만의 쿠테타 등으로 기록되어 있다. 『규원사화』에는 이런 기록이 적은 반면 『단군세기』에서는 소상하게 그 상황을 기록하고 있어서 『단군세기』가 역사적인 진실성이 더 높아 보인다.

그림 11-1 단군시대 반란, 왕궁 침범, 전쟁 등의 사례들과 통치세력변동

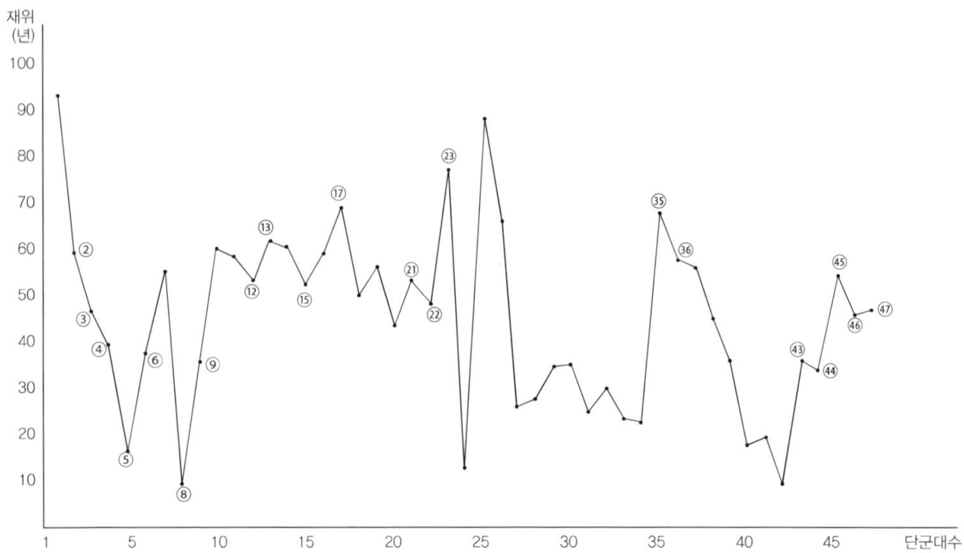

② 제순유우 · 유주 영주 정벌
③ 강거 · 예읍발란 진압→일본조상: 협야노
④ 하나라 정벌 · 몽고 조상
⑤ 인도사람
⑥ 동맹: 대 2 · 소 20 · 부락 3,624
⑧ 하 관제개편
⑨ 우작반군 진압
⑫ 요하 왕 봉함
⑬ 주현 설치
⑮ 은나라 화친 요청
⑰ 5가와 나라 순방
㉑ 은 침공, 진압
㉒ 은서울 격파. 신독의 난
㉓ 은나라 6읍 점령 통치. 신독의 난 진압. 주살
㉟ 연나라 서울 돌파. 제나라 군에 승전
㊱ 연나라 정벌. 제나라 진압. 일본 삼도 평정
㊸ 우화충란. 36군 함락. 단제 피난 · 사망. 구물 장당경 점령
㊹ 구물 우화충란 진압. 국호 대부여로 개칭
㊺ 낭산성 축성. 주변군 침범 방어. 제 · 연나라 요서침공 진압
㊻ 번조선 왕 연나라 자객에 사해. 기후 자칭 번조선 왕윤허. 해성 이궁으로 피난. 한개 궁궐 침범. 고열가 대장군 의병으로 진압. 나라 약해짐
㊼ 해모수가 군대 일으킴

단군조선 후기 3한체제가 3조선체제로 분화되면서 단군의 제왕권이 약화되면서 제후들은 서로 연합하여 중국과 전쟁을 치룬 기록도 나온다. 43세 단군 물리의 원년에 제

후들이 이미 강하여 단군을 존경하고 항상 와서 조회하며 인사하고, "남후 검달이 청구후와 구려후와 숙진후로 더불어 군대를 거느리고 은을 쳤"다고 기록하고 있다.[8] 또한 제후들이 그 회대의 땅을 평정한 후 박고씨를 청주의 땅에 세워 엄국으로, 영고씨를 회수의 북쪽 서주의 땅에 세워 서국으로 각각 나라를 만들면서 제후들이 차츰차츰 왕실을 가볍게 여기고 높여 떠받들지는 못했다.

45세 단군 여루 원년에 숙진후가 옮겨서 달루홀을 다스리고 남후가 선모국을 은나라 회남 땅에 세웠고, 46세 단군 보을 원년에는 "남후가 드디어 제후들의 총수가 되니 임금을 찾아 뵙던 자들이 드디어 드물어졌다"[9]고 기록하여 단군의 권력과 통치력이 약화되고 제후들의 권력이 단군의 통제력을 벗어날 정도여서 제후들이 지배하는 장당경(당장경)을 피해 평양 아사달로 옮겨서 옛 조상을 받들어 모시고자 하는 소망을 기록하고 있다. 『규원사화』는 그것을 47세 단군 고열가가 직접 여러 5가들과 만나 의논하면서 자기의 심경을 밝혀 기록하고 있다.

> "옛날에 우리 빛나는 할아버지가 나라의 터를 처음 닦아 세상을 다스려 세워서 만세 후손들의 법이 되었더니 지금 왕실이 쇠약해지고 작아졌는데, 모든 제후들은 차츰차츰 강해 졌으니 바야흐로 바깥 여러 제후들이 거의 내 명령을 받드는 자들이 없어졌다. 비록 기내의 백성들이 열성의 교화를 품고서 오히려 충성과 경건함을 표시하고 있는데 오직 내 덕이 변변치 못해서 가히 써 교화를 이루고 위엄을 세울 수가 없게되었으니, 덕 있는 사람에게 양보하고자 하여 즉 두루 성스러운 후예를 살피고 있으나 또 그 사람이 없어 내가 할 수 없이 당장경으로 피해 살고자 하여 아사달로 들어가 편안히 옛날 성스러운 우리 조상 신령이나 받들어 모시고자 한다."[10]

이것과 비슷한 상황을 『단군세기』에서는 이렇게 기록하고 있다.

> "계해 58년(B.C.238년) 단제께서는 어질고 순하기만 하고 결단력이 없었으니, 명령을 내려도 시행되지 않는 일이 많았고 여러 장수들은 용맹만을 믿고 쉽사리 난리를 피웠기 때문에 나라의 살림은 시행되지 않고 백성의 사기는 날로 떨어졌다. 3월, 하늘에 제사하던 날 저녁에 마침내 오가들과 의논하여 가로대
> '옛 우리 선조 열성(列聖)들께서는 나라를 여시고 대통을 이어가실 때에는 그 덕이 넓고 멀리까지 미쳤으며, 오랜 세월 동안 잘 다스려졌거늘 이제 왕도는 쇠미하고 여러 왕들이

8) 위의 책: 149.
9) 위의 책: 150.
10) 위의 책: 151.

힘을 다투고 있도다. 짐은 덕 없고 겁 많아 능히 다스리지 못하니 어진 이를 불러서 무마시킬 방책도 없고 백성들도 흩어지니, 생각컨데 그대들 오가는 어질고 좋은 사람을 찾아 추대하도록 하라'고 하시고 크게 옥문을 열어 사형수 이하의 모든 죄수들을 돌려보내도록 하였다. 이튿날 마침내 왕위를 버리시고 입산수도 하시어 신선이 되시니, 이에 오가가 나라일을 함께 다스리기를 6년이나 계속하였다."11)

이처럼 단군조선 후반기에는 왕권과 제후들 사이에 권력투쟁이 심각하게 이루어졌음을 알 수 있다. 개국 초기부터 여러 부족국가의 연합으로 단군조선이 건국된 이후 중앙정부와 지방정부의 권력관계에서 중앙정부의 권력이 강화되다가 후기에 가서는 지방후국과 제후족들의 권력이 크게 강화된 것이다. 47세 단군인 고열가도 46세 단군 보을시대에 대장군으로서 수유의 군대를 이끌고 궁궐을 침범하여 스스로 왕이 되려한 한개를 의병을 일으켜 쳐부순 용장 출신이다. 고열가는 43세 단군 물리의 현손으로서 반란군 진압의 공로만이 아니라 백성들의 사랑을 받아 단군으로 추대될 정도로 능력과 덕이 있었다. 그러나 중앙정부의 국고가 재정적으로 취약하고 반면에 지방정부의 군사력과 권력이 강화되면서 5가에게 권력을 불가피하게 이양하고 단군직에서 퇴진했던 것이다. 이것은 단군족의 권력이 약화되고 상대적으로 제후들과 5가의 권력이 그만큼 강화된 것을 반영하는 것이다. 사유재산제와 토지소유제 및 노예제도 등으로 농업발전과 경제력 그리고 군사력이 증대되면서 지방 제후들의 권력이 강화된 반면 부족연맹과 후국제도로 구성된 대제국으로 운영된 단군조선의 왕족과 통치집단은 상대적으로 그러한 사회발전에 부응하지 못하고 군사적·경제적인 힘이 약화된 것을 보여주는 것이다.

4. 제의군장제, 문신, 무신 및 국왕옹립체제와 고조선 정권의 성격

고조선은 제의군장체제의 정부체제를 채택하여, 단군은 정치·군사적인 군장이면서 종교적으로는 천신에 대한 제사장이며 삼신교의 교주의 역할을 통합적으로 수행하는 천왕이었다. 정치적 권력을 지탱해주는 통치세력은 한·예·맥의 세 지배부족들을 중심으로 한 5가 세력, 관료세력, 군인세력 등이다. 이들이 단군의 정치군사적인 통치권력을 구성하는 귀족 엘리트집단이다. 이와 더불어 고대국가에서 보편적으로 보는 종교적인 통치력 확보를 위한 종교세력으로서 천관, 무관(巫官) 등 종교적 제의를 담당하는 종교집단이 단군의 통치세력의 한 축을 이룬다. 이들은 삼신숭배교의 교주인 단군을 옹

---

11) 『단군세기』: 120-121.

위하고 점성술을 담당하여 백성들의 종교생활을 담당하는 역할을 통해 단군의 통치력을 지원한다. 특히 단군을 신격화시켜 천손민족의 종교적 · 정치적 · 군사적 중심이 되도록 만들어 통치집단의 중요한 부분을 차지한다.

제사장으로서 단군은 삼신을 모시고 하늘 천신에 대한 제사와 환인 · 환웅 · 단군왕검의 3신에 대한 제사, 그리고 큰 산 등에 대한 제사를 총 지휘하는 최고 제사장이고 삼신숭배에서는 직접 교주의 지위에 있고, 그 아래로 각종 제의를 담당하는 천관을 두었다. 이들은 대선, 국선, 조의 등의 계급을 지니고 무당과 점집들까지 관리를 하였다. 각종 국가 제의를 주관하는 활동과 더불어 무당과 점술사를 다루는 전담 장관을 두어 종교적인 질서와 품격을 유지토록 했다. 대선, 국선, 조의 등은 국가 관리로서 통치집단에 속하여 단군의 제왕권을 보좌하는 지배계층인 반면, 무당과 점술사 등은 사회적으로 낮은 신분을 지닌 특수 집단이었다. 이들은 소도와 소도 별읍이라는 특별 행정구역에서 살았고 그 지역을 관리하였다.

5. 중앙통치집단과 5가(8가) 지배계급

고조선 제의군장체제를 운영하는 중앙정부의 오가제도는 귀족통치체제로서 중요한 역할을 했다. 단군왕검이 단군조선을 출범시킨 이후 오가 중에 우가는 6명의 단군을 탄생시킨 왕족이고, 양가는 두 명의 단군을 탄생시킨 왕족이다. 이들 오가와 양가는 오가이면서 왕족의 지위를 가졌을 것으로 보인다. 단군의 왕위가 장자세습으로 이루어진 점을 감안한다면 이들 오가 출신 단군의 후손들이 왕위를 계승하여 실질적인 왕족이 된 것이다. 그럼에도 47세 단군 고열가가 단군에서 사퇴한 뒤 5가들이 공동으로 6년 간 통치했다는 점은 5가끼리 상호 협력과 견재 및 공존이 함께 지속되었음을 의미한다.

『단군세기』에서는 처음부터 끝까지 5가의 활동만 기록한 반면, 『규원사화』에서는 8가의 이름과 업무영역을 구체적으로 기록하여 두 기록 사이에 차이가 있다. 그러나 이 두 기록 사이에는 차이가 있는 것이 아니고 환웅 시대 3상5부제도를 계승하여 단군시대에 3상이 5부와 통합하여 8부가 되어야 할 것을 환웅 시대의 '부'가 단군시대에는 '가'가 되어 8가로 되었다고 보는 것이 『규원사화』의 8가에 대한 해석이다. 단군시대에는 환웅시대와 달리 군사에 관한 병부와 지방행정에 대한 '분관제주'업무가 추가된 반면, 풍백 · 우사 · 운사와 같은 3상이 없어져서 3상이 3가로 전환된 것을 알 수 있다. 따라서 5가와 8가는 실질적으로는 같은 것인데 명칭만 전환한 것으로 보아야 할 것이다. 단군조선의 출범을 전후하여 환웅시대 3상5부가 단군조선 초기 3한5가로, 그리고 3한의 기능이 약화되고 강력한 3가로 전환하여 중앙집권적인 8가로 전환·정착한 것으로 해석해야 할 것이다. 이렇게 이해하면 굳이 단군조선이 5가 체제냐 8가 체제냐는 논의는 본질적인 문제가 아니라 형식적인 문제라고 볼 수 있다.

단군조선의 8가는 총괄, 주명, 주곡, 주병, 주형, 주병, 주선악, 분관제주라는 8가지 국가의 중요한 행정 업무를 분담한 중앙정부로서 8가는 국무위원 또는 주무 장관과 같은 중요한 업무를 담당·추진하였다. 각각의 업무의 성격에 따라 부족연합에 참여한 동맹부족 대표들이 국가의 행정을 담당했던 만큼 중앙행정관료 조직은 실질적인 권력을 지닌 책임자들이 국가경영에 동참하는 장치였다.

8가 가운데 주병을 맡은 웅가는 중앙정부의 군대는 물론 전국에 있는 후국의 지방군들에 대한 통솔권한을 지닌 총사령관으로서 중군대원수의 역할을 맡아 강력한 물리적인 힘을 지니고 있었다. 지방행정조직과 지방군을 중앙군과 유기적으로 협력할 수 있도록 5가가 지방 5부를 각각 맡고 군대도 5군을 맡도록 중복시켜 지방 차원에서 발생할 수 있는 군대와 민간행정조직간의 갈등을 해소하고 협력을 강화시켰다. 전·후·좌·우의 군대들은 5가의 나머지 가들이 분담하고 원수가 되어 중군대원수의 지휘를 받도록 했다.

또한 분관제주의 업무를 맡은 구가는 5부로 구획된 지방정부를 통괄하는 업무를 지니고 있어서 중앙정부의 직령지인 5부에 대한 중앙정부의 직접 통치는 물론 지방의 5부에 분포해 있는 여러 제후국들에 대한 간접통치도 담당하여 강력한 권한 행사와 지방정부 간의 업무조정을 담당하였다. 나아가 중앙정부의 지방에 대한 통솔권한을 강화하기 위해 5가의 대표가 5부를 분담하여 통치하는 2중 지배체제를 구축하여 자칫 발생하기 쉬운 중앙정부와 지방정부의 갈등을 제도적·인적으로 해소하도록 했다.

이처럼 중앙정부의 8가는 지방행정과 군사기능까지 3중으로 겸하고 있어서 부족연맹국가 고조선의 국가권력을 실질적으로 분점하고 있는 통치집단의 중핵을 차지하는 중요한 역할을 했다. 개국 초기 단군왕검 시대에 8가 가운데 호가, 응가, 로가를 단군왕검의 큰 아들과 둘째·셋째 아들이 겸하고 있는 만큼 실질적으로는 단군왕검 본인과 아들을 제외하면 나머지 5가가 직접 국가를 경영한 것이다. 단군왕검은 왕족의 세력을 확장하여 장자인 부루에게는 단군직을 계승시키기로 하여 호가를 맡기고, 다른 왕자들을 이처럼 호가, 응가, 로가를 맡겨 중앙정부의 권력을 장악하는 것만이 아니라 서쪽 나라에 봉하여 부소를 구려, 부우를 진번, 그리고 부여를 부여에 각각 왕으로 삼아서 국가 부족연합국가 통치체제와 단군의 통치세력을 강화시키는 이중적인 통치세력 강화 수단으로 삼았다.

5(8)가제는 중앙정부권력의 실질적인 중추임을 보여주는 증거들이 많다. 단군왕검이 직접 초기에 아들 셋을 영의정과 같은 호가에 큰 아들 부루, 형벌을 담당하는 법무장관과 같은 응가에 둘째 아들 부소, 그리고 보건복지부 장관과 같은 질병치료를 담당하는 로가에 셋째 아들 부우를 각각 임명한 것이 그만큼 5가가 국가운영에 가장 중요함을 보여주는 증거이다.

다음으로 단군조선 역대 단군 가운데 후국의 왕인 제후들 가운데 5가로 발탁한 기록을 여러 차례 볼 수 있다. 호(虎)가를 용(龍)가로 이름을 바꾼 이후 30세 단군 나휴가 지방 제후국인 구려후 우타(句麗候 于它)[12]를 조선시대 영의정이나 오늘날 국무총리와 같은 용가에 임명하였다. 구려는 단군왕검이 둘째 아들 부소를 왕으로 임명했던 만큼 제후인 우타도 단군의 왕족 후손이다. 이것과 비슷한 사례로 37세 단군 마불이 진번후 추돌(眞番候 鄒咄)을 용가에 임명했다.[13] 진번도 단군왕검이 셋째 아들 부우를 왕으로 임명했던 만큼 진번후 추돌은 단군의 왕족 후손으로 넓은 의미의 왕족에 포함된다.

2세 단군 부루는 식달을 용가에 임명하고 금물을 마가에 임명하였으며, 재산을 주관하는 벼슬을 더 설치하여 봉가라 하고 아밀을 봉가에 임명하였다.[14] 3세 단군 가륵은 구실을 등용하여 용가에 임명했다. 5가들의 출신성분은 왕족이나 왕비족, 그리고 지배부족들일 경우가 많고 제후국 왕들도 종종 임명된 것으로 보인다.

먼 왕족은 아니지만 지방 제후가 5가로 임명된 경우도 여러 차례 보인다. 대표적인 예로 숙진후와 개마후 매홀이 용가가 된 것을 들 수 있다.[15] 용가 이외의 5가들에도 지방 제후들이 많이 임명되어 지방제후국과 단군조선 중앙정치권력의 유기적인 연계가 있었을 것으로 보인다. 후기로 갈수록 5가들의 권력도 강화되어 5가의 위상이 더욱 높아진 것으로 보인다. 용가에 많은 지방 후국 제후들이 임명되는 것으로 보아 5가들에도 그들이 임명된 경우가 많을 것으로 본다. 그것은 단군왕검의 8가 임명에서부터 나타난 성격이다.

5가는 단군의 추대와 5가합의제를 통해 국가경영을 주체적으로 이끌고 있었다. 이것은 5가가 왕족인 단군족과 함께 공동으로 고조선을 경영한 것을 나타낸다. 그만큼 5가들이 고조선 통치집단의 핵심을 차지하고 있음을 보여준다.

12) 『규원사화』: 143.
13) 위의 책: 145.
14) 위의 책: 127.
15) 위의 책: 146, 150.

6. 중앙과 지방의 통치집단 및 3,000단부 지배집단의 역할

『삼국유사』에 따르면 환웅은 군장사회 부족국가를 건설할 때 환국으로부터 3,000명의 무리와 함께 와서 국가를 열었다. 환웅의 지배집단은 이들 3,000명이 핵심이고 이들이 전국에 3,000단부의 조직을 만들어 국가의 중추를 이루었다. 이들은 당시 사회가 세습사회였으므로 계속 천손으로서 환웅족의 성격을 유지한 것으로 보인다.

환웅을 이어서 단군왕검이 고조선을 개국할 때에도 800명의 무리를 추가하여, 단군의 직할부대는 새로운 800명의 단부와 환웅시대부터 내려온 3,000명의 단부가 모두 단군왕검의 핵심 통치세력이다. 지금으로 말하면 3,800명의 성골부족 엘리트집단을 직할 통치집단으로 가지고 있었고, 이들은 모두 '한'부족일 가능성이 높다. 단군왕검 본인이 기원전 2370년인 신묘년 5월 2일 밝달나무 밑에서 태어나 14세 되던 갑진년에 환웅에 의해 비왕으로 임명받고 24년 간 대읍을 왕 대행으로 다스린 경험을 지니고 기원전 2333년에 단군조선을 개창하였다.[16]

단군왕검이 단군조선을 개창할 때에는 9한이 모두 뭉쳐서 천재로 받들어 모시고 환웅족 모두가 왕족으로 되어 단군조선을 개창한 것이다. 따라서 단군조선의 통치집단은 환웅시대의 통치집단을 중심으로 하면서 9한의 귀족들이 새롭게 통치집단으로 편입하여 통치집단을 확대시켰다. 환웅시대의 조선인 신한을 중심으로 새롭게 지배연합으로 결합한 말한과 불한의 지배부족들이 단군시대의 새로운 통치집단으로 참여·확장되었다. 이들은 단군조선의 중앙정부는 물론 지방정부의 통치집단으로 편입되어 전국에 3,800단부를 구축하여 대제국 단군조선 읍락조직의 세포들을 장악하였다.

7. 혼인동맹과 지배연합을 통한 통치집단과 지배세력의 형성

고대국가의 통치집단형성은 단일적인 위계체제로 이루어지는 경우와 여러 부족들이나 촌장들의 연대적인 합의체로 이루어지는 경우로 나눌 수 있다. 환웅시대의 경우에는 단일적인 위계체제로 이루어진 반면, 단군조선의 왕권과 통치권력은 단일적인 위계체제를 지닌 왕족을 중심으로 하면서 크고 작은 여러 부족국가 왕족과 귀족들이 왕비족, 부왕·비왕족·오(팔)가족 등으로 참여하여 총체적인 통치권력의 위계체제를 유지한 것으로 볼 수 있다.

---

16) 『단군세기』: 55-56.

국왕의 지위도 환웅시대에는 부족장과 제사장이 하나로 통합된 순수한 제정일치 권력집단이었으나 단군조선에서는 군장으로서의 제왕권과 제사장으로서의 제의권력이 하나로 통합하면서도 각각 위계적인 권력체제를 별도로 구성하고 있어서 총체적인 통치권력을 대제국에 걸맞게 크게 확장시켰다.

먼저, 군장으로서의 단군의 권력은 환웅 시대보다 크게 확장되고 강화되었다. 단군조선의 건국의 필요성을 건국에 참여한 각 부족들은 외국의 침략전쟁과 내부 부족국가들 간의 권력다툼으로 인한 내란이라는 또 다른 형태의 전쟁으로부터 부족들의 생명과 영토 및 재산을 보호해달라는 것이었다. 따라서 군장으로서의 단군은 강력한 군사력을 바탕으로 백성들과 참여 부족국가들을 보호할 수 있는 제왕권을 확립해야 했다. 중앙군과 지방군을 구성하여 연합군으로서 중군대원수가 단군의 지휘 하에 강력한 군대를 유지하고 무기와 방어체제를 구축해야만 했다. 이 때문에 역대 단군들의 대표적인 활동이 외국과의 전쟁이나 지방의 여러 후국들의 반란에 대한 진압활동과 군사력을 바탕으로 한 후국제도의 운영이다. 고대국가에서는 '전쟁이 국가형성(war-making as state-making, as state-building)'의 핵심 활동이었다. 외교활동도 군사력을 바탕으로 하면서 화해 · 조공 · 문물교류 등의 활동과 사신들을 주고받았다.

단군은 군장으로서만이 아니라 제사장으로서의 역할도 매우 중요하였다. 하늘과 조상 및 큰 산 등에 대한 국가적인 제의활동에서 단군이 직접 주재하고 전국을 순화하면서 제사를 정기적으로 지내는 것은 제왕권을 강화시키는 제사장으로서의 중요한 권력형성 수단이다. 뿐만 아니라 서로 다른 부족들을 하나의 민족 · 국민으로 만들어가는 국민교육의 수단이며 국민형성(nation-building)의 대표적인 활동이기도 하다. 군장과 제사장으로서 하는 단군의 통치집단의 형성은 국가형성과 국민형성의 공통된 핵심 활동이다.

단군조선의 건국을 전후하여 통치집단을 형성시킨 내용과 과정을 『단군세기』의 기록을 중심으로 연대별로 개괄적으로 살펴보도록 한다. 환웅시대인 기원전 2370년에 환웅의 아들로 왕검이 탄생하고 주위로부터 신성하다는 평을 듣고서 2357년 15세에 대읍의 비왕으로 임명받아 24년 간 봉직하였다. 비왕은 부왕과 같은 것으로 왕을 대신하여 대읍을 통치하는 것으로 새로운 대제국 단군조선의 통치책임자가 되기 위한 준비 단계인 셈이다. 고대로부터 석가나 공자 및 예수와 같은 성인들도 어린 시절의 경험이 대체로 감추어진 채 신비스럽게 비밀로 남아 있는데 반해, 단군왕검은 14세 이전에 이미 주위로부터 신성하다는 평가를 받았고 14세부터 비왕으로 대읍을 통치하여 단군조선 개국에 동참한 9한 모두 뭉쳐서 단군왕검을 중심으로 새로운 고대 왕국인 대제국 단군조선을 부족연합국가로 개국하게 된 것이다.

여러 부족들이 동일 부족의 경계를 넘어 강력한 제국의 통치자를 필요로 하게 된 경로는 이렇다. 사람들이 농사를 시작하고 경작하는 토지에 변치 않고 정착하여 거주하다가 가족의 일단을 구성하여 동족의 두령은 권력을 갖고 가장이 되고 부족이 부락을 이루어 살아 왔다. 가장의 권력 아래 부족함이 없이 안락한 부락 생활을 하다가 이민족의 침략으로 전투를 하면서 새로운 경험을 하게 된 것이다. 정복전쟁은 정복민족과 피정복민족 모두에게 큰 충격과 변화를 주어 그것이 부족국가 연합으로 단군조선의 건설을 열망하게 된 경로라고 안확은 설명한다.

> "승리자인 노르만민족이 패배한 색슨족의 사상과 혈액을 받아들인 것같이 조선 민족은 아이누, 견융(犬戎), 한족 등의 민족을 정복하고 몰아내는 동시에 그 밖의 민족의 영향을 직접적으로 받았다. … 이민족의 대부분은 외지로 쫓겨났으나 그 일부분은 조선 지역 내에 거주하였는데, 이들 민족에 대해서는 혈족의 관념상 동등하게 대우하지 않았으므로 노예제도가 이루어졌다. 이 노예는 동양에서는 조선이 먼저 시작하였고 또 제일 먼저 발달하였으니, 고려시대 충렬왕(忠烈王)은 말하기를 '이 천류(賤流)는 옛날 우리 시조로부터 따로 두고 삼가 부렸다'라고 운운하였다.
>
> 태고 시절 노예제도에 편입된 아이누, 견융, 한족들은 마치 유대 민족 중에서 외래 민족이 그 무력에 굴복하여 자기 본래의 신(神)을 버리고, 이스라엘 신에게 귀의한 것과 같다. 점차로 아이누, 견융, 한족 등은 자기의 본래 관습을 버리고 조선의 미풍양속을 존숭하고 또 동화되어 자기 민족의 추장에게 돌아가기를 바라지 않고, 조선인과 더불어 공동의 조상을 추대하는 관념이 생겼다. 그렇게 되다 보니 조선 민족은 외래 민족을 수용할 뿐 아니라 민족이 점차 늘어나며 또 밖으로는 외적의 침략이 그치지 않자 소극적 내지 적극적 대내 정비 등 여러 가지 정치적 관념이 일반 사상을 변화시키는 가운데 외래 민족의 동화된 사상 또 그 윤리적 관념을 합쳐서 공동 혈족의 통치자에게 귀의할 것을 갈망하게 되었다. 역사 지도자로 백성들이 단군(檀君)을 세워서 군장(君長)으로 삼았다는 것은 이상의 여러 정치적 관념에서 생겨난 것이다."[17]

17) 안확. 2015: 48-50.

8. 고조선의 통치세력 확장과 후국 제도 및 제1 · 2형 후국

(1) 후국 제도와 제1 · 2형 후국[18)]

고조선은 영토가 급속하게 확장하면서 직령지 외에 여러 부족에 대해 가(加) · 후(候) · 거수 · 장수 · 두만(豆滿, 萬戶)을 파견 · 임명하여 간접 통치하는 후국제도[19)]를 통해 통치세력을 확장시키고 광활한 영토를 통치하였다. 이 후국들 가운데 대표적인 9개의 큰 부족들을 조선 고문헌에서는 '구족(九族)'으로, 중국 고문헌에서는 '구이(九夷)'와 '동이구족(東夷九族)'으로 기록하였다.

신용하는 후국을 고조선에 편입된 시기와 중앙정부와의 거리 등을 기준으로 두 가지 유형으로 나누고 있다. 제1형 후국은 단군조선(전조선) 시기에 매우 일찍 후국으로 편입되어 고조선어를 많이 사용하고 중앙정부와의 거리가 상대적으로 기까운 후국들로서 맥(貊)[20)] · 예(濊)[21)] · 부여(夫餘)[22)] · 고죽(孤竹)[23)] · 청구(靑丘)[24)] · 불리지(弗離支) · 옥저(沃沮) · 양맥(良貊) · 구려(句麗) · 비류(沸流) · 구다(句茶) · 행인(荇人) · 개마(蓋馬) · 진반(眞潘) · 임둔(臨屯) · 진(辰) · 숙신(肅愼) · 읍루(挹婁) 등이 있다.[25)]

---

18) 이것을 고조선의 지방통치체제로 보고 신용하. 2010: 264－304에서 자세하게 설명하고 있다. 후국을 고조선의 국가구조 차원에서 거수국으로 부르며 정리한 연구는 윤내현. 2016 하: 30－138.

19) 侯國制度를 윤내현은 거수국제도, 중국학자들은 제후국제도, 조선시대의 학자들은 封建制度로 규정했다.

20) '맥'족은 여군장을 부족장으로 한 큰 부족으로서 그 주류는 동남방 대동강으로 이동하여 '한'족을 만나 고조선 건국에 참여하였으나, 나머지 맥부족의 씨족들은 형성지인 대릉하와 시라무렌 강 유역에 잔존하고 동남방으로 이동 도중에 일부는 이동 경로 주변에 정착하여 맥족이 넓은 지역에 퍼지게 되었다.

21) '예'부족은 거주 활동범위가 넓어 요동반도와 압록강 유역에 거주했던 예족과 두만강 유역 · 함경도 · 강원도 동해안에 진출한 예족으로 나뉜다.

22) 부여는 2개의 부여가 있다. 단군조선 후 매우 이른 시기에 난하 유역과 요하 이서의 요서 지방에 새운 국가인 부여는 중국 고문헌에 부루, 불이, 비여, 불이, 부역, 부여 등으로 불리운 부여가 그 하나이고, 다른 하나는 요서지방의 부여로서 동북쪽으로 이동하여 북부 송화강 유역의 예족의 성인 예성으로 이동했다가 기원전 15세기경에 후기고조선 시기에 복속하지 않고 독립한 고대국가인 후기부여 북부여이다.

23) 고죽국은 발해만 연안 난하 중류 유역에서 고조선 개국 초기에는 직령지로 대릉하 유역의 조양 지방과 함께 고조선에서 파견된 고추가(古鄒加)의 통치지역이었다가 후에 중앙정부의 지배력이 약화되면서 후국으로 되었다.

24) 청구국은 대릉하 유역 조양 지역이 고죽국의 후왕에 의해 통치받던 시기의 조양지구 고조선 후국의 별명이 청구국으로 추정된다.

25) 제1형 후국들에 대해 자세한 설명은 신용하. 2010: 264－282.

제2형 후국은 '변방후국'으로서 상대적으로 늦게 후국으로 편입되고 중앙정부와 정치적인 거리가 상대적으로 먼 후국들로서 불도하(不屠何, 屠何)・동호(東胡)・오환(烏桓, 烏丸)・선비(鮮卑)・해(奚)・오손(烏孫)・유연(柔然)・산융(山戎, 원 흉노)・정령(丁零, 原突厥)・실위(室韋, 原 몽골) 등이 있다.[26]

(2) 통치세력 확대와 고조선족의 이주・확산

고조선 국가가 건립된 후 고조선인들은 당시 호수와 같았던 서해와 발해를 건너서 산동반도와 회수 유역에 이주하여 자치적인 소분국들을 형성하여 거주하였으며, 중국인들이 후에 이들을 진나라 이전의 선진동(先秦東夷)이라고 불렀다. 이들 '동이'족의 이름은 태호족(太皡族), 소호족(少皡族), 치우족(蚩尤族), 전욱족(顓頊族), 축융족(祝融族), 제곡족(帝嚳族), 고도족(皐陶族), 백익족(白益族), 박(亳), 수(遂), 우(嵎), 래(萊), 한(寒,韓), 담(郯)・거(筥)・엄(奄)・서(徐)・강(江)・황(黃)・조(趙)・진(秦)・양(梁)・갈(葛)・토구(菟裘)・비(費)・군서(羣舒)・육(六)・료(蓼)・영씨(英氏), 회족(淮族), 추(追・퇴・예), 맥(貊), 조(鳥), 도(島), 개(介), 근모(根牟) 등이다.[27]

산동반도의 가장 이른 고조선 이주민 집단은 태호족, 소호족, 전욱족 등으로 중국학계에서도 이들을 대표적인 동이족으로 보고 있고,[28] 유적・유물에서도 증명되고 있다. 이들이 최근 발굴된 대문구문화(大汶口文化)의 창조자로 보아 태호족이 초기 대문구문화를, 소호족이 중기 대문구문화를, 그리고 전욱족이 후기 대분구문화를 각각 창조한 것이라 한다.[29] 중국 고문헌들은 이 산동반도에 이주한 이주민 '밝족', '고조선족'에 속한 민족들이 세운 소국들을 모두 '동이'라는 이름으로 부르며, 진의 통일 이전의 동이를 고조선문명권에 속한 고조선 계열의 원 민족으로 부른다.

중국의 부사년은 중국 상고사를 동쪽(東, 夷・殷・商)에서 서쪽으로 이동해온 동쪽 계통과 서쪽(西, 夏・周)에서 동으로 이동해온 하(夏)계의 대결의 역사임을 강조하면

---

26) 제2형 후국들에 대해 자세한 설명은, 위의 책: 282－304.

27) 이들 민족에 대한 성격, 위치, 발굴 유물의 사진 및 상세한 설명은 부사년의 연구와 신용하: 309－353.

28) 傳斯年. 1935. <夷夏東西說>『慶祝蔡元培先生六十五歲論文集』.

29) 이것은 양동신의 주장이고, 이에 대해 당란은 소호족이 대문구문화를 창조했다고 다르게 주장한다. 楊東晨. 1989. <東夷的發展與秦國在西方的復位>. 『中南民族學院報』. 철학사회과학판. 제 5기. 총 제 38기: 21; 당란. 1989. <從大汶口文化的陶器文字看我國最早文化的年代>. 『大汶口文化討論文集』; 김인희. 2000. <상고사에 있어 한・중의 문화교류－중국 대문구문화와의 관계를 중심으로>. 『동아시아 고대학』. 제2집.

서 중국 역사를 서방의 하계 일통(夏係 一統)으로 서술해온 것은 사실과 다르다고 일찍부터 비판했었다. 그는 은상(殷商)의 기원이 동북에서 온 것이며 동이와 깊이 결합되어 있다는 점을 강조하였다.[30)]

신채호도 기원전 1000년~기원전 600년경까지 고조선족이 이 지역에서 매우 강성했으며, 산동 · 산서 · 하북 · 발해안 · 하남성 동부 · 강소성 북부 · 안휘성 동북각 지방의 동이족이 조선족이라고 다음과 같이 보았다.

> 이때 지나(支那) 안에 부여족이 가장 번성한 곳은 산동(山東), 산서(山西), 연계(燕薊, 河北 방면)니, 이제 순서를 따라 산동(山東)을 말하리라. 산동(山東)에 있는 식민의 건설한 나라들이 많지만, 그 가운데 가장 큰 왕국을 들면 래(萊) · 엄(奄) · 우(嵎) 3국이니 '우국'(嵎國, 嵎夷)은 단군(檀君)때에 설립하여 요(堯)의 신하 희중(羲仲)의 측후(測候)하던 곳과 접근하니 지금의 태주부(兌州府) 등지요, '래국'(萊國, 萊夷)도 단군(檀君)때 설립되어 일찍 하(夏)의 문자로 통상하였나니, 지금의 래주부(萊州府) 등지요, '엄국'(奄國, 奄)은 그 기원이 사책(史册)에 보이지 아니하였으나 대개 래(萊)와 우(嵎)의 동시니, 지금의 제남부(濟南府) 등지라.[31)]

신용하도 신채호의 견해에 동의하여 기원전 1000년경까지 산동 · 산서 · 하북 · 발해안 · 하남성 동부 · 강소성 북부 · 안휘성 동북각 · 회수 유역에 이주한 고조선 민족의 각 부족들이 세운 나라들은 그들의 유물들과 부사년 등 중국 학자들의 연구결과를 볼 때 고조선족의 자치 분국이라 보고 있다.[32)] 『태평어람』과 『예기정의』에서 태호족은 '진(震)'에서 이동해왔다고 기록하고 있어서 한반도 고대 군장국가 '진(震, 辰)'국에서 이동하였음을 지적하고, 소호족은 아사달 문양이 새겨진 팽이형토기가 출토되는 등의 객관적인 사료들이 근거로 제시되고 있다.

9. 역대 단군의 통치세력 확대, 영토 확장 및 후국 개척 · 관리 상황

(1) 제1정권: 한족정권

『단군세기』에서는 보다 자세하게 단군조선 건국 초기의 통치집단 형성에 대해 기록

30) 傅斯年. 1935. <夷夏東西說>『慶祝蔡元培先生六十五歲論文集』; 신용하. 2010: 308.
31) 신채호, 『조선상고문화사』『개정판 단재신채호전집』. 상권: 416-418; 신용하. 2010: 309에서 재인용.
32) 신용하. 2010: 309.

하고 있다. 1세 단군왕검은 이러한 집권 과정의 정당성을 바탕으로 기원전 2333년 단군조선을 개국하고 단군왕검으로 추대받았다. 단군의 통치에 구한이 하나로 뭉치고 산과 같은 교화로 신시통치를 시작하여 도덕 통치 · 동의와 합의에 의한 통치를 시작하였다. 9한 가운데 개국에 앞장 선 오가의 우두머리로 800인의 무리들을 이끌고 개국하였다. 환웅시대 신시의 옛 규칙을 되찾고 새로운 단군시대에 효도와 충성을 가르쳐 가족과 국가가 함께 발전 · 번창하도록 했다.[33]

단군은 팽우에게 땅을 개척하고, 성조는 궁실을 건축하고, 고시는 농사를 장려하고, 신지는 글자를 제정하고, 기성은 의약을 담당하고, 나을은 호적을 관리하고, 희는 점치는 일을 담당하고, 우는 군대를 관리하도록 하고, 하백녀를 아내로 삼고 누에치기를 맡기고, 풍백인 팽우는 치산치수, 운사인 배달신은 혈구산에 삼랑성을 짓고 마리산 참성단에 제천의 단을 신축하도록 명하였다. 이러한 일들은 단군조선의 초석이 되는 일들이다.[34]

건국 직후 내정의 근본 틀을 마련한 다음으로 이웃 나라가 8년 간의 홍수로 어려움에 처한 것을 알고 그것을 구해주기 위해 태자 부루를 도산에 파견하여 홍수 구난 임무를 맡아 진퇴양난에 빠져 있던 중국 순나라 우사공에게 오행치수 방법과 삼신오제교의 오행설을 전하였다. 동시에 측량에 의해 중국과의 국경을 따져 조선의 영토에 있는 유주 · 영주를 되찾아 단군조선의 영토에 편입하고, 회대 지역의 제후를 평정하여 분조를 설치하고 우순을 감독으로 임명하였다. 이렇게 영토를 확정한 후 삼한으로 나누어 5가 64족을 다스렸다. 이처럼 영토의 확장과 통치집단의 확립 및 지배세력의 확충은 서로 긴밀하게 유기적으로 연결되었다.[35]

2세 단군 부루는 국고와 재물을 저장하고, 여러 왕(제후)을 평가하여 상벌을 주고, 병사를 보내 유주 · 영주를 정벌하고 동무 · 도라로 제후를 봉하였다. 농사짓고 뽕나무 심고 기숙사를 설립하여 학문과 문화를 일으켜 그 명성이 날로 떨쳐졌다. 하늘이 낸 효자 소련 · 대련을 불러 효와 제례를 배워 공자도 칭찬했다. 복식과 머리모양에 대한 조서를 내리고, 쌀되 · 저울을 통일하고, 베 · 모시 가격을 통일하여 시장질서를 바로 잡았다. 밭문서 · 칠회력 · 구정도를 만들고, 부루의 단지 · 전계 · 업주가리를 만들어 종교생활을 도모했다.[36]

---

33) 『단군세기』: 51-61.
34) 위의 책.
35) 위의 책.
36) 위의 책: 62-65.

3세 단군 가륵은 종훈 · 전계 · 삼광오정 · 삼육대례 등으로 저절로 서로 돕게 되고 9한의 백성들이 모두 복종 · 교화되어 하나같이 되었다. 지방마다 말이 다르고 상형문자인 참글이 있어도 서로 잘 통하지 못하여 삼랑 을보륵에게 명하여 정음 38자 가림토를 제정했다. 신지 고글에게 명하여 『배달유기』[37]를 편수하고, 욕살 색정을 열양에 봉하여 흉노족 조상이 되었다. 조세를 감면하고, 강거의 반란과 두지주 예읍의 반란을 진압하고 추장 소시모리를 처형하고 그 후손 협야노가 바다로 도망해 삼도에 웅거하며 스스로 천왕을 자칭하고 일본의 조상이 되었다.[38]

4세 단군 오사구는 동생 오사달을 몽고리한으로 봉하고, 인삼을 얻고 신선불사의 설이 퍼지고, 화폐를 제조하고, 하나라 사람이 특산물을 바치고 신서를 구해갔다. 조정과 백성의 구별을 돌로 새겨 널리 알리고, 하나라 왕 상이 덕을 잃어 식달에 명해 람 · 진 · 변 3부 병력 이끌고 정벌하고 천하가 그 소식에 모두 복종했다.[39] 5세 단군 구을은 육십갑자를 사용한 책력을 제정하고, 우가 달문이 뽑혀 대통을 계승했다.[40]

6세 단군 달문은 신지 발리에게 서효사 작성을 명하고, 진한 · 모한 · 번한의 세 왕권을 균형시키고, 백아강 · 소밀랑 · 안덕강 세 지역의 균형을 잡아 70국의 항복을 받았다. 고조선 문명인 한국오훈 · 신시오사를 뭇 한들과 약속하고, 화백회의 결과를 공개하고 덕치를 펼쳐서 2대국 · 20소국 · 3,624부락과 동맹을 맺고 공물을 받았다. 양가 한율이 즉위했다.[41] 7세 단군 한율 시대에 우서한이 즉위했다. 8세 단군 우서한은 이십분의 일 세금법을 제정하여 백성들의 빈부를 재조정하고, 단제 변복하고 국경 넘어 하나라 정세 살피고 관제를 크게 고쳤다. 9세 단군 아술은 덕치를 펼치고, 청해 욕살 우착이 군대로 궁궐 침범하여 단제가 상춘으로 피신 후 구월산 남쪽에 새 궁궐을 신축하고, 우지와 우율 등에 명해 토벌 후 귀궁했다.

---

37) 『배달유기』는 600년 고구려 영양왕 11년 태학박사 이문진이 『유기』를 요약하여 『신집(新集)』 5권을 지었다는 기록이 있으나 현재 『유기』도 『신집』도 전해지지 않고 있다. 신지가 지었다는 『신지비사』라는 책도 『고려사』에 그 서문만 인용되어 있으나 모든 책들이 전해지지 않고 있어서 그들의 관계도 불확실하다. 『단군세기』: 69.

38) 위의 책: 66－69.

39) 위의 책: 70－71.

40) 위의 책: 72－73. 이하에서 태자나 왕자가 왕위를 계승한 경우에는 별도로 언급하지 않고 왕자가 아니고 5가나 다른 사람이 단군에 즉위한 경우에만 그 사실을 별도로 언급하도록 한다.

41) 위의 책: 74－78.

(2) 제2정권: 맥족정권(한맥족정권)

10세 단군 노을은 마을로 민정 시찰하고 신원목을 설치하여 백성의 민원을 청취하고 해소시켰다. 발해연안에 금덩이 13섬이 나왔고, 천문대 감성을 설치했다. 11세 단군 도해는 오가에 명하여 12명산에 국선 소도·한웅 상(웅상)을 설치하고, 유위자의 계책으로 천경신고와 의관대일을 제정하고, 대시전을 세우고 천부경을 논하고 삼일신고를 강연하였다. 병사를 모집하고, 선사 20명을 하나라로 보내 처음으로 나라의 가르침을 하나라에 전했다. 송화강 기슭에 관청을 건립하고, 우가 아한이 즉위했다. 12세 단군 아한은 요하에 순수관경비를 건립하여 국경을 명확하게 하고, 청아욕살 비신·서옥저욕살 고사를 쳤다. 맥성욕살 돌개를 왕으로 봉하고, 5가인 우가 흘달이 단군으로 즉위했다.

13세 단군 흘달은 지방행정제도로 주와 현 제도를 도입하고 중앙과 지방의 관료의 직책에 한계를 법으로 정하여 법치행정을 시행했다. 은·하나라와 전쟁에 원병을 보내 참여하고 빈·기 땅에 관청을 설립하여 후국을 확장시켰다. 은나라 탕왕이 사죄해 오고, 소도를 설치하고 천지화를 심고 국자랑·천지화랑제도를 운영하여 통치집단을 튼튼히 했다. 우가 고불이 즉위했다. 14세 단군 고불은 전국에 관리를 보내 호구조사를 하고, 대음이 즉위했다. 15세 단군 대음시대에 은나라 왕 소갑이 사신을 보내 화친을 요망하고, 양운국·수밀이국이 사신을 보내오고 우루국 사람 20명이 귀순해왔다. 단제 동생 대심을 남선비 대인으로 봉하고, 우가 위나가 즉위했다. 16세 단군 위나 시대에 구한의 한들이 영고탑에 모여 삼신과 상제께 제사드리고 백성들이 모여 애한가(애국가)를 함께 불렀다.

17세 단군 여을은 오가와 함께 나라를 돌아보았고, 19세 단군 구모소 시대에는 남상(장)인에게 벼슬을 주고, 우가 구홀이 즉위했다. 20세 단군 고흘은 영고탑을 개축하고 공공인 공흘에게 구한의 지도를 제작시켰다. 21세 단군 소태 시대에 은나라왕 소을의 사신이 공물을 보내오고, 은나라왕 무정이 귀방·색도·영지를 침공하다가 대패하여 조공을 바쳐왔다. 개사원 욕살 고등이 귀방을 습격하여 일군국·양운국을 복속하여, 우현왕에 고등을 임명했고, 그 뒤 고등의 손자 색불루가 우현왕을 세습했다. 단제가 오가와 상의하여 서우여에게 양위를 희망하여 섭주 기수로 호칭했으나, 우현왕이 쿠테타로 집권하여 신궁에서 즉위하니 어쩔 수 없이 단제가 옥책과 국보를 전해주었다.

(3) 제3정권: 예족 · 기자정권(예맥족정권)

22세 단군 색불루는 녹산을 개축하고, 관제를 개정하고, 구한의 군사로 은나라 서울을 격파하여, 변한 백성을 회대로 이주시키고, 남국이 강성하여 변방장수 신독의 난으로 단제가 영고탑으로 회피했다. 23세 단군 아흘은 자신의 숙부 고불가에게 낙랑골을 통치토록 하고, 웅갈손에게 은나라땅에 여섯 읍을 설치하게 하고, 신독을 주살하였다. 남국임금 금달이 청구임금 · 구려임금과 은나라 회대를 평정하고, 엄 · 서 · 회땅에 제후로 임명하고, 이한 · 오가를 불러 영고탑으로의 천도논의를 중단토록 지시했다.

24세 단군 연나는 황숙 고불가를 섭정으로 임명하고, 여러 한들은 조서 받들고 소도를 증설하였다. 27세 단군 두밀은 수밀이국 · 양운국 · 구다 천국 등의 사신과 특산물을 받았고, 해모 즉위했다. 28세 단군 해모 사후에 마휴 즉위했다. 30세 단군 내휴는 청구순방후 치우천왕 공덕비를 세우고, 서쪽 엄덕골의 제후국 한을 면담하고, 병사를 사열했다. 32세 단군 추밀 시대에 선비산의 추장 문고가 공물을 바치고, 초나라 대부 이문기를 조정에 벼슬로 임명했다. 33세 단군 감물 시대에 주나라 사람이 호랑이 · 코끼리 가죽을 바치고, 35세 단군 사벌은 장군 언파불합을 웅습에서 평정하고, 조을이 연 · 임치 제나라에 승리했다. 36세 단군 매륵은 협야후 배반명을 바다 삼도에서 평정하고, 연나라를 정벌하고, 연 · 제나라가 고죽국을 침범하여 진압하여 패배하니 화해해주었다.

43세 단군 물리 시대에 융안 사냥꾼 우화충이 반란을 일으켜 단제가 피난 중에 사망하고, 백민성 욕살 구물이 어명으로 장당경을 점령하니 전국 구지의 동서 압록18성이 모두 병력을 지원 · 원조했다.

(4) 제4정권: 예족 · 위만정권(예맥족정권)

44세 단군 구물 시대에 큰물이 도성에 범람하자 적병이 혼란한 틈을 타 단제가 반란군을 진압하고 우화충을 사살하고 구물이 단군에 즉위했다. 나라의 국호를 대부여로 바꾸고 삼한은 삼조선으로 개칭하여 전쟁권한을 삼조선에 분산시켰고, 해성을 개축하여 평양으로 개칭하고 이궁을 건설했다. 감찰관을 각 주 · 군에 파견하여 효자 · 청백리를 천거했고, 연나라 사신이 왔다.

45세 단군 여루는 장령 낭산에 축성을 하고, 연나라가 변경을 침범하는 것을 진압했다. 연나라 배도가 계속 침공하여 요서가 함락되고 운장을 육박하여, 번 · 진 · 막조선 연합군으로 연 · 제군대를 오도하에서 정벌하고 요서를 회복했다. 번조선 대장군 우문언이 연나라 연운도에 주둔한 잔군을 격파하고 장수를 사살했다. 북막추장 액니거길이 연나라를 치기를 요청하여 번조선 장수 신불사가 상곡을 공격하여 화해하고 조양서쪽을 경계로 삼았다.

46세 단군 보을 시대에 번조선왕 해인이 연나라 자객에게 시해되자 오가가 다투어 일어나고, 읍차 기후가 입궁하여 번조선왕을 자칭하자 단제가 불가피하게 윤허하며, 연나라에 대비를 잘하라고 명령했다. 도성에 큰 불이 나서 단제는 해성으로 이궁하고, 한개가 궁궐을 침범하여 왕을 자칭하자 대장군 고열가가 진압하여, 단제 귀경후 대사령을 내렸으나 국운이 기울고 국고가 고갈된 상태에서 고열가가 즉위했다.

47세 단군 고열가는 단군왕검의 묘를 백악산에 세우고 유사가 사철 제사를 지내게 했다. 연나라 사신이 인사 왔으나, 북막추장 아리당부가 연나라 정벌을 요청했는데 거부하자 공물을 중단했다. 고리국사람 해모수가 군대를 일으키자 단제가 지도력을 상실하고, 왕위를 포기하자, 오가들이 6년 간 나라를 다스렸다. 대해모수가 서울을 습격하여 천왕랑이라 칭하고 북부여・고구려라 칭하면서 단군조선 48대 단군세기는 마감하게 되었다.

『단군세기』에 기록된 역대 단군의 정권・정부 임용과 후국 개척 관련 활동을 요약하여 정리하면 <표 11-1>과 같다.

표 11-1 역대 단군의 정권・정부 임용과 후국 개척 관련 활동

대수	단군 명	정권・정부 임용과 후국 개척 관련
	환웅	기원전 2370년 왕검 탄생, 2357년 대읍의 비왕으로 임명받음(24년 간 비왕 봉직)
		[제1정권・한족정권]
1세	단군 왕검	기원전 2333년 단군왕검 추대, 구한이 하나로 뭉침, 산과 같은 교화로 신시통치시작, 오가의 우두머리로 800인의 무리들 개국, 신시의 옛 규칙 되찾음, 효도 충성 가르침, 팽우 땅 개척, 성조 궁실건축, 고시 농사장려, 신지 글자제정, 기성 의약, 나을 호적관리, 희 점, 우 군대관리, 하백녀 아내삼고 누에치기 맡김, 풍백 치산치수, 운사 배달신 삼랑성・참성단 신축, 태자부루 도산 파견 우사공에게 오행치수방법 전수, 국경따져 유주・영주 편입, 회대 제후평정 분조설치 우순 감독임명, 삼한으로 나누어 5가 64족 다스림
2세	단군 부루	재물저장, 여러 왕(제후) 평가 상벌, 병사보내 유주・영주정벌, 동무・도라 제후봉함, 소련・대련불러 효와 제례 배움, 공자도 칭찬, 복식조서, 쌀되・저울 통일, 베・모시가격통일, 밭문서・칠회력・구정도 만듦, 부루의 단지・전계・업주가리 만듦
3세	단군 가륵	종훈・전계・삼광오정・삼육대례, 삼신제사, 참글,삼랑 을보륵 정음 38자 가림토 제정, 욕살 색정 열양에 봉하여 흉노족 조상이 됨, 강거 반란 진압, 조세감면, 두지주예읍반란・추장 소시모리 처형・후손 협야노 도망해 삼도 천왕 자칭・일본 조상이 됨
4세	단군 오사구	황제의 동생 오사달 몽고리한으로 봉함, 인삼・신선불사의 설, 화폐제조, 하나라사람 신서 구해감, 조정과 백성의 구별을 돌로 새김, 하나라 상왕이 덕을 잃어 식달에 명해 람・진・변 3부 병력 이끌고 정벌

5세	단군 구을	육십갑자사용 책력제정, 우가 달문이 뽑혀 대통계승
6세	단군 달문	신지발리 서효사작성, 진한 · 모한 · 번한의 세 왕권 균형, 백아강 · 소밀랑 · 안덕강 지역 균형, 한국오훈 · 신시오사 약속, 화백회의 결과공개, 2대국 · 20소국 · 3,624부락 동맹 공물받음, 양가 한율 즉위
7세	단군 한율	우서한 즉위
8세	단군 우서한	이십분의 일 세금법 제정 · 빈부조정, 단제 변복 · 하나라 정세살피고 관제 크게 고침
9세	단군 아술	덕치를 폘침, 청해욕살 우착 군대로 궁궐침범 · 구월산 피신 · 우지 우율 토벌후 귀궁
[제2정권 · 맥족정권]		
10세	단군 노을	민정시찰 · 신원목설치 백성민원 청취 해소, 발해연안 금덩이 13섬, 천문대 감성 설치
11세	단군 도해	오가에 명하여 12명산에 국선 소도 설치, 한웅 상(웅상) 설치, 천경신고 조술, 천부경 삼일신고 강연, 대시전 건립, 병사모집, 선사 20명 하나라로 보내 처음 나라 가르침 전함, 송화강 기슭 관청 건립, 우가 아한 즉위
12세	단군 아한	요하에 순수관경비 건립, 창해역사 여홍성 시 읊음, 청아욕살 비신 · 서옥저욕살 고사침 · 맥성욕살 돌개를 왕으로 봉함, 우가 흘달 즉위
13세	단군 흘달	주와 현 제도도입 · 직책한계정함, 법치행정, 은 · 하 전쟁 원병참여, 빈 · 기 땅에 관청설립, 은 탕왕 사죄, 온누리에 거문고 노랫소리 넘침, 소도설치하고 천지화 심음, 국자랑 · 천지화랑 운영, 우가 고불 즉위
14세	단군 고불	큰 가뭄, 기우제, 큰비내림, 관리를 보내 호구조사, 대음 즉위
15세	단군 대음	은나라 왕 소갑 사신보내 화친요망, 80분의 1 세법 제정, 홍수피해, 백성곡식배분, 양운국 · 수밀이국 사신 옴, 신지 우속 금철 · 고유채취, 우루국 사람 20명 귀순, 단제 동생 대심 남선비 대인으로 봉함, 우가 위나 즉위
16세	단군 위나	구한의 한들이 영고탑에 모여 삼신과 상제께 제사, 닷세 간 백성과 연회 · 마당밟기, 백성들 모여 애한가(애국가) 함께 부름
17세	단군 여을	오가와 함께 나라를 돌아 봄
19세	단군 구모소	남상(장)인 벼슬 얻음, 지리숙이 주천력 · 팔괘상중론 제작, 우가 구홀이 즉위
20세	단군 고홀	영고탑 개축, 공공인 공홀 구한의 지도 제작
21세	단군 소태	은나라왕 소을 사신 공물보내옴, 은나라왕 무정 귀방 · 색도 · 영지 침공 · 대패 조공바침, 개사원 욕살 고등 귀방습격 · 일군국 · 양운국 복속, 우현왕고등 임명, 고등 손자 색불루 우현왕 세습, 단제 오가와 상의 서우여에 양위 희망 · 섭주 기수호칭, 우현왕 쿠테타로 집권 신궁에서 즉위, 옥책 · 국보 전함, 백이 · 숙제 동해이주
[제3정권 · 예족 · 기자정권]		
22세	단군 색불루	녹산 개축, 관제 개정, 구한군사로 은나라 서울 격파, 변한 백성 회대로 이주, 남국 강성, 변방장수 신독 난으로 단제 영고탑으로 회피
23세	단군 아홀	단제의 숙부 고불가 낙랑골 통치, 웅갈손 은나라땅 여섯 읍 설치, 신독 주살 포로석방, 남국임금 금달이 청구임금 · 구려임금과 은나라 회대 평정, 엄 · 서 · 회땅에 제후로 임명, 이한 · 오가 불러 영고탑 천도논의 중단 지시
24세	단군 연나	황숙 고불가를 섭정으로 임명, 여러 한들은 조서받들고 소도 증설 · 하늘에 제사
25세	단군 솔나	기자 서화에 옮겨가 인사사절, 단제 영신 · 직신 문의
27세	단군 두밀	천해의 물이 넘쳐 아란산이 붕괴, 수밀이국 · 양운국 · 구다 천국 등 사신 특산물 보내옴, 큰 가뭄끝 큰비 농사피해, 단제 창고열어 분배, 해모 즉위
28세	단군 해모	단제 병 백의동자 하늘기도로 치유, 태풍 폭우, 빙해 뭇한들 사신 공물바침, 마휴 즉위
29세	단군 마휴	주나라 사람 공물 바침, 여름 지진, 남해 조수 3척 물러남

30세	단군 내휴	청구순방 후 치우천왕 공덕비 세움, 서쪽 엄덕골 제후국 한면담, 병사사열후 하늘제사
31세	단군 등올	단제 아들 추밀 즉위
32세	단군 추밀	선비산의 추장 문고 공물 바침, 초나라 대부 이문기 조정에 벼슬, 일식, 흉작
33세	단군 감물	주나라사람 호랑이·코끼리가죽 바침, 한님·한웅·단군왕검 삼성사 세우고 친히 제사
35세	단군 사벌	황충·홍수·큰비·산사태 피해, 장군 언파불합 웅습 평정, 조을 연·임치 제나라에 승리
36세	단군 매륵	지진·해일, 협야후 배반명 바다 삼도 평정, 연나라 정벌, 연·제 고죽국 침범·패배·화해
43세	단군 물리	융안 사냥꾼 우화충 반란, 단제피난중 붕어, 백민성욕살 구물 어명으로 장당경 점령, 구지의 동서 압록18성 모두 병력 지원·원조
[제4정권·예족·위만정권]		
44세	단군 구물	큰물 도성 범람·적병혼란,단제 반란군 진압·우화충 사살,즉위·하늘제사, 국호 대부여·삼한은 삼조선으로 개칭, 전쟁권한 분산, 해성개축 평양 개칭, 이궁건설 삼신영고의 제사, 삼육대례, 감찰관 각 주·군 파견, 효자·청백리 천거, 연나라 사신옴
45세	단군 여루	장령 낭산에 축성, 연나라변경침범 진압, 연나라 배도 침공·요서함락·운장 육박,번·진·막조선 연합군으로 연·제군대 오도하에서 정벌·요서 회복, 번조선 대장군 우문언 연나라 연운도 주둔잔군 격파·장수 사살, 북막추장 액니거길 연나라치길 요청·번조선 장수 신불사 상곡 공격·화해, 조양서쪽 경계삼음, 죄수사면, 크게 가물어 기우제
46세	단군 보을	번조선왕 해인 연나라 자객에 시해, 오가 다투어 일어남, 읍차기후 입궁 번조선왕자칭 윤허, 연나라대비 명령, 도성 큰불 단제 해성 이궁, 북막추장 이사 음악 바침, 한개 궁궐 침범 왕 자칭, 대장군 고열가 진압, 단제 귀경후 대사령, 국운기움, 국고고갈, 고열가 즉위
47세	단군 고열가	왕 단군왕검의 묘를 백악산에 세우고 유사가 사철 제사를 지내게 함, 연나라사신 인사, 일식, 북막추장 아리당부 연나라 정벌 요청 거부·공물 중단, 고리국사람 해모수 군대 일으킴, 단제지도력 상실, 왕위 포기, 오가들 6년 간 나라 다스림, 대해모수 서울 습격, 천왕랑이라 칭함, 북부여·고구려라 칭함

10. 고조선의 사회구조와 신분 구성 및 통치세력의 성격

첫째, 고조선의 사회구조는 제사장과 군장의 통합사회인 만큼 선인이 거주한 종교적인 성지인 신시, 단군 일족과 그 씨족이 거주한 서울인 아사달과 평양성 등 3경(5경), 제후나 속국왕 등 거수와 그 일족이 거주한 큰 마을인 국읍, 그리고 일반 마을인 읍 또는 소읍으로 구성되어 있다.

둘째, 고조선 사회의 신분 구성은 최고위 계급에 단군과 그 일족, 둘째 계급이 신시에 거주하면서 종교적인 제사 등을 담당하는 선인들, 셋째 계급이 단군의 조선족 씨족들, 넷째 계급이 제후나 후왕 등 거수와 그 일족, 다섯째 계급이 호민, 여섯째 계급이 민, 일곱째 계급이 하호, 여덟째 가장 낮은 계급이 노비이다.

이러한 고조선 사회의 신분계층 가운데 통치세력은 왕족(단군과 그 일족), 선인들,

그림 11-2 고조선의 사회구조와 신분 구성

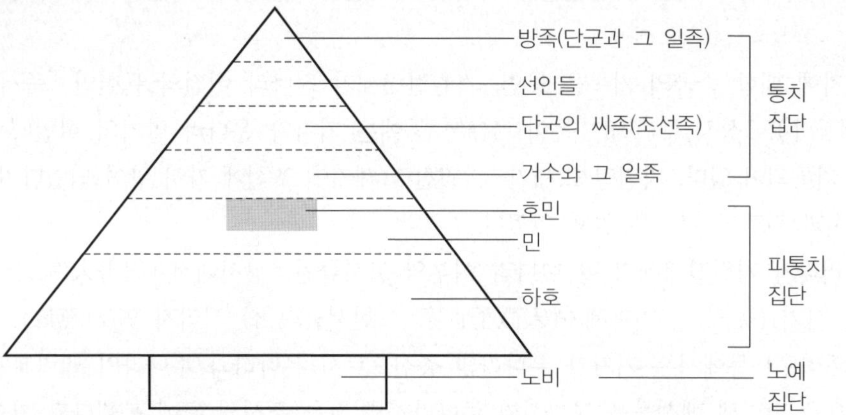

출처: 윤내현. 2016: 137 재인용 · 보완함.

단군의 씨족인 조선족, 그리고 거수와 그 일족으로 구성되었고, 호민, 민, 하호, 노비는 피통치집단의 지위에 있었고 특히 노비는 최하층에서 노예집단을 구성하였다. 이러한 관계를 요약하면 [그림 11-2]와 같다.

11. 기자정권 통치세력의 성격

(1) 기자동래설에 대한 논의

1) 기자에 대한 기록들

고조선의 시대에 대해 일제 식민사학자들은 단군조선은 신화로 보고 기자조선과 위만조선이 고조선의 시작으로 보았다. 그렇게 해서 한국은 고대사로부터 독립국가가 아니고 중국의 속국이고 식민지라는 역사로 썼다. 거기에 대해 민족사학자들은 단군조선만이 고조선의 역사적인 실체이고 기자조선과 위만조선 모두를 부인하여 민족사를 다시 썼다. 한국고대사에서 단군조선, 기자조선 및 위만조선에 대한 해석은 역사적인 사관에 따라 크게 달랐다. 기자동래설과 임나일본부설은 모두 한국고대사를 중국과 일본의 식민지로 해석하고자 하는 일본과 중국의 관점에서 제기된 것이다.

이 책에서는 단군조선의 역사를 중심으로 하면서 기자조선과 위만조선을 조선의 국가 이름 대신 단군조선의 정권 차원으로 바르게 이해하여 기자정권과 위만정권으로 해석하고자 한다. 이때 기자와 위만이 조선의 역대 단군의 이름에 있는지 여부가 매우 중요하므로 기자와 위만에 관련된 역사적인 기록들을 비교하며 비판적으로 해석하고자 한다.

기자에 대한 중국의 기록을 보면, 기원전 3세기 진나라 이전의 문헌인 『죽서기년』(竹書紀年), 『상서』(尙書), 『논어』(論語) 등에는 기자가 은나라 말기의 현인(賢人)으로만 기록되어 있다. 기원전 12세기~기원전 11세기에 조선에 가서 왕이 되었다거나 기자조선과 관련된 기술은 일체 없었다.

그러다가 기원전 3세기 말 한나라 이후의 고서들인 『상서대전』(尙書大傳) 은전(殷傳), 『사기』(史記) 송미자세가(宋微子世家), 『한서』(漢書) 지리지 연조(燕條), 『함허자』(涵虛字) 등에서는 기자가 은나라의 충신으로서 은나라와 주나라의 권력교체기에 조선으로 망명해 백성들을 교화시켜 주나라가 기자를 조선의 왕에 봉했다고 기술하여 기자동래설을 제기하였다. 기자조선이 실제 역사로 존재했다면 이미 기원전 12세기 이후 존재했을 것이므로 기원전 3세기 이전의 기록에 기자조선이 등장해야 했음에도 앞에서 보았듯이 전혀 기록이 없다가 한나라 이후의 역사서들에만 기자를 조선의 왕으로 봉했다는 기록들이 대거 등장하여 이 기록들의 역사왜곡에 대해 의문을 제기하는 것이다. 이처럼 중국측의 고문서에서도 기자에 대한 기록들은 인정하는 기록들과 부정하는 기록들이 있고, 한국의 기록들도 비슷하다.

2) 기자동래설을 인정하는 기록들

기자동래설을 인정하는 기록들로는 복생(伏生)의 『상서대전』(尙書大傳) 은전(殷傳), 사마천의 『사기』(史記), 반고의 『한서』(漢書) 지리지 연조(燕條), 『함허자』(涵虛字) 등이다.[42]

첫째, 복생의 『상서대전』에는 주나라의 무왕이 은나라를 멸망시키고 감옥에 갇힌 기자를 석방하자, 기자는 조선으로 달아나 무왕이 그를 조선왕으로 봉했다. 주 무왕의 책봉을 받은 기자가 무왕 13년인 기원전 1100년경에 신하의 예를 차리고 가서 주 무왕을 만났는데, 무왕은 기자에게 홍범9주(洪範九疇)에 대해 물었다고 한다.

둘째, 『사기』 송미자세가(宋微子世家)에는 무왕이 은을 정복한 뒤 기자를 방문하여, 백성을 편안하게 통치하는 방안을 묻자 홍범구주를 지어 바치고, 무왕은 기자에게 조선왕으로 봉해주었으나 기자는 신하의 예를 갖추지 않았다고 한다.

42) 이 내용에 대하여서는 한영우. 2004: 79; 『두산백과』 <기자조선> 참조.

셋째, 『한서』 지리지 연조(燕條)에는 은나라가 쇠하여지자 기자가 조선에 가서 백성에게 예의와 농업 · 양잠업 · 베짜기 기술을 가르쳤더니, 낙랑조선 사회에서는 범금팔조(犯禁八條)가 시행되었다고 한다.

넷째, 『함허자』(涵虛字) 등에도 은나라가 주나라에게 망하자 은나라 귀족이던 기자가 5천 명의 지식인과 기술자들을 데리고 조선으로 와서 왕이 되어 정전제와 8조금법을 시행하고 시서예악(詩書禮樂)을 발전시켰다고 한다.

다섯째, 이러한 기록들을 근거로 『위략』(魏略)을 인용한 『삼국지』는 위만에게 왕위를 빼앗긴 준왕이 기자의 후예라고 기록하고 있다.

여섯째, 『고기』를 인용한 『삼국유사』는 기자에 대한 내용을 <고조선>조에 포함시켜, 단군왕검이 기원전 2333년 단군조선을 건국한 1,500년 뒤에, 주나라 무왕이 기자를 조선의 왕에 봉했다고 기록하여 기자가 기원전 833년에 백악산 아사달에서 왕이 되었고, 단군은 쫓겨서 장당경으로 옮겼다가 그 후 다시 아사달로 돌아와서 1,908년 동안 살았다고 기록하고 있다. 그 해당 내용을 직접 인용한다.

> "단군왕검은 … 1500년 동안 백악산에서 나라를 다스렸다. 주(周)나라 무왕(武王)이 즉위하던 기묘년에 기자(箕子)를 조선에 봉했다. 그래서 단군은 장당경(藏唐京)으로 옮겼다가 그 후 아사달로 돌아와 숨어 살면서 산신이 되었는데 이 때 나이가 1908세였다."[43]

그러나 기원전 833년 근처의 역사 어디에도 기자가 왕이 되고 그 후손이 왕위를 계승했었다는 기록이 없어서 기자가 직접 조선의 왕이 되었다는 것은 『고기』에만 남아 있을 뿐이다.

3) 기자동래설을 부정하는 기록들

첫째, 기자동래설을 부인하는 중국의 기록을 보면, 기원전 3세기 진나라 이전의 문헌인 『죽서기년』(竹書紀年), 『상서』(尙書), 『논어』(論語) 등에는 기자가 은나라 말기의 현인(賢人)으로만 기록되어 있어서 기자가 조선의 왕이라는 내용을 기록하지 않고 있다. 이 문헌들 어디에도 기원전 12세기~기원전 11세기에 기자가 조선에 가서 왕이 되었다거나 주나라 무왕이 기자를 왕에 봉했다는 어떤 기술도 없고 기자와 조선의 관련에 관한 기술은 일체 하지 않고 있었다. 기원전 3세기 이전의 중국역사서들이 기자조선에 대해 기록하지 않고 있는 점은 이들 모든 역사서들이 기자조선의 존재를 적극 · 직

43) 『고기』『삼국유사』: 20－21.

접적으로 부정하는 문헌 근거들이다. 이외에도 기자의 동래설을 명확하게 부인하는 기록들로는 『규원사화』, 『단군세기』, 『대청일통지』, 『수경주』 등의 기록이 있다. 이들을 차례로 간략하게 검토한다.

둘째, 기자에 대한 『규원사화』의 기록은 기자가 주나라를 피해 조선이 군자국이란 점을 "사모하고 동화하고 귀의하여 편안히 한 갈래로 깃들이고 살면서 천년을 뻗어 내려오며 남은 자손이 오히려 번생했다"고 기록하여 기자와 그 후손의 번성을 인정하고 있다. 은나라 귀족인 기자가 이민족인 주나라의 탄압과 문화적인 후진성을 싫어하고, 반대로 자신과 같은 종족인 고조선이 중국 사람들에게 군자국으로 존중되어 외형적인 의관정제 만이 아니라 내면적으로도 양보하기를 좋아하고 다투지 않는 동방예의지국이어서 이러한 점을 존중하고 사모하여 조선으로 귀의하였음을 기록하고 있다.

이처럼 조선은 인(仁)을 실천하는 나라로서 공자가 중국에서 인의 도리가 지켜지지 않아 탄식할 때 인의 도리와 예의가 지켜지는 군자국인 조선에 바다를 건너 뗏목을 타고 와서 살고 싶어했던 군자의 나라였다. 허신도 구이가 사는 조선은 큰 것을 따르는 대인들이 살고 대인들의 풍속은 어질고 어진 사람은 오래 살아 군자의 나라는 불사(不死)의 나라이기 때문에 공자가 뗏목을 타고 떠나가고자 했다는 것이다.

이러한 조선에 기자가 와서 같은 민족의 한 지파를 형성하여 천 년을 살면서 자손들이 번창했음을 기록하고 있다. 그러나 기자 자신이 직접 단군이 되었다는 점은 인정하지 않고 기자 후손들이 천 년 간 번창한 점을 기록하고 있다. 그것은 기자족이 은나라의 귀족으로서 지배족이다가 주나라를 피해 조선으로 와서 동족인 단군족의 일파가 되어 천년 간 번창했음을 의미한다. 기자족은 단군족과 같이 왕족의 일파로 되었기 때문에 그 후손들이 조선의 지배족에 통합되었을 수 있음을 의미한다. 『규원사화』가 47대 단군의 통치기간을 1,205년으로 보고 고조선 2,000여 년의 나머지 천 년을 누가 통치한 것인지를 기록하지 않은 점이 눈에 띈다. 그것을 기자족이 통치했을 가능성을 열어 두고 있는 것으로 확대할 수 있지만 그 외의 가능성도 열어 두고 있다.

『규원사화』의 기자 관련 기록을 직접 인용하여 살펴보도록 한다.

> "떨치고 떨친 신령스런 자손(단군의 자손)들이 계속 임금 자리를 이어가면서 1200년을 지나갔는데 … 임금의 덕에 복종했고, 가난한 백성들로 범하는 자가 있어도 마침내는 신령스런 소리에 동화되었으며, 우리 동방진역의 만년 큰 기틀이 이미 여기에서 근원했던 것이다. 나라 밖에 있는 사람들(중국 사람)이 이름하여 써 군자국이라고 했고, 그 풍속에 말하기를, 옷을 입고, 모자 쓰고, 띠 두르고, 칼 차고, 양보하기를 좋아하며 다투지 않았다 했다. 곽박(진나라 사람)이 그를 칭찬하여 말하기를, 동방에 기운이 어진 나라가 있는데 군자가 있어

서 훈화가 피는 아름 다운 나라고, 예의와 양보를 좋아하는데, 예는 논리를 따라서 했다라고 하였다.
서여(기자)가 주나라를 피해 왔은즉 사모하고 동화하고 귀의하여 편안한 한 갈래로 깃들이고 살면서 천년을 뻗어 내려오며 남은 자손들이 오히려 번성했다. 왕제측기(왕의 제도의 법을 기록한 책)에 말하기를, 인으로서 살아가는 걸 좋아하여 만물이 땅을 밑천삼아 나왔다 라고 했고, 중니(공자)가 도가 행하여지지 않아 탄식할 때 뗏목을 타고 바다에 떠서 구이에 살고자 한다고 했으니, 구이는 군자가 사는 곳이므로 이렇게 말한 것이다. 허신이 지은 설문에 말하기를, 오직 동이라는 것은 큰 것을 따르는 대인이란 뜻이었는데 동이족의 풍속은 어질고, 어진 자는 오래 사는 것이라. 군자가 있으니 불사의 나라이기 때문에 공자가 뗏목을 타고 떠나고자 했던 것이다."[44]

셋째, 『단군세기』는 기자동래설을 부정하고 기자가 조선의 왕이 아니라 은둔생활을 한 것이라 한다, 25세 단군 솔나 시대(기원전 1150년~1063년)인 기원전 1114년에 기자가 서화로 은둔하여 외부와 교류를 하지 않았음을 기록하고 있다. 기자가 서화로 옮겨가 있어서 은둔생활을 하였고 다른 사람과 인사조차 하지 않아 외부교류는 물론 철저히 은둔 · 은퇴함을 기록하여, 정치세력을 모으거나 정권을 맡아 다스렸다는 것과는 전혀 무관함을 구체적 · 명시적으로 기록하고 있다.

『단군세기』의 해당 내용을 인용한다.

정해 3년(기원전 1114년) 기자箕子 서화西華에 옮겨가 있으면서 인사를 받는 일도 사절하였다.[45]

넷째, 『대청일통지』에서는 기자가 송나라(979~1279) 때부터 살았던 땅을 서화라고 하는데, 서화는 개봉부 서쪽 90리에 있으며 기자가 살았다는 흔적으로 읍 가운데 기자대라는 이름을 가진 읍도 있다고 한다. 이것은 기자가 개봉부 서쪽 90리에 있는 서화지역에 살았고, 그 때문에 기자대라는 이름의 읍이 존재하고 있는 사실을 기록하여 기자가 조선에 오지 않았음을 구체적 · 역사적 · 고고학적 근거를 밝혀 부정하는 기록이다. 『대청일통지』의 해당하는 내용을 내용토록 한다. 이것은 기자가 조선의 왕이 되지 않았다는 근거로 될 수 있다.

44) 『규원사화』: 170-172
45) 『단군세기』: 103-104.

"서화는 옛 기箕의 땅이다. 개봉부 서쪽 90리에 있다. 처음 기자가 송나라 기 땅에서 살았기 때문에 기자라고 한 것이다. 지금 읍 가운데 기자대가 있다."[46]

다섯째, 『수경주』에는 양국 몽현 북쪽 박벌성 안에 은나라 탕임금 무덤이 있고 그 서쪽에 기자의 무덤이 있다고 기록하고 있어서 기자가 조선의 왕이 아니었다는 것을 입증하고 있다. 이것은 기자가 조선의 왕이 되었다면 조선의 땅에 있어야 할 기자의 무덤이 조선이 아니라 양국 몽현 박벌성 안 은나라 탕왕 무덤 서쪽에 있다는 역사적·고고학적 증거를 제시하여 기자동래설을 부인하고 있다.

『수경주』의 해당 내용을 인용한다.

"두예 말하기를 양국(梁國) 몽현(蒙縣)의 북쪽에 박벌성이 있는데 성안에 은나라 탕임금의 무덤이 있고, 그 서쪽엔 기자의 무덤이 있다."[47]

이처럼 역사적인 기록들이 서로 달라 문헌상으로 기자가 조선에 와서 왕이 되었다는 것을 입증하기 어렵다. 기자는 기원전 1100년 전후의 인물인데, 기원전 3세기 이전에 쓰여진 『논어』(論語)와 『죽서기년』(竹書紀年) 등에는 기자의 존재 자체는 기술하면서도 조선으로 갔다는 기록은 없어서 기자동래설의 조작가능성을 추측할 수 있다.

기자동래설을 기록하고 있는 역사서들이 대부분 기원전 3세기 이후에 쓰여져서, 기자동래설은 기원전 3~2세기에 중국인들이 동북아시아와 중국 대륙의 패권을 차지하기 시작하면서 중화사상을 강화시키기 위해 조작해낸 것으로 의문이 제기되었다. 역사서에서의 조작 의혹[48]은 고고유물과 고문화에서 그 증거가 드러나고 있다. 대표적인 몇 가지 증거만 살펴본다.

첫째, 실제로 기자가 기원전 12~11세기에 조선왕이 되었다면, 황화유역과 만주·한반도 지역의 청동기문화가 서로 유사하게 근접해야 하는데, 동북아시아의 청동기문화

---

46) 『대청일통지』 권 23 汲水 湊水; 『단군세기』: 104에서 재인용.

47) 『수경주水經注』; 『단군세기』: 104에서 재인용.

48) 중화사상이 "역사 왜곡과 날조의 원인이자 인접국 잡도리와 침략의 수단이 되기도 했다. 중국인이 가장 의씍해하던 당나라는 정작 한족이 아닌 탁발(拓跋)·선비(鮮卑)족이 세운 사실이 알려지면서 중국인 사가들의 절찬이 수그러들었다." "왜곡된 중화사상이 중국 발전을 막는 족쇄"라는 주장이 나온다. 이런 비판을 의식한 것인지는 몰라도, 최근 중국의 최대 종합 검색 사이트인 바이두엔 중화사상에 대한 설명은 전혀 없고, 한국, 일본, 베트남에 있다는 '소중화(小中華) 사상'에 대한 설명만 나온다. 관련 저서와 소개기사는, 양하이잉(우상규 옮김). 2017. 『반중국 역사』. 살림; 하종대. 2018. <왜곡된 중화사상…중국 발전 막는 족쇄>. 『동아일보』. 2018.1.13.

는 비파형(琵琶形) 동검문화여서 중국 황화유역의 문화와는 서로 다른 계통의 문화이기 때문에 기자가 문화를 가져와서 전파했다는 주장이 근거가 없음을 보여준다.

둘째, 기자가 중국의 예의범절, 선진문물, 대동법 및 범금8조 등을 가지고 왔다면 은나라에서 사용된 갑골문(甲骨文)이 발견되어야 하지만 실제로 발견된 사례가 전혀 없어서 기자의 동래설을 부정하고 있다.

셋째, 기자가 조선에 왔다는 기원전 12~11세기에는 중국 은나라나 주나라의 문화나 과학기술의 수준보다 조선의 수준이 훨씬 앞서 있었다는 증거들이 속속 드러나 기자가 중국의 선진문명을 가지고 왔다는 기자 동래설의 주장은 기원전 3~2세기에 조작되었을 가능성이 높다. 예로써, 동아시아 침술도 두만강 유역에서는 기원전 12~9세기 소영자 유적에서 골침과 석침이 나와 이미 이때 침술이 발달한 반면, 중국에서는 기록에 처음 나온 것은 기원전 7세기의 『좌전』이고 침이 확실한 실물로 나온 것은 기원전 2세기의 만성한묘(滿城漢墓)에서 처음으로 나와 중국이 조선보다 많이 뒤쳐졌음을 알 수 있다. 동양의술의 기원을 중국이라고 알아 왔던 사람에게 최근 발표된 이러한 연구[49]는 조선과 중국의 침술 및 동양의학과 과학기술에서 기원전 12~11세기에는 조선이 앞장선 것을 입증하는 것이다. 그것은 기자가 중국의 선진문물을 가지고 조선에 왔다는 기자동래설을 부인하는 증거가 된다.

(2) 기자정권 지배세력의 성격

이러한 기자동래설의 한계에 대해 고조선 내부에서 등장한 새로운 지배세력, 동이족의 일파인 기자족의 이동설, 그리고 기자는 특정 개인의 이름이 아니고 '기국(箕國)의 제후'를 가르킨다는 견해 등 여러 가지 해석들이 제기되고 있다.

첫째, 기자조선을 고조선 내부에서 등장한 새로운 지배세력으로서 한씨조선(韓氏朝鮮)의 등장과 같은 것으로 보는 입장이다. 이 견해는 기자조선이 중국인이 세운 국가가 아니라 '한'부족인 한인(韓人)이 단군조선을 이어 세운 나라라는 주장이다. 그 근거로는 후한 왕부(王符)의 『잠부론』(潛夫論)에서 기록한 "주나라 선왕(宣王) 때 한후(韓候)가 연나라 근처에 있었다. 그 후 한의 서쪽에서도 성(姓)을 한(韓)이라 하더니 위만에게 망하여 바다로 옮겨갔다"는 내용을 들고 있다. 여기에서 위만에게 망하여 바다로 간 사

49) 강인욱 · 차웅석. 2017. <연길 소영자(小營子) 출토 유물로 본 동아시아 침구류(針具類)의 기원>. 『의사학』. 57호; 유석재. 2018. <동아시아 침술, 한반도 북부 두만강 유역서 시작됐다>『조선일보』. 2018.1.11.

람은 준왕이므로 그의 성은 기씨가 아니라 한씨이므로 기자가 아니라 단군조선의 왕족인 한부족의 새로운 지배세력이었다는 것이다.

둘째, 기자조선은 동이족의 일파인 기자족이 이동하여 세웠다는 가설이다. 이 견해는 1970년대 한국 민족의 기원을 종족 이동이라 보면서 동이족의 일파로서 기자를 조상신으로 섬기는 기자족이 화북 지방에 있다가 기원전 12세기 전후 은나라가 망하고 주나라가 등장한 시기와 기원전 8세기에서 기원전 3세기 춘추전국 시대와 같은 권력이동의 격동기에 북중국・남만주・평양으로 오랜 기간 이동하여 기자조선을 건립했다는 해석이다. 이 관점은 기존의 역사적인 기록들을 새롭게 재해석하여 많은 관심을 끌었지만 고고학적으로 입증하지 못하는 한계를 벗어나지 못해 가설을 학설로 입증하지는 못했다.

셋째, 기자를 특정 개인의 이름이 아니라 '기국(箕國)의 제후'로 보는 입장이다.[50] 중국 고서들인 『춘추좌씨전』과 『국어』(國語)에 주나라 초기의 제후국으로서 '기국'과 '기씨'에 대해 기록하고 있고, 기후를 중심으로 한 일족이 주나라 초기 북방의 정복활동에 종사하다가 산서성(山西省) 태곡현(太谷縣) 일대에서 난하(灤河) 하류지역으로 이동하고 다시 요서(遼西)・요동(遼東)・산동(山東)으로 이봉(移封)되었다는 기록들을 그 근거로 삼고 있다.

이러한 문서들의 기록 외에도 '기후'(箕候), '기'(箕), '기후방정'(箕候方鼎) 등이 새겨진 은나라와 주나라의 청동기가 중국 여러 지역에서 발굴된 것도 유력한 근거로 제시하고 있다. 그러나 기국이 기자조선인지, 고조선과의 관계는 어떠한지에 대해 설명하지 못하는 결정적인 한계가 있다.

기자동래설의 모순과 관련하여 당시의 교통사정, 군신 간의 의리, 범금8조의 성격, 그리고 기자릉의 허위성을 들 수 있고,[51] 기자동래설의 한계에 대해 새롭게 제기된 학설들인 고조선 내부에서 등장한 새로운 지배세력, 동이족의 일파인 기자족의 이동설, 그리고 기자는 특정 개인의 이름이 아니고 '기국(箕國)의 제후'를 가르킨다는 견해 등은 구체적으로는 조금씩 차이가 있지만, 실제 은주시대에 고조선으로 이동해온 수많은 사람들과 그들이 미친 고조선 사회변동에의 영향 등을 설명하는 데 유용한 것들이다.

여기에서 제기된 여러 가지 학설들은 저마다 조금씩은 설명력과 설득력이 있어서 이

---

50) 이것에 대해 기자국은 하남성 적구현 지역의 소국으로 은나라 왕실의 근친인 기자가 봉해진 기국으로 은・주교체기에 난하 하류 지역으로 이동했고, 진나라 통일 이후 난하 중・하류 동부 연안으로 이동해 고조선과 접해 있다가, 위만이 멸망시켜 고조선과는 무관한 중국사의 대상인 국가라는 견해도 제기되었다.

51) 한국학중앙연구원. 2018. <기자조선>. 『한국민족문화대백과』(http://www.aks.ac.kr).

들을 종합적·통합적으로 해석하는 것이 기자에 대해 보다 정확하게 이해할 수 있을 것이다. 기자조선의 기간으로 지목되었던 기원전 12세기에서 기원전 2세기 위만정권이 등장할 때까지 고조선에는 큰 변화가 지배세력과 통치세력 및 단군의 차원에서 일어났음을 알 수 있다. 이것을 기자정권의 등장과 몰락으로 보면, 기자정권은 단군조선의 지배세력의 중요 분파가 일어나서 지배세력과 통치세력, 그리고 단군까지 변화시키는 정변으로 이어진 것이라 추측할 수 있다.

다양한 사료나 고고학 증거들을 바탕으로 다수 학자들의 의견이 모아지듯이, 기자 본인이 주 무왕에 의해 조선의 국왕으로 봉해졌다는 기록은 중화주의를 강화시키기 위한 의도로 후대에 과장·왜곡되었을 가능성이 크다.

대신 그 비슷한 시기에 고조선 사회 내에는 큰 사회적인 변혁이 일어나 청동기문화에서 철기문화로 전환하고, 농업생산방식도 채집농업에서 양식농업으로 바뀌어, 사회경제공동체의 성격도 농업공동체가 농촌공동체로 전환하고 국가의 통치제도도 범금8조의 강화나 정전제의 실시 및 노예제도의 강화 등과 같은 큰 변화가 일어난 것으로 보인다.

통치집단도 단군조선의 왕족과 통치집단 내에서 큰 권력이동이 일어나 단군족의 일파인 기자족 또는 기자집단이 집권하고 기존의 국가경영 방식보다 체계화하고 조직화한 것으로 보인다. 이러한 국가 및 사회의 변화는 고조선의 다양한 유물의 성격에서 나타나며 그것은 기자정권이 중국의 제후국인 기자조선이라기보다 단군조선의 문화와 역사를 이은 중국과는 판이한 특성을 지닌 국가임을 보여주는 것이다.

구체적으로 보면, 고조선의 청동기문화의 성격은 서기전 20세기경부터 시작되어 무문토기, 고인돌, 돌널무덤, 입석, 비파형동검·세형동검·청동거울 등의 특징을 지닌다. 특히 비파형동검 등 청동기 유물의 특성은 고조선 청동기 문명의 기원 및 분포지역과 관련하여 중요한 유물이다. 고조선 청동기문화는 대릉하 중심 요령 지방으로부터 한반도 일대에 널리 분포하여 선주민의 신석기문화뿐만 아니라 중국의 청동기문화와도 이질적인 특성을 보인다. 이것을 고조선 청동기문화는 농업공동체에서 농촌공동체로 농업 양식 생산 단계로 들어선 예맥족(濊貊族)이 선주민인 양식 채집단계의 고아시아족을 흡수·동화함으로써 나타난 주민과 문화 교체의 결과로 해석하기도 한다.

청동기문화를 이은 철기문화는 기원전 7세기~기원전 6세기를 전후해 시작되었고, 위만정권이 등장하던 기원전 2세기경에는 여러 가지 철제 무기와 농기구가 보급·확대되어 전쟁수행능력과 농업생산능력이 증대되었다. 이렇게 보면 문헌에 나타난 기원전 12세기에서 기원전 2세기에는 청동기에서 철기문화로 전환하는 역사적인 발전이 진행되던 시기에 해당하여, 예맥족이 그 양식생산단계의 주체로서 역할을 했다.

예맥족이 주도한 고조선 기자정권의 문화적 주체성을 보여주는 비파형동검을 중심으로 한 청동기문화의 기원에 대해서도 그동안은 요동설과 요서설 등으로 진행되다가 중앙아시아 카자흐스탄 카라간다 지역 북부와 남부러시아의 안드로노보문화 또는 훼도롭(Fedrov) 문화의 파인형(波刃形) 청동검에서 유래한 것이라는 새로운 연구가 나오면서 예맥족 기자정권의 문화성격도 기존 농경문화의 기반 위에 비파형동검과 함께 유목문화가 동화된 반농반목(半農半牧)적 사회단계라는 관점이 대두하게 되었다.[52]

(3) 기자정권 통치세력에 대한 국제정치적 인식

한국사에서 기자조선에 대한 인식은 고려시대의 기록인 『삼국유사』에서 단군조선과 구분하지 않고 고조선 속에 포함시키고 있고, 『제왕운기』에서는 후조선(後朝鮮)으로 표현하여 기자를 강조하지 않고 있으나, 고려 숙종 때에 기자릉을 축조했다, 조선시대에는 성리학을 국가의 지배이념으로 삼아 기자동래설을 수용하고 기자릉에 대한 국가적인 차원의 제사를 시행했다. 이러한 여파로 『규원사화』에서는 기자를 부인하면서도 단군조선이 기원전 1188년에 그치는 것으로 기록하여 은연중에 기자조선을 인정하는 듯한 여지를 남겨두고 있다.

반면에 『단군세기』에서는 기자와 기자족이 왜 조선으로 왔는지, 그리고 그 시기를 전후하여 동아시아에서 고조선과 은나라 및 주변 국가들 간의 지역 내 국제정세를 보여주는 기록들이 있다. 이 기록을 보면 기원전 13세기 당시에 고조선의 국력은 매우 강성하고 은나라의 국력은 쇠약해져서 기울고 있던 상황이었다. 22세 단군 색불루는 기원전 1285년 11월 고조선의 지배부족들인 9한의 군사를 이끌고 은나라의 서울을 격파하여 영토를 확장하고, 변한의 백성들을 은나라 땅이었던 회대의 땅으로 이주시켜 가축과 농사를 하며 살게 하여 고조선의 국가 위세가 크게 떨쳤다.

기원전 1266년에 남국이 매우 강성하여 고죽국과 함께 남쪽을 정벌하여 그곳 유민과 서로 단결하여 산서성 장치현의 서남에 여(黎)국을 세워 황제의 교화가 멀리 항산에까

52) 관련 참고문헌으로는, 김정배. 2010. 『고조선에 대한 새로운 해석』. 고려대 민족문화연구원; 김정배. 『한국고대의 국가기원과 형성』. 고려대학교 출판부; 단군학회 편. 2005. 『남북 학자들이 함께 쓴 단군과 고조선 연구』. 지식산업사; 이종욱. 1991. 『고조선사연구』. 일조각; 박대재. 2010. <기자 관련 상주청동기 명문과 기자동래설>『선사와 고대』. 32; 박준형. 2009. 『고조선사연구 100년－고조선사연구회・동북아역사재단 편』. 학연문화사; 천관우. 1974. <기자고>『동방학지』. 15; 한국학중앙연구원. 2018. <기자조선>. 『한국민족문화대백과』. (http://www.aks.ac.kr).

지 미치게 되었다. 그 뒤 기원전 1250년 변방의 장수 신독이 난을 일으켜 13년 간 수도를 점령하자, 단군 색불루는 영고탑으로 피신하여 죽고 태자 아홀이 승계했다. 23세 단군 아홀은 숙부인 고불가에게 명령하여 낙랑골을 통치하고 웅갈손을 보내 남국의 왕과 함께 남쪽을 정벌한 군대가 은나라 땅에 여섯 읍을 정복하고 설치하는 것을 살펴보게 하고 반란군 신독을 주살했다.53)

대제국 고조선이 주변의 남국, 청구국, 구려국 및 몽고리국 등 후국의 지원을 받고 연합군을 형성하여 이들을 지휘하여 은나라를 공격했다. 고조선은 은나라의 성책을 부수고 깊숙하게 오지로 들어가서 회대의 땅을 평정하고 이 지역을 세 개로 나누어 산동성 박흥현의 동북쪽에 있던 나라인 엄(淹) 땅에 포고씨, 안휘성 사현의 북쪽에 있고 뒤에 서국이 된 서(徐) 땅에 영고씨, 회(淮)땅에 방고씨를 각각 임명하여 통치토록 조치하였다. 이러한 조치로 은나라 사람들이 고조선의 위세를 우러러보고 두려워하여 감히 접근하지 못했다.54)

이러한 국제정세로 인해 고조선은 동북아시아 지역의 패권국가로 중심적인 지위를 확립하면서 많은 부족들을 후국이나 분국, 그리고 복속 부족으로 계속 포용하여 번창하는 대제국으로 발전하는 반면, 기자가 가까운 왕족이었던 은나라는 점차 국세가 기울어 고조선으로부터도 영토를 빼앗기고 주나라로부터는 더 큰 공격을 받아 결국은 기원전 12세기에 은나라가 망하였다. 은나라가 망한 후 기자와 기자족 지도층들은 투옥되거나 통치권력에서 배제되면서 이들은 선택의 여지가 없었다. 주나라에서 감옥에 있고 탄압받거나 아니면 주나라를 탈출하여 이미 100여 년 전부터 은나라의 많은 영토를 점령하여 덕으로 다스려 토착민들의 지지를 받아 온 고조선을 택할 것인가의 갈림길에 처했다. 이때 기자족은 주나라와는 이민족이었고 고조선과는 같은 민족이어서 그들의 고조선 선택을 가속화시켰다. 이러한 국가간 관계와 동북아시아 국제질서, 그리고 민족적인 동질성 등으로 인해 기자족은 기원전 12세기에서 기원전 2세기까지 장기간에 걸쳐 고조선으로 망명해온 것이었다.

이것과 관련하여, 기자정권이 출범하기 이전인 기원전 13세기의 국제상황을 기록한 『단군세기』의 해당 내용을 옮겨 보도록 한다.

> "갑신 원년(BC 1237년) 단제의 숙부인 고불가(固弗加)에게 명령하여 낙랑골樂浪忽을 통치하도록 하고, 웅갈손(熊乫孫)을 보내 남국의 왕과 함께 남쪽을 정벌한 군대가 은나라 땅

53) 『단군세기』: 100.
54) 위의 책: 101.

에 여섯 읍을 설치하는 것을 살펴보게 하였는데, 은나라 사람들이 서로 싸우면서 결판을 보지 못하니 마침내 병력을 진격시켜 공격하여 이를 쳐부수었다. 가을 7월 신독申督을 주살하고 수도로 돌아온 뒤 포로들을 석방하도록 하였다.
을유 2년(BC 1236년) 남국의 임금 금달今達이 청구靑邱의 임금, 구려句麗의 임금과 주개周愷에서 회합하고 몽고리蒙古里의 병력을 합쳐 가는 곳마다 은나라의 성책을 부수고 깊숙이 오지로 들어가 회대의 땅을 평정하더니 포고씨蒲古氏를 엄淹으로, 영고씨寧古氏를 서徐땅에 방고씨邦古氏를 회淮땅에 각각 임명하니, 은나라 사람들은 우리의 위세를 우러러보며 두려워하여 감히 접근하지 못하였다. 무자 5년(BC 1233년) 이한二韓 및 오가五加를 불러서 영고탑으로 도읍을 옮길 것을 의논하는 것은 중지하도록 하였다."[55]

이러한 점들을 감안하여 천관우는 기자정권을 기자가 직접 고조선으로 온 것은 아니고 기자족들이 장기간에 걸쳐 온 것으로 보고 있다.

12. 위만정권 통치세력의 성격

(1) 위만정권의 성격

위만정권에 대한 핵심 쟁점은 위만이 고조선의 왕이 되었느냐 아니면 고조선의 후국인 번조선 또는 진번조선의 왕이었느냐이다. 기자조선에 대한 논의가 기자의 실존여부, 기자조선의 존재여부, 기자정권의 성격 등에 대한 논의였던 반면, 위만정권과 위만의 존재 자체는 인정하고 위만정권의 성격에 대한 논의로 집중되고 있다.

그동안 위만정권에 대한 다수의 입장은 위만이 고조선의 왕이 되어 위만조선을 열었다는 입장이다.[56] 고조선의 준왕이 위만을 박사로 임명하고 변방의 수비대장을 맡겼는데, 위만이 준왕을 속이고 군사쿠테타를 일으켜서 수도를 점령하고 권력을 찬탈하여 준왕은 남쪽으로 배를 타고 가서 한왕이 되었다는 주장이다. 그러나 여기에서 준왕이 고조선의 역대 임금 47명의 이름에는 나오지 않아서 위만은 고조선의 왕위를 찬탈한 것이 아니라는 비판을 받는다.

55) 위의 책: 101.
56) 한영우. 2004: 80－81.

(2) 위만정권 통치세력의 성격

첫째, 위만은 고조선의 왕이 아니라 고조선의 후국인 번조선 또는 진번조선의 왕이었던 준왕에게 쿠테타를 일으켜 왕위를 찬탈했으며 준왕이 배를 타고 남쪽으로 이동하여 한왕이 되었다는 주장이다. 이 주장은 반고가 지은 『전한서』<조선전>을 인용한 『삼국유사』와 『북부여기 상』이 비슷하게 기술하고 있다.

먼저, 『전한서』<조선전>을 인용한 『삼국유사』의 해당 내용을 인용한다.

> 『전한서(前漢書)』<조선전(朝鮮傳)>에 이렇게 말했다.
> "처음 연(燕)나라 때부터 항상 진번조선(眞番朝鮮)안사고(顔師古)는 "전국(戰國) 시대에 연나라가 처음으로 이 땅을 침략하여 얻었다."라고 했다.을 침략해 차지하여 관리를 두고 성을 쌓았다. 진(秦)나라는 연나라를 멸망시켜 요동의 변방에 예속시켰다. [그러나] 한(漢)나라가 일어나자 멀어서 지키기 어려웠기 때문에 다시 요동의 옛 요새를 고쳐 짓고 패수(浿水)안사고는 "패수는 낙랑군에 있다."라고 했다.를 경계 삼아 연나라에 예속시켰다. 연나라의 왕 노관(盧綰)이 반란을 일으켜 흉노로 들어가자 연나라 사람 위만(魏滿)은 망명하면서 무리 1000여명을 모아 동쪽으로 요새를 빠져나와 패수를 건너 진(秦)나라의 옛 빈터인 상하장(上下鄣)의 변방 요쇄에서 살았다. 그리고 그는 차츰 진번조선의 만이(蠻夷), 연나라와 제(齊)나라의 망명자들을 복속시켜 왕검(王儉)이기(李奇)는 지명이라 했고, 신찬(臣瓚)은 "왕검성은 낙랑군 패수 동쪽에 있다."라고 했다.에 도읍을 정했다. 위만은 군사의 힘으로 주변의 작은 고을들을 침략하여 항복시켰는데 이에 진번, 임둔이 모두 복속해 와 땅이 수천리나 되었다.[57]

위에서 인용한 『삼국유사』의 내용을 보면 위만이 고조선의 후국인 진번조선을 이은 것을 명확하게 나타내고 있다. 당나라 사람으로 당 태종 때 홍문관 학사로 있으면서 『한서』에 주석을 단 안사고[58]의 해설에 따르면, 기원전 3세기경 전국시대에 연나라가 처음으로 진번조선을 침략하여 얻은 후 성을 쌓고 관리를 두었다. 그 뒤 진나라가 이 지역에서 연나라를 멸망시켜 요동의 변방에 예속시켰는데 단명에 그치고 한나라가 일어났으나 멀어 지키기 어려워 낙랑군에 있는 패수를 경계로 삼아 연나라에 예속시켰다. 그러나 연나라 왕 노관이 반란을 당해 흉노로 쫓겨 가고, 연나라 귀족 위만은 무리

---

57) 『삼국유사』: 24－25.

58) 안사고(581~645년)는 당나라 학자로 중국의 대표적인 사서인 『한서』에 주석을 가하여 이전의 여러 주석을 집대성했고, 이것은 그의 문자학과 역사학의 지식의 총 결집으로 오늘날 『한서』의 해석에 중요한 근거가 된다.

1,000명을 이끌고 패수를 건너 진나라 옛 빈터인 상하장의 변방 요새에서 진번조선·연·제의 망명자를 규합하여 낙랑군 패수 동쪽에 있는 왕검에 도읍을 정하고 군사의 힘으로 진번, 임둔 등 주변의 고을들을 복속시켰다고 기록하고 있다.

이처럼 중국의 정통 역사서인 『전한서』<조선전>을 인용한 『삼국유사』의 내용은 위만이 진번조선의 왕이 되었다는 것을 명시하여, 고조선 전체가 아니라 후국인 진번조선의 왕권을 장악했음을 확인해 준다. 이것은 중국인들이 위만조선을 조선의 변방인 진번조선의 뒤를 이은 정권으로 인정하는 기록이라 더욱 의미가 크다. 이러한 점은 『북부여기 상』에서 명확하게 기술하고 있다.

둘째, 『북부여기 상』에서도 『삼국유사』의 내용과 유사하게 기술하고 있다. 북막의 추장이 영주를 습격하여 군사 목원등을 죽이고 약탈해 가고, 연나라 장수 진개의 침략을 받고 만번한에 국경을 삼았다. 기원전 209년 진나라 말기 진승이 농민반란으로 군대를 일으키니 진나라 사람들이 혼란스러웠고 연나라·제나라·조나라의 백성들 수만 명이 도망하여 번조선에 귀순하였다. 기원전 195년 연나라의 왕 노관이 한나라를 배반하고 흉노로 망명하자 같은 연나라의 귀족인 위만이 조선에 망명을 요청했으나 받아들이지 않자 제후국인 번조선의 왕 기준이 위만을 받아들여 박사로 삼고 변방지역인 상·하 운장을 떼어서 위만에게 봉해주었다는 내용이다.

위만에게 왕을 넘긴 기준은 번한조선의 74세 왕으로 기록하고 있다.[59] 이것은 위만이 고조선의 본국이 아니라 후국인 번조선 또는 번한조선의 왕이었다는 점을 명시하고 있는 것이다. 위만조선이 단군조선이 아니라 단군조선의 하위 소속 후국인 번조선 또는 번한조선의 왕이 되어 위만정권을 세웠다는 것은 위만정권의 성격과 위상이 매우 축소되어야 함을 의미한다. 그동안 위만조선이 고조선의 본국을 잇는 국가로 취급된 것은 중화주의나 사대주의의 관점에서 위만조선을 과대하게 평가한 잘못된 결과이다.

『북부여기 상』의 관련 내용을 인용한다.

> 임신 11년(BC 229) 북막의 추장 산지객륭(山只喀隆)이 영주(寧州)를 습격하여 순사(巡使) 목원등(穆遠登)을 죽이고 크게 약탈질하고 돌아갔다. 경진 19년(BC 221) 기비(箕丕)가 죽으니 아들 기준(箕準)을 아비의 뒤를 이어 번조선의 왕으로 봉하였다. 관리를 보내 병사를 감독하고 연나라를 대비하는 일에 더욱 힘쓰게 하였다. 연나라는 장수 진개(秦開)를 파견하여 우리의 서쪽 변두리 땅을 침략하더니 만번한(滿番汗)에 이르러 국경으로 삼게 되었다. …

59) 『한단고기』: 376.

임진 31년(BC 209) 진승(陳勝)이 군대를 일으키니 진나라 사람들이 크게 어지러웠다. 이에 연나라 · 제(齊)나라 · 조(趙)나라의 백성들이 도망해서 번조선에 귀순하는 자가 수만 명이나 되었다. 이들을 상하의 운장(雲障)에 갈라 살게 하고 장군을 파견시켜 감독케 하였다. 기해 38년(BC 202) 연나라의 노관盧綰(BC 247~?)이 다시금 요동의 옛성터를 수리하고 동쪽은 패수(浿水)로써 경계선을 삼으니 패수는 곧 오늘의 난하(灤河)다.
병오 45년(BC 195) 연나라의 노관이 한나라를 배반하고 흉노로 망명하니, 그의 무리인 위만(衛滿)은 우리에게 망명을 요구했으나 단제께서는 이를 허락치 않으셨다. 단제께서는 병으로 인해 스스로 결단을 내리지 못하고 있었는데, 번조선 왕 기준(箕準)이 크게 실수하여 마침내 위만을 박사(博士)로 모시고 상 · 하 운장을 떼어서 위만에게 봉해주었다.[60)]

13. 고조선 통치세력 · 정부 · 정권으로서의 정권변동

(1) 고조선 통치세력의 변동

고조선의 국가성격에서 가장 큰 변동을 일으킨 것이 국왕의 변동 다음으로 통치세력 · 정부 · 정권으로서의 국가변동이라 할 수 있다. 동아시아의 가장 빠른 강대한 국가로 출범했으나 중국의 여러 국가들과의 빈번한 전쟁과 수차례에 걸친 민족이동으로 고조선의 통치세력의 성격은 크게 바뀌었다.

한족 · 예족 · 맥족의 연합국가로서 이들 간의 권력변동이 국가변동에 큰 영향을 주었고, 기자와 위만의 성격을 두고서도 다양한 논의가 있었다. 기자조선과 위만조선의 인정 여부 및 그 성격을 두고 많은 논의가 있으나 이들을 통치세력과 정권의 변동 차원에서 살펴보았다.

고조선 통치세력의 중심세력을 보면 한족 · 예족 · 맥족의 연합정권에서 초기에는 한족이 중심통치세력이 되었다가, 맥족이 핵심 지배적인 통치세력으로 부상하고, 다음에 예족이 맥족을 밀어내고 정권을 장악하게 되었다. 예족이 지배하던 시기에는 고조선의 후국인 번조선 또는 번한조선을 기자족이 먼저 통치한 이후 위만족이 기자족을 이어 정권을 장악하게 되었다.

(2) 고조선 통치세력의 변동과 정권변동

고조선은 한족과 맥족이 지배하던 전기와 기자족 · 위만족이 중심이 된 예족이 지배

60) 『북부여기 상』: 126－128.

하던 후기로 나눌 수 있다. 이러한 고조선의 정권변동은 한족 지배의 단군 제1정권, 맥족 지배의 단군 제2정권, 기자 예족이 지배한 단군 제3정권(기자정권), 그리고 위만 예족이 지배한 단군 제4정권(위만정권)으로 이어졌다. 그러한 정권변동은 고조선 지배·통치세력의 성격과 교체, 그리고 국가의 흥망성쇠 및 지리적인 중심지인 수도의 이전으로 나타났고 영토의 확대와 축소로 이어졌다. 이러한 통치세력과 정권변동은 국왕의 능력과 출신 및 승계·교체와 직결되면서 전개되었다. 한족·예족·맥족의 연합국가인 고조선의 통치력이 세 부족의 권력변동 없이 단군의 장자승계로 자연스럽게 이어졌느냐 아니면 다른 부족으로 바뀌어서 단군이 교체되었느냐에 따라 통치세력과 정권의 성격이 달라진다. 단군조선에서 여러 차례 단군이 5가 가운데에서 선출되면서 이러한 권력변동이 발생하고 고조선 내에서 정권변동으로 이어진 것이다.

■ 제**12**장 ■

고조선의 '황제 · 국왕'으로서의 국가

1. 고조선 국왕의 성격

(1) 고조선의 국왕 단군

고조선의 국왕의 성격을 밝히기 위해서 네 가지 기준에 대해 검토해야 한다.

첫째는 국왕으로서의 단군이 제사장과 군장의 성격을 동시에 지니는 제의-군장의 역할을 했는데 그 성격이 단군조선의 건국 초기와 중기 및 말기로 갈수록 성격이 변화했는지 여부이다. 국가 창업 초기에는 제사장으로서의 기능이 강하고 군장으로서의 역할은 상대적으로 제사장에 비해 적었으나, 단군조선이 대제국으로 성장 · 발전하면서 제사장의 역할과 군장의 역할이 비슷해지다가 후기로 갈수록 제사장의 역할은 크게 줄고 군장의 역할은 더욱 강화되었다. 그것은 천손민족을 기반으로 신정국가로 출범했다가 국가 간 전쟁이 많아지면서 일반적인 군장 국가로 변화하게 됨을 보여주는 것이다.

둘째, 종교와 정치의 관계도 단군조선 건국 초기에는 제정일치의 원칙이 엄격하게 지켜졌으나 후기로 갈수록 종교와 정치가 서서히 분리되어 제정분리의 원칙이 자리 잡게 되었다. 제정일치 시대에는 단군이 제사장과 군장의 역할을 겸하였으나 제정분리 원칙이 정착하면서 단군은 군장으로서 역할을 하고 제사장은 천관이나 천군 등 별도의 직위를 지닌 제사장이 정치와는 별개로 담당하게 되었다.

셋째, 통치세력이나 지배연합 내에서의 국왕의 지위도 권력의 형성과 유지 방식에서 달라지게 되었다. 단군조선 국가형성 초기에는 국왕인 단군이 절대적인 통치권력을 가지고 단군을 중심으로 하향식에 의해 왕족, 왕비족, 제후족, 통치세력 등이 형성되고 관리되었으나, 후기로 갈수록 대제국으로 커지고 영토도 넓어지면서 국왕의 권력을 나누어 가지는 후국이나 제후국들이 많이 늘어나 이들이 권력을 분점하면서 국왕의 권력은 초기와는 달리 상향식으로 형성 · 유지되었다. 속국이나 제후국들이 크게 늘어나는 것은 단군조선 전체로서는 총권력이 커졌지만 단군 자신이 가지는 순권력은 크게 늘어나지 않았음을 말한다. 영토가 넓어지고 제후국과 속국 등이 늘어나면서 중앙정부와 지방정부 사이의 원활한 연결과 통합을 위해 구가가 '분관제주'의 업무를 전담하고, 중앙군과 지방군의 통솔권을 강하게 통합하고자 웅가가 병사업무를 통솔하고 5가들이 지방의 5부 및 5군을 직접 겸직하여 통할토록 했으나 대제국의 통치에는 분권적이고 자치적인 기능들이 늘어나게 되었다.

넷째, 국왕과 5가(8가) 사이의 권력도 초기에는 왕권이 절대적으로 강했으나 점차 왕권의 약화와 제가의 권한 강화로 권력의 균형을 이루다가 후기에는 5가의 권력이 왕권보다 더 커지는 권력의 역전 현상이 벌어지고 최후에는 국왕의 명령이 작동하지 않고 5가들이 공동으로 통치하게 되었다. 그것은 단군조선 건국 초기부터 5가합의제, 8가합의제 등과 같은 집단적인 결정에 의해 국가를 운영하고, 단군의 계승이 원활하지 못할 때에는 여러 차례 5가가 모여 그들 가운데 한 사람인 가를 국왕으로 추대하였기 때문이다. 이것은 5가가 국왕인 단군의 권력보다 더 큰 권력을 갖게 된 제도적인 이유 때문이고, 지방의 제후국 가운데에서도 힘이 강한 제후국의 왕이 5가의 우두머리인 호가, 나중에는 용가로 이름이 바뀐 용가를 맡게 되면서 5가의 권력이 더욱 강하게 된 것이다. 화백제도와 같은 제후회의가 중요한 국가적인 정책에 대해 심의하고 의결한 것도 왕권을 약화시키고 신권을 강화시킨 제도로 기능한 것이다.

이처럼 단군조선에서 국왕의 권력과 역할은 시대별로 크게 그 성격이 변화하였다.

(2) 군주제와 황제·제왕 단군

고조선이 군장(君長, chiefdom)제인지 군주제인지에 대한 논의가 활발하다. 군주제로 보는 입장에 따르면, 단군을 제왕으로 보고 역대 단군의 명칭까지 기록하고 있는 『규원사화』, 『단군세기』 및 『단기고사』에서는 47대의 제왕의 명칭과 재위 기간을 기록하고 있는 것을 근거로 삼고 있다. 『삼국유사』에서는 '단군왕검(檀君 王儉)'[1]으로 또

1) 『삼국유사』 권 1. '紀異'. 고조선(왕검조선)條 참조. '단군왕검'은 호칭과 의미 그리고 통치체제에서 황제와 동일하게 사용되고 있다. 첫째, '단군왕검'은 '단군임금'의 의미이나, 『규원사화』·『단군세기』·『단기고사』 등에서는 '단제(檀帝)·황제(皇帝)'로도 표현하여 '단군황제'로 기록되므로 단군조선의 통치자인 단군은 오늘날의 황제·제왕·왕검·임금·국왕 등의 다양한 호칭과 의미를 지닌 것으로 해석할 수 있다. 둘째, 통치체제에서 고조선의 통치체제는 고조선이 성장·발달하면서 많은 후국·속국·제후국 등을 거느리고 3한관경제에 의해 신한·말한·발한의 3국 연방체제를 구축하여 황제와 부왕·비왕체제를 구축하여 국가통치체제에서도 황제체제를 구축하였다.

『삼국사기』에서는 '선인왕검(仙人王儉)'[2]이라고 기록하고 있다. '군(君)'이나 '왕검(王儉)'은 국왕이나 군주의 명칭으로 후대의 '제왕(帝王)'이란 명칭과 같은 의미이고, 이것을 쓰고 있는 통치체제를 군주제라 할 수 있다는 입장이다.

고조선의 개국 초기에는 통치 영역이 좁게 출발하였지만 후기로 가면서 매우 크게 확장되었다. 군주의 성격은 건국 초기에는 군장의 성격도 지녔지만 이미 고조선 건국 이전에 '한'부족이 군장사회 단계에 들어 환웅이라는 군장이 있었기 때문에 '제왕'으로서의 성격을 지녔고, 후기로 갈수록 제왕의 성격이 강화되었다.

고조선의 제왕인 단군은 행정권, 재판권, 입법권, 군사통수권, 국가제사 주재권 등을 가진 황제였다. 제도적으로는 전제군주제적인 성격을 지녀 전쟁이나 외교 및 교역 등의 경우에는 소속 부족장보다 우월적 지위를 가졌지만, 지방적 · 부족 내부적 문제에 대해서는 부족장의 자치를 상당부분 허용했다. 그것은 부족장과 씨족장의 권력이 그 지역에서 고조선 초기에는 상당한 정도로 남아 있었고, 예족처럼 후국족(侯國族)이 되어 제왕의 통치를 받는 부족에 대해서는 후국 제후(소왕)에게 권력을 분담시켜 간접통치를 해야 했기 때문이다.[3]

고조선의 제왕이 군장인지,[4] 무군인지, 전제군주인지에 대해서는 다양한 의견들이 있으나, 단군을 군장으로 보고 제사장의 기능을 추가한 제의-군장으로 보는 입장이 다수이다.

최남선은 일제강점기까지도 무당을 '당골'이라고 부르는 관습이 남아 있는 점에 주목하여 단군을 제정일치시대의 무당을 겸한 임금인 무군(巫君)으로 추정하고 있다.[5] 그러나 이미 환웅시대에도 별도로 주명(主命)을 담당하는 전문 직책이 있어서 환웅도 무군이 아니었다.[6] 신용하는 단군이 오직 최고 제천행사에서 제사장의 역할을 수행한 제왕으로 무군은 아니었다고 해석하고 있다.[7]

'단군'의 호칭에 대하여서는 여러 가지 해석을 들고 있다.[8]

첫째, 단군을 '밝달임금'의 한자어 번역이라는 조선시대 학자들의 주장이다. 이것은 고조선이 박달산 아래 아사달에서 개국하여 고조선민족을 '밝달(혹은 倍達)'민족이라

2) 『삼국사기』 권 17. 고구려본기. 동천왕 21년條.
3) 신용하. 2010: 185.
4) 진덕규. 2002: 164-171.
5) 최남선. 1928. <檀君及其硏究>. 『別乾坤』. 1928년 5월호.
6) 『삼국유사』 권 1. 고조선(왕검조선)條.
7) 신용하. 1995. <단군설화의 사회학적 해석>. 『한국사회사학회논문집』. 47; 신용하. 2001. 『한국민족의 형성과 민족사회학』. 지식산업사.
8) 신용하. 2010: 186.

불렀으므로 그 임금인 '밝달 임금'을 '단군'이라는 한자로 번역했다는 것이다.

둘째, '단군'의 '단'은 '한'과 같아 '한'은 하늘 '천(天)'을 의미하고 '군'은 '왕'을 의미하여 '단군'은 '하늘임금', 즉 '천왕'이라는 주장이다. 『삼국유사』에 인용된 『고기』에서 환웅을 환웅'천왕'이라 기록하고 있으므로 '단군'이 '천왕'과 같은 의미라는 주장이 실제 기록에서도 나타나고 있다는 입장이다.[9]

셋째, 고조선의 고조선말 나라 이름이 '아사달'과 '아사달나'였으며 한자로 '단(旦)'이므로, '단군'은 '아사달(밝달 조선)의 임금'의 뜻이다. '단'은 '아사(아침)'의 한자 번역으로서 조선을 나타내는 '진단(震檀)'을 '진단(震旦)'으로 표현하듯이 단(旦)과 단(檀)은 서로 바꾸어 쓸 수 있다.

'단군'이란 호칭은 고조선 개국시조로서의 고유명사로 사용되었으나, 그 뒤 제2대 제왕 이후의 모든 고조선 제왕을 부르는 칭호를 의미하는 보통명사로도 사용되었다. 그래서 『삼국유사』의 『고기』에서 단군이 1,908년 살았다[10]고 기록한 것은 고조선의 역대 제왕인 보통명사로서의 단군을 모두 합친 것으로 볼 수 있다.[11]

현존하는 고문헌 자료들은 개국시조 단군의 아들 '부루'(夫婁)가 제2대 단군이 되었다고 하고, 그 이후의 왕계를 기록한 문헌들은 『규원사화』, 『단군세기』 및 『단기고사』 등이다. 17세기의 책인 북애자(北崖子)의 『규원사화』(揆園史話)는 발해시대의 『조대기』(朝代記)와 고려시대 청평산인(青平山人)이 쓴 『진역유기』(震域遺記)를 참조하여 단군조선 47대의 왕계를 기록하고 있다.[12] 『규원사화』·『단군세기』 및 『단기고사』 등의 기록을 보면, 역대 단군들이 대부분 태자에게 왕위를 양위하고 예외적으로만 양가(羊加), 우가(牛加) 등 부족장 등에게 양위하여, 고조선의 군주제는 '세습군주제'라 할 수 있다.[13]

---

9) 『삼국유사』 권 1 고조선(왕검조선)조.

10) 위의 책.

11) 서영대. 1995. <단군신화의 역사적 이해>. 『한신인문학연구』. 2: 김성환. 2002. 『고려시대의 단군 전승과 인식』. 경인문화사; 임재해. 2007. <한국신화의 주체적 인식과 민족문화의 정체성>. 『단군학연구』. 17; 신용하. 2010: 187.

12) 『규원사화』<단군기>.

13) 위의 책. 『한단고기』에 실려 있는 <단군세기>의 기록에 따르면, 47명의 단군 가운데 태자 왕위계승이 30명, 왕자가 아닌 사람이 단군이 된 경우가 14명, 그리고 기록이 없는 경우 2명으로 나타나고 있다. 임승국(번역·주해). 1986. <단군세기>『한단고기』. 정신세계사: 55-125.

2. 고조선의 국왕과 제의-군장제

(1) 단군의 호칭과 제의-군장제의 의의

단군이라는 호칭은 '단'과 '군'의 합성어이다. '단'은 제사장이라는 의미이고, '군'은 군장의 의미이다. 단군은 제사장과 군장의 역할을 하는 호칭이다. 단군왕검은 단군 임금이고 단군은 제사장, 임금은 군장의 의미를 지닌다. 단군왕검은 제사장과 군장으로서의 두 가지 임무를 띤 호칭이다.

제의-군장제는 이전부터 행해져 왔던 천신과 조상신에 대한 제의활동을 군장의 권위를 강화하는 방안으로 왕권강화의 제도로 발전한 것이다. 군장은 군 통수권자로서 군사활동에 필요한 군사작전, 군대지휘관의 배치, 군대의 조직과 동원, 무기와 군수물자의 확보와 배급, 포로와 전리품의 배분 등을 합리적 · 전문적으로 하기 위한 제도로서 군사관료조직과 관련 병법제도 및 계급적인 전문관료들을 확보해야 했다. 이들의 세속적인 결정에 대한 불만과 저항을 줄이기 위해 국왕으로서의 단군은 제사장으로서의 정신적 · 종교적인 카리스마까지 가지도록 하여 고조선 단군의 통치력을 강화시켰다. 단일 부족이 아니라 다양한 부족연맹과 부족국가들을 결합시켜 고조선을 건국한 만큼 단군의 제의-군장제로의 운영은 매우 중요한 의미를 지녔다.

제의-군장체제는 단일적인 위계체제로 이루어진 경우와 여러 부족 집단들의 촌장, 족장, 군장 및 제사장들에 의한 연대적인 합의체로 형성된 경우로 나뉜다. 여기에 대해 진덕규는 자세하게 구분하여 설명하고 있다.[14)]

> "제의-군장체제는 그 형성과정에서부터 단일적인 위계체제로 이루어졌는가 하면, 여러 집단의 촌장들이나 제사장들에 의한 연대적인 합의체로 이루어진 경우도 있었다. 전자의 경우, 통치체제는 주로 외부로부터 유입된 세력으로, 이들은 선진문화를 가진 외래집단으로서 주변의 집단을 복속시켜 통치권을 확립한 경우에 해당한다. 이러한 성격의 통치체제에서는 중앙 관직으로는 군장 → 최고 보좌관 → 고위 행정관인 → 일반 관인의 순서로 통치제도가 조직화되기 시작했다. 지방에서는 제후나 그 밖에 중앙에서 파견된 지방행정관이 통치하는 형태를 취하게 되었다. 군장의 직위는 장자상속으로 승계하는 세습제로 제도화되었다.
>
> 이와는 달리, 여러 집단의 촌장들이 연대해서 통치체제를 이룬 경우에는 그 체제에서 군장

14) 진덕규. 2002: 150.

의 권위는 비교적 약했으며, 유력한 집단의 수장이나 촌장들의 권위가 꾸준하게 유지되는 등 결국 지배세력들 사이의 합의적 통치구조로 자리잡게 되었다. 고대사회의 제의-군장체제를 이렇게 나눌 경우, 고조선과 백제는 전자였으며, 부여나 고구려, 삼한, 그리고 신라 등은 후자에 속했다."

이 글은 한국 고대사회의 제의-군장체제에 대해 정확하게 기술하고 있다. 다만 고조선의 제의-군장체제를 전자로만 보는데 대해서는 다소 다른 의견이다. 고조선은 2,000여 년 동안 통치하면서 단군의 성격과 지배연합 및 통치세력에서도 변화가 있었다. 왕위계승방식과는 별도로 고조선 건국 초기에는 전자의 방식으로 단일적인 위계체제의 성격이 강했으나, 고조선이 여러 부족집단들을 포용하며 그 위세를 넓혀 후국과 분국제도를 활발하게 활용할 때에는 후자의 방식인 집단들의 연대와 합의제적인 통치체제로 변화한 것으로 보아야 할 것이다. 5가합의제나 화백제도 등을 활용하여 귀족정치체제를 구축한 것도 이러한 변화를 촉진한 것으로 본다.

김용섭은 고조선 초기에는 맥족이 제정일치체제의 지배연합을 주도했고, 중·후기에는 농업관계의 모순 축적으로 성장과 발전을 추구하는 예족이 제정분리체제의 지배연합을 주도했다는 주장을 하는 것과도 같은 맥락이다. 맥족 주도에서 예족 주도로 지배연합의 주도권이 바뀐다는 것은 중앙집권적인 제의-군장체제가 연대적인 협의체로 전환한 군장-제의체제로 변화됨을 의미한다. 예족 중심의 지배세력연합이 맥족의 군장체제를 예족의 군장체제로 바꾼 것이다.[15] 따라서 고조선의 전기 유형은 백제가 물려받고, 고조선의 중·후반기 유형은 부여, 고구려, 삼한, 신라 등이 물려받은 것으로 보아야 할 것이다.

단군의 제의와 군장의 역할 간 비중도 변화하여 전기 유형을 제의-군장체제라면 중·후기의 유형은 군장-제의체제로 제의 기능이 점차 약화되어, 이것을 이어 받은 부여, 고구려, 삼한, 신라 등이 점차 제의 기능을 분리·감축시켜 멀지 않아 군장체제로 굳어지게 된 것이라 보인다.

(2) 제의-군장체제의 성립과 성격

한국 고대사회에서 국왕과 통치체제를 이해하기 위해서는 제의-군장으로서의 국왕과 국왕이 통치하는 제의-군장체제의 성립과 그 성격을 이해하는 것이 매우 중요하다.

---

15) 김용섭. 2015: 107.

고조선에서 시작되어 고조선 이후 역사를 이어 간 고대국가들이 일정 기간 제의-군장제를 이어 간 것도 고조선문화와 고조선 국가의 유산이다. 이 때문에 고조선의 제의-군장제의 성립과 변화 및 그 성격을 살펴본다.

첫째, 진덕규는 고조선 제의-군장제의 성립을 IEMP 모델[16]에 따라 네 가지 변수를 중심으로 설명한다. 고조선의 제의-군장과 제의-군장체제의 등장과 그 성격은 천신과 조상신에 대한 제의가 통치이데올로기로서의 성격을 지니며 샤먼을 거쳐 제사장으로 결집되고(I), 외국과의 전쟁에서 강제력의 독점적인 점유가 군사지도자의 등장으로 나타나 군장의 위치를 점유하며(M), 군장중심의 통치체제의 제도가 군장의 개인적인 위치를 확고하게 하여 강제력 집행의 통치기구 정비를 통해 군장체제가 성립하고(P), 약탈과 억압적 통제가 군장과 민중과의 이분화적 구조를 가져와서 피지배민중에 대한 억압과 약탈이 이루어진다(E)는 것이다.

고대사회에서 천신과 조상신에 대한 제의를 통해 제사장이 최초로 지배자가 되었으나 이들은 통치자로서의 지도자는 되지 못했는데, 외부의 침략과 전쟁을 통해 이들이 전쟁의 지도자인 군장으로 등장하게 되면서 제의-군장이 탄생한 것이다. 제사장이 지배하던 고대사회는 전쟁으로 인해 제의-군장체제로 바뀌고, 거듭된 전쟁은 제의-군장체제에서 제의기능을 축소시켜 군장-제의체제로 이행하다가 결국 제의기능은 제외한 고대국가로 전환한다. 그것은 제의 중심의 통치이데올로기가 새로 유입된 불교나 유교 및 도교와 같은 새로운 선진 종교의 도입으로 그 위력을 잃게 된 결과이다. 전쟁이 대규모화하고 전문화되면서 전쟁도 더욱 발전하면서 고대 왕조국가체제로 넘어가게 되었다. 이러한 성격변화는 『단군세기』·『규원사화』·『단기고사』에 기록된 역대 단군의 제의와 군장활동의 비교에서도 잘 나타난다.

3. 단군왕검의 추대와 고조선 국왕의 세습제도와 교체방식

고조선의 역대 국왕에 대한 기록은 『규원사화』·『단군세기』 및 『단기고사』가 잘 기록하고 있으나 서로 같은 부분도 있고 다른 부분이 있어서 그것에 대한 평가가 필요하다.

첫째, 단군 47명의 이름에 대해서는 『규원사화』·『단기고사』와 『단군세기』가 같이

---

16) IEMP는 이데올로기, 경제, 군사, 정치를 중심으로 정치를 설명하는 Michael Mann의 모델이다. Michael Mann. 1986. *The Sources fo Social Power*. vol. 1. Cambridge: Cambridge University Press: 28-30; 진덕규. 2002: 23-25, 164-168.

기록하고 있다. 일부 단군의 이름에 대해서는 사소한 차이일 뿐이어서 무시해도 좋을 정도이다. 세 문헌들이 단군의 이름을 같이 기록하고 있는 것은 고래로부터 전해오는 것을 기록한 것으로 과거의 역사서들이 가장 중시한 것이 국왕들의 이름과 치적이었으므로 단군들의 이름은 같이 기록한 것으로 볼 수 있다. 역대 군왕의 이름은 많은 지식인들이 거의 암송해왔기 때문에 고조선의 단군 47명의 이름도 잘 전수된 것이라 보인다. 그 근거로 신용하는 역대 단군들의 이름이 고조선 수도 근처 각 지역의 이름으로 전해오고 『성천지』와 『여지승람』 등에 기록되고 있음을 들고 있다.[17)]

둘째, 고조선 단군들의 세습여부에 대한 것은 국가제도 및 왕권의 안정성과 국가 지도력의 정도를 보여주는 것이다. 단군들의 세습 여부도 『규원사화』·『단기고사』 및 『단군세기』가 거의 비슷하게 태자세습 또는 세습으로 기록하여 고조선의 왕권이 안정되었음을 보여준다. 다만 몇몇 단군들의 경우에는 서로 다르게 기록하고 있어서 해명이 필요하다. 일부에서 문제를 제기하듯이 세 역사서가 모두 위서라면 국왕의 이름이나 세습여부 및 재위기간 등이 같을 텐데, 서로 다른 점이 있다는 것은 도리어 위서라기 보다는 서로 다른 자료나 전승을 근거로 기록한 것이라 볼 수 있다.

『규원사화』에서는 47명의 단군 가운데 43명은 왕자가 세습하고 세 차례만 왕자가 아니라 단군의 아우들이 계승한 것으로 기록하여 고조선의 모든 왕들은 단군왕검의 후손인 왕족에서 승계하여 군왕의 혈통의 정통성을 보여주고 있다. 반면에 『단군세기』에서는 47명 가운데 태자 28명과 왕자 1명, 그리고 현손 1명으로 30명이 세습이고, 나머지 17명은 세습이 아닌 방식으로 국왕이 추대된 것으로 기록하고 있다. 5가 가운데 우가에서 7명(세습까지 12명)과 양가 2명으로 9명(세습까지 합하면 14명)의 단군이 5가에서 추대되었고, 22세 단군 색불루와 44세 단군 구물은 쿠테타로 집권하였다. 나머지 4명은 왕족인지 아닌지 기록이 명확하지 않다. 다만 고시씨의 우가가 12명의 단군을 특정기간에 지속적으로 배출했다는 점은 고조선의 왕족과 통치집단이 단군왕검의 초기 왕족 지배집단(한족)에서 고시씨의 집단(맥족 또는 한맥족)으로 바뀌었음을 의미하는 것으로 보인다.

이처럼 단군의 세습 여부에 대하여 『규원사화』와 『단군세기』의 기록이 서로 차이가 있는데, 『규원사화』가 3명의 단군의 아우를 제외하고 모두 태자들이 세습하고 아우들까지 합하면 47명의 단군 모두가 왕족이라는 기록은 다소 의심스럽다. 단군과 5가가 권력을 나누어 가지고 고조선이 5가합의제와 화백제도로 국정을 운영한 사실을 감안한다면 한 명의 예외도 없이 모두 왕족이 세습했다는 것이 왕권의 안정성과 철저한 제도화

---

17) 신용하. 2010: 189-190.

라는 점에서는 당연하지만 다소 인위적이라는 느낌도 지울 수 없다. 고조선을 물려받은 부여나 고구려 및 신라 등의 경우에도 제가합의제로 국정을 운영하고 5가 합의로 단군을 추대하였다는 점들이 이러한 의구심을 더하게 한다. 특히 신라의 경우에는 박·석·김 삼성이 돌아가면서 국왕을 자연스럽게 맡았던 것은 더욱 『규원사화』의 단군 세습에 대한 내용에 의문을 제기하게 한다. 게다가 기자정권과 위만정권의 경우 정변을 통한 정권장악이었고, 이것들을 모두 부정하지 않는 한 모든 단군이 왕족에서 배출·세습되었다는 점의 신빙성이 줄어들게 된다.

반면, 『단군세기』에서는 5가 출신이 9(총 14)명이나 되고 쿠테타를 통한 정권교체도 2건을 기록하고 있어서 고조선 왕권교체의 역사적 실체에 더욱 가깝게 기록한 것으로 평가된다. 일부에서는 『단군세기』와 『환단고기』가 민중주의 관점에서 역사를 과장하여 기록한 것이어서 금서·위서로 취급했다는 평가가 있지만 이것을 이유로 『단군세기』의 기록을 부정하기에는 적절한 근거가 부족하다. 『단군세기』와 『단기고사』에서는 기자 본인의 조선 진출인 기자동래설은 인정하지 않지만 22세 단군 색불루가 서여를 번한왕에 봉하고 기자조선의 시조가 되었다고 하고, 위만에 대하여서는 고조선의 후국인 번한의 준왕과의 관계로 기술하고 있어서 위만정권의 존재를 인정하고 있다. 이러한 측면에서 볼 때 단군의 세습에 대한 기록은 『단군세기』가 더 신뢰할 만한 것으로 평가된다.

셋째, 역대 단군의 재위기간에 대한 『규원사화』·『단군세기』 및 『단기고사』의 차이는 너무나 커 어느 것이 신뢰성이 높은지에 대한 면밀한 평가가 필요하다. 먼저 『규원사화』를 보면 47명의 단군 전체가 통치한 기간을 본문에서 1,195년 간이라고 기록하고 있으나 실제 계산해 보면 1,205년이어서 10년이라는 착오가 있다. 『단군세기』와 『단기고사』에서는 47명 단군의 총 통치기간을 2,085년으로 기록하고 있다. 이 두 기록을 비교하는 기준으로 『삼국유사』를 들 수 있다. 『삼국유사』에서는 단군이 1,500년 동안 백악산에서 다스리고 기자에게 권력을 물려준 뒤 장당경으로 옮겼다가 아사달로 돌아와 살다가 산신이 될 때까지 총 1,908세라고 적고 있다.

『삼국유사』를 기준으로 보면 『규원사화』의 1,205년이 너무 짧고 『단군세기』의 2,085년은 조금 길다. 『단군세기』가 2,085년을 기록하고 『삼국유사』는 1,908년으로 기록하고 있어서 이들 가운데 어느 것이 사실인지 판단하기 어렵다. 그런데 『단군세기』의 기록을 살펴보면 '단군조선'의 명칭이 유지된 기간은 1,908년으로 나타나 『삼국유사』와 『단군세기』의 기록이 둘 다 놀랍게도 정확한 사실을 기록한 것으로 판명되고 있다.

구체적으로 보면 『단군세기』에서 44세 단군 구물이 쿠테타로 권력을 장악한 이후 기원전 425년 3월 16일 국호를 조선에서 대부여로 바꾸었다고[18] 기록하고 있어서 『단군세기』의 고조선의 공식적인 통치기간은 『삼국유사』가 기록한데로 1,908년과 같다. 저자는 이 사실을 우연히 발견하고 너무 정확하여 조금 신비한 생각도 들었다. 『단군세기』의 저자가 의도적으로 기록했다고 의심을 해보았지만, 지나친 의심이라는 것을 느끼면서 도리어 『단군세기』에 대한 신뢰가 더 높아지게 되었다.

『삼국유사』와 『단군세기』의 두 기록을 비교하면 단군의 통치기간에 관한 한 『규원사화』보다는 『단군세기』와 『단기고사』의 기록이 더 신뢰성이 높다고 평가된다. 47명의 역대 단군의 통치활동에 대한 기록 가운데 약 1/4~1/3이 겹치는 것은 단군조선 황제들의 통치내용에 대한 구전이 비슷하게 정해진 때문으로 보여, 두 역사서의 신뢰성을 함께 높여주는 것이라고 볼 수 있다.

이러한 『규원사화』『단군세기』 및 『단기고사』의 내용을 요약·비교하면 <표 12-1>과 같다.

표 12-1 역대 단군의 명칭·근거, 추대·세습 및 재위기간

대수	단군 명	『단군세기』·『단기고사』		평균	『규원사화』		비고
환웅시대	비왕	대읍 비왕 봉직	24				
[제1정권 · 한족정권]							
1세	단군 왕검	구한이 단군왕검 추대	93	93	93	개국시조	아사달 도읍
2세	단군 부루	태자세습	58	46	34	세습	『성천지』 부루골
3세	단군 가륵	태자세습	45	48	51	세습	
4세	단군 오사구	양가 구을 계승	38	44	49	세습	단군 오사
5세	단군 구을	우가 달문 계승	16	26	35	세습	
6세	단군 달문	양가 한율 계승	36	34	32	세습	
7세	단군 한율	우서한 계승	54	40	25	세습	
8세	단군 우서한	태자세습	8	33	57	세습	일명 오사함
9세	단군 아술	우가 노을 계승	35	32	28	세습	
[제2정권 · 맥족정권]							
10세	단군 노을	태자세습	59	41	23	세습	백악산 아사달 천도
11세	단군 도해	우가 아한 계승	57	47	36	세습	
12세	단군 아한	우가 흘달 계승	52	40	27	세습	
13세	단군 흘달	우가 고불 계승	61	52	43	세습	『여지승람』 흘골산성, 흘골산
14세	단군 고불	대음 계승	60	45	29	세습	『성천지』 고불
15세	단군 대음	우가 위나 계승	51	42	33	세습	단군명 벌음

18) 『단군세기』: 114.

16세	단군 위나	태자세습	58	38	18	세습	
17세	단군 여을	태자세습	68	66	63	세습	
18세	단군 동엄	태자세습	49	35	20	세습	
19세	단군 구모소	우가 구홀 계승	55	40	25	세습	
20세	단군 고홀	태자세습	43	27	11	세습	『여지승람』 골령
21세	단군 소태	색불루 쿠테타	52	44	33	세습	
[제3정권 · 예족 · 기자정권]							
22세	단군 색불루	태자세습	48	33	17	세습	번한왕 서여 · 기자조선 시조
23세	단군 아흘	태자세습	76	48	19	세습	단군 아물
24세	단군 연나	고불가섭정, 태자세습	11	12	13	세습	『성천지』 연나리
25세	단군 솔나	태자세습	88	52	16	비세습	연나 아우 『성천지』 솔나마을 · 영고탑 천도
26세	단군 추로	태자세습	65	37	9	세습	
27세	단군 두밀	해모 계승	26	36	45	세습	
28세	단군 해모	마휴 계승	28	25	22	세습	
29세	단군 마휴	태자세습	34	22	9	세습	
30세	단군 내휴	태자세습	35	44	53	비세습	마휴의 아우 나휴
31세	단군 등올	왕자 추밀 세습	25	16	6	세습	
32세	단군 추밀	태자세습	30	19	8	세습	장당경 천도 · 기자 집권
33세	단군 감물	태자세습	24	17	9	세습	
34세	단군 오루문	태자세습	23	22	20	세습	
35세	단군 사벌	태자세습	68	40	11	세습	
36세	단군 매륵	태자세습	58	38	18	세습	
37세	단군 마물	태자세습	56	32	8	세습	
38세	단군 다물	태자세습	45	33	19	비세습	마물의 아우 『성천지』 다물샘
39세	단군 두홀	태자세습	36	32	28	세습	
40세	단군 달음	태자세습	18	16	14	세습	
41세	단군 음차	태자세습	20	20	19	세습	
42세	단군 을우지	태자세습	10	10	9	세습	
43세	단군 물리	장군들 구물 추대	36	26	15	세습	
[제4정권 · 예족 · 위만정권]							
44세	단군 구물	태자세습	29	18	7	세습	단군 구흘 · 평양 천도
45세	단군 여루	태자세습	55	30	5	세습	
46세	단군 보을	물리 현손 고열가 계승	46	29	11	세습	
47세	단군 고열가	오가 공동통치	47	39	30	세습	
총계			2085		1205		

4. 국왕의 통치능력 · 생존능력과 재위기간의 상관성

국왕의 재임기간은 국왕의 통치능력을 나타내는 하나의 중요한 지표가 된다. 생존능력은 국왕의 통치능력의 중요한 부분인데 재위기간이 생존능력을 보여주는 핵심적인 지표이다. 국왕의 건강이 나쁘거나 성정이 포악하여 국왕으로서의 덕을 갖추지 못하는 등 지도자로서의 덕성과 능력이 결여된 문제이거나 왕족이나 통치세력간 권력투쟁으로 인한 독살 및 암살 사건 등은 국왕의 통치권력에 대한 도전을 나타내는 것으로 국왕의 통치능력과 권위의 불안한 상황을 나타내는 사건들이다. 이러한 사건들을 관리할 수 있어야 국왕은 오랜 기간 생존이 가능하고 재위기간은 이러한 복합적인 요소들을 종합적으로 반영하는 지표이다.

고조선 시대의 국왕을 둘러싼 권력투쟁과 권력암투를 잘 알 수는 없으나, 조선시대 국왕에 대한 독살사건과 국왕 폐위 사건들은 지금까지 잘 알려져 있으므로 국왕이 자연건강에 의한 생존만이 아니라 권력투쟁에 의한 독살 및 암살사건이나 권력투쟁의 결과에 의한 폐위를 통해 국왕의 지위를 지키지 못하고 물러나 국왕의 재위기간 그 자체가 왕권의 안정성과 국왕의 통치권행사의 능력을 나타내는 지표로 사용될 수 있음을 간접적으로 보여준다.

조선시대의 국왕에 대한 독살사건과 폐위사건을 국왕의 재위 기간과 연관지워 표시한 것이 [그림 12-1]이다.

[그림 12-1]에서 보면, 조선시대의 국왕 폐위사건들이나 독살 사건들이 국왕들의 건강이나 자연수명과는 무관하게 역대 국왕의 재위 기간을 결정적으로 단축시켰음을 알 수 있다. 정치적 권력 투쟁의 결과인 국왕 폐위 사건들로 2대 정종(2년 재위, 태종 주도), 6대 단종(3년 재위, 세조 주도), 10대 연산군(12년 재위, 중종반정) 및 15대 광해군(5년 재위)의 폐위 사건들은 차기 권력을 장악하기 위한 왕족간의 권력 투쟁의 결과(정종 및 단종)이거나, 통치세력간 권력투쟁 과정에서 국왕 본인의 덕이 부족하거나 포악한 성정이 문제로 제기되어 중종반정 등 차기 권력의 반정에 의해 국왕에서 폐위된 경우들이다(연산군, 광해군).

국왕에 대한 폐위 사건들은 외부로 드러난 혼란과 정변을 통한 것들이라면, 독살이나 암살 사건들은 은밀하게 이루어진 사건들이어서 그 은밀성과 증거은폐성이라는 사건의 본질로 인해 그 자체에 대해서도 증거가 명확하지 않을 수밖에 없어서 논란의 대상이 되는 사건들이다. 이러한 독살사건은 그 당시에는 물론 후대에 음모론으로 제기되

그림 12-1 조선시대 역대 국왕의 재위기간과 독살 및 폐위사건

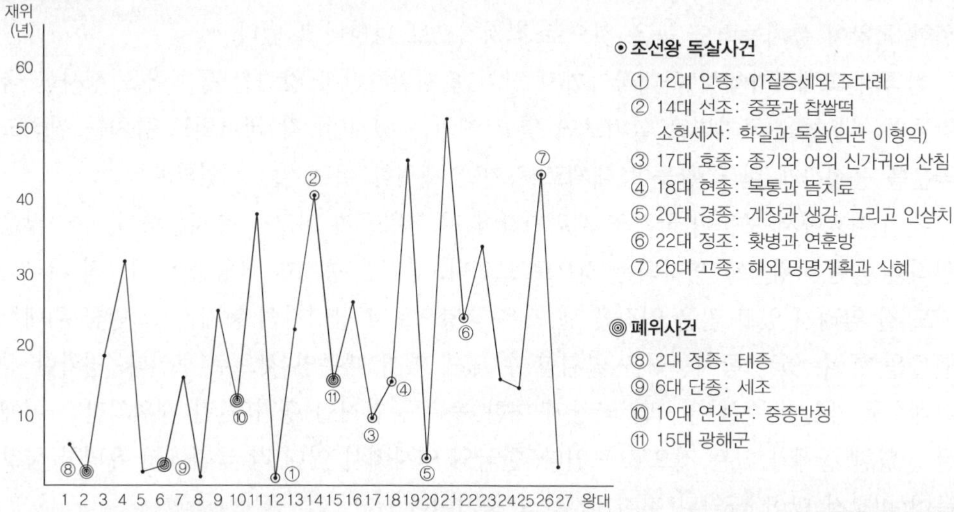

고 그 간접적인 증거들이 정황 및 간접 기록 등으로 남아 있는 것들에서 추정된 것이다.[19)]

조선시대의 대표적인 독살사건들로는 12대 인종(재위 1년, 이질증세와 주다례), 14대 선조(재위 41년, 중풍과 찹쌀떡), 소현세자(즉위 못함, 학질과 의관 이형익이 독살), 17대 효종(재위 10년, 종기와 어의 신가의의 산침), 18대 현종(재위 15년, 복통과 뜸치료), 20대 경종(재위 4년, 게장 · 생감 · 인삼차), 22대 정조(재위 24년, 홧병과 연훈방), 26대 고종(재위 44년, 해외 망명계획과 식혜) 등이다. 7건의 사례 가운데 대부분의 국왕은 단명에 그치고 재위기간도 1년과 4년 등 초 단기에 그친 경우도 있었다. 이 가운데 선조와 고종 등은 장수했으나 독살사건이 없었다면 당연히 더 오래 살았을 것이고 재위기간도 그만큼 더 길었을 것이다. 특히 선조 본인은 독살사건에도 불구하고 장수하고 오랜 기간 재위하였으나, 그의 뒤를 이을 소현세자는 학질과 의관 이형익의 독살로 국왕이 되지도 못했다.[20)]

이외에도 더 많은 독살 및 암살 사건들이 있었을 것이나 기록되어 있지 않으므로 파악되지 않지만 국왕의 재위기간은 이러한 권력투쟁과 왕족 및 통치세력에 대한 통합 · 화합능력까지를 포함하는 지표가 될 수 있다.

19) 이덕일. 2005. 『조선왕 독살사건: 조선 왕 독살설을 둘러싼 수 많은 의혹과 수수께끼』. 다산 초당.
20) 위의 책.

국왕의 통치능력과 재위기간의 상관관계는 고조선을 뒤이은 고구려, 백제, 신라, 고려, 조선 등의 기간에도 적용할 수 있는데, 일부 예외를 제외하고는 대체로 장기간 재위한 국왕이 통치능력도 높은 것으로 잠정적으로 나타나고 있다.

한국의 고대국가에서 근대국가까지 장기간 재위하면서 강력한 통치력을 행사한 국왕들의 경우들을 국가별로 살펴보면 몇몇 예외는 있지만, 각 국가별로 통치를 잘하고 국운을 융성하게 한 국왕들이 대체로 장기간 재위한 것을 알 수 있다.[21]

관련 자료에서 보듯이 국왕의 재위기간이 긴 국왕들이 비교적 통치능력이 높아 많은 업적을 올린 국왕으로 평가되는 것으로 보인다. 장기간 통치한 국왕들이 비교적 지금까지도 잘 알려져 있고 많은 업적을 낸 것은 국왕으로서 장기간의 통치가 그 만큼 위대한 일들을 할 수 있는 통치능력을 발휘할 수 있게 했기 때문인 것으로 보인다. 명확한 상관계수를 계산할 수는 없지만 국왕에 대한 높은 종합적인 평가와 긴 재위기간 사이에는 상당한 관계가 있는 것으로 보인다. 한국의 역사에서 역대 각 국가에서 유명한 국왕들이 비교적 많이 나열된 것이 바로 그 증거이다.

이처럼 재위기간이 길면 국왕의 통치능력이 높은 것으로 보인다. 이 뿐만이 아니라 재위기간이 5년 이하인 경우에는 국왕의 역할을 거의 할 수 없었을 것이고, 재위기간이 10년 이내인 경우에도 국왕으로서는 국왕의 통치를 제대로 하기에는 너무나 짧은 기간이다. 특히 조선의 경우에 권력투쟁에 의한 반정이나 쿠테타 등에 의한 국왕의 폐위나 은밀하게 추진된 독살사건 등으로 재위기간이 짧은 경우 그만큼 권력투쟁이 치열하고 권력암투가 벌어져서 국왕의 통치권력이 불안정하여 국정을 제대로 추진할 수 없었던 경우가 많았다. 조선 이외의 다른 국가들의 경우에는 자세한 정보가 없어서 폐위나 독

---

21) 첫째, 고구려 시대에는 2대 유리왕(재위기간 37년), 6대 태조왕(재위기간 93년), 20대 장수왕(재위기간 78년), 16대 고국원왕(재위기간 40년) 등이 있다. 둘째, 백제 시대에는 2대 다루왕(재위기간 49년), 3대 가루왕(재위기간 51년), 4대 개루왕(재위기간 38년), 5대 초고왕(재위기간 48년), 8대 고이왕(재위기간 52년), 11대 비류왕(재위기간 40년), 13대 근초고왕(재위기간 39년), 26대 성왕(재위기간 31년), 27대 위덕왕(재위기간 44년), 30대 무왕(재위기간 41년) 등이다. 셋째, 신라 시대에는 개국시조 혁거세왕(재위기간 53년), 3대 유리왕(재위기간 33년), 5대 파사왕(재위기간 32년), 8대 아달라왕(재위기간 30년), 10대 나해왕(재위기간 34년), 16대 흥해왕(재위기간 46년), 17대 내물왕(재위기간 46년), 19대 눌지왕(재위기간 41년), 24대 진흥왕(재위기간 36년), 26대 진평왕(재위기간 53년), 33대 성덕왕(재위기간 35년) 등이다. 넷째, 고려 시대에는 태조왕(재위기간 25년), 4대 광종(재위기간 26년), 11대 문종(재위기간 37년), 17대 인종(재위기간 24년), 18대 의종(재위기간 24년), 19대 명종(재위기간 27년), 23대 고종(재위기간 46년), 25대 충렬왕(재위기간 34년), 31대 공민왕(재위기간 23년) 등이다. 다섯째, 조선 시대에는 4대 세종(재위기간 32년), 9대 성종(재위기간 25년), 11대 중종(재위기간 38년), 14대 선조(재위기간 41년), 19대 숙종(재위기간 46년), 21대 영조(재위기간 52년), 26대 고종(재위기간 44년) 등이다.

살 등의 사례를 잘 알 수 없으나, 조선의 사례가 특이한 예외적인 경우라고 할 수는 없을 것이다.

이렇게 보면 국왕의 재위기간이 짧은 경우에는 국왕의 통치능력이나 평판이 낮을 것으로 볼 수 있다. 이러한 가설을 확인하기 위해 각 국가별로 국왕의 재위기간이 10년 이하인 경우를 살펴보면 단명으로 끝난 국왕 가운데 큰 업적을 올린 국왕의 거의 없음을 확인할 수 있다.[22)]

5. 국왕의 통치기간과 통치능력

(1) 국왕의 생존능력과 통치능력

국가의 능력은 오늘날 생존능력, 통치능력, 군사적 능력, 경제적 능력, 사회통합능력, 문화능력, 국제사회에서의 위상 등 다양한 측면에서 논의할 수 있다. 권력 자원을 기준으로 한다면, 경성권력(hard power)과 연성권력(soft power)으로 나누어 국왕이 얼마나 강력한 권력을 지녔느냐를 기준으로 평가할 수 있다. 경성권력은 국가의 군사력, 경제력, 영토의 강역, 국민의 숫자 등으로 측정할 수 있고, 연성권력은 국민통합과 문화적 · 이데올로기적 능력 및 국제사회적 위상 등을 중심으로 파악할 수 있다. 근대 세계적인 패권국가들의 흥망성쇠를 분석할 때 이런 변수들이 중요했음을 여러 연구결과가 보여주고 있다.[23)]

22) 첫째, 고구려 시대에는 4대 민중왕(재위기간 4년), 5대 모본왕(재위기간 5년), 14대 봉상왕(재위기간 8년), 18대 고국양왕(재위기간 7년) 등이 있다. 둘째, 백제 시대에는 7대 사반왕(재위기간 0.5년), 10대 분서왕(재위기간 6년), 12대 계왕(재위기간 2년), 14대 근구수왕(재위기간 9년), 15대 침류왕(재위기간 1년), 16대 진사왕(재위기간 7년), 19대 구이신왕(재위기간 7년), 22대 문주왕(재위기간 2년), 23대 삼근왕(재위기간 2년), 28대 혜왕(재위기간 1년), 29대 법왕(재위기간 1년) 등이다. 셋째, 신라 시대에는 25대 진지왕(재위기간 3년), 28대 진덕여왕(재위기간 7년), 29대 무열왕(재위기간 7년), 34대 효성왕(재위기간 5년), 37대 선덕왕(재위기간 5년), 39대 소성왕(재위기간 2년), 40대 애장왕(재위기간 9년), 43대 희강왕(재위기간 2년), 44대 민애왕(재위기간 1년), 45대 신무왕(재위기간 0.5년), 47대 헌안왕(재위기간 4년), 50대 정강왕(재위기간 1년), 53대 신덕왕(재위기간 5년), 54대 경명왕(재위기간 7년), 55대 경애왕(재위기간 3년) 등이다. 넷째, 고려 시대에는 2대왕 혜종(재위기간 2년), 3대 정종(재위기간 4년), 5대 경종(재위기간 6년), 12대 순종(재위기간 0.5년), 14대 헌종(재위기간 1년), 21대 희종(재위기간 7년), 26대 충선왕(재위기간 5년), 28대 충혜왕(재위기간 7년), 29대 충목왕(재위기간 4년), 30대 충정왕(재위기간 3년), 33대 창왕(재위기간 1년), 34대 공양왕(재위기간 3년) 등이다. 다섯째, 조선 시대에는 개국왕 태조(재위기간 6년), 2대 정종(재위기간 2년), 5대 문종(재위기간 2년), 6대 단종(재위기간 3년), 8대 예종(재위기간 1년), 12대 인종(재위기간 1년), 20대 경종(재위기간 4년), 27대 순종(재위기간 3년) 등이다.

23) 16~17세기 이후 강대국의 흥망성쇠는 Paul Kennedy, Richard Rosecrance, Joseph Nye, Jr. 등의

국가능력의 개념을 바탕으로 국왕과 같은 국가 지도자의 능력도 유사하게 파악할 수 있다. 역사적으로 국왕은 국가권력을 두고 내부적으로는 왕족 및 신하와 치열한 경쟁을 하고, 외국과는 전쟁 및 외교를 중심으로 격렬하게 다툰다. 그렇기 때문에 국왕의 가장 기본적인 능력은 국가와 마찬가지로 생존능력(ability to survive)이다. 국왕은 옹립될 때부터 왕위를 유지할 동안 끊임없이 도전과 권력투쟁이 따르기 때문에 국왕으로서 직위를 보존하는 것이 일차적인 조건이다. 국왕의 존립을 위협하는 것으로는 독살사건이나 폐위 등과 같은 불의의 사건들이다. 독살사건은 국왕의 물리적인 목숨을 노리는 세력들이 가장 쉽게 빈번하게 채택하는 방법이고 소수자만의 모의로 가능한 방법이다. 이 때문에 조선왕조의 경우, 국왕 4명 가운데 1명 이상이 독살될 정도로 빈번하게 일어났다. 독살 이외에는 무력을 가진 자가 국왕을 강제로 폐위시키는 방법이다. 권력투쟁에 의한 폐위는 이방원이 배 다른 형제인 정조를 무력으로 몰아내고 왕위를 찬탈한 경우나 다양한 형태의 쿠테타로 국왕을 폐위시키고 왕위를 차지하는 방법이 대표적인 예들이다. 수많은 역모와 반정 및 쿠테타들이 그 예들이다. 다음으로 어린 국왕을 옹립한 후 대비나 왕대비 등이 섭정을 하면서 실질적으로 왕위를 차지하고 왕권을 행사하는 경우도 있다. 강화도령과 같이 먼 왕족을 국왕으로 형식적으로 옹립한 후 다른 사람이 왕권을 실질적으로 행사하는 경우에는 왕의 생존능력은 그 자체가 의미가 없는 경우로 보이지만 시간이 지나 국왕이 나이가 들어 장성하게 되면 심각한 권력투쟁이 벌어지고 국왕의 생존능력이 핵심적인 통치능력으로 부상하게 된다.

이처럼 국왕은 왕위에서 국정수행이나 전쟁수행 이전에 자신의 권력 자체를 보존하고 유지하는 것이 국왕의 최소한의 기본적인 능력을 보여주는 것이다. 국왕이 재위하는 기간 자체가 짧으면 제왕학을 배웠다고 하더라도 국왕으로서의 권한과 책임을 충실하게 수행할 수 없다. 국왕으로서의 최소한의 역할을 수행하기 위해서는 국왕이 건강하고 재위기간을 어느 정도 안정적으로 유지하여야만 한다. 그래야만 왕족이나 신하들을 장악하고 국가를 통치하고 국정을 이끌 수 있는 것이다. 국왕으로서의 재위기간이 충분조건은 아니지만 최소한 필요조건은 되기 때문에 국왕의 생존능력을 기준으로 국가의 흥망성쇠와 기승전결의 사이클을 파악하는 것은 적절하다고 할 것이다.

(2) 단군조선 국왕 47대의 특성

고조선의 국왕 47대의 제왕 이름과 재위 연수 등은 『단군세기』·『규원사화』·『단기

연구에서 잘 나타나고 있다. 김석준. 1995. 앞의 책.

고사』에 자세하게 나와 있다. 이들 간에 국왕의 대수와 이름은 두 기록 모두 같으나 다만 국왕재위기간을 서로 다르게 기록하고 있어서 여기에 대한 평가가 필요하다.

이러한 관점에서 고조선 국왕들의 통치능력을 재위기간과 왕위 세습 · 계승 방식을 기준으로 이해할 수 있을 것이다. 고조선 단군들의 47명의 단군의 존재와 이름에 대해서도 일부에서 의혹을 제기하기도 하지만, 대체로 47명의 국왕의 명칭에 대해서는 고문서 기록이나 고조선 수도 주변의 지명을 통해 확인되어 대체로 인정하고 있다. 다만, 47명 국왕의 재위기간에 대해서는 서로 다르게 기록하고 있어서 기록 자체에 대한 의혹을 제기하기도 한다.

고조선 역대 국왕의 재위기간에 대해 『규원사화』 · 『단군세기』 및 『단기고사』의 기록이 단군왕검만 같을 뿐 나머지는 모두 너무 다름을 <표 12-1>에서 확인할 수 있다. 47대 단군의 재위기간에 대한 『단기고사』의 기록도 『단군세기』와 같아 『단군세기』의 기록에 대한 신뢰가 더 높다. 역대 국왕들의 재위 기간이 너무나 다른 점에 대해서는 추후 별도로 세 기록을 면밀하게 비교하여 평가하여야 할 일이다.[24] 이 <표 12-1>에서 보여주듯이 세 기록 사이에 재미 있는 점이 눈에 띈다.

(3) 단군조선 국왕 47대의 제왕 즉위와 세습

1) 초기 5가합의분권형 국가권력구조

단군조선의 47 제왕의 권력 취득이 어떤 방식으로 이루어졌느냐는 것은 왕권의 정당성과 정치군사적 지배체제 내에서의 권력 위상과도 직결되어 매우 중요한 의미를 지닌다. 이것은 단순히 계급적인 세습 여부뿐만이 아니라 권력의 정당성의 근거가 전통에 의해 이루어졌는지 아니면 능력이나 정치적 관계에 따라 합의로 추대되었는지 또는 군사력이나 정변을 통해 이루어졌는지 등에 따라 왕조와 권력의 성격이 다르고 국가의 성격도 달리 규정하게 된다.

단군조선의 왕권의 이양은 기본적으로는 태자에게 세습되는 것을 원칙으로 하여 47명의 단군 가운데 30명이 정상적인 세습(태자 28, 왕자 1, 현손 1)으로 왕위를 승계하였다. 태자 · 왕자 · 현손 이 외의 단군의 아들이나 황족 가운데 제왕으로 오른 것은 8

---

24) 1세 단군 왕검과 2세 부루의 원년에 대한 기록은 같다. 다만 3세 단군 가륵의 원년을 기해(己亥)와 을해(乙亥)로 서로 다르게 기록하면서부터 차이가 발생한 것 같다. 기해와 을해는 비슷한 한자 모양이어서 사료를 옮기는 과정에 착오가 발생했을 가능성을 배재할 수 없다. 이것에 관하여서는 추후 원전을 비교하면서 면밀하게 검토할 필요가 있다.

대 우서한, 15대 대음, 28대 해모, 29대 마휴 등 4명으로 보이며 이들을 권력을 세습한 것으로 볼 수 있다. 이들을 합할 때 총 34명이 황위를 세습하여 약 74%가 세습한 것이다. 태자나 황족이 없거나 다른 이유가 있을 때에는 단군을 도와 지배세력을 형성한 왕족인 오가 가운데 승계하여 9명의 단군이 오가 가운데 왕권을 승계하였다. 오가 가운데에도 우가가 6대 우가 달문, 10대 우가 노을, 12대 우가 아한, 13대 우가 흘달, 14대 우가 고불, 16대 우가 위나, 20대 우가 고흘 등 7명(태자 세습까지 12명)으로 가장 많고, 5대 양가 구을과 7대 양가 한율 등 양가에서 2명이 계승하였으나 나머지 세 오가에서는 한명의 단군도 배출하지 못하였다. 그것은 오가 간의 권력의 서열이 정해져 있는 것으로 이해된다. 이처럼 단군의 제왕위가 세습 외에 왕족인 오가에게 어느 정도 배분된 것은 단군조선의 지배권력이 개국 이후 20대까지는 단군이 지배하되 오가와 집단적으로 지배하는 권력분산의 분권형 국가권력구조를 가지고 있음을 보여주는 것이다.

2) 색불루의 쿠테타와 단군 권력강화 집권체제 구축

단군의 황위가 재위 중인 단군의 의사에 반하여 비정상적인 방법인 정변이나 군사쿠테타에 의해 찬탈된 경우가 22대 단군 색불루와 44대 단군 구물의 경우로 두 차례 있다. 22대 단군 색불루는 21대 단군 소태가 제위에서 물러나기로 하고 오가를 불러 서우여에게 맡기기로 결정하였으나 우현왕으로 있으면서 단제의 결정에 반대하여 중지케 하였으나 단제가 듣지 않으니, 스스로 군사를 이끌고 부여의 신궁에서 즉위하였다. 이에 단제도 어쩔 수 없이 옥책과 국보를 전하고 서우여는 폐하여 일반인이 되게 하고 스스로는 아사달에 은퇴하여 죽었다. 이처럼 색불루는 무력으로 단군의 결정과 명령을 어기고 스스로 22대 단군으로 즉위한 첫 단군이 되었다. 승계나 오가합의라는 전통을 깨고 군사정변에 의해 단군의 제위를 무력으로 찬탈한 색불루는 오가와 권력을 나누는 대신 단군의 권력을 강화시켜 단군조선의 국가권력구조를 근본적으로 바꾸었다. 이로 인해 22대 단군 이후에는 오가 가운데 아무도 황위를 승계한 사례가 없음은 단군조선의 국가권력체제가 안정이 되면서 오가와 지배권력을 나누지 않고 기본적으로 태자가 승계하도록 단군의 권력이 강화되었음을 볼 수 있다. 24대 단군 연나는 23대 단군 아흘의 동생으로 즉위하여 황숙 고불가를 섭정으로 삼았다. 고불가는 이미 조카인 23대 단군 아흘을 도와 낙랑골을 76년이나 통치한 경륜을 가지고 있어서 건강이 좋지 않은 조카인 24대 단군 연나의 섭정이 된 것으로 보인다. 단군조선에서 처음으로 섭정을 하면서도 오가에게 권력을 나누어 통치하던 관습을 버리고 단군의 제위를 지키면서 왕권을 강화하는 원칙을 지킨 것으로 볼 수 있다.

3) 군사정변[25]과 군장들의 추대

이처럼 단군의 권력을 강화시켜 오다가 43대 단군 물리 때 우화충이 난을 일으켜 36군을 함락하고 단제가 피난 도중 사망했다. 구물이 어명을 받들어 군사를 일으켜 장당경을 점령하고, 구지와 동서의 압록 18성이 모두 병력을 보내 원조했다. 구물이 만 명의 군대를 이끌고 난을 평정하고 우화충을 사살하니, 여러 장수들이 추앙하여 구물이 단군으로 즉위하였다. 이것은 정변으로 장군들이 오가를 대신하여 같은 장군인 구물을 단군으로 추대한 첫 사례라 할 수 있다.

마지막으로 단군이 추대된 사례는 초대 단군왕검과 47대 단군 고열가를 들 수 있다. 개국 단군인 왕검은 왕족들인 오가들의 합의와 추대로 단군조선을 개국한 첫 단군이고, 47대 단군 고열가는 43대 단군 물리의 현손으로서 46대 단군 보을이 후사가 없이 죽으면서 한개가 군대를 이끌고 궁궐을 침범하고 왕이 되려는 것을 의병을 일으켜 진압하여 단군 보을을 구한 공으로 무리들의 사랑으로 추대 받아 단군의 제위에 오르게 되었다. 기원전 239년 고리국의 후손 해모수가 군대를 일으키고 여러 장수들도 난을 일으키자 순하기만 하고 결단력이 없는 고열가는 오가들과 의논하여 기원전 238년 왕위를 버리고 입산수도하여 신선이 되고, 그 뒤 오가들이 6년 동안 나라 일을 함께 다스렸다.

역대단군의 세습여부 · 재위기간에 따른 기승전결 시대구분을 [그림 12－2]로 정리할 수 있다.

첫째, 『규원사화』의 기록을 보면 세 명의 아우가 승계한 것 외에는 모두가 단군의 태자나 왕자가 세습하여 정권교체가 지극히 정상적이고 평화롭게 이루어진 것처럼 보이는데, 정작 국왕들의 재임기간은 너무나 짧게 나타나고 있는 점이다. 현대에는 보통 1세대를 30년 내외로 잡는데 고조선 시대에는 더 오래 살았다면 30~50년 정도로 1세대를 잡는다면, 단군의 평균 재위기간도 30~50년 정도가 보통이라 할 수 있을 것이다.[26] 태자가 세습할 경우에는 짧아질 수도 있으나 당시 영아 사망률이 높은 것을 감안

---

25) 고대국가부터 권력장악과 전쟁은 긴밀한 관계속에 국가형성과 국가발전이 이루어져 왔다. C. Tilly, 1975. *op. cit.*

26) 오늘날까지 많은 인류가 읽고 믿고 있는 기독교의 『성경』 <창세기> 5장에서 아담의 계보를 보면 아담과 그 자손들은 백세 쯤부터 아이를 낳고 900세 전후까지 산 것으로 기록하고 있다. 예를 들면, 아담은 백삼십 세에 셋을 낳은 후 팔백년을 지내며 자녀를 낳은 후 구백삼십 세에 죽었고, 셋은 백오 세에 에노스를 낳고 팔백칠 년을 지내며 자녀를 낳은 후 구백십이 세에 죽었으며, 에노스는 구십세에 게난을 낳고 팔백십오 년을 지내며 자녀를 낳고 구백오 세에 죽었고 … 라멕은 백팔십이 세에 노아를 낳은 후 오백구십오 년을 지내며 자녀를 낳고 칠백칠십칠 세에 죽었고, 노아는 오백 세 된 후에 셈과 함과 야벳을 낳았다. 『성경』<창세기> 5장: 3－32절 내용 참조. 『성경』의 기록에 비하면 고조선 시대의 왕들과 왕자들의 생존기간이나 재위기간이 짧은 셈이나, 고대사회인 열국과

그림 12-2 역대 단군의 세습여부 · 재위기간에 따른 기승전결 시대 구분

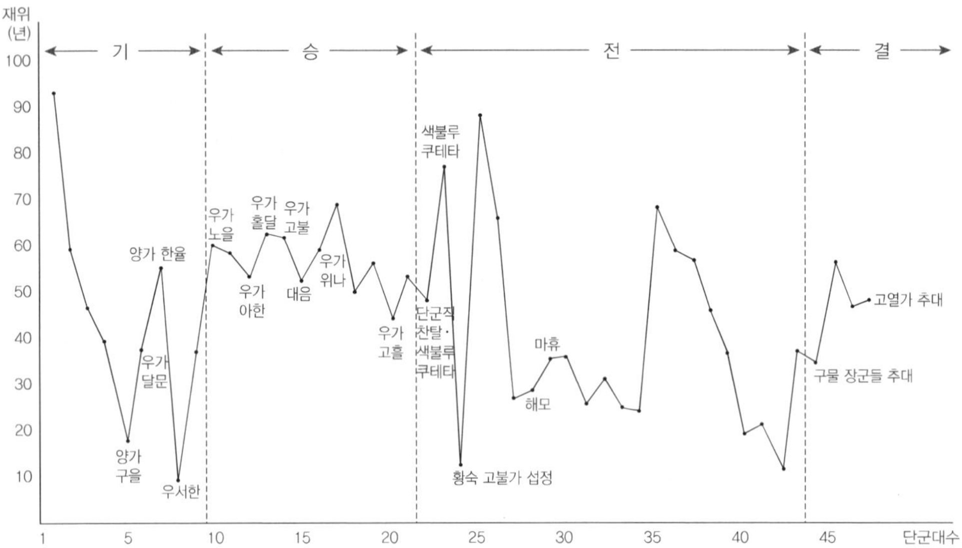

한다면 비슷하게 잡을 수 있고 왕자 가운데 세습하였다면 조금 더 길어질 수도 있다.

그런데 『규원사화』의 기록을 보면 재위기간 20년 이내가 18명이나 되고, 10년 이내도 8명이나 되어 왕권이 매우 불인정한 것으로 보인다. 그것은 1,205년을 47명의 단군이 통치하였기 때문에 평균 26년을 통치하는 것으로 나타났다.

둘째, 『단군세기』의 기록에서는 두 차례의 쿠테타와 9차례의 5가 출신 단군 추대 등 왕권 승계에 여러 가지 변동이 발생한 것으로 나타나고 있다. 역대 단군들 가운데 20년 이하를 통치한 단군은 4명이고, 10년 이내는 1명이고 15년 이하는 2명이어서 다양한 승계방식에도 불구하고 역설적으로 왕권이 안정되었음을 보여주고 있다. 그것은 2,085년을 47명의 단군이 통치하여 평균 44년을 통치한 것으로 나타났기 때문이다.

이 두 기록 가운데 어느 것이 정확한지는 알 수 없으나, 『삼국유사』의 기록을 기준으로 할 때, 단군이 1,908년은 통치하거나 존재했으므로 그것에 가까운 『단군세기』가 더 정확할 가능성이 있다. 특히 『단군세기』에서 44세 단군 구물이 쿠테타로 정권을 장악하고 국호를 대부여로 개칭했다는 연도가 기원전 424년이고 기원전 2333년에 단군왕검이 단군조선을 개창하고 국호를 개칭하기까지의 기간이 『삼국유사』에서 기록한 1,908

사국 및 남북국 시대의 왕들의 재위기간과 비교하면 조금 길뿐 크게 차이가 나지 않는다.

년과 일치하여 이것은 우연의 일치거나 조작의 결과라고 할 수는 없다. 또 『단군세기』에서는 역대 단군의 승계도 세습만이 아니라 여러 차례의 정변이나 5가합의 추천에 의한 5가 출신이 단군이 된 기록 등이 있는 것으로 보아 『단군세기』의 기록이 『규원사화』의 기록보다 더 신뢰할 만한 것으로 평가한다.

그러나 고조선 역대 국왕의 재위 기간에 대한 자료를 『단군세기』의 기록이나 『규원사화』의 기록 모두를 검토하고 이들을 합하여 살펴보기도 한다. 또한 국왕의 재위기간 비교를 국왕의 대별로 비교하는 외에 절대 시간인 절대 연도를 기준으로도 살펴볼 필요가 있다.

고조선 전 기간 국가가 얼마나 융성했는지, 그리고 국왕이 국가를 얼마나 잘 통치했는지에 관해 국왕의 통치능력을 여러 가지 기준으로 평가해야 한다. 하지만 자료가 제약되어 있기 때문에 재위 기간을 중심으로 평가하기 위해 47명의 단군들의 재위기간을 기준으로 장기간 통치한 국왕들을 『규원사화』에서 기록한 역대 단군 가운데 35년 이상 통치한 단군인 국왕들27)과 『단군세기』에서 기록한 역대 단군 가운데 55년 이상 통치한 단군인 국왕들28)을 중심으로 살펴보고자 한다.

고조선의 역대 국왕들의 통치기간에 대해 『규원사화』와 『단군세기』·『단기고사』가 서로 다르게 기록하고 있는데, 이들 각각의 역대 국왕의 재위기간 변화에 대한 기록과 그 두 기록을 평균한 역대 국왕들의 재위기간들의 변화를 보고 고조선 국가의 기승전결의 변화를 가름해보기 위해 그래프로 비교하여도 『단군세기』의 시대구분과 비슷함을 [그림 12-3]에서 확인할 수 있다.

고대국가의 국가융성과 쇠락은 국왕을 곧 국가로 보던 시각이 잘 적용될 만큼 국왕의 통치능력이나 국왕 자신에게 많이 좌우되었다. 국왕이 강건하고 강력한 통치능력을 지녔을 때에는 통치세력 내부에서의 권력투쟁이나 반란의 소지가 적고 반대로 국왕이

27) 38년은 총 기간인 1205년÷47국왕수=25년+1/2(25)=38년으로 계산하여 35세를 기준으로 한 것이며, 1세 단군 왕검(재위기간 93년), 3세 단군 가륵(재위기간 51년), 4세 단군 오사(재위기간 49년), 5세 단군 구을(재위기간 35년), 11세 단군 도해(재위기간 36년), 13세 단군 흘달(재위기간 43년), 17세 단군 여을(재위기간 63년), 27세 단군 두밀(재위기간 45년), 29세 단군 마휴(재위기간 39년), 30세 단군 나휴(재위기간 53), 38세 단군 다물(재위기간 45년) 등이 해당한다.

28) 55년은 총기간인 2085년÷47국왕수=44년+1/2(44)=66년으로 계산하여 55세를 기준으로 한 것이며, 1세 단군 왕검(재위기간 93년), 2세 단군 부루(재위기간 58년), 10세 단군 노을(재위기간 59년), 11세 단군 도해(재위기간 57년), 13세 단군 흘달(재위기간 61년), 14세 단군 고불(재위기간 60년), 16세 단군 위나(재위기간 58년), 17세 단군 여을(재위기간 68년), 19세 단군 구모소(재위기간 55년), 23세 단군 아흘(재위기간 76년), 25세 단군 솔나(재위기간 88년), 26세 단군 추로(재위기간 65년), 35세 단군 사벌(재위기간 68년), 36세 단군 매륵(재위기간 58년), 37세 단군 마물(재위기간 56년), 45세 단군 여루(재위기간 55년) 등이 해당한다.

그림 12-3 고조선 역대 단군의 재위기간 비교(단군세기 + 규원사화 = 평균)

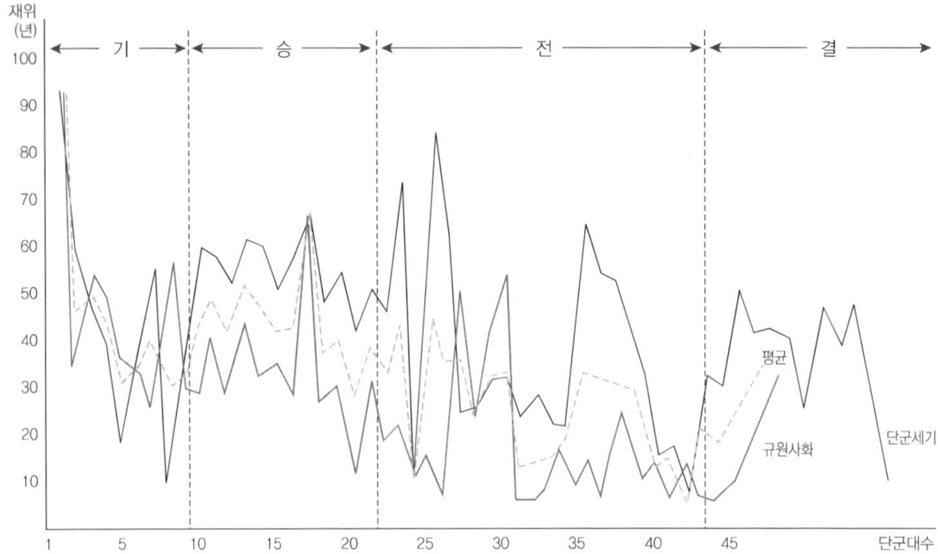

유약하거나 통치능력이 약할 경우에는 왕족이나 통치세력 내부에서부터 균열과 반목이 시작되어 국왕의 권위나 권력은 도전받게 되고 국가는 그 만큼 혼란하게 된다. 한국고대국가들의 경우에는 고조선 시대부터 국왕의 통치능력을 강화시키기 위해 군장으로서의 기능 외에 제사장으로서의 기능을 갖추어 제의-군장으로서의 국왕의 카리스마를 확보하고 통치능력을 강화하도록 하였다.

그럼에도 권력의 속성상 권력의 내부 균열과 권력투쟁이 있게 되어 국왕의 통치능력이 약화된 경우에는 귀족정치의 힘으로 국왕의 통치력을 보강했고 국가의 국운융성을 도모하도록 했다. 5가합의제나 화백제도와 같은 제도들이 '국왕이 곧 국가'라는 기본 질서가 흔들릴 때를 보완하기 위한 제도들이다. 그러한 제도들이 보완되더라도 국왕 자신이 강력한 통치력을 지닌 것과는 다소 차이가 있을 수 있다. 이러한 관점에서 고조선의 국가융성의 단계에 대한 국가형성, 국민형성, 경제발전, 참여 및 분배라는 국가발전의 단계를 알아보기 위해서 고조선의 국가 발전 단계를 기·승·전·결의 네 단계로 나누어 보도록 한다. 고조선의 국가발전 단계를 구분하기 위한 기준으로 국왕의 통치능력을 삼고 그것은 국왕의 재위기간으로 단순화할 수 있기 때문에 고조선 역대 국왕의 재위기간을 나타낸 [그림 12-3]에서 국왕들의 생존능력을 기준으로 하여 저자가 나름대로 고조선의 흥망성쇠와 기·승·전·결의 시대를 구분하고자 한다.

6. 고조선 국가발전 과정의 기 · 승 · 전 · 결에 대한 시대 구분

(1) 고조선의 시대 구분

고조선의 발전과정이나 시대구분에 대해서는 단군조선의 성격을 어떻게 보느냐와 직결된다. 단군조선의 건국을 기원전 2333년으로 보는 것에는 일치하나, 통치기간의 시대 구분이나 기자조선 · 위만조선의 인정 여부 및 이들과 단군조선과의 관계 등에 대해서는 역사서들은 다양하게 기술하고 있다.

첫째, 『삼국유사』에 따르면, 기원전 2333년 평양성에 도읍을 정하고 다시 백악산 아사달로 옮겨서 1,500년 간을 다스리다가 기자가 오자 도읍을 장당경으로 옮겼다가 다시 아사달로 옮겨와서 기원전 425년까지 1,908년을 다스렸다. 이것과 병렬적으로 기자족은 단군조선의 하위 국가인 번조선(번한 · 불조선)에서 기자조선으로 출발했다가 준왕 때 위만족에게 정권을 물려주어 위만조선으로 이어졌다. 이때 단군족이 기자족을 피해 장당경으로 옮겼다가 다시 아사달로 돌아와 1,908년을 지속했다는 기록이기 때문에 단군조선과 기자조선이 병존했고, 위만조선은 기자조선을 이은 것이기 때문에 단군조선은 기자조선 · 위만조선과 병존했다고도 볼 수 있다.

둘째, 단군조선을 전기와 후기로 묵시적으로 구분한 책으로, 『규원사화』는 단군조선의 전기에 해당하는 기간인 1,205년 간 47명의 단군이 통치한 것으로 기록하고 있고, 나머지 기간에 대해서는 구체적으로 기록하지 않고 있다

셋째, 단군조선의 기간을 전기와 후기로 명시적으로 구분하여 나눈 책들은 『단기고사』, 신채호의 『조선상고사』, 이병도 · 최태영의 『한국상고사입문』 등이 있다. 『단기고사』는 전 단군조선과 후 단군조선의 시기로 나누고 후 단군조선의 시기에 기자조선이 병립한 것으로 기록하고 있다. 전 단군조선은 1,222년 간 25명의 단군들이 통치하고 후 단군조선은 875년 동안 23명의 단군이 통치하여 2,097년 간 47명의 단군이 통치한 것으로 기록하고 있다. 25대 솔나 단군은 전후기를 겸하여 통치하였다. 기자조선은 단군조선에서 갈려 나간 서여를 시조로 1,093년 간 42명의 임금이 다스렸다고 기술하고 있다. 신채호의 『조선상고사』도 전기와 후기로 나누고 47명의 단군이 통치한 것으로 기술하고 있지만, 단군조선을 신 · 불 · 말조선의 삼조선으로 나누고, 기자의 후손이 기원전 323년에 불조선의 왕이 되었다고 하여 기자조선을 부인한다.[29] 이병도 · 최태영의

---

29) 신채호. 2014. 『조선상고사』: 115.

『한국상고사입문』은 전기와 후기로 나누고 전기를 47명의 단군들이, 후기를 40명의 단군이 통치하여 전후기 합쳐서 단군조선 전체 기간 동안 87명의 단군이 통치한 것으로 기술하고 있다.[30)]

넷째, 『단군세기』는 『규원사화』나 『단기고사』와 같이 47명의 단군들의 명칭에 대해서는 같이 기록하고 있으나, 단군조선 2,085년 전 기간을 시대 구분 없이 47명의 단군이 통치한 것으로 기록하고 있다. 『단군세기』는 본국인 단군조선 아래로 마한과 번한이 있는데 마한은 35명의 왕이 다스렸고, 번한은 74명의 왕이 다스렸다고 기록하고 있다. 『단기고사』에서 기자조선의 시조라는 서여왕은 번한세가의 30대 서우여로 기록되었고, 위만에게 망한 기준은 74대 왕으로 기록되어 있다. 『단군세기』와 『단기고사』에서 같은 기간 동안 고조선은 47명의 단군이 통치하는 동안, 삼조선의 하나인 발조선(번한)은 74명의 왕이 다스린 것은 발조선이 중국과 접하고 있어서 전쟁 등으로 그만큼 정치가 불안했던 것을 반영한 것이라 볼 수 있다.

다섯째, 이처럼 서로 다르게 기록하고 있는 만큼 시기구분에 대해 신중한 검토가 필요하여, 고조선의 전 기간을 통치세력과 수도이전 및 지배연합의 성격변화를 기준으로 국가발전의 기·승·전·결의 단계를 구분해 본다. 고조선의 대표적인 통치세력의 교체를 기준으로 구분하여, 기의 단계는 초대 단군왕검에서부터 9세 단군 아술까지, 승의 단계는 10세 단군 노을 때부터 계속된 우가들의 집권에서 21세 단군 소태까지, 전의 단계는 22세 단군 색불루가 최초의 쿠테타로 집권한 이후 43세 단군 물리까지, 그리고 결의 단계는 장군들의 추대로 즉위한 44세 단군 구물의 정권 장악 이후 47세 단군 고열가를 거쳐 북부여 시대의 5세 단군 고두막까지로 나눌 수 있다.

이처럼 다양한 논의들 가운데 『단군세기』의 기록이 가장 적실성이 높은 것으로 평가되어 그것을 중심으로 하며 다른 자료들을 보완하도록 한다.

이러한 논의 위에 국왕과 통치세력의 교체와 천도 등의 기준을 고려하며 지배연합과 통치세력의 성격과 관련하여 다른 명칭을 부여한다면, 기의 단계는 한족이 통치하는 한족정권, 승의 단계는 맥족이 다스리는 맥족정권, 전의 단계는 예족 가운데 기자족이 통치세력에 참여하는 예족 기자정권, 그리고 결의 단계는 예족 위만정권으로 각각 성격을 규정할 수 있을 것이다. 이들은 기의 단계는 평양성, 승의 단계는 백악산 아사달, 전의 단계는 장당경 아사달, 결의 단계는 평양성 아사달을 각각 근거지인 도읍으로 삼았으므로 천도와 통치세력의 교체 등도 함께 분석하도록 한다.

30) 이병도·최태영. 1989. 앞의 책.

(2) 고조선의 국가발전 과정: 국가의 기 · 승 · 전 · 결 단계

고조선의 국가발전 과정을 국가의 기 · 승 · 전 · 결 단계로 구분한다면, 국가형성, 국민형성, 경제발전, 참여 · 배분 등 정치사회발전 등의 기능별로 나누어 살펴볼 수 있다.

첫째, 고조선 국가가 국가의 틀을 갖추는 국가형성(state－building)의 건국과정에 해당하는 기(起)의 단계는 9세 단군을 전후로 하면서 두 기록이나 평균 모두 큰 변화가 있어서 1세 단군 왕검에서 9세 단군 아술까지의 기간으로 볼 수 있다.[31]

둘째, 고조선 국가가 여러 부족국가들의 연합으로 국가를 형성한 만큼 여러 부족들을 하나의 국민으로 통합을 이루는 국민형성(nation－building)의 단계인 승(承)의 단계는 10세 단군 노을부터 21세 단군 소태까지 혹은 더 연장하여 34세 단군 오루문까지로 볼 수 있다.[32] 이 승의 단계에서는 많은 단군들이 오랜 기간 재위하면서 고조선을 국가형성과 국민형성을 잘 이루어 영토도 중국까지 넓게 퍼져서 광활한 대제국으로서의 고조선을 크게 국가발전 시키고 국가를 융성시킨 것으로 보인다.

셋째, 대제국 고조선의 국가융성을 지탱하고 한 단계 성숙하게 발전시키는 강력한 군사력을 뒷받침할 경제력을 기르는 경제발전(economic development)의 단계인 전(轉)의 단계이다.[33] 대제국 고조선의 전의 단계에서 기자정권은 대토지소유제와 강력한 노예제도 등을 실천하여 농촌공동체를 통한 경제발전을 이루었으나 강력한 권위주의국가를 장기간 유지하면서 소득격차와 사회적인 갈등이 분출하였다. 기와 승의 단계에서 국가형성과 국민형성을 통해 강력한 군사력을 바탕으로 대제국을 건설하고 전의 단계에서 강력한 경제력이 갖추어졌으나 내부균열로 장기간의 대제국을 유지시키지 못

31) 기의 단계에서는 단군 왕검(93년, 93년; 재위기간 숫자들은 『단군세기』와 『규원사화』에서 각각 기록한 재위기간임. 이하 같음)뿐만이 아니라 그 뒤를 이은 2세 단군 부루(58년, 34년), 3세 단군 가륵(45년, 51년), 4세 단군 오사구(38년, 49년), 그리고 7세 단군 한울(54년, 25년)이 각각 큰 역할을 한 것으로 보인다.

32) 이 단계에서는 10세 단군 노을(59년, 23년), 11세 단군 도해(57년, 36년), 12세 단군 아한(52년, 27년), 13세 단군 흘달(61년, 43년), 14세 단군 고불(60년, 29년), 15세 단군 대음(51년, 벌음: 32년), 16세 단군 위나(58년, 18년), 17세 단군 여을(68년, 63년), 18세 단군 동엄(49년, 20년), 19세 단군 구모소(55년, 25년), 20세 단군 고흘(43년, 11년), 21세 단군 소태(52년, 33년), 22세 단군 색불루(48년, 17년), 23세 단군 아홀(76년, 아물: 19년), 25세 단군 솔나(88년, 16년) 등이다. 승의 단계를 연장하여 볼 경우에는 26세 단군 추로(65년, 9년), 27세 단군 두밀(26년, 45년), 28세 단군 해모(28년, 22년), 29세 단군 마휴(34년, 39년), 30세 단군 내휴(35년, 나휴: 53년) 등이 추가될 수 있다.

33) 전의 단계는 넓게 보면 승의 단계 후반에 추가된 기간인 35세 단군 사벌(68년, 11년), 36세 단군 매륵(58년, 18년), 37세 단군 마물(56년, 8년), 38세 단군 다물(45년, 45년), 39세 단군 두홀(36년, 28년) 등의 기간에 시작하여 43세 단군 물리(36년, 15년), 44세 단군 구물(29년, 구홀: 7년), 45세 단군 여루(55년, 5년), 46세 단군 보을(46년, 11년), 47세 단군 고열가(47년, 30년) 등이다.

했다. 동아시아 지역에서 패권을 다투던 고조선이 강력한 군사력을 지닌 대제국을 유지시킬 수 있는 경제력을 감당하다가 무너졌다. 반면, 중국은 전국시대를 거치면서 유럽과의 실크로드를 개척하여 경제력이 급속하게 증가하고 진나라가 중국대륙을 처음으로 통일하면서 군사력과 경제력 모두 다 갖춘 대제국으로 서서히 성장하면서 아시아의 패권국가로 등장하기 시작하였다. 그 결과가 전의 단계 말기에 동아시아 패권국가이던 고조선의 국제적인 위상을 약화시키며 고조선은 쿠테타에 의해 결의 단계로 타의에 의해 넘어가게 되었다.

전의 단계를 앞으로 볼지 아니면 뒤로 짧게 볼 것인지는 기자정권의 출범과도 관련된다. 예족출신으로 집권한 기자정권은 분배나 평등보다는 성장과 발전을 지향하여 농업생산을 늘리고 농업공동체 중심의 채집농업에서 농토를 기반으로 정착한 농촌경제공동체로 전환하여 예족인 기자족이 농업경제의 발전을 추진하였다. 그러나 국내에서 폐쇄적인 농업경제 생산증대에만 치중한 데 반해, 중국은 실크로드를 통해 유럽까지 특산품을 팔고 유럽의 제품들을 중국이나 다른 아시아국가들에게 판매함으로써 경제적인 축적이 가능하여 고조선의 경제발전을 따라 잡고 새로운 차원에서 고조선과는 다른 개방경제, 국제경제체제를 발전시키고 주도하여 정치군사적인 패권까지 장악할 수 있는 능력을 비축하였다.

넷째, 고조선의 결(結)의 단계는 좁은 의미로는 기자정권의 쇠약과 위만정권의 등장 및 몰락으로 볼 수 있고, 넓은 의미로는 고조선의 쇠락 및 몰락과 더불어 등장한 고조선의 후예들이 세운 부여, 구고구려, 옥저, 동예, 마한・진한・변한의 3한과 열국으로 이어졌다. 먼저 좁은 의미의 고조선의 결의 단계는 북부여의 6명의 단군들이 통치한 기간(기원전 239년~기원전 57년)을 들 수 있다.[34] 북부여는 단군호칭을 그대로 사용하고 있고, 위만이 권력을 찬탈한 국가도 고조선과 번조선(또는 번한)이라는 서로 다른 주장이 존재하여 북부여기를 고조선의 결의 단계로 보고자 한다. 고조선이든 번조선이든 위만이 권력을 잡은 것은 기원전 194년에 준왕으로부터 권력을 찬탈한 것이므로 이 기간에 해당한다. 준왕이 기자의 후손이므로 고조선이든 고조선의 후국인 번조선이든 기자정권이 고조선의 일부 또는 전부를 이어받은 사실은 인정된다.

다만 이 기간에는 고조선에서 갈려 나온 고조선 지배족들이 새운 나라들이 부여, 진국, 구고구려 등의 여러 나라들이 존재하고 있었기 때문에 위만정권이 고조선의 본국을 이어받았는지 아니면 후국인 번조선을 이어받았는지는 큰 의미가 없을 수는 있다. 그렇

34) 고조선의 결의 단계인 북부여의 1세 단군 해모수(45년), 2세 단군 모수리(25년), 3세 단군 고해사(49년), 4세 단군 고(해)우루(34년), 5세 단군 고두막(49년), 6세 단군 고무서(2년) 등이다.

기 때문에 넓은 의미의 고조선의 결의 단계는 위만정권과 고조선의 후예들이 세운 부여, 구고구려, 옥저, 동예, 마한 · 진한 · 변한의 3한과 열국 등을 함께 포함하는 것이다. 이들은 고조선이라는 모국의 결의 단계이지만 새로운 아들 국가들인 고구려, 백제, 신라, 가야라는 4국의 출범을 가능하게 하는 새로운 시작의 의미를 동시에 지닌다.

(3) 고조선의 기 · 승 · 전 · 결 시기 구분과 기자정권 · 위만정권 · 열국

고조선의 시기구분에 대하여서는 장기 사이클, 중기 사이클 및 단기 사이클 가운데 어느 것을 기준으로 하느냐에 따라 서로 다르나 이 장에서는 중기 사이클의 관점을 기준으로 하여 역대 단군의 재임기간을 중심으로 구분하여 기승전결의 시기를 정하도록 한다. 기의 단계는 단군왕검에서 9세 단군 아술 시기(기원전 2333년~기원전 1950년), 승의 단계는 10세 단군 노을에서 21세 단군 소태 시기(기원전 1950년~기원전 1285년), 전의 단계는 22세 단군 색불루에서 43세 단군 물리 시기(기원전 1285년~기원전 425년)로서 기자정권이 여기에 속하고, 그리고 결의 단계는 44세 단군 구물에서 3한 시기(기원전 425년~기원전 108년)이며 이 단계에 위만정권이 속한다.

『단군세기』에 있는 단군조선 47대 단군들의 이름은 『규원사화』와 거의 같고 재위기간은 조금 길게 보아 기원전 2333년에서 기원전 248년까지 2085년으로 기록하고 있다. 그리고 단군조선이 북부여로 이어져 1대왕 해모수에서 6대왕 고무서 시기(기원전 239~기원전 57년)까지 연결된 것으로 기록하고 있다. 그리고 고조선이 마한 및 번한과 3한을 이루면서 고조선의 중심 모국이라는 기록은 다른 고역사 문서들에서도 고조선을 3한 또는 3조선으로 기록하고 있는 것과 비교하면 크게 차이가 없다. 『단기고사』에서는 기자조선의 42명의 역대 왕들의 이름을 기록하고 있으나, 단군조선과 다른 3한이나 3조선인 제후국의 성격을 지닌 정권으로 기록하고 있어서 『규원사화』와는 다른 차원의 내용이고 왕들의 이름은 『단군세기』의 번한세가의 30대 이후 후반기 왕의 이름과 거의 같다.[35]

그동안 기자조선과 위만조선이라고 호칭해 온 것에 대해 다른 측면에서 검토가 필요

35) 『단기고사』는 단군조선의 후조선에 해당하는 기간 후조선 단군 23명의 이름과는 별도로 기자조선 42명의 이름을 기록하고 있다. 기자조선 42명의 이름은 『단군세기』의 번한세가 74명의 왕 가운데 후반기 왕들과 겹치는 부분이 많다. 기자조선 42명의 왕들의 이름은 서여, 아락, 솔귀, 임나, 노단, 마밀, 모불, 을나, 마휴, 등나, 해수, 물한, 오문루, 누사, 이벌, 아륵, 마휴, 다두, 나이, 차음, 불리, 여을, 엄루, 감위, 술리, 아갑, 고태, 소태, 마간, 천한, 노물, 도을, 술휴, 사량, 지한, 인한, 서위, 가색, 산한, 수한, 기부, 마한이다. 한단고기: 374－376; 『단기고사』: 181－265.

하다. 기자조선의 근거가 된 『삼국유사』가 인용한 원전은 『고기』와 당나라의 『배구전』이다. 『고기』에서는 단군왕검이 다스리던 조선의 개국 1,500년 이상이 지나서 주나라 무왕이 조선의 왕으로 기자를 봉했다고 기록하고, 같은 책 『삼국유사』에서 당나라 『배구전』의 기록은 주나라에서 기자를 봉하면서 조선이라 했다고 하여 『고기』와 『배구전』이 서로 다르게 기록하고 있음을 『삼국유사』의 기록에서 보여주고 있다. 이것은 『삼국유사』 스스로 기자조선에 대해 혼란스럽게 기록하여 그 역사적인 사실에 회의하고 있음을 암시하는 것으로 볼 수 있다. 그것은 중국 당나라가 1,700년 전에 건국된 단군조선을 부정하고 기자조선을 조선의 시작으로 보고자 하는 의도가 담겨 있을 수 있다. 『고기』는 『단군고기』를 의미하는 것으로 보이는데, 『단군고기』는 단군의 사적에 대한 가장 오래된 기록으로 이승휴의 『제왕운기』에는 『단군본기』로 되어 있다.[36] 그러나 『고기』는 여러 가지 옛 기록의 총칭일 뿐 특정한 책을 가리키는 것은 아니라는 설도 있어서 의견이 분분하다.

이처럼 기자조선이라고 부르는 기자에 대한 해석은 다양한데, 일제 감점기 '기자동래설'을 주장하여 고조선을 중국의 식민지로 보아 한국의 고대사를 빼앗으려는 일본인들의 의도와 중국측의 동북공정으로 한국의 고대사를 중국의 지방정부의 역사로 만들고 있는 중국의 의도들이 기자조선을 과장·강조하는 의도를 반영한 것이다. 이로 인해 광복 후 한국에서는 기자동래설과 기자조선을 부정하였으나, 고려시대와 조선시대에도 기자의 존재 자체를 인정하고 사당과 제사를 모시는 등의 역사적인 사실이 있는 만큼 부정하기는 어렵다. 물론 이것도 유교문화의 부작용으로 노론사학과 사대주의 사학의 역사왜곡과 과장이란 주장도 이유가 있다.

이러한 것들을 종합할 때 기자 본인이 기원전 1122년 주나라 무왕 시대에 왔다는 것은 과장된 면이 있어서 기자 본인이 아니라 기자족의 후손들이 이민족인 주나라의 탄압을 피해 기자족과 같은 민족인 조선으로 기원전 4~5세기에 분산하여 이동했을 것이라는 천관우의 주장도 일리가 있다.[37] 또한 이러한 기자족과 단군조선의 지배부족 간의 정책사고 방식과 국가운영의 기본 방향을 두고 분배 지향의 맥족과 성장 지향의 예족이 기자족을 포용하여 정권교체를 이루었다는 김용섭의 주장이 설득력이 높다. 따라서 기자족의 장권장악을 예족의 정권장악으로 보편화시켜 해석하는 것이 타당하다고 본다. 고조선과 기자조선의 관계에 대한 『삼국유사』, 『단군세기』 및 『단기고사』의 기

36) 『삼국유사』(김원중 역): 21 각주 7)의 내용이다. 『고기』에 대한 자세한 논의는 고려대학교 한국사연구소 편. 2019. 『역주 고조선사료집성: 국내편』. 새문사: 17-18.

37) 천관우. 1974. <기자고>『동박학지』. 15; 한영우. 2004: 79.

록을 바탕으로 단군조선은 후기에 신 · 불 · 말 조선으로 나뉘고, 기자조선은 단군조선에서 갈려나간 불조선(번한)의 서여를 시조로 1,093년 간 42명의 임금이 다스린 나라로 규정할 수 있다. 단군조선과 기자조선을 병존했다.

다음으로 위만조선의 문제이다. 위만조선 역시 기자조선과 비슷한 함축을 지닌다. 『북부여기 상』에 따르면, 위만조선도 위만이 단군조선 본국이 아니라 단군조선의 부왕국인 번한의 박사라는 관리로 임용이 되고 쿠테타를 일으켜 부왕이던 번조선(번한 · 불조선)의 왕 기준으로부터 번한의 정권을 찬탈하여 단기간(기원전 194년~기원전 108년)인 86년 동안 유지된 것으로 기록하고 있다.

단군조선은 이미 그 이전인 기원전 238년 47세 단군 고열가가 왕위를 버리고 입산수도하여 신선이 되며 오가들이 공동으로 6년 간 다스리면서 나라가 문을 닫게 되었다. 기원전 239년 4월 8일 해모수가 웅심산을 내려와 군대를 일으켜 시조 단군 해모수가 북부여를 개국하고, 2세 단군 모수리, 3세 단군 고해사 4세 단군 고우루, 5세 단군 고두막 그리고 6세 단군 고무서까지 기원전 239년에서 기원전 57년까지 181년 간 통치하였다.

(4) 단군의 1 · 2 · 3 · 4정권 구분과 기 · 승 · 전 · 결의 경험적인 시기 구분

단군조선 역대 제왕들의 생존능력을 나타내는 재위기간에 추가하여 집권세력이나 수도 이전 등 단군왕조의 경험적인 성격에 따라 구분하는 것이 통상적인 왕조의 시대 구분 방식이지만 그 시기와 수도 위치와 관련하여 학자들에 따라 그 주장이 서로 다르다.

첫째, 신용하는 『고기』를 기준으로 고조선은 기원전 30세기에서 24세기에 대동강 아사달(왕검성)에서 건국한 후, 제1차 천도는 기원전 20세기경 요동반도의 개주 왕검성으로, 제2차 천도는 영토확장에 따라 기원전 5세기경 요서지역 대릉하유역 조양지구로 천도한 것으로 본다. 천도 때마다 집권세력에 큰 변동이 일어나 한 · 예 · 맥족 연합정권이 한족 중심(강동 왕검성)에서 맥족 중심(대릉하 조양지구)으로, 그리고 예족중심(기자정권)으로 변동함을 주목하고 있다. 개주 왕검성은 전조선 왕조의 시기이고 대릉하 조양지구 왕검성은 후조선 왕조시기로 구분한다.

둘째, 윤내현은 기원전 2400년에 고을나라시대 지금의 평양을 처음 아사달로 삼았다가, 기원전 2400년~2300년에 고조선이란 명칭을 사용하면서 요령성 본계시의 평양성으로 천도하고, 기원전 1100년 무렵에는 지금의 난하 유역 백악산 아사달로 천도하고, 기원전 1100년경부터 대릉하 동부지역 장당경으로 천도했으며, 한사군이 설치된 기원전 107년부터는 평양 아사달로 도읍을 옮겼다고 한다.

셋째, 『환단고기』는 고조선의 본국인 진한이 최초 삼한시대에는 현재의 흑룡강 송하강 아사달에 도읍을 정했다가 삼조선 시대에는 길림성 백악산 아사달로 옮기고 대부여시대에는 요령성 장당경 아사달로 천도하여 두번 천도했다고 본다. 반면에 번한(발조선)은 하북성 안덕향에서 삼한시대와 삼조선시대를 지내고 대부여시대에는 하북성 험독으로 옮겼고, 마한(말조선)은 처음부터 끝까지 현재의 평양인 백아강에 도읍을 두었다고 한다.

이외에도 고조선을 전조선과 후조선으로 나누는 것에는 『단기고사』와 『규원사화』의 기록이 일치하고 신채호나 최태영 · 이병도도 같은 견해를 보이고 있다. 그럼에도 세부적으로는 이처럼 서로 시대와 장소를 다르게 보고 있으므로 어느 하나를 따르기에는 많은 논거가 필요하다. 이에 이 책에서는 모든 주장의 가능성을 열어두고 다만 이들을 국왕과 통치세력의 통치능력과 수도이전 등을 기준으로 하면서 국왕의 재위기간도 참고하도록 한다.

재위기간을 중심으로 고조선의 시기를 구분해 보면, 고조선의 기(창업, 개국) · 승(발전, 번성) · 전(성숙, 전환) · 결(수성, 유지)에서 제1 · 2 · 3 · 4정권(단군 1 · 2 · 3 · 4)로 구분하도록 한다.

첫째, 제1정권 단군 1의 기(창업, 개국)에 해당하는 기간은 초대 단군에서 9대 아술의 기간까지로 한족중심의 정권이라 볼 수 있다.

둘째, 제2정권 단군 2의 승(발전, 번성)의 기간은 10대 노을에서 21대 서태까지이고, 맥족중심의 정권이라고 볼 수 있다.

셋째, 제3정권 단군 3의 전(성숙, 전환)의 기간은 예족인 기자족 중심의 정권으로서 22대 색불루에서 43대 물리까지라고 볼 수 있다.

넷째, 제4정권 단군 4의 결(수성, 유지)의 기간은 44대 구물에서 47대 고열가까지 그리고 북부여와 위만정권 및 3한의 시기이다.

『단군세기』에서는 역대 제왕의 생존능력과 통치능력이 어느 정도 다르게 나타나는 모습을 보여 기승전결의 사이클을 이룸을 보여주는 셈이다.

두 기록에서 보여주는 제왕들의 재위기간을 비교하기 위해 국왕들의 제위기간 전체를 합하면 『규원사화』의 기간은 1,205년이고, 『단군세기』는 전체 제왕들의 재위기간을 합하면 2,085년을 나타낸다. 『단군세기』가 단군조선의 전체 기간을 다루고 있고, 『규원사화』는 전체 기간의 반 정도만 다루고 있으며, 『단기고사』도 『단군세기』와 같은 재위기간을 기술하고 있기 때문에 『단군세기』를 중심으로 보는 것이 더 적절한 것으로 보인다. 이러한 제왕들의 상황을 고려 말 이암(1296~1364)이 저술한 『단군세기』의 역대 왕에 대한 기술을 중심을 살펴보도록 한다.

7. 역대 단군의 역할과 고조선의 흥망성쇠: 정권분석의 중기 사이클

(1) 기의 단계 고조선의 기반구축: 국가형성의 단계

개국 시조인 단군왕검부터 8대 단군 우서한까지 고조선은 국가의 기틀을 튼튼하게 만들었다. 9한을 통합하고 5가를 지배세력으로 삼고 지방을 3한으로 나누어 통치하면서 국가의 경계를 분명히 하여 국가를 외형적으로 구축하였다. 법제를 만들고 참성단과 삼신제사 등으로 제의를 만들고 국민통합의 의식으로 삼았다. 도읍을 정하고 농사, 글자, 의약, 호적, 군대, 누에치기, 점, 산업육성, 기숙사 건축, 학문융성, 백성 화목, 가림토 38자 정음, 글자 역사책 편찬, 책력 제작, 한국 오훈, 신시 오훈, 세제와 관제 개편 등 국가의 내실을 확립하였다. 이것을 바탕으로 반란을 진압하고 외적을 정벌하는 등 군대의 군사력을 행사하고 동맹을 맺어 조공을 받는 등 치안유지와 국방 및 외교를 제도화하였다. 이러한 활동들은 국가형성의 활동들로서 단군조선의 기의 단계에 이루어진 일들이다.

기의 단계는 단군조선의 건국과 국가형성의 기반구축, 부루의 영토확장과 국제활동, 가륵 · 오사구의 국가이념 공고화, 건국 초기의 위기와 극복 등의 성격을 지닌다.

(2) 승의 단계 고조선의 발전: 국민형성의 단계

대표적인 국민형성의 활동이 제천행사와 제의 활동이다. 고조선은 제의-군장 국가로서 제의활동은 천손국가로서 조상에 대한 제사를 포함하여 민족주의의와 국가주의의 상징적인 국가 활동이다. 1대 단군왕검은 제의-군장국가의 기틀을 튼튼하게 구축하였다. 단군 스스로 천신 · 지신 · 인신의 삼신 가운데 인신의 경지에 도달하여 신인의 덕을 지녀서 주변 모든 사람들이 겁내어 복종하고, 구한이 모두 뭉쳐서 하나로 되었고 단군조선을 개국하여 신과 같은 교화가 멀리 미치게 되었다. 신인 단군왕검은 오가의 우두머리로서 무리들과 더불어 삼신에 제사를 올리니 신의 덕과 성인의 어진 마음을 함께 갖추고 능히 하늘의 뜻을 받들어 이어 그 다스림이 높고 커 구한의 백성들이 모두 마음으로 따르며 천재의 화신이라 하였다. 단군왕검은 운사인 배달신에게 명하여 강화도 혈구에 삼랑성을 짓고 마리산에 제천의 단인 참성단을 쌓고 하늘에 제사를 지내도록 제도화하였다. 단군왕검의 지시로 역대 모든 단군이 하늘에 제사를 지냈을 것으로 미루어 짐작할 수도 있으나, 기록에서 직접 나타나는 것을 분석하는 것도 또 다른 의의가 있다.[38]

승의 단계는 부족국가연합과 국민형성, 덕치를 통한 국민형성, 합의제와 천경신고를 통한 국민형성, 지방통치체제 정비 및 소도·천지 화랑제를 통한 국민통합, 애한가와 삼신제사 등을 통한 국민통합, 주천력과 『팔괘상중론』 등 천문지리를 통한 국민통합 등이 이루어졌다.

(3) 전의 단계 고조선의 번성과 전환: 경제발전의 단계

전의 시기는 22대 단군 색불루에서 43대 단군 물리까지이다. 전의 단계는 고조선의 큰 전환이 이루어진 기간이다. 농업공동체에서 농촌공동체로 영농방식이 바뀌고 대규모 토지 사유제도와 노예제도가 강화되어 국가체제도 군장-제의체제로 전환하였다. 일본과 연나라를 평정하는 등 대표적인 역대 단군의 개별적인 조치상황들로 일본 신무천황의 부친이 된 장군 언파불합을 보내 바다의 해적과 일본의 바다침범을 평정하고, 조을을 파견하여 연나라 서울을 돌파하고 제나라 군대와 싸워 승리하는 등 68년 간 다스렸다. 또한 진국과 부여의 조상에 해당하는 협야후 배반명을 보내어 바다의 도적을 토벌하여 일본이 모두 평정되었고, 병력을 보내어 기자조선 군대와 함께 연나라를 정벌하였으며 연나라를 도운 제나라까지 진압하여 58년을 다스렸다.

전의 단계에서는 경제발전, 영토확장, 전쟁을 통한 국민형성과 경제발전, 소도증설·제의활동 강화를 통한 국민형성과 경제발전, '직신강론'과 관료윤리 확립을 통한 국민

---

38) 역대 단군들 가운데, 기의 단계인 2대 단군 부루는 하늘에 제사를 지내고, 3대 단군 가륵은 천제나 제사의 삼육대례를 만들어 제사를 지내고, 4대 단군 오사구는 삼신에 제사를 지내고, 5대 단군 구을은 사자를 보내 태백산에서 제사를 지내고, 6대 단군 달문은 한국 오훈과 신시 오훈을 만들고 구월산에서 제사를 지냈다. 승의 단계인 11대 단군 도해는 국선 소도를 설치하고 환웅의 신에 제사를 지내고, 14대 단군 고불은 기우제를 지내고, 16대 단군 위나는 삼신에 제사를 지내고, 21대 단군 소태는 하늘에 제사를 지냈다. 전의 단계인 24대 단군 연나는 소도를 증설하고 하늘에 제사를 지내고, 25대 단군 솔나는 강론을 하며 임금이 성인이 된 후라야 신하가 바른 법이라 하여 임금의 도를 일깨우고, 밭곡식에 풍년이 들었으며 88년을 재위하였다. 28대 단군 해모는 아픈 단제를 하늘 기도로 치유하고, 30대 단군 나휴는 하늘에 제사하고 치우천왕의 공덕비를 세우고, 33대 단군 감물은 삼성사를 건립하고 제사를 지냈다. 결의 단계인 44대 단군 구물은 삼신 영고와 삼육 대례를 지내고, 45대 단군 여루는 하늘에 기우제를 지내고, 47대 단군 고열가는 단군 왕검의 묘를 백악산에 세우고 친히 제사를 지냈다.

형성과 경제발전, 천재지변으로 인한 초기 경제발전의 실패, 농업발달과 경제발전, 경제발전의 실패와 국가의 쇠퇴 등의 성격을 보였다.

(4) 결의 단계 고조선의 쇠퇴: 반란과 국력쇠퇴의 단계

결의 단계에서는 고조선이 내부적인 반란과 외국의 침략으로 급속하게 국력이 쇠퇴하고 몰락하는 과정을 겪게 되었다. 국가의 체제가 3한체제에서 3조선체제로 바뀌고 국호도 조선에서 대부여로 바꾸는 등 급격한 국가변동이 일어났다. 대표적인 역대 단군들의 조치들을 보면, 구물이 여러 장수들의 추앙을 받아 단을 쌓고 하늘에 제사를 지내고 장당경에서 44대 단군으로 즉위하고 국호를 대부여로 고치고 삼한을 삼조선으로 바꿔 불렀다. 이때부터 삼조선은 단군의 통치를 받으면서도 전쟁에서 독자적인 큰 역할을 맡게 되었고 해성을 개축하여 평양으로 부르고 이궁을 지었으며, 삼신영고의 제사를 삼육대례로 지냈다.

결의 단계는 왕권의 약화와 반란 및 제후권력의 강화, 국가능력 쇠퇴 및 국가의 재정파탄, 단군조선의 쇠퇴와 북부여 정권의 등장 등의 성격을 보였다. 단군조선은 막을 내리고 해모수가 그의 태어난 고향 이름을 따 새로운 나라의 이름을 북부여로 시작하여, 그 뒤 그의 후손인 주몽이 고구려라 칭하게 되었다. 이러한 단군조선의 기승전결의 내용을 역대 단군의 통치활동을 중심으로 차례로 간략하게 검토하도록 한다.

8. 고조선 기의 단계와 국가형성 과정에서의 역대 단군들의 역할

(1) 기의 단계 단군왕검의 고조선 건국과 국가형성의 기반 구축

고조선 국가의 기의 단계(기원전 2333년~기원전 1950년)에서 국가의 틀을 갖추는 국가형성(state-building)은 국가의 이름, 수도, 영토, 통치기구, 통치세력, 군대 조직, 질서유기기구, 각종 관료조직, 지방행정조직 등의 다양한 기구들, 법 제도 등을 형성하는 단계이다. 고조선에서는 단군왕검이 93년이라는 긴 기간 동안 통치하면서 고조선 국가형성의 큰 골격이 모두 갖추어졌다.[39)]

---

39) 고조선의 건국과정에 해당하는 기(起)의 단계는 8세 단군을 전후로 하면서 단군의 통치능력에 큰 변화가 있어서 1세 단군 왕검에서 8세 단군 우서한까지로 볼 수 있다. 기의 단계에서는 단군 왕검(단군세기, 규원사회 이하 같음: 93년, 93년)뿐만이 아니라 그 뒤를 이은 2세 단군 부루(58년, 34년), 3세 단군 가륵(45년, 51년), 4세 단군 오사구(38년, 49년), 그리고 7세 단군 한울(54년, 25년)

첫째, 단군왕검(기원전 2333년~기원전 2240년: 93년)은 환웅시대의 비왕으로 24년간 통치한 경험을 가지고 단군조선을 건국하여 지배족인 9한의 지지를 받았고, 환웅시대 신시의 옛 규칙을 법으로 삼고 오가와 800명의 무리들 및 3천 단부의 후예들을 통치집단으로 삼아 통치를 했다. 하늘에 대한 제사와 부모에 대한 효도, 서로 양보, 위태로움에 서로 돕고, 남녀 간 질투와 음란함이 없도록 가르쳤다. 팽우·성조·고시·신지·기성·나을·희·우·하백녀·풍백·우사·운사 등에게 땅 개척·궁실 건축·농사·글자·의약·호적관리·점치는 일 관리·군대 관장·누에치기·치산치수·물관리·제천행사 등 국가의 업무를 각각 분장시켰다.

제사장으로서 운사인 배달신에게 명하여 강화도 혈구산에 삼랑성을 짓고 마리산에 제천의 단인 참성단을 쌓았다. 동아시아 패권국가로 주변국인 하나라가 큰 홍수를 만나 어려움에 처하자 태자 부루를 사신으로 보내 도산에서 하나라의 우사공에게 홍수를 막고 민생을 구할 수 있는 도량형·측량·치신치수·세제 삼신오제교 등을 포함한 제의-군장의 국가경영에 관한 치국책인 오행치수의 방법을 전해주었다.[40]

군장으로서 측량의 방법을 사용하여 국경을 측량하여 하나라로부터 유주와 영주의 두 지방을 국가에 편입시켰다. 나아가 군대로 회대지방의 제후들을 평정하여 분조를 두고 우순이 감독하도록 했다. 단군왕검은 누에치기와 고기잡이 등으로 민생을 돌보고 삼한 오가 64족에 대한 통치체제를 확립하여 고조선 국가의 기틀을 잡았다.[41]

고조선의 영토를 넓게 잡아 북쪽으로 시베리아 벌판까지, 서쪽으로 알류 땅을 거느렸고, 남쪽으로 중국 산동반도 회대까지, 동쪽으로는 동해바다까지 영토로 했다. 이 영토를 공이 있는 사람들에게 봉해주어, 치우씨 후손은 남서의 땅인 남국에 봉하고 염려홀을 서울로 삼았고,[42] 신지씨의 후손은 북동의 땅을 주어 숙진국 또는 숙신으로 봉하고 숙신홀을 수도로 하여 다스렸고,[43] 고시씨의 후손은 남동쪽 한반도의 땅에 봉해주

이 각각 큰 역할을 한 것으로 보이고, 5세 단군 구을(16년, 35년)과 8세 단군 우서한(8년, 57년)의 시기에는 통치능력이 떨어지는 것으로 보인다.

40) 도산회맹은 7년 간 장기적인 큰비와 장마 및 홍수로 수재를 당한 관련 국가들이 모여 국제적으로 재난방지와 재난복구를 공동으로 하는 수해위기극복국제회의에 해당하고, 그것을 이 지역 패권국가인 단군조선의 단군왕검이 부루 태자를 보내 주도한 것이다.

41) 『단군고기』: 53-61.

42) 치우씨는 이미 남쪽 중국 산동반도에 봉함을 받아 백성을 잘 다스려 편안하게 하고, 전쟁대비훈련을 늘 하여 서남의 울타리를 튼튼히 막아주었고 백성들을 해대의 땅에 여러 차례 옮겨 후세에 항상 중국 땅의 여러 나라들과 더불어 서로 각축을 이루었다. 『규원사화』: 83.

43) 신지씨는 조선의 한 갈래로서 지금 말갈의 선조인 숙진국에 봉함을 받았으나 지금의 중국 길림성, 흑룡강성, 연해주와 북쪽 개마고원이 포함되는 관북지방의 땅은 이미 굳고 차서 곡식이 되지 않고 땅은 넓은데 사람은 적어 목축에 적당하여 백성들을 허리에 칼과 활을 차고 유목하고 사냥하다가

었는데 산하가 수려하고 풀과 나무가 무성하여 청구라고 하고 낙랑홀을 수도로 삼아 다스리게 했다.[44] 주인씨의 후손으로는 개마국에 봉해주었고, 여수기는 예(濊)의 임금으로 삼았고, 단군왕검의 아들들인 부소와 부우, 그리고 부여를 모두 다 서쪽 나라에 봉해 구려, 진번, 부여로 삼았다. 그 후 부루가 동쪽에서 온 세 사람에게 각지에 봉해주어 후세에 옥저, 졸본, 비류라는 이름으로 불리었다. 단군왕검의 시대에는 통틀어 큰 나라 아홉과 작은 나라 열둘이 있어서 나누어 천하의 여러 고을을 다스렸다.[45]

단군왕검이 제후국을 봉하고 천하가 맑고 고요하게 산지 10년 만에 지금 강화도인 갑비고차에 사는 남이(南夷)사람이 반란을 일으켜 단군은 아들 부여의 지휘로 군대를 보내 평정하고 후에 아들 부소와 부우를 보내 갑비고차에 삼랑성(三郞城)[46]을 쌓고 참성단[47]을 건립하여 하늘에 제사를 지냈다. 단군 통치 30년 만에 큰 홍수가 나서 패수가 넘치고 평양이 물에 가라앉아 태자 부루를 시켜 구월산 아래 장당경(당장경, 장장평)으로 서울을 옮겼는데, 이것을 기념하여 후대에 '부루의 단지'라는 업주가리[48]가 만들어졌다. 단군통치 40년에는 알유의 난이 일어났으나 부여가 군대를 모아 평정하여 부여

후세에 점점 흑룡강으로 옮겨 사냥과 물고기 잡는 것을 생업으로 삼았으나 살기 어려워 거칠고 씩씩하며 사납고 용맹하여 멀리 여러 나라에까지 나갔으나 글공부를 등한히 하여 문화적으로 뒤떨어지게 되었다. 여기에서 뒤에 읍루, 물길, 말갈, 발해, 금나라, 청나라가 일어나게 되었다. 위의 책: 83.

44) 고시씨는 한반도의 청구국으로 나아가 밭과 들을 개간하여 농업을 일으켜 기후가 좋아 오곡이 풍성했고 백성들의 의복이나 식생활이 좋고 모자 · 옷 · 신발을 갖추어 천하의 기개가 있고 문무가 겸하여 백성들은 편안한 가운데 교화가 일으켜서, 관자가 말하는 창고가 꽉 차야 예절을 알고 의식이 넉넉해야 영욕을 안다는 가르침을 실천하고 있었다. 위의 책: 84－85.

45) 위의 책: 80－82.

46) 삼랑성은 정족산성이라 부르기도 하며 사적 130호로 강화도 정족산에 있는데 단군의 세 아들이 쌓은 것으로 삼국시대 석성구조를 지니고 현재의 것은 고려시대 보수와 조선시대 중수된 것이다. 고려 고종 1259년에는 성내에 가궐을 짓고 1660년 조선 헌종 때에는 마리산 사고에 보존해오던 『조선왕조실록』을 성내의 정족산 사고로 옮겼고 왕실의 족보를 보관하는 선원보각을 건립했으나 지금은 모두 없어지고 전등사만 남아 있다. 위의 책: 85－87.

47) 강화군 마니산 정상에 있는 단군이 하늘에 제사를 지낸 제단으로 사적 136호이며 마니산 제천단이라고도 하며, 고려시대와 조선시대에도 임금이나 제관이 하늘에 제사를 지냈다. 고려시대와 조선시대에 보수를 했고, 매년 제천행사가 있으며, 전국체전 때 봉화 채화를 여기에서 한다. 마니산의 본래 이름은 두악(頭嶽)으로 머리산이 마리산으로 바뀌고 마니산으로 되었다. 마니산과 백두산 및 한라산의 직선 거리가 같다. 단군이 대체로 하늘에 제사를 지낼 때는 북으로 사냥가면 태백산에서 그리고 남쪽으로 순행하면 두악 즉 마니산에서 제사를 지냈다. 위의 책: 86－87.

48) 업주가리(業主嘉利)는 뒤에 부루가 2세 단군을 끝낸 후, 부루가 홍수를 막았고 땅을 옮겨 집을 짓고 잘 살게 했기에 숭배하기 위해, 집 안에 땅를 골라 단을 설치하고 '부루의 단지'를 두어 뒤꼍 울타리 밑의 항아리에 쌀과 곡식을 넣어두고 짚으로 덮어놓아 업신(業神)으로 삼고 완전한 사람이 받는 계명이라 하여 커발한의 계명이란 뜻의 전계(佺戒)라고도 하여 부루의 신에 대해 보답하는 것이다.

를 북방의 땅에 봉하고, 부루가 왕검성을, 부소가 낙랑홀을, 부우가 장당경을 감독하고 고시씨를 남방의 땅 한반도 남쪽에 다시 봉해주었다.

법 질서 확립을 위해 '단군8조'로 백성들을 교화하고 '범금8조'를 실시하였다.

단군왕검은 제사장으로서 전국을 순회하고 서울에 와서 각각 제사를 지냈다. 우수홀을 지나 숙신홀에 이르러 북동지방의 모든 제후들을 모아놓고 신지씨의 신령에 제사지내고 사당을 숙사달에 세웠고, 남서쪽 제후들을 모아 치우씨의 신령에 제사지내고 사당을 엄려달에 세웠고, 남쪽으로 참성단에서 하늘에 제사지내고, 남동제후들을 모아 고시씨의 신령에게 제사지내고 소루달에 사당을 새웠고, 평양에 돌아와 8가 및 제후들을 모아 해, 달, 음, 양, 사시의 귀신과 산악 하천의 신들에게 제사를 지냈다. 환인, 환웅, 단군왕검의 삼신에 대한 숭배와 제사를 제도화하였다. 이처럼 단군왕검은 단군조선의 건국을 위해 다양한 일들을 하여 국가형성을 이루었다.

(2) 부루의 국제활동·영토확장과 가륵·오사구의 국가이념 공고화

첫째, 2세 단군 부루(기원전 2240년~기원전 2182년: 58년)는 태자 시절에 지역 중심국가의 태자로 국제활동을 주관하였고 단군으로 즉위한 이후에는 군장으로서 주변 지역의 반란을 진압하고 영토를 확장하였고, 이것을 이어받아 가륵은 국가이념을 공고화하여 국가형성을 튼튼히 했다. 부루는 식달을 용가로 등용하고 금물을 마가로 삼았고 재산을 주관하는 벼슬을 더 설치하여 봉가라고 하고 아밀에게 맡겼다. 관개시설을 만들고 고치고 농사와 뽕나무를 심어 누에치기 및 목축업을 장려하여 재물을 저장하고 크게 풍부하여 백성들과 산업을 다스려 한사람도 배고픔과 추위에 시달리지 않게 민생을 돌보았다. 밭을 나누고 밭문서를 만들어 백성들의 개인 토지와 재산 소유제를 도입하였고, 신지 귀기에게 달력인 칠회력과 도시계획도인 구정도를 만들게 하여 농사나 토지 및 세금 징수의 기준으로 삼았다. 쌀 되와 저울을 통일하고 베와 모시의 시장 가격도 서로 통일하여 백성들의 시장질서를 잡아 경제질서를 바로 잡았다.

국왕이 학교와 기숙사를 설치하여 학문과 문화를 발전시키고, 효도를 권장하기 위해 부모의 상을 잘 치루어 예의를 차린 소련(少連)과 대련(大連)[49]을 불러 다스림의 길을 묻고 널리 권장하여 효도와 풍속을 만들어 나갔다. 백성들이 머리카락을 땋아 목을 덮

49) 소련과 대련은 부모의 상을 잘 치루었는 데, 사흘 동안 게을리 하지 않았고, 석 달 동안을 느슨하지 않았고, 한 해가 지날 때까지 슬퍼 애통해 했으며, 삼 년 동안 슬픔에 젖어 있었다. 이때부터 온통 풍속이 변하여 상을 다섯 달로 멈추던 것을, 오래 될수록 효도가 높고 영광된 것으로 여기게 되었다.

도록 하고 푸른 옷을 입게 했다. 이처럼 단제가 예의와 풍속을 만들어 큰 성인이 되어 덕으로 교화하여 백성을 다스려 공자도 이것을 사모하고 칭찬하였다.

군장으로서 앙숙이 다시 반란을 일으켜 선라(仙羅)에게 숙진개마의 군대를 모아 쳐서 평정하여 그 무리들을 북쪽 끝으로 내쫓았다. 병사를 보내 우순(순임금)이 남국에 인접한 땅으로 영주를 삼아 수십 년 된 연나라 혹은 남이(藍夷)인 남국(藍國)의 이웃에 둔 유주 영주 두 주를 제후들을 시켜 정벌하고 그 왕들을 모두 다 쫓아내고 뒤에 옥저, 비류, 졸본의 여러 나라들이 된 그 지역에 동무(東武)와 도라(道羅) 등을 그곳의 제후로 봉하여 국가형성을 추가로 계속했다. 이 일로 천하의 제후들 수십 명이 임금에게 찾아와 섬기겠다고 하여 국운이 왕성해졌다. 이에 어아가를 지어 사람과 신이 함께 어울렸다.[50]

제사장으로서 봄 가을로 나라 안을 두루 살펴보고 하늘에 제를 드렸다. 신시 이래로 하늘에 제사지낼 때마다 나라 안의 사람들이 크게 모여 조상에 고마워하고 신인(神人)이 사방을 모두 화합하는 어아가(於阿歌)[51]를 함께 노래 부르고 큰 덕을 찬양하며 서로 화목을 다졌다.

둘째, 3세 단군 가륵(기원전 2182년~기원전 2137년: 45년)은 국가형성과 관련하여 국가의 이념과 윤리를 정립하는 일에 주력했다. 구실씨를 등용하여 용가로 삼아 통치체제를 굳건하게 했다. 고대 상고 신인과 군왕의 도리를 다룬 '신왕종전의도(神王倧佺之道)'를 확인하고 임금과 신하의 도리, 삼신 제사의 방법, 신시 개천의 도 등을 정립하여, 조정의 종훈(倧訓), 백성이 지켜야 할 전계(佺戒), 삼광오정(三光五精),[52] 삼육대례(三六大禮)[53] 등을 정립하고 구한의 모든 백성들이 복종하고 백성들에게 교화를 하

---

50) 『규원사화』: 126-129.

51) 어아가는 '기쁘고 기쁘다'는 내용을 담은 고대가사로서 그 내용은 다음과 같다. "어아 어아, 우리들 조상님네 크신 은혜 높은 공덕, 배달나라 우리들 누구라도 잊지마세. 어아 어아, 착한 마음 큰 활이고 나쁜 마음 과녁이라, 우리들 누구라도 사람마다 큰 활이니 활줄처럼 똑 같으며, 착한 마음 곧은 화살 한맘으로 똑같아라. 어아 어아, 우리들 누구라도 사람마다 큰 활되어 과녁마다 뚫고지고, 끓는 마음 착한 마음 눈과 같은 악한 마음. 어아 어아, 우리들 누구라도 사람마다 큰 활이라, 굳게 뭉친 같은 마음 배달나라 영광일세, 천 년 만 년 크신 은덕, 한배검이시여, 한배검이시여." 『단군세기』: 63.

52) 삼광오정에서 삼광은 해, 달, 별을 의미하고 오정은 오행(五行)의 정(精)을 나타내는 것으로 천지운행과 자연질서를 의미하여, 이것을 통해 사람들이 같은 생각을 하게 되고 깊고 묘한 것을 얻어 저절로 사람들끼리 서로 돕게 된다.

53) 천제나 임금 또는 제사 때 드리는 우리 고유의 절하는 법이다. 여러 가지 방법이 있는데, 대표적인 것은 오른 손이 위로 오게 하고 엄지손가락끼리 십(+)자로 잡고 허리를 굽혀 세 번 절하고 일어서서 한 발 나아가서 여섯 번 허리만 굽혀 절하고 일어선다. 결국 두 번 절을 하는 셈인데 머리만 세 번과 여섯 번 땅에 닿도록 허리를 굽히는 절이다.

여 하나가 되게 했다. 이러한 교화와 고대 상형문자인 형상으로 뜻을 나타내는 참글(眞書)이 있어도 아직 구한이 말과 글이 하나가 되지 않고 풍속이 서로 달라 문화를 하나로 통합하기 위해 심랑을보륵에게 명하여 정음 38자의 가림토를 만들었다. 신지 고글에게 명하여 역사서인 『배달유기』(培達留記)를 편수케 하여 처음으로 역사를 편찬케 했다. 또한 불함산에 올라 민가에서 나오는 연기가 적은 집에는 세금을 줄이도록 하여 조세의 형평성을 높이도록 했다.[54]

국가형성을 위한 직접적인 활동은 황하의 하류지대인 열양의 지방 통치자로 성주인 욕살 색정에게 명하여 흑룡강 또는 아무르강인 약수로 옮기게 하고 종신토록 갇혀 있도록 했다가 용서하고 그 땅에 봉하여 뒤에 흉노의 조상이 되었다. 또 티벳지방에서 강거가 반란을 일으키자 단제가 직접 티베트 지백특에서 정벌했고, 두지주의 예읍(濊邑)의 추장이 반란을 일으켜 여수기에게 명하여 그 추장 소시모리를 베고 진압했다. 이때부터 그 땅이 소시모리라 하다가 우수국이 되었고, 그 후손 협야노(陜野奴)가 바다로 도망쳐 지금 일본열도인 삼도로 가서 스스로 천왕이라 칭했다.[55]

셋째, 4세 단군 오사구(기원전 2137년~기원전 2099년: 38년)는 동생 오사달을 몽고의 왕인 몽고리한(蒙古里汗)으로 봉하여 국가 영토를 넓히고 왕족의 통치권을 강화시켰으며, 지금의 몽고족이 그의 후손이라고 한다. 북쪽을 순시하다가 태백산에서 삼신제사를 하고 신비한 약초인 인삼을 선약(仙藥)으로 얻었고, '군자불사지국(君子不死之國)'[56] 또는 '신선불사지설(神仙不死之說)'이 퍼졌다. 구멍 뚫린 조개모양의 화폐를 만들었고, 하나라 사람들이 특산물을 바치고 신서를 구해가서 경제활동의 표준 제정과 국제교류가 이루어졌다. 살수에 배를 만드는 조선소를 설치하여 교통과 물류 운송에 기여토록 했고, 조정과 백성의 구별을 돌에 새겨 백성에게 널리 알렸다. 하나라의 왕이 덕을 잃어 그 신하가 반란을 일으켜 단제가 식달을 시켜 남국과 진·변의 3부의 병력을 이끌고 가서 정복하여 국가의 위력이 더욱 빛났다. 이에 천하가 모두 복종하고 하늘에 제사지내고 교화가 온 나라에 미쳤다.[57] 온 나라를 21주로 나누어 통치하여 지방행정 통치체제를 구축하였다.[58]

---

54) 『단군세기』: 66－70.

55) 위의 책: 66－69.

56) 국고전 『설문說文』에서 동이를 풀이하는 말 가운데 '죽지 않는 군자가 있는 나라'라고 표현하고 있는데 이것은 '죽지않는 신선이 있다는 설'인 신선불사의 설과 같은 의미를 나타낸다.

57) 『규원사화』에서는 3세 단군 가륵의 치적으로 적고 있고, 『단군세기』에서는 4세 단군 오사구의 치적으로 기록하고 있다. 두 기록 사이에 단군 이름은 다르나 그 내용은 같다. 『규원사화』: 129와 『단군세기』: 70.

58) 『규원사화』: 130.

(3) 건국 초기의 위기와 극복

고조선 건국 초기에 단군직의 승계가 국왕의 장자계승원칙에 어긋나게 왕족이 아니라 지배연합구성 핵심 계급인 오가 가운데서 연속 추대되고, 단군의 통치능력이 약화되어 재위기간도 짧아졌고, 메뚜기 떼와 같은 황충 피해가 발생하면서 단군조선은 개국 초기의 위기를 겪고 그것을 극복하였다.

첫째, 5세 단군 구을(기원전 2099년~기원전 2083년: 16년)은 양가 출신으로 국왕이 되고 태백산에 단을 쌓고 사자를 보내 제를 올렸다. 메뚜기인 황충의 떼가 크게 일어 온통 밭과 들을 가득 휩쓸고 가서 단제가 이를 현지 시찰하고 삼신에게 제사를 드려 며칠 사이에 모두 사라졌다. 단제가 장당경으로 가서 삼신의 단을 쌓고 무궁화를 심고 제사를 올렸다. 처음으로 육십갑자(六十甲子)를 사용한 책력을 만들었고, 이것은 중국의 책력법의 근거가 되었다.[59] 인도사람이 동쪽 바닷가로 표류해 도착했다. 하나라 백성들 가운데에도 단군조선에 동화되기를 좋아하는 사람들이 많아 이동해 오면 염려홀에 살게 했는데 뒤에 소강(少康)이 다시 하나라를 일으켜서 태백산에 봉하여 뭇 백성들이 제 맘대로 침범하지 못하게 하고 서로 오래도록 화친하고 좋게 지냈다.

둘째, 6세 단군 달문(기원전 2083년~기원전 2047년: 36년)은 우가 출신으로 태어나면서부터 특이함이 있었고 자라며 성스러운 덕이 있어서 뭇 사람으로부터 뽑혀 단군에 즉위했다. 동해사람 여로를 용가로 삼아 덕스러운 소문이 더욱 빛나 나라 사람들이 악을 알지 못하고 근심 걱정하는 사람이 없어 훌륭한 가르침의 소문이 점점 퍼져서 국운이 매우 왕성했다. 서쪽으로 알유를 정복했고 북으로 앙숙을 편안히 했고 남으로는 하나라를 물리쳤고 동으로는 푸른 바다에까지 10년 동안 풍파가 잠잠해 나라가 태평시대를 맞았다.[60] 이때에 동맹을 맺어 공물을 바쳤던 곳은 대국이 둘이요 소국이 스물이요 부락이 3,625곳이었다.[61]

이에 단군이 모든 한들을 상춘에 모이게 하여 구월산에서 삼신제사를 올리고 신지 발리에게 서효사(誓效詞)를 짓게 하였다. 본받고 따라야 할 말씀인 서효사는 당시까지의 역사를 정리하여 백성들이 같은 국가의식과 역사의식을 갖추도록 한 백성 교육헌장

---

59) 중국 徐亮之가 쓴 『中國史前史話』에는 "중국의 책략법은 동이에서 시작되었다. 책력을 만든 사람은 희화자이다. 그의 계통은 은나라 상나라의 동이 조상이다. 동이가 달력을 만든 사실은 실로 의문의 여지가 없다"라고 기술했다. 희화자가 요순 때의 사람이어서 단군 구을보다는 조금 빠른 듯하나 책력은 동이족의 창작물임을 확인해 준다.

60) 『규원사화』: 131.

61) 『단군세기』: 77-78.

과 같은 것으로 보인다. 그 내용을 옮긴다.

> "아침 해를 먼저 받는 동녘의 땅에 삼신께서 밝히 세상에 임하셨네. 한님께서 먼저 모습을 드러내시고 덕을 심으시니 넓고 깊게 하시니라. 뭇신들이 한웅을 보내고자 의논하니 조서를 받으사 처음으로 개천하셨네. 치우는 청구에 우뚝서 만고에 무력으로 명성을 떨치니, 회대 지방이 치우 천왕에게 돌아 오더라. 이에 천하는 능히 넘볼 수 없었더라. 왕검은 대명을 받아, 그의 환성은 구한을 움직이더라. 어수(漁水)의 백성은 이에 되살아나고 바람결에 풀잎이 한결같이 나부끼듯 덕화(德化)는 새롭기만 하더라. 원한 있는 자 먼저 원한을 풀고 병 있는 자 먼저 제거하며, 한마음으로 오직 어질고 효도함에 마음을 두시니, 사해에는 모두 남김없이 광명이 있어라. 진한(眞韓)은 나라 안을 진압하고 길을 다스리니 모든 것이 유신되리라. 모한(慕韓)은 왼쪽을 보필하고 번한(番韓)은 그 남쪽에 대비하여 험준한 바윗돌이 사방의 벽을 에워쌈과 같으니라. 성스러운 단군님께서 신경(新京)에 나아가심은 마치 저울 추, 저울 그릇과 같음이라. 저울 그릇은 백아강(白牙岡)이요 저울대는 소밀랑(蘇密郞)이라. 저울 추는 안덕향(安德鄕)이니 앞뒤가 균형이 잡혀 평균이뤄 나란히 있고, 덕을 신뢰하고 신정(神精)을 지키며 나라를 일으켜 태평을 유지하니라. 정사를 하매 70국을 항복시키고 길이 삼한의 뜻을 간직하니라. 왕업은 일어났다가는 망하는 법. 흥폐(興廢)를 함부로 말하지 말지니라. 정성은 오직 천신을 섬기는 일에 있나니라."[62]

삼한의 수도 위치와 지리적인 균형에 관한 위의 내용을 지도로 표현한 것이 제6장에서 소개한 [그림 6-17]이다. 이처럼 서효사를 통해 국왕과 9한, 그리고 모든 백성들이 같은 역사관과 국가의식을 갖도록 약속하고 단군은 그 위에 '한국의 오훈'[63]과 '신시의 오사'[64]를 함께 지켜나가기로 약속하였다. 화백회의를 하고 그 결과를 공개하고 서로 화합·겸손·자강하는 어진 정치를 펼쳐 죄인을 사면하고 사형을 폐지하고 연좌제와 같은 남을 대신하여 책임지고 화를 입는 일을 없앴다.

셋째, 7세 단군 한율(기원전 2047년~기원전 1993년: 54년)은 아질이 난을 일으켜 백성을 해치니 오직 죄는 일으킨 자에게 돌리고 오직 도는 삼가 닦는데서 이루어진다고

---

62) 6세 단군 때 신지발리는 <서효사>를 지어서 고조선이 삼한의 수도를 저울대(소밀랑, 송화강 아사달), 저울추(안덕향), 저울판(백아강)에 비유하여 세 수도가 하나의 저울이 되어 균형을 계속 유지하는 한, 고조선의 태평시대는 보전될 것이라 했다. 『고려사』; 『단군세기』: 74-75.

63) 이맥이 지은 『태백일사』의 한국본기에 따르면, 한국의 오훈은 誠信不僞, 敬動不怠, 孝順不違, 廉義不淫, 謙和不鬪이다.

64) 신시의 오사는 "하늘에 제사하는 의식은 사람을 근본으로 삼고, 나라를 이루는 길은 먹는 것을 우선으로 하나니, 농사는 사람 사는 모든 일의 근본이요 제사는 다섯 가르침의 근원이니라. 마땅히 백성과 더불어 다스려 산업을 일으킬지니라." 『단군세기』: 77.

덕으로 다스리고 여로를 시켜 반란을 진압하여 3년 후에 아질을 사로잡았다. 당시 하나라 정치가 아주 왕성해져 남국의 왕인 남후로 하여금 하나라에 대비하는 전쟁준비를 철저히 하여 전쟁이 없이 세상이 평화로웠다.

넷째, 8세 단군 우서한(기원전 1993년~기원전 1985년: 8년)은 이십 분의 일[65]을 세금으로 내는 세법을 정하여 국가재정을 튼튼히 하고 못사는 사람에게는 보충을 해주어 재정의 소득재분배 원칙을 초보적으로나마 시행하였고, 농사도 잘되어 벼 한 포기에 여덟 개의 이삭이 맺혀 풍년이 들었다. 단군 우서한이 민정을 시찰하고자 옷을 바꿔 입고 몰래 국경을 넘어 하나라의 정세를 살피고 돌아와 크게 관제를 고쳤다는데 구체적인 내용은 알려지지 않고 있다. 날개넓이가 석자가 되는 세 발 달린 까마귀(三足烏)가 대궐뜰 안으로 들어오고 다음 해에 단제가 죽었다.[66]

다섯째, 9세 단군 아술(기원전 1985년~기원전 1950년: 35년)은 어진 덕이 있어 백성이 금지하는 바를 위반하는 자가 있어도 "똥 눈 땅이 비록 더럽다고 해도 비나 이슬이 내릴 때도 있는 법이다"[67]라고 하면서 죄진 자를 그냥 놔두고 벌하지 않아 죄졌던 사람도 마침내 그 덕에 감화되고 단제의 교화가 크게 떨쳤다. 그럼에도 청해의 욕살 우착(于捉)이 군대를 일으켜 반란하여 궁성을 침범하고 단제는 상춘으로 피신하고 구월산 남쪽 기슭에 새 궁궐을 건축하고, 우지와 우울 등에게 명령하여 우착을 죽이고 반란을 진압하여 삼 년 뒤에 서울로 되돌아 왔다.[68] 우착의 난은 고조선 국가형성 초기에 후국이나 지방정부와 중앙정부 사이에 아직도 권력투쟁과 권력도전이 있음을 보여주는 일이다. 단군 아슬이 덕으로 다스리는 덕치를 펼쳤지만 아직 지방에까지는 미치지 못해 청해 욕살이 난을 일으키게 된 것이다.

이렇게 단군조선은 개국 초기에 당면한 여러 가지 국가 위기를 극복하고 안정적인 국가건설의 승의 단계로 접어들었다.

---

65) 『단군세기』의 기록인데, 『규원사화』에서도 세금을 기록하면서 세율은 높아 아홉이나 열의 하나를 세금으로 받았다고 한다. 『단군세기』와 『규원사화』가 같은 주제를 기술한 것은 단군 왕검의 치적, 부루태자의 하나라 우사공 만난 일 등 많지 않은데 여기에서 세금에 대한 사항을 세율은 다르나 공통 주제로 기록하고 있다.

66) 『단군세기』: 79.

67) 이 내용은 『단군세기』: 79와 『규원사화』: 132에 공동으로 인용되어 같이 기술되어 있다.

68) 『단군세기』: 79－80과 『규원사화』: 132.

9. 고조선 승의 단계 · 국민형성 과정에서의 역대 단군들의 역할

(1) 부족국가연합과 국민형성

고조선 국가가 여러 부족국가들의 연합으로 국가를 형성한 만큼 여러 부족들을 하나의 국민으로 통합을 이루는 국민형성(nation-building)이 중요한 국가적인 과제가 되었다. 초기 국가형성이 완성된 이후 불가피한 국가건설 공고화의 단계인 승(承)의 단계(기원전 1950년~기원전 1285년)의 역대 단군들의 업적을 살펴보도록 한다. 국민형성의 근본적인 국가이념과 기본 철학은 단군조선 건국의 이데올로기인 홍익인간, '세 가지 위험 극복,' 천신숭배와 천손사상, 덕치 등을 백성들과 지배계급에게 널리 교화하고 내재화시키는 것이었다. 이것을 위해 국왕 스스로 덕치를 하고 백성들에 대한 종교활동, 천신제사, 제의활동, 정신교육, 사회교육 등을 광범위하게 추진했다.

(2) 덕치를 통한 국민형성

첫째, 10세 단군 노을(기원전 1950년~기원전 1891년: 59년)은 우가 출신으로 처음으로 동물원을 만들어 집에서 기르는 가축 외의 짐승들을 키웠다. 단제가 백성들을 직접 만나고자 마을로 가자 현자들이 많이 몰려들었고, 궁전 문밖에 백성들이 억울한 일을 국왕에게 탄원할 수 있도록 신문고와 같은 신원목(伸冤木)을 설치하여 백성들의 억울한 사연을 들으니 멀리 사는 백성들까지 크게 기뻐했다. 처음으로 천문대인 감성(監星)을 설치하였고, 발해 연안에서 금덩이 13섬이 나왔다.

둘째, 17세 단군 여을(68년, 63년)은 제후들을 크게 모아 놓고 진번후에게 상을 주었다. 오가와 함께 나라를 돌아보고 개사성 근처에 이르니 푸른 도포 입은 노인이 단제의 덕을 치하하여 "오래 선인의 나라에 살며 선인의 백성이 되어 살고 있는데 단제의 덕이 두루 미쳐 그르침이 없고 왕의 다스림은 편벽되지 않고 백성들은 이웃에서 수심 · 고통 · 책화를 구경하지 못하고, 믿음으로써 경계를 관할하고, 은혜로써 성도 나라도 전쟁을 겪지 않았다"고 했다. 이에 단제는 고마워하고 자신을 가다듬었다.[69]

---

69) 『단군세기』: 94-95와 『규원사화』: 135-136.

(3) 합의제와 천경신고를 통한 국민형성

첫째, 11세 단군 도해(기원전 1891년~기원전 1834년: 57년) 원년에 부여의 임금이 알유의 난을 당해 웅가가 구려와 진번의 제후들과 더불어 도와 난을 평정했다.70) 이것은 제후국들 사이에 난을 당할 때 중앙 정부가 지방의 제후국들과 서로 힘을 합쳐서 진압하는 합의제적인 국가체제가 운영되었음을 보여주는 일이다. 고조선이 제후국과 분국을 많이 두면서 그 위에서 이들과 함께 지방을 통치하고 반란이나 전쟁 때 중앙군과 제후국의 지방군이 서로 연합하여 군사력을 행사함을 보여주는 사례이다. 단군조선은 백성들에 의해 국방을 담당하고 중앙군을 강화하고자 백성들 가운데 장정을 뽑아 모두 병사로 삼았다. 송화강 기슭에 관청을 세우니 강을 이용한 유통이 늘어나 배와 관련 물건들이 널리 유통되었다. 하나라와의 외교를 강화시키고자 선사 20명을 하나라 서울로 보내 나라의 가르침을 전하여 국가의 위세를 높았다. 장소를 정하여 사방의 진기한 물건들을 모아 전시하니 천하의 백성들이 다투어 방물을 헌납하고 진열한 것이 산처럼 많아 물산장려와 경제발전에 자극을 주었다.

단제는 오가에 명하여 열 두 명산의 가장 뛰어난 곳을 골라 국선(國仙)의 소도(蘇塗)를 설치하고 많은 박달나무를 둘러 심은 후 가장 큰 나무를 골라 환웅의 상으로 모시고 제사지내며 웅상(雄常)이라고 불렀다. 국자랑의 스승 유위자가 백성들의 교화를 위해 하늘이 내린 천경신고(天經神誥)와 백성들의 본이 되는 의관대일(衣冠帶釰)을 제시하였다. 단제는 대시전(大始殿)을 세우고 환웅을 모시고 천부인을 가지고 대원일(大圓一)의 그림을 누전에 걸어 커발한이라 했다. 삼신에 대한 제사도 크게 올리고 난 후, 오가와 여러 사람들에게 천부경에 대해 논하고 삼일신고를 강연하며, 오가에게 "이제부터 살생을 금하고 방생하며 옥문을 열고 떠도는 사람에게 밥을 주어 살 수 있도록 하며 사형제도를 없애노라"라고 명하였다.

이러한 단제의 일들은 대제국 고조선의 백성들의 이질성을 줄이고 종교적 · 정신적 · 문화적 · 형사정책적으로 통일을 이루도록 하는 국민형성을 높이도록 하는 것이었다.

둘째, 12세 단군 아한(기원전 1834년~기원전 1782년: 52년)은 우가 출신으로 후국들을 늘려 청아(菁莪) 욕살 비신(丕信), 서옥저(西沃沮) 욕살 고사침(高士琛), 그리고 맥성(貊城)의 욕살 돌개(突蓋)를 각각 제후국으로 봉하고 왕으로 삼았다. 국왕이 나라 안을 두루 순시하다가 요하의 남쪽에 이르러 역대 제왕의 이름을 새긴 순수관경비(巡狩管境碑)를 세웠는데, 뒤에 금석문으로 가장 오래된 이 비석을 보고 창해역사 여홍성

70) 『규원사화』: 133.

(黎洪星)이 시를 읊었다는 기록이 있다.[71]

(4) 지방통치체제 정비 및 소도 · 천지화랑제를 통한 국민통합

첫째, 13세 단군 흘달(기원전 1782년~기원전 1721년: 61년)은 우가 출신으로 씩씩한 용맹이 있어서 나라 사람들이 그를 두려워하고 사랑했는데, 해문을 용가에 임명하여 통치하였다. 지방통치체제를 정비하여 주(州)와 현(縣)의 업무와 직책의 한계를 정하여 주현제의 지방행정체제를 세밀하게 구축하고 관리의 권력남용을 막고 정치는 법을 따라 하는 준법정치를 하도록 했다. 이웃 은나라가 하나라를 정벌하자 하나라 걸왕(桀王)이 구원을 청하여 단군 흘달이 읍차인 말량(邑借 末良)에게 구한의 군대를 이끌고 가서 싸움을 돕게 하니[72] 은나라 탕왕(湯王)이 사신을 보내 사죄하여 군사를 되돌리게 했는데, 이번에는 하나라 걸왕이 반대로 조약을 위배하고 길을 막았다. 이에 은나라와 함께 하나라 걸왕을 정벌[73]하기로 하여 신지 우량(于亮)이 견의 군대(畎軍)[74]를 이끌고 가서 낙랑과 합쳐서 진격하여 엄(奄)을 정복하고 관중의 빈(邠)과 기(岐)의 땅[75]에 웅거하며 관청을 설치했다.[76]

소도를 많이 설치하여 천지화를 심고 천지화를 꽂은 국자랑(國子郎) 혹은 천지화랑(天指花郎)[77]에게 학문과 무술을 익히게 하여 젊은 엘리트 교육에 힘썼다. 법치와 덕치가 이루어져서 백성들은 고향 떠나는 일 없이 스스로 일하는 곳에서 편안하게 살고 거문고 노랫소리가 온 누리에 넘쳐 태평성대를 이루었다. 이례적인 천문현상으로 길조

---

71) 여홍성이 읊은 시는 다음과 같다. "마을 밖 변한弁韓이라 이르는 곳에 홀로 뛰어난 돌 하나 있었네. 받침은 깨지고 철죽만 붉었는데 글자는 보이지 않고 이끼만 푸르구나. 다듬어져 처음 생겼을 때 그대로 흥망의 황혼에 우뚝 서 있으니 글에 보이는 증거는 하나도 없지만 이 어찌 단군의 자취가 아니겠는가." 『단군세기』: 85-86.

72) 『규원사화』에서는 15세 단군 벌음의 업적에 이 사실을 기록하고 있어서 『단군세기』와 내용은 같으나 시기가 다르게 기록하고 있다.

73) 탕왕이 걸왕을 벌하는 탕왕벌걸(湯王伐桀)은 한나라 유향(劉向)이 편찬한 『설원說苑』의 기록에도 유사하게 자세히 나타나 있다. 이 『설원』의 기록에서도 고대에 동이무력(東夷武力)의 막강함을 입증하고 있다. 『단군세기』: 89-90.

74) 九夷의 하나인 犬夷의 군대이거나 五加 중의 畎加 혹은 拘加의 군대이다.

75) 관중의 빈기의 땅은 지금의 섬서성의 땅으로 동쪽은 함곡관, 남쪽은 무관, 서쪽은 산관, 북쪽은 소관의 사관 가운데 있는 땅으로 진의 옛 땅으로 사새라고도 한다. 빈은 섬서성 순읍현의 서쪽에 있는 주나라 조상인 공유가 세운 옛 나라이고, 기는 주나라 구읍 섬서성 기산현의 동북에 있는 땅이다.

76) 『단군세기』: 88-89와 『규원사화』: 133-134.

77) 국자랑은 화랑의 별칭 가운데 가장 오래된 것이고, 천지화랑은 단군시대의 화랑으로 후대 신라시대 화랑으로 이어졌다.

를 의미하는 다섯별이 모이는 오성취루(五星聚婁)[78]가 나타났다.

둘째, 14세 단군 고불(기원전 1721년~기원전 1661년: 60년)은 우가출신으로 무력을 길러 국가간의 전쟁이나 내란이 없었으며, 숙진의 왕인 숙진후가 상서로운 붉은 옥을 바쳤다. 큰 가뭄을 만나 몸소 하늘에 기도하니 큰 비가 와서, 말라 죽었던 나무에서 새싹이 나고 봉황이라 할 큰 닭이 태어났다. 관리를 전국 사방에 보내 호구조사를 했다.[79]

셋째, 15세 단군 대음(기원전 1661년~기원전 1610년: 51년)은 은나라 왕 소갑(小甲)[80]이 사신을 보내 화친을 구하였고, 양운국(養雲國)과 수밀이국(須密爾國)[81]의 사신이 와서 특산물을 바쳤다. 우루국(虞婁國) 사람 20인이 투항해와 염수(鹽水) 근처의 땅에 정착하도록 했다. 단제는 동생 대심(代心)을 남선비(南鮮卑)[82]의 대인(大人)으로 봉하여 국왕의 세력을 확장하고 단군조선은 국제적으로 주변 국가들과 화친하고 제후국을 늘려 국가 위상을 높였다. 단제가 태백산에 올라 역대 단군들의 이름과 공적을 새긴 비석을 새웠다.

홍수가 크게 나서 민가에 해가 커서 곡식을 창해사수(蒼海蛇水)[83]의 땅으로 옮겨 백성들에게 골고루 나누어 주어 백성들의 홍수피해를 구해주었다. 단제가 서쪽 약수로 가서 신지 우속에게 명하여 지하 광물인 금철과 기름인 고유(膏油)를 채취하도록 했다.

---

78) 오성취루는 수성, 금성, 화성, 목성, 토성이 모이는 현상으로 동서고금 어떤 역사서에도 없는 기록이다. 10세 단군 노을이 천문대를 설치한 후 183년 뒤에 오성취루현상이 관찰되어 기록되었다. 이 사실을 고고천문학자인 서울대 박창범 교수가 지난 4,000년 간의 이들 오성의 위치를 과학적으로 계산하여 『하늘에 새긴 우리 역사』에서 확인해주고 있다. 이 사실이 『단군세기』가 위서가 아니라는 것을 고고천문학을 통해 입증해주는 대표적인 연구이다. 『단군세기』: 88-90.

79) 『단군세기』: 90-91과 『규원사화』: 134.

80) 소갑은 기원전 1672년의 은나라 왕이어서 단군 대음도 같은 시대의 국왕이었음을 확인시켜 준다.

81) 양운국과 수밀이국은 한국 12연방의 국가들로 단군조선과 외교사절을 교류했다는 기록이다. 수밀이국은 세계 최고의 문화와 역사를 가졌다는 슈메르국으로 메소포타미아문명의 주체족이거나 그 선발문화족일 가능성이 있다. 중국은 전국시대와 진나라 시대에 동서양의 실크로드를 개척했는데 슈메르와 고조선은 해양을 통해 교류했을 가능성도 있다. 이미 기원전 2092년에 인도사람이 동쪽 바닷가에 도착했다는 기록이 있었던 만큼 그것보다 430년 뒤인 기원전 1660년 15세 단군 대음 때 슈메르국과의 뱃길을 통한 교류는 가능했을 것으로 본다. 양운국의 전거는 『흠정만루원류고』에도 나오고 있다. 『단군세기』: 92-93의 각주 3 참조.

82) 사마천은 옛 우리 조상을 동호라고 했는데, 동호가 흉노의 모돌선우에게 패한 후 양분되어 선비산과 동오산으로 들어가 선비족과 동오족이 되어 남선비는 그 남쪽의 선비족을 지칭하는 것으로 보인다. 위의 책: 92-93.

83) 창해사수는 평안남도 평양의 북쪽을 흐르는 물합정강이라는 주장과 『산해경(山海經)』의 해내경(海內經)에서 말하는 북해 곧 발해 안쪽에 뱀산이 있는데 그 산에서 사수가 흘러나온다는 것을 근거로 발해의 사수(北海之內有蛇山者 蛇水出焉)라는 주장이 있다. 위의 책: 91-92.

이것은 농업과 어업생산 중심의 경제에 지하자원을 활용하도록 하여 경제력을 높이는 정책을 추진한 것이다. 세법을 정비하여 여덟이나 열의 하나를 세금으로 내는 법을 정하여 국고를 튼튼히 하였다.84)

(5) 애한가와 삼신제사 등을 통한 국민통합

첫째, 16세 단군 위나(기원전 1610년~기원전 1552년: 58년)는 우가 출신으로 나라는 안정되어 조용하고 조용하여 국민통일을 위한 국민형성에 주력했다. 각 부족의 왕인 구한의 여러 한(汗)들이 영고탑에 모여 한인·한웅·(치우)·단군왕검의 삼신과 하늘에 제사를 지내어 닷새 동안 크게 백성과 더불어 잔치와 연화를 베풀고 밤새 불을 밝혀 경을 외우고 마당 밟기85)를 했다. 백성들이 한쪽은 횃불을 나란히 하고 또 다른 쪽은 둥글게 모여 서서 춤을 추며86) 삼신과 하늘에 올리는 오늘날의 애국가와 같은 애한의 노래(愛桓歌)87)를 함께 부르며 하나의 백성이 됨을 기뻐하고 기념하였다. 이러한 노래와 춤, 삼신과 하늘과 조상에 대한 제사 등은 온 백성들이 하나로 뭉쳐지는 국민형성을 가능하게 한 중요한 일들이었다.

둘째, 18세 단군 동엄(기원전 1484년~기원전 1435년: 49년)은 지백특 사람이 와서 특산물을 바치고, 숙진후가 집채만 한 큰 짐승을 바쳤다. 한편 서쪽 변두리 우수 고을의 앙골이란 제후가 아우 장골과 더불어 난리를 일으켜 백성들을 학대하니, 부여후 동엄이 웅가 충달에게 군대를 주어 서쪽을 정벌하게 하여 예후와 숙진후가 군대를 이끌

---

84) 『단군세기』: 91과 『규원사화』: 135에 같이 기록된 내용인데, 세율에 대한 해석은 80분의 1이 아니라 '여덟이나 열의 하나'로 해석하는 것이 맞는 것 같다(改八十稅一之制, 使民八十稅一).

85) 마당밟기 또는 지신밟기는 섣달 그믐날이나 설날과 정초에 풍물놀이를 하며 집집마다 돌아다니면서 땅의 귀신인 地神이 그 위에 살고 있는 주인에게 나쁜 병이나 해코지를 하지 못하도록 여러 명이 힘을 합쳐서 밟아주는 세시풍속으로 지금까지 오랜 기간 전해오는 우리 민족의 행사이다. 이 마당 밟기를 미국이나 남미 등으로 이민가서 살고 있는 교포들이 지금도 매년 하고 있는 곳이 있다. 『단군세기』: 93-94.

86) 둥글게 모여 춤을 추는 環舞는 삼국시대와 고려 및 조선 시대를 거쳐 지금까지도 남아 있다. 강강수원래를 부르며 여인들이 정월이나 팔월대보름에 행하는 환무는 각 시대별로 전쟁 때에 아군의 전의를 돋우고 적군을 속이는 수단으로도 활용되었다. 적군이 쳐들어온 전장에서 달빛 아래 하얀 옷을 입은 많은 여인들이 둥글게 원을 그리며 손을 잡고 강강수월래 노래를 부르며 춤을 추는 평화로운 모습을 보고 적군이 겁을 먹고 후퇴한 사례도 여러 차례 있었다. 위의 책: 94의 각주 2 참조.

87) 애한가는 다음과 같다. "산에는 꽃이 있네. 산에는 꽃이 피네. 지난해 만 그루 심고 올해 또 만 그루 심었지. 불함산에 봄이 오면 온 산엔 붉은 빛. 천신을 섬기고 태평을 즐긴다네." 이 노래는 부여와 백제에 '산유화'라는 노래로 전해오고, 영남지방에는 농부들이 흥에 겨워 부르는 민요의 하나인 '메나리'의 형태로 전해오고 있다고 볼 수 있다. 위의 책: 93.

고 도와서 앙골의 난을 5년 만에 진압해 백성들이 안정이 되었다. 충달이 단군왕검 이후 700년의 왕도와 덕치에 대해 얘기하자 부여후 동엄이 옛 임금들의 덕을 닦았고, 웅가 충달을 시켜 서비의 백성들을 위무하여 백성들은 그 덕을 갚고자 머리카락을 뽑아 신발을 만들었다. 이로써 제후들 간의 다툼과 공격을 멈추게 하여 덕치가 회복되었다.[88]

(6) 주천력과 『팔괘상중론』 등 천문지리를 통한 국민통합

첫째, 19세 단군 구모소(기원전 1435년~기원전 1380년: 55년)는 운남성 변두리 나라인 남상인(南裳人)에게 벼슬을 주어 조정에 들여 단군조선의 강역을 크게 넓혔고,[89] 지리숙(支離叔)이 주천력(周天曆)과 『팔괘상중론』(八卦相重論)을 지어 천문지리에 대한 원리를 규명하고 백성들 교화에 활용했다.[90] 단제가 남쪽으로 순행하며 낙랑홀 땅의 성곽을 수리하고, 청구의 백성들이 무리로 모여 춤추며 하늘에 축제를 바치다가 흩어져 사냥을 했다. 사냥 도중에 큰 뱀이 사람을 말아 뱀굴로 들어가자 청구후가 구강을 시켜 용맹스런 선비가 그 언덕과 뱀굴을 파헤쳐 대들보 만한 뱀의 머리를 큰 도끼로 깨트려 뱀을 죽이고 백성들을 뱀의 해에서 구해내자 구강에게 큰 상을 주었다.[91]

둘째, 20세 단군 고홀(기원전 1380년~기원전 1337년: 43년)은 우가 출신으로서 만주 길림성 명안현에 있는 영고탑(寧古塔)을 개축하고 별궁을 짓고, 공공의 공사업무를 담당하는 공공(公工)인 공홀(工忽)이 대제국 고조선 전체 강역을 표시하는 최초의 지도인 구한의 지도(九桓地圖)를 제작하여 바쳤다.[92] 세상이 아직 평화롭지 못한데, 공이 있는 자를 위해 숙진의 왕인 숙진후가 단비 가죽으로 만든 두루마기 외투인 갖옷을 바치고 기다렸다.[93]

셋째, 21세 단군 소태(기원전 1337년~기원전 1285년: 52년)는 은나라 왕 소을이 사신을 통해 보낸 공물을 받았으나, 그 뒤에 은나라 왕 무정[94]이 귀방(鬼方)[95]을 쳐서 이

88) 『단군세기』: 95와 『규원사화』: 136－137.
89) 남상인은 南掌人의 오식으로 지금의 雲南省 변두리에 있던 나라인 섬라국(暹羅國)으로서 거기 사람에게 벼슬은 준 것은 단군조선의 강역이 만주, 중국 대륙, 몽고, 한반도 등으로 대제국을 이룬 것으로 보인다.
90) 『단군세기』: 95－96.
91) 『규원사화』: 137－138.
92) 『단군세기』: 96.
93) 『규원사화』: 138.
94) 소을과 무정은 둘 다 은나라 왕인데 동작빈董作賓의 간지기년법干支紀年法에 의하면 그 연대는

기더니 대군을 이끌고 색도(索度)와 영지(令支)[96] 등의 나라를 침공하였으나 대패하여 화해를 청하고 조공을 바쳐왔다. 개사원(蓋斯原)의 욕살 고등이 몰래 군사를 이끌고 귀방을 습격하여 멸망시키고 일군국과 양운국의 조공을 받고 많은 군대를 얻어 서북의 땅을 차지하고 단제에게 우현왕에 임명해 줄 것을 거듭 요청하여 허락하고 두막루(豆莫婁)로 부르게 했다.

단제가 나라 안을 돌아보다가 서쪽으로 여러 땅을 순행하여 남후의 정치를 관찰하고 상나라 땅에서는 진을 친 군대를 찾아보고,[97] 남쪽 만주 요녕성 안산의 서남에 있는 해성에 이르러 여러 사람들과 하늘에 제사를 지내고 노래와 춤을 즐긴 후 스스로 제위를 서우여에게 물려주고자 오가를 불러 의논하고, 살수의 땅 백리를 둘러보고 이를 서우여에게 봉하여 기수(奇首)[98]라 부르게 했다. 이 소식을 들은 우현왕의 손자로 우현왕을 세습한 색불루가 사람을 보내 중지 요청을 했으나 단제가 듣지 않자, 우현왕 색불루가 주변 사람들과 사냥족 수천 명을 이끌고 신궁에서 국왕으로 즉위하였다. 단제는 어쩔 수 없이 옥책과 국보를 전하고 서우여를 폐하고 은퇴했다.[99]

이 해에 백이(伯夷)와 숙제(叔齊)도 은나라 때의 제후국이며 지금 중국 서울 북평 지방 옛 이름인 고죽군(孤竹君)의 자손들로서 나라를 버리고 동해의 해변가에 와서 살며 밭 갈기에 힘쓰며 혼자 살아 갔다.[100] 단제의 보좌왕인 우현왕 색불루가 처음으로 무력을 통한 쿠데타로 단군직을 찬탈한 것이다. 이것은 그만큼 고조선이 대제국으로 커지면서 제후국 간에 무력 경쟁이 치열하고 하나의 국가로 국민통합과 국민형성을 잘

각각 소을(기원전 1349~1339)과 무정(기원전 1339~1280)이다. 『단군세기』: 97.

95) 무정의 鬼方征伐 은나라 글자인 갑골문자에도 나오는 것으로, 귀방은 은나라 때의 작은 나라 이름으로 은나라 때 섬서성의 서북일대 오랑캐(犺)의 땅이라는 설, 청해성 일대 서융설, 주나라 형초의 땅이라는 설, 지금의 귀주성이라는 설, 먼 유매의 땅이라는 설 등이 있으나 섬서성이라는 설이 가장 신빙성이 높다. 위의 책: 97-98.

96) 색도는 색륜(索倫)과 관련되는 나라로서 몽고인이나 중국인은 색륜을 '쏘롱(Solong)'이라 하고, 특히 몽고인들은 조선사람을 지금도 '쏘롱고(Solongo)'라고 부르는데 색륜산 너머 북만주 일대에 사는 사람이란 뜻이고 북만주 일대에는 지금도 색륜이라는 도시가 몇 군데 있고 색륜산도 있다. 영지는 춘추시대의 산융(山戎)의 속국으로 하북성 천안현 서쪽에 있던 나라로서 『일주서(逸周書)』에는 '不令支'라 했고, 『사기』에는 '離地'라 했다. 위의 책: 97-98.

97) 『규원사화』: 138.

98) 『단기고사』에서는 이것을 서여라고 하며 기자조선의 태조로 기록하고 있다. 『단기고사』: 181.

99) 단군이 서우여에게 황위를 이양하여 황제로 삼고자 했으나 색불루가 여기에 반대하고 쿠테타를 하여 단군조선을 장악하고 황위에 올랐다. 반면 단군조선의 단군이 되지 못한 서우여는 번조선(번한)의 왕이 되었는데, 『단기고사』는 서우여가 기자조선의 시조가 되고 그 뒤 42명의 임금이 다스린 것으로 보고 있다.

100) 『단군세기』: 98-99.

이루어지지 못한 상황에서 왕족만의 단군직 승계가 아니라 우가 등 오가들이 오가합의제를 통해 단군직을 계승하면서 급기야는 색불루의 쿠테타가 발생한 것이다.

10. 고조선 국가발전의 전의 단계와 경제발전

(1) 전의 단계와 경제발전

대제국 고조선의 국가융성을 지탱하고 한 단계 성숙하게 발전시키는 강력한 군사력을 뒷받침할 경제력을 기르는 경제발전(economic development)의 단계인 전(轉)의 단계(기원전 1285년~기원전 425년)는 22세 단군 색불루부터 시작하여, 43세 단군 물리까지이다.

대제국 고조선의 전의 단계에서 경제발전이 충분하지 못해 국가형성과 국민형성을 통해 강력한 군사력을 바탕으로 대제국을 건설했으나 강력한 경제력이 갖추어지지 못해 대제국을 유지시키지 못했다. 이병도와 최태영은 중국의 침략이 단군조선을 위기에 빠트려 전기와 후기가 나뉘었다고 설명하고, 『단기고사』는 25세 솔라 재위 중에 전기와 후기가 나뉘게 되었음을 지적하고 있다. 산채호도 고조선이 후기로 올수록 점차 국력을 상실하고 쇠퇴하게 됨을 강조하고 있다.

동아시아 지역에서 패권을 다투던 고조선이 강력한 군사력을 지닌 대제국을 유지시킬 수 있는 경제력을 감당하지 못한 반면, 중국은 전국시대를 거치면서 유럽과의 실크로드를 개척하여 경제력이 급속하게 증가하고 진나라가 중국대륙을 처음으로 통일하면서 군사력과 경제력 모두 다 갖춘 대제국으로 서서히 성장하면서 아시아의 패권국가로 등장하기 시작하였다. 그 결과가 동아시아 패권국가이던 대제국 고조선의 국제적인 위상을 약화시키며 고조선은 전의 단계를 잘 발달시키지 못한 채 결의 단계로 타의에 의해 넘어가게 되었다.

전의 단계를 앞으로 볼지 아니면 뒤로 짧게 볼 것인지는 기자정권의 출범과도 관련된다. 예족출신으로 집권한 기자정권은 분배나 평등보다는 성장과 발전을 지향하여 농업생산을 늘리고 농업공동체 중심의 채집농업에서 농토를 기반으로 정착한 농촌경제공동체로 전환하여 예족인 기자족이 농업경제의 발전을 추진하였다. 그러나 국내에서 폐쇄적인 농업경제 생산증대에만 치중한데 반해 중국은 실크로드를 통해 유럽까지 특산품을 팔고 유럽의 제품들을 중국이나 다른 아시아국가들에게 판매함으로써 경제적인 축적이 가능하여 고조선의 경제발전과는 차원이 다른 개방경제, 국제경제체제를 발전시키고 주도하여 정치군사적인 패권까지 장악할 수 있는 능력을 비축하였다. 기자족의 고조선 이동과 망명을 그러한 중국의 흐름의 부작용의 성격을 지닌다.

(2) 영토확장 · 전쟁을 통한 국민형성과 경제발전

첫째, 22세 단군 색불루(기원전 1285년~기원전 1237년: 48년)는 쿠테타를 통해 집권하여 국민들의 지지를 받고 경제를 발전시키는 것이 중요하여 영토확장과 전쟁을 통해 국력을 모으고자 했다. 이것을 위해 녹산(鹿山)을 개축하고 관제를 개정했다. 단제가 장경당에 가서 우현왕을 지낸 할어버지 고등왕의 사당인 묘(廟)를 세우고 제사를 지냈다. 단제가 구한의 군사를 몸소 이끌고 은나라 서울을 여러 차례 공격하여 격파하고 화친하였다가 다시 크게 싸워 이기고 황하 주변에서 승전의 축하를 받고 변한의 백성들을 회대의 땅으로 이주시켜 가축을 기르고 농사를 짓게 하여 나라의 위세가 크게 높아졌다. 단제는 폐서인이 되었던 서우여가 사냥꾼 무리 수천인과 더불어 군대를 일으키니 서우여를 비왕에 봉하여 번한후로 삼았다.[101]

단제의 제후국인 남국이 매우 강성하여 고죽군과 함께 여러 적을 몰아내고 남으로 이동하여 은나라 땅에 가까운 엄독골(奄瀆忽)[102]에 머물다가 여파달(黎巴達)로 하여금 병사를 나눠 진격하여 빈 · 기의 땅에 웅거하도록 하며 그곳의 유민들과 서로 단결하여 여(黎)[103] 나라를 세우고 서융과 함께 은나라 제후들 사이를 차지하여 남국의 위세가 매우 성하여 단제의 교화는 멀리 항산 이남의 땅에까지 미치게 되었다. 그러나 변방의 장수 신독(申督)이 병력을 믿고 난을 일으켜 단제가 한동안 많은 백성들과 함께 영고탑으로 피하였다. 신지인 육우가 아사달이 천년 제업의 땅이라 해도 대운이 이미 다했으니 왕기가 짙은 영고탑으로 도읍을 옮기자는 천도를 건의했으나 단제는 받아들이지 않았다.[104]

둘째, 23세 단군 아홀(기원전 1237년~기원전 1161년: 76년)은 숙부 고불가에게 낙랑골을 다스리게 하고 웅가 을손을 보내 남국의 왕과 함께 남쪽을 정벌한 군대가 은나라 땅에 여섯 읍을 설치하는 것을 살피게 하였는데, 은나라 사람들이 서로 다투고 화합

101) 『규원사화』: 139와 『태백일사』<삼한관경본기 4. 번한세가 하>: 222.
102) 『한서』 지리지에 요동군엔 18개 현이 있고 '험독은 조선왕 위만의 서울이다'라고 기록하고 있다. 『단군세기』: 101.
103) 여는 산서성 장치현의 서남에 여주(黎州) 곧 옛 여국이 있으며 요임금 후손들과 남국의 백성들이 서로 힘을 합쳐 세워졌다고 한다. 『단군세기』: 101.
104) 『단군세기』: 99－101.

하지 아니하니 병력을 진격시켜 공격하여 쳐부수었다. 신독을 죽이고 난을 평정하여 수도로 돌아와서 포로들을 석방시켰다. 남국의 제후 금달이 청구의 제후, 구려의 제후와 함께 주개에서 회합하고 몽고리의 병력을 합쳐 가는 곳마다 은나라의 성책을 부수고 깊이 오지인 회대의 땅까지 가서 평정하고 산동성 박흥현의 동쪽에 있던 상나라의 제후국인 포고씨를 엄(淹)으로, 영고씨를 훗날 서언왕에 의해 서국이 세워진 안휘성 사현의 북에 있는 땅인 서(徐) 땅에, 방고씨를 회(淮) 땅에 각각 임명하니 은나라 사람들이 단제의 위세를 우러러보고 두려워하여 감히 접근하지 못했다.[105] 개마후가 꼬리 아홉 달린 짐승을 단제에게 바쳤다.[106] 이것은 단제가 은나라를 깊숙하게 통치했고 제후들로부터 공물들을 받아 왔음을 보여주는 것이다.

단제는 번한과 막한의 두 부왕과 오가를 불러서 아버지 색불루 때부터 신지와 오가들이 건의한 영고탑으로 천도하자는 논의를 더 이상 하지 말고 중단하도록 했다. 그것은 단제가 이한(二韓) 및 오가들과 국가의 중요한 정책들을 함께 논의하는 제가합의제를 따랐음을 보여주는 사례이다.

(3) 소도증설 · 제의활동 강화를 통한 국민형성과 경제발전

24세 단군 연나(기원전 1161년~기원전 1150년: 11년)는 황숙 고불가를 섭정으로 삼고, 은(상) 나라 사람들이 남쪽 국경까지 공격해와 남국의 제후가 여러 군대를 이끌고 싸워 이겼고 뒤에 또 서로 싸우다가 화해했다. 단제는 여러 한들에게 조서를 내려 소도를 증설하여 하늘에 제사지내고 나라에 큰 일이나 태풍, 홍수, 재앙과 이변이 있을 때 소도에 기도하여 백성의 뜻을 하나로 모았다. 숙진 땅에 파란 바탕에 누런 머리를 한 큰 뱀이 나타나 큰 사슴을 삼켜 버리자 백성들이 뱀에게 달려가 절하는 자가 있어 숙진의 제후는 거굴지에 시켜 뱀을 잡아 죽였다.[107] 단제는 섭정을 통해 통치를 했으나 거기에 무관하게, 남후는 전쟁으로 은나라를 격퇴하고 화해하고 숙진후는 백성들이 큰 뱀에게 놀라 뱀을 섬기는 것을 막고자 뱀을 죽였으며, 여러 한들에게 전국 각지에 소도를 많이 설치하도록 하는 소도 증설과 제사 및 기도활동을 통해 국민통합을 이루고 국민형성에 도움이 되도록 큰 노력을 했다.

---

105) 위의 책: 101－102.
106) 『규원사화』: 139.
107) 위의 책: 140과 『단군세기』: 102.

(4) '직신강론'과 관료윤리확립을 통한 국민형성과 경제발전

25세 단군 솔나(기원전 1150년~기원전 1062년: 88년)는 단군 연나가 어린 나이에 황숙의 섭정으로 짧은 기간 통치하다가 죽자 왕위를 세습할 아들이 마땅하지 않아 연나의 동생으로 단군이 되어 북쪽 마을들을 순시하다가 작은 백성들이 어렵고 고통스러운 생활을 하는 것을 보고 남북의 백성들에게 권하여 배와 수레로 서로 물건을 바꾸고 옮겨서 그 쓰임새를 높였다.[108] 이때에 밭곡식에 풍년이 들어 한 줄기에 다섯 개의 조이삭이 달릴 정도로 농사가 잘되었다.

단제가 높은 소도인 상소도(上蘇塗)에서 예로부터 전해오는 의례를 강론하다가 관료의 기강과 윤리에 해당하는 '아첨하는 신하'인 영신(佞臣)과 '곧고 바른 신하'인 직신(直臣)에 대해 묻자 여러 사람 가운데 삼랑 홍운성이 나서서 대답했다.[109]

> "이치를 지켜 굽히지 않는 자는 직신이옵고 위세를 두려워하여 굽혀 복종하는 자는 영신이오며 임금은 근원이요, 신하는 흘러가는 물입니다. 근원이 이미 흐렸으면 그 흐름이 맑기를 구하여도 이것이 될 수 없는 일이나니, 때문에 임금이 성인이 된 후라야 신하가 바른 법입니다."

이처럼 국왕과 신하가 임금과 신하의 도리에 대해 허물없이 의견을 나누고 아무리 신하가 직신이 되려고 하더라도 근원인 임금이 흐렸으면 신하가 직신이라도 원천적으로 직신일 수 없음을 밝히며, 임금이 성군이 되어야 함을 삼랑 홍운성이 단제에게 직신으로 직언한 것이다. 또한 이러한 신하의 직언에 대해 단제도 '옳은 말'이라고 솔직하게 수용하는 모습은 당시 왕조시대는 물론 지금도 쉽게 볼 수 없는 임금과 신하의 관계이고 투철한 직업윤리의식을 지닌 관료들의 모습이라 할 것이다.

또한 "정해 3년(BC 1114년) 기자箕子가 서화西華에 옮겨가 있으면서 인사를 받는 일도 사절하였다"[110]라고 화남성 서화지방에 가서 은둔생활을 하고 그의 무덤도 은나라 탕왕의 무덤 옆에 있다고 해 기자가 조선에 와서 왕이 된 것이 아니라는 사실을 명확하게 기술하고 있다.

---

108) 『규원사화』: 140－141.
109) 『단군세기』: 103.
110) 위의 책: 103.

(5) 천재지변으로 인한 초기 경제발전의 실패

첫째, 26세 단군 추로(기원전 1062년~기원전 997년: 65년)에 대해서는 충분한 기록이 없고, 27세 단군 두밀(기원전 997년~기원전 971년: 26년)은 단군 왕검 이래 모든 임금들의 말씀을 기록하여 궁궐 문 안쪽에 걸어두고 궁궐을 출입하는 백성들과 조회에 참석하는 관료들이 보도록 하여 백성과 관리들의 교화에 활용했다. 단제는 군대를 보내 은나라를 치고 숙진의 왕 숙진후 다홀이 군대를 보내 동해로 들어가서 귀주를 쳐서 그 땅을 평정시켰고, 수밀이국, 양운국, 구다 천국 등의 사신들이 가지고 온 특산물을 받았다. 천해(天海)의 물이 넘쳐 아란산이 무너졌고, 큰 가뭄 뒷끝에 큰 비가 쏟아지듯 내려 백성들의 수확이 없어 흉년을 당하자 단제는 명령을 내려 국가 재물 창고를 열어 널리 백성들에게 나누어 주도록 했다.[111)]

이처럼 단제 두밀은 백성들과 관리들에게 역대 단군의 가르침을 통한 교육을 하고 제후국인 숙진과 함께 은나라를 치고, 여러 나라들로부터 특산물을 받았으며, 흉년을 당한 백성들에게 국고를 풀어 빈민을 구제하여 국민형성에 도움을 주었다.

둘째, 28세 단군 해모(기원전 971년~기원전 943년: 28년)는 남국의 왕인 남후로 하여금 비류후 및 청구후와 더불어 모여 소수로 나가게 했는데, 단제가 병이 나서 흰옷 입은 어린아이인 백의동자(白衣童子)로 하여 하늘에 기도하도록 하여 곧 병이 나았다. 졸본후가 신령스러운 풀을 바쳐와 사람들의 만 가지 병을 고쳤고, 빙해(氷海)의 여러 한들이 사신을 보내 공물을 바쳤다. 태풍이 크게 불어 폭우가 내리고 땅위에 물고기가 쏟아져 내렸다.[112)]

셋째, 29세 단군 마휴(기원전 943년~기원전 909년: 34년)는 주나라 사람이 바친 공물을 받았고, 상(은) 나라 사람이 와서 면담했다. 여름 지진이 있어 남해의 조수가 3척이나 물러갔었고, 청구후가 남이의 바다 가운데에서 진흙산이 나와 불이 물 가운데에서 나오더니 그 진흙이 합하여 돌이 되었다고 화산폭발 사실을 보고했다.[113)]

넷째, 30세 단군 내휴(기원전 909년~기원전 874년: 35년)는 구려후 우타를 용가에 임명하고, 남쪽을 순시하여 청구국을 둘러보고 치우천왕의 공덕을 돌에 새겼다. 서쪽으로 엄덕골(엄려홀)에 이르러 제후국의 여러 한들과 만난 후 병사들을 사열하고 하늘에 제사지내고 주나라 사람들과도 수교를 맺고 화해하고 지냈는데, 흉노가 공물을 바쳤

111) 『단군세기』: 104와 『규원사화』: 141.
112) 『단군세기』: 105와 『규원사화』: 142.
113) 『단군세기』: 105와 『규원사화』: 142.

다.[114]

다섯째, 32세 단군 추밀(기원전 849년~기원전 819년: 30년)은 예국의 제후 예후 지막루를 용가에 임명하고, 초나라 대부 이문기에 벼슬을 내려 조정에 들어오게 했다. 단제가 순방할 때 우수홀에 이르러 여러 제후들을 모아 놓았고 일식이 있어 농사가 크게 흉작이었다. 선비족의 발상지인 선비산의 추장 문고가 바친 공물을 받았다.

여섯째, 33세 단군 감물(기원전 819년~기원전 795년: 24년)은 영고탑 서문 밖 감물산 밑에 한인·한웅·단군왕검을 모시는 삼성사(三聖祠)를 세우고 친히 제사를 올리며, 삼성의 존귀함과 덕과 공을 칭송하고 삼위일체·집일합삼(執一合三)·회삼귀일(會三歸一)의 큰 하늘 가르침을 영세토록 법으로 삼겠다는 맹세를 드렸다.[115] 주나라 사람이 와서 호랑이와 코끼리의 가죽을 바쳐 두 나라의 평화를 유지했다.

(6) 농업 발달, 일본·연 평정 및 경제발전

첫째, 34세 단군 오루문(기원전 795년~기원전 772년: 23년)은 도읍을 낙랑홀로 옮겼고 진번후로 하여금 그 옛 도읍의 백성들을 감독하게 했다. 남의 물건을 훔친 자가 있어서 형사업무를 담당하는 응가가 일벌백계로 처벌하려 했으나, 단제가 임금의 부덕이 가져온 일이라면서 크게 조상 임금님들의 덕을 닦아 이에 죄를 범한 사람이 교화·동화되고 백성들도 나쁜데 물드는 일이 없어져서 도둑질하는 일이 사라졌다. 오곡이 풍성하여 백성들이 모두 기뻐하며 도리가[116]를 지어 태평성대를 노래로 불렀는데 두 개의 해가 나란히 뜨더니 누런 안개가 사방에 그득했다.[117]

둘째, 35세 단군 사벌(기원전 772년~기원전 704년: 68년)은 황충과 홍수의 피해를 당했고, 범이 궁전에 들어 왔으며, 큰 비가 내려 산이 무너져 골짜기를 메운 일들을 당했다. 단제가 장군 언파불합(彥波弗哈)[118]을 보내 지금의 일본의 규슈 지방에 해당하는 웅습(熊襲)을 평정하고, 조을(祖乙)을 파견하여 연나라 서울을 돌파하고 제나라의 군사와 임치의 남쪽 교외에서 싸워 승리하였다.[119]

---

114) 『단군세기』: 106과 『규원사화』: 143.

115) 『단군세기』: 107－108.

116) 760년 4월 신라에 해가 둘이 떠서 월명사가 지은 도솔가를 불렀더니 이변이 사라졌는데, 기원전 786년에도 고조선에서 같은 현상이 나타났는데 도솔가와 도리가 사이에 어떤 연관이 있는지 관심을 끈다.

117) 『단군세기』: 108－109와 『규원사화』: 144－145.

118) 『일본서기』에 보이는 '우가야후끼(鵜茸草茸) 아헤즈노미꼬또(不合尊)', 즉 신무천왕의 아버지를 말한다. 『단군세기』: 110.

셋째, 36세 단군 매륵(기원전 704년~기원전 646년: 58년)은 뒤에 진국과 부여의 조상이 된 협야후 배반명을 보내어 바다의 도적을 평정하여 지금의 일본인 삼도를 모두 평정하였다. 또한 단제는 병력을 보내 기자족인 수유의 군대와 함께 연나라를 정벌하였고 연나라 사람은 제나라에 위급함을 알리자 제나라 사람들이 고죽국에 쳐들어왔다가 복병에 걸려 이기지 못하고 화해를 청하고 후퇴했다. 지진과 해일이 일었고 소가 다리 여덟 개 달린 송아지를 낳았으며 등에 별무늬가 있는 용마가 나왔다.[120]

넷째, 37세 단군 마물(기원전 646년~기원전 590년: 56년)은 진번의 제후인 진번후 추돌을 용가에 임명하고, 남쪽으로 순행하여 장당경에 이르렀다가 구월산 또는 기수에서 돌아갔다. 38세 단군 다물(기원전 590년~기원전 545년: 45년)은 마물의 동생이며, 알유가 다시 서쪽마을을 침범하자 진번후, 예후, 그리고 부여후가 함께 알유를 물리치고 진격하여 알유의 지경까지 들어갔다가 되돌아 왔다.

다섯째, 39세 단군 두홀(기원전 545년~기원전 509년: 36년)은 숙진후를 용가에 임명하고 처음에 그때부터 1,200년 전인 13세 단군 흘달 때에 동쪽 사람들이 빈기 땅에 가서 사는 사람들이 아주 많았는데 상(은)나라 탕왕이 통치하면서 점점 철수하여 물러났으나 일반 백성들은 농사와 길쌈을 생업으로 하면서 그 땅에 흩어져 살았다. 이들은 오랜 기간 풍속을 지켜왔는데 남국의 제후인 남후가 점점 강해져서 여러 제후들을 거느리고 고죽군을 물리치고 남으로 그 도읍을 옮겨 엄독홀에 살았다. 여기는 은나라와 매우 가까워 남후는 여파달이 군대를 이끌고 빈과 기의 땅 사이에 가서 거기 유민들과 힘을 합쳐서 여(黎) 나라를 세우게 하고 여홀을 다스리며 은나라의 여러 제후들 및 서융 사람들과 함께 살게 되었다. 이로 인해 남후의 위력이 점점 왕성해져서 단제의 위세와 명령이 항산 이남의 땅에까지 영향을 미치게 되었다.[121]

(7) 경제발전의 실패와 국가의 쇠퇴

첫째, 40세 단군 달음(기원전 509년~기원전 491년: 18년)은 어질고 덕이 있는 청구후의 딸 아시씨를 왕후로 삼았는데 백성들이 그를 사모했고, 개마후도 신령스런 풀(인삼)을 바쳤다. 달음이 여러 부인의 하나로 아시씨를 맞았을 수도 있으나 당시 일반 백성들도 일부다처제로 한 남자가 여러 부인을 얻을 수 있을 때인 만큼 당연히 국왕은 여

119) 위의 책: 109－110.
120) 위의 책: 110－110.
121) 『규원사화』: 146－147.

러 여인을 거느릴 수 있는데 굳이 그것을 기록으로 남겼다는 것은 아시씨가 왕후가 되었음을 의미하는 것이다. 이것은 상당한 의미를 지닌다. 달음 시대에는 왕비족과는 별개로 청구족의 공주를 왕비로 맞아 단군조선 건국 초기 왕족과 왕비족의 결혼동맹이 이때에 와서 다소 약화된 것으로 보인다.

또한 옛날에 부여 백성들 가운데 알유의 땅으로 가서 살던 사람들이 거기 백성들과 함께 섞여 살면서 그 풍습을 익혀 짐승 가죽으로 옷을 만들어 입고 영농생활이 아니라 수렵으로 생활했는데 이들을 맥족(貊族)이라 불렀다. 이들이 서서히 이동하여 염려홀 북서의 땅에까지 살면서 남국의 백성이 되었다.[122]

둘째, 41세 단군 음차(기원전 491년~기원전 471년: 20년)는 인덕이 있어서 백성들이 존경하고 흠모하여 국왕의 권력과 권의가 살아나고 왕도가 다시 일어나 제후들이 다투어 와서 단제와 조회를 하게 되었다. 이보다 앞서 왕실은 작아지고 왕권은 약화된 반면, 제후들은 점점 강해져서 국왕과 제후의 권력 관계에서 중앙정부의 권력은 줄어들고 지방의 제후국의 권력은 강화되어 지방분권의 정도가 높았다. 그러던 차에 음차가 덕이 높아 제후들이 국왕의 권위를 존중해주면서 국가가 새로운 단계로 접어들었다.[123] 그러나 음차가 죽고 태자로 왕위를 계승한 42세 단군 을우지(기원전 471년~기원전 461년: 10년)의 통치기간이 단기간으로 그치면서 왕실의 권력과 권위는 크게 약화된 것으로 보인다.

셋째, 43세 단군 물리(기원전 461년~기원전 425년: 36년)는 어질면서 용맹하여 제후들이 단제를 존경하고 와서 조회를 하며 인사했으나 이미 제후들이 강하여 제후들이 국가운영을 주도하였다. 남국의 남후 검달이 청구후 · 고려후 · 숙진후와 더불어 연합하여 군대를 거느리고 은을 공격하고 깊이 진격하여 회수와 태산 사이의 회대의 땅을 평정했다. 이 제후들은 이에 박고씨를 청주의 땅에 봉해 엄국으로, 그리고 영고씨를 회수의 북쪽 서주의 땅에 봉해 서국을 세우고 제후들이 서로 연맹해 단결하여 은나라 사람들을 배제하고 다스렸다. 이미 오래전부터 회수와 태산, 그리고 양자강과 회수의 땅에 고조선 사람들이 점령하여 살았는데 은나라의 지배가 쇠약해지고 남후와 여러 제후들이 공격하여 진격해오면서 이 지역에 사는 고을과 바닷가의 백성들이 남후와 제후들의 군사들을 환영해 맞이했다. 이것은 치우씨가 다스리다가 물러난 이후 오랜만에 이지역에 살고 있던 백성들은 같은 민족인 남후와 제후들의 지배를 받게되어 대제국 고조선은 크게 왕성하게 되었다. 대제국 고조선의 융성은 남후와 제후들에 의한 것으로 총체

122) 위의 책: 147.
123) 위의 책: 148.

적인 국가의 힘은 융성해졌으나 그 구심점인 단제의 힘은 이미 약화되어 제후들은 차츰차츰 왕실과 왕권을 가볍게 여기고 제후들의 연합으로 국가를 지탱하면서도 국왕과 왕실을 높여 떠받들지는 못했다.[124]

이에 융안의 사냥꾼 우화충이 장군을 자칭하며 무리 수만 명을 모아 난을 일으켜 서북 36군을 함락시켜 단제가 진압군을 보냈으나 이기지 못하고 도리어 반란군이 도성을 포위하고 급하게 공격해와서 단제는 종묘사직의 신주를 받들고 좌우 궁인들과 배를 타고 해두로 피난했다가 곧 죽었다. 이에 백민성의 욕살 구물이 어명으로 군대를 일으켜 장당경을 점령하자 전국 구한들의 군대가 응하여 동서의 압록 18성이 모두 병력을 보내 협력하였다. 마침 큰 홍수가 도성을 휩쓸어 반란군들이 환란에 빠진 틈을 이용하여 구물이 전국에서 보내온 연합군 만 명의 군대를 지휘하여 공격하니 반란군은 제대로 싸워보지도 못하고 스스로 괴멸되어 구물은 우화충을 죽이고 반란군을 정벌하여 진압했다. 이에 여러 장수들의 추앙으로 구물이 단군으로 취임하였다.

11. 고조선 결의 단계 · 국력쇠퇴 과정에서의 역대 단군들의 역할

고조선의 결(結)의 단계(기원전 425년~기원전 108년)는 좁은 의미로는 번한(번조선 · 발조선)을 차지했던 기자정권의 쇠약과 위만정권의 등장 및 몰락으로 볼 수 있고, 넓은 의미로는 고조선의 쇠락 및 몰락과 더불어 등장한 고조선의 후예들이 세운 부여, 구고구려, 옥저, 동예, 마한 · 진한 · 변한의 3한과 열국으로 이어졌다. 먼저 고조선의 결의 단계는 북부여의 6명의 단군들이 통치한 기간(기원전 239년~기원전 57년)을 들 수 있다.

(1) 왕권의 약화와 반란 및 제후권력의 강화

첫째, 44세 단군 구물(기원전 425년~기원전 396년: 29년)은 단을 쌓아 하늘에 제사지내고 장경당에서 즉위한 후 나라 이름을 대부여로 고치고 삼한(三韓)을 삼조선(三朝鮮)으로 바꿔 부르고 개마후 매올을 용가에 임명했다.[125] 해성(海城)을 개축하여 평양이라 불렀고, 태자궁이나 임금의 궁성 밖 거처가 되는 이궁(離宮)을 지었다. 이때부터 삼조선은 단군을 받들어 모시고 통치를 했지만 전쟁의 권한은 단제에만 맡겨두지 않고

124) 위의 책: 149.
125) 위의 책: 149 – 150.

삼한이 나누어 가졌다. 이전부터 약화된 단군의 권한과 권위가 더욱 약화되고 고조선은 여러 국가들로 나누어지는 과정에 진입한 것이다. 단제는 감찰관을 각 주와 군에 파견하여 백성들 가운데 효도를 잘하는 자와 청렴결백한 관리를 천거하도록 하고, 연나라 사신의 새해 문안인사를 받았다. 예관의 청으로 세 번 절하고 여섯 번 조아리는 삼육대례로 엄숙하게 삼신에 대한 제사인 삼신영고의 제사를 지냈다.[126]

둘째, 45세 단군 여루(기원전 396년~기원전 341년: 55년)는 만주 길림성 영길현 동쪽 장령의 낭산에 성을 쌓고, 연나라가 변방을 침범하여 수비 장수 묘장춘이 쳐부수었다. 또 연나라 사람 배도가 요서를 함락하고 운장으로 침범하자 번조선이 대장군 우문언에게 명하여 막게 하고 진조선과 막조선도 군대를 보내어 복병을 숨겨두고 공격하여 연나라와 제나라의 연합군을 오도하에서 물리치고 요서의 여러 성들을 모두 되찾았다. 연나라 사람들이 패전하고도 연운도에 남아 배를 만들고 다시 쳐들어올 기세를 보여 우문언이 가서 장수를 죽이고 모두 쳐부수었다. 북막의 추장 액니거길이 말 200필을 바치고 연나라를 함께 칠 것을 청해 번조선의 젊은 장수 신불사에게 병력 만 명을 주어 북막과 합세하여 연나라의 상곡을 공격하고 함께 성읍을 쌓았다. 상곡 전투 이후 연나라가 해마다 침범하다가 사신을 보내 화해를 청해 와서 허락하고 조양의 서쪽을 경계로 삼아 평화를 유지했다. 크게 가물어 기우제를 드리고 죄인을 대사면하였다. 숙진후가 옮겨가 달루홀을 다스렸고, 남후가 은나라 회남의 땅에 선모국을 세웠다.[127]

(2) 국가능력 쇠퇴 및 국가의 재정 파탄

첫째, 46세 단군 보을(기원전 341년~기원전 295년: 46년)은 번조선 왕 해인이 연나라가 보낸 자객에게 죽자 오가들이 서로 다투다가 읍차 기후가 병력을 이끌고 입궁하여 자칭 번조선 왕이라고 하며 사람을 보내 윤허를 구하자 허락하고 연나라에 굳게 대비토록 했다. 도성에 큰 불이 나 모두 타버려 단제는 해성 이궁으로 피난하고, 북막 추장 이사가 바친 음악을 받고 후하게 상을 내렸다. 한개가 수유의 군대를 동원해 궁궐을 침범해 왕이 되려 하니 대장군 고열가가 의병을 일으켜 진압했다. 단제가 서울로 돌아와 대사령을 내렸으나 이때부터 국가의 힘이 크게 기울어 국가재정도 제대로 감당할 수 없을 정도로 국고가 텅 비었다. 남후가 드디어 제후들의 총수가 되니 단제를 찾아오던 제후나 사람들도 드디어 드물어졌다.[128]

---

126) 『단군세기』: 115－116.
127) 위의 책: 117－118과 『규원사화』: 150.

둘째, 47세 단군 고열가(기원전 295년~기원전 248년: 47년)는 단군 물리의 현손으로 한개의 난을 진압한 공과 무리의 추대를 받아 즉위하고, 국가가 쓸 재물이 없어서 재무부 장관에 해당하는 봉가가 기내에서 바치는 모든 것들과 백성들이 날라다 주는 곡식 등으로 겨우 국가 재정을 충당하였다. 단제는 단군 왕검의 사당인 묘를 백악산에 세우고 유사에게 명을 내려 사철 제사를 지내게 하고 단제는 1년에 한 번 친히 제사를 지냈다. 연나라 사신이 와서 새해인사를 했고, 북막 추장 아리당부가 군사를 내어 연나라를 칠 것을 청했으나 국력이 여의치 않아 허락하지 않으니 이때부터 원망하며 공물을 바치지 않았다.

고리국의 후예인 해모수가 웅심산을 내려와 군대를 일으켰으나, 단제는 어질고 순하고 결단력이 없어 명령을 내려도 시행되지 않는 일이 많았다. 여러 장수들은 용맹만 믿고 쉽사리 난리를 피워 나라의 살림은 시행되지 않고 사회는 문란해지고 백성들의 사기는 나날이 떨어졌다. 국왕의 힘과 권위는 떨어지고 모든 제후들의 힘이 차츰차츰 더욱 강해져서 단군의 명령을 받드는 제후가 없었다. 이에 하늘에 제사를 지낸 후 단제는 오가들과 의논하여 왕위를 스스로 버리고 은퇴하였다. 단군 고열가가 퇴진한 후 6년 간 오가들이 함께 나라를 다스렸다.[129)]

(3) 고조선의 쇠퇴와 북부여정권의 등장

첫째, 고조선의 결의 단계인 북부여의 1세 단군 해모수(45년), 2세 단군 모수리(25년), 3세 단군 고해사(49년), 4세 단군 고(해)우루(34년), 5세 단군 고두막(49년), 6세 단군 고무서(2년) 등이다. 북부여는 비록 국호는 북부여를 사용하나 단군호칭을 그대로 사용하고 있고, 위만이 권력을 찬탈한 국가도 고조선과 번조선(또는 번한)이라는 서로 다른 주장이 존재하여 북부여기를 고조선의 결의 단계로 보고자 한다. 위만이 권력을 잡은 것은 기원전 194년에 번조선 준왕으로부터 권력을 찬탈한 것이므로 이 기간에 해당한다. 준왕이 기자의 후손이므로 기자정권이 고조선의 일부를 이어받은 사실은 인정된다.

둘째, 이 기간에는 고조선에서 갈려 나온 고조선 지배족들이 세운 나라들이 부여, 진국, 구고구려 등의 여러 나라들이 존재하고 있었기 때문에 위만정권이 고조선의 후국인 번조선을 이어받은 것은 큰 의미가 없을 수는 있다. 그렇기 때문에 넓은 의미의 고조선

---

128) 『단군세기』: 118－119와 『규원사화』: 150.
129) 『단군세기』: 119－121과 『규원사화』: 150－152.

의 결의 단계는 위만정권과 고조선의 후예들이 세운 부여, 구고구려, 옥저, 동예, 마한·진한·변한의 3한과 열국 등을 함께 포함하는 것이다. 이들은 고조선이라는 모국의 결의 단계이지만 새로운 아들 국가들인 고구려, 백제, 신라, 가야라는 4국의 출범을 가능하게 하는 새로운 시작의 의미를 동시에 지닌다. 대부여 혹은 북부여로 이어진 고조선 시대의 결의 단계인 북부여의 1세 단군 해모수, 2세 단군 모수리, 3세 단군 고해사, 4세 단군 고(해)우루, 5세 단군 고두막, 6세 단군 고무서 등을 차례로 간략하게 살펴보도록 한다.

셋째, 북부여의 1세 단군 해모수(기원전 248년~기원전 203년: 45년)는 23세에 무리들을 이끌고 가서 옛 도읍의 오가들을 회유하고 이전의 힘이 커진 오가들의 힘을 줄이고 오가합의제와 같은 공화의 정치를 폐지하여 단군의 권위와 힘을 키웠다. 단군에 즉위하여 웅심산 난변에 궁실을 짓고 종자 500인을 데리고 정사를 돌보며 호구조사법에 해당하는 연호의 법(烟戶法)을 제정하고 오가의 병력을 나누어 배치하여 밭 갈아 자급자족하게 하여 만일의 경우에 대비토록 했다. 단제는 태교에 관한 공양태모의 법(公養胎母法)을 만들어 산모와 태아에 대한 교육을 처음부터 철저하게 하였다.

북막의 추장 산지객륭(山只喀隆)이 영주를 습격하여 수비대장인 순사 목원등을 죽이고 크게 약탈하여 돌아갔다. 번조선에서는 왕 기비가 죽어 뒤를 이어 아들 기준(箕準)이 승계하도록 허락하고 관리를 보내 병사를 감독하고 연나라의 침략에 단단히 대비토록 하였으나, 연나라는 장수 진개를 파견하여 서쪽 변경을 침략하여 만번한을 국경으로 삼았다. 단제는 백악산 아사달에서 하늘에 제사를 지내도록 하고 새로운 궁전 336간을 지어 천안궁이라 불렀다.

한편 중국 진나라에서는 창해역사 여홍성이 한나라 사람 장량과 함께 진시왕으로 불린 진나라 왕 정을 박량사 가운데서 공격하였으나 빗나가 진시왕은 무사하고 타고 있던 부차만 박살냈다. 또한 '왕후장상(王侯將相)에 어찌 종자가 따로 있으랴?'라고 농민들을 선동한 농민지도자인 진승이 난을 일으키니 진나라 사람들이 크게 혼란에 빠져서 연나라·제나라·조나라 백성들 수만 명이 탈출하고 번조선에 귀순하여 상하의 운장에 나누어 살게하고 장군을 파견하여 감독토록 했다. 연나라의 노관이 요동의 옛 성터를 수리하고 동쪽으로 오늘의 난하인 패수를 경계로 삼다가 한나라를 배반하고 흉노로 망명하면서 그의 무리인 위만(衛滿)이 단제에게 망명을 요청했으나 허락하지 않았다. 단제가 병으로 몸이 쇠약해져서 스스로 결단을 내리지 못하고 있었는데 번조선 왕 기준이 크게 실수하여 위만을 관직인 박사로 임명하고 연·제·조나라 이주민들이 추가로 정착한 상·하 운장을 떼어서 위만에게 봉해주었다.[130] 낙랑왕 최숭이 진귀한 보물을

가득 싣고 바다를 건너 마한의 서울 왕검성에 와서 바쳤다.[131)]

넷째, 2세 단군 모수리(기원전 203년~기원전 178년: 25년)가 즉위한 뒤, 번조선 왕 기준이 오랫동안 수유에 있으면서 항상 많은 복을 내려 백성들이 매우 풍부했으나, 떠돌이 도적떼들을 지휘한 위만에게 속아 패하여 망한 뒤 바다로 탈출하여 배를 타고 진국으로 가서 마한을 세웠다. 기원전 194년 위만은 기준을 속이고 왕궁을 점령하여 스스로 번조선의 왕이 되어, 위만은 상왕인 모수리 단군의 제후가 되었다.[132)] 번조선의 오가와 그 무리들은 대장군 탁(卓)을 받들어 산을 넘어 탁의 고향인 월지로 이동하여 나라를 세우고 중마한(中馬韓)이라 했다. 이때에 변한과 진한도 각각 자기들이 받았던 땅 백리를 가지고 나라를 세우고 수도로 정하여 마한의 다스림을 따랐다.[133)]

단제는 상장 연타발을 보내 요녕성 해남의 평양에 성책을 설치하고 위만과 유민 도적떼들의 공격에 대비하여 위만도 더 이상은 침범하지 않았다. 해성을 평양에 속하게 하고 단제의 동생 고진에게 수비를 명하여 중부여 일대가 모두 복종하니 그들에게 양곡을 풀어 구제하였다. 국방을 위해 서울과 지방을 나누어 지키는 경향분수의 법(京鄕分守法)을 만들어 서울 도성은 단제가 직접 수비를 총괄하고 지방은 네 갈래로 나누어 군대를 배치하여 마치 윷놀이에서 윷 말을 부리듯 변화무쌍한 군대운용의 병법을 활용하였다.[134)]

다섯째, 3세 단군 고해사(기원전 178년~기원전 129년: 49년)는 낙랑왕 최숭이 해성으로 바쳐 온 곡식 300섬을 받았고 일군국도 사신을 보내 방물을 헌상하였다. 단제가 친히 보병과 기병 만 명을 지휘하여 하북성 창현 근처거나 요녕성 해성 근처로 추정되는 남여성을 공격하여 위만의 무리를 쳐부수고 관리를 두었다.

여섯째, 4세 단군 고(해)우루(기원전 129년~기원전 95년: 34년)는 장수를 보내 우거를 토벌하고, 고진을 발탁하여 서압록을 수비토록 하였는데 공이 커서 승진시켜 고구려

130) 『북부여기 상』: 125－129; 일연 지음. 김원중 역. 2008. 『삼국유사』. <위만조선>. 민음사: 24－27.

131) 낙랑왕 최숭에 대해 단재는 낙랑평양설(樂浪平壤說)을 주장하였으나 그 근거가 약하고 도리어 낙랑군은 하북성, 북경일대를 낙랑군으로 불렀다는 중국측의 기록이 전하고, 낙랑국은 만주의 요동반도 서해한의 해성에 인접해 있었음이 고증되어 단재의 주장이 틀렸다는 것이다. 위의 책: 131.

132) 단재는 기자가 조선에 와서 기자조선의 왕이 된 것이 아니라 기자의 먼 후손 중에서 번조선의 왕이 된 자가 있었을 것이라고 했는데 기준이 바로 그러한 왕인 것으로 추정한다. 『북부여기 상』: 129; 『삼국유사』: 25－27.

133) 마한 · 진한 · 변한의 셋 가운데 마한이 우두머리이고 변한과 진한은 제후국인 것처럼 기술하고 있으나, 단재는 진은 신으로 읽으면서 신이 상국이고 번 혹은 변한 · 불한과 마한 또는 막한 · 말한은 하국이라 보고 있다. 『북부여기 상』: 130. 이것은 단군조선 초기부터 3한 오가제라고 할 때 신한이 상국이고 말한과 발한은 제후국으로 본 것과 같은 입장으로 보인다.

134) 위의 책: 129－130.

후[135]로 삼았다. 우거에서 반란이 일어나 군대가 대패하여 해성 이북 50여 리의 땅을 모조리 우거에게 빼앗겨 단제가 장군을 보내 석 달 동안이나 공격해도 이기지 못해 단제가 직접 정예군 5,000명을 이끌고 기습하여 해성을 격파하고 살수까지 추격하였다. 이에 구려하(九黎河)의 동쪽은 모두 항복해와 좌원에 목책을 설치하고 군대를 남여에 주둔시켜 영토를 지켰다.

한나라의 유철이 번조선 평나(왕험성 또는 험곡)를 침공하여 기원전 108년에 위만의 손자 우거를 멸망시키고 4군[136]을 두고자 했으나 고두막한(高豆幕汗)이 의병을 일으켜 백성들과 함께 한나라 침략군을 연파하였다. 이때 동명왕이 고두막에게 사람을 보내 '나는 천제의 아들인데 장차 이곳에 도읍을 정하고자 하니, 왕은 이 땅에서 옮겨가시오'[137]라고 하자 단제는 걱정으로 병을 얻어 죽고 동생 해부루가 즉위하였다. 그러나 동명왕이 군대를 앞세워 계속 위협하자 국상인 아란불이 통하의 물가 가섭의 벌판으로 서울을 옮기자고 하여 도성을 옮기고 이때부터 가섭원부여(迦葉原夫餘)[138] 또는 동부여라 부르게 되었다.[139]

일곱째, 5세 단군 고두막(기원전 95년~기원전 46년: 49년)은 4세 단군 고우루와는 무관하게 그 시대에 의병으로 한나라의 군대를 연파한 고두막한이 북부여 왕으로 된 것이다. 고두막한(帝)은 고열가 단군의 후손이라고도 하는데, 단군조선의 마지막 47세 단군 고열가에게서 왕권을 빼앗은 해모수의 후손인 고우루로 부터 왕권을 되찾게 된 것이다. 그는 호탕하고 용맹하여 군사를 잘 다루어 북부여[140]가 쇠약해지고 한나라의

135) 중국의 제후국인 고구려후가 아니라 북부여의 고구려후이다.

136) 한사군 전쟁기록은 사마천의 『사기』 115권의 조선열전이 그 원천인데 여기에는 한사군의 설치는 물론 사군의 이름조차 언급되어 있지 않다. 여기에서는 우거를 죽인 것도 한무제 유철의 군대가 아니고 우거의 통치를 받던 원주민 조선족이고 우거를 이은 성기도 번조선의 일족에 의해 죽었다. 한사군전쟁은 한나라 요동도위 섭하가 조선의 비왕 장을 죽이고 그 보복으로 조선군에 의해 살해된 것이 그 발단이고, 조선족의 곪고 곪은 불만과 불평이 분출하여 우거 성기를 살해하고 우거 정권을 타도하여 위만조선의 땅이 혁명 주도자 네 사람 참·협·음·최에 의해 4군으로 갈라져 참의 홰청, 협의 평주, 음의 추저, 최의 날양으로 분립된 것이다. 사마천도 '수정조선위사군'이라 적고 사군의 이름은 밝히지 못하고 위의 4군을 설명했으므로 낙랑·현도·진번·임둔이 아니라 홰청, 평주, 추저, 날양이라는 주장이 있다. 위의 책: 133-134.

137) 이 말은 해모수가 아란불에게 한 말로 『삼국사기』에도 나와 있다.

138) 가섭원은 『삼국사기』 고구려본기 제일 동명성왕 조에도 있는 내용이다.

139) 『북부여기 상』: 131-134.

140) 200년 정도의 시차가 있는 고구려의 건국과 북부여의 건국을 같다고 보는 입장과 다르다고 보는 입장이 있고, 이것과 관련하여 동명과 주몽을 다른 사람으로 보는 경우와 같은 사람으로 보는 경우가 있다. 김부식은 『삼국사기』에서 같은 사람으로 보아 동명성왕과 고주몽을 같은 사람으로 기록하고 있다. 동명이 고리국으로부터 탈출하여 비류수 물고기의 도움으로 강을 건넜던 부여의 건

힘이 왕성해지는 것을 보고 세상을 구할 뜻을 세워 졸본[141]에서 즉위하고 스스로 동명이라 하였다. 제(帝)가 스스로 장수가 되어 격문을 띄우니 열흘 만에 5,000명이 모이고 가는 곳마다 한나라를 무찌르고 마침내 구려하를 건너 옛 고리국의 땅인 요동의 서안평까지 평정하고, 장수를 보내어 유민들과 함께 힘을 합쳐 배천의 한나라 군대를 쳐부수고 한나라 수비 장수까지 생포하고 방비를 철저히 했다.

북부여의 단제인 해부루가 힘이 약해져 항복하면서도 여러 차례 나라를 보존하고자 애원하여 해부루를 단군에서 낮추어 제후로 삼고 분능으로 옮기게 하고 고두막한이 수만 군중을 이끌고 도성에 들어가 북부여의 단군이 되었고, 이어 서압록하의 상류에서 한나라의 적들과 여러 차례 싸워서 크게 이겼다. 단군에서 강등된 제후 해부루가 다스리는 분능에서 고구려를 세우게 되는 고주몽이 태어났다. 이처럼 고두막한이 고두막 단군으로 된 것은 자연스럽고 평화로운 왕위의 계승이 아니라 혁명과 같은 방식의 권력이동에 따른 정권교체이다.

여덟째, 6세 단군 고무서(기원전 46년~기원전 44년: 2년)는 고두막의 태자로 졸본천에서 즉위한 후 백악산에서 장로들과 함께 모여 널리 하늘에 제사할 것을 약속하니 모두가 크게 기뻐했다. 단제는 덕과 주술이 능해 민심을 크게 얻어 소해모수라 불렀고, 한나라가 요하의 왼쪽에서 널리 소란을 피웠으나 여러 차례 싸워서 크게 이겼다. 단제가 영고탑을 순시하다가 흰 노루를 얻었고, 아들이 없어 딸을 고주몽의 아내로 삼고 죽으며 유언으로 고주몽에게 대통을 넘겼다. 고주몽이 23세에 즉위하였으나 권력투쟁이 벌어져서 부여인들이 주몽을 죽이려고 해서 어머니의 충고를 따라 오이, 마리, 협보 등과 함께 부여를 탈출하였다. 분릉수에 이르러 추격군대에게 쫓기는데 자라와 물고기들이 모여 다리가 되어 강을 건너게 하고는 흩어져서 추격군을 따돌리게 했다. 그 뒤 주몽은 고구려를 개국하였다. 함께 왔던 협보는 뒷날 일본으로 건너가 다파라국을 세웠다.[142]

국설화와 주몽의 북부여 탈출하고 분능수 물고기의 도움으로 강을 건너는 고구려의 건국설화의 구조와 내용이 같다. 북부여나 비류수가 현재 내몽고의 땅 부이르 호수 및 바이칼 호수 동쪽이라는 몽고 과학원 슈미야바타르 교수의 학설도 참고할 내용이다. 『북부여기 하』: 135-136.

141) 졸본은 광개토대왕 비문의 홀본과 같은 땅으로 지금의 혼강 유역 한인지방이라는 설과 지금의 북만주나 동몽고의 땅으로 비정하는 설 등이 있다.

142) 위의 책: 137-138.

(4) 『규원사화』, 『단군세기』 및 『단기고사』의 기록 비교

『규원사화』, 『단군세기』 및 『단기고사』의 기록 가운데 서로 공통된 부분도 있고, 서로 다른 시각에서 기록한 내용들도 있으나 그 내용이 상충되는 부분은 일부이고 대부분은 상호 보완적으로 활용할 수 있는 내용들이다. 따라서 고조선의 군왕의 행적은 세 기록에 나타난 것을 합쳐서 보는 것이 필요하다. 왜냐하면 세 역사서의 기록자가 서로 다른 시각에서 기록했을 수 있고 참고 사료들도 서로 다를 수가 있기 때문이다. 공통된 내용은 단군왕검에 대한 일부 기록과 2세 단군 부루의 도산의 회담에 관한 기록 및 역대 국왕에 대한 일부의 기록들이다. 공통된 내용은 그만큼 더 신뢰성이 큰 기록이라 볼 수 있다.

차이점은 역대 단군의 재위 기간이나 세습 방식 등 일부의 내용이다. 『규원사화』와 『단군세기』 등의 내용 가운데 역대 단군의 세습 과정에서 정변에 의한 경우나 오가의 합의로 오가 가운데 단군이 추대되거나 형제나 섭정 등의 기록에서 비정상적인 사례들이 많아 그러한 사실의 기록을 국왕에 대한 불경 또는 도전이라고 해석할 우려도 없지 않다. 이 세 책들은 민중의 시각들이 많이 반영되어서 왕조시대의 역사관과는 상충되는 부분들이 많다는 비판이 대표적이다. 이 때문에 이 책들이 위서논쟁보다는 금서로 취급된 것이 아닌가라고 볼 수도 있다.

12. 단군과 5가(8가) 및 제1~4 단군정권의 변동

단군왕검은 환인과 환웅의 뒤를 이어 고조선의 초대 단군으로 추대되었다. 고조선이 한·예·맥족의 부족연합국가로 건국되어 한족(한강족)이 왕족이 되고 맥족이 왕비족이 되었으며 예족은 제후족이 되어 단군왕검을 보좌하면서 왕권을 강화시키고 국가를 형성·정착시켰다.

고조선의 국왕인 단군은 초대에서 5대까지는 왕위계승이 장자계승원칙에 따라 순조롭게 되다가 5대 단군 때에는 양가 구을이, 6대에서는 우가 갈문이, 7대에는 양가 한율이 각각 단군으로 즉위하여 왕위계승이 5가들 사이에 교대로 일어났다. 그러다가 8대 우서한, 10대 우가 노을, 12대 우가 아한, 13대 우가 흘달, 14대 우가 고불, 15대 대음, 16대 우가 위나, 20대 우가 고흘, 22대 색불루 쿠테타, 24대 황숙 고불가 섭정, 29대 마휴 등은 장자계승이 아니라 주로 양가와 우가가 단군직을 맡게 됨을 보여주고 있다. 여기에서 5~7대는 양가와 우가가 교대로 단군직을 맡다가 10대부터는 우가가 주로 단군직을 맡게 되면서도 장자세습이 아닌 선출 · 추대형식이어서 단군추대의 귀족합의제라는 특징을 보여주고 있다.

고조선에서 왕족과 왕비족 및 제후족이 5가와 8가를 구성하여 단군직을 선출하고 돌아가면서 단군직을 담당한 것은 8가가 모두 왕족, 왕비족, 제후족으로 구성되었음을 알 수 있다. 초기에 단군왕검이 마가에 신지씨, 우가에 고시씨, 웅가에 치우씨, 학가에 주인씨, 구가에 여수기, 호가에 큰 아들 부루, 응가에 둘째 아들 부소, 로가에 셋째 아들 부소를 각각 임명하였으므로 8가들은 이들의 후예들일 가능성이 가장 높다. 그러나 이 가운데 부루는 2대 단군이 되었고 나머지 아들들의 경우에도 다른 부족으로 대체되었을 가능성도 배제하지 못하나 계속 왕자들의 후손들이 계승했을 가능성도 크므로 단군 8가들은 결국 왕족과 왕비족 및 제후족으로 구성된 것으로 볼 수 있다. 특히 중 · 후기로 갈수록 후국 · 속국 · 제후국 등의 제후들이 용가에 임용되어 통치계층의 폭을 확장시킨 점은 매우 중요한 의미를 지닌다. 이것을 미루어 볼 때, 누구가 왕족인 한족이고 어느 것이 왕비족인 맥족이며 또 제후족인지는 명확하지는 않지만 단군정권의 통치세력과 부족의 근거지로의 수도이전 등을 고려할 때 적어도 응가, 로가, 양가는 왕족인 한족이고 우가와 곰족인 웅가는 왕비족인 맥족일 것이며 나머지 호가는 범족으로서 제후족인 예족으로 추정할 수 있다.

또한 한 · 예 · 맥족은 서로 왕족 · 왕비족 · 제후족으로 통합되면서 고조선의 권력중심인 왕족도 한족 → 한맥족 → 맥족 → 예맥족 → 예족 → 한 · 예 · 맥족 등으로 핵심통치부족은 성격이 변화했을 것으로 보인다. 다만 고조선 본국 및 3한 · 3조선 통치세력의 정체성을 높이고자 단순화시킨다면 한족 → 맥족 → 예족(기자족) → 예족(위만족)으로 규정할 수 있다.

이렇게 볼 때 이러한 단군직의 계승과 변동을 중심으로 고조선의 정권변동을 구분하면, 제1 단군정권은 단군왕검과 양가가 중심이 된 한족의 단군정권(한족정권)이고, 제2 단군정권은 우가가 중심이 된 맥족의 단군정권(맥족정권)이다. 그 뒤 제3 단군정권은 예족의 기자족이 정권을 장악한 것(예족정권 – 기자정권)이고 제4 단군정권은 예족의 위만이 정권을 탈취한 것(예족정권 – 위만정권)이라고 구분할 수 있다.

제3부

고조선 국가의 변동과 주요 행정·정책

제13장

국가위기, 세계체제, 사회계급의 상호활동과 국가변동

1. 국가의 흥망성쇠와 기승전결의 장기 · 중기 · 단기 사이클

(1) 장기 사이클

고조선 국가 기승전결의 장기 사이클은 환웅시대, 단군시대, 기자 · 위만시대 및 후삼한 시대를 대상으로 삼아 고대국가의 기승전결을 나누어 분석하는 방법이다. 고조선의 중심인 단군조선은 기틀을 잡고 번성하고 여러 차례 위기를 맞고 그것을 극복하면서 기승전결의 과정을 거쳤다. 국가의 역사를 유기체의 생성과 번성 및 쇠약과 멸망으로 가는 과정으로 파악한 스펭글러와 토인비의 역사관이 단군조선에도 기승전결의 단계로 나타났다고 볼 수 있다. 고조선의 기승전결의 과정은 장기적으로 볼 때에는 환웅시대가 단군조선의 기의 단계이고, 단군조선 시대에 승의 단계를 이루고 기자정권과 위만정권이라는 전의 단계를 거쳐 단군조선이 망하고 후삼한의 시대로 이어진 것을 결의 단계로 보는 것이다. 이것은 고대국가로서의 고조선을 환웅시대, 단군시대, 기자와 위만의 시대를 거쳐 후삼한이라는 새로운 질서로 귀결하는 장기적인 파동의 과정으로 보는 입장이다. 이때에는 환웅시대와 단군시대가 큰 중심세력의 변화 없이 새로운 세력들을 흡수하여 크게 번창하는 단계를 거쳐 지배세력과 국가 엽합세력의 권력다툼에서 두 차례씩이나 상층부세력의 교체를 가져오는 전의 단계를 지나 핵심부족들이 세포 분열하여 후삼한시대로 이어지는 것으로 본다는 점에서 고조선의 역사를 큰 시각과 장기적인 시대를 포함하는 것을 의미한다.

이 시각의 장점을 다음과 같이 요약할 수 있다.

첫째, 고조선의 역사를 시간적으로 정체된 단면을 보는 것이 아니라 국가의 흥망성쇠가 어떤 변수들에 의해 이루어지는 지를 연속적인 여러 국면들의 연장과 그 총체로 국가의 성격을 파악할 수 있다는 점이다.

둘째, 고조선의 역사를 환웅시대와 연결시켜 봄으로써 단군왕검의 제왕권의 확립과정과 국가의 구성요소인 주권·국민·영토의 관계의 형성과정을 연속적인 것으로 보고 그 차이를 파악함으로써 국가형성의 초기과정에 대한 이해를 구체적으로 할 수 있다.

셋째, 한웅시대, 단군시대, 기자 및 위만시대를 서로 연결시켜 비교함으로써 역사적으로 오랜 기간 논쟁이 되어 온 기자와 위만의 역사적인 위상을 바로 파악할 수 있다.

넷째, 후삼한을 고조선의 결의 단계로 보는 것은 고조선 지배연합 중심세력의 변화와 정착을 파악함으로 4국시대와 남북국시대로의 전환으로 민족국가의 역사가 이어짐을 분석할 수 있다.

다섯째, 2천 년이 넘는 고대사를 다루고 고대국가가 외인론과 내인론에 의해 변동하게 되는 것을 종합적이고 광범위한 차원에서 분석해 줄 수 있다.

여섯째, 2천 년 기간 동안 고대한국은 고조선이라는 하나의 국가로 역사와 경험 및 제도가 축적되어 발전하는 데 반해, 중국은 이민족들이 단기간 일어났다가 사라지고 다른 민족이 다시 지배하면서 역사와 제도가 국가로 축적되지 못함을 비교할 수 있는 장점이 있다. 그것은 민족국가로서 고조선이 민족형성과 국가형성을 같이 진행시킨 반면, 중국은 다민족 영토국가로서 집권통치세력이 밀물과 썰물 같이 짧은 기간에 반복이 되어 문화발전과 역사제도의 발전이 단절되고 축적되지 못하는 한계가 있다. 그동안 이러한 중국 다민족 영토국가의 역사적 단절과 초보적인 학습수준의 단순 반복으로 인한 문화적인 저급성을 무시하고 중화사상과 중화주의적인 사관에 따라 중국은 중심, 한국은 주변, 중국문화가 한국과 일본으로 전파되었다는 일방적인 주장의 잘잘못은 고대국가의 역사와 문명을 비교함으로써 새롭게 규명할 수 있을 것이다.

일곱째, 고대 유물과 유적 및 기록 등 고대고고학 등의 사료와 그들에 대한 측정연대를 바탕으로 장기적인 기간에 대한 비교역사연구(comparative historical research)를 가능하게 한다. 이들 유물들은 신석기, 청동기, 철기 등의 시대적인 특성만이 아니라 지역적인 분포를 나타내주므로 민족의 이동이나 연합 상황 및 장기적인 국가발전의 양상을 파악·비교할 수 있게 한다.

한편 이 시각의 단점으로는 첫째, 환웅시대, 단군시대, 기자와 위만의 시대, 후삼한의 시대에 각각 이루어지는 중·단기적인 기승전결의 내부적인 역동성을 소홀하게 다루는 제약이 있다.

둘째, 환웅시대까지를 신화로 보고 있는 다수 학자들에게 환웅시대와 단군시대를 연결시키고 환웅시대가 단군시대의 기의 단계라고 보기 때문에 단군조선마저 신화라고 비판할 수 있는 여지를 제공한다.

(2) 중기 사이클

한국 고대국가의 중기 사이클은 고조선이라는 개별국가를 대상으로 보아 단군조선과 기자·위만의 통치가 이루어진 시기로서 고대에 조선이란 이름을 국호에 사용한 시기이다. 이 시각은 부족연합에 의한 단군왕검의 개국 초기를 고조선의 기의 단계로 보고, 많은 부족들이 연합국가에 동참하고 많은 제후국들이 단군조선과 연합하여 대제국을 건설하고 융성하여 단군조선이 대륙으로 크게 뻗어가던 시기를 승의 단계로 본다. 단군조선이 내부적인 한계와 외부변수들에 의해 지배층이 기자족으로 교체된 시기를 전의 단계로 보고 위만이 쿠테타로 권력을 잡고 내부분열과 외침으로 멸망한 시기를 결의 단계로 본다.

이 시각의 장점은 첫째, 고조선을 단군조선 중심으로 흥망성쇠와 기승전결을 다루어 단일한 고대국가의 일어남과 번성 및 쇠퇴와 몰락을 집중적으로 다룰 수 있다.

둘째, 단군조선이 부족국가연합으로 개국이 되고 여러 부족들이 추가되면서 중국까지 크게 진출한 많은 제후국가들을 거느린 대제국으로 번창하고, 지배집단의 내분과 권력다툼 특히 서로 농업경제에 대한 발전과 분배라는 농업사회의 구조적 모순의 축적을 해결하는 방식을 둘러싸고 부족 간 갈등과 대립이 국가에게 큰 전환이 되는 기자족의 집권이라는 정권 차원의 전환이 이루어지며, 외부 침략전쟁을 둘러싼 통치세력 내부의 이탈과 권력투쟁의 결과로 고조선이 멸망하게 되는 과정을 잘 설명해준다.

셋째, 기승전결이라는 네 개의 사이클이 단군조선 시기에 이루어져서 국가의 일곱가지 차원의 내부 변수들이 서로 어떻게 작용하고 상호활동을 하는지 밝혀낼 수 있다.

이 시각의 단점은 첫째, 단군조선 건국의 토대가 되는 환웅시대와 단군조선의 관계를 규명하지 못하고 단절시키는 점이다. 환웅이 단군왕검의 아버지이고 환웅시대의 통치구조가 3상5부제로 단군시대의 3한5가 또는 8가제도와 연결되는 점이 구체적으로 기록되고 있는데 그것을 무시하고 별개로 보며 역사를 단절적으로 보기 때문이다.

둘째, 단군조선 결의 단계가 그 뒤 후삼한 등 열국으로 어떻게 전개되었는지를 잘 밝혀주지 못한다.

(3) 단기 사이클

기승전결의 단기 사이클은 개별 국왕의 재위기간을 대상으로 삼아 취임 직후와 왕성한 통치기간, 몇 가지 장애 요인의 발생, 그리고 퇴임기로 나눌 수 있다. 개별 단군의 활동이 단군조선의 전체적인 국가경영에 큰 영향을 주기 때문에 47명의 단군들의 통치 활동은 중요하다. 국왕 그 자체가 국가인 고대 사회에서는 단군 개인의 위상과 권력 행사 및 재임기간이 얼마나 장기인지 단기인지가 국왕의 생존능력을 나타내는 중요한 지표이다. 국왕의 재임기간이 짧으면 국왕으로서 역할을 제대로 하지도 못하는 경우가 많기 때문에 국왕의 재임기간은 국왕의 통치능력과 생존능력의 상징적인 변수이다.

단기 사이클 시각의 장점은 첫째, '국왕이 국가'인 시대의 국가를 분석할 수 있는 중요한 방법이라는 점이다. 고대국가에서는 동서양을 막론하고 국왕의 개인적인 성향이나 능력 및 건강 등이 국가권력투쟁과정에서 중요한 요소이고 국왕의 리더십이 외국과의 관계에서도 중요한 변수이기 때문이다.

둘째, 단군조선 시대에는 단군이 제사장과 군장을 겸한 만큼 개별 단군의 흥망성쇠와 기승전결을 다루는 것은 중요한 의미를 지닌다.

셋째, 국왕의 통치기간이 길다는 것은 여러 가지를 상징하기 때문에 기간을 중심으로 사이클을 분석하는 것은 의미가 크다. 개별 단군들이 장기간 통치했을 경우에는 사이클이 크게 나타나고 짧은 기간을 통치한 경우에는 작은 사이클로 나타나게 된다.

단기 사이클 시각의 단점은 첫째, 개별 단군의 기승전결을 구분할 수 있는 객관적인 기록이 적어서 개별 단군별로 기승전결을 구분하기 쉽지 않다는 점이다.

둘째, 개별단군의 기승전결을 분석하더라도 단군끼리 비교하는 일이 쉽지 않아 일반성을 찾는 데에는 많은 어려움이 있다. 연구 대상인 단군의 숫자가 적어서 약간의 가설적인 함의를 도출할 수는 있으나 엄밀한 의미의 가설검증이나 일반화는 한계가 많다.

2. 국가위기

(1) 국가위기의 성격

국가위기란 국가가 세계체제나 사회계급과의 관계에서 그들 외부 변수의 큰 변화를 잘 수용하여 적응하지 못할 때 발생하거나(외인론) 아니면 국가 내부의 다양한 수준의 변화가 비동시적으로 나타날 경우 그들 간의 불균형과 권력관계 급변 등으로 나타나거나(내인론) 이들 모든 변수들의 종합적인 상호활동의 결과(통합론)로 나타난다. 국가가 위기를 관리하여 극복할 수 있는 국가능력을 지닐 경우에는 국가는 발전적으로 전개되지만 반대로 위기를 관리하고 극복할 수 있는 충분한 국가능력을 지니지 못할 경우에는 국가는 쇠망의 길로 접어들게 된다.

낮은 차원의 국가위기는 상위 차원의 국가능력으로 극복이 가능하지만 때로는 그 정도가 지나칠 경우에는 상위 차원의 국가가 하위 차원의 국가 위기를 관리하고 극복하지 못한다. 국가위기는 국가의 일곱 가지 개념 수준에 따라 그 심각성이 다르다.

(2) 국왕 수준의 국가위기

국왕수준의 국가위기는 비정상적인 왕위교체나 국왕이 권한을 행사하기 어려운 상황이며, 국왕의 건강이 나쁘거나 권력투쟁과정에서 보이는 본인의 성격, 리더십이 모자랄 경우이다. 신하들을 포용하지 못하고 폭군으로서 과음, 과욕, 과색, 과로, 병약, 왜소 등 군왕으로서의 자질과 능력이 현저히 낮거나 이것을 상실하는 경우이다. 때로는 독살이나 시해 등으로 국왕이 궐위되는 경우도 심각한 위기이다. 국왕이 연로할 경우에는 왕자들이 없거나 왕자들이 있더라도 능력이 모자랄 경우, 왕족 간의 권력투쟁이 심각한 경우 등이 국왕의 위기이다.

때로는 환경적인 변수로서 홍수나 태풍, 폭우, 가뭄, 기상이변 등이 국왕의 제왕으로서의 덕이 없는 것으로 해석되어 국왕을 폐위하게 되는 경우도 국왕의 위기에 속한다. 제의-군장의 경우에는 비가 올 때까지 제단을 쌓고 기도를 하고 제사를 드리는 것이 국왕의 위기를 극복하는 방법이다. 반란군이 왕궁을 범하거나 국왕이 전쟁에서 패할 경우에도 군장으로서의 위엄이 무너져 국왕의 위기로 된다.

국왕의 위기를 왕족이 해결하지 못할 경우에는 5가들이 결정하였다. 고조선에서 왕이 왕족이 아니라 아홉 차례 5가합의로 5가 중에서 추대되고, 47세 단군 고열가 시대에는 단군이 스스로 퇴위한 이후 5가가 6년 간이나 공동으로 통치를 한 경우가 국왕의 위기를 보여주는 일들이다. 국왕은 정상적일 경우에는 장자세습으로 이어지고 가끔씩은 장자가 아닌 왕자들이나 왕족들에 의해 왕위가 계승되고 그 다음은 5가 가운데 왕이 추대되고 가장 위기인 경우가 기자족과 위만족에 의한 쿠테타 방식의 왕권교체이다. 위만의 후손인 왕도 내부 권력투쟁과 외국군대의 침범으로 왕위가 찬탈되고 나아가 제후국인 후국의 왕이 단군이 된 경우도 국왕의 위기를 겪은 경우이다. 섭정은 약한 수준의 국왕위기이다.

국왕의 위기를 장기 사이클에 따라 보면, 기의 단계인 환웅시대에는 크게 위기가 없었던 것으로 보인다. 장기 사이클의 승의 단계이고 중기 사이클의 기의 단계인 단군조선의 건국 초기로 보면, 여러 차례 5가 출신이 왕으로 추대되어 국왕의 위기가 지속된 것으로 보인다. 그러나 단군조선의 국왕은 위기를 잘 극복하고 왕위가 순조롭게 장자계승과 5가 추대로 이어져서 잘 관리되었다.

그러나 기자족이 권력에 도전하고 위만족이 권력을 찬탈하면서 국왕의 위기가 관리를 통한 정상적인 방법이 아니라 정변에 의한 정권교체와 같은 수준에서 국왕과 통치집단의 교체로 나타났다. 한족에서 맥족을 거쳐 예족으로 왕족의 지위가 바뀐 것은 심각한 위기를 겪고 그것을 극복한 결과인 것이다. 이것은 국왕 차원의 위기만이 아니라 통치집단의 교체까지 가져 온 것인 만큼 매우 큰 영향을 미친 정변이고 정권 차원의 국가위기였던 것이다. 이것은 장기 사이클의 차원에서는 전의 단계이고 중기 사이클의 차원에서는 전의 단계와 결의 단계에 이르는 것이다.

장기 사이클에서는 기자나 위만족의 전의 단계를 지나 단군체제가 붕괴하고 나타난 마한, 변한 및 진한이라는 후삼한 시대를 결의 단계로 본다. 이 단계에서는 단군체제가 끝나고 새로운 국왕체제로 전환한 시기로서 많은 위기가 복합적으로 나타난 시기이다.

(3) 통치집단과 정부 및 정권의 위기

통치집단과 정부 및 정권의 위기는 한족·예족·맥족간에 통치집단 내부에서의 위상이 바뀌거나 기자족·위만족이 집권하게 되면서 통치집단의 성격이 변화하는 과정에 일어나는 위기이다. 환웅시대에는 한부족 단일민족으로 3상5부의 통치체제를 중심으로 국가를 형성하여 오다가, 세 가지 위기를 맞아 부족연합국가인 단군조선으로 통치집단을 확대시켜 건국하였다. 환웅시대의 세 가지 위기는 신석기시대에서 청동기로의 전환에 따라 청동기무기가 발달하고 이민족과의 전쟁이 빈번해지는 한편 혹한이나 폭우, 질병 등 이상 기후로 인한 위기였을 것으로 보이고, 이러한 위기를 극복하는 가장 주된 방법이 부족국가를 키워 외적의 침입이나 자연재해로부터 백성과 통치집단을 보호하기 위한 것으로 추측된다. 따라서 부족의 위기극복을 위해 부족연합 확장을 통한 부족연합국가 건국 및 국가확장을 시도한 것으로 보인다.

단군조선 이후에는 통치집단이 3한 3경 5가 5부 5군체제를 유지하여 1왕·2부왕과 5가 지배체제를 굳건하게 하였다. 5가들은 중앙정부의 영의정 혹은 국무총리와 장관 외에 지방의 5부를 나누어 겸하여 통치할 뿐 아니라 군대도 중앙군과 지방군으로 나누고 지방 5군을 겸직으로 통치하여 5가는 명실 공히 중앙정부와 지방정부 및 군대를 장악하였다. 5가 통치집단들 사이에도 왕족과 왕비족을 포함하여 서열이 있어서 왕족이 태자나 왕자 등 왕족에서 단군을 계승시키지 못할 경우 다음 5가에서 단군을 추대하였다. 우가에서 국왕인 단군을 7명(태자 세습까지 12명)이나 배출하고 양가에서도 2명의 단군을 배출한 것은 5가 가운데 우가가 왕족 다음으로 높은 위상을 지니고, 왕족이 우가로 교체된 것으로 보인다. 이들은 9개의 대부족과 12개의 중부족, 그리고 64개의 소부족들을 거느리고 그들에게 후국과 후왕·제후 등을 봉한 것으로 보인다.

5가 통치체제가 위기를 맞은 것은 9대부족과 12개 중부족들을 후국으로 지정하여 지배연합으로 확대하면서 권력의 일부 이동이 생긴 것으로 보인다. 부족 간에 권력의 변화가 생겨서 일부 지방 후족들에게 호가 즉 나중에 용가로 명칭이 변경된 5가 중 가장 높은 지위에 후왕들을 봉하는 사례들이 늘어나는 것을 볼 수 있다. 후족들이 통치집단에 새롭게 들어오고 이들이 국무총리와 같은 용가를 맡으면서 통치세력의 재편이 이루어진 것이다. 그리고 가장 큰 통치세력의 위기는 쿠테타에 의한 기자족과 위만족의 단군직 찬탈이다. 기자족의 경우에 이미 3부족 지배족의 하나인 예부족인 색불루가 군사정변으로 권력을 장악한 만큼[1] 그 경우에도 제후족이 왕족이 되어 통치집단 내의 3부족의 위상에는 큰 변화가 이루어진 것이다.

위만족의 경우에는 위만이 삼한 중의 하나인 번한의 왕인 기준으로부터 박사의 직을 받아 지방군에 근무하다가 반란을 틈타 왕을 몰아내고 단군이 되었다는 것이므로 쿠테타에 의한 단군직 찬탈과 통치세력의 재편이라 볼 수 있다. 위만이 단군조선의 본국이 아니라 삼한의 하나로 부왕으로 있던 기준으로부터 번한의 왕을 빼앗았기 때문에 단군조선 본국의 통치세력의 재편과는 무관한 것이다. 어느 경우라도 통치세력의 차원에서는 위기를 겪은 것이고 통치세력의 위기가 통치세력의 교체로 마무리되었다. 기자와 위만의 정권교체는 통치세력과 정부 및 정권 차원의 교체이다.

(4) 관료기구와 법 질서의 총체로서의 국가위기

관료기구와 법 질서의 총체로서의 국가위기는 환웅체제에서 단군체제로의 전환, 제의-군장체제에서 군장-제의체제를 거쳐 군장체제의 군사국가로 전환하는 과정, 단군체제에서도 삼한체제가 삼조선체제로 전환할 때에 발생하는 위기이다. 단군조선은 기본적으로 환웅시대의 법 질서를 그대로 잇고 그 위에 새로운 발전을 이루었다. 환웅시대는 3상5부제의 중앙통치조직을 가지고 체제를 유지하다가, 단군조선이 건국되면서 3

1) 김용섭은 기자족의 권력 장악을 예·맥부족이라는 두 통치집단이 농업경제의 정책방향을 발전과 분배 가운데 어느 방향으로 선택할 것인가의 국정운영 방향을 두고 벌어진 권력투쟁으로 보고 있다. 이 권력투쟁에서 분배와 평등을 중시하던 단군족인 맥족이 밀리고 반대로 농업성장과 발전을 주장한 예족이 권력을 장악한 것으로 해석하고 있다. 기자족은 예족의 일부라는 것이다. 김용섭. 2017. 『농업으로 보는 한국통사』. 지식산업사.

한 3경 5가 5부 5군체제의 국가로 중앙관료조직과 지방행정조직, 그리고 군사조직이라는 단군조선의 관료기구를 갖추었다. 3상5부제를 단군8가제의 관료기구로 확대개편하고 지방 5부를 중앙관료인 구가가 통제하고 5군을 웅가가 중부군대원수로 군대를 통솔하였다. 단군조선은 구가를 통해 지방행정조직을 장악하고, 웅가가 지방 5군을 통솔하게 함으로써 비록 부족연합국가이지만 지방조직과 군대조직을 중앙집권적으로 통합하면서 건국 초기에 극복해야 했던 세 가지 위기를 극복할 수 있었다.

그러나 국토가 넓어지고 참여 부족들이 9개 대부족, 12개 중부족, 그리고 64개 소부족을 통활하면서 도입한 부족연합대제국이 중앙 5가제에 의한 통제의 범위를 벗어나면서 행정조직 내부의 통치불가능성의 위기를 맞게 된 것이다. 대제국의 딜레마, 대제국이 지닌 후국들이 이탈하게 되는 위기를 당하여 일부 후국은 5가에 편성하여 포용하였으나 일부 부족들은 이탈을 하게 되어 대제국의 결속이 약화되고 대제국으로서의 국가 응집력이 이완하게 되었다. 이것으로 중앙정부 행정조직의 내부적인 이완과 위기를 가속화시키게 되었다.

고조선의 법 질서도 헌법, 민법, 형법, 상법 등 관습법과 불문법 위주이다가 농업사회가 더욱 발전하면서 농업사회의 위기가 발생하였다. 그 위기는 사회적인 모순들이 축적되면서 발생한 것으로 그것을 해결하기 위한 수단으로 성장지향적인 통치집단이 분배지향적인 통치집단의 지위에 도전하고 통치집단의 주류로 자리바꿈하게 되었다. 농업경제 성장으로 축적된 법 질서의 위기는 더욱 억압적이고 강력한 법 질서의 집행을 필요로 하게 되었다. 농업공동체 사회가 위기에 직면하면서 일정 지역에 정착하는 농촌공동체로 발전하고 토지소유 확대와 재산소유제 강화로 인해 대규모 농지를 거느리게 되어 더욱 많은 노동력이 필요하게 되었다. 이에 농업 노동력 확보를 위한 노예제도도 더욱 활성화하고 사회 신분계급제를 유지하기 위해 더욱 강력한 8조금법 중심의 형법제도를 강화시켰다. 전담 5가인 웅가가 주형을 관장하고 법 질서를 지키도록 했다.

기자족이 집권하면서 정전제와 8조금법을 도입한 것으로 주장하는 사람들도 있지만 이미 2세 단군 부루가 단군왕검의 지시로 중국 우왕이 사공직에 있던 시절인 우사공에게 단군시대의 오행설과 치산치수법 및 신수두의 법들을 전해주었던 만큼 기자가 와서 시행한 것은 대체로 단군조선 초기부터 시행해오던 법과 제도들이다. 단군조선 초기의 법 제도들이 1천여 년 이상 지나서 기자족이 집권할 때에 다소 이완되었을 수는 있어서 새롭게 기자족이 기존의 법 질서를 재정리·강화시켰을 가능성은 없지 않다. 특히 단군시대에는 관습법과 불문법으로 되어 왔던 것들을 성문법으로 만들었을 수도 있다.

(5) 사회관계의 응집으로서의 국가위기

사회관계의 응집으로서의 대표적인 국가위기는 후기 신석기·청동기·철기사회 등 사회관계의 근본적인 변화과정에서 발생하지만, 초기 농업사회가 농업공동체에서 농촌공동체로 생산·사회관계가 바뀌면서 근본적인 질서의 변화과정에서 발생하는 위기이다. 고조선 시대의 사회관계는 농업경제와 같은 경제적인 관계가 핵심을 이룬다. 자연상태의 농업에서 부족 공동체를 이루면서 농업이 발달하다가 촌락을 형성하여 농업공동체가 농촌공동체로 바뀌면서 생산방식도 발전하고 영농기술이 발달하면서 농장의 규모도 커졌다. 많은 부족민들의 식량수요가 늘어나면서 농업공동체는 사회관계의 위기를 맞게 되었다. 부족한 식량으로 인한 위기를 극복하기 위해서는 보다 많은 농업생산을 필요로 하게 되어 위기 극복을 위해 고안된 방식이 대규모 토지를 농지로 만들고 대규모 농업경영을 해야 하는 농촌공동체를 위기 극복의 대안으로 고려하게 된 것이다.

농촌공동체는 농업생산의 노동력을 수직적인 관계에 의해 늘어난 농업노동력 수요를 충족시키기 위해서 새로운 농업경영의 방식을 요청하게 된 것이다. 노예제도의 확대가 그 대안의 하나였다. 농촌공동체를 발전시키고 노예제도를 확대시키기 위해서는 억압적이고 강제력을 지닌 국가 통치체제를 필요로 하였다. 사회관계의 위기와 발전이 정치권력과 법 질서의 변화를 가져오게 된 것이다. 사회관계의 위기가 새로운 사회관계의 형성으로 전개되고 그것을 도입·유지시키기 위해 새로운 법제도와 관료기구의 강화 및 통치세력의 교체로 나타나게 된 것이다.

(6) 지배연합으로서의 국가위기

지배연합의 위기는 부족국가가 부족국가연합국가로 확장되면서 이질적인 지배계급·민족 간의 갈등이 심화되고 국가발전 과정에 새로운 집단이 등장하여 지배계급이나 지배연합의 구성과 권력관계가 크게 바뀌면서 발생하는 위기이다. 단군조선의 개국이 세 가지 위기로 인한 것으로 그 가운데 외적의 침략을 공동으로 방어하고자하는 필요성이 가장 큰 이유이다. 부족국가의 위기를 새로운 큰 부족연합국가의 형성을 통해 부족국가들의 상호 보호를 가능하게 하여 위기를 극복하고자 하는 것이었다. 그런 만큼 단군조선은 9한이라는 대부족을 포함하면서 한·예·맥 부족의 결합으로 출범하고 왕족·왕비족 및 5가체제로 부족들의 연합을 통치체제로 수렴·통합하였다. 그러나 단군조선이 커지고 융성해지면서 더 많은 부족들이 통합하면서 지배부족들 사이에 권력투쟁이 벌어지고 그것은 지배연합의 위기를 가져왔다.

지배연합의 위기는 5가에 의한 단군의 추대로 나타나 5가 체제내의 권력 이동을 통해 지배연합의 위기를 수습하기도 했다. 여러 차례의 5가 출신 단군의 왕위 계승은 건국 초기 형성한 지배연합의 기본 구도를 바꾸는 결과를 가져왔다. 한·예·맥 3부족이 신한·말한·불한이라는 국왕과 부왕체제로 최상층 통치구조를 이루었으나 5가 출신의 국왕을 선출한 것은 3한5가 통치체제를 개편한 것을 의미한다. 지배연합의 내부적인 위기를 통치체제의 구조변화와 한·맥·예족 간의 국왕교체를 통해 극복한 것이다.

지배연합 상층부의 위기와 극복은 단군조선의 융성기에 많은 후국들의 위상 변화가 가져온 새로운 지배연합의 확대와 보완으로 이어졌다. 변방의 후국 왕들이 5가의 우두머리인 호가, 후에는 명칭이 바뀐 용가로 여러 차례 진출하면서 지방 후국의 정치권력이 약진하고 중앙통치집단의 핵심으로 들어오는 지배연합의 확대·개편·권력지형 변동으로 이어졌다. 이러한 지배연합의 가변성과 개방성은 단군조선이 중국대륙까지 진출한 대제국으로 번창하게 한 주된 요인이다. 건국 초기의 지배연합에게는 위기였지만 그것을 개방적으로 확장하고 많은 후국들이 지배연합에 새로 편입되는 것은 단군조선이 포용적이고 개방적인 대제국으로 확장하고 큰 영토와 백성을 거느린 대제국으로 새롭게 태어나게 만들었다. 기존 지배연합의 위기가 새로운 많은 후국들의 편입과 연합참여로 많은 부족국가들에게는 기회요 위기 해소의 해결방안이었다. 9개 대부족·12개 중부족·64개 소부족 등 다양한 부족들이 단군조선에 참여한 것은 이들이 단군조선의 안보우산 속에 있는 것이 중국이나 주변 부족의 공격으로부터 안전하기 때문이다.

홍익인간의 이데올로기가 새롭게 편입된 후국들의 위상과 안전을 보장하게 해 주었다. 후국들에 대한 단군조선의 안보우산의 제공은 본국인 단군조선의 번성을 가져옴과 동시에 참여한 후국들에게는 자생력을 기를 수 있는 기회를 제공하여 참여 후국들은 강한 후국의 군대를 양성할 수 있었다. 단군조선이 기와 승의 단계에 있을 때에는 대제국의 구심력이 강하였으나, 대제국의 딜레마로서 위기가 발생하면서 중앙정부의 통제력인 구심력이 약화되면서 서서히 이탈하는 부족들이 나타나기 시작하였다.

고조선이 중국과 대결하면서 중국과의 전쟁이 빈번해지고, 중국이 구심력을 만들어 주변 후국들을 교란하면서 고조선 중앙권력에서 소외되거나 변방의 후족들은 이탈하는 사례들이 나타났다. 이 과정에 기자족의 진출과 위만족의 쿠테타가 발생하면서 고조선은 전의 단계에서 결의 단계로 접어들었다. 고조선과 중국은 제후국들을 두고 경쟁하는 관계에 놓이고 고대사회의 양 축으로서 서로 치열하게 투쟁하는 국제적인 권력구도가 형성된 것이다. 탁록대전이나 진개의 침략 등 여러 차례의 전쟁은 고조선과 중국의 관계를 크게 재형성하게 하는 중요한 변수가 되었다.

(7) 상부구조인 지배이데올로기 위기로서의 국가위기

상부구조인 이데올로기 위기로서의 국가위기는 환웅시대부터 천손사상과 홍익인간, 그리고 토템과 샤머니즘을 종교적인 지배이데올로기로 삼아왔는데 이들이 혼란하게 되면 국가자체가 흔들리게 되는 경우이다. 한강문화, 요하문화, 홍산문화가 서로 융합하고 기존 이데올로기와 공존한 경우에는 문제가 없으나 이들 간에 균열이 심하게 발생할 경우에는 위기로 확산된다. 이들이 불교, 유교, 도교와 같은 종교들과 접촉하고 전환할 때에 위기를 맞을 수 있었으나 고조선 시대에는 서로 다른 종교의 성격을 지닌 국가적인 축제들을 전국적으로 거행하는 등 위기를 잘 극복하여 이들이 서로 융합·통합되고 더 큰 힘을 가지는 선진 문화력으로 승화되어 지배이데올로기에서는 큰 위기를 겪지 않았다.

단군시대가 되면서 환인·환웅·단군왕검을 모시는 삼신숭배가 이루어지면서 단군은 삼신교의 교주이며 제사장의 역할을 하였다. '한'부족의 문화인 한강문화를 중심으로 하면서 중국 요동과 요하의 문명들인 요하문명과 홍산문화가 맥족과 예족의 문화로 한강문화와 결합하면서 고조선문명이 탄생하였다. 이러한 고조선 문명이 탄생하는 과정에 여러 차례 문화적인 위기를 극복하였다.

한강문화와 고조선문명은 종교적인 이데올로기를 중심으로 하면서 고인돌, 입석, 천단·제단, 채색무늬 토기, 청동검, 명도전 등의 유물로 입증되듯이 고조선 영토에서 집중적으로 발굴되어 고조선문명의 중추를 이루었다. 고조선 전 기간을 통해 단군조선이 오랜 기간 이어지게 한 원동력은 고조선 이데올로기와 고조선 문화이다. 2천여 년 이상의 긴 기간 동안 다른 변수들에서는 많은 위기를 겪어 왔으나 종교와 이데올로기 및 고조선문명이 위기를 겪지 않고 유지된 것이 고대국가 형성과 유지의 가장 중요한 변수였다.

문화적인 수월성과 선진성은 중국 문명의 시조인 공자마저 조선을 '신선이 사는 나라'로 동경하고 배를 타고 건너와서 살기를 희망한 이상사회로 여기게 했다. 진시황도 조선을 신령한 나라로 여기고 불로초를 구하러 사신을 보내고 산삼을 구해서 갔던 것은 고조선의 문화적인 수준이 중화문명보다 한 차원 높은 경지에 있었음을 의미하는 것이다.

이러한 높은 수준의 문명과 문화 및 종교를 대행하는 제사장의 역할을 단군이 수행하면서 국왕의 정통성과 통치력이 담보되어 고조선의 통치체제가 흔들림 없이 유지될 수 있게 하였다. 기자족이나 위만족이 중국문화를 유입하고자 하였으나 고조선문명의 융합성과 개방성으로 인해 도리어 고조선문명을 중심으로 외부문명을 흡수시켜 문화적인 위기나 갈등이 없이 수용하여 동화시켰다.

단군조선의 국가 이데올로기가 흔들린 것은 단군조선의 말기인 후삼한 시대이다. 유교, 도교, 불교 등이 중국에서 유입되면서 국가 이데올로기가 융합·확대되고 다소 혼란을 겪게 되어 이데올로기적인 면에서도 단군조선의 결의 단계에 접어들었다.

(8) 나라로서의 국가위기

나라로서의 국가위기는 국민, 영토, 주권을 국가의 3요소로 할 때 단군조선 기간 동안 여러 차례의 위기가 있었다. 중국과의 전쟁이 가장 큰 위기이고 지방제후국들에 대한 통치를 둘러싸고 벌어진 분쟁 등이 국가위기의 사례들이다. 영토에서도 초기보다 국가 융성시기에 영토가 크게 확대 되었다가 기자족의 집권, 그리고 위만족의 집권기에 진개와의 전쟁에서 내분으로 패하면서 멸망하게 된 점 등은 국가위기와 정권위기가 겹친 부분이다. 단군조선 2천여 년 동안 나라로서의 국가위기는 수차례 있었으나 큰 위기는 많지 않아 국가로서 계속 정체성을 유지하고 동아시아 최초 고대국가로서 위상을 유지하였다.

영토에서는 한반도를 중심으로 하면서도 요동·요서·만주지역 등이 강역에 포함되고 수도가 이전하면서 여러 차례 변동이 있었다. 2천 년의 국가를 지탱하는 동안 국가위기를 극복하기 위해 동원하는 방법은 체제를 바꾸거나 수도를 옮기는 등 다양하다. 22세 단군 색불루는 국가위기를 극복하기 위해 삼한체제(진한·번한·마한)에서 삼조선체제(진조선·번조선·말(막)조선)로 쇄신하였으나 단군이 무력에 의한 쿠테타로 즉위하면서 삼한체제의 동요가 시작되어 수도를 송화강 아사달에서 백악산 아사달로 옮겨야만 했다. 44세 단군 구물은 위기를 맞아 국호를 대부여로 고치고 장당경 아사달로 천도를 했다.

주권의 측면에서는 전삼한시대에는 고조선 본국인 진한만이 전쟁선포권을 가지고 번한과 마한은 그 명령을 받았으나 삼조선체제로 바뀌면서 삼조선이 각각 전쟁선포권과 전쟁수행권을 가지면서 고조선 국가체제의 중앙집권성과 응집력은 약해지고 지방분권성과 원심력이 강화되었다. 이로 인한 국가위기가 커지게 되었다. 번조선에서 기자정권과 위만정권이 등장하고 몰락한 것이 대표적인 사례이다.

이로 인해 국민의 측면에서도 지배연합이나 후국들의 합류 및 이탈이 대·중·소 규모로 있어서 고조선 국가의 위기요인이 되어 고조선 2천 년 지배체제의 부분적인 변동으로 나타나게 했다.

3. 국가위기 발생과 국가변동의 원인론

(1) 외인론

국가와 국가위기에 영향을 주는 원인들을 국가 외부 변수들로 인한 것이라는 것이 외인론(外因論)이다. 국가에 영향을 주는 것으로는 외부의 세계체제와 국내의 사회계급을 들 수 있다. 세계체제는 세계국가체제와 세계경제체제로 나누어지고, 다시 세계국가체제는 안보체제와 외교체제를 포함한다. 세계경제체제는 세계무역체제나 세계자본주의체제 등을 의미한다. 세계체제는 주로 자본주의체제가 형성된 이후를 지칭하므로 자본주의체제 이전인 고대사회에서는 세계체제가 형성되기 이전이므로 세계국가체제는 국가 간의 정치외교적·군사적 관계로 보아야 할 것이다. 따라서 전쟁이나 외교사절의 파견이 대표적인 국가체제의 요소들이다. 세계경제체제는 무역이 중심이나 조공관계도 외교와 무역의 두 가지 성격을 모두 지닌다.

이것으로 인해 세계체제의 영향은 전쟁이나 외교관계 및 무역관계로 나타났다. 탁록대전이나 진개와의 전쟁 등은 물론이고 『관자』의 기록에도 나왔듯이 기원전 7세기에 이미 중국에서 조선의 호피가 유명한 물건으로 국왕이 거론할 정도였다. 명도전이 고조선 영토에서 널리 출토되고 있는 것도 당시 외국과의 교역이 활발했음을 보여준다.

세계체제를 대표하는 변수로 국가위기에 영향을 주는 것으로는 전쟁이 가장 큰 영향을 주고, 외교관계를 열고 관리하는 것이 그 다음으로 중요하며, 외교의 일환으로 제공하는 공물도 외교와 무역의 형태로 중요한 영향을 주었다.

그림 13-1 국가위기와 국가변동의 외인론 모형

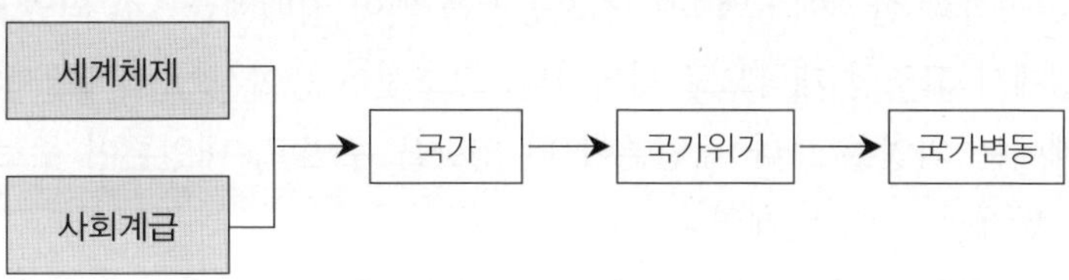

사회계급은 고대사회에서 경제적으로 상층 귀족계급은 농업지주계급이 중심이고 피지배계급은 노예계급으로 분류되고 있다. 지주계급과 노예계급이 국가위기에 영향을 주는 부분은 농업생산방식이 농업공동체 방식에서 농촌공동체 방식으로 전환하는 데 큰 영향을 준 것으로 본다. 지주계급이 농업생산의 대규모화를 제도적으로 보장하기 위해 노예제도를 지지하고 그것을 강화시키도록 한 것도 국가위기에 영향을 준 것으로 볼 수 있다. 성장과 분배를 두고 통치집단 내에서 권력투쟁을 벌인 예족·맥족의 대결과 기자족의 집권이 그 대표적인 예이다.

한 나라가 세계나 지역에서 중심국가적인 지위에서 강력한 영향력을 행사할 때에는 외부 변수의 영향을 적게 받고 도리어 외부질서를 이끌어가는 역할을 한다. 고대사회에서 고조선은 대제국으로서 동아시아의 패권국가의 지위에 있어서 외부로부터 영향을 받기보다는 주로 외부에 영향을 많이 주었다. 그 증거가 동아시아에서 고조선이 문화적으로나 정치군사적인 강대국으로 넓은 영토를 지니고 많은 제후국가들을 거느린 것이다.

중국과 조선은 아시아의 패권을 놓고 대결하고 경쟁하였으나 고조선 초기에는 고조선이 우세하였고, 후기로 가면서 고조선의 국가능력이 약해지면서 중국에게 조금씩 밀리게 된 것이다. 고조선 붕괴 이후에는 중국이 동아시아에서 큰 영향력을 행사하게 되고 반대로 고조선은 서너 개의 국가로 분립하면서 국력이 쇠퇴하고 국가능력도 약화된 것이다. 이때부터 중국의 영향력이 커지고 국가위기와 국가변동에 중국을 위시한 외부 변수의 역할이 커지게 되었다.

고조선의 시기를 기승전결의 시기로 나누고, 시기별 국가위기의 성격과 국가위기가 국가변동에 미친 영향을 간단하게 요약하면 다음과 같다.

첫째, 기의 단계인 고조선의 환웅시대와 단군조선 초기는 삼위로서 세 가지 위기이며 이것은 탁록대전과 같은 외부와의 전쟁이나 천재지변에 의한 백성들의 식량난과 같은 것일 것으로 보인다. 당시에는 고조선이 세계체제의 중심국가여서 세계체제는 환웅중심체제와 단군중심체제였을 것으로 보고, 세계무역은 물물교역에서 단군시대부터 화폐를 제조하여 활용한 국제무역이 이루어졌다. 세계문화체제도 한강문화가 선진문화로서 요하문명과 홍산문화를 흡수하여 세계문화체제의 중심에 있었다. 사회계급으로는 천손으로서 환웅족과 한·예·맥족이 결혼동맹을 맺어 지배계급으로 되었고 그 결과가 환웅국가탄생에서 고조선 개국으로 나타났다. 고조선이 동아시아 세계체제의 중심국가여서 이 단계에는 외인론 보다 내인론이 더 영향을 주었고, 내인론이 주로 영향을 준 시기는 기의 단계와 승의 단계였다.

둘째, 승의 단계인 단군조선의 융성기에는 경제적으로 농업발전에 따른 농업공동체

위기이다. 정치군사적으로는 세계체제의 헤게모니를 두고 조선과 중국의 경쟁체제가 형성되면서 정복과 방어 전쟁이 빈번하고 화폐를 활용한 무역이 활발하며 한강문화가 요하문명이나 홍산문화가 잘 융합하고 부족연합과 많은 제후국가들의 참여로 고조선은 대재국으로 융성하는 국운융성의 시기를 맞는다. 이때에는 사소한 위기들이 자극이 되어 도리어 대제국으로의 발전에 기회와 도전이 되어 국가발전에 기여하는 결과를 가져왔다.

셋째, 전의 시기에는 기자족의 집권시대로서 국가위기는 농촌공동체 위기와 부족연합해체위기이다. 세계체제에서 중국의 위상이 높아지고 조선의 위상이 중국과 경쟁적인 시기이고 전쟁도 공격이나 정복전쟁보다 방어전쟁에 치우쳤다. 화폐를 활용한 무역을 하지만 열세로 접어들고 문화적으로는 유지되지만 사회계급에서 대농업 축적위주의 계급인 예족과 기자족이 결탁하여 집권하면서 국가위기를 극복했다. 그 결과가 제후국들의 대거 이탈에 따른 대제국붕괴와 기자정권의 탄생으로 귀결된 시기이다. 외인론이 크게 영향을 준 것은 전의 시기와 결의 시기였다.

넷째, 결의 시기에는 위만의 정권장악과 위만의 진개와의 전쟁패배가 대표적인 위기이다. 세계체제에서 조선의 위상은 약해지고 진나라가 대륙을 통일한 중국에 밀려 중국주도의 세계군사체제가 동아시아에서 형성되었다. 전쟁은 방어전쟁위주였으나 패하고, 명도전을 활용하던 국제 무역도 크게 약화되고 문화적으로도 약세를 면치 못하게 되었다. 사회지배계급도 단군족, 기자족, 위만족의 혼재로 지배계급으로서의 결속력이 떨어져 후국들이 이탈하고 통치집단 내에서도 내분이 일어나 위만 후손인 단군은 이탈한 통치세력에게 살해당하면서 위만정권이 붕괴하게 되었다.

장기사이클로 보면, 후삼한이 고조선을 잇게 되지만 지배부족들이 후삼한으로 분리되고 지역적으로도 중국 한나라에 밀려 한반도로 이동하여 대제국 단군조선이 3개의 후속 국가 등으로 분립하게 되었다. 이것으로서 중국 대륙을 호령하던 대제국 고조선은 사라지고 그 흔적은 작은 여러 개의 나라로 분리하여 이어졌다. 이들 열국은 고조선의 제도나 문화를 이었지만 지배부족과 통치집단이 서로 분리되어 중심세력을 이루지 못하면서 고대사를 새로 시작하는 것처럼 되었다. 2천 년 간 쌓은 대제국 고조선의 국가능력과 제도적 학습은 크게 축소되고 망각되어 민족융성이 민족쇠망으로 귀결된 것이다.

후삼한으로부터 새로운 고대 한국이 시작하는 것과 다를 바가 없게 되었다. 그것이 영토중심국가와 민족중심국가의 차이이다. 영토중심국가에서는 이민족의 통치경험과 국가경영의 제도화가 같은 영토의 이민족국가에게도 이어지는 반면, 민족중심국가의 경우에는 민족이 이동하고 분화하면서 대제국의 경험과 제도적 학습이 영토중심국가로 그치고 분립된 여러 후속 국가들에게는 부분적으로만 이어지고 국가 차원의 제도적 자원은 온전하게 이어지지 못하는 한계가 있었던 것이다. 이것은 민족국가가 같은 영토에서 서로 다른 정권으로 변화하면서 이어질 경우에는 제도적 학습과 국가능력이 계속 축적되는 반면 영토는 같더라도 이민족이 정권을 수시로 교체할 경우에 제도적 학습이 약하고 늦어지는 경우와는 다른 것이다. 민족이 나뉘지 않고 한 영토에서 서로 다른 국가나 정권을 이어갈 경우에는 같은 영토에서 서로 다른 민족들이 국가나 정권을 교체하는 경우보다 제도적 학습과 국가능력이 더 많이 축적된다. 고조선의 경우에 2,000여 년 이상 같은 민족이 비슷하게 같은 영토에서 정권을 바꾸더라도 문화나 제도가 더 많이 축적되지만 민족이 분리된 상태애서는 문화적으로 몰락하고 약해지는 것은 별개의 문제이다. 이러한 내용을 요약하면 <표 13-1>과 같다.

표 13-1 단군조선의 국가위기와 국가변동의 기승전결의 전개(외인론: 주도확산)

기승전결 시대 국가변수·성격	기 환웅	 단 기	승 군 승	전 기자 전	 위만 결	결 3한
정권·시기		제1 한족정권	제2 맥족정권	제3 예족기자족정권	제4 예족위만족정권	
국가위기	삼위	삼위	농업공동체위기	농촌공동체·부족연합위기	전쟁패전	민족국가분열
세계체제	환웅체제중심	단군체제중심	단군체제중심	조선–중국경쟁	중국–조선경쟁	중국중심체제
세계국가:전쟁	탁록대전	방어·정복전쟁	정복·방어전쟁	방어전쟁	방어전쟁	방어·정복전쟁
세계경제:무역	물물교류	화폐제조·무역	화폐활용·무역	화폐활용·무역	명도전·무역약화	무역단절
세계문화체제	한강요하문명	한강요하홍산문명	한강요하홍산문명	한강요하홍산중화문화	한강중화문화	한강한예맥문화
사회계급	한웅족·천손	결혼동맹	부족연합·제후국	대농업축적위기·기자족	단군·기자·위만족	한·예·맥분화
국가변동	환웅국가탄생	단군조선개국	단군조선번영	대제국붕괴·기자정권	후국이탈·위만정권	붕괴·이동·분립

(2) 내인론

내인론(內因論)은 국가위기나 국가변동이 국가 내부적인 요인으로 인해 발생한다는 이론이다. 내인론의 작용 방향은 국왕이 핵심 변수가 되어 국내 질서나 정치세력의 개편을 주도적으로 한다는 입장과 국내 정치·경제·사회·문화적인 요인들이 국왕에게 영향을 준다는 입장이 있다. 단군조선이 기와 승의 단계에서는 고대동아시아의 세계질서 속에서 세계체제의 영향을 받는 입장이 아니라 도리어 주도적으로 동아시아의 질서를 이끌어가던 시기였으므로 외인론보다는 내인론이 더 적실성이 높다고 볼 수 있다.

그러나 고조선의 전의 단계에서는 고대동아시아 세계질서 속에서 중국과 경쟁하다가 결의 단계에서는 중국주도의 세계질서의 영향을 크게 받게 되었다. 이 시기에는 내인론과 외인론 모두 영향을 주게 되었다. 내인론에서는 국왕이 주도했다는 관점과 정치 · 경제 · 사회 · 문화적인 내부변수가 국왕에게 영향을 주었다는 관점 모두 타당하므로 이들을 통합적으로 적용하여 설명하되 결과 해석에서 양 시각을 서로 비교해보도록 한다. 내인론의 인과관계 작용방향은 대표적인 것으로 하향식 건국과 상향식 건국, 그리고 융합형 · 통합형 건국의 세 가지 유형이 있다.

첫째, 하향식은 국왕이 주도하여 통치세력과 정권을 형성하고 관료기구와 법 질서를 구축하고 사회관계를 정립시키고 지배연합을 형성하고 상부구조로서 지배이데올로기를 만들고 나라를 형성하는 것으로 영향을 주는 인과성을 보이는 것이 [모델 I]이다.

둘째, 상향식은 국민 · 영토 · 주권으로 나라를 건국하고 상부구조인 지배이데올로기를 형성하고 지배연합을 구성하고 사회관계가 만들어지고 관료기구와 법 질서를 구축하고 담당하는 통치세력과 정권을 형성하고 국왕을 추대하는 방향으로 인과성이 형성되는 상향식 [모델 Ⅱ]이다.

셋째, 융합형 · 통합형은 일곱 가지 국가의 개념 변수들 간에 인과관계가 부분적으로 형성되는 경우인 [모형 Ⅲ]이다. 대부분의 경우에는 일곱 가지 개념변수들 가운데 두 개씩의 상관성이나 인과성으로 나타나게 된다. 이러한 상호관계는 경험적인 근거를 통해 밝혀질 것이다.

그림 13-2 국가위기와 국가변동에 영향을 주는 내인론의 영향 모형(예시)

[모형 I]: 하향식 예시
국왕(단군 → 통치세력 · 정권 · 정부 → 관료기구와 법 질서 → 사회관계 → 지배연합 · 계급 → 상부구조 · 이데올로기 → 나라(국민 · 영토 · 주권)

[모형 Ⅱ]: 상향식 예시
나라(국민 · 영토 · 주권) →상부구조 · 이데올로기 →지배연합 · 계급 →사회관계 →관료기구와 법 질서 → 통치세력 · 정권 · 정부 →국왕(단군)

[모형 Ⅲ]: 융합형 · 통합형

나라(국민 · 영토 · 주권)
상부구조 · 이데올로기
지배연합 · 계급
사회관계
관료기구와 법 질서
통치세력, 정권, 정부
국왕(단군)

→ 국가 → 국가변동

(3) 내인론과 외인론의 통합형: 국가위기와 국가변동의 외인론과 내인론의 통합형

내인론에 외인론을 추가하면 국가위기와 국가변동에 영향을 미치는 모든 변수들이 고려될 수 있다. 외부 변수들은 세계체제와 사회계급으로서 세계체제는 고대사회에서 주로 전쟁이 관련된 군사요인이므로 외부 요인은 군사요인과 사회요인만 추가하면 된다. 이 두 가지 변수를 추가하되 국왕이 주도하는 방향이 아닌 국내 요인들이 국가위기와 국가변동에 영향을 미치는 방식에만 추가하면 된다. 이들 내인론과 외인론을 통합하여 정리·예시하면 [그림 13-3]과 같다.

그림 13-3 국가위기와 국가변동에 영향을 주는 외인론과 내인론의 통합 모형(예시)

[모형 Ⅳ: **통합형**]
전쟁 → 사회계급 → 국왕(단군) → 통치세력, 정권, 정부 → 관료기구와 법 질서 → 사회관계 → 지배연합·계급 → 상부구조·이데올로기 → 나라: 국민·영토·주권

[모형 Ⅴ: **통합형**]:
전쟁 → 사회계급 → 나라: 국민·영토·주권 → 상부구조–이데올로기 → 지배연합·계급 → 사회관계 → 관료기구와 법 질서 → 통치세력·정권·정부 → 국왕(단군)

[모형 Ⅵ: 통합형]에서 덜 중요한 변수들을 배제하고 중요한 역할을 하는 것으로 추정되는 변수들을 중심으로 단순화시켜 보면 IEMP 모델이 도출될 수 있다. 마이클 만이 서구의 국가들의 역사적인 경험과 실증적인 사료들을 바탕으로 도출한 것이 IEMP 모델인데 한국고대사에도 적용가능할 것으로 보인다. 이것을 고조선 국가변동 분석을 위해 설정한 이 책의 기본 가정들과 관련하여 재정리한 것이 이 책의 제2장 [분석틀]에서 밝힌 내용으로 연결될 수 있을 것이다.

그림 13-4 국가위기와 국가변동의 통합형 인과모델

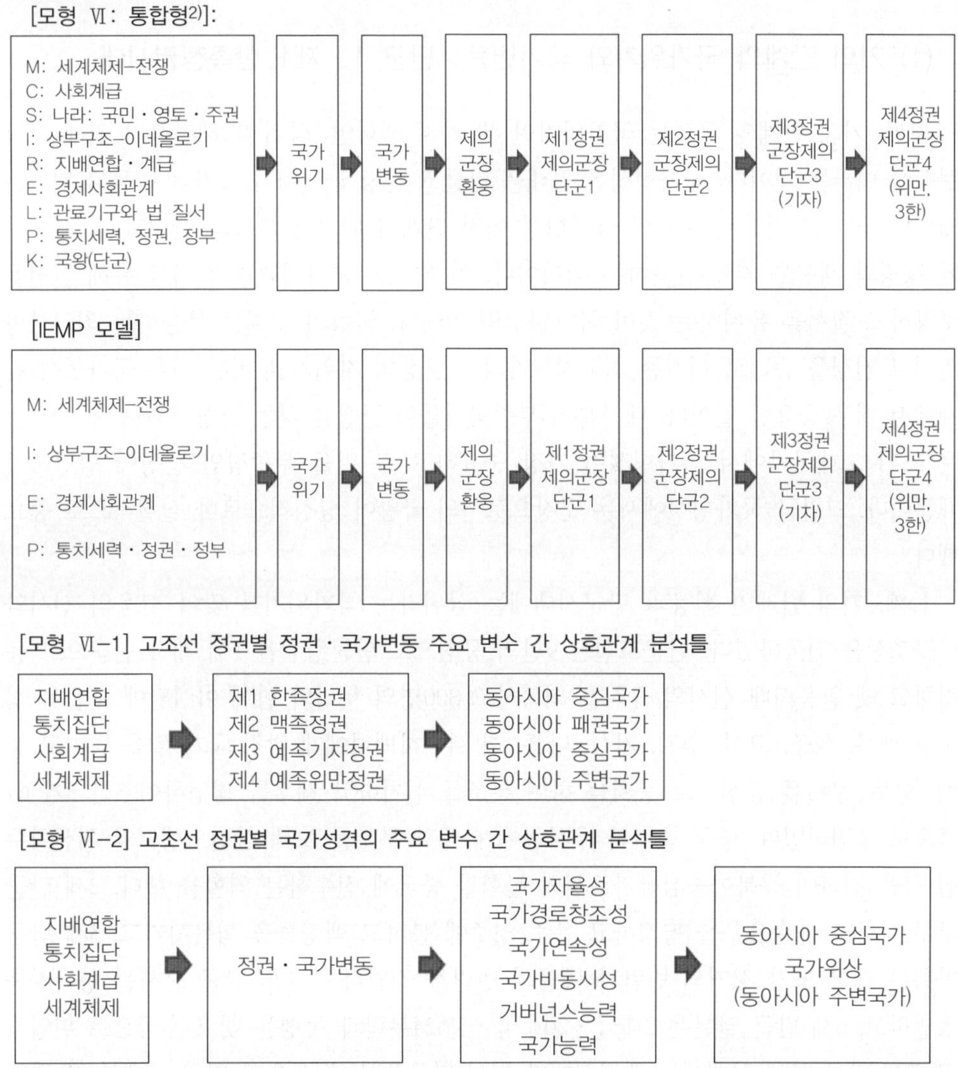

2) 이 모형에서 사용되는 약자들은 M(세계체제－전쟁, Military), C(Social Class, 사회계급), S(나라: 국민 · 영토 · 주권, State), I(상부구조－이데올로기, Ideology), R(지배연합 · 계급, Ruling Coalition, Ruling Class), E(경제사회관계, Economy, Economic－Social Relation), L(Bureaucratic Apparatus and Legal Order, 관료기구와 법 질서), P(통치세력 · 정권 · 정부, Politics), K(국왕 · 단군, King) 등이다.

4. 고조선 기·승·전 단계의 국가위기와 국가변동의 성격

(1) 기의 단계의 국가위기와 국가변동: 단군 1·제1 한족정권시대

첫째, 기의 단계의 목표는 국가위기인 세 가지 위험인 '삼위'를 해결하기 위해 국가형성을 이루는 것이다. 국가형성은 군대를 만들고 전쟁에서 이겨 국가를 만들고 지키는 일이다. 국가를 만드는 이유인 국가형성 이전 단계의 위기는 부족의 안전과 질서를 지켜 생명과 재산을 지키지 못하는 위험이다. 이 위험을 군사력과 경찰력을 통해 안전을 보장하고 질서를 유지하는 것이 국가형성의 일이다. 국왕이 군대를 통솔하는 최고사령관이고 전쟁을 승리로 이끄는 최고지도자라는 군장의 지위가 부여된 것은 국가형성 단계에서 매우 중요한 일이다. 대부분의 부족국가들이 군장을 갖는 군장사회로 유지된 것은 초기 고대국가에서 국가형성이 가장 중요하고 그 일을 부족장인 군장이 담당하기 때문이다. 그만큼 국가형성에서는 군장으로서의 국왕이 상징적으로나 실질적으로 중요했다.

둘째, 기의 단계인 환웅과 단군시대에는 삼위라는 국가위기를 맞아 환웅의 신시와 단군조선을 건국하였다. 단군조선은 9한의 뭉침으로 단군왕검을 1세 개국 단군으로 옹립하고 옛 환웅시대 신시의 규칙을 회복하고 800명의 무리와 함께 아사달에 도읍을 정하고 팽우, 성조, 고시, 신지, 기성, 나흘, 희, 우, 하백녀에게 각각 국가 일을 맡기고 풍백, 팽우, 운사를 중심으로 통치를 하며 분조를 설치하고 제후를 평정하여 3한 5가 64족으로 출범하였다. 중국 순나라 우사공에게 태자 부루를 보내 삼신오행교와 치산치수법 등을 전하여 동북아중심국가로서의 문화를 중국에 전수하는 역할을 했다. 2세 단군 부루는 중국 제순유우를 평정하고 유주 영주에 봉하고 백성들을 회복시키고, 3세 단군 가륵은 개국 초기 강거의 반란과 예읍의 반란을 진압하고, 4세 단군 오사는 하나라를 정벌하고, 6세 단군 달문은 2대국·20소국·3,624부락과 동맹을 맺고 후국으로 편입하고, 7세 단군 한율 시대에는 태평성대가 되어 단군조선 개국 초기 기의 단계를 잘 관리하였다.

셋째, 단군시대에는 제사장이며 군장인 환웅이 제사장이요 군장으로서 환웅족인 '한' 부족을 통치집단으로 삼고 정권을 담당하고 3상5부제와 부족 합의제 및 신정국가를 관습법과 불문법을 중심으로 운영하였다. 사회관계는 경제적으로는 자연농업을 하고 가부장제의 부계사회와 모계사회를 혼용하고 청동기 초기사회에서 부분적으로 노예를 허용하였고, 지배연합은 한부족 단일 부족 국가로 운영하였다. 샤머니즘과 토템, 그리고 천손숭배와 홍익인간을 통치이데올로기로 삼으면서 나라를 태백산 아사달에 부족사회 군장국가로 출범하였다. 삼위라는 국가위기를 환웅정권의 고대국가건설과 뒤이은 단군조선의 개국으로 극복하였다. 고대국가가 환웅부족국가에서 단군조선이라는 부족연맹국가로 확대 건국되면서 삼위라는 국가위기를 극복하였다. 이것은 국왕을 중심으로 국가위기를 극복하고 국가변동을 주도하는 모델에 따른 설명이다.

넷째, 반대로 외인론과 사회중심의 설명은 국가위기의 극복 방향이 전쟁과 사회계급의 변동 및 국내의 정치경제사회문화의 총체적인 변화의 전개로 설명한다. 세 가지 위험이라는 삼위의 국가위기를 맞아 군장사회 부족국가인 환웅국가가 청동기 사회에 들어서면서 단일 부족국가로서는 외부와 전쟁을 벌이거나 외국의 침략전쟁을 방어할 수 없어서 여러 부족과 불가피하게 연합하게 되고 그 결과가 단군조선이라는 부족연합국가의 탄생이라는 관점이다. 이로 인해 참여부족들을 혼인연맹이나 지배부족연합으로 결속시키는 5가제를 조직화하고 연합에 참여하는 큰 나라에는 왕을 부왕으로 인정하고 그 나라의 서울을 인정하여 3한3경제도를 두게 되었다. 부족연합국가의 위상이 높아지고 참여부족이 늘어나면서 5경제도와 8가제도로 확대하는 통치조직의 확대를 가져왔다.

(2) 승의 단계의 국가위기와 국가변동: 단군 2 · 제2 맥족정권시대

첫째, 승의 단계의 목표는 국민형성이다. 국민형성은 부족연합국가로 만들어진 국가가 서로 다른 부족 간의 이질성을 극복하고 공동의 질서를 만드는 것이 국민형성이다. 서로 다른 점을 하나로 만들기 위해 종교와 제의활동과 동일한 이데올로기를 형성시키는 일을 활발하게 하였다. 하늘에 대한 제사와 조상에 대한 제사를 국가 차원에서와 지방정부 차원에서 함께 추진하여 단군조선 국민으로서의 동질성을 확보하고자 하였다. 국왕인 단군을 제사장으로, 그리고 삼신교의 교주로 삼는 것도 국민형성을 위한 중요한 수단이었다. 홍익인간이란 이념과 이데올로기를 하늘이 내린 것으로 단군조선의 여러 부족들에게 확산시킨 것도 국민형성의 중요한 일이다. 초기 고대국가 대부분이 건국신화를 가지고 하늘의 아들이 다스린다는 천손사상과 천손숭배사상을 갖는 것도 카리스마적인 리더십을 통해 국민형성을 용이하게 하기 위한 것이다.

둘째, 서로 다른 성격을 하나로 만드는 일과 더불어 서로 다른 것은 다른 것으로 이해하고 인정하면서 같은 점을 확대시켜 나가는 일도 국민형성의 중요한 일로 되어 왔다. 무리한 국민형성과 국민통합이 서로 다른 부족들의 반발과 이탈을 자극하는 등의 많은 부작용을 가져왔기 때문이다. 따라서 국민형성의 또 다른 측면은 그것을 위해 서로 다른 부족들에게 교화를 하고 같은 종교를 가지고 같은 이데올로기를 가지도록 국민교육을 강화시키는 일이다. 서로 다른 문화와 문명을 공존시키고 서로 융합되게 만드는 일이 국민형성이다. 이질적인 문화를 하나로 만들기 위해 옷이나 머리모양을 무리하게 하나로 만드는 방식도 사용하고 있지만 서로 다른 방식을 인정하는 것도 국민형성의 일이다. 구동존이(求同存異)는 국민형성의 방식이고 그 방식이 후국제도와 제후제도, 그리고 봉건제도이다. 단군조선에서는 이러한 방식으로 국민형성을 다양하게 추구하였다.

셋째, 승의 단계에는 여러 부족을 하나의 국민으로 동질화시켜 통합하는 국민형성을 통해 단군조선이 대제국으로 확장되어 국운이 융성하게 된 시기였다. 단군이 지닌 제사장과 군장의 역할 사이에 비중이 변화하여 단군의 위상은 기의 단계에서 제사장과 군장에서 승의 단계에서는 군장과 제사장으로 역할이 변화하여 제사장 기능이 줄어들고 군장 쪽으로 기능이 더 강화되었다. 당면한 농업공동체의 위기를 농촌공동체로 전환시켜 해소하고, 노예제도도 정착하고 청동기시대가 발전하며, 지배연합에도 3부족 · 9대 · 12중 · 64소부족들이 참여하여 지배족의 범위가 넓어져 한 · 예 · 맥족 · 85부족 이 중심부족이 되었다. 환인 · 환웅 · 단군왕검의 삼신교와 홍익인간이념을 숭상하고, 태백산 · 아사달 · 요동 · 요하 · 만주를 영토로 한 · 예 · 맥 · 9한 · 85부족을 국민으로 부족연합대제국으로 발돋움하여 단군조선대제국으로 융성하였다.

넷째, 단군조선이 동아시아에서 중국의 하나라와 은나라의 읍들을 정복하고, 12세 단군 아한 시대에는 요하지역에 후국들을 두어 왕으로 봉했다. 13세 단군 흘달 시대에는 하나라와 은나라 지역들을 점령하고 전국에 주 · 현을 설치하고, 14세 단군 고불 시대에 전국에 대한 호구조사 결과 큰 인구가 나올 정도로 백성의 숫자가 많았다. 15세 단군 대음(벌음, 후흘달) 시대에 은나라가 화친을 요청하고, 21세 단군 소태 시대에 은나라가 침공하였으나 진압하여 조공을 바쳐오는 등 단군조선이 대제국으로서 중국의 하나라와 은나라보다 더욱 강성한 나라로서 군림하였다. 이 시기에 단군조선의 후국들과 분국들이 중국의 요동지역과 요하지역 및 만주지역 등에 폭넓게 많이 설치되었다.

다섯째, 승의 단계에서는 밖으로는 중국 하 · 은나라와의 대결에서 우세한 입장에서 국경을 확장시키고 백성을 되찾는 등의 영토확장과 조공을 받고 많은 제후국들을 설치하여 대재국으로서의 정치외교군사적인 위상을 확립했다. 화폐를 이용한 교역을 활발하게 하여 경제력을 확보하여 군사력을 뒷받침하였다. 내부적으로 국가농업경제를 발전시키고 5가 통치체제와 많은 부족들을 통합시켜 제후국으로 한 만큼 통치집단에 포함하는 화백제도와 5가합의제를 통해 대제국의 통치체제를 유지했다. 중앙정부와 지방정부 및 군대체제를 융합적으로 통합하여 통치하여 통치체제의 능력을 키웠다.

여섯째, 영토가 확장되어 많은 부족들이 참여하고 후국들이 많아지면서 농업공동체에서 농촌공동체로 이전한 이후에도 농업생산체제를 둘러싼 모순이 축적되고 노예제도의 모순이 확대되면서 내부적인 반란과 하나라와 은나라 등 외국과의 전쟁이 국가위기로 축적되었다. 9세 단군 아술 시대에 발생한 우작의 반란과 진압, 22세 단군 색불루 시대의 신독의 란 발생과 진압, 그리고 앞에서 열거한 하나라 및 은나라와의 전쟁들이 국력을 소모시키고 제후국들의 연합국가인 대제국 단군조선의 결속력을 약화시키게 되었다.

일곱째, 빈번한 홍수와 가뭄 등 천재지변으로 농업생산이 어려워지면서 백성들의 삶이 어렵게 되었다. 14세 단군 고불 시대에 큰 가뭄이 있어서 기우제를 지내고 큰 비가 내렸으며, 15세 단군 벌음 시대에는 큰 홍수가 있었다. 20세 단군 고흘 시대에도 세상이 평화롭지 못하여 이러한 천재지변의 책임은 국왕인 단군에게 지워지고 천재지변에 의해 백성들이 못살게 된 것도 통치자인 단군의 덕이 부족한 것으로 단군에게 책임을 묻게 되어 제왕으로서의 단군의 통치력이 훼손되고 통치세력과 지배세력 내에서의 단군의 위상도 약화되고 도전받게 되었다.

여덟째, 단군은 군장만이 아니라 제사장으로서 기능하여 역대 단군들은 천재지변에 대해 하늘에 기우제나 천신과 환인 · 환웅 · 단군왕검의 3신에 대한 제사를 드렸다. 단군 왐검 본인이 단군조선 개국 초기에 강화도에 참성단을 세워 하늘에 제사를 지내고 삼신제사를 국가적인 제의행사로 제도화하여 모든 단군들이 매년 정기적으로 삼신제사를 드리도록 하였다. 여기에 더하여 2세 단군 부루는 삼육대례를 제정하고, 5세 단군 구을은 태백산에 사자를 보내 제사를 올렸다. 6세 단군 달문은 한국 오훈과 신시 오훈을 만들고 구월산에서 제사를 지내고, 11세 단군 도해는 환웅의 신에게 제사를 지내고 국선과 소도를 설치하여 전문적으로 제사를 전담하여 지내도록 했다. 14세 단군 고불은 특별히 기우제를 지내는 등 역대 단군들은 모두 삼신제사를 매년 드리면서 특별히 새로운 일들을 하였다.

아홉째, 이러한 삼신과 하늘에 대한 제사는 단군조선이 대제국으로 되면서 새롭게 통합된 많은 부족과 제후국들이 고조선문명을 수용하여 하나의 고조선민족이 되도록 하는 국민통합과 국민형성에 크게 기여하였다. 단군 자신이 제사장이며 삼신교의 교주로서 그 역할을 하여 군장으로서 흔들리는 군왕의 권위와 위상을 보완토록 하였다. 베버가 제시하는 전통적인 권위에 의한 군장으로서의 제왕의 권위가 교주와 제사장이라는 카리스마적인 권위로 보충된 것이다. 여기에 제후회의의 성격을 지니는 화백제도와 5가합의제가 참여부족들의 지지를 확보하는 민주적인 제도로 활용되면서 합리적·민주적·법적 권위까지 추가하게 되었다. 이처럼 단군은 전통적 권위와 카리스마적 권위 위에 합리적·민주적·법적 권위까지 부분적으로 추가하여 단군조선이 동아시아의 중심국가인 대제국으로서 2천여 년 간 유지·발전할 수 있도록 하였다.

열째, 단군이 국왕으로서 지니는 전통적 권위가 장자세습이라는 전통이 무너지고 47명의 단군 가운데 정상적으로 태자·왕자·현손이 세습한 경우는 30명이어서 64% 정도이고, 나머지 17명인 36%가 다른 방식으로 단군이 되어 그만큼 전통적인 권위체제가 흔들리게 된 것이다. 총 14명이 5가 가운데에서 추대되어, 47명의 전체 단군의 30%에 달한다. 특히 5가 가운데 우가에서 12명이나 배출하고 2명은 양가에서 배출하여 우가는 왕족으로서의 통치권력을 행사했다. 우가 출신 단군들은 6세 단군 달문, 10세 단군 노을, 11세 단군 도해, 12세 단군 아한, 13세 단군 흘달, 14세 단군 고불, 16세 단군 위나, 17세 단군 여을, 18세 단군 동엄, 19세 단군 구모소, 20세 단군 고홀, 그리고 21세 단군 소태이고, 양가에서 추대된 단군은 5세 단군 구을과 7세 단군 한율이다.

열한 번째, 업적을 오랜 기간 쌓아 그것을 통해 추대된 단군은 단군왕검과 고열가 두 사람이다. 먼저 단군왕검은 환웅시대 비왕으로 대읍을 24년 간 다스리면서 많은 사람들로 부터 '신성하다'는 평가를 받아 9한의 모든 백성들이 새로운 국가 조선의 단군왕검으로 추대한 경우이고, 47세 단군 고열가는 43세 단군 물리의 현손으로 전쟁을 통해 반란을 진압하고 그 공적을 인정받아 5가들의 추대로 단군이 되었다. 이것과는 정반대로 쿠테타에 의해 물리력으로 단군직을 찬탈한 경우는 22세 단군 색불루와 44세 단군 구물의 두 차례가 있었다. 22세 단군 색불루의 쿠테타 과정에 대한 기록을 살펴본다.

> "을미 52년(BC 1286년) 우현왕 고등이 죽으니, 그의 손자 색불루索弗婁가 세습하여 우현왕이 되었다. 단제께서 나라 안을 돌아보시다가 남쪽에 있는 해성海城에 이르러 부로父老들을 모두 불러 모아서 하늘에 제지내고 노래와 춤을 즐겼다. 그리고 오가五加를 불러 이들과 더불어 제위를 물려줄 것을 의논하셨는데 스스로는 늙어서 제위를 지키기가 어렵다 하시며 정치를 서우여徐于餘에게 맡기고 싶어 하셨다. 이에 살수薩水의 땅 백리를 둘러 보시고 이를 그에게 봉하시사 명을 내려 섭주攝主로 하여 기수奇首라 부르게 하였다. 우현왕은 이를 듣고 사람을 보내 단제에게 권하여 이를 중지케 하였으나 단제는 종내 이를 듣지 않으셨다. 이에 우현왕은 주변의 여러 사람들과 사냥족 수천명을 이끌고 마침내 부여의 신궁新宮에서 즉위하였다. 단제도 어쩔 수 없이 옥책玉册, 국보를 전하고 서우여는 폐하여 일반인이 되게 하였고, 단제께서는 아사달에 은퇴하여 마침내 붕어하셨다."[3)]

이 기록에서 단군의 추대는 단군과 오가가 같이 의논한다는 것을 확인할 수 있고, 단군이 임명하는 사람을 지방의 제후인 우현왕이 거부하고 자신이 민병에 해당하는 사냥족 수천 명을 이끌고 정권을 찬탈할 수 있을 정도로 왕권이 약화되고 단군 자신이 늙어 스스로 단군직을 지키기 어렵다고 판단한 점 등은 당시 단군직의 권위와 위상이 크게 흔들렸음을 보여주는 것이다. 쿠테타로 집권한 단군 색불루는 단군 취임 이후 자신의 할아버지인 우현왕 고등을 고등왕으로 추증하여 그의 사당인 묘(廟)를 세우고 고등왕을 제사지냈다. 그것은 21세 단군 소태 때 개사원의 욕살 이었던 고등이 우현왕이 되었고 그의 손자가 단군 소태의 어지(御旨)를 어기고 22세 단군으로 등극하고 그의 조부의 사당과 제사를 모신 것을 의미한다. 단군 소태는 지방의 관리인 개사원 욕살의 손자에게 쿠테타로 왕위를 잃고 은퇴한 것이다. 비슷한 쿠테타가 43세 단군 물리 때에도 발생하였다. 구체적인 내용은 다음 단계인 결의 시기에서 살펴보도록 한다.

이처럼 단군의 제왕의 권위와 힘이 떨어지면서 단군조선의 융성기가 전환기로 접어들게 되었다.

(3) 전의 단계의 국가위기와 국가변동: 단군 3 · 제3 예족 · 기자정권시대[4]

첫째, 전의 단계의 목표는 경제발전이다. 기의 단계인 국가형성과 승의 단계인 국민형성을 바탕으로 대제국의 국민들이 풍족하게 먹고 살 수 있는 경제발전을 이루는 단계이다. 승의 단계에서 당면하게 된 농업공동체의 위기를 농업발전을 통한 경제발전으로 극복하는 시기이다. 그러나 분배와 평등을 중시하는 지배족인 맥족의 지배방식과 법질서는 도전을 받고 성장을 중시하는 예족의 지배로 통치집단 내에서의 권력이동이 이루어지게 되었다. 지배집단 내부에서의 권력 이동으로 경제발전을 추구하는 예족이 보다 중요한 통치세력의 위상을 차지하면서 지배집단과 통치세력 내부에서 예족의 지배족으로서의 지위가 확립되었다.

둘째, 기자족도 예족의 일원으로 지배세력과 통치집단의 핵심을 차지하면서 기자정권이 출범하게 되었다. 기자족은 중국 주나라의 철기문화와 8조금법 및 정전제를 가져

---

3) 『단군세기』: 98.

4) 기자정권 시기에는 단군조선의 본국이 수도인 백악산 아사달을 기자에게 빼앗기고 장당경에 도읍을 옮겨 비록 기자정권과 공존했으나 단군조선의 수도였던 백악산 아사달을 기준으로 영토중심국가관에 의하면 밀려서 장당경으로 간 고조선 본국 보다 새로운 기자정권이 중국에게는 더 강력한 조선의 국가로 보일 수 있었을 것이다. 이 때문에 기자조선을 단군조선의 본국으로 보는 착시가 발생하였다. 위만조선도 같은 맥락이다. 『삼국유사』<고조선>조.

오면서 그동안 단군조선에서 관습법과 불문법으로 전해오면서 소홀하게 취급되었던 정전제와 8조금법이 성문법으로 재확인되고 보다 철저하게 지켜지게 만들었다. 단군조선에서 발전시켜온 청동기문화는 물론 철기문화도 기자족이 가지고 온 철기문화와 합해져서 더욱 발전하는 자극이 되었다.

셋째, 기자정권은 기존의 농업경제 위기를 농촌공동체의 발전으로 달성코자 경제발전을 추진했다. 농업공동체에서 농촌경제공동체로 전환·정착하기 위해서는 대규모의 농지와 농업생산을 위한 노동력의 확보가 필요하고 그것을 기존의 노예제도를 강화시키고 농지에 대한 세금확보를 위한 정전제의 강력한 실시가 필요하였다. 이러한 경제발전을 위해 기자정권은 성문법에 의한 정전제와 8조금법의 실시, 그리고 노예제도의 확립 등으로 강력한 통치를 하게 되었다. 단군조선에서 불문법으로 내려오던 정전제와 8조금법 및 노예제도 등을 성문법으로 강력하게 실시하게 되면서 기자정권 집권세력에 대해 일반 백성들은 물론 통치세력 내부에서 마저 서로 갈등과 균열이 조금씩 나타나게 되었다.

넷째, 경제발전을 위해 추진한 정전제나 노예제도 강화 및 8조교의 집행은 농업경제의 발전을 통한 경제발전을 이루어 고조선 대제국을 유지시키면서도 한편 그 부작용으로 잠재적인 부족연합의 이완과 약화로 통치 위기를 내재화시켰다. 한·맥족은 기자족에게 정권을 빼앗기게 되어 기자정권의 출범으로 고조선은 전의 단계로 접어들었다. 전의 단계에서 더욱 많은 부족들에게 농업과 경제발전의 성과를 느끼게 해야 했지만 실제는 그렇지 못하고 농업발전을 이룬 부족과 그렇지 못한 부족들 간의 역사적인 '비동시성의 동시성'을 공존시키는 현상을 유발하였다. 농업경제의 발전 단계에서 부족 간에 '발전과 저발전의 역사적인 차이'를 보이면서 사회경제적·정치적 갈등이 축적되어 분출된 것들이 반란과 무력봉기였다.

다섯째, 국왕의 역할은 제사장보다 군장의 역할에 치중하게 되어 군장-제의체제로 전환하였다. 22세 단군 색불루 시대에는 은나라 서울을 격파하고, 23세 단군 아물 시대에는 은나라의 여섯 읍 등 많은 지역을 통치했다. 기자족과 예족들이 성장과 발전을 추구하면서 자연존중과 삼신과 조상숭배를 통해 백성들의 풍요로운 삶을 추구하던 제사장의 역할은 줄어들고 엄격한 질서유지를 통해 대단위 농촌공동체 농업의 노동력을 공급하려는 노예제도 강화와 이것에 반발하는 저항세력을 강력하게 처벌하려는 8조금법을 시행하고 정전제를 통해 강력하게 세금을 거두어 군사력을 뒷받침할 국가 경제력을 축적할 강력한 군장의 역할에 치중하게 되었다. 제사장으로서도 24세 단군 연나는 소도를 증설하여 하늘에 대한 제사를 늘리고, 28세 단군 해모는 단제 스스로 기도로 병을 치유했다. 30세 단군 나휴는 하늘에 제사지내고 치우천왕의 공덕을 기록한 비석을 세워 제사를 지내고, 33세 단군 감물은 삼성사를 건립하여 삼신에 대한 제사를 전담토록 하는 등의 종교적인 역할을 수행하였다.

여섯째, 통치세력은 기자족을 정점으로 한 예족을 중심으로 한·맥족, 그리고 다양한 9족 등으로 구성되었으나 기존의 통치집단에서 소외된 부족들의 이탈이 조금씩 나타나 통치세력의 결속력이 이완되고 약화할 조짐을 보였다. 정권도 기자정권의 출범으로 기존의 통치 핵심체제인 단군8가제도도 흔들리고 지배족이 더 이상 확대되지 않고 정체·이완되면서 참여하는 부족들보다 기존 후족들의 이탈이 조금씩 생기기 시작했다.

일곱째, 관료기구와 법 질서는 경제발전을 위해 국왕의 통치력을 강화하면서 권력이동에 따른 혼선은 있었으나 기존 질서가 보다 강력하게 구심력을 잡으면서 응집력으로 나타났다. 기존의 고조선이 불문법과 관습법에 의한 것으로 다소 느슨하게 후국이나 분국의 자치권을 존중하고 삼신교나 공통의 문화와 종교를 갖는 등 교화와 제의활동 중심으로 국민형성에 주력하여 온 반면, 기자정권은 성문법과 강력한 통치로 국민형성보다 국가경제발전에 치중하였다. 그것을 담당할 중앙관료조직은 물론 지방행정과 군대체제도 5가·5부·5군의 기존 관료조직 및 통치조직도 강화시켰다. 국가경제를 발전시키기 위하여 강력한 통치를 하여 기자정권 초기에는 어느 정도 성과를 거두고 대제국으로서의 고조선이 융성하였으나, 강력한 경제발전 위주의 통치가 중앙과 지방의 관료조직에 큰 부하를 주어 차츰 관료조직이 이완하고 나태하게 되는 현상들이 발생하였다. 특히 지역 간·부족 간·후국 간의 농업경제발전에서의 속도차이는 이들 간의 이질성과 불협화음으로 나타나 이들간 분열의 씨앗이 되어 오래도록 다져 온 국민형성마저 위협하게 되었다.

여덟째, 대제국으로서 넓은 영토를 지켜 온 지방에 대한 고조선 중앙과 기자정권 통치핵심세력의 장악력이 서서히 약화되면서 지방 제후국들의 사기는 떨어지기 시작하였다. 중국에서 춘추 전국시대라는 불안한 정국으로 혼란이 가중되면서 이들의 변방 침략이 잦아지고 접경 지역 고조선 후국이나 지방정부들도 함께 군사력과 경제력을 소비하여 정치사회적·군사적·경제적 혼란을 가중시켰다. 같은 예족·동이족이기는 하지만 기자족의 정권 장악은 오랜 전통인 단군조선의 도덕적·카리스마적·권력적 정통성에서 기자정권의 권력적 기반을 훼손하였다. 법 질서로 제가합의제와 화백제도 등을 유지하여 덕치를 하고 있었으나 관습법이나 불문법을 대체하여 성문법을 중심으로 정전제와 8조금법 그리고 강력한 노예제도를 실시한 것은 덕치보다 권력에 의한 통치로 나타나 대제국 운영의 양면성으로 나타났다. 기자정권의 국가가 외형적으로는 대제국을 유지하고 있었으나 실질적으로는 동아시아 세계국가체제의 중심 국가로서의 대제국의 위상이 약화되고 기자족 중심의 대제국연합국가로 유지되었다.

아홉째, 사회관계도 철기사회가 발전하고 농업공동체사회가 농촌공동체사회로 정착·심화 발전하고 토지소유제나 사유재산제가 강화되었으며 정치군사권력을 장악한 기자정권 통체세력들의 토지소유 확대는 사회적인 갈등의 잠재적인 요인이 되었다. 기득권 통치세력들은 분배와 평등을 지향한 덕분에 기자족이 이들과 경제력을 두고 크게 충돌하지는 않았을 것으로 보인다. 부계사회는 유지되고 노예사회는 노예제도로 농업노동력의 공급체제로 강력하게 운영되어 이들의 반발을 억제하기 위해 8조금법을 강력하게 시행한 것이다.

열째, 지배연합과 지배계급은 크게 흔들리지 않고 기자족이 예족과 공존하면서 그동안 오랜기간 유지되어 온 한·예·맥족과의 권력 공유 및 공존을 추구했다. 이들 핵심 지배세력에 변방 후국과 속국들의 중앙진출과 참여를 개방하여 후국제도를 활성화시켜 대제국으로서의 힘을 키웠다. 상부구조인 이데올로기는 기자족도 예족·동이족으로서 오랜 고조선의 문화와 이데올로기를 그대로 이어받았다. 그것은 은나라의 지배세력 출신으로서 민족이 다른 주나라의 압제에 반대하여 조선으로 이동·망명한 만큼 고조선의 높은 문화적 수준과 이데올로기에 대한 존경심이 높기 때문이다. 기자족이 망명해온 이유도 고조선의 높은 문화력과 에데올로기에 대한 숭상 때문이므로 기자정권은 오랜 고조선의 문명과 문화를 적극 수용·존중하였다. 환인·환웅·단군왕검의 삼신숭배의 삼신교, 홍익인간사상, 천손숭배사상 등은 기자정권 시대에 더욱 계승되었다. 이 때문에 고구려나 고려 및 조선 시대에 기자에 대한 사당과 제사를 삼신제사와 비슷한 수준으로 숭배하게 된 것이다.

열한 번째, 나라로서의 국가에서는 대제국으로서의 영토가 유지되고 국가도 대제국부족연합국가로 유지되고 후국이나 속국들도 큰 이탈 없이 유지되었다. 그러나 은나라 귀족과 그 후예들인 기자족이 고조선에 망명·이동하여 고조선 국가의 경제발전을 도모하고 관습법과 불문법으로 내려오던 정전제, 8조금법, 노예제도, 관료제도, 철기문화 등을 유입하여 고조선 국가를 체계적으로 관료 조직과 법 질서를 새롭게 한 차원 발전시킨 점은 국가변동을 외인론으로 설명해야 할 중요한 근거들이다. 고조선의 전의 단계인 기자정권은 고조선 국가위기와 국가변동을 내인론만이 아니라 외부변수와 내부변수의 복합 요인으로 설명하게 만들고, 뒤이어 출범하는 위만정권도 비슷하게 등장하고 붕괴하게 한 선행 사례가 된 셈이다.

구체적인 역사적 사실들을 예로 보면, 중국에서 기원전 1122년에 은과 주가 교체되고, 기원전 770년 이후로 춘추시대, 기원전 484년 이후 전국시대가 전개되면서 전란이 반복되어 많은 동이계 지배층들이 같은 민족인 고조선으로 망명·이동해왔다. 기자족도 그 망명족의 일부로 이동해왔다. 이들의 망명과 이동은 고조선의 융성에 큰 자극이 되었고 가지고 온 문화들이 고조선의 문화를 융합적으로 발전시키는 데 크게 기여했다.

『사기』(史記), 『한서』(漢書), 『함허자』(涵虛字) 등의 중국 역사서에는 은나라가 주나라에 의해 망하자 은나라 귀족이던 기자가 5천 명의 지식인과 기술자 등 기자족을 데리고 조선에 와서 왕이 된 다음에 시서예악(詩書禮樂)을 발전시키고 정전제와 8조교를 실시했다고 한다. 이때 기자가 스스로 도망해 왔다고도 하고, 주나라 무왕이 기자를 조선왕으로 봉했다고도 한다. 『삼국사기』에서는 기자를 조선왕으로 봉한 것으로 기록하고 있고, 『단기고사』는 25세 단군 때 서우여가 번한의 왕으로 와서 기자조선을 열고 시조가 되었다고 기록하고 있다. 그러나 『단군세기』에서는 해성욕살 서우여가 22세 단군때 번한의 왕이 되었고, 기자는 25세 단군때 조선에 왔으나 칩거한 것으로 기록하고 있다. 기자가 직접 왔건 기자의 후손들인 기자족이 왔건 이들의 이동은 단군조선이 더욱 대제국으로 발돋움하는 데 도움을 주었다. 그리하여 철기문화가 발전하고 영토도 커져서 중국 전국 7웅의 하나인 연나라와 자웅을 겨루며 우위에 있을 만한 대국으로 성장했다. 이때 고조선의 영토는 서쪽으로 요하를 넘어 난하 혹은 대능하를 경계로 하여 연나라와 접했다.[5)]

열두 번째, 경제발전과 농업성장을 중시하는 국정방향 전환을 두고 부족 간의 경쟁과 대결로 통치집단 내부의 결속이 약화되고 통치집단 내의 권력변동으로 8가제와 통치집단이 이완되고, 일부 후국과 제후들이 이탈하게 되었다. 단군조선이 융성하고 발전할 때에는 서로 편입을 희망하던 제후국들이 대제국에 편입된 이후 평등과 국민형성에 치중한 중앙정부의 정책으로 후국들의 경제성장이 침체하면서 당면한 경제위기로 인해 후국과 제후국에서 이탈하여 스스로 농업발전과 경제발전을 추구하려는 경향이 확대·증가하였다.

이러한 경제위기를 중앙정부인 단군조선이 극복하려고 새로운 정책을 추진하고자 했으나 수도에서 먼 지방의 제후국들은 그 성과를 느낄 수가 없고 경제발전의 효과가 확산되기 이전에 후국들이나 속국들은 스스로 경제발전을 이루기 위해 이탈하게 되었던 것이다. 중앙정부의 통치세력 간의 권력투쟁과 권력관계 변화로 통치체제가 불안해지면서 대제국인 단군조선의 구심력도 약화되고 대신 원심력이 작용하게 된 것이다. 이러한 국가능력의 이완과 약화는 외부 변수인 정치군사적인 세계체제의 질서가 작동하

5) 한영우. 2004: 80.

고 중국의 무력에 의한 침략들이 대제국으로서의 단군조선에게는 위기를 조성시켜 전쟁을 수행하게 하여 역으로 체제를 유지시키게 했으나 군사력의 사용에 따른 경제력의 약화는 국가통치의 힘과 결속력은 차츰 약화되고 있었다.

열세 번째, 전의 시대 초기인 27세 단군 두밀 시대에 홍수와 큰 가뭄이 있었고, 28세 단군 해모 시대에 태풍과 폭우가 있었다. 29세 단군 마휴 시대에는 지진과 조수가 3척이나 물러갔고, 32세 단군 추밀 시대에는 일식으로 흉작이 있었다. 35세 단군 사벌 시대에는 홍수와 황충의 피해가 심하였으나 청동기무기 외에 철기무기의 새로운 도입으로 군사력이 강화되어 단군조선이 연나라 서울을 돌파하고 제나라 군대에 승전했다. 36세 단군 매륵 시대에는 북쪽으로 연나라를 정벌하고 제나라를 진압하고, 남쪽으로 바다 건너 일본 삼도를 평정했다.

열네 번째, 21세 단군 소태와 22세 단군 색불루의 쿠테타, 기자 정권의 중시조인 번한의 왕 서우여의 권력투쟁이 고조선 본국과 3조선의 하나인 번한 사이에 권력투쟁으로 확산되면서 한·예·맥족 및 각 부족 간의 권력투쟁으로 이어지면서 백악산 아사달에서 장당경 아사달로의 수도 이전이 기원전 833년경에 일어났다. 부족 간의 권력 근거지라는 점 외에도 장당경 아사달로의 천도는 연나라 등 중국과 가까웠던 백악산 아사달에서 보다 안전한 지역으로의 이동이어서 동아시아 지역권력 변동의 영향을 받은 것이라 볼 수 있다.

5. 고조선 결의 단계의 국가위기와 국가변동의 성격

(1) 고조선 결의 단계의 기본 성격

첫째, 결의 시대는 국가발전 과정으로 볼 때에는 참여와 배분의 시대이다. 국가형성, 국민형성, 경제발전 등을 이어 참여와 배분으로 이어져야 한다는 것이 개브리엘 알몬드와 박동서의 국가발전 이론의 내용이다. 비록 근대화과정에서의 근대 국가발전에 관한 국가이론이지만 같은 원리를 고대국가 시대에도 적용할 수 있을 것으로 본다. 국가발전 단계는 창업, 발전, 성숙, 수성의 역할로 기승전결의 기능이 자리매김하기도 한다. 고조선으로 보면 참여와 배분이 제대로 이루어지지 못하고 고조선대제국의 해체와 분화로 귀결되고 그 시대는 43세 단군 물리시대의 우화충의 난 이후 북부여기에 위만정권이 등장하고 후삼한으로 이어진 시대이다. 참여와 배분의 욕구를 경제발전에 따른 부의 축적이 뒷받침되지 못하면서 평화적인 참여 대신 무력에 의한 여러 차례의 반란으로 이어지고 참여와 분배가 평화적인 제도를 통해 수용되지 못하고 급격한 정권변화로 이어졌다. 이러한 국가의 내부적인 균열과 갈등은 대제국으로 중국의 연나라와 겨루던 고조선이 결의 시대에 들어와서 더욱 번성하거나 최소한 현상을 유지하는 수성도 하지 못하고 국가발전 단계에서 볼 때 이 단계에서 필수적인 참여와 배분의 역할을 제대로 하지 못한 채 대제국의 해체 단계로 접어들었다.

둘째, 고조선은 기자정권의 경제발전 추진을 농촌공동체의 발전으로 달성코자 했으나 부족연합의 이완과 약화로 위기를 가져오면서 위만족에게 정권을 빼앗기게 되어 위만정권의 출범으로 결의 단계로 접어들었다. 결의 단계에서 더욱 많은 부족들의 참여와 많은 부족들에게 배분을 해야 했지만 그렇지 못하였고, 중국 대륙을 통일하여 세계군사체제의 중심으로 새롭게 떠오르는 중국의 침략전쟁에서 마지막에는 통치세력의 내분으로 패하면서 고조선의 통치시대를 마감하는 길로 접어들게 되었다.

셋째, 국왕의 역할은 위만이 변방 수비대장 출신이라서 제사장의 역할은 줄어들고 군장의 역할에 치중하고 통치세력은 위만족이 중심이 되었으나 기존의 통치집단과 결속력이 약했다. 정권도 위만정권의 출범으로 기존의 통치 핵심체제인 단군8가제도 약화되고, 지배족이 이완되며 후족들의 이탈이 늘어났다. 특히 같은 예족인 남려가 28만 명이라는 대규모 예족 집단을 이끌고 중국영토로 이탈한 것은 위만정권 몰락의 결정적인 요소가 되었다.

넷째, 관료기구와 법 질서도 응집력이 약화되고 중앙관료조직은 물론 지방행정과 군대체제도 5가·5부·5군의 기존 관료조직 및 통치조직이 분열하고, 지방에 대한 중앙과 위만정권 통치핵심세력의 장악력이 크게 떨어졌다. 쿠테타로 정권을 장악했기 때문에 위만정권의 도덕적·카리스마적·권력적 정통성이 취약하였다. 법 질서로 제가합의제를 유지하고 국가도 대제국으로서의 위상이 약화되고 위만족 중심의 부족연합국가로서 후국들이 이완하는 통치로 되었다.

다섯째, 사회관계도 철기사회가 더욱 발전하였으나 농촌공동체는 발전이 지체되어 정체하고 토지소유제나 사유재산제가 유지되었으나 정치군사권력을 장악한 위만정권 통체세력들의 토지소유 확대는 새로운 사회적인 갈등을 유발하여 기득권 통치세력과 경제력을 두고 토지소유 등 재산권력의 투쟁이 치열했을 것이며, 부계사회나 노예사회는 그대로 변동 없이 유지되었다. 지배연합과 지배계급은 크게 흔들려 위만족이 기존의 기자족과 치열한 경쟁을 하고 오랜 기간 유지되어 온 한·예·맥족과의 권력 공유 및 공존을 추구했다.

여섯째, 상부구조인 이데올로기는 위만족도 동이족으로서 스스로 옷과 머리모양을

표 13-2 고조선 제1·2·3정권(왕조) 해체·몰락 과정

단 계	내 용
제1정권(왕조) → 제2정권(왕조) 시대	21세 소태단군 말엽에, 은나라 정벌에 공을 세운 개사원 욕살(褥薩) 고등과 해성 욕살 서우여 사이에 권력투쟁 발생 → 이때 소태단군은 서우여에게 제위를 넘기고자 했으나 고등의 손자 색불루가 군대를 거느리고 백악산 아사달에서 스스로 보위에 오르자 색불루에게 국새를 넘겨줌 → 색불루단군에 반기를 든 서우여가 마한과 번한의 군대를 동원, 내전 상황까지 갔다가 타결됨
제2정권(왕조) 시대	22세 색불루단군이 삼한(진한·번한·마한)에서 삼조선 체제(진조선·번조선·막조선)로 국정을 쇄신하였으나 무력으로 제위에 오르면서 삼한 체제의 동요가 시작됨. 소도를 중심으로 한 공동체 질서가 흔들리고 빈부 격차와 계급 분화가 빠르게 진행됨. 수도를 송화강 아사달(현 흑룡강성 하얼빈)에서 백악산 아사달(현 길림성장춘)로 옮김
제2정권(왕조) → 제3정권(왕조) 시대	43세 물리단군 때 사냥꾼 우화충(于和沖)의 역모사건 발생. 이때 우화충이 도성을 포위하자 난을 피해 떠난 물리단군은 얼마 후 붕어하심. 백민성 욕살 구물이 반란군을 토벌하고 44세 단군으로 즉위함
제3정권(왕조) 시대 개막	44세 구물단군은 국정 쇄신을 위해 국호를 조선에서 대부여(大夫餘)로 바꾸고 장당경 아사달(현 요령성 개원)로 천도. 삼조선 체제를 유지하였으나 병권이 삼조선에 다 주어짐. 이에 삼조선이 각각 군사를 동원하고 전쟁을 선포할 수 있는 독립정권이 되면서 삼한관경제는 거의 붕괴되고 진조선의 대단군은 명분만 유지함
제3정권(왕조) 시대	45세 여루단군 이후 연나라의 침략이 끊이지 않음. 46세 보을단군 때에 번조선왕(해인, 解仁)이 연나라 자객에게 시해 당하고, 제위를 탐하는 내란이 일어나 이를 진압한 장군 고열가(高列加)가 추대를 받아 47세 단군에 오름 고열가단군 말엽, 정국의 혼란 속에 국가 경영 철학인 삼한관경제가 무너져 장수들의 반란이 끊이지 않음. 단기 2096(BCE 238)년 고열가단군이 제위를 버리고 산으로 들어가고 오가가 6년 동안 공화정을 행한 과도기로 이어짐. 번조선은 진조선이 망하고 40여 년을 더 유지하다 위만에게 찬탈(BCE 194)당함 ※ 고조선 멸망을 앞둔 1년전 단기 2095(BCE 239)년 4월 8일 해모수가 웅심산에서 군사를 일으켜 북부여라 하고, 단기 2102(BCE 232)년에 고조선을 계승함

출처: 각주 6.

조선식으로 하여 조선인과 똑같이 해서 외양으로는 전혀 차별이 없을 정도로 만들어 망명해오고, 변방 수비대장인 박사로서 있으면서 위만족을 집결시킬 정도로 치밀하여 오랜 고조선의 문화와 이데올로기를 그대로 이어받았다. 그것은 중국 연나라 망명족으로서 권력의 정당성을 확보하기 위한 방안으로 보인다. 환인·환웅·단군왕검의 삼신숭배의 삼신교, 홍익인간사상, 천손숭배사상 등은 계승되었다.

일곱째, 나라로서의 국가에서도 영토가 차츰 위축되다가 진개의 침략전쟁 이후 크게 위축이 되고 국가도 부족연합국가로 축소되고 후국들의 이탈로 국민들이 축소하고 일부 중국의 동이족을 받아들이는 변화가 있었다. 진개의 침략전쟁과 이에 대한 위만정권의 내부통치세력의 균열로 패전한 것은 외부변수와 내부변수의 복합 요인으로 위만정권이 붕괴한 것을 보여주는 사례가 된다.

위만정권이 막을 내리고 위만과 통치세력이 남쪽 진국으로 이동하여 진국의 왕으로 되면서 고조선은 새로운 시대로 이어지게 되었다. 위만정권의 통치지역에 대해 한나라가 4군을 설치했다는 중국측의 기록은 한 4군의 위치를 두고 첨예한 의견 대립이 이루어지고 있다.

고조선은 전삼한과 삼조선체제가 흔들리고 이완·해체되면서 고조선 자체의 몰락으로 이어졌다. 고조선의 해체·몰락과정을 제 1·2·3왕조(정권)라는 용어를 사용해 나누어 설명한 『환단고기』의 내용을 요약하면 <표 13-2>와 같다.[6]

(2) 이어진 반란과 해모수의 북부여의 등장: 단군 3.5·제3.5 정권시대

구체적인 역사적인 사실들을 보면, 축적된 경제력을 소진하면서 국가가 힘이 약화되면서 43세 단군 물리 시대에 우화충의 난이 일어나 36개 군이 함락되고 단군이 피난하다가 사망하고 새로운 단군이 취임하지 못한 상태에서 구물이 수도인 장당경을 점령하고 스스로 단군에 취임하였다. 그 과정을 『단군세기』가 소상하게 기록하고 있다.

> "을묘년(BC 426년) 융안隆安의 사냥꾼 우화충于和沖이 장군을 자칭하며, 무리 수만명을 모아서 북 36군을 함락시켰다. 단제는 병력을 파견했으나 이기지 못했으며, 겨울이 되자 도적들은 도성을 에워싸고 급하게 공격했다. 단제께서는 좌우의 궁인과 함께 종묘사직의 신주들을 받들어 모시고는 배를 타고 피난하여 해두海頭로 가시더니 얼마 지나지 않아서 돌아가셨다. 이 해에 백민성白民城의 욕살 구물丘勿이 어명을 가지고 군대를 일으켜서 먼저 장당경藏唐京을 점령하니 구지九地의 군사들이 이에 따라서 동서의 압록鴨綠 18성이 보두 병력을 보내 원조하였다.
>
> 병진 원년(BC 425년) 3월 큰물이 도성을 휩쓸어 버리니 적병들은 큰 혼란에 빠졌다. 구물 단제께서는 만명의 군대를 이끌고 가서 이들을 정벌하니 적군은 싸워보지도 못하고 저절로 괴멸하니 마침내 우화충于和沖을 죽여 버렸다. 이에 구물은 여러 장수들의 추앙을 받는바 되어, 마침내 3월 16일에 단을 쌓아 하늘에 제사 지내고 장당경에서 즉위하였다. 이에 나라의 이름을 대부여大夫餘로 고치고 삼한三韓은 삼조선三朝鮮이라고 바꿔불렀다. 이 때부터는 삼조선은 단군을 받들어 모시고 통치를 받기는 했지만 전쟁의 권한에 있어서 애오라지 한 분에게만 맡겨 두지는 않게 되었다. 7월에는 해성海城을 개축하도록 하여 평양平壤

6) 『환단고기』: 353.

이라 부르도록 하시고, 이궁離宮을 짓도록 하였다.
정사 2년(BC 424년) 예관禮官이 청하여 삼신영고三神迎鼓의 제사를 지냈다. 곧 3월 16일이었는데 단제께서 친히 행차하시어 경배하시니 첫번째 절에 세번 머리를 조아리고 두번째 절에 여섯번 머리를 조아리고, 세번째 절에 아홉번 머리를 숙여 예를 올리는데, 무리를 거느리고는 특별히 열번 머리를 조아렸다. 이를 삼육三六의 대례大禮라고 한다. 임신 17년(BC 409년) 감찰관을 각 주州와 군郡에 파견하여 백성들을 살펴보아 효도를 잘하는 자와 청렴결백한 관리를 천거하도록 하였다."[7)]

이 기록에서 보면 당시 상황을 보다 구체적으로 알 수 있다. 융안 지방의 사냥꾼인 우화충이 스스로 장군이라 하며 수만 명의 반란군을 모아 36군을 함락할 정도로 기세가 등등하여 단군이 군대를 파견했으나 진압하지 못하고 도리어 반란군이 수도를 포위하고 공격하니 단군이 몇몇 궁인들과 종묘사직의 신주를 받들고 배를 타고 피난했다가 사망하였다. 단군의 사망 전에 반란 진압 명령을 받은 구물 장군이 군대를 모아 먼저 빼앗긴 장당경을 되찾으니 그제서야 아홉 곳의 군사들과 지금의 중국 요하나 송하강 및 흑룡강으로 추정되는 압록강 18성이 모두 군대를 보내 도왔다. 그것은 당시 이들 지역의 군대들이 국왕인 단군의 지도력을 높이 보지 않은 방증이다. 단군이 보낸 중앙군이 패배하자 방관하다가 구물 장군이 당장경을 점령하는 것을 보고서야 원군을 보내게 된 것은 여러 제후들이 그만큼 기회주의적으로 행동하고 단군조선의 구심력보다는 원심력이 커지고 있음을 보여주는 것이다.

그 뒤 구물 장군이 만명의 군대로 큰 물 때문에 혼란에 빠진 도성의 수만 명이나 되는 반란군을 제대로 싸우지도 않고 정벌하고 반란군 대장 우화충을 죽이자 여러 장수들이 구물 장군을 단군으로 추대하여 44세 단군이 되었다. 44세 단군 구물은 전임 단군의 지명이나 5가의 추대가 아니라 지방 제후들이 보낸 장수들의 추대로 단군이 된 만큼 이것은 단군조선 지배연합과 통치세력의 권력구조를 완전히 새롭게 바꾸는 것이었다. 그것은 큰 정변이고 정권변화 차원 이상의 국가변동을 의미하는 것이었다.

44세 단군 구물은 단군으로 즉위한 후 국정쇄신을 위해 국호를 조선에서 대부여로 바꾸고 장당경 아사달로 천도하고, 기존의 삼한체제를 3조선체제로 바꾸었다. 이것은 집권을 의미하는 쿠테타 이상의 혁명 차원의 조치이다. 삼한은 전쟁의 권한을 그동안은 국왕인 단군의 지휘를 받았는데, 구물은 이때부터 단군만이 아니라 삼한이나 심지어 지방 후국들에게도 권한을 나누었다. 이것은 구물을 추대한 후국출신 장수들의 영향력 때

7) 『단군세기』: 113-115.

문으로 보인다. 단군의 취임도 도성에서 하지 않고 장당경에서 하고 왕궁도 기존의 도성 외에 요녕성에 해성을 개축하여 평양으로 부르고 별궁인 이궁을 지어 새로운 국가의 모습을 갖추고자 많은 노력을 하였다. 다만 단군숭배와 같은 통치 이데올로기는 크게 바꾸지 않았으나, 단군시대의 삼신숭배와는 다른 제사 방식을 만들어 삼신영고와 삼육대례를 만들어 격식을 더 엄하게 하였다. 이것은 쿠테타로 단군이 된 왕권을 강화하기 위한 하나의 방법이고 장군으로서 반란을 진압한 군장이 더욱 강력한 제사장의 지위를 겸함으로써 제의군장으로서의 왕권을 강화시키기 위함이었다.

45세 단군 여루 시대에는 만주 길림성 영길현에 있는 장령의 낭산에 성을 쌓았고, 연나라가 침범한 것을 변방 수비 장수 묘장춘이 쳐부수었다. 연나라 배도가 쳐들어와서 요서를 함락시키고 하북성이나 요녕성의 어느 해안가 지명으로 보이는 운장에 육박해오자, 번조선 대장군 우문언이 막고 진조선과 막조선도 군대를 보내어 지원하여 연나라와 제나라의 연합군을 오도하에서 쳐부수고 지금의 하북성·산서성 일대의 요하의 여러 성을 남김없이 되찾았다. 연나라 사람들이 싸움에 지고도 연운도에 주둔하여 배를 만들고 쳐들어올 준비를 하여 우문언 대장군이 추격하여 크게 쳐부수고 장수를 사살하였다. 기원전 350년에 북막의 추장 액니거길[8]이 조정에 찾아와서 말 200필을 바치고 연나라를 함께 칠 것을 청해서, 번조선의 젊은 장수 신불사에게 병력 만 명을 주어 합세하여 연나라의 상곡[9]을 공격하고 성읍을 쌓았다. 기원전 343년 상곡 전투 이후 연나라가 해마다 침범해오다가 이때에 이르러 사신을 보내 화해를 청하여 그것을 허락하여 조양[10]의 서쪽을 경계로 삼았다.

46세 단군 보을 시대인 기원전 341년 경진 원년 12월에 번조선 왕 해인이 연나라가 보낸 자객에게 시해당하고 오가가 다투어 일어났고, 기원전 323년 정월에는 읍차 기후가 병력을 이끌고 입궁하여 자칭 번조선 왕이라 하고 사람을 보내 단군의 윤허를 구하여 이를 허락하고 굳게 연나라에 대비토록 하였다. 기원전 304년에는 도성에 큰 불이 나서 모두 타버리자 단군이 해성의 이궁으로 피신하였다. 기원전 296년 을축 46년 한개(韓介)가 수유의 군대를 이끌고 궁궐을 침범하여 스스로 왕이 되려 하니 대장군 고열가(高列加)가 의병을 일으켜 쳐부수었다. 이때부터 나라의 힘이 매우 약해져서 나라

---

8) 북막은 북쪽 몽고 사막이나 북명을 가르키는 것으로 볼 수 있어서 몽고의 액니거길 추장을 지칭하는 것으로 추정할 수 있다. 위의 책: 117−118.

9) 上谷은 칠하이성 연경현의 북쪽에 있는 상곡과 하북성 경령현의 서쪽에 있는 상곡 및 하북현 이현의 치소 등 셋이 있는데, 하북성 경련현의 서쪽에 있는 상곡일 가능성이 높다. 위의 책: 118.

10) 造陽은 산동성 장구현의 서북, 호남성 등현의 서남, 열하성 능원현의 동쪽 대능하의 서북쪽 등이 있는데 여기서는 세 번째인 대능하 서북쪽의 조양을 지칭하는 것 같다. 위의 책: 118.

의 비용도 제대로 쓸 수가 없었다.[11]

47세 단군 고열가 시대에 기원전 239년 임술 57년 4월 8일 해모수(解慕漱)가 웅심산에서 내려와 군대를 일으키고 궁실을 난변에 쌓고 종자 500인과 함께 즉위하여 북부여를 건국하였다. 다음 해에는 호구조사법과 같은 연호의 법을 제정하고 오가의 병력을 나누어 배치하였다.

이처럼 단군조선의 전의 시기는 많은 위기를 겪고 국가능력은 크게 약화되면서 결의 시대로 들어가게 되었다.

(3) 위만정권의 등장과 몰락: 단군 4·제4 예족·위만정권[12]시대

기원전 3세기 초 연나라 장군 진개의 침략을 받아 서쪽 영토를 잃으면서 국력이 쇠약하게 되었다. 중국과 치른 최초의 전쟁으로 기록된 진개의 침략으로 인한 전쟁을 『삼국지』<한전>은 이렇게 기록하고 있다.

> "중국의 주나라가 쇠약해진 것을 보고 연은 왕으로 자칭하고 그 동쪽 지방을 점령하려 하자 조선도 왕으로 자칭하면서 군사를 동원하면서 거꾸로 치려 하였다. 조선의 대부 예가 충고하였으므로 왕은 공격을 중지하였다. 조선은 예를 사신으로 파견하여 연나라를 설복하여 공격하지 못하게 했다. 그 뒤 조선왕이 점차 교만 폭악해졌으므로 연의 왕은 장군 진개를 보내어 조선의 서쪽을 쳐서 2천여 리의 땅을 취하여 경계를 삼았다."[13]

이 기록은 전쟁의 상대방인 중국측의 기록이므로 새겨서 읽어야 한다. 연나라가 고조선 위만정권을 치려하자 위만정권도 맞받아 치려했다는 점은 당시 위만정권의 무력이나 기강이 보통이 아니었음을 보여주고, 조선왕이 점차 "교만 포악해졌"다는 것은 그만큼 조선이 만만하지 않았음을 의미한다. 그 뒤 진개를 보내 조선의 서쪽을 쳐 2천여

---

11) 위의 책: 119.

12) 위만정권은 단군조선의 본국이 수도인 백악산 아사달을 기자에게 빼앗기고 장당경에 도읍을 옮겨 기자정권과 공존하던 중에 기자정권의 준 왕으로부터 위만이 왕위를 빼앗아 탄생한 정권이므로 역시 단군조선의 수도였던 백악산 아사달을 기준으로 영토중심국가관에 의하면 밀려서 장당경으로 간 고조선 본국보다 기자정권을 빼앗은 위만정권이 더 강력한 조선의 국가로 보일 수 있었을 것이다. 비록 그 뒤 단군조선이 첫 도읍지인 평양성으로 되돌아 왔지만 백악산 아사달의 관점에서 봤을 때에는 단군조선이 부수도인 평양성으로 옮겼을 뿐 여전히 수도인 백악산 아사달은 위만정권이 차지하고 있어서 위만조선을 단군조선의 본국으로 보는 오해가 발생하였을 것이다. 『삼국유사』<고조선>조.

13) 『삼국지』 권 30. <한전>.

리의 땅을 취해 경계를 삼았다는 것은 위만정권의 무력도 크게 약화된 것은 아니라는 반증이다.

그러나 전쟁 패전으로 국력 쇠약이 진행되어, 곧 뒤이어 요동지방도 잃게 되면서 수도도 요하 유역에서 평양으로 이동하게 된 것 같다. 그 뒤 기원전 3세기 중엽에 중국이 진나라로 통일되고 한의 통일로 이어지는 과정에 고조선의 제후국들이 대거 이탈하고, 한편 고조선과 가까이 있던 연, 제, 초 등의 나라에서 수만 명의 동이계 지배층이 고조선으로 망명해왔다. 기원전 2세기 초 연나라 사람으로 동이족에 속하는 실력자였던 위만도 고조선 사람들과 똑같은 상투를 틀고 고조선 사람들과 같은 옷을 입은 1천여 명의 무리를 이끌고 들어 왔다.

기원전 194년에 위만이 정권을 찬탈하고 왕이 되었는데 여기에 대해 고조선 본국의 왕인지 아니면 고조선 3한의 하나인 부왕으로 국왕인 단군을 보좌했던 번한의 왕인지에 대해 서로 다르게 기록하고 있다. 『북부여기 상』의 기록을 보면,

> "병오 45년(BC 195) 연나라의 노관이 한나라를 배반하고 흉노로 망명하니, 그의 무리인 위만衛滿은 우리에게 망명을 요구했으나 단제께서는 이를 하락치 않으셨다. 단제께서는 병으로 인해 스스로 결단을 내리지 못하고 있었는데, 번조선 왕 기준箕準이 크게 실수하여 마침내 위만을 박사博士로 모시고 상·하운장을 떼어서 위만에게 봉해주었다. … 무신 2년(BC 193) 단제께서 상장上將 연타발延佗勃을 파견하여 평양에 성책을 설치하고 도적떼와 위만의 무리에 대비케 하였다. 이에 위만도 역시 싫증을 느꼈던지 다시는 침범치 않았다."[14]

이처럼 위만을 번조선의 왕으로 기록하면서도 위만이 망명하여 준왕으로부터 박사에 임명되고 국경 수비대장으로 망명세력을 키우고 군대를 이끌고 쿠테타를 일으켜 준왕을 축출하고 정권을 찬탈하여 위만정권을 출범시킨 것으로 기록하고 있다. 왕권을 내준 준왕[15]은 그 후 배를 타고 남쪽 진국으로 내려와 한왕이 되었다고 한다.[16]

위만정권은 중국의 한나라와 거의 비슷한 시기에 출발하여 조선이라는 국호를 그대로 유지하면서 고조선의 토착 지배세력을 포용하여 상(相)이라는 벼슬을 주고 정권안

---

14) 『북부여기 상』: 128－129.

15) 단재 신채호는 기자가 조선에 와서 기자조선의 왕이 된 것이 아니라 기자의 먼 후손 중에서 번조선의 왕이 된 자가 있었을 것이라고 하였는데, 기준이 바로 그러한 왕이었던 듯하다. 그러면 이때 북부여의 2세 단군 모수리는 번조선의 상국으로서 기준의 상왕이었고 중국식으로 말하면 기준은 모수리 단군의 제후인 것이다. 위의 책: 129의 각주 5 참조.

16) 한영우. 2004: 81.

정을 이루고자 했다. 위만정권은 기자정권이 이미 높은 수준의 철기문명을 보유하여 왔으므로 변방 수비대장을 하며 익힌 무기에 대한 지식을 발전시켜 기자정권의 철기문명에 중국 연나라의 철기문명을 추가하여 융합·발전된 철기문명에 바탕을 둔 선진철기무기들을 발전시켰다. 이러한 선진 철기무기들을 바탕으로 진번과 임둔 등 동남쪽 주변의 여러 나라들을 정복해 나가면서 국력을 키워 한나라를 긴장시켰다. 이때 한강 남쪽에는 진국(辰國)이 크게 왕성하게 한나라와 직접 무역을 하여 큰 세력을 형성하고 있었는데, 위만정권이 개입하여 직접 무역 대신 위만정권을 통한 중개무역으로 돌리고 중개무역의 이익을 취하게 만들었다.

위만정권이 세력을 키워나가면서 한은 위협을 느꼈다. 위만정권이 몽고로부터 만주로 세력을 키워 내려오는 흉노, 즉 몽골이 위만정권과 동맹을 맺어 오는 날에는 한이 곤경에 처할 우려가 컸다. 때마침 대제국고조선의 후국으로 압록강 중류와 동가강 유역에 있던 예국(濊國)의 왕 남려(南閭)가 위만의 정권 찬탈로 권력핵심에서 밀려나고 권력투쟁에서 소외되어 위만정권에 불만을 품고 28만 명의 부족주민들을 이끌고 한에 투항·망명하였다. 이에 한은 이 지역에 창해군(滄海郡)을 설치하여 위만정권과 고조선을 압박했지만 토착민들의 저항으로 실패하였다.

한은 창해군을 살리기 위해 외교적으로 해결하고자 사자로 섭하(涉何)를 보내 위만의 손자로 위만정권의 왕인 우거왕(右渠王)에게 한나라 천자의 명을 따를 것을 요청했으나 거절하자 섭하는 돌아가는 길에 자신을 배웅하던 고조선의 비왕 장을 패수에서 죽이고 패수를 건너 한으로 돌아간 뒤 천자에게 이 사실을 보고하자 요동도위(遼東徒尉)로 임명받았다.[17] 위만정권은 이것에 분개하여 불시에 습격하여 섭하를 죽였다. 섭하 사건으로 고조선과 한의 관계는 크게 악화되었다.

『전한서』<조선전>을 인용하여 『삼국유사』는 이 양국의 전쟁상황을 이례적으로 자세하게 기록하고 있다. 진나라가 역사상 처음으로 중국 대륙을 통일한 뒤 15년이란 짧은 기간의 통일 중국의 통치를 끝내고, 중국을 두 번째로 통일한 한나라가 사방으로 영토를 넓히면서 대제국을 향해 나아가고 있었다. 한 무제[18]가 기원전 109년 누선장군 양복에게 육군 5만 명을 주어 육로로 제나라에서 발해로 가게하고, 좌장군 순제에게는 수군 7천 명을 주어 요동으로 가서 조선의 우거왕을 치도록 명했다. 위만정권의 고조선은 1년 간 항전하며 육군과 수군 모두를 물리치며 방어했다. 한나라 육군은 패수 서쪽에서 공격했으나 실패했고, 수군은 왕검성을 포위했으나 고조선군에게 패했다. 한무제

17) 『전한서』<조선전>; 『삼국유사』: 25.
18) 漢 武帝는 기원전 141~87년 동안 생존하면서 중국을 대제국으로 건설했다.

는 두 장수가 불리해지자 위산(衛山)을 사신으로 우거왕에게 보내 화친을 맺기로 하고, 우거왕은 태자를 보내 말을 바치기로 했다. 태자가 무장을 한 군사 1만 명과 패수를 건너려 할 때 위산과 좌장군이 태자를 의심하여 비무장을 요구하자 태자는 거절하고 군사를 이끌고 되돌아갔다. 이 사실을 위산이 한 무제에게 보고하자 무제는 위산을 죽였다. 누선장군과 좌장군이 몇 달이 지나도록 조선을 항복시키지 못하자 제남태수를 지낸 공손수(公孫遂)에게 전권을 주고 치게 하였다. 공손수는 누선장군을 체포하여 결박하고 그 군사를 이끌고 좌장군과 함께 고조선 위만정권을 쳤다.

이러한 공격을 당하여 고조선 위만정권 핵심 통치세력은 적 앞에서 주화파와 주전파로 나뉘어 서로 의견통일이 되지 않았다. 우거왕은 주전파이고 조선의 상(相) 노인(路人)과 한도(韓陶), 이계 지역의 재상 삼(尼谿相 參), 그리고 장군 왕겹(王唊)은 주화파였다. 주화파들이 항복하려 했으나 우거왕이 허락하지 않아 한도, 왕겹, 그리고 노인이 모두 달아나 한나라에 항복했는데, 노인은 길에서 죽었다. 그래도 우거왕은 항전을 했는데, 기원전 110년 여름 이계의 재상 삼이 사람을 시켜 우거왕을 죽이고 가서 항복했다. 그러나 왕검성이 함락되지 않고 우거의 대신 성기(成已)는 끝까지 항거하며 조선을 지켰다.[19] 이에 한나라 좌장군이 우거의 아들 장(長)과 노인의 아들 최(最)를 시켜 백성들을 달래고 성기를 죽여, 왕검성은 함락되고 기원전 108년에 고조선 위만정권은 3대 86년 만에 무너지면서 고조선은 2천여 년의 대제국의 끝을 맺었다.

이 지역은 뒤에 고구려로 이어지고, 많은 고조선 지배층은 남쪽으로 이동하여 후삼한의 출범과 발전에 큰 자극을 주었다. 특히 이들 중 일부는 진국과 합쳐져서 마한과 백제로 이어지고 다수는 경상북도 지역에 진한(辰韓)을 세우고 뒤에 신라의 건국세력으로 이어지게 되었다.

이처럼 위만정권은 세계국가안보체제에 해당하는 외부 요인인 한과의 전쟁에 강력한 군사력으로 어느 정도 버티어 냈으나 통치세력 내부의 갈등과 균열로 내분이 일어나 멸망하였다. 최고위 관리들인 재상과 상들이 이탈하여 한나라에 투항하고 여러 차례 내부 권력투쟁으로 인해 위만왕의 손자인 우거왕이 이탈한 과거 부하들에게 사살 당하고 끝까지 우거왕을 이어 위만정권을 지키고자 하던 대신 성기마저 죽어 위만정권의 종말을 가져오고 고조선의 멸망으로 이어졌다.

---

19) 『삼국유사』: 26.

6. 장기 사이클로의 단군조선 결의 시기: 고조선·고조선문명의 붕괴와 후삼한·열국시대로의 부활

(1) 고조선문명의 붕괴 과정과 함의

1) 고조선문명권 붕괴의 요인[20]

첫째, 고조선문명권 핵심의 혼란과 위만조선의 탄생 및 한나라 중심 1극체제의 세계체제·외부환경·국제질서의 변동이 비중심적 관리체제·미약한 군사력·비집중적 무역망·종교지향적 고조선문명권을 붕괴시켰다.

둘째, 위만조선의 내부갈등과 전쟁패배가 고조선문명권을 붕괴시켰다.

2) 고조선문명권 붕괴의 여파와 함의[21]

① 부정적 측면

첫째, 고조선의 영토 및 고조선문명권의 중핵 공간을 일부 상실했다.

둘째, 고조선문명권이 붕괴하면서 경제력이 약화되고 경제적 손실이 크게 일어 났다.

셋째, 고조선문명권이 붕괴하면서 정체성이 약화되고 종족적 동질성이 상실되어 종족의 분열을 가져 왔다. 구심점이 상실되자 고조선문명의 주체적·독자적 생산은 저지되고 정치력의 차용·위세품의 수여 등 주변지역으로 영향을 미치는 힘이 미약해지고 그 빈도수도 낮아졌다.

넷째, 해양활동의 축소와 해양문명의 약화로 발해 근해와 황해 북부 해양을 고조선문명권에서 상실했다. 해양과의 유기적인 체계성을 상실한 강상교통망은 한계를 드러냈고, 물류망도 효율성이 약해졌다. 고조선문명권의 각 지역들은 특히 주변 지역과 방계 종족들이 서서히 이탈하면서 독자적인 문화와 정치질서를 구축해 갔다.[22]

다섯째, 동아시아 세계체제의 관점에서 보면 고조선문명권의 붕괴로 중심축을 이루던 고조선이 중심에서 밀려나고 중국의 한을 중심으로 하는 '1극 중심 체제'로 재편되었다. 고조선문명권의 붕괴로 고조선문명권과 관계가 깊었던 선비 오환 계통의 종족들은 이탈하였고, 이후에는 독자적으로 성장을 거듭하면서 국가를 세웠다. 북방의 강자였

---

20) 윤명철. 2019. 앞의 글: 303－305.
21) 위의 글: 306－308.
22) 위의 글: 306.

던 흉노는 남흉노와 북흉노로 분열되어 상당부분 힘을 상실했다. 그 결과 고조선문명권의 붕괴는 동아시아 문화 및 문명의 정체현상을 가져왔다.[23]

② 긍정적 측면

첫째, 고조선문명권의 내용과 형식 등이 보다 넓은 주변 지역, 즉 일본열도 및 연해주 일대로까지 확산되었다. 여러 유적과 인골 분석 결과 야요이시대 후기는 고조선문명권의 붕괴로 주민들이 일본열도로 대량 이동했음이 확인되고 있다.

둘째, 고조선문명권의 정체성 확인과 문화적 공통성을 지닌 열국 시대 여러 개의 소국들이 탄생하게 되었다. 열국 시대 소국의 탄생으로 고조선 유민들은 각각의 국가에서 빠른 시간 안에 문화능력·사회시스템·기술력 등을 본능적으로 복원하고, 끊임없는 자기복제·문화복원을 이루었다. '고조선 계승성'은 열국들의 정통성과 정체성 확립을 통한 소국들의 생존전략이고, 갈등과 경쟁을 통해서 각각의 역사발전을 기하는 '병렬의 열국(列國) 구조'이다.[24] 이것은 종족·언어·문화 등에서 유사성을 지니고 공동의 역사를 보유한 일종의 기·승·전·결의 체제를 지니는 '역사적 유기체'라 할 수 있다.[25]

셋째, 고조선문명권에서는 반주변부에 해당하였던 한반도 중부 이남 지역이 한민족사의 중요한 공간으로 부상하고, 한민족사에서는 한반도 중부 이남의 역사적 위상이 확립되는 계기가 만들어졌다.[26]

넷째, 고조선문명권의 형성은 해양문화의 발달과 무역권의 확장을 이루었다. 황해 연근해 항로·황해 중부 횡단항로·중국의 양자강 이남 지역·황해 남부 사단항로·동중국해 사단항로·동남아시아 인도양·서아시아 지역 등으로 교역·물류·수로망·해로, 즉 '해륙교통망'을 구축했다.[27]

다섯째, 고조선문명권은 동아시아 세계체제를 구축하여 국제질서 구축·진압과 발달된 외국 문화의 수입을 가능하게 했다. 고조선문명권 내에서 성장한 신정치세력들은 북방 초원문화·한나라 문화·실크로드상의 유라시아지역 문화 등과 활발하게 교류하고 정치세력을 형성하여 국제질서의 변화에 대응하면서 고조선문명권의 계승을 담당했다.[28]

---

23) 위의 글.
24) 열국구조 시각은 신채호·문정창 등이 주장했고, 이어 윤내현이나 북한 학계에서도 거수국 체제를 중심으로 설명했다.
25) 윤명철. 2019. 앞의 글: 307.
26) 위의 글.
27) 위의 글: 308.
28) 위의 글.

(2) 후삼한과 열국시대의 국가변동의 성격

첫째, 장기 사이클로서의 결의 단계는 위만정권 이후 후삼한으로 이어졌다. 위만정권과 고조선의 종말은 고조선 지배족들의 이동으로 후삼한의 건국세력으로 이어졌다. 고조선의 고토에 한이 설치한 사군은 고조선 토착민들의 저항으로 오래 지탱하지 못하고 새로운 국가 건설로 이어졌다. 고조선의 결의 단계는 새로운 국가출범을 위한 태동기가 된 것이다.

둘째, 위만정권의 몰락과정에 통치세력의 핵심 지배연합 주도세력들이었던 조선의 상(相) 노인(路人)과 한도(韓陶), 이계 지역의 재상 삼(尼谿相 參), 그리고 장군 왕겹이 주화파로서 주전파인 우거왕과 다른 정치적인 입장을 취하면서 치열한 권력투쟁이 일었고, 결국 한나라에 투항하면서 지배연합 참여 부족들의 균열과 대결은 극에 달하였다. 끝까지 국가를 지키려던 주전파인 우거왕은 항전을 했는데, 주화파인 이계의 재상 삼이 자신의 항복만이 아니라 사람까지 시켜 우거왕을 죽이고 가서 항복했다. 우거왕이 죽고 난 뒤에도 왕검성이 함락되지 않고 우거의 대신 성기(成己)가 끝까지 항거하며 조선을 지켰는데, 한나라 좌장군은 교묘한 고조선 지배족의 내부갈등과 균열을 조장하여 위만정권의 국왕이던 우거의 아들 장(長)과 조선 상 노인의 아들 최(最)를 시켜 성기까지 죽이면서 위만정권과 고조선의 패망으로 끝나지 않고 국민국가의 핵심 요소인 지배부족과 통치세력 간의 이전투구와 사생결단의 생존경쟁을 한 없이 조장하였다.

셋째, 그 여파로 2천 년 간 동북아지역의 중심국가로서 대제국을 일으키고 발전시켜 왔던 지배부족들과 통치집단들은 원부족들을 중심으로 산산조각으로 분열하고 지배연합이 해체되었다. 이에 핵심 주요 개별 부족들은 각각 남쪽으로 이동하여 작은 지역에서 영토를 삼고 각각의 고대국가들을 형성하고 새로운 국가들을 출범시키거나 기존 지역의 국가들을 발전시켜 열국 시대를 열어 갔다. 한족, 예족, 맥족 등 핵심 지배부족은 물론 대 부족과 중소 부족 등도 각각 분리 독립하여 국가들을 건립·발전시켰다.

넷째, 이들 모든 열국들은 고조선의 문화와 제도 등을 이어갔다. 그러나 족장이나 국왕은 종교와 정치가 분리되어 제의군장으로서의 역할은 사라지고 정치군사지도자로서 군장의 역할을 했다. 종교는 천군이 소도라는 특정지역을 지배하였고 정치와는 분리하여 상호 견제체제를 가졌다. 5가합의제와 화백제도 등 부족정치의 틀을 기본적으로 지켜갔다. 한·예·맥족의 분립과 각 부족들의 내부적인 통합정치가 중요하게 대두하고 관료제도나 법 질서는 고조선을 이어 발전시켰다.

다섯째, 관료기구와 법 질서도 응집력이 약화되고 고조선이 몰락했던 만큼 작은 영토 내에서나마 중앙관료조직은 물론 지방행정과 군대체제의 분열을 막고, 지방에 대한 중앙 통치핵심세력의 장악력을 높이고자 했다. 위만정권이 도덕적·카리스마적·권력적 정통성이 취약하였던 만큼 후삼한과 열국들은 타산지석으로 삼고 백성들의 지지를 얻기 위한 조치들을 나름대로 각각 추진하였다. 개별 국가들의 사정이 서로 차이는 있지만 법 질서로 5가제·5부제·제가합의제를 유지하고 국가도 응집력이 크고 동질적인 부족국가로 통치하였다.

여섯째, 삼한은 철기를 사용하여 사회관계도 선진 철기사회의 사회경제 관계를 도입하여 토착사회와의 갈등을 치유하기 위해 조심스럽게 통치하였다. 기원전 3세기 이전부터 철기를 사용하여 농사를 하여 농업생산을 높였고, 철편을 화폐로 사용하여 예·왜·낙랑·대방군의 한인 등과 해외무역을 담당한 상인층이 존재했다. 토착사회의 농업공동체와 새로운 농촌공동체를 통한 경제발전을 추구하고자 토지소유제나 사유재산제를 도입하고 8조금법을 확대시켜 법 질서를 유지시켰다. 부계사회는 약화된 형태로 유지되고 진한 등지에서는 모계사회적인 요소도 지역별로는 나타났다. 진국은 노예를 혹사한 노예제사회로 복잡한 계급구성을 이루고, 지배연합과 지배계급은 다른 부족들과의 연합체제가 해체된 만큼 동질성이 크게 높아졌다.

일곱째, 상부구조인 이데올로기는 고조선의 문화와 이데올로기를 거의 그대로 지키며 이어받았다. 환인·환웅·단군왕검의 삼신숭배의 삼신교, 홍익인간사상, 천손숭배사상 등은 후삼한과 대부분의 열국에 계승되었다. 국가적인 제천행사로 부여의 영고, 동예의 무천, 삼한의 기풍제와 시월제, 고구려의 동맹 등을 추수감사와 풍년기원 및 축제의 행사로 삼아 국민통합과 국민형성의 수단으로 사용했다. 별읍소도의 무당도 이어졌다.

여덟째, 고조선이 붕괴하고 열국을 거쳐 고구려·백제·신라·가야의 사국이 정립되었는데, 사국의 언어와 풍습이 동일하여 예족과 맥족 등 한민족의 문화공동체를 이루었다.

아홉째, 나라로서의 국가에서도 영토가 남쪽으로 이동하고 면적도 크게 줄어들었고, 이러한 결의 단계에서는 후삼한과 열국들은 대제국인 고조선의 잔존세력이 주로 국가를 세웠던 만큼 열국의 건국 초기에는 중국이 중심으로 떠오르고 있던 동아시아지역 세계국가체제의 영향을 직접적으로 가장 많이 받았다. 후삼한과 열국들은 국가형성 이후에는 내부 부족들의 영향을 중시하고 그들의 불만을 줄이는 방향으로 귀족정치가 이어진 것으로 보인다. 따라서 후삼한과 열국들은 외부 변수와 내부 변수의 복합 요인으로 탄생하고 유지된 것을 보여주는 사례가 된다.

그림 13-5 고조선의 붕괴와 후삼한 · 열국시대의 전개과정

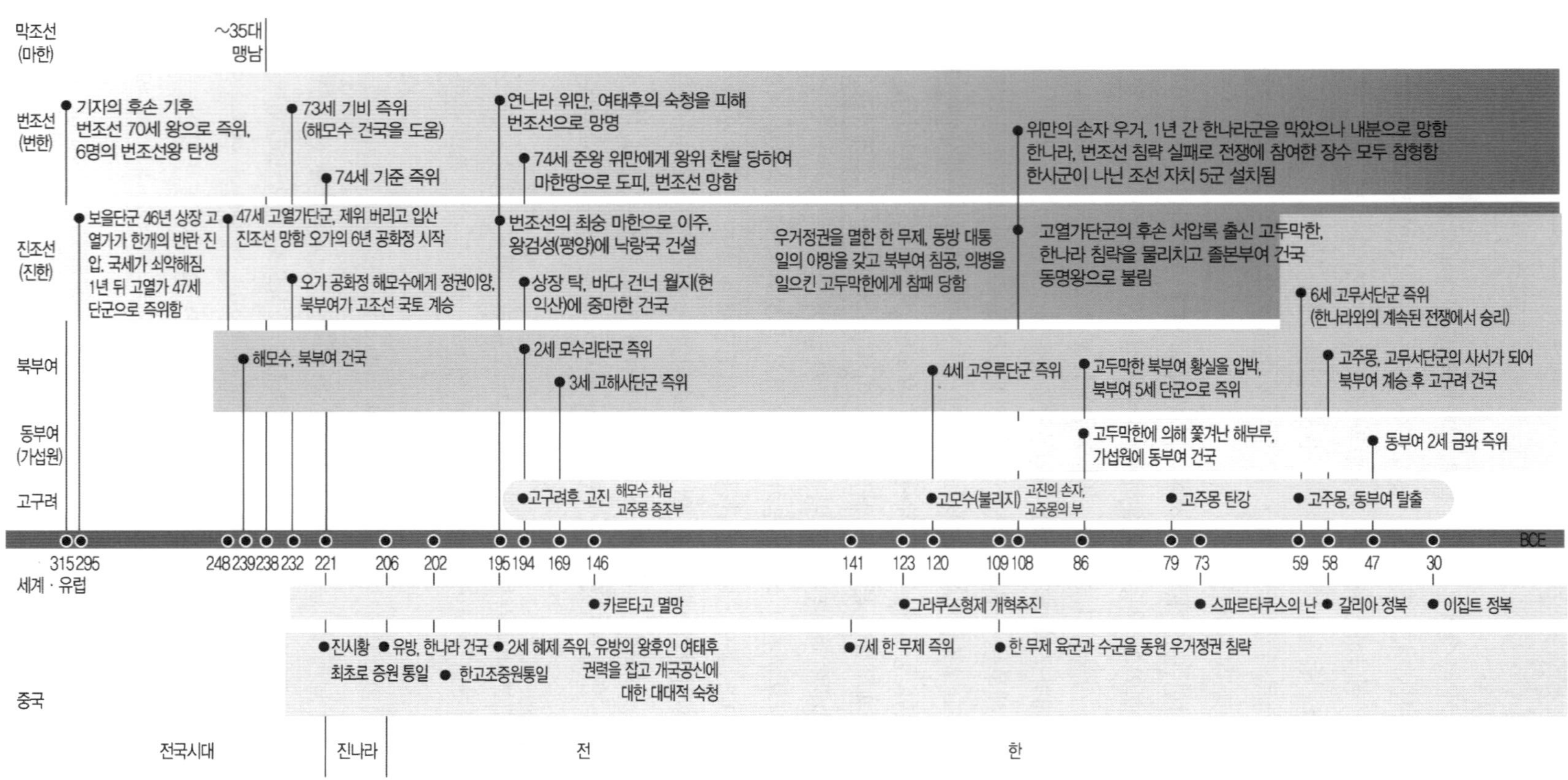

출처: 각주 29.

고조선(본국 번조선 · 진조선 · 막조선 등)이 붕괴하고 후삼한 · 열국의 시대를 열어가는 과정을 당시 고조선을 둘러싸고 있던 세계체제 내의 중국이나 유럽의 전개과정과 비교하면 [그림 3-5]와 같다.[29)]

(3) 후삼한과 한사군의 성격

역사적인 전개를 보면, 첫째, 앞에서 보았듯이 고조선은 한과 끝까지 싸웠으나 종말을 고하고, 한은 이 지역에 이른바 진번, 임둔, 낙랑, 현도의 네 군현을 두었다.[30)] 한은 네 지역에 태수를 파견하여 정치에도 개입하였으나 토착민들의 저항을 받으며 중국 상인들이 들어와 상업활동에 주력하면서 한군현은 일종의 경제적인 무역대표부와 같은 기능을 수행하였다.[31)]

한사군의 위치에 대해서는 재한반도설, 재만주설, 재요동설 등 학자들 사이에 견해 차이가 크다. 먼저, 재한반도설에 따르면 낙랑군은 고조선의 수도였던 지금의 평양지역, 진번군은 황해도지역, 현도군은 압록강 중류지역, 임둔군은 함경남도 지역으로 비정한다. 또한, 재만주설에 따르면 민족사학자들은 한사군을 모두 만주 · 요동에 있었다고 주장했다. 북한에서 문헌사학자들은 재요동설을 주장하고 고고학자들은 재한반도설을 주장하며 서로 치열하게 대립하다가 리지린의 『고조선연구』와 1961년의 <고조선에 관한 과학토론회>를 계기로 재요동설이 채택되면서 재한반도설은 폐기되었다. 그러나 한국에서는 재한반도설이 학자들 간의 거국적인 토론도 없이 유지되고 있다.[32)] 재한반도설에 따르면, 한사군은 낙랑군을 제외하고 모두 토착민들의 저항에 부딪쳐 만주지방으로 밀려났다가 곧 폐지되었다. 설치된 20년 후인 기원전 82년에 진번과 임둔이 폐지되고 기원전 75년에는 현도군이 만주 홍경지방으로 후퇴하였다.

낙랑군도 실질적으로는 토착세력이 왕 혹은 군수(郡守)를 자칭하며 자치를 하고 거의 독립국으로 발전하였다. 예로써, 1세기 초에는 지역토호인 왕조(王調)가 중국에서 신(新)과 후한이 바뀌는 권력이동의 시기를 이용하여 봉기하여 태수를 죽이고 7년 간 독자적으로 통치하였고, 그 뒤에도 지역토착인 최리는 권력을 빼앗고 자칭 낙랑국왕이

29) 『환단고기』: 351에서 재인용 및 수정 보완.
30) 『전한서』<조선전>; 『삼국유사』: 26-27.
31) 한영우. 2004: 83. 여기에서의 3한은 '북삼한(北三韓)'이 고조선의 해체로 한반도로 남하하여 이룬 '남삼한(南三韓)'을 지칭한다. 정인보. 2018. 『조선사연구 · 상』. 우리역사 연구재단: 28-30, 380-579.
32) 리지린. 2018. 앞의 책: 6-18, 60-220.

되어 백성들을 지배하는 등 토착세력이 꾸준히 실질적인 통치를 했다. 평양은 수백 년 동안 중국의 무역대표부와 같은 역할을 하여 매우 국제적인 도시로 발전했다. 한나라 관리들과 상인들은 집단적으로 거주하면서 호화로운 생활을 하고, 실크로드를 통해 서방의 문화를 들여오고 한반도 남부 지방의 목재와 소금 및 철 등을 구입해갔다. 토착세력 가운데에도 교역활동에 참여하고 부를 축적하여 토착세력의 계급분화가 일어났고 사유재산에 대한 보호 필요성이 높아 갔다.

한사군 시대에는 계급분화와 도둑들의 증가로 고조선의 8조금법을 늘려 60여조 금법으로 확장시켜 관료의 통제체제를 강화시켰다. 국제도시로 성장한 평양은 그 뒤 고구려의 수도가 되어 국가융성에 큰 자극을 주었다.

(4) 부여·옥저·동예

1) 부 여

이때 열국 가운데 약 1천 년 동안 가장 오랜 기간 유지되어 온 나라는 부여이다. 부여는 고조선 다음으로 기원전 4세기경에 송화강 상류 넓은 평야지대에서 건국하여 494년 고구려에 병합될 때까지 약 1천 년의 역사를 지닌다.[33] 부여는 고조선 지배족의 일부로서 권력투쟁에서 밀린 예맥족(濊貊族)이 세운 나라로 부여에서 갈려 나온 부족 일파들이 고조선의 후예들로 고조선 패망 후 삼한 지역으로 이동한 지배족들과 함께 고구려와 백제를 세워 한국고대역사에서 고조선과 부여는 매우 큰 역할을 했다. 북한에서는 맥족(貊族)이 부여를 건설한 것으로 보아 조선의 주민인 예족(濊族)과 구별하고 있으나, 고조선의 지배족이 예맥족 1부족인지(이병도), 예족과 맥족의 2부족인지(김상기·김용섭), 한·예·맥 3부족인지(신용하)에 대한 의견들이 나뉘므로 이 세 부족 모두가 고조선을 이은 열국의 민족으로 이어졌다고 보아야 할 것이다.

『단군세기』에서는 고조선 44세 단군 구물이 사냥꾼 수만 명을 이끌고 난을 일으킨 우화충의 난을 진압하고 장수들의 추대로 44세 단군이 된 이후 기원전 425년에 국호를 단군조선에서 대부여로 고쳤고 전삼한은 삼조선으로 바꿔 불렀다는 기록이 있다.[34] 그리고 47세 단군 고열가 시대인 기원전 239년 4월 8일 해모수가 웅심산을 내려와 군대를 일으켰고, 『북부여기 상』에는 해모수가 즉위하여 부여를 건국한 기록이 있다.

33) 부여라는 이름은 기원전 3세기 이전의 지리기사를 실은 『산해경』(山海經)과 사마천의 『사기』(史記) <화식전>(貨殖傳)에도 기록되어 기원전 3세기 이전 4세기경에 건국된 것으로 보인다.
34) 『단군세기』: 114.

부여는 고조선에서 갈려나온 국가답게 단군신화와 비슷한 건국신화를 가지고 제의 군장의 지배체제를 굳건히 했다. 해모수는 고리국(藁離國)[35] 사람의 후손으로서 『삼국유사』의 『고기』에 따르면, 기원전 59년에 천제의 아들 해모수가 다섯 마리 용이 끄는 수레를 타고 하늘에서 내려와 요서지역 대요(大遼)와 의주(醫州) 경계에 있는 흘승골성(紇升骨城)에 도읍을 정하고 국호를 북부여로 했다.[36] 북부여의 위치는 발해만과 몽골지역[37] 등 여러 지역으로 주장하나 발해만 지역으로 보는 것이 타당해 보인다.[38] 해모수의 아들 부루는 동쪽으로 이동하여 동부여를 세웠는데, 동부여 역시 건국신화가 있다.[39] 부여는 요서지방에서 건국되었다가 바로 송화강 상류 길림성 부여현으로 옮겨 동부여로 이어진 것 같다. 북부여의 건국 시기가 기원전 1세기로 기록된 것은 이때 부여가 강력한 왕국으로 등장한 것으로 볼 수 있다.

부여의 전성기인 기원전후 시기에는 북으로 흑룡강 이남, 남으로 백두산에서 요하 상류에 이르고, 동쪽으로는 연해주까지 사방 2,000여 리 광대한 영토에 농업과 목축에 종사하는 8만여 호의 인구를 가진 국가였다.[40] 부여는 원래 요서지방에 있다가 얼마 뒤 송화강 지역의 동부여로 이동하고 기원전 1세기에는 북부여가 강력한 왕국으로 등장하였다. 부여는 남쪽의 고조선이 낙랑군 치하에 있던 시기에 중국의 한, 위, 진 등이 북방의 선비족과 남방의 신흥하는 고구려를 견제하고자 하는 의도와 맞아 서로 우호적인 관계를 맺고 오랜 기간 유지될 수 있었다. 그러나 기원후 3~4세기에 선비족의 끊임없는 침략을 받아 쇠퇴하다가, 494년에 동족이 세운 고구려에 흡수되었다.

---

35) 고리국은 현재의 몽고 내륙에 있었던 나라이고 해모수는 『삼국유사』에 실린 『고기』에서는 대요(大遼) 의주(醫州)의 경계에 있는 흘승골성(紇升骨城)에 도읍을 정하고 국호를 북부여로 했다. 『삼국유사』: 43.

36) 위의 책: 43.

37) 몽고 과학원 교수 베 슈미야바타르는 부여국의 흘승골과 『위서』에 나오는 고리에서 온 동명이 세 사람을 만나 흘승골에 이르러 살았다는 지역명은 몽고의 할힐골 강이며, 『삼국사기』에 나오는 비류는 몽고의 부이르 호수를 나타낸 말이라고 한다. 또 몽고족의 한 파인 브리아트 인들은 지금도 스스로를 코리라고 부른다고 한다. 『한국일보』. 1980.1.25; 『단군세기』: 120의 각주 1 참고.

38) 천관우. 1975. <삼한의 성립과정-삼한고 제 1부>. 『사학연구』. 26집.

39) 북부여왕 해부루의 재상 아란불의 꿈에 천제가 내려와 말하기를 "장차 내 자손에게 이곳에 나라를 세우도록 할 터이니, 너는 다른 데로 피해 가라. 동해 가에 가섭원이라는 곳이 있는데, 땅이 기름져 왕도로 삼기에 적당하다"라고 하여, 아란불은 왕에게 권하여 그곳으로 도읍을 옮기고 국호를 동부여라 했다. 해부루는 늙도록 아들이 없다가 산천에 제사를 지낸 후 큰 연못의 큰 돌을 옮기자 금빛 개구리 모양의 어린아이를 발견하여 아들을 삼고 금와태자로 하였다는 내용의 신화이다. 금와 이후 대소가 왕이 되었다가 22년에 고구려 왕 무휼에 정벌・흡수되었다. 『삼국유사』: 45-46.

40) 한영우. 1997. 『다시찾는 우리역사』 초판. 경세원: 68.

부여는 고조선과 같이 세습왕과 5가·5부제로 다스렸다. 부여의 왕은 세습제 군장으로서 다양한 집단의 촌장들이 연대적 합의체로 국왕을 추대했다. 부여의 국왕은 해모수, 해부루, 금와, 대소 등으로 이어졌는데, 이들 중 금와는 해부루의 아들이 아니었지만 제가평의회의 추대로 왕이 되었다. 그 뒤 마여도 우거왕의 아들이 아니었지만 제가평의회의 추대로 왕이 되었다. 이 때문에 부여 국왕의 권한이 약해지고 제가들 권력이 강했던 것으로 보인다.[41]

고조선과 같이 5가제도를 두어 마가, 우가, 저가, 구가 등이 제가평의회를 구성하여 고조선의 5가합의제와 같은 기능을 했다. 5가들을 대가라고 부르며 이들은 각각 행정업무를 분야별로 전담하여 중앙정부 관료조직을 운영했다. 중앙정부의 관리로 대사·대사자·사자 등을 두어 다스렸다. 부여의 초기에는 5가가 왕을 추대하고 5가평의회가 국가의 중요한 정책을 결정하여 중앙정부는 집단지도체제의 성격을 지녔고 왕권은 그만큼 약한 편이었다.

지방도 5부로 나누어 5가들이 다스려 고조선의 통치제도를 거의 그대로 수용하였다. 지방의 5부 가운데 중앙을 제외한 동서남북이라는 4출도라 부르며 중앙의 가들이 사자라는 관리를 두어 거의 자치적으로 다스렸다. 지방의 5부는 수천 호 또는 수백 호의 규모였고, 수도에는 궁궐, 성책, 창고, 감옥 등의 시설이 있었다.

법 질서로서는 고조선과 거의 같은 8조금법 가운데 귀족의 생명과 재산을 보호하고 남자의 가부장권과 일부다첩(一夫多妾)을 옹호하는 4조목의 법금이 전해오고 있다. 4조목의 법금은 다음과 같다.

첫째, 살인자는 사형에 처하고 그 가족을 노비로 삼는다.

둘째, 남의 물건을 훔친 자는 12배의 배상을 하게 한다.

셋째, 간음을 한 자는 사형에 처한다.

넷째, 남편에 대하여 질투하는 아내는 사형에 처하되, 그 시체를 수도 남쪽 산 위에 버려서 썩게 한다. 단, 그 여자의 집에서 시체를 가져가려 하면 소와 말을 바쳐야 한다.

부여의 사회계급은 왕 아래 최고위 귀족인 가가 있고, 그 밑에 호민이라는 지배층, 일반 백성인 민, 천민층인 하호(下戶), 그리고 최하 계급으로 노비가 있어서 다섯 계급의 사회였다. 노비는 전쟁포로나 살인자 및 채무자의 가족들로 구성되고, 호민층 이상의 귀족들이 노비를 소유했다. 전쟁에는 호민과 민이 무장하여 전투에 참여하고, 하호는 식량수송 등 보급을 담당하였다. 순장제도가 있어서 노비들은 주인이 죽으면 산 채로 함께 매장되었고 100여 명까지 순장한 무덤이 발굴되기도 했다.

---

41) 진덕규. 2002: 152.

부여는 고조선과 같이 하늘에 대한 제사를 중시하여 매년 12월에 온 국민들이 함께 하늘에 제사지내고 술과 음식을 나누어 먹으며 노래와 춤을 추는 영고(迎鼓)라는 제천 행사를 가졌다. 이 영고는 수렵사회의 유풍으로 내려온 것으로 전 국민적인 무속축제여서 소를 죽여 그 굽으로 길흉의 점을 쳤다. 영고 기간 동안 귀족들은 국가의 중요한 문제를 함께 토론했으며 죄인에 대한 재판을 하여 풀어주거나 처형했다. 이러한 제천 행사는 고구려, 옥저, 동예, 삼한 등에도 있어서 고조선 이후 고조선문명이 민족문화로 공유된 것이라 볼 수 있다. 이러한 고조선문화에 익숙하지 않은 중국인 진수가 3세기경에 쓴 『삼국지』 <동이전>에 동방인은 춤과 노래를 좋아한다고 기록한 것은 고조선의 후예들이 지니고 있는 고조선문명의 공통점을 중국인으로서는 자신들과 다르고 새롭게 느꼈기 때문일 것이다.[42]

2) 옥저와 동예

옥저(沃沮)와 동예(東濊)는 만주에서 나라를 세운 부여와 같은 부족으로서 현 러시아 연해주에서 함경북도, 한반도의 백두대간 동쪽인 함경남도와 강원도 북부 지방에 각각 자리 잡고 느슨한 형태의 연맹국가를 형성하여 통치하다가 고조선에 복속되고 고조선이 망하자 임둔군과 낙랑군을 거쳐 고구려에 복속되었다. 이 두 나라는 지리적으로 백두대간이 남북으로 펼쳐져서 보호하고 있어서 외국의 침략이나 자극이 적고 국가발전도 동시대 다른 국가들보다는 상대적으로 덜 발달한 상태였다. 어떤 면에서는 주변 국가들과는 서로 다른 시대에 살고 있는 비동시성의 동시성을 경험하고 있었던 것이다.

옥저는 지방의 족장들을 통합할 만한 국가를 이루지 못한채 4개의 옥저가 연맹왕국 단계에 오랫동안 머물러 있으면서 고조선에 복속해 있었다. 동옥저 · 옥저 · 북옥저 · 남옥저의 4개의 옥저가 현 러시아 연해주에서 함경남 · 북도 등 동해안과 접해 있고, 남 · 북옥저가 8백여 리가 떨어져 있고, 그 풍속은 남 · 북옥저가 다 같으며 읍루와 접해 있다고 『삼국지』 <옥저전>에 기록되어 있다.[43] 족장들은 후(候), 읍군(邑君), 삼로(三老) 등으로 불리면서 전체 5천 호 규모의 백성을 나누어 통치하였다. 옥저에는 민며느리제도가 있어서 처녀를 미리 신랑 집에 대려다 놓고 살다가 뒤에 민며느리로 삼았고, 사람이 죽으면 가매장했다가 나중에 뼈를 추려서 가족공동무덤인 큰 목관에 안치하는 풍습이 있었다. 옥저는 기원후 1~2세기 때 고구려가 강성해지자 태조왕 때에 복속되어 소금, 어물, 맥포 등 토산물을 고구려에 공납으로 바쳤다고 한다.

42) 한영우. 2004: 85－87.
43) 리지린. 2018. 앞의 책: 596－621.

동예는 총 2만 호를 거느려 옥저보다는 네 배나 큰 나라였지만 역시 왕국 단계에까지는 발전하지 못한 채 고조선에 복속되어 있다가 임둔, 낙랑을 거쳐 고구려에 복속되었다. 강원도 북부 비교적 토지가 비옥하고 해산물이 풍부한 지역에서 자급자족의 생활을 하며 외부의 자극으로부터는 격리된 채 생활하여 씨족사회의 유풍을 오래 유지하여 족외혼제도를 늦게까지 지켜왔다. 각 부족마다 사냥, 어로, 농사 등 경제생활권이 정해져 있어서 경계를 넘지 못하게 했고 침범할 경우에는 책화(責禍)라고 하여 소, 말, 노비 등으로 변상하는 전통적인 제도가 있었다. 동예에는 명주와 삼베, 단궁이라는 활, 과하마(果下馬)라는 말, 반어피(班魚皮) 등의 특산품이 유명했다. 동예도 고조선 문명을 이어 받아 매년 10월 추수감사제와 풍어제의 성격을 지니고 부여의 영고와 같은 제천행사인 무천(舞天)이 있었다. 이처럼 부여와 동예는 고조선문명을 그대로 지녀 천손민족으로서의 제천행사 등을 국가적인 행사로 삼았다.

(5) 구고구려와 고구려

기원전 2세기 이전에 구고구려로 볼 수 있는 고구려현이 있었고 그 위치는 지금의 혼하 상류와 혼강(동가강) 상류에 걸치는 산골짜기였다. 구고구려는 철기문화를 일찍 받아들여 정치통합이 빨리 진척되었다. 기원전 4세기경에 예맥(濊貊)이 바로 그 지역에 있었고 기원전 128년에는 28만 호의 큰 주민들을 이끌고 한나라로 이탈한 남려(南呂)의 예국(濊國)이 바로 그 주위 지역이었으며, 기원전 75년에는 현도군을 몰아낼 만큼 그 세력이 컸다.[44] 기원전 37년 주몽이 고구려를 건국한 것은 구고구려를 바탕으로 하면서 북쪽의 부여 지배족의 일부가 남쪽으로 이동하여 구고구려를 복속시키면서 여러 부족들이 통합된 것이다. 『삼국유사』는 『국사』<고려본기>를 인용하여 주몽의 고구려 건국신화를 소개하고 있는데 단군신화의 내용과 매우 유사하여 단군신화의 웅녀를 화백의 딸 유화로 치환하여 주몽의 탄생설화로 이어졌다.

그 요지는, 동부여왕 금와가 태백산 남쪽 우발수에서 유화라는 여인을 만나 후궁으로 삼았는데, 유화는 천제의 아들 해모수와 사이에 알을 낳았고 그 알에서 주몽이 태어나 활을 잘 쏘고 잘 만들었으며 금와의 일곱 아들과 잘 지냈다. 그런데 금와왕의 큰 아들 대소가 늘 질시하고 죽이려고 하여 주몽은 어머니의 충고를 따라 세 사람을 데리고 동부여를 떠나 졸본의 비류수 위에 집을 짓고 기원전 37년에 나라를 세워 고구려라 했다는 것이다. 이 설화는 동부여에서 주몽이 권력투쟁에서 밀려 동부여 계루부집단들과

44) 위의 책: 88.

졸본지역으로 와서 토착세력인 소노부와 고구려를 세우고 주도권을 집아 왕이 된 것을 나타낸 설화이다.[45)]

고구려는 구고구려의 토착세력과 동부여의 지배족들이 함께 세운 국가로서 지배부족인 주몽의 계루부 집단은 말타기와 활쏘기 등 기동전이 강하여 주변의 여러 성읍 국가들을 통합하고 기원후 1세기경에는 강력한 고대국가로 성장하였다. 기원전 1세기 초 중국 신(新)나라의 왕망(王莽)과 전쟁을 하고 기원후 1세기말 태조왕 때에는 대외팽창으로 영토를 지금의 함경도, 살수 이북과 연해주, 그리고 북으로 혼하 상류까지 넓혔다. 이때 행인국, 옥저, 선비, 양맥, 개마국, 구다국, 낙랑국, 갈사국, 주나국 등 10여 개의 성읍국가들을 통합시켰다. 이렇게 고구려가 빠르게 강성해지면서 이 지역에 영향을 주던 한사군을 몰아내게 되었다. 고구려는 고조선의 영광을 되찾기 시작했다. 중국과 관계도 고구려는 강력한 위상을 확립하고 있었다.

(6) 진국과 후삼한

후삼한의 지리적 위치에 대해서는 여러 가지 주장이 있으나, 일반적으로 마한은 경기·충청·전라지역에, 진한은 경상도 지역에, 변한은 경상도와 전라도에 비정된다. 삼한에 관한 가장 오래된 현존하는 역사기록은 『삼국지』<위서 동이전>이며, 축약 정리된 내용이 『후한서』<동이전>과 『진서』<사이전(四夷傳)> 등에 실려 있다. 이들 기록에 의하면 마한은 54개 소국, 진한과 변한은 각각 12개 소국으로 구성되어 있다. 『사기』<조선전>과 『한서』<조선전>에 따르면, 기원전 2세기경까지 진국(辰國) 또는 '중국(衆國)'으로 기록되어 삼한과 진국의 관계에 대한 논의가 벌어졌다. 삼한의 형성과정에 대해서도 다양한 견해들이 있으나 이주집단과 선주토착집단들이 결합하여 국가로 발전했다는 설이 다수이다. 고조선 지배집단들이 기자정권과 위만정권의 집권 및 몰락 등 통치세력 내부에서의 권력이동이라는 정변이 있을 때마다 이주하여 열국과 삼한을 세운 것으로 볼 수 있다. 청동기시대 한강유역의 한강문화를 바탕으로 한 '한'부족이 북쪽으로 이동하고 북쪽의 '예'부족 및 '맥'부족과 결합하여 고조선을 맺고 중국대륙으로 번창한 대제국으로 크다가 몰락하여 다시 남쪽으로 이동하고 이들이 서로 다른 토착 소국들과 연합하여 열국을 이루었다고 보면 진국과 후삼한의 형성 및 4국시대로의 전개를 이해할 수 있을 것이다. 이 지역에서는 고조선의 몰락 이후 성읍국가, 읍락

45) 『삼국유사』 권 제11 기이 제1 <고구려>: 47－50. 김철준과 이기백은 주몽이 소노부출신이라 보고, 계루부출신은 태조왕(53~146) 때부터라고 주장한다.

국가, 군장사회, 그리고 초기국가로 발전하는 역사의 과정을 밟게 된 것이다.

고조선의 후예로서 한강 이북 예맥족이 청동기와 철기문화를 바탕으로 부여와 고구려의 고대 왕국을 건설할 때, 한강 이남의 한족(韓族) 사회에서도 고조선의 이탈 지배족들과 토착 한족들이 새로운 국가들을 형성하고 있었다. 기원후 3세기경에 편찬된 『삼국지』 <위서 동이전>에 삼한에 소속된 나라가 무려 70~80개에 이르며, 큰 나라는 1만 호, 작은 나라는 6~7백 호로 기록하고 있을 정도로 삼한에는 고조선 멸망 전후 국가형성이 빠른 속도로 진행되었다.

1) 진 국

남한 지역에서 최초의 연맹국가는 기원전 4세기경에 세워진 진국(辰國)으로서 경기도와 충청도 및 전라도의 서해안 지역에 세워졌다. 기원전 2세기에 진국은 한나라와 직접 교역할 만큼 발전했고, 위만정권이 이것을 방해하자 위만정권을 중개로 하여 무역을 했다. 기원전 2세기 말에 기자정권이 위만에게 망하자 준왕을 비롯한 고조선의 지배족들이 대거 남쪽으로 이동하고 곧 이어 위만정권이 한나라에 망하자 그 지배족들이 대거 이동하여 진국이 발전하고 마한, 변한 및 진한의 후삼한이 형성되는 데 크게 기여했다. 특히 고조선의 중심을 이루었던 신한, 불한, 말한을 이두로 표기할 때 신한(辰韓), 불한(卞韓), 말한(馬韓)인데 이들이 중국의 침략에 밀려 한만도 내부로 이주하면서 진한, 변한, 마한의 후삼한으로 자리 잡았다.

2) 마 한

삼한 가운데 마한은 천안, 익산, 나주 등을 중심으로 하여 경기, 충청, 전라 지방을 영토로 하고, 큰 것은 1만 호이고 작은 것은 수천 호인 54개 소국이 소속되어 총 10만여 호를 다스렸다. 기자정권 지배족과 준왕이 배를 타고 건너와 한왕이 되었다고 하는 것도 이 마한을 의미한다. 고고학적인 자료들도 이 지역에 강력한 통치세력이 존재했음을 보여준다. 마한 54국의 이름은 감해국, 감해비리국, 건마국, 고랍국, 고리국, 고비리국, 고원국, 고탄자국, 고포국, 구로국, 구사오단국, 구소국, 구해국, 내비리국, 노람국, 대석삭국, 막로국, 만로국, 모로비리국, 모수국, 목지국, 백제국, 벽비리국, 불미국, 불사분야국, 불운국, 비리국, 비미국, 사로국, 상외국, 소석색국, 소위건국, 속로불사국, 신불활국, 신소도국, 신운신국, 신흔국, 아림국, 여래비리국, 염로국, 우휴모탁국, 원양국, 월지국, 일난국, 일리국, 일화국, 임소반국, 자리모로국, 점비리국, 지반국, 지침국, 첩로국, 초리국, 초산도비리국, 치리국, 해지국이다.[46] 마한은 백제로 통합되었다.

3) 변 한

변한은 경상남도 김해와 마산 등 해로가 발달한 해안지방에 12개 소국으로 구성된 해상국가로 출범했다. 변한은 해로가 발달하여 외국세력이나 물자의 교류가 활발하여 생산된 철을 일본과 낙랑에 수출하는 등 활발한 경제활동을 했다. 고조선의 후예들인 여러 열국들 가운데 가장 활발하게 세계무역체제와 가깝고 적극적인 무역활동을 했다. 변한의 13개 소국은 변군미국, 변진미리미동국, 변진접도국, 변진고자미동국, 변진고순시국, 변진반로국, 변낙로국, 변지미오야국, 변진감로국, 변진구야국, 변진주조마국, 변진안방국, 변진독로국이다.[47] 변한은 가야라는 고대국가로 다시 태어났다.

4) 진 한

진한은 경상북도 낙동강 유역과 경주지역으로 이동해 온 위만족의 지배층들이 세운 나라이다. 위만 정권 말기 조선상 역계경(朝鮮相 歷谿卿)은 2,000여 호를 이끌고 진국으로 왔고, 그 뒤 위만정권 패망 이후 그 지배족들이 한강유역으로 왔다가 마한에 밀려 낙동강 유역으로 이동하여 진한을 건국하였다.[48] 진한은 12개의 소국이 있었고, 일부 문헌에 진(秦)나라 유민들이 세웠다고 기록한 것도 위만족을 지칭하여 신한(辰韓)을 잘못 기록한 것으로 보인다. 진한의 13개 소국은 맹주인 경주의 사로국외에 기저국, 불사국, 근기국, 난미리미동국, 모진미리미동국, 염해국, 군미국, 여담국, 호로국, 주선국, 마연국, 우중국이다.[49] 진한은 신라로 이어졌다.

5) 후삼한의 성격과 문화

후삼한 가운데 마한이 가장 먼저 국가를 건국하고 세력도 가장 커서 마한 54국 가운데 세력이 가장 컸던 천안지역의 목지국(目支國)의 왕이 마한왕 또는 진왕으로 추대되어 삼한 전체를 통할하였다. 그러다가 한강하류 유역에 부여족이 내려와 건국한 백제국이 점점 세력이 커지면서 목지국과 마한은 백제에 통합되었다.

---

46) 『두산백과』<마한>. 정인보. 2018. 앞의 책: 298－299. 정인보는 마한 54개 국에 대한 자세한 내용을 정리하고 있다.

47) 『삼국지』<위서> 동이전 한조; 『한국향토문화전자대전』<변한>. 한국학중앙연구원; 정인보. 2018. 앞의 책: 300. 정인보는 변한 26개 나라 가운데 이들이 중복된 것을 제하면 13개 국으로 정리됨을 소상하게 설명하고 있다.

48) 이병도는 진한을 한강 유역으로 비정하는 데 진한이 한강 유역으로 갔다가 먼저 와 있던 기자족이 세운 마한에 밀려 낙동강 유역으로 갔다고 본다. 한영우, 2004: 92.

49) 『두산백과』<진한>; 정인보, 2018. 앞의 책: 300.

고조선이 기자정권과 위만정권을 거치면서 통치세력 내부에 심각한 권력투쟁과 이탈이 가속화되면서 남쪽으로 이동해 와서 진국과 삼한을 세운 만큼 기원전 3세기 이후 이들 지역의 열국들은 선진철기문화의 도입으로 괭이, 낫, 호미, 보습 등 각종 철기 농기구가 만들어지고 땅이 비옥하여 농업생산력이 크게 발전하였다. 경남 의창 다호리의 무덤에서 철제 농기구가 다량 발견된 것이 그것을 확인시켜주는 것이다. 게다가 가뭄과 홍수 등 천재지변에 대비하기 위해 저수지를 만들어 사용하면서 풍부한 수량 확보는 벼농사를 한층 발전시켰다. 전북 김제의 벽골제(碧骨堤), 충북 제천의 의림지(義林池) 등은 마한 시대에 만들어져서 튼튼한 경제력을 바탕으로 백제가 건국하는 데 큰 힘이 되었다.[50)]

고급 청동기문화와 철기문화를 바탕으로 형성된 삼한은 비옥한 토지를 바탕으로 농업이 발달하여 정치권력과 경제적인 부를 동시에 장악한 족장세력들이 많이 등장하여, 이들을 우두머리라는 뜻을 지닌 토착어를 따라 신지(臣智), 험측(險側), 번예(樊濊), 살해(殺奚), 견지(遣支), 부례(不例), 읍차(邑借) 등으로 불렸다. 족장은 삼한의 정치적 지도자로서 과거보다 세련된 세문경(細文鏡)과 세형동검(細形銅劍)을 차고 다니면서 자신들의 권위를 보였고, 토성이나 목책으로 둘러싼 읍에 거주하였다. 이들의 무덤은 고인돌보다 한 단계 진화된 움무덤[土壙墓, 토광묘]과 돌덧널무덤[石槨墓, 석곽묘]에 묻혀서 족장의 위엄을 지켰다.

6) 후삼한의 소국들의 읍락체제와 제천의식 및 솟대

후삼한의 소국들은 중심 읍락인 국읍(國邑)과 다수의 일반 읍락으로 구성되었고, 국읍은 대읍락으로 정치경제의 수도기능을 수행하며 읍락은 단일한 농경촌락이 아니라 하나의 중심지에 연결되는 다수의 취락군으로서 1천여 호 미만의 동일한 시조를 내세우는 의제적 혈연집단(擬制的 血緣集團)으로서 독립된 지배자에 의해 통치되는 개별 정치집단이었다. 후삼한 소국은 다수 읍락을 포괄하는 지연집단으로서, 국읍에는 소국의 규모에 따라 신지·험측·번예·살해·읍차 등으로 불리는 정치적 통솔자를 세워 대내외적으로 단일한 정치집단으로서 기능하였다. 국읍의 주수(主帥)는 읍락 간의 교역이나 소국 간의 교역활동을 주관하는 경제적 지배권을 행사하였고, 읍락 거수(渠帥)가 개별적으로 행사하고 있던 군사력을 전체적으로 통솔하는 군사책임자였다. 각 소국은 국읍을 주축으로 획일적인 군사활동을 전개하는 개별정치집단으로 기능하였다.

---

50) 한영우. 2004: 91－92.

국읍은 제천의식을 주관하여, 국읍에는 천군이라는 제사장을 세워 매년 5월과 10월에 곡식의 파종과 추수가 끝날 때 하늘에 제사를 드렸다. 후삼한사회의 국읍은 초읍락적인 제천의식의 주관을 통해 읍락들을 통합시키는 역할을 하였다. 여기에서 특이한 점은 삼한 지역에서도 초기에는 제정일체사회였으나 삼한으로 성장하고 기원전 2세기 이후 정치군사적 지배기능을 우선적으로 하는 새로운 성격의 지배자가 대두하고, 기원전 1세기 이후 철기문명이 유입되고 유이민 등이 지배층으로 진입하면서 제정분리의 지배체제를 확립하게 되었다. 부여나 구고구려와는 달리 건국신화를 가지지 않은 삼한은 제정일체의 제의군장을 통치자로 내세우는 대신 고조선의 제사장의 기능을 솟대와 천관을 통해 행사하면서 국민형성을 기하고자 했다. 그러면서도 제천의식을 통해 국민형성을 도모한 점은 고조선의 통치방식을 이은 것이라 볼 수 있다.

후삼한은 정치와 종교가 분리된 사회로 족장이 정치적 지도자라면, 종교적 지도자는 제사장의 기능을 가진 천군(天君)으로 솟대(蘇塗)라는 특정 독립된 지역을 지배했다. 제정이 일치되어 있던 고조선이나 부여에 비해 삼한이 한 단계 진화한 셈이다. 후삼한에서도 부여의 영고와 동예의 무천과 비슷한 풍년기원 행사와 추수감사제가 5월 기풍제와 10월 시월제의 제천행사로 행해졌다. 천손사상을 잇고 부모에 대한 효도를 중시하고 부모의 제사를 지내고, 무덤에 부장품을 넣어 사람은 죽지 않고 다시 하늘나라로 올라가서 영생한다고 믿었다. 이러한 사상은 유교가 들어오기 전부터 효도를 중요한 덕목으로 여긴 것이고 기독교와 비슷한 영생관을 고대사회인 후삼한시대에도 가졌다. 선사시대에는 바위에도 종교관과 세계관을 그림으로 남겨 두었는데 울산시 언양읍 대곡리 반구대 암각화(기원전 50세기경)와 경북 고령 양전동 바위그림인 장기리 암각화(기원전 300년경)에서 천지인과 사람이 어울어진 생활에 대해 그려 놓았다.[51)]

(7) 고조선문명의 계승과 고구려 · 신라 · 백제 · 가야

고조선 국가체제는 붕괴되었으나 고조선문명권은 그 뒤 고구려를 비롯한 신라 · 백제 · 가야 등 우리 민족과 역사, 문화에서 다시 부흥하였음을 역사학 · 고고학 · 종교학 · 사상적 관점에서 정리할 수 있다.

---

51) 위의 책: 92－94.

1) 역사적 관점

역사가 기·승·전·결의 단계를 밟아 전개되어, 고조선의 결의 단계인 해체기는 고구려·신라·백제·가야의 기의 단계로 이어졌다. 고구려는 고조선 계승성과 부여정통론을 가지고 있었다. 『삼국유사』 왕력, 『제왕운기』의 기록들, 『삼국사기』<고구려 본기>는 고조선계승론을, 『일주서』 및 『후한서』<동이열전><예전>[52]이 고구려가 영토적으로 고조선을 계승하였음을 기록하고 있다. 비슷한 내용이 『수서』, 『구당서』, 『신당서』<배구열전>, 『삼국사기』<고구려 본기><영양왕>조와 『천남산묘지명』에도 기록되어 있다.[53]

『삼국사기』<신라본기>에도 고조선의 유민이 신라를 건국했고, 『삼국사기』<백제본기>에도 북부여·고조선 유민들이 백제를 건국한 것을 기록하고 있다. 『삼국유사』에서는 다섯 가야·북부여·동부여·고구려·변한과 백제·진한·신라 등이 고조선의 후예임을 밝히고 있다.[54]

2) 고고학적 관점

고조선문명의 핵심인 묘제·고인돌·제단·토기 등이 고구려 등에 이어졌다. 고조선의 기본적인 무덤 양식은 지석묘이며, 고구려 전기의 기본적인 양식은 직석묘이다. 남만주 일대 고구려의 중심영역에서도 고인돌은 많이 발견되는데,[55] 모두 고구려가 초기에 발생한 지역이다. 중국 학계에서도 변형 고인돌을 토대로 고구려의 적성총이 시작되었다는 견해가 있는데, 북한에서는 적석총이 기원전 3세기 무렵에 발생한 것으로 본다. 제단과 무덤의 기능을 동시에 가진 고인돌처럼 적석묘에서도 제단시설이 발견되고[56] 제사관련 유물과 미송리형 토기 등이 출토된다. 무덤에 돌을 올려 놓는 '묘상입비(墓上入碑)'[57]에서부터 장군총처럼 주몽을 모시는 신전·무덤 등이 고조선문화를 이은 것으로 보인다.

---

52) 『후한서』 권 85 <동이열전><예전>.
53) 윤명철. 2019. 앞의 글: 309.
54) 『삼국사기』. 권 제1 <신라 본기>; 『삼국사기』 권 23 <백제 본기>; 『삼국유사』. 권 제1 기이 제1.
55) 손진기. 2001. <중국 고구려 고고연구에 대한 종합 고찰>. 『고구려연구』 12(고구려 유적 발굴과 유물). 고구려연구회.
56) 유남. 2001. <고구려 적석 곶묘연구>. 『고구려 유적발굴과 유물』. 고구려연구회: 488.
57) 윤명철. 1995. 『말 타고 고구려 가다』. 청노루: 246-247.

3) 종교적 · 사상적 관점

고조선과 4국은 신화 · 종교 · 사상 등에서도 유사성이 많이 발견된다. 단군신화와 주몽신화는 구조적 관계 · 신화소(神話素)의 유사성 · 세계관 등을 통해 고조선과 고구려 사이에 문화적인 계승성이 있음을 확인시켜준다. 고구려의 해모수와 유화는 고조선의 환웅과 웅녀와 유사하다.[58] 건국신화 간의 유사성은 고조선(환웅의 태백산 하강 → 신시의 천왕 → 단군왕검의 조선 건국), 고구려(해모수의 웅심산 하강 → 부여의 천왕 → 고주몽의 고구려 건국), 신라(육촌 시조가 산에 하강 → 육촌의 촌장 → 박혁거세의 신라 건국), 및 가야(천명으로 구지봉에 하강 → 구촌의 구간 → 김수로의 가락국 건국) 사이에 매우 유사한 내용과 구조를 확인할 수 있다.

건국신화는 모두 신시와 고조선, 부여와 고구려, 육촌과 신라, 구촌과 가락국 등이 서로 짝을 이루는 이중구조로 되어 있다. 선행 시조가 하늘에서 산으로 하강하는 천손강림형이라면, 후대 시조는 어머니로부터 태어나는 모계출생형이다. 네 신화는 세계관, 내적 논리 등에서도 매우 유사하다. 지속성과 연속성은 종교 · 제의 · 신앙 · 고분벽화[59]에서도 다양한 형태로 나타났다.[60]

고조선의 종교는 고구려 · 신라 · 백제 · 가야 등에 계승되어 천손사상 · 천신숭배 · 단군숭배로 이어져 전국적인 제의행사나 국가적인 축제를 공통적으로 전승하였다.

7. 고조선 국가위기, 세계체제, 사회계급의 상호활동의 전개

(1) 세계체제의 변동과 한민족 열국들의 세계진출

이처럼 고조선의 결의 단계에서 고조선이라는 고대원형국가의 성격을 이은 분신들로서 부여, 옥저, 동예, 진국, 마한, 진한, 변한 등은 고대국가로 재출발하기 위한 내적인 에너지를 비축하고 있었다. 고조선이 흥했다가 망한 결의 단계인 고조선의 옛 터전에서 고구려는 이미 낙랑 시대 국제무역의 중심지로 동서양 교역의 통로인 실크로드의 영향을 받아 역시 새로운 국가로 출범할 강력한 경제적인 뒷받침을 구축하게 되었다. 진한, 마한 및 변한의 지역에서도 신라와 백제 및 가야라는 고대국가로 이어지고 이들

58) 김성환. 2000. <단군신화의 기원과 고구려의 전승>. 『단군학연구』 3: 131.
59) 정재서. 1995. <고구려벽화의 신화 · 도교적 제재에 대한 새로운 인식>. 『백산학보』. 46.
60) 윤명철. 1996. <고구려인의 시대정신에 대한 탐구 시론>. 『한국사상사학』 7: 224－225; 윤명철. 2019. 앞의 글: 308－310.

은 모두 한국고대국가원형인 고조선의 속성을 이어받아 새로운 고대국가로 튼튼하게 자라고 되었다. 고대 대제국이었던 하나의 나라가 막을 내리고 새로운 시대의 출발을 위한 국가형성과업들이 진행되었던 것이다. 고조선을 뒤이은 열국들은 활발하게 세계로 진출하여 그 지역을 지배하고 문화를 발전시켰다. 열국시대에 한 민족은 매우 활발한 대외 활동을 벌여 동북쪽은 연해주, 북쪽은 내몽골, 서북쪽은 북경과 천진 지역, 서쪽은 중국 동부 해안 지역, 동남쪽은 왜 열도의 남부에 진출하여 그 지역을 지배하고 문화를 발전시켰다. 그 시대의 진출상황을 요약하면 [그림 13-6]과 같다.[61)]

그림 13-6 고조선을 뒤이은 한민족 열국들의 세계진출 상황

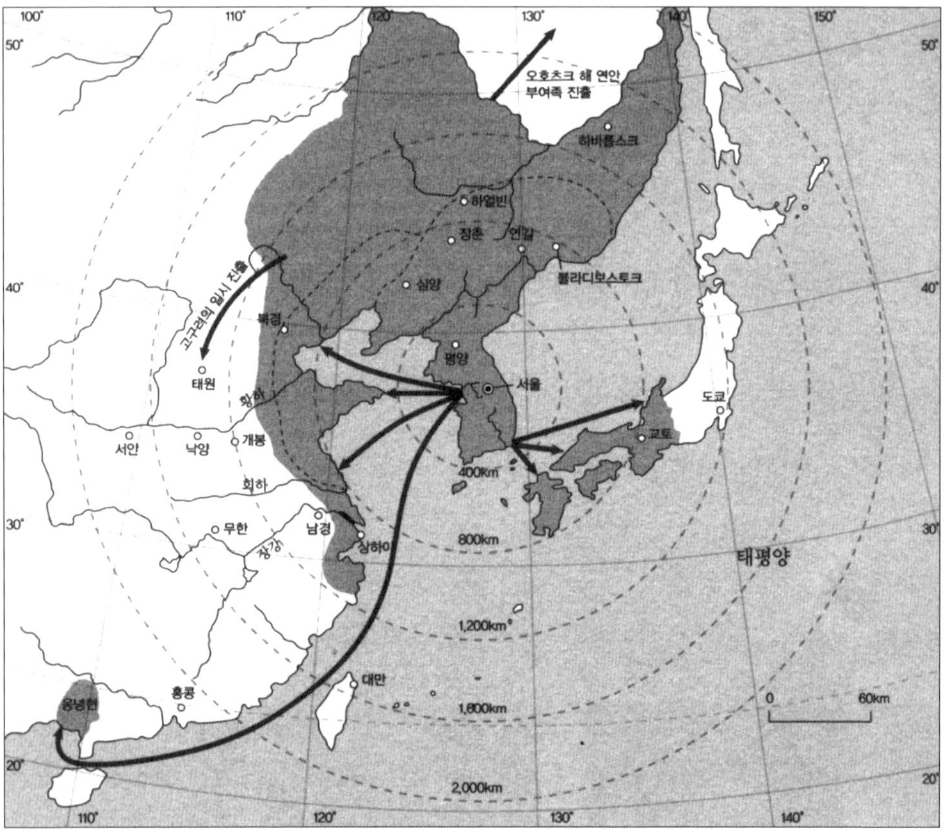

출처: 각주 61.

61) 윤내현. 2016. 『우리고대사, 상상에서 현실로』: 147에서 재인용.

(2) 고조선의 국가위기와 국가변동의 기승전결의 전개(통합론)

이러한 고조선의 국가위기와 국가변동은 고조선의 기승전결의 단계를 밟으면서 역사는 중단이 없이 연속성 · 지속성을 가지면서 전개되었다. 중기 사이클과 장기 사이클

표 13-3 고조선의 국가위기와 국가변동의 기승전결의 전개(통합론)

기승전결	기		승		전	결
시대	환웅	단	군	기자	위만	3한 · 열국
국가변수 · 성격		기	승	전	결	
국가위기	삼위	삼위	농업공동체위기	농촌공동체 · 부족연합위기	전쟁패전	민족국가분열
세계체제 세계국가: 전쟁 세계경제: 무역 세계문화체제 사회계급	환웅체제중심 탁록대전 물물교류 한강요하문명 한웅족 · 천손	단군체제중심 방어 · 정복전쟁 화폐제조 · 무역 한강요하홍산문명 결혼동맹	단군체제 중심 정복 · 방어전쟁 화폐활용 · 무역 한강요하홍산문명 부족연합 · 제후국	조선–중국 경쟁 정복 · 방어전쟁 화폐활용 · 무역 한강요하홍산중화문화 대농업축적위기 · 기자족	중국–조선경쟁 방어전쟁 명도전 · 무역약화 한강중화문화 단군 · 기자 · 위만족	중국중심체제 방어 · 정복전쟁 무역단절 한강한예맥문화 한 · 예 · 맥분화
국왕	환웅 제의–군장 제사장 · 군장	단군1 제의–군장 제사장 · 군장	단군2 제의–군장 제사장 · 군장	단군3 군장–제의 군장 · 제사장	단군4 군장–제의 군장 · 제사장	단군4 제의–군장 군장 · 제정분리
정부 · 통치집단	제의–군장체제 환웅 한부족	제의–군장체제 제1왕조 한 · 예 · 맥족 단국8가제 혼인동맹 · 제후	제의–군장체제 제2왕조 한 · 예 · 맥족/9족 · 12족 단군8가제 지배부족 · 제호	군장–제의체제 제3왕조 기자족 · 한 · 예 · 맥족 단군8가제이완 지배족교체 · 제후이탈	군장–제의체제 제4왕조 위만 · 한 · 예 · 맥족 단군8가제약화 지배족교체 · 후국붕괴	제의–군장체제 제4왕조 한 · 예 · 맥족분립 3한병립 · 귀족정치 3한분리 · 독립
관료기구 · 법 질서	3상 · 5부 합의제 신정국가	3한 · 5(8)가 5가합의제 · 화백제 부족연맹국가 8조금법	5가 · 21후국 제가합의제 · 화백제 대제국 · 후국제도 8조 · 민법 · 세법	5가 · 5부 · 5군 제가합의제 · 화백제 부족연맹국 · 후국제도 8조금법 · 민법 · 정전제	5가 · 5부 · 5군분리 제가합의제 부족국가 · 후국이완 8조금법 · 정전제	한 · 예 · 맥족분립 부족합의제 부족국가 60조금법 · 정전제
사회관계응집	자연농업 노예허용 부계 · 모계사회 청동기초기	농업공동체발전 사유재산제 노예제도 부계사회 청동기 귀족사회	농업공동체발전 농지 · 사유재산제 노예제도 부계사회 청동기발전	농촌공동체발전 농지 · 사유재산제 노예제도 부계사회 철기시대	농촌공동체정체 농지 · 사유재산제 노예제도 부계사회 철기시대	국제교역발전 사유재산제 노예제도 부계사회 철기시대
지배연합 · 계급	1부족 환웅족	한부족 3부족 · 9부족 한 · 예 · 맥족	맥부족 3 · 9대 · 12중 · 64소부족 한 · 예 · 맥족 · 85부족	예부족 · 기자족 부족연맹해체 · 교체 기자족 · 한 · 예 · 맥족	예부족 · 위만족 부족연맹교체 세력 위만족 · 한 · 예 · 맥족	한 · 예 · 맥족 분리 · 독립 · 토착 한 · 예 · 맥족분립
상부구조 · 이데올로기	샤머니즘 토템 천손숭배사상 홍익인간	환인 · 환웅 · 삼신교 천손숭배사상 홍익인간	환인 · 환웅 · 삼신교 천손숭배사상 홍익인간	삼신교 · 기자숭배 천손숭배사상 홍익인간	삼신교 천손숭배사상 홍익인간	삼신교 천손숭배사상 홍익인간
나라: 국민 · 영토 · 수도 · 경계 · 주권 국가	한부족 아사달 군장사회 · 부족국가	한 · 예 · 맥 · 9한 요동 · 요하 · 만주 평양성 아사달 부족연맹국가	한 · 예 · 맥 · 9한 · 85부족 백악산 아사달 요동 · 요하 · 만주 부족연합대제국	기자족 · 한 · 예 · 맥 · 9한 장당경 아사달 요동 · 요하 · 만주 부족연합대제국	위만족 · 한 · 예 · 맥 평양성 아사달 요동 · 요하 · 만주 부족연합대제국	한 · 예 · 맥족분립 요동 · 만주 고대국가 3한 · 열국
국가목표	국가형성	국가형성	국민형성	경제발전	국가 · 국민형성	국가 · 국민형성
국가변동	환웅국가탄생	단국조선개국	단군조선대제국	대제국유지 · 기자정권수립	후국이탈 · 위만정권 수립 · 붕괴	고조선해체 · 이동 · 분립

에 의한 고조선 기승전결의 국면별 특징을 통합하여 요약하면 <표 13-3>과 같다.

(3) 국가위기, 세계체제, 사회계급의 상호활동과 국가변동의 내인론·외인론·통합론의 함의

고조선 시대에 당면한 국가위기, 세계체제, 사회계급의 상호활동을 규명한다는 것이 쉬운 일은 아니지만 역사적인 기록 등에 일부 징후들이 나타나 있다. 그 내용을 간략하게 정리하면, 고조선을 포함한 동쪽과 중국 등 서쪽 사이에는 수많은 전쟁들이 벌어졌고 환웅시대의 치우와 황제의 전쟁, 고조선 시대의 고조선과 중국의 주·진·한과의 전쟁 등은 당시의 세계체제라고 볼 수 있는 동북아시아 국가체제에서 위기로 작용하였다. 이러한 지정학적인 위기 요인은 한족·맥족·예족의 연합국가를 촉구하여 환웅시대에서 고조선의 시대로 역사를 바꾸는 계기가 되었다. 고대국가시대에 전쟁이 위기를 낳고 전쟁이 국가를 형성한다는 찰스 틸리의 가설을 고조선 시대에도 확인할 수 있는 것이다.

또한 중국 내에서의 중국족(주·진·한·신)과 조선족(하·상)의 권력다툼과 전쟁은 조선족의 고조선 이동을 가져와서 고조선 내부의 지배세력의 성격을 바꾸었다. 대표적인 것이 기자족과 위만족의 경우로서 이들은 고조선의 농업정책과 법 질서를 바꾸어 농업공동체를 농촌공동체로 바꾸는 데 크게 작용했다. 나아가 전쟁을 계기로 이루어진 민족이동과 민족 간의 연합방식의 변동 및 정치변동은 농업사회의 지배적인 사회관계와 연계되면서 그 영향력을 더욱 증폭시켜서 기자정권과 위만정권의 등장이라는 고조선 국가의 정권을 교체하는 결과를 가져오게 하였다.

이렇게 볼 때 개괄적인 관찰만으로도 국가위기, 세계체제, 사회계급의 상호활동이 국가변동에 영향을 주게 됨을 알 수 있다. 보다 세부적으로 일곱개의 국가개념이 세계체제, 사회계급 및 국가위기와 상호작용하여 국가가 환웅국가, 단군조선의 제1정권(왕조) 제의-군장체제, 제2정권(왕조) 제의-군장체제, 제3정권(왕조) 군장-제의체제(기자정권), 및 제4정권(왕조)군장-제의체제(위만정권)·제의-군장체제(3한·열국)로의 국가변동을 가져왔음을 내인론과 외인론을 통해 살펴보았으며 결론적으로 이들은 상호작용하므로 통합론적으로 해석할 수 있음을 살펴보았다.

내인론·외인론·통합론을 구별하여 이들 변수들 간의 상호관계를 치밀하게 밝힐 수 있는 근거는 취약하지만 여러 가지 상황의 전개를 보면서 이 변수들 간의 개략적인 상호활동의 내역과 관계를 도출할 수는 있었다. 이상의 논의와 요약 표를 통해 비록 제한적이지만 국가위기, 세계체제, 사회계급의 상호활동과 국가변동의 내인론 · 외인론 · 통합론의 함의를 어느 정도 밝힐 수 있었다. 앞에서 제시한 내인론 · 외인론 · 통합론의 [분석모형 I~VI]의 내용을 고조선 시대에서 이들간의 관계가 비교적 긴밀하게 이루어졌음을 <표 13-1~3>에서 요약 · 정리하여 어느 정도 확인해 주고 있다고 볼 수 있다. 이들의 관계는 고조선의 국가성격과 국가능력의 변동을 분석할 때 더욱 명확하게 확인될 수 있을 것이다.

제14장

고조선의 국가성격과 국가능력의 변동

1. 고조선의 국가성격

(1) 고대국가의 성격

국가이론에서 관심을 갖는 국가성격은 국가의 역할, 국가의 힘, 국가자율성, 경로의존성, 비동시성, 거버넌스, 그리고 국가능력 등이다. 비록 고대국가이더라도 기본적으로 국가가 지니는 이러한 성격들을 조금씩은 가진 것으로 볼 수 있다.

첫째, 국가의 역할은 국내적으로는 제사장과 군장으로서 백성들의 종교적 활동과 생명을 보호하는 역할을 하였다. 국제적으로 단군조선 초기에는 최초의 지역국가로서 지역중심 패권국가로 아시아지역을 이끌었으나 후기에는 그 역할을 잃어버리고 대제국으로서의 위상과 역할도 약화되었다.

둘째, 국가의 힘은 3한 3경 5가 5부 5군이라는 강력한 중앙과 지방의 통치행정조직과 군사조직의 통합으로 강한 국가의 힘을 유지할 수 있게 했다. 홍익인간이라는 강력한 문화력을 바탕으로 강한 행정력 및 군사력은 국가의 힘을 강하게 하는 주된 요인들이었다.

셋째, 국가자율성은 국왕을 중심으로 한 중앙과 지방의 통치체제인 관료체제가 지배계급이나 외국의 간섭이나 지배로부터 얼마나 독자적이고 자율적으로 국가를 운영하느냐의 정도를 나타내는 것이다. 과거 역사에서 중화주의나 사대주의 등은 국가의 자율성을 구조적·문화적으로 제약시키는 요인들이어서 국가자율성은 세계체제나 국내 사회계급 등으로부터 지니는 자율성을 의미한다. 국가목표와 국가이익을 실현시키고 독립적인 전쟁권한이나 외교교섭권 등이 국가자율성을 추정하는 중요한 지표들이다. 자율성이 낮을 때는 예속성·종속성으로 나타난다.

넷째, 경로의존성과 경로창조성은 국가가 외국이나 선행 국가의 제도를 따라 가느냐 아니면 선행국가로서 새로운 제도나 길을 만들어 가느냐의 문제에 대한 것이다. 단군조선이 건국 초기와 중기에는 아시아지역에서 선진 중심국가로서 새로운 길을 개척하여 경로창조성이 높았고, 환웅시대의 법이나 제도를 이어서 도입할 경우에는 그 분야에서는 경로의존성이 높았다. 경로의존성이 높은 것은 국가운영이나 행정이 예측가능하다는 점에서 통치와 행정의 안정성을 높여주는 장점도 있다.

다섯째, 연속성과 비연속성은 단군조선 2,000년 동안 반복된 주제이다. 단군조선 개국에서 초기 1,000여 년 간에는 여러 부족들이나 제후국들이 연합국가에 동참하면서 단군조선으로서는 연속성이 확장하다가 기자족의 집권이나 위만의 쿠테타로 정변이 일어나면서 비연속성이 부분적으로 나타났다.

여섯째, '비동시성의 동시성'은 사회가 급변하는 경우에 많이 나타나는 역사적인 시간의 부조화를 의미하는데, 고대사회에서도 선진국가와 후진국가 사이에, 또는 선진지역과 후진지역 사이에 나타나는 현상이다. 구석기, 신석기, 청동기, 철기 시대라는 서로 다른 시대의 사회관계가 한 국가 영토 내에서나 지역 내에서 공존할 때 '비동시성의 동시성'의 문제가 나타난다. 마한, 변한, 진한이라는 후삼한 시대에 각각 수십 개의 소국가를 거느리고 있는 것도 후삼한과 소국들의 역사적인 시간이 불일치하는 것을 의미하고, 이 때문에 소국들은 후삼한의 소속 국가로 존재한 것이다. 여러 차례 수도를 옮기는 것은 지역간·민족간 비동시성을 줄이는 역할을 했다.

일곱째, 거버넌스는 현대 사회과학의 이론과 개념이지만 그것이 나타내는 기본 질서는 통치자와 피통치자 간 또는 통치집단 내의 공존과 협력이고 민주주의적인 질서를 나타내는 것이다. 고대사회이기 때문에 비록 전체 국민들을 대상으로 하는 것은 아니지만 지배세력들이나 귀족계급에서의 합의제를 운영하는 것은 거버넌스의 정신과 제도를 도입한 것으로 볼 수 있다. 5가합의제, 8가합의제, 제가합의제, 화백제도 등은 고대사회에서 거버넌스를 실현하는 대표적인 제도들이다.

여덟째, 국가능력은 국가의 이익과 목표를 실현하는 능력을 의미하며 전쟁수행능력, 외교능력, 국민통합능력, 경제생산력 등 기본적으로 관료기구나 법 제도들의 능력을 중심으로 파악한다. 단군조선 시대의 국가성격과 국가능력을 나타내는 이 내용들을 차례로 살펴본다.

(2) 고조선의 국가역할

국가의 역할은 고대국가와 중세국가 그리고 근대와 현대로 시대가 바뀔수록 역할이 달라진다. 초기 국가에서는 종교적·이데올로기적 국가·신정국가에서 야경국가·경찰국가를 거쳐 경제무역국가, 그리고 과학기술정보국가나 복지국가로 전개되면서 국가의 역할도 달라진다. 고대사회에는 제사장과 종교지도자로서의 국가의 역할도 중요하였다. 정치군사적으로는 전쟁과 질서유지가 중시되던 시대에는 안보 및 질서유지자로서의 역할, 경제가 중시되는 시대에는 생산자, 기업가, 자본가, 은행가, 기획가 등의 역할을, 사회복지적인 기능이 중시되는 시대에는 재분배, 복지공급자, 문화 창달 등의 역할을 중시하게 된다.

국가는 이러한 다양한 역할을 종합적으로 하고자 하지만 국내외적인 여건에 따라 대체로 이 가운데 어느 하나에 주력하는 경우가 많다. 국가의 역할은 세계체제나 국제질서 및 경제사회관계의 변화에 따라 다양하게 변화한다.[1] 세계체제의 성격이 바뀔 때 개별국가들이 앞장서서 변화하면 그 국가는 선진국가로 등장하게 되고 반대로 그러한 성격 변화에 저항하거나 거부하게 될 경우 그 국가는 발전을 멈추고 점점 후진국가로 추락하게 된다.[2] 세계경제체제는 자본주의 세계경제체제만이 아니라 사회주의 세계경제체제도 있고, 고대사회와 그 이후에는 실크로드나 해양항로를 통한 교역활동도 경제체제의 초기 형태라 볼 수 있다.

---

1) 예를 들면, 비록 자본주의 세계체제가 형성되기 이전이라 할지라도 개별 국가들이 서로 긴밀하게 연결되지 않았을 경우와 개별국가들이 쌍방 또는 다자적 관계(bilateral or multilateral)로 서로 연결되는 국제관계(international relation) 또는 국제체제(international system) 속에서의 국가, 세계가 하나의 체제로 된 세계체제(world system) 속에서의 국가의 성격은 크게 달라진다. 개별 국가의 내부적인 차원에서의 역할과 국제체제나 세계체제 속에서의 국가의 역할은 크게 바뀐다. 세계가 정치군사체제(political－military system)의 지배를 받는 시대에는 개별 국가들의 정치군사적인 역할이 증대하여 개별 국가들도 정치군사국가(political－military state)로 되고, 자본주의가 발전하게 되어 세계가 경제무역체제(economic trading system)로 전환하게 되면서 개별 국가들도 경제무역국가(economic trading state)로 전환하게 되었다. 정치군사국가에 대한 논의는 Charles Tilly ed. 1975. *The Formation of Nation State in Western Europe*. Princeton: Princeton University Press; Perry Anderson. 1974. *Lineages of the Absolutist States*. London: New Left Books; Anthony Giddens. 1985. *The Nation－State and Violence*. Berkeley and Los Angeles: University of California Press.

2) 세계의 패권국가(hegemonic state)가 시대별로 그리스, 로마, 스페인, 포르투갈, 영국, 독일·일본·미국·소련, 미국·소련, 미국, 미국·중국 등으로 전환하게 된 경우에도 세계체제의 변화와 그 성격을 앞서간 국가들이다. 16세기 이전의 세계 패권국가들은 정치군사력을 중시하고 그것을 경제력으로 지탱한 국가들이었으나, 16세기 이후에는 경제무역국가들이 패권국가로 도약하였다. 특히 19세기에는 독일과 일본이 정치군사국가로 제1차 세계대전과 제2차 세계대전을 일으켰다가 패전한 이후 20세기 중반 이후 경제무역국가의 역할을 하면서 다시 세계적인 강대국으로 등장하게 되었다. 강대국의 흥망에 대해 로즈크랜스는 정통정치학자의 입장에서 다루고 렉서는 정통경제학자의 입장에서 각각 다루고 있다. Richard Rosecrance. 1986. *The Rise of the Trading State: Commerce and Conquest in the Modern World*. New York: Basic Books; James Laxer. 1987. *Decline of the Superpowers: Winners and Losers in Today's Global Economy*. Paragon House.

세계자본주의체제 내에서 선진국과 후진국의 위상에 따라 국가의 경제적인 역할은 달라진다. 자본주의적 산업화에서 제1~4세대 국가의 역할은 각각 달라진다. 제1세대 산업화 국가인 영국은 기업이 경제주체로서 자율경쟁원리를 중심으로 한 시장자본주의에 따라 국가의 경제적 역할은 거의 없고 야경국가로서의 역할을 하였다. 제2세대 산업화 국가인 미국은 기업과 은행이 힘을 합쳐 경제의 주체가 되어 기업이나 산업분야의 경쟁을 촉진시키거나 약화시키는 역할을 하여 국가는 은행을 통한 간접 개입을 하였다.[3] 제3세대 산업화 국가인 독일이나 일본은 경제활동에 대한 국가 개입을 증대시켜 기업, 산업, 국가가 공동으로 경제활동의 주체가 되어 국가는 경제개입의 역할을 하게 되었다.[4] 제4세대 산업화국가인 한국, 대만, 싱가포르, 홍콩, 남미 국가들은 국가가 독점자본가, 은행가, 경제계획가, 생산자의 역할을 하면서 경제구조나 시장질서를 형성하는 역할을 하였다.[5]

이러한 성격을 지니는 국가의 역할이 고조선 시대에는 국내적으로는 제의-군장의 역할을 하는 신정국가와 군사국가의 역할을 수행했다. 국가는 부족연합으로 개국에 동참한 백성들의 안전을 책임지는 군사국가의 역할을 맡고 샤머니즘을 믿던 백성들의 종교적인 중심으로서 교주 또는 제사장의 역할을 담당했다. 국제적으로도 단군조선 개국 초기에는 아시아의 맹주 국가로서 주변국가들이 오랜 장마로 수해를 입고 고생하는 것을 국제적인 리더십을 발휘하여 주도적으로 해결하고 국제적인 분쟁도 군사적 수단과 외교적 수단을 통해 주도적으로 해결하는 국제체제의 중심국가로서의 역할을 수행했다.

단군조선은 초기에는 제정일치원칙을 지켜서 단군으로 대표되는 국가가 제사장과 군장을 겸하였으나, 점차 후기에는 제정분리원칙으로 바뀌어 제사장과 군장이 분리되어 국가는 군장의 역할을 했으나 제사장의 역할은 국가와 별도로 소도와 별읍 등이 담당했다. 국가가 제의-군장의 역할을 하는 비중이 달라져서 제의-군장의 역할에서 군

---

3) 산업화 1세대와 2세대 국가 간의 비교와 산업화 후진성을 극복하기 위한 국가의 은행가의 역할 필요성에 대한 논의는 Alexander Gerschenkron. 1962. *Economic Backwardness in Historical Perspective*. Cambridge: Belknap Press: 5-30.

4) 3세대 후발 산업화 국가가 1세대 와 2세대 산업화 선행 국가를 추격하기 위한 국가의 경제개입 역할의 필요성에 대한 논의는 Albert O. Hirschman. 1958. *The Strategy of Economic Development*. New Haven: Yale University Press: 5; Albert O. Hirschman. 1979. "The Turn to Authoritarianism in Latin America and the Search for Its Economic Determinants" in David Collier. ed. *The New Authoritarianism in Latin America*. Princeton, N.J.; Princeton University Press: 61-98; Ronald McKinnon. 1972. *Money and Capital in Economic Development*. Washington, D.C.: The Brookings Institution.

5) 4세대 산업화 국가 역할에 대한 논의는 김석준. 1992. 『한국산업화국가론』. 나남출판사; 김석준. 1994. 『국가변동론』. 법문사.

장-제의의 역할로 바뀌다가 후기에는 제의 기능은 분리된 채 군장의 역할만 남게 되었다. 이러한 국내에서의 국가역할의 변화는 국제적인 국가의 역할도 바꾸었다.

단군조선의 말기에는 진나라를 시작으로 중국이 통일국가로 등장하면서 단군조선은 쇠퇴하고 중국이 부상하면서 세계체제의 중심적인 위상도 중국에 물려주고 지역체제 내에서의 단군조선의 역할도 추락하게 되었다. 실크로드를 개척하여 세계로 진출한 중국과 세계로 가는 길이 중국에 막혀 실크로드를 활용하지 못한 단군조선의 위상은 역전하게 된 것이다. 세계체제 내에서의 위상이 국가의 흥망성쇠를 좌우하는 것이 현대만이 아니라 이미 고조선 시대에 단군조선과 중국의 진나라 사이에 벌어졌고, 그것이 그 이후 2,000년의 한국과 중국의 역사를 역전시키게 되었다.

(3) 고조선 국가의 힘

고대국가에서 강한 국가는 강력한 무력과 영토를 지니고 강한 경제력을 지닌 국가를 의미하고, 현대로 올수록 지배계급의 이익으로부터의 독립을 의미한다. 국가의 힘은 총 권력과 순 권력으로 나눌 수 있다. 총 권력의 측면에서는 국가의 영토나 국민의 규모가 크고 자원이나 권력을 많이 지녀 국제사회에서 강한 영향력을 지니는 국가가 강한 국가이고, 반대로 자원이나 규모가 작아 국제적인 영향력이나 위상이 낮을 경우에는 약한 국가이다. 강한 국가는 국제사회에서도 약한 국가들보다 더 큰 영향력을 행사하면서 국가이익을 지킬 수 있고, 반대로 약한 국가는 강한 국가들보다 영향력이 작은 것은 물론 심지어 다국적 기업이나 외국자본의 영향력도 크게 받아 자국의 이익을 지키지 못하게 된다.[6)]

순 권력의 측면에서 국가의 힘은 국내 지배계급이나 피지배층 또는 특정 세력의 영향력의 제약을 받지 않고 국가 목적이나 국가이익을 실현할 수 있는 힘을 의미한다. 강한 국가는 국가가 지배계급이나 피지배층의 이익에 좌우되지 않고 국가이익이나 국가목적을 강하게 실현할 수 있는 국가이고, 반대로 약한 국가는 지배계급이나 피지배층의 이익과 상충될 경우 제약을 받고 강력하게 집행하지 못하는 국가이다. 현대사회에서는 대외적으로 약한 국가는 대내적으로 강한 권위주의 국가일 경우가 많고 반대로 대외적

---

6) 제3세계의 종속과 종속적 발전에서의 국가의 힘에 대한 논의는, 임현진. 1987.『현대한국과 종속이론』. 서울대학교 출판부; 임현진 편. 1987.『제3세계, 자본주의, 그리고 한국: 이론과 현실』. 법문사; 임현진. 1993.『제3세계 연구: 종속, 발전 및 민주화』. 서울대학교 출판부; 임현진. 1998.『지구시대 세계의 변화와 한국의 발전』. 서울대학교 출판부; 임현진. 2005.『전환기 한국의 정치와 사회: 지식, 권력, 운동』. 집문당.

으로 강한 국가는 대내적으로 약한 국가인 경우가 많다.

일반적으로 강한 국가는 대내적으로 권위주의 체제와 중앙집권적인 통치체제를 가지고 있고 약한 국가는 민주주의체제와 지방분권체제를 지닌 것으로 규정한다. 그러나 실질적으로 강한 국가는 대외적으로 강한 국가이면서 대내적으로 민주주의 체제와 지방자치제도를 유지하는 국가이다. 권위주의적이고 중앙집권적인 국가가 도리어 특정 계급의 이익에서 자유롭지 못할 경우도 많기 때문이다. 이것이 국가의 힘을 분석의 변수로 사용하는 경우 지니고 있는 한계인 것이다.

단군조선은 부족연합으로 왕족과 왕비족 등 5가와 제후국 등을 거느리면서 강한 국가로 유지되었다. 3한 3경 5가 5부 5군체제를 구축하면서 단군조선의 국가의 힘은 강력했다. 특히 5가들은 지배부족의 대표만이 아니라 중앙정부의 핵심 장관들로서 중앙통치행정조직을 관장했고, 5가가 지역의 5부를 다스리는 지역의 왕의 역할을 하고 군사령관을 겸하여 강력한 중앙과 지방의 통치행정체제 구축 및 지방의 군대까지 지휘하여 국가의 힘이 잘 결집되고 통치력이 일사불란하게 행사될 수 있도록 했다. 이러한 강력한 통치치제와 군대조직의 통합은 대제국으로서의 단군조선을 지탱하는 강력한 통치체제가 되었고 국가는 그만큼 힘을 강하게 가질 수 있었다. 단군8가제라는 중앙정부 관료조직과 강력한 계급제의 운영은 국가의 강력한 힘을 유지할 수 있게 했다.

단군조선은 홍익인간이라는 강력한 문화력과 종교력을 바탕으로 하면서 강한 군대와 행정력을 중심으로 강한 국가를 유지했으나 단군조선은 후기에 들어서 3한체제가 3조선체제로 전환하여 신한・번한・말한이 각자 전쟁 선포권을 지니고, 경제력이 뒷받침하지 못하면서 국가의 힘을 잃어가게 되었다. 국가의 힘의 약화는 단군조선이 문을 내리고 여러 열국으로 나뉘어 다시 태어나게 만들었다.

2. 고조선의 국가자율성

(1) 국가성격과 국가자율성

국가자율성(state autonomy)은 국가가 배타적인 주권국가로서 국가이데올로기나 국가이익을 실현하며, 국가정책을 결정하고 집행하는 국가활동을 할 때 얼마나 독립적이고 자율적으로 할 수 있느냐에 대한 것이다. 고조선이 3한체제를 유지할 때 상국인 신한은 국왕으로서 국가자율성을 높게 지니나 나머지 두 부왕들은 독자적인 전쟁선포권이나 외교권을 갖지 못하기 때문에 부왕국인 이들의 국가자율성이 매우 낮았다.

3한과 3조선을 통합한 고조선은 국왕인 단군이 제의-군장으로서 제사장과 군장을 겸하고 있어서 전쟁선포권이나 독자적인 외교권은 물론 내부 통치에서 높은 자율성을 지니고 있었다. 기승전결의 단계별로 보면, 환웅시대부터 높은 자율성을 지닌 제의-군장으로 출발하여 그것을 이어받은 단군은 더욱 강한 자율성을 확보할 수 있었으나 후기에 3조선체제로 재편되고 예족과 맥족 및 예족 내부의 권력다툼으로 기자족과 위만족 집권하면서 국가자율성도 크게 약화되었다.

(2) 기와 승 단계의 국가자율성

첫째, 기의 단계인 환웅시대나 단군조선 초기에는 제의-군장으로서 자율성이 높았다. 환웅시대에는 3상5부제도를 두어 환웅의 왕권을 강화하고, 단군조선 시대 초기에는 3한5가제로 2명의 부왕의 보좌를 받고 5가제합의제가 도입되어 단군의 왕권을 보강하여 자율성을 높였다. 화백제도를 도입하여 국가리더십을 높여 넓은 의미의 국가자율성을 높였다. 좁은 의미의 국가자율성으로 보면 국왕의 자율성이 5가합의제나 화백제도로 인해 일정 부분 제한을 받아 좁은 의미에서는 국가자율성의 수준이 높은 가운데 다소 제약을 받았다고 볼 수 있으나, 5가합의제나 화백제도 자체가 단군의 왕권을 보완하는 제도이기 때문에 종합적으로는 국가자율성이 높았다고 평가된다. 군대에 대한 전쟁선포권과 군대통솔은 물론 지방에 대하여도 전담 5가로서 구가가 '분관제주'의 역할을 전담하여 국가자율성을 높이는 데 기여했다.

둘째, 승의 단계에서는 고조선이 대제국으로 도약하면서 많은 부족국가들이 참여하고 후국제도와 속국제도가 넓게 활용되고 있어서 이 점에서는 고조선의 국가자율성이 상대적으로 줄어드는 결과를 가져 왔다. 5가제도를 8가제도로 확장하여 지방정부 관리와 국방 군사문제를 중앙정부가 집중적으로 관리하고자 했으나 후국과 속국들의 왕들이 상당한 자율성을 지니면서 고조선 국가 전체의 넓은 의미의 국가자율성은 높은 편이었다. 다만 단군의 통치력이란 차원에서 좁은 의미의 국가자율성은 후국과 속국 등의 자율성 확대로 상대적으로 제약을 받은 셈이다. 지방을 5부 5군제로 체계화하면서 후국제도나 속국제도로 상대적으로 자율성을 지니던 지방에 대해 중앙정부의 통제를 높이고 국방 군사적인 통솔을 획일화하여 중앙군과 지방군의 지휘통솔체제를 일원화시켜 국가자율성을 높이도록 했다.

(3) 전과 결 단계의 국가자율성

셋째, 전의 단계인 기자정권의 시기에는 넓은 의미의 국가자율성은 높았으나 좁은 의미에서의 국가자율성은 상대적으로 제한되어 보통 수준의 국가자율성을 유지했었다. 기자정권에서는 기자족이 단군직과 일부 통치세력을 장악하기는 했지만 기존의 지배세력 및 통치세력과의 관계에서는 응집력이 다소 이완되었을 수 있어서 좁은 의미의 국가자율성은 이전 단계의 고조선 통치자들보다는 다소 낮아지게 되었다. 넓은 의미로 볼 때에도 기자정권 시기에 일부 후국들이나 속국들의 제후들이 이탈하는 현상도 발생하여 그만큼 국가자율성의 수준은 이전 시기보다 다소 낮아졌지만 그래도 종합적으로는 높은 수준의 자율성을 유지한 것으로 보인다. 특히 기자정권의 시기에는 농업공동체의 위기와 농촌공동체의 위기가 사회계급의 관계의 변화에까지 영향을 주었으므로 계급관계로부터의 국가자율성도 이전보다는 약화되는 요인이 되었다.

넷째, 결의 단계의 고조선의 국가자율성은 위만정권에서는 기자정권보다 조금 낮아진 수준에서 출발했으나 중반기에는 한과의 전쟁에서 이기는 등 융성하다가 후반기에는 내부분열로 전쟁에 패망할 정도로 낮아졌다. 후삼한과 열국의 시기에는 지배부족들이 뿔뿔이 흩어져서 토착세력과 결합하여 국가를 형성한 만큼 국가자율성은 더욱 낮아졌다. 조선의 국호를 부여로 개칭하고 3한을 3조선체제로 전환시키면서 전쟁선포권도 3조선이 각각 갖게 되면서 국가자율성은 크게 약화되었다. 5가합의제가 강화되고 5가들이 단군과는 별도로 전쟁을 선포하고 전쟁을 수행하면서 국가자율성은 크게 훼손되었다. 위만정권은 쿠데타로 집권하여 초기에는 무력에 의한 강압적인 수단을 통해 국가자율성을 높게 유지하는 듯했으나 무력에 의한 무리한 영토 확장 등으로 국가지배체제가 혼란해지고 진개나 누선장군 등 중국의 침략 전쟁을 당하여 5가체제 통치세력 내부로부터 균열이 발생하여 좁은 의미의 국가자율성은 매우 낮게 추락했다. 낮아진 국가자율성으로 인해 통치세력 내부균열은 위만정권의 몰락으로 귀결되었다.

후삼한과 열국들은 고조선이 대제국으로 번창하고 기자정권과 위만정권의 탄생과 몰락 과정에 이탈한 통치집단이나 지배세력들이 동쪽과 남쪽으로 이동하여 지역 토착세력과 결합하여 부여, 구고구려, 동예, 옥저, 진국, 마한, 변한, 진한 등의 열국들을 형성한 만큼 이들 개별 국가의 국가자율성은 고조선 시대의 국가자율성보다 높지 못했다. 이들 열국들은 고조선 시대의 5가제도나 부족정치방식을 도입하고 제천행사들을 통한 제의체제를 넓게 도입하였으나 고조선과 달리 제의-군장 복합체제에서 진화하여 제정분리의 통치를 하였다. 부여를 위시하여 일부는 개국시조의 신화를 가지고 있어서 제정일치의 통치를 하여 국왕이 고조선의 단군과 같이 제의-군장으로서 권위를 지녀 높은 수준의 국가자율성을 가지고 있었으나, 나머지 국가들은 모두 제정분리를 택하고 국왕은 군장으로서의 역할을 하여 귀족통치체제에서 그만큼 자율성의 제약을 받게 되었다. 군장으로서도 5가제도를 물려받아 귀족합의제나 5가합의제 등으로 인해 그만큼 국왕의 자율성은 약화되었다.

3. 고조선의 경로창조성과 경로의존성

(1) 고조선의 기와 승 단계에서의 경로창조성과 경로의존성

첫째, 고조선의 기의 단계에서는 초기 단군조선이 환웅의 시대를 거의 그대로 물려받으면서도 새로운 제도와 조직들을 만들게 되어 경로의존성보다 경로창조성이 매우 높았다. 단군조선은 환웅시대의 규칙인 '신시의 규칙'을 그대로 물려받으면서도 그 위에 새로운 질서나 제도를 많이 추가한 것으로 명확하게 밝히고 있다. 법 질서를 물려받고 통치조직도 3상5부제를 3한5가제로 이어받으며 새롭게 만들었고, 법 질서도 관습법이고 불문법인 8조교 등을 그대로 물려받아서 성문법으로 만들어 고조선 국가의 환웅시대에 대한 경로의존성은 어느 정도 있지만 공식적으로 새롭게 만든 것들이 많아 경로 창조성이 매우 높았다.

특히 단군조선이 동아시아의 패권국가로 선진국가의 위치였기 때문에 새로운 제도나 조직 및 법들을 만들고 그것을 중국이나 일본에 전달한 것들이 많았다. 부루가 하나라에 전달한 도량형, 측량, 치산치수법, 정전제, 삼신오제교, 단군8조 등의 내용들도 대체로 경로창조성에 해당하는 것들이다. 통치이념도 홍익인간과 천손숭배 및 제천행사를 그대로 물려받고 환인·환웅·단군왕검의 삼신숭배의 신앙과 제의행사로 서로 통합하여 경로의존을 넘어 경로일치 차원으로 전개되었다.

지배연합에서는 일부만 이어받고 새롭게 많은 부족국가들이 추가되어 경로창조성이 일어나고, 경로의존의 질서가 해체될 위험도 있었지만 그것을 5가합의제와 화백제도로 수용하였다. 사회관계도 새롭게 형성되고 발전시켜 고조선의 국가의존성보다 국가창조성이 높았다. 통치집단은 환웅시대보다 확대되어 국가의존성이 낮아질 우려가 있었지만 국왕인 단군이 제의-군장으로서 제사장과 군장의 역할을 겸하여 더 큰 역할을 하면서 국가리더십에서의 국가경로창조성이 높았다.

둘째, 고조선의 승의 단계에서는 고조선 초기의 모든 것을 자연스럽게 이어받아 경로자체가 같았다. 국왕인 단군의 역할도 제사장의 역할이 줄어들고 군장의 역할이 크게 늘어나 제의-군장에서 군장-제의로 역할이 어느 정도 바뀌어 경로창조성으로 나타났다. 이것은 단군의 종교적인 권력은 줄지 않았지만 세속적인 국왕의 권력이 늘어나 좁은 의미의 국가의 경로의존성은 유지되면서 새로운 경로가 추가되어 경로창조성을 강화시켰다.

이데올로기는 거의 그대로 유지되었고, 맥족이 통치집단을 차지하고 천도하면서 지배연합도 많은 후국들이나 속국들이 고조선에 참여하고 기존의 경로를 유지하면서도 새롭게 확장시켜 경로창조성과 경로의존성이 공존했다. 사회관계, 법 질서 및 관료기구의 총체, 통치세력, 및 단군들의 경우에도 거의 그대로 유지되면서 새롭게 확장되는 발전을 가져와서 고조선 국가 경로창조성과 경로의존성은 공존하며 거의 새롭게 유지되었다.

(2) 고조선의 전과 결 단계에서의 경로창조성과 경로의존성

셋째, 고조선의 전의 단계에서는 기자정권이 등장하면서 예족이 통치집단이 되고 수도도 옮기면서 넓은 의미의 경로 의존성이 높은 수준으로 유지되면서도 좁은 의미에서의 경로창조성은 크게 달라지는 부분들이 추가되었다. 기자정권은 단군시대 초·중기의 규칙들을 그대로 물려받고 그 위에 새로운 질서나 제도를 추가하여 경로의존성 위에 경로창조성이 강하게 추진되었다. 특히 성장을 중시하고 대토지를 소유하는 농촌공동체가 등장하면서 제의-군장이던 단군의 역할도 군장-제의로 바꾸어 불러야 할 정도로 군장의 역할이 커져 국왕의 경로창조성이 더 커졌다. 그러한 군장의 역할 강화를 기자정권은 그 이전의 관습법과 불문법들을 서서히 성문법으로 바꾸어 가기 시작한 만큼 잠재적인 경로의존성의 준거를 공식화하고 형식화하여 경로창조성이 높아졌다.

법 질서를 물려받고 통치조직도 3한 3경 5가 5부 5군체제로 명확히 하고 3경을 5경으로 5가를 8가로 확대시키고, 법 질서도 사회경제관계 변화에 적극 대응하고자 관습법이고 불문법이던 것을 성문법으로 하여 정전제나 노예제도를 강화하고 8조교 등도 엄격하게 집행하여 농촌공동체의 사회관계의 위기를 극복하도록 하여 넓은 의미의 경로창조성을 높였다. 통치이념도 홍익인간과 천손숭배 및 제천행사를 그대로 물려받고 환인·환웅·단군왕검의 삼신숭배의 신앙과 제의행사로 서로 통합하여 기자정권 출범의 약한 정통성을 보강하도록 하여 넓은 의미의 경로창조성과 경로의존성의 수준을 유지했다.

지배연합에서는 예족 기자족이 맥족을 대체하여 집권세력으로 부상하면서 평등과 분배를 중시하던 기존 지배연합에서의 경로들이 성장·계급사회 중심으로 많이 바뀌어 경로창조성이 강화되었으나 그것을 전해 온 5가합의제로 수용하여 넓은 의미의 경로의존성을 유지하였다. 사회관계는 농업경제의 발달과 철기문명의 수용으로 크게 바뀌어 새로운 경로를 추가하고 보완하여 경로창조성이 높았다. 통치집단은 크게 바뀌어 집단 구성원들의 경로창조성이 높고 경로의존성은 많이 약화되었으나 달라진 통치집단 전체의 사회에 대한 경로의존성은 크게 달라지지 않았다.

넷째, 고조선의 결의 단계에서는 위만정권이 등장하고 몰락하면서 넓은 의미의 경로의존성이 높은 수준으로 유지되다가 단절되는 수준으로 떨어졌다. 위만정권이 쿠테타로 집권하여 추종하는 장군들과 그 부족들을 통치집단으로 영입하면서 기존의 5가들과 치열한 권력투쟁을 겪은 것으로 보인다. 그 결과가 중국과의 전쟁에서 5가들이 중국에 투항하는 일들이 벌어진 것인데 이것은 위만 자신은 물론 위만족들과 통치집단 내에서 경로의존성이 크게 약화된 결과라고 볼 수 있다. 기존의 국왕의 행적과 통치집단 내부의 권력운용에 익숙해 온 5가들에게 위만 자신과 위만족은 이질적으로 부각되어 기존 통치집단들이 거기에 대해 크게 반발하고 경로의존에 익숙한 자신들의 경로에 비추어 쿠테타로 집권한 위만족의 낮은 정당성에 저항하여 오랜 기간 내려온 국가의 경로를 지키려는 행동을 집단적으로 한 것으로 본다.

기자족은 민간인들로서 중국의 문화나 철기문화를 가져와서 기존 지배족들이 비교적 잘 화합하고 새로운 문화와 기존 문화를 융합시켜 새로운 경로를 5가들이 집단적인 합의로 함께 만들어 경로창조성을 높였다. 반면, 위만족들은 장수들이 중국과의 잦은 전쟁과 갈등 국면이 지속되면서 기존의 통치세력들인 5가세력들과 융합할 여유도 화합할 문화적인 수준도 되지 못하여 위만정권의 국가경로의존성은 크게 약화된 것이다. 위만정권도 출범 초기에는 왕성한 활동으로 주변 10여 개 성읍국가들을 정복하고 점령할 정도로 왕성했으나 국가의 지배층과 통치세력 내부의 서로 다른 경로 수준으로 인해 경로이탈을 가져와서 단명에 그치게 되었다.

위만정권도 출범 초기에는 기자정권을 이어받아 그 경로를 지키고자 하여 제의-군장이던 단군의 역할을 군장-제의로 바꿀 정도로 경로창조성을 증대시켜 커진 군장의 역할을 했다. 법 질서를 물려받고 통치조직이나 강화된 정전제 및 노예제도를 이어받아 농촌공동체의 사회관계의 위기를 계속하여 극복하도록 하여 넓은 의미의 경로의존성을 높였다. 통치이념도 홍익인간과 천손숭배 및 제천행사를 그대로 물려받고 환인·환웅·단군왕검의 삼신숭배의 제의행사로 위만정권 출범의 약한 정통성을 보강하도록 하여 기자정권과 같이 넓은 의미의 경로의존성의 수준을 유지했다.

지배연합에서는 기자족과 같은 예족인 위만족이 부상하면서 기존 지배연합에서의 경로들이 많이 바뀌었으나 그것을 전해 온 5가합의제로 수용하여 넓은 의미의 경로의 존성을 유지하고자 했으나 형식적이었고, 사회관계는 농촌경제공동체의 발달과 철기문명의 발달로 기자정권의 것을 그대로 이어받았다. 그러나 위만 정권의 경로의존성이 약화되면서 예족 남려의 28만 명이 이탈하게 되는 등 같은 예족이면서도 기자족과 위만족의 갈등은 증폭되었고, 그것이 국가의 멸망으로 이끈 주요 변수가 되었다.

종합적으로 볼 때 결의 단계에서 위만정권의 경로창조성이 높아져 경로의존성은 지배세력이나 통치세력 내부에서 크게 달라졌으며 그것이 내부적으로 융합하여 통합되지 못하고 중국과의 빈번한 대결과 전쟁으로 외부로까지 나타나 주전파와 주화파의 대결이 격화되어 이들의 경로의존성은 크게 낮아졌다. 사회관계나 법 질서의 측면에서는 많은 변화가 없어서 경로의존성이 높은 수준에서 유지되기는 했다. 고조선의 위만정권은 이전 시기와 큰 차이를 보이면서 전체적으로 경로창조성이 더 높아지고 경로의존성이 낮은 수준으로 약화하였다.

(3) 후삼한과 열국들의 경로창조성과 경로의존성

장기 사이클에서 본 고조선의 결의 단계인 후삼한과 열국의 시기에는 고조선의 경로들이 크게 단절되고 새로운 경로들이 만들어지면서도 경로창조성이 높아 고조선의 경로들을 제한적・부분적으로 도입하게 되었다. 부여・옥저・동예・구고구려・진국・마한・진한・변한 등 열국들은 고조선과의 관계에서 서로 시기는 다르지만 기자정권, 위만정권 등이 출범하고 몰락할 때 각각 그 이전의 지배귀족이나 통치세력들이 지배연합과 권력투쟁에서 밀려나 동쪽이나 남쪽으로 각각 이동하여 기존 토착민들과 결합하여 국가를 건설하였다. 이 과정에서 각각의 건국세력들은 토착세력의 경로에서 벗어나고 고조선 지배족의 경로를 이어받아 국가를 건설하고 발전시킨 것이다. 따라서 이들 후삼한과 열국들은 토착민들의 경로를 대부분 단절시키고 그들보다 선진문화를 지닌 고조선의 경로를 이식하여 국가를 발전시켜 건국세력들의 고조선 지배시절의 경로를 복원하였다. 그 대표적인 것들이 국민형성을 위한 국가 이데올로기로서의 제천행사, 국가형성을 위한 지배체제와 법 질서, 그리고 국왕의 카리스마적인 권위를 높이기 위한 건국신화 등이다.

첫째, 제천행사의 경우, 부여・옥저・동예・구고구려・진국・마한・진한・변한 등이 유사한 제천행사를 하여 고조선의 제의문화의 경로에 의존하여 거의 그대로 물려받았다.

둘째, 통치방식인 5가제와 5가합의제 및 8조금법 등을 부여·옥저·동예·고구려·진국·마한·진한·변한 등이 물려받아 고조선에 대한 경로의존을 높였다. 심지어 부여는 8조금법을 60조금법으로 확장하여 경로의존성 위에 경로창조성을 더욱 강화시켰다.

셋째, 건국신화 및 건국설화에서도 부여, 구고구려 및 고구려, 백제, 신라, 가야 등이 고조선의 단군신화와 유사한 신화를 가지고 있었다. 이 국가들의 신화들은 모두 단군신화와 유사한 천강신화나 알에서 태어나는 신비함을 가진 난생설화 등이다. 이것은 이들 국가들이 단군신화로 개국한 단군조선의 후예들이라는 증거가 되기도 한다.

후삼한과 열국들은 고조선이라는 2,000여 년 통치해온 동아시아 대제국이었던 고조선의 후예들로서 지배족이 나뉘고 지역도 새로 잡아 토착세력들과 새로운 국가를 건설하고 발전시켰다. 이 때문에 그들의 국가형성과 국가운영에는 고조선의 경로들이 깊이 심어져서 고조선이란 국가의 자식들이면서 새로운 고구려·백제·신라·가야의 4국시대와 통일신라와 발해의 남북국 시대를 열어가는 뿌리로서 작용한 것이다.

나무들의 경우 씨앗에서 싹이 나서 줄기와 잎이 되고 해가 거듭할수록 거목으로 자란다. 수백·수천 년 동안 나무가 자라면서 연륜이 쌓이고 거목이 된다. 나무가 오랜 기간 자라다가 폭풍이나 혹한으로 줄기가 뿌러지거나 동해를 입어 얼어 죽게 되면 줄기는 죽는다. 얼핏 보면 수십·수백·수천 년이 된 나무가 죽은 것 같지만 다음 해 봄이 오면 오래된 뿌리로 부터 다시 줄기가 나고 잎이 나서 빠른 기간 이내에 과거의 큰 거목과 같은 원래의 모습으로 다시 살아나게 된다. 이때 살아남은 깊은 뿌리에서 싹을 틔워 자란 나무는 씨에서 갓 태어난 나무와는 비교가 되지 않을 정도로 성장속도나 열매를 맺는 기간이 아주 짧고 튼튼하게 빠른 속도로 성장하게 된다는 것이다.[7]

국가의 경우에도 신생국가가 자연발생적으로 건국과 발전을 하는 속도나 규모와 오랜 역사를 지닌 국가에 뿌리를 두고 새롭게 출발하는 국가는 서로 연륜과 문화 수준이 다른 것이다. 2,000여 년 동아시아의 중심국가로 성장·발전하며 대제국을 건설하여 통치하다가 막을 내린 고조선의 후예들도 이와 같이 줄기와 잎은 죽었으나 깊은 뿌리는 살아 있는 나무에서 새로운 싹이 나서 열국을 이룬 것이다. 이들은 고조선이라는 모

7) 예로써, 감나무가 씨에서 싹을 틔워 큰 나무가 되고 열매를 맺기까지는 15여 년 이상이 걸리는데, 15년 이상된 감나무가 추위에 얼어 줄기가 죽고 뿌리에서 싹이 나서 다시 열매를 맺기까지는 5년 내외만 걸린다. 자귀나무나 목백일홍 등이 얼어 줄기가 죽고 뿌리에서 싹이 나서 다시 큰 나무가 되는 데에는 당초의 시간보다 훨씬 짧은 1/5~1/3의 기간만 필요하다. 그만큼 뿌리 깊은 나무는 줄기가 죽어도 나무가 모두 죽은 것이 아니고 뿌리는 살아 있는 것이다.

국이 없이 출범한 나라들과는 시작부터 다르다. 그 증거가 그들이 고조선의 문화, 통치 이데올로기, 건국신화, 민족 등을 이어받고 고조선의 경로를 이어 각 열국들의 높은 고조선 국가경로의존성으로 잠재한 것이다.

대표적인 예로 이들은 고조선의 통치체제를 물려받아 국가통치체제를 구축하였다. 부여 · 옥저 · 동예 · 구고구려 · 진국 · 마한 · 진한 · 변한 등은 나름대로 고조선의 체제를 부분적으로 물려받아 5부체제나 귀족정치체제를 공통으로 형성하였다.

고조선의 국가는 문을 닫았으나 그 뿌리인 민족과 문화는 살아 있어서 새로운 열국들로 계속된 것이다. 국민, 영토, 주권 가운데 영토와 주권은 빼앗기더라도 국민이 뭉쳐서 문화와 더불어 살아 있으면 국가는 죽지 않고 줄기와 잎만 죽은 나무와 같은 것이다. 그것이 영토중심국가와 민족중심국가의 결정적인 차이인 것이다. 영토중심국가는 영토를 기반으로 역사의 전개에 따라 서로 다른 민족들이 지배하면서 다민족국가로 역사에 기록된다. 이들에게는 통치집단과 지배민족의 단절은 국가의 경로의존성을 단절시키거나 크게 약화시킨다. 영토중심국가에서는 통치세력이 교체되면 그 민족의 국가는 사라지고 국가경로의존성도 단절되고 사라진다. 문화의 정체성도 사라지거나 약화되고 국가경영의 경로단절은 국가의 학습능력을 축적시키지 못한다. 중국이 오랜 역사를 지니면서도 국가 간의 단절로 경로가 단절되고 문화의 축적이나 발전이 지체된 것이 이러한 이유 때문이다.

반면에 민족중심국가는 영토를 이동하더라도 민족문화를 이어받고 국가의 경로를 회복할 수 있게 되어 단 기간에 국가가 성장하고 발전할 수 있게 된다. 그 바탕에 국가의 경로창조성과 경로의존성이 공존하여 나란히 존재한다. 민족중심국가는 영토가 바뀌더라도 민족을 중심으로 여러 갈래의 민족국가들이 발족 · 분립 · 성장 · 발전하면서 고조선 국가의 서로 다른 지역에서 경로의존성이 후손 국가들에게도 이어지게 된 것이다. 원칙적으로 고조선의 원형국가의 틀을 이어받으면서도 경로의존성을 지키며 새로운 경로들을 개별 국가별로 경로창조성을 발휘하여 경로창조성과 경로의존성이 공존하게 되었다.

4. 고조선의 연속성과 비연속성

(1) 연속성과 비연속성

연속성과 비연속성은 외형적 · 제도적 측면과 내면적 · 문화적인 측면에서 서로 다른 양상을 보일 수도 있다. 외형적 · 제도적으로는 단절적이고 비연속성을 보일지라도 내면적·문화적인 측면에서는 단절성 속에 연속성이 내재할 수 있다. 이 때문에 외형적·제도적 단절 속에서도 내면적·문화적 연속성이 더욱 강하게 이어질 수도 있다. 민족의식이나 주체의식이 왕조교체나 외세의 침략전쟁과 같은 외형적·제도적 단절기에 더 강하게 나타나는 것도 이러한 성격 때문이다. 이 때문에 연속성과 비연속성의 문제는 더욱 종합적으로 판단해야만 한다.

연속성과 비연속성은 부문 간 변화의 속도와도 밀접한 관계에 있다. 일반적으로 변화의 속도가 느릴수록 연속성을 증가시키고 변화의 속도가 클수록 비연속성을 증가시킬 것으로 보인다. 그러나 본질적인 것을 지키고 유지하기 위해서 현상적인 변화를 빠르게 하여 적응하는 경우도 많다. 이때는 외형적인 변화가 본질을 유지시키기 위해 불가피하게 일어나는 것이다.

(2) 경로창조성·경로의존성과 연속성·비연속성의 관계

국가의 경로의존성이 높으면 연속성이 높고 낮으면 비연속성이 높게 된다. 국가의 경로창조성이 높으면 비연속성이 높아지고 경로창조성이 낮아지면 연속성이 높아진다. 이처럼 국가의 연속성과 비연속성의 성격은 국가의 경로의존성이나 경로창조성과의 관계 위에서 파악이 된다. 이 때문에 고조선의 역속성과 비연속성에 대한 논의는 경로창조성과 경로의존성의 논의를 바탕으로 재해석할 수 있으므로 여기에서도 반복적으로 설명하는 대신에 경로의존성에 대한 설명으로 대체하고 구체적인 설명은 생략하도록 한다. 2천 년이라는 오랜 역사를 지닌 고조선은 기본적으로 연속성을 바탕으로 하고 있기 때문이다.

고조선의 역사는 일부 예외를 제외하고 연속성을 생명으로 한다. 단군이 왕으로 옹립될 때에도 여러 부족의 뜻에 따라 자연스럽고 평화적으로 이루어져서 고조선 건국 이전과 이후에는 왕권에서는 단절도 적었다. 부족 사회에서 고대국가가 성립하여 국가 공동체의 성격이 성숙하고 발전하였다. 고조선 사회의 지배세력도 한족지배에서 맥족지배로 다시 예족지배로 단절과 연속을 반복하면서 확장·추가되어져서 연속성과 비연속성을 바탕으로 하며 권력구도가 유지되었다. 또한 고조선의 헌법과 법률도 새롭게 외부에서 급작스럽게 주어진 것이 아니라 각 부락집단들이 오랜 관습으로 전해 내려와 정착한 관습법 위에 새로운 법을 추가하여 사용하였기 때문에 연속성을 기본 특징으로 하면서 비연속성을 추가하였다. 전국을 3천 개의 부락을 단위로 봉건제도에 따라 자율적으로 통치했기 때문에 지역사회 내에서도 단절이 없이 대부분이 연속적으로 이루어졌다.

고조선이 정착하고 발전하면서 환웅의 3천 개의 단부가 부여와 삼한 등 여러 개의 대방으로 나뉘고 단군의 800단부가 추가되는 과정도 전쟁이나 갈등이 아니라 자연조건과 지리적 여건 등에 따라 자연스럽게 이루어졌기 때문에 단절이 아닌 연속성 속에서 소국가로의 분립이 이루어진 것이다.

환국, 환인, 환웅의 시대와 단군의 시대를 연속이 아닌 새로운 시작의 신화로 보아 고조선의 역사를 단군신화로 이해하면 연속성에 기반한 이러한 고조선의 건국과 소분립시대의 성격이 근본적으로 달라진다. 천강신화의 성격에 따라 건국은 이질적인 외삽국가의 탄생을 의미한다. 단군신화에서는 하늘로부터 단군이 무리 3천 명을 이끌고 태백산 신단수에 내려와서 나라를 세웠기 때문에 외삽적인 국가가 된다. 우리 민족이 스스로 세운 국가가 아니라 이질적인 단군과 3천 명의 무리가 천부인이란 헌법과 법률 및 통치수단을 가지고 와서 백성들을 통치했기 때문에 지배집단과 피지배집단은 계급적·민족적으로 이질적이다. 고조선을 건국하기 이전과 이후는 근본적으로 달라진다. 이것은 건국 전후가 단절성과 새로운 시작이라는 점이 부각되어 비연속성을 본질로 삼고 있다. 단군신화는 하늘의 세계와 땅의 세계라는 단절적·이질적인 세계를 상정하기 때문이다.

고조선 이후 부여와 열국 및 후삼한의 건국도 분리건국 신화로 이해하면 연속성이 아닌 단절성의 비연속성을 나타낸다. 이처럼 고조선의 앞과 뒤의 시대를 어떻게 이해하느냐에 따라 고조선 자체의 성격도 연속성과 비연속성 모두 지니게 된다.

5. 고조선의 '비동시성의 동시성'과 '동시성의 비동시성'

(1) 고조선 내부의 '비동시성의 동시성'

'비동시성의 동시성'이 고조선 시대에 많이 나타난 현상이다. 구석기시대, 신석기시대, 청동기시대, 철기시대 등이 부분적으로나 전체가 동시에 나타나는 지역들이 고조선 영토 내에서 많이 공존했다. 고조선 시대의 사회변화 속도가 느리고 지역적인 교류가 많지 않은 시대적인 특성 때문에 씨족사회, 부족사회, 부족연맹, 부족국가, 성읍국가, 고대국가가 공존하면서 고대국가가 주위의 성읍국가나 부족국가, 그리고 부족연맹 등을 정복하고 포함하여 고대국가를 강성하게 발전시켰다. 세 차례에 걸친 집권세력의 교체와 수도의 이전은 비동시성을 줄이는 데 크게 기여했다.

첫째, 고조선의 기의 단계에 해당하는 환웅시대나 고조선 건국 초기에 씨족사회, 부족사회, 부족연맹, 부족국가, 성읍국가, 고대국가가 공존하였다. 고조선 개국 이전인 환인의 시대와 환웅의 시대를 신화로 보는 사람들도 많지만 고대국가 이전 단계인 부족사회나 부족연맹일 가능성도 크다. 그러한 부족연맹을 바탕으로 고조선이 고대국가로 출범할 때 주위의 여러 부족국가나 부족연맹들과 연합하여 다부족국가로 시작했다.

둘째, 고조선의 승의 단계에서는 고조선이 대제국이 되면서 건국 당시에는 고조선 개국에 참여하지 않은 부족국가와 부족연맹 또는 부족들이 시간이 지나면서 외적의 침략전쟁에서 고조선의 보호를 받을 필요가 생기면서 부족국가연합에 참여하면서 고조선 국가는 대제국으로 성장하고 후국과 분국을 많이 거느린 것이다. 고조선이 대제국일 때에는 영토가 중국 대륙과 만주, 그리고 한반도로 확장되면서 넓은 영토 내에서 다양한 사회의 공존, 정치단위의 이질적인 공존 등 이러한 비동시성이 더욱 커졌다. 다양한 형태의 국가와 부족연맹, 그리고 부족들이 공존하게 된 것이다.

셋째, 고조선의 전의 단계에 기자정권이 출범하고 성장전략을 취하면서 비동시성은 더욱 가속화되었다. 선진 철기사회, 철기사회, 선진 청동기사회, 청동기사회, 선진 석기사회, 석기사회 등이 지역별로 분포되어 공존하면서 그 사회를 통치하는 정치체제가 다양하게 존재한 것이다.

넷째, 고조선의 결의 단계인 위만정권의 시기에도 다양한 정치조직들은 공존하여 비동시성의 정도는 높았다.

다섯째, 장기 사이클에 따른 고조선의 결의 단계인 후삼한과 열국들도 그 국가 내부에는 토착세력과 토착세력의 정치조직들이 다양하게 공존하여 열국과 이들 사이에 서로 다른 시대가 공존한 것이다. 열국의 시대에는 비동시성의 수준이 고조선 시대보다는 높지 않았지만 비동시성은 공존하고 있었다.

(2) 고조선과 중국의 동시성과 비동시성

고조선의 배경이 되는 한반도-만주 지역 문화의 시간과 시베리아나 스칸디나비아 문화의 시간, 그리고 중국 황하유역 문화의 시간을 비교해본다. 문화의 역사적 시간을 비교하기 위해 역사적 유물과 묘지를 중심으로 비교하도록 한다.

첫째, 유물을 보면,[8] 1977년 봄 강원도 양양 선양면 오산리에 있는 신석기시대의 유

---

8) 전기 신석기시대의 유물 가운데 가장 중요한 것은 마제석기와 질그릇이다. 그런데 도기(陶器)는 석기보다 쉽게 파손되어 문화의 변천이 석기보다 선명하게 드러나, 문화의 연대를 구분할 때 일

적 발굴에 의해 한국 신석기문화의 상한선이 기원전 6000년으로 나오면서 지금까지 우리 신석기문화의 기원지로 생각되어 온 연해주보다 천 년에서 이천 년 정도 선행하는 사실이 밝혀졌다.[9] 이에 따라 우리나라 신석기문화의 기원을 종전대로 시베리아의 연해주로부터의 전파 기원론에 의거하기 어렵게 되었다.[10] 이런 의미에서 백두산을 중심으로 한반도 동해안 및 중국 동북 지방을 잇는 모든 지역의 신석기문화에 대해 관심을 기울일 필요가 있다. 오산리 유적에서 출토된 결합식 낚시 바늘이나 대형 돌톱의 우수성은 다른 데서는 유례를 찾아보기 힘들고, 한국이 고대문화의 발상지로서 찬란한 문화국이었음을 입증하는 자료가 되고 있다.[11] 이것은 한국이 연해주보다 역사적 시간에서 앞선 것을 의미한다.

둘째, 한반도의 신석기 토기는 새김무늬 토기인데, 종전에는 시베리아나 스칸디나비아의 비슷한 토기보다 늦어 한반도의 문화가 시베리아보다 늦을 것으로 보는 경향이 있었다. 그러나 최근 연구결과[12]에 의하면, 한반도-만주지역의 새김무늬는 시베리아의 빗살무늬와 동일하지 않으며, 무늬를 새기는 기술 역시 서로 다른 것으로 판명되었다. 그리고 형태면에서도 한반도 서남부에서는 밑이 뾰족한 토기나 둥근 토기가 출토되지만 중동부와 청천강 이북의 지역에서는 밑이 편편하고 납작한 토기만 출토되었다. 이로 인해 한반도-만주 지역의 신석기문화와 시베리아문화 사이에는 별 공통성이 없음이 밝혀졌다. 그리고 근래에 한반도와 만주지역에서 다른 시기의 신석기 유적이 발굴됨으로써 신석기 개시 연대 역시 시베리아보다 훨씬 이른 것으로 확인되었다.[13] 시베리아와 토기문화의 역사적 시간을 비교하더라도 무관하거나 앞선 것으로 드러나 종래 우리의 문화가 시베리아보다 늦었다고 잘못 생각한 것을 바로 잡는 것이 중요하다.

셋째, 묘제(墓制)에서 한반도-만주지역의 문화와 황화유역의 문화 사이에 차이가 있다. 묘제는 북경 근처의 난하(灤河)를 경계로 하여 그 동쪽 지역과 서쪽 지역이 분명

반적으로 도기를 기준으로 한다.

9) 이형구는 <발해연안 빗살무늬토기 문화의 연구>에서 발해연안 빗살무늬토기의 방사선 측정연대는 황하 하류의 배리강·자산 문화가 BC 6000년, 요하 하류의 신락 유적과 요동반도의 소주산 하층문화 유적이 BC 5500년, 한반도 오산리 유적은 BC 5500~BC 5000년, 그리고 통영 상노대도 유적은 BC 5000~BC 4000년으로 소개하고 있다. 이형구. 2012.

10) 임효재. 1994.『한국 고대문화의 흐름』. 집문당; 이기동. 1997. 앞의 책: 118-119.

11) 이기동. 1997: 119.

12) 윤내현. 1991.『중국사1』. 민음사; 김영환. 2012.『중국의 역사와 문화』. 남서울대 출판국; 이형구. 2012.『한국 고대문화의 비밀』. 세녘출판사.

13) 발해연안의 빗살무늬토기의 발생은 대략 BC 6000~BC 5000년경으로 이 시기는 BC 5000~BC 4000년경에 출현하는 시베리아나 동유럽의 빗살무늬토기보다 1,000년 이상 앞선다. 이형구. 2012. 앞의 책.

히 다르다. 동쪽 지역인 한반도와 만주에는 돌무지무덤·고인돌 무덤·돌상자무덤 등 돌을 재료로 한 무덤들이 분포되어 있는데, 난하 서쪽 지역에는 돌무덤이 거의 없고 돔 무덤이 주류를 이룬다.

이러한 것들을 종합하면, 한반도-만주 지역의 새김무늬토기와 묘제는 고유한 토착적 특징을 지니고 있고, 역사적 시간도 가장 이른 시기의 것이 기원전 8000년경으로, 황화유역에서 이른 신석기 유적인 배리강(裵李崗)·자산(磁山)[14] 등의 시간보다 빠르다. 이는 한반도-만주 지역이 황화유역보다 이른 시기에 부락사회로 발전했음을 보여준다. 이와 더불어 구석기의 타제(打制) 기술이 부락사회 시대까지 존속되었다는 사실은 한반도-만주 지역에 거주하던 무리사회의 후손들이 같은 지역에서 문화를 계승·발전시켰음을 보여준다. 이들은 한민족의 뿌리에 해당하는 사람들이다.[15]

부락사회가 부락연맹체로 진입하면서 전문기능인이 출현하고, 조직적인 장거리 교역이 행해졌다. 집단 간 분쟁과 전쟁이 일어나기 시작하여 모계사회에서 부계사회로 전환시켰다. 조직적인 부락연맹체 사회로의 전환은 한국과 중국에서 대략 기원전 4000~기원전 2500년 사이에 나타났다. 이것은 평등사회에서 계급사회로의 전환과 전쟁의 시작이라는 인류 역사에서 두 가지 매우 중요한 변화를 가져 왔다. 인류 역사에서 매우 중요한 의미를 지니는 부락연맹체로의 전환이라는 역사적 사건이 한반도와 만주지방에는 기원전 3600년 이전이고, 중국 황하유역은 기원전 3000~2500년, 황하하류 유역인 산동성과 장강 하류 유역인 절강성 지역은 기원전 3600~3500년경이다. 이에 따라 한반도-만주 지역의 부락연맹체 사회 진입 시간은 중국에서 가장 빨리 진입한 지역보다 빠르거나 비슷하다. 부락연맹체 사회로의 진입이 빨랐던 지역들은 뒤에 구이(九夷)로 불리었던 집단이었음을 알 수 있다. 역사적 시간에서 중국에 비해 고대조선이 늦지 않고 도리어 앞서고 있음은 중요한 의미를 지닌다.

요하문명과 홍산문화가 발굴되어 아사달문명권이 중국 황화문명보다 훨씬 빠름이 밝혀지면서 고조선이 중국보다 앞선 문명을 발달시켰음이 입증되고 있다. 이외에도 골침과 동양의학, 벼농사, 천문기상관측 등 많은 문화부문에서 고조선이 중국보다 몇백 년에서 1천여 년 이상 앞서고 있음은 고조선과 중국의 비동시성의 동시성이 존재했고,

---

14) 1997년 중국 하남성 신정현 배리강에서 돌 낫, 돌 갈판, 돌괭이 등의 마제석기 등이 발견되고, 배리강 문화의 말기에는 붉은 색, 회색, 검은 색의 빗살무늬 토기가 발견되었다. 하북성 무안 자산에서도 빗살무늬토기가 출토되었다. 이들은 BC 6000~BC 5000년의 것으로 추정된다. 윤내현. 1991. 『중국사1』. 민음사; 김영환. 2012. 『중국의 역사와 문화』. 남서울대 출판국; 이형구. 2012. 앞의 책.

15) 이기동. 1997: 119-121.

고조선의 문물이 중국으로 전파되었음을 확인해주는 것이다.

(3) 고조선과 일본의 동시성과 비동시성

고조선과 한반도로부터 조선족과 고대문명이 일본으로 유입되었음을 일본에서도 인정하고 있고, 심지어 일본황실에도 조선족의 피가 유입되었음이 기록으로 남아 있다. 『단군세기』의 기록에서도 고조선 초기 단군들이 일본을 정복하고 일본을 다스린 기록들이 많이 있다. 일본의 고대사에 대한 『일본서기』도 『백제서기』를 기준으로 작성된 것으로 인정되고 있는 만큼 일본에 비해 고조선이 앞선 문명을 가져서 고조선과 일본 사이에는 비동시성의 동시성이 존재했음이 확인되고 있다.

6. 고조선의 거버넌스

거버넌스(governance)는 정부(government)가 지배세력이나 피지배세력 등과 함께 통치를 하는 협치를 의미한다. 거버넌스는 왕조시대가 아니라 민주국가에서나 가능한 통치방식이지만 고대국가인 고조선 시대에 5가합의제나 귀족합의체인 화백제도, 그리고 6년 간의 5가 공동통치의 공화정으로 협치의 일부를 실천하였다. 다만 협치의 대상이 통치세력과 귀족계급에 제한적으로 적용되었다는 점에서는 현대의 민주국가의 협치 개념과는 구분이 된다. 고조선 시대의 5가합의제나 화백제도는 고대 그리스의 귀족정치에서 보여준 귀족 민주정치보다 시기적으로 더 앞서고 내용도 더욱 민주적인 협치를 보여준 것이다.

고조선이 출범한 이후 대제국으로 성장할 수 있었던 것도 거버넌스에 가까운 정치를 펼쳤기 때문이다. 고조선이 한・예・맥 3부족 연합으로 건국하고 단군왕검도 이들의 추대로 국왕이 되어 전쟁을 통해 건국하는 정복왕과는 근본적으로 다른 성격을 지닌다. 왕위계승도 5가들 가운데 많이 이루어져서 왕위와 왕실의 개방성을 보여 거버넌스의 개방적인 성격을 보여준다. 고조선은 후국과 분국제도를 운영하면서 참여 부족들의 숫자가 많아지고, 기자정권과 위만정권을 거치면서도 5가합의제나 8가합의제, 그리고 화백제도가 지속적으로 시행된 점은 고조선이 협치를 기본적으로 중시하였음을 보여주는 것이다.

고조선의 거버넌스의 정신은 부여와 고구려 및 신라 등에게도 전해져서 제가합의제와 화백제도로 이어졌다. 이러한 고조선의 국가성격에 대한 내용들을 기・승・전・결의 시기별로 확인하여 요약하면 <표 14-1>과 같다.

표 14-1 고조선의 시대별 국가성격의 전개

기승전결	기	승		전		결
시대	환웅	단	군	기자	위만	3한
국가변수 · 성격		기	승	전	결	
정권 · 시기		제1 한족정권 1~9세 단군	제2 맥족정권 10~21세 단군	제3 예족기자정권 22~43세 단군	제4 예족위만정권 44~47세 단군	3한 · 열국
국가위기	삼위	삼위	농업공동체위기	농촌공동체 · 부족연합위기	전쟁패전	민족국가분열
국가목표	국가형성	국가형성	국민형성	경제발전	국가 · 국민형성	국가 · 국민형성
국가변동	환웅국가탄생	단군조선개국	단군조선대제국	대제국유지 · 기자정권수립	후국이탈 · 위만 정권수립 · 붕괴	고조선해체 · 열국 · 삼한
국가 역할	재사장역할	제사장-군장역할	제시장-군장역할	군장-제사장역할	군장역할	군장역할
국가의 힘	보통	매우 강함	매우 강함	강함	약함	약함
국가자율성	낮음/신정	높음	높음/5가체제	낮음/후국들	낮음	낮음/지배족
경로창조의존성	창조성 높음	창조성 높음	창조성 높음	창조성 단절/지속	창도성 단절/지속	의존성 단절
연속성비연속성	비연속성	비연속성	비연속성	연속 · 비연속성공존	연속성	연속성 높음
비동시성	낮음	보통	높음	높음	높음	낮음
거버넌스	3상합의제	화백 · 5가합의제	화백 · 5가합의제	화백 · 5가합의제	화백 · 5가합의제	화백제

7. 고조선의 국가능력

(1) 국가형성능력

국가능력(state capacity)은 역사적인 시대를 넘어 국가가 형성 · 발전 · 생존하면서 국민들에게 국가설립의 목표인 안전 · 행복을 제공해줄 수 있는 능력이다. 국가능력은 국가형성, 국민형성, 경제발전, 세계체제관리능력, 정치발전능력, 분배 및 사회복지능력 등으로 나누어 볼 수 있다.

국가형성능력은 국민, 영토, 주권을 갖춘 국가를 만들고 군대나 치안유지 및 관료조직의 국가조직을 형성하는 능력, 국가목표형성 및 달성능력, 국가제도화능력, 지배연합 및 통치세력 형성능력 등으로 구성된다.

첫째, 고조선의 국가형성능력은 매우 높았다. 국민, 영토, 그리고 주권형성이 부족연합을 통해 자유롭게 이루어졌다. 관료조직은 5가체제와 계급제적인 여러 계급의 관료체제를 형성하고 군대는 5군체제로 중앙군과 지방군체제를 갖추어 높은 수준의 국가제도화능력을 보여준다.

둘째, 국가목표형성 및 달성능력은 전반부에는 평등과 분배를 중시하는 농업경제와 국가안전이 국가목표로 설정되고 실천하여 달성 정도는 높았다. 후반부에는 농업경제의 한계로 발전과 성장을 중시하여 농촌경제체제로의 전환을 추진하였으나 계급 간의 갈등과 후국들 및 속국들의 변동으로 이탈이 발생하면서 국가목표달성능력은 약화되었다. 후삼한과 열국 시대에는 나름대로 각각 국가목표를 설정하고 달성했기 때문에 높았다고 볼 수 있다.

셋째, 국가제도화능력은 국왕 자신이 삼신교의 교주이면서 제사장과 군장의 역할을 겸하는 제정일치의 제의-군장체제를 구축하였다가 후반에는 군장-제의체제로 전환했다.

넷째, 국가통치체제를 3한 3경 5가 5부 5군체제를 제도화하고 중앙정부, 지방정부, 군사체제 등을 형성했다가 후반부에는 3조선체제로 전환하고 국가통치체제가 분권화·문란하게 되었다.

다섯째, 8조금법, 정전제, 노예제도, 일부다처의 부계사회제도 등 다양한 법 제도들을 성문법으로 하고 많은 관습법과 불문법들을 갖추고 있어서 국가제도화능력을 높여주었다. 그러나 결의 단계가 되면서 제정분리체제로 되고 국왕과 5가들의 권력 갈등이 이루어지면서 국가제도가 이완하고 제도화 수준이 약화되었다.

여섯째, 국가형성의 상징인 국가관료제도 단군8가제와 관료계급제로 정립되어 고대국가로서는 높은 수준의 관료제도를 수립하고 있었다.

일곱째, 국가형성을 위한 또 다른 상징인 군대조직을 중앙군과 지방군체제로 수립하고, 5가 5부 5군이 상호 통합적으로 연결되도록 국가기구를 형성하여 중앙정부의 통치권을 확립하였다. 군대도 보병과 기병의 육군, 그리고 수군을 동시에 결성하여 국방력을 강화시켰다. 평민층 이상은 모두가 병역을 담당하게 하여 국방력을 강화시켰다.

(2) 국민형성능력

국민형성능력은 사회계급 관리능력, 지배연합 및 피지배연합 관리능력, 국가이념 형성능력, 상징조작능력, 후국 및 분국 관리능력, 국민통합능력 등이다.

첫째, 사회계급 관리능력은 지배계급과 피지배계급 관리능력, 농민계급, 노예계급 등에 대한 관리능력이다. 고조선사회의 신분구성은 최상층부에 단군과 그 일족, 선인들, 단군의 씨족인 조선족, 제후국이나 속국(거수국)의 제후나 후왕과 그 일족(거수와 그 일족), 호민, 민, 하호, 노비 등으로 구성되어 있다. 이들 사회계급은 고조선의 신시·아사달·국읍·읍 등의 도시구성과도 긴밀한 관계를 지니고 있다. 이들을 지배계급과 피지배계급으로 적절하게 잘 관리하는 능력이 필요한데, 고조선은 초기와 중기에는 잘 관리했으나 점차 약화되었다가 말기에는 후국과 속국들이 이탈하면서 사회계급 관리능력은 크게 줄어들었다. 지배세력과 통치세력 관리능력은 건국 초기와 중기인 기와 승의 단계까지는 높았으나 기자정권과 위만정권의 등장이 합법적인 방식이 아니라 쿠테타와 같은 정변을 통해 이루어져서 고조선 후반부인 전과 결의 단계에는 크게 낮아졌다.

둘째, 국가이념 형성능력은 고조선이 홍익인간·천손사상·삼신숭배를 국가이념으로 하고 세 가지 위험에서 백성들을 구해내기 위한 인도주의를 국가의 기본 통치 이데올로기로 삼았기 때문에 고조선의 국가이념 형성능력은 매우 높았다. 그러나 후반기로 갈수록 여러 부족국가들이 국가연합에 참여하면서 이념형성 능력이 약화되었다. 단군신화와 홍익인간 및 천손숭배와 삼신숭배 등의 제천행사 등은 고조선 통치의 전 기간 동안 고조선이 여러 부족연합 대제국으로 번성할 수 있게 하여 국민형성에 가장 큰 역할을 하여 고조선의 국민형성능력을 크게 높여주었다. 고조선의 여러 부족들이 단일 민족으로 형성되고 고조선 이후에도 고조선문화를 향유하면서 지금까지도 지속되고 있는 것은 국가형성이 훼손되더라도 국민형성은 계속 이어짐을 보여준다. 고조선 이후 한국의 역사가 민족중심의 역사가 된 것도 고조선에서 형성된 높은 국민형성의 영향으로 볼 수 있다.

셋째, 고조선의 상징조작능력은 하늘과 조상에 대한 제사를 중시하고 제사장과 천관 등을 두어 제사를 전담케 하여 국가의 상징조작능력은 매우 높았다. 환인·환웅·단군왕검을 삼신으로 한 삼신숭배와 천손사상이 고조선의 국가 상징을 높이고 강화하는 중요한 수단이 되었다. 그러다가 후반으로 갈수록 제정분리원칙이 지켜지면서 상징조작능력이 약화되었다.

넷째, 후국 및 분국 관리능력이다. 고조선이 많은 후국들과 분국들을 거느리고 청동기와 철기무기를 사용한 강력한 군사력을 바탕으로 대제국으로 성장하면서 국민형성능력이 매우 중요했다. 국가 이데올로기와 상징조작능력 및 제천의식을 관장하는 제사장과 군장의 역할을 함께하는 제정일치체제를 갖추면서 고조선의 기와 승의 단계에서는 국민통합능력도 높았다. 전과 결의 단계인 기자정권과 위만정권의 시기에는 국민통합능력이 크게 훼손되었다. 제도적으로도 지배연합이나 통치계급에 대해서는 5가합의제나 화백제도, 그리고 후국과 속국제도 등의 방식으로 귀족정치체제를 통한 지배세력의 응집력을 강화시켰으나, 노예제도와 계급제도의 강력한 실시는 피지배계급인 노예계급과 하층민들에 대한 국민형성능력을 낮춘 요인이 되었다.

(3) 경제발전능력

경제발전능력은 농업생산 등 국내 경제발전능력과 외국과의 교역능력인데, 고조선의 경제발전능력은 높지 않고 보통수준이다. 첫째, 고조선의 초기 통치세력인 한족·맥족 등이 경제성장이나 발전보다는 분배나 배분에 치중하여 강력한 군사력과 군사조직을 지탱할 수 있는 경제력을 축적하지 못했다. 이 때문에 예족이 중심이 되어 기자정권을 출범시키고 통치세력의 교체가 있었으나 위만의 군사쿠테타 등으로 정권이 전복되고 중국의 침공과 국경에서의 대결이 지속되면서 경제발전보다는 다시 군사력 우선의 정책을 펼치게 되어 국가의 경제발전 능력을 크게 약화되었다. 위만조선이 몰락하게 된 것도 오랜 기간 전쟁이 지속된 점도 있지만 경제발전이 지속되지 못해 국가의 경제력이 충분하지 못한 점이 큰 원인이다.

둘째, 농업생산 외에 중개무역을 통한 경제력 축적을 시도하였으나 중기까지는 그것이 중국과 진국 양쪽 모두를 자극하여 성과보다는 중국의 침공을 더욱 자극하는 요인이 되었다. 그러나 후기에는 교역이 활발해지면서 어느 정도 무역능력을 회복했다.

(4) 세계체제관리능력

세계체제관리능력은 세계국가체제 및 세계경제체제 내에서의 위상과 이들 체제의 관리능력을 의미한다. 세계체제와의 관계는 군사력, 외교력, 대외경제력, 관련 국내 대응 기관을 포함한 국가형성능력, 그리고 종합적인 국가생존능력 등이다.

첫째, 군사력은 강하여 고조선이 중기까지 중국과 일본을 평정하고 동아시아의 중심국가로서 군사적인 패권국가의 지위를 지켰다. 주변지역의 군사적인 지원요청을 받아들이고 고조선만이 아니라 주변 지역을 포함하는 동아시아 지역의 군사적인 평화를 유지하였다. 그러다가 전기와 후기를 나누는 계기가 된 중국과의 전쟁으로 군사적인 패권국가의 위상이 흔들리고 후반기에는 동아시아 맹주로서의 지위를 중국에게 내어 놓게 되었다.

둘째, 군사력과 더불어 외교력의 수준도 전 조선시기에는 높았다가 후 조선시기가 되면서 약화되었다. 중국과 일본 및 주변국가들이 조공과 하례 및 선물 등을 바쳐오다가 후기가 되면서 동아시아지역에서의 고조선의 영향력이 줄어들고 국교관계도 서서히 단절되어 외교력이 약화되었다.

셋째, 대외경제력, 관련 국내 대응 기관을 포함한 국가형성능력, 그리고 종합적인 국가생존능력 등에서도 대외경제력은 보통수준을 유지하였고, 종합적인 국가생존능력은 높은 수준이었다가 후기로 갈수록 약화되었다. 고조선의 세계체제관리능력은 기와 승의 단계에서는 높았으나 전과 결의 단계에서는 중간 수준에서 낮은 수준으로 급락하였다. 고조선이 대제국이 되어 중국에서 왕성한 활동을 할 때까지는 동아시아의 중심국가였으며 고조선이 중국 보다 우위에 있었다. 그러나 중국이 춘추전국시대를 지나 진나라가 중국대륙을 통일하고 한나라가 계속 중국대륙을 통일하여 고조선을 압박하면서 전의 단계인 기자정권 후반에서는 중국과 경쟁하다가 결의 단계인 위만정권에서는 중국의 부상으로 고조선을 침략하고 압박하여 패망에 이르게 하였다. 이것으로서 고조선은 동아시아 패권국가로서의 지위는 약화되고 중국에게 패권국가의 지위를 넘겨주게 되었다.

넷째, 고조선 당시에는 동아시아 세계체제에서 세계경제체제의 형성은 지극히 낮은 수준으로 고조선 건국 초기와 중기에는 농산물이나 공산품 및 특산품의 소규모 교역수준이었다. 이 때문에 기원전 7세기에 쓰여진 중국의 『관자』에서 조선이 호랑이 가죽으로 유명한 나라라는 것을 신하가 중국 왕에게 보고한 기록이 있을 정도였다. 또한 후반기인 위만정권 시기에는 위만정권이 진국과 한나라의 직접 교역을 차단하고 중개무역을 진행하자 그것을 제거하고 두 나라가 직접 교역을 하여 무역수익을 얻기 위해 한나라가 위만정권을 침략할 정도였다. 중국이 세계체제의 중심으로 등장하게 된 것은 군사력을 지탱하는 경제력을 확보할 수 있었기 때문이다. 중국 한나라는 기원전 2세기 말부터 서양과의 교역 및 교류를 위해 실크로드(silk road)[16]를 개척하여 세계경제체제를 구축하고 그 중심국가로 설 수가 있었다.

다섯째, 이미 고조선 시대 후반기에 동북아시아 지역의 세계경제체제가 경제적인 이익을 확보하기 위해 세계군사체제에 영향을 미칠 정도로 군사와 경제가 하나로 통합하기 시작한 것이다. 중국은 군사력과 경제력을 통합시키고 있던 반면, 고조선의 위만정

16) 실크로드는 고대 동서양의 경제·문화·정치를 이어 준 교통로이면서 세계경제체제를 형성한 중심축의 역할을 했다. 고대 중국과 서역 국가들 간에 비단을 비롯한 여러 가지 무역을 하는 통로가 되면서 동양과 서양의 각각의 문명이 시너지를 내면서 발전하게 된 계기를 마련했다. 이것을 통해 동양에서는 중국이 중심 패권국가로 등장하고 서양에서는 여러 국가들이 나누어 발전하는 결과를 가져 왔다. 한 무제가 대월지, 강거, 오손과 연합하여 중국 북방 흉노를 제압하고 서아시아로 통하는 교통로를 확보하고자 기원전 139년 장건과 100여 명을 보냈다. 장건 일행은 흉노족에게 붙잡히고 우여곡절 끝에 10년 뒤 목적지인 대월지국에 갔으나 시간이 흘러 동맹을 원치 않아 1년 간 많은 정보를 가지고 남쪽 길로 돌아오다가 티베트족에 잡혀 고생한 후 기원전 126년에 돌아왔고, 다시 300명을 데리고 가서 2차 개척을 했으나 실패했다. 한 무제는 기원전 104년부터 3년 간 페르가나국과 누란을 정복하고 기원전 60년에 흉노를 굴복시켜 실크로드를 완성했다. 실크로드를 통해 중국은 로마까지 비단, 칠기, 도자기, 양잠·화약·제지기술 등을 보내고, 기린, 사자, 말, 호두, 후추, 깨, 유리제조기술 등을 전해 받았다. 이 길을 통해 유럽은 제지기술 덕분에 중세유럽의 암흑기를 밝혀 인쇄술 발달과 지식보급에 크게 기여했고, 중국은 경제력과 서양의 문물 그리고 인도 불교 유입의 통로가 되었다. 실크로드는 당(618~907년) 시기에 가장 활발하여 중국의 세계체제 내의 패권국가 부상에 크게 기여했다.

권은 쿠테타에 의한 정통성 약화를 경제력이 아닌 군사력으로 채우려다가 빈약한 경제력으로 군사력마저 고갈되고 통치세력 내부의 균열로 나타나 동아시아 중심 패권국가의 위상을 중국에 물려주고 국가의 생존능력마저 종결을 고하게 되었다. 세계체제관리를 위한 국내 행정기관은 군대 외에 전담기관들이 없어서 세계체제관리를 위한 국가형성능력은 낮은 수준이었다.

여섯째, 세계군사체제가 지배하는 동북아시아의 세계체제에서 고조선의 영향력이 기자정권 때 크게 줄어들고 중국과 경쟁하다가 결의 단계인 위만시대에는 중국으로부터 밀려나게 되어 고조선의 세계체제관리능력은 최악으로 되었다. 그 결과 한사군의 설치나 여러 분국들의 형태로 나타나게 되었다.

(5) 정치발전능력

첫째, 고조선 사회에서 채택한 5가합의제나 화백제도 등은 귀족민주주의의 초기 형태로 당시로서는 앞선 민주적 정치질서라고 볼 수 있다. 그러나 고조선 초기 국가가 제의-군장체제를 채택하고 제정일치체제를 구축하고 있어서 단군은 제사장과 군장의 역할을 하는 국왕이었던 만큼 고조선의 정치발전의 수준은 초기 국가사회에서 볼 때에는 정치가 상대적으로 어느 정도 발전된 제도라고 볼 수 있다.

둘째, 고조선의 정치발전은 초보적인 수준이나 어느 정도 발전된 앞선 귀족민주주의를 실현한 것이라고 볼 수 있다.[17)]

셋째, 정치참여는 고조선 건국 직후부터 제후국이나 속국의 왕들을 관료의 우두머리이고 5가의 우두머리인 용가에 수시로 임명하여 제후국과 속국의 정치참여의 길을 열어 놓았다. 전국에 분포된 3,000단부와 800단부도 지역사회의 정치참여 제도로서 어느 정도 기여했다.

넷째, 인권과 자유는 맥족 중심의 고조선 건국 초기에는 홍익인간이나 세 가지 위기극복 등의 명분으로 보통의 수준을 유지하였으나 후반기에 농촌경제공동체가 정착하면서 노예제도가 확대되고 8조금법도 60조금법으로 확장되면서 백성들의 인권과 자유는 크게 약화되었다. 그러한 억압이 전국 각지의 반란으로 이어지고 국가체제의 안정을 위협하는 결과를 가져 왔다.

---

17) 현대사회에서 정치발전은 민주주의, 참여, 자유, 인권, 정치체제의 능력 등 다양한 기준으로 파악이 되나 이들을 포괄하여 정치발전을 현대사회에서는 민주주의가 최종적인 단계라고 인정하고 있다. 현대사회와는 다르더라도 고대사회도 나름대로의 정치발전을 실현하였다.

(6) 사회발전·복지능력

사회발전 및 분배와 복지의 능력이다. 현대사회에서의 사회발전은 배분, 공정, 복지, 사회적 형평, 평등, 사회정의, 사회적 분화와 다양화 등을 들 수 있다. 현대 사회에서도 대체로 사회발전과 복지는 선진 국가의 최종적인 발전 상태로 본다. 그렇기 때문에 현대 사회 이전인 고대국가에서 사회발전능력과 복지능력을 논의한다는 것이 매우 생소한 것일 수 있다.

첫째, 고조선 사회의 사회발전과 복지능력을 본다면 건국 초기부터 한족·맥족이 주도하면서 농업경제에서의 분배와 배분을 중시하여 고조선의 사회발전 및 분배능력은 높다고 볼 수 있다. 고조선 건국 전후 유목사회의 성격은 정착농촌경제공동체보다 분배를 높였다.

둘째, 홍익인간의 이념과 고조선의 건국 계기인 삼위, 즉 세 가지 위험에서 백성들을 구하기 위해 고조선을 건국한 만큼 고조선의 복지능력은 상대적으로 높다고 볼 수 있다. 그것은 오늘날의 기준이 아니고 고조선 당시 사회를 기준으로 할 경우의 판단이다. 농업공동체는 구성원들 간에 경제적 평등을 소중한 가치로 삼고 추진하였다.

셋째, 오늘날도 세계 200여 개가 넘는 국가들끼리 너무나 성격의 차이가 나서 최첨단 국가와 중세사회 국가에 가까운 나라, 그리고 원시 부족사회에 가까운 국가들이 공존하여 비동시성의 동시성이 국가 간 나타나고 있듯이, 국가 간의 행복의 기준도 크게 다르다. 부탄이나 네팔과 같은 나라의 국민들의 행복지수가 이 나라들보다 경제적으로 수 십 배나 높은 수준을 유지하는 국가들보다 높게 나타나는 것을 객관적으로 이해하기 어려운 경우와 비슷하다. 그런 차원에서 고조선의 사회발전능력은 초기와 중기에는 발전했으나 기자정권과 위만정권으로 넘어 오면서 추락하게 되었다. 그것은 경제력이 축적되지 못한 상태에서 분배와 배분을 중시했던 때문이기도 하고 농촌공동체로 대토지소유제가 허용되면서 토지소유와 소득의 격차가 늘어나고 사유재산 보호와 경제발전을 위해 노예제도나 정전제 등을 강력하게 추진하면서 오는 사회적 균열과 위기의 축적으로 인한 결과일 수 있다.

넷째, 이러한 부분적인 국가능력은 각각 시기별로 서로 다른 수준을 유지하였지만 이들을 종합적으로 볼 때, 고조선의 국가능력은 높아 2,000여 년이나 생존하고 1,200여 년 간은 동아시아의 중심국가이고 패권국가의 위상을 유지하였다. 고조선은 4,000여 년이 넘는 한국의 전체 역사 가운데 가장 오랜 기간 존속하여 상대적으로 지금까지 어느 시기보다 가장 높은 국가능력을 가졌다고 볼 수 있다.

(7) 고조선 국가능력의 기승전결 시기별 종합적인 비교

고조선의 세부적인 국가능력의 내용들에 대해 보다 자세하게 기술해야 하겠으나 상세한 설명을 생략하고 그 대신 그 내용을 기승전결 시기별로 나누어 간단하게 요약하여 상징적으로 표현하면 <표 14-2>와 같다.

표 14-2 고조선 국가능력의 기승전결의 전개

기승전결	기		승	전		결
시대	환웅	단	군	기자	위만	3한
국가변수·성격		기	승	전	결	
정권·시기	환웅	제1 한족정권 1~9세단군	제2 맥족정권 10~21세단군	제3 예족기자정권 22~43세단군	제4 예족위만정권 44세단군~	3한·열국
국가위기	삼위	삼위	농업공동체위기	농촌공동체·연합위기	전쟁패전	민족국가분열
국가목표	국가형성	국가형성	국가형성	경제발전	국가·국민형서	국가·국민형성
국가변동	환웅국가탄생	단군조선개국	단군조선대개국	대제국유지· 기자정권수립	후국이탈·위만 정권수립·붕괴	고조선해체· 열국·삼한
국가형성능력	높음	높음	높음	보통	보통	보통
국가목표능력	높음	높음	높음	높음	낮음	높음
국가제도화능력	보통	높음	높음	높음	보통	보통
지배연합능력	높음	높음	높음	높음	낮음	높음
국민형성능력	높음	높음	높음	보통	낮음	높음
이념형성능력	높음	높음	높음	높음	높음	높음
상징조작능력	높음	높음	높음	보통	보통	보통
사회계급관리능력	보통	높음	높음	보통	낮음	보통
지배·피지배능력	보통	보통	높음	보통	낮음	보통
국민통합능력	높음	높음	높음	보통	보통	높음
경제발전능력	낮음	낮음	낮음	높음	보통	보통
농업경제력	낮음	보통	보통	높음	낮음	보통
무역능력	낮음	낮음	낮음	보통	높음	보통
세계체제관리능력	높음	높음	높음	보통	낮음	보통
군사력	높음	높음	높음	보통	낮음	보통
외교력	보통	높음	높음	보통	낮음	낮음
대외경제력	보통	보통	보통	보통	높음	낮음
국가형성능력	높음	높음	높음	보통	낮음	보통
국가생존능력	높음	높음	높음	높음	낮음	낮음
정치발전능력	높음	높음	높음	보통	낮음	보통
민주주의	높음	높음	높음	보통	낮음	보통
참여	높음	높음	보통	낮음	낮음	보통
인권	높음	높음	보통	보통	낮음	보통
자유	높음	보통	보통	낮음	낮음	보통
사회발전·복지능력	높음	높음	높음	보통	낮음	보통
분배·배분능력	높음	높음	높음	보통	낮음	보통
분화·다양화	낮음	낮음	낮음	보통	낮음	보통
복지능력	보통	보통	보통	낮음	낮음	낮음
사회정의능력	높음	높음	보통	보통	낮음	보통
국가능력	높음	높음	높음	보통	낮음	보통

표 14-3 고조선 주요 변수들의 기승전결의 전개(통합론)

기승전결 시대 국가변수·성격	기 환웅	 단군 기	승 단군 승	전 단군·기자 전	 단군·위만 결	결 후3한·열국
정권·시기	환웅	제1 한족정권 1~9세단군	제2 맥족정권 10~21세단군	제3 예족기자정권 22~43세단군	제4 예족위만정권 44세단군~	후3한·열국
국가위기	삼위	삼위	농업공동체위기	농촌공동체·부족연합위기	전쟁패전	민족국가분열
국가목표	국가형성	국가형성	국민형성	경제발전	국가·국민형성	국가·국민형성
세계체제 세계국가:전쟁 세계경제:무역 세계문화체제 사회계급	환웅체제중심 탁록대전 물물교류 한강요하문명 한웅족·천손	단군체제중심 방어·정복전쟁 물물교류 한강요하홍산문명 결혼동맹	조선-중국 경쟁체제 정복·방어전쟁 명도전제조·무역 한강요하홍산문명 부족연합·제후국	중국중심-조선경쟁 방어전쟁 명도전활용·무역 한강요하홍산중화문화 대농업축적위기·기자족	중국중심체제 방어전쟁 명도전활용·무역 한강중화문화 단군·기자·위만족	중국중심체제 방어·정복전쟁 무역 한강한예맥문화 한·예·맥문화
왕	제사장·군장 제정일치제	제사장·군장 제정일치제	군장·제사장 제정일치제	군장·제사장 제정일치제	군장 제정분리제	군장·제정분리 제정분리제
정부·통치집단	 한부족 한부족	한족정권 한·예·맥족 단군8가제 혼인동맹·제후	맥족정권 한·예·맥족/9족 단군8가제 지배부족·제후	예족·기자정권 기자족·한·예·맥족 단군8가제 이완 지배족교체·제후이탈	예족·위만정권 위만·한·예·맥족 3조선 분립 지배족교체·후국붕괴	예족·맥족국가 한·예·맥족분립 후3한 국가병립 후3한분리·독립
관료기구 법질서	3상·5부 합의제 신정국가	3한·5(8)가·8조 금법 3한체제 5가합의·화백제 부족연맹국가	5가·5부·5군·21 후국 3한체제 제가합의제·화백제 부족연맹대제국	5가·5부·5군 3한체제 제가합의제·화백제 부족연맹국·후국제도	5가·5부·5군 3조선체제 제가합의제 부족국가·후국이완	5가 한·예·맥족분립 부족합의제 부족국가
사회관계응집	자연농업 사유재산제 노예제도 부계·모계사회 청동기초기	농업공동체발전 사유재산제 노예제도 부계사회 청동기 귀족사회	농업공동체발전 농지·사유재산제 노예제도 부계사회 청동기발전	농업공동체발전 농지·사유재산제 노예제도 부계사회 청동기발전	농업공동체정체 농지·사유재산제 노예제도 부계사회 철기시대	농업공동체발전 사유재산제 노예제도 부계사회 철기시대
지배연합·계급	1부족 환웅족	3부족·9부족 한·예·맥족	3부족·9대·12중 한·예·맥족·85부족	부족연맹해체·교체 기자족·한·예·맥족	부족연맹교체 위만족·한·예·맥족	부족연맹분리·독립 한·예·맥족분립
상부구조 종교 이데올로기	샤머니즘 토템 천손숭배사상 홍익인간	환인·환웅·삼신교 천손숭배사상 홍익인간	삼신교 천손숭배사상 홍익인간	삼신교·기자숭배 천손숭배사상 홍익인간	삼신교 천손숭배사상 홍익인간	삼신교 천손숭배사상 홍익인간
나라: 국민· 영토·수도· 주권 국가	한부족 아사달 단일전쟁선포권 부족국가	한·예·맥·9한 평양성 아사달 단일전쟁선포권 부족연맹국가	한·예·맥·9한 백악산 아사달 단일전쟁선포권 부족연합대제국	기자족·한·예·맥·9한 장당경 아사달 단일전쟁선포권 부족연합국가	위만족·한·예·맥 장당경 아사달 3조선전쟁선포권 부족연합국가	한·예·맥족분립 한반도·만주·요동 - 고대국가
국가변동	환웅국가탄생	단군조선개국	단군조선대제국	대제국유지· 기자정권수립	후국이탈·위만 정권수립·붕괴	고조선해체· 열국·삼한
국가역할 국가의 힘 국가자율성 경로의존성 비동시성 거버넌스	제사장역할 보통 낮음/신정 높음 동시성 3상합의제	제사장-군장역할 매우 강함 높음 높음 비동시성 화백·5가합의제	제사장-군장역할 매우 강함 높음/5가체제 높음 비동시성 화백·5가합의제	군장-제사장역할 강함 낮음/후국들 단절/지속 비동시성 화백·5가합의제	군장역할 약함 낮음 단절/지속 비동시성 화백·5가합의제	군장역할 약함 낮음/지배족 단절/지속 비동시성 화백제
국가능력	높음	높음	높음	보통/기자족쿠테타	낮음/위만족패전	보통/전쟁
국가형성능력 국가형성능력 경제발전능력 세계체제능력 정치발전능력 사회·복지능력	높음 높음 낮음 높음 높음 높음	높음 높음 낮음 높음 높음 높음	높음 높음 낮음 높음 높음 높음	보통 보통 높음 보통 보통 보통	보통 낮음 보통 낮음 낮음 낮음	보통 높음 보통 보통 보통 보통

8. 고조선 주요 변수들의 기승전결의 전개(통합론)

(1) 고조선의 정권별 주요 변수들의 전개 요약

고조선의 위기와 국가변동의 내용을 외인론과 내인론으로 나누어 살펴보았는데, 이들을 통합하여 기승전결의 단계별로 전개된 주요 변수들의 상호관계를 종합하여 정리하면 <표 14-3>과 같다. 이 변수들 사이에는 인과성과 상관성이 혼재하고 있으므로 이들에 대한 해석은 개별적인 관계들을 별도로 자세하게 검토하여 이해해야 할 것이다.

(2) 고조선 국가에 대한 이 책의 연구 명제와 가설의 검토

1) [명제 I]·[기본 가설 I]·[기본 가설 I-1]의 검토

위의 <표 14-3>에서 각 정권별로 여러 변수들의 비중을 비교하는 것이 쉽지는 않으나 역사전개의 질적인 기준에 따라 비교하면 이들 간의 경중을 평가할 수 있다. 이러한 단군조선의 세계체제, 사회계급, 국가 간의 상호활동과 국가위기 및 제1~4정권의 변동과 왕·통치집단·관료기구 법 질서·사회관계·지배연합·지배이념·나라로서의 국가변동, 그리고 거기에 따른 국가역할·국가의 힘·국가자율성·국가경로창조성·국가비동시성·거버넌스능력·국가능력 등의 국가성격의 변동이 국가위상에 미치는 복합적인 영향 관계를 각 정권별로 중요한 변수들을 중심으로 재정리하면 다소 지나치게 단순화하는 위험을 배제하기 쉽지 않으나 아래 분석틀로 요약이 가능하다.

먼저, 고조선 정권별 정권·국가변동 주요 변수 간 상호관계 분석틀 [모형 VI-1]에 따라 분석하여 정리한 <표 14-3>과 <표 14-4>에서 이 책의 [명제 1]과 [기본 가설 I]·[기본 가설 I-1]을 설명할 수 있다. [명제 I]·[기본 가설 I]·[기본 가설 I-1]의 내용들은 아래와 같다.

[모형 VI-1] 고조선 정권별 정권·국가변동 주요 변수 간 상호관계 분석틀

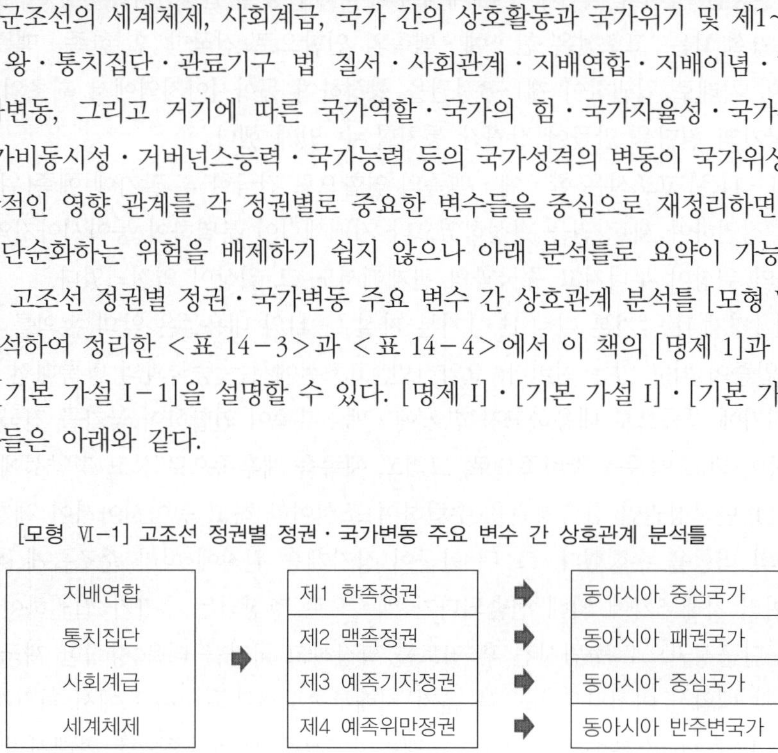

표 14-4 고조선 정권별 정권 · 국가변동 주요 변수 간 상호관계 분석(요약)

정권 · 시기		제1 한족정권 1~9세단군	제2 맥족정권 10~21세단군	제3 예족(기자)정권 22~43세단군	제4 예족(위만)정권 44세단군~	3한 · 열국
국가위기	삼위	삼위	농업공동체위기	농촌공동체 · 부족연합위기	전쟁패전	민족국가분열
세계체제 세계국가:전쟁 사회계급 국가변동	환웅체제중심 탁록대전 환웅족 · 천손 환웅국가탄생	단군체제중심 방어 · 정복전쟁 결혼동맹 단군조선개국	단군중심체제 정복 · 방어전쟁 부족연합 · 제후국 단군조선대제국	조선-중국경쟁 방어전쟁 대농업축적위기 · 기자족 대제국붕괴	중국-조선경쟁 방어전쟁 단군 · 기자 · 위만족 후국이탈 · 위만정권	중국중심체제 방어 · 정복전쟁 한 · 예 · 맥분화 붕괴 · 이동 · 분립
정부 · 통치집단	한부족	한족 단군8가제 혼인동맹 · 제후	맥족/9족 · 12족 단군8가제 지배부족 · 제후	기자족 · 예족 단군8가제이완 지배족교체 · 제후이탈	위만족 · 예족 단군8가제붕괴 지배족교체 · 후국붕괴	한 · 예 · 맥족분립 3한 병립 3한분리 · 독립
지배연합 · 계급	1부족 환웅족	3부족 · 9부족 한 · 예 · 맥족	3부족 · 9대 · 12중 · 64소부족 한 · 예 · 맥족 · 85부족	부족연맹해체 · 교체 기자족 · 한 · 예 · 맥족	부족연맹교체 위만족 · 한 · 예 · 맥족	부족연맹분리 · 독립 한 · 예 · 맥족분립
국가변동	환웅국가탄생	단군조선개국	단군조선대제국	대제국유지 · 기자정권수립	후국이탈 · 위만 정권수립 · 붕괴	고조선해체 · 열국 · 삼한
국가위상	중심국가	중심국가	패권국가	중심국가	반주변국가	주변국가

[명제 I]은 '세계체제 · 사회계급 · 국가의 상호활동이 고조선의 국가위기 · 정권변동 · 국가변동을 가져와 동아시아 세계에서의 국가위상을 결정한다.'

[기본 가설 I]은 '고조선은 한 · 예 · 맥족의 연합으로 건국한 후 한족 · 맥족 · 예족(기자족)이 차례로 집권하여 제1~3정권을 형성하여 동아시아지역에서 최초의 중심국가로서 국가의 원형을 만들어 장기간 통치할 수 있게 했다.'

[가설 I－1]은 '고조선은 한 · 예 · 맥족의 연합으로 건국한 후 말기에 예족(위만족)이 쿠테타로 집권하여 제4정권을 형성하였으나 지배세력이 분열하여 동아시아지역에서의 중심국가의 위상이 무너지고 중국과의 관계에서도 그 위상이 역전되었다.'

이러한 [명제 I] · [기본 가설 I] · [기본 가설 I－1]의 내용들은 앞의 논의를 통해 어느 정도 입증이 되고 있는 편이다. 요약하면, 고조선에서는 중국과의 탁록대전 등과 같은 국가위기에 공동으로 대응하고자 한 · 예 · 맥 3부족이 연합하여 국가를 건국하고 한족이 왕족이 되고 맥족을 왕비족으로, 그리고 예족을 제후족으로 삼고 평양성에 도읍을 정하여 제1 단군정권인 한족정권을 수립하여 조선이라 하고 동아시아시아 세계체제의 중심국가의 역할을 수행했다. 그 뒤 단군이 장자계승 원칙에 따라 순조롭게 계승되지 못하고 여러 차례 5가에 의해 선출되다가 맥족으로 추정되는 우가가 집권하여 맥족정권을 제2 단군정권으로 출범시킨 후 영토를 확장하고 국가를 더욱 강력한 제국으로 발전시키고자 백악산 아사달로 도읍을 옮겨 지배부족도 3부족 · 9부족에서 확장시켜 3부족 · 9대 · 12중 · 64소부족, 즉 한 · 예 · 맥족의 3부족과 85부족으로 확대시켜 국력을 확장시켜서 동아시아 세계체제의 패권국가로 등장하였다. 다만 평등지향의 맥족정권이 강력한 군사력을 오랜 기간 지탱할 경제력을 확립하지 못하자 패권국가의 지위가 흔들리고 국내 정국도 불안해지면서 성장과 강한 국가를 지향하는 예족의 기자족이 제3정권인 기자정권의 권력을 잡고 대토지소유제나 노예제도 등을 강력하게 추진하면서 초기에는 강력한 경제력을 축적할 수 있었다.

그러나 대토지소유제는 심각한 소득격차를 가져오고 대토지를 경작하기 위한 노동력을 노예제도에서 찾으면서 강력한 노예제도를 운영하며 8조금법을 더욱 강화하고 엄격하게 집행하였다. 점차 시간이 지나게 되자 기자정권이 '강한 국가의 역설'로 권위체제가 이완되고 국가질서가 혼란해져 기자정권의 준을 쿠테타로 몰아내고 예족 위만이 정권을 잡게 되었다. 위만정권의 제4정권은 3조선체제의 독자적인 군정권과 군령권에 의한 전쟁선포권을 3조선이 나누어 가지면서 무리하게 전쟁을 하고 군사력을 소진시켜서 동아시아 세계체제 내에서의 국가위상이 반주변국가로 추락하고 중국의 침공에 대해 집권세력 내부에서 균열이 일어나면서 국가는 붕괴하고 여러 열국으로 이어지게 되었다. 이러한 고조선 국가의 전개는 이 책이 설정한 [명제 I]·[기본 가설 I]·[기본 가설 I-I]의 내용을 어느 정도 수준에서 확인해 주고 있는 셈이다.

2) [명제 Ⅱ]·[기본 가설 Ⅱ]·[가설 Ⅱ-1]의 검토

[명제 Ⅱ]·[기본 가설 Ⅱ]·[가설 Ⅱ-1]의 내용들은 아래와 같다.

[명제 Ⅱ]는 '고조선의 국왕·통치세력·지배세력변동이 국가능력의 변동을 가져와 동아시아 세계에서의 국가위상을 결정한다.'

[기본 가설 Ⅱ]: '고조선은 건국 후 한족·맥족·예족(기자족)이 차례로 집권하여 제1~3정권을 형성하여 초·중·후기까지 높은 국가능력(국가힘·국가역할·국가자율성·비연속성·비동시성·경로의존성·거버넌스능력)을 유지하여 장기간 통치할 수 있게 했다.'

[가설 Ⅱ-1]: '고조선은 건국 후 말기에 예족(위만족)이 집권하여 제4정권을 형성하였으나 '강한 국가의 역설'로 국력이 약화되고 국가능력(국가힘·국가역할·국가자율성·비연속성·비동시성·경로의존성·거버넌스능력)이 낮아지면서 중국과의 전쟁에서도 패하여 고조선은 지역중심국가의 위상이 무너지고 중국과의 관계에서도 그 위상이 역전하였다.'

위의 내용을 검토하기 위해 고조선 정권별 국가성격의 주요 변수 간 상호관계 분석틀인 [모형 Ⅵ-2]에 따라 <표 14-3>의 내용 가운데 질적으로 더 중요하다고 생각되는 변수들을 중심으로 요약 · 재정리하면 <표 14-5>와 같다.

[모형 Ⅵ-2] 고조선 정권별 국가성격의 주요 변수 간 상호관계 분석틀

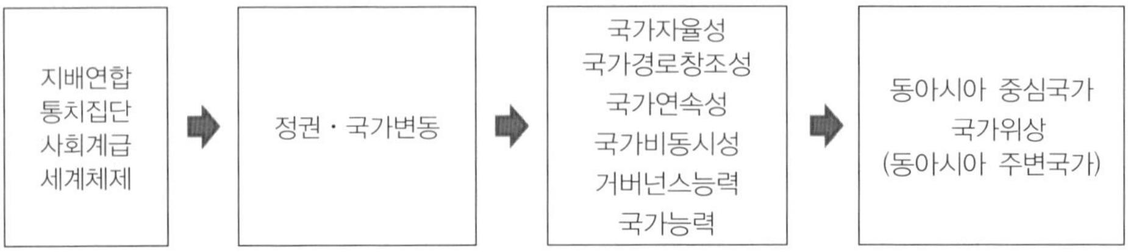

표 14-5 고조선 정권별 국가성격의 주요 변수 간 상호관계 분석(요약)

정권 · 시기	환웅시대	제1 한족정권 1~9세단군	제2 맥족정권 10~21세단군	제3 예족 · 기자정권 22~43세단군	제4 예족 · 위만정권 44세단군~	3한 · 열국
세계체제 세계국가: 전쟁 사회계급 국가변동	환웅체제중심 탁록대전 환웅족 · 천손 환웅국가탄생	단군체제중심 방어 · 정복전쟁 결혼동맹 단군조선개국	단군체제중심 정복 · 방어전쟁 부족연합 · 제후국 단군조선대제국	조선-중국 경쟁체제 방어전쟁 대농업축적위기 · 기자족 대제국유지	중국-조선경쟁 방어전쟁 단군 · 기자 · 위만족 후국이탈 · 위만정권	중국중심체제 방어 · 정복전쟁 한 · 예 · 맥분화 붕괴 · 이동 · 분립
정부 · 통치집단 관료기구법질서 지배연합 · 계급	한부족 신정국가 1부족 환웅족	한족정권 부족연맹국가 3부족 · 9부족 한 · 예 · 맥족	맥족정권 부족연맹대제국 · 후국제도 3부족 · 9대 · 12중 · 64소 한 · 예 · 맥족 · 85부족	예족기자정권 부족연맹국 · 후국제도 부족연맹해체 · 교체 기자족 · 한 · 예 · 맥족	예족위만정권 부족국가 · 후국이완 부족연맹교체 위만족 · 한 · 예 · 맥족	예족 · 맥족국가 부족국가 부족연맹분리 · 독립 한 · 예 · 맥족분립
나라 국민 영토 · 수도 주권 국가	한부족 아사달 군장사회 · 부족국가	한 · 예 · 맥 · 9한 평양성 아사달 부족연맹국가	한 · 예 · 맥 · 9한 · 85부족 백악산 아사달 부족연합대제국	기자족 · 한 · 예 · 맥 · 9한 장당경 아사달 부족연합국가	위만족 · 한 · 예 · 맥 장당경 아사달 부족연합국가	한 · 예 · 맥족분립 한반도 · 만주 · 요동 고대국가
국가변동	환웅국가탄생	단군조선개국	단군조선대제국	대제국유지 기자정권수립	후국이탈 · 위만 정권수립 · 붕괴	고조선해체 · 열국 · 삼한
국가 역할 국가의 힘 국가자율성 경로의존성 비동시성 거버넌스	제사장역할 보통 낮음/신정 높음 동시성	제사장-군장역할 매우 강함 높음 높음 비동시성 화백 · 5가합의제	군장-제사장역할 매우 강함 높음/5가체제 높음 비동시성 화백 · 5가합의제	군장-제사장역할 강함 낮음/후국들 단절/지속 비동시성 화백 · 5가합의제	군장역할 약함 낮음 단절/지속 비동시성 화백 · 5가합의제	군장역할 약함 낮음/지배족 단절/지속 비동시성 화백 · 5가합의제
국가자율성 국가능력 경로의존성 비동시성 거버넌스	낮음/신정 높음 높음 낮음 3상합의제	높음 높음 높음 보통 화백 · 5가합의제	높음/5가체제 높음 높음 높음 화백 · 5가합의제	낮음/후국들 낮음/기자족쿠테타 단절/지속 높음 화백 · 5가합의제	낮음 낮음/위만족패전 단절/지속 높음 화백 · 5가합의제	낮음/지배족 낮음/전쟁 단절/지속 낮음 화백제
국가능력	높음	높음	높음	보통	낮음	보통

[명제 Ⅱ] · [기본 가설 Ⅱ] · [가설 Ⅱ-1]은 <표 14-3> · <표 14-5>의 내용 요약을 통해 개괄적으로 확인이 되어 개별 변수에 따른 자세한 논의는 생략한다. 이러한 기본 명제는 고조선의 역사적 전개와 관련하여 개별 변수들인 국가자율성 · 국가경로창조성 · 국가연속성 · 국가비동시성 · 거버넌스 · 국가능력 등과 같은 6개의 변수들의 변화에 따라 더욱 세분하여 논의할 수 있으며, 아래와 같은 기본 가설로 세분화할 수 있다. 예시하면, 국가자율성이 높거나 낮을 때, 국가경로창조성이 높거나 낮을 때 혹은

국가경로의존성이 높거나 낮을 때, 국가연속성이 높거나 낮을 때, 국가의 비동시성이 높거나 낮을 때 혹은 국가의 동시성이 높거나 낮을 때, 국가 거버넌스 능력이 높거나 낮을 때, 국가능력이 높거나 낮을 때, 그리고 국가능력의 경우에는 국가형성능력 · 국민형성능력 · 경제발전능력 · 세계체제관리능력 · 정치발전능력 · 사회발전능력 · 사회복지능력 등으로 세분화하여 논의할 수 있다.

그러나 이러한 국가성격의 구성 변수들에 대한 가설검증이나 논의는 현대국가에서도 그 경험적인 자료의 수집 한계와 정보의 질적인 차원의 성격으로 인해 상세히 논의하는 것이 쉽지 않다. 따라서 고대국가인 고조선의 정권별 국가성격을 구별하고 그들이 국가의 위상에 미친 영향을 분석하는 것은 거의 불가능에 가까운 일이다. 그럼에도 이 책에서 이러한 내용을 명제와 가설로 담은 것은 이들의 내용과 변수 간의 관계를 질적인 차원에서 해석하고 논의해보자는 의도 때문이다. 이러한 논의를 제시한 [명제 Ⅱ] · [기본 가설 Ⅱ] · [가설 Ⅱ-1]과 논의를 요약하고 정리한 <표 14-3> · <표 14-5>가 이러한 의도를 상징적으로라도 나타낼 수 있을 것이라 생각한다. 상징으로서의 함의가 국가의 성격과 정권변동 및 국가변동에 미치는 관계와 국가위상에 주는 영향을 함축해줄 수 있기 때문이다.

3) [명제 Ⅲ] · [기본 가설 Ⅲ] · [가설 Ⅲ-1~4]의 검토

[명제 Ⅲ] · [기본 가설 Ⅲ] · [가설 Ⅲ-1~4]의 내용은 아래와 같다.

[기본 가설 Ⅲ]: '국왕의 통치능력과 국왕교체방식 · 통치세력과 지배연합의 변동 · 수도이전 등이 결합하여 고조선의 기 · 승 · 전 · 결의 정권변동과 국가능력변동을 가져온다.'

[가설 Ⅲ-1]: '고조선 기의 단계 제1정권은 국왕의 높은 통치능력 · 세습에 의한 국왕교체방식 · 한족 통치세력과 한족 중심의 지배연합 · 평양성 아사달 수도 정착으로 안정된 연합정권과 높은 국가능력으로 성공적인 국가형성을 이루었다.'

[가설 Ⅲ-2]: '고조선 승의 단계 제2정권은 국왕의 높은 통치능력 · 5가합의추대에 의한 국왕교체 · 평등지향의 맥족 통치세력과 맥족 중심의 지배연합 · 백악산 아사달 수도이전으로 강력한 연합정권과 높은 국가능력으로 성공적인 국민형성을 이루었다.'

[가설 Ⅲ-3]: '고조선 전의 단계 제3정권은 국왕의 높은 통치능력 · 쿠테타(색불루 · 기자족)에 의한 집권과 이후 왕위계승에 의한 국왕교체 · 성장지향의 예족 통치세력과 예족(기자족) 중심의 지배연합 · 백악산 아사달(기자족)과 예 · 맥족 통치세력의 장당경 아사달로의 수도이전으로 강력한 연합정권과 높은 국가능력으로 성공적인 경제

발전을 이루었다.'

[가설 Ⅲ-4]: '고조선 결의 단계 제4정권은 국왕의 낮은 통치능력·위만의 쿠테타에 의한 집권과 이후 왕위계승에 의한 국왕교체·성장지향의 예족 통치세력과 예족(위만족) 중심의 지배연합·백악산 아사달(위만족)과 예·맥족 통치세력의 평양성 아사달 수도이전으로 연합정권의 약화와 국가능력의 쇠퇴로 이어져 국가의 붕괴로 이어졌다.'

이러한 [명제 Ⅲ]·[기본가설 Ⅲ]·[가설 Ⅲ-1~4]의 내용들은 고조선의 4개 정권에 대한 논의, 역대 단군의 통치능력과 생존능력, 단군의 교체방식, 통치세력의 연합과 교체, 지배연합의 형성과 권력 이동, 수도의 이전 등에 대해 각각 해당 항목에서 자세하게 논의하였듯이 여러 기준에 따라 정권을 나누기 때문에 다소 이질복합성이 나타난다. 정권의 구분을 단군·통치세력·수도 가운데 어느 것을 기준으로 하느냐에 따라 구체적인 시기가 미시적으로 달라지는 등의 이유 때문이다. 그럼에도 단군과 통치세력의 교체를 기준으로 한 정권별로 내용이 대체로 구분되어 정권별 비교의 적실성이 높아 그 내용을 요약하면 <표 14-6>과 같다.

표 14-6 정권별 기간·역대 단군·통치세력·수도 이전 상황(요약)

정권	단군대수	시기	기간	통치세력	단군즉위방식	수도
1. 한족정권	1~9	2333~1950	383	한족	추대	평양성 아사달
2. 맥족정권	10~21	1950~1295	665	맥족	우가연속추대	백악산 아사달
3. 예족정권	22~43	1295~425	860	예족	색불루쿠테타	백악산·장당경 아사달
(기자정권)		833~194	639	예족기자족	기자족쿠테타	백악산 아사달
4. 예족정권	44~	425~108	317	예족	장군추대	평양성 아사달
(위만정권)		194~108	86	예족위만족	위만쿠테타	백악산 아사달

첫째, 기의 단계 제1정권은 첫 도읍지 평양성 아사달에서 한·예·맥족을 왕족·왕비족·제후족으로 삼으며 이들의 추대로 단군왕검이 되어 단군조선이 출범한 이후 장기간 통치하여 높은 생존능력과 통치능력을 지니고 순조롭게 왕위계승이 이루어 진 한족정권으로 강력한 국가능력을 지니고 성공적인 국가형성을 이루어 동아시아지역세계의 중심국가의 역할을 수행했다.

둘째, 승의 단계 제2정권은 단군왕검의 후예인 9대 단군 이후 10대 단군 노을부터 순조로운 왕위계승 방식이 아니라 5가회의에서 12명의 우가가 단군으로 추대·태자세습되어 왕족이 교체되었다. 한족에서 맥족으로 왕권이 교체되고 맥족이 정권을 잡고 통치세력의 권력을 강화하고 영토를 확장하기 위해 맥족의 근거지인 백악산 아사달로 수도를 옮기고 지배연합 내에서의 맥족의 위상이 왕족으로 전환한 것으로 보인다. 국가능력이 높아져서 성공적인 국가형성과 국민형성을 이루어 영토도 크게 확장하고 중국과 근접한 지역에서 공격적인 전쟁도 여러 차례하면서 동아시아 세계체제의 패권국가로 위상이 강화되었다.

셋째, 전의 단계 제3정권은 평등·분배지향의 맥족이 영토확장과 전쟁 등으로 강력한 군사력을 키우고 유지하느라 국력이 약화되고 농촌공동체의 위기가 발생하면서 제후족이었던 예족 색불루가 쿠테타로 단군직을 찬탈하고 예족정권을 출범시켰다. 예족들이 대거 맥족 근거지로 이동해 오면서 예족의 권력이 크게 강화되었다. 마침 중국 상나라의 귀족이었던 예족 기자족이 백악산 아사달로 돌아오자 도읍을 내어주고 예족의 근거지인 장당경 아사달로 수도를 이전하여 왕권과 통치권력을 강화시키고 성장지향의 대규모농지와 노예제도강화 및 형법강화 등을 추진하였다. 이로 인해 사회가 노예제강화와 빈부격차 및 엄격한 형벌집행 등으로 '강한 국가의 역설'에 직면하게 되었다. 외형적으로 강한 국가였으나 국민화합능력 등이 약화되면서 국가능력도 쿠테타 이후에는 강력하여 성공적인 경제발전을 이루었다.

넷째, 결의 단계 제4정권은 같은 예족인 위만이 쿠테타를 일으켜 무력으로 기자정권의 준으로부터 권력을 찬탈하고 출범하여 초기에는 영토도 확장하는 듯 했으나 지배연합과 통치세력의 내분으로 예군 남려가 28만 명을 이끌고 중국 한나라로 이탈하였다. 집권지배세력 내부에서도 한나라의 침략전쟁에 맞서는 국방정책을 두고 주전파와 주화파가 대결하고 국가능력도 극히 저조하고 이완된 상태에서 주화파들이 주전파들을 배반하고 이탈하면서 침몰하게 되었다.

이처럼 고조선은 단군의 통치능력·교체방식·통치세력교체·지배연합 내 권력변동·수도이전 등을 기준으로 성격이 바뀌고 국가능력이 변화하여 서로 다른 네 개의 정권으로 나뉘었다. 이들은 각각 고조선의 기의 단계 국가형성·승의 단계 국민형성·전의 단계 경제발전을 높은 국가능력에 의해 성공적으로 성취하여 동아시아지역 패권국가로서 역할을 하였으나, 결의 단계 낮은 국가능력으로 인해 복지·발전을 이루지 못하고 고조선의 붕괴로 귀결되었다.

제15장

고조선의 국가 행정체제와 주요 행정

1. 국가 행정체제와 주요 행정

고조선의 '관료기구와 법 질서의 총체'로서의 국가와 다양한 국가성격, 그리고 그것들의 시기별 변동에 대해서 앞에서 살펴 보았다. 그러한 맥락 속에서, 첫째, 고조선의 국가 행정체제를 제사장과 군장의 제의-군장 권력구조와 고조선의 국가 행정체제로 나누어 살펴본다.

둘째, 국왕과 최고 정책결정 기구를 국왕의 권한과 기능변화, 국왕과 부왕(비왕)·후왕·제후 및 5가합의제·8가합의제·제가합의제·화백제도로 나누어 설명한다.

셋째, 고조선의 중앙통치조직을 환웅시대의 통치조직과 삼한·삼경·오가·오부·오군 제도의 고조선의 초기 중앙통치·지방·군사 융합조직으로 구분하여 살펴본다.

넷째, 고조선의 중앙정부 관료조직으로 단군8가의 기능과 주요 담당자, 단군8가제의 중앙정부 업무 기능 배분, 호가(용가)·마가·우가·웅가·응가·로가·학가·구가 등 환웅5가·단군5가·단군8가와 주요 행정에 대해 설명한다.

다섯째, 고조선의 지방통치체제에 대해 초기 3경5부제에서 5경5부제로의 확대, 고조선의 도읍·국읍·소읍·읍·읍락 체제와 소도·소도별읍 체제의 제사장 체제를 포함하는 고조선의 지방통치체제 확장 등을 설명한다.

여섯째, 고조선의 군사조직 및 군사제도로서 초기 군사조직, 중기 이후 군사조직, 고조선의 군사제도, 고조선의 군사무기체제 및 고조선의 방어체제와 석성·성곽에 대해 논의한다.

일곱째, 고조선의 중앙·지방정부·군의 관료계급에 대해 설명한다.

2. 고조선의 국가 행정체제

(1) 제의–군장 권력구조

고조선의 국왕과 제의–군장(천왕–천군) 권력구조, 최고 정책결정기구, 중앙행정기구 등 국가 행정체제를 종합하면 [그림 15–1]과 같다.

그림 15–1 고조선의 제의–군장 권력구조

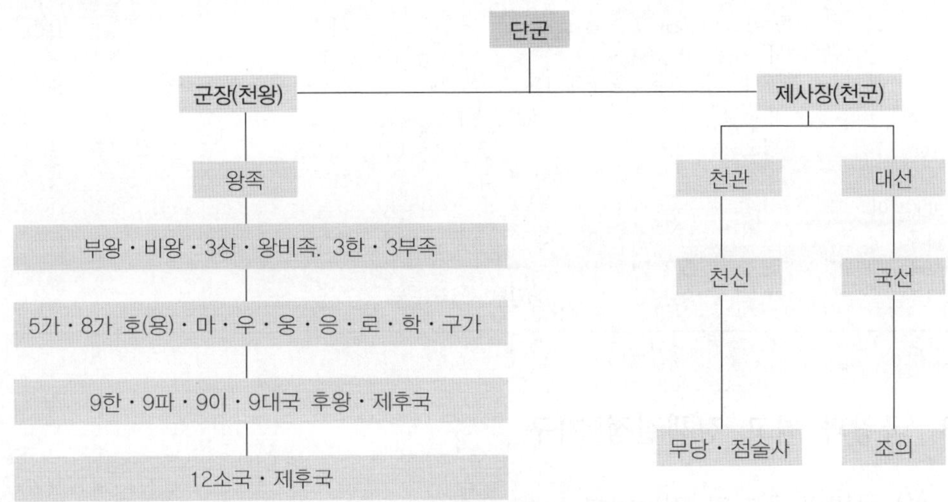

(2) 고조선의 국가 행정체제

고조선의 국가 행정체제를 고조선의 국왕과 최고 정책결정기구, 중앙행정기구, 지방행정체제, 군사체제 등 국가 행정체제를 종합하면 [그림 15–2]와 같다.

그림 15-2 고조선 국가행정 · 지방행정 · 군사체제

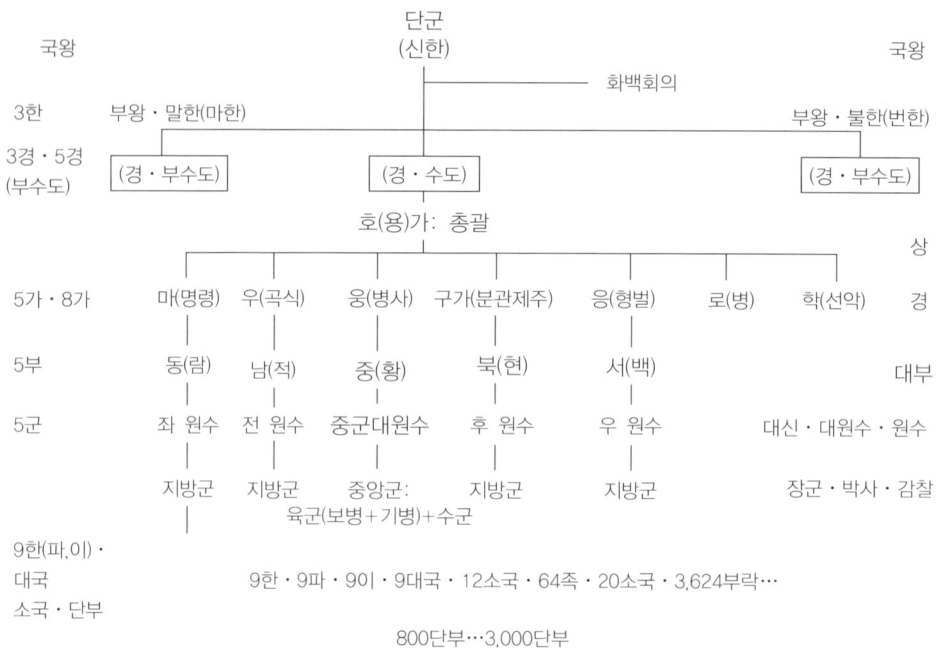

3. 국왕과 최고 정책결정 기구

(1) 국왕의 권한과 기능변화

고조선의 국왕인 단군은 군장과 제사장의 역할을 겸하는 제정일치체제의 천왕과 천군이었다. 단군은 군장으로서는 일반 행정과 전쟁 등 국가 행정의 최고 통치자로서의 역할을 한 것이고, 제사장은 삼신교와 무교의 종교적 · 제의적 교주와 최고 제사장의 역할을 하여 고조선 공동체의 최고 권력자이고 중심적인 지위에 있었다. 이 때문에 고조선의 단군은 제의-군장체제의 수장으로 역할하고 기능이 주어졌다. 그러나 단군의 역할이 군왕과 제사장의 두 기능 가운데 그 역할의 비중이 변화하였다. 고조선의 초기와 중기에는 제의기능이 군장기능보다 더 중시되어 제의-군장체제로 규정되다가, 기자정권 이후 후기로 갈수록 군장기능이 제의기능보다 더 중요하게 되어 군장-제의체제로 전환되었다.

고조선은 초기와 중기까지는 제정일치체제로서 단군이 제사장과 군장의 역할을 동

시에 하였으나 후기로 갈수록 정치와 종교가 분리된 제정분리체제로 되면서 단군은 제의기능이 줄어들고 군장의 기능이 강화되었다. 이 때문에 제정분리체제에서 기자정권 이후 군장-제의체제로 되고 단군은 군장의 역할에 치중하고 제의기능은 단군과는 별도로 천관·천신이나 대선·국선이 주로 담당하게 되었다.

(2) 국왕과 부왕(비왕)·후왕·제후

단군은 고조선 전체의 국왕이면서 고조선을 구성한 신한·말한·불한의 3한 가운데 본국에 해당하는 신한의 국왕을 겸하고, 말한과 불한이라는 나머지 3한의 왕들이 고조선이라는 본국 상국의 부왕의 역할을 겸하였다. 고조선의 국왕인 단군은 국왕으로서 말한과 불한의 왕인 두 부왕의 보좌를 받아 부족연합국가로 출범한 고조선의 왕권을 강화시켰다.

고조선은 대제국으로 번영하면서 많은 제후국들을 포용하면서 제후국들의 왕들이 후왕과 제후로서 고조선의 국왕인 단군의 왕권을 확대시키는 데 긍정적인 역할을 하였다. 후왕과 제후들은 중앙권력뿐만 아니라 지방권력을 조직화하여 왕권의 강화와 국가권력 행사에 활용하였다. 『단군세기』·『규원사화』·『단기고사』에 따르면, 고조선의 단군은 2,000여 년 간 47명이고, 『한단고기』<삼한관경 본기 제4>에 따르면, 3조선으로 나눌 경우 제후국에 해당하는 번한(발조선)은 74명,[1] 마한(말조선)은 35명[2]의 왕이 다스렸던 것으로 기록하고 있다.

그러나 『규원사화』는 47명의 단군이 기원전 2333년에서 기원전 1128년까지 1,205년 간 47명의 단군이 통치를 했다고 보고 있고 나머지 기간을 통치한 단군에 대해서는 언급하지 않고 있다. 이것과 관련하여 『단기고사』는 전 단군조선 1222년과 후 단군조선 875년을 합쳐서 47명의 단군이 통치한 것은 같이 보는데, 이 단군조선과는 별도로 기

---

1) 번한세가 왕의 역대는 1대 치두남, 낭사, 물길, 애친, 도무, 호갑, 오라, 이조, 거세, 10대 자오사, 산신, 이전, 백전, 중전, 소전, 사엄, 서한, 물가, 막진, 20대 진단, 감정, 소물, 사두막, 갑비, 오립루, 서시, 안시, 해모라, 소정, 30대 서우여, 아락, 솔귀, 임나, 노단, 마밀, 모불, 을나, 마휴, 동나, 40대 해수, 오루문, 누사, 이벌, 아륵, 마휴(마목), 다두, 내이, 차음, 불리, 50대 여을, 엄루, 감위, 술리, 아갑, 고태, 소태이, 마건, 천한, 노물, 60대 도을, 술휴, 사량, 지한, 인한, 서위, 가색, 해인, 수한, 기후, 70대 기욱, 기석, 기윤, 기비, 74대 기준이다. 『한단고기』<삼한관경 본기 제4>: 214-228, 375-376.

2) 마한세가 왕의 역대는 1대 웅백다, 노덕리, 불여래, 두라문, 을불리, 근우지, 을우지, 궁호, 막연, 10대 아화, 사리, 아리, 갈지, 을아, 두막해, 독로, 아루, 아라사, 여원홍, 20대 아실, 아도, 아화지, 아사지, 아리손, 소이, 사로, 궁흘, 동기, 다도, 30대 사라, 가섭라, 가리, 전내, 진을례, 맹남이다. 위의 책: 198-214, 375.

자조선이 존재하였고 1,093년 간 42명[3]의 임금이 통치한 것으로 기록하고 있다. 최태영은 동국세년가를 바탕으로 전기 조선 47명과 후기조선 41명 총 88명의 단군이 통치한 것으로 주장하기도 한다. 현대의 기준으로 임금들의 통치 기간을 30년 내외라고 할 때 70~80명의 단군이 통치한 것이 더 타당해 보이나 그것으로 판단할 수 있는 것은 아니다. 국왕의 재위 기간은 개인의 건강이 문제일 수 있으나 대체로는 전쟁이나 권력투쟁 등의 영향을 많이 받는 것으로 볼 수 있다.[4] 고조선에서도 3조선의 국왕들의 숫자가 크게 다른 것은 발조선(번한)은 중국과 접경하여 전쟁이 빈번하고 정변이 많았고, 반대로 말조선(마한)은 가장 후방 지역 한반도이기 때문에 중국의 침략을 덜 받아 정치권력이 그만큼 안정되었기 때문이라 보인다. 실제 이들 가운데 어느 것이 맞는지는 보다 면밀한 비교연구와 역사적인 사료를 바탕으로 한 검증을 통해 계속 밝혀내야 할 과제이다.

(3) 5가합의제 · 8가합의제 · 제가합의제 · 화백제도

고조선의 국무회의에 해당하는 최고 합의결정기구가 초기에는 5가합의제로 운영되다가 초중기로 가면서 8가합의제로 확대되었다. 일상적인 행정업무를 5가들이 분업으로 나누어서 추진하다가 중요한 국가정책으로 조정과 통합이 필요한 경우에는 5가합의제와 8가합의제를 통해 집단적인 합의로 결정하였다. 중요한 일반 행정이나 정책만이 아니라 단군의 추대와 승계에 문제가 있을 때에는 5가합의제나 8가합의제를 통해 결정

---

3) 이때 임금의 이름은 『한단고기』에 있는 번한세가의 74명의 왕 가운데 30대 서우여 이후의 왕명과 유사한 점도 많으나 일부 변동이 있고 왕명의 표현도 많이 다르다. 12대 물한과 42대 마한이 추가되었고, 기욱, 기석, 기윤, 기비, 기준이 모두 삭제되었다. 서우여가 서여, 해인이 산한, 소태이가 소태, 기후가 기부로 바뀌는 등 약간 이름의 표현이 다르다. 이들의 이름은 1대 서여, 아락, 솔귀, 임나, 노단, 마밀, 모불, 을나, 마휴, 10대 등나, 해수, 물한, 오루문, 누사, 이벌, 아륵, 마휴, 다두, 나이, 20대 차음, 불리, 여을, 엄루, 감위, 술리, 아갑, 고태, 소태, 마간, 30대 천한, 노물, 도을, 술휴, 사량, 지한, 인한, 서위, 가색, 산한, 40대 수한, 기부, 마한이다. 『단기고사』: 265.

4) 현대에도 북한 김일성은 48년 간 통치했고, 영국 엘리자베스 2세 여왕은 1952년 이후 지금까지 66년 이상 통치하고 있다. 과거 중국 왕 가운데에는 장기간 재위한 국왕들은 청 고종 건륭제 64년, 청 성조 강희제 61년, 한 무제 53년, 명 신종 만력제 47년, 당 현종 43년, 진 시황 37년, 당 고종 34년, 후한 광 무제 32년, 명 태조 30년 등이다. 일본은 전란이 빈번했던 시기에는 짧고 안정된 시기에는 길어, 아스카 시대는 12년, 나라 시대는 11년, 헤이안 시대는 13년, 가마쿠라 시대는 10년, 무로마치 시대는 25년, 에도 18년, 메이지 시대는 40년의 평균 재위 기간을 보이고 있다. 메이지(明治) 45년, 다이쇼(大正) 14년, 쇼와(昭和) 63년, 아키히토(今上) 1989년 이후 2019년 4월 30일까지 30년 간 재위하고 처음으로 생존하면서 퇴위하고 아들 나루히토에게 양위하여 헤이세이(平成)시대를 마치고 5월 1일부터 레이와(令和)시대를 열었다. 일본의 경우, 전쟁과 권력투쟁이 빈번하고 심각할 때에는 짧고 안정될 때에는 긴 것을 알 수 있다.

하였다. 47대 단군이 퇴임한 이후에는 5가가 공동으로 국가를 통치하여 공화정 형태로 단군의 통치기능을 대행하기도 했다. 5가합의제나 8가합의제를 확대시킨 것이 화백제도이다. 화백제도는 귀족정치의 한 형태로서 후국이나 속국의 왕까지 포함하는 최고 합의제기구이다. 후에 신라에 화백제도가 실시되었고 고구려와 고려 등 다른 국가들에도 제가합의제들이 부분적으로 이어졌다.

4. 고조선의 중앙통치조직

(1) 환웅시대의 통치조직

단군왕검은 환웅시대의 3상5부제의 통치체제를 물려받아 8가제의 중앙 통치조직과 중앙 군사조직, 그리고 광범위하게 지방통치체제를 구축하여 강력한 단군중심의 통치체제를 구축하여 고조선을 통치하였다. 고조선을 개국한 단군조선의 중앙통치체제에 대한 기록은 『삼국유사』와 『규원사화』에 비교적 소상하게 나오고 그 기록들은 고조선을 계승한 후대 국가들의 통치체제와 비교하더라도 일관성이 있어서 신뢰성이 높다.

『삼국유사』에 따르면, 고조선에 앞선 환웅시대 '한'부족의 군장 환웅은 풍백(風伯)·우사(雨師)·운사(雲師)의 3상(相)과 주곡(主穀)·주명(主命)·주병(主病)·주형(主刑)·주선악(主善惡)의 5부의 중앙통치조직을 두었다. 먼저 3상은 환웅체제의 최고위 관직으로 농업경영 등 국가의 업무를 총괄하였고 이 가운데 풍백은 이름에서 '백(伯)'으로 표현하였듯이 3상의 우두머리로서 나머지 우사와 운사를 지휘하는 맏 재상, 즉 조선시대 영의정의 역할을 하였다.

5부는 이름 그대로 첫째, 주곡(主穀)은 농업·식량·목축 등 경제활동을 다루는 농·축산·어업 관련 부서인데 이것을 맨 앞에 내세운 것은 고조선이 지향하는 바가 농업국가 건설임을 나타내는 것이다. 둘째, 주명(主命)은 천명·왕명·칙령·헌법·법률·정령·교령·제천·제신·단군의 지시 등 국정운영에 대한 여러 가지 명령을 다루는 입법과 왕명출납 행정 및 제천행사 주관 부서이다. 셋째, 주병(主病)은 질병치료·의약·악귀 퇴치 등 보건사회 및 정신건강관리 부서이다. 넷째, 주형(主刑)은 형벌·재판·죄·죄수관리 등을 다루면서 법과 명령을 어겼을 때 처벌하는 법무부와 검찰 등의 역할을 하는 부서이다. 다섯째, 주선악(主善惡)은 종교·윤리·교육·교화 등을 다루는 교육부나 문화부와 같은 부서이다.

이들 5부의 업무는 엄격하게 구분되어 분업과 전문화가 상당한 수준으로 이루어지도록 하면서, 한편 각자 환웅 천왕과 풍백 등의 지시와 조정을 거쳐 이루어지도록 매우 구체적으로 체계화된 것으로 보인다. 특히 이미 당시에 인간의 모든 일에 해당하는 행정 업무를 360가지로 분류하고 이들을 서로 구분한 것은 매우 놀라운 일이다.[5] 이것이 단순히 일 년 365일에 비유하여 360여 가지 일로 표현한 것인지는 알 수 없으나 농경사회에서 절기·계절에 따라 해야 할 일들을 360여 가지로 정하고 거기에 따라 정월 초하루부터 해야 할 일들이 일부 지금까지도 전해 오는 것으로 측정할 수도 있다. 농경사회에서는 해야 할 일을 며칠만 지연시켜도 전체 농사에 영향을 미치므로 한국의 산업화초기인 1960년대까지 농촌에서 1년 월력에 중요한 할 일을 절기표와 함께 명기해 두었다. 나아가 360여 가지 일을 일일이 나열하지는 않았지만 중앙행정조직을 5부체제로 정비한 것으로 보아 한 부에 각각 70~80여 가지로 구분하여 행정을 세분화한 것으로 추정할 수도 있다.

대한민국의 건국 이후 초대 이승만 정부의 중앙 행정기관은 11부 66국 254과로 과의 숫자가 300개가 되지 않았고,[6] 현대 행정국가에서도 많은 나라의 중앙행정조직에서 과의 숫자를 합하면 300~500개 정도임을 본다면 '한'부족의 군장인 환웅이 통치하는 군

그림 15-3 환웅시대의 행정통치조직

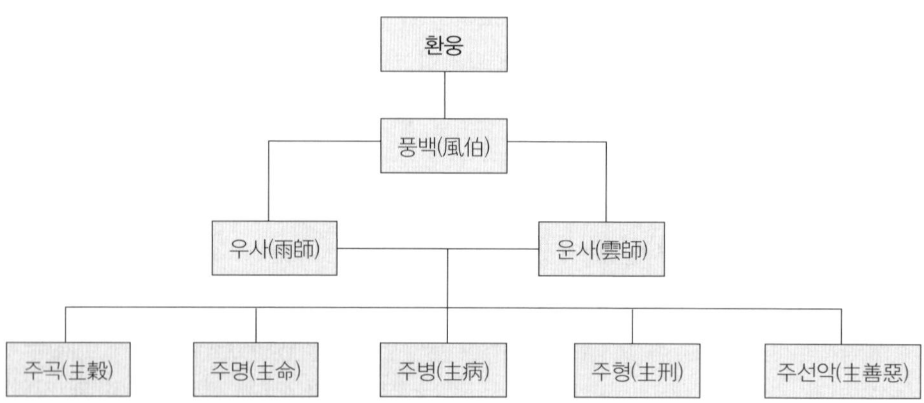

5) 윤세복. 1959. <단군고>. 『건국대학교학술지』. 제2호; 이강식. 1987. <'고기'에 기록된 신시조직의 구조와 기능>. 『경북대경상대논문집』. 제15집; 신용하. 1995. <단군설화의 사회학적 해석>. 『한국사회사학회논문집』. 제47집.

6) 대한민국은 1948년 7월 17일 정부조직법에 의하면 중앙행정기관은 11부·4처·2위원회·3청·66국이며, 과 수는 내무부 24, 외무부 18, 국방부 22, 재무부 23, 법무부 21, 문교부 22, 농림부 23, 상공부 25, 사회부 22, 교통부 29, 체신부 25이며 총 254개이다.

장사회의 통치체제가 '국가' 체제를 구축하고, 이미 상당한 수준의 행정 분업과 전문화가 이루어진 것으로 볼 수 있다.

단군왕검은 환웅시대의 3상5부제 통치체제를 이어받아 발전시켰을 것으로 볼 수 있다. 주명과 주형에 관한 부서는 8조금법으로 반영되고 계승된 것으로 추정하기도 한다. 환웅시대 군장사회 '준국가'의 관료조직은 [그림 15－3]과 같다.[7)]

(2) 고조선의 초기 중앙통치 · 지방 · 군사 융합조직: 삼한 · 삼경 · 오가 · 오부 · 오군제도

신채호는 고조선의 중앙행정조직에 대해 삼경 · 오가 · 오부 · 오군제도로 설명한다. 단군왕검(대단군왕검)은 삼신 · 오제의 신화로 우주를 조직하여, 인간세상을 신한 · 말한 · 불한의 삼한으로 나누어 스스로 신한의 대왕이 되고, 말한과 불한을 좌우의 부왕으로 신한을 보좌토록 했다. 삼한에 삼경을 두어 삼한이 각각 주재토록 하였고, 삼한 밑으로는 중앙정부조직으로 돗가 · 개가 · 소가 · 말가 · 신가의 5가[8)]를 두었고, 지방정부 조직으로는 전국을 동 · 남 · 서 · 북 · 중의 오부 조직으로 나누었다. 오부를 남(藍) · 적(赤) · 백(白) · 현(玄) · 황(黃)으로도 불렀다. 오가는 중앙정부와 지방정부를 연결하는 중요한 장치가 되어 스스로 중앙의 다섯 장관인 동시에 오부를 분담하는 다섯 지방장관이었다. 전쟁시에는 오부의 인민을 중 · 전 · 후 · 좌 · 우의 오군으로 조직하고 오가의 하나인 신가가 중군 대원수가 되고 나머지 가(加)가 전 · 후 · 좌 · 우의 원수가 되어 출천하여 전쟁을 치르도록 했다. 이러한 내용을 요약하면 [그림 15－4]와 같다.

신채호가 설명하는 고조선의 3한 · 삼경 · 5가 · 5부 · 5군제도의 내용을 간단히 살펴본다.

첫째, 『단군고기』 · 『고사기』 · 『선사(仙史)』 · 『사기』＜봉선서＞＜진시황본기＞ · 『한서』＜예문지＞ · 『초사』 등의 사료들을 활용하여 3한 · 삼경 · 5가 · 5부 · 5군제도의 내용을 소개하고 있는 것은 고조선 초기 국가 성립시의 부족연맹의 통치권 배분관계, 중앙정부조직과 군사조직, 그리고 지방행정조직을 설명하는 내용이다. 군장사회인 환웅시대의 통치조직에서 여러 부족연합 국가로 확대하여 개국한 고조선은 여러 부족을 통합해야 하는 통치력의 강화와 보강이 필요하였다. 새롭게 부족연맹국가에 가입한 넓은

7) 신용하. 2010: 197의 [그림 5－3]에서 한글로 바꾸어 재인용함.
8) 신채호. 2014. 『조선상고사』. 역사의 아침: 98－99.

그림 15-4 고조선의 3한 · 삼경 · 5가 · 5부 · 5군제도

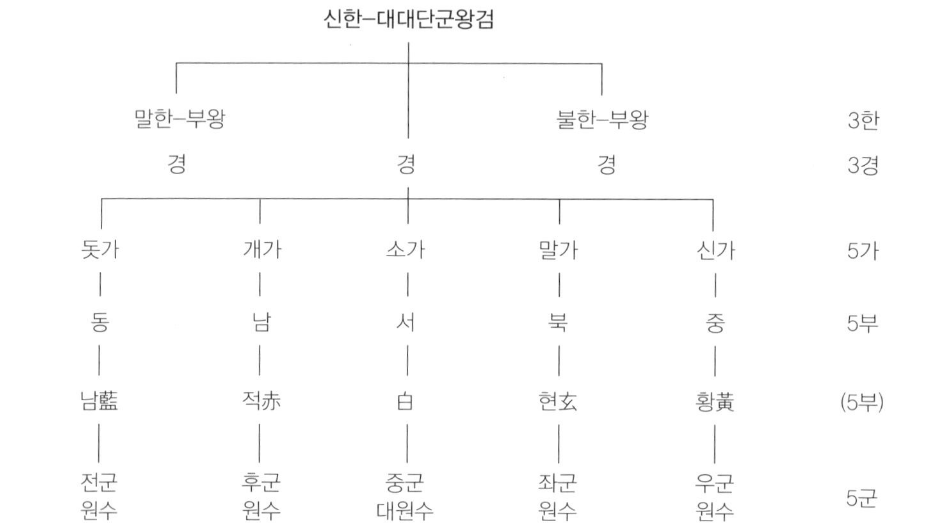

출처: 각주 7.

지역에 걸친 많은 지방고을들을 통치할 지방행정 조직이 필요하고, 이 광활한 지역을 방어할 군대조직이 필요로 하게 되었다. 이러한 다양한 필요를 충족시키기 위해 채택한 제도가 환웅시대 3경5부제를 이어 발전시킨 3한 · 삼경 · 5가 · 5부 · 5군제도이다.

둘째, 고조선이 부족연합으로 개국한 직후에는 말한과 불한을 두고 단군왕검의 부왕으로 삼아 보좌하여 왕권을 강화시킨 것이 여러 부족연합국가의 초기 통치권 강화의 효과적인 통치방식의 하나이다. 신한 · 말한 · 불한에 삼경을 두어 신한은 단군왕검이 직접 통치하고 나머지는 두 부왕에게 각각 다스리게 하면서 단군의 통치를 돕게 하였다. 이것은 여러 부족연합으로 출범한 부족연맹국가의 느슨한 연합관계를 강화시킬 수 있는 부족국가 결합방식이다. 왕족과 왕비족 등 부족 간의 결혼동맹이 부족연합국가의 결합방식이지만 결혼동맹이라는 부족간의 신뢰관계를 3한의 연맹체제로 제도화시킨 것이다.

셋째, 3한에 3경제도를 두고 부왕으로 삼은 것은 부족들의 대표로 단군왕검이 추대되었지만 지방까지 통치력이 미치지 못하는 건국 초기에 큰 부족국가의 왕들에게 통합국가의 부왕의 직을 주어 그곳 삼경을 다스리게 하여 연방통치적인 성격을 보완한 것으로 보인다. 아직 중앙집권이 정착되기 이전이어서 중앙집권과 지방분권 연방제의 중간 형태를 채택한 것이라 볼 수 있다. 그 가운데 중앙정부의 통치체제인 단군과 부왕의 관계를 언급하고 있는 3경제도는 부족연맹국가의 초기 통치체제로서 현실성이 있는 효과적인 통치제도인 것이라 보인다. 환웅시대의 3상5부제에서 3상제도를 확대시켜 단군왕검과 두 명의 부왕체제로 권력을 분점하고 총체적인 단군의 지도권력을 확대시키고자 했다. 부족국가의 경영에서 경험적으로 확인된 3상 제도를 확대시켜 고조선에 적용하는 것이 부족연방국가의 초기 불안정한 최고통치권력을 확대・강화시키는 효과적인 통치권력 확보방식이기 때문이다. 고조선으로서는 부왕제도를 두어 제왕권이 제왕과 두 부왕의 권력을 합치면 총권력에서는 강화되었으나 단군왕검의 순제왕권은 그렇게 크게 늘어나지는 않은 상태이다. 그 뒤 수도를 옮기면서 3경이 4경, 5경으로 늘어나게 되었다.

넷째, 고조선의 중앙행정조직으로서 환웅시대의 5부제를 비슷하게 계승하여 돗가・개가・소가・말가・신가의 5가를 두었다. 5가는 돗(돼지)・개・양・소・말을 상징하는 것으로 이것에 대해 신채호는 이렇게 설명하고 있다.

> "지금까지 유행하는 윷판의 오가 출진도인 도刀・개介・걸乞・유兪・모毛는 이두로 쓴 오가의 칭호였다. 도는 돗가이고, 개는 개가이고, 유는 소가이고, 모는 말가이고, 걸은 신가다. 유는 옛날 음이 소였으므로 소가 된다. 걸이 신가인 이유는 명확히 알 수 없다. 부여시대에 견사犬使라는 관직이 있었고 그것이 신가의 별칭이었으므로, 걸은 견사의 '견'을 의역한 것으로 보인다. 돗(돼지)・개・양・소・말 같은 가축으로 오방의 신을 가리키는 동시에 관직명으로 삼은 것은, 수렵시대가 지나고 농경시대가 되었다는 증거이다."[9)]

돗(돼지)・개・양・소・말이라는 다섯 가지의 동물을 상징으로 사용한 것은 이들 동물이 모두 인간의 삶과 친근감이 높고 가깝게 공동생활을 해온 동물들이기 때문이다. 이 동물들을 상징하는 부족들이 고조선 초기 건국과정에 큰 역할을 한 것으로 보인다. 고조선 개국의 결혼동맹과 3부족연합의 주체들인 곰부족이나 범부족은 이미 동맹체제의 상부에 결합・참여하고 있는 것을 감안하면 7~8부족들이 연합하여 고조선을 형성한 것으로 추정할 수 있다.

다섯째, 고조선은 집단지도체제적인 총권력으로서의 왕권강화와 더불어 중앙정부와 지방정부 및 군사지휘체제를 긴밀하게 통합・융합시켜 개국 초기의 중앙과 지방 및 군사통치조직의 권력과 기능을 통합하도록 제도화하였다. 이것을 단순히 제도만이 아니

---

9) 신채호. 2014. 『조선상고사』. 역사의 아침: 98−99.

라 담당 장관을 국무대신으로 하여 중앙정부의 5가가 지방정부의 5부를 인적으로 겸임하고 중앙과 지방이 일관성 있게 통합된 단일국가로서 작동할 수 있도록 확고하게 혼선이 없도록 통합시켰다. 그러나 중앙정부의 5가가 지방정부인 5부를 각각 직접 맡게 한 것은 지방에 대한 중앙의 직할 기능은 강화되었으나 지방의 특성을 살리는 지방자치적인 성격이나 지방행정에 대한 전문적인 통합관리는 어렵게 하는 한계를 지니고 있다. 중앙정부의 5가는 농업, 왕명출납, 질병관리, 형벌, 선악관리, 국방 등의 업무를 나누어 전문적으로 관리하는 부서인데 이들 서로 다른 업무를 하는 5가가 지방을 나누어 5부를 각각 맡아 다스린다는 것은 중앙정부의 전문성과는 무관한 것이어서 고조선의 초기 제왕권과 행정체제가 안정이 되면 지방행정을 중앙의 한 부서가 담당해야 할 것이다. 이 때문에 『규원사화』에서는 구가(狗加)라는 한 가가 지방행정 전체인 '분관제주'의 업무를 담당하였으나, 여기에서는 중앙정부 전체가 지방정부를 분담하여 직접 담당하여 넓어진 영토에 대한 강력한 통제를 위한 강한 지방행정 체제를 구축한 것이다.

여섯째, 군사조직으로서 특히 중요한 것은 고조선에서 더 크고 강력해진 여러 부족연합국가였던 국가의 강력한 국방력을 확보하기 위해 중앙정부의 5가 책임자가 지방정부인 동·남·서·북·중이라는 5부를 각각 남(藍)·적(赤)·백(白)·현(玄)·황(黃)으로 부르면서 전군·후군·중군·좌군·우군이라는 5군을 직접 원수로서 지휘하고 5가 가운데, 신가가 중군을 담당하며 대원수를 맡고 나머지 전군·후군·좌군·우군의 사령관들은 원수를 맡아 중군 도원수의 지휘 아래 일사불란하게 전쟁을 치르도록 체제를 구축하였다.[10]

여기에서 특이한 군대명령체계를 보면 중군 대원수 지휘 하에 동·남·서·북·중이라는 고정된 지리적인 체제가 아니라 전군·후군·중군·좌군·우군이라는 중립적인 군사조직으로 명명한 것은 전쟁전략 수립 후 전투에서 상대방 적군의 위치에 따라 융통성 있게 대응할 수 있도록 군대의 이름이 바뀌고 전략이 바뀔 수 있음을 보여주는 것으로 보인다. 적군의 위치에 따라 전군이 다음 전쟁에서는 후군이 될 수 있고 또 좌군이 우군이 될 수도 있으며, 전군이 좌군이 될 수도 있고 후군이 우군이 될 수도 있는 것이다. 다만 대원수인 중군은 모든 전쟁의 총사령관을 맡는 신가가 중군대원수가 되어 중심을 잡고 흔들리지 않고 국가운영과 전쟁수행이 일사불란하게 운영될 수 있도록 조직하고 운영한 점이다.

일곱째, 종합적으로 볼 때, 한웅시대의 3상5부제도가 고조선 건국 초기 신채호가 소개하는 3한 3경 5가 5부 5군체제로 전환하는 가능성이 커 보인다. 군장사회의 환웅 군

10) 위의 책: 100-101.

장이 사용하던 3상5부제도를 신뢰하던 단군왕검은 몇 배 커진 부족연합국가의 중앙과 지방의 통치체제로 채택한 것이 3상을 3한과 3경체제로 확대시키고, 5부를 5가 5부 5군 체제로 심화·확대·발전시킨 것으로 보인다. 이러한 초기의 고조선의 중앙과 지방 및 군사조직체제를 운영하고 단군왕검의 제왕권이 강화되면서 서서히 『규원사화』에서 기록한 대로 '단군8가제'로 전환·정착시킨 것으로 추정할 수 있다. 8가의 인적인 배치를 보면 단군왕검의 제왕권이 비교적 단기간에 안정적으로 확립되고 제왕권의 중앙집권성을 확보하고 있음을 보여주는 것이다.

여덟째, 혹시 두 가지 설명 가운데 하나를 채택해야 한다면 각각의 사료가 지니는 신뢰성을 기준으로 판단할 수도 있으나 고조선 시대에 있었던 국가운영에 대한 기록을 훨씬 후대에 하게 되었으므로 김용섭의 연구나 고고천문학 등의 연구에서 나타나는 증거들[11]로 역사적인 기록에 대한 상이성을 판단할 수 있겠다. 그렇더라도 과거의 역사적인 사실을 후대에서 전해오는 구전을 기록하는 과정에 서로 착오와 가감이 있을 수 있고, 이때 후대에서 과거에 없었던 것을 만들어 추가하기 보다는 과거의 사실 가운데 누락된 채 기록될 가능성이 크기 때문에 5가보다는 8가의 신빙성이 클 것으로 추정할 수 있겠다. 특히 양측 기록 모두 동물의 이름을 사용하고 가(加)라는 같은 호칭을 사용하는 것으로 보아 두 사료 사이에는 모두 신뢰성이 높은 것으로 판단할 수 있다. 단군왕검이 말한과 불한을 부왕으로 삼고 삼경체제로 초기 왕권을 보완했다는 점도 『규원사화』에서는 누락했던 내용을 다른 역사서들을 찾아서 밝혀낸 신채호의 주장이 맞을 것으로 추정한다. 따라서 고조선에서는 건국 초기 3한 3경 5가 5부 5군체제가 중기에 3한 3경 8가 5부 5군체제로 전환하였다가 중앙집권체제가 구축되면서 나중에는 단군8가제로 정착했다가 후기에는 3조선체제로 정립되었을 가능성이 크다고 볼 수 있다.

5. 고조선 중앙정부 관료조직: 환웅5가·단군5가·단군8가와 주요 행정

(1) 단군5가와 단군8가제

고조선의 건국 초기에는 부족엽합국가의 통치권력의 확립에 촛점을 둔 것이라면 일정 기간이 지난 이후 통치권력이 안정되면서 단군왕검의 제왕권이 확립되고 발전된 중앙정부 관료조직·군사조직·지방행정통치조직 등이 각각 전문화되고 체계화되었다.

11) 김용섭. 2017. 앞의 책: 김용섭. 2015: 64-85.

고조선 초기 통치조직의 중앙조직·군사조직·지방조직 등의 융합·통합성은 초기 국가형성에는 상징적으로 작용하여 효과적이었으나 멀지 않아 상호충돌과 중첩 및 모순이 드러나면서 단순화하고 전문화할 필요성이 제기되어 몇 가지 점에서 크게 전환·발전하게 되었다.

첫째, 고조선 초기의 3한3경체제는 단군왕검이 제왕권을 확보한 뒤에는 단일제왕권으로 통합되고 3한과 3경의 권한은 자연히 축소되어 단군왕검의 친정체제로 전환한 것이 당연하다. 그 결과 환웅시대의 3상이 고조선 초기에 3한3경으로 확대되었으나 단군왕검의 제왕권이 강화되면서 약화·퇴화한 것이다.

둘째, 왕국의 통치권 강화와 단군왕검의 친정체제 구축 및 전문화의 필요성으로 인해 중앙정부 관료조직이 5가에서 강화되어 '단군8가'제로 확대 개편되었다.

셋째, 단군왕검의 친정체제구축과 제왕권 강화는 통치체제의 계층도 3계층에서 2계층으로 대폭 축소시켜 직접 8가를 통치하는 중앙행정조직을 만들게 되었다.

넷째, 지방정부도 5부제도를 발전시키고 군사조직도 5군체제를 확대 개편하고 지방조직과 긴밀하게 연계시켜 국방력을 강화시키도록 하였다.

『단군세기』에서 단군왕검이 건국 초기 중앙정부의 업무분장과 담당 장관의 임명에 대해 기록하고 있다. 장관들에게 맡긴 중요한 중앙정부 업무로서 풍백인 팽우에게 땅을 개척하고 치산치수를 맡기고, 운사인 배달신에게는 제천단과 참성단 건축을, 성조에게 궁실 건축을, 고시에게 농사를, 신지에게 글자 제정을, 기성에게는 의약을, 나을에게는 호적 등 행정관리를, 희에게는 점치는 일을, 우에게는 군대를, 하백녀에게는 누에치기를 각각 맡겨 다스렸다. 여기에서 보면, 당시에는 제천단과 참성단 등과 같은 제단을 건축하는 일이 매우 중요했고 점치는 일도 중요했음을 알 수 있다. 특히 점치는 일을 희에게 맡긴 것은 삼신교나 천문지리에 대한 일정한 자격을 가진 사람이 점을 치는 일을 담당하여 무자격자가 백성을 선동하거나 현혹시키는 일이 없도록 국가가 백성들의 종교적·정신적인 생활을 관리한 것으로 보인다.[12] 이것은 중앙정부의 업무가 치산치수와 건축, 농사와 누에치기, 글자 제정과 문화, 의약, 호적관리, 점치는 일, 군대 관리 등의 8가지로 분업화·전문화·편제체제화되어 8가체제로 구성됨을 보여준다. 『단군세기』의 해당 기록을 직접 인용한다.[13]

---

12) 점치는 사람인 천관이나 무당 및 무격에 대한 관리는 오늘날 종교의 자유를 인정하면서도 기독교의 목사, 천주교의 신부, 불교의 승려 등의 자격을 법적으로 관리하고 자격증을 부여하는 것과 유사한 것이다.

13) 『단군세기』: 58-59.

> 팽우彭虞에게 명하여 땅을 개척하도록 하였고, 성조成造에게는 궁실을 짓게 하였으며, 고시高矢에게는 농사를 장려하도록 맡기셨고, 신지臣智에게 명하여 글자를 만들게 하였으며, 기성奇省에게는 의약을 베풀게 하고, 나을那乙에게는 호적을 관리하도록 하였으며, 희羲에게는 점치는 일을 관장케 하고, 우尤에겐 군대를 관장하게 하였다. 비서갑斐西岬의 하백녀河伯女를 거두어 아내로 삼고 누에치기를 다스리게 하니 순방淳厖의 다스림이 온 세상에 두루 미쳐 태평치세를 이루었다. … 제帝께서는 풍백風伯인 팽우에게 명하여 물을 다스리게 하고 높은 산과 큰 강을 평정하여 백성들을 편하게 하였으니 우수주牛首州에 그 비석이 있다. … 임금께서 운사雲師인 배달신倍達臣에게 명하여 혈구穴口에 삼랑성三郞城을 짓고 제천祭天의 단檀을 마리산摩璃山에 쌓게 하였으니 지금의 참성단塹城壇이 바로 그것이다.

『규원사화』가 『단군세기』의 내용을 보다 체계적으로 설명하고 있다. 고조선의 이러한 행정체제의 발전을 통한 달라진 내용을 비교적 잘 설명해주고 있다. 어느 정도 고조선의 통치권력이 정착된 뒤의 중앙행정조직과 군사조직, 그리고 지방조직의 발전 양상을 잘 설명하는 것으로 보여 신채호의 설명과 유사성과 차이점이 보이는 것이라 추정된다. 『규원사화』에서 고조선의 중앙관직으로 '단군8가(檀君八加)' 제도를 보다 상세하게 소개하고 있다.[14)]

> "단군이 이미 도읍을 왕검성에 세워 놓고 곧 성곽을 쌓고 궁실을 세우고 명령을 주관하는 사람, 곡식을 주관하는 사람, 군대를 주관하는 사람, 법을 주관하는 사람, 병을 주관하는 사람, 선악을 주관하는 사람 및 누에실을 주관하는 모든 벼슬아치들을 설치하고 그 아들 부루로서 호가를 삼아서 모든 가(加)들을 거느리게 했다. 신지씨, 즉 옛 신지씨의 후손으로 마가를 삼아서 임금의 명령을 주관하게 하고, 고시씨를 우가를 삼아 곡식을 주관하게 하고, 치우씨로 웅가를 삼아 군대를 주관하게 하고, 둘째 아들 부소로 응가를 삼아 형벌을 주관하게 하고, 셋째 아들 부우로 노가를 삼아 질병을 주관하게 하고, 주인씨로 학가를 삼았으니 이것은 선악을 주관했고, 여수기를 구가로 삼아 여러 고을을 맡아 나누어 다스리게 했다. 일컬어 단군8가라고 하고 이에 흰소를 잡아 태백산 기슭에서 하늘에 제사를 지냈다."[15)]

(2) 단군8가의 기능과 주요 담당자

고조선의 중앙정부 업무분장에 대한 『규원사화』와 『단군세기』의 기록 사이에 매우

14) 북애자(민영순 옮김). 2008. 『규원사화』. 도서출판 다운셈.
15) 위의 책: 67-68.

유사성이 있고, 담당자의 경우에도 팽우, 고시, 신지, 치우 등 공통되는 기록들이 있는 점은 매우 의미가 있다. 단군왕검 시대만 하더라도 93년 간 통치하였기 때문에 8가를 맡아 일을 한 장관들이 여러 명이었을 것인데 두 기록에서 서로 같게 기록한 것은 비슷한 시기의 장관들을 기록한 것으로 보인다. 그 외에 서로 다른 사람이 맡은 것으로 기록한 것은 어느 것이 맞고 어느 것이 틀린 것이 아니라 단군왕검 통치 93년 재위 기간 동안 여러 명의 장관들이 담당했음을 보여주는 것으로 이해해야 할 것이다. 두 기록을 비교하면 『단군세기』는 초기의 담당 장관들의 이름을 기록한 것이고, 『규원사화』는 단군왕검의 통치가 서서히 정착하고 제도화하면서 단군8가제도가 정착한 뒤의 8가와 8가에 임명된 장관들의 이름인 것으로 보인다. 혹은 반대로 해석할 수도 있다. 단군왕검의 세 아들을 임명한 『규원사화』가 초기의 기록이고 아들 대신에 각각 성조, 기성, 나을, 희를 임명한 『단군세기』의 기록이 그 뒤의 기록일 수도 있다. 『규원사화』의 기록 내용을 요약해서 정리하면 다음 <표 15-1>과 같다.

표 15-1 단군8가제의 8가와 기능 및 담당자

8가 이름	상징동물	담당 기능 및 업무	고조선 초기 담당자
호가(虎加)	범	국정 총괄, 모든 가(加)들을 총괄	큰 아들 부루(夫婁) 임명
마가(馬加)	말	주명(主命) 담당, 왕명·칙령·시행입법·글자 등	옛 신지(神誌)씨 임명
우가(牛加)	소	주곡(主穀) 담당, 누에실 곡식 주관	고시(高矢)씨 임명
웅가(熊加)	곰	주병(主兵) 담당, 군대 담당	치우(蚩尤)씨 임명
응가(鷹加)	매	주형(主刑) 담당, 법을 주관	둘째 아들 부소(夫蘇) 임명
로가(鷺加)	해오라기	주병(主病) 담당, 병을 주관	셋째 아들 부우(夫虞) 임명
학가(鶴加)	학	주선악(主善惡) 담당	주인(朱因)씨 임명
구가(狗加)	개	지방업무(分管諸州) 지방 여러 고을 담당	여수기(余守己) 임명

『규원사화』의 내용을 요약하면 다음과 같다.

첫째, 단군8가제에서 8가의 이름이 모두 실제 단군이 살고 있던 시대에 함께 생활한 동물들의 이름을 사용하고 있어서 그 동물을 토템으로 숭배하고 있던 8부족들이 단군조선의 부족연맹에 참여한 것을 상징한다고 볼 수 있다. 그리스·로마나 중국의 경우 용이나 알바트로스 등 토템이 실존하지 않는 가공의 동물들이 사용된 것과는 달리 단군조선의 정부중앙통치조직은 각 부족들이 나누어 다스렸음을 상징한 것으로 추정된다.

범, 말, 소, 곰, 매, 해오라기, 학, 개라는 여덟 개의 동물들은 고조선의 지배부족인 한·맥·예족이 대륙에서 살아갈 동안 아주 친숙한 동물들이었다. 신채호가 소개한 5가에서는 돼지, 개, 소, 말, 양이라는 다섯 가지의 동물의 이름을 썼는데, 『규원사화』에서는 이들 가운데 개, 소, 말은 그대로 사용하면서, 돼지와 양을 제외하고 범, 곰, 매, 해오라기, 학을 추가하여 서로 다른 점을 보이고 있다. 범과 곰은 고조선 왕족과 왕비족으로 참여하는 핵심 부족이므로 논외로 하면, 돼지와 양이라는 육지의 짐승이 매, 해오라기, 학과 같은 날짐승의 이름으로 교체·확장된 것이다. 그것은 대륙세력과 연안세력 혹은 농업세력과 수렵어업세력의 연합으로 지배연합이 확장된 것을 상징적으로 보여주는 것일 수 있다.

이것은 두 기록이 다른 것이 아니라 고조선 초기 당시에 수많은 동물의 이름을 한 부족들이 많았는데 그들이 부족연맹국가인 고조선 내에서 권력관계의 변화로 지위가 변화하여 그들의 지배연합 내에서 위상이 변화한 것이라고 추정할 수 있다. 특히 고조선이 도읍을 옮기고, 지배부족도 한족에서 맥족, 그리고 예족으로 바뀐 사실이 단군5가제와 단군8가제에 반영된 것이라 할 수 있다. 지금도 역대 왕조의 제왕의 이름을 국민들이 달달 외울 정도로 알고 있어서 부족 간의 관계에 대한 것도 후대 민족들에게도 상식으로 전하였을 것으로 보인다. 당시의 역사적인 사실에 대한 기록이 역사적인 사건 발생 당시에 문자로 되지 못하고 구전한 것을 후대에 기록한 것이지만 부족의 이름을 혼동하여 바꾸어 기록할 가능성은 적다고 본다.

둘째, 범과 곰은 고조선의 지배연합의 핵심 부족들이어서 범부족의 호가가 모든 가들을 총괄하는 영의정과 같은 부서를 맡고, 곰부족의 웅가가 새롭게 중요해진 군사를 담당하는 것은 웅족이 왕비족이라는 점과도 연결시켜 볼 때 군사력 장악이라는 점에서 중요한 의미를 지닌다. 말, 소, 개의 세 종류의 동물들도 인류 생존에 필수 불가결한 동물들이기 때문에 단군족과 매우 친밀한 관계에 있음을 추정할 수 있다. 말[16]의 마가는 단군의 명령을 신속하고 정확하게 전달하는 역할을 해야 하므로 말의 장점을 살린 것이고, 소의 우가는 농사일에서 노동력을 제공해 농업경제발전에 불가피한 점을 고려해 주곡을 담당하였다.

셋째, 개를 상징하는 구가가 고조선에서 새롭게 중요해진 지방고을에 대한 통치를 담당하는 지방행정의 역할을 하는 것이 적합하였다. 특히 개는 인류가 오랜 기간 동안 살아남은 비결로 개와의 동맹[17]을 들 정도로 단군족은 물론이고 고조선 모든 종족에게

---

16) 동이족은 기본적으로 기마민족이므로 말과 친화적이었으나, 동이족 가운데 말과 가장 친밀한 종족은 몽골족으로서 칭기즈칸의 세계정복에 중요한 동반자의 역할을 했다.

17) 인간과 개의 생존동맹은 인류가 사냥 조력자로 '늑대-개'를 활용하고 옷을 만들어 입으며 혹독한 기후를 버텨서 몸집 큰 네안데르탈인보다 유리하고 개와의 동맹으로 인간은 "닥치는 대로 자연 개척한 인류, 지구상 가장 파괴적인 침입종"인 것으로 평가되고 있다. 네안데르탈인은 손에 무기를 들고 사냥하는 '매복 사냥꾼'인 반면, 현생인류는 원거리 투척무기를 이용한 '추격 사냥꾼'

가장 친숙한 동물일 것으로 보아 개를 상징으로 하는 구가가 지방 여러 고을을 관리하는 '분관제주(分管諸州)'의 기능을 담당하는 것은 너무나 당연한 것으로 보인다.

넷째, 매, 해오라기, 학은 수렵시대와 농경시대 이후 지금까지도 고고한 인품과 문화적인 품격을 상징하는 동물들인 만큼 형벌, 질병, 선악업무를 담당하는 것이 적절해 보인다. 지배연합이 확장하면서 위상이 상승되어 중앙행정조직의 책임을 맡게 된 이들 수렵·어업세력의 역할 강화는 고조선의 영토가 개국 이후 내륙 산악지대 중심에서 큰 강유역·해안·연안지역으로 크게 확장되고 있음을 보여주는 것이다. 평양성 아사달, 백악산 아사달, 장당경 아사달 등으로 천도한 사실과도 연계되는 것으로 보인다. 마치 미국의 연방정부 출범 직후 참여 지방 정부의 숫자가 자꾸 늘어나는 것처럼 고조선에서도 국가가 융성해지면서 영역 주변의 부족들이 점차 많이 참여한 것으로 해석할 수 있다.

다섯째, 고조선의 초대 단군인 단군왕검은 호가에 큰 아들 부루를 임명하여 국정을 총괄하고 차기 단군으로서 국가경영의 경험을 쌓게 하고, 마가에 옛 신지씨, 우가에 고시씨, 웅가에 치우씨, 응가에 둘째 아들 부소, 로가에 셋째 아들 부우, 학가에 주인씨, 구가에 여수기를 각각 임명하였다. 여기에서 여덟 명의 가 가운데 단군이 아들을 세 명씩이나 임명한 것은 고조선 개국 초기의 친정체제 구축 및 권력 강화의 수단으로 보인다.

고조선을 한·예·맥 3부족 연맹으로 볼 때에는, '한'부족의 왕족, '예'부족의 왕비족, 그리고 맥족을 중심으로 하여 여러 부족들과의 부족연맹국가로 형성된 만큼 세 부족의 대표에게 가를 맡겨야 하여 왕비족인 웅가에게는 치우씨를 임명하여 맡겼으나 호가는 맥부족이 맡아야 했다. 여러 부족들에게 8가를 배분하면서 실제 단군왕검의 아들을 임명한 것은 일회적인 기록으로 보이고 아들들을 이어 각 부족의 대표들이 지속적으로 맡게 되었을 가능성이 크다. 당시 단군왕검의 아들들이 세 명이나 맡은 것은 이들 왕자들이 왕족의 일원으로 각 부족으로부터 부인을 얻어 혼인동맹의 연장으로 임명이 되었을 가능성도 있을 것으로 추정된다.

『규원사화』에 기록된 '단군8가'의 상징과 담당 업무 사이에도 적절한 연계가 이루어

이고 '늑대-개'가 인간의 사냥 조력자로서 인간이 생태계를 정복하는데 새로운 길을 열어주었다. '늑대-개'의 가축화 여부가 유라시아를 지키던 네안데르탈인의 멸종과 현생인류 '호모 사피언스'의 생존을 가르는 중요한 변수가 되었으며, "현생인류의 능력이란 현생인류가 보유한 문화적 완충제 및 융통성과 더불어 가축화라고 부르는 '늑대-개'라는 또 다른 상위 포식자와의 전례없는 동맹을 결성한 능력"에 있었다고 주장한다. 팻 시드먼(조은영 옮김). 2017. 『침입종 인간』. 푸른숲 참조.

지는 것으로 보아 고조선 시대의 8가제는 『삼국유사』『고기』에 기록된 환웅의 3상5부제를 승계하면서도 신채호가 설명한 삼한·삼경·오가·오부·오군 제도를 발전·재편하여 보다 더 정치현실적인 세력관계를 감안한 부족연합국가의 국가행정통치조직과 국정운영 방식이라 판단된다. 『규원사화』에 대한 위서 의혹이 제기되지만 단군8가제가 일본으로 전파되어 일본의 『고사기(古事記)』에 유사한 제도로 남아 있는 기록과 비교할 때에도 유사성이 커서 신빙성이 있는 것으로 보인다.[18]

『규원사화』에 기록된 단군8가제의 내용을 단순화시키면 환웅시대의 3상5부제에서 3상과 5부를 통합한 8가제와 유사하게 보인다. 다만, 군대, 누에실, 고을담당의 기능이 추가되고, 그 기능 추가에 따라 군사담당 부서와 누에실을 담당하는 부서, 그리고 지방의 여러 고을을 담당하는 부서를 추가한 것이 달라진 것으로 보인다. 그러나 환웅시대의 3상5부제와 단군조선의 단군8가와 비교해보면, 환웅시대의 3상이 추가된 기능을 나누어 담당한 것으로 보인다. 즉, 누에 실은 주곡에서 담당하고, 호가는 풍백이 담당하던 국정 총괄의 기능을 맡고, 군대를 담당하는 웅가는 우사에 해당하고, 지방의 여러 고을을 담당하던 구가는 운사가 담당하는 것으로 각각 대응이 된다.

고조선의 중앙정부 관료통치조직의 단군8가제는 고대국가의 관료통치가 잘 발전되고 충분히 전문화된 것이라 보인다. 중앙정부조직을 환웅시대와 단군조선시대를 비교해 보면,

첫째, 중앙정부통치조직을 3상5부제에서 8가제로 바꾸어 행정을 보다 전문화시켜 집행부처가 5부에서 3개나 늘어난 8가로 확대시킨 점이다.

둘째, 늘어난 중앙행정조직 중 가장 큰 변화가 군대와 군사업무를 담당하는 주병이라는 웅가를 신설하여 국방기능을 강화시킨 점이다.

셋째, 고조선의 영역 확대에 따라 지방의 여러 고을을 관리하는 지방행정 전담 중앙조직을 신설하여 부족연합국가로서 지방에 대한 통제를 강화시키는 점이다. 중앙정부의 군사조직의 신설과 함께 중앙의 지방행정전담조직을 신설한 점은 군사기능과 지방기능을 연계시켜 실질적인 중앙집권적인 통치를 가능하게 하기 위한 통치조직의 확대

---

18) "일본, 최초의 왕 신무(神武)가 동정(東征)할 때 신무는 천손이므로 천제(天帝)가 '야다가라쓰(八咫烏)'를 보내어 길 안내를 시켰다는 전설이 기록되어 있다. 일본의 첫 왕족은 고조선문명권의 후예인 변한의 변진미오야마나(弁辰彌烏邪馬那)의 왕족 계통이 일본열도에 건너간 것이므로, 이때 '야다가라쓰'는 '8가'(八加)를 상징한다고 해석된다." 신용하는 '야다가라쓰'에서 '야다'가 '8'에 해당하고 '가쓰라'(烏)가 '가마귀 오'여서 '가'에 해당하는 것이어서, 8세기에 편찬된 『고사기』가 '천제의 8가'를 전하고 있으므로 이 기록이 '단군(檀君, 天帝)8가제'를 보완 증명하는 자료가 될 수 있는 것으로 해석하고 있다. 『古事記』. 神武紀; 신용하. 2010: 199.

를 의미한다.

넷째, 3상을 8가의 하나인 호가로 줄이고 폐지하여 중앙정부통치조직의 계층을 세 개에서 두 개로 줄여서 단군이 직접 중앙통치조직을 관장할 수 있도록 왕권강화와 직할통치체제를 확립시켰다. 부족연맹 국가의 초대 단군으로서 통치권을 강화시키고 친정을 강화하겠다는 것이 조직 구성에서 나타나고 있다. 이러한 고조선의 단군8가제 중앙통치조직은 [그림 15-5]와 같다.19)

그림 15-5 고조선의 단군8가제 중앙통치조직

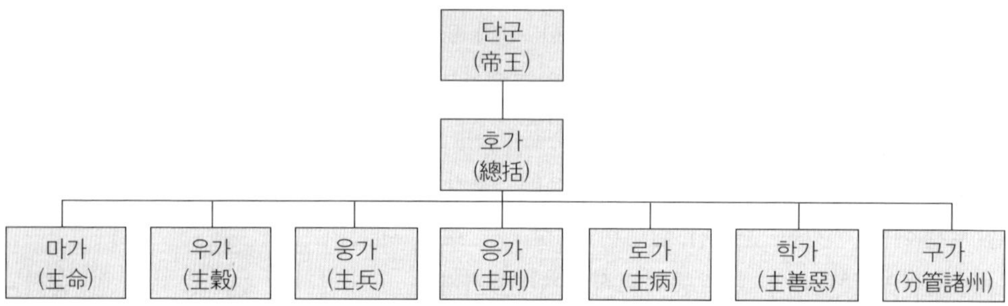

출처: 각주 19.

그림 15-6 환웅의 3상5부제와 단군8가제의 비교

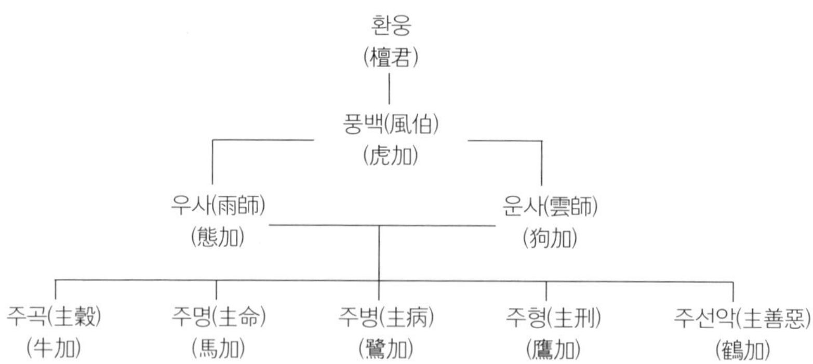

출처: 신용하. 2010: 200에서 한글 수정 추가·인용.

이러한 고조선 시대의 단군8가제와 환웅시대의 3상5부제를 비교하면 [그림 15-6]

19) 신용하. 2010: 201의 <표 5-5>에서 한글로 고쳐 재인용함.

과 같다.

(3) 단군8가제의 중앙정부 업무 기능 배분

1) 단군8가와 담당자

고조선의 중앙행정체제는 환웅시대의 환웅 3상・5가체제를 이어 단군5가와 단군8가로 이어졌다. 환웅시대의 3상5가체제는 3상의 풍백(호가)・우사(웅가)・운사(구가)와 5가의 우가(주곡)・마가(주명)・로가(주병・질병)・응가(주형)・학가(주선악)로 구성되었다. 환웅시대 3상5가체제는 단군5가체제와 8가체제로 발전하여 고조선 시대 주요 행정과 주요 정책의 주체가 되었다.

2) 호가(虎加, 뒤에는 용가龍加): 국무총리

호가는 5가 가운데 선임으로 국정을 총괄하여 모든 가(加)들을 총괄하는 국무총리와 같은 권한과 기능을 하였다. 초대 호가에는 단군왕검의 큰 아들 부루(夫婁)를 임명하였다.

3) 마가(馬加): 비서실장・총무처장관・교육부장관・외교부장관

마가는 왕명을 다루는 주명(主命)을 담당하여 왕명・칙령관리・시행입법・글자 제정 등의 업무를 취급하여 비서실장이나 총무처장관 및 교육문화부 장관과 같은 역할을 하였다. 단군왕검이 초기에는 신지에게 글자를 만들도록 명령하고 신지문자를 만든 것으로 알려졌다. 또한 때로는 사신 등 외교사절로 임명되어 국왕을 대신하여 왕명에 따라 국가 간의 외교를 담당하는 역할도 수행하여 외교부장관의 역할도 마가의 일 가운데 일부였다. 첫 마가로는 옛 신지(神誌)씨를 임명하였다.

4) 우가(牛加): 농림부장관・산업부장관

우가는 쌀, 보리, 밀, 조, 고구마, 감자, 콩 등 주곡(主穀)을 담당하고, 누에 실 등 양잠을 주관하여 백성들의 먹고 입는 일을 담당하는 농림부장관의 역할을 하였다. 당시에는 농업과 잠업이 중심이어서 우가가 농림부장관과 같지만 이외에도 경제를 다루는 산업부장관의 역할도 한 셈이다. 초대 우가에는 고시(高矢)씨가 임명되었다.

5) 웅가(熊加): 국방부장관

웅가는 병사와 군대 및 전쟁을 다루는 주병(主兵)을 담당하여 국방부장관과 같은 역할을 하였다. 웅가는 중앙군은 물론 지방군 5부의 지휘권까지 가지고 총군대원수의 직을 겸하여 나머지 군대를 지휘할 수 있는 권한을 가졌다. 초대 웅가에는 치우(蚩尤)씨가 임명되었다.

6) 응가(鷹加): 법무부장관·검찰총장

응가는 범죄를 방지하고 벌하는 주형(主刑)을 담당하여 법무부장관과 같은 역할을 하였다. 8조금법과 같은 법을 만들고 그 법이 철저하게 지켜지도록 했다. 노예제도, 사유재산제도, 정전제 세법 등의 집행 업무도 담당했다. 사회질서를 유지하기 위해 범죄를 예방하고 범인을 처벌하는 기능을 담당하였고, 초대 응가에는 단군왕검의 둘째 아들 부소(夫蘇)를 임명했다.

7) 로가(鷺加): 보건복지부장관

로가는 질병 치료와 질병 예방 등 주병(主病)을 담당하여 보건복지부장관의 역할을 했다. 침술, 약, 수술, 치료 등 동양의학과 동양약학을 진흥하여 백성들의 질병을 줄이고 치료코자 하여 보건의료업무를 다루었다. 초대 로가에는 단군왕검의 셋째 아들 부우(夫虞)를 임명했다. 부우 이후에는 기성(奇省)이 의약을 담당하며 주병 업무를 관리한 것으로 보인다.

8) 학가(鶴加): 종교부·교육부장관·문화부장관

학가는 백성들을 교화하여 선과 악, 홍익인간, 문화 등 가치와 종교 등 주선악(主善惡)을 담당하여 종교부장관, 교육부장관과 문화부장관의 역할을 했다. 선악의 기준은 사회와 시대에 따라 다르지만 단군조선에서는 홍익인간, 삼신교, 천신숭배, 천손숭배 등의 가치를 진흥시키고 한국의 오훈이나 신시 오훈 등을 널리 가르쳤다. 초대 학가에는 주인(朱因)씨를 임명했다. 주선악과 관련하여 희(羲)에게 점치는 일을 관장케 하여 정부가 종교 및 사회문화의 격을 유지토록 했다.

9) 구가(狗加): 내무부장관

구가는 지방의 여러 고을과 지방행정 등 지방업무(分管諸州)를 담당하는 역할을 하여 내무부장관의 역할을 했다. 고조선에 여러 부족들과 제후국들이 참여하면서 지방정부에 대한 중앙정부의 통제기능이 중요하게 대두하면서 '분관제주'의 업무가 더욱 중요하게 되었다. 대제국에서는 지방정부에 대한 관리업무가 중요하고 잘 하지 못할 경우에는 지방 속국이나 제후국들이 이탈하여 때로는 연방체제가 붕괴되기도 하였다. 초대 구가에는 여수기(余守己)가 임명되었다. 단군왕검이 나을(那乙)에게 호적관리를 맡겨 지방업무와 더불어 행정관리 업무를 담당했다.

6. 고조선의 지방통치체제

(1) 초기 3경5부제에서 5경5부제로의 확대

고조선의 지방통치체제는 부족연합국가가 지니는 성격으로 단군조선의 영토는 개국 초기부터 단군이 직접 통치한 직령지와 연합부족의 군장인 후국 제후를 통해 간접적으로 통치하는 후국의 속령으로 나뉘었다. 고조선이 동아시아에서 가장 먼저 부족연합국가로 출범하면서 직영지는 물론이고 후국에 의해 통치하는 지방 제후국의 영토가 급속하게 확장되었다.

고조선의 지방통치체제에 대해 신채호는 3한・3경・5가・5부・5군의 통치체제 가운데 지방통치체제는 중앙통치체제를 제외한 3경5부제(三京五部制)를 주장하고, 신용하는 5경5부제(五京五部制)를 주장하여 2경을 더 늘려 잡고 있다. 이것에 대해 살펴보면, 신채호는 고조선 건국 초기를 중심으로 본 것으로 건국 초기 핵심 세 부족이 중앙의 신한과 지방의 말한과 불한으로 나누어 다스리면서 신한의 국왕은 수도인 중앙 정부에서 대대단군왕검이 되고 말한과 불한에도 각각 부수도를 두고 각각의 왕을 제후인 부왕으로 삼아 단군의 통치를 보좌하도록 하였다. 그러면서 지방을 동・남・서・북・중이라는 5부를 두고 각각 남(藍)・적(赤)・백(白)・현(玄)・황(黃)으로 부르며 지방을 5개로 나누어 다스려 초기 3경5부제가 된 것이다.

그러나 『삼국유사』에 인용한 『고기』에서 고조선은 건국 이후 평양성 아사달에서 창업하고, 백악산 아사달을 거쳐서 장당경으로 옮겼다가 다시 1,500년 뒤에 다시 원래의 아사달로 돌아 온 것으로 기록하여 수도가 두 개 늘어났다. 고조선 개국 이후 두 차례나 천도하여 수도를 옮기면서 두 개의 부수도가 추가되어 5개의 부수도가 되고 지방은 처음과 같이 5부가 유지되어 5경5부제로 확대된 것이다. 3경에서 추가된 2경이 발해만 위의 조선현 고죽국과 대릉하 유역의 아사달 조양으로 이들을 포함된 5경은 평양 강동

그림 15-7 고조선의 지방통치체제 발전 비교: 3경5부제에서 5경5부제로의 확대

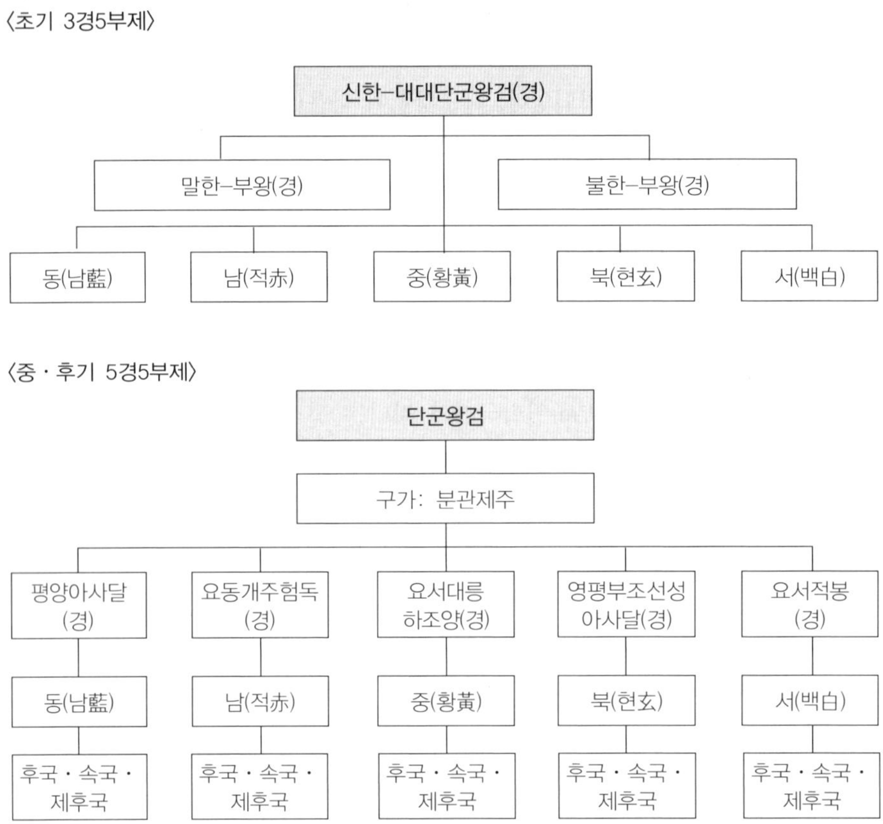

현 아사달, 요동반도 개주(蓋州) 지역 험독(險瀆), 요서 지역 대릉하 유역의 조양(朝陽), 영평부(永平府) 조선성(朝鮮城)의 아사달, 그리고 지금의 내몽고인 요서 지역 적봉(赤峰) 등이다.[20]

따라서 신채호의 3경5부제나 신용하의 5경5부제는 고조선의 2천 년의 역사에 걸친 변화와 발전을 개국 시점과 번창한 융성기라는 서로 다른 시점에서 본 고조선 지방통치조직체제의 변화된 모습이라고 볼 수 있다. 2천 년 동안 하나만의 지방통치체제를 유

20) 신용하는 뾰족밑 팽이형 토기, 고인돌 무덤 연대, 비파형 청동단검 등 복합 문화지표 항목을 이용하여 발굴된 유물을 분석하여 부수도와 고조선의 영토확장을 과학적으로 규명하였다. 위의 책: 174-181.

지한다는 것이 더 이상한 것인 만큼 고조선은 3경5부제에서 시간이 지나 국가가 국운 상승기에 5경5부제로 확대·발전한 것으로 보아야 할 것이다. 5경5부제로 발전하면서 중앙정부의 지방정부통제 강화를 위해 지방장관인 '구가'의 '분관제주(分管諸州)'의 기능은 점차 확대되어 단군의 중앙집권적 통치영역을 확대시켰을 것으로 보인다.

(2) 고조선의 지방통치체제 확장

1) 고조선의 도읍(都邑), 국읍(國邑), 소읍(小邑), 읍(邑), 읍락 체제

고조선의 지방의 도시와 주거집단은 조직 성격과 크기에 따라 도읍(都邑), 국읍(國邑), 소읍(小邑), 읍(邑), 읍락(村落, 또는 邑落) 등으로 구성되어 있다. 도읍(都邑)은 고조선의 수도로서 제왕 단군이 통치하고, 국읍(國邑)은 직령지에서는 신지가 통치하고 후국에서는 후국의 도읍으로 제후가 다스리고, 소읍(小邑)은 중소규모의 집단 거주지로서 규모에 따라 검측(儉側)이나 번지(樊祇)가 다스리고, 읍(邑)은 살해가 우두머리이고, 촌락(村落, 또는 邑落)은 읍에 행정적으로 부속된 마을로서 촌장인 읍차가 일을 맡아 처리했다.[21)]

고조선 시대에 고조선은 발해만 북쪽 난하 유역, 대릉하 유역 조양 아사달, 발해만 북쪽 난하 유역 고죽국 등에 직령지를 두어 고조선 중앙정부의 통치력을 강하게 행사한 것으로 보인다. 직령지는 단군의 명을 받아 '가한'이 지방을 통치하였고 국읍(國邑), 소읍(小邑), 읍(邑), 촌락(村落, 또는 邑落)의 각급 '거수(渠帥)'[22)]들을 통해서 지배한 것으로 보인다. 부여에서는 가(加)가 동·서·남·북 사출도의 수천 호 또는 수백 호를 직령지로 지배한 기록으로 보아 고조선도 유사한 방식으로 직령지를 거수를 통해 통치한 것으로 추정할 수 있다.

고조선은 직령지 외에 후국제도[23)]를 채택하여 영토를 간접 통치하였다. 후국의 경우

---

21) 읍의 거수들인 신지, 검측, 번지, 살해, 읍차 등의 명칭은 각급 읍의 공동체 우두머리의 명칭으로 고조선이 내려준 명칭인지는 불확실하다. 이 명칭들이 한과 진에서 사용한 기록이 나오는 것은 '한' 부족이 고조선의 왕계 배출부족이고 한과 진의 지방통치제도가 고조선 전체 영역에서 사용되는 것으로 보아 고조선의 명칭이 후에 한과 진의 명칭으로 채택되었을 가능성도 있을 것으로 보인다.

22) 거수(渠帥)는 국읍(國邑), 소읍(小邑), 읍(邑), 읍락(村落, 또는 邑落)의 우두머리를 고조선 말의 한자소리 표기로 불리는 것이었는데, 거수는 '장수'나 '제후'로 해석되고, 신라왕 거서간, 거서한과 동일한 고대어로서 대왕의 고대어라고 볼 수 있다.

23) 윤내현은 후국을 고조선 용어로 '거수국'이라 호칭하였으며, 신용하는 여기에 거수국이 후국만이 아니라 직령지에도 가능했음을 지적한다. 윤내현. 1994. 『고조선연구』. 일지사: 439-441; 신용

에는 각급 읍의 거수들을 '후'로 삼아 상당히 자율적으로 통치를 허용하여 간접적으로 통치한 것으로 보인다. 고조선 건국 초 예(濊)족 군장을 예후(濊候)로 삼은 것을 시작으로 다른 부족국가들이 귀속해오거나 정복한 경우에 후국제도를 활용하여 간접통치를 확대시켰다. 급속한 영토 확장도 많은 부족들이 고조선에 복속해오면서 가능한 것이었고 이것을 간접적인 지방통치제도로 수용하였다.[24]

직령지나 후국 구분 없이 모두 국읍(國邑), 소읍(小邑), 읍(邑), 촌락(村落, 또는 邑落)의 각급 지방행정 단위별로 상호 간에 경계 개념이 분명하여 서로 함부로 들어가지 않은 것으로 보인다. 예 후국에서 '함부로 침범하면 벌로 책화(責禍)를 물린 것'으로 기록되어 있어서 그 유습을 보여준다.

지방에 대한 통치를 담당하는 사람에 대해 박은식은 직령지에는 큰 아들이 아닌 둘째 이하의 단군의 지자(支子)를 봉하여 다스리게 하고 그 밖의 광대한 강역은 후국제도를 채택하여 소군장(小君長)이 다스리도록 했고, 예(濊)는 여수기를 군장으로 삼아 다스렸다고 한다.[25] 이 내용은 『규원사화』 단군기에서도 단군의 큰 아들 부루가 호가, 둘째 아들 부소가 응가, 셋째 아들 부우가 로가를 각각 맡아 단군의 친정권력 강화를 시도한 것에서도 확인되는 내용이다. 그 연장선상에서 이들이 직령지를 다스렸을 가능성이 크다.

2) 제사장 체제: 소도와 소도별읍 체제

고조선에는 소도와 소도별읍이라는 특별한 별읍들이 일반 지방통치체제와는 별개로 천군의 지휘를 받는 체제로 유지되었다. 고조선 사람들은 개국 시조 단군이 사후 승천하여 천신이 되었다고 믿어 단군신을 천신·조상신으로 숭배했다. 『삼국지』, 『후한서』 및 『전서』의 기록[26]에 고조선을 뒤 이은 진(辰)과 삼한(三韓) 지역 국읍에는 천신제사를 담당하는 천군을 두었고, 소도와 소도별읍들에는 큰 나무에 방울과 북[27]을 매달아 귀신을 섬겼다는 기록들이 많다. 이들 별읍 지역에는 청동방울들이 발굴되고 있어서 소

하: 255 참조.

24) 고조선의 지방통치제도인 직령지 통치방식이나 후국제도로 제후국을 통치하는 방식 등은 후에 고조선의 후조선을 멸망시킨 중국의 한(漢)에게 전파되어 한이 군현제를 실시하여 통치하는 방식으로 확산된 것으로 보인다.

25) 박은식. 1911. 『단조사고』 내편. 『백암박은식전집』 제4권: 517, 583.

26) 『三國志』 권 30, 위서 東夷傳 韓條; 『後漢書』 권 85, 東夷列傳 韓條; 『晋書』 권 97, 東夷列傳 馬韓條 참조.

27) '북'은 신의 강신을 기원하는 알림이고 '방울'은 강신의 도착을 알리는 도구로서 소도별읍은 종교 성역과 연관된 것이다.

도와 소도별읍(솟대 별읍)의 존재를 입증해주고 있다. 고조선의 소도와 소도별읍은 제후의 권력이 미치지 않는 지역으로 천군이 다스리는 지역이었다. 고조선의 솟대문화는 고조선 지역의 고유한 문화로 지금까지 만주일대, 북한, 한반도에도 보편화된 문화유형으로 남아 있다.[28]

7. 고조선의 군사조직 및 군사제도

(1) 초기 군사조직

고조선은 군장사회의 군장인 환웅시대에서 발전한 여러 부족연합 국가이므로 이들 새로 확장된 영토의 부족들을 지켜야 하는 군사국가로서의 역할과 기능을 강력하게 요청 받았다. 『삼국유사』에서 "세 가지 위험"이 있어서 환웅족의 국가를 개창했듯이 부족국가의 연합을 필요로 했던 것은 외부로부터의 침략을 방어하기 위한 필요성을 크게 느꼈을 것이다. 새로운 과학기술의 발달로 청동기무기가 개발되어 군사력에서 선진부족국가가 후진부족국가를 침략·정복하여 부족국가 간의 무력충돌이 늘어서 약육강식의 처절한 전쟁시대가 열리는 것은 서로에게 피해를 주는 것이었다. 이 때문에 그 안보위협을 극복하기 위해 부족국가의 군장들이 모여 고조선을 부족연합국가로 건국하게 된 만큼 고조선의 군사조직 구성과 국방력 강화는 국가건립의 기본 요소였다.

이 때문에 고조선은 군사조직을 특별히 강력하게 구축하고자 하였으나 부족연합국가로서의 성격으로 인해 중앙군보다는 제후국 후왕의 지방군을 중심으로 구성하였다. 그래서 도입한 것이 각 부족국가에서 보유하고 있던 군대들을 지역별로 나누어 전군·후군·중군·좌군·우군이라는 5군제로 지방군을 중심으로 조직화하였다. 건국 초기에는 중앙군대를 새로 만들면서 기존의 각 지역 부족들의 군대를 활용하기 위해 지방군을 중심으로 지방정부인 동·남·서·북·중이라는 5부와 연계시켜 조직화하였다. 이 5부의 지방정부는 각각 남(藍)·적(赤)·백(白)·현(玄)·황(黃)으로 불렀기 때문에 이들을 전군·후군·중군·좌군·우군의 별칭으로 불렀을 것으로 추정된다. 황군과 백군, 청군과 홍군 등의 군대 이름이 4국, 남북국, 고려, 조선시대는 물론 수천 년이 지난 지금도 초등학교나 기업체 및 지역의 각종 체육대회 때 단체 이름으로 사용되고 있는 것은 이 때부터 유래한 것으로 보인다.

---

28) 손진태. 1947. <소도고>. 『조선민족문화의 연구』. 을유문화사.

(2) 중기 이후 군사조직

고조선의 권력이 어느 정도 정착해가면서 군대 지휘체제는 중앙군과 지방군의 균형을 이루고자 하여 제왕인 단군왕검이 총사령관이 되고 5가 가운데 군대를 직할로 지휘하는 신가(웅가)가 중군을 맡아 중군대원수가 되어 중앙군을 강화시켰다. 단군왕검과 중군 대원수 신가의 지휘 하에 나머지 전군·후군·좌군·우군이라는 4개의 지방군을 동·남·서·북이라는 4부의 책임자인 돗가·개가·소가·말가라는 국무대신들이 원수를 맡아 전쟁을 치르도록 편제하였다. 국방장관의 역할을 맡은 신가가 같은 급의 장관들인 돗가·개가·소가·말가들을 군사에 관한 한 지휘하도록 군령체제가 구축되어 중앙군과 지방군이 상호 협력·통합하여 서로 다른 통수체계를 일사불란한 명령계통이 되도록 했다. 『규원신화』에서는 5가를 8가로 보고 '주병(主兵)'을 맡은 웅가가 국방장관으로서 신가의 역할을 한 것으로 보고 있으나 큰 틀에서 군사조직에서는 유사한 것으로 볼 수 있다.

여기에서 특이한 군대명령체계를 보면 단군왕검 아래 중군 대원수 지휘 하에 동·남·서·북·중이라는 고정된 지리적인 체제가 아니라 전군·후군·중군·좌군·우군이라는 중립적인 군사조직으로 명명한 것이다. 이것은 전쟁전략 수립 후 전투에서 상대방 적군의 위치에 따라 융통성 있게 대응할 수 있도록 군대의 이름이 바뀌고 전략이 바뀔 수 있음을 보여주는 것으로 보인다. 단군조선의 지정학적인 위치를 고려하여 남쪽, 서쪽, 북쪽, 동쪽 가운데 적군이 어느 쪽에서 침략하느냐라는 적군의 위치에 따라 군대의 명칭이 달라진다. 남쪽에서 적군이 침략하면 남군이 전군이 되고 북군이 후군이 되고 동군이 좌군이고 서군이 우군이 된다. 다음 전쟁에서 서쪽에서 적군이 침략하면 서군이 전군, 동군이 후군, 남군이 좌군, 북군이 우군이 되는 방식으로 군대의 역할이 달라지도록 운영한 것으로 추정된다. 그것은 5군 모두 독자적인 전략·전술능력을 지니도록 한 것이고 고조선 이전에 이미 부족국가의 군대로서 다양한 역할을 했을 것인 만큼 고조선에서는 이들을 결합하고 통합하여 하나의 연합군으로 지휘하여 국방력을 확대재생산하는 데 초점을 둔 것으로 보인다. 그렇기 때문에 연합군의 군사력을 통합시키고 결속시켜 연합군대의 군사적인 시너지를 최대로 만들게 하는 대원수의 역할이 가장 중요한 것이다. 그 대원수는 중군을 직접 맡으면서도 전체 군대를 통할·지휘하는 군령권을 지니고 모든 전쟁의 총사령관을 맡게 되었다. 고조선의 군대제도의 특징은 단군왕검의 지휘 아래 5가인 신가가 중군 대원수가 되어 중심을 잡고 나머지 전군·후군·좌군·우군의 원수들을 지휘하도록 군령체제를 단일화하고 있고, 그 국방력을 바탕으로 단군왕검이 흔들리지 않고 국가운영과 군대지휘를 함께 일사불란하게 운영될 수 있도록 조직하고 운영한 점이다.

특히 중요한 것은 고조선에서 건국 초기에는 3한3경5부제로 인해 단군왕검의 제왕권이 분산되고 군대에 대한 지휘통제도 중앙행정조직과 지방행정조직, 그리고 군대조직이 융합되어 있어서 단군왕검이 제왕권과 군대 지휘력이 약한 편이었다. 그 뒤 고조

그림 15-8　고조선 초기와 중기 이후의 군대조직 비교

〈고조선 초기 군사제도: 중앙군+지방군 중심〉

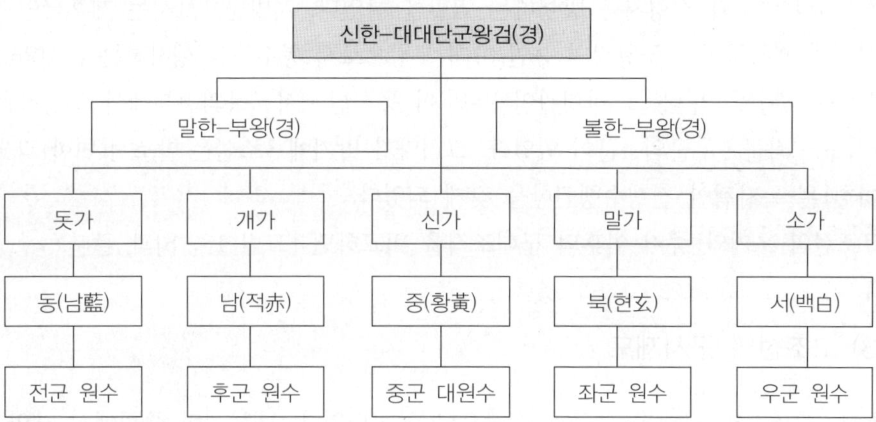

〈고조선의 중・후기 군사제도: 중앙군 중심+지방군〉

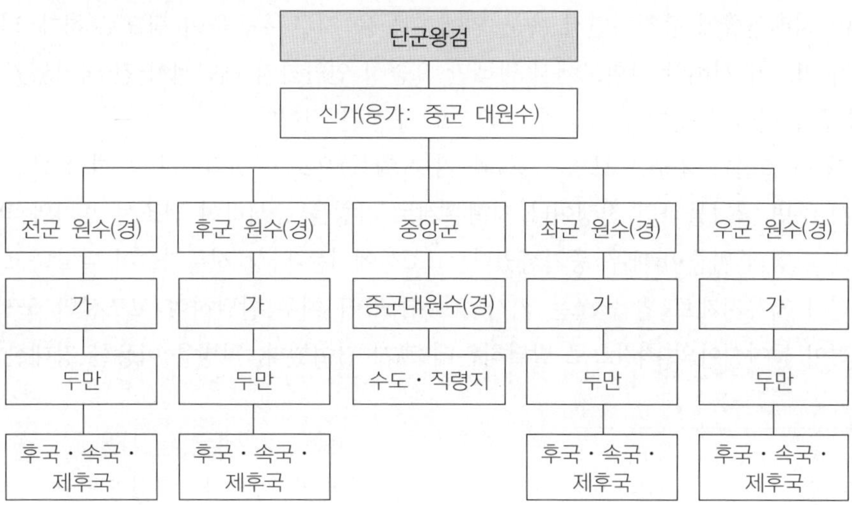

선의 권력이 제왕을 중심으로 중앙집권적으로 강화되면서 군사지휘력도 단순화되고 단군왕검의 군대지휘권도 더욱 강화되었다.29)

고조선은 전 영역에서 중앙집권적인 국가가 아니라 부족연맹국가로서 후국제도를 채택한 수직적인 연맹국가의 성격을 지니고 있었다. 이 때문에 중앙군과 지방군이 건국 초기부터 다른 통수체계를 가지고 있어서 초기에는 후국 중심으로 지방군이 중심이 된 체제였으나30) 중기 이후부터는 중앙군이 정비되면서 중앙군이 지방군보다 더 큰 비중을 차지하게 된 것으로 추정된다.

고조선의 중앙군은 단군왕검의 직할군대로서 3한3경 가운데 신한의 1경과 영지인 '직령지'에 대해서만 제왕단군왕검과 웅가(신가)가 직접 통수권을 행사하는 군대로서 단군조선의 수도와 직령지를 방어하는 역할을 하였다. 지방군으로서는 제후국인 말한과 불한의 후왕들이 단군왕검의 승인 아래 부왕으로서 통수권을 행사하는 군대와 지방 후국들의 후왕인 '가'나 그 사령관인 '두만'이 동·남·서·북의 4부에서 운영하는 전군·후군·좌군·우군의 4군이 있었다. 그러다가 말기에 3조선은 발조선(변한)과 말조선(마한)은 독자적인 전쟁수행권한을 갖게 되었다.

고조선의 초기와 중기 이후의 군대조직을 비교하면 [그림 15-8]과 같다.

(3) 고조선의 군사제도

첫째, 고조선의 군대는 육군과 수군으로 구성되었다. 대륙세력 중심에서 해양·연안·어업·수렵 활동이 많아지고 기러기, 학, 해오라기 등 날짐승들을 상징으로 한 부족들이 지배연합에 동참하면서 육군 외에 이들을 지킬 수군들이 필요로 하게 되었다. 게다가 영토가 서해안 강화도에서 발해만 요동성 연안까지 해안선이 긴 국가였기 때문에 수군을 만들어 군대가 육군과 수군으로 구성된 것이다.

둘째, 고조선의 육군은 보병(步兵)과 기병(騎兵)으로 구성되었다. 특히 유목민의 후예로서 주변 국가들과의 전쟁이나 지형관계로 기병을 중시하여 전조선 후기와 후조선 시기에 기병의 비중이 매우 증가하였다. 고조선에서는 마상 전투기술이 발달하고 말을 달리면서 자유자재로 활을 쏘는 기사법(騎射法)이 매우 발달하여 고조선의 군사력과 전투력이 동아시아의 최강으로 발달하는데 크게 기여했다. 기병을 이용한 강대한 군사

---

29) 신채호. 2014: 100-101.

30) 최영실. 2005. <고조선의 군사력에 대하여>. 단군학회 편. 『단군과 고조선의 연구』. 지식산업사: 319-343.

력은 고조선의 영역과 고조선의 문명권이 서쪽으로 크게 확장되어 지금의 만리장성 넘어로까지 뻗치는데 큰 배경이 되었다.[31] 이러한 막강한 고조선 기병에 대한 유적으로 고조선 첫 수도 아사달의 대박산과 철봉산 모운대 위에 각각 '수철마(水鐵馬)' 상을 세

그림 15-9　비파형 청동단검의 출토지 분포(김정배 작성)[32]

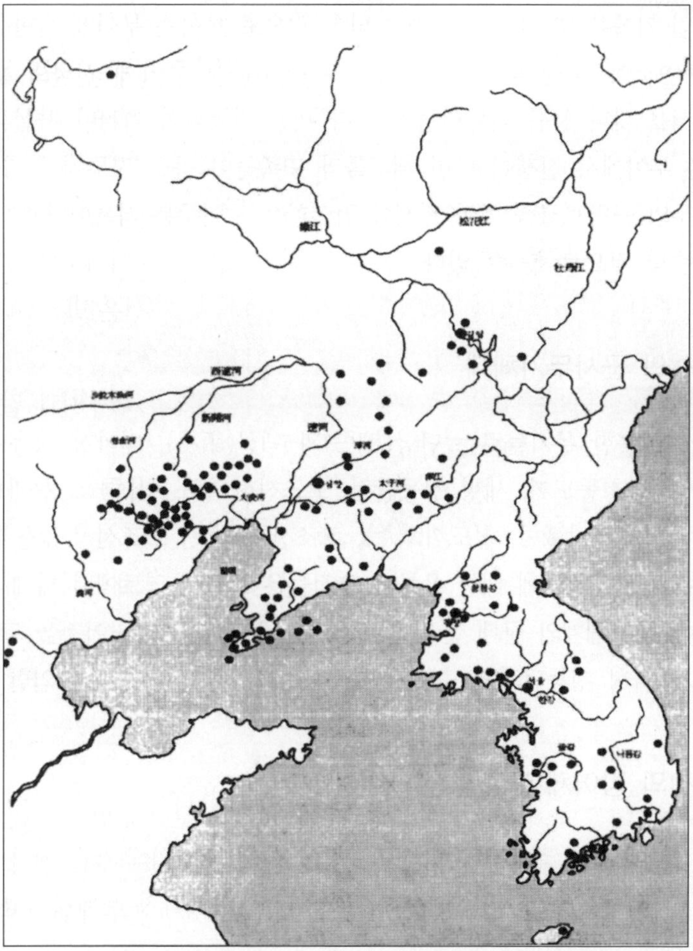

출처: 각주 32.

31) 신용하. 2010: 204－205.

32) 김정배. 2000. <동북아의 비파형 동검 문화에 대한 종합적 연구>. 『국사관논총』. 제88호: 82; 신용하. 2010: 210의 [그림 5－11] 재인용.

워 놓은 것에서도 상징적으로 확인된다. 또한 발굴된 청동기 무기 가운데 기병에서만 사용하는 청동꺾창 등의 무기들이 여러 지역에서 출토되어 고조선이 기병을 두어 국방을 튼튼히 한 것을 확인할 수 있다.[33]

셋째, 군인의 충원은 귀족과 평민 및 노예 등 모두를 포함하여 각계각층의 국민들이 총동원 되었다. 귀족은 지휘관과 장교로 전쟁에 참여하고 평민은 병사로 동원되고 일부 노예는 군량과 무기 수송 및 진지구축공사 등에 동원된 것으로 보인다. 고조선 시대에 대한 직접적인 기록은 없으나 이를 물려 받은 것으로 보이는 부여에 관한 『삼국지』 위서 동이전 부여조에 "적군(의 침입)이 있으면 제가(諸加)들이 몸소 전투를 하고, 하호(下戶)는 양식을 갖다가 음식을 만들어 준다"[34]고 기록하여 이러한 사실을 추정할 수 있다. 이것은 부여에서 전쟁이 나면 제후들과 귀족들이 몸소 전투에 참가하고 평민과 노예들도 전투와 군량보급을 맡아 전쟁에 참여함을 보여주는 기록이다.[35] 이것은 고조선에서도 비슷할 것으로 볼 수 있다.

(4) 고조선의 군사무기체제

고조선에서 사용한 무기들로는 단궁(檀弓)과 맥궁(貊弓), 비파형 청동단검, 비파형 청동창끝, 부채꼴 청동도끼, 세형 청동단검, 고조선식 청도 창[銅戈: 동과], 고조선 철제무기(철제 장검, 쇠뇌鐵弓, 철도끼鐵斧), 고조선식 갑옷, 고조선식 청동투구 등을 들 수 있다.[36] 이러한 무기들에 대한 유물과 유적들은 고조선 영토에서 넓게 분포되고 있어서 고조선의 무기체계와 군대 분포를 미루어 추정할 수 있다. 이것을 고조선의 대표적인 무기인 비파형 청동단검의 출토지 분포도 [그림 15-9]에서 확인할 수 있다.

(5) 고조선의 방어체제와 석성·성곽

고조선은 성읍국가로 출발하여[37] 첫 수도인 아사달은 주위에 성을 쌓아 외적의 침입을 방어했다. 북한 고고학계가 대동강 유역 강동군에서 황대성을 발굴하고[38] 중국고고

---

33) 『江東縣邑誌』(규장각도서. No. 17481) 및 『江東郡邑誌』(규장각도서. No. 109).
34) 『三國志』. 魏書, 東夷傳 夫餘條.
35) 신용하. 2010: 203-204.
36) 이 무기들에 유물 사진, 모양, 용도, 출토지 등에 대한 자세한 내용은 신용하: 205-239.
37) 이기백. 1988. <고조선의 국가형성>. 『한국사시민강좌』. 제12집.
38) 리순진. 1995. <평양 일대에서 새로 발굴된 황대성에 대하여>. 『조선고고연구』, 1995년 1월호: 7-12.

학계가 옛 만주 요밍성 부신 삼좌점 평정산에서 하가점하층문화 시기의 석성을 발굴하였다.[39] 황대성 주변의 고인돌 무덤은 지금부터 4,539년의 것으로 측정되어 단군조선 시대의 석성으로 추정된다.

『강동군읍지』와 『강동현읍지』의 기록에는 대동강 동쪽 유역 강동현의 고읍에는 두 개의 옛 성터가 남아 있는데, 고조선 시대에 둘 다 축성했는지 아니면 고조선 시대에 하나만 건축하고 후대 고려시대 거란과 몽고 침입 시에 하나를 축성하였는지, 아니면 두 개를 보수했는지 불확실하다.

고조선 성곽의 특징은 원형이나 타원형이고 석성의 경우에는 적의 침입을 막아 공격하기 편리한 치(雉)를 두고 있다는 점이다. 이것은 중국의 고성에서는 보이지 않는 고조선 성곽의 고유한 특징이다. 이러한 석성과 성곽의 구축은 고조선이 외적의 침략을 막고 국가를 번영시키는 국방력을 키우는 데 중요한 역할을 한 것으로 보인다. 다양한 청동기 무기들과 기병중심의 군대는 막강한 군사력으로 강대한 고조선을 발전시키는 강력한 국가능력으로 작동한 것으로 보인다.

8. 고조선 중앙 · 지방정부 · 군의 관료계급

고조선 사회는 귀족들을 관료조직에 충원하여 중앙정부 조직의 계급과 관명으로 왕상 밑에 비왕(부왕 · 후왕), 상(相), 경(卿), 대부(大夫), 대신(大臣), 대원수, 원수, 장군(將軍), 박사(博士), 감찰관 등이 있다.

첫째, 비왕이나 부왕 · 비왕 · 후왕은 왕을 보좌하는 최고 관직으로 왕의 역할을 대신하여 외국 사신을 접대하고 배웅하는 일을 하고 왕의 역할을 직접 보좌하는 일을 한다. 예를 들면, 109년 한(漢)의 사신이 왔을 때 비장왕이 사신을 배웅한 기록이 있는데 이것이 비왕의 역할을 보여주는 것이라 할 수 있다. 제후국들의 왕들도 자신의 영토 내에서는 후왕으로서 부왕이나 비왕과 비슷한 권한을 부여받은 것으로 보인다.

둘째, 상은 왕과 부왕 · 비왕 · 후왕을 제외한 관료조직에서는 최고위직으로 왕에게 잘잘못을 직접 간할 수 있는 높은 계급이다. 고조선 시대 "조선 상 역계경이 우거왕에게 간했다"는 기록이 있는 것으로 보아 상은 왕이나 부왕 · 비왕 · 후왕 등에게 직접 간

39) 2006~2007년에 산성을 발굴하였는데 기원전 24세기~기원전 14세기의 고조선의 성으로 추정하고 있다. 고조선학회. 2008. 『고조선유적 답사자료』: 13－14; 복기대. 2008. <한국사연구에서 고고학응용의 몇 가지 문제에 대하여>. 고조선학회. 『고조선연구』. 제1호. 지식산업사; 신용하. 2010: 239－243.

하는 높은 관리였음을 알 수 있다. 부왕이 두 명이고, 후왕은 더 많으며, 상도 중앙정부와 지방정부에 몇 명씩 있었던 것 같다. 『사기』<열전>에 따르면 고조선에는 상 한음, 조선상 노인, 니계상 참 등의 기록이 있는데, 이는 상이라는 관직이 여러 명이 있는 것을 의미한다. 이때 상 한음은 중앙정부의 상이고, 조선상 노인이나 니계상 참 등은 특정 지역을 담당한 책임자로서의 상으로 보인다.

셋째, 경(卿), 대부(大夫), 대신(大臣) 등은 행정업무를 전담한 관리로서 특정 행정영역에서 책임을 지고 국왕을 보좌하며 정부를 운영한 것으로 보인다. 5군에는 대원수·원수가 여기에 해당한다.

넷째, 장군(將軍), 박사(博士) 등은 중앙행정과 지방행정 및 군사업무와 중첩되는 일을 하는 전문 관료들을 의미한다. 『단군세기』에 "위만은 우리에게 망병을 요구했으나 단제께서는 이를 허락하지 않으셨다. … 번조선 왕 기준이 크게 실수하여 마침내 위만을 박사로 모시고 상·하운장을 떼어서 위만에게 봉해주었다"라고 기록하여 박사는 지방의 수령인 것으로 보인다.

다섯째, 감찰관은 왕의 명을 받아 관리들을 감독하는 일을 담당했다. 『단군세기』에 기원전 409년인 "임신 17년 감찰관을 각 주와 군에 파견하여 백성들을 살펴보아 효도를 잘하는 자와 청렴결백한 관리를 천거하도록 하였다"[40]라고 기록하여 지방이 5부 아래 각 주와 군으로 계층화되어 있고 감찰관을 여러 명 각 지역으로 파견한 것을 알 수 있다.

여섯째, 대신과 박사 밑에 중앙정부와 지방정부 모두 중·하위 관료들이 계급적으로 배치되어 있음을 알 수 있다.

일곱째, 지방정부는 5부·주·읍의 체계와 더불어 도시는 국읍·도읍·군·읍락 등의 계층으로 세분화되고 각 지방에 관리들을 배치하였다. 소도·특별읍락 등은 천관이나 천군의 지배를 받는 별도의 직책으로 다스렸다.

여덟째, 군대에서는 대원수(大元帥), 원수(元帥), 장군(將軍), 박사(博士) 등의 계급이 있었다. 군인들은 모든 국민들에게 의무적으로 징집하는 것을 법으로 삼아, 11세 단군 도해 시대에 "정묘 38년, 백성들 가운데서 장정을 뽑아서 모두 병사로 삼았다"[41]고 기록하고 있다.

고조선은 부족연맹국가로 출범하고 후국제도를 통해 영토를 급속하게 빠른 시간이내에 확장하였다. 영토 확장으로 고조선의 직접통치지역인 직령지와 후국제도를 통해

40) 『단군세기』: 115.
41) 위의 책: 84.

통치를 한 간접통치지역으로 나뉘었다. 초기 단군조선이 부족연맹국가로 건국될 때만 하더라도 홍익인간을 건국이념으로 삼고 전통과 불문헌법에 의거한 통치가 가능하였다. 이 때문에 고조선의 건국 시에 헌법과 법률이 제정되었는지는 불확실하나 불문법으로서는 존재했음을 알 수 있다.

그러나 제후국이 늘어나면서 제후국 간의 경계는 물론 제후국이나 직령지 이내에서도 읍락의 경계를 중시하고 경계를 넘는 것을 서로 금하면서 형법과 각종 법이 성문법으로 제정된 것으로 보인다. 고조선 시대에 농업이 발달하여 생산이 증가하고 재산사유제와 토지소유제, 그리고 노예제도가 생기고 농업생산구조에 모순이 축적되면서 8조금법 등보다 강력한 성문법이 필요하게 되었다.

9. 주요 국가 행정체제 · 행정의 성격과 국가능력

국가능력에서 관료체제와 행정능력이 차지하는 비중이 매우 크다. 고조선의 국가 행정체제와 주요 행정의 성격은 '관료기구와 법 질서의 총체'와 국가성격 부분에서 기 · 승 · 전 · 결의 시기 또는 제1 · 2 · 3 · 4정권으로 나누어 구분하여 설명하였으나 국가능력과 관련하여 간략하게 다시 정리하여 보면 전기와 후기로 크게 나뉘어 성격의 변화를 가져왔음을 알 수 있다.

대표적인 변화는 첫째, 천왕과 천군, 즉 제사장과 군장의 제정일치의 신정정치를 하던 제의-군장에서 군장의 역할이 강화되면서 군장-제의체제로 변화하고 제정일치제가 바뀌어 제정분리제가 이루어져서 천왕과 천군이 분리되면서 현실적인 행정능력은 증대하였다. 군장으로서는 왕족 · 8가 · 9한 · 12소국으로 계층화되어 통치되고, 제사장은 천관 · 천신 · 무당 · 점술사, 그리고 대선 · 국선 · 조의로 계층화되어 관리되어 단군은 백성들의 정치와 종교세계를 통치하였다. 후반부에는 제사장 · 군장, 즉 천왕 · 천군의 신정통치체제가 해체되고 고대사회의 강력한 고대국가체제로의 전환이 이루어졌다.

둘째, 국왕과 최고 정책결정 기구는 국왕의 권한과 기능변화, 국왕과 부왕(비왕) · 후왕 · 제후 및 5가합의제 · 8가합의제 · 제가합의제 · 화백제도로 나뉘어 단군의 황제적인 통치와 귀족관료들의 합의제적인 방식을 혼용하여 국가의 통치능력을 강화시켰다. 고조선의 중앙통치조직을 환웅시대의 통치조직과 삼한 · 삼경 · 오가 · 오부 · 오군제도의 고조선의 초기 중앙통치 · 지방 · 군사조직으로 융합시켜 고대국가로서는 비교적 강력한 중앙집권적 통치체제를 형성했다.

셋째, 중앙행정통치기구에서 환웅시대의 3상5부제가 단군시대 초기 5가 중심의 국가

행정 통치체제에서 곧 8가체제로 발전하며 단군8가제가 고조선의 중앙행정체제로 정립되어 행정의 전문능력을 키웠다. 단군8가의 기능과 주요 담당자, 단군8가제의 중앙정부 업무 기능 배분, 호가(용가)·마가·우가·웅가·응가·로가·학가·구가 등 환웅5가·단군5가·단군8가와 주요 행정의 내용이 단군조선의 중앙정부 관료조직으로 정착하였으며, 고조선 이후의 열국에도 그러한 통치제도가 유산으로 이어졌다. 8가제도는 단군8가제의 중앙정부 행정내용은 상당한 수준으로 전문화·분업화되고 중앙과 지방을 연결시키고 중앙과 지방의 군사제도도 확립되었다. 국정총괄, 농업, 국방, 법무, 보건복지, 교육문화, 내무·지방자치 등의 업무를 중앙에서 나누어 다스렸다.

넷째, 단군8가제가 발전하면서 국왕과의 관계에서 여러 부족국가들의 왕(칸)들이 모두 정치에 참여하여 발언을 하고 합의를 하는 5가합의제, 8가합의제, 제가합의제, 화백제도 등과 같은 합의제 귀족정치가 강화되어 집단적인 리더십과 황제로서의 통치력을 보완시켜 강화시켰다. 이러한 합의제 국가운영 방식은 고조선 이후 열국과 신라·고려·조선시대로 이어졌다.

다섯째, 고조선의 지방통치체제에 대해 초기 3한 3경5부제에서 3조선 5경5부제로의 확대, 고조선의 도읍·국읍·소읍·읍·읍락 체제와 소도·소도별읍 체제의 제사장 체제를 포함하는 고조선의 지방통치체제 확장 등으로 확장되었다. 고조선이 대제국으로 성장하면서 부족국가 단위의 세력이 커지고 권력이 강화되는 가운데 여러 부족국가들을 횡으로 연합하고 종으로 연결하는 연맹체국가로서의 결집력이 군사력과 외교력이 강한 초·중기에는 강화되다가 고조선 후기로 오면서 3조선체제로 전환되고 3조선이 독자적인 전쟁선포권을 가지며 국가능력이 약화되었다. 이때에 여러 부족국가들은 고조선 대제국 연맹체에 연합·연계되어 있으면서도 국가로서 독자성을 유지하여[42] 3한체제가 3조선체제로 바뀌면서 3조선이 독자적인 전쟁권한과 외교권한을 지니면서 그 독자성은 더욱 강화되고 고조선의 해체로 이어지게 했다.

여섯째, 고대국가의 핵심능력인 군사력의 경우, 단군조선의 군사조직 및 군사제도로서 초기 군사조직, 중기 이후 군사조직, 고조선의 군사제도, 고조선의 군사무기체제 및 고조선의 방어체제와 석성·성곽 등에서도 고조선은 독특한 성격을 보이며 강한 군사력을 보였으나 경제력이 지탱하지 못하여 기자정권으로의 교체가 이루어졌다.

일곱째, 기자정권은 대토지소유와 노예제도 강화 등으로 농업생산력을 증대시키고 국방력을 강화시키는 등의 국가능력은 강화시켰으나 국민통합과 사회통합능력을 상실하여 권위주의 경성 통치체제가 갖는 '강한 국가의 역설'로 국가능력이 한계에 달하여

---

42) 이상의 성격 변화에 대한 논의는 김용섭. 2015. 앞의 책: 107.

위만에게 정권을 넘겨주게 되었다.

여덟째, 위만은 쿠테타로 기자정권의 준 왕으로부터 권력을 장악하는데에는 성공했으나 이완된 국가능력을 보완하지 못한 채 한나라의 공격을 받고 이에 대해 강온파의 대립과 내분, 그리고 같은 예족 남려의 28만 명의 이탈 등으로 국가능력이 약화되고 질서가 문란해 지면서 통치력이 무너지고 국가의 멸망으로 이르게 되었다. 위만정권은 군사력, 경제력, 국민통합능력, 지배세력 연합능력, 사회계급관리능력, 세계체제 관리능력, 국왕의 리더십 등 모든 분야에서 국가능력이 고갈되면서 국가의 멸망을 초래하게 되었다.

아홉째, 국가 관료체제 · 행정체제는 국가능력의 핵심적인 요소이며 고조선의 경우, 제1~3정권 기간 동안은 높은 국가능력을 가지고 동아시아 중심국가로서 높은 국가위상을 보였다. 제4정권에 들어서서 국가능력이 급격하게 추락하면서 중국 한나라와의 전쟁에서 패하고 국가위상도 중심국가의 패권적인 지위를 한나라에게 물려주고 동아시아의 준부변국가로 전환하게 되었다. 여기에는 고조선의 관료행정체제 · 지방통치체제 · 군사체제 · 주요 행정의 내용이 변하면서 오는 국가능력의 추락이 중요한 역할을 하게 되었다.

제16장

고조선의 주요 정책

1. 단군8가와 주요 정책

『삼국유사』에서 환국의 천황인 환인이 서자인 환웅을 이 땅에 내려보내 나라를 세우는 이유가 이 땅의 '세 가지 위험'에서 인간을 구해내어 널리 인간에게 이롭게 하려는 '홍익인간'을 실현하기 위한 것이었다. 따라서 환웅은 자신이 이끌고 온 3,000명의 무리와 더불어 나라를 세우고 정책과 행정을 통해 이 땅의 세 가지 위험을 해소하고자 행정과 정책을 수행한 것으로 볼 수 있다. 환웅5가 행정체제는 주곡, 주명, 주병, 주형, 주선악을 다루도록 하여 식량, 생명, 질병 치료, 형벌, 선악 등을 지켜 인간에게 널리 이롭게 하고자 했다. 이렇게 보면 세 가지 위험은 생명을 위태롭게 하는 기근, 질병, 범죄, 정신 질병 등으로부터 인간을 보호하고자 하였음을 알 수 있다.

[환웅5가]
우가 주곡
마가 주명
로가 주병 질병
응가 주형
학가 주선악

환웅5가에 호가 · 웅가 · 구가의 3가를 신설 · 추가하여 단군8가제를 구축하여 고조선의 중앙행정체제를 확립하였다. 환웅시대의 우가는 주곡, 마가는 주명, 로가는 주병(질병), 응가는 주형, 그리고 학가는 주선악을 담당하였는데, 여기에 고조선은 호가(뒤에는 용가(龍加)로 바뀜) · 웅가 · 구가의 3가를 신설 · 추가하여 단군8가제를 완성하였다. 추가된 3가로서 호가는 국정 총괄, 웅가는 주병(군대), 구가는 '분관제주'의 지방행정을 담당하여 환웅시대에 비해 추가로 대두한 행정수요를 단군8가는 충족시키도록 했다.

표 16-1 단군8가의 이름과 담당 업무 및 주요 국가정책

8가 이름	동물	담당 기능 및 업무	고조선 초기 담당자
호가(虎加)	범	국정 총괄, 모든 가(加)들을 총괄[추가]	국정조정 · 총괄정책
마가(馬加)	말	주명(主命) 담당, 왕명 · 칙령 · 글자 제정 등	교육 · 문화정책 · 외교정책
우가(牛加)	소	주곡(主穀) 담당, 누에실 주관	경제 · 농업정책 · 과학기술정책
웅가(熊加)	곰	주병(主兵) 담당, 군대 담당[추가]	국방정책
응가(鷹加)	매	주형(主刑) 담당, 법 주관	법무정책
로가(鷺加)	해오라기	주병(主病) 담당, 의약 담당	보건의료복지정책
학가(鶴加)	학	주선악(主善惡) 담당, 점 관리	종교정책 · 사회정책
구가(狗加)	개	지방업무(分管諸州) 지방 고을 담당[추가]	지방정책 · 내무정책

환웅시대를 거쳐 <표 16-1>에서 보듯이 고조선 시대에는 더 많은 부족국가들이 참여하면서 환웅5가 업무에 호가의 국정총괄, 주병의 군대관리 및 지방행정을 담당하는 분관제주 업무가 추가되어 대제국으로서의 국가통치체제를 구축하였다.

이렇게 보면, 고조선은 환웅시대의 전통적인 5가 업무에 더하여 대제국으로서 해야 할 업무인 국방과 지방행정업무, 그리고 더욱 복잡하고 업무 간 · 지역 간 · 지배세력 간 충돌하기 쉬운 다양한 국가행정업무를 총괄 · 조정하는 업무를 추가하였다. 그것은 환웅시대의 행정에 비해 대제국으로 발전한 고조선의 국가행정의 업무의 양과 질이 크게 늘어나고 발전한 것을 반영하는 것이다. 건국의 이유였던 '세 가지 위험'도 초기 환웅 시대의 것과 대제국 고조선의 것이 크게 달라졌고, 그것을 강력한 국방업무와 지방행정 업무로 보완해야 할 필요성이 증가한 것을 반영하는 것이다.

2. 정책총괄: 호가 · 용가의 국정 총괄

(1) 총괄정책

첫째, 호가(용가)는 국무총리나 영의정 또는 수상의 역할을 하면서 중앙행정을 통활했다. 호가가 뒤에는 용가로 이름이 바뀌었는데, 호가(용가)는 5가의 우두머리로서 국정을 총괄했다. 단군왕검은 호가에 부루를 임명하고 단군8가제를 출범시켰다가, 호가를 용가로 개칭한 뒤 용가에 선라를 임명했다. 2세 단군 부루는 여러 왕(제후)들을 평가하여 상벌을 내리고 용가에 식달을 임명했다. 3세 단군 가륵은 용가에 구실씨를, 6세 단군 달문은 용가에 동해사람 여로와 을지선을 차례로 임명하고, 10세 단군 노을은 풍오와 래량을, 12세 단군 아한은 어질고 착하고 곧고 바른 개기파와 래양을, 13세 단군 흘달은 해문과 양무를, 14세 단군 고불은 팽운을, 15세 단군 대음은 말량을, 16세 단군 위나는 황국을, 18세 단군 동엄은 약목을 각각 임명했다. 25세 단군 솔나는 조윤국을, 27세 단군 두밀은 한진거를, 29세 단군 마휴 때에는 훌륭한 재상인 신운선이 임금을 잘 보좌해 나라가 태평했다. 30세 단군 내휴는 고려후 우타를, 32세 단군 추밀은 예후 지루막을, 34세 단군 오루문은 황태명을, 35세 단군 사벌은 조육련을, 37세 단군 마물은 진번후 추돌과 이선량을, 39세 단군 두홀은 숙진후를, 44세 단군 구물은 개마후 매올을 각각 임명하여 국정을 통합하고 총괄하게 했다.

둘째, 호가(용가)는 제가합의제(5가합의제, 8가합의제)를 중심으로 하는 집단통치체제를 활용하여 신권을 강화시키고, 5가 공동통치가 중앙과 지방의 국가 정책과 행정을 총괄하고 체계적으로 통치하는 장치로 작동하게 지휘했다. 16세 단군 위나는 만국의 제후들을 영고탑에 모아 제후회의를 개최하여 황국을이 국가의 법과 도를 설파해 그것을 수용하여 법전을 새로 고치고 황국을을 수상으로 삼았다.

셋째, 호가(용가)는 화백제도, 제후회의를 활용하여 귀족민주주의의 제도로서 중앙과 지방의 다양한 이해관계를 조정하고 통합하는 역할을 했다. 단군왕검은 전국지역을 나누어 북동·남서·남동·남쪽별 제후회의를 개최하여 제사 및 사당을 건립하여 지역별로 다스리고, 8가 및 뭇 제후들은 서울인 평양에서 제사지내도록 하고 그 일을 용가에게 맡겼다. 6세 단군 달문은 제후들의 참여에 의한 귀족정치체인 화백회의를 운영하고 그 결과를 공개했다. 9세 단군 아술은 '을성문덕이 매년 부와 군의 대표가 의사원에 모여 국사를 의논하여 결정한 후에 임금의 허락을 얻어 정부의 책임자가 실행하도록 하는 임금과 백성의 합의제도를 건의'하여 임금이 허락하고 매년 8월 1일을 정기회의 날짜로 삼아 백성들의 참정권과 민권이 여기서부터 시작되었다. 23세 단군 아흘은 중신회의에서 영고탑 천도를 토의했다.

넷째, 호가(용가)는 중앙 정부만이 아니라 중앙과 지방을 연결하는 국가 전체 행정과 정책을 총괄하는 역할을 했다. 단군이 호가(용가)에 지방 제후국의 왕들을 기용하여 중앙과 지방의 통합 및 조정을 중시하면서 이 용가에 지방 제후들이 임명된 사례가 많다. 국정총괄을 맡은 호가나 용가는 중앙의 5가만이 아니라 지방의 여러 제후국들이 중앙정부에 깊이 참여하고 중앙과 지방을 연결시키도록 하여 용가는 단군을 도와 고조선을 주도했음을 알 수 있다. 지방 제후국의 왕들인 제후들이 용가로 발탁된 경우가 매우 많았다. 6세 단군 달문은 용가에 동해사람 여로를 임명하고, 13세 단군 흘달은 용가에 해문을 임명하여 용가가 남후와 여러 군대를 이끌고 엄 나라를 정복했다. 30세 단군 내휴는 고려후 우타를, 32세 단군 추밀은 예후 지루막을 각각 용가에 임명했고, 37세 단군 마물 때에는 진번후 추돌과 이선량을 용가에 차례로 임명했다. 39세 단군 두홀 때에는 숙진후를 용가에 임명했고, 44세 단군 구물은 용가에 개마후 매올을 임명했다.

이처럼 역대 단군은 용가에 제후국의 왕들을 임명하여 중앙과 지방을 통합시키는 중요한 수단으로 삼았다. 그것은 반대로 지방의 제후국들이 고조선의 중앙에 그만큼 큰 영향력을 행사하도록 제도적으로 만들어 지방 제후국들의 권력이 일방적으로 팽창하는 것을 상호견제토록 하여 지방에 대한 중앙의 통제력을 강화시키고 고조선이 대제국으로 확장하고 유지할 수 있도록 제도적으로 확고한 장치를 만들어 정착시킨 것이다. 이렇게 하여 용가를 중심으로 국가의 다양한 정책 및 중앙과 지방을 총괄·통합하도록 만들었다. 이러한 제도는 그 뒤 유럽의 로마제국이나 대제국의 통치방식과도 매우 유사한 것인데, 그것을 고조선은 서양의 여러 국가들보다 먼저 시행하면서 2,000여 년의 고대 대제국을 유지시켰다는 점에서 역사적인 비동시성을 확인할 수 있다.

다섯째, 호가(용가)는 단군의 사망 이후 태자나 왕자가 순조롭게 왕위를 계승하지 못할 때에는 용가의 주도로 5가합의제를 통해 단군을 5가 가운데 선출한 경우도 많아 국정총괄과 정권 운영에 용가의 역할이 매우 컸다고 볼 수 있다. 『단군세기』에 따르면, 단군의 계승도 장자나 왕자 계승이 이루어지지 못할 때에는 5가 가운데 5가합의로 단군에 추천된 경우가 양가 구을, 우가 달문, 양가 한율, 우가 노을, 우가 아한, 우가 홀달, 우가 고불, 우가 위나, 우가 구홀 등 아홉(태자 계승까지는 12) 차례 있었다. 특히 46세 단군 보을 시대에는 번조선왕 해인이 연나라 자객에 시해 당하자 5가가 다투어 일어났고, 읍차 기후가 입궁하여 번조선왕을 자칭하고 국왕에게 왕으로 봉할 것을 강청하여 윤허했다. 도성에 큰 불이 나서 단제가 해성으로 이궁하고, 한개가 궁궐을 침범하여 왕을 자칭하자, 대장군 고열가가 한개의 난을 진압했다. 단제 귀경후 대사령을 내렸으나, 이미 국운이 기울어 국고가 고갈되었다. 남후가 제후들의 총수가 되니 임금을 찾아뵙던 자들이 드디어 드물어 졌다. 국정이 문란해 정권이 외척 환윤에게 돌아가고, 궁전이 저절로 무너져 깔려죽은 자가 많았다. 도성에 큰 불이 일어나 집 5천여 호가 타버리고, 고열가가 보위에 올랐다.

47세 단군 고열가 시대에는 임금이 설 때 나라에 쓸 것이 없어 봉가가 기내에서 바치는 것을 전부 거두어 겨우 쓰는 데 충당하고 백성들이 날라다주는 곡식이 쓰는 것을 도왔다. 임금은 여러 장관들과 더불어 의논해서 말하기를 왕실이 쇠약해지고 작아졌는데 모든 제후들은 차츰 강해 졌으나 바깥 여러 제후들이 거의 내 명령을 받드는 자들이 없어졌다고 자탄했다. 백성들의 교화와 충성이 높지만 덕이 부족함을 자책하고 덕이 있는 사람을 찾았으나 없어서 스스로 당장경으로 피해 살고자 하여 아사달로 들어가 은퇴했다. 그리하여 단제의 지도력을 상실되고 왕위를 포기하여, 5가들이 6년 간 공화정으로 나라를 다스렸다.

(2) 역대 단군의 총괄정책 및 통치활동

이렇게 국정을 총괄하는 활동은 고조선의 정권별로 그 성격이 근본적으로 크게 변화하였다. 그 내용을 기록한 『단군세기』, 『규원사화』 및 『단기고사』의 해당 내용을 제1~4정권별로 뽑아 정리·요약하면 <표 16-2>와 같다.[1)]

표 16-2 역대 단군의 총괄정책 관련 활동

대수	단군 명	총괄정책 및 통치활동
		[제1정권 · 한족정권]
1세	단군 왕검	[세기]상월 3일 오가의 우두머리로 800인의 무리들 개국, 천하의 땅을 삼한으로 나누어 5가 64족 다스림 [규원]호가에 부루, 단군8가제 출범, 호가를 용가로 개칭, 용가에 선라, 전국지역 북동 · 남서 · 남동 · 남쪽별 제후회의 개최하여 제사 및 사당 건립, 8가 및 뭇 제후들 평양에서 제사
2세	단군 부루	[세기]여러 왕(제후) 평가 상벌 [규원]용가에 식달
3세	단군 가륵	[규원]용가에 구실
6세	단군 달문	[세기]양가 한율 즉위 [규원]용가에 동해사람 여로 임명 [고사]을지선을 영상에 임명
9세	단군 아술	[세기]우가 노을 즉위 [고사]을성문덕이 매년 부와 군의 대표가 의사원에 모여 국사를 의논하여 결정한 후에 임금의 허락을 얻어 정부의 책임자가 실행하도록 하는 임금과 백성의 합의제도를 건의하여 임금이 허락하고 매년 8월 1일을 정기회의 날짜로 삼아 백성들의 참정권과 민권이 여기서부터 시작됨
		[제2정권 · 맥족정권]
10세	단군 노을	[고사]용가에 래양 · 풍오는 수상, 이아한의 임금 최고자문처 설치 건의를 수용하고 이아한을 숙정처장으로 삼아 고시로 인재를 뽑음
11세	단군 도해	[세기]우가 아한 즉위
12세	단군 아한	[세기]우가 홀달 즉위 [고사]어질고 착하고 곧고 바른 선비를 등용, 개기파를 수상에 임명, 용가에 래양 임명

1) <표 16-2>의 내용에서 [세기] · [사화] · [고사]로 표현한 것은 『단군세기』의 내용은 [세기]로, 『규원사화』의 내용은 [사화]로, 그리고 『단기고사』의 내용은 [고사]로 각각 약칭으로 표시하였다. 단군의 각 정책을 정리 · 요약한 모든 표와 부록 등에서도 같은 방식으로 표시하기로 한다.

13세	단군 흘달	[세기]우가 고불 즉위 [규원]용가에 해문, 용가가 남후와 엄 정복 [고사]양무를 수상
14세	단군 고불	[고사]팽운을 수상
15세	단군 대음	[세기]우가 위나 즉위 [규원]용가에 말량
16세	단군 위나	[고사]만국 제후 영고탑에 모아 제후회의 개최, 황국을이 국가의 법과 도를 설파해 법전을 새로 고차고 황국을을 수상으로 삼음
18세	단군 동엄	[규원]웅가에 충달 임명 [고사]약목을 수상에 임명
19세	단군 구모소	[세기]우가 구홀이 즉위
		[제3정권 · 예족 · 기자정권]
23세	단군 아흘	[고사]중신회의에서 영고탑 천도 토의
25세	단군 솔나	[고사]조윤국을 수상에 임명
27세	단군 두밀	[고사]한진거를 수상에 임명
29세	단군 마휴	[고사]훌륭한 재상인 신운선이 임금을 잘 보좌해 나라가 태평
30세	단군 내휴	[규원]용가에 고려후 우타 임명
32세	단군 추밀	[규원]용가에 예후 지루막 임명
34세	단군 오루문	[고사]승상에 황태명 임명
35세	단군 사벌	[고사] 조육련을 수상에 임명
37세	단군 마물	[규원]용가에 진번후 추돌 임명 [고사]승상에 이선량 임명
39세	단군 두홀	[규원]용가에 숙진후 임명
		[제4정권 · 예족 · 위만정권]
44세	단군 구물	[규원]용가에 개마후 매올 임명
46세	단군 보을	[세기]번조선왕 해인 연나라 자객에 시해, 오가 다투어 일어남, 읍차기후 입궁 번조선왕 자칭 윤허, 연나라대비 명령, 도성 큰불 단제 해성 이궁, 한개 궁궐 침범 왕 자칭, 대장군 고열가 진압, 단제 귀경후 대사령, 국운기움, 국고고갈, 고열가 즉위 [규원]남후가 제후들의 총수가 되니 임금을 찾아 뵙던 자들이 드물어짐 [고사]국정이 문란해 정권이 외척 환윤에게 돌아 감, 궁전이 저절로 무너져 깔려 죽은 자가 많음, 도성에 큰 불이 일어나 집 5천여 호가 타버림, 반역하는 신하 한개가 임금 죽이고 자립, 태자 고열가가 군사를 이끌고 한개를 쳐 죽이고 보위에 오름
47세	단군 고열가	[세기]단제지도력 상실, 왕위 포기, 오가들 6년 간 나라 다스림, 대해모수 서울 습격, 천왕랑이라 칭함, 북부여 · 고구려라 칭함 [규원]임금이 설 때 나라에 쓸 것이 없어 봉가가 기내에서 바치는 것을 전부 거두어 겨우 쓰는 데 충당하고 백성들이 날라다주는 곡식이 쓰는 것을 도움, 임금은 여러 장관들과 더불어 의논해서 말하기를 왕실이 쇠약해지고 작아졌는데 모든 제후들은 차츰 강해 졌으나 바깥 여러 제후들이 거의 임금 명령을 받드는 자들이 없어짐, 백성들의 교화와 충성이 높지만 덕이 부족함을 자책하고 덕이 있는 사람을 찾았으나 없어서 스스로 당장경으로 피해 살고자 하여 아사달로 들어가 은퇴함

3. 종교·문화정책: 학가의 주선악 담당·단군의 제사장 역할 보좌

(1) 종교정책

고조선은 홍익인간이라는 건국이념을 실현하고 천손사상과 삼신숭배 및 조상과 자연에 대한 숭배를 나타내는 '옳고 그른 일', 즉 선악에 대한 제의업무와 문화에 대한 정책을 중요한 국가적인 일로 다루어 단군왕검 자신은 물론 학가가 전담장관으로서 제의·문화정책을 담당하여 추진하였다. 대표적인 제의·문화정책들을 차례로 살펴본다.

첫째, 고조선 내내 하늘과 삼신에 대한 제사를 범국가적으로 추진했다. 단군왕검이 무리들과 삼신님께 제사를 지낸 이후 역대 단군들은 시월상달마다 하늘에 제사지내고 백성들은 기쁨에 넘쳐 환호하는 축제를 했다. 고조선은 봄과 가을로 하늘에 제사를 지내고, 단군은 서쪽 엄덕골에서 병사를 사열한 후에도 하늘에 제사를 지냈다.

둘째, 고조선은 제사를 위한 제단을 전국 여러 곳에 쌓고 제사를 지냈다. 단군왕검은 강화도 혈구에 삼랑성을 짓고 마리산에 제천단인 참성단을 쌓았다. 태백산에도 단을 쌓고 제사를 지냈고, 구한의 한들이 영고탑에 모여 삼신과 상제께 제사를 했다. 단군은 닷새 간 백성과 연회·마당 밟기를 하고 영고탑을 개축했다. 영고탑 서문 밖 감물산에 한인·한웅·단군왕검의 삼신을 모시는 서당과 삼성사를 세우고 단군이 친히 제사를 하고, 단군왕검의 묘를 백악산에 세우고 제사를 전담하는 유사가 사철 제사를 지내게 했다. 지금 전국체전이나 국가적인 체육행사 시에 사용하는 성화를 단군왕검이 세운 강화도 제천단인 참성단에서 선녀로 분장한 젊은 여자들이 채화하여 사용하는 것도 단군왕검 이후 천손숭배와 천신사상의 전통을 이어받은 것이라 볼 수 있다.

셋째, 전국의 명산에서 하늘과 조상에 대해 제사를 지냈다. 태백산과 구월산 등 전국의 명산에서 단군이 직접 제사를 지내거나 천관이나 대신 등이 제사를 지내고 삼신에 대한 제사도 전국적으로 지냈다.

넷째, 고조선 시대에는 독자적인 제의형식을 만들고 집행했다. 고조선 시대에 어아가(於阿歌)를 부르며 하늘과 조상에 제사를 지내고, 삼육대례를 도입하였다. 삼육대례는 하늘과 조상에 대한 제사의 형식을 매우 일상적인 의식이 아니라 매우 정중한 독특한 형식을 채택하여 제의행사의 격식을 높였다. 고조선 이후 후속 국가들이 제사의 형식을 중시하였고 유교를 도입한 조선시대에 제사의 형식을 두고 첨예하게 경쟁한 것도 삼육대례 등의 양식의 영향이라 볼 수 있다.

다섯째, 고조선은 전국의 대표적인 12명산에 소도를 설치하고, 한웅 상(웅상)을 설치하고, 계속 소도를 증설하여 하늘에 제사를 했다. 전국 명산에 국선 소도를 설치하고 다른 지역에도 소도를 증설한 것은 제정일치시대에는 제사장으로서의 단군의 기능과 영향력을 강화시키는 일이었고, 후기에 제정분리체제로 전환하면서 천관의 역할이 늘어났다.

여섯째, 전국 12명산에 국선 소도를 설치하고 천지화랑을 선발하여 국선과 화랑체제를 도입하여 제의와 미래엘리트 양성체제를 통합하였다. 전국에 소도를 설치하고 소도에 천지화를 심어 소도와 화랑을 연결시키고 제의세력 출신으로 천지화랑을 선발하여 이들이 제의와 군장의 기능을 연결시키도록 했다.

일곱째, 제의행사는 백성들의 삶과 경제생활을 원활하게 하기 위한 중요한 수단이었고, 천재지변이나 가뭄 또는 홍수 등으로 백성들의 삶이 어려워지면 그 책임을 단군의 부덕으로 보기 때문에 단군은 그 책임을 면하기 위해 하늘과 조상에게 기우제를 국가적인 제의행사로 치루었다. 크게 가물어 몸소 기우제를 지낸 단군이 여러 차례 있었다.

여덟째, 삼신숭배의 생활화를 위해 모든 백성들이 집에 삼신단지나 업주가리 등을 설치하여 조상에 대한 효를 생활화하도록 하였다. 국가적인 천신숭배와 제의활동과 별도로 개인이 각각 집에 삼신단지와 업주가리를 두어 아침과 저녁은 물론 집에 우환이나 출생이 있거나 추수나 제사가 있을 때에도 삼신에게 빌고 치성을 드려 기도하는 것은 조상숭배와 삼신숭배를 생활화하는 중요한 대상이고 의식으로 지금까지 전해오고 있다.

(2) 종교 · 문화정책 · 문화활동

첫째, 사회교육 · 문화정책으로서는 단군이 천경신고를 조술하게 하고, 환웅시대부터 내려온 천부경과 삼일신고를 강연하여 백성들을 교화시켰다. 선과 악의 기준이 되는 것은 고조선이 백성들에게 권하여 가르치고 금하게 하는 기준이고 천부경과 천경신고를 만들어 널리 반포하고 강의 · 교화하는 것은 국민교육의 중요한 활동이다. 천부경과 삼일신고는 문화적인 내용도 있지만 종교적인 내용들이 더 많았다. 삼신숭배와 자연숭배 등도 국민교육의 중요한 내용으로 전개되었다. 이러한 것은 종교적인 교화의 측면도 있지만 사회교육 및 국민형성의 차원에서 공동체 구성원들이 공동으로 추구해야 할 가치기준 및 정신문화의 기본으로 삼고자 하는 의도가 내포되어 있다.

둘째, 고조선 시대에 음악이나 예술 활동을 장려하고 가르쳐서 온 누리에 거문고 노랫소리가 넘치도록 한 것은 높은 문화생활을 하도록 한 것이다. 북이나 장고, 징, 뿔 피리, 고동 등 음악기구들이 발명되고 사용한 것도 문화생활의 수준을 보여주는 것이다. 음악이나 예술은 제의활동으로서 제천행사와 같은 하늘에 대한 제사라는 종교적인 활동에 주로 활용되었다. 중국 고문서에도 동이족이 제천행사를 많이 하고 가무를 좋아한다는 기록이 많이 나오는 것도 높은 문화수준과 문화예술을 사랑하는 민족전통을 보여주는 것이다. 고조선 이후 부여나 열국, 사국 등에서 다양한 제천행사들을 정기적으로 한 것도 고조선의 높은 천손의식과 품격 높은 문화수준을 보여주는 증거들이다.

셋째, 고조선인들은 복식이나 모자 및 토시 등에서도 당시로서는 높은 생활문화수준을 유지했다. 고조선인들은 큰 소매가 달리고 목 둘레가 둥근 옷깃을 한 도포를 입었고, 옷에 은화 장식을 꿰매어 멋을 내었다. 비단 옷에 수놓은 의복을 입고 금과 은으로 장식하고 신분에 따라 모자를 다르게 하여 대가나 주부와 같은 고위층은 둥근 모자를 썼고 지위가 낮은 소가는 모자가 꺽이는 고깔과 같은 절풍을 썼는데 고조선에서도 지위에 따라 모자와 복식을 달리 했다. 신발은 짚으로 만든 짚신을 주로 사용했고 함경북도 북청군 토성리의 청동 유적에서 청동으로 만든 토시 한 쌍이 출토되어 고조선인들이 의복에 매우 정성을 들였음을 알 수 있다.

넷째, 고조선인들은 종류도 다양하고 수량도 많았으며 매우 정교한 기술과 품격을 지닌 많은 고급 장신구들을 사용한 생활문화인들이었다. 대표적인 장신구들은 남자들의 동패와 여자들이 주로 사용한 구슬류,[2] 단추, 목걸이, 귀고리, 팔찌, 가락지 등으로 지역에 따라 경제수준이나 재료 확보 조건 등이 달라서 장신구들의 재질·종류·기술수준 등이 다르고 매우 다양하다.[3] 고조선 초기에 해당하는 요령성 북표현 풍하 유적에서 출토된 진한 녹색의 옥패, 복숭아 모양의 우윳빛 석벽, 원형의 납작한 송록석 구슬, 관 모양의 뼈구슬, 뼈비녀 등과 풍하 유적과 동일한 시기의 하가점 유적 하층에서 출토된 옥종(玉琮)·옥고(玉箍)·옥패식(玉佩飾) 등은 이전의 홍산문화에서 보이는 제작 기술과 예술 품격을 계승하고 있었다.[4] 이들의 재질은 만주 북부에는 옥이나 돌이 많이 사용되고, 남부에는 청동이 많이 사용되었다.

---

2) 퉁동주 편. 1987. 『중국동북사』. 길림문사출판사: 218-219.

3) 재료로는 청동을 비롯해 푸른색·자색·보라색·흰색 등의 벽옥과 천하석·공작석·구리·조개껍질·뼈·흙 등 자연 재료뿐만 아니라 사기물·유리 등 인공적인 재료로 구슬을 만들었다. 구슬 모양도 동근구슬·대롱구슬·7면구슬·장고구슬·대추구슬 등 다양했다. 사회과학원 력사연구소. 1991. 『조선전사 2-고대편』. 과학백과사전종합출판사: 246-247.

4) 퉁동주 편. 1987: 218-219.

(3) 역대 단군의 종교·문화정책·문화활동

『한단고기』『단군세기』에 기록된 단군왕검 이후 47대 제왕들의 제1~4정권별 주선악 및 제의활동의 기록을 종합·요약·정리해 보면 <표 16-3>과 같다.[5)]

표 16-3 역대 단군의 제의활동

대수	단군 명	제의·문화활동
		[제1정권·한족정권]
1세	단군 왕검	무리들과 삼신님께 제사, 혈구에 삼랑성을 짓고 마리산에 제천단인 참성단 쌓음, 시월 상달마다 하늘에 제사지내고 백성들은 기쁨에 넘쳐 환호하는 축제를 함
2세	단군 부루	봄 가을로 하늘에 제사, 어아가를 부르며 하늘과 조상에 제사, 업주가리
3세	단군 가륵	삼육대례, 삼신제사
4세	단군 오사구	태백산에서 삼신제사
5세	단군 구을	태백산에 단을 쌓고 사자를 보내 제사
6세	단군 달문	구월산에 삼신제사
		[제2정권·맥족정권]
11세	단군 도해	12명산에 국선 소도 설치, 한웅 상(웅상) 설치, 천경신고 조술, 천부경 삼일신고 강연
13세	단군 흘달	온누리에 거문고 노랫소리 넘침, 소도설치하고 천지화 심음, 천지화랑 선발
14세	단군 고불	기우제
16세	단군 위나	구한의 한들이 영고탑에 모여 삼신과 상제께 제사, 닷새 간 백성과 연회·마당밟기
20세	단군 고흘	영고탑 개축
		[제3정권·예족·기자정권]
24세	단군 연나	소도 증설 하늘에 제사
30세	단군 내휴	서쪽 엄덕골 병사 사열 후 하늘에 제사
33세	단군 감물	영고탑 서문 밖 감물산에 한님·한웅·단군왕검 모시는 서당 삼성사 세우고 친히 제사
		[제4정권·예족·위만정권]
44세	단군 구물	단을 쌓아 하늘에 제사, 삼신영고의 제사, 삼육대례
45세	단군 여루	크게 가물어 몸소 기우제
47세	단군 고열가	단군왕검의 묘를 백악산에 세우고 유사가 사철 제사를 지내게 함

5) 이암. 『단군세기』; 『한단고기』: 55-143에서 발췌하여 정리함.

이러한 고조선의 삼신사상은 고조선 이후 여러 고대국가들과 고려시대 및 조선시대에까지 이어졌다. 부여, 옥저, 고구려, 백제, 신라, 가야, 발해, 고려, 조선의 제천 행사들이 공통성을 지니고 매우 활발하게 전국적으로 추진된 것은 고조선의 제의·제천행사의 원형을 이은 것이라 볼 수 있다.

4. 교육·외교정책: 마가의 주명 담당·단군의 제사장-군장 역할 보좌

(1) 지배이데올로기 이념교육정책

고조선의 주선악 업무는 제사장-군장으로서의 제의활동과 긴밀한 관계 위에 교육정책과 문화정책으로 나타났다. 고조선 시대에 백성들을 교화시키는 정책들을 추진하고 다양한 문화정책을 추진하여 문화민족으로서의 효도와 문화생활을 하도록 했다. 그것을 위해 추진한 다양한 이념교육정책들을 살펴본다.

첫째, 홍익인간의 사상과 이념을 널리 교화시켰다. 홍익인간은 환웅시대 이후 건국이념이 되었고, 단군왕검도 홍익인간의 이념을 국가경영의 핵심 가치로 삼았다. 2세 단군 부루는 경륜이 높은 학자인 소련·대련을 불러 효와 제례를 배우고 실천하여 천 칠백여 년 뒤 중국의 공자도 높이 칭찬했다. 3세 단군 가륵은 종훈·전계·삼광오정·삼육대례를 만들고, 11세 단군 도해는 천경신고를 조술하고 천부경과 삼일신고를 강연하고, 홍익인간과 삼신숭배사상을 교화하는 선사 20명을 중국 하나라로 보내 문명을 전파하고 나라의 가르침과 교화를 중국에까지 펼쳤다. 12세 단군 아한은 요하에 순수관경비를 건립하고 창해역사와 여홍성이 이것을 보고 시를 읊었다.

둘째, 국민교육을 위해 신사의 오훈과 한국 오훈 등 교화의 일들을 추진했다. 단군조선은 구한이 하나로 뭉치고, 단군왕검은 산과 같은 교화로 신시통치를 시작하여 신시의 옛 규칙을 되찾아 효도와 충성을 가르쳤다. 4세 단군 오사구는 조정과 백성의 구별을 돌로 새기고 신선불사의 설을 널리 교화하여 생명사상을 보급하고 이 내용을 담고 있는 신서를 중국 하나라 사람이 구해가는 것을 허락했다. 이것을 이어 단군 달문은 신지 발리에게 서효사를 작성하게 하고 한국오훈·신시오사를 약속하고 널리 교화했다. 이 한국의 오훈은 고조선의 사회규범과 국민윤리 및 국민교육과 관련한 사회교육법의 성격을 지니게 되었다.

『단군세기』에 따르면, 6세 단군 달문(기원전 2083년~기원전 2048년)은 여러 제후들인 한(汗)들과 약속하면서 "대저 나와 함께 이를 약속하는 사람은 한국의 오훈(五訓),

신시의 오사(五事)를 가지고 끝없이 지켜나갈 일로 삼는 도다. 하늘에 제사하는 의식은 사람을 근본으로 삼고, 나라를 이루는 길은 먹는 것을 우선으로 하나니, 농사는 사람사는 모든 일의 근본이요 제사는 다섯 가르침의 근원이라, 마땅히 백성과 더불어 다스려 산업을 일으킬지니라"라고 했다.[6] 이 기록에 따르면, 고조선 당시에 "한국의 오훈",[7] "신시의 오사",[8] "다섯 가르침"[9] 등이 존재했음을 알 수 있다. 소도오율[10]과 화랑오계[11]는 서로 성격이 다르지만 백성들에게 교육적·금법을 함께 적용한 것으로 보인다.

---

6) 『단군세기』: 77.

7) 『朝代記』를 인용하여 이맥(李陌)이 지은 『태백일사』의 한국본기(桓國本紀)에 의하면 '한국의 오훈'은, 첫째, 성실하고 신의 있어 속이지 말라(誠信不僞). 둘째, 공경하고 행함에 게으르지 말라(敬動不怠). 셋째, 효도하고 순종함에 위배되지 말라(孝順不違). 넷째, 청렴 검소하고 의리 있어 음란치 말라(廉義不淫). 다섯째, 겸손하고 화목하여 다투지 말라(謙和不鬪) 등이다. 이맥. 「태백일사/한국본기」. 『한단고기』: 165.

8) "신시의 오사"는 황웅시대 신시의 오사로서 『단군세기』에서 "신시의 옛 규칙을 도로 찾고 도읍을 아사달에 정하니 나라를 세워 조선이라 이름했다"고 하여 단군조선에서 신시오사를 그대로 이어받은 것이다. 그러나 그 내용은 불확실하나 한국의 오훈, 다섯 가르침, 소도오율, 화랑 오계 등으로 이어진 것이 아닌가 추측된다. 『단군세기』: 56.

9) "다섯 가르침"은 『태백일사』 대진국본기에 보이는 "구서오계(九誓五戒)"와 같은 것으로 발해에서는 아침 저녁으로 외우고 익혔다고 기록하여 생활에 밀착한 관습법으로 체화하였음을 보여준다. 여기에서 구서오계란 '부여의 9가지 서약'과 '소도오률(蘇塗五律), 그리고 화랑오계(花郎五戒)'이다. 위에서 소개한 부여의 법금이 고조선의 8법금을 이어 받은 부여의 9가지 서약의 일부일 수 있다. 「태백일사 / 대진국본기」, 『한단고기』: 304−305; 『단군세기』: 78.

10) 소도오율은 소도가 일반 관청의 통치권한에서 벗어나 천신을 숭배하는 성역으로 종교적인 특별지역임을 보장하는 법률인 것으로 보인다. 일반 통치권과 종교적 삼신숭배 제의권이 충돌할 때 단군만이 조정·해결할 수 있고, 소도나 별읍의 통치는 천군이나 천관이 배타적으로 다스리고 누구도 그들의 허락이 없을 때에는 출입을 금하는 내용으로 소도오율이 규정하고 있을 것으로 추정한다.

11) 화랑오계는 고조선의 젊은 엘리트 양성·훈련체제로서 국자랑(國子郎)이라는 천지화랑(天指花郎)이 존재하고 그들이 지켜야 할 행동지침을 밝히는 것으로 보인다. 『단군세기』에 천지화랑에 대한 기록이 많이 있다. 13세 단군 흘달 시대에 "소도를 많이 설치하고 천지화天指花를 많이 심었다. 미혼의 자제로 하여금 글 읽고 활 쏘는 것을 익히게 하며 이를 국자랑國子郎이라 부르게 하였다. 국자랑들은 돌아다닐 때 머리에 천지화를 꽂았으므로 사람들은 이들을 천지화랑天指花郎이라고도 불렀다"라고 기록하고 있다. 고조선 시대의 천지화랑의 오계에 대해서는 잘 알려져 있지 않으나, 그것을 계승한 것으로 보이는 화랑오계에 대한 구체적인 내용이 신라시대의 일반인들은 물론 지금의 국민들까지 암송할 정도이다. 다만, 신라시대 화랑오계에는 불교의 영향이 큰 점이 다르다. 화랑오계는, 첫째, 충성으로 임금을 섬긴다(事君以忠). 둘째, 효로서 부모를 섬긴다(事親以孝). 셋째, 친구와 사귐에 믿음이 있어야 한다(交友以信). 넷째, 전투에 임하여 물러서지 아니한다(臨戰無退). 다섯째, 살생을 함에 가림이 있어야 한다(殺生有擇). 위의 책: 89.

(2) 교육정책

첫째, 단군은 가림토문자, 신지문자 등 문자를 만들고 보급했다. 단군왕검은 신지를 시켜 신지문자로 불리는 글자를 제정하였고 고조선뿐만이 아니라 태자부루를 도산에 파견하여 중국 하나라 우사공에게 문화의 핵심인 오행치수방법을 전수시켰다. 단군 가륵은 참글을 만들고 삼랑 을보륵에게 정음 38자 가림토 문자를 제정토록 했다.

둘째, 국립대학 등 교육기관을 설립하여 국민교육을 적극 추진했다.

(3) 교육·예술문화정책

첫째, 신하와 백성들의 의식을 구분하고 의식주생활 등에서도 높은 문화생활을 하도록 했다. 단군 부루는 백성들과 관리들의 복식조서를 만들어 의관을 정제토록 했으며, 9세 단군 아술은 높은 덕치를 펼쳤다. 25세 단군 솔나 시대에 기자가 서화에 옮겨가 살면서 인사를 받는 것도 사절했고, 단제는 신하들이 행해야 할 두 가지 모델로서 영신과 직신이 어떻게 다른지를 문의하여 관료의 윤리와 신하의 책임을 규명하고 임금의 도리가 중요함을 밝혔다.[12] 30세 단군 내휴는 청구순방 후 치우천왕 공덕비를 세워 치우의 공덕을 높이 평가하여 신하들과 백성들이 따르도록 표본으로 삼았다. 44세 단군 구물도 삼육대례로 삼신영고의 제사를 드리고, 감찰관을 전국의 모든 주·군에 파견하여 효자와 청백리를 천거토록 하여 이들을 치하하여 효도와 청백리의 문화가 널리 퍼져 정착토록 했다.

둘째, 음악미술 등 예술활동이 권장되고 진흥되었다. 16세 단군 위나 때 구한의 한들이 영고탑에 모여 삼신과 상제께 제사하고 닷새 간 백성과 연회·마당 밟기를 하고 백성들이 모여 애한가(애국가)를 함께 불러 예술과 애국심을 함께 높였다. 13세 단군 흘달 시대에는 온 누리에 거문고 노랫소리가 넘치고 소도를 설치하고 천지화를 심고, 예술과 무예를 겸비한 젊은 엘리트집단인 국자랑·천지화랑을 설립·운영했다. 46세 단군 보을 시대에는 북막추장 이사가 음악을 지어 바쳐올 정도로 고조선의 문화예술에 대한 높은 수준이 주변 나라들에도 널리 퍼져 인식되었음을 알 수 있다.

셋째, 경제활동으로서가 아니라 문명·문화생활로서 천문지리, 책력, 월력 제작 등

12) 영신(佞臣)은 아첨하는 신하로서 위세를 두려워하여 굽혀 복종하는 자이고, 직신(直臣)은 곧은 신하로서 이치를 지켜 굽히지 않는 자인데, 삼랑 홍운성은 영신과 직신은 신하의 문제가 아니고 임금의 문제로서 임금이 성군이면 신하는 직신이 된다고 대답하여 임금이 중요함을 가르쳤다. 위의 책: 103.

표 16-4 역대 단군의 교육 · 문화정책 관련 활동

대수	단군 명	교육 · 문화정책 관련 활동
		[제1정권 · 한족정권]
1세	단군 왕검	구한이 하나로 뭉침, 산과 같은 교화로 신시통치시작, 신시의 옛 규칙 되찾음, 효도 · 충성 가르침, 신지 글자제정, 태자 부루 도산 파견 우사공에게 오행치수방법 전수
2세	단군 부루	소련 · 대련불러 효와 제례 배움, 공자도 칭찬, 복식조서, 칠회력 · 구정도 만듬, 부루의 단지 · 전계 · 업주가리 만듬
3세	단군 가륵	종훈 · 전계 · 삼광오정 · 삼육대례, 참글,삼랑 을보륵 정음 38자 가림토 제정
4세	단군 오사구	신선불사의 설, 화폐제조, 하나라 사람 신서 구해감, 조정과 백성의 구별을 돌로 새김
5세	단군 구을	육십갑자사용 책력제정
6세	단군 달문	신지발리 서효사작성, 한국오훈 · 신시오사 약속
9세	단군 아술	덕치를 펼침
		[제2정권 · 맥족정권]
10세	단군 노을	천문대 감성 설치
11세	단군 도해	천경신고 조술, 천부경 삼일신고 강연, 대시전 건립, 선사 20명 하나라에 가르침 전함
12세	단군 아한	요하에 순수관경비 건립, 창해역사 여홍성 시 읊음
13세	단군 흘달	온누리에 거문고 노랫소리 넘침, 소도설치하고 천지화 심음, 국자랑 · 천지화랑 운영
16세	단군 위나	구한의 한들이 영고탑에 모여 삼신과 상제께 제사, 닷새 간 백성과 연회 · 마당밟기, 백성들 모여 애한가(애국가) 함께 부름
19세	단군 구모소	지리숙이 주천력 · 팔괘상중론 제작
20세	단군 고흘	공공인 공흘 구한의 지도 제작
		[제3정권 · 예족 · 기자정권]
25세	단군 솔나	기자 서화에 옮겨가 인사 사절, 단제 영신 · 직신 문의
30세	단군 내휴	청구 순방후 치우천왕 공덕비 세움
		[제4정권 · 예족 · 위만정권]
44세	단군 구물	삼신영고의 제사, 삼육대례, 감찰관 각 주 · 군 파견, 효자 · 청백리 천거
46세	단군 보을	북막추장 이사 음악 바침

과학기술의 수준도 정책적으로 높였다. 단군 부루가 칠회력 · 구정도를 만들고, 5세 단군 구을은 육십갑자를 사용한 책력을 제정했고, 10세 단군 노을은 천문대 감성을 설치했다. 19세 단군 구모소 시대에 지리숙이 주천력 · 팔괘상중론을 제작했고, 20세 단군 고흘 시대에 공공인 공흘을 시켜 구한의 지도를 제작했다. 천문대인 감성을 이용해 오

성취루현상을 관찰·기록한 사실이 서울대 교수 박창범의 고고천문학연구를 통해 입증되어 고조선의 높은 과학기술·문화활동을 확인할 수 있다.

(4) 역대 단군의 교육·예술문화정책

고조선 시대 역대 단군의 대표적인 교육정책과 문화정책 관련 활동을 『단군세기』의 기록을 중심으로 제1~4정권별로 정리하면 <표 16-4>와 같다.

(5) 외교정책

국가는 외국과의 관계에서 전쟁을 하거나 외교나 교역활동을 하게 된다. 외교나 교역은 외교정책의 영역으로서 이것은 단군의 군장으로서의 역할을 분담하는 것이고 왕명의 출납을 담당하는 마가가 수행하는 정책이다. 고조선은 주변 지역을 점령하여 분조를 설치하고 통치자를 파견하거나 제후로 봉하여 관리하고, 고대 중국 등 여러 국가들과 활발한 외교활동을 하였다. 국가 간 사신을 주고받으며 서로 문화를 교류하고, 공물을 주고받으며 교역을 통해 물자를 교류한 기록들이 많이 나온다. 중국 고사서 중 최초의 기록인 기원전 7세기 『관자』에서 몇만 리나 떨어진 먼 나라인 조선의 호랑이 가죽의 우수성과 비싼 값을 쳐주면 사올 수 있다고 기록한 것은 조선 상품의 고귀함과 교역활동이 전개되었음을 보여주는 기록이다. 고조선의 대표적인 외교활동을 정리해본다.

첫째, 제후국을 적극 영입하고 속국을 확대하여 제후와 왕을 봉하여 영토를 확장하고 대제국으로 발전시켰다. 천하의 땅을 삼한으로 나누어 다스리고, 5가 64족을 포함시키고, 황제의 동생 오사달을 몽고리임금으로 봉했다. 청아의 욕살 비신과 서옥저의 욕살 고사침과 맥성의 욕살 돌개를 왕으로 봉하고, 포고씨를 엄, 영고씨를 서, 방고씨를 회 땅에 각각 임명하여, 은나라가 단제의 위세를 경외했다. 엄덕골에서 제후국 여러 한들과 만난 후 병사들을 사열하고, 주나라 사람과도 수교를 체결했다.

둘째, 외국과 사신을 주고받는 외교활동을 하였다. 단군왕검은 태자 부루가 우 사공과 만나 치산치수와 오행치수 이론을 중국에 전수하는 도산회맹을 하게하고, 측량방법에 따라 국경을 따져 중국 요임금의 12주인 유주와 영주를 편입하고, 회대지방의 제후를 평정하여 분조를 설치했다. 은나라의 공격을 받은 하나라 걸왕에게 원병을 보내 도우니, 은나라 탕왕이 사죄사신을 보내오고 은나라 왕 소갑이 화친 사신을 보내왔다. 연나라에서 사신을 보내와 새해 문안인사를 올려왔다.

표 16-5 역대 단군의 외교정책과 외교활동

대수	단군 명	외교정책과 외교활동
		[제1정권 · 한족정권]
1세	단군 왕검	태자 부루가 하나라 우왕과 만나 치산치수와 오행치수 이론 전수하는 도산 회맹참가, 국경 따져 요임금의 12주인 유주 영주 편입, 회대지방 제후 평정하여 분조설치, 천하의 땅을 삼한으로 나누어 다스리고, 5가 64족을 포함
4세	단군 오사구	황제의 동생 오사달을 몽고리임금으로 봉함 하나라 사람이 찾아와서 특산물을 바치고 신서神書를 구해 감
5세	단군 구을	인도 사람이 표류하여 동쪽 바닷가에 도착함
6세	단군 달문	대국 둘, 소국 스물, 부락 3,624곳과 동맹 맺어 공물 받음
		[제2정권 · 맥족정권]
11세	단군 도해	선사 20명을 하나라 서울로 보내 처음으로 나라의 가르침을 전하여 위세를 보임
12세	단군 아한	청아의 욕살 비신과 서옥저의 욕살 고사침과 맥성의 욕살 돌개를 왕으로 봉함
13세	단군 흘달	은나라 공격 받은 하나라 걸왕에게 원병을 보내 도우니 은나라 탕왕 사죄 사신보내옴
15세	단군 대음	은나라 왕 소갑이 화친 사신보내옴, 양운국과 수밀이국 사신 특산물 바침
18세	단군 동엄	지백특 사람이 와서 특산물 바침
19세	단군 구모소	운남성 섬라국 남장인이 벼슬을 얻어 조정에 들어 옴
21세	단군 소태	은나라 왕 소을이 사신을 보내 공물을 바침
		[제3정권 · 예족 · 기자정권]
23세	단군 아홀	포고씨를 엄, 영고씨를 서, 방고씨를 회 땅에 각각 임명, 은나라가 단제 위세 경외
25세	단군 솔나	기원전 1114년 기자 화남성 서화에 옮겨가 있으며 인사를 받는 일도 사절
30세	단군 내휴	엄덕골에서 제후국 여러 한들과 만난 후 병사들을 사열, 주나라 사람과도 수교 체결 흉노가 공물을 바침
32세	단군 추밀	선비족의 발상지 선지산의 추장 문고가 공물을 바침
		[제4정권 · 예족 · 위만정권]
44세	단군 구물	연나라에서 사신을 보내와 새해 문안인사를 올려옴
45세	단군 여루	북막 추장 액니거길 말 200필 바치고 함께 연나라 칠 것을 요청
46세	단군 보을	북막 추장 이사 음악을 바쳐 후한 상을 내림
47세	단군 고열가	연나라 사신 보내와 세해 인사, 북막 추장 아리당부 공물 바치지 않음

셋째, 외국과 공물을 교환하며 적극적인 교역활동을 했다. 고조선은 대국 둘, 소국 스물, 부락 3,624곳과 동맹을 맺어 공물을 받았다. 양운국과 수밀이국의 사신, 그리고 지백특 사람이 와서 특산물을 바쳤다. 은나라 왕 소을이 사신을 보내 공물을 바치고 흉

노가 공물을 바쳤으며, 선비족의 발상지 선지산의 추장 문고가 공물을 바쳤다. 북막 추장 액니거길이 말 200필 바치고 함께 연나라 칠 것을 요청했으나 응하지 않자 다음 해부터는 북막 추장 아리당부 공물 바치지 않았다.

넷째, 외국과 문화교류를 적극적으로 했다. 하나라 사람이 찾아와서 특산물을 바치고 신서(神書)를 구해 갔고, 선사 20명을 하나라 서울로 보내 처음으로 나라의 가르침을 전하여 고조선의 선진문명의 위세를 보였다. 북막 추장 이사가 음악을 바쳐 후한 상을 내렸다.

다섯째, 외국인들이 이주하여 벼슬을 얻고 인적인 교류를 했다. 운남성 섬라국 남장인이 벼슬을 얻어 조정에 들어 왔고, 인도 사람이 표류하여 동쪽 바닷가에 도착했다. 기원전 1114년 기자가 화남성 서화에 옮겨가 있으며 인사를 받는 일도 사절했다.

이러한 외교정책과 활동에 대해 『단군세기』에는 보다 자세하게 고조선이 외국과 인적·물적·문화적 교류를 한 기록들이 나온다. 이들을 제1~4정권별로 요약하면 위 <표 16-5>와 같다.

5. 국방정책: 웅가의 주병 담당·단군의 군장 역할 보좌

(1) 국방정책

단군의 역할은 제사장 이외에 군장으로서의 역할이 중요하였고 군장의 대표적인 역할이 국방정책을 통해 나타났다. 고조선 건국의 주된 이유가 부족연맹으로 국가 창업에 동참한 국가들을 외국의 침략으로부터 보호하는 국방의 역할을 하기 위한 것이어서 그만큼 국방정책은 중요했다. 이 때문에 환웅시대의 5가에 국방을 담당하는 웅가를 신설하여 주병을 담당토록 했다. 고조선 시기에는 중국과 수많은 전쟁들이 있었다. 『단군세기』에는 단군조선의 개국 초기부터 수많은 전쟁이 있었음을 기록하고 있고, 중국의 사서에는 단군조선의 후기 위만정권과 한의 전쟁에 대해 소상하게 기록하고 있다. 사마천의 『사기』<조선열전>에 상세하게 기록된 고(위만)조선과 한의 전쟁을 중국측에서는 한사군의 설치와 한나라의 고조선에 대한 침공전쟁의 성공을 기록하기 위한 것이다. 그것은 역으로 고조선이 중국의 한나라와 결연하게 전쟁을 치루었고 심지어는 참전한 한나라 사령관들을 처형한 것 등을 볼 때 기록의 내용과는 반대로 한나라가 고조선과의 전쟁에서 패했음을 위장하고 변명하기 위해 기록한 것으로 의심을 받고 있다. 이 때문에 고조선에 대한 한사군의 설치에 대한 한나라의 주장이 허위일 가능성이 높은 것이다. 고조선 시대에 전개된 한과의 전쟁, 탁록대전, 진개의 전쟁, 위만조선의 전쟁 등은 고대 중국에 대해 고조선이 적극적으로 주권을 행사하여 대제국 고조선의 후국들이나 속국들의 안보를 책임졌음을 보여주는 대표적인 사례들이다.

『단군세기』에서는 고조선이 개국 직후부터 활발하게 펼친 국방정책에 대해 기록하고 있다. 국방을 위한 정책들은 군대의 조직, 군정과 군령, 전쟁, 점령지 관리, 포로 처형과 관리 등의 일을 하게 된다. 이들에 관한 고조선 시대의 대표적인 정책들을 정리한다.

첫째, 군대의 조직으로 단군은 중앙군과 지방군을 두고, 지방은 5군으로 나누었다. 웅가가 단군의 명을 받아 중앙군과 지방군의 대원수의 책임과 권한을 행사했고 나머지 오가들이 5부의 지방군의 원수의 권한과 책임을 맡았다. 군대는 육군과 해군을 두었다. 백성들 가운데 장정을 뽑아 모두 병사로 삼아 군대를 충당했다. 천지화랑을 설치하고 미혼자제들을 모아 글과 활쏘기를 익혀 천지화랑으로 양성하여 군대 지휘관으로 삼았다. 엄덕골에서 제후국 여러 한들과 만난 후 지방군 병사들을 사열했다.

둘째, 웅가는 중앙군의 사령관일뿐만 아니라 대원수로서 중앙군을 지휘하고 나머지 가들이 원수를 맡아 지휘하는 전・후・좌・우군의 총사령관이 되어 지휘했다. 단군왕검은 초대 웅가로 치우를 임명하여 군을 통수토록 했다. 치우에 대해서는 중국측에서도 크게 두려워하여 고조선은 치우 천왕을 도원수로 한 전쟁에서 연전연승을 하고 영토도 크게 확장하였다. 치우는 전쟁에 크게 승리하면서 후대에서는 치우 천왕으로 불리게 되었다. 치우는 지금까지도 용맹스러운 장군으로서 전쟁의 신으로 불리게 되었다. 2002년 서울 월드컵에서 한국팀 선수들을 응원하는 응원단인 '붉은 악마들'이 치우 천왕의 얼굴을 상징으로 삼고 전국적으로 열렬히 응원하고 하나로 뭉친 국민들의 열망의 결과로 전무후무하게 세계 4강으로 도약한 것은 기적에 가까운 일이었다. 국내의 남녀노소는 물론 전 세계에 퍼져 있는 한민족이 한 마음으로 뭉친 것도 고조선의 치우 천왕을 상징으로 내세운 붉은 악마들의 응원의 덕분이다. 이처럼 초대 치우 장군은 한민족의 수호신으로 지금까지 내려오고 한민족의 마음속에 살아 있는 것이다.

셋째, 단군은 전쟁을 통해 영토를 확장하였다. 단군은 하나라 상이 백성들의 덕을 잃어 식달이 람・진・변의 3부 병력을 이끌고 정벌토록 했다. 은나라의 공격을 받은 하나라 걸왕에게 원병을 보내 도우니 은나라 탕왕이 사죄사신을 보내왔고, 하나라 걸왕이 조약을 위배해서 걸왕을 정벌하기 위해 군대를 진격하여 관중의 빈・기땅에 웅거하고 관청을 설치하여 점령지를 다스렸다. 우루국 사람 20인이 투항해와 염수 근처 땅에 정착토록 했다. 단군이 제후들인 구한의 군사를 이끌고 은나라 서울을 격파하고, 은과 화친을 맺었다가 은이 조약을 지키지 않아 다시 격파하여 승전했다. 고죽군과 더불어 남으로 진격하여 빈 · 기에 웅거하면서 여나라를 세우고 항산까지 교화시켜 영토를 확장했다. 웅갈손을 보내 남쪽을 정벌하여 정벌군대가 은나라 땅에 여섯 읍을 설치하고 신독을 주살한 후 포로를 석방했다. 단군의 후국인 청구 · 구려의 임금이 회합하여 병력을 합쳐 은나라의 성책을 부수고 회대의 땅을 평정하여 포고씨를 엄, 영고씨를 서, 방고씨를 회 땅에 각각 임명하여 은나라가 단제의 위세에 경외심을 표했다. 일본 신무천왕의 아버지가 된 장군 언파불합을 보내 일본의 바다 규슈지방 웅습을 평정하고, 조을을 파견하여 연나라 서울을 돌파하여, 제나라 군사와 임치의 남쪽 교외에서 싸워 승리했다. 진국과 부여의 조상인 협야후 배반명을 보내 바다의 도적을 토벌하고, 삼도를 평정하여 수유의 군대와 함께 연나라를 정벌했다. 제나라의 침입에 대해 복병을 설치하여 진압하자, 제나라가 화해를 구걸했다. 연나라 배도가 요서를 함락하고 운장에 압박을 가하자, 번조선 대장군 우문언이 막고, 진조선 · 막조선도 군대를 지원하여 복병으로 공격하여 연나라 · 제나라 군대를 격파하고 요서의 모든 성을 되찾았다. 연나라 사람은 패전하고도 연운도에 주둔하며 조선 침공을 준비해 우문연이 쳐부수고 장수를 사살했다.

넷째, 단군은 반란을 평정하고 영토를 다스렸다. 유주와 영주의 이웃인 연나라가 반란을 일으켜 병사로 정벌한 후 동무와 도라의 두 제후를 두어 다스리게 했다. 강거의 반란도 단제가 티벳지방인 지특백에서 정벌하여 평정했고, 두지주 예읍의 반란에 여수기를 보내 진압하고 추장 소리모리를 처형하였다. 소시모리의 후손인 협야노가 바다로 도망쳐 일본열도에 웅거하며 스스로 천왕이라 칭하였다. 은나라 왕 무정이 귀방을 치고 대군을 이끌고 색도 영지를 침공해서 단군이 군대를 보내 진압하여 무정은 대패한 후 조공을 바치면서 화해를 요청하여 수락했다. 북막 추장 액니거길이 말 200필을 바치고 함께 연나라 칠 것을 요청하여 번조선 젊은 장수 신불사가 병력 만 명을 이끌고 합세, 연나라 상곡을 공격하고, 성읍을 건축하여 상곡전투 이후 매년 연나라 침범해오다가 사신을 보내 화해를 요청해와 이것을 허락하고 조양 서쪽을 국경으로 삼았다.

다섯째, 단군이 약할 때에는 외적의 침입이나 내란으로 왕궁이 적에게 넘어가 피신하다가 되찾거나 쿠테타를 진압하지 못해 단군직을 찬탈당하는 일도 있었다. 그것은 단군이 강한 군대를 유지하지 못하여 백성들은 물론 스스로 단군직도 지키지 못한 경우이다. 청해 욕살 우착이 군대를 이끌고 궁성을 침범하여 단제는 상춘으로 피신하고, 우지와 우율을 보내 우착을 토벌한 후 3년이 지나 귀경하였다. 변방의 장수 신독이 병력으로 난을 일으켜 단제가 한동안 영고탑으로 피신했다 돌아왔다. 단군이 약할 때 개사원 욕살 고등이 귀방을 습격하여 멸망시키고 군대를 늘려서 서북 땅을 차지하고 스스로 우현왕이라 칭하며 단군에게 우현왕으로 임명해줄 것을 요청하여 어쩔 수 없이 허락했다. 나아가 단군이 더욱 약할 때인 기원전 1286년 색불루가 우현왕이 되어 왕궁으로 쳐들어와 왕궁을 포위하여 쿠테타를 일으켜 스스로 단군직을 찬탈하여 단군에 즉위하자 단군은 부득이 옥책과 국보를 전수한 후 아사달에 은퇴하였다가 서거했다. 융안 사냥꾼 우화충이 장군을 자칭하며 무리 수만 명을 모아 서북 36군을 함락시키자, 단제는 해두로 피난하고 서거했지만 서거전 백민성 욕살 구물에게 어명을 내려 구물이 장당경을 점령하자, 압록강 지역 18성이 병력을 파견하여 원조했다. 이때 큰물이 도성을 휩쓸어 적병이 큰 혼란에 빠지고, 구물이 만 명의 군대로 정벌하여 우화충을 사살했다.

구물은 장수들의 추앙으로 장당경에서 단군으로 즉위하고, 조선의 국호를 대부여로 개칭했다. 삼한을 삼조선으로 바꾸어 호칭하고 삼조선은 단군의 통치는 받되 전쟁의 권한은 삼조선이 나누고, 해성을 개축하여 평양으로 개칭하고, 이궁을 건축했다. 번조선 왕 해인이 연나라 자객에 시해되어, 오가가 다투어 일어났다. 읍차 기후가 병력을 이끌고 입궁하여 번조선 왕으로 자칭하자 단제가 윤허하며 연나라에 대비하도록 명했다. 도성이 큰 불로 모두 타 단제가 해성으로 이궁하여 피난했다. 한개가 수유의 군대로 궁궐을 침범하여, 왕을 자칭하고, 대장군 고열가가 의병을 일으켜 진압하자 단제는 서울로 환궁했다. 죄인에 대한 대사령을 내려, 이때부터 나라의 힘이 약해지고 국고와 재정이 고갈되었다. 북막 추장 아리당부가 함께 연나라 정벌을 요청하여 불허했다. 고리국 사람 후손 해모수가 웅심산을 내려와 군대를 일으키자 단제는 왕위를 버리고 입산수도하여 신선이 되고, 국가를 단군대신 오가가 6년 간 함께 나라를 다스렸다. 종실 대해모수는 수유와 약속하고 백악산을 점령하여 천왕랑이라 칭하고, 수유후 기비를 권하여 번조선 왕으로 삼고, 북부여의 일어남이 시작되어 고구려는 해모수의 태어난 고향이므로 고구려라 칭하게 되었다.

여섯째, 단군은 군수물자나 국방설비 및 군사시설을 구축하여 국방력을 길렀다. 조선소를 살수 상류에 설치하여 해군력의 주축으로 삼았고, 송화강 기슭에 관청을 세워 배를 관리토록 했다. 길림성 장령 낭산에 성을 쌓고, 연나라의 침범을 장수 묘장춘이 쳐부수었다. 기원전 3세기 초에는 고조선의 국력이 약화되어 연나라 장수 진개의 침공으로 서쪽 땅을 잃고 더욱 쇠약해지기 시작하여, 고조선은 이무렵 요동지방을 잃어 수도도 요하 유역에서 대동강 유역 평양으로 이동한 것으로 보인다. 이처럼 고조선은 다양한 국방정책을 추진하면서 2,000여 년 대제국을 유지하다가 북부여와 고구려로 이어지게 되었다.

(2) 역대 단군의 국방정책

이러한 고조선의 다양한 국방정책의 추진을 역대 단군 시대별로 정리하면 『단군세기』에는 보다 자세하게 역대 단군들이 중국 등과 벌인 전쟁에 대해 소상하게 기록하고 있어서 제1~4정권별로 요약하면 <표 16-6>과 같다.

표 16-6 역대 단군의 국방정책과 전쟁활동

대수	단군 명	전쟁활동
		[제1정권·한족정권]
1세	단군 왕검	우에게 군대를 관장토록 함
2세	단군 부루	유주 영주의 이웃 연나라가 반란을 일으켜 병사로 정벌 후 동무·도라 두 제후 둠
3세	단군 가륵	강거의 반란을 단제가 티벳지방인 지특백에서 정벌 두지주 예읍의 반란을 여수기를 보내 진압하고 추장 소리모리를 처형 소시모리 후손 협야노가 바다로 도망쳐 일본열도에 웅거하며 천왕 칭함
4세	단군 오사구	조선소를 살수 상류에 설치, 하나라 상이 백성들의 덕을 잃어 식달이 람·진·변의 3부 병력을 이끌고 정벌함
8세	단군 우서한	세 발 달린 날개가 석자나 되는 까마귀가 날아와 대궐 뜰 안으로 들어 옴
9세	단군 아술	청해 욕살 우착 군대 궁성 침범에 단제 상춘 피신, 우지 우율 보내 토벌
		[제2정권·맥족정권]
11세	단군 도해	장정을 뽑아 모두 병사로 삼음, 송화강 기슭에 관청세워 배를 관리
13세	단군 흘달	은나라 공격 받은 하나라 걸왕에게 원병을 보내 도와 은나라 탕왕 사죄사신 보내옴, 하나라 걸왕 조약위배해 걸왕 정벌위해 군대 진격, 관중의 빈·기땅에 웅거, 관청 설치 미혼자제 모아 글과 활쏘기 익혀 천지화랑 설치·양성
15세	단군 대음	우루국 사람 20인이 투항해와 염수 근처 땅에 정착토록 함
21세	단군 소태	은나라 왕 무정 귀방 치고 대군으로 색도 영지 침공해 대패 후 조공바쳐 화해요청, 개사원 욕살 고등 귀방 습격 멸망시키고 군대 늘려 서북땅 차지 우현왕 임명허락, 기원전 1286년 색불루가 우현왕이 되어 왕궁포위 쿠테타로 단군직에 즉위, 단제 옥책 국보 전수 후 아사달에 은퇴·붕어, 고죽군 백이·숙제 나라를 버리고 동해 해안가로 와 살며 농사
		[제3정권·예족·기자정권]
22세	단군 색불루	구한의 군사 이끌고 은나라 서울 격파, 화친, 격파 승전, 고죽군과 더불어 남으로 진격하여 빈·기에 웅거, 여나라 세우고 항산까지 교화시킴, 변방의 장수 신독이 병력으로 난을 일으켜 단제가 한동안 영고탑으로 피신
23세	단군 아홀	웅갈손을 보내 남쪽 정벌한 군대가 은나라 땅에 여섯읍 설치, 신독 주살후 포로 석방, 청구·구려 임금 회합, 병력 합쳐 은나라 성책 부수고 회대의 땅 평정, 포고씨를 엄, 영고씨를 서, 방고씨를 회 땅에 각각 임명, 은나라가 단제 위세 경외

30세	단군 내휴	엄덕골에서 제후국 여러 한들과 만난 후 병사들을 사열
35세	단군 사벌	(일본 신무천왕의 아버지가 된) 장군 언파불합을 보내 바다 규슈지방 웅습 평정함, 조을 파견 연나라 서울 돌파, 제나라 군사와 임치의 남쪽 교외에서 싸워 승리
36세	단군 매륵	(진국과 부여의 조상) 협야후 배반명을 보내 바다의 도적을 토벌, 삼도 평정 수유의 군대와 함께 연나라 정벌, 제나라의 침입을 복병 설치 진압, 제나라 화해 구걸
43세	단군 물리	융안 사냥꾼 우화충 장군 자칭 무리 수만명 모아 서북 36군 함락, 단제 해두 피난서거, 백민성 욕살구물 어명으로 장당경 점령, 압록 18성 병력파견 원조
	[제4정권 · 예족 · 위만정권]	
44세	단군 구물	큰물로 도성 휩쓸어 적병 큰 혼란, 단제구물 만명의 군대로 정벌, 우화충사살 구물 장수들의 추앙으로 장당경에서 즉위, 대부여로 국호 개칭, 삼한은 삼조선으로, 삼조선은 단군통치는 받되 전쟁의 권한은 나눔, 해성 개축 평양으로 개칭, 이궁건축
45세	단군 여루	길림성 장령 낭산에 성을 쌓고, 연나라의 침범을 장수 묘장춘이 쳐부숨 연나라 배도가 요서 함락 운장에 압박, 번조선이 대장군 우문언으로 막고, 진조선 · 막조선 군대지원 복병 공격 연나라 · 제나라 군대 격파 요서 모든 성 되찾음, 연나라 사람 패전하고도 연운도 주둔 조선 침공준비해 우문연이 쳐부수고 장수 사살, 북막 추장 액니거길 말 200필 바치고 함께 연나라 칠 것을 요청, 번조선 젊은 장수 신불사가 병력 만 명 이끌고 합세, 연나라 상곡 공격, 성읍 건축, 상곡전투 이후 매년 연나라 침범해오다가 사신을 보내 화해 허락, 조양 서쪽 국경
46세	단군 보을	번조선 왕 해인이 연나라 자객에 시해되어 오가가 다투어 일어남 읍차 기후가 병력 이끌고 입궁 번조선 왕 자칭, 단제 윤허, 연나라 대비 명함, 도성 큰 불로 모두 타 단제 해성 이궁으로 피난, 한개가 수유의 군대로 궁궐 침범, 왕 자칭, 대장군 고열가 의병 일으켜 진압, 단제 서울 환궁, 대사령, 이때부터 나라의 힘이 약해지고 국고재정 고갈됨
47세	단군 고열가	북막 추장 아리당부 연나라 정벌 요청 불허함 고리국 사람 후손 해모수가 웅심산을 내려와 군대를 일으킴 단제 왕위 버리고 입산수도 신선이 되고, 오가가 6년 간 함께 나라를 다스림 종실 대해모수는 수유와 약속하고 백악산을 점령하여 천왕량이라 칭함 수유후 기비를 권하여 번조선 왕으로 삼고, 북부여의 일어남이 시작됨 고구려는 해모수의 태어난 고향이므로 고구려라 칭하게 됨

고대 중국의 하 · 은 · 주와의 전쟁에 관한 기록 외에 고조선의 진압을 피해 달아난 일파가 일본을 세웠다는 기록은 또 다른 의미를 지닌다. 예로써, 『단군세기』는 '3세 단군 가륵 시대에 강거의 반란을 단제가 티벳지방인 지특백에서 정벌하고 두지주 예읍의 반란을 여수기를 보내 진압하고 추장 소리모리를 처형하였다. 그래서 소시모리 후손 협야노가 바다로 도망쳐 일본열도에 웅거하며 스스로 천왕이라 칭하였다'[13]고 기록하고

있다. 이 기록은 고조선의 진압을 피해 달아난 추장 소시모리의 후손 협야노가 바다로 도망쳐서 일본열도에서 일본 천황이 된 것을 기록하고 있다. 이만큼 중국 및 일본과의 관계에서 고조선의 주권이 독자성과 우월성을 지니고 있음을 보여주고 있다.

6. 경제정책: 우가의 주곡 담당·단군의 군장 역할 보좌

(1) 경제정책·농업정책

고조선에서 핵심적인 경제정책인 농업정책은 백성들의 삶에 가장 중요한 정책이었다. 환웅시대부터 주곡담당을 중요한 정부의 일로 삼아 5가에 포함시킨 것은 백성들을 '세 가지 위험'에서 구해내는 가장 중요한 일의 하나라고 생각했기 때문이다. 이 때문에 환웅시대를 이은 단군조선도 농지개간, 곡식생산, 목축 및 양잠 등의 주곡과 이들을 시장에서 서로 유통시키는 업무가 중요한 국가의 일이 되었다. 농업과 목축 및 잠업을 잘하기 위해 정부는 천문과 지리를 익히고 천문대를 설치하여 천문기상을 관측하고, 일월성신의 자연의 운행에 대한 질서를 책력으로 만들어 360여 가지 일을 하는데 절기와 잘 어울어지도록 하고 소득에 대해 세금을 매겨 정부가 경제정책을 추진토록 했다. 이러한 농사, 양잠, 천문기상, 책력제작, 화폐제작, 조세 등에 대한 고조선 시대의 정책을 살펴보도록 한다.

첫째, 농지개척과 농사장려 정책이다. 『단군세기』에 따르면, 단군 47대 왕세기 전체를 통해 농업장려 활동에 대한 기록이 가득하다. 예로써, 단군왕검은 "팽우彭虞에게 명하여 땅을 개척하도록 하였고 도랑파고 밭길내고 … 고시高矢에게는 농사를 장려하도록 맡"[14]겼다고 기록하고 있다. 2세 단군 부루는 산업을 다스리고 도랑파기·농사짓기·뽕나무심기 등을 장려하여 풍년을 맞았다. 특히, 8세 단군 우서한 시대에는 풍년이 들어 벼 한 포기에 이삭 여덟 개가 달렸고, 25세 단군 솔나 때에는 밭곡식에 풍년이 들어 한 줄기에 다섯 개 이삭의 조가 있었으며, 34세 단군 오루문 때에는 오곡이 풍성했다고 기록하고 있다.

둘째, 목축과 어업 등 가축을 기르고 물고기를 잡는 일을 장려했다. 가축들을 키우고 가축 이외 짐승들을 동물우리에 키웠다.

셋째, 뽕나무 심기와 누에치기 등 양잠 업무를 장려했다. 『단군세기』에서 단군왕검

---

13) 『단군세기』: 68.
14) 위의 책: 58−59.

은 "비서갑斐西岬의 하백녀河伯女를 거두어 아내로 삼고 누에치기를 다스리게 하니 …"[15]라는 기록이 있다. 또 단군왕검은 "도랑을 파고 발길을 내고 누에를 치도록 권장하며 고기잡이를 가르치니"[16]라고 기록하고, 단군왕검에 이어 2세 단군 부루도 "도랑을 파기도 하고 고치기도 하며 농사짓고 뽕나무 심을 것을 권장하였다"[17]고 하여 잠업을 권장하는 활동을 한 것으로 기록하고 있다. 이것은 고조선 초기부터 단군왕검과 단군 부루가 누에치기를 적극 권장하고 비단 옷을 입게 하여 단군족의 문화수준을 높인 것으로 보인다. 중국의 많은 고문서에 고조선족이 의관을 정제하고 복식을 갖추었다는 기록이 많이 나오는 것도 고조선 초기부터 누에치기를 적극 권장한 결과라고 볼 수 있다.

『후한서』<동이열전><예전>과 <한전>에서 삼을 심고 누에를 기르며 길쌈을 하고 베를 짜고 베로 만든 도포를 입었다고 기록하고 있다.[18] 『한서』<지리지>에서도 '기자가 조선에 와서 농사짓고 누에치며 길쌈했다'고 하여 기자가 조선에 왔을 때에는 이미 농사와 양잠 및 길쌈이 크게 번창했음을 확인하고 있다.[19]

이처럼 고조선에서는 삼베·모직·비단 등을 생산하여 의복의 재료로 삼았고 고조선인들이 직접 양잠과 길쌈을 했음을 확인해준다. 나아가 고조선에서 표범 가죽이나 말곰가죽 등 모피를 중국에 수출했음을 『관자』<경중갑>편 등의 기록[20]과 길림성 성성초 유물[21] 등에서 확인할 수 있다. 고조선 시대에는 방직기계와 베틀 등을 이용해 모직과 삼배 및 명주를 짜고 뼈바늘과 쇠바늘을 이용해 옷을 지었다.[22]

고조선이 환웅시대를 이어 일찍부터 잠업을 장려하고 양잠시대를 열었던 것은 문서기록만이 아니라 유물과 유적에서도 잘 나타나고 있다. 대동강 유역에서는 기원전

---

15) 위의 책: 58−59.
16) 위의 책: 61.
17) 위의 책: 62.
18) (예 사람들은) 삼을 심고 누에를 기르며 길쌈을 할 줄 안다(『후한서』 권 85 <동이열전><예전>). … 마한 사람들은 양잠을 할 줄 알며 길쌈하여 베를 짠다(『후한서』 권 85 <동이열전><한전>). … (한 사람들은) 구슬을 귀중히 여겨서 옷에 꿰매어 장식하기도 하고 목이나 귀에 달기도 한다. 그들은 대체로 머리를 틀어 묶고 상투를 드러내놓으며 베로 만든 도포를 입고 짚신을 신는다(『후한서』 권 85 <동이열전><한전>).
19) 『한서』 권 28 하 <지리지> 하.
20) 환공과 관자의 대화에서 8천리 먼 발조선의 표범 가죽을 비싼 값으로 계산해주어야 한다는 내용이 실려 있다. 『관자』 권 80 <경중갑>. 제80.
21) 길림지구고고단훈반. 1980. <길림후석산유지발굴간보>『考古』. 1980년 2기: 141.
22) 함경남도 무산군 무산읍 범의구석 청동기시대의 유적에서 이전에 비해 뼈바늘이 훨씬 많이 출토되어, 뼈바늘이 신석기층에서 2점, 청동기층에서 30점, 철기문화층에서 5점이 출토되었다. 황기덕. 1975. <무산범의구석 유적 발굴보고>『고고민속론문집』 6. 사회과학출판사: 124−226.

4000년기에 이미 누에를 쳐서 비단을 짜기 시작한 것으로 보이는 유물들이 발굴되고, 평양시 남경 유적 신석기 문화층 3호 집자리에서 밑창에 누에의 먹이인 뽕잎을 그려 넣은 질 그릇이 출토되었다. 황해도 봉산군 지탑리 제2지구에서 출토된 질그릇에서는 누에를 여러 마리 반복하여 새김으로써 하나의 '번데기' 무늬가 되게 만들었다. 정백동 200호 무덤, 석암리 214호 무덤과 205호 무덤에는 당초무늬와 구름무늬 등을 수놓은, 중국의 녁잠누에와 다른 석잠누에에서 뽑은 명주실로 직조한 자수비단이 나왔다.[23] 명주실과 비단으로 옷을 짜고 질그릇에 누에 무늬까지 새겨 넣은 것은 그만큼 문화수준이 높아짐을 보여준다. 기원전 4000년기에 벌써 비단옷을 짜고 누에를 기르는 잠업을 열고 의생활을 고급화한 것은 문화민족의 높은 수준을 보여주어 그 역사적인 의미가 크다.

고조선 시대부터 방직기계를 사용하여 모직과 명주 및 삼베 등을 생산할 정도로 의생활 수준이 매우 발달했고 수공업 수준도 크게 발전했다. 길림성 영길현 성성초 돌널무덤에서는 양털실과 개털실을 섞어서 방직기계를 이용해 짠 모직물 두 조각이 나왔고[24], 길림성 후석산 유적에서도 방직기를 사용해 짠 마포가 출토된 것은[25] 이것을 확인해주는 것이다.

넷째, 농산물의 유통을 장려했다. 『삼성기전 상편』에 "농사를 짓고 목축을 하고 시장을 열어 교환하도록"[26]하였고, 쌀 되와 저울 통일·베와 모시 가격을 통일하는 등 정부가 농산물 시장 가격도 일정 수준 통제하여 시장 질서를 유지한 기록들도 있는데, 이것은 고조선 당시에 농사를 짓고 시장을 열어 농산물을 교환한 사실을 보여주는 것이다. 인삼이나 호랑이 가죽은 귀중품으로 취급되어 국내 시장은 물론 모두 중국에서도 귀한 물품으로 소중하게 다루어졌다. 기원전 7세기의 『관자』의 기록이 이것을 입증하고 있다. 유통을 촉진코자 화폐를 제조하고 사방의 물건들을 모아 박람회처럼 전시하고, 방물을 헌납했다.

다섯째, 천문지리를 관측하기 위해 10세 단군 노을이 천문대인 감성을 설치하고 천문관측활동을 했다.

여섯째, 홍수, 가뭄, 해일, 폭풍, 기상이변 등을 관측하고 대비토록 했다. 큰 가뭄과 큰 비가 내려 농사에 흉년이 들고 기우제를 지내 비가 내리기도 했다. 14세 단군 고불

23) 조희승. 1999. <잠업, 제강, 벼재배 기술을 통해 본 고조선문화의 우수성과 독자성>. 『단군과 고조선』. 살림터: 473-474.

24) 퉁동주 편. 1987: 196-197.

25) 길림지구고고단훈반. 1980. <길림후석산유지발굴간보>『考古』. 1980년 2기: 141.

26) 『삼성기전 상편』: 17

시대에는 큰 가뭄에 기우제를 지내자 큰 비가 내려 가뭄을 면했다. 27세 단군 두밀 때에는 큰 가뭄 끝에 큰 비로 곡식의 수확이 없어 백성들에게 창고를 열어 곡식을 나누어 주었고, 28세 단군 해모 때에는 큰 태풍과 폭우로 땅 위에 물고기가 쏟아져 내리기도 했다. 32세 단군 추밀 때에는 일식으로 농사가 크게 흉작이었고, 35세 단군 사벌 때에는 황충과 홍수의 피해가 컸다.

일곱째, 농업업무를 지도할 책력과 월력 등을 제작하고 반포하여 활용토록 했다. 고조선에서 360여 가지 할 일을 규정한 것은 농업사회에서 절기에 따라 반드시 해야 할 농사일 등을 열거한 것으로 보이는데, 이것은 생명을 가르는 농사일의 때를 지켜서 해야 곡식 등이 잘 자라고 추수를 잘할 수 있기 때문이다. 시기를 맞추지 못하면 농사일은 그르치기 때문에 책력이나 월력이 매우 중요했다. 단군왕검은 태자 부루를 보내 오행치수방법을 하나라 우사공에 전달하고, 2세 단군 부루는 밭문서를 만들어 사유재산을 보호하고 칠회력·구정도를 만들어 농사에 활용토록 했다. 5세 단군 구을은 육십갑자를 사용하여 책력을 제작하고, 10세 단군 노을은 기상관측을 위한 천문대 감성을 설립하여, 13세 단군 흘달은 오성취루현상이 일어남을 관측하고 기록으로 남겼다. 19세 단군 구모소는 지리숙을 시켜 주천력·팔괘상중론을 제작하고, 20세 단군 고홀은 공공인 공홀을 시켜 전국의 지도인 구한의 지도를 제작했다.

여덟째, 화폐를 제작하여 시장경제의 표준수단으로 삼았다. 4세 단군 오사구는 둥근 구멍 뚫린 조개 모양의 화폐를 제작하여 사용토록 했는데, 고조선 지역에서 많이 발굴된 명도전과 같은 것인지는 확실하지가 않다. 명도전의 모양이 키조개에 구멍 뚫린 모습이고 명도전에 새겨진 상형문자가 한자가 아니어서 고조선의 문자인 가림토일 가능성을 배제할 수 없어서 단군 오사구가 만든 화폐일 가능성도 적지 않다.

아홉째, 조세제도를 설립하여 국고를 충당하고 경제정책의 근간으로 삼았다. 3세 단군 가륵은 조세감축·조세형평성을 제고시키고, 8세 단군 우서한은 이십 분의 일을 세금으로 하는 조세제도를 채택하고 형편이 어려운 사람에게는 재분배해주는 일을 했다. 16세 단군 대음 때에는 세금을 줄여 소득의 80분의 1을 세금으로 징수하는 세법을 제정하고, 홍수피해로 어려움에 처한 백성들에게는 곡식을 창해사수 땅으로 옮겨 백성들에 나누어주었다.

고조선의 조세제도에 대해 『시경』<한혁>편에서는 고조선이 "성을 쌓고 해자를 파며 농토를 정리하여 세금을 매겼다"[27]고 했고, 『맹자』<고자>편에서 고조선의 세율을 1/20을 받는 이유까지 확인해주고 있어서 맹자(孟子)와 백규(白圭)의 대화 내용을 직

---

27) 『시경』<대아><탕지십> '한혁'편.

표 16-7 역대 단군의 농업·양잠·어업·산업 활동

대수	단군 명	농업·양잠·어업·산업 활동
		[제1정권·한족정권]
1세	단군 왕검	팽우에게 땅을 개척, 고시에게는 농사를, 도랑파고 밭길내고 누에치고 고기잡기 장려
2세	단군 부루	산업을 다스림, 도랑파기·농사짓기·뽕나무심기·쌀 되와 저울 통일·베와 모시 가격통일
3세	단군 가륵	조세감축·조세형평성 제고
4세	단군 오사구	인삼채취·둥근 구멍 뚫린 조개 모양의 화폐제조·조선소 살수 상류 설치
8세	단군 우서한	이십 분의 일을 세금으로, 재분배 기능, 풍년들어 벼 한 포기에 이삭 여덟 개
		[제2정권·맥족정권]
10세	단군 노을	천문대 감성설치, 가축 이외 짐승들을 동물우리에 키움, 발해연안 금덩이 13섬 채굴
11세	단군 도해	사방의 물건들 모아 전시, 방물헌납
14세	단군 고불	큰 가뭄, 기우제, 큰 비가 내려 가뭄 면함
15세	단군 대음	80분의 1세법 제정, 홍수피해로 곡식을 창해사수땅으로 옮겨 백성들에 나누어줌, 우속에게 명하여 금철 및 고유 채취
		[제3정권·예족·기자정권]
25세	단군 솔나	밭곡식에 풍년이 들어 한 줄기에 다섯 개 이삭의 조가 있음
27세	단군 두밀	큰 가뭄 끝 큰 비로 수확이 없어 창고를 열어 나누어 줌
28세	단군 해모	큰 태풍 폭우로 땅 위에 물고기 쏟아져 내림
32세	단군 추밀	일식, 농사가 크게 흉작
34세	단군 오루문	오곡 풍성
35세	단군 사벌	황충의 피해와 홍수
		[제4정권·예족·위만정권]
45세	단군 여루	크게 가물어 몸소 기우제

접 인용한다.[28)]

백규가 맹자에게 물었다. "저는 [전부(田賦)를] 20분의 1만 받고자 하는데 어떻습니까?"
맹자가 말했다. "그대의 방법은 맥[貉(貊)]의 방법이요. 만호(萬戶)가 사는 나라에서 단 한 사람만이 질그릇을 만든다면 되겠습니까?"
백규가 말했다. "안 됩니다. 사람들이 쓸 그릇이 부족할 것입니다."

28) 『맹자』<告子章句> 하 <백규>장.

맹자가 말했다. "무릇 맥에서는 오곡이 나지 않고 기장만 나옵니다. … 그러므로 20분의 1의 조세로도 넉넉합니다."

열째, 광물채취도 경제활동의 하나로 추진되어, 발해연안에서 금덩이 13섬을 채굴하였다. 15세 단군 대음 때에는 우속에게 명하여 금철 및 고유(석유)를 채취토록 했다.

(2) 역대 단군의 경제정책 · 농업정책

『단군세기』에서 기록하고 있는 역대 단군들의 농업 및 산업 활동들을 제1~4정권별로 요약하면 위 <표 16-7>과 같다.

(3) 과학기술정책 · 천문기상활동

경제정책 · 농업정책 및 과학기술정책과 관련하여 역대 단군의 천문기상활동을 기록한『단군세기』의 해당 내용을 제1~2정권의 단군별로 정리하면 <표 16-8>과 같다. 이 내용을 보면 단군 제1~2정권만 기록되고 다른 기간에는 없어서 고조선 초기에 활동이 집중된 것인지 기록이 누락된 것인지에 대해서는 면밀한 검토가 필요하다.

표 16-8 역대 단군의 천문기상 관련 활동

대수	단군 명	천문기상 관련 활동
		[제1정권 · 한족정권]
1세	단군 왕검	태자 부루를 통해 오행치수방법을 하나라 우사공에 전달
2세	단군 부루	밭문서 · 칠회력 · 구정도 만듬
5세	단군 구을	육십갑자사용 책력제정
		[제2정권 · 맥족정권]
10세	단군 노을	천문대 감성 설치
13세	단군 흘달	오성취루현상 일어남
19세	단군 구모소	지리숙이 주천력 · 팔괘상중론 제작
20세	단군 고홀	공공인 공홀 구한의 지도 제작

7. 보건의료정책: 로가의 주병 담당·단군의 군장 역할 보좌

(1) 보건의료정책

고조선에서 주병을 담당하는 로가가 보건의료정책을 전담하여 백성들의 질병 치료와 건강을 담당했다. 단군왕검은 기성(奇省)에게 의약을 베풀게 하고, 복희(伏羲)에게 점치는 일을 관장케 하여 주병을 담당했다. 기성은 의약 업무로서 인삼 등 다양한 약재와 침술에 의한 치료 등을 할 수 있는 조선의학을 발달시켜, 고조선 시대에 이미 상당한 수준의 침술이 발달하였다.

첫째, 보건의료정책을 담당한 주병 업무의 로가의 적극적인 활동이다. 단군왕검은 기성에게 의약을 담당토록 하고, 로가에 임금의 셋째 아들 부우를 임명하여 백성들의 질병을 직접 관장하도록 했다. 그것은 단군왕검이 단군조선을 개국 할 때에 조상인 환웅이 이 땅의 '세 가지 위험'에서 백성들을 구하고자 나라를 세운 만큼 주병 업무를 중요하게 본 것을 의미한다.

둘째, 고조선의 동양의학의 선진성을 보여주는 사상의학 등 보건의료 관련 저술 활동과 의료기술 등에 관한 보건의료정책의 발달이다. 35세 단군 사벌 시대에는 제나라 누경이 하·은나라의 고서를 가지고 입경했다. 36세 단군 매륵 시대에 손숙문이 의학과 화학을 저술하고, 44세 단군 구물 시대에 서백원이 태양·태음·소양·소음의 사상의학을 저술했다. 45세 단군 여루 시대에 장소부가 의학대방을 저술하여 고조선 의학의 수준을 발달시켰다.

셋째, 동양의학기술 가운데 침술이 세계에서 가장 발달하도록 고조선이 주병 관련 정책을 추진했다. 그동안 중국에서 침술이 처음 발달한 것으로 알려졌으나, 동양의 침술이 고조선에서 최초로 시작되었음이 최근 골침 유물이 발견되어 과학적으로 확인되었다. 기원전 17세기경의 유적으로 추정된 두만강의 유적에서 골침이 발견되어 지금까지 기원전 4세기에 최초로 중국에서 골침이 있었다는 중국측 기록보다 고조선이 1,000여 년 이상 앞선 것으로 판명되고 있다. 예로써, 26세 단군 추로는 의학원을 세워 의사를 배출하고 백성들의 의학을 교육했다. 이때 한의사와 동양침술을 체계적으로 교육시키고 백성들에게도 널리 의학을 교육시켰다.

넷째, 의약, 산삼이나 약초 등에 대한 활용이 매우 발달했다. 고조선의 산삼은 명약으로 일찍부터 널리 알려져서 중국 진시황까지 불로초로 여기고 사신을 보낼 정도로 신성스러운 신약이었다. 산삼 외에도 다양한 약재들이 채취되고 동양의학이 발달하여 질병 치료에 과학적으로 대응하였다. 예로써, 4세 단군 오사구는 백성들의 건강을 위해 직접 북으로 순방하여 신령스런 풀을 얻었고, 28세 단군 해모 때에는 졸본후가 신령스러운 풀을 바쳐 능히 사람의 만 가지 병을 고쳤다. 33세 단군 감물 시대에 순길이 장생불로단 약을 만들었고, 35세 단군 사벌 시대에는 한나라의 주태후가 신농의 약방을 가지고 입조했다. 40세 단군 달음 시대에 개마후가 신령스런 풀을 바쳐 약초로 삼았다.

다섯째, 주역, 점술 등을 활용한 정신적·종교적인 활동을 통한 주병 정책을 추진하여 백성들의 정신적·육체적인 질병을 치료하여 건강을 유지토록 했다. 고조선에서는 의술에 의한 질병치료만이 아니라 점을 치는 사람을 두어 길흉화복을 먼저 알고 대비하여 질병을 예방하고, 조상과 삼신을 숭배하여 정신적·종교적인 건강을 유지토록 했다. 단군왕검은 왕족인 부소·부우·부여를 서쪽 나라에 보내 구려·진번·부여의 왕으로 봉하고, 부우가 장당경을 감독하도록 했다. 단군왕검은 백성들의 건강을 중시하여 전국에 3,000단부를 두고 백성들의 건강과 길흉화복을 관장하는 귀신들로 봉해주었다. 예로써, 구려의 목멱산 신선이 인간의 목숨을 맡은 신이 된 것 등이다. 나아가 단군왕검은 부우를 갑비고차 강화에 보내 전등산에 상랑성을 쌓고 제천단을 마니산에 쌓아 나라와 백성들의 평안을 비는 제사를 하느님께 드리도록 하였다. 28세 단군 해모 때에는 단제 자신이 병이 들어 백의동자와 남후·비류후·청구후가 임금의 쾌유를 하늘에 빌어 나았다. 30세 단군 내휴 시대에 주태보가 태양태음설·현공설·복서·천문설·지수설을 다룬 신주역서 13권을 임금께 바쳤으나 임금이 배척했다. 34세 단군 오루문 시대에는 채 사람 을보천이 입경하여 복술서를 지어 바쳤고, 45세 단군 여루 시대에 곽태원이 양생론을 저술하고, 마자은이 이기일원론을 저술하고, 노나라 사람 안사득이 주역을 가지고 입경했다.

여섯째, 삼신숭배, 업주가리 등을 활용한 정신적·종교적인 활동을 통한 주병 정책을 추진하여 질병치료와 국민보건복지를 추진했다. 2세 단군 부루는 소위 후대에서 '부루의 단지·전계·업주가리'로 불리는 삼신숭배의 단지와 장치들을 집에 설치하여 조상과 삼신에 대한 숭배를 생활화시켰다. 갓 태어난 아기들의 엉덩이에 있는 푸른 반점을 삼신반점이라 부르며 삼신이 생명을 주관한다고 믿고 삼신을 숭배하여 건강을 유지토록 하였다. 그리고 동생 부우가 계속 백성들의 건강을 위한 의사와 약을 다스리도록 했다.

고조선의 의약진흥은 큰 성과를 보여 단군왕검이 점술을 통해 주병을 담당시킨 복희씨는 그 이후 신령스러운 신으로 생명을 다루는 신으로 추앙받기도 했다.

(2) 역대 단군의 보건의료정책

고조선의 보건의료정책에 관련된 주병 업무에 대해 기록한『단군세기』,『규원사화』 및『단기고사』 기록들을 제1~4정권별, 단군별로 요약·정리하면 <표 16-9>와 같다. 특이한 점은 평등과 복지를 중시할 것으로 예상된 맥족이 지배한 제2정권에서 도리어 보건의료정책에 대한 기록이 하나도 없는 점이다.

표 16-9 고조선의 보건의료정책 및 역대 단군의 주병 관련 정책 활동

대수	단군 명	보건의료정책 및 주병 관련 활동
		[제1정권·한족정권]
1세	단군 왕검	[세기]기성 의약 [규원]노가에 셋째 아들 부우, 왕족인 부소·부우·부여에게 서쪽 나라에 구려·진번·부여의 왕으로 봉함, 부우가 당장경 감독하고 고시씨로 남방의 땅(한반도 남쪽)에 봉함, 전국 3,000단부에 귀신들을 봉해줌, 구려의 목멱산 신선이 인간의 목숨 맡은 신 [고사]부우를 강화에 보내 전등산에 상랑성 쌓고 제천단을 마니산에 쌓고 하느님께 제사 산심을 약으로 씀
2세	단군 부루	[세기]부루의 단지·전계·업주가리 만듬 [규원]부우가 의사와 약을 다스림
4세	단군 오사구	[규원]북으로 순방하여 신령스런 풀 얻어 약재로 사용
		[제3정권·예족·기자정권]
26세	단군 추로	[고사]의학원 세워 의사를 배출하고 백성들의 의학교육을 시킴
28세	단군 해모	[세기]단제 병 백의동자 하늘기도로 치유 [규원]남후·비류후·청구후가 임금의 쾌유 하늘에 빌어 나음, 졸본후가 신령스러운 풀을 바쳐 능히 사람의 만가지 병을 제거함
30세	단군 내휴	[고사]주태보가 태양태음설·현공설·복서·천문설·지수설 다룬 신주역서 13권 임금께 바쳤으나 임금이 배척함
33세	단군 감물	[고사]순길이 장생불로단 약 만듬
34세	단군 오루문	[고사]채 사람 을보천이 입경하여 복술서를 지음
35세	단군 사벌	[고사]제나라 누경이 하·은나라 고서 가지고 입경, 한 주태후 신농의 약방 가지고 입조
36세	단군 매륵	[고사]손숙문이 의학과 화학을 저술
40세	단군 달음	[규원]개마후가 신령스런 풀을 바침
		[제4정권·예족·위만정권]
44세	단군 구물	[고사]서백원이 태양·태음·소양·소음의 사상의학 저술
45세	단군 여루	[고사]곽태원이 양생론 저술, 마자은이 이기일원론 저술, 장소부가 의학대방 저술, 노나라 사람 안사득이 주역 가지고 입경

8. 법무정책 · 형사정책: 응가의 주형 담당 · 단군의 군장 역할 보좌

(1) 법무정책

고조선은 환웅시대로부터 내려오던 신시의 법 들을 이으면서 새로운 법제들을 발전시켰다. 고조선에서 단군왕검이 환웅시대로부터 전해 받고 태자 부루를 통해 중국 우사공에게 전달했던 정전제나 8조교를 건국 초기부터 시행하였다. 한국측 고문서에는 물론 중국측 고문헌에도 나타나 있는 기자전설을 통해 정전제를 실시하고, 8조교를 세워 백성을 교화시키고, 시서예악을 가르쳤다는 기록이 있다.

고조선이 시행했던 대표적인 법들은 형법으로서의 8조금법, 민법으로서의 사유재산제법, 경제법으로서의 정전제법과 조세법, 사회법으로 삼신교와 소도법 등 다양한 법제가 있다.

첫째, 형법으로서의 8조금법을 보면 고조선의 법금으로서 당시에는 8조가 있었으나 그 가운데 다음과 같은 3조목만 전해 내려와 지금까지 알려져 있다. 그 내용들은, 첫째, 사람을 죽인 자는 사형에 처한다. 둘째, 남에게 상해를 입힌 자는 곡물로서 배상한다. 셋째, 남의 물건을 훔친 자는 데려다 노비로 삼는다. 단, 스스로 속죄하려는 자는 1인당 50만 전을 내야 한다. 이 밖에 나머지 5조목은 비슷한 시기인 부여의 법금이나 그 뒤 고려시대의 8관계율을 고려할 때 간음이나 질투에 대한 처벌일 것으로 추정된다.

또한 반란이나 전범에 대한 처형을 엄하게 했고, 흉년이나 천재지변 등 국가가 어려울 때에는 민심수습을 위해 범인에 대해 사면하는 제도도 시행했다. 3세 단군 가륵은 강거와 두지주 예읍의 반란을 진압하고, 추장 소시모리를 처형했다. 23세 단군 아흘은 반란을 일으킨 신독을 주살하고 포로를 석방했다. 43세 단군 물리 시대에 융안 사냥꾼 우화충이 반란을 일으켰고, 44세 단군 구물은 반란군을 진압하고 우화충을 사살했다. 45세 단군 여루는 크게 가물어 기우제를 지내고 죄수를 사면했다.

둘째, 성문법으로서의 8조금법 등 외에 단군조선은 불문법으로 신시의 규칙을 이어 불문법인 '하늘의 법칙'을 지키고자 사법정책을 추진했다. 단군왕검은 신시의 옛 규칙을 되찾고, 하늘의 법칙을 지키고자 했다. 단군왕검이 규정한 하늘의 법칙은 효도와 충성을 중시하여 그것을 지키도록 '남녀는 짝을 이루어 화목하고 원망 · 질투 · 음란을 삼가고, 서로 사랑하고 돕고, 헐뜯고 다투지 말 것, 하늘 뜻 받들어 모든 것 사랑하고 위태로움 만나면 서로 돕고 모욕주지 말 것, 어기면 네 몸과 집안까지 사라질 것, 바른 성품을 공경하고, 사악함 · 나쁜 것 · 재앙 감추지 말고 마음을 다스려 하늘을 공경하고 모든 백성 가까이 하면 행복 누릴 것'[29]을 가르쳤다. 이 하늘의 법칙을 오가 모두 따르고 백성들이 지키도록 했다.

단군왕검은 '하늘의 뜻'을 집행하기 위해 단군8가제를 출범시켜 주형을 맡은 응가에 둘째 아들 부소를 임명하고, '단군8조'의 가르침을 지키도록 했다. 단군8조의 내용은 '서로 양보하여 빼앗지 말고, 함께 지으면서 도둑질 말고, 물건을 해치지 말고, 사람을 상하게 말고, 하늘의 법에 따라 물건을 사랑하고, 그것을 범하면 영원히 신의 도움이 없고 몸이나 집이 죽을 것이므로 기울어진 것을 붙들어주고, 약한 자를 능멸하지 말아 건져주고 돌보면서 업신여기고 비하하지 말고, 떳떳한 성품을 공경하여 꽉 잡아서 간사함을 품지 말고 악을 숨기지도 말고, 화를 감추지도 말고 하늘을 공경하고 백성과 민중을 공경하라'[30]고 가르쳤으며 그것을 불문법으로 지키도록 했다. 이것을 지키도록 응가를 임명했고, 신우에게도 백성의 오륜·관후·박애를 교화시키도록 명했다.

셋째, 민법으로서의 사유재산제법이다. 8조금법에서 '남의 물건을 훔친 자는 데려다 노비로 삼는다. 단, 스스로 속죄하려는 자는 1인당 50만 전을 내야 한다', '남에게 상해를 입힌 자는 곡물로서 배상한다'라는 조항은 사유재산제를 철저하게 보장하는 조항으로 볼 수 있다. 남의 물건을 훔치면 노비로 삼는다는 것은 오늘날의 기준으로 보면 경제사범을 신분제의 벌로 처벌하는 매우 혹독한 형벌이다. 남의 재산을 훔친 벌을 노비라는 신분으로 격하시켜 자유를 박탈하고 신분 계급을 최하로 격하시키는 것은 개인의 사유재산을 절대시하는 매우 엄한 처벌이다. 또한 남에게 상해를 입힌 자는 곡물로 배상한다는 것도 개인 재산을 중시하는 제도이다. 이외에도 남의 토지나 다른 마을의 경계를 무단 침범하면 책화라는 벌을 받게 한 것도 사유재산제를 철저하게 지키기 위해 경계를 무단으로 침범조차 하지 말도록 엄하게 금지하는 제도이다. 단군왕검이 정전법을 시행하여 백성들의 사전(私田)을 줄이기도 했으나 8조금법의 기본정신과는 상충하여 형법 질서의 유지와 사유재산제도 및 세금 확보에 의한 국고충당 등의 서로 다른 가치들을 적절하게 조정했다.

넷째, 경제법으로서의 1/9 정전제와 1/20 조세법, 1/60 조세법 등을 추진했다. 경제법은 사유재산제법을 기본으로 하여, 정전제는 토지를 9개 구역으로 나누고 8개는 각자가 경작을 하고 개인별로 수확하고, 나머지 한 구역을 8명이 공동으로 경작하여 그 수확물을 국가에 세금으로 바치는 제도이다. 환웅시대를 이어 단군왕검 시대부터 시행되어 태자 부루가 중국 하나라 우 사공에게 전달한 여러 가지 가운데 하나로 포함되었

29) 『규원사화』: 97-98.
30) 위의 책: 98-99.

고, 나중에 고조선에서 기자정권이 출범하면서 다시 시행한 제도이다. 고조선이 정전제 시행으로 소득의 1/9을 국가에 세금으로 지불하다가, 8세 단군 우서한 시대부터는 소득의 1/20을 세금으로 내도록 세금이 완화되고, 15세 단군 대음 때부터는 다시 소득의 1/60로 세금 부담을 크게 줄였다.

이러한 것을 고조선 건국 초기와 중기까지 한족과 맥족이 정권을 담당하여 백성들의 소득과 소비를 중시하고 배분에 치중하여 세금징수와 국고확대에 의한 경제발전보다 개인의 소득과 분배를 더 중시한 결과이다. 가뭄이나 홍수 등 흉년에는 소득재분배를 실시한 것도 국고확장에 의한 국가의 경제활동 확대보다 개인의 소득을 늘려 경제를 원활하게 하고 백성들의 부를 늘리겠다는 고조선의 경제정책의 방침이 시행된 이러한 경제정책의 결과이다. 이러한 세금 축소와 개인 소득 증대 정책은 농업공동체사회에서 농촌공동체사회로 전환하면서 개인보다는 공동체를 우선 시켜야 하는 사회구조적인 필요에 따라 경제정책의 기본 방향을 전환시켜야만 했다. 농업경제공동체의 구조적 모순을 지역을 바탕으로 하는 농촌경제공동체의 발전으로 극복해야만 하는 상황에서 사회경제적인 모순이 축적되어 단군조선 정부는 증세를 통해 세금을 더 거두는 조세정책을 취하게 되었다. 그것이 한족과 맥족의 연합정권의 몰락을 가져오고 한족과 예족의 연합에 의한 기자족의 정권인 기자정권의 출범이라는 정치적인 변동을 가져왔다.

이에 기자 정권은 강력한 증세 정책인 정전제를 다시 도입하여 그동안 소득의 1/60을 세금으로 징수하는 조세정책에서 급격하게 세율을 늘린 소득의 1/9를 세금으로 징수하는 정전제를 적극 시행하게 되었다. 분배위주의 경제정책에서 정부가 주도하는 성장위주의 경제정책으로 전환하는 데에는 백성들의 조세 저항이 컸을 것이고 그것을 관리하고 무마하기 위해 노예제도를 강력하게 시행하였다. 정부는 농촌공동체사회를 발전시키기 위해 토지를 늘리고 경작단위를 확장하면서 더 많은 농업노동력이 필요하게 되어 소나 가축의 노동력도 활용하지만 노예의 노동력도 함께 필요하여 노예제도도 확대된 것이다.

다섯째, 경제법으로서의 도량형법, 화폐법 등을 시행했다. 사유재산제와 조세제도를 시행하기 위해서는 도량형법과 화폐법이 필요하여 고조선에서는 나름대로 이들에 관한 법을 시행하였다. 도량형법은 치신치수나 토지측량, 그리고 곡식 등을 재는 무게와 부피를 측정하는 척도를 규격화한 것이다. 환웅시대를 이어 단군왕검이 태자 부루를 보내 하나라에게 전해주어 하나라의 홍수피해와 치산치수를 돕게 한 것이 도량형과 정전제 등이었으므로, 고조선은 개국 초기부터 도량형을 과학적으로 규격화하여 경제정책 추진과 경제질서 유지에 사용한 것으로 보인다. 또한 시장 가격을 표준화하고 물자의 유통질서를 확립하기 위해 화폐를 제작·유통한 것도 경제발전에 중요한 정책이었다. 화폐제작에 대한 기록과 명도전의 유물이 고조선 강역에서 집중적으로 발견된 점은 화폐를 제작하여 널리 사용하였음을 보여주는 일이다. 이러한 경제법은 경제정책의 영역에 해당하는 내용이지만 법무정책에서 다루는 것은 이 내용들이 경제정책으로서만 그치는 것이 아니라 형법이나 강제적인 공권력에 의해 집행이 담보되어야 하기 때문이다.

여섯째, 사회법으로서의 노예제도 등 사회계급 관련법이다. 고조선에서 환웅시대를 이어 초기부터 노예제도가 시행되었고, 이것은 8조금법에 의해 더욱 구체적으로 강화되어 시행되었다. 8조금법이 '남의 물건을 훔친 자는 데려다 노비로 삼는다. 단, 스스로 속죄하려는 자는 1인당 50만 전을 내야 한다'라는 강제조항을 실천하고 있는 것은 이미 노예제도를 기정사실화하고 그것을 전제로 할 때 가능한 조치이다. 노예제도는 전쟁포로나 도둑 등 범죄자를 노예로 삼는 제도이지만 정전제가 강화되고 사회질서가 강조되면서 사회적 계급사회의 근간인 노예제도를 더욱 강화시킨 것이다. 노예제도에 대한 기록은 고문서에도 많이 나타나는 것이어서 경제적·사회적·군사적인 이유로 더욱 강력하게 시행되었다. 단군조선 시대에 노예들의 숫자가 상당히 많은 비율을 차지한 것은 노예제도를 더욱 강력하게 시행하고 있음을 의미한다. 노예제도를 유지하기 위한 사회법이 호적관리 등의 행정관리와 지방행정관리이다.

일곱째, 사회종교 관련법으로서의 삼신교, 소도별읍 및 소도보호법, 호적관리 등을 추진했다. 고조선은 환웅시대를 이어 받아 삼신교를 숭배할 뿐만 아니라 태자를 시켜 삼신오제교의 원리를 중국 하나라에 전달하기도 했다. 일반적인 지방정부에 대한 관리 외에 종교적인 특권을 지니는 지역인 소도나 소도별읍 및 천관 등에 대한 법이 시행되었다. 또한 노예제도나 신분제도 및 지방정부에 대한 관리를 위해 호적관리도 철저하게 했다. 단군왕검은 신시의 옛 규칙을 되찾고, 나을에게 호적관리를 맡겼다.

(2) 역대 단군의 법무정책

역대 단군의 법무정책·형사정책 관련 활동을 기록한 『단군세기』, 『규원사화』 및 『단기고사』의 대표적인 해당 내용을 제1~4정권별, 단군별로 정리하면 <표 16-10>과 같다. 법무정책 내용을 보면 양적인 면에서 건국 초기 제1정권에서 가장 활발하고 그 뒤를 이어 제2~4정권의 순으로 활동이 전개되고 있음을 알 수 있고, 질적으로는 제3~4정권에서 강제적·억압적·규제적인 활동들이 많음을 알 수 있다.

표 16-10 고조선 역대 단군의 법무정책 활동

대수	단군 명	법무정책 활동
		[제1정권 · 한족정권]
1세	단군 왕검	[세기]신시의 옛 규칙 되찾음, 정전제 · 8조금법 · 나을 호적관리, 하늘의 법칙은 하나, 효도충성 가르침, 남녀는 짝을 이루어 화목하고 원망 · 질투 · 음란 삼갈 것, 서로 사랑하고 돕고 헐뜯고 다투지 말 것, 하늘 뜻 받들어 모든 것 사랑하고 위태로움 만나면 서로 돕고 모욕주지 말 것, 어기면 네 몸과 집안까지 사라질 것, 바른 성품 공경, 사악함 · 나쁜 것 · 재앙 감추지 말고 마음을 다스려 하늘을 공경하고 모든 백성 가까이 하면 행복 누릴 것, 오가 모두 따를 것, 태자부루 도산 파견 우사공에게 오행치수방법 전수, 국경따져 유주 · 영주편입, 백성들 단군기 받들어 모시고 아침 저녁 경배 [규원]응가에 둘째 아들 부소, 단군8가제 출범, 단군8조의 가르침: '서로 양보하여 빼앗지 말고, 함께 지으면서 도둑질 말고, 물건을 헤치지 말고, 사람을 상하게 말고, 하늘의 법에 따라 물건을 사랑하라. 그것을 범하면 영원히 신의 도움이 없고 몸이나 집이 죽으리로다. 기울어진 것을 붙들어주고, 약한 자를 능멸하지 말아 건져주고 돌보면서 업신여기고 비하하지 말라. 떳떳한 성품을 공경하여 꽉 잡아서 간사함을 품지 말고 악을 숨기지도 말고, 화를 감추지도 말고 하늘을 공경하고 백성과 민중을 공경하라.' [고사]신우 백성의 오륜 · 관후 · 박애 교화, 감시관(監時官) 농업 때를 놓치지 않게 함
2세	단군 부루	[세기]여러 왕(제후) 평가 상벌, 복시조서, 쌀되 · 저울 통일, 베 · 모시가격통일, 밭문서 · 칠회력 · 구정도 만듬 [고사]단군 부루가 태자 때 친하던 중화의 우가 순을 이어 왕위에 오른 뒤 9년 동안 홍수가 천하에 범람하여 조선은 팽오가 치수를 완료했으나 우는 곤란을 겪어 우가 도산회의를 각 나라에 요청해 임금은 팽오를 특명 대사로 삼아 우에게 보내 치수방법을 가르쳤음, 백성들에게 머리를 땋고 푸른 옷을 입게하고 도량형을 통일하고 예의를 숭상하게 하여 어진 행정을 펼침, 정전법을 시행하여 백성들 사전(私田) 없음
3세	단군 가륵	[세기]삼랑 을보륵 신왕종전의도神王倧佺之道, 삼신, 구한, 신시개천의 도, 3 · 7일 기한, 조정엔 종훈 · 백성은 전계 · 삼광오정 · 삼육대례, 구한의 백성 복종 · 교화, 조세감면, 강거반란진압, 두지주 예읍반란 · 추장소시모리 처형 [고사]가륵조서(中正의 道): '아버지는 자비, 자식은 효도, 임금은 사랑, 신하는 충성, 부부는 공경, 아이들은 어른을 공경, 친구는 신의, 몸가짐은 공손 · 겸손 · 사랑, 학문을 닦으며 업을 단련, 지능을 계발하며 덕행과 기량을 키워 공익을 넓히고 세무를 풀어 나가며 항상 나라의 방침을 존중하며 국법을 준수하고 각각 맡은 일을 지켜 증산에 힘쓰며 사사로운 일을 버리고 공을 생각하며 위험한 데라도 용감히 나아가 국가의 운명을 붙들어 세워야 할 것이니 이것을 모든 신민이 일체가 되어 지킬 것', 민가의 밥 짓는 연기 적어 세금 반으로 탕감
4세	단군 오사구	[세기]화폐제조 [고사]원공패전 제조, 소나벌 진언: 천하통치에 풍속 · 어진 인재 · 풍부한 재정 · 강한 병력 · 문무병용 · 구정 혁신으로 군 기강 확립 · 백성의 뜻 독려하여 군신 하나되는 만대의 신성국(神聖國) 건설 건의, 임금이 소나벌을 상장으로 삼음

5세	단군 구을	[세기]육십갑자사용 책력제정 [고사]감성관 황포덕 건의 나라 달력 조선역서 제작
6세	단군 달문	[세기]뭇 한들과 한국오훈·신시오사 약속, 하늘 제사는 사람을 근본, 나라 이루는 길은 먹는 것 우선,농사는 사람 사는 모든 일의 근본, 제사는 다섯 가르침의 근원, 백성과 더불어 다스려 산업 일으켜야, 겨레의 소중함과 죄인 용서, 범죄 대속 폐지 [고사]팔부루 수신제가치국평천하 치국의 도를 아뢰자 옳다고 하고 그를 상장으로 삼음
7세	단군 한율	[규원]아질의 난을 임금이 덕치로 다스려 여로가 3년 뒤 사로잡음 [고사]백성들의 세금을 반으로 감함
8세	단군 우서한	[세기]이십분의 일 세금법 제정·빈부조정, 단제 변복·하나라 정세 살펴 관제 고침 [규원]아홉이나 열의 하나를 세금으로 내게하고 빈부 조정 [고사]단제 변복하여 하나라 살피고 반 년 만에 귀국하여 관청제도를 크게 고침
9세	단군 아술	[세기]죄인에 관용하여 덕치를 펼쳐 죄인 감화됨,교화가 널리 떨침 [규원]땅에 더러운 똥이 있어 비록 더러워도 이슬내려 내버려두고 다스리지 않아도 금하는 것을 범하는 자가 그 덕에 감화될 것 [고사]북쪽 행차 민정시찰, 고소에게 국법전서 다시 편찬케 함, 을성문덕이 매년 부와 군의 대표가 의사원에 모여 국사 의논 결정한 후에 임금의 허락을 얻어 정부의 책임자가 실행하도록 하는 임금과 백성의 합의제도를 건의하여 임금이 허락하고 매년 8월 1일을 정기회의 날짜로 삼아 백성들 참정권과 민권이 여기서부터 시작됨
[제2정권·맥족정권]		
10세	단군 노을	[세기]민정시찰·신원목설치 백성민원 청취 해소, 천문대 감성 설치 [고사]각도의 고을에 신원함 설치, 천문대 쌓고 감성관을 둠
11세	단군 도해	[세기]유위자가 천경신고와 의관대일 조술 계책 올림, 오가에게 살생금지, 방생, 옥문개방 유랑자에 밥 주고 사형제도 폐지 명해 모든 이들 크게 기뻐함 [고사]금강율령 선포, 국민개병제 도입
13세	단군 흘달	[세기]주와 현 제도도입·직책한계정함, 법치행정, 관리는 권력 겸임 없고 정치는 법칙을 따르고 백성은 고향을 지키며 편안하게 삼, 소도설치, 국자랑·천지화랑 운영, 단제 사후죄수 석방 산 것을 죽이지 않음 [고사]지방자치제 실시, 입법·사법·행정을 나눔
14세	단군 고불	[고사]최초의 주조화폐인 자모전 제조, 전국토지와 산야 측량해 조세율 개정
15세	단군 대음	[세기]80분의 1 세법 제정 [규원]여덟이나 열의 하나를 세금으로 내게 함 [고사]공직 윤리 확립
16세	단군 위나	[고사]국정쇄신, 군기 확립, 외척 배제, 인재 등용, 민폐 폐지, 사치 금지, 국가 기상 쇄신, 황국을이 국가의 법과 도를 설파해 법전을 새로 고침
19세	단군 구모소	[세기]지리숙이 주천력·팔괘상중론 제작 [고사]패엽전 제조

20세	단군 고흘	[세기]공공인 공흘 구한의 지도 제작 [고사]공을흘이 천하의 지도 제작
		[제3정권 · 예족 · 기자정권]
23세	단군 아흘	[세기]신독 주살, 포로석방
25세	단군 솔나	[고사]용맹명철강직공평한 정치일관성 법도 평탄 어진 정치 베품, 조서로 백성은 국가 기본, 임금은 국가의 중심, 군신상하 동심일체라야 완전한 국가임, 세금 반감
31세	단군 등올	[고사]행정관, 사법관, 입법관 세워 정치와 법율을 공평하게 함
33세	단군 감물	[고사]고삼도가 재상의 자격 9조와 현인의 조건 열한가지를 건의, 환관 조석 사형당함
34세	단군 오루문	[규원]남의 물건을 훔친 사람을 응가가 다스림에 임금이 자책하여 백성들의 잘못은 윗물인 임금의 부덕이라 보고 할아버지의 빛나는 위업에 흠이 된다고 하며 덕을 닦아 범법자들도 동화되어 백성들도 나쁜데 물들음이 없어짐
35세	단군 사벌	[고사]위나라 사람 적인문이 신천문학을 가지고 입경, 진사람 명문병 주공 전장법호평
36세	단군 매륵	[고사]채저명이 정치형법서를 전함, 오경박사 우문충 토지측량 지도 만들고 유성설 저술
37세	단군 마물	[고사]종묘 기물 도적을 감형해 유배보내니 형정이 관용 · 공평해 백성이 덕을 기림
40세	단군 달음	[고사]윤복지가 도덕경 저술, 진개가 치국요람 저술
41세	단군 음차	[규원] 왕실은 자못 작아졌고 제후들은 점점 강해져 음차가 즉위, 백성들 흠모함, 이에 왕도가 다시 일어나서 제후들이 서로 와서 조회함
43세	단군 물리	[세기]융안 사냥꾼 우화충 반란, 단제피난중 붕어, 백민성욕살 구물 어명으로 장당경 점령 구지의 동서 압록18성 모두 병력 지원 · 원조
		[제4정권 · 예족 · 위만정권]
44세	단군 구물	[세기]큰물 도성 범람 · 적병혼란, 단제 반란군 진압 · 우화충 사살, 즉위, 국호 대부여 · 삼한은 삼조선으로 개칭, 전쟁권한 분산, 해성개축 평양 개칭, 이궁 건설, 삼신영고의 제사, 삼육대례, 감찰관 각 주 · 군 파견, 효자 · 청백리 천거
45세	단군 여루	[세기]죄수사면, 크게 가물어 기우제 [고사]대동률령 공포
46세	단군 보을	[세기]번조선왕 해인 연나라 자객에 시해, 오가 다투어 일어남, 읍차기후 입궁 번조선왕 자칭 윤허, 연나라대비 명령, 도성 큰불 단제 해성 이궁, 한개 궁궐 침범 왕 자칭, 대장군 고열가 진압, 단제 귀경후 대사령, 국운기움, 국고고갈, 고열가 즉위
47세	단군 고열가	[고사]외척 권위 배척, 각처에 신원함을 설치,어사 부정사건 비밀리에 탐지해 바로 잡음

9. 지방행정 · 지방자치정책: 구가의 지방업무 · 단군의 군장 역할 보좌

(1) 지방행정 · 지방자치정책

고조선은 전국의 지역을 5부로 나누어 관리하여 지방 간 일관성을 유지하고 중앙정부의 정책을 지방정부에도 함께 시행할 수 있도록 관리했다. 고조선의 지방행정업무는 다양하다.

첫째, 지방정부인 5부, 주, 현, 대읍, 소읍 등의 지방행정조직에 대한 관리업무로 '분관제주'의 대표적인 업무이다. 『삼국유사』의 기록대로 환웅시대에는 전국을 3,000단부로 나누어 지방자치를 최대한 보장하면서도 중앙정부의 일선행정기관으로서 역할을 했다. 단군조선에서는 3,000단부 외에 800개의 단부를 그 위에 설치하고 지방을 다시 5부로 나누어 고읍의 자치적인 기능을 보호하면서도 전국의 여러 고읍들을 몇 단계의 계층을 두어 관리한 것으로 보인다. 3,000단부의 기초 마을, 그 위에 800개의 중간 단부, 소국 · 대국 등 광역기구들, 그리고 그 위에 5개 부를 두어 그 위에 중앙정부의 구가가 관리책임을 맡았다. 전국을 5부, 주, 현, 대읍(대단부), 소읍(소단부), 고을 등으로 계층화하여 관리하고, 소도나 소도별읍은 천관 · 천신, 대선 · 국선 등에 의해 별도로 관리되었다.

고조선에서 '분관제주'의 지방행정업무를 5가에 추가하여 8가제로 만든 것은 제후국이나 속국 등이 많이 참여하면서 지방자치를 유지하면서도 전국적인 통일성을 지방차원에서 확립할 필요가 추가로 생겼기 때문이다. 지방자치나 연방제 또는 봉건제와는 달리 전국의 마을들이 어느 정도 자립성과 고유성을 유지하면서도 전국적인 일관성과 통일성을 지니기 위해서 중앙정부의 '분관제주'업무를 중앙정부의 주요 업무로 추가한 것이다. 단군왕검은 구한을 하나로 뭉치고, 오가 우두머리로 800무리를 각 고을의 책임을 맡기며 개국했다. 13세 단군 흘달은 주와 현 제도를 도입하여 각 직책의 한계를 정하고, 은 · 하 전쟁에 원병을 참여시키고 빈 · 기 땅에 관청을 설립하여 다스렸다.

둘째, 제후국이나 소국 및 분조를 설치하고 관리하는 일이다. 전쟁에서 정복한 지역에 왕이나 제후를 봉하여 관리하거나, 고조선이란 대제국의 안보우산에 편입되어 국방을 위탁하고자 국가 지배연합에 참여하는 부족이나 고을에 대한 관리이다. 단군왕검은 태자부루를 도산에 파견하여 우사공에게 오행치수방법을 전수시키고, 그 측량법에 따라 측량하여 국경을 따져 유주 · 영주를 새롭게 영토에 편입시키고, 회대의 제후를 평정하여 분조를 설치하고 우순을 감독에 임명했다. 전국을 삼한으로 나누어 5가 64족을 다스렸다. 2세 단군 부루는 병사를 보내 유주·영주를 정벌하고, 동무·도라를 보내 제후로 봉했다. 3세 단군 가륵은 욕살 색정을 열양에 봉하여 흉노족 조상이 되었고, 두지주 예읍 반란을 진압하고 추장 소시모리를 처형하자 그 후손인 협야노가 도망해 삼도천왕을 자칭하며 일본의 조상이 되었다. 4세 단군 오사구는 동생 오사달을 몽고리한으로 봉했다. 6세 단군 달문은 진한·모한·번한의 세 왕권의 균형을 유지시켜 지방정부간 권력의 안정을 도모하고, 백아강·소밀랑·안덕강 지역의 균형을 유지시켰다. 제후들의 참여에 의한 귀족정치체인 화백회의를 운영하고 그 결과를 공개했고, 전국에 걸쳐 2대국·20소국·3,624부락의 동맹을 결성했다. 12세 단군 아한은 청아욕살 비신·서옥저욕살 고사침·맥성욕살 돌개를 각각 왕에 봉하고, 15세 단군 대음은 동생 대심을 남선비 대인으로 봉했다. 21세 단군 소태는 개사원 욕살 고등이 귀방을 습격하여 일군국·양운국을 복속시키고 우현왕 임명을 요청하여 고등을 우현왕으로 임명했다. 고등은 손자 색불루에게 우현왕을 세습시키고, 단제가 오가와 상의하여 서우여에게 단군직을 양위시키는 것에 반대하여 우현왕 색불루가 쿠테타로 집권하고 신궁에서 단군에 즉위했다.

22세 단군이 된 색불루는 변한 백성을 회대로 이주시켰다. 23세 단군 아흘은 숙부 고불가에게 낙랑골의 통치를 맡기고, 웅갈손은 은나라 땅에 여섯 읍을 설치하고, 남국임금 금달이 청구임금·구려임금과 은나라 회대지방을 평정하여, 엄·서·회땅에 제후로 각각 임명했다. 43세 단군 물리 때에 융안 사냥꾼 우화충이 반란을 일으켜, 단제 피난 중 사망하자, 백민성 욕살 구물이 어명으로 장당경을 점령하여, 아홉 곳의 동서 압록18성이 모두 병력을 지원·원조하였다. 이에 구물은 반란군을 진압하여 우화충을 사살하고, 44세 단군으로 즉위하고, 국호를 조선에서 대부여로 바꾸었다. 삼한을 삼조선으로 개칭하여 삼한이 전쟁 선포권과 전쟁수행권한을 분산하여 가지도록 대폭적인 군령권에서의 자치권을 부여했다. 단군 구물은 해성을 개축하여 평양으로 개칭하고, 이궁을 건설했다.

셋째, 국경을 관리하고 지역을 시찰하고 호구조사를 하고 호적을 관리하는 업무이다. 단군 왕검은 나을에게 호적관리를 맡기고, 2세 단군 부루는 여러 왕(제후)의 통치를 평가하여 상벌을 내렸다. 10세 단군 노을은 민정을 시찰하고 신원목을 설치하여 백성들의 민원을 청취하고 민원을 해소했다. 12세 단군 아한은 요하에 순수관경비를 건립하여 국경을 명확히 하고, 14세 단군 고불은 관리를 보내 호구조사를 했다. 17세 단군 여을은 구가 등 오가와 함께 나라를 돌아보았다. 30세 단군 내휴는 청구 순방 후 치우천왕 공덕비를 세우고 서쪽 엄덕골 제후국의 한들과 면담을 했다. 44세 단군 구물은 감찰

표 16-11 역대 단군의 지방행정 및 지방자치의 '분관제주' 관련 활동

대수	단군 명	지방행정 및 지방자치의 '분관제주' 관련 활동
		[제1정권 · 한족정권]
1세	단군 왕검	기원전 2333년 단군왕검 추대, 구한이 하나로 뭉침, 오가 우두머리로 800무리들 개국, 나을 호적관리, 태자부루 도산 파견 우사공에게 오행치수방법 전수, 국경따져 유주 · 영주 편입, 회대 제후평정 분조 설치 우순 감독임명, 삼한으로 나누어 5가 64족 다스림
2세	단군 부루	여러 왕(제후) 평가 상벌, 병사보내 유주 · 영주정벌, 동무 · 도라 제후봉함
3세	단군 가륵	욕살 색정 열양에 봉하여 흉노족 조상이 됨, 두지주예읍반란 · 추장 소시모리 처형 · 후손 협야노 도망해 삼도 천왕 자칭 · 일본 조상이 됨
4세	단군 오사구	황제의 동생 오사달 몽고리한으로 봉함
6세	단군 달문	진한 · 모한 · 번한의 세 왕권 균형, 백아강 · 소밀랑 · 안덕강 지역 균형, 화백회의 결과공개, 2대국 · 20소국 · 3,624부락 동맹
		[제2정권 · 맥족정권]
10세	단군 노을	민정시찰 · 신원목 설치 백성민원 청취 해소
11세	단군 도해	오가에 명해 12명산에 국선 소도 설치, 한웅 상(웅상) 설치, 송화강 기슭 관청건립
12세	단군 아한	요하에 순수관경비 건립, 청아욕살 비신 · 서옥저욕살 고사침 · 맥성욕살 돌개왕에 봉함
13세	단군 흘달	주와 현 제도 도입 · 직책한계 정함, 법치행정, 은 · 하 전쟁 원병참여, 빈 · 기땅에 관청 설립, 소도설치하고 천지화 심음, 국자랑 · 천지화랑 운영
14세	단군 고불	관리를 보내 호구조사
15세	단군 대음	단제 동생 대심 남선비 대인으로 봉함
17세	단군 여을	오가와 함께 나라를 돌아 봄
21세	단군 소태	개사원 욕살 고등 귀방습격 · 일군국 · 양운국 복속, 우현왕고등임명, 고등 손자 색불루 우현왕 세습, 단제 오가와 상의 서우여에 양위 희망 · 섭주 기수 호칭, 우현왕 쿠테타로 집권 신궁에서 즉위, 옥책 · 국보 전함
		[제3정권 · 예족 · 기자정권]
22세	단군 색불루	변한 백성 회대로 이주
23세	단군 아홀	단제의 숙부 고불가 낙랑골 통치, 웅갈손 은나라땅 여섯읍 설치 남국임금 금달이 청구임금 · 구려임금과 은나라 회대 평정, 엄 · 서 · 회땅에 제후로 임명, 이한 · 오가 불러 영고탑 천도논의 중단 지시
24세	단군 연나	황숙 고불가를 섭정으로 임명, 여러 한들은 조서받들고 소도 증설 · 하늘에 제사
30세	단군 내휴	청구순방후 치우천왕 공덕비 세움, 서쪽 엄덕골 제후국 한 면담
43세	단군 물리	융안 사냥꾼 우화충 반란, 단제피난중 붕어, 백민성욕살 구물 어명으로 장당경 점령, 구지의 동서 압록18성 모두 병력 지원 · 원조
		[제4정권 · 예족 · 위만정권]
44세	단군 구물	단제 반란군 진압 · 우화충 사살, 즉위, 국호 대부여 · 삼한은 삼조선으로 개칭, 전쟁권한 분산, 해성개축 평양 개칭, 이궁건설, 감찰관 각 주 · 군 파견, 효자 · 청백리 천거

관을 각 주 · 군에 파견하여 전국의 지방행정을 감찰하고 특히 효자와 청백리를 천거토록 하여 전국적으로 지방행정이 안정이 되고 지방의 백성들과 행정부가 효도와 관료의 윤리를 높게 지켜나가도록 했다.

넷째, 소도별읍이나 소도에 대한 설치, 증설, 관리 등에 대한 업무이다. 11세 단군 도해는 오가에 명하여 12명산에 국선 소도를 설치하고, 한웅 상(웅상)을 설치하고, 송화강 기슭에 관청을 건립했다. 13세 단군 흘달은 소도를 설치하여 천지화를 심고, 국자랑 · 천지화랑제도를 운영했다. 24세 단군 연나는 여러 한들에게 조서를 내리고 소도를 증설했다.

(2) 역대 단군의 지방행정 · 지방자치정책

역대 단군의 지방행정 및 지방자치의 '분관제주' 관련 활동을 기록한 『단군세기』의 대표적인 해당 내용을 제1~4정권별 · 단군별로 정리하면 <표 16-11>과 같다.

10. 국가능력과 주요 정책의 변동

국가능력은 국가의 주요 활동인 정책의 내용과 그 효과로 나타나게 된다. 국가능력이 높으면 대외적으로 국방정책이나 외교정책을 강력하게 추진하여 국가의 주권 · 영토 · 국민을 지키고 확장시키고 대내적으로는 교육 · 경제 · 종교 · 문화 · 보건의료정책을 통해 국민들의 정신적 · 물질적 생활을 향상시키며, 사회질서와 치안을 유지하기 위한 법무 · 형사정책과 지방행정 · 지방군사조직관리정책 등을 효과적으로 수립 · 집행하게 된다.

첫째, 고조선은 홍익인간과 천손사상 · 조상숭배 등 높은 수준의 종교활동과 문화활동 등을 국가적인 차원에서 국왕인 단군 자신이 제사장으로서 교주가 되어 국민들의 종교적 · 정신적 생활을 관장하여 초기에 제정일치사회의 강력한 신정체제를 유지할 수 있었다. 비록 후기에 제정분리체제가 되어도 강력한 국민형성이 지속될 수 있는 국가능력을 보유하여 고대국가로서는 비교적 질 높은 종교 · 문화정책들을 수립하고 추진하였다. 나아가 단군 자신이 백성들에게 수시로 펼친 다양한 교화활동은 국민교육과 국민통합 및 동질적인 지배이데올로기 형성에 큰 기여를 했다. 국가적인 제의활동과 국가적인 축제 등은 종교적 · 문화적 동질성을 확립하는 것만이 아니라 고조선 국민들의 높은 선인사상과 홍익인간의 사상을 지배이데올로기로 심화시키는 데 중요한 역할을 했다.

고조선의 높은 종교력과 문화력은 강력한 지배이데올로기가 되어 중국과 일본 및 북방에도 전파되고 국내에서는 한·예·맥족의 결합을 통한 국가형성 및 국민형성에 큰 영향을 주어 고조선 2천여 년 뿐만 아니라 고조선의 후예들인 열국과 4국·남북국·고려·조선 등으로 이어지게 만들었다. 심지어 근대화와 새마을 운동 이전까지도 전해온 일년 365일 동안 백성들이 해야 할 일, 특히 정월 초하루부터 말일까지 행동해야 할 개인과 마을 차원의 지켜야 할 일들은 고조선 이후 형성된 한민족문화의 원형이 지금까지도 내려온 흔적으로 보인다.

둘째, 고조선의 국방정책과 외교정책은 고조선을 건국한 한·예·맥이 연합국가를 형성한 목적에 맞게 외국의 공동의 적으로부터 민족과 국가를 지키는 역할을 하는 정책으로써 군사력과 국민통합력을 바탕으로 정책이 형성되고 추진되었다. 중국과의 탁록전쟁 이후 중앙군과 지방군체제를 갖추면서 중앙권력 핵심집단인 5가가 전국을 5부·5군체제로 나누어 국방을 담당하면서 강력한 군사체제와 국방정책을 추진하여 중국 지역과 북방 등의 주변 소국들을 속국과 후국으로 개척하여 광대한 영토확장과 동아시아 대제국으로의 국가위상을 유지하였다. 외교도 강력한 국방력과 선진문물 및 특산품을 중심으로 중국과 북방지역으로 활발하게 추진하여 동아시아 대제국으로서의 패권적인 중심국가의 위상을 유지하였다.

다만 말기에 고조선이 3한체제가 3조선체제로 바뀌고 집권통치세력이 같은 예족 내의 기자족에서 위만족으로 무력에 의해 비정상적으로 교체되면서 통치세력 내부의 균열이 가중되었다. 중국이 진나라를 거쳐 한나라로 통일하여 압박해오면서 예족 남려의 28만 명이 중국으로 이탈하는 등 중국과 접경을 이룬 위만정권의 국력이 약화되었다. 한나라와의 전쟁에서 한나라 군대와 싸워 이기고 버티어냈으나 그 뒤 위만정권 내부의 강경파와 온건파의 내분으로 자멸하면서 국방정책과 외교정책도 무력하게 되었다. 특히 위만정권의 우거왕 시대에 진번과 진국이 한나라에 보내는 국서와 사신들의 교통로를 막는 주변 국가들에 대한 배타적·단절적인 외교정책을 취하여 이들의 한나라와의 교류를 막게 되어 이것을 명분으로 한나라의 침공을 유발하게 된 것[31]은 군사력의 약화와 별도로 외교적으로도 실패하였음을 보여 준다.

셋째, 경제정책은 농업·양잠·목축, 과학기술·천문기상, 수공업·상업·화폐정책 등에서 매우 앞서서 발전하여 동아시아 최초 최대 강국으로서의 경제력을 기르고 국방력을 지탱케 하였다. 세계 최초로 볍씨가 발굴될 정도로 벼와 곡식들을 경작했고 가축을 길르고 양잠을 일찍부터 하고 삼베를 기르는 등 베와 명주 등을 생산하는 방직기 등

31) 여기에 대한 자세한 내용은 『삼국유사』<위만조선>: 25.

을 만들었다. 표범 가죽 등과 양털에서 뽑은 실로 옷을 만드는 등 높은 의생활 수준을 유지했고, 호피와 인삼 등은 중국 등 외국에 귀한 상품으로 고가에 거래되었다. 물건을 교역하는 화폐를 만들고 멀리까지 해로로 상품을 실어 나를 배를 만드는 등 공업 수준도 높았다. 천문기상과 과학기술이 발달하여 천문현상인 오성취루와 해일 등을 측정·기록하는 등 높은 과학기술 및 천문기술의 수준을 보였다.

넷째, 보건의료정책의 경우에도 질병과 의약을 담당하는 업무를 기성에게 맡겨 가장 먼저 높은 수준의 동양의학을 받달시키고 침술 수준을 발전시켰다. 의학서적들을 저술하고 세계 최초로 골침을 사용하여 침술을 발전시켰고 의학원을 세워 의학교육을 시켰다. 산삼이나 약초 등 의약을 발전시키고, 주역·점술 등 정신적·종교적 활동을 통한 주병정책을 추진했다.

다섯째, 법무·형사정책은 형법인 8조금법, 민법으로서의 사유재산제법, 경제법으로서의 정전제법과 조세법, 사회법으로서의 노예제도·삼신법·소도법 등 다약한 성문법체제를 유지하여 장기간 강력한 고대국가체제를 유지했다. 고조선은 제정일치체제에서 제정분리체제로 전환하였고 제사장－군장체제에서 군장－제사장체제의 고대국가체제로 전환하면서 법체제는 더욱 강력한 정책으로 발전하였다.

여섯째, 중앙행정·지방행정·지방자치정책을 강력하게 추진하여 3한체제를 유지하면서도 중앙집권적인 고대국가체제로 유지하고 지방군과 중앙군의 유기적인 통합체제를 유지하여 고조선의 행정능력을 높였다. 고조선·후국·속국·제후국·거수국 등이 넓은 강역을 포함한 하나의 거대한 고대국가로 장기간 유지·확장·발전할 수 있었던 것은 행정정책과 지방행정정책이 잘 수립되고 추진되었기 때문이다. 여기에 5가제와 8가제도가 잘 작동하여 여러 통치세력들이 하나로 연합하고 연합국가로 유지·발전할 수 있다.

일곱째, 고조선은 전 기간 동안 지배연합 부족, 통치세력, 수도 이전, 단군 교체 방식 변화, 단군의 통치능력 등 네 가지 변수에 따라 단군정권의 성격이 달라지고 이들의 조합 성격에 따라 제1~4정권의 교체로 나타났다. 중심통치부족세력을 기준으로 할 때 한족정권·맥족정권·예족(기자)정권·예족(위만)정권으로 변화하고, 수도는 평양성 아사달·백악산 아사달·장당경 아사달·평양성 아사달의 순서로 천도가 이루어졌다. 단군왕검 이후 5가합의로 10세 단군 때부터 우가가 여러 차례 단군으로 선출되다가 22세 단군 색불루가 쿠테타로 집권하고 마지막으로 44세 단군 구물이 우화충의 반란을 진압한 후 장군들의 추대로 단군에 즉위하고 국호가 북부여로 바뀌는 변화를 겪게 되었다. 역대 단군들의 재위기간에 따라 장기간과 단기간으로 나누어 단군들의 통치능력이 달라지는 것을 기준으로 단군의 능력에 따라 기·승·전·결의 시기를 나눌 수 있다. 이러한 네 가지를 기준으로 종합적으로 판단하면 고조선은 제1~4정권으로 구분이 된다. 세부적으로는 다소 차이가 있을 수 있으나 허용 가능한 범위 내에서 네 가지 기준들이 중첩되고 공통되는 시기가 거의 같아 고조선의 4개 정권이 구분가능하였다. 각 정권별로 위기의 성격·국가능력·행정능력·통치능력에서도 서로 차이가 있는 것으로 대체로 확인되고 있다. 고조선의 4개 정권 사이에는 지배연합 부족, 통치세력, 수도 이전, 단군 교체 방식 변화, 단군의 통치능력 등이 서로 다르고 각 정권 사이에는 국가능력·행정능력·정책능력·국가능력 등이 서로 달라 이 두 그룹 사이에는 상당한 연관성이 있는 것으로 추정·판단된다.

이상의 논의에서 종합적으로 고조선은 높은 행정능력·정책능력·국가능력을 가지면서 다양한 분야의 전문적인 질 높은 정책을 통해 2,000여 년이라는 장기간 거대한 고대국가로 형성·발전·유지할 수 있었다. 4개 정권 사이에는 지배연합 부족·통치세력·수도 이전·단군 교체 방식 변화·단군의 통치능력 등이 서로 다르고 각 정권 사이에는 국가능력·행정능력·정책능력·국가능력 등에 차이가 있어서 각각 네 개인 이 두 그룹 사이에는 상당한 연관성이 있었다. 고조선의 기·승·전·결의 시기에 제1~4 단군정권을 거치면서 고조선은 흥망성쇠를 거듭하고 그 과정에 발생하는 단계별 국가위기를 극복하는 그 중심에 행정능력·정책능력·국가능력이 작용하였음을 여러 분석을 통해 확인할 수 있다.

닫는장

1. 고조선의 건국과 한국고대국가의 원형

고조선은 기원전 2333년에 한반도와 중국 만주 · 요동 · 요서를 영토로 건국한 국가이다. 고대국가로서 단군조선에 대해서는 고구려, 백제, 신라, 가야 시대 이래로 통일신라와 발해, 그리고 고려와 조선을 거치며 역사로 살아왔다. 그러다가 일제시대에 와서 역사가 아닌 신화로 보는 작업이 대대적으로 추진되면서 신화냐 역사냐 라는 논쟁이 현대까지 이어졌다. 일제 조선총독부는 뒤로 사료와 증거를 조작하거나 훼손하면서 앞으로는 식민사학자들을 내세워 실증사학을 명분으로 단군과 고조선의 역사성을 부정했으나, 신채호 · 안확 · 박은식 · 최남선 · 이병도 · 최태영 등은 역사로서 인정하였다. 이병도 자신은 어렵게 사관을 변경했으나 그를 따르던 제자들이 주축이 된 실증사학계는 그의 사관변경을 부인하고 기존의 사관을 고수하였다.

이것에 대해 내부적으로 역사학계는 노론사학, 식민사학, 실증사학, 민족사학, 유물사학, 민중사학, 주체사학, 시민사학 등으로 나뉘어 서로를 인정하지 않고 적대적인 대결을 하느라 기원전 7세기 중국 『관자』에서도 '발조선'으로 인정한 한국고대사에 대한 역사성을 지켜내지 못하고 있다. '빼앗기고 사라진' 역사를 되찾고 바로 세우는 노력들이 이제 겨우 시작되고 있지만 아직은 걸음마 수준이다. 연약한 새싹으로 자라나는 한국고대사는 내부적으로 식민사학이 내세우는 실증사학이란 이름의 거친 비바람이 아직 멈추지 않고, 밖으로는 중국의 동북공정 · 탐원공정 · 요하공정과 일본의 역사왜곡이 더욱 큰 폭풍으로 몰아치고 있으나 거기에 대한 적극적인 대응은 보이지 않고 있다.

한국고대국가에 대한 연구는 역사학만이 담당하기에는 너무나 벅찬 주제이다. 고고학의 노력으로 한국고대국가의 새로운 사실들이 하나씩 밝혀지고 새로운 유물들이 출토될 때마다 한국고대역사는 전면적으로 새롭게 쓰게 되었다. 천문기상학의 연구로 새로운 역사적인 사실들이 과학적으로 입증되고 있다. 최근 젊은 의학자와 역사학자가 70년 전에 발굴되었으나 방치되었던 이름 없는 유물에서 우연히 세계 최초의 골침 유물을 발견하기도 했다. 한 법학자 출신 역사학자는 일본에서 동국세년가 복사필름을 찾아 고조선 역대왕 이름을 확인하고, 18세기 프랑스 신부가 중국 황실사고에서 찾은 고조선 사료를 본국에 보고한 자료를 한국인 출신 역사전공 사서가 프랑스 국립도서관 고문헌 먼지더미에서 찾아내고, 한 시인은 그동안 오역된 14세기 목은 이색 문집에서『천부경』의 존재를 새롭게 찾아내며, 고고학자들은 요하문명·홍산문화 유물들을 발굴하여 고조선 역사를 다시 찾아내고 있다. 이처럼 천문기상학자·한의사·역사학자·프랑스신부·사서·시인·고고학자·과학자들이 역사를 새로 쓰게 만드는 중요한 역할을 하고 있다. 이제 한국고대국가연구는 역사학계의 영역을 넘어 고고학, 사회학, 정치학, 문화인류학, 경제학, 국가학, 천문학, 의학, 과학 등 종합학문적으로 접근하고 있다.

접근방법에서도 연구대상의 성격에 무관하게 근대사학이 획일적으로 의존했던 문헌사학·고고학 등 실증적 접근만이 아니라 상위맥락이나 중간맥락의 경우에는 해석학·현상학·비판이론적 접근이 더 적실성이 높은 것으로 나타나고 있다. 더구나 한국은 문자사용과 그 기록이 중국에 뒤 떨어져서 한국고대국가에 대해 주체적인 기록은 사라지고 주로 그 훨씬 이후에 기록된 중국의 역사서에 의존해야 하는 한계 때문에 실증적 접근에는 더욱 제약이 많았다. 한국고대국가에 관한 주체적인 역사서들이 일부 있지만 위서논쟁이 제기되며 스스로 연구 사료에서 배제하는 어리석음에서 벗어나지 못했다. 그 가운데 일부를 일본학자들이 그들의 역사정립에 악용하는 것을 보고 겨우 국내에서 어렵게 출판이 되고, 강단사학자들의 배척과는 무관하게 재야사학자들이나 일반국민들의 관심은 매우 높아 한국고대역사를 역사학자들의 전유물에서 국민들의 역사로 되돌리는 계기가 되었다.

이 때문에 적은 역사기록이나마 그 가운데 대부분 사라진 역사서에 의존해야만 하는 역사학계의 실증적 연구는 더욱 제약이 많았던 것이다. 어려운 여건에서 고군분투해온 실증사학자들은 식민사학이라는 굴레에서 쉽게 벗어나지 못하고 민족사학자들은 재야사학으로 비판을 받으면서 강단사학과 재야사학이라는 진영대결은 더욱 첨예화되었다. 역사학계의 대결은 역사내전양상으로까지 확산되었다. 이에 역사학계가 주도하던 기존의 지배적인 이론과 가설들이 하나씩 무너지고, 종합학문에 바탕을 둔 융합적인 접근이 활발해지면서 새로운 국가학의 가설과 이론 및 패러다임의 설정이 시도되고 있다. 그 노력의 일환으로 이 책에서 도출된 한국고대국가의 원형은 다음과 같은 내용들을 포함하고 있다.

첫째, 한국고대국가인 고조선은 동아시아의 최초의 고대국가로서 고조선문명권을 형성하여 고조선의 중앙 본국, 동·남·북부 후국, 요동·요서·동내몽고지역 후국들과 함께 이 지역을 이끌어 간 제국이었다. 세계 최초의 단립벼·콩재배와 식문화 형성, 세계 최초의 양잠과 비단 제조, 세계 최초의 골침, 세계 최초의 오성취루현상을 기록한 천문지리학, 다양한 청동기 유물, 세계 최다의 고인돌 유적, 토기, 요하문명·홍산문화의 발굴 등은 고조선이 아시아지역의 대제국으로서 중국이나 일본에 앞선 고대 선진국가로서 지역의 중심국가였다는 증거들이다. 속속 밝혀지고 있는 이러한 것들은 기존의 아시아 고대역사 이론들을 근본적으로 바꾸는 새로운 증거들이다.

둘째, 고조선은 홍익인간의 높은 국가이념을 바탕으로 건립되고 통치되어 공자마저 와서 살고 싶어하던 이상국가로 인정받은 높은 문화력을 지닌 문화국가이다. 최초의 기마문화를 형성하고 공동의 신앙과 종교 및 공통된 고조선어를 사용했다. 고조선은 고조선(아사달)문명권의 중심국가로서 한강문화·불함문화·홍산문화·요하문명을 융합한 문화국가이다. 인간을 '세 가지 위험'에서 구하기 위해 건국되고 천손사상·천신숭배·생명사상·삼신숭배사상을 지배이데올로기로 삼아 하늘과 조상에 대한 제사를 일상화하는 국가를 운영했다. 이러한 고조선문명이 한·예·맥족을 중심으로 한 다양한 아사달민족들을 고조선이라는 하나의 국가로 묶을 수 있게 만든 원동력이고 단군조선이 제사장과 군장을 하나의 통치자로 통합시키는 제의-군장체제로 만들게 하였다. 제정일치체제에서 제정분리체제로 전환하고 고조선이 제1~4정권으로 체제가 바뀌고 도읍을 세 번이나 옮기면서도 홍익인간·천손사상·천신숭배·생명사상·삼신숭배사상은 지배이데올로기로 지속되었다.

셋째, 고조선의 지배연합은 한족·예족·맥족을 중심으로 형성되고 왕족과 왕비족 등의 지배부족을 형성하여 신한·말한·불한의 연합국가를 형성했다. 많은 분국과 소국들을 통합하며 고조선이 대제국으로 발전하면서 지배부족에 제후국들과 여러 부족들이 추가되어 지배계급을 개방적으로 확장하여 국가통치의 중심세력을 삼았다. 후기로 가면서 기자족과 위만족의 지배연합 진입도 이 과정에 이루어졌다. 지배연합 내에서 초기에는 분배와 평등의 가치와 질서를 중시하던 맥족이 중요한 역할을 하다가, 후기로 가면서 성장과 발전의 가치를 중시하는 예족의 역할과 위상이 강화되었다. 이들이 단군조선 이후에 계속 열국과 후삼한 및 사국의 지배계급으로 이어졌다. 맥족은 고조선과 고구려 및 백제로, 예족은 고조선과 부여·신라·고려·조선으로 이어졌다. 단군조선 이후 등장한 열국들과 후삼한 등이 단군조선의 여러 제도들과 종교 등을 이은 것은 이들이 단군조선이 지녔던 고대국가의 원형을 기억하고 국가경로의존성을 발휘하였기 때문이다.

넷째, 고조선의 지배적인 사회관계는 청동기시대를 기반으로 건국되고 후기에는 철기시대로 전환하였다. 청동기시대 농업생산도 개국 초기에는 농업공동체를 중심으로 하다가 후기로 갈수록 농촌공동체로 전환하면서 농업생산력의 축적과 발전으로 나타났다. 이 과정에 노예제도가 확장되고 사유재산제와 정전제 등이 확산되었다. 고조선의 제의－군장사회 도시공간 계층구조는 신시－도읍－국읍－읍·소읍의 구조를 이루고, 전국이 수도·부수도, 3경(5경), 국읍·읍·소읍의 계층체제를 유지했다. 단군·부왕·5가(8가)·9한·9대국·후왕·제후국·12소국·거수국·800단부·3,000단부 등이 공간계층구조에 편입되었다.

다섯째, 고조선은 관료기구와 법 질서의 총체로서 3한·3경·5가·5부·5군의 중앙·지방·군사통치체제를 구축하였다가 5경체제로 확대시켜 운영했고, 8조금법·노예제도·정전제 등을 통해 법 질서를 유지했다. 단군8가제와 계급제 및 제가합의제는 국가운영의 중추적인 장치들이었다. 고조선의 중앙·지방정부·군을 망라한 관료계급은 국왕－비왕(부왕·후왕)－상－경－대부－대신－대원수－원수－장군－박사－감찰관 등으로 엄격한 위계체제로 이루어졌다. 이러한 관료기구와 법 질서는 후기에 3조선체제로 되면서 말조선과 불조선이 독자적인 권력을 강화시키고 각각 전쟁선포권을 가지면서 고조선 본국의 중앙집권적 통치체제가 와해되고 지방자치와 분권이 강화되었다. 고조선의 통치체제는 고조선 붕괴 이후 열국과 후삼한 및 사국 등으로 전해져 고대국가 통치체제의 원형으로 받아들여졌다.

여섯째, 고조선의 통치집단과 정부는 초기에 국왕을 위시한 왕족·왕비족, 부왕·비왕·후왕·제후 등의 최상층부, 5가·5부·5군을 담당한 문신·무신·3,000단부 등의 통치세력으로 구성되었다. 고조선의 사회구조와 신분구성을 보면 통치집단은 단군과 그 일족(방족), 선인들, 단군의 씨족(조선족), 거수와 그 일족 등으로 구성되고, 비통치집단은 호민－민－하호－노비인데, 노비는 노예집단으로 최하층을 이루었다. 통치자인 단군과 그 일족은 통치집단의 핵심으로 고조선국가의 성격을 좌우했다. 이에 왕위계승과정에 장자계승이나 왕자로의 계승이 원활하지 못하게 되는 일들이 빈발하여 5가들의 합의로 왕위가 결정되면서 5가와 8가들의 권력이 강화되었다. 이 과정에 왕족과 왕비족 및 8가들 사이에 권력투쟁이 치열하게 벌어져서 고조선의 국가가 제1~4정권으로 변동하게 된 것으로 보인다. 후삼한체제에서 3조선체제로의 변동이나 기자족과 위만족의 권력장악 등이 고조선의 정권을 변동시키게 한 요인들이고 고조선이 3경체제와 5경체제로 수도와 부수도를 여러 개로 유지하고 수도를 세 차례 옮긴 것도 서로 다른 통치세력의 교체로 정권을 달리하기 위한 상징적인 조치로 보인다. 이 과정에서 기자정권과 위만정권의 성격도 고조선 본국을 이은 정권이기보다 고조선의 3한과 3조선의 후국의 하나인 번한과 번조선의 정권을 장악한 것으로 보아야 할 것이다. 다만, 기자정권과 위만정권이 후국의 정권을 장악한 시기에는 실질적인 권력에서 본국보다 우위에 있었고 이들과 접한 중국에서는 이들을 고조선 본국으로 오해했을 것으로 추정할 수 있다.

일곱째, 고조선은 세습군주제이며 국왕은 제의-군장으로서 제사장과 군장의 역할을 겸하는 제정일치의 군주로서 출발하여 군장의 기능이 더 강화된 군장-제의체제의 단군을 거쳐 후기에는 제사장을 별도로 분리시키는 제정분리체제를 확립하면서 단군은 군장의 기능을 전담하는 국왕으로 자리잡게 되었다. 47명의 단군 가운데 기·승·전·결의 시기 구분과 제1~4정권의 시기에 따라 단군의 역할은 앞에서 설명한 것과 같이 서로 다른 역할을 수행하면서 고조선을 통치하였다. 단군은 장자세습의 원칙에 따라 승계하였으나 5(8)가 합의제로 5(8)가 가운데 후임 단군을 9(태자 계승 포함 14) 차례 추대했거나 두 차례 쿠테타에 의해 단군을 차지한 경우도 있어서 왕권교체와 승계가 다양한 방식으로 이루어졌다. 고조선의 시대별로 국왕의 권력장악 방식이 다양하게 되고 역할이 전환되면서 국왕들의 생존능력과 통치력은 서로 다르게 전개되었음을 재위기간의 분석과 정책활동을 통해 밝혀낼 수 있었다.

2. 고조선의 국가위기와 국가변동, 그리고 끈질긴 생존능력

고조선은『삼국유사』에서 밝혔듯이 백성들이 당면한 '세 가지 위험'에서 백성들을 구해내기 위해 국가를 열었다. 이 때문에 개국의 동기는 위기이고, 토인비의 문명순환론에 따르면, 그 '위기'라는 역사적인 '도전'에 대한 '응전'으로 고조선이 탄생한 것이다. 홍익인간이라는 최고로 발달된 인도주의적인 이념을 실현하기 위해 고조선은 토인비나 스펭글러의 탄생·성장·성숙·쇠퇴라는 네 단계의 기승전결 과정을 통해 각 단계마다 맞는 위기를 극복하면서 국가의 생존능력을 발휘하여 2,000여 년이라는 장기간 동안 대제국으로서의 생명력을 유지하였다.

고조선이라는 한국고대국가는 고대의 시각으로 볼 수도 있지만 현대의 시각으로 과거를 소급하여 보는 것도 의미가 크다. 역사를 '과거와 현재의 대화'로 보는 세계 대표적인 역사학자 이 에이치 카(E. H. Carr)의 역사관을 빌리면, 현대 이론의 시각으로 고대국가를 이해하는 것의 정당성이 인정된다.

'어떻게 고조선은 고대사회에서 다른 나라들에서 쉽게 찾아보기 어려울 정도의 장기간 대제국을 유지할 수 있었는가'라는 질문을 현대 국가이론을 빌어 설명하는 것도 의미가 있는 일이다. 이것을 위해 활용하는 국가이론은 국가의 대표적인 성격들로 제기되는 '국가의 역할, 국가의 힘, 국가자율성, 국가경로창조성, 국가연속성, 국가비동시성,

거버넌스능력 및 국가능력' 등이다. 이 기준들에 따라 고조선의 국가성격을 진단해 보았다.

첫째, 국가의 역할은 초기 제정일치체제에서 국내적으로는 제의-군장의 역할을 하는 신정국가와 군사국가의 역할을 함께 수행하다가 후기에는 제정분리체제로 되어 군장역할중심의 군사국가로 정립되었다. 국제적으로도 고조선 개국 초기에는 아시아의 맹주 국가로서 주변국가들이 오랜 장마로 수해를 입고 고생하는 것을 국제적인 리더십을 발휘하여 주도적으로 해결하고 국제적인 분쟁도 군사적 수단과 외교적 수단을 통해 주도적으로 해결하는 국제체제의 중심국가로서의 역할을 수행했다. 그러다가 중국의 침략 이후 후기로 되면서 3조선체제에서 3조선이 각각 전쟁선포권을 갖게 되면서 군사력과 경제력이 약화되어 아시아 세계국가체제에서의 중심국가의 위치를 중국에 넘겨주게 되었다.

둘째, 국가의 힘에서 보면, 단군조선은 신한·말한·불한의 3한 연합국가로 왕족과 왕비족 등 5가와 제후국 등을 거느리면서 강한 국가로 유지되었다. 3한 3경 5가 5부 5군체제를 구축하면서 단군조선의 국가의 힘은 강력했다. 특히 5가들은 지배부족의 대표만이 아니라 중앙정부의 핵심 장관들로서 중앙통치행정조직을 관장했고, 5가가 지역의 5부를 다스리는 지역의 왕의 역할을 하고 군사령관을 겸하여 강력한 중앙과 지방의 통치행정체제 구축 및 지방의 군대까지 지휘하여 국가의 힘이 잘 결집되고 통치력이 일사불란하게 행사될 수 있도록 했다. 그러다가 후기에 가서 후삼한체제가 3조선체제로 되고 3조선이 각각 전쟁선포권을 갖고 전쟁을 수행하면서 중앙집권적인 통치체제가 이완되고 국력이 쇠퇴하여 고조선의 붕괴로 나타나며 국가의 힘은 크게 약화되었다.

셋째, 국가자율성은 후삼한을 통합한 고조선은 국왕인 단군이 제의-군장으로서 제사장과 군장을 겸하고 있어서 전쟁선포권이나 독자적인 외교권은 물론 내부 통치에서 높은 자율성을 지니고 있었으나 후기 3조선체제로 전환하면서 자율성이 크게 떨어졌다. 기승전결의 단계별로 보면, 환웅시대부터 높은 자율성을 지닌 제의-군장으로 출발하여 그것을 이어받은 단군은 더욱 강한 제의-군장으로서 자율성을 확보할 수 있었다. 고조선이 후삼한체제를 유지할 때 내부의 두 부왕들은 독자적인 전쟁선포권이나 외교권을 갖지 못하고 상국인 신한만 국왕으로서 국가자율성을 높게 지니기 때문에 국가자율성이 매우 높았다. 그러다가 3조선체제로 전환하면서 말한과 불한이 각각 자치권과 자율성를 갖게 되면서 고조선 본국의 자율성은 약화되었다.

넷째, 국가경로창조성과 경로의존성의 경우, 환웅의 시대를 초기 고조선이 거의 그대로 물려받으면서도 새로운 제도와 조직들을 만들게 되어 경로의존성보다 경로창조성이 매우 높았다. 특히 고조선이 동북아시아의 패권국가로 선진국가의 위치였기 때문에 8가제를 위시하여 새로운 제도나 조직 및 법들을 만들고 그것을 중국에 전달한 것들이 많았다. 부루가 하나라에 전달한 도량형, 측량, 치산치수법, 정전제, 삼신오제교, 단군8조 등의 내용들도 대체로 경로창조성에 해당하는 것들이다. 통치이념도 홍익인간과 천손숭배 및 제천행사를 그대로 물려받고 환인・환웅・단군왕검의 삼신숭배의 신앙과 제의행사로 서로 통합하여 경로의존을 넘어 경로일치 차원으로 전개되었다. 사회관계, 법질서 및 관료기구의 총체, 통치세력, 및 단군들의 경우에도 거의 그대로 유지되면서 새롭게 확장되는 발전을 가져와서 고조선 국가 경로창조성과 경로의존성은 공존하며 거의 새롭게 유지되었다. 그러다가 후기로 되어 3조선체제와 열국으로 되면서 경로창조성은 떨어지고 기존제도를 폐지・약화시키거나 일부만 시행하는 제도의 후퇴를 가져와서 경로창조성과 경로의존성 모두 추락하게 되었다.

다섯째, 국가연속성과 비연속성의 경우, 고조선을 건국하기 이전과 이후는 근본적으로 달라진다. 이것은 건국 전후가 단절성과 새로운 시작이라는 점이 부각되어 비연속성을 본질로 삼고 있다. 단군신화는 하늘의 세계와 땅의 세계라는 단절적・이질적인 세계를 상정하기 때문이다. 그러면서도 고조선의 역사는 연속성을 생명으로 한다. 핵심지배세력과 고조선의 헌법과 법률도 새롭게 외부에서 급작스럽게 주어진 것이 아니라 각 부락집단들이 오랜 관습으로 전해 내려와 정착한 관습법을 기본으로 하면서 새로운 법을 만들어 사용하였기 때문에 연속성을 기본 특징으로 하였다. 그러나 환웅 3상5부제가 단군8가제로 바뀌고 제의-군장제, 군장-제의제, 군장체제 등으로 제정일치체제에서 제정분리체제로, 3한체제에서 3조선체제로, 3경체제에서 5경체제로, 농업공동체에서 농촌공동체로 변화하는 등 다양한 변화로 단군시대가 제1~4정권으로 바뀌면서 많은 비연속성이 나타나게 되었다. 그러나 강력한 지배이데올로기와 종교가 고조선 제1~4정권의 비연속성을 연속성으로 이어지게 만드는 가장 큰 변수로 작용하여 고조선 국가를 지탱시켰다. 심지어 지배연합이나 지배계급에서도 많은 변화가 있었으나 국가로서의 지배이데올로기가 고조선의 국가를 지탱시켰다. 이것은 고조선 이후 부여와 열국 및 후삼한의 건국도 분리건국 신화로 이해하게 하여 단절성의 비연속성보다는 연속성으로 나타낸다. 이처럼 국가의 일곱 가지 차원의 개념 가운데 어느 것을 중심으로 보느냐에 따라 단군조선의 앞과 뒤의 시대의 성격을 다르게 이해하게 만들어 다양한 시각으로 볼 때 고조선 자체의 성격도 연속성과 비연속성 모두 지니게 된다.

여섯째, 국가의 비동시성은 고조선 시대에 많이 나타난 현상이다. 특히 초기 3한체제에서 3경체제를 유지하다가 5경체제로 바뀌고 3조선체제로 전환하면서 세 차례 이상 수도를 옮긴 것은 고조선의 이질적이고 넓은 영토에 걸쳐 나타나는 고조선의 비동시성을 줄이고 지역격차를 완화시키는 결과를 가져왔다. 고조선은 지역적·시대적으로 구석기시대, 신석기시대, 청동기시대, 철기시대 등이 부분적으로나 전체에 동시에 나타나는 지역들이 고조선 영토 내에서 많이 공존했다. 고조선 시대의 사회변화 속도가 느리고 지역적인 교류가 많지 않은 시대적인 특성 때문에 씨족사회, 부족사회, 부족연맹, 부족국가, 성읍국가, 고대국가가 공존하면서 고대국가가 주위의 성읍국가나 부족국가, 그리고 부족연맹 등을 정복하고 포함하여 고대국가를 강성하게 발전시켰다. 기마민족과 유목민족의 성격은 비동시성을 줄이는 지역간 유동성을 높였으나 국가가 3조선체제로 정립되고 농업공동체가 농촌공동체로 전환하면서 비동시성을 줄이는 효과는 약화되었다.

기자정권이나 위만정권의 출범은 비동시성의 결과이고 이들은 비동시성을 더욱 가속화되었다. 선진 철기사회, 철기사회, 선진 청동기사회, 청동기사회, 선진 석기사회, 석기사회 등이 지역별로 분포되어 공존하면서 그 사회를 통치하는 정치체제가 다양하게 존재한 것이다. 특히 고조선과 중국의 비동시성은 말기를 제외하고 고조선이 앞섰다. 유물을 보면, 한반도-만주지역의 새김무늬, 묘제(墓制), 전문기능인의 출현, 조직적인 장거리 교역, 모계사회에서 부계사회로 전환, 골침과 동양의학, 벼농사, 천문기상관측 등 많은 문화부문에서 고조선이 중국보다 몇 백 년에서 1천여 년 이상 앞서고 있음은 고조선과 중국의 비동시성의 동시성이 존재했고, 고조선의 문물이 중국으로 전파되었음을 확인해주는 것이다.

일곱째, 거버넌스능력은 왕조시대가 아니라 민주국가에서나 가능한 통치방식이지만 고대국가인 고조선 시대에 5가합의제나 8가합의제, 귀족합의체인 화백제도, 공화정 등을 실시하여 협치의 일부를 실천하여 당시로서는 거버넌스의 능력을 어느정도 보였다고 볼 수 있다. 고조선이 출범한 이후 대제국으로 성장할 수 있었던 것도 거버넌스에 가까운 정치를 펼쳤기 때문이다. 고조선은 후국과 분국제도를 운영하면서 참여 부족들의 숫자가 많아지고, 기자정권과 위만정권을 거치면서도 5가합의제나 8가합의제, 그리고 화백제도가 지속적으로 시행된 점은 고조선이 협치를 기본적으로 중시하였음을 보여주는 것이다. 다만 8가가 단군을 선출하면서 8가 사이의 권력투쟁이 일어나고 무력에 의한 쿠테타가 발생하는 등 거버넌스능력이 훼손되고 후기에 3조선체제로 고조선이 분열하면서 거버넌스능력은 크게 약화되었다. 그럼에도 단군조선의 거버넌스의 정신은 부여와 신라 및 고려·조선에게도 전해져서 제가합의제와 화백제도, 그리고 재추회의·의정부체제로 이어졌다.

이러한 국가의 성격들로 인해 단군조선은 장기간 대제국으로서 생존할 수 있게 되었으며, 그 핵심 동력은 이러한 국가성격과 능력들을 포괄하는 국가능력이라 할 수 있다.

3. 고조선의 단계별 국가능력

고조선의 국가능력은 고조선 기·승·전·결의 전 기간 동안 서로 다르게 이어져서, 기와 승의 단계에서 국가형성능력과 국민형성능력은 잘 이루어졌으나 전과 결의 단계에서는 경제발전능력과 정치발전·분배능력이 잘 충족되지 않아 고조선의 막을 내리게 했다.

첫째, 기의 단계에서 국가형성능력은 국민, 영토, 주권을 갖춘 국가를 만들고 군대나 치안유지 및 관료조직의 국가조직을 형성하는 능력, 국가이념 형성능력, 상징조작능력, 국가목표형성 및 달성능력, 국가제도화능력, 지배연합 및 통치세력 형성능력 등으로 구성되는데, 이 모든 측면에서 고조선의 국가형성능력은 매우 높았다. 세부적으로 국민, 영토, 그리고 주권형성이 한·예·맥 부족연합을 통해 자유롭게 이루어졌다. 관료조직은 5가체제와 계급제적인 여러 계급의 관료체제를 형성하고, 군대는 5군체제로 중앙군과 지방군체제를 갖추어 높은 수준의 국가제도화능력을 보여주었다. 높은 국가이데올로기 형성능력과 상징조작능력은 여러 부족 연합국가로 출범하고 많은 후국과 분국을 거느린 대제국의 국가형성과 국민형성의 중요한 능력이 되었다.

둘째, 승의 단계에서 국민형성능력은 사회계급 관리능력, 지배연합 및 피지배연합 관리능력, 후국 및 분국 관리능력, 국민통합능력 등인데 고조선은 이들 모두 높았다. 단군신화와 홍익인간 및 천손숭배와 삼신숭배 등의 제천행사 등은 고조선 통치의 전 기간 동안 고조선이 여러 부족연합 대제국으로 번성할 수 있게 하여 국민형성에 가장 큰 역할을 하여 고조선의 국민형성능력을 크게 높여주었다. 고조선 이후 한국의 역사가 민족중심의 역사가 된 것도 고조선에서 형성된 높은 국민형성의 영향으로 볼 수 있다. 제도적으로도 5가합의제나 화백제도, 그리고 후국과 속국제도 등의 방식으로 귀족정치체제를 통한 지배세력의 응집력을 강화시켰다. 다만, 노예제도와 계급제도의 강력한 실시는 피지배계급인 노예계급과 하층민들에 대한 국민형성능력을 매우 낮춘 요인들이 되었다.

셋째, 전의 단계에서 경제발전능력은 높지 않고 보통수준이다. 고조선의 초기 통치세력인 맥족 등이 경제성장이나 발전보다는 분배나 배분에 치중하여 건국 초기 강력한 군사력과 군사조직을 건설하는 데에는 성공했으나 오랜 기간 강한 군사력을 지탱할 수 있는 경제력을 축적하지 못했다. 이 때문에 전의 단계에서 예족이 중심이 되어 기자정권을 출범시키고 통치세력의 교체가 있었으나 위만의 군사쿠테타 등으로 정권이 전복되고 중국의 침공과 국경에서의 대결이 지속되면서 경제발전보다는 다시 군사력 우선의 정책을 펼치게 되어 국가의 경제발전 능력을 크게 약화되었다. 농업생산 외에 중개무역을 통한 경제력 축적을 시도했으나 그것이 중국과 진국 양쪽 모두를 자극하여 성과보다는 중국의 침공을 더욱 자극하는 요인이 되었다.

넷째, 결의 단계에서 정치발전·분배·사회복지능력은 초기와 달리 매우 낮아졌다. 고조선 사회에서 채택한 5가합의제나 화백제도 등은 귀족민주주의의 초기 형태였고, 고조선 건국 초기부터 맥족이 주도하면서 농업경제에서의 분배와 배분을 중시하여 고조선의 사회발전 및 분배능력이 초기에는 높았으나 농촌공동체로 지역에 정착하면서 농업의 생산력은 높았으나 대토지소유층과 소작층이 나눠는 등 극심한 분배의 왜곡이 일어나 이들을 지탱할 경제력이 부족하여 결의 단계에서는 매우 낮아졌다.

다섯째, 단군조선의 전체 기간을 통해 세계체제관리능력은 기와 승의 단계에서는 높았으나 전과 결의 단계에서는 중간 수준에서 낮은 수준으로 급락하였다. 고조선이 대제국이 되어 중국에서 왕성한 활동을 할 때까지는 동아시아의 중심국가였으며 고조선이 중국보다 우위에 있었다. 그러나 중국이 춘추전국시대를 지나 진나라가 중국대륙을 통일하고 한나라가 이어 중국대륙을 통일하여 고조선을 압박하면서 전의 단계인 기자정권 후반에서는 서로 경쟁하다가 결의 단계에는 위만정권을 침략하고 압박하여 패망에 이르게 하였다. 이것으로서 고조선은 동아시아 패권국가로서의 지위는 추락하고 중국에게 패권국가의 지위를 넘겨주게 되었다.[1)]

4. 고조선의 행정체제와 주요 정책

고조선은 국가 행정체제로 3경 5가 5부 5군체제를 가지고, 중앙정부 관료조직은 '단군8가'제도를 운영했다. 이것은 당시 기준으로 볼 때 다른 고대국가에서 찾아보기 어려울 정도의 발전된 행정통치제도이고 높은 국가능력을 가능하게 하는 국가제도화능력이다. 이러한 행정의 분업화는 서양의 막스 베버의 분업화와 관료제보다 크게 앞선 시기에 이루어진 일이고, 단군8가제는 단군조선의 원형으로 고조선 이후의 열국은 물론 고

1) 중국이 세계체제의 중심으로 등장하게 된 것은 군사력을 지탱하는 경제력을 확보할 수 있었기 때문이다. 중국 한나라는 기원전 2세기 말부터 서양과의 교역 및 교류를 위해 실크로드(silk road)를 개척하여 세계경제체제를 구축하고 그 중심국가로 설 수가 있었다.

조선보다 100~200여 년 늦게 출범한 중국의 하·상(은)·주 고대국가에도 제도와 경로가 전파되었다. 그동안 사국이나 고려가 중국의 행정제도와 정전제와 같은 법 제도를 도입한 것으로 알려졌으나 고조선의 단군8가는 그것이 반대였음을 밝혀주는 것이다. 다만, 그러한 사항을 문자로 명확하게 기록하여 전해주지 못하여 너무나 아쉬울 뿐이다. 고조선의 단군8가의 원형은 열국과 사국 및 남북국과 고려, 그리고 조선시대까지 그대로 이어졌고, 20세기와 21세기에도 한국정부관료제가 산업화와 민주화 및 복지화를 짧은 기간에 달성하게 만드는 엔진의 역할을 담당하게 하는 저력이 되었다. 역사적으로 한국관료제의 우수성과 능력이 높은 것으로 평가되는 것은 고조선 단군8가의 국가원형이라는 유전자를 후대 국가들이 오랜 기간 끈끈하게 이어 온 때문이라 할 수 있다.

고조선의 주요 정책은 호가(虎加)·용가(龍加)가 국정을 총괄하고, 마가(馬加)는 주명(主命)으로 교육·문화정책·외교정책을 담당하고, 우가(牛加)는 주곡(主穀)으로 경제·농업정책·과학기술정책을 담당하고, 웅가(熊加)는 주병(主兵)으로 국방정책을, 응가(鷹加)는 주형(主刑)으로 법무정책을, 로가(鷺加)는 주병(主病)으로 보건의료복지정책을, 학가(鶴加)는 주선악(主善惡)으로 종교정책·사회정책을, 구가(狗加)는 지방업무(分管諸州)로 지방정책·내무정책을 각각 분담하도록 구분하여 단군8가제가 다양한 정책을 나누어 각각 담당했다. 고조선은 8가를 중심으로 행정을 전문화하고, 국가업무를 366가지로 나누어 3,000단부가 전국에 걸쳐 행정을 펼쳤다.

고조선의 중앙정부인 8가가 수행한 다양한 정책들과 정부 행정의 내용들을 47대 단군별로 자세하게 정리할 수 있었던 것은 큰 소득이라 할 수 있다. 이 기록들에 대한 논란들이 있었으나 내용들이 구체적이었고 일부 내용들에 대해서는 여러 학자들이 개별적인 연구를 통해 입증하여 역사적인 실증성을 높여준다. 오성취루 및 천문 현상, 골침, 누에, 볍씨, 단군기록, 제천행사, 부루, 참성단, 삼신, 소도, 천부경, 삼랑성 등 다양한 기록과 유물·유적들이 47대 단군들의 행적을 입증해주고 있다.[2]

이러한 전문화된 정책분업과 정책집행은 고대국가로서는 매우 수준 높게 집행된 것이었다. 그 결과가 중앙과 지방군에 의한 국방력 강화, 제가합의제 등 정치발전, 농업·양잠·축산·어업 등 경제 발전, 골침을 위시한 동양침술 및 보건의료발전, 각종 법제도 발전, 종교 및 제의문화발전, 지방 고을들에 대한 제주관리 등의 발전을 가능하게 했다.

2) 그렇기 때문에 47대 단군들의 정책들과 행정활동의 내용이 사실이 아니라고 주장하는 학자들은 구체적인 증거를 통해 그것이 오류임을 반론으로 입증해야 할 것이다.

5. 국가위기, 정권변화, 국가능력변화, 정책변화 및 국가위상변화

고조선에 대한 연구를 통해 국가위기, 정권변화, 국가능력변화, 정책변화 및 국가위상변화는 서로 긴밀하게 연관성을 지닌 것으로 확인되었다. 비록 엄밀한 통계나 계량분석에 의한 것은 아니지만 많은 역사적 기술이나 유물·유적, 그리고 다양한 연구결과들을 질적인 연구방법인 현상학적·해석학적·비판적 연구·비교·해석을 통해 이 책에서 다루고자 했던 명제와 가설들이 다루는 국가위기, 정권변화, 국가능력변화, 정책변화 및 국가위상변화가 고조선의 기승전결과정과 제1~4정권별로 이들간의 연관성·상관성 관계에 대한 질적인 평가·판단·확인이 가능하였다.

첫째, 제1정권인 한족통치의 고조선은 세 가지 국가위기인 삼위라는 국가위기를 극복하고자 한·예·맥족이 연합하는 고조선을 연합국가로 성공적인 국가형성을 이루었다. 고조선 기의 단계에서 단군왕검은 환웅시대의 부왕으로 아홉 부족장들의 추대로 단군에 올라 단군조선을 개국하고 국가이념이나 국가체제를 황웅시대로부터 전수받으면서도 중앙과 지방의 통치체제인 3한·5가·5부·5군제도를 채택하여 3상5부제행정체제로 행정능력과 국가능력을 높였다. 한족·맥족·예족이 왕족·왕비족·제후족으로 지배연합을 형성하고 홍익인간·삼신사상·천손사상·토테미즘을 지배이데올로기로 삼고 단군은 제정일치체제에서 제사장·군장의 역할을 하고 평양성 아사달을 수도로 삼았다. 국가 역할은 제사장·군장역할을 하고 국가힘·국가자율성·경로의존성·비동시성·거버넌스능력이 높고 국가능력도 높았다. 정책은 다양한 분야에서 질적으로 수준이 높았으며 초기에는 종교·문화이데올로기정책과 국방정책, 그리고 행정정책·지방행정정책에 치중하여 많은 후국과 제후국·거수국·속국 등의 확장에 주력하여 국가형성을 강력하게 추진했다. 그 결과 고조선은 동아시아지역의 최초 최대국가로가 되어 동아시아세계체제의 중심국가로 자리하게 되었다.

둘째, 제2정권인 맥족통치의 단군조선은 농업공동체 위기라는 국가위기를 극복하고자 영토를 확대하기 위해 농지가 많은 맥족의 근거지인 백악산 아사달로 천도하게 되었다. 고조선 승의 단계를 열고 고조선의 확장을 꿈꾸며 천도를 전후하여 한·예·맥부족연합세력 내에서 각 통치세력의 위상이 달라져서 맥족이 연이어 단군으로 추대되면서 한족 중심에서 맥족 중심으로 권력이 이동함에 따라 한족의 권력기반인 평양성 아사달을 떠나 맥족의 근거지로 옮기게 되었다. 단군도 왕족인 한족의 장자상속·세습제에서 5가합의에 의한 선출로 바뀌고 맥족으로 추정되는 우가가 계속 단군에 올라 맥족왕조를 출범시키게 된 것이다.

승의 단계인 만큼 당초의 지배연합세력 외에 많은 후국·제후국·거수국·속국 등이 고조선에 합류하면서 연합국가로서 고조선은 이들의 통합을 위한 국민형성이 더욱 필요하게 되어 홍익인간·삼신사상·천손사상·토테미즘을 지배이데올로기로 삼고 이들의 이질성을 줄이고 동질성을 높이기 위한 다양한 교육정책이 이루어져서 성공적인 국민형성을 이루었다. 행정체제는 3상5부제에서 5가제·8가제로 확장되고 3한·5경체제가 구축되면서 중앙과 지방에 대한 단군의 중앙집권성은 강화되었고 중앙과 지방의 통치체제인 3한·5가·5경·5부·5군·800단부·3,000단부제도로 확장하여 중앙과 지방에 대한 행정능력과 국가능력을 높였다. 이처럼 많은 후국과 제후국·거수국·속국 등의 확장에 따라 국민형성과 국가형성을 함께 강력하게 추진했다. 단군은 제정일치체제이지만 영토확장을 위해 중국과 가까운 백악산 아사달로 천도하였으므로 이웃한 중국과 북방 등 주변 국가들과 전쟁이나 분쟁이 많아지면서 제사장·군장의 역할 가운데 군장의 역할이 크게 늘어나 군장·제사장체제로 성격이 변화하였다.

국가 역할은 군장·제사장의 역할을 하고 국가힘·국가자율성·경로의존성·비동시성·거버넌스능력이 매우 높고 국가능력도 매우 높았다. 정책은 다양한 분야에서 질적으로 수준이 높았으나 국방정책과 종교·문화이데올로기정책에 치중하여 대제국으로서 지역 패권국가로 등장하였다. 그 결과 고조선은 동아시아지역의 최초 최대국가가 되어 동아시아세계체제의 중심적인 패권국가로 자리하게 되어 중국과 북방 및 일본 등에 많은 영향을 주었다.

셋째, 전의 단계 제3정권인 예족통치의 단군조선은 농업공동체 위기라는 국가위기를 극복하고자 영토를 확대하기 위해 농지가 많은 맥족의 근거지인 백악산 아사달로 천도한 맥족정권이 농촌공동체라는 새로운 국가적 위기를 유발하였고 이것을 극복하지 못하여 권력을 예족에게 빼앗긴 결과로 기자정권이 탄생하였다. 고조선의 전의 단계에서는 고조선은 백악산 아사달의 기자정권과 장당경 아사달로 천도한 고조선 본국이 서로 병존하였다. 고조선의 농업공동체는 이동을 하며 농업을 경영한 것에서 발생하여 정착농업인 농촌공동체로 전환하여 해결하고자 했으나 정착농업은 대규모 토지소유와 소규모 토지소유 혹은 소작농 등 소득불평등이 심화되어 농촌공동체 위기를 발생시킨 것이다. 한·예·맥족이 연합하는 고조선을 연합국가로 출범시켰으나 한족정권이 실패하고 맥족에게 권력을 넘겨주고 맥족의 근거지인 백악산 아사달로 천도까지 하고 영토를 확장하였으나 근본적으로 평등·분배 중심의 이데올로기를 지향하는 맥족은 농업공동체의 위기인 자산축적이나 경제성장을 이루지 못하여 늘어난 막대한 군사력을 지탱할 경제력을 축적하지 못하면서 농업공동체의 위기는 더욱 심화되었다. 농업공동체위기는 대규모농지경작과 자본축적을 통해 농업생산성을 높여야 하므로 성장·발전 중심의 이데올로기를 지향하는 예족이 맥족을 대체하게 되었다. 이 과정에서 권력이동은 평화적인 세습이나 5가합의 방식이 아니라 색불루라는 예족 통치세력의 쿠테타로 권력이동이 일어나게 되었다.

특히 중국과 가까운 맥족의 근거지인 백악산 아사달로 예족출신 기자족이 상나라가 망한 후 주나라에 밀려 백악산 아사달을 장악하자 고조선은 백악산 아사달을 버리고 예족의 근거지에 가까운 장당경 아사달로 천도하게 되었다. 예족(기자족)정권은 백악산 아사달을 예족인 기자족이 점령하자 자신들의 근거지인 장당경 아사달로 옮겨 고조선 전의 단계에 들어서 경제성장정책을 강력하게 추진하였다. 이것을 위해 대구모토지소유제를 확대하고 농업노동력 확보를 위한 노예제도를 강력하게 실시하고 형법제도를 강화하고 조세제도를 강화시켰다. 성장지향의 예족이 부족 간·지역 간·계층 간 소득격차와 사회적 갈등인 농촌공동체위기를 가져오고 이것을 극복하고자 더욱 강력한 경제정책·토지정책·조세정책·.형법정책·노예제강화정책 등을 채택하고 이 정책들을 추진하기 위해 국가의 힘이 강하게 되어 국가의 능력이 약화되는 역설이 일어났다. '강한 국가의 역설'이 예족(기자)정권의 가장 큰 문제로 부각되었다. 고조선은 제정일치체제가 이완하고 군장-제사장역할에 치중하고 성장지향 지배이데올로기로 전환하여 고조선의 전의 단계로 전환하여 경제발전과 경제성장을 추진했다.

국가 역할은 군장·제사장의 역할을 하고 국가힘·국가자율성·경로의존성·비동시성·거버넌스능력이 높고 국가능력도 높았으나 후기에는 국가능력이 약화되었다. 정책은 다양한 분야에서 질적으로 수준이 높았으나 경제정책과 사회정책에 치중하여 대제국으로서 지역 패권국가의 위치가 중국으로부터 도전을 받았다. 그 결과 고조선은 동아시아지역의 최초 최대국가로가 되어 왔으나 동아시아세계체제의 중심적인 패권국가의 자리를 두고 중국의 도전을 받고 경쟁관계로 접어들게 되었다.

넷째, 결의 단계 제4정권인 예족통치의 위만정권은 같은 예족인 기자정권의 준왕으로부터 권력을 쿠테타에 의해 찬탈하고 집권하였다. 결의 단계 고조선의 수도는 위만정권이 백악산 아사달을 기자정권으로부터 물려받았고, 고조선 본국은 장당경 아사달에서 평양성 아사달로 되돌아 와서 서로 병렬적으로 존재했다. 기자정권이 맞은 농촌공동체의 위기가 낳은 강한국가의 위기는 내부균열과 외부로부터의 위협을 안밖으로 받는 국가위기에 직면했다. 그러한 상황에 준왕이 힘을 잃고 국가능력이 약화된 상태에서 위만이 쿠테타로 위만정권을 탄생시켰으나 쿠테타정권이 갖는 스스로의 위기를 극복하지 못했다. 그 결과 예족 남려가 28만 명을 이끌고 위만정권에서 이탈하고 중국과의 전쟁에서 군사력에서는 크게 밀리지는 않았으나 통치세력 내부에서 중국과의 전쟁에 대한 주화파와 주전파의 대결로 무너져내리면서 위만정권은 단기에 막을 내리게 되었다. 전쟁도 중국에 대한 방어전쟁으로 바뀌었으며 고조선은 수동적인 지위로 떨어지게 되었다.

국가위기를 제대로 대응하지 못하여 국가능력은 지극히 약화되고 행정능력이나, 정책능력 모두 떨어지게 되고 고조선의 국가위상도 중국에 밀려 패망하고 패권적인 위치를 중국에 넘겨주게 되었다. 고조선 결의 단계는 매우 짧은 기간에 종료하게 되어 이에 고조선 본국은 대부여로 국호를 바꾸고 고조선의 막은 내리고, 위만정권은 분열하여 무너지면서 고조선은 만주와 요동에서 밀려나 한반도로 옮겨 민족국가분열을 통해 열국의 시대로 접어들게 되었다.

6. 『한국고대국가학: 고조선의 국가와 행정』을 맺으며

지난 수년 간 폭풍우가 몰아치는 캄캄한 망망대해에 나침반도 없이 조그만 조각배를 타고 높은 파도와 싸우며 항해하였다. 온 몸이 만신창이가 되어 겨우 목숨을 부지한 채 어느 이름 모를 조그만 항구에 도착한 느낌이다. 무모한 항해는 마쳤으나 지금 도달한 항구의 이름도 모르고 몸은 탈진한 상태이다. 오로지 항해를 하면서 맞딱뜨려 온 그 수많았던 위기의 순간들마다 하늘에서 밝은 빛으로 길을 안내하여 목숨을 끈질기게 지켜주었던 북두칠성을 쫓는 힘만은 더욱 강해짐을 느낀다. 동시에 어려움에서도 더욱 강인하게 해쳐 나올수 있도록 단련시켜 준 하늘과 바다, 비바람과 폭풍우에게 마저 한없는 고마움을 느낀다.

'한국행정의 역사적 기원'을 찾는 항해는 가벼운 마음으로 출항을 했다. 십여 년 넘게 녹슬은 배와 항해 장비를 챙길 때만 해도 쉽게 몇 년이면 항해를 마칠 것으로 생각했다. 그러다가 대학에서 30여 년 간 담당했던 행정철학 과목을 생각하며 조금 더 멋있는 항해를 위해 '한국행정의 철학적 기초'라는 중간 항구를 거쳐 가기로 너무 쉽게 마음먹었다. 그러나 바다는 더 넓어지고 파도도 조금씩 일기 시작하여 한국행정 · 철학의 역사적 기원은 당초 역사학과 한국철학의 연구에 힘입고자 했으나 그것이 쉽지 않으면서 한국역사정책학이라는 곁가지에 깊이 빠지게 되었다. 어렵게 역사의 수렁에서 벗어나 한국행정의 역사적 기원이라는 당초의 항구로 가는 길에 이번에는 '한국고대국가'라는 암초에 걸려 한 발짝을 움직이지 못하게 되었다.

그럴 바에는 고조선의 국가와 행정을 한국고대국가라는 관점에서 파고들자고 마음을 바꾸었다. 중국 동북공정이나 일본의 역사왜곡에 대한 대응은 역사학자들에게 맡기고 좁은 범위인 행정만 다루고자 했던 초심이 변하여 한국고대국가인 고조선을 본격적으로 다루게 되었다. 고조선은 파고들수록 더욱 거대하고 웅장한 모습을 조금씩 드러내주었다. 위서론으로 가는 길을 막았던 장애물이 걷혀지면서 아무도 가지 않은 길을 내어주고 베일에 싸인 신비스러운 자태를 조금씩 나타냈다. 이번 항해로 고조선의 실체의 극히 일부인 빙산의 일각만 보았을 뿐이다. 대부분의 실체는 만주와 요동·요서, 그리고 한반도의 북쪽 땅 속 깊이 잠자고 있고, 일본 동경대나 미국 하버드대 도서관과 박물관 등에서 깊은 잠에 빠져 있을 것이다. 많은 사료들이 훼손되고 잃어버렸지만 우연히 땅속에서 발굴되는 새로운 유물들과 숨겨져 있던 사료들이 조금씩 쌓이면서 고조선 국가의 역사를 전면적으로 다시 쓰게 만들고 있다.

고조선에 대해 종합학문적으로 접근하는 것은 처음부터 쉬운 일이 아니었다. 더구나 한 사람의 학자가 할 수 있는 일은 더더욱 아니다. 그럼에도 고조선 국가에 대해 관련 분야에서 최근 이루어지고 있는 연구 성과들은 괄목할 만한 수준이다. 고조선 국가에 대한 창의적인 연구들이 많이 축적되어 이 책을 연구하는 데에 큰 도움이 되었다. 고조선 국가를 일곱 가지 차원의 다른 개념으로 구분하여 고조선 국가를 분석하는 데 선행 연구들이 크게 활용되었다. '나라, 지배이데올로기, 지배연합, 사회관계, 관료기구·법질서, 정권·정부·통치세력, 국왕'으로 나타나는 일곱 가지 차원의 국가들이다. 문헌고증학이나 의고학파와 같은 입장에서 한국고대국가를 보고 한국고대사를 연구하는 역사학자들이 대다수지만, 몇몇 선구적인 연구자들은 그것의 한계를 넘어 주체적으로 고조선 국가의 성격을 밝히고 있었다. 이 분들의 연구결과물은 이 책이 일곱 가지 차원의 국가의 개념으로 분석하는 것을 가능하게 해 주었다. 아직 부족함이 적지 않지만 고조선에 대한 역사학, 사회학, 정치학, 경제학, 문화인류학, 고고학, 천문학, 자연과학 등의 다양한 분야에서의 연구결과는 '장님 코끼리 만지기'가 가져오는 한계를 극복하는 데 큰 도움이 되었다. 그동안 '한 얼굴의 고조선'만 강조하며 '다른 얼굴들'을 부정하던 분과학문적인 폐쇄성이나 배타성을 넘어 이 책은 '일곱 얼굴의 고조선'을 통해 융합적·종합학문적 관점에서 고조선을 밝히고자 했다. 이 책이 고대국가에 대한 융합적·종합학문적 접근이 불가능한 것이 아니라 고조선의 새로운 실체를 종합적으로 밝히는 소중한 시도가 될 수 있다는 점에서 새로운 가능성을 보여주기를 기대한다.

고조선 국가에 대한 연구의 접근방법도 의고학파의 문헌고증학을 넘어 사료나 유물·유적에 대한 실증적 접근 외에 보다 깊은 해석학적·현상학적·비판이론적 접근을 부분적으로 시도하는 것이 쉽지는 않았다. 여기에는 '폭풍우 속에 항해하듯이' 많은 제약과 어려움이 있었지만 기존의 연구를 넓고 깊게 해줄 수 있는 접근방법이란 것은 어느 정도 확인되었다. 최근에 해석학적 · 현상학적 · 비판이론적 접근을 활용해야 한다는 주장들은 많으나 실제 연구에 적용한 사례가 많지 않아 이러한 접근방법을 활용하는데 '캄캄한 밤에 망망대해를 항해하듯이' 어려움이 많았으나 부분적으로라도 활용할 수 있어서 다행이라 생각한다.

이 책에서 무리하게 설정했던 기본 가설들이 이번 연구를 통해 시론적인 차원에서나마 부분적으로 입증되어 다행이라 생각한다. 엄밀한 과학성을 기준으로 입증한 것은 아니지만 질적인 차원에서의 논의를 통해 어느 정도 논증된 편이다. '고조선은 전반기 높은 국가자율성, 국가경로창조성, 비동시성의 동시성, 거버넌스 및 국가능력을 가지고서 동아시아의 최초 고대국가로서 중심적인 역할을 하였으나, 후반기에는 이러한 능력들이 낮아져서 동아시아의 선진국가의 지위에서 밀려났다'는 내용은 다양한 사료들로 일정부분 논증되었다.

그러나 아직 가야 할 항해의 길은 더욱 험난하다. 지금 잠시 도착해 머물게 된 항구는 임시적인 항구이다. 한국고대국가라는 암초에서 겨우 벗어날 수 있을지 여부는 독자들의 평가에 달려 있다. 잘못에 대한 질책이 크면 바로 잡는 일에 집중해야 하지만, 그러면서도 지친 몸을 추스려 계속 새로운 마음으로 다음 항구로 출발할 것이다. '한국행정의 역사적 기원'과 '한국행정의 철학적 기초'를 밝히는 항해는 머나먼 길이기 때문이다. 이 항해에 보다 많은 동료들이 함께한다면 덜 힘들고 덜 외로울 것 같다. 최근 좋은 연구 결과물로 저자의 항해에 큰 도움이 된 많은 분들께 감사드리며 이 책의 연구성과로 보답하고자 했던 것이 마냥 아쉽기만 하다.

이 책이 한국고대국가인 고조선의 국가와 행정을 이해하고 연구하는 데 조금이라도 도움이 되었으면 하는 마음 간절하다.

참고문헌

[문헌사료]

『고려사』, 『동사강목』, 『삼국사기』, 『삼국유사』, 『세종실록』, 『신증동국여지승람』, 『용비어천가』, 『제왕운기』, 『표제음주동국사략』, 『동북세년가』, 『고사기』, 『관자』, 『구당서』, 『금본죽서기년』, 『논어』, 『대명일통지』, 『만주원류고』, 『맹자』, 『사기』, 『산해경』, 『삼국지』, 『상서대전』, 『설문해자』, 『수경주』, 『시경』, 『신당서』, 『여씨춘추』, 『위략』, 『위서』, 『자치통감』, 『잠부론』, 『죽서기년』, 『진서』, 『통전』, 『한서』, 『후한서』, 『한비자』, 『회남자』

[국내 문헌]

강경구(1991). 『고대의 삼조선과 낙랑』. 기린원.

강무학(1985). 『단군조선의 실존』. 청화.

_____(1982). 『단군조선의 농경문화』. 관악.

강봉원(1992). <'성읍국가'에 대한 일고찰>. 『선사와 고대』. 3. 한국고대학회.

강승남(1995). <고조선시기의 청동 및 철 가공기술>. 『조선고고연구』. 2.

강신택(1995). 『사회과학연구의 논리: 정치학 · 행정학을 중심으로』. 박영사.

_____(2002. 2005 개정). 『행정학의 논리』. 박영사.

_____(2013). 『행정사상과 연구의 논리』. 조명문화사.

강인구(1980). <달성 진천동의 지석묘>. 『한국사연구』. 28.

_____(1997). 『고고학으로 본 한국고대사』. 학연문화사.

_____(2000). 『한반도의 고분』. 아르케.

강인욱 · 차웅석(2017). <연길 소영자 출토 유물로 본 동아시아 침구류의 기원>. 『의사학』. 57호. 대한의사학회.

검자(2007). 『고조선 철학과 민족중건』. 검밝.

경기문화재단 실학박물관 엮음(2012). 『실학자들의 한국 고대사 인식』. 경인문화사.

계연수 엮음. 임승국 번역 · 주해(2006). 『한단고기』. 정신세계사.

계연수 엮음. 안경전 역주(2012). 『환단고기』. 상생출판.

고구려연구재단(2004). 『고조선 · 단군 · 부여』. 고구려연구재단.

고구려연구재단 편(2005). 『중국의 한국 고대사 연구 분석』. 고구려연구재단.

고동영(1986). 『단군조선 47대』. 한뿌리.

고려대학교 민족문화연구원(2010). <백남운의 보편사관과 조선학: 문화사적 맥락의 역설을 중심으로>. 『민족문화연구』. 52호.

고려대학교 아세아문제연구소 육당전집편찬위원회(1973). 『육당최남선전집』 2. 현암사.

고려대학교 한국사연구소 편(2019). 『역주 고조선사료집성: 국내편』. 새문사.

_____(2019). 『역주 고조선사료집성: 중국편』. 새문사.

고조선사연구회 · 동북아역사재단(2007). 『고조선의 역사를 찾아서』. 학연문화사.

_____(2009). 『고조선사 연구 100년』. 학연문화사.

고조선학회(2008). 『고조선연구 제1호』. 지식산업사.

과학백과사전출판사 편집부(2011). 『조선단대사 1: 고조선 부여편』. 과학백과사전출판부.

곽진석(2010). <시베리아 에벤족의 곰 축제에 대한 연구>. 『동북아문화연구』. 25.

_____(2011). <시베리아 만주: 퉁구스족 곰 신화의 양상과 유형에 대한 연구>. 『동북아문화연구』. 26.

교육인적자원부 일본역사교과서왜곡대책지원단(2005). 『일본의 역사왜곡 무엇이 문제인가?』. 교육용자료집.

구만옥(2007). <'천상열차분야지도'연구의 재점에 대한 검토와 제언>. 『동방학지』. 140. 연세대학교 국학연구원.

국립중앙박물관 엮음(1995). 『한국의 청동기 문화』. 범우사.

국사찾기협의회(2004). 『중국 동북공정 대비 단군조선사광복 국민대토론회 자료집』. 국사찾기협의회.

국사편찬위원회(1985). 『한국사론 14: 한국고대사의 제문제』. 국사편찬위원회.

_____(1987). 『중국정사조선전 역주』. 국사편찬위원회.

_____(1990). 『중학교 국사』. 국사편찬위원회.

_____(1993). 『고등학교 국사』. 국사편찬위원회.

_____(1997). 『한국사』 2 <구석기문화와 신석기 문화>. 국사편찬위원회.

_____(1997). 『한국사』 3 <청동기문화와 철기문화>. 국사편찬위원회.

_____(2009). 『'동북공정' 전후 중국의 한국고대사 인식』, 과천: 국사편찬위원회.

_____(2013). 『한국사. 4: 초기국가 고조선 부여 삼한』. 탐구당.

國書刊行會(1974). 『靑太祖實錄』. 國書刊行會. 昭和 49.

국학원(2005a). 『한국사 속에서의 단군관 검토』. 국학원.

_____(2005b). 『고조선과 고구려를 통해 조명하는 한국 고대사』. 국학원.

권태원(1983). <국민의식의 통합과 내실화－민족문화의 연원을 중심으로>. 『하성 이선근 박사 추념논문집』. 한국정신문화원.

_____(2000). 『고대한민족문화사연구』. 일조각.

그루쎄, 르네. 김호동 · 유원수 · 정재훈 역(1998). 『유라시아 유목제국사』. 사계절.

今西龍(1929). <檀君考>『朝鮮古史의 硏究』;

기수연(2001). <중국문헌에 보이는 동이와 조선>. 『단군학연구』. 14.

길경택(1985). <한국 선사시대의 농경과 농구의 발달에 관한 연구>. 『고문화』. 제27집. 한국대학박물관협회.

김경동(1992). 『한국인의 가치관과 사회의식: 변화의 경험적 추적』. 박영사.

_____(1995). 『한국사회 변동론』. 나남.

_____(2002). 『한국사회 발전론』. 집문당.

_____(2016). 『한국사회의 발전과 행복』. 학지사.

김광수(1988). <치우와 맥족>. 『손보기박사정년기념 한국사학논총』. 지식산업사.

김광억(1985). <국가형성에 관한 인류학적 이론과 한국고대사>. 『한국 문화인류학』. 17.

_____(1988). <국가형성에 관한 인류학 이론과 모형>. 『한국사시민강좌』. 제2집. 일조각.

김광웅(1992). 『한국의 관료제 연구』. 대영문화사.

김광웅 엮음(2011). 『융합학문, 어디로 가고 있나?』. 서울대학교출판문화원.

김교경(1993). <단군릉에서 나온 뼈에 대한 연대측정결과에 대하여>. 『북한의 <단군릉> 발굴관련자료』. 북한문제조사연구소.

_____(1995). <평양일대의 단군 및 고조선 유적유물에 대한 년대측정>. 『조선고고연구』. 1.

김교헌 저(1923). 고동영 해제(2006). 『신단민사』. 한뿌리.

김교헌 · 박은식 · 유근 저. 김동환 해제(2006). 『단조사고』. 한뿌리.

김교헌(2015). 『신단실기』. 천연색본. 초판발행 100주년기념판. 도서출판 DRM연구원.

김권구(2005). 『청동기시대 영남지역의 농경사회』. 학연문화사.

김기홍(1998). 『새롭게 쓴 한국 고대사』. 역사비평사.

김길만(2012). 『일천문자로 읽는 고조선과 고한국 이야기』. 명지사.

_____(2013a). 『상고조선과 고한국사: 인류원시의 국가』. 한문화원.

_____(2013b). 『상고조선의 역사와 지리－상대조선의 강역 등을 설명하는 산해경』. 한문회원.

김대욱(2012). 『전쟁의 시대: 한국 고대사 700년의 기록』. 채륜.

김동일(1997). <별자리가 새겨진 고인돌 무덤에 대하여>. 『고고연구』. 1996(3).

_____(1997). <증산군 룡동리 10호 고인돌무덤의 별자리에 대하여>. 『조선고고연구』. 1997(3).

김동일 · 정문건(1999). <고인돌 무덤에 새겨져 있는 별자리의 천문학적 연대추정에 대하여>. 『조선고고연구』. 1999년 제4호.

김두진(1985). <삼한 별읍사회의 소도신앙>. 『한국고대의 국가와 사회』. 역사학회.

_____(1999). 『한국고대의 건국신화와 제의』. 일조각.

김득황 · 김도경(2003). 『우리 민족 우리 역사』. 삶과 꿈.

김방한(1983). 『한국어의 계통』. 민음사.

김범철(2006). <중서부지역 청동기시대 水稻생산의 정치경제>. 『한국고고학보』. 58.

김병모(1981). <한국 거석문화 원류에 관한 연구 1>. 『한국고고학보』. 10 · 11. 한국고고학회.

_____(1992). 『한국인의 발자취』. 정음사.

김상기(1948). <한 · 예 · 맥 이동고>. 『史海』. 창간호; 1984. 『동방사논총』. 서울대 출판부.

_____(1954, 1955). <동이와 회이 · 서융에 대하여>. 『동방학지』. 1 · 2집.

김상천(2003). 『고조선과 고구려 역사를 다시 본다』. 주류성.

김상태(2012). 『엉터리 사학자 가짜 고대사: 식민사학과 동북공정을 둘러싼 주류 강단사학의 '흑막'』. 책보세.

_____(2013). 『한국 고대사와 그 역적들: 고조선 역사와 상식의 몰락 그리고 역사의 상실』. 책보세.

_____(2017). 『고조선 논쟁과 한국 민주주의－사이비역사학의 아성, 주류 고대 사학계 비판』. 글로

벌콘텐츠.

김상현(2012). <“고기”의 사적 검토>. 『한국고대사학회 제125회 정기학술회의 발표 자료집』. 2012. 4.14.

김석준(1988a). <한국 정권 변화의 정치경제: 세계체제, 사회계급, 국가간 상호 활동을 중심으로>. 『한국정치학회보』. 22(1).

_____(1988b). <전환기 한국행정의 새로운 패러다임 모색>. 『한국행정학보』. 22(2): 431－459.

_____(1989a). <국가능력과 산업화 정책의 변동: 한국과 대만의 비교>. 『한국정치학회보』. 23(2).

_____(1989b). <국가능력과 경제발전: 한국의 제1공화국~제6공화국>. 『민족공동체와 국가발전』. 한국정치학회: 271－302.

_____(1990a). <산업화 정책과 국가의 역할: 한국 산업화의 정치경제적 인식>. 『현대사회』. 37: 3－25.

_____(1990b). <국가발전과 국가능력>. 『한국행정학보』. 24(2): 791－813.

_____(1990c). <경제민주화정책과 국가능력: 한국 국가발전 전략의 재조명>. 『한국행정학보』. 24(3): 1127－1158.

_____(1991). 『한국자본주의국가위기론』. 풀빛.

_____(1992). 『한국산업화국가론』. 나남.

_____(1994). 1995 증보판. 『국가변동론』. 법문사.

_____(1996). 『미군정시대의 국가와 행정』. 이화여자대학교 출판부.

_____(1996). <국가발전과 행정의 역할>. 『해방 반세기 한국 사회의 성찰과 전망』. 현암사.

_____(1999). <국민국가 변화와 국가능력: 정당성과 제도화의 상호관계를 중심으로>. 『국제정치논총』. 39(3): 135－152.

_____(2000a). 『국가능력과 경제통치술』. 이화여자대학교 출판부.

_____(2000b). <한국 국가재창조와 뉴 거버넌스: 새로운 패러다임 모색>. 『한국행정학보』. 34(2): 1－21.

_____(2000c). <글로벌라이제이션 시대 한국 국가변동과 개혁정책의 정치경제>. 『사회과학연구논총』. 5: 43－68.

_____(2001). <뉴밀레니엄 시대의 정부와 행정학의 정체성>. 『사회과학연구논총』. 6: 5－23.

_____(2002). 『현대 대통령연구 1』. 대영문화사.

_____(2014). <결론: 대한민국의 건국, 산업화, 민주화의 기적과 국가 경영전략>. 한국행정연구원. 『대한민국 역대 정부 주요 정책과 국정운영－8권』. 대영문화사: 349－398.

김석준 외(1993). 『경제민주화의 정치경제』. 법문사.

_____(2000). 『뉴 거버넌스 연구』. 대영문화사.

_____(2001). 『뉴 거버넌스와 사이버 거버넌스 연구』. 대영문화사.

_____(2002). 『거버넌스의 이해』. 대영문화사.

_____(2005). 『거버넌스의 정치학』. 법문사.

김선자(2005). <황제신화와 국가주의: 중국신화 역사화 작업의 배경 탐색: 何新의 『論政治國家主義』>. 『중국어문학논집』. 31호.

김성남(2005). 『전쟁으로 보는 한국사』. 수막새.

김성준(1997). 『역사와 회고』. 국학자료원.

김성호 · 김상한(2008). 『한중일 국가기원과 그 역사』. 맑은소리.

김성환(1992). <조선초기 단군인식>. 『명지사론』. 4.

_____(2000). <단군신화의 기원과 고구려의 전승>. 『단군학연구』. 3.

_____(2002). 『고려시대의 단군전승과 인식』. 경인문화사.

_____(2008). <전통시대의 단군묘 인식>. 『고조선연구』. 1. 고조선학회. 지식산업사.

_____(2009). 『조선시대 단군묘 인식』. 경인문화사.

_____(2009). <세조의 평양 순행과 단군묘>, 『한국사학사학보』.

김세환(2013). 『고조선 역사 유적지 답사기－민족의 뿌리』. 백암.

_____(2017). 『21세기 고조선 역사 유적 답사기－이 시대 잊혀가는 우리 민족의 태초 우리민족의 뿌리 고조선을 찾아』. 백암.

김승옥(2006). <청동기시대 주거지의 편년과 사회변천>. 『한국고고학보』. 60.

김양선(1973). <다뉴기하문경연구초>. 『매산국학산고』. 숭전대 박물관.

김연수 · 박창범(2014). <하늘과 사람이 만들어 가는 대체로운 무늬>. 『문예중앙』. 통권 139호.

김연학(1966). <고고학상으로 본 한국민족>. 『백산학보』 제1호: 148.

_____(1983). <청동기의 전개>『한국사론』 13－한국의 고고학 II · 상. 국사편찬위원회.

김열규(2003). 『동북아시아 샤마니즘과 신화론』. 아카넷.

김영배 · 안승주(1975). <부여 송국리 요녕식동검출토 석관묘>. 『백제문화』. 7 · 8.

김영수(1960). <기자조선은 중국 몽현－동국조선과

는 이지동명일뿐>. 『전북대논문집』. 3.

김영수 편(1994). 『고대 동북아시아의 민족과 문화』. 여강출판사.

김영주(2004). 『한민족의 뿌리와 단군조선사』. 대원출판사.

김영하(2012). 『한국고대사의 인식과 논리』. 성균관대학교 출판부.

김영환(2012). 『중국의 역사와 문화』. 남서울대 출판국.

김영희(1997). <新樂유적에 대하여>. 『한국선사고고학회』. 4.

김완진(1978). 『원시국어의 자음체계에 대한 연구』. 국어연구회.

김용간(1964). 『금탄리 원시유적 발굴보고』.

김용간 · 석광준(1984). 『남경유적에 관한 연구』. 과학 · 백과사전출판사.

김용남 · 김용간 · 황기덕(1975). <청동기시대 집자리를 통하여 본 집짜임새의 변천>. 『우리나라 원시 집자리에 관한 연구』. 사회과학출판사.

김용섭(2008, 2015). 신정증보판. 『동아시아 역사 속의 한국문명의 전환－충격, 대응, 통합의 문명으로』. 지식산업사.

_____(2015). <고대의 농경문화와 고조선의 성립 발전>. 『요하 · 홍산 답사기행－요하문명과 고조선』. 지식산업사.

_____(2017). 『농업으로 보는 한국통사』. 지식산업사.

김운태(1981, 1984). 『조선왕조정치 · 행정사: 근세편』. 박영사.

_____(2005). 『고려 정치제도와 관료제』. 박영사.

김운회(2012). 『우리가 배운 고조선은 가짜다: 한국고대사 천년의 패러다임을 넘어』. 위즈덤하우스.

김원룡(1961). <광주 미사리 절문토기유적>. 『역사학보』. 14.

_____(1962). <암사리유적의 토기 · 석기>. 『역사학보』. 17 · 18.

_____(1963). <김해 무계리 지석묘의 출토품>. 『동아문화』. 1.

_____(1968). <서평: 김재원 · 윤무병 공저. 『한국지석묘연구』>. 『역사학보』. 37: 130－134.

_____(1973). 『한국 고고학개설』. 일지사.

_____(1983a). <고대 한일 관계>. 『이화사학연구』. 제13 · 14 합집.

_____(1983b). <청동기시대 예술과 신앙>. 『한국사론』. 13－한국고고학 II · 상. 국사편찬위원회.

_____(1983c). <한민족의 형성과 선사시대>. 『한국학입문』. 대한민국학술원: 8.

_____(1986). 『한국고고학개설』. 제3판. 일지사.

_____(1987). 『한국고고학연구』. 일지사.

김유철(1999). <고조선시기 경제발전과 노예제도의 변천>. 『단군과 고조선』. 살림터.

_____(2005). <고조선의 통치제도>. 『단군과 고조선 연구』. 지식산업사.

김인 편(1985). 『성현(단군 · 공자 · 예수 · 석가)들의 참 말씀』, 미래문화사.

김인 편저(1983). 『성조단군: 생애와 사상』. 명문당.

김인배(1995). 『고대로 흐르는 물길』. 세종서적.

김인희(2000). <상고사에 있어 한 · 중의 문화교류: 중국 대문구문화와의 관계를 중심으로>. 『동아시아 고고학』. 2.

김장석(2003). <충청지역 송국리유형 형성과정>. 『한국고고학보』. 51.

김정기(1996). <청동기 및 초기철기시대의 견혈주거>. 『한국고고학보』. 34.

김정민(2016). 『단군의 나라, 카자흐스탄』. 글로벌콘텐츠.

김정배(1973a). <한국고대국가기원론>. 『백산학보』. 14호.

_____(1973b). <예맥과 예와 맥>. 『한국민족문화의 기원』. 고려대 출판부.

_____(1973c). 『한국민족문화의 기원』. 고려대학교 출판부.

_____(1978). <소도의 정치사적 의미>. 『역사학보』. 79.

_____(1986). 『한국고대의 국가기원과 형성』. 고려대 출판부.

_____(1987). <단군기사와 관련된 "고기"의 성격>. 『한국상고사의 제문제』. 한국정신문화연구원.

_____(1989). <한민족의 기원과 국가형성의 제문제>. 『국사관논총』. 1. 국사편찬위원회.

_____(1996). <한국과 요동반도의 지석묘>. 『선사와 고대』. 7.

_____(2000a). <동북아의 비파형동검문화에 대한 종합적 문화>. 『국사관논총』. 제88호.

_____(2000b). 『한국 고대사와 고고학』. 신서원.

_____(2002). 『고조선에 대한 새로운 해석』. 고려대학교 민족문화연구원.

_____(2005). <고조선과 비파형 동검의 문제>. 『단군과 고조선 연구』. 지식산업사.

_____(2018). 『한국과 중국의 북방사 인식』. 세창출판사.

김정배 편저(2006). 『한국고대사 입문 1: 한국 문화의 기원과 국가형성』. 신서원.
김정열(2013). <중화문명탐원공정의 현황과 의미>『동북아역사문제: 주요 현안분석』. 통권 80호.
김정학(1954). <단군신화와 토테미즘>.『역사학보』. 7.
_____(1967). <한국에 있어서의 흑도문화의 문제>『대동문화연구』. 4.
_____(1987). <고고학상으로 본 고조선>.『한국상고사의 제문제』. 한국정신문화연구원.
_____(1990).『한국상고사연구』. 범우사.
김재섭(2011).『금속문속의 고조선－한국학 기본학습』. 우반재.
김재영(2009).『한국사상의 맥: 단군에서 위정척사까지』. 한국학술정보.
김재원(1976).『단군신화의 신연구』. 탐구당.
김재원 · 윤무병(1967).『한국지석묘연구』. 국립박물관.
김재환(1974).『인류시원사』. 백수사.
김종서(2004a).『한겨레의 역사와 얼은 인류사의 뿌리: 파미르성의 마고성 황궁』. 한국문화사.
_____(2004b).『중국에 팔아먹은 단군조선 영토 연구』. 한국학연구원.
_____(2004c).『신화로 날조되어 온 신시 단군조선사 연구』. 한국학연구원.
_____(2004d).『고조선으로 날조되어 온 기자 위만조선 연구』. 한국학연구원.
_____(2005e).『한사군의 실제 위치』. 한국학연구원.
_____(2015f).『고조선과 한사군의 실제 위치를 찾아서. 4: 중국 역사 기록과 지도의 증언－한반도 북부의 약소국으로 왜곡되어 온』. 한국학연구원.
_____(2015g).『김종서 박사의 고조선과 한사군의 실제 위치를 찾아서. 5: 중국 역사 지도와 수학의 증언』. 한국학연구원.
김종윤(1997).『고대조선사와 근조강역 연구』. 동신출판사.
김종준(1997).『한국 고대국가의 노예와 농민』. 한림대학교 출판부.
김지훈(2016). <북, "단군제례, 무형문화제 새롭게 등록">.『뉴시스』. 2016.7.25.
김창석(2013).『한국 고대 대외교역의 형성과 전개』. 서울대학교출판문화원.
김철준(1963). <한국 고대사학의 방향>.『東方學志』. 6집.
_____(1964). <한국고대국가발달사>.『한국문화사대계』 1－민족 · 국가사. 고려대 민족문화연구소.
_____(1975).『한국고대사회연구』. 지식산업사.
_____(1983). <민족사학의 성장방향>.『한국문화전통론』. 세종대왕기념사업회.
_____(1990a).『한국고대사회연구』. 서울대 출판부.
_____(1990b).『한국고대사연구』. 서울대 출판부.
김태경(2004). <"동북공정 1만년으로 끌어 올려라" 신화－전설을 역사로 만드는 '공정'>.『Ohmy News』. 2004.10.3.
김태곤(1968). <무속상으로 본 단군신화>.『사학연구』. 20.
김태식(1990). <가야의 사회발전단계>.『한국고대국가의 형성』. 민음사.
_____(2001). <기원전 10세기 청동기 붕괴, 교과서 새로 써야>.『연합뉴스』. 2001.3.5.
김현구(2018). <한국 사회과학 이론의 보편주의: 서구보편주의를 넘어 다원보편주의로>.『한국정치학회보』. 52(1): 201－228.
김현미(2015). <광복 70주년 역사전쟁은 계속된다:『매국의 역사학, 어디까지 왔나』. 이덕일 저 <서평>.『주간동아』. 통권 1002호.
김호동(1989a). <고대유목국가의 구조>.『강좌 중국사』 II. 지식산업사.
_____(1989b). <몽고제국의 형성과 전개>.『강좌 중국사』 III. 지식산업사.
_____(1993). <북아시아 유목국가의 군주권>.『동아사상의 왕권』. 동양사학회.
남상찬 외(2008). <청원 소로리 토찬층에서 고대볍씨와 함께 출토된 뿌리잎벌레류의 화석>.『한응곤지』. 47(4).
남주성(2010).『흠정 만주원류고』. 상 · 하. 글모아출판.
노용필(2007).『한국고대사회사상사연구』, 한국사학.
노중국 외(1990).『한국 고대국가의 형성』, 민음사.
노중평(2002).『고조선사람의 근원적 사유』. 대한.
_____(2003a).『고조선의 역사천문』. 대한.
_____(2003b).『고조선의 종교혁명』. 대한.
노태돈(1976). <'기마민족 일본열도 정복설'에 대하여>.『한국학보』. 5. 일지사.
_____(1990a). <고조선 중심지의 변천에 대한 연구>.『한국사론』. 23. 서울대 인문대 국사학과.
_____(1990b). <한국인의 기원과 국가형성>.『한국사특강』. 서울대 출판부.
_____(2009).『한국고대사의 이론과 쟁점』. 집문당.
_____(2014).『한국고대사』. 경세원.
노태돈 편저(2000).『단군과 고조선사』. 사계절.
노태돈 교수정년기념논총 간행위원회(2014a).『한국고대사 연구의 자료와 해석』. 경세원.

_____(2014b). 『한국 고대사 연구의 시각과 방법』. 사계절출판사.
니시지마 사다오(송완범 옮김)(2008). 『일본의 고대사 인식: '동아시아세계론'과 일본』. 역사비평사.
단국대학교 동양학연구원(2013). 『동아시아의 철기문화와 고조선』. 학연문화사.
_____(2015). 『고조선과 위만조선의 연구쟁점과 대외교류-동아시아 문명교류사 4』. 학연문화사.
단군학회(1999). 『환단고기의 사료적 검토』. 단군학회.
_____(2000). 『한국상고사 쟁점에 관한 연구: 제7차 교육과정에 의거한 국사교과서』. 단군학회.
단군학회 엮음(2005). 『남북학자들이 함께 쓴 단군과 고조선 연구』. 지식산업사.
大林太良(1974). <神武天皇傳說 百濟·高句麗 建國傳說>『日本神話 比較硏究』. 法政大學出版局.
대야발 저. 고동영 역주(1986). 『단기고사』. 한뿌리.
도유호(1961). 『지탑리 원시유적 발굴보고』.
동북아역사재단(2015). 『고조선 단군 부여-우리 민족의 뿌리를 찾아가는 이야기』. 동북아역사재단.
동북아역사재단 편(2006). 『중국 역사 교과서의 한국 고대사 서술문제』. 동북아역사재단.
동북아역사재단 한중관계연구소(2018). 『고조선사 연구동향-2000년 이후 국가별 쟁점과 전망』. 동북아역사재단.
두유운 저. 권중달 역(1084). 『역사학연구방법론』. 일조각.
레닌·스탈린 지음. 편집부 엮음(1989). 『맑스-레닌주의 민족운동론』. 벼리.
레지, 장 바티스트 저. 유정희·정은우 해제(2018). 『18세기 프랑스 지식인이 쓴 고조선, 고구려의 역사』. 아이네스.
력사편집실(1995). 『단군과 고조선 연구』. 평양 사회과학출판사 발행. 한국문화사 영인.
루이스 헨리 모건(최달곤·정동호 역)(2005) 『고대사회: 인류역사연구의 고전』. 문화문고.
류명걸(2009). 『세계의 창조신화 비교연구: 단군신화와 세계의 창조신화』. 전남대학교 출판부.
류승국(2001). 『한국사상의 형성과 전개: 홍익인간사상의 뿌리』. 홍익문화통일협회.
_____(2008). 『판국사상의 연원과 역사적 전망』. 성균관대학교 출판부.
_____(2010). 『유가철학과 동방사상』. 성균관대학교 출판부.
리 리우, 싱칸첸(심재훈 옮김)(2006). 『중국 고대국가의 형성』. 학연문화사.
리병선(1992). <압록강 중 상류 및 롱화강 류역 청동기시대 주민의 경제 생활>. 장호수 엮음. 『북한의 선사고고학』 3-청동기시대와 문화. 백산문화.
리순진(1995). <평양 일대에서 새로 발굴된 황대성에 대하여>. 『조선고고연구』. 1. 민족문화.
_____(1996). <평양일대 나무곽무덤의 성격에 대하여>. 『조선고고연구』. 1. 사회과학원고고학연구소.
_____(1999). <새로 알려진 대동강류역 문명의 발생과 발전사에 관한 연구성과에 대하여>. 『단군과 고조선』. 살림터.
리순진·장주협(1973). 『고조선문제연구』. 사회과학출판사.
리지린(1960). <고조선 국가 형성에 관한 한 측면의 고찰-한자 사용 시기에 대하여>(하). 『력사과학』. 1960년 4기.
_____(1962). <기자조선 전설비판>. 『고조선 연구』. 백산자료원.
_____(1963). 『고조선연구』. 과학원출판사.
_____(1963·2018 이덕일 해역). 『고조선 연구』. 말.
문유미(2016). <사건사와 일국사를 넘어서: 개항기 조선에 대한 영미학계의 연구동향과 새로운 연구의제의 설정을 위해>. 『현대사광장』. 7호. 대한민국역사박물관.
문정창(1966). 『단군조선사기연구』. 백문당.
_____(1967). 『한국고대사-상』. 백문당.
_____(1976). 『이병도 저 한국고대사연구평』. 백문당.
_____(1979). 『한국고대사 상, 하』. 백문당.
_____(1993). 『고조선사연구』. 한뿌리.
문화재청(1999). 『한국지석묘(고인돌) 유적 종합 조사·연구 I, II』. 문화재청.
문화컨텐츠진흥원(2002). <단군>. 『문화콘텐츠닷컴』.
미야모도 가즈오(宮本一夫)(2011). <일본열도의 문명 기원과 교류>. 단국대 동양학연구원 편. 『동북아시아의 문명기원과 교류』. 학연문화사.
미추린(Michurin, A. F)(1956, 1958). <에벤크(퉁구스인)의 기원문제에 대하여>. 『민족학연구』. 20(1·2).
민현구(1991). <진단학회를 분신처럼 사랑하셨던 두계 선생님>. 진단학회. 『역사가의 유향』. 일조각.
바디, 버트란드 외(Badie Bertrand 외) (최장집·정해구 역)(1987). 『국가형성론의 역사』. 열음사.
박건형(2018). <'AI 살인로봇 만든다' 오해 무릅쓰고...KAIST, 왜 방산업체 손 잡았나>. 『조선일보』. 2018.4.12.
박걸순(2003). <박은식의 고대사 인식론>. 화양신용하교수정년기념논총간행위원회. 『한국사회사상사연구』. 나남.
박검진(2016). <AI 활용해 우리 고대사 재조명 해보자>. 『한국대학신문』. 2016.5.8.
박경순(2017). 『새로 쓰는 고조선 역사-우리는 누구이며, 언제 어디로부터 왔는가? 단군릉 발굴을 통해 한반도문명의 비밀을 파헤친다』. 내일을여는책.
박광용(1980). <기자조선에 대한 인식의 변천-고려부터 한말까지의 사서를 중김으로>. 『한국사론』. 6. 서울대 인문대 국사학과.
_____(1990). <대종교 관련 문헌에 위작 많다: 『규원사화』와 『환단고기』의 성격에 대한 재검토>. 『역사비평』. 10.
_____(1992). <대종교 관련 문헌에 위작 많다 2: 『신단실기』와 『단기고사』의 성격에 대한 재검토>. 『역사비평』. 16.
_____(2000). 『단군신앙의 어제와 오늘: 단군사(檀君祠)에서 대종교로』. 일조각.
박금표(2007). 『불교와 인도 고대국가 성립에 관한 연구』. 한국학술정조.
박노자(2010). 『거꾸로 보는 고대사: 민족과 국가의 경계 너머 한반도 고대사 이야기』. 한겨레출판.
박대재(2003). 『의식과 전쟁: 고대국가를 바라보는 새로운 시각』. 책세상.
_____(2006). 『고대한국 초기국가의 왕과 전쟁』. 경인문화사.
_____(2010). <기자 관련 상주청동기 명문과 기자동래설>. 『선사와 고대』. 32.
박동서(1961). 『한국 관료제도의 역사적 전개』. 한국연구도서관.
_____(1972). 전정판 2001. 『한국행정론』. 법문사.
_____(1981). <국가발전과 행정관료의 역할>. 『현대사회』. 창간호.
_____(1991). 『한국의 관료권과 통제』. 사회과학원.
_____(1993). <한국관료제의 근원 · 외부적 요인>. 『행정논총』. 31(2).
_____(1994). 『한국의 관료권』. 법문사.
박동서 외(1976). 『발전행정론』. 법문사.
_____(1996). 『비교행정론』. 법문사.
박병섭(2008). 『고조선을 딛고서 포스트 고조선으로』. 유비온.
박선미(2000). <기원전 3~2세기 고조선 문화와 명도전 유적>. 서울시립대학교 석사학위 논문.
_____(2009). 『고조선과 동북아의 고대 화폐』. 학연문화사.
박선희(2000). <고조선의 갑옷 종류와 특징 1 · 2>. 『자산학보』. 56 · 57. 자산학회.
_____(2003). 『한국고대복식: 그 원형과 정체』. 지식산업사.
_____(2005). <복식비교를 통한 고조선 영역 연구>. 『단군과 고조선연구』. 단군학회.
_____(2008a). 『우리금관의 역사를 밝힌다』. 지식산업사.
_____(2008b). <유물자료로 본 고조선 이전 시기의 복식문화수준>. 『단군학연구』. 19. 단군학회.
_____(2009). <평양 낙랑유적 복식유물의 문화성격과 고조선>. 『단군학연구』. 21. 단군학회.
_____(2011). 『고조선 복식문화의 발견』. 지식산업사.
_____(2019). <복식과 제의문화로 본 홍산문화와 고조선문명>. 신용하 외(2019). 『왜 지금 고조선문명인가』. 나남: 375-447.
박성수(1977). 『역사학개론』. 삼영사.
_____(1980). 『역사이해와 비판의식』. 종로서적.
_____(1985). 『민족사의 맥을 찾아서』. 집현전.
_____(1988) 『단군기행: 상고사의 재조명』. 교문사.
_____(1992). <단군문화론-단재와 위당을 중심으로>. 『정신문화연구』. 47. 한국정신문화연구원.
_____(2000). 『단군문화기행』. 서원.
_____(2006). 『새로운 역사학: 역사학은 진실인가』. 삼영사.
_____(2013). 『한국인의 역사정신』. 서원.
_____(2016). <단군을 부정한 이병도의 국사대관>. 『브레인미디어』. 2016.7.27.
박성수 외(1987). 『한국인의 원형을 찾아서』. 석필.
박성수 편(1991). 『(일본교과서와)한국사의 왜곡』. 민지사.
박순발(1993). <한강유역의 청동기 초기철기문화>. 『한강유역사』. 민음사.
_____(2004). <요녕 점토대토기문화의 한반도 정착과정>. 『금강학보』. 1.
박양진 외(2008). 『중국 문명탐원공정과 선사고고학 연구현황 분석』. 연구총서 46. 동북아역사재단.
박영숙(1996). 『지중해문명과 단군조선』. 집문당.
박은식(1911a). 『檀祖事攷』.
_____(1911b). 『大東古代史論』.
_____(1915). 『한국통사』. 대동편역국.
박정의(2012). 『<삼국유사> 단군에 근거한 국민국가관 연구』. 인문사.
박제상 지음, 김은수 번역 · 주해(2002). 『부도지』. 한

문화.

박준형(2006). <고조선의 해상교역로와 萊夷>.『북방사논총』. 10.

_____(2007). <고조선의 대외교역과 의미-춘추 제와의 교역을 중심으로>. 고조선사연구회·동북아역사재단.『고조선의 역사를 찾아서』. 학연문화사.

_____(2009).『고조선사 연구 100년-고조선사연구회·동북아역사재단 편』. 학연문화사.

_____(2014).『고조선사의 전개』. 서경문화사.

박진욱(1993). <단군릉 발굴 정형에 대하여>.『북한의 <단군릉> 발굴관련자료』. 북한문제조사연구소.

_____(1995). <고조선의 비파형 단검문화에 대한 재검토>.『조선고고연구』. 2. 민족문화.

박진욱·황기덕·강인숙(1987).『비파형 단검 문화에 관한 연구』. 과학·백과사전출판사.

박찬영·정호일(2011).『한국사를 보다. 1: 선사 고조선 삼국』. 리베르스쿨.

박창범(1996). <천문학과 고대역사>.『물리학과 첨단기술』. 5(2). 한국물리학회.

_____(2002).『하늘에 새긴 우리역사: 천문기록에 담긴 한국사의 수수께끼』. 김영사.

_____(2007). <고구려의 고분벽화 별자리와 천문체계> 1. 소남천문학사연구소 발표논문.

_____(2015). <개천절 일자와 단군조선 개국년도의 문제 고찰과 제언>.『천문학논총』. 30(1).

박창범·나대일(1993). <단군조선시대 천문현상기록의 과학적 검증>.『한국상고사학보』. 14호. 학연문화사.

박창범 외(2009). <고구려 고분 벽화 별자리와 천문체계>.『한국과학사학회지』. 31(1): 1-45.

박태식·이융조(1995). <고양가와지 1지구 출토 벼 낮알들과 한국선사시대 벼농사>.『농업과학논문집』. 37(2). 농촌진흥청.

_____(2004). <소노리 볍씨 발굴로 살펴본 한국벼의 기원>.『농업사연구』. 3(3). 한국농업사학회.

박호원(1987).『솟대신앙에 관한 연구』. 한국정신문화연구원 부속 대학원.

박희현(1984). <한국의 고인돌문화에 대한 한 고찰-그 상한 연대를 중심으로>.『한국사연구』. 46.

방선주(1968). <한국 거석제의 제문제>.『사학연구』. 20. 한국사학회.

배원준(2004).『화폐로 배우는 세계의 문화』. 가교.

배정웅(2000).『일본의 고대국가 및 문화의 형성』. 계명출판부.

백완기(1978). <한국행정학의 학문성 정립문제: 과학주의 입장에서>『한국정치학회보』. 12집: 73-91.

_____(1982).『한국의 행정문화』. 고려대학교 출판부.

_____(2006).『행정학』. 박영사.

백남운(1933).『조선사회경제사』. 개조사.

백남운(심우성 옮김)(2004).『조선사회경제사』. 동문선.

백남운 지음. 구로역사연구소 옮김(1995).『개정판 바로보는 우리역사 1: 원시공동체사회 고대사회 봉건사회 근현대사회』. 거름.

백산학회(2000).『한국 청동기 연구』. 백산자료원.

백산학회 편(1995).『고조선·부여사연구』. 백산자료원.

백종오(2019). <고조선문명의 고고학적 접근>. 신용하 외(2019).『왜 지금 고조선문명인가』. 나남: 319-372.

변광현(2001).『고인돌과 거석문화-세계 편』. 미리내.

_____(2001).『고인돌과 거석문화-동아시아 편』. 미리내.

복기대(1995). <하가점 하층문화의 기원과 사회성격에 관한 시론>.『한국상고사학보』. 19.

_____(1997). <기원전 12~17-7~6세기 중국 요서지역의 고대문화에 관하여>.『박물관기요』. 12. 단국대 출판부.

_____(1999). <하가점 상층문화에 관한 시론>.『박물관기요』. 14. 단국대 출판부.

_____(2002).『요서 지역의 청동기 시대 문화 연구』. 백산자료원.

_____(2005). <마성자문화에 관한 몇 가지 문제>.『선사와 고대』. 22. 한국고대학회.

_____(2008). <한국사연구에서 고고학응용의 가지문제에 관하여>.『고조선연구』. 고조선학회. 지식산업사.

부사년(1935). <하이동서설>.『경축채원배선생육십초세논문집』.

부찐, 유 엠 저. 이항재·이병두 역(1990).『고조선-역사·고고학 개요』. 소나무.

북애자 지음. 민영순 옮김(2008).『규원사화』. 도서출판 다운샘.

북한문제조사연구소(1993). <사회과학원의 단군릉 발굴 보고문>.『북한의 <단군릉> 발굴관련자료』. 북한문제조사연구소.

_____(1994).『북한의 단군 및 고조선 논문자료』.

사마천(이성규 편역)(2007).『사기: 중국 고대사회의 형성』. 서울대학교 출판부.

사회과학원(2002).『조선의 고인돌 무덤 연구』. 중심.

사회과학원 고고학연구소(2009). 『단군릉과 고대성곽 및 제단』. 진인진.

사회과학원 력사연구소(1979). 『조선전사 2－고대편』. 과학백과사전출판사.

_____(1979). 『조선전사－원시편』. 과학백과사전출판사.

三上次男(2000). 『만선원시분묘의 연구(滿鮮原始墳墓의 硏究)』. 경인문화사.

서국태(1986). 『조선의 신석기시대』. 사회과학출판사.

徐亮之(1956). <灰陶文化與東夷>『中國史前史話』. 香港.

서영대(1995a). <단군신화의 역사적 이해>. 『한신인문학연구』. 2.

_____(1995b). 『북한 학계의 단군 신화 연구』. 백산자료원.

_____(1999). <전통시대의 단군인식>. 『단군학연구』. 창간호. 단군학회.

_____(2008). <참성단의 역사적 의의>. 『단군학연구』. 19.

_____(2009). <단군관련 구전자료의 검토>. 『단군학연구』. 21.

서의식 · 강봉룡(2002). 『뿌리 깊은 한국사 샘이 깊은 이야기』. 솔.

석광준(1993). <평양은 고대문화의 중심지>. 『북한의 <단군릉> 발굴관련자료』. 북한문제조사연구소.

_____(2002). 『조선의 고인돌무덤 연구』. 중심.

_____(2003). 『각지 고인돌 무덤 조사 발굴 보고』. 백산자료원.

석문 이기동 교수정년기념논총 간행위원회(2009). 『한국고대사 연구의 현 단계: 석문 이기동 교수 정년기념논총』. 주류성.

서보목(2013). 『인류사 6천년의 비밀: 성경에 숨겨진 단군민족의 뿌리역사를 밝힌다』. 금성.

성삼제(2005, 2016) 2판. 『고조선, 사라진 역사: 논쟁으로 밝혀낸 우리 고대사의 진실』. 동아일보사.

세계고고학대회(1964). <일본 I>. 평범사.

세키 유지(이종환 옮김)(2016). 『일본의 뿌리는 한국: 일본 저명 역사 작가 세키 유지의 일본고대사』. 관종이종환교육재단.

소원주(2010). 『백두산 대폭발의 비밀: 한국고대사의 잃어버린 고리를 찾아서』. 사이언스북스.

손광기(2005). 『중국고대항해사』. 해양출판사.

손보기(1967). <층위를 이루는 석장리 구석기문화>. 『역사학보』. 35 · 36.

_____(1968). <석장리의 자갈돌찍게 문화층>. 『한국사연구』, 1.

_____(1970). <석장리의 새기개 · 밀개 문화층>. 『한국사연구』. 5.

_____(1973). <석장리의 후기구석기시대 집자리>. 『한국사연구』. 9.

_____(1974). <한국 구석기시대의 자연－특히 점말동굴의 지층별 꽃가루분석과 기후의 추정>. 『한불연구』, 1.

_____(1983, 1984). 『상시 바위그늘 옛 살림터』. 연세대박물관.

_____(1985). <단양 도담리 금굴유적 발굴조사보고>. 『충주댐 수몰지구 문화유적 연장 발굴조사보고서』. 충북대 박물관.

_____(1990). 『구석기 유적: 한국 · 만주』. 한국선사문화연구소.

손성태(2014). 『우리 민족의 대이동』. 코리.

_____(2017). 『고대아메리카에 나타난 우리민족의 태극』. 코리.

손수호(2005). <팽이그릇시기 집사리의 편년에 대하여>. 『단군과 고조선 연구』. 지식산업사.

손영종(2005). <단군조선의 성립>. 『단군과 고조선』. 지식산업사.

손영종 · 조희승(1990). 『조선수공업사 I』. 백산자료원.

손진기(2001). <중국 고구려 고고연구에 대한 종합고찰>. 『고구려연구』 12. 고구려연구회.

손진태(1947, 1989). 『조선설화집』(최인학 역편, 2008, 민속원).

_____(1947). <蘇塗考>. 『조선민족문화의 연구』. 을유문화사.

_____(1948). 『조선민족문화의 연구』. 을유문화사.

_____(1949a). <삼국유사의 사회사적 고찰>. 『학풍』. 2(1 · 2). 을유문화사.

_____(1949b). <조선 Dolmen에 관한 조사연구>. 『조선민족문화의 연구』. 을유문화사.

_____(1958). 『조선민족사개론』 조선문화총서 11. 을유문화사.

_____(2002). 『조선상고문화의 연구: 조선고대의 종교학적 · 토속학적 연구』. 고려대학교 박물관.

손호철(1989). <국가자율성개념을 둘러싼 제문제들: 개념 및 이론적 문제를 중심으로>. 『한국정치학회보』. 23(2).

송강호(2012). 『고조선의 화폐와 명도전의 비밀－명도전 고조선의 화폐인가 연나라의 화폐인가』. 지식과교양.
송경은(2018). <AI 무기개발? 손 내저은 KAIST>. 『동아일보』. 2018.4.6.
송기중(2003). 『역사비교언어학과 국어계통론』. 집문당.
송순탁(2005). <대동강 유역 청동기시대 문화성격에 대하여>. 『단군과 고조선 연구』. 지식산업사.
송영심 · 오정현(2005). 『일본의 역사왜곡 21가지』. 미르북스.
송찬식(1977). <위서변>. 『월간중앙』. 9월호: 74–77.
송호정(1999). <고조선 국가형성과정 연구>. 서울대 박사논문.
_____(2000a). <지석묘 사회와 고조선>. 최몽룡 · 김선우 편. 2000. 『한국지석묘연구』. 주류성.
_____(2000b). <고조선 · 부여의 국가구조와 정치운영–부 침 부체제론과 관련하여>. 『한국고대사연구』. 17.
_____(2003). 『한국 고대사 속의 고조선사』. 푸른역사.
_____(2004). 『단군, 만들어진 신화』. 산처럼.
_____(2014). 개정증보판. 『고조선을 왜 비파형 동검의 나라라고 하나요–고조선에 대한 궁금증 46가지』. 다섯수레.
쇼다 신야(2009). 『청동기시대 생산활동과 사회』. 학연문화사.
수펭글러, 오스발트(1918). 박광순 역(1995). 『서구의 몰락』. 범우사.
스드먼, 팻. 조은영 옮김(2017). 『침입종 인간』. 푸른숲.
스트레이어, 조지프(중앙대학교 서양중세사연구회 옮김)(2012). 『국가의 탄생: 근대국가의 중세적 기원』. 학고방.
市川健二郞. <은 · 오월과 태평양제도문화>. 『민족학연구』. 25(1 · 2).
신동준(2005). 『중국문명의 기원: 중국고대사의 진실을 찾아』. 고양: 인간사랑.
신복룡(2009). <망국을 바라보는 좌파들의 시선: 백남운 · 박헌영 · 전석담>. 『동양정치사상사』. 8(2).
신숙정(1994). 『우리나라 남해안 지방의 신석기 문화연구』. 학연문화사.
신용하(1984). <민족형성의 이론>. 『한국사회학연구』. 7. 서울대 사회학연구회.
_____(1994). <단군인식의 역사적 변천–한말 일제시기의 단군사상과 독립운동>. 『단군–그 이해와 자료』. 서울대 출판부.
_____(1995). <단군설화의 사회학적 해석>. 『한국사회사학회논문집』. 47.
_____(2000a). <한국민족의 기원과 형성>. 『한국학보』. 100. 일지사.
_____(2000b). <한민족의 형성과 단군에 대한 사회사적 고찰>. 『단군학보』. 3.
_____(2001a). 『한국민족의 형성과 민족사회학』. 지식산업사.
_____(2001b). <고조선 '아사달 문양'이 새겨진 산동 대문구 문화유물>. 『한국학보』. 102.
_____(2001c). <고조선 문명권의 삼족오태양 상징과 조양 원태자벽화묘의 삼족오태양>. 『한국학보』. 105.
_____(2005). 『한국 원민족 형성과 역사적 전통』. 나남.
_____(2008a). <고조선 국가의 형성–3부족 결합에 의한 고조선 개국과 아사달>. 『사회와 역사』. 80.
_____(2008b). <고조선의 통치체제>. 『고조선연구』. 1. 지식산업사.
_____(2009). <고조선의 국가형성과 고조선 금속문화>. 『단군학연구』. 21.
_____(2010). 『고조선 국가형성의 사회사』. 지식산업사.
_____(2013). <고죽국의 성립과 고조선 후국의 지위>. 『고조선단군학』. 28.
_____(2017). 『한국민족의 기원과 형성 연구』. 지식산업사.
_____(2018). 『고조선문명의 사회사』. 지식산업사.
신용하(2019). <고조선문명의 개념과 인류문명사에서의 위치>. 신용하 외(2019). 『왜 지금 고조선문명인가』. 나남.
신용하 외(2019). 『왜 지금 고조선문명인가』. 나남.
신종원(2005). 『일본인들의 단군연구』. 한국학중앙연구원.
신채호(1908a). <단군시대>. 『독사신론』(『대한매일신보 연재』).
_____(1908b). <부여왕조와 기자>. 『독사신론』. (『대한매일신보』 연재).
_____(1931a). <수두시대>. 『조선상고사』(『조선일보』 연재).
_____(1931b). 1987. 『조선상고문화사』(『조선일보』 연재). 형설출판사.
_____(1931c). 2014 김종성 옮김. 『조선상고사』. 역사의 아침.
_____(1972). 『단재 신채호 전집』 상 · 중 · 하. 단재신채호선생기념사업회.
_____(2007). <조선상고문화사>. 『개정단재 신채호

전집』. 상. 독립기념관 한국독립운동사연구소.

신채호 · 이만열 주석(1983).『조선상고사』. 형설출판사: 104.

신형식(1994).『남북한 역사관의 비교: 고대사를 중심으로』. 솔.

_____(2009).『한국고대사의 새로운 이해』. 주류성.

_____(2012).『다시 찾은 한국고대사 해외 유적』. 주류성.

신형식 · 이종호(2007). <'중화 5천년', 홍산문명의 재조명>.『백산학보』. 77.

신형준(2004).『한국 고대사에 대한 반역』. 조선일보사.

심규호(2002). 개정증보판 2018.『연표와 사진으로 보는 중국사』. 일빛.

심백강(2007).『황하에서 한라까지』. 참좋은세상.

심백강 편저(2014).『잃어버린 상고사 되찾은 고조선』. 바른역사.

심봉근(1979). <일본 지석묘의 일 고찰>.『부산사학』. 3. 부산사학회.

_____(1981).『김해부원동 유적』. 동아대 박물관.

_____(1986). <야요이문화를 통하여 본 한 · 일문화의 교류관계>.『한국사론 16-고대 한 · 일관계사』. 국사편찬위원회.

_____(1991). <한국 선사시대 도작 농경>.『한국고고학보』. 27.

아계외 저. 장진근 역주(2008).『만주원류고』. 파워북.

아나톨리, 알렉세프(2007). <한민족 기원과 고대국가 형성과정의 퉁구스-만주 요소 문제>.『한민족 유목 태반사 연구 · 복원을 위한 구상』. 강원대학교 국제학술회의.

아라이 신이치 저. 이태진 · 김은주 옮김(2014).『약탈문화재는 누구의 것인가: 일제의 문화재 반출과 식민주의 청산의 길』. 태학사.

안병영(1989). <국가, 관료제, 그리고 국민>.『계간사상』. 창간호.

안성규(2011). <한국의 탐원공정 대응능력 모자라>『중앙선데이』. 2011.2.5.

안승모(1998).『동아시아 선사시대의 농경과 생업』. 학연문화사. askm@joongang.co.kr.

안재호 · 노혁진 · 장호수 · 오강원 · 강인욱(2009).『동북아 청동기문화 조사연구의 성과와 과제』. 학연문화사.

안재홍(1935a). <단군론과 기자말살론>.『신조선』. 1. 노동사.

_____(1935b). <단군과 개천절-홍익인간의 신고조>.『조선일보』.

_____(1947).『조선상고사감』. 민우사.

안재홍(김인희 역주)(2014).『조선상고사감: 한국고대사를 비춰보는 거울』. 우리역사연구재단.

안창범(2002). <환단고기 위서론 비판>.『한국종교연구사연구』. 제10.

_____(2006a). <환단고기는 진서 중 진서이다>.『신종교연구』. 제15집.

_____(2006b). <환단고기 위서론 비판. 1>『한글+한자문화』. 제80호.

_____(2006c). <환단고기 위서론 비판. 2>『한글+한자문화』. 제82호.

_____(2006d). <환단고기 위서론 비판. 3>『한글+한자문화』. 제83호.

안춘배(1993). <고고학상에서 본 고대 한일교섭>『한국민족학연구』 1. 단국대 한국민족학연구소.

안함로(2006).『삼성기 전 상편』. 계연수 편. 임승국 번역 · 주해.『한단고기』. 정신세계사.

안호상(1985).『한웅과 단군과 화랑』. 사림원.

안확(1923). 2015(송광호 역주).『조선문명사』. 역사의 아침.

耶律羽之 撰. 鹿島昇 解(1979).『倭人興亡史. 1-2』. 新國民社.

양성민(2018).『무지개민족 고조선 역사의 비밀』. 지에치테크.

양승태(2016). <보편주의, 무엇을 어떻게 연구할 것인가>. 양승태 외.『보편주의: 새로운 세계를 위한 정치사상적 성찰』. 책세상: 23-36.

양주동(1942). <조선고가연구>. 양주동전집간행위원회 편(1998).『양주동전집』. 동국대학교 출판부.

양하이잉. 우상규 옮김(2017).『반중국역사』. 살림.

양홍진, 박창범 외(1998). <고려시대 흑점과 오로라 기록에 보이는 태양활동주기>.『천문학논총』. 14: 182-208.

엥겔스, 프리디리히(김대웅 역)(2012).『가족, 사유재산, 국가의 기원』. 두레.

여증동(1997).『고조선사기』. 문음사.

여호규 외(2006).『한국 고대국가와 중국왕조의 조공 · 책봉관계』. 고구려연구재단.

역사학회 편(1985).『한국고대의 국가와 사회』. 일조각.

역사인물편찬위원회(2009).『창세기 신화와 고조선: 단군왕검』. 역사디딤돌.

영남분석화학동인회 역. Bauer. H. H. et al.(1987).『기기분석』. 형설출판사.

오가와 히데오 감수. 고선윤 역(2002). 『3일만에 읽는 고대문명』. 서울문화사.
오강원(2006). 『비파형 동검문화와 요령 지역의 청동기문화』. 청계.
_____(2008). 『서단산문화와 길림지역의 청동기문화』. 학연문화사.
오대양(2007). <한강 본류 유역 고인돌 유적의 성격>. 『백산학보』. 79.
王儀(1973). 『古代中韓關係與日本』. 臺灣中華書局.
우리역사바로알기시민연대・대한상고사학회 공편(2002). 『단군은 신화인가?』. 우리역사바로알기시민연대.
우리역사바로알기시민연대 편(2002). 『치우천황 중심으로 본 한국사』. 우리역사바로알기시민연대.
우실하(2004). 『동북공정의 선행작업들과 중국의 국가전략』. 울력.
_____(2005). <최근 중국의 역사관련 국가 공정들과 한국의 과제>. 『단군학연구』. 제12호.
_____(2006). <역사 왜곡의 노림수 무엇인가? 대중화주의에 인근국 초토화: "단대공정・탐원공정・동북공정・요하문명론으로 1만 년 중국역사 만들어">. 『월간중앙』. 32(10). 제371호
_____(2007a). 『동북공정 너머 요하문명론』. 소나무.
_____(2007b). 『고조선의 강역과 요하문명』. 동아지도.
_____(2007c). <요하문명론과 한국상고사>. 『2007년 상고사토론회』. 국사편찬위원회.
_____(2007d). <'통일적다민족국가론'의 전개와 적용>. 『고구려연구』. 제29집.
_____(2009). <'요하문명론'의 초기 전개과정이 대한 연구>. 『단군학연구』. 21.
_____(2019). <요하문명의 발견과 한반도>. 신용하 외(2019). 『왜 지금 고조선문명인가』. 나남: 121－191.
우장문(2006). 『경기 지역의 고인돌 연구』. 학연문화사.
有光教一(1958). 『조선마제석검의 연구(朝鮮磨製石劍의 硏究)』. 신성문화사.
_____(1962). 『朝鮮櫛目文土器의 연구』
유남(2001). <고구려 적석 곳묘연구>. 『고구려 유적발굴과 유물』. 고구려연구회.
유동식(1975). 『한국무교의 역사와 구조』. 연세대학교 출판부.
유동청(2002). 『홍산문화』. 내몽고대학신문사.
유병린(2004). 『한국 청동기시대 주거지 집성(서울・경기・강원도)』.
유석재(2018). <동아시아 침술, 한반도 북부 두만강 유역서 시작됐다>. 『조선일보』. 2018.1.11.
유열(1993). <우리민족은 고조선시기부터 고유한 문자를 가진 슬기로운 민족>. 『북한의 <단군릉> 발굴관련자료』. 북한문제조사연구소.
유우찬(2017). 『고조선 고구려 발해 위치연구－환단고기 검토서』. 대세.
유원모(2018). <평창 청동기시대 무덤속 비파형동검 주인은 20대 여성이었다>. 『동아일보』. 2018.2.14.
유태용(2000). <지석묘의 축조와 엘리트 계층의 등장에 대한 이론적 검토>. 최몽룡・김선우 편(2000). 『한국 지석묘 연구 이론과 방법』. 주류성.
_____(2003). 『한국 지석묘 연구』. 주류성.
_____(2005). <지석묘에 부장된 청동제품의 사회적 기능에 대란 연구>. 『선사와 고대』. 22.
윤기준(1985). <우리나라 청동기시대 집터에 관한 연구－지역적 특성과 그 구조를 중심으로>. 『백산학보』. 제32호.
윤내현(1983). <기자신고>. 『한국사연구』. 41.
_____(1986). 『한국고대사신론』. 일지사.
_____(1991a). 『중국사 1』. 민음사.
_____(1991b). <고조선의 서변경계 재론>. 『한국독립운동사의 인식－백산박성수교수화갑기념논총』.
_____(1991c). <창해군고>. 『한국의 사회와 역사－최재석교수정년퇴임기념논총』. 일지사: 640－668.
_____(1992). <고조선의 국가구조>. 『겨레문화』. 6. 한국겨레문화연구원.
_____(1993a). <고조선과 중국의 교섭>. 『배달문화』. 제10호. 민족사바로찾기국민회의.
_____(1993b). <고조선의 종교와 그 사상>. 『동양학』 23. 단국대 부설 동양학연구소: 143－165.
_____(1994a). 『고조선연구』. 일지사.
_____(1994b). <고조선의 통치조직>. 『민족문화의 제문제』. 우강권태원교수정년기념논총간행위원회.
_____(2005). <고조선의 도읍위치와 그 이동>. 단군학회 편. 『단군과 고조선 연구』. 지식산업사.
_____(2015). 『고조선 연구－상』. 만권당.
_____(2016a). 『고조선 연구－하』. 만권당.
_____(2016b). 『고조선, 우리역사의 탄생』. 만권당.
_____(2016c). 『우리 고대사, 상상에서 현실로』. 만권당.
_____(2017). 『사료로 보는 우리 고대사』. 만권당.
윤내현 외(2005). 『새로운 한국사』. 집문당.
_____(2006). 『고조선의 강역을 밝힌다』. 지식산업사.
윤내현 편(2007). 『(사료로 보는) 우리 고대사: 동북공정을 둘러싼 진실게임』. 지식산업사.
윤내현・박선희・하문식(2006). 『고조선의 강역을 밝

힌다』. 지식산업사.
윤명철(1995). 『말타고 고구려가다』. 청노루.
_____(1996). <고구려인의 시대정신에 대한 탐구 시론>. 『한국사상사학』. 7.
_____(1998). <황해문화권의 형성과 해양활동에 대한 연구>. 『선사와 고대』. 11. 한국고대학회.
_____(2000). <환단고기의 사회문화적 영향 검토>. 『단군학연구』. 2.
_____(2008a). 『단군신화, 또 다른 해석』. 백산자료원.
_____(2008b). <단군신화의 해석을 통한 장군총의 성격 이해>. 『단군학보』. 19.
_____(2019). <고조선문명권의 흥망과 해륙활동>. 신용하 외(2019). 『왜 지금 고조선문명인가』. 나남: 193－318.
윤무병(1966). <예맥고>. 『백산학보』. 제1호.
_____(1991). 『한국청동기문화연구』. 예경산업사.
_____(1996). 『한국청동기문화연구』. 예경산업사.
윤석만(2017). <사피엔스는 틀렸다, 진화의 끝은 AI?>. 『중앙일보』. 2017.9.30.
윤세복(1959). <단군고>. 『건국대학교학술지』. 제2호.
윤신영(2017). <현생인류, 12만년 전 아프리카 벗어나 아시아에 첫발>. 『동아일보』. 2017.12.8.
윤이흠 외(1994). 『단군－그 이해와 자료』. 서울대출판부.
윤종영(1999). 『국사 교과서 파동』. 혜안.
원동중(2008). 『삼성기 전 하편』. 계연수 편. 『한단고기』. 정신세계사.
이강식(1987). <'고기'에 기록된 신시조직의 구조와 기능>. 『경북대경상대논문집』. 15.
_____(2014). 『환국 신시 고조선조직사』. 상생출판.
이강래(2012). <'고기'와 "고기": 김상현, "고기"의 사학사적 검토를 읽고>. 『한국고대사학회 제125회 정기학술회의 발표 자료집』. 2012.4.14.
이건무(2000). 『청동기 문화』. 대원사.
이근철(2003). 『그리스도인이 읽는 단군신화』. 앰애드.
이기동(1997). 『한국의 위기와 선택』. 동인서원.
_____(1999). 『기독교와 동양사상』. 동인서원.
_____(2005). 『곰이 성공하는 나라: 한국인의 정체성을 찾아서』. 동인서원.
_____(2009). 『한마음의 나라 한국』. 동인서원.
이기동(1977). <고조선문제의 일고찰>. 『대구사학』. 12. 대구사학회.
_____(1982). 『한국사강좌』. I 고대편. 일조각.
_____(1984). 『신라 골품제사회와 화랑도』. 일조각.
_____(1996). 『백제사연구』. 일조각.
_____(1997). 『신라사회사 연구』. 일조각.
_____(1999). 『전환기의 한국사학』. 일조각.
_____(2006). 『백제의 역사』. 주류성.
이기동 교수정년기념논총간행위원회(2009). 『한국 고대사 연구의 현단계』. 주류성.
이기문(1981). 『한국어형성사』. 삼성미술문화재단.
_____(1991). 『국어사개설』. 탑출판사.
_____(1997). 『국어음운사연구』. 납출판사.
이기백(1959). <고구려왕비족고>. 『진단학보』. 제20집.
_____(1975). 『한국고대사론』. 탐구당.
_____(1985). 『한국 고대의 국가와 사회』. 일조각.
_____(1988). <고조선의 국가형성>. 『한국사시민강좌』. 12. 일조각.
_____(1990). <단군신화의 문제점>. 『증보판 단군신화 논집』. 새문사.
이기백 · 이기동(1982). 『한국사강좌: 고대편』. 일조각.
이기백 외(1977). 『한국사 대토론』. 삼성문화사.
이기백 편(1988). 『단군신화논집』. 새문사.
이기용(2017). 『오늘날 다시 보는 한일관계사』. 국학자료원.
이기환(2007). <코리안루트를 찾아서(7)－빗살무늬토기문화>. 『경향신문』. 2007.11.16.
이덕일(2005). 『조선왕 독살사건: 조선 왕 독살설을 둘러싼 수 많은 의혹과 수수께끼』. 다산초당.
_____(2004a). <"중국은 '동북공정'을 한국 보다 미국에 더 알리고 싶어한다": 김정일 정권 붕괴 후, 북한통치 주도권을 노린 사전 정지작업>. 『월간중앙』. 30(2). 통권 339호.
_____(2004b). <"단군조선 인정 않는 사학계가 중국의 역사침략을 불렀다": 역사학자 이덕일 (인터뷰)>. 『말』. 통권 212호.
_____(2006). <한국사의 생산, 소비, 그 현황과 과제>. 『역사와 경제』. 제59집. 부산경남사학회.
_____(2009). 『한국사, 그들이 숨긴 진실: 이덕일의 한국사 4대 왜곡 바로 잡기』. 역사의 아침.
_____(2014). 개정판 2018. 『우리 안의 식민사관: 해방되지 못한 역사, 그들은 어떻게 우리를 지배했는가』. 만권당.
_____(2015a). 『매국의 역사학, 어디까지 왔나』. 만권당.
_____(2015b). <민족사관 바로 알자>. 『민족정기』.

통권 제18호. 한민족독립정신연구회.
_____(2015c). <민족사관 바로 알자. 2. 식민주의 사관의 계보>. 『민족정기』. 통권 제19호. 한민족독립정신연구회.
_____(2017). <동북공정은 진화중>. 『서울신문』. 2017.10.12.
이덕일 · 김병기(2006). 『고조선은 대륙의 지배자였다: 우리땅지기 신정일의 고조선 답사기 수록』. 역사의 아침.
이덕일 · 이희근(1999a). 『유물로 읽는 우리역사』. 세종서적.
_____(1999b). 『우리역사의 수수께끼－1 · 2』. 김영사.
이대희 외(2001). 『한국의 행정사』. 대영문화사.
이도경(2018). <새 역사교과서 집필기준 논란…진보 학계 손들어준 4대 쟁점>. 『국민일보』. 2018.5.2.
이도상(2003). 『일제의 역사침략 120년』. 경인문화사.
이도학(2002). 『한국 고대사, 그 의문과 진실』. 김영사.
이돈성(2016). 『고조선 찾기－In Search of Old Joseon』. 책미래.
이동훈 편저(2004). 『일본어 한자읽기 3법칙』. 다락원.
이두현(2007). <건국시조신화와 무조신화연구>. 『학술원논문집: 인문사회과학편』. 46(1). 대한민국 학술원.
이만렬(1990). 『단재신채호의 역사학 연구』. 문학과 지성사.
이문영(2010). 『만들어진 한국사: 한국사의 비밀 치우, 쥬신, 가림토, 환단고기 그 진실이 밝혀진다』. 파란미디어.
이백겸(1998). 『중국청동기문화결구체계연구』. 과학출판사.
이병도(1953). 『국사대관』. 백영사.
_____(1955). <아사달과 조선>. 『서울대논문집(사회과학)』. 2.
_____(1956). <고구려국호고>. 『서울대논문집』. 3.
_____(1964). 『한국사대관』. 보문각.
_____(1968). <예맥문제>. 『사상계』. 16(5).
_____(1975). <민족사적으로 본 우리나라의 정통성>. 『통일정책』. 1(3).
_____(1976). <단군설화의 해석과 아사달문제>. 『한국고대사연구』.
_____(1981). <(기자조선)의 정체와 소위 (기자팔조교)에 대한 신고찰>. 『한국고대사연구』. 박영사.
_____(1985). 『한국고대사연구』. 박영사.
_____(1992). 『한국고대사연구』. 박영사.
이병도 · 김사엽(1979). 『한국고대사』(상 · 하). 육홍출판.
이병도 · 김재원(1959). 『한국사－고대편』. 을유문화사: 10.
이병도 · 최태영(1989). 『한국 상고사 입문』. 고려원.
이보영 엮어 옮김(2009). 『한 권으로 읽는 이야기 세계사』. 아이템북스 함규진. 2009. <함무라비>. 『인물세계사』.
이붕(1985). 『진황도항사』. <고 · 근대부분>. 인민교통출판사.
이상균(2005). 『한반도 신석기문화의 신동향』. 학연문화사.
이상시(1987). 『단군실사에 관한 문헌고증』. 가나출판사.
_____(1990). <규원사화의 위서론에 대한 종합적 논평>. 『법률신문』. 1990년 6월 25일~7월 9일자.
이선민(2016). <한국사 연구, 좁은 시야 탓 서구 학계와 불통>. 『조선일보』.
_____(2017a). <한 · 흥 · 눈치 · 명부 … 한국 근대화의 키워드>. 『조선일보』.
_____(2017b). <고조선은 이념 다른 맥족과 예족이 함께 세운 나라>. 『조선일보』. 2017.11.7.
이성규(1984). 『중국 고대제국 성립사 연구』. 일조각.
_____(2003). <역사 속에 나타난 동아시아의 자연관과 현대과학>. 『인하사학』. 10.
_____(2005). <중화제국의 팽창과 축소: 2 이념과 실재>. 『역사학보』. 186.
_____(2014a). <진한 제국의 계시(計時)행정>. 『역사학보』. 222.
_____(2014b). <역사서술의 권력, 권력의 서술>. 『역사학보』. 224.
이성규 외(2004). 『동북아시아 선사 및 고대사연구의 방향』. 학연문화사.
_____외(2006). 『낙랑문화연구』. 동북아역사재단.
이성주(2000). <지석묘: 농경사회의 기념물>. 최몽룡 · 김선우 편. 2000. 『한국 지석묘 연구 이론과 방법－계급사회의 발생』. 주류성.
_____(2006). <한국 청동기 시대 '사회' 고고학의 문제>. 『고문화』. 68. 한국대학박물관협회.
_____(2007). 『청동기 · 철기시대 사회변동론』. 학연문화사.
이선복 · 한영희 · 노혁진 · 박선주(1996, 1997). 『한국 민족의 기원과 형성－상 · 하』. 소화.
李澍田 주편 衣保中 저(1993). 『중국동북농업사』. 길림문사출판사.
이순근(1988). <고조선은 과연 만주에 있었는가>.

『역사비평』. 3. 역사문제연구소.
이숭녕(1967). <한국언어발달사－하>. 『한국문화사 대계』. 9: 263－411.
이암(안경전 역주)(2010). 『단군세기』. 상생출판.
이영문(2001). 『고인돌 이야기』. 다지리.
_____(2002). 『한국 청동기시대 연구』. 주류성.
이영완(2018). <"KAIST가 AI 킬러로봇 만든다"…해외 석학들, 공동연구 보이콧>. 『조선일보』. 2018. 4.6.
이옥(1987). <단군신화에 나타나는 몇 가지 의문점>. 『동방학지』. 54 · 55 · 56.
李元植(1989). <徐福渡來傳說…>. 『讀書新聞』. 文化面. 平成 元年. 12月 28日字.
이융조(1975). <양평 앙덕리 고인돌 발굴보고>. 『한국사연구』. 11. 한국사연구회.
_____(1985). <단양 수양개 구석기유적 발굴 조사 보고서>. 『충주댐 수몰지구 문화유적 연장 발굴조사 보고서』. 충북대 박물관.
_____(1990). 『화순 대전 선사문화 1, 고인돌 문화』. 한국민속촌.
_____(2006). 『충북의 선사문화』. 충청북도 충북학연구소.
_____(2012). <석장리 선사유적의 고고학적 의미>. 『공주문화』. 통권 293호.
_____(2016a). <고양가와지볍씨박물관의 오늘과 내일>. 『박물관학보』. 31권.
_____(2016b). <세계 고고학의 중심 미국에 '수양개의 자부심' 우뚝세우다>. 『한국구석기학보』. 34호.
이융조 편저(2003). 『구석기인의 생활과 유적』. 학연문화사.
이융조 편(2007). 『국제학술회의, 수양개와 그 이웃들』. 충북대박물관.
이융조 · 김정희(1998). <한국 선사시대 벼농사에 대한 새로운 해석>. 『선사와 고대』. 한국고대학회.
이융조 · 박태식 · 하문식(1994). <한국 선사시대 벼농사에 대한 연구>. 『성곡논총』. 22집 상권.
이융조 · 우종윤 편(2003). <세계 최고의 소로리 볍씨의 발굴과 의미>. 제1회 국제학술회의. 『아시아 선사농경과 소로리 볍씨』. 충북대 박물관 · 청원군.
이은봉(1986). <단군신화를 통해 본 천신의 구조>. 『단군신화연구』. 온누리.
이응백 · 김원경 · 김선풍(1998). 『국어국문학자료사전』. 한국사전연구사.
이전(2005). 『고조선과 고구려』. 경상대학교 출판부.
이정재(1994). <길리약(Giljak) 부족의 샤만신상: 샤마니즘과 곰 숭배사상의 비교>. 『한국민속학보』. 3.
이정훈(2009). 『발로 쓴 반동북공정』. 지식산업사.
이종욱(1982). 『신라국가형성사 연구』. 일조각.
_____(1997). 『고조선사 연구』. 일조각.
_____(1999a). 『한국의 초기국가』. 아르케.
_____(1999b). 『한국 고대사의 새로운 체계』. 소나무.
_____(2008). 『고구려의 역사: 왜곡되고 과장된 고대사의 진실을 복원한다』. 김영사.
이종호(2001). 『세계 최고의 우리 문화 유산』. 컬쳐라인.
_____(2015). 『유적으로 보는 우리 역사. 1: 고조선』. 북카라반.
_____(2017). 『과학으로 찾은 고조선－우리는 어디에서 왔는가 고조선은 신화인가 역사인가』. 글로연.
이준한(2015). 『고집불통 고대사 다시 쓰기: 한 · 중 · 일 고대사 16가지 비밀과 진실』. 주류성출판사.
이찬구(2013). 『고조선의 명도전과 놈－2500년전 한글의 시원문자 찾기』. 동방의 빛.
이청규(1993). <청동기를 통해 본 고조선>. 『국사관논총』. 42. 국사편찬위원회.
_____(1995). 『제주도 고고학 연구』. 학연문화사.
_____(2004). <철기시대 전기의 중국 동북과 한반도의 금속기문화－세형동검문화를 중심으로>. 『동북아시아 선사 및 고대사 연구의 방향』. 학연문화사.
_____(2015). 『다뉴경과 고조선』. 단국대학교 출판부.
이청규 · 조진선 · 천선행 · 이종수(2010). 『요하문명의 확산과 중국 동북지역의 청동기문화』. 동북아역사재단.
이태룡(2014). 『한국의병사(상): 고조선 시대부터 병자호란까지 배달겨레의 의병투쟁』. 프른솔나무.
이태진(1985). 『조선후기의 정치와 군영제 변천』. 한국연구원.
_____(1986). 『한국사회사연구: 농업기술 발달과 사회변동』. 지식산업사.
_____(1989). 『조선유교사회사론』. 지식산업사.
_____(1994). 『왕조의 유산: 외규장각도서를 찾아서』. 지식산업사.
_____(1995). 『일본의 대한제국 강점』. 까치.
_____(2000). 『고종시대의 재조명』. 태학사.
_____(2008). 『한국사회사연구: 농업기술 발달과 사회변동』. 지식산업사.
_____(2012). 『새 한국사: 선사시대에서 조선 후기까지』. 까치.

_____(2016). 『일본의 한국병합 강제연구: 조약 강제와 저항의 역사』. 지식산업사.
_____(2017). 『끝나지 않은 역사: 식민지배 청산을 위한 역사인식』. 태학사.
이태진 외(2003). 『한국병합의 불법성연구』. 서울대학교 출판부.
_____(2005). 『서울대 이태진 교수의 동경 대생들에게 들려준 한국사』. 태학사.
이태진 · 사사가와 노리카스 공편(2019). 『3 · 1 독립만세 운동과 식민지배체제』. 지식산업사.
이태진 편(1985). 『조선시대 정치사의 재조명, 사화 · 당쟁 편』. 범조사.
이필영(1981). <단군신화의 기본구조－천신신앙을 중심으로>. 『백산학보』. 제26호.
_____(1989). 『한국 솟대 신앙의 연구』. 연세대학교 대학원.
_____(1991). 『샤머니즘의 종교사상』. 한남대학교 출판부.
이현혜(2002). <한반도 청동기시대의 밭농사－진주 대평리 밭유적을 중심으로>. 『진단학보』. 94.
이형구(1991). 『한국고대문화의 기원』. 까치.
_____(1993). <대릉하유역의 은말주초 청동기문화와 기자 및 기자조선>. 『한국상고사학보』. 5.
이형구(2012). 『한국 고대문화의 비밀』. 세녘출판사.
이형구 편(1999). 『단군과 고조선』. 살림터.
이형석 · 이종호(2009). 『고조선, 신화에서 역사로: 고대국가의 근원을 찾아가는 역사로의 여정』, 서울: 우리책.
이홍종(1996). 『청동기 사회의 토지와 주거』. 서경문화사.
이홍직(1971). 『한국고대사연구』. 신구문화사.
이희진(2008). 『식민사관과 한국고대사』. 소나무.
_____(2014). 『식민사학이 지배하는 한국고대사』. 책미래.
_____(2016). 『고조선왕조실록』. 살림.
인하대학교 한국상고사사업단 편(2016). 『한국상고사의 주체적연구』. 백산자료원.
일연 지음. 김원중 옮김(2008). 『삼국유사』. 민음사.
임균택(1992). 『한국고대사상고찰: 단군조선의 한맥중심』. 한국동서철학연구회.
임기환 외(2012). 『중국의 동북공정과 한국 고대사』. 주류성.
임병태(1969). <한강유역무문토기의 년대>. 『이홍식박사회갑기념한국사학논총』.
_____(1991). <고고학상으로 본 예맥>. 『한국고대사논총』 1. 가락국사적개발연구원.
_____(1996). 『한국 청동기문화의 연구』. 학연출판사.
임석진 외(2009). <원시공동체>. 『철학사전』. 중원문화.
임승국 번역 · 주해(2006). 『한단고기』. 정신세계사.
임재해(2003). <단군신화를 보는 생태학적인 눈과 자연친화적 홍익인간 사상>. 『단군학연구』. 9.
_____(2008). 『신라금관의 기원을 밝힌다』. 지식산업사.
_____(2015). 『분풀이사관으로 읽는 고조선문화의 높이와 깊이』. 경인문화사.
_____(2018). 『고조선문명과 신시문화』. 지식산업사.
_____(2019). <신시문화의 정체와 고조선문명의 미래>. 신용하 외(2019). 『왜 지금 고조선문명인가』. 나남: 55－120.
임재해 외(2007). 『고대에도 한류가 있었다』. 지식산업사.
임혁백(2015). 『비동시성의 동시성』. 고려대출판원.
임현진(1987). 『현대한국과 종속이론』. 서울대학교 출판부.
_____(1993). 『제3세계 연구: 종속, 발전 및 민주화』. 서울대학교 출판부.
_____(1998). 『지구시대 세계의 변화와 한국의 발전』. 서울대학교 출판부.
_____(2005). 『전환기 한국의 정치와 사회: 지식, 권력, 운동』. 집문당.
임현진 편(1987). 『제3세계, 자본주의, 그리고 한국: 이론과 현실』. 법문사.
임효재(1977). <한국 중부지방 신석기 문화의 상사성과 상이성연구>. 『한국고고학보』. 2.
_____(1981). <미사리 긴급발굴 보고>. 『한국고고학보』. 8.
_____(1986). <신석기시대의 한 · 일문화교류>『한국사론 16－고대 한 · 일관계사』. 국사편찬위원회.
임효재 편저(2001). 『한국고대稻作文化의 기원－김포의 古代米를 중심으로』. 학연문화사.
_____(2005). 『한국신석기문화의 전개』. 학연문화사.
장광직 저. 윤내현 옮김(1989). 『商文明』. 민음사.
장보환(2004). <명도폐연구속설>. 『북방문물』. 4기 논문집.
장우진 외(2008). 『단군릉의 발굴과정과 유골감정』. 백산자료원.
장창훈(2016). 『찡돌의 역사산책: 고조선의 8조금법』. 서울문학.

장혜영(2008). 『한국고대사를 해부한다』. 어문학사.
장호수(1992). 『북한의 선사고고학 3: 청동기 시대와 문화』. 백산문화사.
전경수(1988). <신진화론과 국가형성론>. 『한국사론』. 19.
전관수(2016). 『단군신화는 천문학이다: 단군신화 5,000년의 비밀을 푼다』. 한국문화사.
전국역사교사모임(2002). 『살아 있는 한국사 교과서 1』. 휴머니스트.
전덕제(2006). 『한국고대사회경제사』. 태학사.
전석담(1948). 『조선사교정』. 을유문화사.
_____(1949). 『조선경제사』. 박문출판사.
_____(1989). 『민중조선사』. 범우사.
_____(1990). 『조선경제사탐구』. 범우사.
전석담·이기수·김한주 공저(1947). 『일제하의 조선사회경제사』. 조선금융조합연합회.
전영래(1983). <청동기의 비교 III(일본과의 비교)>. 『한국사론 13－한국의 고고학 II·하』. 국사편찬위원회.
전우성(1998). 『한국고대사 다시쓰여져야 한다: 우리나라 역사는 낮추려는 역사다』. 을지서적.
_____(2015). 『(다시쓴)한국고대사: 중국과 일본의 역사왜곡을 바로 잡을, 한국 역사의 뿌리를 찾아서』. 매일경제신문사.
전호태(2011). 『글로벌 한국사: 문명의 성장과 한국고대사』. 풀빛.
정경희(1990). 『한국고대사문화연구』. 일지사.
정대영(2005). <중국동북지방 청동기시대 석관묘제와 장속의 지역성>. 『북방사논총』. 3.
정복보(1992). 『역대고전도설』. 협서성 협서여유출판사.
정석배(2004). 『북방 유라시아 대륙의 청동기 문화』. 학연문화사.
정소문(2011). 『단군은 있는가: 텡그리』. 서문당.
정수일(2002). 『고대문명교류사』. 사계절.
정연규(2004a). 『수메르·이스라엘문화를 탄생시킨 한민족』. 한국문화사.
_____(2004b). 『한겨레의 역사와 얼은 인류사의 뿌리』. 한국문화사.
정영훈(1986). 『근대한국민족교육에서의 단군』. 한국정신문화연구원.
정우영(2018). <이 뼛조각이 … 인류이동사 10만년 앞당겼다>. 『조선일보』. 2018.1.27.
정인보(1946). 문성재 역주(2018). 『조선사연구』. 우리역사연구재단.
정인성(1998). <낙동강유역권의 세형동검문화>. 『영남고고학』. 22. 영남고고학회.
정재서(1996). <고구려벽화의 신화·도교적 제재에 대한 새로운 인식>. 『백산학보』. 46.
정진만(2017). 『21세기에 새로 조명하는 고대사. 1』. 수서원.
정한덕 편저(2000). 『중국고고학연구』. 학연문화사.
정형진(2006). 『상고시대 한민족 자존심의 뿌리가 밝혀졌다』. 일빛.
_____(2014). 『한반도는 진인의 땅이었다: 우리 고대사의 잃어버린 고리를 찾아서』. 알에이치코리아.
정혜선(2011). 『일본사 다이제스트 100』. 가람기획.
제우·백익(김만길 역해)(2013). 『상고조선의 역사와 지리: 상대 조선의 강역 등을 밝히는 산해경』. 남양주: 한문화원.
조동일(2010). 『동아시아문명론』. 지식산업사.
조법종(2006). 『고조선·고구려사 연구』. 신서원.
조유전(1997). <영남지방의 유적>. 국사편찬위원회. 『한국사』. 3.
조유전·이기환(2004). 『고고학자 조유전의 한국사 미스터리, 발굴로 풀어보는 우리 역사 이야기』. 황금부엉이.
조인성(1987). <현전『규원사화』의 사료적 성격에 대한 일검토>. 『이병도구순기념한국사학논총』: 653－662.
_____(1988a). 『규원사화와 환단고기』. 일조각.
_____(1988b). <『단기고사』와 『환단고기』>. 『한국사시민강좌』. 제2집: 71－88.
_____(2000a). <재야 사서 위서론－『단기고사』『환단고기』『규원사화』를 중심으로>. 노태돈 편저. 『단군과 고조선사』. 사계절: 210－239.
_____(2000b). <『환단고기』의 『단군세기』와 『단기고사』·『규원사화』>. 『단군학연구』. 제2호.
_____(2017). <『규원사화』『단기고사』『환단고기』 위서론의 성과와 과제>. 『동북아역사논총』. 제55호.
조자용(1995). 『삼신민고』. 가나아트.
조종엽(2018). <묵은 이색 문집서 '천부경' 언급 … 고려 말에 이미 존재한 정황>. 『동아일보』. 2018.9.27.
조진선(2005). 『세형동검문화의 연구』. 학연문화사.
조한성(2012). 『역사의 터닝포인트－고조선의 탄생』. 북이십일 아울북.
조희승(1988). 『초기조일관계사』. 상. 사회과학출판사.
_____(1990). 『일본에서 조선소국의 형성과 발전』. 백과사전출판사.

_____(1999). <잠업, 제강, 벼 재배기술을 통해 본 고조선문화의 우수성과 독자성>. 『단군과 고조선』. 살림터.

주보돈(1990). <한국 고대국가 형성에 대한 연구사적 검토>. 『한국고대국가의 형성』. 민음사.

주보돈 외(2010). 『한국고대사 속의 召文國』, 대구: 경북대학교 영남문화연구원.

주채혁(2002). <조선의 순록유목 기원사 연구 시론>. 『한국시베리아학보』. 4집.

_____(2006). <'몽골'-<백고려>, 유목형 '고구려' 세계제국고>. 『백산학보』. 76.

_____(2008). <고조선 고구려, 한어명인가 한어명인가?: 그 순록유목태반 기원과 관련하여>. 『중국학보』. 58집.

_____(2016). 『순록유목제국론: 고조선 고구려 몽골제국의 기원 연구』. 백산자료원.

中國科學院考古硏究所內蒙古工作隊(1964). <內蒙古巴林左旗富河溝門遺址發掘簡報> 『考古』. 1964년 1기: 1.

진덕규(1993). 『현대정치학』. 학문과 사상사.

_____(2000). 『한국 현대정치사 서설』. 지식신업사.

_____(2001). <한국의 민주주의와 시민사회의 윤리적 기반>. 『신아세아』. 8(3). 통권 28호.

_____(2002). 『한국정치의 역사적 기원』. 지식산업사.

_____(2011). 『권력과 지식인: 해방정국에서 정치적 지식인의 참여논리』. 지식신업사.

진덕규 외(2002). 『세계화 과정에서 공동체주의 이념과 국가』. 신유.

진덕규 편(2012). 『한국 사회과학 연구의 지적 계보와 한국적 사회과학 이론의 정립의 방안: 자료집 1. 한국 사회의 근대적 전환과 서구 '사회과학'의 수용 관련 문헌·인명 자료』. 선인.

_____(2013). 『한국 사회의 근대적 전환과 서구 '사회과학'의 수용』. 선인.

진덕규 역. Barry Hindess 저(1989). 『정치학과 계급분석』. 학문과 사상사.

진덕규 역. Geraint Parry 저(1991). 『정치엘리트』. 이화여자대학교 출판부.

진덕규 역. Charles Tilly 저(1995). 『동원에서 혁명으로』. 학문과 사상사.

진덕규 역. 게링 패리 저(1999). 『정치엘리트』. 이화여자대학교 출판부.

진래(진성수·고재석 옮김)(2008). 『중국고대 사상문화의 세계: 춘추시대의 종교, 윤리와 사회사상』. 성균관대학교 출판부.

진소래(1977). <요동반도 신석기문화 연구>. 『한국상고사학보』. 24.

진원숙(2014). 『서양 고대사 산책』. 신서원

천관우(1954). <부사년의 '夷夏東西說'>. 『한국학보』. 14. 일지사.

_____(1974). <기자고>. 『동방학지』. 15.

_____(1975). <삼한의 성립과정-삼한고 제 1부>. 『사학연구』. 26집.

_____(1987). 『(인물로 본) 한국고대사』. 정음문화사.

_____(1989). 『고조선사·삼한사연구』. 일조각.

천관우 엮음(1975). 『한국상고사의 쟁점』. 일조각.

최광식(1994). 『고대한국의 국가와 제사』. 한길사.

_____(2004). 『우리 고대사의 성문을 열다』. 한길사.

최광식·한만선(2006). <전 고구려연구재단 최광식 상임이사 직격탄: 외교부 외압에 고구려연구재단 좌초: "한·중 학술회의 무산시키고 고구려사 왜곡 학습자료 배포 막았다">. 『월간중앙』. 32(10). 371호.

최남선(1918). <계고차존>.

_____(1926). <불함문화론>.

_____(1973). <불함문화론>. 『육당최남선전집』 2. 현암사.

_____(1926a). <단군론>. (『동아일보』 연재); 최남선(전성곤·허용호 옮김). 2013. 『단군론』. 경인문화사.

_____(1926b). <兒時朝鮮>. 『조선일보』. 1926.4.

_____(1928). <檀君及其硏究>. 『別乾坤』. 1928년 5월호.

최남선 저. 정재승·이주현 역주(2008). 『불함문화론』. 우리역사연구재단.

최단천(2007). 『고조선의 마늘 여인』. 한국문학도서관.

최동(1969). 『조선상고민족사』. 동국문화사.

최동환(2009). 『삼일신고(2차 개정판)』. 지혜의 나무.

_____(2008). 『천부경: 우리의 철학, 민족의 정신, 단군이 전해준 최고의 경전 천부경(개정판)』. 지혜의 나무.

_____(2010). 『단군과 예수의 대화』. 지혜의 나무.

최몽룡(1981). <백령·연평도의 즐문토기유적>. 『한국문화』. 3.

_____(1985). <고대국가성장과 무역>. 『한국고대의 국가와 사회』. 일조각.

_____(1994). <단군릉 발굴에 대한 몇 가지 이견>. 『한국상고사학보』. 제15호: 455-457.

_____(2006). 『한국고고학·고대사의 신연구』. 주류성.

_____(2008a). 『한국 청동기·철기시대 문화연구』. 백산자료원.

_____(2008b). 『한국 청동기·철기시대와 고대사회의 복원』. 주류성.

_____(2011). <한국 문화기원의 다원성－구석기시대에서 철기시대까지 동아시아의 제문화·문명으로부터 전파>. 단국대 동양학연구원 편. 『동북아시아의 문명기원과 교류』. 학연문화사.

최몽룡 외(1993). 『한강유역사』. 민음사.

최몽룡 편저(1977). 『도시의 기원, 청동기시대의 제문제』. 백록출판.

_____(2007). 『경기도의 고고학』. 주류성.

최몽룡·김경택(2000). <한국 지석묘사회 연구의 이론적 배경－계급사회의 발생 및 성장을 중심으로>. 최몽룡·김선우 편(2000). 『한국 지석묘 연구 이론과 방법』. 주류성.

최몽룡·김경택·홍형우(2004). 『동북아 청동기시대 문화연구』. 주류성.

최몽룡·김선우 편(2000). 『한국 지석묘 연구 이론과 방법－계급사회의 발생』. 주류성.

최몽룡·이형구·조유전·심봉근(1999). 『고조선문화 연구』. 한국정신문화연구원.

최몽룡·최성락 공편(1997). 『한국 고대국가 형성론: 고고학상으로 본 국가』. 서울대출판부.

최병두(2009). 『단군신화와 무량사 화상석에 대한 비교고찰: 무교적 구조를 중심으로』. 좋은땅.

최성락 편저(1999). 『영산강 유역의 고대사회』. 학연문화사.

최영성(2018). <목은 이색의 역사의식과 민족사상>. 『목은사상의 재조명』 학술대회 발표논문. 2018. 10.5. 성균관대학교.

최영실(2005). <고조선의 군사력에 대하여>. 단군학회 편. 『단군과 고조선 연구』. 지식산업사.

최응선(1999). <상원군 장리 고인돌 무덤을 통하여 본 고조선 초기의 사회문화상에 대하여>. 이형구 편. 『단군과 고조선』. 살림터.

최재인(2000). 『상고조선삼천년사』. 정신문화사.

최종철 편(1995). 『환웅·단군 9000년 비사: 황화문명의 뿌리는 한국입니다』. 미래문화사.

최태선(1977). 『조선의 구석기 시대』. 사회과학출판사.

최태영(1990, 2000). 『한국상고사』. 유풍출판사.

_____(2000). 『인간 단군을 찾아서: 최태영 회고록』. 학고재.

_____(2002). 『최태영의 우리말 연구』. 월인.

_____(2003). 『한국 고대사를 생각한다』. 눈빛.

최한우(1995). <한반도 민족형성에 관한 역사 비교언어학적 조명>. 『한국사회사학회논문집』. 48집.

카, 이 에이치(Carr, E. H.)(1961a). 길현모 역(2014). 『역사란 무엇인가?(*What is History?*)』. 탐구당.

_____(Carr, E. H.)(1961b). 김택현 역(2015). 『역사란 무엇인가?(*What is History?*)』. 까치.

KBS 역사스페셜(2001). 『한민족 특별기획 북한문화유산 시리즈 8부작』. 제8편. <남북 역사학의 쟁점, 단군릉>. 2001.12.29 방영.

_____(2000). 『역사스페셜 1: 고대사의 흥미진진한 블랙박스들』. 효형출판사.

_____(2006). 『역사스페셜 2: 적자생존, 고대국가 진화의 비밀』. 효형출판사.

코벨, 존 카터. 김유경 역(1999). 『한국문화의 뿌리를 찾아』. 학고재.

큔, 필립(윤성주 옮김)(2009). 『중국 현대국가의 기원』. 동북아역사재단.

타이조, 야쿠시지 저. 강박광 역(2002). 『테크노 헤게모니』. 겸지사.

_____(2012). 『테크노 헤게모니와 중국의 표호』. 일진사.

탁양현(2018). 『한민족의 역사 속 보수와 진보 제2권 역사와 정치의 시작 고조선』. 이퍼플.

토인비, 아널드(Toynbee, Arnold Joseph). 1934~1961. 홍사중 역(2016). 『역사의 연구(*A Study of History*)』. 전 12권. 옹서문화사.

투키디데스. 천병희 역(2011). 『펠로폰네소스 전쟁사』. 숲.

투키디데스. 박광순 역(2011). 『펠로폰네소스 전쟁사』. 범우.

풍국초 외 1인(2008). 『중국상히오천년사』. 신원문화사.

하문식(1997a). 『동북아시아 고인돌문화의 연구』. 숭실대 박사학위 논문.

_____(1997b). 『고조선 지역의 고인돌 연구』. 백산자료원.

_____(2007). <고인돌왕국 고조선과 아시아의 고인돌문화>. 임재해 외. 『고대에도 한류가 있었다』. 지식산업사.

_____(2011). <요동지역의 문명기원과 교류>. 단국대 동양학연구원 편. 『동북아시아의 문명기원과 교류』. 학연문화사.

_____(2016). 『고조선 사람들이 잠든 무덤－영원의 세계를 구현하기 위한 설계도』. 주류성.

하스, 조나단(최몽룡 역)(1989). 『원시국가의 진화』.

민음사.
하정룡 · 이근식(1997). 『삼국유사교감연구』. 신서원.
한국고고학회(2008). 『국가형성의 고고학』. 사회평론사.
한국고대사연구회(1996). 『고조선과 부여의 제문제』. 신서원.
한국고대사학회(2010). 『한국고대사연구와 역사지리고증』. 한국고대사학회.
_____(2007). 『한국고대사 연구의 새 동향』. 서경문화사.
한국사사전편찬회(2007). <원시공동체사회>. 『한국고중세사사전』. 가람기획.
한국상고사학회(1989). 『한국상고사: 연구현황과 과제』. 민음사.
한국역사연구회(2003). 『북한 역사 만들기』. 푸른역사.
한국역사연구회 고대사 분과(1995). 『한국 고대사 산책』. 역사비평사.
_____(2004). 『고대로부터의 통신: 금석문으로 한국 고대사 읽기』. 푸른역사.
한국우리민족사연구회(2006). 『동북공정과 고대사 왜곡의 대응방안』. 백암.
한국정신문화연구원(1987). 『한국상고사의 제문제』. 한국정신문화연구원.
한국학중앙연구원(2018). <예맥>. 『한국민족문화대백과』. 한국학중앙연구원.
한만선(2006). <신화와 문명의 원시까지 왜곡: 중국 주변의 역사 다 지운다: "동북공정의 곁가지 … 단대 · 탐원공정에 맞서야 한다">. 『월간중앙』. 32(10). 371호.
한명준(2010). 『고조선무술 풍류도』. 서예문인화.
한병삼(1971). <선사시대 농경문청동기에 대하여>. 『고고미술』. 112.
한승조(1987). 『단군신앙과 소앙사상』. 삼균학회.
한영우(1986). <재야 사서 해제 『규원사화』>. 『민족지성』. 11월호: 209-213.
_____(1997, 2004). 전면개정판. 『다시찾는 우리역사』. 경세원.
_____(1999). <행촌 이암과 『단군세기』>. 『한국학보』. 96. 일지사.
한인호(1999). <고조선의 귀금속 유물에 대하여>. 이형구 편. 『단군과 고조선』. 살림터.
한일역사공동연구회(2005). 『고대사편』. 어문학사.
한중고대사학회 편(2003). 『고대한 · 중관계사의 새로운 조명』. 한중고대사학회.
한창균(1992). <고조선의 성립배경과 발전단계시론>. 『국사관논총』. 33.
_____(1999). <최근 북한의 청동기 시대 연구 동향>. 『한국상고사학보』. 30. II. 무덤.
_____(2015). 『요하문명과 고조선-요하 홍산 답사기행』. 지식산업사.
함석헌(1950). 『성서적 입장에서 본 조선역사』. 성광문화사.
허대동(2011). 『고조선 문자』. 경진문화.
헌팅턴, 새뮤엘. 이희재 역(2016). 『문명의 충돌』. 김영사.
현명오(1993). <고조선의 성립과 수도 문제에 대하여>. 『북한의 <단군릉> 발굴관련자료』. 북한문제조사연구소.
현용준(1976). <한 · 일 신화의 비교>. 『제주대학논문집』. 제8집-인문 · 사회과학편. 제주대학.
황기덕(1975). <무산읍 호곡동 원시유적 발굴보고>. 『고고민속론문집』 6: 124-226.
_____(1984). 『조선 원시 및 고대사회의 기술발전』. 과학원출판사.
_____(1987). <우리나라 청동기시대의 사회관계에 대하여 1 · 2>. 『조선고고연구』. 사회과학출판사.
황순종(2012). 『동북아 대륙에서 펼쳐진 우리 고대사: 어느 재야 학자의 중국 역사서 탐구』. 지식산업사.
황철산(1963). <예맥족에 대하여>. 『고고민속』. 1호.
허종호(2005). <고조선사회의 성격>. 『단군과 고조선』. 지식산업사.
허종호 외(2001). 『고조선력사 개관』. 도서출판 중심.
허진웅 저. 홍희 역(1991). 『중국고대사회』. 동문선.
허호익(2003). 『단군신화와 기독교: 단군신화의 문화사적 해석과 천지인 신학 서설』. 대한기독교서회.
홍익희(2012a). 『중국보다 앞섰던 고조선 경제력』. 유페이퍼.
_____(2012b). 『동양 경제사의 주역, 고조선』. 유페이퍼.
홍일식(1959). 『육당연구』. 일신사.
홍혜수(2014). 『동방의 뿌리는 고조선으로부터 2권』. 유페이퍼.

[외국 문헌]

Alavi, Hamza(1972). "The State in Post-Colonial Societies: Pakistanand Bangladesh." *New Left Review*. 74: 59-81.
Alford, R. R. and Roger Friedland(1985). *Powers of Theory: Capitalism, the State, and Democracy.*

Cambridge: Cambridge University Press.

Almond, Gabriel A. and G. Bingham Powell, Jr. (1966). *Comparative Politics: A Developmental Approach*. Boston: Little, Brown and Co.

_____(1978). *Comparative Politics: System, Process, and Policy*. second ed. Boston: Little, Brown and Company.

Anderson, Gosta Esping(1990). *Three Models of Welfare Capitalism*. Cambridge: Polity Press.

Anderson, Perry(1974). *Lineages of the Absolutist States*. London: New Left Books.

Brzezinski, Zbignew(1988). *The Grand Failure: The Birth and Death of Communism in the Twenties Century*. Charles Scribner's Sons.

Chang, Kwang-chic(1980). *Shang Civilization*. New Haven, Connet.: Yale University Press.

Chilcote, Ronald(1981). *Theories of Camparative Politics: The Search for a Paradigm*. Boulder, Colorado: Westview Press.

Choi, Tae-young and B. D. Lee(1988). *An Introduction to the History of Ancient Korea*. Alaska: University of Alaska Press.

Creveld, Martin Van(1999). *The Rise and Decline of the State*. Cambridge: Cambridge University Press.

Djelic, Marie-Laure and Sigrid Quack(2007). "Overcoming Path Dependency: Path Generation in Open Systems." *Theory and Society*. 36: 161-186.

Drews, R.(1993). *The End of the Bronze Age*. Princeton: Princeton University Press.

Durkheim, Emile. Translated by Karen E. Field. (1995). *The Elementary Forms of Religious Life*. Free Press; 노치준·민혜숙 역(1992). 『종교생활의 원초적 형태』. 민영사.

Earle, T. ed.(1991). *Chiefdoms: Power, Economy and Ideology*. Cambridge: Cambridge University Press.

Elder-Vass, Dave(2010). *The Causal Power of Social Structures: Emergence, Structure and Agency*. Cambridge: Cambridge Universiy Press.

Engels, F.(1884, 1972). *The Origins of the Family, Private Property and the State*. New York: Pathfinder.

Evans, Peter(1979). *Dependent Development: The Alliance of Multinational, State, and Local Capital in Brazil*. Princeton: Princeton University Press.

Evans, Peter. Dietrich Rueschemeyer and Theda Skocpol eds. 1985. *Bringing the State Back In*. New York: Cambridge University Press.

Gerschenkron, Alexander(1962). *Economic Backwardness in Historical Perspective*. Cambridge: Belknap Press.

Giddens, Anthony(1985). *The Nation-State and Violence*. Berkeley and Los Angeles: Universiy of California Press.

Goldstein, Jeffrey(1999). "Emergence as a Construct: History and Issues." *Emergence*. 1(1): 49-72.

Graud, Raghu and Peter Karnoe(2006). *Path Dependence and Creation*. Mahwah, NJ: Erlbaum.

Graud, Raghu, Arun Kumaraswamy and Peter Karnoe (2010). "Path Dependence or Path Creation?." *Journal of Management Studies* 47(4): 760-774.

Hallowell, A. I.(1926). "Bear Ceremonialism in the Northern Hemisphere." *American Anthropologist*. 28(1): 1-17.

Hamilton, Nora(1981). "State Autonomy and Dependent Capitalism in Latin America." *British Journal of Sociology*. 32(3): 305-320.

Henderson, Gregory(1968). *Korea: the Politics of the Vortex*. Cambridge, Ma.: Harvard University Press.

Hirschman, Albert O(1958). *The Strategy of Economic Development*. New Haven: Yale University Press.

_____(1979). "The Turn to Authoritarianism in Latin America and the Search for Its Economic Determinants" in David Collier. ed. *The New Authoritarianism in Latin America*. Princeton, N.J.: Princeton University Press: 61-98.

Hobson, John M.(2004). *The Eastern Origins of Western Civilizations*. Cambridge: Cambridge University Press.

Hukuyamaa, Francis(1992). *The End of History and the Last Man*. New York: The Free Press.

Huntington, Samuel P.(2002). *Clash of Civilizations*. New edition. New York: Simon & Schuster.

Ikenberry, G. John(1986). "The Irony of State Strength: Comparative Responses to the Oil Schocks in the 1970s." *International Organ-*

ization. 40(1). Winter 1986.

Jessop, Bob(1982). *The Capitalist State*. Oxford: Basic Book.

_____(1989). "Putting States in Their Place: State Systems and State Theory." A paper presented at an international conference on "Marxism and the New Global Society." sponsored by the Institute for Far Eastern Studies. Kyungnam University, Oct. 25–27. Seoul, Korea.

Jin, Duk–Kyu. translated by Jei–Min(2005). *Historical Origins of Korean Politics*. Jisik–sanup Publications Co.

Johnson, A. W. & Earle, T.(1987). *The Evolution of Human Societies: From Foraging Group to Agrarian State*. Stanford University Press.

Katzenstein, Peter ed.(1978). *Between Power and Plenty: Foreign Economic Policies of Advanced Industrial State*. Madison, WI.; Universiy of Wisconsin Press.

Kennedy, Paul(1987). *The Rise and Fall of the Great Powers: Economic Changes and Military Conflict from 1500 to 2000*. New York: Random House.

Kim, K. D.(2017a). *Alternative Discourses on Modernization & Development*. MacMilan Press.

_____(2017b). *Korean Modernization & Uneven Development*. MacMilan Press.

_____(2017c). *Confuçianism & Modernization in East Asia*. MacMilan Press.

Kim, K. D. ed.(1987). *Dependency Issues in Korean Development: Comparative Perspectives*. Seoul National University Press.

Kim, Suk Joon(1987a). "The Role of the State and Public Policy in the Development of the Newly Industrializing Countries: The Cases of the Neo–Mercantile Security States in South Korea and Taiwan." Ph. D. Dissertation. Universiy of California Los Angeles(UCLA). Los Angeles, California. U.S.A.

_____(1987b). "Crisis, Regime Change, and Development." *Korean Journal of Policy Studies*. Vol. 2: 67–88.

_____(1988). *The State, Public Policy & NIC Development*. Daeyoung Press.

_____(1990). "Crisis, Regime Change and Development: The Cases of the Neo–Mercantile Security States in South Korea and Taiwan." *Asian Perspective*.

Krasner, Stephen D.(1978). *Defending the National Interest: Raw Materials Investments and U.S. Foreign Policy*. Princeton: Princeton University Press.

_____(1984). "Approaches to the State: Alternative Conceptions and Historical Dynamics." *Comparative Politics*. 16(2): 234–258.

Kuhn, Thomas S.(1996). *The Structure of Scientific Revolutions*. Chicago: University of Chicago Press.

Laxer, James(1987). *Decline of the Superpowers: Winners and Losers in Today's Global Economy*.

Lee, Yung–jo and Park, S. J.(1990). "A New Discovery of the Upper Pleistocene Child's Skelton from Hungsu Cave(Turubong Cave Complex), Ch'ongwon, Korea." *The Korean Journal Quarterly Research*. Vol. 4.

Lim, Hyun–Chin(1985). *Dependent Development in Korea: 1963~1979*. Seoul: Seoul National University Press.

Mann, Michael(1986). *The Sources of Social Power*. Vol. 1. II. Cambridge: Cambridge University Press.

McKinnon, Ronald(1972). *Money and Capital in Economic Development*. Washington, D.C.: The Brookings Institution.

Mishra, Ramesh(1984). *The Welfare State in Crisis*. Brighton: Wheatsheat.

Mohen, J. & C. Eluere(2000). *The Bronze Age in Europe*. Discoveries.

Morgan, W. H.(1909). *Ancient Society*. Chicago: H. Charles & Kerr.

Mortion, Fried(1975). *The Notion of Tribe*. Menlo Park: Cummings.

Needham, Joseph and Wang Ling(1959). *Science and Civilisation in China*. England.

Nelson, S. M.(1993). *The Archaeology of Korea*. Cambridge: Cambridge University Press.

Nordlinger, Eric(1989). *On the Autonomy of the Democratic State*. Cambridge: Harvard University Press.

Nye, Jr. Joseph(1990). *Bound to Lead: The Chan-*

ging *Nature of American Power*. New York: Basic Books.

Oklabnikov, A. P.(1959). *Ancient Population of Siberia and its Cultures*, Russian Translation Series of the Peabody Museum of Archaeology and Ethnology, Harvard University.

Padgett, John F. and Walter W. Powell(2012). *The Emergence of Organizations and Market*. Princeton, NJ: Princeton Univrtsity Press.

Page, Scott E.(2006). "Path Dependence." *Quarterly Journal of Political Science*. 1(1): 87–115.

Park, Chang Kirl and Yang, Kyung Rin(1974). "KAER I Radiocarbon Measurements III." *Radiocarbon*. 16(2).

Peel, D. Y. ed.(1972). *Herbert Spencer on Social Evolution*. Chicago, Ill.: University of Chicago Press.

Pierson, Paul(2000). "Increasing Returns, Path Dependence, and the Study of Politics." *American Political Science Review*. 94(2): 251–267.

Ro, Young-chan(2011). "Relativism, Universalism, and Pluralism in the Age of Globalism." In *The 1st World Humanities Forum Proceedings*. The Forum held in Pusan, Korea. 24~26 November: 172–181.

Rosecrance, Richard(1986). *The Rise of the Trading State: Commerce and Conquest in the Modern World*. New York: Basic Books.

Saul, John S.(1974). "The State in Post-Colonial Societies: Tanzania." *Socialist Register*. 351–360.

Sawyer, R. Keith(2005). *Social Emergence: Societies as Complex Syetems*. Cambridge: Cambridge University Press.

Schreyoegg, George and J. Sydow(2011). "Organizational Path Dependence: A Process View." *Organization Studies*. 32(3): 321–335.

Service, Elman R.(1971). *Primitive Social Organization: An Evolutionary Perspective*. New York: Ramdon House.

Service, Elman R.(1975). *Origin of State and Civilization: Process of Cultral Evolution*. New York: Norton & Co. INC.

Shirokogoroff, S. M.(1931). "Social Organization of the Northern Tungus." *Geography*, The London Geographical Institute.

Spencer, Herbert(1876). *The Principle of Sociology*. London: Williams and Norgate.

Steward, J. H.(1955). *Theory of Cultural Change*. Urbana-Champaign, Ill.: University of Illinois Press.

Tilly, Charles ed.(1975). *The Formation of National States in Western Europe*. Princeton: Princeton University Press.

Toffler, Alvin(1980). *The Third Wave*. William Morrow.

Wallerstein, Immanuel(1974). *The Modern World System I*. New York: Academic Press.

_____(1980). *The Modern World System II*. New York: Academic Press.

_____(1984). *The Politics of the World-Economy*. Cambridge: Cambridge University Press.

_____(1989). *The Modern World System III*. New York: Academic Press.

_____(2006). *European Universalism: the Rhetoric of Power*. New York: The New Press.

Weiss, Linda(1998). *The Myth of Powerless State*. Ithaca: Cornell University Press.

Weiss, Linda and John M. Hobson(1995). *States and Economic Development*. Cambridge: Polity Press.

한국민족문화대백과: http://encykorea.aks.ac.kr
한국학중앙연구원: http://www.aks.ac.kr
두산백과사전 두피디아: http://www.doopedia.co.kr

찾아보기

ㄱ

ㄴ

저자 소개

김석준(金錫俊 Kim, Suk Joon)

- 현) 서울미디어대학원대학교 총장

[주요 경력]
- 서울대학교 학사 · 행정학석사
- 미국 UCLA 석사 · 정치학박사
- 미국 파이 베타 카파(Phi Beta Kappa Society) 회원
- 이화여자대학교 교수 · 기획처장 · 정보과학대학원장
- BK21 한국사회뉴거버넌스 교육–연구단 단장
- 하버드대학교 옌칭연구소 초빙교수
- 옥스퍼드대학교 벨리올칼리지 초빙교수
- UCLA 정치학과 · 서울대학교 행정학과 초빙교수
- 안양대학교 총장
- 한국행정학회 회장
- 한국NGO학회 창립공동대표
- 11대 과학기술정책연구원장
- 17대 국회의원
- 대한민국 국회 역사왜곡대책특위 위원
- 대한민국 헌정회 영토특위 부위원장
- 한국대학신문 발행인
- UNESCO 한국위원회 위원
- 사단법인 사월회 공동의장
- 통일정책연구협의회 공동의장
- 한국산업정책학회 창립초대회장
- 문화재청 정책자문위원장
- 경제정의실천시민연합 정책부위원장 · 조직위원장 · 윤리위원장 · 상임집행부위원장
- 비전@한국 창립공동대표
- 바른사회시민회의 창립 및 창립공동대표
- 전국대학교 기획처장협의회 창립초대회장
- 전국사립대학교 총장협의회 수석부회장 · 차기회장

• 행정고등고시 · 입법고등고시 · 지방행정고시 · 5급공무원승진시험위원 등 국가고시 위원
• 대통령 자문 정책기획위원회 위원 · 행정개혁위원회 위원 · 대한민국정부 총리실 및 행정 각 부처 자문위원(행정자치부, 교육부, 법무부, 산업자원부, 문화공보부, 지식경제부, 교육과학기술부 등)

[주요 저서]
The State, Public Policy and NIC Development(1988, Daeyoungmoonwhasa)
Empowering Korea With New Innovations(대표저자, 2011, Jimoondang)
Making the High-Speed Train Fly: Korean Global STI Strategy(대표저자, 2011, Jimoondang)
『한국산업화국가론』(1992, 나남)
『한국자본주의국가위기론』(1991, 풀빛)
『국가변동론』(1994, 법문사)
『미군정기의 국가와 행정』(1996, 이화여자대학교 출판부)
『현대 대통령연구 1』(2000, 대영문화사)
『국가능력과 경제통치술』(2002, 이화여자대학교 출판부)
『국가와 공공정책』(공저, 1991, 법문사)
『대통령과 국가정책』(공저, 1994, 대영문화사)
『뉴 거버넌스 연구』(공저, 2000, 대영문화사)
『뉴 거버넌스와 사이버거버넌스 연구』(공저, 2001, 대영문화사)
『거버넌스의 정치학』(공저, 2005, 법문사)
『거버넌스의 이해』(공저, 2002, 대영문화사) 등 학술논문 100여 편

[주요 수상]
한국행정학회 초대학술상(저술) 수상
대한민국 국무총리 표창
경제 · 인문사회연구회 <우수 기관장상> 수상
UCLA 대학원 최우수졸업(Phi Beta Kappa)
국회사무처 선정 <17대 국회 의정활동 최우수의원>
국회도서관 선정 <공부하는 의원상> 수상
한국여성유권자연맹 선정 <여성유권자가 뽑은 우수정치인상> 수상 등 다수

[세계 3대 인명록 · 명예의 전당 등재]
『세계에서 가장 영향력이 큰 100인 등재』(미국인명정보기관 · ABI, 2002)
『21세기 탁월한 지식인 2000명 등재』(영국국제인명센터 · IBC, 2001)
『마르퀴즈 후즈후 세계인명록(*Who's Who in the World*) 등재』(미국 Marquis Who's Who, 2001)

저자 소개

김석준(金錫俊 Kim, Suk Joon)

• 현) 서울미디어대학원대학교 총장

[주요 경력]
• 서울대학교 학사 · 행정학석사
• 미국 UCLA 석사 · 정치학박사
• 미국 파이 베타 카파(Phi Beta Kappa Society) 회원
• 이화여자대학교 교수 · 기획처장 · 정보과학대학원장
• BK21 한국사회뉴거버넌스 교육－연구단 단장
• 하버드대학교 옌칭연구소 초빙교수
• 옥스퍼드대학교 벨리올칼리지 초빙교수
• UCLA 정치학과 · 서울대학교 행정학과 초빙교수
• 안양대학교 총장
• 한국행정학회 회장
• 한국NGO학회 창립공동대표
• 11대 과학기술정책연구원장
• 17대 국회의원
• 대한민국 국회 역사왜곡대책특위 위원
• 대한민국 헌정회 영토특위 부위원장
• 한국대학신문 발행인
• UNESCO 한국위원회 위원
• 사단법인 사월회 공동의장
• 통일정책연구협의회 공동의장
• 한국산업정책학회 창립초대회장
• 문화재청 정책자문위원장
• 경제정의실천시민연합 정책부위원장 · 조직위원장 · 윤리위원장 · 상임집행부위원장
• 비전@한국 창립공동대표
• 바른사회시민회의 창립 및 창립공동대표
• 전국대학교 기획처장협의회 창립초대회장
• 전국사립대학교 총장협의회 수석부회장 · 차기회장

• 행정고등고시 · 입법고등고시 · 지방행정고시 · 5급공무원승진시험위원 등 국가고시 위원
• 대통령 자문 정책기획위원회 위원 · 행정개혁위원회 위원 · 대한민국정부 총리실 및 행정 각 부처 자문위원(행정자치부, 교육부, 법무부, 산업자원부, 문화공보부, 지식경제부, 교육과학기술부 등)

[주요 저서]
The State, Public Policy and NIC Development(1988, Daeyoungmoonwhasa)
Empowering Korea With New Innovations(대표저자, 2011, Jimoondang)
Making the High-Speed Train Fly: Korean Global STI Strategy(대표저자, 2011, Jimoondang)
『한국산업화국가론』(1992, 나남)
『한국자본주의국가위기론』(1991, 풀빛)
『국가변동론』(1994, 법문사)
『미군정기의 국가와 행정』(1996, 이화여자대학교 출판부)
『현대 대통령연구 1』(2000, 대영문화사)
『국가능력과 경제통치술』(2002, 이화여자대학교 출판부)
『국가와 공공정책』(공저, 1991, 법문사)
『대통령과 국가정책』(공저, 1994, 대영문화사)
『뉴 거버넌스 연구』(공저, 2000, 대영문화사)
『뉴 거버넌스와 사이버거버넌스 연구』(공저, 2001, 대영문화사)
『거버넌스의 정치학』(공저, 2005, 법문사)
『거버넌스의 이해』(공저, 2002, 대영문화사) 등 학술논문 100여 편

[주요 수상]
한국행정학회 초대학술상(저술) 수상
대한민국 국무총리 표창
경제 · 인문사회연구회 <우수 기관장상> 수상
UCLA 대학원 최우수졸업(Phi Beta Kappa)
국회사무처 선정 <17대 국회 의정활동 최우수의원>
국회도서관 선정 <공부하는 의원상> 수상
한국여성유권자연맹 선정 <여성유권자가 뽑은 우수정치인상> 수상 등 다수

[세계 3대 인명록 · 명예의 전당 등재]
『세계에서 가장 영향력이 큰 100인 등재』(미국인명정보기관 · ABI, 2002)
『21세기 탁월한 지식인 2000명 등재』(영국국제인명센터 · IBC, 2001)
『마르퀴즈 후즈후 세계인명록(*Who's Who in the World*) 등재』(미국 Marquis Who's Who, 2001)

바로찾는
한국고대국가학:
고조선의 국가와 행정

펴낸날 제1판 제1쇄 2020년 2월 25일
지은이 김석준
펴낸이 임춘환
펴낸곳 도서출판 대영문화사
주소 (본사) 사무실: 경기도 고양시 일산서구 주화로 70
우신프라자 307호 (우) 10387)
(본사) 물류센터: 경기도 고양시 일산서구 덕산로
107번길 68-50 (우) 10205)

등록 1975년 12월 26일 제3-16호
전화 (031) 913-3062, (031) 914-3884~5
팩스 (031) 913-3839
홈페이지 http://www.dymbook.co.kr

ISBN 978-89-7644-754-8
값 57,000원